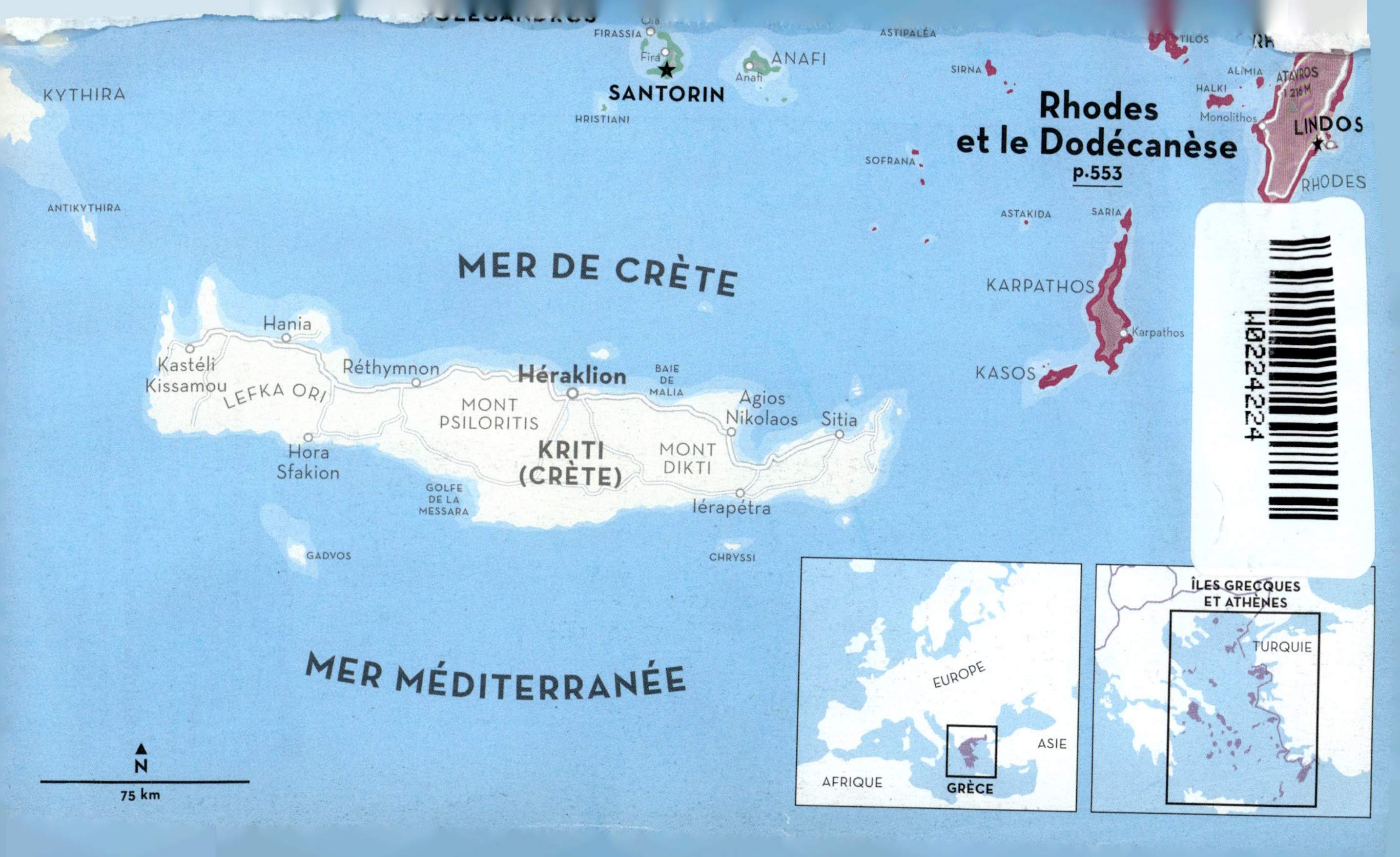

KYTHIRA
ANTIKYTHIRA
FIRASSIA
Fira
SANTORIN
HRISTIANI
ANAFI
Anafi
ASTIPALÉA
SIRNA
SOFRANA
TILOS
ALIMIA
HALKI
ATAVROS
1 216 M
Monolithos
LINDOS
RHODES
Rhodes
et le Dodécanèse
p.553
ASTAKIDA
SARIA
KARPATHOS
Karpathos
KASOS
MER DE CRÈTE
Hania
Kastéli
Kissamou
LEFKA ORI
Réthymnon
Héraklion
BAIE
DE
MALIA
Agios
Nikolaos
Sitia
MONT
PSILORITIS
KRITI
(CRÈTE)
MONT
DIKTI
Hora
Sfakion
GOLFE
DE LA
MESSARA
Iérapétra
GADVOS
CHRYSSI
MER MÉDITERRANÉE
N
75 km
EUROPE
ASIE
AFRIQUE
GRÈCE
ÎLES GRECQUES
ET ATHÈNES
TURQUIE

Avis aux GEOVoyageurs

Entre l'enquête faite sur le terrain
et la parution du guide, les établissements proposés
peuvent avoir disparu et certaines informations peuvent
avoir été modifiées : n'hésitez pas à nous faire part
de vos commentaires et de vos corrections !

Boîte aux lettres GEOGuide

5, rue Gaston-Gallimard 75328 Paris Cedex 07
www.geo-guide.fr contact@geo-guide.fr

GEOGUIDE

Îles grecques et Athènes

Martin Angel
Hervé Basset
Aurélia Bollé
Vincent Grandferry
Vincent Noyoux
Marie-Pascale Rauzier

Ont également collaboré à cet ouvrage
Vincent Azoulay, Sophie Boutillier, Christiana Charalampopoulou, Aurélie Damet, Frédéric Denhez, Jean-Louis Despesse, Elena Karachontziti, Sophie Launay, Georges Olioso, Katerina Seraïdari, Thierry Théault

ÎLES GRECQUES ET ATHÈNES

GEOPANORAMA

9 Comprendre la Grèce
10 Géographie et paysages
10 Climat
11 Environnement
13 Flore
13 Faune
16 Histoire
20 GEOPLUS L'Antiquité grecque, un âge d'or ?
29 Politique et institutions
30 Économie
31 Population
33 Société
33 Religion
34 GEOPLUS La Pâque orthodoxe : les rituels de la Semaine sainte
36 Mythologie
40 Langue
41 Littérature et philosophie
45 Architecture et habitat
48 L'art antique
50 L'art byzantin
52 L'art moderne
53 Cinéma
53 Musique
54 Gastronomie

GEOPRATIQUE

59 Informations utiles de A à Z
60 Aller en Grèce
65 Argent et change
66 Assurances
66 Budget
67 Carte d'étudiant
67 Cartes et plans
68 Décalage horaire
68 Douanes
68 Électricité
68 Enfants
69 Fêtes et jours fériés
71 Handicapés
72 Hébergement
73 Horaires
74 Langue
75 Médias
75 Offices de tourisme
76 Poids et mesures
76 Poste et télé-communications
77 Quand partir ?
77 Restauration
80 Santé et désagréments
81 Sécurité et urgences
81 Shopping
82 Sports
83 Taxes d'aéroport
83 Tourisme vert
83 Transports sur place
87 Us et coutumes
88 Valise
88 Visa et passeport
89 Voyagistes

GEOREGION

93 L'Attique et l'Eubée
96 Athènes
122 GEOPLUS Athènes en 3 jours
187 L'île d'Eubée

197 Les îles Argosaroniques
199 Égine
208 Poros

213 Hydra
218 Spetses

225 Les Sporades
227 Skiathos
232 Skopelos
236 Alonissos
240 Skyros

245 Les Cyclades
248 Kea (Tzia)
257 Kythnos
267 Serifos
306 Sifnos
321 Milos
338 Folegandros
351 Sikinos
357 Santorin
387 Anafi
395 Ios
409 Paros
432 Naxos
440 GEOPLUS En deux semaines, plages et randonnées...
451 Les Petites Cyclades
465 Amorgos
482 Syros
494 Mykonos
504 GEOPLUS En deux semaines, les incontournables cycladiques
512 GEOPLUS Le site archéologique de Delos
521 Tinos
537 Andros

553 Rhodes et le Dodécanèse
556 Rhodes
576 Karpathos
584 Symi
589 Kos
596 Kalymnos
604 Patmos

613 Le nord-est de la mer Égée
615 Samos
627 Ikaria
633 Chios
646 Lesbos
665 Limnos
674 Samothrace
678 Thassos

GEODOCS

691 En savoir plus
692 Bibliographie
695 Filmographie
695 Émission radiophonique
695 Discographie
696 GEOPLUS Lexique
699 GEOPLUS Glossaire
707 Index
718 Légende des cartes et des plans

Voyagez à la carte

GEOGuide a sélectionné pour vous des lieux de séjour, des sites à visiter, des adresses-plaisir et des activités multiples. Choisissez ce qui vous ressemble et goûtez pleinement votre voyage...

... au gré de vos envies

Culturel

Acropoles antiques, chapelles byzantines, citadelles médiévales, églises orthodoxes aux rutilantes iconostases, *arkontika*... Une longue et brillante histoire s'expose dans d'innombrables sites et musées.

L'Athènes antique 147
Le patrimoine sacré de l'Attique et des îles 544
Les îles grecques hors des sentiers battus 608
Les îles grecques et l'Antiquité 366

En famille

Faites découvrir un des berceaux de la civilisation occidentale aux plus jeunes de façon ludique et allez vous baigner au cap Sounion.

À Athènes 114

Pour LA photo

Du balcon d'une chambre, de la terrasse d'un *kafeneion* ou d'un monastère perché, tout est question de point de vue !

Athènes hors des sentiers battus 154
Les Cyclades vues d'en haut 531
Le Dodécanèse vu d'en haut 571
Les îles du nord-est de la mer Égée vues d'en haut 622

À deux

Donnez-vous rendez-vous sous le fronton d'un temple d'Aphrodite, admirez le coucher du soleil sur la mer Égée, dénichez une pension de charme et réservez une table raffinée pour un dîner intime.

Athènes en amoureux 128
Les îles grecques en amoureux 391

Côté mer

Criques secrètes et stations balnéaires familiales, tavernes de poisson et hôtels au bord de l'eau... Vous n'aurez que l'embarras du choix.

Les Cyclades côté plage 253
Les îles grecques les pieds dans l'eau 663
Les îles grecques côté pêche 671
Les îles du nord-est de la mer Égée côté plage 685

Shopping

Instruments de musique, bijoux, huile d'olive, miel, friandises à la pistache, vin de Santorin, ouzo de Samos... Les tentations ne manquent ni à Athènes ni dans les îles !

À Athènes et au Pirée 169
Souvenirs gourmands des îles grecques 204

Taverne cycladique traditionnelle.

... au fil de nos itinéraires

GEOPLUS En 3 jours

Athènes 122

GEOPLUS En deux semaines

Plages et randonnées 440
Les incontournables cycladiques 504

ÎLES GRECQUES ET ATHÈNES

Rhodes (p.556), l'une des nombreuses églises de l'île dédiées à saint Nectaire.

GEOPANORAMA

COMPRENDRE LA GRÈCE

Géographie et paysages

La Grèce est un État du sud-est de l'Europe, qui a des frontières communes avec la Turquie, la Bulgarie, l'Ancienne République yougoslave de Macédoine et l'Albanie. Son territoire terrestre est pour partie insulaire (24 800km² sur un total de 132 000km²). Seules 217 des quelque 9 800 îles grecques (l'Eubée, les îles Argosaroniques, les Sporades, les Cyclades, la Crète, les îles Ioniennes, le Dodécanèse et les îles du nord de la mer Égée) sont habitées. Dans le nord-est du pays (Macédoine, Chalcidique et sud du Rhodope), on trouve les restes d'un massif ancien effondré constitué de noyaux de roches cristallines et de dépôts sédimentaires primaires. Dans l'ouest s'élèvent les Alpes Dinariques, orientées nord-ouest/sud-est, que prolongent la chaîne du Péloponnèse et l'arc insulaire de la mer Égée, notamment. Des plissements successifs, du crétacé à la fin du tertiaire, ont valu à ces chaînes un relief de type karstique et de nombreuses dépressions fermées. Un important alignement volcanique, l'arc volcanique égéen, dû à l'enfoncement de la plaque continentale africaine sous la plaque européenne (subduction) et qui s'étend des côtes occidentales de la Turquie au golfe de Corinthe, est responsable de la forme de l'arc hellénique (découpage du littoral, éparpillement des îles de la mer Égée). La plupart des îles grecques se situent en mer Égée, entre les côtes grecque et turque. Il s'agit des anciens sommets d'un continent qui se trouve maintenant à environ 300m sous le niveau de la mer. La Crète et les îles Ioniennes font exception : la première délimite la mer Égée et la Méditerranée, les secondes s'égrènent en mer Ionienne au large du Péloponnèse (Zante) et de Grèce centrale jusqu'à l'Albanie (Corfou). Ces caractéristiques physiques font de la Grèce un pays essentiellement montagneux (à 45%), morcelé (les îles comptent pour près de 20% de son territoire), au littoral très étendu, découpé et accidenté, caractéristiques dues à une transgression marine quaternaire qui a submergé les côtes. Malgré leur taille souvent réduite, les îles atteignent parfois des altitudes élevées avec un maximum de 995m à Andros pour les Cyclades, et dépassant 1 200m à Chios et Rhodes. Sous la mer, la rencontre permanente des plaques continentales provoque un nombre considérable de séismes chaque année (séisme vient du grec *seismos*, "tremblement de terre", qui a lui-même pour origine *seiein*, "secouer"). La plupart ne sont perceptibles que par les sismographes, mais la région d'Athènes connaît des tremblements de terre fréquents et souvent meurtriers. Ainsi, celui de septembre 1999 fit cent cinquante morts, des centaines de blessés et des milliers de sans-abri.

Climat

Dans l'ensemble, le climat est de type méditerranéen. Les étés sont chauds (même très chauds) et secs avec un ciel toujours bleu. Les hivers sont doux et pluvieux, sauf dans les montagnes où ils peuvent être très froids. Celles-ci, comme le mont Parnasse (2 460m) ou l'Olympe (2 917m) peuvent recevoir de fortes chutes de neige. À Athènes, en juillet et août, la moyenne des températures maximales est de 33°C, celle des minimales de 23°C. Les précipitations moyennes y dépassent 50mm en décembre et 30mm en janvier. Elles n'atteignent pas 10mm en juillet ni 5mm en août. En revanche, la côte ouest du pays reçoit environ 1 100mm de pluie par an. Dans les Cyclades, à

Naxos par exemple, le climat est un peu tempéré par la mer. Les températures maximales n'y sont que de 27°C en juillet et 28°C en août. Le Dodécanèse et les îles du nord de la mer Égée sont bien plus humides. Rhodes reçoit près de 800mm de précipitations par an et traverse le mois de juillet avec une moyenne de 27°C.

Le meltem

En été, la mer Égée est la proie d'un phénomène météorologique étonnant : la chaleur qui se dégage du désert libyen, au sud, et celle qui vient des plateaux d'Asie Mineure, au nord-est, génèrent un gigantesque appel d'air. Il en résulte un vent presque constant qui peut être particulièrement violent et qui souffle sur les îles de la mer Égée, surtout les Cyclades. Ce vent, le meltem, est connu depuis que les hommes s'évertuent à naviguer pour le commerce ou pour la pêche, deux activités qui ont fondé les civilisations insulaires. Venant du nord ou du nord-est, le meltem peut balayer les îles plusieurs jours d'affilée et atteindre le maximum que compte l'échelle de Beaufort. Il atteint sa puissance maximale au cœur des Cyclades, autour de Tinos, où la mythologie situe la résidence d'Éole, le dieu des Vents. La végétation de certaines îles, comme Karpathos ou Chios, est particulièrement rase sur les versants les plus exposés au vent. Quand le meltem touche les côtes crétoises, il n'est plus qu'une brise légère. Dans les Cyclades, en hiver, il cède la place à un régime de vents complexe et imprévisible qui a interdit toute navigation jusqu'à la découverte de la machine à vapeur.

Environnement

L'air, le sol, l'eau

Tout le monde a entendu parler de la pollution atmosphérique chronique d'Athènes, causée principalement par la circulation automobile. Les taux de benzol et de particules atmosphériques y dépassent les niveaux fixés par l'Union européenne et constituent les principaux agents polluants de la ville. Mais cette pollution très médiatisée ne doit pas

Carte d'identité

Athènes (Athina) capitale de la Grèce et chef-lieu du nome (département) de l'Attique, 655 780 habitants (3 737 550 dans l'agglomération) en 2011

Cyclades archipel de la mer Égée (une quarantaine d'îles) ancré au large de l'Attique et de l'île d'Eubée, nome des Cyclades

Sporades anciennement appelé Sporades du Nord, cet archipel est situé au nord de l'Eubée

Îles Argosaroniques ensemble d'îles disposé au large de la péninsule d'Argolide, au sud d'Athènes

Dodécanèse archipel du sud-est de la mer Égée (douze îles et quelques îlots) situé au large des côtes turques

Nord de la mer Égée sept îles situées au nord du Dodécanèse, près de la Turquie et au large des côtes grecques septentrionales

Langue officielle grec

Population 11,262 millions d'habitants, dont 40% dans l'agglomération athénienne

Religion christianisme orthodoxe (98% des Grecs), islam (1,3%)

faire oublier les autres problèmes environnementaux auxquels est confronté le pays. Certains comme la déforestation et l'érosion des sols, son corollaire, remontent à plusieurs millénaires et continuent aujourd'hui avec les incendies de forêt qui détruisent plusieurs milliers d'hectares chaque année. Même les îles comme Samos ou Rhodes sont touchées. Sur les îles les plus petites, en particulier dans les Sporades et les Cyclades, le problème de l'eau s'aggrave chaque année avec le développement du tourisme estival. La plupart d'entre elles n'ont aucune ressource aquatique propre (à part le stockage de l'eau de pluie) et doivent être ravitaillées par bateau.

Fréquentation touristique et urbanisation

L'augmentation de la fréquentation touristique ne va pas sans créer de nombreux problèmes de conservation des espèces tant animales que végétales. C'est particulièrement le cas des plages où se reproduisent les tortues caouannes. Selon la Commission de l'Union européenne, la Grèce n'a pas adopté un cadre juridique efficace pour assurer une protection stricte de la reproduction de cette tortue marine, et n'a pas pris les mesures concrètes qui s'imposaient pour éviter la perturbation de cette espèce pendant la période de reproduction ainsi que la détérioration du site de reproduction. Autre conséquence de l'essor touristique : un accroissement de la quantité de déchets produits. Ils sont souvent stockés dans des décharges à ciel ouvert ou dans des décharges sauvages. Pour résoudre ces problèmes, un réseau intégré de destruction des déchets a été programmé : l'usine de traitement biologique des déchets de Psittalia (îlot situé entre Le Pirée et l'île de Salamine) constitue l'un des plus grands projets internationaux du genre. Malgré les informations données sur tous les ferries, le fort trafic maritime inter-îles entraîne une pollution visible de la mer et des plages ainsi que la mort de tortues et de dauphins, par ingestion de ces déchets. Aucune amélioration n'aura lieu sans une prise de conscience de tous.

La protection par le classement

Pour préserver les richesses naturelles du pays, plusieurs mesures de classement ont été prises. Beaucoup de sites sont protégés par le biais de conventions internationales, que la Grèce s'est engagée à respecter (convention de Ramsar sur les zones humides ou convention de Berne sur la protection des espèces, par exemple). Plusieurs parcs nationaux ont été créés sur le continent, mais un seul sur une île, en Crète. D'autre part, 19 forêts (33 000ha) ont été classées comme "monuments esthétiques" et 54 sites de plus petite taille (soit 16 700ha) ont été déclarés "monuments naturels protégés". La chasse est en Grèce un loisir très populaire qui ne va pas sans excès. Pour une meilleure gestion du gibier, de nombreuses zones où la chasse est interdite ont été créées (800 000ha). Enfin, le changement climatique et l'augmentation des épisodes caniculaires rendent la situation plus fragile. Ravagée par les flammes en 2006, la Grèce fut encore plus lourdement touchée durant l'été 2007 où se sont propagés les feux de forêt les plus meurtriers du monde depuis 1871, principalement dans le Péloponnèse et l'île d'Eubée. Durant l'été 2009, de nouveau, plus de 20 000ha de forêts et de terres agricoles ont été la proie des flammes et plus de 150 habitations ont été endommagées dans l'Attique.

Flore

Près du littoral et sur les premières pentes des montagnes s'étend la zone méditerranéenne, avec sa végétation caractéristique : la vigne et l'olivier, qui laissent la place, à mesure que l'on grimpe, au maquis, ou *phrygana*, caractérisé par des buissons odorants (thym, sauge, romarin et cistes) et des ligneux bas, souvent épineux (genévriers, genêts, chênes kermès, etc.). En raison de la désertification des campagnes, de la pression foncière et de la surfréquentation de certaines zones touristiques, cette garrigue est un milieu extrêmement fragile. Il est dévasté périodiquement par de terribles incendies, tels ceux qui ont détruit près de 260 000ha et 4 millions d'oliviers en 2007. À la suite de ce véritable drame national, qui a également fait une soixantaine de victimes, une association – Un arbre pour la Grèce (*www.unarbre.org*) – s'est créée en France, à l'initiative de Jacqueline de Romilly, pour collecter des fonds en vue d'un reboisement plus rapide des zones sinistrées. Le couvert végétal des montagnes est assez clairsemé : il faut voir là la conséquence d'une surexploitation des ressources forestières, de l'époque ottomane à la Seconde Guerre mondiale (essentiellement pour la construction maritime et la fabrication de charbon de bois). On y trouve néanmoins de belles forêts mixtes (chênes, châtaigniers et conifères, dont le sapin de Céphalonie). Enfin, la Grèce possède une flore très variée (plus de 6 000 espèces dont près de 500 sont endémiques, c'est-à-dire qu'on ne rencontre nulle part ailleurs dans le monde). Les îles, véritable paradis pour les botanistes, développent un nombre remarquable d'espèces endémiques, les Cyclades abritent par exemple 1 100 espèces dont 33 endémiques.

Faune

Si l'on prend l'ensemble du pays, la faune des vertébrés terrestres de Grèce est très variée et le pays compte quelques espèces parmi les plus rares d'Europe, voire du monde. Mais la faune de la région d'Athènes, tout comme celle des îles, est beaucoup moins riche. En ce qui concerne les mammifères, 37 espèces vivent aux environs d'Athènes, parmi lesquelles 12 de chauve-souris. On peut aussi y rencontrer des prédateurs rares comme le chacal (espèce menacée qui a été chassée jusqu'en 1990), la loutre et d'autres plus communs (fouine, belette, renard) ainsi que de grands herbivores comme le cerf et le chevreuil. Sur les Cyclades, seules 10 espèces sont présentes parmi lesquelles le lièvre, le lapin, la fouine, la belette et le blaireau. Encore ne sont-elles présentes que sur les îles les plus grandes. Quant aux Sporades, on n'y trouve que quatre espèces de mammifères. Dans les îles orientales de la mer Égée, la faune est directement liée au peuplement humain : les carnivores ont la plupart du temps été détruits, tandis que les espèces utiles à l'homme (comme le hérisson ou le lapin) ont prospéré. N'oublions pas les mammifères marins : les passagers des ferries et des voiliers voyageant d'île en île peuvent facilement observer le dauphin commun et le grand dauphin.

Les oiseaux

Plus de 430 espèces d'oiseaux ont été dénombrées dans l'ensemble du pays, parmi lesquelles 243 s'y reproduisent plus ou moins régulièrement. Près d'une centaine d'espèces nichent au nord d'Athènes, particulièrement dans les forêts du parc national de Parnitha, qui héberge quelques rapaces rares (faucon pèlerin, circaète jean-le-blanc), mais dont la proximité d'Athènes est la cause de dérangements importants. Une règle généralement constatée veut que la variété de la faune aviaire des Cyclades diminue avec la taille de ces îles et avec leur éloignement du continent. Sur les îles on trouve bien entendu quelques oiseaux marins comme les pétrels cendrés et yelkouan ou le cormoran huppé. Le plus commun y est le goéland leucophée, gros oiseau gris clair à tête blanche et aux pattes jaunes. Les flamants roses hivernent principalement à Lemnos, mais aussi à Samos, Kos et Lesbos. Ces deux dernières îles sont d'ailleurs devenues le rendez-vous des ornithologues amateurs. À noter qu'en été, il est possible de voir converger à Rhodes plusieurs espèces de papillons répandues au Moyen-Orient, telle l'*Euplagia quandripunctaria*.

Les reptiles

Le peuplement le plus original est sans aucun doute celui des reptiles. En effet, le climat et les milieux ensoleillés leur sont très favorables et ce sont plus de vingt espèces qui ont été recensées dans la région d'Athènes et sur les îles. Leur observation est aisée au printemps et à l'automne, mais ne comptez pas trop les voir durant la canicule estivale, ces animaux à sang froid fuient alors les fortes températures et se terrent sous une pierre ou dans un trou du sol. Les îles abritent des espèces, comme le gecko, très diversifiées à la répartition très limitée et spécifiques à certaines îles. Trois espèces de tortues terrestres très semblables vivent en Grèce. La tortue grecque occupe le nord-est du pays mais aussi la région d'Athènes et la plupart des îles du Dodécanèse. La tortue d'Hermann ne se rencontre que sur le continent. La tortue marginée est endémique à la Grèce ; on l'aperçoit sur le continent ainsi que sur quelques îles des Cyclades et des Sporades. Le commerce de ces trois espèces menace leurs populations.

Des espèces menacées

Le mammifère le plus menacé est sans conteste le phoque moine, dont il reste environ 120 à 250 individus autour des îles de la mer Égée. La seule population pure de chèvres sauvages se trouve en Crète et, sur quelques îlots inhabités des Cyclades et du Dodécanèse, se reproduisent entre 2 500 et 3 000 couples de faucons d'Éléonore, soit environ 60% de la population mondiale.

La tortue caouanne, devenue extrêmement rare dans les eaux européennes, vient se reproduire régulièrement sur les plages de l'île de Zakynthos (Zante) et des Cyclades. Cette tortue, qui peut atteindre 1,50m de long et peser 130kg, se nourrit de méduses, crustacés, éponges et poissons divers.

Les poissons de la mer Égée

La mer Égée a des fonds se situant à quelque 200m, et plusieurs fosses d'une profondeur de 1 000m, ce qui est peu si on compare avec sa voisine méridionale du Levant, dont certains fonds atteignent 4 000m. Dans le bassin oriental de la Méditerranée, 468 espèces de poissons ont été recensées. Ce bassin possède nombre d'espèces préférant les eaux chaudes et se caractérise par la présence de celles qui proviennent de la mer Rouge au sud et de la mer Noire au nord. L'île de Syros est un excellent site pour découvrir les poissons qui peuplent cette mer (cette île est prise comme exemple, mais d'autres îles sont tout aussi fournies). Les petits fonds accessibles aux plongeurs en apnée sont riches et variés. Toutefois, les fonds rocheux dominent au détriment des zones sableuses. Une cinquantaine d'espèces sont facilement observables, pour peu que l'on prospecte divers habitats. Sur les petits fonds rocheux éclairés comme ceux que l'on rencontre à Syros, les girelles-paons (*Thalassoma pavo*) abondent. Elles sont accompagnées des crénilabres à cinq taches (*Symphodus roissali*) dont l'abondance diminue rapidement au fur et à mesure que l'on s'enfonce sous l'eau.

Faune et flore des hauts-fonds

C'est entre 3 et 10m de profondeur que l'on verra le plus d'espèces. Parmi elles, citons d'abord le remarquable poisson-perroquet (*Sparisoma cretens*). Très coloré (rouge, vert et jaune pour les femelles et vert kaki pour les mâles), il est plus abondant ici qu'ailleurs en Méditerranée. Pas moins de six espèces de mérou sont présentes. Parmi celles-ci, la badèche (*Epinephelus costæ*) et le mérou brun (*Epinephelus marginatus*) sont les plus communes. À ces profondeurs, de nos jours, il est rare de voir de gros individus. Ils sont, en effet, la cible préférée des chasseurs sous-marins. Bien d'autres poissons peuvent être présents dans cet habitat. Collés au rocher, les blennies, tripterygions et gobies dominent. Au pied des rochers, souvent proche d'une anémone verte, on trouve aussi le gobie moucheté (*Gobius buchichii*). En s'éloignant des rochers, on tombe nez à nez avec les herbiers de posidonies (*Posidonia oceanica*). Cette plante à fleurs est le poumon de la Méditerranée. De nombreuses espèces de poissons s'y réfugient lorsqu'ils sont alevins ou juvéniles, ou au stade adulte. Autour de Syros, les herbiers du sud de l'île sont extrêmement riches. On peut y voir des espèces difficiles à observer, telles que l'hippocampe moucheté (*Hippocampus ramulosus*). On compte également d'autres espèces plus communes telles que le crénilabre cendré (*Symphodus cinereus*), le crénilabre ocellé (*Symphodus ocellatus*), les labres vert et merle (*Labrus viridis, Labrus merula*), la bogue boops boops, le picarel (*Spica smaris*), le mulet lippu (*Chelon labrosus*), le serran écriture (*Serranus scriba*) et la rascasse brune (*Scorpaena porcus*).

Le sable et ses habitants

Le sable représente un écosystème à part entière. La plage de Mégas Gialos (Syros) constitue un site parfait pour observer les poissons de sable. Si le nombre d'espèces est plus réduit que pour les autres habitats, leur originalité est en revanche importante. On notera entre autres la présence du rason

(*Xyrichthys novacula*). Généralement organisé en harem, le mâle défend un territoire sur lequel sont présentes plusieurs femelles. À la moindre alerte, ils s'enfoncent dans le sable pour n'en ressortir qu'après quelques minutes. On rencontre aussi la raie pastenague (*Dasyatis pastinaca*), souvent suivie par le rombou (*Bothus podas*), qui avale les petits crustacés dérangés par la pastenague lors de ses déplacements.

Histoire

La Grèce antique

L'ÉPOQUE PRÉHELLÉNIQUE Les plus anciennes traces significatives d'une occupation humaine en Grèce continentale remontent au paléolithique moyen (40 000 ans avant notre ère) ; elles ont été trouvées en Épire, dans le nord-ouest du pays. Au néolithique, vers 4500 av. J.-C., les populations se sédentarisent sur l'ensemble du territoire et pratiquent l'agriculture. Vers 3000 av. J.-C. commence l'âge du bronze, caractérisé par la métallurgie, une pratique héritée du Proche-Orient, mais la possession d'objets en métal reste rare et l'apanage des élites. À cette époque, les brillantes civilisations d'Égypte et de Mésopotamie n'ont pas d'équivalent en Grèce.

LA PÉRIODE MYCÉNIENNE Les Cyclades et la Crète connaissent une période faste aux IIIe-IIe millénaires, mais il faut attendre l'époque mycénienne, à partir de 1600 av. J.-C., pour voir se développer sur le continent une civilisation florissante, organisée en "palais" et influencée par le modèle minoen de Crète. Ce système très hiérarchisé a essaimé sur plus de 400 sites de Grèce continentale, notamment à Tirynthe, Thèbes et Pylos. On appelle cette civilisation "mycénienne", car le premier site mis au jour fut celui de Mycènes, en Argolide, en 1874. La découverte en revient à Heinrich Schliemann, un Allemand passionné de mythologie et d'histoire grecques. En 1876, cet archéologue autodidacte fouille un premier cercle de tombes royales, dit cercle A. Un second cercle, dit B, est fouillé en 1952. On peut voir une partie des objets ainsi mis au jour, dont le fameux masque royal en or, dit *Masque d'Agamemnon*, au Musée archéologique national d'Athènes. Plusieurs hypothèses ont été avancées pour expliquer l'effondrement de la civilisation mycénienne, survenu vers 1200 av. J.-C. : un cataclysme naturel (supposition aujourd'hui abandonnée), l'arrivée d'un nouveau peuple conquérant, l'insurrection d'une population opprimée, des structures administratives trop rigides ou des luttes intestines.

L'ÉPOQUE GÉOMÉTRIQUE Du XIIe au VIIe siècle avant notre ère, le monde grec subit une période de repli. Au cours de ces "siècles obscurs", l'écriture n'est plus utilisée, et le nombre de sites occupés chute drastiquement. Cependant, l'usage du fer se répand, remplaçant le bronze. Au IXe siècle débute l'époque géométrique, marquée par l'émergence de la cité, l'apparition de l'alphabet grec, emprunté aux Phéniciens, et le développement d'une céramique aux motifs "géométriques". Des centaines de cités apparaissent alors dans le monde égéen. Les poèmes homériques et les œuvres d'Hésiode auraient été composés à la fin de cette période de transition. Les historiens s'affrontent encore pour savoir si la société dépeinte dans *L'Iliade* et *L'Odyssée* renvoie à la réalité des xe-ixe siècles (Moses Finley) ou plutôt à celle des viiie-viie siècles av. J.-C. (Claude Mossé).

LES CITÉS ARCHAÏQUES Deux phénomènes caractérisent l'époque archaïque : la mise en place de tyrannies – soit la concentration et l'accaparement du pouvoir de manière violente par un individu à son profit et celui de ses proches – dans un certain nombre de cités économiquement dynamiques, et l'expansion grecque en Méditerranée par la fondation de colonies. La cité de Chalcis, en Eubée, envoie des colons fonder Cumes dans le sud de l'Italie actuelle ; Corinthe est à l'origine de la cité de Syracuse, en Sicile, et Sparte de celle de Tarente, dans le sud de la péninsule italienne. À Athènes, les efforts du législateur Solon, à partir de 594 av. J.-C., ne permettent pas de résoudre les conflits sociaux liés à la mauvaise répartition des terres et aux dettes des paysans. Les tyrans issus de la famille des Pisistratides monopolisent le pouvoir jusqu'en 510 av. J.-C.

LE DÉBUT DE L'ÈRE CLASSIQUE : LES GUERRES MÉDIQUES La seconde moitié du vie siècle av. J.-C. voit la consolidation de l'Empire perse voisin, sous le commandement des monarques achéménides. L'appétit territorial de ces derniers finit par se heurter aux aspirations de liberté des cités grecques d'Ionie, sur la côte d'Asie Mineure. Les guerres dites "médiques" – les Mèdes étant un peuple agrégé aux Perses – ont pour prélude la révolte de la satrapie d'Ionie en 499 av. J.-C. Par une solidarité nourrie du personnage d'Ion, ancêtre mythique commun, Athènes et Éretrie (en Eubée) prennent la défense de leurs frères opprimés par le joug oriental. Le Perse, incarnation du Barbare ("celui qui ne parle pas le grec") et du despote, devient pendant un demi-siècle l'ennemi commun des Grecs. La première bataille importante, livrée à Marathon, est une grande victoire pour Athènes, mais seulement une petite défaite pour l'armée de Darius Ier. Pour que le danger perse soit écarté, il faut attendre la victoire éclatante des trières athéniennes à Salamine, en 480 av. J.-C., et celle des forces grecques coalisées sous la direction de Sparte, à Platées, en 479 av. J.-C. Pendant toute la période classique vont s'affronter à Athènes le courant "marathonien" des hoplites (soldats d'infanterie lourde, assez fortunés pour payer leur équipement), marqué par le conservatisme et la volonté de ne pas laisser les plus modestes participer à la vie politique de la cité, et le courant "salaminien" des rameurs, ces hommes sans le sou mais qui ont constitué la force motrice des trières victorieuses et qui attendent de la démocratie qu'elle donne la parole aux petites gens.

LA BATAILLE DE MARATHON

En 490 av. J.-C., les Athéniens et leurs alliés platéens affrontent l'armée de Darius dans la plaine de Marathon, à 42km au nord-est d'Athènes. Hérodote raconte que le messager Philippidès, envoyé chercher du renfort à Sparte, puis dépêché à Athènes pour annoncer la victoire, parcourt ainsi plus de 260km en quelques jours. Il en meurt d'épuisement, léguant le nom de "marathon" à l'épreuve de la course olympique moderne.

LE SIÈCLE DE PÉRICLÈS C'est ainsi que certains historiens nomment le ve siècle avant notre ère, marqué par la figure de l'homme politique athénien Périclès (v. 495-429 av. J.-C.). Ce siècle qui a commencé avec l'affrontement entre Perses et Grecs est aussi celui de l'épanouissement politique, économique et artistique d'Athènes (cf. GEORégion L'Attique et l'Eubée, Athènes, "L'âge d'or"). La démocratie, régime progressivement instauré à la chute de la tyrannie des Pisistratides, en 510 av. J.-C., et à la suite des réformes de Clisthène, en 507 av. J.-C. (cf. Athènes, "Du mythe à la première démocratie"), s'enracine à Athènes avec le développement des institutions. Est mise sur pied une assemblée du peuple, l'*ekklesia*, secondée dans ses prises de décision par un Conseil des Cinq-Cents, la *boulè*, par des magistrats civils tirés au sort, les archontes, et par des magistrats militaires élus, les stratèges. La justice est rendue par un tribunal populaire, l'héliée, et par des tribunaux spécialisés – tel l'Aréopage, compétent pour les cas d'homicide, d'empoisonnement et d'incendie. Afin de motiver les citoyens les plus éloignés du centre de la cité, notamment les paysans, à siéger à l'assemblée ou au tribunal populaire, des indemnités journalières sont versées à partir du milieu du ve siècle. Pour se protéger de potentiels ennemis de la démocratie et se défaire d'adversaires politiques, l'*ekklesia* instaure l'ostracisme, procédure qui permet de bannir temporairement un citoyen de la cité. Le ve siècle est aussi une période d'expansion économique athénienne, qu'on a pu qualifier d'"impérialiste" : en 478 av. J.-C. est formée, sous commandement athénien, la ligue de Delos, une alliance militaire de cités grecques destinée à contrer toute nouvelle menace perse. Cette dernière est définitivement écartée vers 468 av. J.-C. (bataille navale de l'Eurymédon), mais Athènes refuse de relâcher la ligue et l'utilise pour affermir son emprise sur ses alliées – elle installe dans

L'origine des jeux Olympiques

Les jeux Olympiques doivent leur qualificatif à leur berceau, Olympie - non point une cité, mais un sanctuaire antique du Péloponnèse. Pour les Anciens, en effet, ces manifestations sportives ne constituaient qu'un des volets du culte de Zeus Olympien, et elles étaient étroitement liées à des cérémonies religieuses. Les jeux Olympiques antiques sont en fait des concours panhelléniques célébrés à la gloire de Zeus, le "père et maître des dieux". Inaugurés en 776 av. J.-C., ils ont lieu tous les quatre ans et suscitent, pendant un mois, une trêve sacrée des hostilités, les athlètes et les pèlerins devant pouvoir se déplacer en toute sécurité dans l'Hellade pour l'occasion. Après avoir connu leur apogée au Ve siècle av. J.-C., ces concours perdent peu à peu leur caractère sacré à l'époque romaine, et l'avènement du christianisme leur est fatal. L'empereur byzantin Théodose Ier les interdit en 393, et leur abolition, en 426, entraîne la destruction des temples du sanctuaire d'Olympie. Si les Jeux ressuscitent à la fin du XIXe siècle, c'est grâce aux fouilles du site d'Olympie et à l'action de Pierre de Coubertin (1863-1937), qui prône la valeur éducative du sport et l'internationalisation des disciplines sportives. Athènes accueille en 1896 les premiers jeux Olympiques modernes, puis les organise de nouveau en 2004.

ces cités des colons militaires (les clérouques) et détourne une partie du tribut qu'elles lui versent pour assurer leur protection au profit des grands travaux de l'Acropole. Toute velléité sécessionniste (révoltes de Naxos, vers 470 av. J.-C., et de Samos, en 440 av. J.-C.) est sévèrement réprimée. L'autoritarisme d'Athènes finit par ranger une partie des mécontents derrière Sparte, dont l'organisation oligarchique en fait l'antimodèle. Si les deux cités ont un moment unis leurs forces contre l'ennemi extérieur, elles finissent par se combattre idéologiquement et militairement.

LA GUERRE DU PÉLOPONNÈSE L'affrontement direct éclate en 431 av. J.-C. et dure près de trente ans, avec des périodes d'apaisement (paix de Nicias en 421 av. J.-C.) et des épisodes tragiques pour Athènes (peste de 430 av. J.-C., échec d'une expédition en Sicile en 413 av. J.-C., défaite navale à Aigos Potamos en 405 av. J.-C.). Sparte sort victorieuse de ce long et épuisant conflit. Sous son influence, un gouvernement oligarchique très violent, la tyrannie des Trente, est instauré à Athènes en 404 av. J.-C. Mais la démocratie est rétablie dès l'année suivante.

L'INGÉRENCE MACÉDONIENNE De 403 à 338 av. J.-C., Athènes, Thèbes et Sparte se disputent l'hégémonie sur le monde hellénique, contractant des alliances les unes contre les autres. Trop occupées à assurer leur suprématie, elles ne prennent que trop tardivement conscience du danger que représente la monarchie macédonienne, malgré les avertissements de l'orateur athénien Démosthène. Philippe II de Macédoine met à profit les querelles de ses voisins du Sud (les guerres sacrées autour du sanctuaire de Delphes) pour s'ériger en arbitre. En 338 av. J.-C., la défaite des cités grecques à Chéronée met fin à leur indépendance et, conventionnellement, ouvre l'époque hellénistique.

L'ÉPOQUE HELLÉNISTIQUE En une dizaine d'années, les conquêtes d'Alexandre le Grand (336-323 av. J.-C.), roi de Macédoine et fils de Philippe II, couvrent un territoire immense, qui s'étend de la péninsule Balkanique à l'Inde en passant par l'Asie Mineure, la péninsule Arabique et l'Asie centrale. L'unité de cet empire ne tient qu'à la stature de son fondateur. Comme sur l'ensemble des terres qu'il a conquises, Alexandre tolère l'autonomie des cités grecques, mais exige d'être considéré comme souverain des Hellènes. Il tente même, mais sans succès, d'être divinisé. Si la Grèce des cités libres n'est plus, l'hellénisme se propage par le biais des arts plastiques, du théâtre, des sciences, des us et coutumes véhiculés par la langue grecque dans l'empire d'Alexandre. À sa mort, ses généraux se partagent ses conquêtes. En 277 av. J.-C., une grande partie de la Grèce continentale est incorporée au royaume de Macédoine, sur lequel règne la dynastie des Antigonides. Les assemblées populaires des cités grecques se maintiennent, mais un nouveau type de groupement politique se développe au IIIe siècle av. J.-C. : les confédérations, destinées à contrer les invasions, comme celle des Galates. L'Étolie et l'Achaïe adoptent ce système politico-militaire. L'Épire se développe tout particulièrement à l'époque en réunissant trois tribus : Molosses, Chaones et Thesprotes. Elle connaît un âge d'or sous le règne de Pyrrhus Ier (297-272 av. J.-C.), qui réussit à contrôler la Macédoine pendant quelques années, et sous celui de son fils Alexandre (272-242 av. J.-C.). Renversée en 231 av. J.-C., cette monarchie épirote laisse

GEOPLUS

L'Antiquité grecque, un âge d'or ?

Par **Vincent Azoulay**, maître de conférences en histoire grecque à l'université de Paris-Est Marne-la-Vallée

Loin de constituer un univers paisible, régi par la raison des philosophes et la loi de la démocratie, la Grèce antique est un monde plein de bruit et de fureur, où se mêlent odeurs des sacrifices, sang des batailles et sueur des esclaves. Pourquoi, alors, continuer à s'intéresser à cette civilisation trop souvent idéalisée, dont le blanc Parthénon est resté l'emblème ?

"Nous sommes tous grecs" Une réponse évidente pourrait s'énoncer en termes d'héritage. Les Grecs nous ont légué un patrimoine politique, artistique, culturel et scientifique immense. Cela crée un sentiment de proximité immédiate à l'égard d'une culture qui a "inventé" l'histoire, la philosophie, le théâtre, la médecine rationnelle mais aussi la liberté politique et la démocratie. Il y a près de 2 500 ans, l'humanité aurait connu un âge d'or, source d'inspiration pour les temps futurs : les ruines des temples grecs ou les statues de marbre antiques seraient autant de traces de cette fantastique aventure humaine dont nous serions, chacun individuellement, et tous collectivement, les dépositaires. C'était déjà ce qu'affirmaient les poètes romantiques du début du XIXe siècle, au moment où ils s'engagèrent dans la lutte pour l'indépendance grecque. D'une formule laconique, le poète romantique Percy Shelley (1792-1822) résumait le sentiment des intellectuels européens de l'époque : "Nous sommes tous grecs." Au cours du XIXe siècle, les historiens parèrent la Grèce antique de toutes les qualités, au point d'en faire le lieu d'un "véritable miracle" : l'esprit et la raison seraient nés brutalement en Grèce au Ve siècle avant notre ère, telle Athéna sortant tout armée de la tête de son père, Zeus. Comme l'écrivit l'historien français Ernest Renan au XIXe siècle, le miracle grec est "une chose qui n'a existé qu'une fois, qui ne s'était jamais vue, qui ne se reverra plus, mais dont l'effet durera éternellement, un type de beauté éternelle, sans nulle tache locale ou nationale", ou, pour le dire autrement, il est "l'idéal cristallisé en marbre pentélique"– le marbre dont est fait le Parthénon d'Athènes.

Miracle ou mirage grec ? Les études récentes sont cependant venues nuancer, voire infirmer, l'idée d'un authentique "miracle grec". Tout d'abord, les savants ont souligné qu'il s'agissait là d'un phénomène proprement athénien : c'est la cité de Périclès qui est visée par cette formule, et non la Grèce en général. Sparte, par exemple, est loin d'être une cité caractérisée par l'ouverture et la tolérance ! Ensuite, les historiens ont montré l'immense fossé qui sépare les sociétés d'aujourd'hui de la première démocratie de l'histoire. À Athènes, la liberté ne concernait ainsi qu'un petit nombre d'individus : au Ve siècle av. J.-C., on dénombrait de 40 000 à 50 000 citoyens sur une population totale de plus de 350 000 personnes. La majorité était donc exclue de la participation politique qui restait le privilège d'un petit "club d'hommes" fermé : ni les femmes, ni les étrangers – les métèques –, et encore moins les esclaves, ne jouissaient des droits civiques. Mieux encore, l'exclusion des uns allait de pair avec la liberté des autres. Pour avoir le loisir de se présenter à l'Assemblée ou pour participer à la guerre, le citoyen devait en effet libérer du temps, ce que l'esclavage lui permettait précisément d'obtenir. C'est ce qui contribua à faire de l'asservissement une donnée permanente de la vie des citoyens grecs, y compris dans la très démocratique Athènes. Indispensable à l'épanouissement du système démocratique, le travail servile était également pour partie lié à la mise en place d'un système impérialiste : ainsi, après les guerres médiques, les Athéniens prirent la tête de la ligue de Delos – alliance militaire entre plus de 200 cités grecques – qu'ils transformèrent rapidement en un empire fonctionnant à leur profit. C'est ainsi qu'ils n'hésitèrent pas à détourner une partie du tribut versé par ces cités et destiné, en principe, à la guerre contre l'ennemi perse. C'est grâce aux ressources tirées de cet empire que les Athéniens financèrent les grands travaux de l'Acropole et, surtout, la rétribution des fonctions politiques, ce qui permit aux citoyens les plus pauvres de prendre une part active à la vie civique. La démocratie grecque ne se fondait donc pas sur une pensée universelle de la liberté et des droits de l'homme. Dès lors, parler de "miracle grec" semble pour le moins abusif, ce que n'ont pas manqué de souligner de nombreux historiens, dans le contexte de la décolonisation de la seconde moitié du XXe siècle. Remettant en cause l'idée même du miracle grec, certains sont allés jusqu'à congédier brutalement le monde grec, le renvoyant aux oubliettes de l'Histoire, en tant qu'univers machiste, esclavagiste et colonialiste – bref, en tant que préfiguration de l'Occident impérialiste du XIXe et du XXe siècle.

> *"Au cours du siècle dernier, trop d'esprits bien intentionnés ont tenté de présenter à leur public une Grèce parfaite [...], offrant à la fois un exemple idéal de l'art de penser, des vertus héroïques, de la beauté et de l'art de vivre. Cette image idéologique et académique était fausse, elle ne correspondait pas, bien entendu, à la vivante réalité d'un peuple pendant plusieurs siècles ; elle a beaucoup contribué, en France surtout, à dégoûter le public des lectures et des études grecques : on n'avait que faire de cette trop parfaite statue taillée dans un marbre trop blanc."*
> *Marguerite Yourcenar*

Une précieuse conquête Cette vision de la Grèce antique est profondément réductrice, car elle juge la cité antique à l'aune des réalités contemporaines. Pour prendre la mesure de la rupture qui s'opère à Athènes au Ve siècle av. J.-C., il ne faut donc pas la rapporter à la situation d'aujourd'hui, mais à celle qui prévalait alors. À l'époque de Périclès coexistent des sociétés très différentes qui ont, néanmoins, un certain nombre de traits en commun : le travail servile y est presque universel et la situation des femmes loin d'être enviable ; les lois sont considérées comme l'émanation d'une instance extérieure, qu'il s'agisse d'ancêtres, de dieux ou de rois. C'est dans ce contexte précis que l'invention de la démocratie doit être évaluée. Pour la première fois, une communauté accède à l'autonomie : les Athéniens se reconnaissent explicitement la source des lois – lois qu'ils peuvent décider de changer comme bon leur semble. Certes, cette invention va de pair avec la relégation de catégories entières de la population et, en particulier, les femmes et les esclaves. Toutefois, cela n'en reste pas moins un progrès extraordinaire, en comparaison des sociétés où prévalent à la fois l'esclavage, la domination masculine et l'absence de liberté politique ! S'il n'y eut donc pas de "miracle grec" à proprement parler, il se produisit tout de même à Athènes une innovation historique majeure. Ni mirage, ni miracle, la démocratie grecque est un régime qui associe liberté des uns et assujettissement des autres d'une façon totalement inédite. C'est précisément cette ambivalence qui fait tout l'intérêt de l'étude de la civilisation grecque : elle nous rappelle que les idées les plus universelles – comme la liberté ou la démocratie – s'enracinent dans des sociétés pétries de contradictions

"S'il n'y eut donc pas de "miracle grec" à proprement parler, il se produisit tout de même à Athènes une innovation historique majeure. Ni mirage, ni miracle, la démocratie grecque est un régime qui associe liberté des uns et assujettissement des autres d'une façon totalement inédite."

place à des institutions plus démocratiques mais aussi plus vulnérables aux invasions, notamment à celle des Illyriens. L'époque hellénistique est marquée par le déploiement de nouveaux courants philosophiques : le stoïcisme, l'épicurisme et le cynisme. En développant la notion de *cosmopolis*, qui fait de chaque individu un citoyen du monde et un concitoyen, les stoïciens tentent de légitimer les conquêtes d'Alexandre et de trouver une unité à son empire. Celle-ci repose sur l'hellénisme, la propagation des valeurs grecques par l'utilisation de la langue grecque en littérature, dans l'administration, la philosophie et les sciences. Athènes, qui dominait politiquement les autres cités-États grecques de l'époque classique, s'impose culturellement dans le monde hellénistique. D'autres centres émergent, tels que Pergame, qui abrite une école artistique de renom, mais aussi Antioche et Alexandrie, où se développent les sciences physiques et mathématiques, les techniques économiques et militaires, la médecine et la botanique.

LA CONQUÊTE ROMAINE La domination romaine a mis deux siècles et demi à s'imposer au monde hellénistique. La menace se précise à l'issue des deux premières guerres "macédoniennes" (215-205 et 200-196 av. J.-C.) : battu à Cynoscéphales, Philippe V de Macédoine doit se retirer de Grèce, et Rome consolide sa présence en Grèce centrale. Les Séleucides, qui règnent sur une partie de l'ancien Empire perse, tentent d'intervenir en faveur des Grecs, mais ils sont écrasés à la bataille de Magnésie du Sipyle en 190-189 av. J.-C. À l'issue de la 3e guerre macédonienne (172-168 av. J.-C.), la Macédoine, l'Épire, l'Illyrie et la Thessalie passent sous tutelle romaine. Dans un dernier sursaut, la confédération achéenne affronte Rome en 148 av. J.-C. : les forces achéennes sont écrasées près de Corinthe, la cité elle-même est rasée et son sol voué aux Enfers. La Grèce continentale perd son indépendance. La province romaine de Macédoine est créée, et son gouverneur voit l'Achaïe placée sous sa responsabilité. Les pillages romains et les inégalités engendrées par l'accroissement du pouvoir des notables au sein des cités plongent la Grèce dans une grave crise économique et démographique. Mais, là encore, l'hellénisme est assimilé par le conquérant, et de nombreux Grecs (otages, ambassadeurs, esclaves, marchands, médecins) sont envoyés à Rome. Beaucoup de Romains s'installent aussi en Grèce. Le fait de parler le grec et de s'initier aux humanités grecques devient même un signe distinctif de l'élite romaine. La prospérité économique et la stabilité qui caractérisent l'Empire à partir du règne d'Auguste favorisent un nouvel essor de la Grèce, définitivement assimilée à une province romaine en 27 av. J.-C. : expansion de l'hellénisme, renaissance des cités grecques aux IIe et IIIe siècles, création d'une seconde école sophistique qui s'illustre à Athènes, à Smyrne, à Éphèse… Un phénomène essentiel pour la construction de l'identité grecque est l'éclosion des communautés chrétiennes, dont les Grecs prennent la tête. Ainsi, les premières communautés chrétiennes du continent européen sont fondées à Philippes, en Macédoine, puis à Athènes et à Corinthe, et l'apôtre Paul prêche à Athènes et à Thessalonique. En 330, la capitale de l'Empire romain est transportée à Byzance, renommée Constantinople, la "cité de Constantin". Théodose proclame le catholicisme religion d'État et partage l'Empire entre ses deux fils. En 476, l'Empire romain d'Occident s'effondre sous la pression barbare et les faiblesses internes, tandis que la partie orientale de l'Empire romain, à laquelle est rattachée la Grèce depuis 395, devient l'Empire byzantin.

La Grèce byzantine

UN EMPIRE HELLÉNISÉ La période dite "protobyzantine" s'étend jusqu'en 610, année où le général Héraclius, qui a sauvé Constantinople d'une attaque barbare, monte sur le trône. Sous son règne, le grec se substitue au latin comme langue officielle de l'État. C'est ainsi que le titre grec de *basileus* remplace celui d'*imperator* pour désigner le chef suprême. L'Empire byzantin prospère et étend son influence de la péninsule Balkanique au Danube, de l'Asie Mineure au sud de l'Italie, même si, confortés par leur expansion en Méditerranée, les Arabes constituent une menace dès le VIIe siècle – ils mettront le siège devant Constantinople en 718-719. La Grèce est ravagée par les invasions slaves au VIe siècle, mais elle exerce une influence culturelle considérable dans l'Empire.

GRANDEUR ET DÉCLIN L'époque de la dynastie macédonienne (867-1056) est la plus resplendissante pour l'Empire. Elle est marquée, notamment, par la renaissance des lettres grecques. Le déclin s'amorce au milieu du XIe siècle, quand le commerce et les industries passent aux mains des Vénitiens. Par ailleurs, les victoires turques en 1071 et en 1176 font perdre à Constantinople sa souveraineté sur l'Anatolie. La pression vient aussi de l'Occident. Les tensions entre la papauté et le patriarcat de Constantinople, nées de divergences liturgiques (la première contestant le culte des icônes et l'utilisation de pain levé pour la communion) et doctrinales (le second rejetant, notamment, le célibat des prêtres), aboutissent au schisme d'Orient (1054) entre les deux Églises. Alliés au pape, les Normands conquièrent les possessions byzantines en Italie et en Sicile, puis ils débarquent en Épire (1081) et ravagent l'Eubée et l'Attique (1147). À la veille de la 4e croisade, l'État byzantin ne comprend plus que la Grèce continentale, les côtes ioniennes et le Pont-Euxin. L'Église romaine et les féodalités occidentales profitent de ce déclin pour tenter d'imposer en Orient une relève de l'Église de Constantinople.

LA "QUERELLE DES IMAGES"
Jalon important de l'histoire byzantine, auquel la Grèce prend bien sûr part, ce conflit se cristallise autour du culte des icônes. En 730, l'empereur Léon III interdit ce culte répandu dans les milieux populaires et relayé par le bas clergé et les moines. Ces derniers, de plus en plus nombreux et influents, ont fini par inquiéter le pouvoir central. La lutte entre iconodules (qui vénèrent les images pieuses) et iconoclastes (qui veulent les détruire) prend fin en 843, par un règlement qui permet le rétablissement des icônes en précisant qu'elles ne doivent pas être adorées pour elles-mêmes.

LA DOMINATION FRANQUE En 1204, les croisés s'emparent de Constantinople, détrônent l'empereur et pillent la ville avant de l'incendier, détruisant nombre de livres et d'œuvres d'art. Les Francs se partagent alors le territoire byzantin : Constantinople est regroupée avec la Thrace et le nord-ouest de l'Asie Mineure au sein d'un Empire latin. Est aussi fondé le royaume de Thessalonique en Macédoine et Thessalie. La Grèce centrale est divisée en baronnies, la province du Péloponnèse devient la principauté d'Achaïe et un duché d'Athènes voit le jour. Une grande partie des populations grecques s'est réfugiée dans trois États indépendants nés en 1204 : l'empire de Nicée, celui de Trébizonde et le despotat d'Épire.

LES PALÉOLOGUES En 1261, Michel VIII Paléologue reprend Constantinople aux Francs et restaure l'Empire byzantin. La défaite des Francs en Grèce centrale et dans le Péloponnèse permet la création, en 1262, du despotat grec de Morée, foyer culturel et religieux byzantin de renom, autour de la cité de Mistra. Malgré les difficultés politiques, la dynastie des Paléologues (1258-1453) promeut une renaissance de l'hellénisme, qui survivra encore deux siècles. Mais, en 1430, les Ottomans prennent Salonique. En mai 1453, la chute de Constantinople sonne le glas de l'Empire byzantin. Athènes tombe aux mains des Turcs en juin 1456 et Trébizonde, le dernier royaume grec, le 15 août 1461. Seules les îles Ioniennes, sous contrôle vénitien, échapperont à ces nouveaux maîtres musulmans.

La Grèce ottomane

UNE PACIFICATION DIFFICILE En Grèce, l'occupation suscite, dès ses débuts, de nombreuses révoltes : pendant la guerre turco-vénitienne (1463-1479), Michel Rallis et Pierre Bouas soulèvent le Péloponnèse. Après la victoire des chrétiens à Lépante, en 1571, où 5 000 Grecs ont servi dans la flotte vénitienne, la Grèce continentale, la Macédoine et les îles de la mer Égée tentent de s'affranchir du joug ottoman, sous le commandement des frères Melissenos. L'Espagne catholique suscite aussi, mais sans succès, une série de révoltes à la fin du XVIe et au début du XVIIe siècle.

SOUS LA LOI ISLAMIQUE La Grèce et les autres pays balkaniques conquis par les Turcs sont rassemblés dans une unité administrative : l'eyalet de Roumélie, sous le commandement d'un beylerbey de Roumélie. La loi islamique prévoit de laisser le droit de propriété et le libre exercice de leur culte aux populations non musulmanes qui ont accepté sans résistance la domination ottomane, contre le paiement d'une capitation en sus des impôts versés par les autres sujets. En revanche, toutes les terres conquises par la force reviennent au sultan, qui peut les distribuer à ses guerriers, à ses fonctionnaires ou à des fondations religieuses. Ainsi les terres fertiles de Macédoine, de Thrace et de Thessalie passent à des féodaux musulmans, dont les paysans grecs deviennent les serfs. Les habitants des régions montagneuses de Macédoine, d'Épire, de Grèce continentale et du Péloponnèse conservent, quant à eux, leurs terres et leur liberté. Les Turcs laissent aux monastères orthodoxes leurs possessions, et le patriarche de Constantinople demeure le chef des chrétiens orthodoxes. La servitude la plus lourde pour les familles chrétiennes est, jusqu'au milieu du XVIIe siècle, le recrutement de certains (1 sur 5) de leurs fils de 6 à 15 ans : ils sont élevés dans l'islam pour intégrer le corps des janissaires, une unité d'élite de l'armée ottomane. Les XVIe et XVIIe siècles sont particulièrement difficiles pour les Grecs de l'Empire ottoman : guerres, massacres, islamisation forcée et émigration massive. Ceux qui restent au pays fuient la plaine pour la montagne et s'organisent, profitant des failles et des "tolérances" de l'administration turque ; certains forment des bandes armées qui mènent la vie dure aux autorités ottomanes.

L'ÉVEIL NATIONAL Il gagne les consciences entre 1715 et 1821. Le XVIIIe siècle, plus pacifique, est une période de stabilité qui favorise les échanges entre la Sublime Porte et les puissances occidentales, notamment la France et la Grande-Bretagne. Ces relations profitent aux Grecs, et Smyrne et Salonique deviennent les capitales économiques de l'Empire ottoman. La flotte grecque se développe au point de fournir des auxiliaires dans les guerres navales franco-anglaises. Elle sera aussi sollicitée lors de la Révolution française et des guerres napoléoniennes. Le mouvement de libération qui se développe parmi les élites grecques dans la seconde moitié du XVIIIe siècle s'organise à partir des Balkans, mais il doit aussi beaucoup aux Phanariotes, ces bourgeois grecs de Constantinople qui forment une élite influente jusque dans l'administration ottomane. C'est d'abord Catherine II qui cherche à soulever tous les orthodoxes de l'Empire ottoman, afin de lui substituer un empire balkanique aux mains d'un prince russe. En 1774, le traité de Kutchuk-Kaïnardji, qui solde la première incursion russe en territoire grec, accorde à la Russie la protection des orthodoxes de Valachie et de Moldavie et permet aux bateaux grecs de naviguer sous pavillon russe. Parallèlement à ces guerres russo-turques (1768-1774 et 1788-1792), l'Empire ottoman se disloque de l'intérieur, les janissaires faisant et défaisant les sultans, et les querelles de pouvoir minent l'unité de l'Empire. La Révolution française et son appel à la libération des nations reçoivent un accueil enthousiaste des Grecs. Nourri des idéaux de 1789, Rhigas Pheraios (1757-1798) organise un mouvement national dans les Balkans, mais les Autrichiens le livrent aux Ottomans en 1798. Des sociétés secrètes grecques, similaires à celles qui éclosent dans toute l'Europe (tels les Carbonari), se développent sous couvert d'activité culturelle : les Philomuses à Athènes, la Société amicale à Odessa, l'Hôtel hellénophone à Paris…

LA RÉVOLUTION GRECQUE C'est en 1821 que débute la guerre d'Indépendance en Grèce continentale et dans les îles. Il faut d'abord, dans certaines régions, combattre la méfiance et le conservatisme des notables grecs avant de s'attaquer aux Turcs. Puis une série de gouvernements locaux se met en place : le Sénat du Péloponnèse, l'Aréopage… En janvier 1822, à Épidaure, la première Assemblée nationale vote une Constitution démocratique et proclame l'indépendance de la Grèce. Mais des divisions se font jour, dès 1823, parmi les insurgés et la Révolution tourne à la guerre civile. En 1825, Mahmud II appelle à la rescousse son vassal le vice-roi d'Égypte, Méhémet Ali. De 1825 à 1827, les troupes turco-égyptiennes reprennent peu à peu le pays, non sans le ravager. La violence de la prise de Missolonghi, en 1826, ravive le philhellénisme européen cf. L'École française d'Athènes (p.52). La France, la Russie et la Grande-Bretagne exigent en juillet 1827 un armistice immédiat ; le refus de la Sublime Porte débouche le 20 octobre sur la bataille navale de Navarin, au cours de laquelle la flotte turco-égyptienne est détruite. En 1828, la Russie déclare la guerre à la Turquie et un corps expéditionnaire français commandé par le général Maison occupe la Morée.

La Grèce moderne

L'AVÈNEMENT DU ROYAUME DE GRÈCE En septembre 1829, sous la pression russe, les Ottomans doivent reconnaître l'autonomie de la Grèce aux termes du traité d'Andrinople. En 1830, l'indépendance du pays est proclamée, sous le contrôle de la Russie, du Royaume-Uni et de la France. Son premier président élu, Jean Capo d'Istria, est assassiné à Nauplie, la capitale, en 1831. Les trois puissances "protectrices" imposent alors la monarchie et, en l'absence d'une aristocratie locale, proposent le trône au prince Otton de Bavière. En 1834, Athènes devient la capitale du jeune État, qui comprend l'Attique, le Péloponnèse, une partie de la Thrace et de la Macédoine, les Cyclades et quelques autres îles. L'absolutisme du nouveau régime et le fait que les hautes charges de l'administration et de l'armée reviennent à des Allemands ne peuvent que mécontenter les Grecs. En 1843, une insurrection nocturne oblige Otton Ier à octroyer à son peuple une Constitution, encore très conservatrice. La montée de la bourgeoisie et du libéralisme politique et économique en Europe, à la suite des révolutions de 1848, favorise en 1862 une série de révoltes dans le Péloponnèse. La mutinerie de plusieurs garnisons provoque finalement la destitution du roi en octobre 1862.

LE RÈGNE DE GEORGES IER C'est le Royaume-Uni qui choisit le nouveau monarque : Guillaume de Schleswig-Holstein-Sonderburg-Glücksburg, fils du roi de Danemark Christian IX, devient ainsi Georges Ier, roi des Hellènes. En 1864, Londres rétrocède au royaume les îles Ioniennes qu'elle possédait depuis 1815. En cette même année 1864, une nouvelle Constitution fait de la Grèce une monarchie parlementaire. À partir de 1875, la stabilité politique s'accompagne d'un essor économique : nouvelles infrastructures de transport, accroissement des surfaces cultivées, développement du crédit et de l'industrie… Cependant, les disparités sociales s'accentuent au gré de l'industrialisation du pays et de l'urbanisation de sa population. Du fait de sa position géographique, le royaume grec est impliqué à la fin du XIXe siècle et au début du XXe dans le complexe problème des nationalités dans les Balkans, qui se cristallise sur la Macédoine. Différentes nations se disputent depuis longtemps cette région peuplée de Turcs, de Grecs, de Serbes, de Bulgares, de Valaques et d'Albanais. En 1881, la Turquie doit céder à la Grèce la Thessalie et une partie de l'Épire. Les deux pays s'affrontent aussi à propos de la Crète, où les Grecs font débarquer leurs troupes en 1897. Les difficultés militaires et économiques des années 1890 et 1900 suscitent un coup d'État en 1909. Le Crétois Eleftherios Venizelos, qui a proclamé le rattachement de son île à la Grèce en 1908, prend la tête du gouvernement en 1910. Une nouvelle Constitution, plus libérale, voit le jour l'année suivante. Des réformes économiques sont engagées en faveur des paysans et des ouvriers. Alliée à la Bulgarie, à la Serbie et au Monténégro, la Grèce déclare la guerre à la Turquie en octobre 1912. Cette dernière est vite battue, mais la question du partage de la Macédoine et de la Thrace suscite un second conflit, à l'issue duquel la Grèce continentale s'agrandit du sud de l'Épire, de la Chalcidique, de Thessalonique et d'une grande partie de la Macédoine. Entre-temps, en mars 1913, Georges Ier est assassiné et son fils Constantin lui succède.

LA PREMIÈRE GUERRE MONDIALE La Grèce est prise dans la tourmente du conflit mondial : au roi, qui veut rester neutre, s'opposent Venizelos et ceux qui penchent en faveur de la Triple-Entente. Le Premier ministre prend le pouvoir à Athènes en 1917, Constantin Ier abdique en faveur de son second fils, Alexandre, et la Grèce se range du côté des Alliés. Les guerres balkaniques et la Première Guerre mondiale permettent au royaume de doubler en dix ans son territoire et sa population. Mais elles ont aussi engendré misère et appétit pacifiste dans les couches populaires. L'instabilité politique, renforcée par l'afflux massif de réfugiés grecs d'Asie Mineure, après la défaite de l'offensive grecque en Ionie (septembre 1922), et l'effroi suscité par la "Catastrophe" qui a suivi – en représailles, la cavalerie turque a égorgé des milliers de chrétiens grecs et arméniens de la région de Smyrne –, débouchent sur l'abdication de Constantin Ier en 1922, puis de son fils et successeur Georges II en 1923.

LA RÉPUBLIQUE GRECQUE Proclamée le 25 mars 1924, elle va durer jusqu'en 1936, marquée par les coups d'État militaires. Seule période de stabilité : le gouvernement formé par Venizelos de 1928 à 1932. Mais les difficultés économiques et des questions territoriales (Chypre demande son rattachement à la Grèce) poussent Venizelos à la démission et à l'exil. En 1935, la monarchie est restaurée. De l'année suivante à sa mort, en 1941, le général Metaxas impose une dictature qui étouffe le pays, déjà accablé par la dette contractée auprès des Britanniques et des Allemands depuis la Première Guerre mondiale.

La Grèce contemporaine

GUERRES ET RESTAURATION DE LA ROYAUTÉ Lors de la Seconde Guerre mondiale, tandis que le roi et le gouvernement s'exilent au Caire, un important mouvement de résistance réunit des Grecs de tous les horizons politiques au côté des Britanniques dans la lutte antifasciste. Mais le pays subit les conséquences quotidiennes d'une impitoyable occupation italo-bulgare dès 1940, puis allemande en 1941. À la libération, l'ELAS, la puissante armée mise sur pied par les communistes, refuse de rendre les armes aux Britanniques, qui veulent restaurer la monarchie, et une terrible guerre civile éclate. En 1949, les communistes sont vaincus par l'armée gouvernementale, avec le soutien des Américains, qui ont relayé les Britanniques en 1947, dans le contexte de la guerre froide. Georges II a été rétabli sur le trône dès 1946. Il meurt en 1947 et son frère Paul Ier lui succède. Pour se reconstruire, la Grèce bénéficie du plan Marshall à partir de 1951. Elle entre dans l'Otan l'année suivante. En 1955, une majorité de centre droit porte au pouvoir Konstantinos Karamanlis (1907-1998), dans un lourd climat d'inquisition anticommuniste. L'instabilité politique caractérise le début des années 1960. La victoire de l'Union des centres installe Georgios Papandreou (1888-1968) à la tête du gouvernement en 1964, mais les ambitions réformatrices du Premier ministre inquiètent les conservateurs et il doit démissionner en 1965.

LA DICTATURE DES COLONELS (1967-1974) L'entrée des chars dans Athènes, le 21 avril 1967 (peu avant les élections et la victoire pressentie des centristes), porte au pouvoir une junte dirigée par le colonel Georgios Papadopoulos. Ordre moral (presse et libertés surveillées), pouvoirs exorbitants de l'armée, exil des intellectuels (Mikis Theodorakis, Melina Mercouri, etc.) marquent ces tristes années de dictature. L'opposition est farouchement réprimée. Il faut, à l'étranger, la résistance politique des exilés aidés par de grandes figures intellectuelles (Pierre Vidal-Naquet, Leonard Bernstein…) et, à l'intérieur, la ténacité et le courage des étudiants de l'École polytechnique d'Athènes pour provoquer, en 1974, la chute de la junte, par ailleurs affaiblie par la "crise chypriote". Cette année-là, Mgr Makarios, président de la République de Chypre et partisan de l'indépendance de son pays, a été renversé par la garde nationale chypriote avec le soutien d'officiers grecs, entraînant l'intervention des troupes turques, qui occupent depuis la moitié de l'île.

LA RÉPUBLIQUE HELLÉNIQUE Karamanlis, exilé à Paris depuis 1963, est rappelé au pouvoir et crée le parti de la Nouvelle Démocratie. Un référendum, en 1974, plébiscite l'abolition de la monarchie et l'instauration d'un régime républicain. Une nouvelle Constitution est votée en 1975. Le Parti communiste est légalisé, ce qui met fin à la discrimination dont souffrait la gauche. La Grèce intègre la Communauté économique européenne en 1979. Karamanlis devient président de la République en 1980 (et le restera jusqu'en 1995). En 1981, le Parti socialiste (Pasok) remporte les élections et Andreas Papandreou forme le premier gouvernement grec de gauche depuis 1924. Il lance un plan d'austérité pour combattre une grave crise économique, instaure un régime de sécurité sociale et modernise l'éducation nationale. Évincé par la droite libérale en 1989, à la suite d'une série de scandales, le Pasok revient au pouvoir en 1993. De grands succès marquent alors les législatures socialistes : Athènes obtient en 1997 d'organiser les jeux Olympiques de 2004 et la Grèce est admise dans la zone euro en 2002. En 2004, le Pasok passe dans l'opposition, alors que la Nouvelle Démocratie de Konstantinos Karamanlis (neveu de l'ancien président) prend la direction du pays. La Grèce est aux premières loges de la crise des Balkans et des conséquences de la chute du communisme. Elle s'inquiétera de l'utilisation du nom de Macédoine par le nouvel État issu du démantèlement de la Yougoslavie, redoutant que la province grecque de Macédoine ne soit attirée dans son orbite, et contestant l'appropriation de l'héritage de Philippe II par des populations majoritairement slaves. À partir de 2005, le gouvernement conservateur est contesté, et de nombreuses manifestations étudiantes dénoncent la dégradation des conditions d'enseignement, la dévalorisation des diplômes et le chômage des jeunes. À Athènes et à Thessalonique, la mouvance anarchique est très active. La tension latente entre forces de police et étudiants éclate au grand jour lors des émeutes du 7 décembre 2008, après la mort d'un étudiant. En octobre 2009, le Pasok de Georgios Papandreou (fils d'Andreas Papandreou) remporte les élections législatives anticipées avec 43,9% des voix. À l'automne 2011, la crise de la dette (p. 31) pousse ce dernier à la démission et porte au pouvoir une coalition réunissant le Parti socialiste, la Nouvelle démocratie et l'Alerte populaire orthodoxe (Laos). Le nouveau gouvernement est dirigé par Antonis Samaras.

Politique et institutions

L'EXÉCUTIF La vie de la République hellénique est régie par la Constitution du 9 juin 1975. Établie après la chute des colonels (1967-1974), celle-ci prévoit l'élection du président de la République par le Parlement, pour un mandat de cinq ans. Le président, Karolos Papoulias depuis 2005, nomme le Premier ministre, issu de la majorité parlementaire. Les pouvoirs du président ont été amoindris en 1986 : jusque-là, il pouvait dissoudre le Parlement de sa propre initiative ; depuis, tout acte signé par lui exige le contreseing du chef du gouvernement.

L'APPAREIL LÉGISLATIF Le Parlement grec, qui siège place Syntagma, à Athènes (dans l'ancien palais royal), ne possède qu'une Chambre : la *Vouli ton Ellinon*, ou Conseil des Grecs. Ses 304 députés sont élus au suffrage universel direct pour quatre ans – 288 d'entre eux sont désignés à la proportionnelle, dans 50 circonscriptions, tandis que les 12 autres sont dits "députés d'État", car choisis à l'échelle nationale. La *Vouli* doit approuver la composition et le programme du gouvernement, et elle peut être dissoute par le président. Le Parlement et le palais présidentiel sont gardés par les fameux evzones, ces soldats d'infanterie légère reconnaissables à leurs chaussures rouges à pompons et à semelles métalliques et à leur jupe (fustanelle), dont les quatre cents plis rappellent les quatre cents ans d'occupation ottomane. Le corps électoral grec est composé des citoyens de plus de 18 ans. Comme en Belgique et au Luxembourg, l'exercice du droit de vote est obligatoire.

L'ÉGLISE ET L'ÉTAT En Grèce, il n'y a pas de séparation entre sphère étatique et sphère religieuse. Le président de la République doit prêter serment au nom de la Sainte-Trinité avant de pouvoir assumer ses fonctions. Cependant, si la Constitution de 1975 commence, comme les précédentes, par l'invocation de la Sainte-Trinité, consubstantielle et indivisible, les dispositions relatives à l'Église orthodoxe orientale du Christ ne figurent plus dans le premier article du texte, mais dans le troisième, et le prosélytisme est interdit cf. Religion (p.33).

PANORAMA

PARTIS POLITIQUES Les deux principales formations politiques apparues à la chute de la dictature sont le Pasok (Mouvement socialiste panhellénique), au pouvoir de 1993 à 2004 et de 2009 à 2011, et la Nouvelle Démocratie, aux affaires de 2004 à 2009, qui rassemble les courants de droite et de centre droit. Parmi les partis minoritaires, citons le Rassemblement populaire orthodoxe (ou Laos, d'extrême droite), la Coalition de la gauche radicale et le KKE (parti communiste grec).

Économie

Jusqu'en 2008, l'économie grecque affichait des résultats flatteurs : un taux de croissance aux alentours de 4%, au-dessus de la moyenne des pays de l'Union européenne, et un produit intérieur brut (PIB) qui rejoignait la moyenne européenne, alors qu'il lui était inférieur de quelque 30% en 1993. L'entrée dans la zone euro, en 2001, a accéléré ce rattrapage. Ce taux de croissance remarquable a été soutenu par la dépense publique (construction des infrastructures olympiques d'Athènes en 2004, indemnisation de victimes des incendies de 2007…) et par la consommation des ménages, qui ont bénéficié d'une revalorisation des pensions de retraite et des salaires. Depuis, la crise mondiale a tout remis en cause.

PRINCIPAUX SECTEURS Pourtant, l'économie grecque ne manque pas d'atouts, ses deux fleurons étant le tourisme et la marine marchande. Le premier, avec 15 millions de visiteurs annuels, alimente le PIB à hauteur de 18% et emploie 20% de la population active. Le parc hôtelier du pays, composé de 682 000 lits, auxquels s'ajoutent les 500 000 lits des pensions et meublés, est réparti entre les grandes enseignes internationales et les petites entreprises familiales, hôtels mais aussi chambres à louer, qui fournissent un complément de revenu non négligeable à de nombreux ménages. Néanmoins, la fréquentation touristique reste concentrée à 75% entre les mois de mai et septembre. Avec le pope et le joueur de bouzouki, l'armateur est une figure quasi mythique de la société grecque. Même s'ils battent pavillon panaméen ou libérien, les quelque 3 600 navires contrôlés par des compagnies grecques assurent 18,6% du transport mondial de fret et constituent la première marine marchande du monde (8% du PIB). L'agriculture et la pêche ne représentent que 3,8% du PIB, mais ce secteur emploie 13% de la population active (contre 4% en France), faisant encore vivre de nombreux villages et zones côtières et insulaires. La Grèce est le premier producteur mondial de pêches en conserve, le 3e d'huile d'olive et d'olives de table, le 4e de raisin de table, le 8e de coton. La pêche, dont le tonnage annuel est en diminution, est aujourd'hui concurrencée par l'aquaculture, un domaine en forte expansion, dont le rendement est passé de 63 000t en 1998 à 106 000t en 2006. Ce secteur, fort de plus de 300 exploitations, assure la moitié de la production méditerranéenne. Les deux tiers sont exportés (loups et daurades), le reste étant destiné au marché national – notamment aux zones touristiques que la pêche ne suffit pas à approvisionner.

UNE ÉCONOMIE EN CRISE La crise qui a éclaté en 2008 touche sévèrement la Grèce depuis 2009 : baisse de la croissance, creusement du déficit public (15,5% du PIB en 2009 mais 9% en 2011) et de la dette extérieure (165% du PIB en 2011). À quoi s'ajoutent les problèmes spécifiques du pays : accroissement exponentiel du nombre des retraités dans une société vieillissante, chômage des jeunes dont une proportion importante de jeunes diplômés, développement d'une économie parallèle qui ampute les recettes de l'État. Enfin, en raison des habitudes de consommation des nouvelles classes moyennes (produits alimentaires, biens d'équipement, automobiles), la balance commerciale est frappée d'un déficit chronique. Depuis 2009, les gouvernements successifs ont mis sur pied des plans de sauvetage de l'économie nationale, promettant à leurs partenaires, principalement européens, d'engager une modernisation du secteur public, de réduire drastiquement les déficits et de combattre "des problèmes chroniques comme la corruption et le clientélisme" en échange d'aides internationales. La Grèce est soumise à un programme d'austérité strict pour éviter la faillite et une éventuelle sortie de la zone euro.

Population

Forte de 11,28 millions d'habitants (estimation 2012), la population grecque est très inégalement répartie : 72% des Grecs vivent dans des villes et des bourgades ; la seule agglomération athénienne en concentre 4 millions, une mégalopole qui s'étire en banlieues pour les classes moyennes supérieures et en zones industrielles (60% de la production nationale). Thessalonique, la capitale du Nord, compte 1 million d'habitants. L'exode rural des années 1960-1970, qui a gonflé les villes en vidant campagnes et zones montagneuses, marque aujourd'hui le pas. Toutefois, les 28% de Grecs qui vivent dans les campagnes sont loin d'être tous des agriculteurs : moins de la moitié des actifs en milieu rural travaillent la terre. C'est l'une des tendances démographiques de ces dernières années qui fait des Grecs des adeptes du "*small is beautiful*" : grâce à un développement spectaculaire du réseau routier, à la généralisation de l'utilisation de l'automobile, à l'essor des télécommunications, plus besoin de s'établir au cœur des villes pour exercer son activité professionnelle. En Grèce, il n'y a jamais loin de la campagne à la ville. C'est pourquoi, également, près de 10% des actifs du secteur agricole déclarent résider en milieu urbain. La population grecque vieillit : en 2011, 18,3% des habitants avaient plus de 65 ans, contre 15% quinze ans auparavant. De même, la part des moins de 14 ans – 14,3% de la population – est en recul significatif.

DÉMOGRAPHIE ET IMMIGRATION Il faut souligner que si la Grèce connaît un accroissement démographique annuel de 4,2‰, elle le doit davantage à ses immigrés (3,6‰) qu'à l'accroissement naturel (0,6‰). Les années 1980 ont, en effet, marqué un tournant dans l'histoire démographique du pays : depuis la fin du XIXe siècle, la Grèce était une terre d'émigration ; jusqu'au début des années 1920, vers les États-Unis, puis des années 1950 à 1970 vers l'Europe (l'Allemagne notamment), l'Australie et le Canada. On estime aujourd'hui à 7 millions les Grecs de la diaspora. Par une disposition constitutionnelle fondant la nationalité sur le droit du sang, tout descendant d'émigrés d'origine hellénique acquiert automatiquement la nationalité grecque s'il en fait la demande. À la fin des années 1980, la Grèce est devenue un pays d'immigration : populations grecques en provenance d'Albanie ou de Crimée après l'effondrement du bloc soviétique, Albanais, Roumains, Bulgares... au total, près d'un million d'entrants, légaux ou clandestins. Les deux tiers d'entre eux – dont près de 500 000 en situation légale – sont originaires d'Albanie. Depuis la fin des années 1990, la Grèce est également un pays de transit pour les clandestins en provenance d'Irak, d'Afghanistan et de Chine qui tentent de gagner l'Europe occidentale à partir des côtes turques. À ces immigrés de fraîche date s'ajoutent des communautés étrangères établies depuis des générations à l'intérieur des frontières de l'État dont elles ont la nationalité. Ainsi, on trouve en Thrace une communauté turque musulmane – les minarets font partie du paysage de la région –, qui échappa aux transferts de population entre la Turquie et la Grèce prévus par le traité de Lausanne de 1923. Les Grecs turcophones et musulmans sont aujourd'hui 30 000. Autre communauté musulmane, les Pomak (de 30 000 à 40 000), d'origine bulgare, qui vivent également en Thrace pour la plupart. Quant à la communauté juive,

Condition de la femme : encore un effort !

La société grecque reste enracinée dans la tradition méditerranéenne, mâtinée d'influences orientales, qui confine volontiers les femmes dans un rôle domestique.
Dans les années 1980, le droit des femmes a connu des avancées remarquables : instauration du mariage civil, autorisation de l'avortement, abolition des dispositions discriminatoires en matière patrimoniale, suppression de la dot, la fameuse *prika* qui faisait le malheur des familles comptant plusieurs filles à marier. Pourtant, en dépit d'une législation progressiste, des progrès considérables restent à accomplir en matière de parité professionnelle ou politique.

importante avant la Seconde Guerre mondiale – au moment de l'annexion de Salonique au royaume grec, en 1912, la majeure partie de sa population était juive –, elle est réduite aujourd'hui à moins de 5 000 personnes (contre 50 000 dans la seule ville de Thessalonique en 1940). Par le biais d'associations culturelles, ses membres s'efforcent de perpétuer le ladino, un dialecte transmis par leurs ancêtres chassés d'Espagne en 1492.

Société

En Grèce, la famille se porte bien ! Le taux de nuptialité (5,16‰) la situe dans le peloton de tête des pays de l'Union européenne (France : 4,19‰), tandis que celui des divorces (1,2‰) figure parmi les deux plus faibles de la même zone (France 2,2‰). On se marie, mais l'on fait moins d'enfants : avec un taux de natalité de 9,83‰, la Grèce est au-dessous de la moyenne des pays de l'Union européenne. Moins d'enfants, mais surtout pas hors mariage : en la matière, la Grèce est l'absolue championne d'Europe, avec un taux exceptionnellement bas de 5% de naissances hors mariage (contre 50% en France). L'espérance de vie à la naissance et le taux de mortalité se sont hissés au niveau de ceux des pays de l'Union européenne ; le taux de mortalité infantile (3,6‰ en 2007) a ainsi été réduit de moitié en l'espace de dix ans. Dans cette société attachée à ses traditions matrimoniales, les solidarités familiales restent fortes. Il n'est pas rare de rencontrer trois générations vivant sous le même toit, les grands-parents jouant un rôle actif dans la vie familiale, en s'occupant, notamment, de leurs petits-enfants. Cette persistance des structures familiales explique largement le fait que 90% des familles (contre environ la moitié en France) soient propriétaires de leur logement. Les solidarités familiales permettent également d'affronter les difficultés économiques : dans un pays où le coût de la vie est comparable au nôtre, le salaire minimum reste inférieur à 700€ par mois, et 14% de la population vit encore au-dessous du seuil de pauvreté (8% en France). De plus, ces solides structures familiales sont un refuge pour une jeunesse durement frappée par le chômage : un quart des moins de 24 ans sont à la recherche d'un travail. La moitié seulement des 80 000 diplômés qui sortent chaque année de l'enseignement supérieur trouvent une situation correspondant à leur qualification. Les autres doivent se contenter d'emplois disqualifiés et précaires.

Religion

Attablé avec ses ouailles au *kafeneion* du village, le pope appartient à l'image traditionnelle de la Grèce. Marié – c'est obligatoire –, père de famille, il partage les préoccupations quotidiennes de ses paroissiens, leur sert de confesseur et de directeur de conscience, arbitrant à l'occasion les litiges qui les opposent. Jusqu'à la reconnaissance du mariage civil, en 1982, c'était même obligatoirement devant lui que se contractaient les unions matrimoniales. La place centrale du pope dans la communauté reflète celle de l'Église orthodoxe dans la société grecque. Il n'est pas une cérémonie officielle où n'apparaissent la longue barbe d'un évêque, sa tiare et sa chasuble brodée d'or et d'argent. Autant de souvenirs des fastes de Byzance, l'empire lointain et idéalisé dont le *basileus* était le lieutenant dépêché par Dieu pour régner sur le monde. À la cour, le décorum préfigurait la Jérusalem céleste, de même que, dans

La Pâque orthodoxe : les rituels de la Semaine sainte

Par **Katerina Seraïdari**, ethnologue, chargée de cours à l'université Toulouse-Le Mirail

Créations de la piété populaire ou vestiges d'un passé glorieux, les lieux de culte sont très fréquentés lors des grandes fêtes liturgiques. La Pâque orthodoxe est ainsi une occasion privilégiée de découvrir les traditions sacrées et festives des Grecs.

Les folkloristes soulignent toujours le parallèle entre la résurrection du Christ et le réveil de la nature au printemps : ils voient dans la fête de Pâques des réminiscences de rites de la Grèce ancienne qui, fondés sur la notion d'éternel retour, expriment le refus de considérer la mort comme une fin définitive. Cette conception lie la succession des cycles naturels à la construction même de l'identité grecque, dont elle est partie prenante au même titre que le glorieux héritage antique et la tradition chrétienne. Dans les sociétés agricoles et pastorales de ce pays, qui n'entama son industrialisation et une urbanisation progressives que dans la seconde moitié du XXe siècle, les rituels de la Semaine sainte perpétuent ainsi des gestes qui peuvent sembler étranges : bénédictions, à l'aide d'objets consacrés, des champs cultivés, du bétail…

LEXIQUE

- **Megali Evsomada** *Semaine sainte (littéralement, "Grande Semaine")*
- **"Christos anesti"** *("Christ est ressuscité ! ") C'est ainsi que le pope annonce, le Samedi saint, à la fin de la messe de minuit, la résurrection de Jésus ; dans l'assistance, on s'embrasse et l'on se félicite :* "Alithos anesti ! " *("Il est ressuscité en vérité ! ")*

Le temps du deuil La Semaine sainte débute avec la résurrection de Lazare (célébrée la veille du dimanche des Rameaux) et se termine avec celle du Christ, un cercle parfait qui commence par le dépassement miraculeux de la mort humaine et se clôt par la révélation de la nature divine de Jésus. En cette période, les femmes, s'identifiant à la Vierge, observent le deuil. Mais leurs tâches sont multiples, car tout l'espace domestique vit au rythme de ce temps de passage : abandon progressif du jeûne strict des quarante jours du Carême, rassemblement des familles au cimetière, sur la tombe de leurs défunts, nettoyage de la maison en vue des préparatifs pour la fin de semaine (préparation de gâteaux, de pains, de brioches et des œufs rouges)… Le Jeudi saint, on se rend à l'église pour assister à la représentation de la Crucifixion. Le lendemain, à l'aube, femmes et enfants y retournent pour décorer de fleurs et de guirlandes le cercueil symbolisant le Christ au tombeau : le soir, lors de la procession de l'Épitaphe, il sera porté après l'office par un cortège de fidèles chantant, un cierge à la main. Arrive le Samedi saint ; après la cérémonie de minuit annonçant la résurrection du Christ, des feux d'artifice marquent la fin du deuil et le début des réjouissances : on lance des pétards, on joue à la bataille des œufs peints – jeu qui consiste à heurter son œuf contre celui de son adversaire ; celui qui aura choisi le plus résistant remportera l'œuf du perdant.

- **Lambades**
  Cierges ; ceux des enfants, auxquels on offre aussi des habits neufs, sont ornés de petits jouets
- **Kokkina avga**
  Œufs peints en rouge, couleur du sang versé par le Christ
- **Tsoureki**
  Brioche, souvent ornée d'œufs rouges
- **Magiritsa**
  Premier plat carné après une longue période de jeûne, cette soupe d'abats d'agneau et d'oignon frais se mange après la messe de la Résurrection

La fête pascale Le dimanche de Pâques est le jour du festin : dans les cours et les jardins, on se relaie pour faire rôtir un agneau à la broche. La table de fête est aussi dressée à l'extérieur, en signe d'invitation aux amis et voisins. Dans les campagnes, les festivités durent encore une semaine, autour de processions d'icônes, de banquets et de rencontres sportives : jets de pierres, lancers de pétards, concours de saut, compétitions de lutte, courses de chevaux… À Arachova, près de Delphes, lors de la grande fête de la Saint-Georges, les vieux bergers du village font la course en costume traditionnel ; aux Météores, près de Kastraki, de jeunes gens escaladent la falaise jusqu'à la "chapelle" Saint-Georges-de-Mandilas, une cavité creusée dans la paroi rocheuse, pour y déposer des foulards en offrande… Chaque localité peut ainsi se vanter de célébrer la Pâque à sa façon : dans toutes les îles de la mer Égée, du Péloponnèse en Macédoine, des îles Ioniennes (longtemps sous domination vénitienne) à la Thrace (région frontalière de la Bulgarie et de la Turquie, où sont établies d'importantes communautés musulmanes), la ferveur populaire traduit chaque fois une histoire et une lecture de ce passé différentes… Autant de couleurs locales que les visiteurs sont conviés à découvrir les églises, icônes et peintures murales représentaient volontiers le Christ en empereur céleste, en Pantocrator. Après la chute de l'Empire byzantin, sous la domination turque, c'est l'Église orthodoxe qui joua les intermédiaires entre les chrétiens et le sultan. C'est elle aussi qui, des quartiers grecs de Constantinople aux montagnes les plus reculées, assura la survie de l'hellénisme, de sa langue et de sa foi. À l'occasion, les hauts murs des monastères servaient de refuge aux villageois des environs victimes des razzias des troupes ottomanes. Être grec, c'était être orthodoxe et, lors du soulèvement de 1821 contre les Turcs, on vit souvent les popes faire le coup de feu aux côtés des insurgés. Proclamée autocéphale, c'est-à-dire indépendante de toute autre autorité religieuse, en 1833, après l'indépendance, l'Église orthodoxe continua de jouer un rôle important dans la vie publique grecque.

L'ÉGLISE, L'ÉTAT ET LA SOCIÉTÉ La Constitution de 1975, adoptée après la chute du régime des colonels, reconnaît l'orthodoxie comme la religion dominante en Grèce, tout en garantissant la liberté de culte à chaque citoyen. Église et État entretiennent des rapports très étroits : le clergé est rétribué par l'État, un décret officiel entérine l'élection, par un collège de prélats, du chef de l'Église grecque, l'archevêque d'Athènes (depuis 2008 Mgr Ieronymos), et les revenus ecclésiastiques sont exemptés d'impôt. Un privilège appréciable pour une institution qui est un véritable acteur économique dans le pays. L'Église est, en effet, un propriétaire foncier important, et l'on estime le produit de son patrimoine à quelque 12 millions d'euros par an. C'est aussi un acteur politique : dernièrement, ses dignitaires ont polémiqué avec leurs homologues de l'ex-Macédoine yougoslave, sur l'utilisation du nom "Macédoine" pour désigner le jeune État balkanique. Pourtant, une série de lois, promulguées depuis une vingtaine d'années en dépit des protestations du clergé, tend à desserrer l'étreinte de l'Église sur la société grecque : reconnaissance du mariage civil en 1982 ; suppression de la mention de l'appartenance religieuse sur les cartes d'identité en 2001 ; abrogation, en août 2008, du caractère obligatoire de l'enseignement religieux dans les établissements scolaires. Comme ailleurs en Europe occidentale, les lieux de culte tendent à se vider pour les célébrations ordinaires (3h d'office debout), même si l'affluence est au rendez-vous lors des grandes fêtes du calendrier liturgique orthodoxe, à Pâques notamment. De même, les fêtes des monastères (près de 400 à travers le pays) sont autant de rendez-vous populaires – elles sont souvent doublées d'une foire – pour les habitants d'une région, cf. La Pâque orthodoxe : les rituels de la Semaine sainte (p.34). Et l'on se signe encore volontiers, par trois fois avec trois doigts joints, en passant devant l'une des innombrables petites chapelles qui jalonnent les routes grecques.

Mythologie

Les douze Olympiens

Principaux dieux et déesses de la Grèce, ils résident sur le mont Olympe, sous le règne de Zeus. Dans sa *Théogonie*, Hésiode raconte comment se sont mises en place les générations successives de divinités. Au commencement, on trouve le Chaos, Gaia (la Terre) et Éros (le Désir). Ces divinités primordiales engendrent

NOM DE DIEU ! Chaque dieu et chaque déesse ont des compétences variées, identifiables aux épithètes qu'on accole à leur nom : les épiclèses. Ainsi Athéna Nikè est l'Athéna invoquée en cas de victoire (*nikè* en grec) ; Apollon Alexikakos, "qui délivre du mal", est sollicité en cas d'épidémie.

l'Érèbe (les Ténèbres infernales), la Nuit, et Ouranos (le Ciel). Toute une série d'allégories suivent : la Mort, le Sommeil, la Détresse, l'Oubli… Enfermant systématiquement dans le Tartare (région des Enfers) les enfants que lui donne Gaia, Ouranos finit par être châtié par son fils, Cronos, qui l'émascule. Ce dernier, devenu roi des dieux, se comporte tout aussi mal : il dévore sa progéniture, redoutant d'être détrôné, jusqu'à ce que Zeus, son dernier-né, le maîtrise, lui fasse régurgiter ses frères et sœurs – futurs Olympiens – et l'envoie aux Enfers, avec les autres Titans. Ainsi s'établit le règne de Zeus, qui, ayant pour sa part avalé sa première épouse, Métis, l'intelligence rusée, sait gouverner le monde des dieux avec clairvoyance et équité – assisté de Thémis, sa deuxième épouse, personnification de la justice.

ZEUS Le roi des dieux, fils de Cronos et de Rhéa, décide des phénomènes météorologiques et est souvent représenté brandissant un foudre. Dans chaque demeure grecque, on élève un autel à Zeus *Herkeios*, protecteur du foyer. Lorsqu'il est *Xenios*, dieu de l'Hospitalité, Zeus veille sur les voyageurs et les suppliants. Jamais à court d'idées, le dieu suprême sait prendre une apparence trompeuse pour approcher les femmes (taureau, cygne, pluie d'or…) ou les jeunes garçons (Ganymède), et son infidélité ne manque pas d'exaspérer son épouse, Héra. Parmi ses conquêtes, citons Léto, mère d'Apollon et d'Artémis, et Alcmène, mère d'Héraclès.

HÉRA L'épouse de Zeus protège les femmes enceintes et le mariage. Elle est pourtant unie au dieu le plus volage de l'Olympe, si bien qu'elle se montre intraitable avec les conquêtes de son époux, empêchant Léto d'accoucher ou transformant Io en vache. Elle voue une haine féroce à Héraclès, fils d'Alcmène et de Zeus.

POSÉIDON C'est le frère de Zeus et d'Hadès. Il a hérité le royaume marin à l'issue du partage du monde entre ses deux frères et lui. Aussi est-il souvent représenté un trident à la main. Il vit entre Olympe et fonds marins, où il possède une demeure qu'il partage avec son épouse, la Néréide Amphitrite. Il est le père de créatures malfaisantes, tels les Cénopes, monstres vivant de rapines, ou le Cyclope Polyphème.

DÉMÉTER Elle est la déesse de la nature cultivée, fille de Cronos et de Rhéa. Avec la fille qu'elle eut de Zeus, Corè/Perséphone, Déméter est particulièrement honorée de la célébration des mystères d'Éleusis, un culte initiatique qui allie la promesse d'une postérité heureuse à la célébration de la fertilité agricole. Elle est souvent représentée avec un épi de blé à la main, en compagnie de sa fille et de Triptolème, le premier homme à qui elle a transmis son savoir agricole.

ATHÉNA La déesse de la Sagesse et de la Guerre menée avec courage et intelligence. Sa mère, Métis, était enceinte d'elle quand Zeus, son amant, l'avala, de peur d'être détrôné par son enfant. Un jour, le dieu suprême fut pris d'épouvantables maux de tête et, quand Héphaïstos lui fendit le crâne d'un coup de hache pour le soulager, Athéna en jaillit tout armée. Divinité protectrice d'Athènes, elle est honorée avec un faste particulier tous les quatre ans par les habitants de la cité à l'occasion des Panathénées. Au cours de ces fêtes, des jeunes filles triées sur le volet confectionnent un *peplos*, dont on pare la statue de la déesse qui se trouve dans l'Érechtheion, sur l'Acropole.

APHRODITE La déesse des liens érotiques et de la Beauté est tantôt la fille de Zeus et de Dioné, tantôt née de l'écume formée par les organes sexuels d'Ouranos, quand Cronos les jeta à la mer. Elle est capable de déclencher la passion chez les hommes comme chez les dieux et peut même présider aux choses de la guerre. Ne supportant pas que l'on méprise son pouvoir amoureux, elle châtie, notamment, Hippolyte, le fils de Thésée, en déclenchant chez Phèdre, sa belle-mère, une passion dévastatrice qui la mène au suicide. Croyant que son fils l'a séduite et qu'il est responsable de sa mort, Thésée maudit Hippolyte.

ARTÉMIS La sœur jumelle d'Apollon, fille de Zeus et de Léto. Déesse de la Chasse et protectrice du monde sauvage, ainsi que de l'enfance et de l'adolescence, elle est farouchement attachée à sa virginité et à sa pudeur. Ainsi, elle châtie Actéon qui l'a surprise alors qu'elle se baignait nue : elle le change en cerf, et il est dévoré par ses propres chiens. Avec son frère Apollon, elle punit aussi Niobé, fille de Tantale, qui s'est vantée d'avoir plus d'enfants que Léto, en tuant toute sa progéniture.

HESTIA La première fille de Cronos et de Rhéa, déesse du Feu sacré et du Foyer, était vénérée dans toutes les cités grecques. Lorsque les Grecs fondaient une colonie, ils allumaient le foyer du nouveau temple d'Hestia avec un brandon provenant de celui de la métropole.

HÉPHAÏSTOS Le dieu du Feu, fils boiteux d'Héra qui, jalouse que Zeus eût engendré Athéna sans son concours, le conçut seule. Son infirmité, selon Homère, résulte d'une chute qu'il fit sur l'île de Lemnos du haut de l'Olympe, après que Zeus l'en eut violemment expulsé parce qu'il s'était interposé dans une dispute entre sa mère et l'époux de celle-ci. C'est un grand artisan polyvalent, orfèvre, forgeron, armurier. Un jour qu'Athéna vient lui commander des armes, il tente de la violer. Son sperme tombe sur le sol et la Terre, Gaia, fertilisée par la semence, enfante le petit Érichtonios, l'un des rois mythiques d'Athènes, dont une partie des Grecs se croient issus.

APOLLON Frère jumeau d'Artémis, dieu du Soleil et de la Lumière, cithariste, protecteur des arts et guérisseur, Apollon est le fondateur du sanctuaire de Delphes, dont on vient consulter l'oracle de tout le monde grec et même d'au-delà. À l'instar de son père, Zeus, Apollon a eu une descendance nombreuse avec différentes femmes : ainsi Coronis lui a-t-elle donné Asclépios, ou Créüse, le petit Ion.

HERMÈS Fils de Zeus et de Maia, Hermès est le messager des dieux, le dieu du Commerce, le protecteur des carrefours… et des voleurs. À peine né, il s'empare du troupeau de bœufs d'Apollon : ce dernier, furieux, le traîne devant Zeus, qui oblige les deux demi-frères à se réconcilier. Hermès offre à Apollon la lyre qu'il avait fabriquée avec une carapace de tortue à la sortie de son berceau, et Apollon lui donne sa houlette de bergers, dont il va faire le caducée. Avec son casque et ses sandales ailés, Hermès se déplace rapidement, emmenant les âmes des morts aux Enfers – il est alors dit "Psychopompe".

ARÈS Le dieu de la Guerre menée avec violence est l'unique fils de Zeus et d'Héra. Parmi ses nombreuses conquêtes figure Aphrodite, mariée à Héphaïstos. Informé par le Soleil de l'infidélité de son épouse, le dieu forgeron réussit à surprendre les amants au lit en les enserrant dans un filet métallique : l'assemblée des dieux admire sa capture, humiliant Arès et Aphrodite. Arès a donné son nom à la colline et au tribunal de l'Aréopage à Athènes, où il a été jugé pour avoir tué un des fils de Poséidon.

Les autres dieux

DIONYSOS Le fils de Zeus et de Sémélé passe les derniers mois qui précèdent sa naissance dans la cuisse de son père, sa mère ayant été consumée par la foudre parce qu'elle voulait voir son amant dans tout l'éclat de sa gloire. À peine né, il doit fuir la fureur d'Héra et il parcourt le monde, enseignant la culture de la vigne aux humains. Dionysos est souvent accompagné de femmes en transe et vêtues de peaux d'animaux sauvages, les ménades. Son cortège est aussi composé de satyres et de silènes, mi-hommes mi-bêtes, qui aiment boire et poursuivre les jeunes filles. Dieu du Vin, Dionysos protège en outre la tragédie et la comédie, et c'est au cours des Grandes Dionysies qu'ont lieu les concours de théâtre à Athènes, cf. Dithyrambes pour Dionysos (p.42).

ASCLÉPIOS Fils d'Apollon et de Coronis, le dieu de la Médecine a été élevé par le centaure Chiron, très bon éducateur qui lui a enseigné le secret des guérisons. Ses compétences lui ayant permis de ressusciter les morts, il est attaché à plusieurs sanctuaires, dont celui d'Épidaure, où il transmet ses prescriptions médicales en songe aux malades venus le consulter. Hadès se plaindra de lui à Zeus, qui le foudroiera.

HADÈS Le dieu des Enfers, fils de Cronos et de Rhéa, ne sort de son royaume souterrain que pour se trouver une compagne : ainsi enlève-t-il Perséphone alors qu'elle cueille des fleurs. De rares héros ont pu voir Hadès et revenir ensuite sur terre : Thésée, Héraclès et Orphée. Hadès peut être qualifié de *Ploutos*, le Riche, car il est le gardien des richesses du sous-sol. Il est alors représenté avec une corne d'abondance.

Quelques héros

HÉRACLÈS Le fils de Zeus et de la mortelle Alcmène se distingue dès le berceau en étouffant les deux serpents envoyés par la jalouse Héra pour le dévorer. Cette dernière s'acharne sur Héraclès au point de lui faire tuer, dans un accès de folie, son épouse, Mégara, et leurs enfants. L'oracle de Delphes apprend au héros que, pour se purifier de ses crimes, il doit servir le roi Eurysthée en accomplissant douze prouesses – notamment terrasser le lion de Némée, l'hydre de Lerne et les oiseaux du lac Stymphale, nettoyer les écuries d'Augias, dérober la ceinture d'or de la reine des Amazones et rapporter les pommes d'or du jardin des Hespérides. Héraclès ayant pris Iole pour maîtresse, Déjanire, sa nouvelle épouse, veut le reconquérir. Elle lui envoie une tunique empoisonnée qu'elle croit enduite d'un philtre d'amour, et qui brûle les chairs du héros jusqu'à le pousser au suicide sur un bûcher, aux flammes duquel Zeus le ravit, lui permettant d'accéder à l'immortalité de l'Olympe (l'apothéose).

THÉSÉE Élevé chez son grand-père, souverain de Trézène, Thésée apprend, adolescent, qu'il est le fils du roi d'Athènes, Égée. Décidé à faire reconnaître ses droits au trône paternel, il part pour Athènes, tuant en route une série de monstres et de brigands. À son arrivée, il tue ses cinquante cousins, les Pallantides, qui lui disputaient le pouvoir ; puis il se rend en Crète pour éliminer le Minotaure, monstre mi-homme mi-taureau, qui dévore tous les ans de jeunes Athéniens. Le héros est aidé dans sa tâche par Ariane, la fille du roi de Crète, qu'il abandonnera ensuite sur le rivage de Naxos. Égée, qui gravit tous les jours l'Acropole pour scruter l'horizon, voit ainsi revenir le navire de son fils. Le pilote ayant oublié de hisser des voiles blanches pour signifier la réussite de Thésée, Égée croit que son fils a péri et se jette de désespoir dans la mer, qui prend son nom. Thésée devient roi d'Athènes et unifie l'Attique (le synœcisme). Il aura un fils, Hippolyte, de la reine des Amazones, puis épousera Phèdre, la sœur d'Ariane.

JASON À la tête de cinquante braves, il embarque sur le navire *Argo* en quête de la Toison d'Or, gardée par Aiétès, le roi de Colchide, afin de reconquérir le trône paternel. Aidé de Médée, la fille d'Aiétès, il accomplit une série d'exploits avant de s'emparer du précieux trophée. De retour en Grèce, il s'établit à Corinthe avec Médée, mais en la répudiant pour une autre princesse, il déclenche la colère de la magicienne colchidienne, qui tue leurs deux fils, ainsi que sa rivale.

PERSÉE Fils de Zeus et de Danaé, il est envoyé par son beau-père tuer la Gorgone Méduse. Après avoir évité d'être pétrifié par le monstre, il réussit à lui couper la tête avec l'aide d'Hermès, d'Athéna et des nymphes. Revenu à Argos, il tue accidentellement son grand-père, conformément à une prophétie. N'osant retourner en Argolide, Persée devient roi de Tirynthe. Selon une version tardive de la légende, il s'enfuit en Asie où son fils Persès fonda l'Empire perse.

Langue

Pour assister à la représentation d'une tragédie antique, un Grec d'aujourd'hui a besoin d'une traduction. Le grec ancien est plus éloigné du grec moderne que le français actuel ne l'est de la langue des romans médiévaux. Et pourtant, le grec présente une continuité linguistique de plus de 3 000 ans – les plus anciens textes connus remontent à l'époque mycénienne

(IIe millénaire avant notre ère) : une ancienneté unique en Europe et que le grec partage dans le monde avec le chinois. Depuis l'indépendance, au XIXe siècle, la question de la langue fait l'objet de débats incessants. Durant les trois siècles et demi de domination ottomane, le grec resta confiné à un usage privé, évoluant (grammaire et vocabulaire) sans autorité, politique ou littéraire, susceptible d'imposer une norme. La seule institution qui perpétua son usage officiel fut l'Église : elle continua d'utiliser – et d'enseigner dans ses écoles secrètes où quelques moines lettrés dispensaient aux enfants un enseignement clandestin – un grec figé à l'époque byzantine. Au fil du temps, cette langue archaïque devint presque incompréhensible aux populations helléniques. Au moment de l'indépendance, il fallut décider d'une langue officielle : le grec, bien évidemment, mais lequel ? Celui parlé au quotidien par les sujets du nouveau royaume ? Inacceptable pour les puristes, qui entendaient là une langue abâtardie par des tournures grammaticales insolites et des emprunts aux idiomes voisins, le turc notamment, mais aussi l'italien. On se décida alors pour une langue "pure", la *katharevousa*, création artificielle de linguistes et d'hommes de lettres mêlant grec ancien et grec byzantin. Une langue que nul ne parlait au quotidien, mais qui était celle des documents officiels, des discours publics et de l'enseignement à l'université. Une littérature vit le jour, réservée par la complexité de sa langue à quelques cercles lettrés. Cette "diglossie" se perpétua jusqu'à la chute du régime des colonels, un système un peu schizophrène où les devantures des boulangers annonçaient *artopoleion* (en *katharevousa*) alors que tout le monde allait au *fournous* (en démotique, le parler populaire). En 1976, le démotique devint la langue officielle. En 1981, une réforme de l'orthographe supprima le système complexe d'accentuation hérité du grec ancien, pour ne conserver que la mention de l'accent tonique.

Littérature et philosophie

Homère et Hésiode

Composées vers le VIIIe siècle avant notre ère et attribuées à Homère, *L'Iliade* et *L'Odyssée* ont traversé les siècles, après avoir bercé les petits enfants grecs de leurs récits héroïques. Ces longs poèmes épiques étaient chantés par des aèdes, qui s'accompagnaient à la cithare. *L'Iliade* commence neuf ans après le début de la guerre de Troie, déclenchée par l'enlèvement d'Hélène, épouse du roi de Sparte, par le Troyen Pâris, fils du roi Priam. Ses 24 chants décrivent la colère d'Achille lésé par le roi Agamemnon et relatent comment le héros reprend les armes pour venger la mort de son ami Patrocle en tuant Hector, un autre fils de Priam. On assiste aux combats sanglants entre les camps grec et troyen, chacun aidé par une partie des dieux, acteurs et spectateurs du haut de l'Olympe. En 24 chants également, *L'Odyssée* narre, après la chute de Troie, les péripéties merveilleuses qui ponctuent le long retour d'Ulysse vers son royaume d'Ithaque, son île natale où l'attendent sa fidèle épouse Pénélope et son fils Télémaque. Également au VIIIe siècle avant notre ère, dans sa *Théogonie*, Hésiode expose la généalogie des dieux, du Chaos originel à l'ordre instauré par Zeus : pour en arriver à l'ordre olympien, il faut toute une série de combats entre divinités, Titans contre Géants et fils contre pères (Ouranos, Cronos et Zeus). Ces mythes constitueront la base de la culture grecque pendant des siècles. Pindare (518-438 av. J.-C.) clôt l'époque archaïque avec des poèmes chantant les louanges d'athlètes victorieux aux concours Panhelléniques (célébrés à Olympie, Némée, Corinthe et Delphes). Dans ses *Épinicies*, il utilise la mythologie pour valoriser les vainqueurs de ces compétitions sportives.

Les pères de l'histoire

L'époque classique est un âge d'or pour la littérature grecque. Dans son *Enquête*, Hérodote (v. 484-v. 420 av. J.-C.) présente un essai d'ethnologie des différents peuples connus et narre les guerres qui ont opposé les Grecs aux Perses au début de l'époque classique. Thucydide (v. 460-v. 395 av. J.-C.) se concentre sur la guerre du Péloponnèse et fait œuvre d'historien quand il cherche les causes du conflit entre Sparte et Athènes en étayant de preuves ses hypothèses et en laissant l'intervention divine de côté lorsqu'il détaille les péripéties du conflit.

Le théâtre antique

Né du culte de Dionysos, le théâtre distingue à Athènes, au Vᵉ siècle avant notre ère, par sa productivité, sa renommée et sa postérité : les tragédies d'Eschyle (v. 525-456 av. J.-C.), de Sophocle (v. 496-406 av. J.-C.) et d'Euripide (480-406 av. J.-C.) sont encore étudiées et interprétées de nos jours. Ces auteurs puisent dans la mythologie connue des Athéniens. Ainsi *L'Orestie*, trilogie d'Eschyle, met-elle en scène le retour du roi Agamemnon à Argos après la guerre de Troie, son meurtre par son épouse Clytemnestre, la vengeance opérée par leur fils Oreste, qui tue sa mère et qui sera jugé à Athènes par Athéna. *Antigone*, de Sophocle, relate le combat idéologique opposant Antigone, qui veut enterrer Polynice, le frère qu'elle chérissait, à son oncle Créon, le roi de Thèbes, qui veut l'en empêcher au nom des lois de la cité. Ces pièces s'inscrivent ainsi dans un champ de réflexion politico-religieux et interrogent sur la nature humaine, le rapport de l'individu aux dieux et à la cité. Tous les ans, pendant trois jours, des œuvres dramatiques étaient présentées au public athénien et étranger lors des Grandes Dionysies, fête placée sous le patronage de Dionysos, dieu du Théâtre et du Vin. Le concours avait lieu dans le théâtre de Dionysos, dont les ruines sont encore visibles sur le flanc de l'Acropole. Il récompensait le meilleur poète, le meilleur chorège (citoyen responsable du financement et de la

DITHYRAMBES POUR DIONYSOS

Les dionysies, fêtes d'une extraordinaire magnificence, célébrées dès le VIᵉ siècle av. J.-C. en l'honneur de Dionysos, ont donné naissance à la tragédie. À l'arrivée du printemps, on venait de tout l'Attique assister aux processions, participer aux cortèges et se livrer aux débordements qu'autorisait cet hommage au dieu du Vin et de la Nature. Ces festivités, qui duraient plusieurs jours, culminaient, en effet, avec des concours de chant et de dithyrambe, et elles permettaient aux poètes et aux choreutes de mesurer leur talent devant un auditoire passionné.

préparation d'un chœur et d'un spectacle) et le meilleur acteur. À chaque concours, quatre catégories de pièces étaient en compétition : des tragédies, des comédies, des dithyrambes (danses et chants composés en l'honneur de Dionysos) et des drames satiriques. Le représentant le plus fameux de la comédie est Aristophane (v. 446-v. 386 av. J.-C.), qui dans ses nombreuses pièces (*Les Grenouilles*, *Les Guêpes*, *La Paix*, *Lysistrata*, *Les Oiseaux*, *Les Nuées*…) dépeint avec humour et exagération, voire grossièreté, la société athénienne de l'époque classique, ses travers (la place trop importante des tribunaux et des procès, le pouvoir des démagogues…) et ses aspirations (le pacifisme des petits paysans ruinés par la guerre).

La philosophie

L'ÉPOQUE CLASSIQUE Le IVe siècle av. J.-C. est marqué par les œuvres de Platon (v. 427-348/347 av. J.-C.) et d'Aristote (384-322 av. J.-C.). Platon est l'auteur d'une série de dialogues mettant en scène un interlocuteur et son maître, Socrate, qui, accusé de pervertir la jeunesse en l'encourageant à se détacher de l'autorité, avait été condamné à boire la ciguë en 399 av. J.-C. Ces dialogues sont la base d'une série de réflexions sur des notions et leur définition : le beau, le juste, le pieux… Dans sa *République*, Platon pousse la réflexion politique jusqu'à imaginer une cité idéale régie par les "philosophes-rois" qui ont accédé à la connaissance du Vrai et du Bien. Dans ses *Lois*, il réitère son projet politique en plaçant en Crète une cité de 5 040 citoyens, gouvernée selon des lois très strictes. Son élève et successeur Aristote produit une œuvre immense qui traite de presque tous les champs du savoir, notamment de littérature (*Poétique*, *Rhétorique*), de psychologie et de philosophie (*De l'âme*, *Éthique à Nicomaque*, *Politique*, *Métaphysique*), mais aussi de biologie, d'astronomie, d'économie… Il a aussi rédigé un ouvrage très utile pour les historiens, *La Constitution d'Athènes*, histoire et tableau des institutions de son temps. En lien direct avec la philosophie et son enseignement, la période classique voit l'épanouissement de la rhétorique, l'art du discours, enseigné au IVe siècle par les sophistes. Dans une cité où la parole publique est très importante, se distinguent des orateurs tels que Démosthène (384-322 av. J.-C.) et Eschine (v. 390-314 av. J.-C.), qui s'affrontent politiquement en faisant assaut d'éloquence.

L'ÉPOQUE HELLÉNISTIQUE Dans le sillage du philosophe Antisthène (v. 444-365 av. J.-C.), les cyniques prennent le parti de rire de la société, de s'en tenir éloignés et d'en refuser les contraintes, tel Diogène de Sinope (v. 410-v. 323 av. J.-C.), qui vit dans un tonneau pieds nus et à peine vêtu. Ce sont des prédicateurs de rue, qui refusent l'idéalisme platonicien pour s'en tenir à la connaissance sensible. Pour sa part, l'école fondée à Athènes par Épicure (341-270 av. J.-C.) vise, comme le stoïcisme, l'ataraxie, quiétude détachée de tout, à l'image de dieux qui n'auraient nul souci des hommes. La doctrine épicurienne proclame que, pour éviter de souffrir, il faut renoncer aux plaisirs qui ne sont ni naturels ni nécessaires. Elle entre en concurrence avec le stoïcisme, fondé par Zénon de Kition (v. 335-v. 264 av. J.-C.). Selon ce rationaliste, influencé par les cyniques et Aristote, pour atteindre la sagesse et le bonheur, il faut vivre en conformité avec la nature et avec la raison, et renoncer aux désirs vains. Enfin, le scepticisme (de *skeptikos*, "qui examine") repose sur la conviction qu'il est impossible de connaître avec certitude la réalité et que, par conséquent, aucune vérité absolue ne saurait être atteinte.

La poésie et le roman

L'époque hellénistique est aussi marquée par l'essor de la poésie, élégiaque avec Callimaque (v. 305-v. 240 av. J.-C.) et bucolique avec Théocrite (v. 310-250 av. J.-C.), dont les *Idylles* séduisent les citadins en mal de nature. À l'époque romaine, la poésie décline tandis que se développent le roman (*Daphnis et Chloé* de Longus), la géographie (avec Strabon) et l'histoire (avec Polybe et Denys d'Halicarnasse). La conversion au christianisme de l'empereur Constantin Ier favorise l'apparition d'une littérature chrétienne, illustrée par les œuvres d'Eusèbe, évèque de Césarée (v. 265-340) et d'Ignace, évêque d'Antioche (mort vers 107). Parallèlement, on note un déclin de la littérature païenne.

La littérature byzantine

L'histoire est l'un des genres favoris des Byzantins, qui font d'auteurs comme Thucydide et Polybe des modèles. La plupart des chroniqueurs de l'époque sont des hommes d'action, qui peuvent témoigner de ce qu'ils ont vu, tel Procope de Césarée (v. 500-v. 562), qui compose une chronique détaillée du règne de Justinien. Les auteurs antiques sont redécouverts par des érudits comme Photios (v. 820-v. 895). Avant d'être nommé patriarche de Constantinople, ce savant humaniste suscite ainsi un renouveau des études classiques dans la capitale impériale. Dans sa *Bibliothèque*, ou *Myriobiblon*, il commente des ouvrages – essentiellement des périodes hellénistique et romaine – relevant de différents champs de la connaissance, dont il cite des extraits ou donne des résumés. C'est grâce à cette "encyclopédie", riche de 280 notices, que l'on connaît maintes œuvres disparues, telle celle de l'historien Diodore de Sicile. Au XIIe siècle, le grammairien Eustathe de Thessalonique rédige d'importants *Commentaires*, notamment sur les œuvres d'Homère. Enfin, Maxime Planude (v. 1260-1310) traduit en grec Cicéron, Jules César, Ovide, saint Augustin et compile quelque 2 400 épigrammes dans sa célèbre *Anthologie grecque*.

La littérature grecque sous domination turque

Face à l'envahisseur turc, des auteurs anonymes et des chansons se font le relais de l'hellénisme vivace au sein des couches populaires. Se développe aussi une production érudite, certes disparate (ouvrages religieux, manuels de grammaire, livres de propagande, commentaires sur la littérature antique, etc.), mais qui exalte le patriotisme. Cette littérature de résistance est financée par l'Église orthodoxe, et au premier chef par le patriarche de Constantinople qui investit, au XVIIe siècle, dans l'achat de presses typographiques. C'est ainsi éduquée que, dans la seconde moitié du XVIIIe siècle, l'élite grecque va diffuser dans toute l'Europe l'appel à la libération nationale.

Depuis l'Indépendance

LE XIXE SIÈCLE Le romantisme grec est incarné par Dionysios Solomos (1798-1857) et Andhreas Kalvos (1792-1869), tous deux natifs de l'île de Zante. *L'Hymne à la liberté* de Solomos, un long poème composé en 1823, deviendra l'hymne national après avoir été mis en musique par Nikolaos Mantzaros. Élevée au rang de capitale du jeune royaume, Athènes retrouve tout son prestige intellectuel, et c'est l'école littéraire athénienne, au romantisme exacerbé, qui engage le débat autour de la langue : le grec écrit doit-il se rapprocher de la langue de l'Antiquité, ou de la langue orale moderne, celle qui s'est développée sous l'occupation ottomane ? Dans les années 1880 naît une école littéraire athénienne, davantage influencée par le symbolisme. Au sein de celle-ci, le romancier, poète, dramaturge et critique littéraire Kostis Palamas (1859-1943) prône la généralisation de la langue populaire, le démotique.

LE XXE SIÈCLE Il est surtout marqué par le renouveau de la production poétique. L'œuvre de Constantin Cavafy (1863-1933), employé de bureau et grand "historien-poète", mêle nostalgie (de la gloire passée) et réalisme (de ses rencontres homosexuelles dans son Alexandrie natale). Après sa mort, Marguerite Yourcenar contribuera à la diffusion de ses poèmes. Angelos Sikelianos (1884-1951) renoue avec les mythes et légendes de la Grèce antique, tandis que Kostas Varnalis (1884-1974) dénonce les injustices sociales. La "génération des années 1930" se révèle particulièrement brillante. Son chef de file, Georges Seféris (1900-1971), recevra le prix Nobel de littérature en 1963. Profondément affecté par la "catastrophe" de 1922 qui le prive de sa ville natale, Smyrne, ce poète prend pour thèmes l'errance, l'exil et la tristesse liée au déracinement… Le surréaliste Andreas Embiricos (1901-1975), ami d'André Breton, introduit la psychanalyse en poésie (*Vibrations d'une cravate*). S'illustre également le poète, philosophe et romancier Nikos Kazantzakis (1883-1957), que l'adaptation cinématographique de son *Alexis Zorba* (1946) sous le titre *Zorba le Grec* rendra mondialement célèbre. Militant communiste, le poète Yannis Ritsos (1909-1990) dénonce les injustices sociales et toute forme d'oppression, ce qui lui vaudra plusieurs internements. Le poète le plus connu demeure Odysseas Elytis (1911-1996), couronné par le prix Nobel de littérature en 1979. Ses œuvres, qui mêlent surréalisme et influences antique, byzantine et populaire, ont été mises en musique par Mikis Theodorakis (*Axion Esti*) et interprétées par la chanteuse grecque francophone Angélique Ionatos.

Architecture et habitat

Le temple grec antique

MATÉRIAUX ET STYLES Au début étaient le bois et la brique crue. Au VIIIe siècle av. J.-C., après les "siècles obscurs" qui ont suivi la disparition de la civilisation mycénienne, les Grecs reviennent sur la scène de l'Histoire : à leurs dieux, ils érigent des temples, les édifices auxquels ils apporteront longtemps le plus de soin. L'un des plus anciens qui nous soient parvenus est le temple d'Héra à Olympie (fin du VIIe s. av. J.-C.). Les archéologues décrivent un sanctuaire hissé sur un soubassement de pierre, mais construit en brique crue et bois. Deux décennies plus tard, au début du VIe siècle avant notre ère, la pierre a remplacé le bois et la brique. En témoigne le temple d'Artémis de Corfou, l'un des prototypes de l'ordre dorique cf. Les trois "ordres" de l'architecture antique (ci-dessous).

PLAN TYPE Un temple grec, c'est la demeure d'un dieu. Celui-ci est représenté par une statue, en bois à l'origine, puis en marbre, ou encore en ivoire et or (chryséléphantine), qui trône dans le naos (ou cella), la salle centrale du temple. Le naos est généralement précédé d'un porche, sous lequel les prêtres accomplissent les rites. Ce pronaos est le plus souvent porté par deux colonnes *in antis* (alignées sur les pilastres terminant les murs latéraux). Symétriquement, à l'arrière du naos est souvent accolée une salle appelée opisthodome, où l'on entrepose les offrandes des fidèles. Mais les quatre colonnes peuvent être rejetées sur la façade antérieure de l'édifice, formant un portique. Le temple est alors dit prostyle. Si le portique se répète sur

Les trois "ordres" de l'architecture antique

L'architecture grecque est classée en trois "ordres" (le terme date de la Renaissance) : dorique, ionique et corinthien. L'**ordre dorique**, dont le Parthénon d'Athènes est la plus parfaite illustration, est caractérisé par des colonnes massives reposant directement sur le podium de pierre qui soutient l'édifice, creusées de vingt cannelures et coiffées d'un chapiteau de base carrée et dénué d'ornementation. Sur l'entablement que soutiennent les colonnes alternent triglyphes (décor géométrique en relief constitué de trois sillons verticaux) et métopes (surfaces rectangulaires le plus souvent garnies de bas-reliefs). En façade, avant et arrière, se déploie un fronton triangulaire sur lequel les sculpteurs ont donné le meilleur de leur art (au temple de Zeus à Olympie et au Parthénon d'Athènes par exemple). L'**ordre ionique**, apparu vers le milieu du VIe siècle av. J.-C., sans doute dans les cités grecques d'Asie Mineure, est plus orné. Les colonnes, dont le fût présente 24 cannelures, reposent sur une base et sont coiffées de gracieux chapiteaux à double volute. L'entablement n'est plus compartimenté en triglyphes et métopes, ce qui permet aux sculpteurs de développer de longues frises narratives. L'Érechtheion de l'Acropole offre un bel exemple du style ionique. L'**ordre corinthien** se caractérise par ses chapiteaux décorés de foisonnantes feuilles d'acanthe. Ce style est plus tardif : le plus ancien chapiteau corinthien connu (vers 420-400 av. J.-C.) a été découvert dans le temple d'Apollon de Bassae, dans le Péloponnèse. L'ordre corinthien sera privilégié par les architectes romains.

la façade postérieure, le temple est dit amphiprostyle. Enfin, l'édifice peut être ceint d'une colonnade simple (on parle alors de temple périptère) ou double (temple diptère). Il est toujours hissé sur un podium à degrés, la crépis, dont le niveau supérieur s'appelle stylobate. Enfin, le nombre de colonnes en façade permet de qualifier le temple de tétrastyle (4 colonnes), hexastyle (6) ou octostyle (8).

L'habitat aujourd'hui

La civilisation grecque est urbaine. À l'époque classique, on opposait déjà la ville (*asty*) aux villages (*komaï*). La ville, généralement fortifiée, commande au plat pays et réunit les fonctions politique, économique et religieuse dans des bâtiments spécifiques : acropole, agora, gymnase, etc. C'est ainsi que les villes se développent en cercles concentriques autour de ces pôles et sans plan d'ensemble préétabli. À la fin du Ve siècle av. J.-C. apparaît un nouveau modèle d'urbanisme attribué à Hippodamos de Milet. Pour reconstruire sa ville détruite en 494, il choisit un plan en damier, orthogonal, qui s'articule autour des principaux bâtiments publics. À l'indépendance grecque, lorsqu'on tenta d'effacer les traces de la présence turque, c'est ce modèle qui fut choisi pour restaurer la ville, à la fois pour des raisons pratiques et par fidélité à une tradition antique. Un néoclassicisme qui se traduisit aussi par l'adoption de certains codes architecturaux s'y rattachant.

ATHÈNES ET LE NÉOCLASSICISME Après la Seconde Guerre mondiale et sous la pression démographique, plusieurs quartiers d'Athènes sont détruits pour faire place à de nouvelles constructions. Ainsi disparaîssent de nombreux bâtiments néoclassiques à frontons et colonnades, élevés au lendemain de l'indépendance nationale. Les éléments de ce patrimoine du XIXe siècle sont désormais protégés. Outre certains bâtiments publics, comme le Musée byzantin ou l'université, vous verrez parfois de curieuses villas, mélange étonnant et plein de charme illustrant cette volonté de rattacher le présent aux splendeurs du passé.

EN COURS DE CONSTRUCTION...
En Grèce vous verrez des maisons aux étages inachevés, dressant dans le ciel les tiges d'acier du béton armé. Manque d'argent ? Voire. Les lois grecques ont jusque-là largement entretenu le phénomène : l'une d'elles stipulait qu'aucune taxe ne pouvait être exigée sur une construction tant que celle-ci n'était pas achevée, c'est-à-dire tant que la couverture n'était pas posée et que les fers à béton étaient encore visibles !

L'HABITAT CYCLADIQUE Pour beaucoup d'entre nous, l'image de la Grèce est indissociable de ces petits villages de cubes chaulés d'un blanc éclatant, sur un fond bleu marin ou azuréen. Cette image de vacances sucrée fait facilement oublier que la topographie des villages insulaires répond avant tout à une nécessité pratique. Si les maisons sont serrées les unes contre les autres, c'est en fonction d'un schéma défensif élaboré il y a des siècles en prévision des attaques incessantes des pirates. Si la plupart des ouvertures donnent sur une cour intérieure, c'est pour les mêmes raisons mais aussi pour mieux se protéger de la chaleur. Si les toits des habitations sont plats, c'est parce que la rareté du bois ne permettait pas d'opter pour une charpente. Enfin, loin de répondre à un souci esthétique, la courbure des voûtes offre une plus grande résistance aux tremblements de terre. À tel point que l'habitat insulaire s'aligne aujourd'hui sans problème sur les nouvelles normes antisismiques !

ÉTONNANTS "ARCHONTIKA" Le terme d'*archontika* désigne des maisons de notables. Au XIXe siècle, quelques îles développent une flotte importante et se spécialisent dans l'armement des navires. Certaines, comme Kalymnos et Symi, s'imposent dans le commerce (très lucratif) des éponges. Fortes de leur puissance, Hydra, Chios, Kastellorizo ou encore Patmos jouent ainsi un rôle majeur lors des guerres d'indépendance. Manifestant la prospérité des armateurs, les *archontika* sont très différentes des maisonnettes cycladiques. Elles sont vastes, hautes, carrées et coiffées d'un toit de tuiles, et leur façade en pierres apparentes percée d'ouvertures étroites leur donne un aspect austère. La richesse s'exprime dans les proportions de la maison, mais cette architecture n'est jamais ostentatoire. En revanche, l'intérieur est souvent d'une étonnante opulence : sols en marbre, boiseries ouvragées, étoffes et tapis, œuvres d'art… Un raffinement voué au confort comme à l'apparat : une manière de vitrine mettant en valeur la fortune et le pouvoir.

L'art antique

De la période mycénienne (qui a laissé les premiers restes archéologiques notables) à l'époque romaine, l'art grec se caractérise par l'épanouissement et la diffusion de deux types de créations : la céramique peinte (surtout des vases, usuels ou sacrés) et la sculpture. La peinture devra attendre le Ve siècle avant notre ère pour s'ériger en production autonome, indépendante de la sculpture, de l'architecture ou de la céramique. Malheureusement, les peintures d'histoire et les figures mythologiques d'un Polygnote, d'un Zeuxis ou d'un Apollodore ne nous sont plus connues que par les textes. Quant aux temples, loin d'arborer la blancheur marmoréenne que les musées se sont efforcés d'exalter au XIXe siècle, ils étaient, comme plus tard nos cathédrales, rehaussés de couleurs vives.

La céramique

L'ÉVOLUTION DES VASES PEINTS La civilisation mycénienne a laissé une profusion de vases, dont les plus anciens ont les caractéristiques de la poterie minoenne crétoise : lignes courbes des algues, poulpes tentaculaires… les motifs sont avant tout empruntés à la mer. Vers le XIIe siècle avant notre ère apparaissent des personnages, tels les six soldats armés du fameux *Vase aux Guerriers* (Musée archéologique national, Athènes). Si l'art mycénien produit aussi de l'orfèvrerie (les célèbres masques découverts dans les tombeaux de Mycènes) et des bronzes (armes), la céramique demeure sa principale forme d'expression. À la période protogéométrique (à partir de 1050 av. J.-C.) prédominent les motifs abstraits et formes géométriques simples. Les décors floraux laissent place à des svastikas, méandres et losanges. Au géométrique moyen (à partir de 900 av. J.-C.) apparaissent des chevaux et autres figures animalières, puis des scènes de la vie aristocratique en noir sur fond coloré. Ainsi, le cimetière du Céramique, à Athènes, a-t-il livré d'imposants vases funéraires ornés de scènes figuratives : exposition du mort entouré de petits personnages éplorés et convoi funèbre. L'art géométrique récent (à partir de 750 av. J.-C.), le plus abouti, s'épanouit sur les grands cratères à usage funéraire. En témoignent les productions du maître du Dipylon exposées au Musée archéologique d'Athènes. À partir de l'époque classique, les céramistes puisent leur inspiration dans la mythologie, mais aussi dans la vie quotidienne. Sous l'influence orientale, deux techniques se succèdent de l'époque archaïque (VIIe-VIe s. av. J.-C.) à l'époque classique : celle des figures noires sur fond rouge, accompagnée d'incisions et de rehauts, qui entre au répertoire des céramistes de Corinthe vers 700 av. J.-C., puis celle des figures rouges qui apparaissent en réserve sur le fond peint en noir, procédé mis au point vers 530 av. J.-C. à Athènes. On observe un déclin de la peinture sur vase à l'époque hellénistique.

FORME ET FONCTION L'usage des vases détermine leur forme : ainsi les grands cratères servent-ils à mélanger le vin et l'eau destinés aux banquets. Les rhytons, cornes à boire à l'extrémité zoomorphe ou anthropomorphe, permettent de déguster le vin. Des lécythes, vases effilés à une seule anse, emplis d'huile ou de parfum, sont souvent disposés sur les tombes en guise d'offrandes funéraires. Les hydries servent à porter l'eau. Les pyxides, petites boîtes rondes à fond plat et à couvercle, sont utilisées comme coffrets à bijoux.

La sculpture

La civilisation mycénienne, qui s'épanouit à la fin de l'âge du bronze, n'a guère laissé de sculptures, hormis des têtes en plâtre et la fameuse porte aux Lions, qui garde l'accès au site de Mycènes. La sculpture s'est développée à partir de l'époque archaïque.

L'ÉPOQUE ARCHAÏQUE (700-500 AV. J.-C.) Les sculpteurs des VIIIe-VIe siècles avant notre ère utilisent surtout le bois, la terre cuite et le bronze, d'abord en petites plaques martelées sur une âme de bois. Cette technique, dite sphyrélaton, qui aurait fait la réputation de l'inventeur et sculpteur Dédale, est vite concurrencée par celle de la fonte en creux à la cire perdue, qui permet de réaliser plusieurs exemplaires à partir d'un modèle. Les sculpteurs décorent aussi les temples de frises et de groupes sculptés, et produisent des statues votives ou funéraires en marbre, travaillées en ronde-bosse. Cette production culmine avec les figures du kouros (jeune homme) et de la korè (jeune fille), inspirées par l'art égyptien. Ces personnages souriants sont représentés debout, de face, pied gauche en avant, bras le long du corps, généralement à l'échelle humaine, parfois monumentaux. Les jeunes gens sont nus, tandis que les jeunes filles portent une tunique. L'étude de l'anatomie progressant, la pose s'assouplit, les traits et les proportions gagnent en réalisme.

L'ÉPOQUE CLASSIQUE (500-330 AV. J.-C.) Avec les guerres médiques (490-479 av. J.-C.) naît le style "sévère", ou premier classicisme, qu'illustre à merveille le bronze de *L'Aurige* exposé au musée de Delphes, mais aussi le groupe des *Tyrannochtones*, sculpté par Critios et Nésiotès. Cette période est caractérisée par une meilleure maîtrise de l'anatomie et par une diversification des sujets. Capitale artistique des cités grecques, Athènes attire alors des sculpteurs prestigieux comme Myron d'Éleuthères (*Le Discobole*), Polyclète d'Argos (*Le Diadumène*, *Le Doryphore*) et Phidias. Ce dernier est resté célèbre pour ses deux monumentales statues chryséléphantines (en or et ivoire plaqués sur du bois), celle d'Athéna qui ornait le Parthénon et celle de Zeus à Olympie, toutes deux perdues. Le IVe siècle avant notre ère est celui du second classicisme : si Praxitèle s'illustre à Athènes avec son *Aphrodite de Cnide* (la plus ancienne statue d'une femme grecque entièrement nue que l'on connaisse) et d'autres marbres pleins d'une grâce souvent nonchalante, on voit renaître d'autres foyers régionaux, tel Sicyone, d'où sortira Lysippe (v. 390-v. 305 av. J.-C.), portraitiste talentueux d'Alexandre le Grand.

L'ÉPOQUE HELLÉNISTIQUE (330-146 AV. J.-C.) Elle est marquée par un élargissement spectaculaire de l'aire de production. La Grèce continentale n'est plus qu'un foyer artistique parmi d'autres, même si Athènes demeure un important centre culturel. On trouve ainsi à Pergame, en Asie Mineure, une école de sculpture renommée. L'art hellénistique parfait celui de l'âge classique : en sculpture, l'accent est mis sur l'expressivité, la traduction des émotions ; le rendu de l'anatomie et les effets de drapé sont d'une virtuosité qui confine à l'hyperréalisme. Parmi les œuvres célèbres de cette époque, on retiendra le *Laocoon* (musées du Vatican), la *Victoire de Samothrace* et la *Vénus de Milo* (musée de Louvre).

L'ÉPOQUE ROMAINE (146 AV. J.-C.-395 APR. J.-C.) La sculpture grecque se perpétue après l'établissement de l'Empire, profitant, notamment, de l'engouement d'Hadrien pour la culture hellène et de sa volonté d'embellir les villes. Elle produit surtout des copies de chefs-d'œuvre de la période classique, copies qui nous permettent de connaître des originaux disparus. L'œuvre la plus marquante de la période est peut-être l'*Antinoüs* du IIe siècle, que l'on peut admirer au musée de Delphes.

L'art byzantin

On appelle "byzantin" l'art qui s'est développé dans l'Empire romain après le transfert de sa capitale à Byzance, en 330, et jusqu'à la prise de cette ville, rebaptisée Constantinople, par les Turcs en 1453. Création originale du christianisme grec, le premier art byzantin est cependant empreint d'influences romaines et orientales. Il connaît son apogée sous le règne de Justinien, au VIe siècle, comme en témoigne la construction de l'église Saint-Démètre à Salonique. Un deuxième âge d'or s'ouvre pour l'art byzantin au XIe siècle, sous la dynastie macédonienne puis celle des Comnènes : se multiplient alors les églises à hautes coupoles, richement décorées de marbre et de mosaïques, telles celles des monastères de Daphni, en Attique, et d'Ossios Loukas, en Phocide. Les églises de Mistra, en Achaïe (métropole, Pantanassa, Peribleptos), relèvent du troisième et dernier âge d'or, survenu au XIVe siècle sous la dynastie des Paléologues.

Un art sacré

L'art byzantin est avant tout religieux. Pendant les premiers siècles de son expansion, le christianisme fait la chasse aux images, aux idoles et aux statues, refusant toute représentation de la spiritualité. Ne sont alors autorisés que les symboles et motifs empruntés au monde animal et végétal : colombe, agneau, paon, poisson, palmette et rameau d'olivier. Quand cette religion triomphe, sous la protection de Constantin le Grand (306-337), sont construites de vastes églises dont les murs portent des scènes de la vie du Christ et des saints, une nécessité pédagogique en ces temps où rares sont ceux qui savent lire. Entérinée par le second concile de Nicée, en 787, cette utilisation didactique de la peinture explique que l'art byzantin ne cherchera guère à innover dans ses thèmes ; il doit avant tout traduire en images les textes sacrés. Comme l'ensemble de la société, il est marqué par la querelle des images ou crise iconoclaste, cf. La "querelle des images" (p.24). Le temps des troubles doctrinaux (730-843) voit disparaître les figures humaines, donc les icônes, au profit de motifs végétaux et géométriques.

La peinture

Elle rend de façon symbolique la réalité matérielle : un portail suffit à évoquer le temple de Salomon dans *La Présentation au temple*, à Ossios Loukas ; une petite colline coiffée du crâne d'Adam représente le Golgotha… Loin des corps athlétiques chers aux sculpteurs antiques, les personnages sont décharnés, squelettiques, témoignant de l'ascèse qui préside à la lecture des textes et à l'exécution de la peinture : l'artiste lui-même jeûne, prie, communie avant de prendre le pinceau. Lors de la renaissance macédonienne

Le décor des églises byzantines

L'art byzantin s'est structuré au fil des siècles pour atteindre une norme reproduite dans tous les édifices religieux. Le schéma interne d'une église se décompose ainsi : les parties hautes, soit la voûte symbolisant le ciel et l'abside contenant l'autel, forment un premier ensemble, celui de la vie céleste, où l'on trouve les figures de la Vierge et de l'Enfant Jésus, des prophètes, et du Christ Pantocrator ("Tout-Puissant", dont les deux doigts dressés symbolisent sa double nature, humaine et divine, et les trois autres la Trinité). Les niches du carré central constituent un deuxième ensemble, consacré aux scènes du Nouveau Testament et aux Évangélistes, Mathieu, Marc, Luc et Jean. Dans le reste de l'église sont représentés les saints et les martyrs qui ont œuvré à la propagation de la foi. L'un des plus beaux cycles iconographiques liturgiques que l'on puisse admirer en Grèce est celui du monastère Ossios Loukas, dans les environs de Delphes.

puis sous les Comnènes se multiplient les peintures sur panneaux de bois, utilisés pour former l'iconostase, cette grande cloison en bois qui sépare, dans l'église, la nef centrale du chœur.

La mosaïque

Elle a beaucoup été utilisée dans l'art byzantin. Assemblage de petits galets, de tesselles (minuscules parallélépipèdes) de marbre ou de verre, colorés à la peinture à l'huile ou à l'eau, l'art de la mosaïque est particulièrement à l'honneur dans la décoration intérieure des monastères d'Ossios Loukas et de Daphni. Après la crise iconoclaste, elle connaît un âge d'or du IXe au XIIe siècle. En raison de son coût élevé, elle sera délaissée à partir du XIIIe au profit de la fresque.

L'art moderne

Durant les siècles de domination ottomane, la peinture grecque s'était contentée de reproduire inlassablement, au fond des ateliers des monastères, les canons immuables de la peinture religieuse byzantine. La Grèce devenue indépendante en 1831, il lui fallut inventer un art. Ce fut un retour à l'antique, un néoclassicisme élevé au rang d'art officiel par le roi Otton, souverain romantique qui aimait à revêtir les parures militaires de l'Antiquité. C'est dans ce goût héroïque que les peintres représentèrent les épisodes fameux de la guerre d'Indépendance, faisant des combattants du XIXe siècle les héritiers de Léonidas. Une École des beaux-arts se créa : des professeurs allemands y étaient invités à dispenser leur enseignement, tandis que les plus talentueux de leurs élèves prenaient la route de Munich pour se frotter à l'art européen. Durant tout le XIXe siècle, les artistes grecs s'employèrent à redécouvrir et à magnifier leur héritage, de l'Antiquité exhumée

L'École française d'Athènes

Établissement universitaire français installé dans la capitale grecque au pied du Lycabette (rue Didotou), l'École française d'Athènes a pour mission de promouvoir l'étude de l'histoire, de la langue et du patrimoine archéologique helléniques. Elle a été fondée en 1846, dans un climat de philhellénisme nourri par la guerre d'Indépendance grecque, la résistance aux Turcs et les œuvres de Delacroix et de Victor Hugo (*Les Orientales*, 1829). Souhaitant s'implanter en Orient, la France entendait aussi faire de cet institut un relais stratégique. L'École est à l'origine des chantiers archéologiques de Delphes, Delos, Malia, Thassos et Argos. Ses équipes prospectent encore parmi les pierres. Les chercheurs sont recrutés par concours pour un an, statut renouvelable trois fois. L'École dispense aussi des bourses d'études d'un mois, qui permettent à de jeunes chercheurs en civilisation grecque d'étudier sur place leurs corpus de sources.

par les archéologues à la guerre d'Indépendance en passant par les traditions populaires. À partir de la fin du siècle, les artistes grecs se mirent à l'école des grands courants européens : impressionnisme, postimpressionisme, fauvisme, cubisme. Ainsi, le peintre Giorgios Bouzianis (1885-1959) fut un membre actif de l'école expressionniste allemande à Berlin dès les années 1910. Contraint de quitter l'Allemagne à l'arrivée au pouvoir des nazis, il poursuivit ses travaux en Grèce dans l'indifférence la plus totale. Dans les années 1930 s'imposa une nouvelle génération d'artistes qui tentèrent de concilier les grands courants artistiques européens avec la tradition grecque, en prenant pour maître le peintre naïf Theophilos (1867-1934), chantre des grandes heures de l'histoire grecque et de la vie quotidienne. Le représentant le plus connu de cette génération est sans doute Yannis Tsarouchis (1910-1989), peintre d'images homoérotiques. L'art grec contemporain est dominé par la figure de Vassialiakis Takis (né en 1925), installé à Paris depuis 1954, célèbre pour ses sculptures "télémagnétiques".

Cinéma

Le cinéma est une industrie ancienne en Grèce : il prit son essor dès le début du XXe siècle et connut son heure de gloire dans les années 1950-1960 avec une prolifique production de films destinés à un public populaire. À cette période s'affirmèrent quelques cinéastes plus exigeants, tel Michael Cacoyannis (1922-2011), le réalisateur de l'immortel *Zorba le Grec* (1964). Le plus connu des réalisateurs grecs contemporains reste cependant Theo Angelopoulos (1935-2012). À voir, *Le Voyage des comédiens* (1975), *L'Apiculteur* (1986) ou *Le Regard d'Ulysse* (1995). Son dernier opus, *La Poussière du temps* avec Willem Dafoe, Bruno Ganz et Michel Piccoli, a été réalisé en 2008. On a pu aussi voir en France les œuvres de jeunes auteurs comme Athina-Rachel Tsangari (*Attenberg*, 2010) et Yorgos Lanthimos (*Canine*, 2009 ; *Alps*, 2011).

Musique

Le rébétiko

C'est la forme de musique traditionnelle la plus populaire en Grèce. Son origine remonte à la fin du XIXe siècle et elle se développa après le retour forcé au pays des Grecs chassés de Turquie en 1922, les Micrasiates. D'abord complainte des plus démunis, le rébétiko a fleuri dans les centres urbains accueillant ces nombreux réfugiés : Athènes, Le Pirée, Thessalonique. On distingue deux styles : celui de Smyrne, caractérisé par des voix aiguës, comme celles de Roza Eskenazy et de Stelios Perpiniadis, qui prédomine dans les années 1920-1930, et celui du Pirée, aux voix plus graves et à l'orchestre moins fourni, qui s'impose par la suite. Conçu par des exclus pour des exclus, le rébétiko parle d'amours malheureuses, de consommation de haschisch et d'alcool, du déracinement, de la prison et de la maladie. La censure instaurée par le régime Metaxas en 1936 oblige les rébètes à gommer de leurs compositions les influences orientales et les références aux drogues. Après la Seconde Guerre mondiale, le rébétiko s'occidentalise et sort de la marge pour toucher l'ensemble de la société, notamment grâce à Vassílis Tsitsanis, un joueur de bouzouki virtuose. Le répertoire intègre des chansons d'amour, et les compositions à thématique sociale se font moins vindicatives et moins crues. Ayant peu à peu perdu son âme, le rébétiko tombe en désuétude dans les années 1950. Il sera remis à la mode dans les années 1980. L'orchestre comprend généralement un bouzouki (luth au long manche), un *baglama* (bouzouki miniature, très pratique pendant les périodes de censure car il se cache facilement sous un vêtement), un *toumbelek* (tambourin), des *zilia* (castagnettes), une guitare et un accordéon. La musique peut être accompagnée de danses, notamment le *zeimbekiko*, exécuté par un seul danseur au milieu de l'assistance.

Interprètes et musiciens grecs célèbres

Mikis Theodorakis, né en 1925, est un compositeur de renommée internationale. Il a écrit des symphonies, de la musique de chambre et de ballet, avant de retourner à ses racines populaires en mettant en musique les poèmes d'Odysseas Elytis et de Yannis Ritsos. Son engagement politique (il est élu député de gauche en 1963 et appelle à résister contre la dictature dès avril 1967) lui vaut la déportation, puis l'exil à Paris de 1970 à 1974. La république restaurée, il continue à partager sa vie entre musique et politique (il est même ministre de 1990 à 1992). Outre la musique de *Zorba le Grec*, ses œuvres les plus célèbres sont l'*Axion Esti* (poème d'Odysseas Elytis) et le *Canto General* (texte de Pablo Neruda). Angélique Ionatos, née en 1959, a quitté la Grèce en 1969 pour la Belgique et la France. Guitariste et compositrice, elle a mis en musique de nombreux poèmes grecs, notamment *Marie des Brumes*, *Le Monogramme* et *Parole de juillet* d'Odysseas Elytis. Actrice et femme politique militante, Melina Mercouri (1920-1994) chanta elle aussi, en exil, pour dénoncer la dictature des colonels. La chanteuse de variété Nana Mouskouri (née en 1934) a également rencontré un vif succès à l'étranger. Cofondateurs du groupe de rock progressif Aphrodite's Child, le chanteur et bassiste Demis Roussos (né en 1946) et le pianiste Vangelis (né en 1943) ont ensuite poursuivi des carrières différentes : le premier dans la variété, le second dans la musique électronique, composant, notamment, la bande originale de films comme *Blade Runner*, *Les Chariots de feu* (Oscar de la meilleure BO en 1981) et *Alexandre*.

LE SIRTAKI

Malgré sa renommée, ce n'est pas une danse traditionnelle grecque, mais une création de 1964 pour le film *Zorba le Grec*, sur une musique de Mikis Theodorakis. Les danseurs, disposés en ligne ou en cercle ouvert et se tenant par les épaules, doivent exécuter des pas de plus en plus rapides, à mesure que le rythme de la musique s'accélère. Le sirtaki s'inspire du *hasapiko*, une danse qui remonte à l'époque byzantine et qui s'est développée au sein de la corporation des bouchers.

Gastronomie

Les plaisirs de la table ne sont pas nécessairement ceux que l'on retiendra en premier d'un voyage en Grèce. Tant de tavernes et si peu de diversité dans les menus : salade grecque, brochettes et grillades composent un ordinaire souvent peu enthousiasmant. C'est aussi que l'afflux touristique a suscité la multiplication de restaurants qui n'ouvrent souvent qu'en haute saison – l'occasion de profiter de la manne que représentent les quelque 15 millions de visiteurs qu'accueille chaque année le pays. Et puisqu'il faut bien nourrir tout ce monde, on s'est improvisé restaurateur, palliant son manque d'expérience par la couleur locale, filets de pêche pendus à la tonnelle et fond musical de bouzouki : moussaka surgelée et *Enfants du Pirée*, les deux compères auxquels le visiteur aimerait pouvoir échapper. Pourtant, en Grèce comme en France, la table est une affaire sérieuse : pour la qualité des mets bien sûr, mais aussi (surtout ?) parce qu'elle sert de prétexte à de joyeuses réunions amicales, où chacun pioche à sa guise dans l'un des nombreux plats qui garnissent la table. Un repas grec, c'est l'abondance et le partage avec, pour introduction emblématique, les *mezedes* (pluriel de mezze).

Entrées

D'origine levantine – les Libanais sont passés maîtres dans l'art de cette déclinaison d'amuse-bouche –, les mezze, ou *mezedes*, désignent l'ensemble des entrées que l'on présente aux convives : tarama (des œufs de cabillaud additionnés de mie de pain et montés comme une mayonnaise), *melitzanosalata* (crème d'aubergine), *skordalia* (purée de pomme de terre froide à l'ail et huile d'olive), *tahinasalata* (crème de grains de sésame), tzatziki (yaourt au concombre, ail et menthe), salade de poulpe, *saganaki* (fromage pané), *dolmades* (feuilles de vigne farcies de riz relevé d'ail et de persil)... sans oublier la célèbre salade grecque (*choriatiki*) : tomates, oignons, concombres, olives et feta. Cette abondance et cette diversité puisent leurs origines dans les usages levantins : recevoir ses amis, c'était l'occasion de témoigner de son opulence et des qualités de cuisinière de la maîtresse de maison. C'était aussi le prétexte à boire le vin ou l'ouzo qui délient les langues. La tradition s'est perpétuée. Une bévue à ne pas commettre : commander qui son tarama, qui son tzatziki ; les *mezedes* se placent au milieu de la table de façon à être à la disposition de chacun des convives.

SUR LE POUCE
Si l'on ne souhaite pas s'attabler, on peut aussi manger sur le pouce un *gyros*, viande (poulet ou porc) tassée en un cône qui dore en tournant doucement devant des résistances électriques. Les tranches sont disposées dans un pain plat ouvert (pita) garni de tomates et de tzatziki. Délicieux et roboratif ! On trouve également des feuilletés chauds, au fromage (*tyropita*) ou aux épinards (*spanokopita*).

Plats de résistance

LES VIANDES Les mezze n'étant qu'une entrée en matière, il faut ensuite passer aux choses sérieuses ! Les viandes (agneau, porc, bœuf, poulet et lapin) sont grillées, braisées ou accommodées en ragoût. Les grillades sont affaire de spécialistes ("on devient cuisinier, mais on naît rôtisseur", disait Brillat-Savarin) : les *psistaria* (restaurants de grillades), qui s'annoncent de loin par le fumet qu'exhalent agneaux et porcelets dûment embrochés. En revanche, on trouvera partout des *souvlakia*, brochettes d'agneau ou de poulet. Les viandes cuites au four sont généralement accompagnées de pommes de terre. Le ragoût, *stifado*, mijoté des heures au coin du feu, se prépare avec ou sans vin, agrémenté d'oignons et de tomates, parfois d'un trait de citron et toujours avec des herbes aromatiques. Les viandes, surtout grillées ou cuites au four, sont presque immanquablement servies avec quelques frites.

LES LÉGUMES Il faut les commander à part, certaines recettes pouvant faire office de plat de résistance. Il en va ainsi de l'emblématique moussaka (gratin d'aubergines et de viande hachée, nappé de sauce béchamel), délicieuse parfois, très quelconque souvent, du *pastitsio*, gratin de macaronis à la viande hachée et à la béchamel, des aubergines gratinées farcies au fromage (*imam*) ou à la viande (*papoutsakia*), ou encore des tomates et poivrons farcis au riz (*yemistes*). Les aubergines se cuisinent également en une sorte de ratatouille (*briam*), avec des courgettes, des poivrons et des pommes de terre. Un légume adopté par les Grecs (et répandu aussi en Turquie et dans le Caucase) : les *bamias*, ou gombos, sorte de mini-courgettes qui se marient bien avec des tomates. Autre régal, les *gigantes*, gros haricots blancs, à la tomate également.

LE POISSON Une terrasse au bord de l'eau, un pichet de vin résiné et, dans l'assiette, un beau poisson grillé... l'idéal du repas grec ! En matière de poisson et de fruits de mer, on est cependant loin de la carte postale : les eaux grecques, assez peu poissonneuses, ne peuvent satisfaire la demande, particulièrement en été. Résultat : on propose le plus souvent du poisson congelé ou provenant des fermes piscicoles qui se sont multipliées ces dernières années. Plus rares sont les restaurants qui proposent du poisson frais (ce sont eux que nous avons sélectionnés dans ce guide) : *tsipoura* (une sorte de daurade), *barbounia* (rougets) et *sfirida* (mérou). Ces variétés de poisson sont le plus souvent vendues au kilo, assez cher : dans les bons établissements, il est de coutume d'aller voir les réfrigérateurs pour choisir soi-même son poisson. Plus abordables, les délicieuses fritures (*marides*) et les sardines (*sardeles*). Le poulpe fait aussi parti du paysage gastronomique grec : une fois pêché (au casier), il doit être copieusement battu pour être attendri, avant d'être mis à sécher au soleil. On le sert grillé, arrosé de citron et d'huile d'olive, ou en salade vinaigrée. Les calamars (*octopodia*) sont frits en rondelles : la saison de pêche se limitant au mois de février, ce sont des produits congelés que l'on vous proposera en été. On peut enfin déguster des moules, cuites à la vapeur ou gratinées (*saganaki*).

Douceurs

L'usage n'est pas de terminer un repas par du fromage ou des pâtisseries : on leur préfère les fruits de saison. Au rayon des douceurs, la Grèce n'est cependant pas en reste : on y trouve quelques délices orientales, comme le baklava (feuilleté au miel et aux amandes), le *kadaïf* (des vermicelles remplacent la pâte feuilletée) ou encore le riz au lait (*rizogalo*) parfumé à la cannelle. Ces spécialités sont proposées dans les pâtisseries et salons de thé. Le café traditionnel, ou café grec (*eliniko*) – ne demandez jamais un café "turc" ! – est servi avec le marc, comme le veut l'usage en Orient. Lors de la commande, on précisera si on le souhaite sucré (*glyko*), peu sucré (*metrio*) ou sans sucre (*sketo*). Un plaisir des étés grecs : le frappé, café glacé couronné d'une épaisse couche de mousse.

Boissons

L'ouzo fait figure de boisson nationale : cette anisette blanche se boit allongée d'un peu d'eau ou même pure. Elle accompagne traditionnellement les mezze. Autre boisson emblématique de la Grèce, le vin résiné (*retsina*), un vin blanc auquel a été ajoutée de la résine de pin, à l'origine pour en assurer une meilleure conservation. Une expérience à tenter : certains en raffolent, d'autres non. À boire très frais en tout cas. De la Thrace à la pointe du Péloponnèse, ainsi que dans les îles, la vigne est partout présente en Grèce, donnant environ 3,5 millions d'hectolitres de vin par an. À peine plus de 10% de cette production est commercialisée sous un label d'appellation contrôlée. Un gage de qualité lors de votre choix au restaurant : issus de cépages locaux, les vins grecs sont généralement capiteux et charpentés. Parmi les grandes régions de production de vins d'appellation, signalons la Thessalie avec le naoussa (rouge), la région de Patras avec un vin blanc vif et désaltérant, ou encore celle de Némée, toujours dans le Péloponnèse, où sont produits blancs, rouges et rosés.

Athènes, l'Acropole (p.111) vue de la colline de Filopapou (p.120).

GEOPRATIQUE

V

INFORMATIONS UTILES DE A À Z

ALLER EN GRÈCE EN AVION

Les compagnies grecques Olympic Air et Aegean Airlines ainsi que nombre de compagnies étrangères desservent régulièrement Athènes (ATH).

de France

Aegean Airlines Cette compagnie grecque, qui a fusionné avec Olympic Air en 2010 en conservant son nom, propose 2 vols directs AR/j. (3 en été, sauf lun. et ven.) entre Paris-CDG et Athènes. Comptez environ 250€. *www.aegeanair.com* **Grèce** *Tél. 210 62 61 000* ***France*** *Tél. 01 70 03 13 23*
Air France Quatre vols directs AR/j. sont programmés entre Paris-CDG et Athènes (env. 3h de vol) à partir de 230€. Les correspondances locales sont assurées par Olympic Air ou Aegean, cf. Transports sur place (p.83). *www.airfrance.fr* ***France*** *Tél. 3654 www.airfrance.gr* **Grèce** *Tél. 14 654 ou 210 99 80 222*
Easyjet La compagnie britannique propose des vols Paris Orly-Athènes à partir de 100€. *Tél. 0820 420 315 (0,12€/min) www.easyjet.com*
Jetairfly Cette compagnie belge relie Lille à Rhodes (à partir de 100€). *Tél. 32 70 22 00 00 ou 070 22 00 00 www.jetairfly.com*

de Belgique

Aegean Airlines Deux liaisons quotidiennes directes Bruxelles-Athènes toute l'année. Et en haute saison, des vols directs entre Bruxelles, Corfou et Rhodes. *Tél. 02 753 47 10 www.aegean.com*

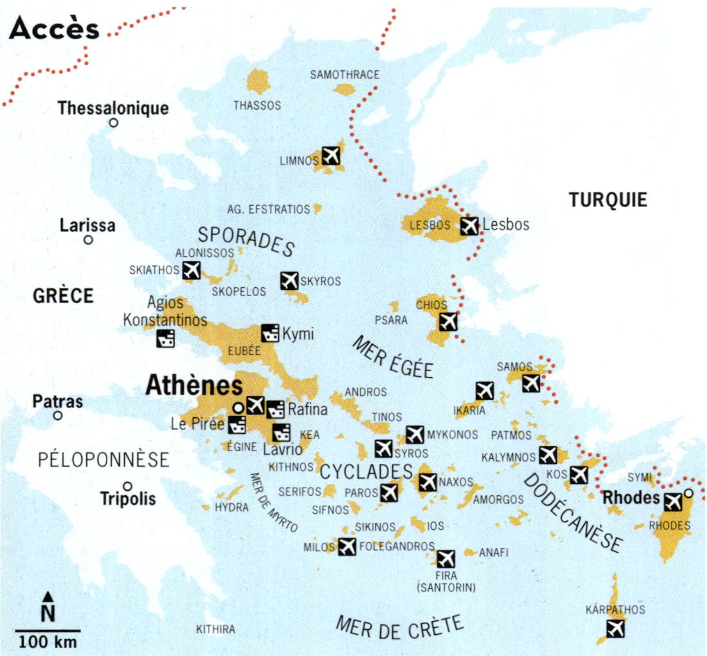

Brussels Airlines La compagnie nationale relie quotidiennement Bruxelles à Athènes. *Tél. 0902 251 600 ou 0892 64 00 30 (en France) ou 0902 25 16 00 (en Belgique) www.brusselsairlines.com www.brusselsairlines.com*

Jetairfly Cette compagnie "low cost" belge assure 1 AR/j. Bruxelles-Athènes (env. 3h de vol), à partir de 300€. Également des liaisons directes entre Bruxelles, Liège, Charleroi, Ostende et des îles grecques comme Mykonos, Rhodes, Santorin, etc. *Tél. 070 22 00 00 www.jetairfly.com*

de Suisse

Aegean Airlines Propose 3 liaisons hebdomadaires directes (lun., mer., ven.) entre Genève et Athènes. *www.aegeanair.com*

Swiss International Air Lines Assure 1 AR/j. Genève-Athènes (2h30 de vol) et 3 AR/j. Zurich-Athènes (2h35). *Tél. 0848 700 700 www.swiss.com*

du Canada

Air Canada Relie Montréal à Athènes via Francfort, Zurich, Munich ou Londres (env. 10h de vol). *Tél. 1 888 247 2262 www.aircanada.com*

Grèce *Tél. 00 800 39 12 91 998*

mesures de sécurité pour le bagage de cabine

Rappelons que, lorsqu'ils passent aux points de contrôle de sécurité des aéroports européens et canadiens, les voyageurs peuvent avoir en leur possession des produits liquides (gels, substances pâteuses, lotions, contenu des récipients à pression, dentifrice, gel capillaire, boissons, potages, sirops, parfums, mousse à raser, aérosols), à condition que les contenants ne dépassent pas, chacun, 100ml ou 100g et qu'ils soient regroupés dans un sac en plastique transparent à fermeture par pression et glissière, bien scellé, d'une capacité maximale de 1l (environ 20cmx20cm). Les articles ne doivent pas remplir le sac à pleine capacité ni en étirer les parois. Un seul sac est autorisé par personne. Les aliments pour bébé et le lait, quand les passagers voyagent avec un enfant de moins de deux ans, de même que les médicaments vendus sur ordonnance et les médicaments essentiels en vente libre ne sont pas soumis à ces restrictions. Nous vous conseillons donc de placer dans vos bagages de soute, avant l'enregistrement, tous les produits liquides dont vous n'aurez pas besoin en cabine.

ALLER EN GRÈCE EN VOITURE

Le voyage en voiture vers la Grèce s'effectue plus facilement via l'Italie. Comptez 2 568km entre Paris et Athènes. Si vous voulez réduire la fatigue due à la conduite, mieux vaut gagner Venise ou Ancône, dans le nord de l'Italie, et, de là, prendre un ferry pour Igoumenitsa (468km d'Athènes) ou Patras (222km d'Athènes), cf. Aller en Grèce en bateau (p.64). La route est plus longue, mais la traversée plus courte à partir de Brindisi et de Bari, dans le sud de l'Italie. L'autoroute Egnatia (www.egnatia.gr) met Thessalonique à 344km d'Igoumenitsa. Si vous aimez prendre votre temps et découvrir du pays, vous pouvez passer par l'Allemagne, l'Autriche, la Slovénie, la Croatie, la Bosnie-Herzégovine, la Serbie et la République de Macédoine. Vous rallierez ainsi Thessalonique, puis Athènes au terme d'un parcours de 2 882km.

de France

En passant par l'Italie : De Paris, suivez l'A6 jusqu'à Mâcon, puis l'A40 jusqu'au tunnel du Mont-Blanc. Après la traversée des Alpes, empruntez l'A5 vers Turin, puis l'A4 en direction de Milan et l'A1 jusqu'à Bologne. Suivez ensuite, le long de la côte est de l'Italie, l'E55 (A14) qui passe par Ancône, Pescara et Bari. De là, la S16 permet d'atteindre Brindisi. Pour vous rendre de Paris à Brindisi, comptez plus de 17 heures de trajet (1 844km) et env. 230€ de péage.

de Belgique

De Bruxelles, gagnez Lille (A8), puis prenez l'autoroute du Nord (A1) et bifurquez sur l'A26 en direction de Reims-Troyes-Dijon, puis sur l'A6 en direction de Mâcon. De Wallonie, il est possible de gagner Dijon en passant par Luxembourg, Metz et Nancy (A31). Pour rejoindre le sud-est de l'Italie, passez de préférence par le tunnel du Saint-Gothard (cf. de Suisse). Pour le trajet Bruxelles-Brindisi, comptez 18 heures de route (1 900km) et env. 100€ de péage - plus la vignette autoroutière suisse (30€).

de Suisse

Plusieurs itinéraires s'offrent à vous à partir de la Suisse : de Genève et sa région, empruntez le tunnel du Mont-Blanc puis rejoignez Milan (A5, A4). Du Centre et de l'Est (Berne, Zurich), rejoignez la N2 et prenez le tunnel du Saint-Gothard. La N2 continue sur Milan. Pour atteindre Brindisi, prenez l'autoroute qui suit la côte est de l'Italie (cf. de France). Pour le trajet Genève-Brindisi, comptez 12 heures de route (1 314km) et env. 190€ de péage, plus 30€ de vignette autoroutière suisse.

formalités

Voici les papiers requis pour pouvoir circuler dans l'Union européenne : papiers du véhicule, assurance de responsabilité civile, permis de conduire et carte d'identité nationale ou passeport.

ALLER EN GRÈCE EN TRAIN

Si vous choisissez de gagner Athènes par le rail, sachez que le voyage sera long et coûteux. Il vous faudra rallier le port d'Ancône ou celui de Brindisi en Italie et, de là, emprunter un bateau à destination de Patras - cf. Aller en Grèce en bateau (p.64) -, d'où vous pourrez prendre un train (très lent) pour Kiato, puis le Proastiako à destination d'Athènes.

OSE *Tél. 14511 www.trainose.gr www.proastiakos.gr*

de France

SNCF Le trajet de Paris-gare de Lyon à Ancône via Milan et Bologne demande 12 ou 13 heures (à partir de 120€ l'AS). La liaison Paris-Brindisi via Milan demande plus de 20 heures (à partir 106€ AS). Un train Thello quitte tlj. la gare de Lyon à 19h59 pour arriver à Milan à 6h le lendemain. *Tél. 3635 www.voyages-sncf.com* **Thello** *Tél. 01 83 82 00 00 www.thello.com*

de Belgique

NMBS/SNCB Le trajet Bruxelles (Midi)-Ancône via Paris-Nord et Milan demande env. 15 heures (AS à partir de 195€). Pour rallier Bruxelles à Brindisi, comptez 23 heures de trajet et 205€ l'AS. *Tél. 070 79 79 79*

de Suisse

Plusieurs trains avec changement partent chaque jour de Genève à destination de Brindisi.

CFF Le trajet de Genève à Brindisi via Milan et Bologne demande au moins 12h30 et 159CHF. Comptez 8 heures de trajet pour rallier Ancône de Genève (à partir de 120CHF l'AS). *Tél. 0900 300 300 www.cff.ch*

pass InterRail

Les compagnies ferroviaires de 30 pays d'Europe se sont unies pour proposer deux pass permettant de voyager en 1re ou en 2e classe. *www.interrailnet.com www.raileurope.com fr.interrail.eu*

Global Pass Il est valable dans l'ensemble des pays (sauf celui d'origine), pour une durée de 5 jours à un mois, sans limite de trajets. Pour un pass 2e classe de 5 jours (utilisable pendant 10 j.), comptez 276€ en plein tarif, 181€ pour les moins de 26 ans ; pour un mois, comptez 658€ en plein tarif, 435€ pour les moins de 26 ans.

One Country Pass On peut l'utiliser dans l'un des 30 pays européens pour une durée de 3, 4, 6 ou 8 jours, consécutifs ou non, sur une période d'un mois. Le Grèce Plus Pass permet de voyager en train et en ferry. Pour un pass 2e classe de 3 jours, comptez 123€ en plein tarif, et 81€ pour les moins de 26 ans. Pour 8 jours, comptez 251€/165€.

ALLER EN GRÈCE EN BATEAU

Les ports grecs d'Igoumenitsa et de Patras accueillent des bateaux en provenance de 5 villes italiennes : Brindisi, Bari, Ancône, Venise et Trieste, cf. Aller en Grèce en voiture (p.61), cf. Aller en Grèce en train (p.62). On peut ensuite rejoindre Athènes en voiture, puis les îles grecques en bateau.

RENSEIGNEMENTS Les compagnies se livrant une vive concurrence, l'affectation des lignes peut changer d'une année à l'autre. Les prix et les temps de traversée sont également donnés à titre indicatif (afin d'économiser le carburant, les navires ont tendance à ralentir l'allure). Toutes les informations sont à vérifier par téléphone ou sur les sites www-directferries.fr, www.aferry.fr, www.ferries.gr et www.gtp.fr.

COMPAGNIES MARITIMES

Anek Lines Assure une liaison de Patras à Venise via Igoumenitsa. Voyageur à pied et sans cabine : de 70€ à 95€ pour une traversée d'environ 33 heures. **Grèce** *Tél. 210 41 97 470 www.anek.gr*

Grimaldi Lines Relie Patras à Brindisi via Igoumenitsa. Voyageur à pied et sans cabine de 44 à 74€ pour une traversée de 15 heures. ***Italie*** *Tél. (39) 081 496 444 www.grimaldi-lines.com*

European Sealines L'été seulement au départ d'Igoumenitsa, la compagnie dessert Brindisi via Corfou. *www.europeansealines.com* **Grèce** *Tél. 210 95 61 630*

Minoan Lines Dessert Ancona et Trieste au départ de Patras. Voyageur à pied et sans cabine : de 70€ à 94€ pour une traversée de 32 heures environ. **Grèce** *Tél. 210 41 45 700 www.minoan.gr*

Superfast Ferries Relie Patras à Bari et Ancône via Igoumenitsa. Traversée Ancône-Patras environ 24 heures. Voyageur à pied et sans cabine, compter de 70€ à 95€. **Grèce** *Tél. 210 89 19 710 www.superfast.com*

CONTACTS EN FRANCE

France Euro-Mer *5, quai de Sauvages 34078* ***Montpellier*** *Tél. 04 67 65 95 11 www.euromer.com Ouvert lun.-ven., 9h-19h et sam. 9h-18h*

Navifrance et Viamare *4, rue de Clichy 75009* ***Paris*** *Tél. 01 42 80 94 87 www.viamare.fr*

AMBASSADES ET CONSULATS GRECS

Pour les représentations diplomatiques des pays francophones sur place, cf. Représentations diplomatiques et associations (p.103).

FRANCE

Ambassade *17, rue Auguste-Vacquerie 75116* ***Paris*** *Tél. 01 47 23 72 28 Fax 01 47 23 73 85 www.amb-grece.fr*

Consulat *23, rue Galilée 75016* ***Paris*** *Tél. 01 47 23 72 23 Fax 01 47 20 70 28 Ouvert lun.-ven. 9h-13h*

BELGIQUE

Ambassade *Rue des Petits-Carmes 10 1000* ***Bruxelles*** *Tél. 02 545 55 00 Fax 02 545 55 85 www.mfa.gr/missionsabroad/belgium-en Ouvert lun.-ven. 10h-17h*

Consulat *Rue des Petits Carmes 6 1000* ***Bruxelles*** *Tél. 02 545 55 10 Fax 02 545 55 28 grgencon.bru@mfa.gr Ouvert lun.-mar. et jeu.-ven. 9h30-13h30, mer. 9h30-12h30 et 13h30-17h*

SUISSE

Ambassade *Weltpoststrasse, 4 3000* ***Berne*** *Tél. 031 356 14 14 ou 031 356 14 10 Fax 031 368 12 72 www.communaute-hellenique-geneve.ch*

Consulat *1, rue Pedro-Meylan 1208* ***Genève*** *Tél. 022 735 37 47 Fax 022 786 98 44 consulate.greece@ties.itu.int*

CANADA

Ambassade *76-80 MacLaren St K2P 0K6* ***Ottawa*** *Tél. (613) 238 62 71 Fax (613) 238 56 76 www.greekembassy.ca Ouvert lun.-ven. 9h-16h*

Consulat *1002 Sherbrooke West Suite 2620 H3A-3L6* ***Montréal*** *Tél. (514) 875 21 19 Fax (514) 875 87 81 www.grconsulatemtl.net Ouvert lun.-ven. 9h-13h*

ARGENT ET CHANGE

change

La Grèce fait partie de la zone euro (1€ = 1,48 CAD et 1,235 CHF en jan. 2014). Vous pouvez changer des devises dans les agences de voyages et les grands hôtels. Mais les commissions sont souvent très élevées. Adressez-vous en priorité aux guichets de la Banque nationale de Grèce (Ethniki Trapeza, Εθνικη Τραπεζα).

espèces et cartes de crédit

Ayez toujours des espèces sur vous - beaucoup de transactions se font en liquide en Grèce, même pour des sommes importantes. Votre carte de crédit vous servira surtout à retirer de l'argent et à régler votre note d'hôtel (mais pas toujours). Vous pourrez également l'utiliser dans les restaurants haut de gamme ou très touristiques, mais rarement pour vos achats. Constituez une réserve d'espèces pour plusieurs jours si vous vous rendez dans une île ou en montagne. Dans les villes grandes et moyennes, vous n'aurez aucun mal à trouver des distributeurs de billets. Certains, tels ceux de la Banque nationale de Grèce (Ethniki Trapeza, Εθνικη Τραπεζα) disposent d'une page d'accès en français.

Numéros d'urgence à composer de Grèce en cas de perte ou de vol de votre carte de crédit (il faudra faire opposition auprès de votre ambassade ou consulat) :

Banque nationale de Grèce / Εθνικη Τραπεζα *Tél. 210 48 48 484 www.nbg.gr*

American Express *Tél. 210 65 90 700 (24h/24) www.americanexpress.com*

Diners *Tél. 210 92 90 200 (Cityphone) www.dinersclub.com*

Eurocard/Mastercard *Tél. 00 800 11 887 0303 www.mastercard.com*
Visa International *Tél. 00 800 11 638 0304 www.visaeurope.com*

chèques de voyage (travellers chèques)

Ils peuvent vraiment dépanner quand les espèces viennent à manquer, car ils sont acceptés dans les grands hôtels, les agences de voyages, les grands magasins et certains restaurants. On peut les encaisser dans un bureau de change ou une banque. Les commissions sont de l'ordre de 2% sur les chèques libellés en euros – et supérieures pour les autres devises. En cas de perte ou de vol, les chèques de voyage sont remplacés gratuitement sur place, souvent sous 24 heures. De nombreuses banques en délivrent. Les plus connus sont émis par American Express. Pensez à conserver les talons comme preuve de vos achats.

transfert d'argent

Vous pouvez vous faire envoyer de l'argent liquide par l'un de vos proches en quelques minutes en passant par Western Union ou MoneyGram. En France, Western Union est relayé par La Poste et MoneyGram par la Caisse d'Épargne. En Grèce, MoneyGram est relayé par les bureaux de poste, des agences de voyages, bureaux de change, supermarchés Carrefour, et partout où est affiché son sigle. Western Union est relayé par les bureaux de change, les banques et les épiceries.

ASSURANCES

Si votre assurance bancaire ou domestique et votre mutuelle santé ne vous permettent pas d'être dédommagé en cas d'annulation de votre voyage, de perte ou de vol de vos bagages, ni de bénéficier d'une assistance médicale (remboursement des frais médicaux engagés sur place et rapatriement sanitaire éventuel), vous devez souscrire un contrat d'assurance-assistance auprès d'une agence de voyages ou d'une compagnie spécialisée. Cette assurance est parfois comprise dans le prix du billet d'avion lorsqu'il est payé par carte bancaire. Prenez donc soin d'acquitter vos titres de transport et vos contrats de location avec celle-ci. Dans tous les cas, vérifiez bien que le contrat d'assurance couvre les sports à risques comme la randonnée. Pensez à vous faire préciser le montant des frais d'hospitalisation, de recherche et de rapatriement couverts par votre contrat d'assurance, et conservez sur vous les coordonnées de votre assureur ainsi que les numéros de contrat.
AVA (Assurances Voyages et Assistance) *Tél. 01 53 20 44 20 www.ava.fr*
Europ Assistance *Tél. 01 41 85 93 65 www.europeassistance.fr*
Mondial Assistance *Tél. 01 53 05 86 100 www.mondial-assistance.fr*

BUDGET

La Grèce n'est plus une destination bon marché. Mais les prix restent raisonnables si on les compare à ceux pratiqués dans certaines grandes villes

GAMME DE PRIX	RESTAURATION	HÉBERGEMENT
Très petits prix	moins de 10€	moins de 30€
Petits prix	de 10 à 15€	de 30 à 50€
Prix moyens	de 15 à 20€	de 50 à 80€
Prix élevés	de 20 à 30€	de 80 à 120€
Prix très élevés	plus de 30€	plus de 120€

d'Europe. Votre budget dépendra de la saison et de la région visitée. En basse saison, prévoyez 800€ pour une semaine à deux à Athènes, avec un hébergement (6 nuits) autour de 60€ et un repas par jour entre 20 et 30€ par personne. Le budget est sensiblement inférieur dans les îles.

hébergement et restauration

Pour un budget journalier moyen en haute saison, en dehors des grands centres touristiques et de la capitale, comptez 40-70€ par personne pour l'hébergement (30-45€ en basse saison) et 15-30€ pour la restauration. Les prix indiqués dans ce guide correspondent à ceux d'une nuit en chambre double et à un repas (entrée + plat ou plat + dessert) hors boissons.

CARTE D'ÉTUDIANT

La carte ISIC (International Student Identity Card, www.isic.org) est délivrée à toute personne en formation à temps complet de plus de 12 ans. Elle donne droit à des réductions dans les transports sous certaines conditions, et elle vous ouvrira gratuitement les portes des musées de Grèce. La carte jeune de voyage internationale (International Youth Travel Card), destinée à tous les moins de 26 ans, permet elle aussi de bénéficier de nombreux services et réductions (voyages, vie quotidienne, culture et loisirs) dans 118 pays. Ces deux cartes, valables un an, coûtent chacune 13€ en France, 9€ en Belgique et 20CHF. Elles s'obtiennent en ligne ou dans l'un des organismes suivants sur téléchargement ou présentation d'une photo, d'une pièce d'identité (et d'un justificatif – carte d'étudiant ou certificat d'inscription pour la carte ISIC) :

ISIC (France) *2, rue de Cicé 75006* ***Paris*** *Tél. 01 40 49 01 01 www.carteisic.com www.isic.fr*

CROUS (France) *39, av. Georges-Bernanos Cedex 05 75231* ***Paris*** *Tél. 01 40 51 36 00 www.crous-paris.fr*

CJB L'Autre Voyage (Belgique) *22-24, rue Alphonse-Hottat 1050* ***Bruxelles*** *Tél. 02 640 97 85 www.cjb-to.be*

STA Travel (Suisse) *Bd de Grancy 20, 1006* ***Lausanne*** *Tél. 058 450 49 49 ; Rue Rousseau 29, 1204* ***Cointrin*** *Tél. 058 450 49 49 ; Rue Vignier 3, 1205* ***Genève*** *Tél. 0900 450 402 ou 058 450 48 30 www.statravel.ch*

Voyages Campus (Québec) *407, bd de Maisonneuve Est H2L 4J5* ***Montréal*** *Tél. 800 667 2887 www.voyagescampus.com Ouvert lun.-mar. 9h-18h ; mer. 9h30-18h ; jeu.-ven. 9h-19h ; sam. 11h-17h*

CARTES ET PLANS

Michelin publie une carte de la Grèce au 1/700 000 (n°980). L'Office national hellénique du tourisme (ONHT) édite un plan d'Athènes gratuit et de bonne qualité. Vous le trouverez dans les aéroports, aux guichets de l'office de tourisme, dans les agences de voyages ou de location, à la réception de certains hôtels, etc. On peut lui préférer le plan des éditions Emvelia (*www.emvelia.gr*), *Athens, Pireas & Attica*. Mais ce dernier n'est disponible que dans les librairies dotées d'un rayon cartographie. Signalons aux automobilistes les plans *Auto Athènes* des éditions Road, très pratiques. Les cartes éditées par Road (environ 6€) couvrent une large partie des destinations de la mer Égée et sont très bien faites : les fonds sont précis et rendent compte tant du réseau routier que des principaux sites touristiques. Les marcheurs pourront se procurer les cartes des Éditions Anavasi (environ 6€), dont les fonds mettent en valeur les reliefs.

Travel Bookstore *Solonos 71 10679* **Athènes** *Tél. 210 36 16 943 Ouvert lun., mer. et sam. 8h30-16h30, mar. et jeu.-ven. 8h30-20h30*

Éditions Anavasi *Voulis 32 10564* **Athènes** *Tél. 210 32 18 104 www.anavasi.gr Ouvert lun. et mer. 9h30-17h30, mar. et jeu.-ven. 9h30-20h (21h été), sam. 10h-16h30*

DÉCALAGE HORAIRE

La Grèce vit à l'heure GMT+2. Comme la plupart des pays d'Europe, elle passe à l'heure d'hiver d'octobre à avril. Quand il est midi à Athènes, il est 11h à Paris, Genève et Bruxelles, et 5h à Montréal en été (4h en hiver).

DOUANES

ressortissants de pays de l'UE

Le tabac et les spiritueux ne doivent être déclarés qu'à partir d'une certaine quantité : 5 cartouches (1 000 cigarettes) et 10l d'alcool (supérieur à 22°) ou 20l d'apéritif ou 90l de vin ou 60l de mousseux ou 110l de bière. Les animaux vivants, les végétaux, les armes et les munitions, les objets d'art (de collection ou antiquités) et les produits pétroliers (sauf le contenu du réservoir du véhicule et un bidon de réserve de 10l) doivent être déclarés. De même que les médicaments, s'ils ne sont pas destinés à votre usage. Attention, en Grèce, les médicaments contenant de la codéine doivent faire l'objet d'une déclaration.

ressortissants d'autres pays

Hormis les cadeaux et les souvenirs, les voyageurs suisses et canadiens sont beaucoup plus restreints dans leurs achats. Pour le tabac : 200 cigarettes ou 100 cigarillos ou 50 cigares ou 250g de tabac. Pour les spiritueux : 1l d'alcool (supérieur à 22°) ou 2l d'apéritif ou 4l de vin ou 16l de bière.

animaux de compagnie

En Grèce, les animaux de compagnie peuvent prendre l'avion et le bateau, mais pas le bus. Pour les vols internationaux ou nationaux, il faudra fournir un certificat de vaccination en bonne et due forme avec attestation pour le vaccin contre la rage (puce électronique ou tatouage). Ils voyageront en soute s'ils pèsent plus de 4kg. Sur l'eau, leur confort variera selon les compagnies et le type de bateau. Pour les traversées entre l'Italie et la Grèce, certaines compagnies les acceptent en cabine moyennant un supplément d'env. 50€. À bord des ferries qui desservent les îles, ils peuvent vous accompagner sur le pont, mais ni dans les salons ni au self-service. Sur d'autres bateaux de ligne, pour de longs trajets, ils disposeront d'un espace réservé. Les hydrofoils et les catamarans High Speed leur réservent des conditions de voyage plus rudes, quand ils ne leur sont pas interdits. On les accueillera plus ou moins bien dans les hôtels et les restaurants. La loi grecque admet les chiens aux terrasses des cafés et restaurant à condition qu'ils soient en laisse, mais ils sont plutôt mal vus. Attention, il y a beaucoup de chiens errants à Athènes et dans les grands ports.

ÉLECTRICITÉ

L'électricité est du 220V, 50 cycles, les prises rondes à deux broches.

ENFANTS

Voyager en Grèce avec des enfants n'est jamais un problème et peut même être un avantage : ceux-ci y sont toujours accueillis chaleureusement. Dans les tavernes, les magasins et les hôtels, ils constitueront l'objet de toutes les attentions. On vous aidera toujours avec gentillesse à faire chauffer un biberon. Les petits Grecs veillent souvent tard, ce qui ne dérange personne, bien au contraire. Vous ne trouverez guère de parcs d'attractions ou d'équipements spécifiques pour les enfants, mais plutôt des espaces aménagés à leur intention dans les cafétérias et les tavernes. Le soleil tape très fort l'été : n'hésitez pas à les couvrir d'une protection solaire intégrale et d'un chapeau, ne les faites pas marcher en plein soleil et adoptez la sieste (pour vous aussi) aux heures les plus chaudes de la journée. En cas de besoin, vous trouverez du lait, de l'eau, de l'aspirine et du paracétamol dans tous les kiosques.

FÊTES ET JOURS FÉRIÉS

panigyria

En Grèce, les fêtes calendaires donnent lieu à des réjouissances populaires appelées *panigyrias*. Chaque île fête ses saints et les moments forts de la vie communautaire (récolte, changement de saison, etc.) par des festivités souvent hautes en couleur. Un peu partout, on fête la Vierge le 15 août. Lors des fêtes paroissiales, on chante, on danse et l'on fait son marché puisque de véritables foires s'installent dans les villages, attirant de nombreux vendeurs ambulants. Des orchestres de musique populaire jouent toute la nuit. Vous serez étonné de voir que les jeunes Athéniens savent aussi apprécier ces airs traditionnels et qu'ils dansent fort bien dessus. Si vous avez l'occasion de vous joindre à un *pani-*

jours fériés et grands festivals

1er janvier		**Jour de l'An** (férié) La Saint-Basile, nom du Père Noël grec, est fêtée dans toute la Grèce
6 janvier		**Épiphanie** (*Theophania*) Bénédiction de la mer, au Pirée et ailleurs
Fév.-mars		**Carnaval** Le défilé masqué et déguisé est organisé trois semaines avant le Carême dans de très nombreuses villes
		Lundi maigre (*Kathari Deftera*) Le début du Carême (40 jours avant Pâques) est célébré par des pique-niques et des démonstrations de cerfs-volants (à Athènes : sur la colline de Filopapou).
25 mars		**Fête nationale** Jour (férié) de l'Indépendance, anniversaire de l'insurrection contre les Turcs (1821). Défilés militaires. Également jour de l'**Annonciation de la Vierge**, fête importante pour les chrétiens orthodoxes.
Printemps		**Pâque orthodoxe** (*Paska*) (férié). Processions, messes, agneau mars-avril pascal au menu.
Avril		**Saint-Georges** fête fluctuante en fonction de Pâques
1er mai		**Fête du travail... et des fleurs** (férié)
Juin-juillet	**Athènes**	**Festival du Lycabette** L'amphithéâtre du mont Lycabette accueille chaque été des spectacles variés : concerts rock, pièces de théâtre contemporaines, musique populaire grecque, etc. *Tél. 210 92 82 900 www.hellenicfestival.gr*
		Rockwave Festival 3 ou 4 jours de concerts de rock, pop et musiques actuelles dans différents lieux. *Tél. 210 88 20 426 Billetterie 210 36 08 366 www.rockwavefestival.gr*

Juin-sept.	**Athènes**	**Festival d'Athènes** Événement culturel phare qui déroule pendant près de quatre mois un gros programme de manifestations : danse classique, opéra, jazz et théâtre, avec des artistes grecs et étrangers. L'occasion rêvée d'assister à une tragédie antique sur les gradins de marbre de l'odéon d'Hérode Atticus. *Tél. 210 92 82 900 www.hellenicfestival.gr*
14 juillet	**Naxos**	**Agios Nikodimos** Donne lieu à un festival folklorique
17 juillet	**Cyclades**	**Agia Marina** Fête de la sainte protectrice des moissons
Début août	**Naxos**	**Festival Dionysia** Spectacles folkloriques, concerts...
Août		La pleine lune du mois d'août est l'occasion unique de visiter nuitamment des sites archéologiques.
15 août		**Dormition (*Kimissis*) de la Vierge** La fête de la Vierge Marie rassemble les familles dans tout le pays. On fête aussi toutes les Maria du pays. Ce jour-là (férié), Athènes est une ville morte. Important pèlerinage à Tinos. Chants et danses traditionnels à Karpathos.
Septembre	**Santorin**	Festival international de musique classique
	Samos	Festival du vin
	Lesbos	Fête de l'ouzo
	Mykonos	Fête des vendanges
28 octobre		**Fête nationale** (la seconde) Jour (férié) de la commémoration du "Non" (*ochi*). On célèbre le refus de Metaxas, en 1940, de laisser les troupes de Mussolini traverser la Grèce. Parades militaires, danses et repas dans de nombreuses villes.
25 décembre		Noël (férié)
26 décembre		Saint-Étienne (férié)

gyri, ne restez pas simple spectateur, par respect pour vos hôtes – le mieux étant de vous faire inviter et d'être accompagné.
En Grèce, il est de coutume de célébrer sa fête plutôt que son anniversaire. La tradition veut que l'on offre, ce jour-là, un bon repas ou des gâteaux à sa famille et à ses amis. Nombreux sont les Grecs qui reçoivent le jour de la Saint-Georges (Giorgos, le saint protecteur du pays), de la Saint-Jean (Giannis), de la Saint-Nicolas (Nikolaos), de la Sainte-Vierge... On leur souhaite alors *Chronia Polla* ("de nombreuses années heureuses").

la Pâque orthodoxe

Pâques est la fête la plus importante de l'année liturgique orthodoxe. Voilà une belle occasion de rencontrer des Grecs et de découvrir certains aspects de la religion orthodoxe, mais c'est aussi une période où il est très difficile de trouver à se loger au dernier moment. Les chambres sont retenues plusieurs mois d'avance, à Athènes, dans les villages touristiques et dans les îles, de nombreux Grecs rejoignant leur famille pour l'occasion.
Tout au long de la Semaine sainte ont lieu des cérémonies. Dans la plupart des villes et des villages, des tombeaux du Christ recouverts de fleurs sortent des églises le vendredi soir pour converger vers la place centrale. Les fidèles, une bougie allumée à la main, les accompagnent et comparent les ornements. Ce soir-là, les tavernes sont prises d'assaut et l'ouzo coule à flots. Il est probable que vous ne trouverez ni viande ni poisson à manger avant minuit le lendemain. Mais suivez la coutume et laissez-vous guider par les Grecs. La Semaine sainte est l'une des

plus joyeuses de l'année. Le soir du Samedi saint, les églises sont pleines à craquer. Chacun tient une bougie décorée qu'il allumera à minuit, à l'annonce de la résurrection du Christ. Pétards et feux d'artifice viendront seconder le feu nouveau, symbole de cette résurrection. Chacun se tourne vers son voisin pour lui dire "*Christos Anesti*" ("le Christ est ressuscité") et lui répondre "*Alithos Anesti*" ("en vérité, il est ressuscité"). Puis on fait bombance : soupe d'abats et fromage frais – que vous trouverez parfois à la carte des restaurants – mettent fin au Carême. Enfin, les œufs peints en rouge (symbolisant le sang du Christ), que l'on se passe de main en main, seront brisés contre ceux du voisin avant d'être mangés pour la plus grande joie des enfants. Compte tenu du sens de l'hospitalité des Grecs, vous n'aurez guère de mal à vous faire inviter le dimanche de Pâques à déguster un agneau cuit à la broche. Attention, la date de la Pâque orthodoxe, déterminée par le calendrier julien, diffère souvent de celle de la fête catholique, établie par le calendrier grégorien.

DANS LES ÎLES La fête de Pâques est partout célébrée, avec beaucoup de festivités et de surprenants carnavals. À Kalymnos, dans la nuit du Jeudi saint, des mélodies, transmises de génération en génération, sont chantées au pied d'un crucifix. Le Samedi saint, les cloches sonnent, tandis que les habitants font exploser des pétards. Les moines de Patmos lavent les pieds de douze d'entre eux ; lors de la seconde résurrection, une lecture de l'évangile en sept langues a lieu au monastère décoré de feuilles de palmier. À Syros, les communautés catholiques orthodoxe et romaine célèbrent Pâques ensemble. À Paros, la procession s'arrête quinze fois pour laisser les enfants, déguisés en soldats romains ou en disciples du Christ, interpréter les scènes religieuses. À Rhodes, des gâteaux *lazarakia* sont cuisinés, tandis que les enfants collectent en chantant de l'argent, des œufs et des fleurs.

carnaval

Le carnaval est célébré pendant les trois semaines précédant le Lundi pur, c'est-à-dire le début du Carême orthodoxe. Le Carême est encore observé par une grande partie de la population, mais tend à s'adapter à la conscience de chacun. Cette fête chrétienne s'est superposée aux fêtes dionysiaques de l'Antiquité célébrant l'enthousiasme, la gaieté et les railleries. À Naxos, les habitants se déguisent d'une cape et se comportent de façon provocante. Ils sont accompagnés de personnages traditionnels : la vieille dame, le vieil homme et l'ours. À Karpathos, un tribunal (comique) est créé pour juger de la grossièreté de certains individus ; la sentence est suivie d'une grande fête. À Leros, les habitants font de la poésie (humoristique) improvisée.

HANDICAPÉS

à Athènes

La municipalité d'Athènes a consenti de gros efforts ces dernières années pour rendre accessibles ses musées et principaux sites archéologiques aux personnes en fauteuil roulant. C'est déjà le cas pour le Musée byzantin, le musée national d'Archéologie, l'odéon d'Hérode Atticus et l'Acropole. La conception du nouveau musée de l'Acropole intègre les normes en vigueur. Les fauteuils peuvent aussi circuler librement dans le centre d'Athènes, grâce à un réseau important de rues piétonnes. En revanche, ce moyen de locomotion est impraticable sur les collines de la ville.

dans les îles

Les équipements et les aménagements pour handicapés sont quasiment inexistants dans les îles. Seule solution : séjourner dans un trois-étoiles récent (les seuls qui disposent de rampes d'accès, d'ascenseurs, etc.). Et encore, il faudra vous cantonner à des balades sur le port, car les villes principales sont presque toujours établies sur les hauteurs, et sur des sites particulièrement accidentés. Pour autant, il n'est pas impossible de visiter la Grèce en fauteuil, il suffit de bien organiser son voyage. Consultez *www.handiweb.fr*

HÉBERGEMENT

avertissement

À ATHÈNES Concernant les prix annoncés dans ce guide, notamment pour les hôtels et les restaurants, ayez à l'esprit que les variations peuvent être importantes d'une saison à l'autre. Le classement proposé a été établi sur la base d'une chambre double en haute saison sans le petit déjeuner.

DANS LES ÎLES Vous serez souvent apostrophé, à votre descente du bateau, par des propriétaires de chambres. Cette pratique – interdite – est parfois réprimée par la police touristique, mais elle a encore de beaux jours devant elle. Car si l'on risque de se retrouver dans une pension chère et sans intérêt, il arrive aussi souvent que l'on se bénisse d'avoir accepté la première proposition, s'épargnant ainsi de pénibles recherches. Tentez donc d'en savoir plus sur la chambre et sur son emplacement, et parlez rapidement argent. Pour éviter la foule des touristes et des bonimenteurs, éloignez-vous au plus vite du front de mer.

hôtels et *domatia*

GAMME DES ÉTABLISSEMENTS Les vrais *domatia* – à l'origine des chambres chez l'habitant qui permettaient de partager la vie de la famille – se font rares. Ce type d'offre s'est professionnalisé : les Grecs construisent souvent une maison à côté de la leur pour y accueillir des visiteurs. Quant au classement des hôtels en six catégories (de A à E, plus la catégorie "luxe"), il renseigne tout au plus sur le niveau d'équipement, mais en rien sur la qualité des prestations. Par exemple, une chambre de charme avec vue sur la mer, au calme, et où vous serez reçu comme un ami, sera classée en catégorie D si elle ne dispose pas de l'air conditionné et d'un poste de TV. À l'inverse, un hôtel bien équipé, mais sans âme et donnant sur une rue bruyante, pourra être classé en catégorie A. Enfin, s'il devient difficile de trouver à se loger à bas prix, la qualité moyenne des hébergements est très satisfaisante. Les chambres d'hôtes sont généralement très propres.

TARIFS Le prix des chambres fait l'objet de fluctuations parfois difficiles à saisir. Il est rarement affiché à l'entrée de l'établissement : il faut s'enquérir du prix de la nuitée à l'accueil. Mais il arrive souvent que le patron propose un tarif de 10€ inférieur à celui affiché. Il est donc naturel de tenter d'obtenir un rabais. La négociation sera plus facile si vous comptez louer la chambre pour plusieurs nuits, surtout en basse saison. Est placardé derrière la porte de celle-ci le prix officiel *a maxima* établi par l'administration.

À SAVOIR L'eau est de plus en plus rare en Grèce, comme ailleurs. Il ne tient qu'à vous de l'utiliser avec parcimonie. Les serviettes et les draps sont en principe changés et lavés tous les jours dans les hôtels, mais vous pouvez demander à les conserver si vous séjournez un jour ou deux de plus. Respectez la consigne qui enjoint de ne rien jeter dans la cuvette des toilettes, une petite poubelle est prévue pour le papier hygiénique. Même si de nombreuses villes disposent du tout-à-l'égout, les canalisations sont étroites, inutile de les engorger.

auberges de jeunesse

Il n'est pas nécessaire d'être titulaire d'une carte internationale des auberges de jeunesse pour pouvoir bénéficier de leurs installations... d'autant que seule celle d'Athènes est affiliée à la fédération internationale. Dans les îles, vous ne trouverez d'auberges de jeunesse qu'à Santorin.

Athens International Youth Hostel *Viktoros Ougko 16* **Athènes** *Tél. 210 52 32 540 www.athens-international.com Ouvert toute l'année 10-17€/lit*

Santorini Youth Hostel *Fira Tél. 22860 22 944 www.santorini youthhostel.gr Ouvert avr.-oct.*

Youth Hostel Oia *Oia Tél. 22860 71 465 Ouvert mai-oct.*

location d'appartements

Dans les îles, de nombreuses agences de voyages proposent des appartements et des villas à louer.

www.housetrip.com Ce site propose des appartements à louer à Athènes et dans les îles.

www.airbnb.fr Chambres chez l'habitant et appartements à louer à Athènes

www.homelidays.com Villas, appartements à louer à Athènes et dans les îles.

campings

Les campings grecs, privés ou gérés par l'EOT, sont en général ouverts d'avril à octobre. Le camping sauvage est interdit mais, en cas de nécessité, vous pourrez toujours trouver un endroit où dormir à la belle étoile, à condition de faire preuve d'une extrême propreté, de discrétion et de prudence.

Panhellenic Camping Association *Stadiou 24 10564* **Athènes** *Tél. 210 36 21 560 www.greececamping.org*

HORAIRES

La journée grecque débute assez tôt, puisque les employés du service public sont au travail dès 7h30 le matin (*to proï*). La matinée se prolonge jusqu'à 15h. Vient ensuite le midi grec (*to messimeri*), l'heure du déjeuner, suivie de la sieste (*o ypnos*) pour les plus chanceux, qui ne s'achève jamais avant 17h. Ce temps de repos est respecté partout (il est conseillé de ne pas faire de bruit) pour les personnes âgées et les enfants, et le week-end pour tout le monde. De nombreux actifs grecs observent la journée continue ou repartent travailler ailleurs vers 18h. Seuls les *kafeneia*, cafétérias, tavernes et restaurants restent ouverts tout l'après-midi. On peut d'ailleurs commander un repas en plein après-midi où que ce soit, à Athènes comme dans les îles. L'après-midi (*to apogevma*) débute vers 18h et s'étire jusqu'à 21h. La soirée (*to vradi*) se termine à la sortie de la taverne, vers minuit, quand tout le monde se souhaite une bonne nuit (*kalinikta*).

administration

Les fonctionnaires grecs embauchent vers 7h30-8h et repartent chez eux au plus tard à 14h30-15h. Seuls les postes de police et les bureaux portuaires assurent des permanences. À de rares exceptions près, les bureaux de poste sont ouverts du lundi au vendredi, de 7h30 à 14h ou 14h30.

banques

Les banques ont à peu près calqué leurs horaires sur ceux de l'administration : ouverture du lundi au jeudi, de 7h30 à 14h30 et le vendredi de 7h30 à 14h.

commerces

Les horaires d'ouverture dépendent de la nature du commerce, de sa localisation et de la saison. Mais, en principe, les magasins (pharmacies comprises) sont ouverts les lundi, mercredi et samedi de 9h à 15h, et les mardi, jeudi et vendredi de 9h à 15h et de 18h à 21h. Les boutiques des lieux touristiques font la journée continue (9h-21h et plus), une pratique qui se généralise la semaine précédant Noël et Pâques – les magasins sont alors parfois ouverts le dimanche. Les grandes surfaces ouvrent toute l'année de 9h à 20h, du lundi au vendredi, et jusqu'à 18h le samedi.

églises et monastères

Les églises grecques n'ouvrent leurs portes que quelques heures par jour, pour l'office du matin et celui du soir. Les plus importantes sont ouvertes toute la journée. La plupart des monastères acceptent les visiteurs. Veillez à porter une tenue décente (sans décolleté profond, couvrant bras et jambes) et à respecter ces lieux. Les horaires de visite, en général de 7h à 12h et de 17h à 20h, sont affichés à l'extérieur.

musées et sites archéologiques

Les musées et les sites archéologiques ouvrent d'ordinaire leurs portes de 8h30 à 15h (ou, comme le cap Sounion, du lever au coucher du soleil) et sont souvent fermés le lundi et les jours fériés. À Athènes, les horaires d'ouverture sont plus étendus, mais ils varient fréquemment d'un musée à l'autre et, pour un même établissement, d'une année sur l'autre, selon les décisions du ministère de la Culture... et les réductions de personnel. Les horaires communiqués dans ce guide le sont donc sous réserve de modification.

LANGUE

Le grec peut être d'un abord difficile pour ceux qui ne maîtrisent pas son alphabet, cf. Lexique (p.696). Pourtant, vous saurez assez vite déchiffrer les termes les plus courants. En faisant l'effort d'apprendre quelques mots, vous susciterez le sourire de vos interlocuteurs grecs et vous vous ouvrirez des portes. Le tourisme étant une importante source de revenus, l'alphabet latin est de plus en plus souvent utilisé, en parallèle avec l'alphabet grec. Les panneaux de signalisation, les indications touristiques, le nom de certains hôtels et restaurants sont ainsi souvent transcrits, plus rarement traduits. Enfin, les Grecs sont par tradition un peuple de voyageurs et il n'est pas rare d'en croiser qui parlent plusieurs langues étrangères.
Dans ce guide nous avons choisi de transcrire les sons grecs les plus difficiles à notre oreille de la façon suivante :
Le Β ou β se prononce “v”.
Le Χ ou χ grec (transcrit Ch) se prononce comme le “ch” allemand, dur comme la *jota* espagnole devant une

PRATIQUE

voyelle dure (a, o) et doux devant une voyelle douce (e, i)
Le Γ ou γ (transcrit g, y ou gi) se prononce "g" devant une voyelle dure (a, o) et comme un y français devant les voyelles douces (e, i).
Le E ou ε se prononce toujours "è".
École de langues Accord *14, bd Poissonnière 75009* ***Paris*** *Tél. 01 55 33 52 33*
Phonie-Graphie, Association pour la promotion du grec moderne en France *3, rue Sedaine 75011* ***Paris*** *Tél. 01 49 29 05 32 www.phonie-graphie.org*

MÉDIAS

presse écrite

À défaut de lire le grec, vous pourrez consulter les parutions suivantes avec intérêt : *Insider* (3,50€), un "city-magazine" mensuel à dominante culturelle et mondaine, mais qui fait une large place aux sélections d'hôtels et de restaurants. *Insider* propose aussi des plans d'Athènes et du Pirée, ainsi que l'agenda des manifestations et un mémento d'informations pratiques sur la capitale. *Bonjour Athènes* est un magazine d'actualité culturelle francophone que vous trouverez dans les kiosques du centre-ville (Omonia, Syntagma, Kolonaki etc.) qui distribuent la presse étrangère : une mine ! On pourra enfin lire, si on la trouve, l'édition grecque du quotidien *Herald Tribune*, qui reprend en anglais des pages du journal grec *Kathimerini*, l'équivalent du *Monde*, et qui donne des informations de première fraîcheur ainsi que les horaires des bateaux du jour à destination des îles (*ekathimerini.com*). Les principaux journaux français, belges et anglo-saxons sont diffusés dans les îles. On les trouve parfois avec deux ou trois jours de décalage. Si vous passez plusieurs jours dans une île, réservez votre journal la veille tant les quantités livrées sont parfois minimes.

télévision

Le paysage audiovisuel grec est assez varié. Les récepteurs offrent pour la plupart une quinzaine de chaînes. Le journal télévisé est d'ordinaire suivi d'un film, souvent américain. Par ailleurs, les établissements équipés d'antennes satellites reçoivent les principales chaînes internationales : BBC World, TV5 Monde, France 24, Euronews...

radio

Près de 90 stations de radio émettent en Grèce (liste complète sur www.comfm.com). Il est possible de capter France Info sur 720 MHz (AM). Deux très bonnes stations diffusent de la musique grecque et internationale sans beaucoup de commentaires : Melodia (99.2 FM) et Kosmos (93.6 FM) – une bonne façon de se familiariser avec la richesse de la musique grecque, que l'on cantonne bien trop souvent au sirtaki, la musique du film *Zorba le Grec*. Ceux qui aiment la psalmodie byzantine se brancheront sur Ecclesia (89.5 FM), la radio orthodoxe de la capitale, les amateurs de rock sur En Lefko (87.7 FM).

OFFICES DE TOURISME

en Grèce

L'ONHT, l'Office national hellénique du tourisme – EOT (prononcer "éote") en grec, GNTO en anglais –, est un organisme officiel dont on trouve des bureaux dans les grandes villes. Dans les îles, vous obtiendrez des conseils fiables de la police touristique ou des agences de voyages.

Office national hellénique du tourisme *Tsocha 7* ***Athènes*** *Tél. 210 87 07 000* **M° *Ambelokipi*** *Ouvert lun.-ven. 8h-14h*

Bureau du centre-ville *Dionissiou Aeropagitou 18-20* ***Athènes*** *Tél. 210 33 10 392 ou 210 33 10 716 ou 210 33 10 529* **M° *Acropole*** *info@gnto.gr Ouvert lun.-ven. 9h-19h, sam.-dim. 10h-16h*

Bureau de l'aéroport Eleftherios-Venizelos *Ouvert lun.-ven. 9h-19h, sam.-dim. 10h-15h*

à l'étranger

Office national hellénique du tourisme *France* *3, av. de l'Opéra Paris Tél. 01 42 60 65 75* ***Belgique*** *Av. Louise, 172 Bruxelles Tél. 02 647 57 70* ***Suisse*** *Loewenstr., 25 Zürich Tél. 00411 221 01 05* ***Canada*** *91 Scollard Street (2e étage) Toronto Tél. (416) 9682 220 1170 Place du Frère André* ***Montréal*** *Tél. 514 87 11 535*

visites guidées

La visite guidée des monuments grecs est strictement réglementée : chaque guide doit arborer un badge portant son nom et sa photo. Si vous voulez réserver, et pour éviter de passer par une agence de voyages, vous pouvez contacter la fédération.

Panhellenic Guide Federation *Voulis 45-47* ***Athènes*** *Tél. 210 32 10 680 www.touristguides.gr*

POIDS ET MESURES

Les poids et mesures correspondent généralement au système métrique international. Les aires sont calculées en *stremmas*, quatre *stremmas* équivalant à 1ha. Les liquides, notamment l'huile et le vin, ne se mesurent pas en volume, mais au poids : 1/2l de vin se dit *misso kilo krassi*.

POSTE ET TÉLÉCOMMUNICATIONS

poste

La poste grecque (ELTA) est reconnaissable à son enseigne jaune frappée d'un clairon. On trouve un bureau de poste dans chaque ville ou chef-lieu insulaire. Dans les localités secondaires, des licences permettent à des commerçants d'effectuer les opérations courantes. Les bureaux de poste sont ouverts de 8h à 14h du lundi au vendredi, et de 7h à 13h30 le samedi. Il est possible de se faire adresser du courrier en poste restante. Il suffit pour cela d'inscrire le nom de la localité et, le cas échéant, celui de l'île, le courrier sera conservé au bureau principal. Les timbres (0,80€ pour une carte postale) sont également vendus en kiosque, chez les marchands de journaux et dans certaines boutiques touristiques.

téléphone

Des cartes téléphoniques prépayées, de 5€ à 25€ (tarif dégressif) sont en vente dans les bureaux de l'OTE (Organismos Telepikinonion tis Ellados), dans les kiosques (*periptero*) et dans la plupart des petites boutiques de quartier. Mais évitez de téléphoner d'une chambre d'hôtel ou d'un kiosque, les appels étant surtaxés. *www.ote.gr*

APPELS LOCAUX Composez directement le numéro à dix chiffres de votre correspondant. Les numéros de téléphone portable grecs commencent par 69.

APPELS DE L'ÉTRANGER EN GRÈCE Composez le 00 suivi du 30 et du numéro à dix chiffres de votre correspondant. Pour appeler du Canada, faites le 011 suivi du 30 et du numéro à dix chiffres.

APPELS DE GRÈCE À L'ÉTRANGER

Vers la France : 00 33 + numéro (sans le 0 initial). Vers la Belgique : 00 32 + numéro. Vers la Suisse : 00 41 + numéro. Vers le Canada : 00 1 + numéro. **Renseignements internationaux** : 161 ou 162

portable

Si vous emportez votre téléphone mobile en Grèce, vous pouvez vous procurer des cartes téléphoniques dans les kiosques et les bureaux de l'OTE pour le recharger. Vous paierez environ 0,26€ tout appel reçu de France et 0,50€ tout appel émis vers la France.

QUAND PARTIR ?

Tous les Grecs vous le diront : évitez le mois d'août si vous voulez visiter les îles touristiques ! Si vous n'avez, hélas, pas le choix, il vous faudra affronter la canicule, les foules sur les sites et sur les plages, et, sur la côte est du continent, le *meltemi*, un vent violent qui peut transformer en enfer la plus belle des journées estivales. Ailleurs, loin des foules, les mois de juillet et d'août sont agréables. Dans le nord du pays, en bord de mer comme en montagne, les journées sont chaudes et les soirées douces. L'idéal est de programmer votre voyage au printemps ou en automne : de fin avril à mi-juin ou en septembre-octobre. Les températures sont alors particulièrement agréables, les prix des hébergements bien plus avantageux qu'en haute saison, le personnel de service est plus disponible et la fréquentation des sites touristique supportable. En hiver, Athènes peut subir des vagues de froid et des chutes de neige, mais les températures y sont généralement douces. C'est aussi la saison où l'on peut skier dans certains massifs montagneux. Mais ailleurs, nombre d'infrastructures touristiques sont en sommeil.

RESTAURATION

restaurants

En Grèce, il est possible de se restaurer à n'importe quel moment de la journée. Si le petit déjeuner est pratiquement inexistant, les Grecs

climat et saisons

Saison touristique	mai-octobre ; pic de fréquentation en juil.-août		
Températures	**Athènes**	**Naxos**	**Rhodes**
min./max. en janvier	6°C/13°C	10°C/14°C	7°C/17°C
min./max. en avril	11°C/20°C	13°C/19°C	11°C/20°C
min./max. en août	23°C/33°C	22°C/28°C	22°C/33°C
Précipitations			
moyenne en janvier	60mm/10j.	90mm/9j.	165mm/12j.
moyenne en avril	25mm/4j.	20mm/3j.	20mm/4j.
moyenne en août	7mm/1j.	1mm/0j.	
Ensoleillement			
moyenne en janvier	4h/j.	4h/j.	4h/j.
moyenne en avril	8h/j.	8h/j.	9h/j.
moyenne en août	12h/j.	12h/j.	12h/j.
Température de la mer			
moyenne en janvier	15°C	16°C	16°C
moyenne en avril	16°C	17°C	17°C
moyenne en août	24°C	25°C	25°C

déjeunent de 13h30 à 16h et dînent de 21h à 1h. Dans les tavernes, des fruits, parfois même une douceur, sont souvent présentés en fin de repas. En revanche, les gâteaux sont consommés en dehors des repas – on sort en acheter le dimanche après-midi. C'est peut-être parce que les Grecs mangent fréquemment hors de chez eux qu'il existe une telle multitude d'appellations pour la restauration : *taverna*, *ouzeri*, *mezedopolio*, *tsipouradika*, *estiatorio*, *psistaria*, etc. Un vrai ***magirio*** propose une "cuisine du marché" sous la forme de plats du jour aux prix variables, et vous y serez souvent invité à jeter un coup d'œil aux fourneaux pour faire votre choix. Autre détail récurrent : la petite nappe blanche en papier grenu, ornée généralement de la carte du pays, de la ville ou de l'île, qui s'imposera rapidement dans votre quotidien. La taverne peut aussi proposer des grillades. Les établissements plus chics, qui ont adopté la nappe en tissu, se nomment "restaurants", ou ***estiatoria***. Dans les ***ouzeri***, les ***mezedopolia*** et les ***tsipouradika***, vous pourrez prendre un verre accompagné de *mezedes* (entrées variées) ou, selon les cas, d'assiettes mieux garnies qui vous rassasieront. Les ***psistaries*** (pluriel de *psistaria*, à ne pas confondre avec ***pitsaria***, "pizzeria") sont spécialisées dans les grillades d'agneau, de porc ou de poulet. On y mange souvent bien et pour pas cher. Dans les ***psarotavernes***, où le poisson grillé, choisi à la pièce, vous sera facturé au kilo, les prix sont élevés. Enfin, les ***zacharoplastia*** (pâtisseries-confiseries) regorgent de bacs remplis d'une variété impressionnante de biscuits secs (délicieux avec le café), et de gâteaux au miel. Le ***kafeneio*** est un café où l'on rencontre plus d'hommes que de femmes. Ce sont souvent des endroits où les retraités aiment passer une partie de la journée à commenter l'actualité un *komboloï* à la main. Dans les cafétérias, où l'on sert une multitude de cafés et de thés, petits et grands se retrouvent.

sur le pouce

À Athènes en particulier, ne vous privez pas des chaînes grecques de restauration rapide : Goody's, Everest, Grigoris... On y sert d'excellents sandwichs aux saveurs méditerranéennes : salades variées, feta, oignons, viande de porc, de mouton ou de bœuf, légumes frais. Parfaits pour les repas sur le pouce, ces en-cas sont frais et changent des hamburgers à l'américaine, dont les enseignes se font étrangement discrètes dans les rues de la capitale. N'oubliez pas que la notion de "fast-food" est aussi née en Grèce. Partout, à toute heure du jour et de la nuit, vous trouverez des ***souvlakia*** (brochettes), des ***tiropites*** (feuilletés au fromage) à manger sur place ou à emporter... ou à vous faire livrer.

boissons

CAFÉ Le café (*kafe*) est une institution. On peut le commander léger (*elafri*) ou corsé (*vari*), sans sucre (*sketo*), avec du lait (*me gala*)... Toutes les variantes sont imaginables et le serveur prendra scrupuleusement note de vos désirs. Le prix du café varie d'un endroit à l'autre (de 1,50 à 3,50€), mais on peut s'éterniser devant. Sa version la plus connue est le "café grec" (*ellinikos kafes*), bouilli et servi avec le marc. Il faut attendre que le marc soit retombé au fond de la tasse pour le boire. On sert aussi du café soluble, qu'on appelle "Nes", et des *gallikos* ("français", cafés filtre). Les expressos sont aussi courants et très bons, mais trop vite avalés au regard du prix. En été, le Nescafé servi glacé dans de grands verres se dit simplement *frappé*, ou *freddo* s'il est à base d'expresso.

VIN Il est de plus en plus difficile de trouver de bonnes bouteilles de vin résiné (*retsina*), connu pour son goût de résine de pin, tel le Kourtaki, qui n'est plus un vin réputé. La Grèce produit toutefois d'autres vins, blancs (*aspro*), rouges (*kokkino* ou *mavro*) ou rosés (*rosé*). Dans les petites tavernes, on peut en commander au litre (*me to kilo*), parfois au tonneau (*chima*). C'est un vin jeune d'une qualité variable. Les plus connus, servis en bouteille, sont le Rotonda, le Cambas, ou encore le Calliga. Mieux vaut tenter la cuvée du patron. En revanche, maints cépages, tels le cabernet, se sont bien adaptés au sol grec, notamment dans le Nord. Signalons le Katogi Averof de la région de Ioannina, les vins de Naoussa, près d'Edessa, ceux de Némée dans le Péloponnèse ou encore de Chatzimichali, à 150km au nord d'Athènes, près de Lamia.

BIÈRE Elle est traditionnellement consommée en bouteille ou en canette de 50cl, comme la célèbre Mythos de Thessalonique ou la Fix, une bière brassée depuis 1864 à Athènes, qui avait disparu et qui a été récemment relancée. Dans les établissements très touristiques, la bière est servie en 33cl et, plus rarement, à la pression.

OUZO ET ALCOOLS L'ouzo est l'anisette grecque, une boisson agréable à rafraîchir avec des glaçons ou à diluer en fonction de sa soif. Les Grecs en boivent en mangeant des *mezedes* à la table d'une ouzerie. Mais vous pouvez commander aussi un *karafaki* de 20cl pour arroser un repas de poisson. Différentes marques sont réputées, comme Plomari, Mini et Dodeka ("12"). Au restaurant, on vous apportera souvent un petit verre d'alcool avec l'addition. Il s'agit d'un marc de raisin, plus ou moins fort selon les régions, appelé *tsipouro*, *tsikoudia* ou encore raki. Cet alcool remplace l'ouzo dans le Nord et le Centre. On peut le couper d'eau pour le rendre plus léger. Dans certaines tavernes à la mode d'Athènes, de Thessalonique et d'autres grandes villes grecques, on peut dîner au *tsipouro*. On trouve même des *tsipouradika*, c'est-à-dire des tavernes où l'on accompagne ses *mezedes* de *tsipouro*.

surprises de la table

La table n'est jamais débarrassée tant que l'on n'a pas quitté l'établissement, ce serait très mal élevé et cela voudrait dire que l'on vous presse de partir. Les serveurs sont en général disponibles, gentils et souriants. Le pain (un demi-pain prédécoupé) et le couvert sont systématiquement facturés (attention, les couverts se cachent souvent sous le pain). Si ces sommes restent modestes, elles augmentent avec le prestige de l'établissement. Ainsi, dans certains restaurants un peu chics, l'addition s'élève déjà à plus ou moins 5€ dès que vous êtes assis ! Par ailleurs, il n'est pas rare que, dès votre arrivée, on vous apporte un grand verre d'eau fraîche... Ce petit service sera payant s'il s'agit d'une bouteille d'eau minérale. Autre geste plutôt *fair play* : les produits congelés sont souvent signalés sur la carte par un "*kat.*" (*katepsigmeno*). Vous remarquerez que les Grecs consultent rarement la carte. Ils attendent que le patron passe pour lui demander d'énoncer les propositions du jour – ce dont il s'acquitte toujours avec enthousiasme. N'hésitez pas à faire de même. Enfin, vous pourrez généralement commander, notamment dans les tavernes, des plats à emporter – et pas seulement des *souvlakia*.

pourboire

Le service est souvent inclus, mais on ne vous tiendra pas rigueur de laisser un pourboire d'environ 10% de la note si vous êtes satisfait.

contestation

Dans les restaurants, les hôtels et un certain nombre d'autres établissements publics, un formulaire de réclamation est mis à votre disposition dans un casier proche de l'entrée.

SANTÉ ET DÉSAGRÉMENTS

Pensez à vous procurer la carte européenne d'assurance-maladie en la demandant au moins 15 jours avant votre départ. Elle ne vous évitera pas de payer les soins mais vous permettra d'en obtenir le remboursement sur facture, à votre retour. Jusque dans les villages les plus reculés du pays, il y aura un médecin pour vous prodiguer les premiers soins et vous orienter, s'il le faut, vers un hôpital.

soleil

Le soleil est la première source de problèmes de santé que rencontrent les touristes en Grèce. Il tape fort d'avril à octobre, même à travers les nuages. Un couvre-chef sera indispensable pour éviter l'insolation, surtout si l'on choisit de s'allonger des heures durant sur la plage. Le vent est traître, car il minimise la sensation de chaleur sans diminuer les effets nocifs d'une exposition prolongée. Les coups de soleil ne sont pas seulement douloureux, à terme ils peuvent provoquer des cancers de la peau. Pour éviter le pire, enduisez-vous toutes les heures de lotion à fort indice de protection et ne vous exposez pas aux heures les plus chaudes (11h-16h).

piqûres d'insecte et morsures de serpent

Les colonies d'abeilles sont nombreuses en Grèce. En période de récolte du miel, à la fin de l'été, les ruches sont vidées de leurs occupantes, qui s'envolent alors par milliers. Il est très fréquent, quand on roule à deux-roues, qu'une abeille vienne rebondir sur soi, déversant sur le tee-shirt ou la peau sa cargaison de pollen. Mais il peut arriver que l'insecte se coince sous le genou ou dans le pli du bras et qu'il pique. La brûlure est intense, mais il n'y a pas grand-chose à faire, sinon retirer le dard et masser doucement la zone enflammée. Les moustiques aussi passent parfois leurs vacances en Méditerranée... Si le printemps a été marqué par de fortes pluies, il y a de grandes chances pour qu'une génération de moustiques s'attaque aux touristes l'été. Leurs piqûres sont moins douloureuses que celles de leurs cousins tropicaux, mais suffisamment gênantes pour nécessiter l'application d'une lotion adaptée. Enfin, la rocaille est un terrain de jeu inespéré pour toute une variété de serpents et d'autres animaux rampants. Ils vous fuiront avant que vous ne les voyiez, mais prévoyez tout de même des chaussures montantes et un bâton pour les randonnées en pleine nature.

tabac

Les Grecs demeurent de gros fumeurs. Depuis 2004, il est interdit de fumer dans les lieux publics. La consigne est assez bien respectée dans les trains, le métro, les aéroports et les banques, mais moins bien dans les administrations. Les bars et les restaurants de moins de 70m^2 doivent choisir d'être "fumeur" ou "non fumeur" et, s'ils sont plus vastes, ont la possibilité d'aménager un espace fumeur. Mais la loi n'est pas toujours respectée. Dans les faits, la consommation de tabac reste tolérée partout. Dès qu'il fait assez bon pour dîner ou déjeuner dehors, le problème ne se pose plus.

SÉCURITÉ ET URGENCES

On note une recrudescence des vols à la tire à Athènes et dans les centres touristiques : ne tentez donc pas les pickpockets. Sinon, hormis d'éventuelles petites escroqueries liées au tourisme de masse, vous n'aurez pas à vous inquiéter pour vos biens, ni pour votre intégrité physique. Vous pouvez vous promener le soir en toute tranquillité... et laisser sans crainte vos bagages à la garde du bar ou de l'hôtel où vous venez d'arriver. En cas de problème, faites appel à la police. La police touristique est une émanation de la police, dont elle partage souvent les locaux. Vous pouvez la solliciter dans de nombreux cas : désaccord avec votre hôtelier, mais aussi pour obtenir de l'aide dans l'organisation de votre séjour (horaires des transports, chambres disponibles), etc. Son accueil est généralement cordial. En province, vous pouvez circuler en toute confiance. Au moindre problème, vous serez entouré et aidé. L'hospitalité grecque dicte de ne pas laisser l'étranger seul dans la tourmente.

SHOPPING

antiquités, artisanat

L'achat et l'exportation d'icônes et d'objets d'art grec datant de plus de cinquante ans sont interdits. Pillée depuis des siècles, la Grèce entend protéger ce qui lui reste, et c'est bien légitime. Des copies de bonne qualité ont été réalisées par les musées nationaux (notamment les bijoux). Celles que l'on trouve dans les boutiques de souvenirs sont nettement moins fines, mais plus abordables. L'artisanat grec est en voie de disparition, tout au moins dans les îles. La production locale se limite à des tissages et, parfois, des meubles en bois. Dans certaines îles comme Sifnos, la tradition de la céramique perdure et l'on peut encore trouver de belles pièces aux motifs originaux ou inspirées des canons esthétiques de l'Antiquité. Enfin, Kalymnos est célèbre pour les éponges qu'on y pêche.

spécialités gourmandes

Miel, fromage, olives, huile, biscuits, ouzo et vin... vous trouverez un peu partout ces productions artisanales grecques, et elles sont souvent d'excellente qualité.

urgences

Police secours	100
Police portuaire	108
Police touristique	171
Pompiers	199
Elpa (secours routier)	104
Ambulances	166
Médecine de nuit (hôpitaux, médecins et pharmacies de garde)	1434
Numéro unique d'appel d'urgence européen	112

SPORTS

plongée sous-marine

En Grèce, la plongée avec masque et tuba est autorisée partout ; en revanche, la plongée avec bouteilles est interdite dans les zones d'antiquités sous-marines. La réglementation stricte de cette activité sportive, placée sous l'égide du ministère de la Culture et des Sciences, ne l'autorise qu'entre le lever et le coucher du soleil, seul ou en club, et ceci jusqu'à 500m du rivage. Presque tous les clubs grecs sont affiliés à la fédération PADI et à la Confédération mondiale des activités subaquatiques (CMAS). PADI est une structure américaine dont le but est de faire plonger tout le monde en sécurité. Elle propose une formation parfaite pour les débutants. Pour découvrir des eaux moins claires, plus froides, plus agitées et des sites profonds, les cursus des fédérations européennes (dont la FFESSM française) sont plus complets et sécurisants. Leurs différents niveaux sont reconnus par la CMAS. Ce n'est pas le cas de PADI (et, dans une moindre mesure, des deux autres structures anglo-

sites de plongée sous-marine

CYCLADES	
Kimolos	Baie d'Agioklima (sud-ouest)
	Cap Petalida (nord-ouest)
	Klimatonisia (sud-est) - Goupa Kara
	Îlot Agios Efstathios
	Cap Agios Georgios (sud-ouest)
	Îlot Polyaigos (sud-est)
Milos	Cap Spathi (sud-est, îlots Kténia)
	Cap Kalogeros - Apollonia
Mykonos	Toute l'île, sauf la zone Agios Georgios - cap Alogomandra
Paros	Baie d'Alyki (nord-est)
	Îlot Viokastro (nord-est)
Santorin	Île Thirassia : cap Riva (sud), de part et d'autre
	du cap Trypiti, cap Kimino (2km au sud)
	Îlot Nea Kameni (partie est)
	Île de Thira Oia : baie Armoudi (sud-est), Kamari, Perissa
Syros	Baie de Vari (sud-ouest et sud-est)
	Cap Pouli - baie de Lakkoi
	Cap Trachilos (sud) - Kinio
ATTIQUE (seul l'enseignement de la plongée y est autorisé)	
Baie de Vouliagmeni	
Kavouri - Legraina	
Cap Psilos Kavos (nord) - cap Drakonera	
Îlot Artemis	Varkiza, jusqu'à 100m du rivage
Égine	Nord-est de la baie de Sarpa - cap Kyr'Annitsa ; Agia Marina - cap Krasospilia
Fokida	Cap Mornos - cap Monastiraki
Voiotia	Îlot Ktyponisi (partie sud-est et sud du golfe d'Evoikos)

saxonnes, SSI et NAUI), qui oblige souvent le plongeur CMAS, quelle que soit son expérience, à effectuer une "plongée de réadaptation", durant laquelle le moniteur émettra un jugement selon les critères de la fédération américaine.

Fédération hellénique des activités sous-marines Vous y trouverez toutes les informations sur les autorisations de plongée. Chaque île reçoit cette autorisation de la capitainerie du port et les zones de plongée diffèrent. Renseignez-vous. *Agios Kosmas 16777 Tél. 210 98 23 840 ou 210 98 19 961 Ouvert lun.-ven. 9h30-17h*

randonnée pédestre

La randonnée est une activité en pleine expansion en Grèce. Elle est pratiquée sur le continent, notamment dans les régions montagneuses, mais n'est pas encore une activité courante dans les îles. Malgré tout, dans certaines d'entre elles, vous n'aurez aucun mal à vous promener en suivant les sentiers existants, en utilisant une carte détaillée et en demandant votre chemin. Les cartes qui vous renseigneront le mieux sont celles des Éditions Anavasi, cf. Cartes et plans (p.67). Les périodes les plus propices sont avril-mai et septembre-octobre. L'été, il fait trop chaud. Dans certaines îles comme Skopelos, Andros ou Rhodes, des agences de voyage proposent, hors saison touristique, des forfaits à la journée, nourriture comprise. On vous conduit en bateau jusqu'à une plage, vous traversez l'île avec un guide, puis on vous récupère de l'autre côté et on vous ramène à bon port.

Trekking Hellas SA Ce groupe réunit des prestataires compétents sur un grand nombre d'activités de loisirs en Grèce : du VTT à l'escalade, en passant par le trekking ou le rafting... *Saripolou 10 10682* ***Athènes*** *Tél. 210 33 10 323 www.trekking.gr Ouvert lun.-ven. 9h-17h*

TAXES D'AÉROPORT

Les taxes d'aéroport et de sécurité s'élèvent à une cinquantaine d'euros.

TOURISME VERT

Les appellations "tourisme vert", "écotourisme", "agrotourisme", etc. recouvrent un modèle de tourisme basé sur la découverte des régions rurales et de leurs activités traditionnelles, et sur le respect de l'environnement. Le tourisme vert a fait son apparition en Grèce il y a quelques années, mais il n'est pas encore très structuré. Il est géré par des agences comme Agrotourism et Agrotouristiki, mais on ne trouve pas encore de catalogue des chambres d'hôtes en milieu rural ni même de fédération des gîtes ruraux. Il est également possible de participer à des activités agricoles telles que le ramassage des olives, la cueillette des champignons ou les vendanges, de faire une randonnée pédestre ou du rafting et de descendre dans des gîtes ou des refuges. Adressez-vous à la préfecture de la région visitée pour connaître les adresses de ces hébergements. *www.gnto.gr (site en anglais)*

TRANSPORTS SUR PLACE

Vous trouverez les horaires des transports terrestres, ferroviaires et maritimes dans toute la Grèce et une foule d'autres informations (hôtels, musées, location de véhicules...) sur *www.gtp.gr*, le site Internet des *Greek Travel Pages*, bible mensuelle en anglais des professionnels du tourisme.

en avion

L'avion peut être un excellent mode de transport entre Athènes et les îles : le vol dure moins d'une heure. Ainsi, Mykonos, Santorin, Naxos, Paros et des îles moins touristiques sont reliées quotidiennement à la capitale par Aegean Airlines ou Olympic Air (de 50 à 120€ l'AS selon la saison) ; d'autres ne le sont que l'été. Les liaisons inter-îles, en revanche, sont rarement intéressantes. Vous trouverez le détail des dessertes aériennes dans les chapitres consacrés à chaque destination. Attention aux conditions météorologiques en hiver. Il arrive souvent que le brouillard empêche les avions de décoller. Il faudra penser à réserver votre billet très tôt : les appareils sont de petits bimoteurs, vite pris d'assaut...

Aegean Airlines *Viltanioti 31 14564* ***Kifissia*** *Tél. 210 62 61 700 ou 210 62 61 000 ou 801 11 20 000 (rés.) www.aegeanair.gr Ouvert lun.-ven. 9h-17h*

Olympic Air *Syngrou 98* ***Athènes*** *Tél. 210 35 50 500 ou 801 801 01 01 www.olympicair.com Ouvert lun.-ven. 9h-17h*

Sky Express Cette compagnie privée relie les îles entre elles – quand, en bateau, il faudrait changer plusieurs fois – ou à Athènes et à d'autres villes du continent (Alexandroupoli, Preveza, Thessalonique, etc.). *Tél. 2810 22 38 00 www.skyexpress.gr*

en bateau

RENSEIGNEMENTS Pour rallier l'Eubée, les Argosaroniques, les Cyclades ou le Dodécanèse du Pirée, de Rafina et d'autres ports du continent, consultez les sites www-directferries.fr, www.gtp.gr, www.aferry.gr ou www.ferry.gr. Vous y trouverez tous les horaires et prix des traversées. Ils varient en fonction du type de bateau et de la saison. Les compagnies se livrant une vive concurrence, l'affectation des lignes peut également changer d'une année à l'autre. Enfin, les temps de traversée sont donnés à titre indicatif : afin d'économiser le carburant, les navires ont tendance à ralentir l'allure.

TYPES DE BATEAUX Pour vous transporter jusqu'aux îles, vous avez le choix entre les car-ferries et des navires deux fois plus rapides et... presque deux fois plus chers. Ces derniers sont des catamarans (certains embarquent aussi les véhicules) ou des hydrofoils (petits bateaux allongés dont la proue se lève plusieurs mètres au-dessus de l'eau dès qu'ils prennent leur vitesse de croisière). Dans les catamarans, tout rappelle l'avion : les fauteuils, dirigés vers l'avant, la voix de l'hôtesse, l'air conditionné, les écrans de télévision, le magazine de bord... Une fois le navire sorti des eaux du port, on referme toutes les portes qui mènent aux ponts. On reste assis dans son fauteuil, près de son hublot, et l'on regarde défiler la mer Égée... Le ferry reste plus fidèle à l'idée que l'on se fait du voyage en mer : odeurs de gas-oil, mouettes qui criaillent au-dessus du sillage, ponts gras et collants desquels vous verrez votre destination se rapprocher, ou s'éloigner... Il y a beaucoup plus de bateaux rapides que de ferries, mais, en été, les jours où le *meltemi* souffle trop fort, les premiers, trop vulnérables dans la houle, ne quittent pas le quai ; seuls les ferries peuvent prendre la mer. Sur les longs parcours en ferry, il peut être intéressant de demander une cabine (pour deux ou quatre personnes, ces dernières avec douche et WC).

PORTS DE DÉPART Pour l'Attique, les îles de la mer Égée sont essentiellement desservies par trois ports :

celui d'Athènes (Le Pirée), mais aussi ceux de Rafina et de Lavrio. Outre les guichets de vente, plusieurs solutions s'offrent à vous pour consulter les horaires des traversées : sur le site des Greek Travel Pages (www.gtp.gr), en consultant le journal *Kathimerini*, cf. Médias (p.75), en appelant le central téléphonique (Tél. 143), ou même en questionnant les fonctionnaires de la police touristique ! Enfin, il est toujours possible de joindre la capitainerie de chacun des ports (pour les îles, cf. Mode d'emploi). Celles du Pirée, de Lavrio et de Rafina sont précisées ci-dessous, de même que les moyens de transports pour rejoindre chacun de ces trois ports à partir d'Athènes.

LE PIRÉE

Capitainerie *Tél. 210 41 47 800/42 26 000/45 11 310 à 317*

Renseignements sur les départs *Tél. 14944 ou 171 (police touristique)*

Accès *Métro ligne 1, bus nos 040 et 049, bus X96 de l'aéroport*

Compagnies de navigation *Anek Lines, Blue Star Ferries (ST), Hellenic Seaways, L.A.N.E. (LA), NEL-Lesvos Maritime (MC), Ventouris Sea Lines, Aegan Speed Lines.*

LAVRIO

Capitainerie *Tél. 22923 20 400*

Accès *Bus KTEL du Champ-de-Mars (sur Mavromateon) ou de la place Victoria à Athènes*

Compagnies de navigation *Goutos Lines (GO), NEL lines, Marmari (Karystia)*

RAFINA

Capitainerie *Tél. 22940 288 88/223 00/224 81/224 87*

Accès *Bus KTEL du Champ-de-Mars (sur Mavromateon)*

Compagnies de navigation *Agoudimos Lines, Golden Star Ferries*

EMBARQUEMENT Attention : dans les îles, lorsqu'un bateau n'a que quelques passagers à déposer et parfois aucun véhicule, il prend à peine le temps de s'amarrer avant de repartir... L'annonce de l'escale est généralement faite par haut-parleur, en grec et en anglais, une dizaine de minutes avant l'accostage.

en car

Au réseau des chemins de fer, on a préféré développer le réseau routier et l'autocar, le *leoforio*. Des lignes traversent le pays de part en part, desservant les villes importantes plusieurs fois par jour. Ces lignes, privées, sont regroupées et gérées par un organisme national appelé KTEL (Koina Tamia Eispraxeon Leoforion). Athènes dispose de plusieurs gares routières, d'où partent des cars pour tout le pays. On peut même utiliser ce moyen de transport pour se rendre de la capitale dans les îles. Le moment venu, le car montera sur le ferry et continuera sa route sur l'île. C'est un moyen de transport assez bon marché, mais fatiguant quand il s'agit de faire un long trajet. Attention, les pauses sont rares. Mieux vaut le savoir et ne pas avaler des litres d'eau juste avant de partir ! Les cars sont aujourd'hui tous climatisés et confortables. Ils sont plutôt remplis par les étudiants, les personnes âgées et les immigrés.

Gare KTEL Attikis Cars (de couleur orange) pour Marathon, Nea Makri, Lavrio, Rafina, le cap Sounion, Kalamos, Kalyvia, Keratea, Markopoulo, Oropos et Portorafti. *Patission 68/Kotsikas 2 34104* **Athènes** *Tél. 210 88 08 000* **M° Omonia** *www.ktelattikis.gr*

Gare KTEL Kifissou Cars pour le Péloponnèse, le Nord (Épire, Macédoine, Thrace) et donc les ports de liaison avec les îles Ionniennes. *Leoforou Kifissou 100* **Athènes** *À 4km au*

PRATIQUE

nord-ouest du centre-ville Tél. 210 51 24 910 (Rens.) ***Bus n°051*** *(arrêt Antigonis) en provenance du centre-ville ;* ***bus X93*** *de l'aéroport*

Gare KTEL Liosion Cars pour la Grèce centrale, Evia (Eubée) et la Thessalie. *Liosion 260 10445* ***Athènes*** *À 5km au nord du centre-ville Tél. 210 83 17 186 ou 210 83 17 096 (billets pour Delphes)* ***M° Attikis Bus B12*** *(arrêt Marnis)*

en train

Le réseau ferroviaire a longtemps été le parent pauvre du réseau de communications grec, des lignes d'autocars desservant tout le pays. Le réseau ferré s'étend sur environ 2 500km et a entamé sa modernisation à l'occasion des JO de 2004. Les deux principales lignes de chemins de fer sont celle qui relie Athènes à Alexandroupoli via Thessalonique et celle qui fait le tour du Péloponnèse, mettant Patras à 2h de Corinthe et à 4h de la capitale. Sur ce réseau circulent des trains omnibus, lents mais bon marché, et des express (Intercity), rapides, plus confortables, mais aussi deux fois plus chers.

RÉDUCTIONS Des forfaits touristiques individuels, pour une famille ou un groupe, valables 10, 20 ou 30 jours permettent de faire un nombre de voyages illimités en train pour une somme forfaitaire. Les personnes de 60 ans et plus peuvent bénéficier de 50% de réduction sur le prix des billets en achetant un forfait "Senior". Les cartes Eurail, Inter-Rail et Balkan Flexipass sont valables en Grèce.

OSE *Karolou 1-3 10437* ***Athènes*** *Tél. 14511 www.trainose.gr www.ose.gr*

se déplacer dans les îles

Vous n'aurez pratiquement pas besoin de voiture : sauf à Rhodes et en dehors des grandes Cyclades, les îles traitées dans cet ouvrage atteignent rarement 100km². La plupart du temps, les villages qu'elles abritent ne sont reliés que par quelques voies carrossables. À moins de voyager en famille, avec des enfants et un matériel de plage encombrant, un deux-roues sera amplement suffisant pour vos déplacements.

À DEUX-ROUES Les Grecs chevauchent une quantité impressionnante de deux-roues, du vélomoteur des années 1950 à la grosse cylindrée japonaise. Maître des ruelles athéniennes comme des pistes poudreuses des îles, le *papaki* est un engin de 100 ou 150cm3 à boîte semi-automatique et cadre de vélomoteur. Si vous en avez la possibilité, choisissez-le : s'il a été adopté par autant de Grecs, c'est qu'il est robuste et surtout que ses changements de vitesse et donc son frein moteur sont parfaitement adaptés aux reliefs. Bien que, pour plaire à leur clientèle étrangère, les loueurs disposent essentiellement de scooters, vous serez bien plus en sécurité sur un *papaki* ! Attention : on vous demandera votre permis de conduire, même pour louer un 50cm3. Partout où vous irez, les routes sont de qualité inégale : nids-de-poule, chaussée effondrée, gravier voire éboulements causés par les pluies hivernales... Si vous avez prévu de vous balader hors agglomération, même pour quelques dizaines de kilomètres et a fortiori si vous êtes deux, le voyage risque d'être assez éprouvant, voire dangereux... Entre jeunes vacanciers en goguette et as du volant locaux, le choc des civilisations est parfois violent : on compte chaque année des dizaines d'accidents impliquant des touristes. Alors n'oubliez pas quelques règles élémentaires : portez un casque (obligatoire en Grèce) et protégez vos mains (vous pourrez acheter une paire de gants de bricolage dans une station-service).

EN TAXI La situation est bien différente de celle d'Athènes. D'abord les taxis sont peu nombreux, parfois deux ou trois seulement pour une île. Ensuite ils n'exercent cette profession que quelques mois dans l'année et ne sont pas équipés de compteur. Pour éviter les abus tarifaires, nombre de municipalités affichent le prix moyen des courses, généralement sur le port.

EN VOITURE Pas de difficultés pour trouver une auto à louer, à condition que vous n'arriviez pas en plein été sur les sites les plus fréquentés. Les loueurs locaux affichent des prix très raisonnables. Mais vous ne serez assuré qu'au tiers. Il faudra acquitter une prime supplémentaire qui couvre les dommages matériels et corporels. Attention, les Grecs roulent vite et doublent sans arrêt.
Association des loueurs de voitures grecs *Viltanioti 31, Kifissia, 14564 Athènes Tél. 210 62 64 032 Fax 210 62 64 039 Ouvert lun.-ven. 9h-17h*

SIGNALISATION ROUTIÈRE Il serait difficile de faire plus approximatif que la signalisation routière des îles grecques... Il est vrai que les territoires sont restreints. Les sites majeurs sont généralement indiqués en grec et en anglais. En revanche, les toponymes sont le plus souvent écrits en minuscules grecques. Certes, beaucoup de gros villages ont leur nom rédigé en caractères romains, mais le soleil et le sel marin abrègent singulièrement la vie des panneaux. En outre, leur positionnement fait qu'ils ne sont lisibles que pour la personne qui se dirige du port vers le reste de l'île, obligeant celle qui va en sens inverse à tourner la tête.

se déplacer autour des îles

Pour vos promenades autour, ou à proximité des îles, vous pouvez utiliser deux types d'embarcations : les caïques et les bateaux-taxis. Les premiers désignent par convention les bateaux de pêche en bois, parfois modifiés, servant au transport des touristes à la belle saison. Les seconds, qui vous emmènent où vous voulez, sont des hors-bord : rapides et souvent deux fois plus chers que les caïques (la moindre course de quelques minutes revient à 7€). Dans les deux cas, il n'est possible de négocier une course ou une promenade qu'à la condition d'être plusieurs. Un exemple : la location d'un caïque à la journée vous reviendra à 200-300€. C'est beaucoup, mais si vous êtes huit, cela peut s'avérer intéressant : le bateau vous est réservé et vous emmène où bon vous semble, s'arrête et repart à votre demande. Renseignez-vous sur le port, ou auprès de la police touristique.

US ET COUTUMES

généalogie

"Ulysse, fils de Laërte..." Les familiers de l'œuvre d'Homère s'amuseront de ce qu'on leur demande parfois de préciser le nom de leur père ! Une habitude ancestrale qui ne trouve pas vraiment de justification lorsqu'il s'agit d'un visiteur. Mais si ça peut faire plaisir...

hospitalité

À Athènes comme dans les îles, on est généralement bien accueilli quand on demande de l'aide ou son chemin. Il suffit de s'approcher avec un grand sourire et de prononcer le nom de l'endroit que l'on cherche, précédé ou suivi d'un *parakalo* ("s'il vous plaît") sonore. La communication est facile : la plupart des Grecs parlent un anglais usuel. On se salue en permanence : vous traversez la campagne au guidon d'un scooter et le paysan qui passe sur son baudet vous gratifie d'un salut et d'un large sourire.

invitations

Si l'on vous convie à déjeuner, n'arrivez pas avant 14h. Si c'est pour le dîner, présentez-vous entre 21h et 22h30. Vous pourrez apporter, selon les cas, un bouquet de roses, un gâteau ou une bonne bouteille.

jeux de mains

Il y a un geste anodin qui pourrait semer le trouble chez vos interlocuteurs grecs : celui qui consiste à brandir la main en écartant les doigts, la paume tournée vers eux, comme pour indiquer le chiffre 5. En effet, c'est en faisant ce geste que l'on désigne l'autre comme un imbécile ou que l'on lui signifie qu'il commet une bêtise.

VALISE

Prévoyez un bagage plutôt léger, surtout si vous avez l'intention de vous promener d'une île à l'autre. Un sac à dos d'une vingtaine de kilos est idéal pour une ou deux semaines de voyage.

vêtements et accessoires

Pour un séjour estival, on pourra se contenter de vêtements en coton, sans oublier une petite laine et un haut à manches longues pour se protéger du vent et du soleil. La plupart du temps, des sandalettes sont suffisantes, mais emportez tout de même une paire de chaussures de sport ou de marche, ne serait-ce que pour visiter les sites archéologiques. N'oubliez pas vos lunettes de soleil (indice 3 minimum) et un couvre-chef. Au printemps et à l'automne, un vêtement de pluie s'impose. Un sac de couchage n'est pas indispensable, mais un drap cousu sera bien utile dans certaines situations, comme dormir sur un bateau ou dans un camping quand tous les hôtels affichent complet (si vous possédez un hamac léger vous pouvez aussi l'emporter, la plupart des campings les acceptent). Très utile, enfin, un réveil pourra vous éviter de manquer le bateau (certains d'entre eux appareillent au milieu de la nuit).

trousse à pharmacie

Elle devrait contenir, idéalement : une crème solaire, un antiseptique à usage externe (pour désinfecter les piqûres de moustiques), un antihistaminique (en cas d'allergie), un antidiarrhéique (l'eau est potable partout, mais nul n'est à l'abri d'une intoxication), un antalgique, des pansements et des bandes de maintien, un baume musculaire (souvent rocailleux, le terrain est propice aux foulures), une pommade et des pansements gras contre les brûlures (en cas de chute de scooter), un collyre désinfectant (pour soigner les orgelets provoqués par la poussière que soulève le vent), une pince à épiler (échardes, dards...), une seconde paire de lunettes et des lentilles de rechange, des préservatifs, les traitements personnels (toujours accompagnés de l'ordonnance du médecin, surtout pour les médicaments à base de codéine, que vous devez déclarer).

VISA ET PASSEPORT

UNION EUROPÉENNE ET SUISSE

Pour vous rendre en Grèce, une carte d'identité suffit si vous êtes ressortissant de l'Union européenne ou suisse.

CANADA Les Canadiens qui se rendent en Grèce doivent être en possession d'un passeport valide pendant au moins six mois après la date prévue de leur retour. Aucun visa n'est nécessaire pour les séjours de moins de trois mois.

VOYAGISTES

Séjour, circuit, croisière ou aventure : à vous de définir les critères de votre voyage suivant votre budget et vos envies.

spécialistes de la Grèce

Détours Voyages/Mill Grèce Vols réguliers et charters, circuits organisés, itinéraires libres, séjours en hôtels et en clubs, location de voitures et d'appartements, croisières... *www.detours.fr www.millgrece.com* ***France*** *13, rue de l'Échelle 75001 Paris Tél. 01 44 55 01 01 80, bd Raspail 75006* ***Paris*** *Tél. 01 44 55 01 01 Ouvert lun.-ven. 10h-18h30*
Marmara Spécialiste de la Grèce, du Maroc, de la Tunisie, de l'Égypte et de la Turquie. ***France*** *Tél. 0899 650 570 ou 0899 650 580 www.marmara.com*
Héliades Spécialiste de la Grèce et de la Crète : week-ends, séjours, croisières, locations de villas, agrotourisme, thalasso... Hôtels-clubs en Attique, sur l'île d'Eubée, dans le Péloponnèse et à Corfou. ***France*** *Tél. 0892 23 15 23 www.heliades.fr*

jeunes et étudiants

ISIC La carte d'étudiant internationale, destinée à toutes les personnes en formation à temps complet quel que soit leur âge, et la carte jeune de voyage internationale, destinée à tous les moins de 26 ans, permettent de bénéficier de nombreux services et réductions (voyages, vie quotidienne, culture et loisirs) dans 118 pays. *www.isic.org www.isic.fr* ***France*** *2, rue de Cicé 75006 Paris Tél. 01 40 49 01 01*
Jeunesse et Reconstruction Stages linguistiques, chantiers internationaux... *www.volontariat.org* ***France*** *10, rue de Trévise 75009 Paris Tél. 01 47 70 15 88 Ouvert lun.-ven. 10h-13h et 14h-18h*
STA Travel Voyages pour étudiants : billets Euro Train, vols secs, location de voitures, séjours linguistiques. Carte ISIC. ***Suisse*** *Tél. 058 450 49 49 http://fr.statravel.ch*
(Young Men's Christian Association) Alliance œcuménique à orientation protestante proposant des hébergements en chambre individuelle ou double à petits prix. Carte de membre obligatoire. ***France*** *5, pl. de Vénétie 75013 Paris Tél. 01 45 83 62 63 http://ucjg.fr* ***Belgique*** *Tél. 02 217 01 58* ***Suisse*** *Tél. 044 213 20 40 www.cevi.ch www.ymca.ca* ***Canada*** *Tél. 416 967 9622*
Voyages Campus (Québec) Voyages économiques pour étudiants : voyage-étude pour apprendre une langue, PVT (Programme-Vacances-Travail), bénévolat... *www.voyagescampus.com* ***Canada*** *407, bd de Maisonneuve Est H2L 4J5 Montréal Tél. 1 800 667 2887 (gratuit) ou 514 843 85 11 ou 800 667 2887*

séjours sportifs

Adventure Center Safaris, expéditions, mais aussi des voyages de trekking, voile, rafting et VTT, à travers le monde. ***Canada*** *Tél. 888 961 4212 www.adventurecenter.com*
Allibert Spécialiste des randonnées à pied, à skis ou à VTT dans les montagnes et les déserts du monde. Circuits pour tous niveaux. *Quatre agences à Paris www.allibert-trekking.com* ***France*** *Tél. 04 76 45 50 50.* ***Belgique*** *Tél. 02 526 92 90* ***Suisse*** *Tél. 022 849 85 51*

PRATIQUE

Atalante Spécialiste de la randonnée avec une philosophie du voyage fondée sur le respect de la nature et de l'autre. Itinéraires à la carte selon 3 niveaux de difficultés. *www.atalante.fr* ***France*** *Tél. 01 55 42 81 00* ***Belgique*** *Tél. 02 627 07 97*

Blue Lagoon Voyages de plongée. ***France*** *29, rue Mogador 75009 Paris Tél. 01 48 74 58 51 72 rue Paradis 13006* ***Marseille*** *Tél. 04 91 19 98 12 www.blue-lagoon.fr*

Chemin du Sud Spécialiste de la randonnée en petits groupes et sans portage. ***France*** *Tél. 04 90 09 06 06 www.chemindusud.com*

Huwans-Clubaventure Séjours sportifs : trekking, 4x4, 260 itinéraires dans 90 pays. *www.clubaventure.fr* ***France*** *18, rue Séguier 75006 Paris Tél. 04 96 15 10 20 (appel non surtaxé) ou 01 44 32 09 30 Également des agences à Lyon et Marseille* ***Suisse*** *51, rue Prévost-Martin 1211 Genève Tél. 022 320 50 80 www.clubaventure.ch*

Fun&Fly Voyages sportifs (plongée, golf, windsurf, kitesurf et surf). Possibilité de passer des brevets de plongée. *www.fun-and-fly.com* ***France*** *21, bd des Minimes 31200 Toulouse Tél. 0820 420 820 (0,12€/min) ou 05 67 31 16 11*

Grand Angle Voyages à pied, à skis, à raquettes ou à vélo dans le monde entier. ***France*** *Tél. 04 76 95 23 00 www.grandangle.fr*

Nomade Aventure À pied ou en 4x4, sur tous les continents. Treks dans le centre et le nord de la Grèce. *www.nomade-aventure.com* ***France*** *40, rue de la Montagne-Sainte-Geneviève 75005 Paris Tél. 0 825 701 702 (0,15€/min) Agences à Lyon, Marseille, Toulouse*

Océanes Séjours et croisières de plongée sur tous les océans. *www.oceanes.com* ***France*** *531, rue Paul Juilen 13100 Le Tholonet Tél. 04 42 52 82 40*

Sport Away Voyages Séjours sportifs toutes destinations (golf, voile, plongée, windsurf). ***France*** *Tél. 0826 88 10 20 (0,15€/min) ou 04 95 06 12 20 www.sport-away.com*

Spots d'Évasion Plongée, kitesurf, windsurf, canoë sur les mers du monde entier. *www.spots-evasion.com* ***France*** *Le Saint Louis 9, rue Marcel-Sembat 44100 Nantes Tél. 02 40 35 22 00*

Terres d'Aventure Spécialiste du voyage à pied : randonnées, trekking, ascensions. *www.terdav.com* ***France*** *30, rue Saint-Augustin 75002 Paris Tél. 0 825 700 825 (0,15€/min). Également des agences à Bordeaux, Grenoble, Lille, Lyon, Marseille, Nantes, Rennes, Rouen, Strasbourg et Toulouse* ***Belgique*** *Tél. (32) 2 543 95 60 ou 02 543 95 60* ***Suisse*** *Tél. 022 518 05 30* ***Canada*** *Uniktour Tél. 1 866 722 0909*

UCPA (Union nationale des centres sportifs de plein air) Une soixantaine d'activités, selon votre élément : "Air" (parachutisme, planeur), "Neige" (ski, raquettes), "Eau" (surf, raft) ou "Terre" (escalade, équitation). ***France*** *Tél. 0825 880 800 www.ucpa.com*

Zig-Zag Randonnées tous niveaux dans le monde entier. *www.zigzag-randonnees.com* ***France*** *54, rue de Dunkerque 75009 Paris Tél. 01 42 85 13 93 ou 01 42 85 13 18*

séjours culturels

Arts et Vie Circuits, week-ends et forums culturels (arts et civilisations) dans le monde entier. *www.artsetvie.com* ***France*** *251, rue de Vaugirard 75015 Paris Tél. 01 40 43 20 21 Autres points de vente à Grenoble, Lyon, Marseille et Nice*

Clio Itinéraires culturels classiques (animés par un conférencier) ou thématiques (festivals musicaux ou expositions dans les capitales du monde). Plus de 80 pays. *www.clio.fr*

***France** 34, rue du Hameau 75015 Paris Tél. 01 53 68 82 82 Fax 01 53 68 82 60*

Intermèdes Séjours, circuits, expositions et croisières accompagnés par des conférenciers historiens ou historiens d'art. *www.intermedes.com* ***France** 60, rue La Boëtie 75008 Paris Tél. 01 45 61 90 90*

Terre Entière Séjours culturels et itinéraires spirituels. *www.terreentiere.com* ***France** 10, rue Mézières 75006 Paris Tél. 01 44 39 03 03*

Voyageurs du Monde Spécialiste du voyage individuel sur mesure dans 70 pays sur les cinq continents. À Paris, la Cité des Voyageurs vous accueille dans un espace de 1 800m². *Agences dans toute la France dont Cité des Voyageurs www.vdm.com* ***France** 55, rue Sainte-Anne 75002 Paris Tél. 01 84 17 21 63 (spécial pour les voyages en Grèce) ou 01 42 86 16 00 (de France) ou 0033 173 008 188 (de l'étranger)*

Karpathos (p.576), femmes d'Olymbos en costume traditionnel.

Moulins de Mykonos (p.494).

96 Athènes
122 GEOPlus Athènes en 3 jours
187 L'île d'Eubée

L'ATTIQUE ET L'EUBÉE

V

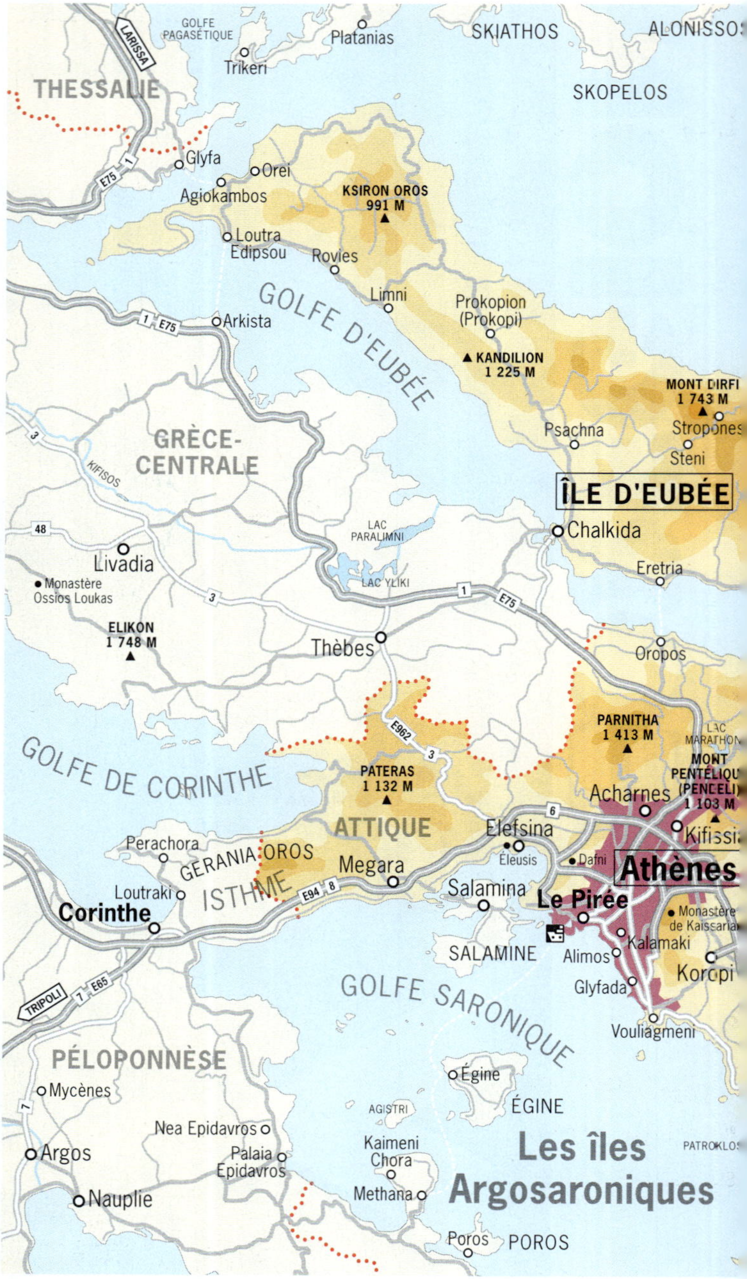
GOLFE PAGASÉTIQUE
Platanias
SKIATHOS
ALONISSOS
Trikeri
LARISSA
THESSALIE
SKOPELOS
Glyfa
Orei
E75
Agiokambos
KSIRON OROS 991 M
Loutra Edipsou
Rovies
Limni
GOLFE D'EUBÉE
Prokopion (Prokopi)
Arkista
KANDILION 1 225 M
MONT DIRFI 1 743 M
Stropones
Psachna
Steni
GRÈCE-CENTRALE
KIFISOS
ÎLE D'EUBÉE
Chalkida
LAC PARALIMNI
Livadia
LAC YLIKI
Eretria
Monastère Ossios Loukas
ELIKON 1 748 M
Thèbes
Oropos
PARNITHA 1 413 M
E962
LAC MARATHON
GOLFE DE CORINTHE
PATERAS 1 132 M
MONT PENTÉLIQUE (PENDELI) 1 103 M
Acharnes
ATTIQUE
Elefsina
Kifissia
Perachora
GERANIA OROS
Éleusis
Dafni
Athènes
Megara
Salamina
Loutraki
ISTHME
E94
Le Pirée
Corinthe
Monastère de Kaissariani
Kalamaki
SALAMINE
Alimos
Korapi
GOLFE SARONIQUE
Glyfada
TRIPOLI
E65
Vouliagmeni
PÉLOPONNÈSE
Égine
Mycènes
AGISTRI
ÉGINE
Nea Epidavros
Les îles Argosaroniques
PATROKLOS
Argos
Palaia Epidavros
Kaimeni Chora
Methana
Nauplie
Poros
POROS

Thessalonique
TURQUIE
MER ÉGÉE
Athènes
Cyclades
CRÈTE
Les Sporades
SKYROS
Skyros
Kymi
Metochi
Paralia Kimi
MER ÉGÉE
Lepoura
LAC DISTOS
Ramnous
Nea Styra
Schinias
Styra
Marathon
MONT OCHI 1 398 M
Marmari
Castello Rosso
Rafina
Karystos
PETALION
Vravrona
ANDROS
Andros (Chora)
85
Lavrio
MAKRONISSOS
91
Temple de Poséidon
Korissia
Les Cyclades
CAP SOUNION
KEA
GIAROS
TINOS
Tinos (Chora)
N
SYROS
20 km

ATHÈNES ΑΘΗΝΑ, Αθηνα

Trépidante, bouillonnante, Athènes a connu cent vies. Se piquant déjà d'art et de philosophie, elle vit naître la démocratie il y a 2 500 ans, puis passa vingt siècles sous tutelle étrangère (Ier s. av. J.-C.-1832). C'est dire si, aujourd'hui, plus personne ne lui dicte sa conduite ! Parée de fabuleux monuments antiques, mais loin d'être une cité-musée, la capitale grecque ne craint ni les contrastes ni le changement – à l'instar de ses ciels, lumineux les jours de vent, mais parfois bouchés par le *nefos*, ce nuage de pollution tant redouté des Athéniens. À l'effervescence de ses avenues embouteillées répondent le calme de son centre piéton et la fraîcheur de ses musées. Ici, un quartier à l'allure de souk oriental, des murs tagués jouxtant de belles maisons néoclassiques, là, des galeries tendance, des boutiques ultrachics et des hôtels luxueux. Du rébétiko et du bouzouki en hiver, une scène rock déchaînée en été… quand les journées sont brûlantes et les nuits d'une divine douceur. Agitée, mais décontractée ; forte de ses traditions religieuses tout en étant noctambule et branchée ; désordonnée et cependant si sympathique, la ville vous fascinera par son style de vie : les longues pauses-café à toute heure, les dîners tardifs et conviviaux, les séances nocturnes de cinéma en plein air, les terrasses de café et les bars bondés jusqu'à l'aube. Les jeux Olympiques de 2004 ont transformé la cité sans lui ôter sa personnalité, ni son caractère frondeur. Moins polluée, moins embouteillée, plus verte, plus propre, Athènes a su réconcilier passé et présent.

DU MYTHE À LA PREMIÈRE DÉMOCRATIE Les origines d'Athènes se perdent dans la légende. Les mythes fondateurs mettent en scène la déesse Athéna, patronne de la cité, Cécrops, son premier roi, mi-homme mi-serpent, et Thésée, le prince vainqueur du Minotaure et unificateur de l'Attique. L'Acropole est occupée dès le néolithique, et de nouvelles populations s'y installent au début du IIe millénaire avant notre ère. À l'époque mycénienne (1600-1150 av. J.-C.), la colline accueille une forteresse, marque certaine d'un pouvoir royal. Des offrandes retrouvées sur le site attestent un culte d'Athéna dès le VIIIe siècle av. J.-C. À la même époque, à l'initiative de l'oligarchie terrienne locale, le pouvoir suprême revient à un archonte, magistrat élu à vie, puis pour dix ans, avant d'échoir au VIIe siècle av. J.-C. à un collège annuel de neuf archontes. Pourtant, Athènes n'est encore qu'une petite ville provinciale. Elle n'a pas de colonies lointaines comme Mégare, Chalcis et Phocée. Dracon la dote de ses premières lois écrites à la fin du VIIe siècle, mais elle accuse un retard technique et elle n'a ni la puissance de Sparte ni la beauté de Corinthe. L'un des foyers de l'hellénisme est alors Milet, en Ionie (Asie Mineure), dont l'empire colonial s'étend de la mer Noire à l'Italie. Devenu archonte d'Athènes en 594 av. J.-C., Solon engage des réformes décisives : il abolit l'esclavage pour cause de dettes et divise les citoyens en quatre classes censitaires, selon leur fortune et leur capacité à s'enrôler dans le service militaire. Il abroge ainsi les privilèges de la naissance et accorde leurs premiers droits aux pauvres. Il instaure également un tribunal populaire, l'héliée. Ces mesures ne sont pas du goût de tous, et Pisistrate profite des tensions politiques qu'elles suscitent pour s'emparer du pouvoir. Sa tyrannie (560-527 av. J.-C.) fait d'Athènes une ville prospère, en pleine expansion. Mais c'est Clisthène qui, après avoir renversé Hippias, fils de Pisistrate, va jeter les fondements durables de la démocratie en 508-507 av.-J.-C. Prônant l'égalité politique de tous les citoyens, il divise l'Attique en une centaine de circonscriptions (dèmes), qu'il regroupe au sein de dix tribus athéniennes (*phulai*). Chaque tribu envoie annuellement 50 représentants tirés au sort à la *boulè*, le conseil qui gère la cité, ainsi que le stratège dirigeant le régiment qui la représente au sein de l'armée.

LA MENACE PERSE Les guerres médiques vont révéler aux Hellènes la puissance d'Athènes. En 490 av. J.-C., l'armée athénienne vainc les Perses de Darius Ier à Marathon. À partir de 483 av. J.-C., le stratège Thémistocle, qui a toujours rêvé d'un destin maritime pour sa cité, fait agrandir le port du Pirée et construire une flotte de guerre. C'est ainsi qu'en 480 av. J.-C., les Perses de Xerxès sont vaincus à Salamine, puis chassés de la mer Égée par Cimon en 468 av. J.-C. Athènes s'enorgueillit d'avoir sauvé la Grèce. Elle impose à ses alliés – les cités du bassin égéen – une alliance militaire contre les Perses, qui siège dans l'île de Délos. Pour bénéficier de sa protection, les confédérés de cette ligue de Délos doivent verser un important tribut annuel, dont Athènes s'approprie en partie l'utilisation. D'ailleurs, sous Périclès, en 454 av. J.-C., le trésor de la ligue est transféré au Parthénon. La contribution sert d'abord à la construction d'une flotte invincible, puis à l'essor monumental de la ville.

L'ÂGE D'OR Descendant d'une grande famille, orateur talentueux, Périclès devient l'homme le plus influent d'Athènes en 461 av. J.-C. et le restera trente ans durant. Une période si brillante dans tous les domaines que les historiens se plaisent à l'appeler le "siècle de Périclès". À partir de 443 av. J.-C. et jusqu'à sa mort, en 429 av. J.-C., ses fonctions de stratège sont renouvelées chaque année. Il accentue la démocratisation de la vie politique, lance de généreuses réformes sociales et assure l'hégémonie d'Athènes sur les cités grecques de la ligue de Délos. La ville devient une capitale des arts et de l'esprit, grâce aux personnalités éminentes dont Périclès sait s'entourer : l'historien Hérodote, le philosophe Anaxagore, le sophiste Protagoras, le sculpteur Phidias, les tragédiens Sophocle et Euripide… Sans oublier sa maîtresse, Aspasie, une courtisane fort cultivée qui réunit tout ce beau monde dans son "salon". Le génie de Périclès est de pérenniser dans des monuments sublimes le bref apogée d'Athènes. "La cité est bien équipée pour la guerre, il faut qu'elle consacre sa prospérité à ce qui lui vaudra une gloire éternelle", aime-t-il à dire. Pour réaliser ses projets sur le rocher sacré de l'Acropole, Périclès n'hésite pas à puiser dans le trésor de la ligue de Délos, arguant qu'en bâtissant des monuments grandioses il célèbre la victoire de tous les Grecs sur les Perses. Hélas, l'impérialisme d'Athènes va causer sa perte. Corinthe et Sparte, sa rivale de toujours, déclenchent la guerre du Péloponnèse en 431 av. J.-C. En 404 av. J.-C., sa flotte anéantie, Athènes perd son empire maritime et capitule. Les Spartiates abattent ses murailles et confisquent le pouvoir local au profit de trente aristocrates, les "Trente Tyrans". Revenu d'exil huit mois plus tard, Thrasybule rétablit la démocratie. Mais, malgré quelques sursauts, la cité ne retrouvera jamais plus l'élan prodigieux qu'elle a connu sous Périclès, notamment grâce à Socrate – condamné à boire la ciguë en 399 av. J.-C. pour corruption de la jeunesse et mépris des dieux. Elle reste cependant le foyer intellectuel de la Grèce, comme l'attestent les œuvres de Platon, de Xénophon et d'Aristote.

MACÉDONIENS ET ROMAINS La victoire de Philippe II de Macédoine à Chéronée (338 av. J.-C.) sonne le glas de l'indépendance athénienne, même si le régime démocratique se maintient, bon an mal an. Après Alexandre le Grand, la cité compense sa perte d'influence politique par un rayonnement culturel persistant (naissance du stoïcisme). Au milieu du IIe siècle av. J.-C., profitant d'incessantes luttes intestines, les Romains prennent le contrôle de la Grèce. Sylla met la ville à sac en 86 av. J.-C., mais ses successeurs s'emploient à réparer ces outrages et à l'embellir. Athènes demeure, en effet, un important foyer intellectuel et artistique, un centre universitaire. Sous Auguste (27 av. J.-C.-14 apr. J.-C.), un nouveau marché voit le jour. Hadrien (117-138), lettré philhellène, agrandit la ville, la dote d'une immense bibliothèque, de l'Olympieion et d'aqueducs. Le consul Hérode Atticus (101-176), riche mécène, fait bâtir au pied de l'Acropole la salle de spectacle qui porte encore son nom et restaurer en marbre le stade Panathénaïque. Le théâtre de Dionysos est transformé en arène où s'affrontent fauves et gladiateurs.

UN LONG REPLI Ravagée par les Goths, les Hérules au IIIe siècle, puis par les Wisigoths d'Alaric en 396, Athènes fait les frais de la conversion de l'Empire au christianisme. En 529, Justinien ordonne la fermeture de ses écoles philosophiques, qualifiées de foyers de la réaction païenne. Bientôt ses temples sont convertis en églises. En 1204, après la prise de Constantinople par les Francs lors de la 4e croisade, Athènes devient la capitale d'un duché latin. Pendant deux siècles, ses maîtres sont successivement comtois, catalans, florentins, vénitiens et byzantins. Puis, en 1456, trois ans après Constantinople, la cité grecque tombe aux mains des Turcs. Quatre siècles durant, elle ne sera plus qu'une modeste ville orientale de 10 000 habitants. Les seuls échos de cette période émanent de diplomates et d'écrivains voyageurs qui réussissent à visiter la cité. L'Acropole est gravement endommagée en 1687, quand elle est assiégée par les troupes vénitiennes du doge Morosini, puis dépouillée d'une partie de ses sculptures antiques par les Britanniques à partir de 1801.

LA NOUVELLE ATHÈNES Athènes se libère du joug ottoman dès le soulèvement de 1821, mais elle est reprise par les Turcs en 1827, et ces derniers ne quittent l'Acropole qu'en 1833, après la reconnaissance de l'indépendance grecque par la Sublime Porte. Forte de sa gloire passée, elle devient la capitale du nouveau royaume, dont Otton Ier, fils de Louis Ier de Bavière, prend la tête à l'issue de la conférence de Londres. Il fait redessiner la ville, qu'il veut royale, par des architectes allemands : des artères rectilignes et de larges avenues bordées d'édifices néoclassiques voient le jour. Mais le peuple grec se soulève en 1843 contre ce monarque absolu et le force à abdiquer en 1862. Athènes n'en poursuit pas moins sa croissance. De 40 000 habitants en 1860, sa population passe à 123 000 en 1896. L'échec de l'expédition destinée à imposer à la Turquie la restitution de territoires grecs d'Asie Mineure (1922-1923) entraîne un afflux de réfugiés dans la métropole. On recense plus de 1 million d'Athéniens dans les années 1930. Occupée par la Wehrmacht de 1941 à 1944, la capitale reprend son expansion dans les années 1950. Sous l'effet de l'exode rural fleurissent les immeubles en béton sans grâce, bâtis à la va-vite. Aucun gouvernement n'arrive à maîtriser cette expansion anarchique, qui fait d'Athènes une jungle urbaine. Sous la junte des colonels (1967-1974), de nombreux édifices ottomans et bâtiments néoclassiques sont rasés. Dans les années 1980, marquées par l'entrée de la Grèce dans la CEE, la grâce des monuments antiques ne peut faire oublier la pollution, les embouteillages continuels et les immeubles, jamais terminés, hérissés de fers à béton. La mégalopole accueille déjà le tiers de la population nationale.

L'EFFET JEUX OLYMPIQUES Galvanisée par le projet des JO de 2004, Athènes se réveille dans les années 1990. Dès 1995, grâce à d'importants fonds européens, on entame la réhabilitation du centre-ville et la restauration de son patrimoine. Une promenade piétonne contourne bientôt l'Acropole par le sud pour relier les sites archéologiques, du Jardin national au cimetière du Céramique. Les espaces verts sont plantés de milliers d'arbres et les infrastructures totalement repensées : un nouvel aéroport voit le jour en 2001, un périphérique contourne la capitale ; les lignes d'un métro ultramoderne sont prolongées et un tramway relie désormais le centre-ville à la côte. Tous ces efforts, doublés d'une prolifération de taxis bon marché, de bus et de trolleybus, désengorgent le centre de sa circulation automobile. Les JO de 2004 redonnent un formidable élan à la Grèce. Quelques bémols cependant pour les Athéniens : ils auront coûté 11 milliards d'euros – soit trois fois plus que prévu ! On en connaît les raisons : des entrepreneurs obligés de revoir leur devis à la hausse face à l'ampleur des travaux, et de payer de plus en plus d'heures supplémentaires pour livrer les chantiers à temps. La ville s'est endettée pour 25 ans. Autre phénomène préoccupant : l'afflux massif d'ouvriers roumains, bulgares et albanais, appelés à seconder les équipes grecques, contribue à former à Athènes des ghettos défavorisés. Un défi politique majeur pour la municipalité, tout comme son plan de développement durable et d'écologie urbaine, ambitieux mais déjà probant.

MODE D'EMPLOI

en avion

Olympic Air La compagnie grecque relie Athènes à Thessalonique et Corfou (env. 1h de vol, à partir de 380€ de Paris), ainsi qu'à Naxos, Paros, Milos, Santorin, Mykonos, Syros et Rhodes et à des îles plus isolées comme Icaria, Kastelorizo, Karpathos et Leros. *www.olympicair.com*
Aegean Airlines Relie Athènes à Santorin, Mytilène, Mykonos, Rhodes, etc. *Tél. 210 62 61 700 ou 210 62 61 000 ou 801 11 20 000 (rés.) www.aegeanair.gr Ouvert lun.-ven. 9h-17h*

AÉROPORT

Eleftherios Venizelos (plan 2, C3) Il est installé à Spata, à 33km à l'est de la capitale – env. 40min de route du centre. Dans le hall d'arrivée, vous trouverez, outre des boutiques, différents services : consigne à bagages, bureau de poste, banques (avec DAB), comptoirs d'agences de location de voitures, pharmacie, etc. Si vous avez un peu de temps, visitez le musée, qui présente plus de 170 objets antiques exhumés lors de l'aménagement du site. *Tél. 210 35 30 000 www.aia.gr* **Office national hellénique du tourisme (EOT)** *Hall des arrivées Tél. 210 35 30 390 Ouvert tlj. 8h-20h* **Musée de l'Aéroport** *Hall des départs porte 3 Ouvert tlj. 5h-0h*

LIAISONS AVEC LE CENTRE

Le **taxi** vous emmènera en ville en 40 à 60min, pour 35 ou 40€ selon la destination, bagages compris. Si le chauffeur propose de vous déposer devant un hôtel de sa connaissance, refusez. En **métro**, prenez la ligne 3, dir. Egaleo (une rame toutes les 30min). Vous serez à Syntagma en 40min. La dernière rame quitte l'aéroport à 23h30. Ticket 8€. Ticket de groupe à partir de 2 personnes 14€ et 3 personnes 20€. Des **bus express** partent de l'aéroport (sortie 5) : le X95 vous emmènera jusqu'à la place Syntagma. Il circule jour et nuit, deux ou trois fois par heure. De Syntagma, on gagne facilement les quartiers du centre à pied, en bus ou en métro. Le X92 a pour terminus la station de métro de Kifissia (banlieue nord-est), le X93 la gare routière de Kifisos

Tableau kilométrique

	Athènes	Sounion	Corinthe	Delphes	Halkida	Thèbes
Sounion	68					
Corinthe	81	146				
Delphes	166	232	200			
Chalkida	78	130	150	128		
Thèbes	92	144	109	92	45	
Nauplie	150	214	72	267	216	177

(cars pour le nord et l'ouest du pays), et le X94 la station de métro Ethniki-Amyna, sur la ligne 3. Le X96 se rend au Pirée en suivant la route côtière et le X97 à Dafni. Ticket 5€. Valable 24h sans limite d'utilisation, dans tous les transports urbains (métro, bus, trolleys). Un autocar orange KTEL Attikis relie l'aéroport au port du Rafina (ticket 3,20€). Le **train suburbain** (Proastiakos) vous mènera à la gare de Larissa pour 6€. Il dessert également Doukissis Plakentias, d'où l'on peut prendre la ligne 3 et gagner le centre de la capitale.

en train

OSE (Office national des chemins de fer) Les trains à destination du centre et du nord de la Grèce (Chalkida, Volos, Thessalonique) partent de la gare de Larissa. Ceux pour le Péloponnèse (Nauplie, Patras, Olympie, etc.) partent de Kiato, à 105km à l'ouest d'Athènes, que l'on peut rejoindre de l'aéroport en prenant le suburbain, ou Proastiakos, en direction de Neratziotissa. Les réservations par téléphone se font de 8h à 14h30, au moins deux jours avant le départ. *Tél. 210 52 70 700 www.ose.gr www.trainose.gr www.proastiakos.gr*
Gare de Larissa (plan 2, A1) *Deligiani 31-33 Tél. 210 52 70 000 (rés.)* ***M° Stathmos-Larissis***

en car

Gare KTEL Attikis (plan 2, B1) Cars (de couleur orange) pour Marathon, Nea Makri, Lavrio, Rafina, le cap Sounion, Kalamos, Kalyvia, Keratea, Markopoulo, Oropos et Portorafti. *Patission 68/Kotsikas 2 Tél. 210 88 08 000* ***M° Omonia*** *www.ktelattikis.gr*
Gare KTEL Kifissou (hors plan 2) Cars pour le Péloponnèse, le Nord (Épire, Macédoine, Thrace) et donc les ports de liaison avec les îles Ioniennes. *Leoforou Kifissou 100 À 4km au nord-ouest du centre-ville Tél. 210 51 24 910 (Rens.)* ***Bus n°051*** *(arrêt Antigonis) en provenance du centre-ville* ***Bus X93*** *de l'aéroport*
Gare KTEL Liosion (hors plan 2) Cars pour la Grèce centrale, Evia (Eubée) et la Thessalie. *Liosion 260 À 5km au nord du centre-ville Tél. 210 83 17 186 ou 210 83 17 096 (billets pour Delphes)* ***M° Attikis*** *ou* ***Bus B12*** *(arrêt Marnis)*

en voiture

Pour le Péloponnèse Sortir d'Athènes en empruntant le boulevard (Leoforos) Kavalas ou la route nationale reliant Athènes à Corinthe (Ethniki Odos Athinon-Korinthou), puis l'autoroute 8A.
Pour le Centre et le Nord Sortir d'Athènes en prenant, place Omonia, la rue 28-Oktovriou (Patission), qui rejoint la N1/E75 en direction de Lamia et de Thessalonique.

en bateau

Une cinquantaine de compagnies de navigation relient les îles aux principaux ports côtiers du pays, cf. Transports sur place (p.83). Pour en savoir plus sur les lignes qui partent du Pirée, de Rafina et de Lavrio, consulter les sites *www.greekferries.gr, www.openseas.gr, www.aferry.gr, www.ferry.gr, www.directferries.fr.* Vous pouvez aussi vous adresser à l'office de tourisme ou joindre la capitainerie des différents ports.

orientation

Athènes est cernée de montagnes (au nord, le Parnès et le Pentélique, à l'est, l'Hymette) et ponctuée de collines : la Tourcovounia, le Lycabette, l'Acropole, l'Aréopage, Filopapou et la Pnyx.

L'agglomération athénienne s'étend sur 427km^2, des montagnes à la mer, et elle abrite, avec sa banlieue et Le Pirée, quelque 3,5 millions d'habitants - soit près du tiers de la population nationale (env. 11 millions) ! Son centre historique, touristique et administratif forme un parallélogramme délimité par le Champ-de-Mars (Pedio Areos), au nord, la colline du Lycabette (Lofos Likavitou) à l'est, celle de Filopapou (Lofos Filopapou) et le stade Panathénaïque (Panathinaïko Stadio) au sud. Au centre s'étendent les places Omonia, Monastiraki et Syntagma, d'où rayonnent tous les axes stratégiques. Un quart d'heure suffit pour se rendre à pied de l'une à l'autre. Athènes est une ville où il est relativement facile de s'orienter en prenant l'Acropole et le Lycabette comme points de repère. De plus, la plupart des rues (*odos*), dont le nom est indiqué en caractères grecs et latins, se croisent à angle droit. Dans les adresses, le nom de la voie précède le numéro et parfois le nom de la perpendiculaire la plus proche. L'office du tourisme édite un plan gratuit. Le plan *Athens* (5€) des éditions Emvelia présente l'avantage de signaler les principaux hôtels, de détailler les sites archéologiques et d'être plastifié.

Le centre historique (plan 4) L'Acropole (plan 3), emblème de la ville, et ses abords constituent le cœur historique d'Athènes. À l'est de la colline sacrée s'étend Plaka, le quartier le plus ancien, le plus joli et l'un des plus touristiques, que dominent les charmantes ruelles d'Anafiotika. Au nord s'étalent les vestiges de l'agora romaine, Monastiraki et son marché aux puces, et Psiri, où se côtoient murs tagués, tavernes traditionnelles et bars branchés. À l'ouest, face à l'agora grecque, se déploient les terrasses de cafés de Thiseio, quartier que prolonge le cimetière du Céramique (Keramikos, plan 5). De Thiseio part la majestueuse voie piétonne, Apostolis Pavlou et Dionissiou Areopagitou, qui contourne l'Acropole et permet de découvrir à pied les grands sites antiques.

Les autres quartiers centraux Au nord-ouest de Thiseio et du Keramikos s'étend Gazi (plan 5), un complexe gazier reconverti en centre culturel et devenu l'épicentre branché d'Athènes. Vers la place Omonia (plan 2, B2), au nord de l'Acropole, convergent d'importants axes routiers : à l'ouest, Agiou Konstandinou file vers le quartier de Metaxourgio et la gare. À l'est, l'avenue Panepistimiou rejoint le quartier d'Exarchia (plan 6), qui accueille étudiants et artistes, au pied de la colline de Strephi. La place Syntagma (plan 2, B3), dominée par l'imposant Parlement, forme le noyau de la ville moderne, au nord-est de l'Acropole. Tout autour se côtoient immeubles d'affaires, ambassades et résidences diplomatiques, centres commerciaux de luxe… et le Jardin national, poumon vert de la capitale. Plus à l'est, au pied du Lycabette, s'étend Kolonaki (plan 2, C3), quartier résidentiel chic agrémenté de boutiques de mode, de bijouteries, de galeries d'art et de beaux musées. Au sud de ce dernier, Mets et Pangrati s'articulent autour du Grand Cimetière et du stade Panathénaïque.

Les plages Depuis que le tram relie le centre d'Athènes aux plages en 30min, les bourgades de la côte ouest de l'Attique ont été absorbées par la métropole. Ainsi, Alimos, Glyfada, Voula et Vouliagmeni sont des stations balnéaires bien pourvues en restaurants et en boutiques.

informations touristiques

Office national hellénique du tourisme - ONHT (plan 2, B3) EOT en grec, GNTO en anglais. *www.gnto.gr*

Bureau principal *Tsocha 7 Tél. 210 87 07 000* **M° *Ambelokipi*** *Ouvert lun.-ven. 8h-14h* **Bureau du centre-ville** *Dionissiou Aeropagitou 18-20 Tél. 210 33 10 392/716/529* **M° *Acropole*** *info@gnto.gr Ouvert lun.-ven. 9h-19h, sam.-dim. 10h-16h*

POLICE TOURISTIQUE

Elle a les mêmes compétences que la police nationale, et dans certaines régions, les deux administrations ne font qu'une. Son personnel parle l'anglais et est qualifié pour venir en aide aux voyageurs. N'hésitez pas à lui poser des questions concernant les transports en commun, les liaisons avec les îles et même votre hébergement si vous avez du mal à trouver une chambre. Mais attention, horaires de bureau ! **Central téléphonique** *Tél. 171*

MUSÉES

La plupart des musées publics ont été rénovés, signalétique comprise, et sont désormais accessibles aux personnes à mobilité réduite. Ils disposent pour la plupart d'un café, voire d'un restaurant, et d'une librairie-boutique. Les horaires d'ouverture sont donnés à titre indicatif pour les musées publics – les restrictions budgétaires liées à la crise se traduisant, notamment, par des réductions du temps de travail de leur personnel. En hiver, les musées sont ouverts de 8h à 14h à coup sûr, et parfois jusqu'à 18h en été. Ces horaires peuvent bouger de 30 minutes à 1 heure d'une année sur l'autre.

représentations diplomatiques et associations

Ambassade de France (plan 2, C3) *Vassilissis Sofias 7 Tél. 210 33 91 000 Fax 210 33 91 009* **M° *Syntagma*** *ambafran@first.gv www.ambafrance-gr.org Ouvert lun.-ven. 9h-13h*

Consulat général de France (plan 2, C3) *Akadimias 6 Tél. 210 33 91 200 Fax 210 33 91 209* **M° *Akropoli*** *Ouvert lun.-ven. 8h30-13h30*

www.athenesaccueil.com Pour les Français résidant en Grèce.

Institut français d'Athènes (plan 6, B3) *Sina 31 Tél. 210 33 98 600* **M° *Panepistimio*** *www.ifa.gr*

Ambassade de Belgique (plan 2, C3) *Sekeri 3 Tél. 210 36 17 886 ou 210 36 17 887 Fax 210 36 04 289* **M° *Syntagma*** *www.diplomatie.be/athensfr Ouvert lun.-ven. 8h-14h*

Ambassade de Suisse (plan 2, C3) *Iassiou 2 Tél. 210 72 30 364 ou 210 72 30 365 ou 210 72 30 366 Fax 210 72 49 209* **M° *Evangelismos*** *www.eda.admin.ch/athens Help line en Suisse 00 41 800 24 73 65*

Nouvelle Société helvétique (plan 2, C3) *Ambassade de Suisse Iassiou 2 Tél. 210 82 13 162* **M° *Evangelismos*** *www.swissclub.gr Ouvert lun.-ven. 9h-16h*

Ambassade du Canada (plan 2, C3) *Ioanni Genadiou 4 Tél. 210 72 73 400 Fax 210 72 73 480* **M° *Megaro Mousikis*** *Ouvert lun.-ven. 8h30-16h*

Association helléno-canadienne (hors plan 2) *Kremou 117 Tél. 210 95 85 767 Fax 210 95 15 455* **M° *Agios Eleftherios*** *Ouvert lun.-ven. 9h-17h*

transports urbains

Édité en grec et en anglais, le site Internet des transports urbains d'Athènes (www.oasa.gr) est complet et bien conçu. Il recense les principales curiosités et adresses utiles (sites archéologiques, hôpitaux, musées, ports...) et les transports en commun qui les desservent. On peut télécharger pour l'imprimer la carte du centre-ville et des lignes qui le sillonnent ou commander des plans papier (gratuits). L'office de tourisme fournit aussi le plan du réseau du métropolitain, des bus et des trams.

Plan 1 Métro d'Athènes

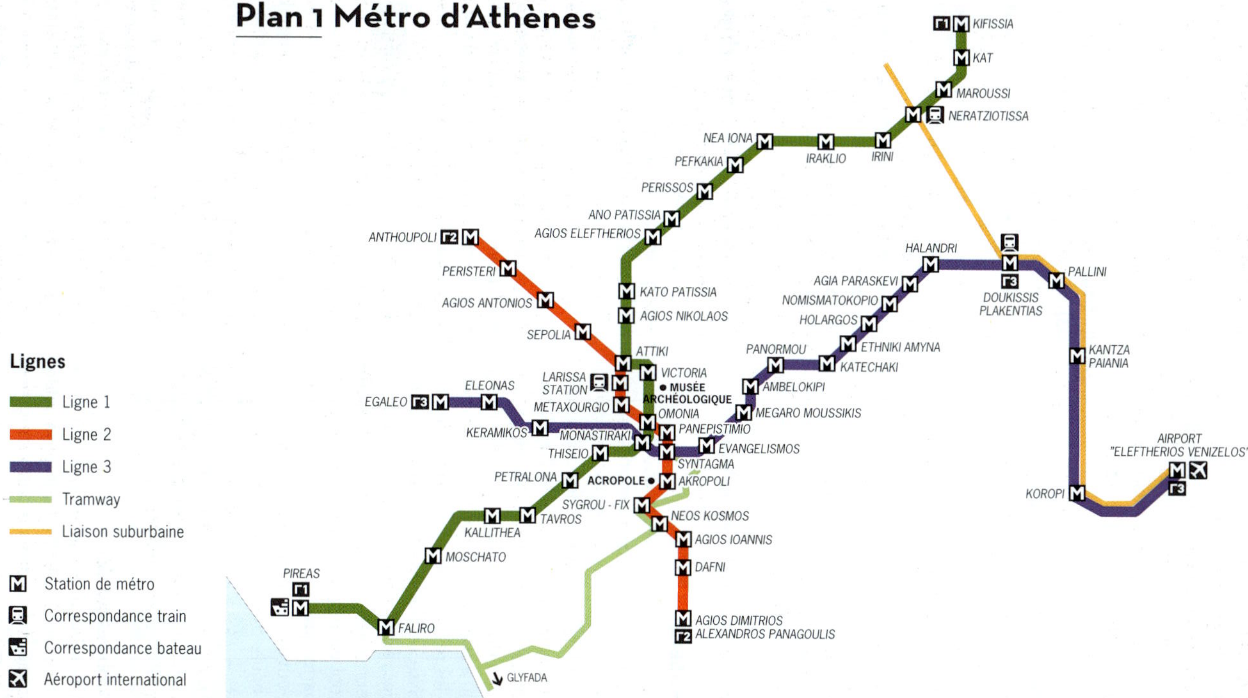

MÉTRO

Rapide, ponctuel, convivial et très sûr, c'est le plus simple et le plus facile des moyens de transport athéniens. Les bouches de métro sont signalées par de grandes enseignes frappées d'un M bleu stylisé entouré d'un cercle vert. La ligne 1 est encore marquée du logo ΙΣΑΠ – comprenez I.S.A.P., le sigle de la Société du chemin de fer électrique Athènes-Le Pirée. C'est pourquoi les Athéniens la différencient-ils des autres lignes et continuent-ils à l'appeler "le train". La plupart des stations de métro sont revêtues de marbre du sol au plafond, mais chacune a sa déco particulière et certaines (Akropoli, Syntagma, Panepistimio, Dafni, Evangelismos) sont de véritables petits musées, leurs halls et leurs quais accueillant des objets mis au jour lors de la construction du métro. D'autres stations se parent d'œuvres d'art contemporain grec.

Lignes (plan 1) La ligne 1 relie Le Pirée à Kifissia, la ligne 2 Agios Antonios à Elliniko, la ligne 3 Egaleo à Doukissis Plakentias/Aéroport international. Des prolongements sont en projet. La ligne 2 est ouverte de 5h30 à 23h45, la ligne 1 et 3 fonctionnent jusqu'à 0h (et jusqu'à 2h ven. et sam. jusqu'à Doukissis Plakentias pour la ligne 3). Un ticket (métro, bus, trolley, tram) valable 1h30 coûte 1,40€ (pour l'aéroport, ticket spécial à 8€), un ticket utilisable 24h revient à 4€, un pass de 7 jours à 14€. La carte mensuelle coûte 40€. Gratuit pour les moins de 6 ans. Les tickets s'achètent dans les stations et doivent être compostés aux bornes prévues à cet effet (seulement lors de leur première utilisation). *www.ametro.gr*

PROASTIAKOS

Ce train suburbain relie Athènes, l'aéroport et Corinthe. Le prix du ticket dépend de la distance couverte. *www.proastiakos.gr*

BUS, TROLLEYS ET TRAMS

Ils sillonnent la ville de 5h à 0h. Il en part un toutes les 10 à 15min, où que vous soyez et pour toutes les directions. Les tickets s'achètent à des billetteries spéciales, sur les grandes places, ou à proximité de certaines stations. Ou, plus simplement, dans un kiosque à journaux (*periptero*) : il y en a partout ! Les bus "bleus" sont gérés par l'Ethel, les trolleybus par l'Ilpap. Un numéro de téléphone centralise toutes les demandes de renseignements sur ces moyens de transports : le 185. On peut appeler tous les jours, de 7h à 21h. Ticket de bus, de trolley ou de tram : 1,40€. Le Tram (climatisé l'été) est un agréable moyen de transport pour rejoindre la côte. Il existe trois lignes : Syntagma-N. Faliro (T1), Syntagma-Glyfada (T2), N. Faliro-Glyfada (T3). *www.tramsa.gr*

TAXIS

On trouve aisément un taxi à Athènes de jour comme de nuit – la ville en compte près de 15 000. Le tarif n'est pas négociable, doit être affiché près du compteur et ne peut être majoré que sur certains trajets (aéroport, gares, ports...) et/ou si le poids de vos bagages excède 10kg. Veillez à ce que le compteur soit mis en marche au moment où vous montez à bord et qu'il n'affiche pas le tarif de nuit en plein jour, à moins que votre course vous emmène hors de la ville. Les chauffeurs n'hésitent pas à charger plusieurs personnes si elles vont dans la même direction. Soyez vigilant, dans ce cas, aux montants respectifs des courses. Si le taxi n'est pas équipé d'un compteur (ce qui se fait rare) ou si le chauffeur vous assure qu'il ne fonctionne pas, convenez du prix de la course avant le départ et n'hésitez pas à descendre s'il vous semble exorbitant. Vous trouverez rapidement un autre véhicule. Vous

Plan 2 Athènes
GARE DE LARISSA
LARISSA STATION
KTEL ATTIKIS
Pl. Kiriakou
ANGELOPOULOU
Metaxa
Ipirou
Liossion
Acharnon
Tritis Septemvriou
28 Oktovriou (Patission)
Alexandras
VASSILIOS
MUSÉE ARCHÉOLOGIQUE NATIONAL
ÉCOLE POLYTECHNIQUE
EXARCHIA
Lenorman
Theodorou Dilighiani
PAVLOS
VATHI
Pl. Vathis
Marnis
Diligiani
METAXOURGIO
Pl. Karaïskaki
OMONIA
Pl. Kaningos
Themistokleous
Achilleos
Agiou Konstandinou
Pl. Omonia
El. Venizelou
Akadimias
Z. PIGHI
Ippokratous
METAXOURGIO
Pireos
Athinas
Aiolou
Stadiou
HÔTEL DE VILLE
BIBLIOTHÈQUE NATIONALE
UNIVERSITÉ
plan 5
Pl. Eleftherias
MARCHÉ CENTRAL
PANEPISTIMIO
ACADÉMIE
GAZI
plan 4
Iera Odos
AG. TRIADA
AG. DIMITRIOS
AG. THÉODORI
MUSÉE DE LA VILLE D'ATHÈNES
(Panepistimiou)
KERAMIKOS
AG. ANARGHIRI
PSIRI
AG. ASSOMATI
CIMETIÈRE ET MUSÉE ARCHÉOLOGIQUE DU CÉRAMIQUE
MONASTIRAKI
AG. GÉORGIOS
MUSÉE HISTORIQUE NATIONAL
MUSÉE NUMISMATIQUE
THISEIO
Ermou
Pl. Avissinias
Pl. Monastiraki
Pl. Syntagma
SYNTAGMA
HÉPHAÏSTEION
STOA D'ATTALE / MUSÉE DE L'AGORA
MITROPOLI
Pl. Mitropoleos
Iraklidon
AGORA GRECQUE
ANAFIOTIKA
AG. MARINA
TOUR DES VENTS
CENTRE D'ART ET DE TRADITION POPULAIRE
Amalias
OBSERVATOIRE
Apostolou Pavlou
ARÉOPAGE
MUSÉE D'ART POPULAIRE GREC
PNYX
PLAKA
MUSÉE JUIF
ACROPOLE
Vassilissis Olgas
AG. DIMITRIOS
Dionissiou Areopagitou
PORTE D'HADRIEN
AKROPOLI
OLYMPIEION
FILOPAPOU
MUSÉE DE L'ACROPOLE
Cavalloti
MAKRIGIANNI
Arditou
THÉÂTRE-JARDIN DORA STRATOU
COLLINE DES MUSES - FILOPAPOU
AG. IOANNIS
KOUKAKI
Sygrou
Kallirois
Vouliagmenis
KINOSSARGOUS
AG. NIKOLAOS
SYGROU-FIX
1
2
3
4
A
B
87
68
82
67
23
58
34
90
113
63
60
102
28
11
83
33
27
26
56
31
73
85
81
21
89
72
59

Restauration (n°20 à 38)

Alatsi ________ **22** C3
Alexandra* ________ **20** C1
Ambrosia ________ **21** B4
Athinaikon ________ **23** B2
Filippou ________ **30** C2
Ideal ________ **34** B2
Ikonomou ________ **26** A4
Kafeneion du Jardin national* ________ **35** C3
O Karavitis ________ **29** C3
Oikeio ________ **36** C3
Prytaneion* ________ **37** C3
Salos Lagos ________ **27** A4
Spondi ________ **38** C4
Stavlos ________ **33** A3
To Koutouki ________ **31** A4
Zonar's* ________ **28** B3

Cafés, bars et lieux de sortie (n°50 à 77)

Aerostato* ________ **74** C3
Aigli* ________ **75** C4
Alavastron ________ **51** C4
Athinaia-Vitex ________ **50** C2-C3
Briki ________ **53** C4
Cabaret Voltaire ________ **58** A2
Cafe Peros* ________ **76** C3
Cinéma Aigli ________ **55** C4
Cinéma Dexamenis ________ **54** C2
Cinéma Zefiros ________ **56** A4
Galaxy Bar* ________ **77** C3
Half Note ________ **59** B4
Krinos* ________ **60** B2
Kyttaro ________ **68** B1
Palais de la musique – Megaron ________ **69** C2
Palia Markiza ________ **62** C4
Stavros tou Notou ________ **72** B4
Stoa Athanaton ________ **63** B2
Théâtre-jardin Dora Stratou ________ **73** A4
Théâtre national ________ **67** B2
To Aptaliko ________ **65** C4

Hébergement (n°81 à 90)

Art Gallery Hotel ________ **81** B4
Athens International Youth Hostel ________ **82** A2
Fresh Hotel ________ **90** B2
Grande Bretagne ________ **83** B3
Hotel Diethnes ________ **87** A1
Marble House ________ **89** A4
Periscope ________ **86** C3
Saint George Lycabettus ________ **84** C2
Tony's Hotel ________ **85** A4

Shopping (n°100 à 115) ➤

Shopping (n°100 à 115)
ADC Eleni Vernadaki* **100** C3
Apivita* **101** C3
Attica City Link* **102** B3
Boutique du musée d'Art cycladique et grec antique* **105** C3
Fresh* **107** C3
Galerie Astrolavos* **103** C2
Kriton Gefsis* **110** C4
Marianna Petridi* **112** C3
Mastihashop* **111** B3
Mokka Cafe* **113** B2
Zoumboulakis Galleries* **115** C3

* À RETROUVER DANS LA PARTIE DÉCOUVRIR

pouvez aussi demander un reçu (*apodiksi*) : la plupart des taxis disposent d'un système automatique de ticket-reçu, qu'il faut demander – sinon le chauffeur en remplira un à la main. En cas de problème, notez le numéro du taxi et adressez-vous à la police touristique. Si vous devez prendre l'avion, demandez au réceptionniste de votre hôtel de vous réserver un taxi ou faites appel à un radio-taxi. Prise en charge 1,65€, tarif minimum de la course 3,20€, réservation 3-5€, tarif de nuit (0h-5h) : le double. Le pourboire (10%) n'est pas une pratique courante. En revanche, à Pâques et à Noël, il est normal de faire un petit "cadeau" au chauffeur, qui majore le prix de la course de 1€ sans que cela apparaisse au compteur. Une affichette officielle en grec apposée sur le pare-brise informe le passager de ce supplément à payer.
Athina 1 *Tél. 210 92 43 051*
Ermis *Tél. 210 41 15 200*
Ikaros *Tél. 210 51 52 800*
Kosmos *Tél. 18 300*

circuler en voiture

La circulation automobile reste un problème épineux à Athènes. Sauf en juillet-août, conduire dans le centre n'est pas une partie de plaisir. D'autant qu'en dehors des grands axes, les rues sont souvent à sens unique... Si vous arrivez dans la capitale grecque en voiture, mieux vaut donc trouver un parking à la périphérie et profiter des transports en commun, même pour aller à la plage !

location de voitures

Les quelque cinquante agences de location recensées à Athènes sont regroupées sur l'avenue Sygrou (M° Sygrou-Fix), qui longe les quartiers de Koukaki et de Makrigianni, et au bas de l'avenue Amalias (M° Akropoli). À vous de choisir !
Avis (plan 2, B4) *Amalias 46-48 Tél. 210 68 79 601 ou 210 68 79 604 (rés.) www.avis.gr Ouvert tlj. 8h-20h*
Budget (plan 2, B4) *Sygrou 8 Tél. 210 92 24 200 ou 210 92 14 771 (rés.) www.budget-athens.gr Ouvert tlj. 8h30-20h30*
Europcar (plan 2, B4) *Sygrou 25 Tél. 210 92 11 444 (rés.) www.europcar.com.gr Ouvert tlj. 8h-21h*
Hertz (plan 2, B4) *Sygrou 12 Tél. 210 62 64 444 ou 210 62 64 000 (rés.) www.hertz.gr Ouvert tlj. 8h-20h*

location de deux-roues

Les motos sont nombreuses à Athènes, et le port du casque est obligatoire. Vous devez présenter votre permis de conduire, même pour louer un deux-roues de 50cc, ainsi que votre passeport ou carte d'identité.
Motorent (plan 4, A4) Ici on ne loue que des deux-roues. En haute saison, il est préférable de téléphoner avant de passer, pour savoir quels sont les véhicules disponibles. Le matériel est en bon état : prêt du casque, mais pas des gants. Comptez 22€/j. pour un scooter ou une moto 125cc et 70€/j. pour une Yamaha XT 660. *Rovertou Galli 1 / Cavalotti 2 Tél. 210 92 34 939*

ou 210 92 20 879 **M° Akropoli** *www.motorent.gr Ouvert lun.-ven. 9h-18h, sam. 9h30-16h*

poste et télécommunications

POSTE (ELTA)

La plupart des bureaux de poste (*tachidromio*) ouvrent du lundi au vendredi, de 8h à 14h. On peut y acheter des timbres – les kiosques et les boutiques qui en vendent prélèvent une surtaxe. *www.elta-net.gr*

Postes principales (plan 2, B2-B3) *Place Syntagma et près de la place Omonia Tél. 210 33 53 100 Ouvert lun.-ven. 7h30-20h, sam. 7h30-14h Le bureau de Syntagma ouvre aussi le dim., de 7h30 à 13h30*

TÉLÉPHONE

On peut envoyer des télégrammes des bureaux de l'OTE (prononcez "oté", l'organisme grec des télécommunications), qui disposent aussi de cabines téléphoniques à compteur centralisé. Ils accueillent le public de 8h à 14h, et celui de la rue 28-Oktovriou (Patission) est ouvert 24h/24. Vous pouvez, sinon, téléphoner des kiosques à journaux (*periptero*) et, bien entendu, des cabines à cartes disséminées dans la ville. Les télécartes (5€ les 3h de communication en France, en Grèce et ailleurs) s'achètent dans les bureaux de l'OTE, en kiosque et dans certaines épiceries. Elles sont parfois utilisables à l'hôtel.

Services de l'OTE (plan 2, B1) *Patission 85 Tél. 210 20 27 999 Ouvert 24h/24*

Renseignements nationaux *Tél. 11888*

Renseignements internationaux *Tél. 169*

presse

Certains kiosques autour d'Omonia (notamment ceux de Panepistimiou) et de Syntagma sont ouverts toute la nuit et proposent des journaux français de la veille. Les deux kiosques de la place Kolonaki sont encore mieux approvisionnés. Dans l'hebdomadaire *Athens News*, vous trouverez l'actualité en Grèce, la liste des spectacles, les programmes des cinémas et des articles intéressants (en anglais) sur des lieux de visite. Paraît le vendredi. *www.athensnews.gr*

librairies

Eleftheroudakis (plan 2, B2) Une institution ! Vous y trouverez sur huit niveaux des ouvrages de philosophie, de littérature, d'art, de cuisine, de tourisme, dont certains sont en anglais et quelques-uns en français. Une douzaine de magasins en ville. La principale : *Panepistimiou 17 Tél. 210 32 58 440* **M° Panepistimio** *www.books.gr Ouvert lun.-ven. 9h-21h, sam. 9h-19h*

Travel Bookstore (plan 2, B2) Pour acheter des cartes routières de toute la Grèce et d'ailleurs. *Solonos 71 Tél. 210 36 16 943* **M° Panepistimio** *www.travelbookstore.gr Ouvert lun., mer. et sam. 8h30-16h30, mar. et jeu.-ven. 8h30-20h30*

Éditions Anavasi (plan 2, B2) Pour acheter des cartes des îles et des guides. *Voulis 32 Tél. 210 32 18 104* **M° Omonia** *www.anavasi.gr Ouvert lun. et mer. 9h30-17h30, mar. et jeu.-ven. 9h30-20h (21h été), sam. 10h-16h30*

Public (plan 4, B2) Le rayon librairie anglophone de ce multistore est très fourni, mais vous y trouverez également quelques rayonnages de romans classiques et contemporains en français, notamment liés à la culture grecque. Belle terrasse où boire un café avec vue sur la place Syntagma. *Karagiorgi Servias 1 Tél. 210 32 46 210* **M° Syntagma** *Ouvert lun.-ven. 9h-21h, sam. 9h-20h*

kiosques

Les *periptero*, ouverts 24h/24 pour certains (Syntagma, Thiseio), sont des kiosques de 2m², établis stratégiquement au coin des rues et des places. Outre la presse nationale et internationale, on y trouve un peu de tout : plans de la ville, tickets de bus, cartes téléphoniques, bouteilles d'eau et sodas frais, cigarettes, chewing-gums, stylos, préservatifs... Certains vendent aussi des sacs, des ceintures et des lunettes de soleil en plastique. N'hésitez pas à demander au kiosquier votre chemin ou le nom d'une rue.

urgences

Premiers secours *Tél. 166*
Police *Tél. 100*
Police touristique *Tél. 171*
Pompiers *Tél. 199*
SOS Médecins *Tél. 1016*

marchés

Marché central – Varvakeios Agora (plan 2, B2) *De chaque côté d'Athinas, entre les rues Armodiou, Aristogitonos et Filopimenos Ouvert tlj. de l'aube à 15h*
Marché aux puces (plan 4, A2-B2) *Pl. Avissinias et alentour Ouvert dim. 6h-14h*
Marché aux fleurs (plan 4, B1-B2) *Rue Eolou le dim.*

fêtes et festivals

www.ticketservices.gr Pour acheter des billets de spectacle.
www.cityofathens.gr L'actualité culturelle en anglais.
Rockwave Festival Réunit des têtes d'affiche pop et rock. *Tél. 210 88 20 426 www.rockwavefestival.gr Trois ou quatre jours fin juin-début juillet*
Festival d'Athènes / *Elliniko Festival* Créé il y a plus d'un demi-siècle, il eut longtemps pour seul cadre le célèbre odéon d'Hérode Atticus, au pied de l'Acropole. Aujourd'hui plusieurs autres scènes accueillent de la danse, du théâtre, de la musique, de l'opéra et des expositions d'art contemporain : Peiraios 260 (Pireos 260), Scholeion (Pireos 52), Megaron (Vassilissis Sofia/Kokkaki), une annexe du musée Benaki (Pireos 138), le théâtre Apo Michanis (Adademia 13), Technopolis (Pireos 100), le théâtre Ellinikos Kosmos (Pireos 254), le centre culturel Bios (Pireos 84), ainsi que le petit théâtre antique d'Épidaure (billets 10-60€). *Bureau du festival (lun.-ven. 9h-17h) Chatzichristou 23 /Makrigianni Tél. 210 32 72 000 (Rés.) www.hellenicfestival.gr Juin-sept.*
Festival de Vironas Du théâtre classique et contemporain, de la bonne musique grecque, world ou jazz et de la danse. *Rock Theater Melina Mercouri* ***Vironas*** *(au sud-est d'Athènes) Tél. 213 20 37 819 Juin-sept.*
Festival européen de jazz Au centre culturel Technopolis de Gazi. *Tél. 210 34 60 981 www.cityofathens.gr Entrée libre 21h-12h Fin mai, début juin*

DÉCOUVRIR
Le centre historique

☆ **Les essentiels** L'Acropole et son musée, Plaka, le marché aux puces de Monastiraki, le Céramique, le musée d'Art islamique, l'agora grecque
Découvrir autrement Déjeunez à Anafiotika, prenez un verre le soir dans un bar branché de la rue Iraklidon

De l'Athènes antique nous restent les fragiles et précieux vestiges de l'Acropole, minutieusement restaurés depuis les années 1970, et les sites qui gravitent autour du rocher sacré. Une soirée sur les gradins de l'odéon d'Hérode Atticus vous transportera dans l'Athènes romaine, tandis que la vision de petites églises à dômes blotties entre deux immeubles vous évoquera l'Athènes byzantine, et la visite des bains turcs, la cité ottomane. Puis grimpez sur l'Acropole et observez la ville dans tous ses états. Vous apercevrez sans doute de minuscules parcelles entre deux pâtés de maisons que de jeunes bénévoles fouillent à la petite cuillère. À Athènes, les époques ne cessent de se télescoper…

★ L'Acropole

L'Acropole (plan 3), meurtrie par des siècles de vicissitudes, contemple la ville blanche et dense du haut de son rocher sacré (156m). Où que l'on se trouve dans Athènes, l'Acropole ne se laisse jamais perdre de vue, et son apparition procure chaque fois une émotion. Sous le soleil, ses vestiges grandioses se détachent sur le bleu du ciel. Sous les nuages, le site prend une dimension tragique qui lui sied à merveille. Tâchez d'y monter à l'heure d'ouverture, avant que les cars ne déversent des flots de touristes sur le site. Et oubliez un instant les échafaudages qui se déplacent d'un monument à l'autre depuis plusieurs décennies et qui devraient bientôt disparaître.

Une longue histoire Les grottes qui trouent les flancs de la colline ont livré des traces d'une occupation préhistorique. Ce sont sans doute ses points d'eau et son sommet relativement plat qui ont décidé les hommes à s'y fixer, puis à en faire le point culminant de la cité antique. À l'époque mycénienne, on accède déjà à cette “ville haute”, royale, par le flanc ouest de la colline, le moins abrupt. Au ve siècle av. J.-C., l'Acropole est devenue une enceinte sacrée, dédiée au culte d'Athéna. La légende veut que sous Cécrops, premier roi mythique de l'Attique, la déesse et son oncle, Poséidon, se soient disputé le patronage de la cité. Le dieu de la Mer frappe de son trident le faîte de la colline pour en faire jaillir une source salée, présageant de la future domination d'Athènes sur les mers. La déesse de la Sagesse préfère planter un olivier, remportant ainsi les faveurs des Athéniens. En 490 av. J.-C., pour remercier leur protectrice de leur victoire sur les Perses, à Marathon, ceux-ci lui élèvent un temple. Il sera détruit dix ans plus tard, lors de la seconde guerre médique. Thémistocle fait relever les fortifications de l'Acropole, mais sans y bâtir d'édifices, faute de moyens. C'est Périclès qui va profiter du prestige que vaut à

Athènes la victoire définitive sur les Perses auprès de ses alliés pour lancer un ambitieux chantier : l'édification des Propylées, du Parthénon et du temple d'Athéna Nikè (la Victorieuse). Poursuivie après sa mort (429 av. J.-C.), son œuvre est menée à bien en un demi-siècle avec le concours des plus grands architectes et artistes de l'époque. Par la suite, tous les occupants étrangers voudront laisser leur marque sur la colline sacrée. Les Romains érigent un petit temple dédié à Rome et à Auguste et le grand escalier des Propylées. Les Byzantins transforment le Parthénon et l'Erechtheion en églises et adjoignent une chapelle au temple d'Athéna Nikè. Au début du XIIIe siècle, les ducs francs installent leur résidence dans les Propylées, qu'ils flanquent d'un donjon ! Puis, au XVe siècle, les Ottomans aménagent une mosquée dans le Parthénon et un harem dans l'Erechtheion. Alors qu'elles assiègent Athènes, en 1687, les troupes du doge Morosini bombardent l'Acropole, détruisant une partie du Parthénon, que les Turcs ont transformé en poudrière. Vaincus, les Vénitiens se replient, non sans prélever plusieurs sculptures sur l'édifice. Les campagnes de fouilles débutent après la proclamation de l'indépendance, en 1830. Les édifices turcs sont détruits, comme toutes les constructions modernes. En 1898 commencent de grands travaux de restauration et en 1975 naît le Comité pour la conservation et la restauration des monuments de l'Acropole. Cette entreprise se poursuit de nos jours, tandis que le site pâtit de deux fléaux modernes : le piétinement de millions de touristes et la pollution atmosphérique, qui érodent peu à peu la pierre des monuments. *Tél. 210 32 14 172* ***M° Akropoli*** *Ouvert avr.-juin, sept.-oct. : tlj. 8h30-18h30 ; juil.-août : tlj. 8h30-19h30 Fermé certains jours fériés Forfait 12€ (coupons détachables donnant accès à l'Acropole, à l'agora grecque, au théâtre de Dionysos, au cimetière du Céramique, à l'agora romaine, à l'Olympieion et à la bibliothèque d'Hadrien), étudiants hors UE et seniors 6€, gratuit pour les moins de 19 ans, les étudiants de l'UE et pour tous les 6 mars, 18 avril, 18 mai, 5 juin, dernier week-end de sept. et d'oct., et tous les dim. de nov. à mars*

L'affaire des "marbres d'Elgin"

En 1801-1802, Thomas Bruce, 7e comte d'Elgin, obtient du sultan ottoman l'autorisation de dessiner les temples de l'Acropole et d'"emporter quelques inscriptions et sculptures". Sous le prétexte de sauver des chefs-d'œuvre – mais surtout pour orner les jardins de sa nouvelle demeure –, il va causer des dommages irréparables, arrachant grossièrement des pans sculptés entiers. Une inscription retrouvée sur un mur de l'Erechtheion résume son forfait : "Ce que les Goths n'avaient pas fait, les Écossais l'ont fait." C'est ainsi qu'après maintes péripéties, 15 métopes (panneaux sculptés) de la frise dorique et 56 métopes de la frise ionique du Parthénon, une cariatide et des sculptures prélevées sur la frise du temple d'Athéna Nikè sont rachetés en 1816 à Elgin par le British Museum – où elles se trouvent encore, en dépit des pressions de l'Union européenne et de tractations ininterrompues entre Londres et Athènes.

Plan 3 Acropole

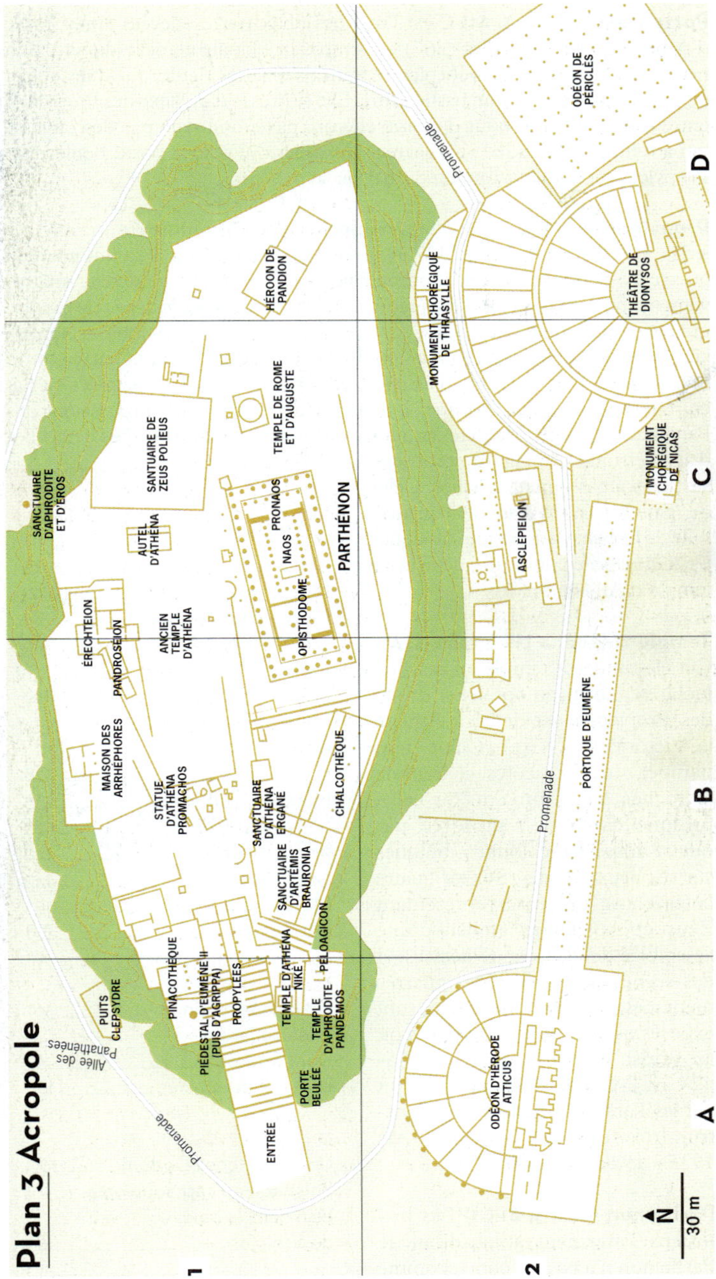

Porte Beulée (plan 3, A1) C'est l'une des deux portes élevées après le sac d'Athènes par les Hérules (267) et l'entrée principale actuelle du site. Son nom rend hommage à l'archéologue français Charles Beulé, qui la découvrit en 1852, ensevelie sous un bastion turc. Elle se dresse dans l'axe des Propylées, entre deux tours, au bout du large chemin pavé, ombragé par des oliviers, qui a remplacé l'antique voie sacrée. L'escalier qui relie la porte Beulée aux Propylées est un ajout romain du IIIe siècle.

Propylées (plan 3, A1) L'entrée monumentale de l'Acropole est due à Mnésiclès. Le chantier, lancé en 437 av. J.-C., touchait presque à sa fin quand la guerre du Péloponnèse l'interrompit cinq ans plus tard. Le complexe fut gravement endommagé en 1656, quand la foudre fit exploser le dépôt de poudre qui occupait l'une des salles. Le corps central formait un vestibule rectangulaire protégé sur ses deux façades par une colonnade dorique et barré par un mur percé de cinq portes. Celle du milieu, vers laquelle la voie Sacrée s'élevait entre deux rangées de colonnes ioniques, était réservée aux processions des Panathénées, les grandes fêtes annuelles en l'honneur d'Athéna. Les deux ailes dissymétriques de l'entrée reposent sur un soubassement calcaire. Celle de gauche (nord) accueillait une salle de banquet à l'époque classique. Celle de droite communique avec le temple d'Athéna Nikè.

Temple d'Athéna Nikè (plan 3, A1) Cet élégant petit temple en marbre, juché sur un promontoire à droite des Propylées, est dédié à Athéna la Victorieuse (Nikè). Ceint d'un parapet sur trois côtés, il domine le rocher d'environ 8m. Sa cella, presque carrée, est protégée par quatre massives colonnes ioniques sur ses deux façades. Sur les quatre côtés court une frise représentant Zeus et Athéna au milieu d'une assemblée de dieux et de déesses, et des scènes de batailles des guerres médiques. Les blocs originaux sont exposés au musée de l'Acropole ou au British Museum. Érigé en 425-424 av. J.-C. par Callicratès, détruit par les Turcs, le temple a été reconstruit trois fois : de 1834 à 1838, de 1935 à 1940 et en 2003-2004.

Parthénon (plan 3, B1-C1) Les historiens l'affirment aujourd'hui, le Parthénon n'a pas été conçu comme

Athènes en famille

Visites

L'Acropole 111
Musée de l'Acropole 121
Musée d'Art populaire grec 126
Musée d'Art des enfants grecs 127
Musée des Instruments de musique populaire grecque 128
Marché aux puces 133
Le Monde grec 140
Relève de la garde 142
Jardin national 142
Musée de la Guerre 152
Musée naval 158

Spectacles

Cinéma en plein air 167
Théâtre-jardin Dora Stratou 167
Figourès & Kouklès 168

Échappées...

Une glace chez Dodoni 160
Baignade au cap Sounion 161
Bain dans la baie de Schinias 163

L'ATTIQUE ET L'EUBÉE

un temple, mais pour servir d'écrin à une colossale statue d'Athéna symbolisant la puissance d'Athènes et de sa divinité tutélaire, et pour abriter le tribut versé par les membres de la ligue de Délos et d'autres revenus de la cité – pour bonne part investis dans la décoration de la statue. Dirigée par le sculpteur Phidias et les architectes Ictinos et Callicratès, la construction du bâtiment dura de 447 à 438 av. J.-C., soit moins de dix ans ! Il se composait d'une petite chambre ouverte à l'ouest, le Parthénon proprement dit, qui abritait le trésor de la ligue de Délos, et d'une grande chambre ouverte à l'est, l'Hécatompédon, dans laquelle se dressait la statue chryséléphantine (en or et ivoire sur une âme de bois), haute de 12m, sculptée par Phidias. Elle représentait Athéna Parthénos, la "déesse vierge", portant casque, lance et bouclier. L'édifice (70m de long sur 31m de large et plus de 17m de haut) est un chef-d'œuvre d'équilibre et un tour de force technique. Aucune de ses lignes n'est droite. Ainsi, pour donner au spectateur l'illusion d'une verticalité exemplaire, les colonnes doriques du péristyle sont légèrement inclinées vers l'intérieur ; leur fût est plus large à la base qu'au sommet et présente un léger renflement au 2/5 de sa hauteur. De même, toutes les horizontales sont convexes, pour paraître parfaites. Ces corrections optiques ont requis de retailler minutieusement les blocs de pierre après assemblage. Le décor du Parthénon a été réalisé en 15 ans par toute une équipe d'artisans, dirigée par Phidias. Le fronton de la façade orientale, sculpté en ronde-bosse, représentait la naissance d'Athéna (sortie de la tête de Zeus), celui de la façade ouest, Athéna et Poséidon se disputant la possession de l'Attique. La frise dorique qui faisait le tour du Parthénon a perdu la plupart de ses 92 métopes, mais un dessin du XVIIe siècle a permis de déterminer qu'elle représentait des scènes de bataille mythiques : victoire d'Athéna sur les Géants (est), combats des Grecs contre les Centaures (sud), contre les Amazones (ouest) et contre les Troyens (nord). Longue à l'origine de 160m, la frise ionique décorant l'extérieur de la cella représente plus de 360 personnages et 200 chevaux, soit deux cortèges convergeant vers les dieux et les héros au cours de la grande procession des Panathénées. Des moulages ont remplacé les métopes et les frises d'origine qui sont conservées au Musée de l'Acropole.

Erechtheion (plan 3, B1-C1) Il s'élève à l'endroit le plus sacré de l'Acropole, là où Athéna et Poséidon se seraient disputé le patronage de la cité et où reposeraient deux de ses souverains légendaires, Cécrops et Érechthée. Le temple fut édifié de 421 à 406 av. J.-C. sur deux niveaux différents et en deux parties ne communiquant pas entre elles. Il abritait différents cultes, dont ceux des deux héros et des deux divinités. La partie orientale était consacrée à Athéna Polias, protectrice de la cité. La partie ouest abritait le cénotaphe d'Érechthée et le tombeau de Cécrops. Sur la façade sud se détache le **portique des Cariatides**, peut-être l'élément le plus fascinant de l'Acropole aujourd'hui. Ces six jeunes filles, hautes de 2,31m, soutiennent sereinement l'entablement et le plafond à caissons en marbre. Quelle élégance dans le plissé des tuniques qui épousent leurs formes ! Cinq des statues originales sont exposées au musée de l'Acropole, et la sixième au British Museum.

Chalcothèque (plan 3, B1-B2) Cette grande salle précédée d'un long portique dorique fut bâtie vers 375-350 av. J.-C. Seules en subsistent quelques pierres à côté du Parthénon, en bordure sud du parapet de l'Acropole. On y déposait du mobilier sacré, les armes prises aux vaincus et des objets en bronze, en argent et en or offerts par les fidèles.

Autour de l'Acropole

Tous les édifices érigés autour de l'Acropole jouaient un rôle dans la vie publique de l'Athènes antique. Les auteurs dramatiques faisaient jouer leurs œuvres dans les deux théâtres du versant sud ; sur la Pnyx siégeait l'assemblée des citoyens et sur l'Aréopage le tribunal.

Promenade archéologique – Theatro Dionysoy (plan 4, A2-C4) Cette large voie pavée de 3km est un intéressant legs des jeux Olympiques de 2004. En reliant les sites archéologiques entre eux, elle permet une merveilleuse lecture de l'Antiquité gréco-romaine. Elle part de la station de métro Akropoli, longe le musée de l'Acropole (p.121), les théâtres de Dionysos (p.116) et d'Hérode Atticus (p.117), passe ensuite au pied des collines de Filopapou (p.120), de la Pnyx (p.120) et de l'Aréopage (p.120), puis traverse le quartier de Thiseio (p.136), laissant l'agora grecque sur sa droite pour aboutir non loin du cimetière du Céramique (p.136). *Theatro Dionysoy* ***M° Akropoli***

Théâtre de Dionysos (plan 3, C2-D2) On le considère comme le berceau de l'art dramatique. Au ve siècle av. J.-C., il accueillit les premières représentations des tragédies d'Eschyle, de Sophocle et d'Euripide et des comédies d'Aristophane, notamment lors des Grandes Dionysies. Ces cérémonies célébrées au printemps, en l'honneur du dieu de l'Ivresse et de la Fête, donnaient lieu à des

Le panache des Panathénées

Les Panathénées sont les fêtes données en juillet en l'honneur d'Athéna, déesse protectrice de la cité. Célébrées dès le VIIIe siècle avant notre ère, elles prirent un éclat particulier à partir de 565 av. J.-C. Les Petites Panathénées avaient lieu tous les ans, et les Grandes Panathénées, plus fastueuses, tous les quatre ans. Elles comprenaient des concours de chant, de musique et des danses ainsi que des jeux gymniques. Le quatrième jour, toute la population de la ville participait à une grande procession, qui, partie du quartier des potiers (Céramique), traversait l'Agora pour monter à l'Acropole par l'ouest. Il s'agissait d'offrir à la déesse une tunique safran, tissée et brodée par de jeunes femmes attiques. Ce *peplos* sacré était hissé sur le mât d'un bateau monté sur roues pour être vu de tous. Arrivé près de l'Aréopage, le voile était descendu du mât, et le cortège montait l'immense escalier de marbre menant aux propylées, portes de l'Acropole. Le *peplos* était offert à la vieille statue en bois de la déesse, puis on sacrifiait cent bœufs (hécatombe) et le peuple tout entier prenait part au banquet final.

THESPIS, PÈRE DE LA TRAGÉDIE
Le plus ancien drame connu aurait été présenté en 536 av. J.-C. sur l'Agora athénienne. Son auteur, Thespis, inséra des tirades débitées par un acteur (lui-même), entre les chorégraphies et chants du chœur. Autre innovation attribuée au poète : les costumes et masques des acteurs. En tout cas, c'est le premier auteur dramatique à avoir remporté un prix au concours théâtral des Grandes Dionysies, vers 534 av. J.-C.

processions solennelles, à des joutes poétiques et à des concours dramatiques (comédie, drame et satire). Le théâtre conçu au VIe siècle av. J.-C., dans le prolongement du sanctuaire de Dionysos, était à l'origine en bois. Mais, après l'effondrement de ses gradins, on décida de le relever en pierre, après 350 av. J.-C. Le *theatron* ("lieu d'où l'on regarde") pouvait accueillir 17 000 spectateurs dans ses soixante rangées de gradins. Les fauteuils en marbre du premier rang étaient réservés aux dignitaires – dont on peut encore discerner certains noms – au milieu desquels trônait le grand prêtre de Dionysos. Les choreutes (membres du chœur, danseurs et chanteurs) évoluaient autour de l'autel consacré à Dionysos sur l'aire circulaire centrale (*orchestra*). Derrière s'élevait la *skènè*, structure en bois servant de coulisses et de loge aux acteurs. Reconstruite en pierre au IIIe siècle av. J.-C., elle fournit dès lors un décor à l'estrade réservée aux acteurs (*proskenion*). Le théâtre fut remanié au Ier siècle de notre ère, sous Néron, pour accueillir des combats de gladiateurs et des joutes nautiques. Le décor en haut-relief du devant de scène date de cette époque. Il illustre des épisodes du mythe dionysiaque. Les deux grandes colonnes corinthiennes dressées au-dessus du théâtre sont les seuls vestiges du monument chorégique de Thrasyllos (320 av. J.-C.). Ce genre de construction célébrait la victoire d'un chorège (citoyen fortuné entretenant et dirigeant un chœur) lors d'un concours dramatique. *Theatro Dionysoy (au sud-est de l'Acropole) Tél. 210 32 24 625* ***M° Akropoli*** *Ouvert mai-oct. : tlj. 8h-19h30 ; nov.-avr. : tlj. 8h30-15h Tarif 2€ (accessible avec le pass Acropole à 12€/6€)*

Portique d'Eumène (plan 3, B2-C2) Il fut offert aux Athéniens par Eumène II, roi de Pergame (v. 197-v. 159 av. J.-C.), reconnaissant des années d'études qu'il avait passées avec son jeune frère, Attale, dans la capitale de l'Attique. Cette galerie à étage, longue de 163m, reliait les deux théâtres du versant sud de l'Acropole pour protéger les passants du soleil et des intempéries. Elle présentait une double rangée de 62 colonnes doriques en façade et 32 colonnes ioniques à l'intérieur. *Même entrée que le théâtre de Dionysos* ***M° Akropoli***

Asclèpieion (plan 3, C2) Au-dessus du portique d'Eumène s'élève le sanctuaire d'Asclépios, dieu de la Médecine, dont le culte fut introduit à Athènes en 420 av. J.-C. Le complexe, assez abîmé, comprenait un temple, le dortoir d'incubation (les patients y attendaient les rêves envoyés par le dieu, que les prêtres interprétaient ensuite pour les guérir), et une source sacrée, l'eau jouant un grand rôle dans la consultation et la cure. ***M° Akropoli***

Odéon d'Hérode Atticus (plan 3, A2) Illustre orateur, philosophe et mécène, Hérode Atticus (101-176) fit édifier ce petit théâtre en hémicycle vers 161,

Plan 4 Athènes, centre

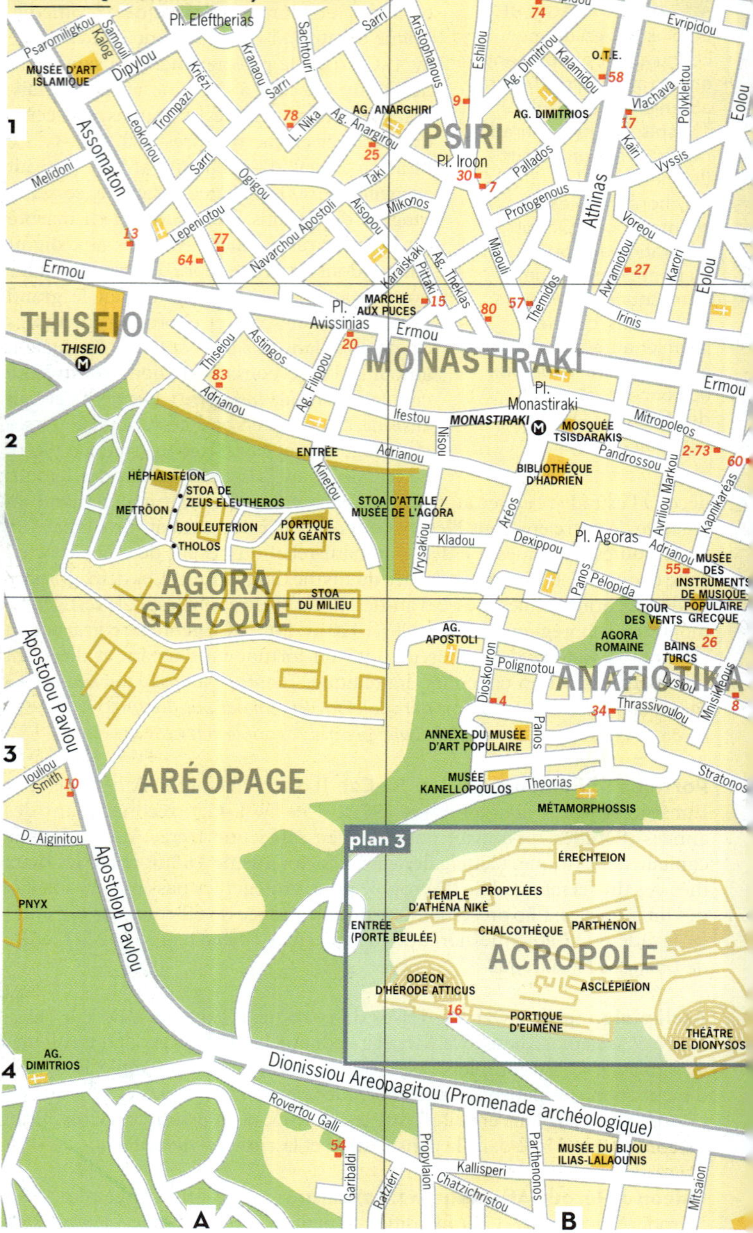

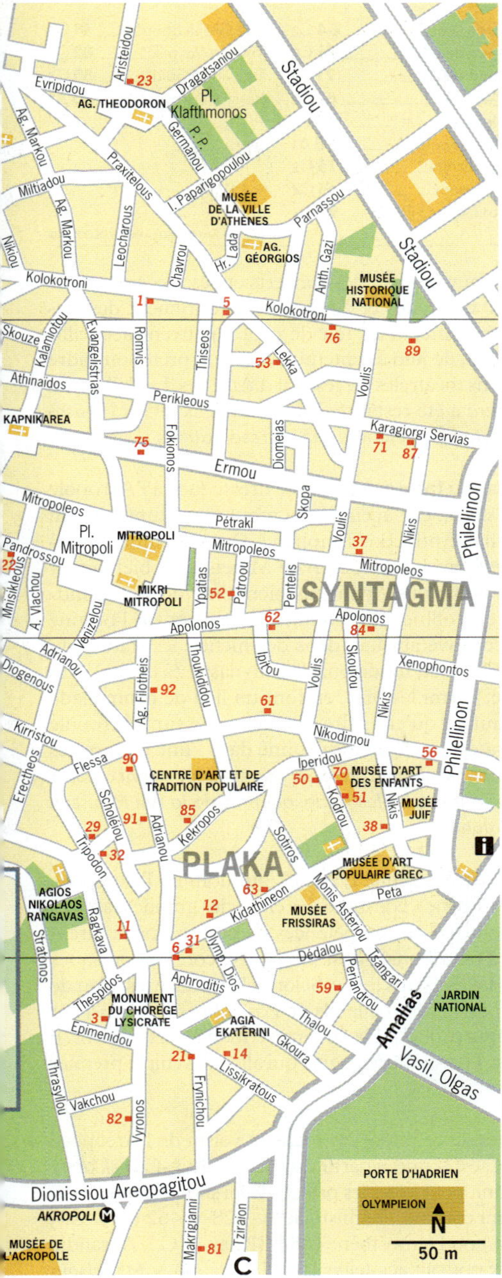

Cafés, bars et lieux de sortie (n°1 à 17)

Bartesera* **5** C1
Booze Cooperativa **1** C1
Brettos* **6** C3-C4
Cafe Orea Ellas* **2** B2
Cinéma Paris **12** C3
Cinéma Thiseion **10** A3
Diogenes* **3** C4
Dioskouri* **4** B3
Figourès & Kouklès **11** C3
Liosporos Cafe* **7** B1
Loop Bar **13** A1
Melina* **8** B3
Nueva Trova **17** B1
Odéon d'Hérode Atticus **16** B4
Perivoli tou Ouranou **14** C4
Ta Serbetia stou Psirri* **9** B1
The Art Foundation - TAF **15** B2

Restauration (n°20 à 38)

6 D.o.g.s.* **27** B1
Café Avissinia **20** A2
Daphne's **21** C4
Green Nature* **23** C1
Hermion **22** C2
Klepsidra* **34** B3
O Nikitas* **25** A1
O Tzitzikas kai O Mermigas **37** C2
Palea Athina **38** C3
Platanos **26** B3
Scholarchio **29** C3
Ta Bakaliarakia **31** C3
Taverne Psiri **30** B1
To Kafeneion **32** C3

Hébergement (n°50 à 64)

A for Athens **57** B2
Achilleas **53** C2
Acropolis House **50** C3
Acropolis View **54** A4
Adonis **51** C3
Adrian **55** B2
Athos Hotel **52** C2
Cecil **58** B1
Dioskouros **59** C4
Electra Palace **61** C3
New Hotel **56** C3
O & B Athens Boutique Hotel **64** A1
Omiros **62** C2
Plaka **60** B2
Student and Travellers Inn **63** C3

Shopping (n°70 à 92) ➤

Shopping (n°70 à 92)
Amorgos* **70** C3
Aristokratikon* **71** C2
Centre de tradition hellénique* **73** B2
Elixir* **74** B1
Gorgona* **90** C3
Greek Woman Institution* **89** C2
Hyperion* **84** C2
Kamarinos* **76** C2
Komboloï* **77** A1
Matsouka* **87** C2
Melissinos Art* **80** B2
Organopoieio* **78** A1
Rue Ermou* **75** C2
Sagiannos* **81** C4
Stoa Agias Filotheis* **92** C3
The Greek Shop* **91** C3
Thireos Vassiliki* **82** C4
To Elliniko Spiti* **85** C3
Vassilis Korovesis* **83** A2

* À RETROUVER DANS LA PARTIE DÉCOUVRIR

en mémoire de son épouse. On y donnait des concerts et des pièces en toute saison. La façade est percée d'arcades et de niches qui abritaient des statues. Ses gradins, à l'origine coiffés d'un toit de cèdre, peuvent accueillir 5 000 spectateurs. Aujourd'hui, de juin à septembre, l'odéon prête son cadre aux concerts et représentations théâtrales du festival d'Athènes. Le dallage en marbre et cipolin de l'*orchestra* a été restauré dans les années 1950. *Theatro Dionysiou* ***M° Akropolis*** *Ouvert seulement lors des représentations*

Colline des Muses - Filopapou (plan 2, A4) Elle se dresse face à l'Acropole et culmine à 147m. Au IIe siècle, elle accueillit le monument funéraire du consul et chorège Caius Julius Antiochos Épiphane. Descendant d'Antiochos IV, dernier roi grec de Commagène, en Asie Mineure, ce bienfaiteur avait reçu le surnom de Philopappos, "petit-fils bien-aimé de son grand-père", qui devint celui de la colline. Le monument mesurait à l'origine 12m de haut et sa façade concave abritait, dans des niches, les statues du consul, de son père (à gauche) et du fondateur de la dynastie (à droite). Les sentiers tracés sur la colline, parmi les pins, en font un lieu de promenade apprécié des Athéniens, d'autant qu'elle offre une belle vue sur l'Acropole et sur l'agora grecque. Socrate aurait été emprisonné dans l'une des grottes creusées en son flanc. *Accès par le chemin pavé qui grimpe doucement à partir de Dionissiou Areopagitou et par celui, plus raide, qui part de la rue Mousson* ***M° Akropoli, Thiseio ou Petralona***

Aréopage (plan 2, A3) Sur cette "colline d'Arès", qui domine l'Acropole, siégeait le conseil suprême d'Athènes, constitué des chefs des grandes familles aristocratiques, puis d'archontes. Les compétences de cet Aréopage furent limitées, au Ve siècle, à celles d'un tribunal pénal. On peut encore voir quelques gradins en pierre et marches taillées dans le roc. Selon la légende, Arès, dieu de la Guerre, y aurait été jugé pour avoir tué le fils de Poséidon. C'est aussi sur l'Aréopage que saint Paul aurait prononcé le fameux sermon aux Athéniens. Il put ainsi convertir le sénateur Denys l'Aréopagite, qui allait devenir le premier évêque d'Athènes. ***M° Thiseio***

Pnyx (plan 2, A3) Le sommet de ce mamelon rocheux voisin de l'Aréopage dessine un vaste hémicycle. C'est là que, à partir du Ve siècle av. J.-C., l'*ekklèsia* (assemblée du peuple) se réunit pour voter les projets de loi soumis par la *boulè* et écouter de grands orateurs comme Thémistocle (v. 528-v. 462 av. J.-C.), Eschine (v. 390-314 av. J.-C.) ou Démosthène (384-322 av. J.-C.). Agrandie au IVe siècle av. J.-C., la Pnyx pouvait accueillir 10 000 personnes. ***M° Thiseio***

Olympieion (plan 4, C4) Aujourd'hui enclavé dans la ville moderne, bercé par le flot ininterrompu des voitures qui passent sur l'avenue Amalias, ce temple de Zeus Olympien devait être particulièrement impressionnant : 96m de long sur 40m de large et 20m de haut. De ses 104 colonnes corinthiennes, de 1,70m de diamètre à la base, il n'en reste que 15 ! Celle qui gît sur le sol a été renversée par la foudre en 1852. La construction de l'édifice, lancée par Pisistrate au VIe siècle av. J.-C., reprit sous le règne d'Antiochos IV (175-164 av. J.-C.) et s'acheva grâce à l'intervention de l'empereur Hadrien, venu en visite à Athènes en 125 apr. J.-C. Il abritait une gigantesque statue chryséléphantine de Zeus. *Vassilissis Olgas/Amalias Tél. 210 92 26 330* ***M° Akropoli*** *Ouvert mai-oct. : tlj. 8h-20h ; nov.-avr. 8h-18h Tarif 2€ (ou pass Acropole 12€/6€)*

Porte d'Hadrien (plan 4, C4) Cadeau des Athéniens à l'empereur Hadrien, en 131, cette porte honorifique en marbre du Pentélique, dressé au nord-ouest du temple de Zeus, séparait la cité grecque ancienne de la nouvelle ville romaine. Côté ouest, l'arche porte l'inscription "Voici Athènes, la cité de Thésée". Côté sanctuaire, on peut lire "Voici la cité d'Hadrien, et non celle de Thésée". *M° Akropoli*

Makrigianni et Koukaki

Le musée de l'Acropole est descendu de la colline pour s'installer à Makrigianni, en bordure de la voie piétonne Dionissiou Areopagitou. Ce quartier résidentiel est aussi discret que son voisin, Koukaki : vous n'y trouverez aucun lieu de sortie branché, mais des tavernes traditionnelles et des hôtels tranquilles.

☆ **Musée de l'Acropole (plan 4, B4-C4)** Inauguré en juin 2009, ce bâtiment tout de verre, béton et acier, qui jouit d'une vue imprenable sur le Parthénon, fait la fierté des Athéniens. Il a été conçu par l'architecte franco-suisse Bernard Tschumi, et ses dimensions (dix fois la superficie de l'ancien musée) n'ont d'égal que sa sobriété. Au rez-de-chaussée, vous avancerez les yeux rivés au sol, émerveillé par les vestiges que le sol vitré, soutenu par une centaine de colonnes, laisse apparaître : des fondations de maisons, des voies et des bains vieux de 3 200 à 5 000 ans. Tous les trésors de l'Acropole – dont beaucoup n'avaient jamais pu être montrés, faute de place – sont désormais réunis sur les trois étages du musée, et présentés par périodes. La part belle revient aux sculptures : des fragments de frises du Parthénon, des plaques du parapet du temple d'Athéna Nikè, dont une *Victoire* ôtant sa sandale avec grâce, des frontons d'édifices de petite taille et, bien sûr, les émouvantes cariatides de l'Erechtheion. Ne manquez pas la très belle collection de *korai*, ces élégantes statues de jeunes filles de l'époque archaïque (VIIe-VIe s. av. J.-C.), la tête de l'éphèbe blond ou le regard plein de franchise du *Moschophore*, un jeune homme portant un veau qu'il s'apprête à sacrifier à Athéna (v. 570-560 av. J.-C.). Admirez aussi le bas-relief votif représentant la déesse casquée, appuyée sur une lance, devant un pilier marquant l'arrivée d'une course (470-460 av. J.-C.). Une passionnante vidéo relate le déménagement de la collection, une opération qui prit 18 mois et se révéla délicate pour certaines pièces inestimables ! Plusieurs grues géantes se relayèrent pour transporter, dans des coffrets métalliques, des œuvres

GEOPLUS

Athènes en 3 jours

Visitez l'Acropole, symbole de la capitale grecque, et son nouveau musée, flânez aux puces ou dans les rues commerçantes de Plaka, dînez en terrasse et goûtez l'animation nocturne de Gazi.

Vendredi

MATIN

8h30 **L'Acropole** (p.111) Le joyau antique d'Athènes, que vous aurez tout intérêt à visiter avant l'afflux des cars de touristes et la fournaise estivale. Profitez de la vue sur Athènes. *M° Akropoli*

9h45 **Le versant sud de l'Acropole** (p.116) En redescendant du rocher sacré, longez l'odéon d'Hérode Atticus (p.117) et les vestiges du théâtre de Dionysos (p.116).

10h **Pause-café chez Diogenès** (p.131) Près du monument de Lysicrate (p.126).

10h30 **Musée de l'Acropole** (p.121) Tous les trésors de l'Acropole dans un écrin contemporain qui offre une vue fabuleuse sur le Parthénon. *M° Akropoli*

12h15 **Promenade à Plaka** (p.125) Remontez les rues Vironos et Tripodon. Longez la chapelle Agios Nikolaos et tournez à droite dans les rues Erehtheos et Kyristou.

12h30 **Visite du hammam des Vents** (p.128) L'un des rares vestiges de l'Athènes ottomane, fort bien restauré.

CONSEIL Si le temps le permet, allez passer une demi-journée sur une plage – à moins de 30min de bus ou de tram de la capitale (p.163).

13h **Déjeuner à la taverne Platanos** (p.177) Une institution, à la terrasse ombragée, où savourer de bons plats grecs ! *M° Monastiraki*

APRÈS-MIDI

14h30 **Balade à Anafiotika** (p.127) Par la rue Mnissikleous, gravissez le flanc nord de l'Acropole et tournez à gauche pour vous perdre dans ce quartier aux allures cycladiques avec ses maisons blanches et ses venelles coupées d'escaliers.

15h30 **Boisson fraîche au Dioskouri** (p.131) Un café d'habitués, dont la terrasse offre une vue plongeante sur l'agora grecque (p.138).

16h **L'agora romaine** (p.129) Sur les ruines du marché antique veille encore la remarquable tour des Vents. *M° Monastiraki*

16h45 **Rue Adrianou** (p.125) Dans cette rue commerçante de Plaka, vous trouverez aussi bien des spécialités gourmandes que de l'artisanat grec : éponges de Kalimnos, sandales en cuir, reproductions de bijoux byzantins...

17h30 **Un café au Melina** (p.131) Pour rendre hommage à l'ardente Melina Mercouri, dans ce petit temple élevé à sa mémoire.

18h **Le sud-est de Plaka** Descendez la rue Kidathineon, animée à toute heure. Arrêtez-vous devant le bar Brettos et son mur de bouteilles savamment éclairées (p.131), longez le musée d'Art populaire

(p.126) avant de tourner à gauche dans la rue Kodrou. Jetez un coup d'œil aux marionnettes de la boutique Amorgos (p.129), puis gagnez, par les rues Voulis et Apollonos, la cathédrale d'Athènes et la jolie église byzantine contiguë.
18h30 Shopping rue Ermou (p.144) Le royaume du prêt-à-porter féminin ! Poussez jusqu'à la place Monastiraki (p.132) et craquez pour des sandales sur mesure chez Melissinos Art (p.133).

SOIRÉE

20h De Monastiraki à Thiseio (p.136) Remontez la rue Adrianou jusqu'à la station de métro Thisseio en admirant, à gauche, l'agora grecque illuminée.
21h Dîner au To Steki Tou Ilia (p.177) Pour ses côtelettes d'agneau et ses *mezedes*. *M° Thiseio*
22h30 Les bars de Psiri (p.171) De la place Iroon, remontez la rue Agion-Anargiron pour ses bars branchés.
23h30 TAF (p.173) Faites les cent pas, un verre à la main, dans la cour de cette ancienne prison ottomane, devenue un bar *arty*. *M° Monastiraki*
OU une soirée rébétiko Laissez-vous porter par les rythmes orientaux et les accents populaires du rébétiko au Stoa Athanathon (p.168). *M° Omonia*

Samedi

MATIN

9h30 Petit déjeuner au Vox (p.150) En terrasse ou dans la vaste salle confortable. *M° Omonia*
10h Musée archéologique national (p.146) Les plus belles collections d'antiquités grecques au monde.
12h D'Omonia à Syntagma De la place Omonia (p.145), remontez Panepistimiou, l'un des principaux axes de la ville. Vous longerez d'imposants "temples" néoclassiques : l'Université, la Bibliothèque nationale et l'Académie (p.143). Arrêtez-vous devant la maison de l'archéologue Heinrich Schliemann, transformée en musée numismatique (p.142). Faites un crochet par la rue Voukourestiou et son grand magasin Attica City Link (p.144), dont les abords regorgent de boutiques de luxe, puis une halte chez Mastihashop (p.143) pour ses produits au mastic.
13h Relève de la garde Assistez à la relève des evzones en faction devant le Parlement (p.140).
13h15 Déjeuner au *kafeneion* du Jardin national (p.142) S'il fait très chaud, cette pause sous la treille sera la bienvenue. S'il pleut ou qu'il fait froid, allez goûter les spécialités du restaurant O Tzitzikas kai Mermigas (p.177) *M° Syntagma*
OU le quartier des musées Outre le musée d'Art cycladique, donnent sur l'avenue Vassilissis-Sofias le musée Benaki (p.150) – antiquités grecques, arts byzantin et ottoman), le Musée byzantin et chrétien (p.152) et le musée de la Guerre (p.152). Attention, certains de ces établissements ferment à 14h ou 15h. *M° Syntagma ou Evangelismos*

APRÈS-MIDI

14h Musée d'Art cycladique et grec antique (p.151) Pour ses statuettes féminines aux formes épurées. *M° Syntagma*
15h Le quartier chic de Kolonaki (p.150) Grimpez l'une des rues perpendiculaires à l'avenue Vassilissis-Sofias jusqu'à la place Filikis-Eterias.
15h30 Café frappé au Peros (p.155) Pour observer l'Athènes huppée de sa vaste terrasse ou de celle du Da Capo voisin.

GEOPLUS

16h **Lèche-vitrines** dans les rues Tsakalof, Skoufa et à leurs abords (p.150).
17h30 **Ascension du Lycabette** (p.153) en funiculaire ou à pied (20min). Pour un coucher de soleil inoubliable sur la ville ! Puis rendez-vous à Thiseio en taxi.

SOIRÉE
19h30 **Apéritif au Stavlos** (p.175) Plusieurs espaces chaleureux en un, où entamer la soirée, dans une rue fréquentée par la jeunesse d'Athènes. *M° Thiseio*
21h **Dîner à l'Ikonomou** (p.176) dans le quartier protégé d'Ano Petralona, sous l'Aeropagitou.
22h30 **Les bars et les clubs de Gazi** Les rues Persefonis et Voutadon forment le haut lieu des nuits branchées d'Athènes. Gazarte et sa terrasse sublime (p.172), A Liar Man et son cadre intimiste (p.172), Hoxton et son ambiance grunge (p.172), les pistes du Mad (p.174) ou du Buzz (p.174)... À Gazi, on danse jusqu'au petit matin. *M° Keramikos*

Dimanche

MATIN
10h **Rendez-vous au Zonar's** (p.145), un historique "café à la française" pour un petit déjeuner chic, salé ou sucré. *M° Syntagma*
10h45 **Place Monastiraki** (p.132) La mosquée Tsisdarakis, qui abrite un petit musée de la Céramique, y côtoie les vestiges romains de la bibliothèque d'Hadrien. *M° Monastiraki*
11h **Sur le marché aux puces** (p.133) Sur la place Avissinias et dans les rues Ifestou et Adrianou.
12h **L'agora grecque** (p.138) Flânez parmi les ruines qui ont vu naître la démocratie. Le musée recèle de très belles pièces. *M° Monastiraki ou Thiseio*
13h **Déjeuner au Café Avissinia** (p.178) Au cœur du marché aux puces, avec ses déballages et ses musiciens de rue. *M° Thiseio*

APRÈS-MIDI
14h30 **Flânerie au Keramikos** (p.136) Ce cimetière fleuri abrite les sépultures de riches citoyens athéniens de l'Antiquité. *M° Thiseio*
16h **Gazi-Technopolis** (p.139) Traversez le boulevard Pireos pour gagner cet ancien complexe gazier transformé en cité des arts. *M° Keramikos*
17h30 **La promenade archéologique** (p.116 & 136) De Thiseio, remontez Apostolou Pavlou et faites une pause dans l'un des cafés en plein air qui font face à l'Acropole. Identifiez les collines voisines, la Pnyx, l'Aréopage et Filopapou (p.120), et gravissez l'une d'elles (M° Thiseio). Suivez la voie piétonne jusqu'au métro Akropoli.

SOIRÉE
19h15 **Apéritif au Chartes** (p.150) Un café décontracté, mi-bobo, mi-étudiant. *M° Omonia*
20h **Dîner bio au Giantès** (p.178) Un restaurant plein de charme.
OU 21h **Cinéma en plein air** (p.167) Allez voir un film au Riviera, voisin du Giantès, ou place Dexameni, à Kolonaki.
23h **Un dernier verre au Rosebud** (p.172) Un bar à cocktails branché au sud d'Exarhia *M° Syntagma*

LE JOYAU DU MUSÉE DE L'ACROPOLE
Sans conteste la frise du Parthénon ! Sur un parallélépipède en ciment, de mêmes dimensions et de même orientation que la cella de l'édifice antique, on a fixé les panneaux originaux de la frise – les plaques nues attendant la restitution tant espérée des "marbres d'Elgin" (p.110) conservés au British Museum. L'immense verrière qui baigne les sculptures dans la lumière naturelle laisse voir le Parthénon sur son rocher sacré. Un pari réussi !

pesant jusqu'à 2,5t ! *Dionissiou Areopagitou 15 Tél. 210 90 00 901* **M° Akropoli** *www.theacropolismuseum.gr Ouvert nov.-mars : mar.-jeu. 9h-17h, ven. 9h-22h, sam.-dim. 9h-20h ; avr.-oct. : mar.-jeu. et sam.-dim. 8h-20h, ven. 8h-22h (restaurant mar.-dim. 8h-0h) Fermé j. fér. Tarif 5€, seniors 3€, moins de 18 ans et étudiants de l'UE gratuit*

Musée du Bijou Ilias-Lalaounis / Mouseio Kosmimatos Ilia Lalaouni (plan 4, B4) La belle maison où Ilias Lalaounis (né en 1920) avait installé son atelier a été transformée en musée en 1994 pour présenter le travail de toute une vie ! Des années 1940 à 2000, cet orfèvre et joaillier de renommée internationale a, en effet, conçu quelque 17 000 bijoux et miniatures. Plus de 4 000 de ces œuvres, classées par collections, sont présentées au public. Les sources d'inspiration d'Ilias Lalaounis vont de la préhistoire à la conquête de l'espace en passant par les arts précolombien, chypriote, celte et viking… On admirera les parures inspirées du trésor de Priam, les diadèmes byzantins, les bracelets en forme de nœud d'Hercule, les microsculptures de dauphins ou les broches en forme de molécules. Ilias Lalaounis est le seul membre de l'Académie des beaux-arts de Paris à avoir forgé lui-même son épée ! Le 2e étage accueille de très belles expositions temporaires. Au rez-de-chaussée, où sont aménagés une boutique, une librairie et un petit café, un orfèvre initie les visiteurs aux techniques de fabrication des bijoux. *Kallisperi 12/Karyatidon Tél. 210 92 21 044* **M° Akropoli** *www.lalaounis-jewelrymuseum.gr Ouvert mer.-sam. 9h-15h, dim. 11h-15h Fermé dernier dim. du mois Tarif 5€, étudiants et seniors 4€, gratuit pour les moins de 10 ans et pour tous le sam.*

☆ Plaka

Blotti à l'ombre de l'Acropole, Plaka forme un petit monde à part, bourré de charme, loin du bouillonnement de la ville moderne et de ses avenues bruyantes. Ses rues sont, pour la plupart, piétonnes, et l'aménagement de la voie archéologique qui marque sa limite sud a renforcé son côté village. Tâchez de commencer la promenade en début de matinée, quand les boutiquiers ouvrent les portes de leur échoppe, et que les restaurateurs déploient chaises et tables au ralenti, après une nuit trop courte. À cette heure, une belle lumière fait luire les pavés et illumine les façades colorées des maisons à balcon de bois ou à colonnade néoclassique joliment restaurées. Le quartier réserve mille surprises : de modestes églises byzantines, de petits musées passionnants, des bains turcs, des ruines romaines… Avec ou sans plan, vous ne serez jamais perdu, l'Acropole veillant sur vous ! À midi, délaissez les tavernes bondées de Plaka pour grimper vers Anafiotika, village dans le village, aux venelles en escalier et aux ruelles escarpées bordées de maisons basses fleuries de bougainvillées. Puis redescendez vers la **rue Adrianou** si vous cherchez des souvenirs : dans cette voie qui traverse Plaka d'un bout à l'autre, il y en a pour tous les goûts : tableaux kitsch, reproductions de bijoux traditionnels, de vases mycéniens et de statues antiques, Parthénon et evzones en plastique, sandales en cuir, chaussons à pompons en laine de montagne, icônes et produits traditionnels grecs de bonne facture. Le soir, en été, les ruelles de Plaka sont brillamment éclairées, de la musique s'échappe des fenêtres et les tables fleurissent sur les places, les trottoirs, les toits-terrasses enguirlandés et dans les escaliers. L'ambiance est chaleureuse, bon enfant et l'on quitte le quartier à regret.

Monument du chorège Lysicrate (plan 4, C4) Sur la petite place Lisikratous, dans le bas de Plaka, trône une curieuse rotonde en marbre, à six colonnes corinthiennes, juchée sur un socle carré. Elle fut édifiée par le chorège Lysicrate pour célébrer la victoire de sa troupe lors du concours dramatique des Grandes Dionysies de 335 av. J.-C. La frise qui souligne le toit en marbre d'un seul bloc représente Dionysos changeant des pirates en dauphins. Le trophée, un trépied de bronze, qui trônait au sommet du monument, a disparu. Plusieurs bâtiments de ce type jalonnaient jadis la rue menant au théâtre de Dionysos et dite "voie des Trépieds". *Pl. Lisikratous* ***M° Akropoli***

Musée Frissiras / Mouseio Frissiras (plan 4, C3) La collection d'art contemporain européen réunie par l'avocat Vlasis Frissiras occupe deux splendides édifices néoclassiques fort bien restaurés. Riche de quelque 3 500 peintures, dessins et sculptures, elle a pour thème le corps humain et sa représentation. Elle comprend des œuvres d'artistes grecs (Yannis Moralis, Panayotis Tetsi, Costas Tsoklis...) ou étrangers (Peter Blake, Valerio Adami, Pat Andrea et Stephen Chambers), exposées par roulement. Expositions temporaires au n°7. *Monis Asteriou 3 et 7 Tél. 210 32 34 678* ***M° Akropoli ou Syntagma*** *www.frissirasmuseum.com Ouvert mer.-ven. 10h-17h, w.-e. 11h-17h Tarif 6€*

Musée d'Art populaire grec / Mouseio Laïkis Technis (plan 4, C3) Un peu sombre et de prime abord désuet, ce musée se révèle fort intéressant. Ses trois étages permettent de se faire une excellente idée de l'évolution des arts et traditions populaires grecs du XVIIe au XXe siècle. Vous y verrez de belles broderies de Crète et des Cyclades, de la céramique décorative, des outils pour tisser la laine, une remarquable collection d'armes sculptées, des costumes traditionnels de Thrace et des îles, des bijoux en or et en argent (dont une impressionnante parure de mariée), des marionnettes en carton ou en cuir, des costumes de carnaval et autres déguisements, etc. Ne manquez pas la "chambre de Theophilos" ! Les murs de cette pièce, peints par l'artiste Theophilos Chatzimichail (1868-1934) pour une maison de Mytilène, dans l'île de Lesbos, mettent en scène en quelques dessins naïfs et colorés des héros grecs, tels Alexandre le Grand et Theodoros Kolokotronis (1770-1843), artisan de l'indépendance. *Kidathineon 17 Tél. 210 32 29 031* ***M° Syntagma ou Akropoli*** *Ouvert mar.-dim. 8h-15h 2€, seniors 1€, étudiants et moins de 18 ans gratuit*

Musée juif / Evraïko Mouseio tis Ellados (plan 4, C3-C4) Il illustre l'histoire des juifs de Grèce depuis le XVIe siècle – leur histoire est bien plus longue puisqu'elle remonte au IIIe siècle av. J.-C. ! Qu'ils fussent romaniotes (juifs byzantins hellénophones) ou séfarades (originaires de la péninsule Ibérique, majoritaires), la plupart d'entre eux périrent dans les camps lors de la Seconde Guerre mondiale. La collection, que des donations privées enrichissent chaque année, est remarquablement bien présentée et elle bénéfice d'un éclairage naturel zénithal et d'une douce musique. Au sous-sol, vous pourrez admirer la reconstitution de la synagogue de Patras (1920) et de jolies boîtes cylindriques en bois peint abritant des rouleaux de la Torah. Sur les autres niveaux sont exposés des textiles et objets rituels en cuivre, des enluminures, des objets évoquant sobrement la Shoah, des costumes traditionnels des XVIIIe-XXe siècles, mais aussi des tapisseries, des outils, des ustensiles domestiques et divers documents anciens. *Nikis 39 Tél. 210 32 25 582* ***M° Syntagma*** *www.jewishmuseum.gr Ouvert lun.-ven. 9h-14h30, dim. 10h-14h Tarif 6€, seniors et étudiants 3€, moins de 12 ans gratuit*

Musée d'Art des enfants grecs / Mouseio Ellinikis Paidikis Technis (plan 4, C3) Ce beau bâtiment néoclassique abrite des expositions de peintures réalisées par des moins de 15 ans. Mais pas n'importe quelle peinture ni n'importe quels enfants : seuls les gagnants du concours artistique qui se déroule chaque année dans toute la Grèce sont exposés. Les artistes en herbe doivent s'exprimer sur un thème donné (la mer, d'après Picasso, Rêve et réalité, Paul Klee, les JO de 2004, etc.). Le niveau artistique et la créativité des œuvres exposées sont remarquables. Si votre enfant a des envies de dessiner ou de peindre, il pourra utiliser le matériel de l'atelier pour quelques heures. *Kodrou 9 Tél. 210 33 12 621* ***M° Syntagma*** *www.childrensartmuseum.gr Ouvert mar.-sam. 10h-14h, dim. 11h-14h Fermé en août Tarif 2€*

Agios Nikolaos Rangavas (plan 4, C3) Vous passerez souvent devant cette charmante chapelle byzantine (XIe s.), lors de vos pérégrinations dans Plaka, et vous ne vous en lasserez pas. Elle recèle des fresques, des icônes, des ex-voto à saint Nicolas et une cloche offerte par les gens du quartier pour célébrer la fin de la guerre d'Indépendance, en 1830. Photogénique, elle est très demandée pour la célébration de mariages orthodoxes. *Pritaniou 1* ***M° Syntagma*** *Ouvert tlj. 8h-12h*

☺ Anafiotika

Ce ravissant quartier accroché au flanc nord-est de l'Acropole (plan 4, B3), au-dessus de Plaka, a conservé un charme tranquille et une atmosphère insulaire. Ce sont, en effet, des maçons de l'île cycladique d'Anafi qui, venus édifier le palais du roi Otton et l'Athènes néoclassique, s'installèrent là au milieu du XIXe siècle. Les maisonnettes sont presque toutes chaulées de blanc et fleuries, et des cigales ont élu domicile dans les cyprès et les figuiers alentour.
Deux petites églises byzantines délimitent le quartier : l'immaculée Agios Georgios, à l'est, et Agios Simeon à l'ouest. ***M° Akropoli, Monastiraki, Syntagma***

Musée Kanellopoulos (plan 4, B3) Il occupe une imposante demeure du XIXe siècle, face à l'église de la Métamorphose, et présente la riche et éclectique collection d'art léguée à l'État par l'entrepreneur Pavlos Kanellopoulos et son épouse, Alexandra. Parmi ses trésors figurent des statuettes cycladiques, des céramiques attiques, des monnaies vénitiennes, des bijoux persans… Les pièces les plus réputées demeurent les trois portraits peints sur bois en provenance du Fayoum (IIe s.) et les icônes byzantines (XIVe-XVe s.) aux couleurs chatoyantes. *Theorias 12 Tél. 210 32 12 313* ***M° Monastiraki*** *www.pakanellopoulos foundation.org Ouvert mar.-dim. 9h-16h Entrée libre*

Annexe du musée d'Art populaire (plan 4, B3) Cette maison des hauteurs de Plaka présente "l'homme et ses outils dans le monde préindustriel" : des pressoirs à huile, des objets en fer, en laine, en bois, des outils agricoles et un affichage didactique. Le musée n'est pas très vaste, mais la muséographie est moderne et soignée. *Panos 22 Tél. 210 32 14 972* ***M° Monastiraki*** *Ouvert mar.-dim. 8h-15h Tarif 2€, seniors 1€, étudiants gratuit*

☺ **Hammam des Vents (plan 4, B3)** Les derniers bains turcs d'Athènes encore debout. Datant de la première période ottomane (1456-1669), ils ont fonctionné jusqu'en 1965. Leur restauration est un régal pour l'œil ! Murs vieux rose, boiseries vert pâle, joli carrelage, plafonds peints… les petites pièces se succèdent dans un ordre immuable : vestiaire et salon de repos, tepidarium (salle tiède), caldarium (salle chaude). Les tables de massage sont en marbre, les plafonds voûtés percés d'oculi. Bien sûr, certaines pièces étaient réservées aux hommes, d'autres aux femmes. *Kirristou 8 Tél. 210 32 44 340* ***M° Monastiraki*** *Ouvert mer.-lun. 8h-15h Tarif 2€, seniors 1€, moins de 18 ans et étudiants de l'UE gratuit Audioguide (en anglais) fourni Visite 20-25min*

Musée des Instruments de musique populaire grecque / Mouseio Ellinikon Laïkon Organon (plan 4, B3) Si vous êtes sensible à l'esthétique, aux formes et aux couleurs chaudes des instruments de musique, vous apprécierez ce lieu. Les quelque 1 200 instruments à vent, à cordes ou à percussions rassemblés par le musicologue Fivos Anogianakis retracent l'évolution de la musique populaire grecque. Des casques installés devant chaque vitrine permettent d'écouter le son de différents instruments : *gaida* ou *tsambouna* (cornemuses en peau de chèvre), *daoulia* (tambour), *kanonaki* (psaltérion), luth en carapace de

Athènes en amoureux

Balades romantiques

Anafiotika ___ 127
Mont Lycabette ___ 153
Cap Sounion ___ 161

Pour un verre avec vue

Galaxy Bar ___ 155
Grande Bretagne ___ 185
Grecotel Cap Sounion ___ 187

Pour un dîner de charme

Amalachi ___ 178
Daphne's ___ 178
Oikeio ___ 179
Achinos ___ 181

Luxe et volupté…

Fresh Hotel ___ 184
O & B Athens
Boutique Hotel ___ 185
Grecotel Cap Sounion ___ 187

tortue et ivoire, etc. Dans une jolie salle voûtée du sous-sol sont exposées des cloches en bronze de toutes tailles. La boutique vend des CD de musique traditionnelle grecque. *Diogenous 1-3 Tél. 210 32 54 119 ou 210 32 54 129* ***M° Monastiraki*** *Ouvert mar. et jeu.-dim. 10h-14h, mer. 12h-18h Entrée libre*

Agora romaine (plan 4, B3) Cette esplanade signalée par la tour des Vents fut aménagée sous Auguste, de 19 à 11 av. J.-C., pour accueillir un marché : une surface dallée de marbre de 111m de long sur 98m de large, ceinte de portiques abritant des boutiques. La porte d'Athéna Archégète, "Celle qui gouverne", aux quatre colonnes doriques, en marque l'entrée ouest. À l'est de l'agora s'élève la remarquable tour des Vents (12,80m de haut), édifiée par le Syrien Andronikos Kyrrestès au IIe siècle av. J.-C. Cette tour octogonale en marbre portait une girouette (le triton en bronze a disparu), un cadran solaire et abritait une horloge hydraulique. Sa frise représente des personnages ailés incarnant les huit vents dominants : Borée (nord), Calcias (nord-est), Euros (est), Apéliote (sud-est), Notos (sud), Lips (sud-ouest), Zéphyr (ouest) et Skiron (nord-ouest). La tour abrita à l'époque ottomane une communauté de derviches tourneurs. Remarquez également, à proximité de la tour, les vestiges des premières latrines publiques de la ville. Nombre d'édifices ont été détruits pour dégager les restes de l'agora ; seule a été préservée la **mosquée Fethiye** (XVe s.), qui sert d'entrepôt archéologique (ne se visite pas). *Peolopida/Eolou Entrée côté opposé à la tour des Vents Tél. 210 32 45 220* ***M° Monastiraki ou Syntagma*** *Ouvert reste de l'année : tlj. 8h-18h ; nov.-mars : tlj. 8h-15h Tarif 2€, seniors 1€, moins de 18 ans gratuit (accessible avec le pass Acropole 12€/6€)*

Mitropoli et Mikri Mitropoli (plan 4, C2) Imposante mais sans grand intérêt architectural, la cathédrale d'Athènes (Métropole) domine de sa haute silhouette la vaste place du même nom. Sept siècles la séparent de la modeste église byzantine (XIIe s.) qui s'élève à sa droite, émouvante de simplicité. Dédiée à Agios Eleftherios (saint Eleuthère) et à la Panagia Gorgoepikoos, la "Vierge qui exauce les vœux", cette dernière est en fait l'ancienne cathédrale – d'où son surnom de Mikri Mitropoli (Petite Métropole). Elle est habillée de pierre et de marbre pentélique patiné par les ans ; sur son élégante façade se déroulent des bas-reliefs provenant d'édifices antiques et paléochrétiens figurant des animaux symboliques, des armoiries, des croix byzantines et de délicats motifs géométriques. *Pl. Mitropoleos* ***M° Monastiraki ou Syntagma***

● Où composer un panier gourmand ?

The Greek Shop (plan 4, C3 n°91) Aggelos, qui parle un peu le français, et son fils Spyros se sont attachés à ne vendre que des produits traditionnels grecs : de l'ouzo - une centaine d'étiquettes (7-20€) -, du vin (agiorgitiko, xinomavro, roditis...) à partir de 6€, de l'huile d'olive du Péloponnèse, de Mytilène et de Crète, des savons parfumés, du miel de noisette et de thym et des douceurs sucrées comme le halva. *Adrianou 120 Tél. 210 32 26 850* ***M° Monastiraki, Syntagma ou Akropoli*** *Ouvert tlj. 9h-22h 18h en hiver*

● Où acheter de l'artisanat et des œuvres d'art ?

Amorgos / Αμοργος (plan 4, C3 n°70) Ce magasin d'art populaire fait la part belle aux marionnettes : moustachus bienveillants, belles dames aux robes ajourées, créatures mythiques... maints personnages du théâtre d'ombres grec, animés par des ficelles, pendent du plafond. Mais on y trouve aussi des broderies et du linge de maison, de la céramique, des bijoux traditionnels et des objets artisanaux en bois : enseignes, cannes, ustensiles, coffres, etc. Au fond de la boutique a été reconstituée une salle à manger traditionnelle avec son mobilier en bois sombre, ses tapis et ses vieux coussins. Mme Kaitatzi est plutôt fière de présenter certaines pièces uniques fabriquées ou chinées par sa famille depuis 1975, dont d'étonnants gantelets de protection en bois. *Kodrou 3 Tél. 210 32 43 836* ***M° Monastiraki, Akropoli ou Syntagma*** *www.amorgosart.gr Ouvert lun.-sam. 11h-20h*

Stoa Agias Filotheis / Στοα Αγιας Φιλοθεης **(plan 4, C3 n°92)** D'agréables effluves de bois, d'encens et de résine émanent de cette belle arcade des années 1930 qui abrite des ateliers et des magasins d'art religieux. *Agias Filotheis 17* ***M° Monastiraki*** *Ouvert lun.-sam. 10h-19h*

☺ **To Elliniko Spiti /** Το Ελληνικο Σπιτι **(plan 4, C3 n°85)** Tout l'art du recyclage : dans cette "Maison grecque", rien ne se perd ! Un vieux carénage, une porte de bateau, un cadran... Dimitris Koutelieris transforme des matériaux de récupération en de véritables objets d'art, des œuvres uniques et singulières. À partir de 30€ pour une icône peinte sur un billot de bois. *Kekropos 14 Tél. 210 32 35 924* ***M° Monastiraki, Syntagma ou Akropoli*** *Ouvert tlj. 9h-21h*

Centre de tradition hellénique / Κεντρο Ελληνηκης Παραδοσης **(plan 4, B2 n°73)** Cette boutique est nichée dans le passage qui relie la rue Pandrossou à Mitropoleos. Dans le bric-à-brac de l'étage, vous pourrez chiner des affiches anciennes, des cannes au pommeau sculpté, des faïences, des poignées de porte en cuivre, de l'outillage agricole... du vieillot et de l'authentique ! Et un petit *kafeneion* où faire une pause au calme. *Stoa Pandrossou 36 ou Mitropoleos 59 Tél. 210 32 13 023* ***M° Monastiraki*** *Ouvert avr.-oct. : lun.-ven. 9h30-20h, sam.-dim. 9h-18h ; nov.-mars : tlj. 9h-18h*

Thireos Vassiliki / Θυρεος Βασιλικη **(plan 4, C4 n°82)** Décor épuré tout d'or et de blanc pour les créations de Vassiliki Theodoraki. De la civilisation minoenne au royaume macédonien, l'Antiquité grecque est une source d'inspiration inépuisable pour les bijoux forgés par cette sculptrice de renommée internationale. Un voyage dans le temps assuré par une mise en scène soignée. De 25 à 500€ et plus. *Vyronos 24 Tél. 210 32 31 701* ***M° Akropoli*** *Ouvert tlj. 10h-20h*

Sagiannos / Σαγιαννος **(plan 4, C4 n°81)** Une grosse bille de métal montée en bague ou un yo-yo en Plexiglas® avec lequel faire joujou ou à suspendre à son cou, selon son humeur ! D'astucieux bijoux modernes conçus dans des matériaux contemporains et présentés dans des cubes de verre. De 30 à 250€ *Makrigiannis 3 Tél. 210 92 47 323* ***M° Akropoli*** *Ouvert lun., mer. et sam. 10h-15h, mar. et jeu.-ven. 10h-14h et 17h-20h*

Hyperion / Υπεριον **(plan 4, C2 n°84)** Dans le fouillis de cette boutique d'artisanat, vous pourrez dénicher des instruments de musique anciens, des heurtoirs ouvragés, des croix orthodoxes et surtout les bateaux et grands miroirs en bois flotté qui font la réputation de la maison. Dans la famille Klitsas, le père travaille le bois, le fils l'argent : boucle d'oreille unique très originale ! Tous deux œuvrent au 1er étage (qui ne se visite pas). *Apollonos 5 Tél. 210 32 38 708* ***M° Monastiraki ou Syntagma*** *Ouvert lun.-ven. 10h-20h, sam. 10h-15h*

Gorgona / Γοργονα **(plan 4, C3 n°90)** Des éponges naturelles pêchées dans les eaux de Kalimnos, de toutes tailles, de différentes qualités et à tous les prix. Les plus petites tiennent dans la main (5-8€). Vieilles de 30 à 40 ans, les plus grandes, les *lagofita*, ou oreilles d'éléphant, ont été récoltées à 100m de profondeur (jusqu'à 200€). Certaines ressemblent à du corail, les brunes sont à l'état naturel. Les maquettes de bateaux en bois d'olivier sont également à vendre. *Adrianou 114 Tél. 210 32 36 363* ***M° Monastiraki*** *Ouvert oct.-mars : tlj. 9h-21h ; avr.-sept. : tlj. 9h-23h*

● Où faire une pause déjeuner ?

Klepsidra / Κλεψυδρα (plan 4, B3 n°34) À Anafiotika, une minuscule terrasse au pied d'une venelle en escalier bordée de plantes vertes. La patronne veille au service. Laissez-vous tenter par les *mezedes* (6-12€), une tourte aux épinards (*spanakopita*) ou à la viande (5€), ou bien commandez un *dolcino* (café aromatisé noisette, caramel ou chocolat), un thé ou un *eliniko* (café grec 2,50-2,80€). *Thrassivoulou 9 Tél. 210 32 12 493* ***M° Monastiraki*** *Ouvert tlj. 9h-dernier client*

● Où boire un café, faire une pause sucrée ?

☺ **Diogenes / Διογενεις (plan 4, C4 n°3)** Dominant la place et le monument de Lysicrate, c'est l'un des cafés les plus agréables de Plaka. Le dimanche matin, les Athéniens s'y retrouvent devant un café sucré ; offrez-vous un Concerto Diogenis (glace à la vanille, au chocolat, aux fruits, amandes et sirop, 9€). *Pl. Lissikratous 1 Tél. 210 32 24 845* ***M° Akropoli*** *Ouvert tlj. 8h-0h (restaurant 12h)*

Dioskouri / Διοσκουροι (plan 4, B3 n°4) Un café-*mezedopolio* populaire. Ses tables à l'ombre, étagées en contre-haut de l'agora grecque, ne désemplissent pas. Idéal pour une vue d'ensemble du site avant ou après la visite. Café, jus de fruits, *mezedes. Dioskouron 13 Tél. 210 32 23 333 ou 210 32 53 323* ***M° Monastiraki*** *Ouvert nov.-avr. : tlj. 9h-coucher du soleil ; mai-oct. : tlj. 9h-1h*

Melina / Μελινα (plan 4, B3 n°8) Pour siroter un café en compagnie de l'icône Melina Mercouri ! Ses chansons passent en fond musical et les murs sont tapissés de portraits souriants de celle qui incarna la résistance à la dictature des colonels avant de promouvoir ardemment la culture grecque et de rendre son âme à Plaka. Une curiosité, presque un fan-club, et une jolie terrasse pour les beaux jours. *Lysiou 22 Tél. 210 32 46 501* ***M° Monastiraki*** *Ouvert tlj. 10h-1h*

● Où boire un ouzo, un rakomelo ?

Cafe Orea Ellas / Ωραια Ελλας (plan 4, B2 n°2) À l'étage du Centre de tradition hellénique (p.130), ce petit café meublé de tables bistrot et décoré de gravures offre un cadre reposant et une vue splendide sur l'Acropole. Des jus de fruits, des bières, de l'ouzo, quelques snacks et des salades à des prix très raisonnables. *Stoa Pandrossou 36/Mitropoleos 59* ***M° Monastiraki*** *Ouvert tlj. 9h-18h*

☺ **Brettos / Μπρεττος (plan 4, C3-C4 n°6)** Ce bar centenaire ne passe pas inaperçu avec ses murs tapissés de bouteilles multicolores savamment éclairées. Vous pourrez y déguster ou juste acheter plus de 30 variétés de liqueurs (à la cerise, au citron, à l'amaretto ou au melon), près de 70 vins locaux – du santorini blanc (16€), du rouge Magic Mountain château-nico (42€) ou du rakomelo (digestif). Ambiance féerique sous les ventilateurs d'origine, près d'énormes fûts de chêne assoupis là depuis... 1909. Dégustation de 10h à 18h. Accueil très sympathique. *Kidathineon 41 Tél. 210 32 32 110* ***M° Akropoli*** *www.brettosplaka.com Ouvert tlj. 10h-2h*

Monastiraki

Ce quartier doit sa réputation à ses brocanteurs et à son marché aux puces. Son atmosphère orientale rappelle que sa vocation commerçante remonte au moins à l'époque ottomane. Dès la sortie du métro, vous serez frappé par le mélange détonant des édifices qui vous entourent. Au sud de la place Monastiraki, non loin des monumentales colonnes de la bibliothèque d'Hadrien, s'élève une mosquée turque ; côté nord se dresse l'**église de la Pantanassa** (xe s.), qui appartenait jadis à un petit monastère (d'où le nom du quartier). De l'esplanade, royaume des vendeurs ambulants de noix de coco fraîche, de maïs grillé, de fruits secs et de billets de loto, rayonnent des venelles commerçantes. Dans la rue Pandrossou s'alignent des boutiques de souvenirs plutôt kitsch, avec poteries aux motifs grivois, colifichets et reproductions d'antiquités ; la rue Ifestou marque le début du véritable bazar : on y vend des instruments de musique, des CD d'occasion et de vieux vinyles, des jeux de backgammon et d'échecs, des jeans et des baskets de contrefaçon, des tee-shirts et des fripes. Plus au nord s'étend la rue Ermou, dont la partie basse abrite encore des magasins d'antiquités et des quincailleries.

CHOISIR UN *KOMBOLOÏ*

S'ils ressemblent à des chapelets, les *komboloia* n'ont pourtant rien de religieux. Les hommes les égrènent juste pour passer le temps ou se détendre, au *kafeneion* ou dans le métro... Enfilées sur une corde en Nylon, ou mieux, en soie, leurs perles en verre, en corne, en corail, en plastique ou en pierre fine varient en taille et en nombre. Cette minuscule boutique spécialisée, où il faut sonner pour entrer, confectionne des *komboloia* sur commande, simples ou précieux, de 25€ à 1 000€. **Komboloï / Κομπολοι (plan 4, A1 n°77)** *Leokoriou 12 Tél. 210 32 51 976* ***M° Monastiraki*** *Ouvert lun.-ven. 10h-21h, sam. 11h30-14h30*

Mosquée Tsisdarakis (plan 4, B2) Appelée aussi mosquée de la Fontaine-Basse, elle abrite un musée de la Céramique. Bâtie en 1759, elle a perdu son minaret mais conservé son mihrab (niche indiquant la direction de La Mecque), strié de bandes colorées. Parmi la collection rassemblée par le professeur Vassileios Kyriazopoulos (1903-1991) figurent les œuvres de céramistes grecs réputés, telles que *La Jeune Réfugiée d'Asie Mineure*, statue expressive de 1m de haut, et les *Chevaux* de Dimitrios Migdalinos. La mezzanine, portée par de blancs piliers, accueille toutes sortes de vases en terre cuite classés par origine géographique. *Areos 1/ Pl. Monastiraki Tél. 210 32 42 066* ***M° Monastiraki*** *Ouvert mer.-lun. 8h-15h Tarif 2€, seniors 1€, moins de 18 ans et étudiants de l'UE gratuit*

Bibliothèque d'Hadrien (plan 4, B2) Ce devait être un édifice remarquable – hélas, elle fut détruite par les Hérules en 267, et ses vestiges sont trop maigres pour la laisser imaginer. Édifié en 132, à la demande de l'empereur Hadrien, ce bâtiment rectangulaire abritait des salles de lecture et de travail donnant sur une cour ceinte de cent colonnes. La façade était précédée de 14 colonnes corinthiennes en marbre. Sur la place centrale, transformée en un vaste champ de fouilles, on peut voir les vestiges d'églises ajoutées à partir du

Ve siècle. *Tél. 210 32 49 350* ***M° Monastiraki*** *Ouvert tlj. 8h30-15h Tarif 2€, seniors et étudiants 1€ (accessible avec le pass Acropole 12€/6€)*

☆ **Marché aux puces (plan 4, A2-B2)** Tout se passe sur la place Avissinias et dans les rues adjacentes. Les antiquaires et brocanteurs de la place ouvrent quotidiennement leur échoppe, proposant des meubles (chers !), des instruments de musique, de l'argenterie, des livres anciens… Le dimanche matin, jour officiel du marché aux puces, la place et les rues Ifestou et Adrianou sont envahies par les vendeurs ambulants, qui déballent sur des étals ou à même le sol un amoncellement de bimbeloterie, un bric-à-brac de vaisselle dépareillée, de réveils-matin, de statuettes rococo, de vieilles affiches, de lampes rétro… Dans une cohue sympathique et bruyante, les tractations entre vendeurs et acheteurs peuvent durer des heures. *Pl. Avissinias et alentour* ***M° Monastiraki*** *Ouvert dim. 6h-14h Magasins d'antiquités et brocantes tlj. 8h-15h*

Kapnikarea (plan 4, C2) Cette petite église byzantine posée au beau milieu de la rue Ermou semble écrasée par son environnement. Consacrée au XIe siècle et plusieurs fois remaniée, elle faillit disparaître en 1834 lors du percement de la rue, mais fut sauvée par le roi Otton. Elle dépend aujourd'hui de l'université d'Athènes. Ses fresques ont été repeintes dans les années 1950. *Ermou* ***M° Monastiraki*** *Ouvert lun.-ven. 9h-18h Entrée libre*

● Où commander des sandales sur mesure ?

☺ **Melissinos Art (plan 4, B2 n°80)** En voilà une belle affaire de famille ! George Melissinos ouvrit une cordonnerie dans les années 1920, et son fils, Stavros, se lança dans la confection de sandales sur mesure en s'inspirant de modèles antiques. Il connut la gloire en chaussant les *Rich and Famous*, de Maria Callas à Jackie Onassis, de Gary Cooper aux Beatles. À son tour, ce cordonnier poète, dont les œuvres ont été traduites en plusieurs langues, a passé le flambeau à son fils, Pantelis, un artiste touche-à-tout. Mais l'échoppe est demeurée inchangée, remplie de sandales et de recueils de poésie. Pantelis Melissinos dispose d'une trentaine de modèles ajustables à votre pied, mais il peut aussi en dessiner d'autres. De 25 à 30€ la paire. *Agias Theklas 2/Ermou Tél. 210 32 19 247* ***M° Monastiraki*** *www.melissinos-art.com Ouvert mi-oct.-Pâques : tlj. 10h-20h ; reste de l'année : tlj. 10h-18h*

Entre Monastiraki et Omonia

La rue Athinas forme un monde à part, qu'il faut visiter le matin, quand le marché bat son plein, faisant régner une animation extraordinaire à ses abords. À 15h, tout est terminé et le quartier s'endort. À proximité, la rue Eolou, artère piétonne jalonnée de cafés, de restaurants et de boutiques de vêtements, est plus discrète. Faites-y un tour le dimanche, jour du marché aux fleurs.

Rue Athinas (plan 2, B2-B3) À chaque tronçon de cette rue sa spécialité, comme dans les souks et les bazars orientaux, même si les commerces de vêtements, de montres et de sacs bon marché s'y multiplient. Sa partie basse est le domaine de l'outillage et du matériel d'accastillage. Plus haut, les marchands de saucisses et de feta cèdent la place aux bazars (grils pour barbecues, bassines en plastique, vaisselle en fer-blanc, fleurs artificielles) et aux vendeurs de fruits secs en vrac (autour du marché). Pas de présentation élaborée, ni de décoration superflue dans ces boutiques, mais plutôt un remplissage maximal ! *M° Monastiraki ou Omonia*

Marché central / Varvakios Agora (plan 2, B2) À mi-chemin des places Monastiraki et Omonia, ce grand marché approvisionné chaque jour ravitaille la ville en fruits, légumes, fromages, saucisses, huile d'olive, fruits secs et autres denrées de toute la Grèce. On trouve des boucheries aux vitrines réfrigérées bien éclairées dans les allées latérales. Au centre de la halle sont regroupées les poissonneries : crustacés, poulpes, maquereaux, rougets, anchois et autres poissons sur des lits de glace. Les commerçants se campent dans les allées pour apostropher le chaland, tandis que des spots publicitaires défilent sur les écrans plasma du plafond. Un décor surréaliste… Le marché abrite aussi plusieurs tavernes où l'on peut siroter un tsipouro (marc de raisin) ou un verre de retsina. *Entre les rues Athinas, Armodiou, Aristogitonos et Filopimenos* ***M° Monastiraki ou Omonia*** *Ouvert tlj. lever du soleil-15h*

Où acheter du café grec ?

Mokka Cafe (plan 2, B2 n°113) À la sortie du marché couvert, une odeur irrésistible d'arabica tout juste moulu signale le Mokka Cafe, une vénérable brûlerie. Une encombrante machine à torréfier des années 1950 trône au centre de la pièce. On y vend du café grec (10€ le kg) et de provenances diverses, mais aussi des chocolats, des loukoums et des fruits confits. *Athinas 44 Tél. 210 32 16 892* ***M° Monastiraki ou Omonia*** *Ouvert lun.-sam. 8h-15h*

Où goûter aux *loukoumades* ?

Krinos / Κρινος (plan 2, B2 n°60) Une institution : On se croirait revenus dans l'Athènes des années 50 ! Ambiance très grecque authentique pour goûter aux *loukoumades* – à ne pas confondre avec les loukoums – dans une jolie maison néoclassique restaurée. Sortes de beignets plongés dans le miel et servis avec de la glace (4,20€) et un café (1,60€), les *loukoumades* (3€) se dégustent sur de petites tables en marbre dont le style n'a pas changé depuis 1923 ! Même les prix rappellent d'autres époques. *Aiolou 87 Tél. 210 32 16 852* ***M°Omonia ou Panepistimio*** *Ouvert lun., mer. et sam. 9h-15h, mar. et jeu.-ven. 9h-21h*

Psiri

Délimité par les rues Athinas, Evripidou, Sari et Ermou, Psiri est sans doute l'un des quartiers les plus contrastés d'Athènes. Ses immeubles décrépis et tagués, ses magasins aux stores tapissés d'affiches déchirées et ses rues négligées peuvent dérouter. Mais on s'aperçoit bientôt qu'à côté de vieux ateliers de couture et des salons de barbier à l'ancienne se sont ouverts des studios d'artistes, galeries d'art et boutiques de créateurs. Toutes les rues convergent vers la **place Iroon**, signalée par une façade d'immeuble habillée d'un trompe-l'œil. Cette placette tranquille, où il fait bon prendre un verre dans la journée, s'éclaire d'une myriade d'ampoules le soir. C'est là l'autre facette de Psiri : ce quartier attire les noctambules. Les bars des rues Agion Anargyron, Kariaskaki et Miaouli rivalisent de créativité et de fantaisie dans la déco et l'éclairage intérieurs, les chaises envahissent les trottoirs et l'on vient écouter du jazz ou danser la salsa jusqu'au petit matin. Un cocktail détonant ! Et comme tout change à une vitesse phénoménale à Athènes, Psiri ne sera peut-être plus le même dans quelques années…

Evripidou (plan 4, B1-C1) Une rue populaire très animée, à arpenter le matin. Envahie par de petites motos pétaradantes, elle est bordée d'échoppes d'épices et de fruits secs en vrac, de gargotes et de drogueries regorgeant d'ustensiles de cuisine. C'est le fief des communautés chinoise, pakistanaise et indienne d'Athènes. *M° Monastiraki ou Omonia*

● Où faire l'acquisition d'un bouzouki ?

Organopoieio / Οργανοποιειο **(plan 4, A1 n°78)** L'atelier-boutique de Giorgos Karelas a beau se cacher dans une ruelle tranquille, tous les musiciens exigeants connaissent ce luthier. Des jeunes gens font leur apprentissage auprès du maître, et l'amour du travail n'empêche pas une certaine décontraction de régner sur ce lieu où les croquis jouxtent les bouzoukis, les *baglama* (bouzoukis miniatures) et les *laouta* (un autre type de luth grec). À partir de 200€. *Louka Nika 14 Tél. 210 32 25 963* ***M° Monastiraki*** *Ouvert lun.-ven. 9h-16h et 18h-20h, sam. 9h-15h*

● Où se procurer des produits naturels ?

Elixir / Ελιξιρ **(plan 4, B1 n°74)** D'enivrantes fragrances d'épices vous attireront chez Elixir, une boutique pleine à craquer : des présentoirs garnis de plantes médicinales et d'aromates, des chapelets de piments, des bâtons de cannelle et de vanille, du thé stocké dans de belles boîtes, du miel, des confitures, des huiles essentielles, de l'encens, des savons à l'huile d'olive, au cèdre ou au romarin de confection artisanale… et de jolis moulins à poivre en cuivre. L'aimable patron parle un peu l'anglais. *Evripidou 41 Tél. 210 32 15 141* ***M° Monastiraki ou Omonia*** *www.elixir.com.gr Ouvert lun.-jeu. et sam. 7h30-16h, ven. 7h30-18h*

● Où prendre un verre ?

Liosporos Cafe / Λιοσπορος Καφε **(plan 4, B1 n°7)** Tout près de la place Iroon, une terrasse sous les arcades, chauffée l'hiver et ventilée l'été, et une salle joliment décorée où passe de la bonne musique. Le délicieux yaourt mixé au jus de fruit frais est à 4,50€, comme le petit verre de vin blanc doux. *Miaouli 24/Pl. Iroon* ***M° Monastiraki*** *Ouvert tlj. 11h-3h*

● Où faire une pause déjeuner ?

O Nikitas / Ο Νικητας **(plan 4, A1 n°25)** C'est la plus ancienne taverne du quartier. Le cadre de la salle n'ayant aucun intérêt, attablez-vous plutôt, si le temps le permet, de l'autre côté de la rue, à l'ombre de la petite église byzantine Agii Anargiri. Les prix sont très corrects. Boulettes de viande parfumées dans une sauce tomate (*soutzoukakia*) à 6€, aubergines grillées à la feta à 5€, et plein de petites salades à 2,50€. *Agion Anargyron 19 Tél. 210 32 52 591* ***M° Monastiraki*** *Ouvert tlj. 10h-18h30, mer.-sam. 0h*

● Où faire une pause sucrée ?

Ta Serbetia stou Psirri / Τα Σερμπετια στου Ψυρρη **(plan 4, B1 n°9)** *Serbetia* vient de *serbet*, le "sirop de cannelle" qui accompagne toutes les pâtisseries servies dans ce petit café aux couleurs vives. Cafés, tisanes au safran et pâtisseries maison (à partir de 4€), dont un irrésistible “gâteau d'amour” au chocolat. À savourer de jour comme de nuit. *Aischylou 3 Tél. 210 32 45 862* **M° Monastiraki** *Ouvert tlj. 10h-1h*

Thiseio

L'aménagement d'Apostolou Pavlou, la promenade archéologique, a fait de Thiseio un quartier fort agréable. Sur cette large voie dallée qui part de la station de métro se concentrent restaurants, cafés et bars branchés. À l'est, la rue Adrianou longe l'agora grecque en direction de Monastiraki. À l'ouest, la rue Ermou rejoint le site archéologique du cimetière antique, Keramikos.

Promenade archéologique – Apostolou Pavlou (plan 2, A3-A4) Le week-end, les Athéniens déambulent en famille avant de s'attabler dans l'un de ses nombreux cafés et jouir d'une vue sublime sur l'Acropole. La promenade est particulièrement plaisante en fin d'après-midi, lorsque les derniers rayons du soleil s'attardent sur la colline et ses monuments. Quand la nuit tombe, les vendeurs ambulants ouvrent leur valise-étal remplie de bijoux de pacotille, de gadgets phosphorescents et de tatouages autocollants. Vous ne pourrez pas rater la rue Iraklidon (à droite, sur les hauteurs d'Apostolou Pavlou) : canapés colorés à touche-touche sur le trottoir, brumisateurs ou parasols chauffants selon la saison, musique lounge, cocktails… Le soir, la jeunesse dorée d'Athènes envahit ses bars dans un joyeux brouhaha. Le jour, on s'y retrouve pour jouer au backgammon ou discuter autour d'un *frappé*. *M° Thiseio*

☆ **Céramique / Keramikos (plan 5, C1-C2)** Sur ce site un peu excentré, ponctué de lauriers-roses, de palmiers, de pins et de figuiers, règne une grande quiétude. Laissé à l'abandon plusieurs siècles durant, il fait, depuis 1913, l'objet de fouilles menées par l'Institut archéologique allemand. Son nom viendrait de Keramos, fils de Dionysos et d'Ariane et patron des potiers. Baigné par le cours de l'Eridanos et fief des métiers du feu (céramistes, tuiliers, forgerons, etc.), le quartier accueillit une nécropole dès l'époque archaïque. À partir du vᵉ siècle av. J.-C., il fut coupé en deux par le mur de Thémistocle, destiné à protéger Athènes. Le cimetière s'étendait au-delà de cette enceinte et de la porte Sacrée, de part et d'autre de la voie Sacrée menant à Éleusis. La porte du Dipylon le faisait communiquer avec la voie des Panathénées desservant l'agora grecque et l'Acropole. Au milieu de la nécropole, demeurée la plus vaste d'Athènes jusqu'au Iᵉʳ siècle av. J.-C., l'allée des Tombeaux s'étire entre les sépultures de riches familles athéniennes, que distinguent de grands vases funéraires, des stèles couronnées de palmettes ou d'un fronton ou des édicules ouvragés. Certaines sont surmontées de sculptures animalières, telles que le puissant taureau posté sur le tombeau de Dionysos Kollytos (l'original est exposé au musée) ou le chien qui garde celui de l'archonte Lysimaque et de sa famille. Le **musée archéologique du Céramique** occupe un bâtiment moderne et lumineux, à gauche de l'entrée. La collection exhumée du site est remarquable : des stèles funéraires, des offrandes, des vases à décor géométrique, des bijoux, des brûle-parfum et des jouets d'enfants retrouvés dans les tombes. Remarquez le kouros de la porte

Sacrée et le sphinx ailé de l'époque archaïque qui couronnait une stèle, tous deux de belle taille. *Ermou 148 Tél. 210 34 63 552* **M° Thiseio** *Ouvert mar.-dim. 8h-15h Tarif 2€, seniors et étudiants hors UE 1€, moins de 18 ans et étudiants de l'UE gratuit (accessible avec le pass Acropole 12€/6€)*

☆ ☺ **Musée d'Art islamique / Mouseio Islamikis Technis (plan 4, A1)** Une annexe du musée Benaki (p.150) à ne pas manquer ! Antonis Benakis (1873-1954), un riche Grec d'Alexandrie, se constitua, en effet, une collection d'art islamique d'envergure internationale : plus de 8 000 objets du VIIe au XIXe siècle, provenant aussi bien d'Inde que d'Espagne, du Maghreb que d'Asie Mineure. L'ensemble, déployé sur quatre étages, est fort bien présenté. Le 1er abrite, notamment, des portes en bois sculpté du VIIIe siècle provenant de Samarra (Irak) et des plaques funéraires en marbre d'Égypte (IXe s.) ; le 2e, un magnifique chandelier en argent et or représentant les 12 signes du zodiaque, de la céramique bleu turquoise de Perse, un mihrab en pierre sculptée (XIIe s.) et un jeu d'échecs du XIVe siècle ; au 3e étage a été reconstituée la salle de réception d'une riche maison du Caire du XVIIe siècle : sol coloré, fontaine entourée de banquettes. Enfin, au 4e étage sont exposés des soieries persanes (XVIIe s.), des armures, des fusils damasquinés, des poignards à manche d'ivoire de Turquie, d'Iran et des Balkans et de somptueux bijoux d'Iran (XIXe s.). *Agion Assomaton 22/Dipylou Keramikos Tél. 210 32 51 311* **M° Thiseio** *www.benaki.gr Ouvert jeu.-dim. 9h-17h sf j. fériés Tarif 7€, seniors 5€, moins de 18 ans et étudiants gratuit*

PAUSE AVEC VUE
Le café installé sur la terrasse du musée d'Art islamique offre une fort belle vue sur le Céramique, Agia Triada – l'imposante église orthodoxe russe d'Athènes – et, bien sûr, l'Acropole.

● Où dénicher des vues anciennes d'Athènes ?

Vassilis Korovesis / Βασιλης Κοροβεσης **(plan 4, A2 n°83)** Si vous collectionnez les cartes postales ou si vous recherchez une gravure de l'Acropole, voire une lithographie de Delphes, vous trouverez sûrement votre bonheur dans cette boutique discrète, sans enseigne. Vous pourrez aussi y dénicher une édition illustrée de *L'Iliade* ou de *L'Odyssée* en anglais, les œuvres de Plutarque en français ou encore des récits de voyage du XIXe siècle. *Adrianou 7 Tél. 210 32 17 562* **M° Thiseio** *Ouvert mai-oct. : tlj. 10h-20h ; reste de l'année : tlj. 10h-18h*

● Où faire une pause déjeuner ?

6 D.o.g.s. (plan 4, B1 n°27) Difficile d'imaginer que ce cadre on ne peut plus urbain cache en son sein un havre de verdure. Mais il suffit de descendre quelques marches sous le porche du centre culturel pour découvrir un jardin en terrasse ombragé par de grands arbres et dont les petites tables en bois et quelques hamacs vous transporteront de joie. Et pourquoi ce drôle de nom de "**6 D.o.g.s.**" ? Pour "**Six D**egrees **O**f **G**lobal **S**eparation", la théorie selon laquelle il suffit d'une chaîne de cinq "amis d'amis" pour mettre en relation deux habitants quelconques de la planète ! Salades à partir de 9€, quiche lorraine 5€, assiette froide 9€, café 2,50€ et bière fraîche 5€. Le soir, les DJs se succèdent jusqu'à l'aube. *Avramiotou 6-8 Tél. 210 32 10 510* **M° Monastiraki** *www.sixdogs.gr Ouvert tlj. 11h-5h*

☆ L'agora grecque

Plates-bandes de gazon, pins et lauriers-roses jettent des notes de couleur sur ce vaste champ de ruines, judicieusement jalonné de plans. Même si le métro passe toutes les cinq minutes en bordure du site, essayez d'imaginer en vous promenant parmi ces émouvants vestiges l'agora ("le lieu où l'on s'assemble") telle qu'elle était à l'époque classique. Ce lieu qui concentrait bâtiments civiques, temples et boutiques jouait alors un rôle majeur dans la vie politique et sociale locale. C'est là que se tenait le marché, que les citoyens venaient apprendre les nouvelles, suivre l'enseignement des philosophes et même festoyer. Toutes les couches de la société s'y côtoyaient et c'est là que s'est forgée la démocratie grecque. C'est au VIe siècle av. J.-C., à l'initiative de Solon, que les institutions (conseil et tribunal de l'héliée) quittèrent l'Acropole pour l'agora. Puis les réformes de Clisthène firent sortir de terre d'autres édifices publics : Bouleutèrion (lieu de réunion de la *boulè*), Tholos (résidence du conseil permanent issu de la *boulè*), Stratègéion (siège des stratèges) et différents temples. À l'époque hellénistique, l'agora formait un quadrilatère encadré par des portiques, et elle accueillit un édifice à vocation culturelle, l'odéon d'Agrippa, à l'époque romaine. Ravagée par les Hérules en 267, elle connut une dernière phase d'expansion au Ve siècle avec l'édification d'un vaste gymnase. Le site est fouillé depuis le XIXe siècle, et par l'École américaine d'études classiques depuis 1931. En dehors du temple d'Héphaïstos et de la stoa d'Attale (musée), entièrement reconstruite, les édifices sont réduits à leurs fondations. *Adrianou 24 Tél. 210 32 10 185* ***M° Thiseio ou Akropoli*** *En principe ouvert nov.-mars : tlj. 8h-15h ; reste de l'année : tlj. 8h-19h* ***Musée*** *ouvert en principe lun. 11h-19h, mar.-dim. 8h-19h Tarif 4€, seniors et étudiants hors UE 2€, moins de 18 ans et étudiants de l'UE gratuit (ou pass Acropole 12€/6€)*

Hephaïsteion (plan 4, A2) On l'a appelé Thèséion à tort pendant des siècles, sans doute parce que sa frise illustre les exploits de Thésée et d'Héraclès. Édifié vers 449 av. J.-C. – au moment où est lancé le chantier du Parthénon –, sur une hauteur, au nord-ouest de l'agora, ce temple dorique est remarquablement bien conservé. Il était dédié à Héphaïstos, protecteur des artisans, et à Athéna, dont il abritait les statues en bronze. Le sanctuaire célébrait aussi l'origine autochtone des Athéniens : Érechtée, roi légendaire de la cité et fruit des amours contrariées d'Héphaïstos pour Athéna, dont tous les Athéniens se pensaient les descendants.

Institutions de la démocratie (plan 4, A2) De la colline de l'Héphaïstéion, à l'ouest de l'agora, on domine les fondations des principaux édifices publics de l'Athènes classique. À l'extrême gauche, la stoa de Zeus Èleuthéros (dieu "de la liberté"), long portique de la fin du Ve siècle av. J.-C., à vocation civique et religieuse, où les Athéniens aimaient à se donner rendez-vous. À côté s'élevaient le petit temple d'Apollon Patrôos (IVe s. av. J.-C.), dédié au père du fondateur de la race ionienne, et le Metrôon (IIe s. av. J.-C.), qui renfermait les archives de l'État. À leur droite, les restes du Bouleutèrion, où siégeait le Conseil des Cinq-Cents – 500 sénateurs tirés au sort annuellement parmi les 10 "tribus" de l'Attique – côtoient les fondations circulaires de la Tholos, ou Prytanée. Cette dernière abritait une commission restreinte de 50 membres de la *boulè* renouvelée chaque mois. C'est là que l'on conservait les clés des temples de la ville, les étalons des poids et mesures et que brûlait la flamme de la cité. Au sud de l'agora s'élevaient deux longues galeries marchandes à portique, la stoa du Milieu et la stoa du Sud, accolée au tribunal populaire de l'héliée. L'odéon d'Agrippa, bâti devant la stoa du Milieu en 15 av. J.-C., fut ruiné par les Hérules au IIIe siècle. Trois statues colossales de géants et de tritons, du IIe siècle, en signalent l'entrée. Au nord de l'agora s'élève une petite église du XIe siècle, ornée de jolies fresques byzantines.

Stoa d'Attale et musée de l'Agora (plan 4, B2) Érigée à l'est de l'agora par Attale II, roi de Pergame, entre 159 et 138 avant notre ère, cette galerie couverte est en parfait état. Et pour cause ! Les restes de l'édifice détruit par les Hérules furent dégagés par la Société archéologique grecque au XIXe siècle puis minutieusement remontés par l'American School of Classical Studies de 1953 à 1956, grâce au mécénat de John D. Rockefeller Jr. Une restitution fidèle, usant des mêmes matériaux et techniques que les bâtisseurs de l'Antiquité. Long de 120m et large de 20, l'édifice abritait 21 boutiques sur ses deux étages. Les portes en bois et les poutres du plafond forment un ensemble superbe. Le musée qui occupe la stoa relate l'histoire du site, de la fin du néolithique à l'époque byzantine. Tous les objets, sculptures et fragments découverts sur place y sont exposés. Parmi les fleurons de la collection figurent un flacon à parfum en forme de jeune athlète agenouillé (540 avant notre ère), une horloge à eau utilisée pour minuter les discours des orateurs, un décret en relief contre la tyrannie (336 av. J.-C.) et des tessons de poterie, les *ostraca*, sur lesquels étaient inscrits les noms des citoyens à bannir pour avoir menacé la démocratie. Une fois l'an, l'*ekklèsia* (assemblée du peuple) se réunissait pour voter, s'il y avait lieu, le bannissement pour dix ans d'un de ses citoyens – en général un homme politique devenu gênant pour d'autres. C'est ainsi que Thémistocle fut frappé d'ostracisme en 471 avant notre ère.

Les quartiers proches du centre

☆ **Les essentiels** Le Musée archéologique national, le musée Benaki, le musée d'Art cycladique et grec antique, le Musée byzantin et chrétien, le Lycabette au couchant **Découvrir autrement** Une soirée rébétiko à Exarchia ou une séance de cinéma en plein air à Kolonaki

Gazi

Jadis insalubre, le quartier qui s'étend de l'avenue Pireos à la voie ferrée est devenu l'un des rendez-vous de la jeunesse branchée. Il doit son nom à sa vieille usine à gaz, transformée en centre culturel en 1999, et a bénéficié de l'ouverture de la station de métro Keramikos. Les terrasses de cafés des rues Voutadon et Persefonis sont prises d'assaut en fin d'après-midi et ses boîtes de nuit bondées jusqu'au petit matin, cf. Lieux de sortie (p.166).

Technopolis (plan 5, B2) La nuit, les hautes cheminées de l'ancien complexe gazier semblent encore rougeoyer, éclairant les citernes, les fours et autres installations qui fonctionnèrent de 1862 à 1984 sans réelle modernisation. Aujourd'hui classé, ce complexe industriel de 3ha, qui comprenait un garage automobile, un restaurant, un salon de coiffure et un dispensaire, a été réhabilité et transformé en une cité des arts. La station de radio Athina 98,4 FM y a élu domicile. Les entrepôts en brique accueillent des expositions, des concerts et autres spectacles. *Pireos 100 Tél. 210 34 60 981* ***M° Keramikos*** *www.technopolis-athens.com Ouvert tlj. 10h-22h Variable selon les expositions*

Centre d'art contemporain Benaki (plan 5, A2) Consacrée à la création internationale (arts plastiques, photographie, vidéo, etc.), cette annexe du musée Benaki occupe l'ancien hall d'exposition d'un constructeur automobile. Plusieurs expositions temporaires sont présentées simultanément sur ses trois étages, tandis que la cour centrale accueille des spectacles à la belle saison. Le gros parallélépipède en brique rouge abrite également une boutique, un café-restaurant et un amphithéâtre de 300 places. *Pireos 138/Andronikou Tél. 210 34 53 338* ***M° Keramikos*** *www.benaki.gr Ouvert sept.-juil. : mer.-jeu. et dim. 10h-18h, ven.-sam. 10h-22h Tarif 3-6€, demi-tarif pour les seniors et l'adulte accompagnant un enfant, moins de 18 ans et étudiants gratuit*

Le Monde grec / Ellinikos Kosmos (plan 5, A2) Le centre culturel de la Fondation du Monde hellénique occupe un site industriel des années 1940, mais il utilise la technologie de pointe pour présenter à ses visiteurs petits et grands l'histoire et la culture grecques. Ainsi la Tholos les invite-t-elle à découvrir sous son dôme hémisphérique, grâce au procédé Imax©, l'agora de l'antique Athènes, à voir défiler les âges et à comprendre les métamorphoses du monde grec en 3D, confortablement installé dans un fauteuil de cinéma ? "Le Monde grec" c'est aussi un espace interactif, un cybermusée et un Theatron qui accueille des spectacles et des expositions d'art contemporain. *Pireos 254 Tavros (à 4km au sud-ouest de Technopolis) Tél. 210 25 40 100* ***M° Kallithea*** *www.hellenic-cosmos.gr Ouvert été : lun.-ven. 9h-16h, dim. 10h-15h ; hiver : lun.-jeu. 9h-14h, ven. 9h-20h*

Syntagma

Cœur de la ville moderne, dominée par la façade néoclassique du Parlement – l'ancien palais royal –, la place de la Constitution (Plateia Syntagmatos) est le théâtre d'une intense circulation automobile… sauf le dimanche ! Vous y passerez certainement plus d'une fois, ne serait-ce que pour prendre un bus, un tram ou changer de ligne de métro. Cernée de grands hôtels et de banques, elle marque le centre du quartier des affaires, des ministères et des représentations diplomatiques. Sur l'avenue Panepistimiou, qui la relie à Omonia, trône un trio néoclassique symbolisant l'élévation d'Athènes au rang de capitale en 1834 : l'Université, la Bibliothèque nationale et l'Académie. ***M° Syntagma***

Parlement (plan 2, C3) Ce très bel édifice ocre jaune, bâti de 1836 à 1847, fut d'abord le palais d'Otton Ier et de la reine Amalia. C'est sur son esplanade que le peuple et l'armée se massèrent en 1843 pour réclamer une monarchie constitutionnelle. Depuis 1935, il abrite les réunions du Parlement grec. Le monument au Soldat inconnu (1932) qui se dresse devant l'édifice est veillé

Plan 5 Athènes, Gazi

Restauration (n°1 à 5)

- Butcher Shop — **1** A2
- Mamacas — **2** A2
- Sardelles — **3** B2
- To Steki tou Ilia — **5** B2

Cafés, bars et lieux de sortie (n°10 à 17)

- A Liar Man — **10** A1
- Bios — **17** C1
- Buzz — **11** B1
- Cafe Morfi — **12** C2
- Fos — **13** B1
- Gazarte — **14** A1-B1
- Hoxton — **15** A1
- Mad — **16** A

jour et nuit par deux evzones. Assistez au moins une fois à la relève de ces membres de la garde d'honneur présidentielle, qui a lieu toutes les heures. Le dimanche matin y prend part la garnison au complet et en grand uniforme : béret en feutre rouge à gland noir, chemise blanche à larges manches, gilet noir brodé, fustanelle (jupe dont les 400 plis symbolisent les années passées sous le joug ottoman), collants en laine blanche, sabots rouges à pompon noir. La parade parfaitement réglée fait alterner marches militaires, sauts gracieux et saluts synchronisés. Étonnant ! *Pl. Syntagmatos* ***M° Syntagma*** **Relève de la garde** *Tlj. aux heures carillonnées Grande relève dim. 10h-11h*

Jardin national (plan 2, C3) Dans cette oasis de fraîcheur, les bruits de la ville vous parviennent estompés. Aménagé en 1838, à l'initiative de la reine Amalia, ce jardin royal de 16ha devint "national" en 1923. Ses allées tournicotent au milieu d'une végétation exubérante agrémentée de mares à poissons, de bassins où barbotent canards et tortues, de statues d'écrivains grecs et de bancs ombragés. Côté sud s'élève le fastueux **Zappeion** (1888), un palais des expositions et des congrès financé par Konstantinos Zappas, un riche homme d'affaires gréco-roumain. *Entrées sur Amalias, Vassilissis Sofias, Irodou Atikou* ***M° Syntagma*** *Ouvert tlj. du lever au coucher du soleil*

BESOIN DE FRAÎCHEUR ?
Offrez-vous une halte revigorante dans la verdure du Jardin national. Délicieusement ombragé par une tonnelle, ce café à la terrasse tout en longueur sert des salades (6-8€), des *mezedes* (8-12€) et des sandwichs (3,50€). ***Kafeneion* du Jardin national (plan 2, C3 n°35)** *Entrée par Irodou Atikou* ***M° Syntagma*** *Ouvert tlj. 10h-19h*

Fondation B&M Theocharakis pour les Beaux-Arts et la Musique (plan 2, C3) Arts plastiques et musique sont les champs d'exploration de cette fondation. Peintre et mécène de renom, Basile (Vassilis) Theocharakis consacre son temps à promouvoir l'œuvre d'artistes grecs ou étrangers modernes et contemporains en exposant des collections privées. L'auditorium de la fondation accueille des orchestres de chambre et autres petites formations musicales le jeudi soir. Sur l'élégante avenue Vassilissis-Sofias, qui rassemble certains des plus beaux musées d'Athènes, cette fondation a trouvé sa place et son tempo. *Vassilissis Sofias 9 Tél. 210 36 11 206* ***M° Syntagma*** *www.thf.gr Ouvert mer. et sam.-lun. 10h-18h, jeu.-ven. 10h-20h Tarif 6€, étudiants et seniors 3€*

Musée numismatique (plan 2, B3) Il occupe l'ancienne demeure de l'archéologue allemand Heinrich Schliemann (1822-1890), le découvreur des ruines de Troie et de Mycènes. Bâtie sur les plans d'Ernst Ziller, la maison vaut la visite pour son décor autant que pour ses collections. Ses balcons et ses plafonds sont ornés de fresques de style pompéien, ses pièces peintes en vieux rose, vert profond, bleu ou rouge, en harmonie avec les motifs géométriques de leur dallage. Si vous aimez la numismatique, vous serez comblé : le musée possède l'une des cinq plus riches collections mondiales, soit près de 600 000 pièces de monnaie, dont une sélection est présentée chronologiquement. Vous verrez des portraits d'Alexandre le Grand, des scènes mythologiques, des représentations de temples grecs, des chevaux… Pour tout savoir sur le système monétaire mondial, les secrets de fabrication et les méthodes de production de la monnaie. *Panepistimiou 12 Tél. 210 36 32 057* ***M° Panepistimio*** *www.nma.gr Ouvert mar.-dim. 8h30-15h Tarif 3€, seniors et étudiants hors UE 2€, gratuit pour les moins de 18 ans et les étudiants de l'UE et pour tous les dim. d'oct. à mars Audioguide gratuit*

Musée de la Ville d'Athènes (plan 2, B2-B3) Otton Ier, le premier chef de l'État grec moderne, occupa avec son épouse cette vaste demeure palladienne de 1836 à 1843. Et c'est un peu comme s'ils venaient juste de la quitter : on visite à l'étage le bureau du roi, la salle du trône, le salon de la reine, la salle à manger où le couvert est dressé... Les pièces sont toutes élégamment meublées et décorées. Au rez-de-chaussée, vous pourrez admirer des peintures, cartes, livres et autres documents représentant Athènes du XVIIe au XIXe siècle. Ne manquez pas la très belle maquette de la ville en 1842 et les gravures du Parthénon. *Paparigopoulou 7 Tél. 210 32 46 164* ***M° Syntagma ou Panepistimio*** *www.athenscitymuseum.gr Ouvert lun. et mer.-ven. 9h-16h, sam.-dim. 10h-15h et J. fér. Tarif 3€, seniors, étudiants, moins de 19 ans et groupes (à partir de 4 pers.) 2€*

Musée historique national (plan 4, C1) Il occupe l'ancien palais du Parlement (1871), dont on peut encore admirer les colonnades, les fresques et les plafonds à caissons de la salle des débats. Il retrace l'histoire nationale, de la prise de Constantinople par les Turcs (1453) à la Seconde Guerre mondiale, et s'attache à présenter les héros de l'indépendance à l'aide de portraits, d'armes et d'autres objets leur ayant appartenu. Également une section de costumes et de bijoux traditionnels féminins... *Stadiou 13/Kolokotroni Tél. 210 32 37 315* ***M° Syntagma ou Panepistimio*** *Ouvert mar.-dim. 9h-14h*

"Trilogie athénienne" (plan 2, B2) Pilastres, colonnades, métopes sculptées et statues abondent sur ces trois "temples" bâtis entre 1837 et 1902 par deux architectes danois, les frères Hansen. Leur monumentalité et leur sobre élégance contrastent avec l'agitation de la rue. On se prend à rêver : et si tous les temples antiques nous étaient parvenus ainsi ? Au centre s'élève l'**Université** (1864), qui n'abrite plus que des services administratifs ; à gauche, la **Bibliothèque nationale** (1903), bâtie sur le modèle du temple d'Héphaïstos de l'agora grecque ; à droite, l'**Académie** (1885), dont la frise illustre la naissance d'Athéna. Le bâtiment est encadré de deux grandes colonnes ioniques portant les statues d'Athéna et d'Apollon ; à leur pied se tiennent Socrate et Platon. *Panepistimiou* ***M° Panepistimio***

● Où faire provision de douceurs ?

Mastihashop / Μαστιχα σοπ **(plan 2, B3 n°111)** C'est LA boutique du mastic, cette résine odorante sécrétée par le lentisque (un arbrisseau proche du pistachier) de l'île de Chios. Connu depuis l'Antiquité pour ses vertus thérapeutiques, digestives et antibactériennes, le mastic entre dans la composition de produits variés : huile, bougies, savon, dentifrice, crèmes de beauté, chewing-gum, bonbons, liqueurs, glaces et biscuits. Sa senteur de pin imprègne toute la boutique. *Kriezotou 1 Tél. 210 36 32 750* ***M° Panepistimio ou Syntagma*** *www.mastihashop.com Ouvert lun.-ven. 9h-21h, sam. 9h-17h* **Autre adresse** *Panepistimiou 6 (à deux pas du précédent)*

Aristokratikon / Αριστοκρατικον **(plan 4, C2 n°71)** Devanture et tapis rouges annoncent l'aristocrate des chocolatiers d'Athènes depuis 1928. Des chocolats aux fruits, à la liqueur, à la crème, à la pâte d'amandes (27€ le kg), d'une fraîcheur irréprochable. Vous pourrez aussi vous régaler de loukoums et de marmelades joliment présentés. *Karagiorgi Servias 9 Tél. 210 32 20 546* **M° Syntagma** *www.aristokraticon.com Ouvert lun.-ven. 8h-21h, sam. 8h-16h*

Matsouka / Ματσουκα **(plan 4, C2 n°87)** Une irrésistible odeur de cacahuètes et de noisettes grillées et un joyeux désordre de douceurs locales : des pistaches de l'île d'Égine, des nougats de Syros, des loukoums à la rose ou aux amandes, des fruits secs en vrac, du halva, du miel du Péloponnèse et, sur le trottoir, des sacs de bonbons multicolores. *Karagiorgi Servias 3 Tél. 210 32 52 054* **M° Syntagma** *Ouvert tlj. 8h-23h*

Où renouveler sa garde-robe ?

Rue Ermou (plan 4, C2 n°75) Cette voie piétonne est le royaume du prêt-à-porter féminin. Des vêtements, des accessoires, mais aussi des produits de beauté et des chaussures, dont les marques françaises, espagnoles ou italiennes ne vous sont pas inconnues. Des vêtements féminins chez Anna Riska (au n°26), Tsantilis (n°25), Raxevski (n°30) ou Lussile (n°37), Fokas (n°11) et puis encore Gap, Benetton, Zara, H&M, etc. Au bout de la rue, place aux antiquaires et aux droguistes. *À partir de la place Syntagma* **M° Syntagma**

Attica City Link (plan 2, B3 n°102) L'édifice monumental de style années 1930 a été restauré pour accueillir des boutiques de luxe, des cafés chics, des banques, des salles de sport et de spectacle ainsi que le grand magasin Attica : sur huit niveaux, près de 360 marques de vêtements hommes/femmes, de cosmétiques et de déco pour la maison. *Entrées sur Stadiou, Voukourestiou, Panepistimiou et Amerikis* **M° Panepistimio** *Ouvert lun.-ven. 10h-21h, sam. 10h-19h*

Trada / Τραντα **(plan 6, B3 n°40)** Il faut descendre quelques marches pour accéder à cette échoppe où l'on ne s'embarrasse pas de déco. La qualité des chaussures suffit à drainer une clientèle d'habitués. Des modèles originaux en cuir naturel ou coloré, tous cousus main. De 80 à 150€ la paire. *Skoufa 60/Massalias Tél. 210 36 45 796* **M° Panepistimio** *Ouvert lun., mer. et sam. 10h30-16h, mar. et jeu.-ven. 11h-20h30*

Où acheter des nappes brodées et des gravures ?

Greek Woman Institution (plan 4, C2 n°89) Fondée en 1872, dans le but de former les jeunes filles grecques sans ressources à l'artisanat. Caché dans un passage à arcades de la rue Kolokotroni, à côté du café Kentrikon, le magasin vend de jolies broderies bien présentées. Des nappes, des serviettes et des sets de table brodés mais aussi des marque-pages et des décorations de Noël. Une des dernières boutiques du genre à Athènes - toutes réunies dans ce quartier. Coussin 98€, ensemble de sets et serviettes 72€, marque-page ou boule de Noël 25€, sachet de lavande brodé 15€. *Kolokotroni 3 Tél. 210 32 39 693* **M° Syntagma** *Ouvert lun., mer. et sam. 10h-15h, mar. et jeu.-ven. 10h-17h*

Kamarinos / Καμαρινος **(plan 4, C2 n°76)** Les voyageurs européens du XIXe siècle ont laissé des récits de leur "grand tour" de la Grèce. On en trouve certains chez cet antiquaire spécialisé dans les gravures et les livres anciens. Oiseaux, fleurs, plantes, costumes, cartes de navigation et vues romantiques des grands sites. Des gravures encadrées à partir de 20€, certificat d'authenticité à l'appui. *Kolokotroni 15 Tél. 210 32 30 923* ***M° Syntagma*** *www.antiquebooksandprints.com Ouvert lun., mer. et sam. 9h-15h, mar. et jeu.-ven. 9h-14h et 17h-19h30*

● Où prendre la pose ?

Zonar's (plan 2, B3 n°28) Ce vénérable café "à la française" reçoit dans son cadre majestueux tout le beau monde d'Athènes. On s'y montre, on y lit tranquillement son journal ou l'on y déjeune en famille. Des boissons chaudes ou fraîches, un bar à sushis, des sandwichs et des salades de fruits à composer soi-même, des gâteaux fondants... Le tout exposé aux yeux des gourmands dans une vitrine réfrigérée longue de plusieurs mètres. Le café coûte 4€. Historiquement chic. *Voukourestiou 9 Tél. 210 32 11 158* ***M° Syntagma*** *Ouvert juin-sept. : lun.-sam. 9h-21h ; oct.-mai : dim.-jeu. 9h-22h, ven.-sam. 9h-0h*

● Où faire une pause déjeuner ?

Green Nature (plan 4, C1 n°23) Une supérette bio et quelques tables pour une pause "nature". Pita (feuilleté) au fromage, aux herbes ou aux poireaux 3€, plats à base de viande ou de tofou 6-8€, risotto 7€, salade 6€ et snacks 3€. Tous les produits sont frais et bio et les plats mijotés à l'huile d'olive vierge, sur place comme l'ensemble de la carte. *Aristidou 2/Pl. Ag. Theodoron Tél. 210 32 10 466* ***M° Panepistimio*** *www.greennature.gr Ouvert lun.-ven. 8h-20h, sam. 9h-17h*

● Où boire un verre ?

Aigli / Αιγλη (plan 2, C4 n°75) Ce grand café rénové est installé au sud du Jardin national, à l'ombre de l'imposant Zappeion. Assis sous le large auvent de sa terrasse, on se délasse en sirotant un café frappé (4€) ou en déjeunant d'une salade ou d'une pizza (10-17€). Le café côtoie l'un des plus anciens cinémas de plein air de la ville (p.167), d'où son animation en soirée. *Jardin national Tél. 210 33 69 300* ***M° Syntagma*** *Ouvert oct.-avr. : tlj. 9h-22h ; mai-sept. : tlj. 9h-1h Restaurant à partir de 19h, fermé le dim.*

Bartesera (plan 4, C1 n°5) Plusieurs petites salles autour d'une cour sous verrière derrière un porche vert, à l'angle des rues Leka et Kolokotroni... Un café-bar bobo dont les murs clairs accueillent l'expo du moment. Une oasis de fraîcheur le jour, une chaude ambiance le soir. Des cafés de toutes origines à déguster (2-3€), des chocolats à l'orange ou à la fraise (3-4€) et une carte des alcools très fournie. *Kolokotroni 25/Stoa Praxitelous Tél. 210 32 29 805* ***M° Syntagma ou Monastiraki*** *Ouvert tlj. 8h-3h*

Omonia

La réhabilitation engagée pour les JO n'a pu rendre à la place Omonia (plan 2, B2) son cachet Belle Époque, quand ses cafés, ses restaurants, ses hôtels et sa gare souterraine en faisaient le centre nerveux de la capitale. C'est avant tout un important carrefour routier où se croisent les automobilistes qui entrent dans Athènes et ceux qui en sortent. Vous la traverserez peut-être pour rejoindre votre hôtel ou pour acheter votre journal préféré dans l'un de ses kiosques ouverts 24h/24, mais, même si elle est un peu mieux fréquentée le soir qu'avant sa rénovation, vous ne trouverez sans doute aucun intérêt à vous y attarder.

☆ **Musée archéologique national (plan 2, B1)** L'imposant bâtiment néo-classique érigé de 1866 à 1889 et agrandi dans les années 1930 annonce la couleur. Il fallait un écrin prestigieux pour la plus belle collection d'antiquités grecques au monde et un tableau complet de l'évolution de cet art, du néolithique à la fin de la période romaine. Prévoyez de lui consacrer plusieurs heures, ou sélectionnez époques et thèmes. L'art mycénien, la sculpture et les fresques de Théra sont, à notre avis, les joyaux du musée. *Patission 44 Tél. 213 21 44 890 ou 213 214 4800* **M° Omonia** *Ouvert lun. 13h-20h, mar.-sam. 8h-20h, dim. 8h-15h Tarif 7€, seniors et étudiants hors UE 3€, gratuit pour les moins de 19 ans, les étudiants de l'UE, et pour tous les 1er dim. du mois de nov. à mars*

Les collections préhistoriques La galerie centrale (face au hall d'entrée, salles 4 et 3) vous plonge dans le monde fascinant de l'art mycénien (v. 1600-1150 av. J.-C.) : des fresques, des ivoires sculptés, des bijoux en or... découverts, pour la plupart, dans des tombes ou les ruines de palais, à Mycènes, Tirynthe et Argos, dans le Péloponnèse. On s'extasiera sur l'orfèvrerie : le fameux masque mortuaire dit d'Agamemnon, le diadème, les broches à tête d'or ou encore les bagues-sceaux gravées de scènes incroyablement vivantes. Remarquez le poignard en bronze orné d'une chasse aux lions, les fragments de mur peint laissant deviner les traits d'une déesse, la botte en terre cuite striée de motifs géométriques et le peigne en ivoire sculpté d'un sphinx. L'art du néolithique (à gauche de la galerie centrale, salle 5) est représenté, notamment, par une série de petits personnages en terre cuite très expressifs : un *Penseur* poignant et une *Femme assise enlaçant son enfant* qui, hélas, a perdu sa tête. Vases et statuettes témoignent d'une production artistique déjà très variée. La collection d'art cycladique (à droite de la galerie centrale, salle 6) est une invitation à visiter le musée de Kolonaki consacré à cet art – cf. Musée d'Art cycladique et grec antique – fondation Goulandris (p.151) – qui s'épanouit de 3200 à 2000 avant notre ère : des figurines en marbre, bras croisés, telle l'*Idole d'Amorgos* (2800-2300 av. J.-C), qui inspira le sculpteur britannique Henry Moore au XXe siècle, un joueur de harpe en trois dimensions et des "poêles à frire" en terre cuite, au beau décor incisé, dont on ne connaît pas l'usage.

La sculpture La collection de statues, de stèles et de bas-reliefs de la période archaïque à l'époque romaine occupe la majeure partie du rez-de-chaussée, soit une trentaine de salles. Provenant de grands sanctuaires ou découvertes au fond de la mer, ces œuvres qui représentent le plus souvent des dieux et des héros sont l'une des formes d'expression les plus abouties de l'art grec. Le kouros – jeune homme nu à la longue chevelure ceinte d'un bandeau – est la figure emblématique de l'art archaïque (à gauche du hall d'entrée, salle 7). C'est dans les Cyclades, au cap Sounion ou ailleurs en Attique que l'on a retrouvé ces statues funéraires ou votives monumentales, dont l'expression souriante contraste avec la raideur de la pose : bras le long du corps et poings serrés, la jambe gauche légèrement en avant. Remarquez le *Kouros de Volomandra* et la *Korê de Merenda* (salle 11) ou encore le *Kouros d'Aristodikos* (salle 13), dont l'allure est plus libre, la musculature mieux dessinée et les cheveux sont coupés courts. L'idéal d'équilibre de l'art classique s'affirme au Ve siècle av. J.-C., comme en témoigne, salle 15, la statue en bronze de Poséidon (ou de Zeus) retrouvée au large du cap Artémision (île d'Eubée). Les stèles funéraires de cette époque font aussi preuve d'une maîtrise remarquable :

quelle sérénité émane de la célèbre *stèle d'Hégéso* (salle 18), qui représente la défunte assise recevant de sa servante son coffret à bijoux ! Ne manquez pas, salle 19, la réplique romaine en miniature de l'*Athéna Parthenos*, cette statue haute de 12m sculptée par Phidias pour le Parthénon. Admirez, salle 21, la copie romaine du *Diadumène* de Délos (salle 21), un athlète au front ceint du bandeau de la victoire, et le *"Jockey" de l'Artémision*, une statue équestre en bronze d'un réalisme saisissant. Le second classicisme (IVᵉ s. av. J.-C.) correspond à la soumission d'Athènes au pouvoir macédonien. Des sculpteurs de renom comme Praxitèle et Scopas réalisent alors les derniers grands monuments funéraires attiques. Voyez, salle 28, la *stèle d'Aristonautès* figurant un hoplite au combat. Dans la même salle, appréciez le naturel plein de grâce des éphèbes en bronze, qui marquent l'apogée de l'époque classique. L'art hellénistique est tout en réalisme et en mouvement. Observez la finesse du drapé de la statue de Thémis, salle 29 ; ne manquez pas, salle 30, *Poséidon* dans toute sa gloire ni le facétieux trio *Aphrodite, Pan et Éros*. Les bustes d'empereur annoncent l'époque romaine. Remarquez la statue équestre en bronze d'Octave Auguste et la belle tête d'Antinoüs, le favori d'Hadrien, salle 33.

Le bronze, l'art égyptien et la collection d'Eleni Stathatou Du hall d'entrée, retraversez la galerie centrale et continuez tout droit jusqu'à la salle 34. Au fond à gauche commence la section des bronzes. Essentiellement des miniatures votives découvertes dans les sanctuaires, ces œuvres figurent des animaux, des êtres humains, des divinités et des héros mythologiques. Remarquez, salle 38, la fibule béotienne décorée d'un combat entre Héraclès et les frères siamois Molionides, le miroir en bronze soutenu par une femme, la copie du *Discobole* de Myron et le mécanisme d'Anticythère décrivant le mouvement des astres à l'aide d'engrenages. Les salles 40 et 41 renferment une importante collection d'art égyptien (5000 av. J.-C.-IIIᵉ s.) : des momies, une magnifique maquette de bateau en bois de sycomore, de délicats portraits sur bois du Fayoum, des sarcophages, une tête d'hippopotame en granit et une statue en bronze de la princesse Takusit, dont la robe moulante est ornée de hiéroglyphes. La très riche collection rassemblée par Eleni Stathatou (salle 42) se compose de ceintures en or, émail et perles, de parures en or mais aussi de figurines en terre cuite, et de pièces en bronze.

Les fresques de Théra Les fresques découvertes dans les années 1960 dans l'île de Santorin, sur le site archéologique d'Akrotiri – une cité minoenne détruite par une éruption volcanique au XVIᵉ siècle av. J.-C. –, ont été déposées dans la salle centrale du 1ᵉʳ étage (48). Parfaitement

L'Athènes antique

Sites archéologiques

Acropole ___ 111
Olympieion ___ 121
Agora romaine ___ 129
Bibliothèque d'Hadrien ___ 132
Céramique ___ 136
Agora grecque ___ 138
Stade Panathénaïque ___ 155

Musées

Musée de l'Acropole ___ 121
Stoa d'Attale et musée de l'Agora ___ 139
Musée archéologique national ___ 146
Musée d'Art cycladique et grec antique - fondation Goulandris ___ 151

conservées, elles allient couleurs gaies, fantaisie et légèreté. Admirez *Les Boxeurs*, deux jeunes garçons qui s'affrontent dos cambré, avec des gestes précis, et les *Antilopes* dont les formes gracieuses semblent danser. Sur la fresque du *Printemps*, qui tapisse trois murs, on peut voir deux hirondelles s'"embrasser". La salle expose aussi de la vaisselle, de l'outillage et des armes de la période égéenne. Parmi les quelques poteries de cette époque retrouvées dans l'île figure une étonnante cruche pourvue d'yeux et de seins.

Les céramiques La richesse de cette section du 1er étage (salles 49-56) donne un peu le vertige. Les amphores et vases à décor géométrique (v. 900-750 av. J.-C.) sont décorés de motifs humains et animaux (mais jamais végétaux) en noir sur fond clair. Ainsi, salle 49, la frise d'un imposant cratère montre les attelages d'un cortège funèbre. Zigzags, chevrons, cubes emboîtés, losanges, cercles concentriques et autres motifs géométriques habillent tous les objets de cette période. Les amphores attiques du VIIe siècle avant notre ère s'ornent de scènes mythologiques, dont les protagonistes se détachent en noir sur fond ocre. Ne manquez pas, salle 51, l'*Amphore de Nessos* (v. 620-610 av. J.-C.) : sa panse porte trois énormes Gorgones volantes, tandis que, sur son col, Héraclès affronte le centaure Nessos. Vers 530 av. J.-C. apparaissent les premières poteries à figures rouges sur fond noir – admirez la *pèlikè* (amphore) attique qui montre Héraclès tuant Bousiris, roi d'Égypte, et ses prêtres. Les dernières salles abritent une très belle collection de lécythes à fond blanc cassé, des vases à huile utilisés pour les cérémonies funéraires.

● Où faire une pause déjeuner ?

Alexandra (plan 2, C1 n°20) À deux pas de l'avenue Alexandras, dans l'ombre du Lycabette, un joli restaurant blanc agrémenté d'une véranda donnant sur la verdure. Si l'atmosphère change selon l'heure et le temps qu'il fait, le service est toujours chaleureux et soigné, et la cuisine (grecque, bien sûr) simple, mais de qualité. Comptez 17€ le repas. *Dimokratia 8a et Zonara 21 (Pl. Argentinis) Tél. 210 64 20 874 ou 210 24 34 367* **M° Ambelokipi** *www.alexandra-restaurant.gr Ouvert tlj. 12h30-1h30*

Exarchia

Sur ce quartier, dont les rues montent à l'assaut de la verdoyante colline de Strephi, règne un esprit bohème. Artistes et étudiants entre deux cours fréquentent les nombreux bars de ses rues piétonnes. Exarchia a connu des heures difficiles sous le régime des colonels. En novembre 1973, pour protester contre l'autoritarisme de la junte, les étudiants y organisèrent un sit-in qui se solda par un bain de sang. Sur la petite **place Exarchion**, les nuits sont animées... sauf l'été, quand les étudiants sont en vacances et les clubs de rébétiko fermés. En revanche, on savoure alors la douceur des soirées dans les cours des tavernes, les bars musicaux et les cinémas en plein air. Un petit tour rue Themistokleous s'impose si vous aimez vous habiller punk, gothique ou metal.

● Où choisir un vin grec ?

Cava Chalari / Καβα Χαλαρι (plan 6, B2 n°42) Le légendaire *retsine* est devenu une denrée rare et le vin au pichet servi dans les tavernes laisse souvent à

Plan 6 Athènes, Exarchia

Restauration (n°1 à 4)

Amalachi — **1** B1
Giantes — **3** A2
Rosalia — **4** A2

Cafés, bars et lieux de sortie (n°10 à 21)

Baraki tou Vassili — **10** B3
Chartes* — **20** A2
Cinéma Riviera — **11** A2
Cinéma Vox — **12** A1
Kavouras — **14** A2
Opéra national — **13** A3
Rosebud — **16** B3
Taksimi — **17** B1
Vox* — **21** A1

Hébergement (n°30)

Hôtels Orion et Dryades — **30** B1

Shopping (n°40 à 42)

Cava Chalari* — **42** B2
Psaltery* — **41** B1
Trada* — **40** B3

*À RETROUVER DANS LA PARTIE DÉCOUVRIR

désirer. Les grands domaines grecs produisent pourtant des vins de qualité, mais qui restent méconnus car peu exportés. Il faut goûter au naoussa de Boutari et aux productions des domaines Xatzimichalis et Katogi Averoff. Cépages merlot, chardonnay, syrah ou cabernet, ces vins blancs ou rouges sont élaborés avec le même soin que les grands crus français, mais le sol grec leur donne une saveur particulière. À partir de 10€ la bouteille. À découvrir ! *Valtetsiou (Pl. Exarchias) Tél. 210 36 11 111* ***M° Omonia ou Panepistimiou*** *Ouvert lun.-ven. 10h-20h30, sam. 10h-16h ; août : lun.-ven. 11h-19h, sam. 11h-17h*

● Où dénicher un *santour* ?

Psaltery / Ψαλτηρι (plan 6, B1 n°41) Ne vous fâchez pas si vous trouvez la porte de cette minuscule échoppe fermée. C'est que Spiros Mamais, désarmant de gentillesse, a dû partir acheter du bois pour confectionner ses *santouria*. Ce cordophone appartient à la famille des cithares sur table et l'on en joue à l'aide de deux petits marteaux. La caisse de résonance est en bois d'épicéa importé, le cadre en érable ou en hêtre, le dessous en acajou stratifié. *Em. Benaki 101 Tél. 210 33 04 198 ou 69 46 44 40 95* ***M° Omonia*** *www.santouri.gr Ouvert lun.-sam. 8h-16h*

● Où boire un verre dans le quartier étudiant ?

Vox (plan 6, A1 n°21) Clair, bien climatisé l'été, ce vaste café respire la tranquillité en matinée. Les gens du quartier vont y lire le journal en buvant un *eliniko* ou un jus de fruits frais, ou dévorer un livre pioché dans la bibliothèque – qu'ils peuvent acheter s'ils veulent l'emporter. Le soir, quand les cinéphiles sortent de la salle de projection de l'étage, l'animation monte d'un cran. *Arachovis 56/Themistokleous 82 Tél. 210 33 01 170* ***M° Omonia ou Panepistimio*** *Ouvert tlj. 9h-0h30*

Chartes / Χαρτες (plan 6, A2 n°20) Cette belle maison d'angle est un repaire d'étudiants et l'on y refait le monde à longueur d'année. Ambiance décontractée sur les chaises en toile à l'extérieur, musique rock ou reggae à l'intérieur. Un DJ anime les soirées d'hiver. Vodka, whisky et rhum 6€, bière 5€, café frappé 3,50€. *Valtetsiou 35/Zoodochou Pigis 41 Tél. 210 33 04 778* ***M° Omonia*** *Ouvert tlj. 9h-3h*

Kolonaki

L'avenue Vassilissis-Sofias, sur laquelle donnent trois des plus beaux musées d'Athènes, marque la limite sud de ce quartier dominé par le mont Lycabette. Dans cette enclave bourgeoise, que rien ne distingue du reste de la ville aux yeux de la plupart des touristes, les boutiques de prêt-à-porter tendance, les galeries d'art et les joailleries le disputent aux cafés élégants et aux restaurants chics. Kolonaki, "Petite Colonne", doit son nom à la colonne dressée sur la place Filikis Eterias (dite platia Kolonakiou), qui marquait au XIXe siècle la limite orientale de la ville. Faites les boutiques de la **rue Tsakalof** et assistez, le soir, à une séance de cinéma place Dexameni Cinéma Dexamenis. Et ne manquez pas de gravir le Lycabette à pied ou en funiculaire pour profiter de la vue sur Athènes au coucher du soleil.

☆ **Musée Benaki (plan 2, C3)** La remarquable collection d'art grec constituée par Antonis Benakis (1873-1954), un riche négociant de la diaspora, occupe un bel hôtel particulier de la fin du XIXe siècle. Pour vous repérer dans ce musée privé, vous disposerez – une fois n'est pas coutume – d'un plan (en français). Le rez-de-chaussée est consacré aux antiquités grecques et à l'art byzantin. On admirera les figurines mycéniennes en terre cuite de l'âge du bronze, les motifs anthropomorphes des amphores de style géométrique (VIIIe s. av. J.-C.), les céramiques à figures noires et à figures rouges de la période classique et l'orfèvrerie hellénistique, telle cette expressive tête de Gorgone ou les couronnes de feuilles de chêne du Trésor de Thessalie. Les deux portraits du Fayoum (IIe s.) préfigurent l'art byzantin, tout comme celui de la Vierge en mosaïque provenant de Constantinople (Xe s.). Mais ce sont les icônes qui retiendront à coup sûr votre attention. *La Vierge Marie enfant tenant un brin de muguet, au bras de sainte Anne* est admirable. Notez les deux tableaux du Greco : *L'Adoration des Mages* et *Saint Luc peignant la Vierge*. Le 1er étage accueille une très belle collection d'arts décoratifs de l'époque ottomane : mobilier, vaisselle, costumes, broderies, bijoux traditionnels – dont d'extravagantes boucles d'oreilles en forme de caravelle en émail rehaussé de perles… Deux salles de réception d'un palais macédonien du XVIIIe siècle y ont été reconstituées dans toute leur splendeur : plafond à caissons et murs peints ou stuqués. L'art religieux postbyzantin rappelle que l'Église orthodoxe n'a jamais cessé de jouer un rôle important sous l'occupation ottomane. Le 2e étage évoque la société grecque au début du XIXe siècle : instruments de musique, outils agricoles, objets du quotidien… Au 3e étage, consacré à la période qui s'étend de la guerre d'Indépendance à la formation du nouvel État grec, remarquez les costumes du temps d'Otton Ier et les peintures de batailles navales. *Koumbari 1/Vass. Sofias 17 Tél. 210 36 71 045 (boutique)* **Mo Evangelismos** *www.benaki.gr Ouvert lun., mer. et ven.-sam. 9h-17h, jeu. 9h-0h, dim. 9h-15h Fermé j. fériés Tarif 6€ (expositions temporaires 3€), seniors 3€, gratuit pour les étudiants de l'UE et les moins de 18 ans, le jeu. pour tous*

IDOLES ? J'ADORE !
Si vous vous êtes entiché des statuettes cycladiques de la collection Goulandris, vous en trouverez là les seules reproductions autorisées (30-123€), mais aussi des statues chypriotes, des bijoux de créateurs grecs, des boîtes et plateaux en aluminium et en bronze à motifs géométriques, de la vaisselle en argent, des nappes et des coussins brodés de Skyros, etc. **Boutique du musée d'Art cycladique et grec antique (plan 2, C3 n°105)** *www.cycladic-m.gr*

☆ ☺ Musée d'Art cycladique et grec antique - fondation Goulandris / Mouseio Goulandri Kikladikis Technis (plan 2, C3)
Ouvert en 1986 pour présenter les antiquités égéennes acquises à partir des années 1960 par Nikolaos et Dolly Goulandris, il s'est enrichi depuis de nouvelles acquisitions. La villa Stathatos (Ziller, 1895) accueille l'administration du musée et les expositions temporaires, tandis que la collection permanente se déploie dans un bâtiment postmoderne. La collection d'art cycladique ancien (3200-2000 av. J.-C.), qui occupe le 1er étage, est particulièrement riche : elle comprend en effet, de nombreuses figurines en marbre, de la vaisselle du même matériau, mais aussi des poteries et des bronzes. Les statuettes, féminines pour la plupart, ont été découvertes dans des tombes, et les chercheurs s'interrogent encore sur leur vocation. Leurs formes épurées (tête en amande, nez saillant, avant-bras repliés à angle droit

sur la poitrine) ont influencé des artistes du XXe siècle comme Modigliani, Henry Moore, Brancusi et Picasso. Admirez le réalisme du personnage assis sur un tabouret qui tient un gobelet (15cm), et l'"idole" haute de 1,40m, qui marque l'apogée de cet art. Au 2e étage, la collection d'art grec antique (2000-IVe s. av. J.-C.) rassemble des bronzes archaïques, de remarquables céramiques à figures noires et rouges et des bijoux. Le 3e étage présente la collection Zintilis d'art chypriote (quelque 800 objets, du IVe millénaire avant notre ère au VIe s.), tandis que le 4e étage accueille une formidable exposition sur la vie quotidienne dans l'Antiquité, avec de magistrales mises en scène sonores, des écrans interactifs et des éclairages soignés. *Neofitou Douka 4 Tél. 210 72 28 321* ***M° Evangelismos*** *www.cycladic.gr Ouvert lun., mer. et ven.-sam. 10h-17h, jeu. 10h-20h, dim. 11h-17h Fermé j. fériés Tarif 7€ (lun. 3,50€), seniors 3,50€, 19-26 ans 2,50€, moins de 19 ans gratuit*

☆**Musée byzantin et chrétien / Vizantino kai Christianiko Mouseio (plan 2, C3)** La villa de style toscan (1848) construite pour la duchesse de Plaisance n'héberge plus que l'administration du musée. La collection d'art byzantin, l'une des plus riches au monde, s'est redéployée dans le nouveau bâtiment qui s'ouvre à gauche de la cour. La présentation, moderne, aérée et lumineuse, est conçue comme une balade à travers 1 500 ans d'art chrétien. Elle commence à l'époque romaine avec des stèles funéraires, des mosaïques de la basilique athénienne d'Ilissos (Ve s.) et des vestiges des premières églises byzantines de Grèce. Ne manquez pas la reconstitution du Parthénon transformé en basilique à trois nefs. La promenade se poursuit en Égypte avec l'art copte, ses textiles (lin, soie brodée) remarquablement conservés et ses stèles. Du monde byzantin, on ne manquera pas d'admirer les miniatures, l'orfèvrerie et, bien sûr, les icônes (surtout celles du XIIIe au XVe s.)... tout en écoutant des chants orthodoxes grâce aux casques audio mis à disposition. Retenez la grande *Vierge à l'Enfant* en mosaïque du XIIIe siècle – l'une des plus anciennes connues – et les icônes à double face. L'intérieur de certaines églises athéniennes a été reconstitué pour permettre d'en admirer les fresques. L'icône de l'archange Michel tenant la sphère céleste (XIVe s.) conclut brillamment ce passionnant parcours. *Vassilissis Sofias 22 Tél. 210 72 11 027* ***M° Evangelismos*** *www.byzantinemuseum.gr Ouvert mar.-dim. 8h30-15h Tarif 4€, seniors et étudiants hors UE 2€, gratuit pour les étudiants de l'UE, les moins de 19 ans et pour tous les j. fér., le 1er dim. du mois d'avr. à juin et tous les dim. d'oct. à mars*

Musée de la Guerre / Polemiko Mouseio (plan 2, C3) Si le bâtiment a l'allure peu avenante d'un blockhaus, la collection, en revanche, ne manque pas d'intérêt. Certaines sections sont très spécialisées, mais les enfants apprécieront le costume de samouraï du XIVe siècle, les casques persans, les boucliers africains en carapace de tortue, en peau de crocodile ou de buffle et les sabres de la cavalerie italienne. Si le sujet vous intéresse, vous saurez tout sur les campagnes d'Alexandre le Grand et celles des Byzantins contre les Barbares. *Vassilissis Sofias/Rizari 2 Tél. 210 72 52 975* ***M° Evangelismos*** *Ouvert mar.-sam. 9h-14h, dim. et vac. scol. 9h30-14h Tarif 2€, seniors et étudiants 1€*

Pinacothèque nationale (plan 2, C3) Fondée en 1900, elle possède aujourd'hui plus de 16 000 œuvres d'art grâce à de nombreuses acquisitions et

donations. Sa collection retrace l'évolution de la peinture grecque du XVe siècle aux années 1990 : des icônes postbyzantines, plusieurs œuvres du Greco (dont une *Mise au tombeau* et le *Concert des anges*), des tableaux historiques de Theodoros Vryzakis (1814-1878), des scènes de genre de Nikolaos Gysis (1842-1901), des compositions cubistes de Nikos Chatzikyriakos-Ghikas (1906-1994), des portraits stylisés de Yiannis Moralis ou encore des huiles sur bois surréalistes de Christos Bokoros. L'art d'Europe occidentale est illustré, notamment, par un Guerrier grec de Delacroix, une nature morte de Fantin-Latour et *Le Chanteur* du Caravage. *Vassileos Konstantinou 50 Tél. 210 72 35 937* ***M° Evangelismos*** *Fermé pour travaux jusqu'en 2016*
cf. Glyptothèque nationale (p.156)

☆**Mont Lycabette (plan 2, C2)** Son sommet (277m) est l'un des buts de promenade favoris des Athéniens, à la tombée du jour... On peut en faire l'ascension en funiculaire ou à pied, en gravissant une rampe bordée d'agaves et de pins, pour aller attendre, au sommet, l'instant magique du coucher du soleil. La plus haute colline d'Athènes est couronnée d'une petite église toute blanche, Agios Georgios, joliment éclairée le soir, où l'on peut entrer allumer une bougie. En contrebas s'élèvent un restaurant panoramique et, plus loin, un théâtre de plein air (le point le plus haut desservi par la route) où sont donnés des concerts et des spectacles de danse. Vue de haut, la ville blanche, qui s'étale jusqu'à la mer, paraît tentaculaire. Le regard porte, par-delà l'Acropole, jusqu'au Pirée et au golfe Saronique, et au nord, jusqu'au mont Parnès. *Monter de préférence à pied par la rue Loukianou (plan 2, B2 - 20min) ou en funiculaire (angle Ploutharou/Aristipou Ouvert 9h-3h, toutes les 30min, 4,30€ AR) Parking près du théâtre* ***M° Evangelismos***

● Où se faire offrir un bijou de créateur ?

☺ **Marianna Petridi (plan 2, C3 n°112)** Marianna Petridi expose dans sa boutique, au cœur de Kolonaki, des bijoux de jeunes créateurs grecs, originaux et colorés. Mais on y découvrira aussi ses œuvres et celles de sa fille. Elle travaille métaux et pierres sur place et vous conseillera avec patience et gentillesse, connaissant l'histoire de chaque bijou. À partir de 50€ pour un bijou unique. *Charitos 34 Tél. 210 72 17 789* ***M° Evangelismos*** *Ouvert lun., mer. et sam. 10h30-15h30, mar. et jeu.-ven. 10h30-14h30 et 17h30-20h30*

● Où chiner ?

Zoumboulakis Galleries (plan 2, C3 n°115) Deux galeries sous un seul nom. Au n°6 de la rue Kriezotou, dans un bel espace, un mariage audacieux et séduisant entre du mobilier traditionnel - vaisselier cérusé bleu pastel et assiettes en porcelaine blanche - et des créations de designers réputés. Au n°20 de la place Kolonaki, des expositions d'art contemporain. *www.zoumboulakis.gr Kriezotou 6 Tél. 210 36 40 264* ***M° Syntagma*** *Ouvert mer. et sam. 10h-15h, mar. et jeu.-ven. 10h-20h ; août : mar.-sam. 10h-19h Pl. Kolonakiou 20 Tél. 210 36 08 278 Ouvert mar. et jeu.-ven. 11h-15h et 17h-21h, sam. 11h-14h, mer. 11h-15h Fermé en août*

● Où trouver un cadeau branché ?

Galerie Astrolavos (plan 2, C2 n°103) Des séries limitées d'objets de créateurs grecs et étrangers. Qu'il s'agisse de petits fruits sous Plexiglas® ou d'une grande toile bariolée, chaque création est une surprise. Toujours modernes, parfois ludiques, ces objets sont tous accompagnés d'une note de présentation. Expos temporaires au sous-sol. Comptez 25€ pour un petit cadeau. *Xanthippou 11 Tél. 210 72 94 342* ***M° Evangelismos*** *www.astrolavos.gr Ouvert mar.-ven. 11h-15h et 18h-21h, sam. 10h-15h*

Athènes hors des sentiers battus

Lieux de visite

Hammam des Vents ____ 128
Musée d'Art islamique ____ 137
Technopolis ____ 139
Centre d'art contemporain Benaki ____ 140
Grand Cimetière d'Athènes ____ 156

En flânant

Brettos ____ 131
Marché aux puces ____ 133
Melissinos Art ____ 133

Pour une pause-café

Cafe Orea Ellas ____ 131
6 D.o.g.s. ____ 137
Aerostato ____ 156
The Art Foundation - TAF ____ 173

Où acheter de la céramique contemporaine ?

ADC Eleni Vernadaki (plan 2, C3 n°100) ADC, comme Athens Design Centre. La céramiste Eleni Vernadaki s'inspire de motifs grecs anciens pour créer des pièces uniques. Les formes sont simples mais ont du caractère. Des plats bleu, noir et blanc, des vases élancés rouge, noir et blanc, des services à thé japonisants... De la vaisselle contemporaine pour tous les jours et des objets déco. *Valaoritou 4 Tél. 210 36 10 194* ***M° Syntagma*** *Ouvert mer. et sam. 11h-15h, mar. et jeu.-ven. 11h-20h Fermé en août*

Où craquer pour des cosmétiques nature ?

Apivita (plan 2, C3 n°101) Depuis sa fondation, en 1979, et sa première ligne de savons et de shampoings au miel, Apivita a considérablement diversifié sa gamme de produits de beauté et de soins naturels. À base de thé vert, d'huiles essentielles et d'extraits de plantes, celle-ci est vendue dans les pharmacies grecques et distribuée dans une quinzaine de pays étrangers. Laissez-vous tenter par un masque pour cheveux secs à l'avocat, une crème hydratante à la cannelle ou un gel douche à la bergamote, aux algues et au thé vert. *Solonos 26 Tél. 210 36 40 560* ***M° Syntagma*** *www.apivita.com Ouvert mar. et jeu.-ven. 9h-21h, lun., mer. et sam. 9h-16h*

Où faire provision de douceurs ?

Fresh (plan 2, C3 n°107) Cette petite boutique chic propose un assortiment de délices colorés : fruits à la cuillère dans des bocaux en verre (7,50€), pâtisseries aux couleurs parfois flashy (3,30€ la tartelette aux fraises), verrines (1,50€), mais aussi des liqueurs et de la limonade artisanale. De jolies tentations à déguster sur place ou à glisser dans ses bagages... *Loukianou 21B /Patriarchiou Ioakim Tél. 210 72 93 453* ***M° Evangelismos*** *Ouvert sam.-dim. 9h-23h, lun.-ven. 8h-23h*

Où faire une pause déjeuner ?

Prytaneion (plan 2, C3 n°37) Vous rêvez d'une salade croquante ou de fruits de mer tout frais ? Voilà un établissement de Kolonaki réputé pour la qualité de ses produits et son aptitude à rassembler journalistes et hommes politiques dans une atmosphère décontractée… Des pâtes maison et un grand choix de vins grecs et français. Env. 30-35€. *Milioni 7-9* ***M° Evangelismos*** *Ouvert tlj. 10h-1h*

Où boire un verre ?

Cafe Peros (plan 2, C3 n°76) Vous trouverez sans doute les banquettes de ce café bien accueillantes après une séance de shopping rue Tsakalof. Et sa terrasse s'étend sur près de 200m^2 ! Ce n'est pas l'endroit le plus calme, mais certainement le meilleur pour "voir et être vu". Tout le beau monde de Kolonaki s'y retrouve pour boire un verre, échanger les dernières nouvelles ou regarder la retransmission d'un match de foot sur écran géant. Café frappé 5€, sodas 3,50€. *Tsakalof 2 Tél. 210 36 45 068* ***M° Evangelismos ou Syntagma*** *Ouvert 24h/24 Restaurant jusqu'à 2h*

Galaxy Bar (plan 2, C3 n°77) Perché au sommet de l'hôtel Hilton, il jouit d'une vue imprenable sur l'Acropole et la ville. Pour vous asseoir dans l'un de ses petits fauteuils colorés très contemporains, ou en terrasse, il vous en coûtera de 17 à 20€ le cocktail et 7,50€ le café frappé. *Vassilissis Sofias 46 Tél. 210 72 81 000* ***M° Evangelismos*** *www.hilton-co.uk/athens Ouvert dim.-jeu. 18h-3h, ven.-sam. 18h-4h Restaurant 19h30-1h*

L'ATTIQUE ET L'EUBÉE

Mets et Pangrati

Ces deux quartiers du sud de la ville préservent jalousement leur tranquillité. Les rues de Mets s'articulent autour de l'impressionnant stade Panathinaïko, qui accueillit les premiers jeux Olympiques, en 1896. Offrez-vous une promenade insolite au cimetière d'Athènes, vaste musée en plein air de l'art funéraire. Dans le quartier de Pangrati, vous trouverez des restaurants sélects, mais aussi des bars et des tavernes à la clientèle d'habitués.

Stade Panathénaïque / Panathinaïko (plan 2, C4) Séparé du boulevard Vassileos-Konstandinou par une vaste esplanade, cet immense stade fut édifié par l'orateur Lycurgue en 329 av. J.-C. pour abriter les épreuves sportives des Panathénées. Reconstruit en marbre, au IIe siècle, à l'initiative d'Hérode Atticus, il servit pour les combats de gladiateurs – il est aussi appelé Kallimarmaro, "d'un beau marbre". Délaissé plusieurs siècles durant, il a été fidèlement restauré sur le modèle antique pour les jeux Olympiques de 1896. Environné d'arbres, il mesure 204m de long sur 83m de large et peut contenir 70 000 spectateurs. Lors des JO de 2004, il accueillit les compétitions de tir à l'arc et l'arrivée du marathon. *Vassileos Konstandinou Tél. 210 75 51 744* ***M° Evangelismos ou Akropolis*** *Ouvert lever du soleil-coucher du soleil*

Musée philatélique (plan 2, C4) À deux pas du stade, ce petit musée sans prétention vous intéressera même si vous n'êtes pas féru de timbres. Sa présentation de la Poste grecque est désuète, mais amusante : des boîtes aux lettres en bois de toutes formes, des sacs à courrier en toile de jute, des balances anciennes, de vieux télégraphes, des trompettes de facteur et la fameuse moto Jawa jaune vif. La seconde salle présente les timbres (en

9x13) émis pour toutes les olympiades modernes, depuis celles de Pierre de Coubertin à Athènes en 1896, ainsi que de très belles vignettes à thème mythologique. À visiter en famille. *Fokianou 2 Tél. 210 75 19 042* ***M° Evangelismos ou Akropolis*** *www.postalmuseum.gr Ouvert lun.-ven. 9h-14h Entrée libre*

Grand Cimetière d'Athènes / Proto Nekrotafio Athinon (plan 2, C4) Ce cimetière municipal (1878) abrite la dernière demeure, souvent somptueuse, de personnalités grecques et philhellènes. Le héros de la guerre d'Indépendance, Theodoros Kolokotronis, le philanthrope Georgios Averof – qui finança la reconstruction du stade Panathénaïque –, l'archéologue Heinrich Schliemann et l'actrice et ministre de la Culture Mélina Mercouri reposent dans d'imposants mausolées en marbre exécutés par des sculpteurs de renom. En déambulant parmi les pins, les cyprès et les oliviers, vous tomberez sans doute en arrêt devant *La Jeune Fille endormie*, œuvre de Giannoulis Halepas, ou devant le sobre mémorial dédié aux 100 000 Athéniens morts de faim durant la Seconde Guerre mondiale. Des sépultures de ministres, d'artistes, de poètes... Tout un pan de l'histoire grecque depuis l'indépendance. *Au bout de la rue Anapafseos* ***M° Akropolis*** *Ouvert tlj. 7h-coucher du soleil*

● Où remplir un panier gourmand ?

Kriton Gefsis / Κριτον Γευσεις (plan 2, C4 n°110) On va chez Kriton Yefsis chercher du lait frais ou remplir une bouteille de vin au tonneau. Ici, 99% des produits sont crétois : un beau choix de fromages, du miel, des confitures, de l'huile d'olive, des pâtes, du vin, des tisanes, du thé, de l'origan, de la lavande et bien sûr... du tsipouro (marc de raisin) ! *Empedokleous 69 Tél. 210 75 12 373* ***M° Agios Ioannis*** *Ouvert lun., mer. et sam. 9h-18h, mar. et jeu.-ven. 9h-21h*

● Où boire un verre ?

Aerostato (plan 2, C3 n°74) Des lumières tamisées, des ventilateurs au plafond, une mini-montgolfière qui se balance au-dessus du bar et quelques accords de jazz... voilà un café chaleureux, qui sort ses tables sur la place Proskopon en été et où les gens du quartier se retrouvent en fin d'après-midi. Ambiance nettement plus animée le soir. Cocktail 8€. *Pl. Proskopon/Ptolemaion 4 Tél. 210 72 41 116* ***M° Evangelismos*** *Ouvert tlj. 10h-2h*

Goudi

Glyptothèque nationale (hors plan 2) Installée dans les anciennes écuries royales du parc de Goudi – un terrain militaire réaménagé pour accueillir les épreuves de badminton et de pentathlon moderne des JO de 2004 –, la Glyptothèque nationale présente l'évolution de la sculpture grecque depuis le XIXe siècle : Kostas Dimitriadis, Giorgios Zongolopoulos, Dimitris Armakolas... et des invités étrangers comme Antoine Bourdelle, René Magritte ou encore Santiago Calatrava. À la collection permanente s'ajoutent des rétrospectives et autres expositions temporaires. Jusqu'en 2016, la Glyptothèque nationale héberge une partie de la collection de tableaux et de mobilier de la Pinacothèque nationale (p.152), fermée pour travaux. *Alsos Athanathon, Goudi, Zografos À 5km au nord-est du centre Tél. 210 77 09 855 www.nationalgallery.gr Ouvert mai-oct. : lun., mer. et sam. 9h-14h ; nov.-avr. : lun., mer. et sam. 8h-14h*

Les environs d'Athènes

☆ **Les essentiels** Le monastère de Kaissiriani, le cap Sounion, les mosaïques du monastère de Dafni **Découvrir autrement** Faites un dîner de fruits de mer au Pirée, baignez-vous dans la baie de Schinias ou au pied du temple de Poséidon, à Sounion

Le Pirée Ο ΠΕΙΡΑΙΑΣ ο Πειραιας

Immortalisée dans les années 1960 par le film de Jules Dassin *Jamais le dimanche*, dans lequel Mélina Mercouri chante avec passion *Les Enfants du Pirée*, la cité portuaire possède un charme cosmopolite unique. Si le port et ses abords ont été réhabilités à l'occasion des JO de 2004, les journées sont toujours rythmées par le mugissement des ferries et les allées et venues des voyageurs en partance pour les îles et de marins de toutes nationalités. C'est sous l'archontat de Thémistocle (493-492 av. J.-C.) que les Athéniens décidèrent d'abandonner la rade de Phalère au profit de la presqu'île du Pirée, où ils aménagèrent un port de commerce et deux ports militaires, dûment fortifiés. La cité du Pirée fut reconstruite selon un quadrillage régulier et, en 461 av. J.-C., commença l'aménagement de la voie fortifiée la reliant à Athènes. Les Spartiates, vainqueurs de la guerre du Péloponnèse, rasèrent ces Longs Murs en 404 av. J.-C., mais ceux-ci furent vite relevés. Concurrencé par Rhodes et Alexandrie à l'époque hellénistique, Le Pirée demeura longtemps un port actif. Devenu le plus grand port de la Grèce contemporaine, ce dernier est aujourd'hui englobé dans l'agglomération athénienne. Si vous devez embarquer pour une île de la mer Égée et si vous avez un peu de temps devant vous, sortez des zones portuaires et allez goûter l'ambiance orientale de la rue Gounari et de ses passages, visitez un musée ou rendez-vous à Mikrolimano pour faire un repas de poisson les pieds (presque) dans l'eau. *À 10km au sud-ouest d'Athènes M° Pireas (ligne 1, à 20min de Thiseio et de Monastiraki) De l'aéroport, bus X96 (arrêt place Karaiskaki) ; d'Omonia, bus n°049 (arrêt Chatzikiriakio/Afetiria) ; de Syntagma, bus n°040 (arrêt Chatzikiriakio/Afetiria)* **Bureau de l'ONHT (plan 7, B2)** *www.gnto.gr*

Port central / Kentriko Limani / Κεντρικο Λιμανι **(plan 7, A1-B1)** C'est le plus grand port de passagers d'Europe (20 millions de personnes y transitent chaque année) et le premier port commercial et industriel de Grèce. Sa privatisation, en 2006, lui a donné un nouveau visage. De la sortie du métro, une passerelle piétonne enjambe la bruyante Akti Kalimassioti pour faciliter l'accès aux terminaux. Les salles d'attente sont climatisées et une navette gratuite permet de gagner les autres sites portuaires. De nombreux ferries et catamarans rapides pour rejoindre les îles de la mer Égée (excepté les Sporades) et la Crète partent de là.

Musée des Chemins de fer électriques du Pirée – Musée ISAP (plan 7, B1) Installé dans l'enceinte de la station de métro du Pirée, ce petit musée évoque l'histoire de la ligne Athènes-Le Pirée, ouverte en 1869. Vous y verrez des wagons en bois et un poste de pilotage, un pupitre d'aiguillage, un condensateur archaïque évoquant une Gorgone en verre, des uniformes, etc. *Tél. 210 41 47 552 Ouvert lun.-ven. 9h-14h Entrée libre*

Marina Zea (plan 7, B1-B2) Ce vaste port de plaisance occupe l'anse où mouillait, sous Périclès, une partie de la flotte de guerre athénienne et, sous l'occupation turque, la force navale ottomane. Sur ses quais s'alignent restaurants, bars et boutiques. ***M° Pireas, puis trolleybus 20 ou bus 904***

Musée archéologique (plan 7, B1-B2) Des bas-reliefs, statues (buste de l'empereur Hadrien), stèles funéraires, vases, bijoux, de la monnaie et autres antiquités provenant des fonds marins et de quelques sites de l'Attique. Les joyaux de cette intéressante collection sont les quatre bronzes découverts par hasard au Pirée en 1959 : une statue archaïque d'Apollon, de type kouros, deux d'Artémis et une splendide Athéna coiffée d'un casque à cimier du IVe siècle av. J.-C. Admirez également les statues grandeur nature du monument funéraire de Nikeratos (325 av. J.-C.), haut de 7m. *Charilaou Trikoupi 31 Tél. 210 45 21 598* ***Du métro Pireas, bus 909*** *(arrêt Brioni) Ouvert mar.-dim. 8h-15h Tarif 3€, seniors et étudiants 2€, gratuit pour les moins de 18 ans*

Musée naval / Naftiko Mouseio (plan 7, B2) L'un des ports les plus actifs du monde se devait d'avoir son musée naval ! Celui-ci nous conte l'histoire de la marine grecque depuis l'Antiquité. Vous pourrez ainsi admirer des modèles de bateaux, dont une barque en papyrus (8000 av. J.-C.) et une maquette géante de trière (500 av. J.-C.), des costumes, des dioramas de batailles navales, des instruments de navigation et de nombreuses maquettes (porte-conteneurs, pétroliers, paquebots, sous-marins) reflétant la puissance de la marine grecque contemporaine. *Akti Themistokleous/Freatidos Marina Zea (peu visible de la route, il épouse la courbe du quai, au bas de la place Freatidos)* ***M° Pireas, puis bus n°040 sur Kalamaki*** *(arrêt Brioni) Tél. 210 45 16 264 www.hmm.gr Ouvert mar.-sam. 9h-14h Tarif 4€, seniors 2€, étudiants et moins de 19 ans 1,50€*

Mikrolimano (plan 7, C1-C2) Des embarcations de pêche colorées dansent dans ce "petit port" dont les tavernes et les bars, très fréquentés, sont éclairés le soir par des guirlandes d'ampoules. Mikrolimano est dominé par le quartier résidentiel de Kastella, aux ruelles pentues entrecoupées d'escaliers et jalonnées de maisons néoclassiques en restauration. Grimpez sur ses hauteurs pour profiter d'une belle vue sur les trois ports et le golfe Saronique. À l'est de Mikrolimano s'étire l'avenue Akti Dilaveri, haut lieu des nuits branchées du Pirée, cf. Akti Dilaveri (p.172). ***M° Pireas, puis trolleybus 20***

● Où remplir un panier gourmand ?

Planodia Agora Pirea (plan 7, A2 n°40) C'est le grand marché aux puces hebdomadaire du Pirée. Haut en couleurs : objets hétéroclites, vêtements, fourre-tout et vide-grenier, une foule tout aussi colorée s'y promène en quête de bonnes affaires. *Pl. Ipodamias* ***M° Pireas*** *Ouvert dim. 7h-15h*

Mandragoras / Μανδραγορας **(plan 7, B1 n°42)** Une épicerie à l'ancienne (elle a 50 ans d'âge) avec son stock de fruits secs, d'olives et d'aromates en vrac, ses confitures de pruneaux ou de cerises, ses savons et son encens. On peut y acheter des bâtons de cannelle de 50cm de long, des piments séchés et des escargots vivants (6,80€ le kg) à cuire avec des tomates et des oignons. Plats à emporter. *Gounari 14 Tél. 210 41 72 961* ***M° Pireas*** *Ouvert lun., mer. et sam. 8h-16h, mar. et jeu.-ven. 8h-20h*

Plan 7 Le Pirée

Restauration (n°1 à 7)
Achinos 1 B2
Jimmy & the Fish 2 C1
Margaro 7 A2
Panorama 4 C1
To Leontari tou Pirea 5 A1
Vosporos 6 C1

Cafés, bars et lieux de sortie (n°10 à 19)
Akti Dilaveri 12 C1
Americanico Bar* 17 B2
Anifori 10 C1
Cafe Katafygio* 18 C1
Café Theatrou* 15 B1
Dodoni* 16 B1
Istioploikos 11 C2
Mekka 13 C2
Navarchou Bity* 19 B1
Ontas Tis Konstantinas 14 C1
Viva Zapata 15 C1

Hébergement (n°30 à 32)
Anita & Argo 30 B1
Cavo d'Oro 31 C1
Mistral 32 C1

Shopping (n°40 à 48)
Anastasios Krabariotis* 43 B1
Epilekton* 41 B1
Kosmokent* 45 B1
Mandragoras* 42 B1
Marché central* 46 B1
O Giorgos* 47 B1
Peiraïki* 48 B1
Planodia Agora Pirea* 40 A2

*À RETROUVER DANS LA PARTIE DÉCOUVRIR

Peiraïki / Πειραικη (plan 7, B1 n°48) Sur les quelques étagères clouées hâtivement au mur par le producteur trônent des pots de miel de thym (13,80€ le kg), de pin (9€ le kg), de sapin et toutes fleurs (10,60€). Les gens du quartier viennent faire remplir leur pot... ou acheter du matériel d'apiculture (!). *Gounari 21-23 Stoa Politou (passage) Tél. 210 41 38 208* ***M° Pireas*** *Ouvert lun.-ven. 8h-15h, sam. 8h-14h*

O Giorgos / Ο Γιωργος (plan 7, B1 n°47) Les villes portuaires aiment les produits d'ailleurs... Dans cette épicerie fine arménienne se mêlent des effluves d'épices, de *soudjouk* (saucisse) et de feta. Beaucoup de produits frais et des spécialités à goûter. *Gounari 21-23 Stoa Politou (passage)* ***M° Pireas*** *Ouvert lun.-ven. 8h-15h, sam. 8h-14h*

Marché central / Κεντρικη αγορα (plan 7, B1 n°46) À deux pas du port, ce petit marché vaut le coup d'œil pour son ambiance orientale. Des légumes, des fruits, du poisson et une rôtisserie appétissante : Palio Roloï. *Dimosthenous 5 Tél. 211 18 22 850* ***M° Pireas*** *Ouvert lun.-sam. 7h-15h* ***Rôtisserie*** *tlj. 10h-23h* ***Orchestre*** *ven.-dim. jusqu'à l'aube*

● Où tomber sur un "trésor" ?

Epilekton (plan 7, B1 n°41) "Chacun des objets que je vends a une histoire !" précise Poli, la maîtresse des lieux. Elle se fera une joie de vous la conter. De l'œil qui vous protégera de tout – en version XXL ou miniature – aux maquettes de bateaux en fer et en bois, toutes ses trouvailles ont été soigneusement sélectionnées et proviennent de ports des quatre coins de Grèce... ou du monde. Il y en a sûrement une qui vous séduira ! *Karaïskou 111 Tél. 210 41 75 498* ***M° Pireas*** *Ouvert lun., mer. et sam. 9h-15h, mar. et jeu.-ven. 9h-14h et 17h-21h*

● Où dénicher des pièces de bateau ?

Anastasios Krabariotis / Αναστασιος Κραμπαριωτης (plan 7, B1 n°43) Si vous êtes un passionné de nautisme, cette minuscule échoppe est pour vous ! Vous pourrez y dénicher des pièces détachées, bien sûr, mais également des manilles, des cordages et des lampes-tempête. *Aristeidou 20 Tél. 210 41 33 847* ***M° Pireas*** *Ouvert lun.-sam. 8h-18h*

● Où faire le bonheur des dames ?

Kosmokent (plan 7, B1 n°45) Un magasin désuet, spécialisé dans la broderie et la tapisserie, où l'on peut se procurer de la laine, du coton, un canevas, des aiguilles, mais aussi de jolies nappes brodées et de la dentelle à foison. Le passage (*stoa*) au fond duquel la mercerie se niche vaut à lui seul le coup d'œil pour ses couleurs gaies, sa treille et sa verrière. *Karaoli Dimitriou 5 (Stoa Kouvelou) Tél. 210 41 76 555* ***M° Pireas*** *Ouvert lun., mer. et sam. 8h-15h, mar. et jeu.-ven. 8h-20h*

● Où fondre devant une crème glacée ?

Dodoni (plan 7, B1 n°16) Un vaste choix de glaces au chocolat (5 parfums), au yaourt, à la mangue... La réputation de ce célèbre glacier n'est pas usurpée ! À partir de 1,50€ le cornet. *Akti Moutsospoulou 10 Tél. 210 42 97 503* ***M° Pireas*** *Ouvert tlj. 10h30-3h*

● Où boire un café ?

Navarchou Bity / Ναυαρχου Μπητυ (plan 7, B1 n°19) À côté de la mercerie Kosmokent, un *kafeneion* qui propose des cafés en tout genre, du tsipouro et des bières. Idéal pour un café matinal avant d'appareiller pour les îles (à 5min du port). Le café frappé coûte 1,40€, un prix imbattable ! *Karaoli/Dimitriou 5 (Stoa Kouvelou) Tél. 210 41 19 195* **M° Pireas** *Ouvert lun.-sam. 6h-14h et 16h-20h*

● Où prendre un verre ?

Café Theatrou / Καφε Θεατρου **(plan 7, B1 n°15)** Juste en face du Théâtre du Pirée, sur la grande place qui porte son nom, un café-bar tapissé de bois clair, avec parquet en merisier, et fresques évoquant la Commedia dell'arte pour l'atmosphère de carnaval vénitien. L'été, terrasse abritée sur l'esplanade. Pour un café, une glace (6€), une crêpe (4-10€) ou un verre. *Karaïskou 115 Tél. 210 41 17 897* **M° Pireas** *Ouvert tlj. 7h30-1h*

Cafe Katafygio / Καφε Καταφυγιο **(plan 7, C1 n°18)** Au bout du port de Mikrolimano, un "refuge" (comme son nom l'indique) délicieusement frais l'été. Des parapluies suspendus au plafond, des murs ocre et mauve rehaussés de tableaux et de miroirs encadrés d'or, des voilages aux fenêtres et une alcôve cosy meublée de quelques fauteuils. Le soir, le café fait club et ouvre sa terrasse à l'étage qui domine le port. Cocktails 8,50€, bière 6€ – et la bière grecque Fix à 4€. *Akti Koumoundourou 4* ***M° Pireas, puis trolleybus 20****(arrêt Mikrolimano) Tél. 210 41 31 612 Ouvert tlj. 17h-tard dans la nuit*

Americanico Bar (plan 7, B2 n°17) Le canapé rouge vif façon vieille Chevrolet qui trône dans la rue pose le décor : un bar de poche furieusement rock'n'roll avec ses publicités américaines des années 1950 aux murs, son vieux poste de TV et son juke-box hors d'usage. Musique country, reggae, blues ou jazz selon l'heure. Cafés, jus de fruits et cocktails (8€). *Akti Themistokleous 6* ***M° Pireas, puis bus 300*** *(arrêt Tzaneio) ou* ***904*** *(arrêt Kafeneio) Tél. 210 45 30 551 Ouvert sept.-mai : lun.-ven. 15h-3h, w.-e. 9h-5h ; juin-août : tlj. 19h-3h*

☆☺ Monastère de Kaissariani Μονη Καισαριανης

Moni Kaisarianis Dépaysement garanti sur le site de ce couvent byzantin niché dans un vallon verdoyant, près des vestiges d'un temple d'Aphrodite, au flanc du mont Hymette ! Cyprès, pins et platanes enserrent le complexe de leur ombre bienveillante. Bâti au XIe siècle sur les ruines d'un temple gréco-romain et désaffecté au XIXe, le monastère est particulièrement bien conservé. L'église (*katholikon*), dédiée à la Présentation de la Vierge, est ornée de fresques polychromes du XVIIe siècle. Les plus belles sont celles du narthex, dues à Ioannis Ypatos. En face (à l'ouest) du sanctuaire se visitent le réfectoire et la cuisine, et au sud, d'anciennes cellules ainsi que les lavabos d'origine (XIe s.). *À une dizaine de kilomètres au sud d'Athènes (bus n°224 de Vassilissis Sofias, puis 20min de marche) Tél. 210 72 36 619*

★ Cap Sounion ΣΟΥΝΙΟ Σουνιο

L'endroit est tout bonnement fascinant. À l'aplomb du cap, au-dessus des flots, s'élève un **temple de Poséidon** reconstruit au Ve siècle av. J.-C., au lendemain des guerres médiques. Ses colonnes de marbre servaient de repère aux marins, qui ne manquaient jamais d'invoquer le dieu de la Mer avant de prendre le large. Quinze des 34 colonnes doriques d'origine (6 en façade, 11 sur chaque côté) ont été relevées. Hautes de 6m, elles ne présentent que 16 cannelures au lieu des 20 habituelles, sans doute pour mieux résister aux vents marins. Un temple d'Athéna s'élevait à proximité. Ne manquez pas le panorama sur la mer Égée, les Cyclades et l'île d'Eubée au coucher du soleil. *Sounion À 68km au sud-est d'Athènes (1h de route) En car KTEL Attika, départ de Mavromateon (Champ-de-Mars) toutes les heures 6h30-17h30 Tél. 22920 39 363 Ouvert tlj. 9h30-coucher du soleil Tarif 4€*

Vravrona ΒΡΑΥΡΩΝΑ Βραυρωνα

Le sanctuaire d'Artémis, à quelques centaines de mètres de Neo Vravrona, est difficile à trouver, car peu visible de la route et mal indiqué. Mais quelle poésie se dégage de ses ruines perdues au milieu des collines et auprès desquelles un cours d'eau serpente parmi les roseaux ! Fondé au IXe ou au VIIIe siècle av. J.-C. autour d'une source sacrée et d'une grotte qu'aurait occupée Iphigénie, il fut reconstruit trois ou quatre siècles plus tard. Il était consacré au culte d'Artémis Brauronia, divinité de la nature protectrice des femmes en couches et des enfants. Des fillettes de l'aristocratie athénienne venaient servir quelque temps la déesse. Fait exceptionnel, de jeunes garçons pouvaient aussi se préparer à leur vie d'adulte dans ce temple. Tous les quatre ans, lors des fêtes de Brauron, qui amenaient une procession d'Athènes, les petites filles, vêtues de robes safran, devaient danser devant le temple en imitant la démarche de l'ourse. Un rituel exigé par Artémis en réparation de la mise à mort par un chasseur d'une ourse qu'elle protégeait. En contrebas de la ravissante chapelle Saint-Georges, on peut identifier les soubassements du temple. Non loin s'élèvent le portique dorique restauré et les fondations des dortoirs des enfants. Le petit **musée archéologique** installé à 1,5km du site, par la même route, présente les plus belles trouvailles effectuées sur place : des offrandes et de charmantes statuettes d'enfants. *À 35km à l'est d'Athènes par la route de Rafina, puis dir. Loutsa et Neo Vravrona Laisser le complexe hôtelier Marenostrum à gauche et prendre la 1re route à gauche Le site est à 100m à gauche dans un virage. Autre possibilité : en provenance de Markopoulo, dir. Loutsa, puis Vravrona, puis temple d'Artémis. En bus de la station de métro Ethniki-Amyna (ligne 3), bus n°304 jusqu'à Loutsa Tél. 22990 27 020* ***Site*** *fermé pour travaux jusqu'en 2015* ***Musée*** *ouvert mar.-dim. 8h-14h45 Tarif 3€, seniors 2€, étudiants et moins de 19 ans gratuit*

Marathon ΜΑΡΑΘΩΝΑΣ Μαραθωνας

Ce nom n'évoque-t-il pas d'emblée la bataille victorieuse que les Athéniens livrèrent aux Perses en 490 av. J.-C. ? La charge des hoplites accula l'armée achéménide à la retraite, faisant plus de 6 000 morts dans ses rangs et seulement 192 dans ceux des Athéniens. Un messager grec en armure parcourut en courant les 42km qui séparent Marathon d'Athènes pour annoncer la victoire, avant de mourir d'épuisement. On célébra son souvenir lors des premiers jeux Olympiques modernes, en 1896, en introduisant la course parmi les épreuves.

Tumulus des Athéniens C'est le seul témoin de la bataille. Au milieu des oliviers, cette motte de 10m de haut et de 180m de circonférence a l'allure d'une gigantesque termitière en été et celle d'un tapis houleux d'herbe tendre au printemps. Les cendres des 192 Athéniens tués au combat y sont enfouies. Une table de lecture présente la campagne perse, la bataille et les vainqueurs. *D'Athènes, route de Rafina, puis dir. Marathon À 3km au nord de Nea Makri, tourner à droite (bien fléché) Bus KTEL Attika à partir de Mavromateon (Champ-de-Mars) Tél. 22940 55 462 Ouvert mar.-dim. 8h-15h Tarif 3€, seniors 2€, étudiants et moins de 19 ans gratuit*

Musée archéologique Entièrement rénové, il présente les objets trouvés sur le site de la bataille et dans les tombes des guerriers athéniens (céramiques, offrandes, fragments de trophée en marbre, une colonne érigée après la défaite des Perses), ainsi que deux statues étonnamment bien conservées, de style égyptien, découvertes dans l'ancienne propriété familiale d'Hérode Atticus (101-176). *À 2km du tumulus des Athéniens en dir. de Marathon, puis à gauche (3km) Tél. 22940 55 155 Ouvert mar.-dim. 8h-15h Tarif 3€, seniors 2€, étudiants et moins de 18 ans gratuit*

Baie de Schinias La longue plage bordée de pins maritimes (et de quelques tavernes) qui festonne la baie est l'une des plus belles de cette côte. Mais elle est surpeuplée l'été. Le centre olympique de canoë et d'aviron, aménagé à proximité pour les JO de 2004, a fait couler beaucoup d'encre. En effet, près de 176 espèces d'oiseaux trouvent refuge dans cette zone marécageuse, dont une partie a été classée parc naturel. Laissé à l'abandon durant 3 ans, son magnifique bassin est devenu depuis un centre d'entraînement de la Fédération internationale d'aviron. *À 7km à l'est de Marathon*

Ramnous ΡΑΜΝΟΥΣ Ραμνους

Le site de Rhamnonte, occupé dès le néolithique, réunit un sanctuaire et une forteresse en pleine nature, parmi les oliviers et les lauriers-roses d'un

S'offrir un bain de mer près d'Athènes

Athènes est l'une des rares capitales européennes dont le centre soit à 30min en tram ou en bus d'une plage. Sur plusieurs kilomètres au sud de la ville s'étirent des plages souvent privées (donc payantes et généralement accessibles de 8h au coucher du soleil), mais bien aménagées, avec parasols, transats, douches, cabines, buvette, jeux pour enfants et sable propre. La plus proche d'Athènes est celle d'**Edem**, à 8km au sud-ouest, soit 20min de Syntagma en tram (L.2), bien sûr bondée le week-end (accès 7€). **Agios Kosmas**, 4km plus loin, est l'une des rares plages publiques libres d'accès – à condition de trouver un coin qui ne soit pas occupé par des transats et des parasols... payants ! Vous pourrez poursuivre en tram jusqu'à **Glyfada** (3km d'Agios Kosmas) ou rejoindre les plages de **Voula** (42km au sud de Glyfada) et de **Vouliagmeni** (44km au sud de **Voula**, desservi par le bus E22). Si vous êtes motorisé, poussez jusqu'à la **baie de Schinias**, à 48km au nord-est d'Athènes.

vallon qui descend vers la mer. Subsistent les fondations des deux temples, dédiés l'un à Thémis, déesse de la Justice (IVe s. av. J.-C.), l'autre à Némésis, déesse de la Vengeance (Ve s. av. J.-C.). Une antique voie bordée d'enclos funéraires mène à la forteresse construite lors de la guerre du Péloponnèse pour surveiller le golfe d'Eubée. Deux ports en contrebas accueillaient les navires de patrouille. *De Marathon, prendre la dir. Grammatiko, puis dans le village, à droite, celle de Ramnous et Kato Souli. Suivre la route principale (peu fléchée), puis les panneaux "Taverne Ramnous" (Ταβερνα Ραμνους) Tél. 229 40 63 477 Ouvert tlj. 8h-15h Tarif 2€, seniors 1€, étudiants et moins de 19 ans gratuit*

Amphiareion d'Oropos Αμφιαρειον Ωρωπου

Le bruissement du vent dans les pins, le chant des cigales, le paisible cours d'eau qui traverse le site... Voilà un cadre charmant pour le sanctuaire oraculaire d'Amphiaraos ! Ce héros et devin argien aurait été englouti avec son char dans un gouffre ouvert par Zeus, devenant une divinité chtonienne douée de pouvoirs de guérison. Le temple, qui dépendait du port d'Oropos, fut érigé au IVe siècle av. J.-C., et bientôt des pèlerins affluèrent pour consulter l'oracle et soulager leurs maux. À droite de l'entrée gisent les vestiges du temple qui abritait la statue du devin guérisseur. À proximité jaillissait une source sacrée, créditée de propriétés curatives, où les pèlerins guéris venaient jeter des pièces d'or ou d'argent. Le théâtre (à gauche) accueillait de grandes fêtes votives tous les quatre ans. Remarquez ses quelques fauteuils en marbre remarquablement bien conservés. En face s'élevait un portique à colonnes, long de 110m, sur les banquettes en pierre duquel les pèlerins passaient la nuit en incubation. Enveloppés dans la peau d'un bélier qu'ils avaient sacrifié, ils attendaient les songes envoyés par Amphiaraos, que les prêtres interpréteraient ensuite pour leur prescrire un traitement. *À 48km au nord d'Athènes, par la route de Lamia puis à droite dir. Oropos, ou par la très jolie route en provenance de Ramnous qui dessert Grammatiko, Varnavas, Kapandriti et Kalamos (le site est ensuite fléché) En bus, de Mavromateon à Oropos, puis 3km à pied Tél. 22950 62 144 Ouvert mar.-dim. 8h-15h Tarif 2€, seniors 1€, étudiants et moins de 19 ans gratuit*

Thèbes ΘΗΒΑ Θηβα

Difficile d'imaginer à la vue de cette petite ville assoupie de Béotie, la Thèbes qui prêta son cadre au mythe d'Œdipe et qui fut, au IVe siècle av. J.-C., la plus puissante cité de Grèce, l'ennemie jurée d'Athènes, avant d'être rasée par les Macédoniens. La seule attraction de l'agglomération moderne : son musée archéologique, qui renferme des trésors exhumés dans la région, de la période mycénienne à l'âge classique. Mentionnons les sceaux-cylindres mésopotamiens (XIIIe s. av. J.-C.), les *kouroi* archaïques, les stèles funéraires en pierre noire (Ve s. av. J.-C.), la céramique et, surtout, les sarcophages mycéniens (XIIIe s. av. J.-C.) retrouvés dans la nécropole de Tanagra. En terre cuite peinte, ils sont décorés de scènes de combat et de cortèges funèbres avec pleureuses. *À 87km au nord-ouest d'Athènes par l'autoroute 8 puis la E962*
Musée archéologique *Threpsiadou 1/Pl. Keramopoulou Tél. 22620 27 913 Fermé pour une période indéterminée*

Éleusis ΕΛΕΥΣΙΝΑ Ελευσινα

Enserré dans la banlieue industrielle d'Athènes, entre raffineries et cimenteries, le site archéologique d'Éleusis (Elefsina) forme un champ de ruines peu explicites car réduites à des fondations et à des colonnes mutilées. Ce sanctuaire voué à Déméter, déesse de la Fertilité et de l'Agriculture, et à sa fille, Perséphone, reine des Morts, fut pourtant l'un des plus importants de la Grèce antique (cf. encadré). Le sanctuaire fut fermé par l'empereur Théodose en 392 et dévasté par les Goths peu après. Ses ruines s'étendent au bas d'une acropole. Il faut traverser l'esplanade dallée de marbre, en laissant à droite les vestiges d'un temple d'Artémis, pour gagner ceux des Grands Propylées (IIe s.), qui marquaient l'entrée principale du site. Une petite passerelle les relie aux Petits Propylées, à droite desquels s'ouvrent les grottes symbolisant la porte des Enfers – un temple dédié à Hadès s'élevait au-dessous. De là, la voie Sacrée longe des ruines difficilement identifiables jusqu'au Télestérion (ou salle d'initiation), l'édifice où se déroulaient les mystères. Bâti à l'époque mycénienne en l'honneur de Déméter, il fut maintes fois reconstruit et agrandi. Quelque 3 000 personnes pouvaient prendre place sur les gradins de cette vaste salle carrée. Faites un tour au Musée archéologique. Vous y verrez, notamment, deux maquettes du sanctuaire, l'amphore d'Éleusis (VIe s. av. J.-C.), une copie de la stèle votive représentant Déméter offrant un grain de blé à Triptolème sous le regard de Perséphone (l'original, du Ve s. av. J.-C., se trouve au Musée archéologique national d'Athènes), une très gracieuse *Perséphone en fuite* (v. 490 av. J.-C.) et l'une des cariatides (Ier s. av. J.-C.) qui soutenaient jadis le toit des Petits Propylées. *À 11km de Dafni et à 23km au nord-ouest d'Athènes par l'autoroute de Corinthe Bus A16 ou B16 à partir de la place*

Mythe de Déméter et Perséphone et culte d'Éleusis

Quand Hadès, le roi des Enfers, enleva Perséphone pour en faire son épouse, la déesse Déméter erra neuf jours et neuf nuits sur la terre en quête de sa fille disparue, négligeant les cultures et provoquant ainsi la disette. Particulièrement bien reçue par le roi d'Éleusis, elle aurait enseigné par gratitude les secrets de l'agriculture au fils de celui-ci, Triptolème. Par la suite, elle obtint de Zeus que sa fille passât la morte-saison auprès de son époux et les mois cultivables en sa compagnie, sur terre. Ce mythe symbolisant le cycle éternel de la vie et de la mort donna naissance au culte d'Éleusis : les fidèles étaient censés s'assurer une existence heureuse dans l'autre monde en participant à des rites initiatiques organisés au début de l'automne, lors des grandes fêtes agraires données au sanctuaire. Ces cérémonies, qui duraient neuf jours, étaient ouvertes à tous, même aux esclaves parlant grec, mais les initiés avaient interdiction d'en divulguer le contenu, sous peine de mort. Inutile de dire que ces mystères, qui firent les beaux jours d'Éleusis jusqu'au IVe siècle de notre ère, ont donné lieu à d'innombrables interprétations !

Eleftherias (Koumoundourou) Tél. 210 55 43 470 (site) ou 210 55 46 019 (musée) Ouvert mar.-dim. 8h-15h Tarif 3€, seniors 2€, étudiants et moins de 19 ans gratuit

☆ Monastère de Dafni Μονι Δαφνιου

Moni Dafniou Ses mosaïques et son excellent état de conservation ont valu à ce monastère byzantin aujourd'hui perdu dans la banlieue athénienne d'être classé au patrimoine mondial de l'Unesco en 1990. Dédié à la Dormition de la Vierge, il a été fondé au Ve ou au VIe siècle, sur les vestiges d'un temple d'Apollon Daphnéos, et reconstruit au XIe. Après l'avoir pillé, les Francs qui occupaient Athènes le confièrent aux Cisterciens en 1211. La communauté se dispersa au moment de l'invasion turque, et des moines orthodoxes se réinstallèrent à Dafni dès 1458. Après avoir logé une garnison pendant la guerre d'Indépendance, puis un asile d'aliénés, le monastère a été restauré à partir de 1888, mais endommagé par les séismes de 1889 et de 1897 et, plus récemment, par celui de 1999. Le complexe est protégé par une enceinte quadrangulaire de 100m de côté, qui daterait du VIe siècle. Érigée sur une crypte au XIe siècle et agrandie au XIIIe, l'église coiffée d'un dôme recèle de splendides mosaïques à fond d'or réalisées vers 1100, probablement sous la direction d'artistes venus de Constantinople. Au centre de la coupole, le Christ Pantocrator, "Maître de l'Univers", est entouré des 16 prophètes. Dans l'abside, la Vierge à l'Enfant figure entre les archanges Gabriel et Michel. Le cycle des scènes de l'Évangile correspondant aux grandes fêtes orthodoxes est illustré aux trompes de la coupole (l'Annonciation, la Nativité, le Baptême et la Transfiguration du Christ) et dans les bras du transept, de la Nativité de la Vierge à la Crucifixion (bras nord). La Dormition de la Vierge, à laquelle le monastère est consacré, est représentée à l'entrée de la nef centrale, face à l'abside. Dans le narthex, on peut voir, notamment, la Cène, la Trahison de Judas et la Présentation de la Vierge au Temple. *À 10km à l'ouest d'Athènes Bus A16 de la place Eleftherias (Koumoundourou) Arrêt Venzini, devant le monastère Tél. 210 58 11 558 Ouvert mar. et ven. 9h-14h Entrée libre*

CARNET D'ADRESSES

Lieux de sortie

Les Athéniens adorent sortir le soir, faire la fête et aller au spectacle. L'été, tout le monde est dehors dès la tombée du jour. On sirote un café frappé en guise d'apéritif, on dîne au restaurant, puis on prend un dernier verre tard dans la soirée. Certains tronçons de rue se transforment alors en terrasses de bars cosy : canapés confortables, musique d'ambiance, petites bougies sur les tables ou guirlandes d'ampoules dans les arbres... Les quartiers les plus branchés sont Gazi et Psiri, mais les rues Iraklidon (Thiseio), Inimitou (Pangrati) ou Charitos (Kolonaki) sont aussi fort animées. Les bars rivalisent d'imagination pour attirer le chaland. Certains arrivent ainsi à transformer un couloir en lounge ! De septembre à juin, les théâtres et les clubs de rébétiko, de jazz ou de world music ne désemplissent pas, les bars et boîtes d'Athènes sont bondés. En juillet-août, la vie nocturne se déplace vers les plages.

Cinéma en plein air

Un été très long, de fortes chaleurs, un sens inné de la fête... Tous les ingrédients sont rassemblés à Athènes pour faire sortir le 7e art des salles obscures. Dans les années 1920, les cinémas en plein air avaient déjà la cote. Et Athènes en détient toujours le record européen : une centaine ! Dès la mi-mai, ils s'installent dans les jardins, les cours et sur les toits. Au plaisir de voir un film sur grand écran en profitant de la douceur du soir s'ajoute celui de pouvoir fumer en commentant l'intrigue avec son voisin et de commander un verre ou un souvlaki au bar à l'entracte. Inconditionnel du silence au cinéma, ces séances ne sont pas pour vous, mais ce serait dommage de ne pas goûter au moins une fois cette ambiance unique sous la voûte étoilée. Et puis vous n'aurez aucun problème de compréhension : les films sont diffusés en VO sous-titrée. La plupart des cinémas proposent deux séances par soir, vers 21h et 23h. Le programme figure dans *Athens News*. Environ 7-8€ la séance.

Athinaia-Vitex (plan 2, C2-C3 n°50) Le cinéma favori des... gens du quartier. *Charitos 50* ***Kolonaki*** *Tél. 210 72 15 717* ***M° Evangelismos***

Cinéma Aigli (plan 2, C4 n°55) L'un des plus vieux cinémas de la capitale, Aigli a conservé son joli décor Art nouveau (1913). Dans le Jardin national, à côté du Zappeion. *Vassilissis Olgas* ***Syntagma*** *Tél. 210 33 69 300* ***M° Syntagma***

Cinéma Dexamenis (plan 2, C2 n°54) Caché dans la végétation au pied du Lycabette. *Pl. Dexamenis* ***Kolonaki*** *Tél. 210 36 23 942* ***M° Evangelismos ou Syntagma***

Cinéma Paris (plan 4, C3 n°12) Sur une terrasse donnant sur l'Acropole illuminée. Vente d'affiches de film au rdc. *Kidathineon 22* ***Plaka*** *Tél. 210 32 22 071* ***M° Akropoli***

Cinéma Riviera (plan 6, A2 n°11) L'un des plus vieux cinémas d'Athènes, parfumé par un énorme jasmin. *Valtetsiou 46* ***Exarchia*** *Tél. 210 38 37 716* ***M° Omonia***

Cinéma Thiseion (plan 4, A3 n°10) Dans un jardin en terrasse face à l'Acropole. Le propriétaire sert un sirop de griottes préparé par ses soins. *Apostolou Pavlou 7* ***Thiseio*** *Tél. 210 34 70 980* ***M° Thiseio***

Cinéma Vox (plan 6, A1 n°12) Au-dessus du café du même nom. *Themistokleos 82* ***Exarchia*** *Tél. 210 33 01 020* ***M° Omonia ou Panepistimio***

Cinéma Zefiros (plan 2, A4 n°56) *Troon 36/Kidantidon* ***Kato Petralona*** *Tél. 210 34 62 677* ***M° Kato Petralona***

Théâtre, opéra, musique classique

Pour tous les concerts classiques et représentations théâtrales, consultez le site *www.ticketnet.gr*

Odéon d'Hérode Atticus / Odeio Irodou Attikou (plan 4, B4 n°16) Qu'il s'agisse d'un concert de jazz, d'une représentation théâtrale ou d'un spectacle de danse, vous n'oublierez pas de sitôt une soirée passée dans l'un des plus vieux théâtres du monde. *Theatro Dionysiou* ***Makrigianni*** *Tél. 210 32 32 771* ***M° Akropolis***

Théâtre-jardin Dora Stratou (plan 2, A4 n°73) L'été, la colline de Filopapou reçoit six soirs sur sept les danseurs, chanteurs et musiciens de la compagnie Dora Stratou, en costumes folkloriques anciens. Un spectacle éblouissant de danses de toutes les régions de Grèce. Représentations fin mai-fin sept. : mer.-ven. 21h30, sam.-dim. 20h15. Billet 15€. ***Colline de Filopapou*** *Tél. 210 32 44 395 ou 210 92 14 650* **M° *Petralona*** *www.grdance.org*

Théâtre national / Ethniko Theatro (plan 2, B2 n°67) L'équivalent de notre Comédie-Française occupe un bel édifice néoclassique. Pièces du répertoire classique, comédies et tragédies antiques... en grec moderne, évidemment ! L'été, le Théâtre national effectue une tournée dans toute la Grèce, donnant des représentations dans des sites antiques. À ne pas manquer, même si l'on ne parle pas grec. *Menandrou 20* ***Omonia*** *Tél. 210 52 88 165* **M° *Omonia*** *www.n-t.gr*

Opéra national / Ethniki Liriki Skini (plan 6, A3 n°13) Une excellente programmation (art lyrique, danse et musique classiques) de novembre à mai. Mises en scènes modernes. *Akadimias 59-61* ***Exarchia*** *Tél. 210 36 43 725 ou 210 36 12 461* **M° *Omonia ou Panepistimio*** *www.nationalopera.gr*

Palais de la musique – Megaron / Megaro Mousikis (plan 2, C2 n°69) La grande salle de concert d'Athènes bénéficie d'une acoustique excellente et d'un cadre résolument contemporain. Elle accueille, notamment, certaines manifestations du festival d'Athènes la seconde quinzaine de juin et en juillet. *Vassilissis Sofias/ Kokkali* ***Kolonaki*** *Tél. 210 72 82 333* **M° *Megaro Mousikis*** *www.megaron.gr*

Figourès & Kouklès (plan 4, C3 n°11) Rencontre avec le théâtre d'ombres, une tradition orientale introduite en Grèce par les Turcs. Les silhouettes, qui évoluent dans un décor des *Mille et Une Nuits* sur de la musique traditionnelle, narrent les aventures du Karaghiozis, ce bossu miséreux qui triomphe toujours de l'injustice par la ruse. Représentations oct.-mai : dim. 11h30 et 13h30. Billet 5-7€. De juin à septembre, le Karaghiozis prend ses quartiers d'été dans le parc Flisvo (Parko Flisvo) de Paleo Faliro, une banlieue du Pirée ; spectacles ven.-dim. à 20h30. Billet 3,50€. *Tripodon 30* ***Plaka*** *Tél. 210 32 27 507* **M° *Akropoli***

Clubs de rébétiko

Le rébétiko s'apparente au blues. Mais c'est d'abord la musique grecque des années 1920, celle des marginaux et des réfugiés d'Asie Mineure. Nombreux à Athènes et au Pirée, les clubs de rébétiko ferment de mai à septembre. Leur entrée est généralement gratuite, mais les consommations y sont onéreuses. Réserver.

Stoa Athanaton (plan 2, B2 n°63) Sous les poutres d'une magnifique salle dominant le marché central, les habitués de tous âges fredonnent en chœur les airs du répertoire. La nuit venue, hommes et femmes dansent en couple ou séparément. Bouteille de vin 25€ l'après-midi, 40€ la nuit. *Sofokleous 19* ***Omonia*** *Tél. 210 32 14 362* **M° *Omonia*** *Ouvert ven.-sam. 15h-19h30 et 22h30-6h, dim. 15h-19h30 Réservation impérative*

Kavouras (plan 6, A2 n°14) Le lieu est exigu mais fort animé ! Les musiciens peuvent jouer toute la nuit, mais arrivez tôt si vous voulez une place assise. *Themistokleous 64* ***Exarchia*** *Tél. 210 38 10 202* **M° *Omonia ou Panepistimio*** *Ouvert sept.-mai : 23h-aube*

Taksimi (plan 6, B1 n°17) On dit qu'ici se produisent les meilleurs rébètes du pays. Les danseurs s'expriment avec passion sur des chansons à texte. Bouteille de vin 35€. *Issavron 29/Charilaou Trikoupi* ***Exarchia*** *Tél. 210 36 39 919* ***M° Omonia ou Panepistimio*** *Ouvert sept.-mai: mar.-sam. 23h-aube (jeu.-sam. : musique de Smyrne)*

Palia Markiza (plan 2, C4 n°62) Au plus fort des réjouissances, lorsqu'un danseur exécute des pirouettes et interprète de toute son âme le morceau demandé, la coutume veut que l'assistance lui lance des brassées d'œillets. Bouteille de vin 30€. *Proklou 41-43* ***Stadio*** *Tél. 210 75 11 888* ***M° Syntagma ou Evangelismos*** *www.markiza.gr Ouvert oct.-mai : jeu.-sam. 22h30-4h, dim. 14h-19h*

Perivoli tou Ouranou (plan 4, C4 n°14) Le programme mêle rébétiko et laïka, au rythme et aux vers plus légers. Comme dans les années 1960, chanteurs et musiciens sont assis sur l'estrade, face au parterre des tables. Dîner 35€. Bouteille de vin 50€. Entrée libre. *Lissikratous 19* ***Pangrati***

Shopping

À Athènes et au Pirée

Accastillage

Anastasios Krabariotis ____ 160

Antiquités et art populaire

Amorgos ____ 129
Stoa Agias Filotheis ____ 130
Centre de tradition hellénique ____ 130
To Elliniko Spiti ____ 130
Hyperion ____ 130
Marché aux puces ____ 133
Vassilis Korovesis ____ 137
Greek Woman Institution ____ 144
Kamarinos ____ 144
Epilekton ____ 160
Kosmokent ____ 160

Art, design

Boutique du musée d'Art cycladique et grec antique ____ 151
Zoumboulakis Galleries ____ 153
Galerie Astrolavos ____ 153
ADC Eleni Vernadaki ____ 154

Chocolat, confiseries, pâtisseries

Aristokratikon ____ 144
Fresh ____ 154

Instruments de musique

Organopoieio ____ 135
Psaltery ____ 150

Produits du terroir, cosmétiques naturels

The Greek Shop ____ 129
Gorgona ____ 130
Marché central (Athènes) ____ 134
Mokka Cafe ____ 134
Elixir ____ 135
Mastihashop ____ 143
Matsouka ____ 144
Cava Chalari ____ 148
Apivita ____ 154
Kriton Gefsis ____ 156
Planodia Agora Pirea ____ 158
Mandragoras ____ 158
Peiraïki ____ 160
O Giorgos ____ 160
Marché central (Le Pirée) ____ 160

Vêtements, bijoux, chaussures...

Thireos Vassiliki ____ 130
Sagiannos ____ 130
Komboloï ____ 132
Melissinos Art ____ 133
Rue Ermou ____ 144
Attica City Link ____ 144
Trada ____ 144
Marianna Petridi ____ 153

Tél. 210 32 35 517 ***M° Syntagma*** *Ouvert fin oct.-mai : jeu.-sam. 21h30-4h, dim. 14h-18h*

To Aptaliko (plan 2, C4 n°65) Un incontournable des soirées athéniennes. Selon l'heure, on y mange ou l'on y boit. Bouteille de vin à 35€. Jeunes et vieux se mêlent sur la piste selon un rituel immuable. À ne pas manquer. Entrée libre. *Ironda 8* ***Pangrati*** *Tél. 210 72 42 172* ***M° Syntagma*** *Ouvert oct.-mai : lun.-sam. 22h-6h*

Dans les environs

Anifori (plan 7, C1 n°10) Tout comme le rébétiko, Anifori est un enfant du Pirée. Après quelques verres de vin, on se laisse gagner par les rythmes lancinants de ces chansons qui parlent d'exil et des amours perdues des mauvais garçons du port. *Vassileos Georgiou 47* ***Le Pirée*** *Tél. 210 41 15 819* ***M° Pireas, puis trolleybus 20*** *(arrêt Syrangeiou) Ouvert ven.-sam. 22h-3h*

Ontas Tis Konstantinas (plan 7, C1 n°14) La musique grecque, de Constantinople à Smyrne, dans un établissement tenu par une femme qui sait cuisiner, servir et chanter ! Entrée 8€, plat 12€, bouteille de vin 25€. *Omiridou Skilitsi 76* ***Le Pirée*** *Tél. 210 42 20 459* ***M° Faliro*** *Ouvert oct.-mai : ven.-sam. 22h-3h30, dim. 14h-19h*

Bouzoukia

L'été, tâchez de passer au moins une soirée dans l'un des *bouzoukia* établis du côté de Glyfada, dans la banlieue sud d'Athènes : des rangées de tables perpendiculaires à une vaste estrade sur laquelle musiciens, chanteurs et danseurs se succèdent pour interpréter des standards ou les succès du moment. L'assistance reprend en chœur les refrains, et les spectateurs grimpent sur l'estrade pour danser au milieu des chanteurs, l'ambiance est décapante. On boit beaucoup – il s'agit de s'amuser autant que de montrer son statut social en faisant assaut de prodigalité. Les œillets pleuvent par plateaux entiers sur les meilleurs artistes ou les plus jolies spectatrices. Debout au bar ou assis à une table, vous n'oublierez pas cette soirée haute en couleur qui peut durer jusqu'au petit matin. Entrée libre. Boisson 15€ ; table réservée 100€ (avec une bouteille de whisky). Les *bouzoukia* les plus populaires :

Posidonio *L. Posidonos 18/Ellinikou* ***Glyfada*** *Tél. 210 89 41 033 Ouvert mer.-dim. 0h-aube Fermé en août*

Romeo *Ellinikou 1* ***Glyfada*** *Tél. 210 89 45 345 Ouvert ven.-dim. 0h*

Asteria *Grigoriou Lambraki 2* ***Glyfada*** *Tél. 210 89 44 558 Ouvert ven.-sam. 0h*

La scène rock en été

Athènes accueille aux beaux jours toutes les stars du rock et de la pop. Aux scènes en plein air de Gazi et du Lycabette s'ajoute **Terra Vibe**. Cet immense complexe situé à 37km au nord de la capitale, sur la route de Lamia, accueille des concerts et des manifestations de grande ampleur, tel le Rockwave Festival (p.110). **Billetterie** *Panepistimiou 42* ***Athènes*** *Tél. 210 36 26 540* ***M° Panepistimio*** *www.ticketpro.gr Ouvert lun.-ven. 10h30-18h30, sam. 10h30-16h*

Thalassa *L. Posidonos 58/Asteras* ***Glyfada*** *Tél. 210 89 82 970 Ouvert ven.-sam. 0h-aube Fermé en août*

Scènes jazz, world, folk, rock...

Nueva Trova (plan 4, B1 n°17) Dans cet écrin baroque (tonalités noir et rouge, lourdes tentures et lustres décadents), on vient écouter de la *Nueva Trova*, musique cubaine influencée par le son, la variété, le jazz, le rock, le funk. Les vendredis et dimanches sont dansants. *Vlachava 9/Athinas* ***Psiri*** *Tél. 210 38 42 468* ***M° Monastiraki*** *www.trova.gr Ouvert tlj. 17h-4h*

Baraki tou Vassili (plan 6, B3 n°10) Un petit club où alternent récitals de musique grecque et concerts de jazz. *Didotou 3* ***Kolonaki*** *Tél. 210 36 23 625* ***M° Syntagma*** *Ouvert tlj. 22h-1h30 Fermé en été*

Half Note (plan 2, B4 n°59) L'une des meilleures scènes de jazz d'Athènes présente un décor agréable de bois et de pierre rehaussé par des photos des maîtres du genre. Certaines soirées sont plus world music ou folk. Entrée (avec 1 conso) 30-40€ selon l'emplacement. Réservation conseillée. *Trivonianou 17* ***Mets*** *Tél. 210 92 13 310* ***Trolleybus 2, 4, 11*** *(arrêt Ag. Fotini) www.halfnote.gr Ouvert mi-oct.-mi-mai : tlj. 22h30-2h30*

Alavastron (plan 2, C4 n°51) Ce bar de nuit intime programme d'excellents concerts de musiques du monde. *Damareos 78* ***Pangrati*** *Tél. 210 75 60 102* ***Trolleybus 4*** *(arrêt Ymittou),* ***2 ou 11*** *(arrêt Filolaou) Ouvert tlj. 22h30-2h30*

Cabaret Voltaire (plan 2, A2 n°58) Un décor vintage et une programmation plutôt jazz et folk. Le maître des lieux est un journaliste globe-trotteur qui parle bien le français. *Marathonos 30/Megalou Alexandrou* ***Metaxourgio*** *Tél. 210 52 27 046* ***M° Metaxourgeio*** *Ouvert tlj. 20h-dernier client en fonction du programme*

Fos (plan 5, B1 n°13) Solistes et groupes s'y succèdent pour interpréter les standards de la variété grecque. Bonne programmation et ambiance chaleureuse. Une occasion de partager une bouteille entre amis. Entrée + boisson 17€. *Ierofandon 7-9* ***Gazi*** *Tél. 210 34 74 477 ou 210 34 50 038* ***M° Keramikos*** *Ouvert oct.-avr. : ven.-lun. soir*

Stavros tou Notou (plan 2, B4 n°72) L'une des scènes les plus vivantes d'Athènes et un des temples du rock. *Frantzi/Tharipou 37* ***Kinosargous*** *Tél. 210 92 26 975* ***M° Syngrou-Fix*** *Ouvert fin sept.-avr. : 21h-2h*

Kyttaro (plan 2, B1 n°68) La plus ancienne scène de rock athénienne n'a cessé de programmer de grands noms malgré la censure exercée par la junte. Jimi Hendrix et le Velvet Underground s'y sont produits. *Ipirou 48/Acharnon* ***Angelopoulou*** *Tél. 210 88 22 460* ***M° Larisis ou Victoria*** *www.kyttarolive.gr*

Bars

Attention, les heures de fermeture sont mentionnées à titre indicatif ; elles peuvent fluctuer, en effet, en fonction de la fréquentation.

☺ **Cafe Morfi (plan 5, C2 n°12)** La terrasse s'étale des deux côtés de la rue piétonne, sous les palmiers : des chaises peintes, de petites tables rondes, des banquettes bordeaux en forme de vagues... L'ensemble est bohème, gai, chaleureux, et l'ambiance musicale mêle blues, jazz ethnic et variété grecque. Tsipouro (marc de raisin) ou masticha (liqueur de mastic) 7,50€. *Irakleidon 42* ***Thiseio*** *Tél. 210 34 60 522* ***M° Thiseio*** *Ouvert tlj. 10h-3h*

A Liar Man (plan 5, A1 n°10) Ce bar intimiste se distingue de ses voisins par sa déco d'inspiration cycladique : mobilier en bois peint rehaussé de petites fleurs, suspensions en papier coloré, mosaïque et galets au sol... Ses propriétaires, des artistes engagés, organisent des expos de peinture et de photos et animent un magazine *arty*. Musique jazzy, cuisine à partir de 12h. Bière 5€, cocktail 9€. *Sofroniou 2* ***Gazi*** *Tél. 210 34 26 322* ***M° Keramikos*** *www.aliarman.gr Ouvert tlj. 12h-3h, ven.-sam. 4h*

☺ **Gazarte (plan 5, A1-B1 n°14)** Un bon coup de peinture, et voilà le vieil entrepôt reconverti en un pimpant édifice rouge pompier. Inratable ! Au rez-de-chaussée, 400m² voués aux concerts, expositions et autres manifestations. Au 1er étage, un restaurant de cuisine méditerranéenne et un bar lounge de style industriel plus une terrasse de 300m² qui offre une vue surréaliste sur les cheminées rougeoyantes de Gazi et le Parthénon illuminé. De l'espace, des tables éclairées à la bougie, des poufs partout, et de délicieux cocktails (10€) à accompagner de tapas. La bouteille de vin est à 35-45€. *Voutadon 32-34* ***Gazi*** *Tél. 210 34 60 347* ***M° Keramikos*** *www.gazarte.gr Ouvert ven.-sam. 22h30-3h*

Hoxton (plan 5, A1 n°15) Un club d'inspiration londonienne installé dans un ancien entrepôt : murs en béton brut habillés d'œuvres d'art, un immense bar en métal et d'élégants canapés Chesterfield en cuir rouge ou vert. Musique *free style*. Concert certains soirs. Bière 5€, apéritif 7€, cocktail 9€. *Voutadon 42* ***Gazi*** *Tél. 210 34 13 395* ***M° Keramikos*** *Ouvert tlj. 15h-4h*

☺ **Booze Cooperativa (plan 4, C1 n°1)** Les grandes tables en bois du rez-de-chaussée invitent à siroter un café en jouant au tavli, à s'accouder pour regarder la vidéo arty projetée sur l'écran du fond ou à discuter autour d'une bière. À l'étage, l'ambiance est plus feutrée... tant que le DJ n'a pas enflammé le *dancefloor*. Bière 4-6€, cocktail 8€. *Kolokotroni 57* ***Monastiraki*** *Tél. 210 32 40 944* ***M° Monastiraki*** *Ouvert tlj. 12h-3h*

Rosebud (plan 6, B3 n°16) Un îlot de convivialité sur une placette entre deux rues résidentielles. Photos noir et blanc aux murs, lampes tamisées, ambiance décontractée. Cocktails 10€, snacks 8-10€. *Skoufa 40/Omirou 60* ***Kolonaki*** *Tél. 210 33 92 370* ***M° Syntagma*** *Ouvert tlj. 9h-3h*

La rue de la soif, au Pirée

Akti Dilaveri (plan 7, C1 n°12) Akti Dilaveri, une rue du Pirée qui longe un canal, à l'est de Mikrolimano, est bordée de bars, plus animés les uns que les autres. Filles court vêtues, au maquillage étudié, motos garées par dizaines face aux devantures... On dirait Las Vegas ou le port olympique de Barcelone à ses grandes heures. Vous choisirez en fonction du cadre ou de la musique : déco "jungle" à l'Amore, pop seventies au D-Tales, livres reliés et ambiance électrique à l'Action Folie, lounge paillettes au Destiny ou rock avec guitares suspendues au-dessus du bar au Wild Thing... ***Le Pirée M° Faliro***

☺ **The Art Foundation – TAF (plan 4, B2 n°15)** L'édifice néoclassique bâti à la fn du XIXe siècle sur les restes d'une prison ottomane abrite un bar ouvert à toutes les formes d'expression artistique. Après avoir fait le tour de l'expo installée dans les anciennes cellules, on se pose dans la vaste cour, auprès de son arbre solitaire, pour siroter un cocktail. Un cadre de charme et une belle soirée en perspective. Projections, concerts et autres spectacles certains soirs. Bière 6€, bouteille de vin 22€. *Normanou 5* ***Monastiraki*** *Tél. 210 32 38 757* ***M° Monastiraki*** *www.theartfoudation.gr Ouvert tlj. 11h-3h*

Bios (plan 5, C1 n°17) Avec sa scène alternative au sous-sol et son bar ouvert jusqu'à point d'heure à l'étage, ce centre qui s'est donné pour mission d'explorer les cultures urbaines a tout bon. Une déco branchée digne des grands bars de Londres et d'Amsterdam, mais aussi des concerts, des expos, du théâtre... Bière 5-7€, whisky 7€. *Pireos 84* ***Keramikos*** *Tél. 210 34 25 335* ***M° Keramikos*** *www.bios.gr Ouvert tlj. 11h-2h*

Briki / Μπρικι (plan 2, C4 n°53) Beaucoup plus petit que ses voisins de la rue Imittou, ce bar porte bien son nom : effervescent comme la *briki*, cette petite casserole dans laquelle on fait bouillir le café grec. Musique très variée. Cocktail 8€. *Frinis 18/ Imittou* ***Pangrati Trolleybus 4*** *(arrêt Ymittou),* ***2 ou 11*** *(arrêt Filolaou) Ouvert sept.-mai : tlj. 15h-3h*

Dans les environs

Mekka (plan 7, C2 n°13) "La Mecque des bars", dit-on par ici. Dans un décor moderne, clair, branché, vous pourrez prendre un verre tardif en écoutant de l'électro grecque. Bière 5€, cocktail 10€. Sur la mezzanine sont servis des plats de poisson et des pâtes (15-20€). *Akti Koumoundourou 62 Mikrolimano* ***Le Pirée*** *Tél. 210 42 20 138* ***Trolleybus 20*** *(arrêt Naft. Omilos ou Skalakia) www.mecca.gr Ouvert tlj. 8h-4h*

Istioploikos (plan 7, C2 n°11) Le rendez-vous estival des plaisanciers de Mikrolimano. Le bar en plein air est aménagé comme un pont de bateau. Ciel étoilé et DJ aux platines. Bière 6€, cocktail 12€. *Yacht Club, Akti Koumoundourou Mikrolimano* ***Le Pirée*** *Tél. 210 41 34 084* ***Trolleybus 20*** *(arrêt Naft. Omilos)* ***Bar*** *Ouvert tlj. 10h-2h* ***Restaurant*** *Ouvert tlj. 12h-0h30*

Boîtes de nuit

Loop Bar (plan 4, A1 n°13) L'un des dix clubs électro d'Athènes, avec une préférence pour l'électrofunk et le *free style*. De bons DJ étrangers ou grecs, comme Nikos Patrelakis, animent

Et aussi...

Bars à Athènes

Diogenes ____ 131
Dioskouri ____ 131
Melina ____ 131
Cafe Orea Ellas ____ 131
Brettos ____ 131
Liosporos Cafe ____ 135
Aigli ____ 145
Bartesera ____ 145
Vox ____ 150
Chartes ____ 150
Cafe Peros ____ 155
Galaxy Bar ____ 155
Aerostato ____ 156

Bars du Pirée

Navarchou Bity ____ 160
Cafe Katafygio ____ 161
Café Theatrou ____ 161
Americanico Bar ____ 161

quatre soirées par semaine. L'espace est restreint et l'on danse toute la nuit dans une ambiance assez torride. L'été, deux banquettes et trois chaises à peine éclairées par deux grands abat-jour prolongent le bar dehors. Comptez 7,50-10€ la consommation. *Agion Assomaton 3* ***Thiseio M° Thiseio*** *Ouvert tlj. 12h30-6h Fermé au moins deux semaines en août*

Buzz (plan 5, B1 n°11) Vous ne découvrirez pas ce bar de Gazi par hasard, car il est un peu excentré. Design gris et rose, feu dans la cheminée en hiver... Les fans de house, de soul et de funk se retrouvent là pour danser. Cocktail 9€ - essayez le *masticha mimoza* (champagne, liqueur de mastic et jus d'orange). *Ierofadon 13* ***Gazi M° Keramikos*** *Ouvert tlj. 21h-0h Fermé en août*

Mad (plan 5, A1 n°16) Une salle alternative où l'on danse toute la nuit sur du *dark rock*, de l'électro punk ou de la musique underground. Consommation 6-10€. *Dekeleon 12* ***Gazi*** *Tél. 210 34 62 027* ***M° Keramikos*** *Ouvert tlj. 22h-4h*

Dans les environs

Viva Zapata (plan 7, C1 n°15) Salsa, funk ou variété, toute la jeunesse aime à s'y retrouver pour danser, dans une ambiance... *caliente*. Bière 6€, cocktail 10€. *Alexandrou Papanastasiou 61* ***Le Pirée M° Pireas, puis trolleybus 20*** *(arrêt Skalakia) Ouvert tlj. 20h30-3h*

Akrotiri Lounge (hors plan 7) La plus grande piste de danse au sud d'Athènes avec vue sur la mer au petit jour. Un restaurant et un bar lounge sur plusieurs niveaux, où les people viennent se montrer l'été. Le club peut accueillir 3 000 danseurs jusqu'à l'aube ! Les meilleurs DJ grecs et étrangers se relaient pour animer des soirées R'nB, rock ou grecques. Consommation 15€. *Vassileos Georgiou B 5* ***Agios Kosmas*** *(à 16km au sud d'Athènes par l'av. Posidonos) Tél. 210 98 59 147 www.akrotiri lounge.gr Ouvert avr.-fin sept. : tlj. à partir de 21h*

Restauration

très petits prix

Ambrosia (plan 2, B4 n°21) Une *psistaria* (grill) de quartier, où *souvlakia* et kebabs rôtissent et où le *gyros* tourne à toute heure. C'est la spécialité de la maison à consommer sur place ou à emporter. Le service est souriant et efficace. Souvlaki 2,20€, mezze 3€. Formule kebab, tzatziki et pita à 7€. *Drakou 3-5 Koukaki Tél. 210 92 20 281* ***M° Sygrou-Fix*** *Ouvert tlj. 12h-1h30*

petits prix

Ta Bakaliarakia (plan 4, C3 n°31) Au bas de quelques marches, une salle fraîche l'été, au milieu de laquelle trône une colonne antique. Des fusils, des récompenses et des proverbes encadrés aux murs et, dans les tonneaux, le fameux retsina. Bref, une taverne délicieusement surannée, tenue depuis 1865 par la famille Damigos ! La spécialité de la maison ? La morue (*bakaliaros*), importée de Norvège et servie frite à l'ail. On l'accompagnera de *chorta*, des pissenlits ou autres légumes-feuilles de saison cuits à la vapeur. Carte 10-15€. *Kidathineon 41* ***Plaka*** *Tél. 210 32 25 084* ***M° Syntagma*** *www.mpakaliarakia.gr Ouvert mar.-jeu. 17h-0h30, ven.-sam. 12h-0h30 Fermé en août*

Scholarchio (plan 4, C3 n°29) Le patron apostrophe les passants de la rue Tripodon jusqu'à ce que la maison ait fait le plein. Les tables, à touche-touche sur le balcon dans la journée, descendent aussi sur le trottoir le soir... L'endroit manque un peu d'intimité, mais on est au cœur de Plaka, juste à côté de la charmante Agios Nikolaos Rangavas. Les 18 *mezedes*, présentés à bout de bras, incitent à la consommation. Menu pour 2 (5 *mezedes*, dessert et boisson) à 14€/pers. Tarifs dégressifs en fonction du nombre de personnes. *Tripodon 14* ***Plaka*** *Tél. 210 32 47 605* ***M° Akropoli*** *www.sholarhio.gr Ouvert tlj. 11h-2h*

Taverne Psiri (plan 4, B1 n°30) À 10m de la place Iroon, repérez ses tons ocre, ses chaises en paille et bois peint et ses nappes à carreaux. La taverne vous réserve deux surprises : une courette ombragée, invisible de la rue, avec ventilateurs les soirs d'été, et des prix plus doux que ceux de ses voisines. Vous irez choisir vos plats en cuisine : haricots à la tomate, boulettes de poulet ou d'agneau, aubergines farcies... Une carte qui change tous les jours, en fonction du marché. Accueil agréable. De 12€ à 15€. *Aischylou 12* ***Psiri*** *Tél. 210 32 14 923* ***M° Monastiraki*** *Ouvert tlj. 12h-1h*

☺ **Stavlos (plan 2, A3 n°33)** Un restaurant-bar-galerie chaleureux et coloré. La paisible terrasse, jalonnée d'orangers, communique avec un restaurant élégant, où le bois, la pierre et les tissus composent un agréable camaïeu de beige et d'orange. Derrière, un vaste patio où chaises en toile et tabourets se serrent autour de petites tables en teck. Au fond, un *lounge bar* (ouvert 20h-3h), avec banquettes en moleskine rouge et écran géant, où des DJ viennent mixer l'hiver. Et à l'étage, une galerie (ouverte après 18h) où l'on peut acheter des tableaux, des sculptures, des objets de déco, des bijoux... Le restaurant propose des plats de pâtes (8€), des salades (8,50€), des moules au vin blanc et, sur de grands plateaux, des assortiments de *mezedes* pour deux personnes à base de légumes (15€), de viande (14€) ou de poisson (25€). Menu pour deux à 28€ : salade, légumes grillés, filet de poulet grillé, dessert et vin. *Iraklidon 10* ***Thiseio*** *Tél. 210 34 56 670* ***M° Thiseio*** *www.stavlos.gr Ouvert tlj. 9h-3h*

Filippou (plan 2, C2 n°30) Deux petites terrasses dans une rue tranquille, une salle au cadre rétro et des prix raisonnables. Vous irez faire votre choix parmi les grands plats familiaux : petites entrées, feuilles de vigne farcies, viandes en sauce, seiche aux épinards... Carte 12-17€. *Xenokratous 19* ***Kolonaki*** *Tél. 210 72 16 390* ***M° Evangelismos*** *Ouvert lun.-sam. 13h-17h, lun.-ven. 20h-0h*

O Karavitis (plan 2, C3 n°29) Cette taverne d'habitués, ouverte depuis 1930, est une institution ! Elle est réputée pour ses grillades au feu de bois et ses viandes mijotées dans des plats en terre individuels : *stamnaki* (veau et fromage fondu à la sauce tomate) ou *bekri meze* (veau à la sauce tomate et au vin). L'été, on dîne de l'autre côté de la rue sous les arbres. Mezze 2,50-3,20€, viandes grillées

GAMME DE PRIX	RESTAURATION	HÉBERGEMENT
Très petits prix	moins de 10€	moins de 30€
Petits prix	de 10 à 15€	de 30 à 50€
Prix moyens	de 15 à 20€	de 50 à 80€
Prix élevés	de 20 à 30€	de 80 à 120€
Prix très élevés	plus de 30€	plus de 120€

7,50-11€. *Arktinou/Pafsaniou* ***Pangrati*** *Tél. 210 72 15 155* ***M° Syntagma*** *(10min à pied)* ***Trolleybus 2, 4, 10 ou 11*** *(arrêt Stadio) Ouvert lun.-sam. 20h-1h30, dim. 13h-1h*

Salos Lagos (plan 2, A4 n°27) Un véritable *kafeneion*, qui propose des *mezedes* de qualité et un excellent raki. Salade de pommes de terre à l'orange, feuilletés au fromage, croquettes de *mizitra* (fromage frais) à prix mini. Comptez 10-12€ avec le raki. *Troon 63* ***Ano Petralona*** *Tél. 210 34 71 101* ***M° Petralona*** *Ouvert juil.-août : tlj. 18h-1h ; sept.-juin : tlj. 12h-1h*

Ikonomou (plan 2, A4 n°26) Une douzaine de plats du jour, mais pas de carte... Sachez ce que veut dire *melitzanosalata* (caviar d'aubergine) ou *favas* (purée de pois cassés) ou alors tentez votre chance : les plats sont simples, mais vous ne serez pas déçu ! Animation garantie quand la séance se termine au cinéma voisin. Comptez 10-15€. *Kydantidon 32/Troon 41* ***Ano Petralona*** *Tél. 210 34 67 555* ***M° Petralona*** *Ouvert fin août-juil. : lun.-sam. 19h-1h, dim. 12h-1h Fermé les 3 premières semaines d'août*

prix moyens

To Kafeneion (plan 4, C3 n°32) Un peu à l'écart de la très passante rue Tripodon, cette taverne occupe une jolie maison dans une ruelle pentue. L'été, on s'installe en terrasse ; l'hiver, on se serre sur les banquettes près de la cheminée. Dégustez donc un des fromages de Crète ou de Volos dont la maison a le secret, des *keftedes* (boulettes de viande) ou de la friture de poisson accompagnée d'un verre d'ouzo. Comptez 15€ à la carte. *Tripodon/Epicharmou* ***Plaka*** *Tél. 210 32 46 916* ***M° Monastiraki ou Akropoli*** *Ouvert tlj. 12h-1h (café 10h)*

Et aussi...

Cafés-restaurants

Klepsidra ____ 131
Dioskouri ____ 131
Cafe Orea Ellas ____ 131
O Nikitas ____ 135
6 D.o.g.s. ____ 137
Kafeneion du Jardin national ____ 142
Zonar's ____ 145
Green Nature ____ 145
Alexandra ____ 148
Prytaneion ____ 154

Épicerie fine

Kriton Gefsis ____ 156

Pâtisseries, glaciers, salons de thé

Diogenes ____ 131
Krinos ____ 134
Ta Serbetia stou Psirri ____ 135
Fresh ____ 154

Hermion (plan 4, C2 n°22) Une cour des plus accueillantes, inattendue dans une rue aussi animée ! Goûtez aux aubergines au fromage ou aux courgettes farcies, accompagnées d'un petit vin grec comme le stroffillia. Et gardez de l'appétit pour un dessert maison : *galaktoboureko* (feuilleté à la semoule parfumée au sirop d'agrumes et à la cannelle), baklava ou yaourt grec. Comptez 15-18€. Musique live jeu.-sam. *Pandrossou 15/Mnissikleous 7* ***Plaka*** *Tél. 210 32 47 148 ou 210 32 46 725* ***M° Monastiraki*** *www.hermion.gr Ouvert tlj. 11h-0h30*

Palea Athina (plan 4, C3 n°38) Dans ce restaurant de quartier discret, dont la salle s'orne de fresques, on déjeune tard, en musique. Goûtez donc aux spécialités de la maison : *kapama* (estouffade d'agneau aux tomates et aux épices), *stamnas* (veau en daube à la feta et pommes de terre), moules au bacon ou calamars farcis aux herbes, aux épices et au fromage. Un délice ! Carte 15-20€. *Nikis 46* ***Plaka*** *Tél. 210 32 45 777* **M° *Syntagma*** *Ouvert lun.-sam. 12h-23h*

Platanos (plan 4, B3 n°26) L'adresse est courue (menu en plusieurs langues dont le japonais !), mais la place ombragée par un platane géant bien agréable... Le service, rapide et efficace, reste courtois, quelle que soit l'affluence. Un grand choix de plats et un retsina savoureux. La moussaka (7,70€) est délicieuse, tout comme l'agneau au four et les poivrons farcis. Comptez 15€. *Diogenous 4* ***Plaka*** *Tél. 210 32 20 666* **M° *Monastiraki*** *Ouvert lun.-sam. 12h-16h et 19h-0h*

☺ **Sardelles (plan 5, B2 n°3)** *Sardelles* désigne la spécialité n°1 de la maison : les sardines. Les baies vitrées qui protègent, l'hiver, un intérieur tout blanc mais cosy s'ouvrent complètement l'été pour laisser place à une grande terrasse. Vous vous régalerez de crevettes, de gambas, de moules ou de calamars grillés accompagnés d'une salade. Copieux ! Le restaurant étant voisin de Technopolis, les soirs de concert, on est aux premières loges. Carte 15-20€. *Persefonis 15* ***Gazi*** *Tél. 210 34 78 050* **M° *Keramikos*** *www.sardelles.gr Ouvert tlj. 12h-1h*

Butcher Shop (plan 5, A2 n°1) Ce restaurant au cadre de céramique blanche et de bois foncé a le même propriétaire que son voisin, Sardelles ! Ici, honneur aux saucisses, pendues dans la vitrine en compagnie de beaux fromages. Goûtez au porc fumé aux épices à la crétoise (*apaki*) et à des spécialités du nord de la Grèce comme les *kavourmas*, de grosses saucisses de bœuf qui se mangent froides ou grillées, accompagnées d'un verre d'agiorgitiko ou de château-lazaridis. Le poulet, le sanglier sauvage et les œufs sont bio, et les légumes vapeur ont un goût incomparable. Carte 18-22€. *Persefonis 19* ***Gazi*** *Tél. 210 34 13 440* **M° *Keramikos*** *www.butchershop.gr Ouvert tlj. 12h-2h*

O Tzitzikas kai O Mermigas (plan 4, C2 n°37) Aux quelques tables en terrasse, préférez la salle, habillée de bois clair et bien climatisée l'été. Le bar en bois cérusé est égayé de bouteilles colorées tandis que les murs s'ornent de photos, de publicités et de boîtes en fer rétro façon épicerie d'antan. De belles salades, une tourte du jour et des recettes traditionnelles remises au goût du jour, comme les côtes de porc grillées au miel, à l'orange et à la menthe ou l'agneau au romarin et au *tsipouro*. Joli choix de vins blancs et rouges (18-60€ la bouteille). Comptez 15-20€ à la carte. *Mitropoleos 12-14* ***Syntagma*** *Tél. 210 32 47 607* **M° *Syntagma*** *Ouvert tlj. 13h-1h*

To Steki tou Ilia (plan 5, B2 n°5) Grillées, fondantes, salées juste comme il faut... les côtelettes d'agneau sont décidément les meilleures du quartier ! Accompagnez-les de *mezedes* et vous serez conquis. Une taverne sans prétention, dont la salle, aménagée au rez-de-chaussée d'un immeuble, renferme d'énormes tonneaux et ne sert vraiment que l'hiver. Les soirs d'été, toutes les tables sont sorties et dressées de part et d'autre de la rue piétonne, au pied d'une insolite chapelle perchée sur son rocher. Et il faut faire la queue pour avoir une table. *Mezedes* (2,30€), côtelettes au kilo et autres viandes grillées 7-10€. Très bon rapport qualité-prix. Et une succursale à deux pas. *Eptachalkou 5* ***Thiseio*** *Tél. 210 34 58 052* **M° *Thiseio*** **Autre adresse** *Thessalonikis 7 Tél. 210 34 22 407* **M° *Thiseio*** *Ouvert lun.-ven. 16h-1h, sam.-dim. 12h-1h*

Rosalia (plan 6, A2 n°4) Une grande salle et une terrasse qui accapare presque toute la largeur de la rue piétonne en été et à laquelle les ampoules colorées suspendues dans les arbres donnent une atmosphère festive le soir. Le chef passe de table en table avec, sur l'épaule, un lourd plateau de *mezedes* parmi lesquels on fait son choix. À moins que l'on préfère commander un plat de pâtes, une grillade de viande (porc en sauce au yaourt) ou de poisson. Correct et copieux. Carte 15-20€. *Valtetsiou 58* ***Exarchia*** *Tél. 210 33 02 933* ***M° Omonia*** *Ouvert tlj. 12h-1h*

☺ **Giantes (plan 6, A2 n°3)** Le restau bio d'Athènes a beaucoup de charme, avec ses murs chaulés de bleu et de rose et sa cour fleurie au pied d'un vieil immeuble. Et le menu, composé en fonction du marché, ne manque pas d'inventivité. Vous aimerez sûrement le *manouri*, fromage frit au sésame, arrosé de miel, et les spaghettis aux brocolis et champignons. Le soir, tâchez d'arriver avant la fin de la séance au Riviera, le cinéma voisin. Carte 20€. *Valtetsiou 44* ***Exarchia*** *Tél. 210 33 01 369* ***M° Omonia*** *Ouvert tlj. 13h-1h*

Amalachi (plan 6, B1 n°1) On savoure une goûteuse cuisine traditionnelle (grand choix de *mezedes*) sous la tonnelle de cette ancienne école communale. Si vous arrivez par le haut (rue Kalidromiou), vous traverserez d'abord un jardin, joliment éclairé le soir. Café au jardin dans la journée, *mezedes* au rez-de-chaussée et cuisine d'inspiration française à l'étage. Carte 15€. *Methonis 66/Kalidromiou 69* ***Exarchia*** *Tél. 210 38 45 978* ***M° Omonia Trolleybus 7, 14, 15, 18 ou 19*** *(arrêt Parko) Ouvert tlj. 20h-1h et dim. midi*

To Koutouki (plan 2, A4 n°31) Un lieu vraiment dépaysant – la campagne à Athènes – et pas touristique pour un sou, car un peu difficile à trouver... Passé le tunnel sous la rue Arakhintou, on sort du quartier résidentiel d'Ano Petralona pour se retrouver au pied de la colline de Filopapou, dans la nature. La taverne occupe une maison typique : un imbroglio de salles sur différents niveaux et de petits escaliers qui grimpent jusqu'au toit. La terrasse de fortune donne sur la colline et des pans de l'Acropole illuminée. On vient, entre amis, picorer des *mezedes*, une belle *choriatiki* (salade grecque), des croquettes de fromage, des grillades et des viandes en sauce... Une cuisine tout ce qu'il y a de plus familiale. Carte 15-20€. *Lakiou 9 (de la pl. Merkouri, emprunter la rue Andeou, puis le petit tunnel qui passe sous Arakinthou)* ***Ano Petralona*** *Tél. 210 34 53 655* ***M° Petralona Trolleybus 15*** *(arrêt Pl. Merkouri) Ouvert tlj. 18h-2h Fermé fin déc.-début jan.*

prix élevés

Daphne's (plan 4, C4 n°21) Vous ne verrez peut-être pas les fresques de style pompéien de cette belle maison néoclassique, car, l'été, on dîne dehors à la bougie et au chant des cigales, sous les arbres. Le service est un peu cérémonieux, mais prévenant, et le livre d'or rempli d'autographes de VIP. Goûtez les feuilletés aux épinards, l'excellente moussaka et le lapin au vin rouge (*mavrodafni*). Et terminez par un yaourt maison aux coings ou aux pétales de rose. Carte 25-30€. *Lissikratous 4* ***Plaka*** *Tél. 210 32 27 971* ***M° Akropoli*** *www.daphnesrestaurant.gr Ouvert tlj. 18h-0h*

Café Avissinia (plan 4, A2 n°20) Ketty Koufonicola s'est inspirée de recettes familiales pour élaborer sa délicieuse *taramosalata*, sa moussaka aux épinards et son porc aux prunes et aux poireaux. Le vendredi, on déjeune en écoutant les ballades traditionnelles interprétées par une chanteuse et un pianiste. De l'étage, jolie vue sur l'Acropole et Monastiraki. Ce "Café Abyssinie", dont la terrasse jouxte le marché aux puces, est très fréquenté, alors arrivez tôt ou pensez à réserver. Carte 20-25€. *Kinetou 7/Pl. Avissinias* ***Monastiraki*** *Tél. 210 32 17 047* ***M° Monastiraki*** *www.avissinia.gr Ouvert sept.-mi-juil. : mar.-sam. 11h-1h, dim. 11h-19h*

Mamacas (plan 5, A2 n°2) Depuis que Gazi est un quartier branché, Mamacas fait le plein. Le restaurant étend même aux beaux jours sa terrasse sur près de 60m de chaque côté de la rue ! Des chaises, des nappes et des assiettes toutes blanches, comme le tablier des serveurs. Une harmonie chic, égayée le soir par une myriade d'ampoules accrochées dans les arbres et des bougies sur chaque table. Ici on ne sert que des plats à base de produits frais, élaborés d'après les recettes des *mamacas*, les fils à "mamans" que sont les deux propriétaires. Un bémol : la rue n'étant pas piétonne, on subit en terrasse la valse des taxis venus déposer du beau monde à toute heure. Carte 20-25€. Pensez à réserver le soir. *Persefonis 41* ***Gazi*** *Tél. 210 34 64 984* ***M° Keramikos*** *www.mamacas.gr Ouvert tlj. 16h-2h*

Ideal (plan 2, B2 n°34) Cette institution au cadre Art déco (1922) draine une clientèle d'habitués, des hommes d'affaires, des gens de lettres et des élégantes qui se retrouvent après une matinée de shopping... De belles salades et des classiques préparés dans les règles : steak de saumon grillé ou agneau braisé au vin blanc, pommes de terre, courgettes, origan et feta. Réservez-vous pour l'*ekmek*, un gâteau à la glace au mastic et à la crème fouettée. Carte 25€. *El. Venizelou 46/Panepistimiou* ***Omonia*** *Tél. 210 33 03 000* ***M° Panepistimiou ou Omonia*** *Ouvert lun.-sam. 12h-1h*

Athinaikon (plan 2, B2 n°23) Un *ouzeri-mezedopolio* réputé à Athènes depuis 1932. Dans un cadre de bistrot rétro, on y déguste des fruits de mer (7-12€), des sardines grillées, des croquettes de crevettes et de moules et fromage, quelques viandes (7-8€), des salades (4-6€). Les serveurs en pantalon et chemise bleus s'affairent sans oublier d'accueillir les habitués en leur serrant la main. Bon rapport qualité-prix et grand choix de vins. Carte 20-25€. *Themistokleous 2/Panepistimiou* ***Omonia M° Omonia*** *www.athinaikon.gr Ouvert lun.-sam. 11h30-0h30*

☺ **Oikeio (plan 2, C3 n°36)** "Cosy", "accueillant", ce restaurant intimiste à la déco soignée porte bien son nom. Du bois, des bouquets de fleurs séchées, des bougies partout... un cadre idéal pour un dîner en tête à tête ou un déjeuner au calme. Le service est attentionné mais reste discret. La carte change tous les jours, mais peut-être tomberez-vous sur les sardines cuites au four sur un lit de pommes de terre ou sur les cœurs d'artichaut au citron, si parfumés. Un régal ! Carte 20-25€. *Ploutarchou 15* ***Kolonaki*** *Tél. 210 72 59 216* ***M° Evangelismos*** *Ouvert lun.-sam. 13h-0h30 Fermé 3 semaines fin juillet-mi-août*

Et aussi...

Épiceries fines

Mandragoras (Le Pirée) ______ 158
O Giorgos (Le Pirée) ______ 160

Glacier

Dodoni (Le Pirée) ______ 160

Alatsi (plan 2, C3 n°22) *Alatsi*, c'est le sel en crétois. Dimitris Skarmoutsos, le chef de cette table réputée, prépare des recettes traditionnelles crétoises, comme l'estouffade de lapin au vin rouge, le *gamopilafo* (riz pilaf au bouillon et beurre de brebis) servi autrefois lors des mariages, ou encore les escargots au romarin. Carte 25-30€. *Vrasida 13 (derrière l'hôtel Hilton)* ***Pangrati*** *Tél. 210 72 10 501 ou 697 98 00 203* ***M° Evangelismos*** *Ouvert lun.-sam. 13h-0h Fermé 3 sem. en août*

prix très élevés

Spondi (plan 2, C4 n°38) Le Spondi se voit régulièrement décerner le titre de "meilleure table" d'Athènes. Il est vrai que son chef, le Français Arnaud Bignon, sait exalter les saveurs des produits frais avec des épices et des herbes aromatiques. Comme la carte varie au gré de son inspiration et des saisons, vous n'y trouverez peut-être pas le tourteau au curry, à la menthe et à la pomme verte qui nous a tant plu. En revanche, la barre de foie gras au confit d'orange amère et au chocolat est un classique. Menu tapas (dim.-mer.) 70€, carte 90€. *Pyrronos 5/Pl. Varnava* ***Pangrati*** *Tél. 210 75 20 658* ***M° Evangelismos ou Akropolis*** *www.spondi.gr Ouvert tlj. 20h-0h*

Dans les environs

prix moyens

Margaro (plan 7, A2 n°7) Des crevettes, encore des crevettes... Ou alors des rougets ! Voilà pour le menu, et l'on peut voir sa commande accomodée en cuisine dans de grandes poêles. En face de l'école navale, une belle terrasse qui ne désemplit pas. Comptez 15€. *Leof. Chatzikiriakou 126* ***Le Pirée*** *Tél. 210 45 14 226* ***Bus 040 ou 049*** *(arrêt Chatzikyriakio) Ouvert sept.-juil. : lun.-sam. 12h-0h, dim. 12h-17h*

☺ **To Leontari tou Pirea (plan 7, A1 n°5)** À la belle saison, ce café-*mezedopolio* dresse ses tables sur l'esplanade au bout de la rue que garde un lion de marbre. Magique le soir, quand les bâtiments gris du port se parent de mille lumières et que de gigantesques ferries passent à 50m de votre table. Les serveurs font la navette, à pied ou à scooter, entre la cuisine et la terrasse. Sportif ! De bonnes sardines grillées, des *mezedes* et des salades... Ouvrez grand les yeux, vous êtes au spectacle ! Comptez 15-20€ à la carte. *Maria Chatzikiriakou 20* ***Le Pirée*** *Tél. 210 45 11 118* ***Bus 843 ou 859*** *de la porte 9 des ferries jusqu'au terminus (5min) puis à pied jusqu'à l'esplanade Ouvert tlj. 9h-1h*

Vosporos (plan 7, C1 n°6) Une belle terrasse de Mikrolimano, animée par le clapotis de l'eau, où savourer des spécialités orientales (7-9€) comme la feta grillée à la sauce tomate et les *soutzouki* avec pita et tomates frites et de belles grillades de viande (10-16€). Une qualité irréprochable et des assiettes plus que copieuses : les *dolmades* font deux fois la taille habituelle, et la portion de houmous

GAMME DE PRIX	RESTAURATION	HÉBERGEMENT
Très petits prix	moins de 10€	moins de 30€
Petits prix	de 10 à 15€	de 30 à 50€
Prix moyens	de 15 à 20€	de 50 à 80€
Prix élevés	de 20 à 30€	de 80 à 120€
Prix très élevés	plus de 30€	plus de 120€

nourrirait trois personnes ! Carte 20-25€. *Akti Koumoundourou 20 Mikrolimano* ***Le Pirée*** *Tél. 210 41 27 324* ***Trolleybus 20*** *(arrêt Mikrolimano) Ouvert tlj. 12h-2h*

Achinos (plan 7, B2 n°1) Un peu à l'écart de Marina Zea, une jolie maison néoclassique qui donne sur une petite plage. Des tables et des chaises blanches, un service agréable, du poisson frais, une légère brise marine et la vue sur le large... que demander de plus ? Calamars, gambas grillés, moules, anchois marinés, mais aussi dorades, bars, rougets et d'excellents millefeuilles. Carte 20-25€. *Plage de Freatidas, Akti Themistokleous 51 Marina Zea* ***Le Pirée*** *Tél. 210 45 26 944* ***Bus 904*** *(arrêt Plaz) Ouvert tlj. 13h-0h*

To Lemeni Un peu à l'écart du port de Rafina, sur la grand-place, une petite taverne dont la carte et l'esprit n'ont pas changé malgré l'affluence des touristes en partance pour les îles. Sardines grillées (7€), anchois, petite friture et différents plats maison. Poulpe grillé 12€, calamars grillés 36€ le kg. *Pl. Plastira 17* ***Rafina*** *(à 40km à l'est d'Athènes) Tél. 22940 24 750 Ouvert tlj. 12h-1h*

prix très élevés

Panorama (plan 7, C1 n°4) Entièrement rénové en 2008, ce restaurant de poisson juché sur les hauteurs de Kastella jouit d'une fort jolie vue sur le golfe Saronique. Comptez 35-40€. *Irakliou 18-20 Kastella* ***Le Pirée*** *Tél. 210 41 73 475* ***Bus 915*** *(arrêt Paraschou) Ouvert tlj. 12h-0h*

Jimmy & the Fish (plan 7, C1 n°2) La déco résolument marine de la salle (meubles de bateau, gouvernail, demi-coques et espadons naturalisés) se retrouve sur la terrasse, où des tables et chaises habillées de toile rayée bleu et blanc se serrent sous la voilure. Dans l'assiette, des recettes raffinées à base de poisson et de crustacés. Goûtez aux spécialités du chef : calamars grillés à la feta ou plongés dans une sauce au vin rouge, spaghettis à la langouste, crevettes flambées à l'ouzo. Un régal ! 38-40€. *Akti Koumoundourou 46 Mikrolimano* ***Le Pirée*** *Tél. 210 41 24 417* ***Trolleybus 20*** *(arrêt Skalakia) www.jimmyandthefish.gr Ouvert tlj. 12h-2h*

Hébergement

Comme les monuments et autres infrastructures athéniennes, nombre des hôtels de la capitale grecque ont été rénovés pour les JO de 2004. De plus, des hôtels résolument modernes et plutôt haut de gamme ont récemment vu le jour.

petits prix

Student and Travellers Inn (plan 4, C3 n°63) Cette AJ indépendante est remarquablement bien située au cœur de Plaka et l'accueil y est cordial. Certaines des 40 chambres disposent d'une sdb, d'autres d'un balcon. Elles ont toutes la climatisation. Petit déjeuner et bar (7h-0h) sur le toit. Dortoir 10-14€/pers., double sans sdb 35€, avec 50€. Triple avec sdb 75€. Petit déj. 3€. Wifi et borne Internet. *Kidathineon 16* ***Plaka*** *Tél. 210 32 44 808* ***M° Akropoli*** *www.studenttravellersinn.com*

Athens International Youth Hostel (plan 2, A2 n°82) À deux pas du métro Metaxourgio, cette sympathique auberge de jeunesse affiliée à la fédération internationale n'est pas facile à trouver car le nom de la rue est écrit en abrégé et en grec phonétique... C'est une AJ tout confort avec salles de bains et air conditionné (le luxe !), cuisine en libre-service, blanchisserie (8€ les 5kg), Internet et accès wifi gratuits. On vous propose même des excursions guidées à pied dans Athènes. Une dizaine de chambres doubles (35-50€) et des dortoirs de 4 ou 6 lits (17€/pers.), spartiates mais bien tenus. Petit déjeuner inclus. En basse saison, réservations avantageuses par Internet. *Viktoros Ougko 16* ***Metaxourgio*** *Tél. 210 52 02 549* ***M° Metaxourgio*** *www.athens-international.com*

☺ **Marble House (plan 2, A4 n°89)** Installée au fond d'une impasse, cette grande maison abrite 16 chambres coquettes avec ventilateur, cadre de lit en fer forgé et plateau de table en marbre (d'où son nom). Préférez l'une de celles avec balcon qui donnent sur l'impasse. Double 40€ sans sdb, 45€, triple 50-60€ avec sdb partagée. Petit déjeuner 5€. *Zinni 35* ***Koukaki*** ***M° Sygrou-Fix*** *www.marblehouse.gr*

Hotel Diethnes (plan 2, A1 n°87) Installé dans un joli bâtiment néoclassique d'une rue tranquille, cet établissement familial loue 24 chambres simples, mais rénovées : 40€ la double. *Paioniou 52* ***Gare de Larissa*** *Tél. 210 88 36 855* ***M° Larissa Station*** *www.diethneshotel.gr*

Dioskouros (plan 4, C4 n°59) Le patron est très aimable et le jardinet de l'hôtel délassant. Les 18 chambres sont claires et sans chichis, avec de grandes salles de bains sur le palier et, pour dix d'entre elles la climatisation. La double revient à 40-50€ et le lit en dortoir à 20-30€/pers. Et pour les étudiants, 500€ le mois pour deux, d'octobre à février. Le petit déjeuner est inclus. *Pittakou 6* ***Plaka*** *Tél. 210 32 48 165* ***M° Syntagma*** *www.hoteldioskouros.com*

☺ **Hôtels Orion et Dryades (plan 6, B1 n°30)** Tranquillité assurée dans ces deux hôtels mitoyens, au bas de la colline de Strephi (mais éloignés du métro : inspirez à fond si vous vous avisez de les rejoindre à pied en gravissant les escaliers de la rue Emmanouil-Benaki). L'Orion, le plus ancien des deux, dispose de 20 chambres proprettes avec sdb sur le palier (30€) ou privée (35-40€). Les 15 chambres aux murs chaulés de bleu du Driadès sont plus modernes, avec vue sur la ville (50€), la colline ou sans (45€). Le petit déjeuner (6€) se prend sur le toit-terrasse de l'Orion. Cuisine commune et accès wifi. Accueil charmant : on se mettra en quatre pour vous rendre service. Profitez du marché du samedi matin, rue Kalidromiou. *Em. Benaki 105 et Dryadon 4* ***Exarchia*** *Tél. 210 38 27 362* ***M° Omonia*** *www.orion-dryades.com*

Cecil (plan 4, B1 n°58) Ce bâtiment néoclassique qui donne dans la rue la plus animée de Psiri a un petit côté vieillot. D'ailleurs, l'ascenseur qui occupe pratiquement tout l'espace de la réception est une antiquité, mais une antiquité qui fonctionne ! 37 chambres aux hauts plafonds moulurés et au parquet ciré, avec sdb, clim., téléphone, TV et wifi – préférez celles de l'arrière. Double 50€ avec le petit déjeuner. *Athinas 39* ***Psiri*** *Tél. 210 32 19 606* ***M° Monastiraki*** *www.cecil.gr*

prix moyens

Acropolis House (plan 4, C3 n°50) Cette maison néoclassique a conservé ses fresques et un peu de son atmosphère du XIXe siècle. Au-dessus du salon et de la salle à manger du rez-de-chaussée, 20 chambres hautes de plafond, avec parquet grinçant et papier peint à fleurs. Comptez

50-87€ la double sans ou avec sdb, petit déjeuner compris. Désuet, mais confortable (TV, tél., wifi). *Kodrou 6-8/ Voulis* ***Plaka*** *Tél. 210 32 22 344* ***M° Syntagma*** *www.acropolishouse.gr*

Adonis (plan 4, C3 n°51) Cet établissement moderne, qui donne dans une rue piétonne tranquille, entre Plaka et Syntagma, loue 26 chambrettes tout confort (clim., TV, tél., douche et WC). Le petit déjeuner, inclus, se prend sur le toit-terrasse, face à l'Acropole ! Doubles de 60 à 90€ (sans ou avec balcon). Prix dégressifs à partir de deux nuits et, en hiver, double à partir de 40€. *Kodrou 3/Voulis* ***Plaka*** *Tél. 210 32 49 738* ***M° Syntagma*** *www.hotel-adonis.gr*

Athos Hotel (plan 4, C2 n°52) Un trois-étoiles moderne et bien situé, à l'accueil très cordial. Les 18 chambres sont claires, plaisamment meublées et dotées d'un balcon pour certaines. Belle terrasse au-dessus de Plaka, face à l'Erechtheion et au Parthénon. De 50€ à 75€ la double selon la vue en basse saison, 65-100€ en haute saison. Petit déjeuner-buffet 5€. *Patroou 3* ***Plaka*** *Tél. 210 32 21 979* ***M° Syntagma*** *www.athoshotel.gr*

Tony's Hotel (plan 2, A4 n°85) Ils sont bien pratiques ces 9 studios pour 2-4 pers. avec kitchenette et wifi comme ces 4 appartements qui peuvent loger jusqu'à 5 pers. Également 13 chambres doubles classiques, une cuisine commune et un toit-terrasse pour le petit déjeuner. Le patron est aux petits soins : vous préférez un ventilateur à la climatisation ? Il vous en prêtera un. Vous ne savez pas où garer votre voiture ? Il vous proposera un parking gratuit. Et pour vous approvisionner, marché le vendredi devant l'hôtel. Double de 60 à 85€, petit déjeuner 6€, studio 70-95€, appartements 100-130€. *Zacharitsa 26* ***Koukaki M° Sygrou-Fix*** *www.hoteltony.gr Réception 24h/24*

☺ **Art Gallery Hotel (plan 2, B4 n°81)** Les 21 chambres ont été aménagées dans l'ancienne demeure de Dora Bouki, une artiste peintre dont les tableaux impressionnistes sont accrochés un peu partout. On prend le petit déjeuner sur la terrasse du 4e étage ou, l'hiver, dans le charmant petit salon adjacent, garni de meubles de famille et d'un piano – si l'envie vous en prend, vous pourrez même jouer quelques notes. La responsable de l'hôtel, d'une grande gentillesse, parle un français parfait. La double avec sdb, clim. TV et minibar revient à 60-90€, le petit déjeuner à 7€. *Erechthiou 5* ***Koukaki*** *Tél. 210 92 38 376* ***M° Sygrou-Fix*** *www.artgalleryhotel.gr*

prix élevés

Acropolis View (plan 4, A4 n°54) À 10min à pied de Plaka par la voie piétonne, cet hôtel de 1981 est le plus proche de l'entrée de l'Acropole. On y croise toutes les nationalités ! Les 32 chambres, assez petites et un peu désuètes mais fonctionnelles (clim., tél., coffre-fort, wifi) ont (une petite) vue sur l'Acropole ou la colline de Filopapou. Le petit déjeuner-buffet (7€) est servi à partir de 6h30. Double à 105-115€. *Webster 10/Rovertou Galli* ***Makrigianni*** *Tél. 210 92 17 303* ***M° Akropoli*** *www.acropolisview.gr*

Adrian (plan 4, B2 n°55) Tout près de l'agora romaine, entre Monastiraki et Plaka. La façade est quelconque, mais les 22 chambres disposent d'un balcon et d'une déco personnalisée. Celles du 3e étage ont vue sur l'Acropole (90-135€). Accueil charmant. De mai à octobre, le petit déjeuner se prend sur le toit-terrasse ombragé, à la vue splendide. Comptez 80-115€ la double, 100-150€ la triple, petit déjeuner compris. *Adrianou 74* ***Plaka*** *Tél. 210 32 21 553 ou 210 52 02 491 (Rés.)* ***M° Monastiraki*** *www.douros-hotels.com*

Omiros (plan 4, C2 n°62) Seules deux des 37 chambres avec balcon donnent sur l'Acropole, mais la rue est bien tranquille après 22h. Accueil franc et sympathique. De 80 à 120€ la double, sans le petit déjeuner (5€), que l'on prend aux beaux jours sur une agréable terrasse. *Apollonos 15* ***Plaka*** *Tél. 210 32 35 486* ***M° Syntagma*** *www.omiroshotel.gr*

A for Athens (plan 4, B2 n°57) La vue sur l'Acropole et la place Monastiraki valant à elle seule le détour, le bar du toit terrasse a ses habitués. Pour les heureux clients de l'hôtel, 35 chambres contemporaines, sobres et claires, au centre culturel et commerçant d'Athènes. De 100 à 150€ la double, petit déj. compris. *Miaouli 2-4* ***Monastiraki*** *Tél. 210 32 44 244 www.aforathens.com*

☺ **Fresh Hotel (plan 2, B2 n°90)** Ce quatre-étoiles design aux couleurs acidulées porte bien son nom. Si les touches de couleur de la façade, de la réception et des ascenseurs sont plutôt flashy, les 133 chambres sont d'une sobre élégance. Celles du 8e étage disposent d'un jardinet agrémenté de plantes exotiques. L'été, dès la fermeture de l'agréable petite piscine sur le toit-terrasse (9h-19h), les tables du bar-restaurant Air Lounge (10h-2h) sont dressées pour un dîner assurément romantique. Wifi, centre de remise en forme avec hammam et sauna. Comptez 90-130€ la double avec le petit déj. *Sofokleous 26/ Klisthenous 2* ***Omonia*** *Tél. 210 52 48 511* ***M° Omonia ou Monastiraki*** *www.freshhotel.gr*

Achilleas (plan 4, C2 n°53) À peine entré, on s'y sent déjà bien. Les fauteuils sont confortables, le carrelage est élégant, la lumière tamisée et l'accueil charmant. Les 34 chambres (de la double et jusqu'à 5 lits), avec parquet flottant et une agréable harmonie d'ocre clair et de bleu, ne manquent de rien. Comptez 70-130€ la double et 90-150€ la triple avec petit déjeuner. *Lekka 21* ***Syntagma*** *Tél. 210 32 33 197 ou 210 32 16 777* ***M° Syntagma*** *www.achilleashotel.gr*

prix très élevés

Plaka (plan 4, B2 n°60) Soixante-sept chambres claires, à la déco et au confort classiques d'un trois-étoiles moderne (clim., minibar, coffre-fort). Celles des 2e et 6e étages ont vue sur l'Acropole. Le soir, montez prendre un verre au bar sur le toit. Divin ! Double 95-145€, petit déjeuner (copieux) compris. *Mitropoleos/Kapnikareas 7* ***Plaka*** *Tél. 210 32 22 096* ***M° Monastiraki*** *www.plakahotel.gr*

Electra Palace (plan 4, C3 n°61) Au pied de l'Acropole, un cinq-étoiles reconstruit pour les JO de 2004, dont le grand hall donne sur un joli jardin. Une vingtaine de suites (dont 9 juniors) et 155 chambres spacieuses de style classique. Deux piscines, l'une au sous-sol, l'autre sur le toit, jacuzzi, sauna, massages. L'un des deux restaurants offre une vue splendide sur le Parthénon. Comptez 150-230€ la double standard, petit déjeuner compris. *N. Nikodimou 18-20* ***Plaka*** *Tél. 210 33 70 000* ***M° Syntagma*** *www.electrahotels.gr*

Periscope (plan 2, C3 n°86) Au cœur de Kolonaki, un quatre-étoiles récent, looké par des designers grecs. Vingt-et-une chambres minimalistes aux couleurs neutres ou froides (gris bleu des éléments métalliques et du béton ciré, blanc de la literie...), réchauffées par des photos panoramiques de la ville. Belles prestations. De 130 à 145€ la double, petit déj. compris. *Charitos 22* ***Kolonaki*** *Tél. 210 72 97 200* ***M° Evangelismos*** *www.yeshotels.gr*

☺ **O & B Athens Boutique Hotel (plan 4, A1 n°64)** Dans une rue dans le quartier fourre-tout de Monastiraki et de Thiseio, cet hôtel-boutique est une vraie surprise. 22 chambres modernes, chics, petites mais chaleureuses, et deux suites juniors avec terrasse donnant sur l'Acropole. Le restaurant (cuisine méditerranéenne) est ouvert midi et soir, et le bar sert d'excellents cocktails. De 150 à 190€ la double, petit déjeuner compris. *Leokoriou 7* ***Thiseio*** *Tél. 210 33 12 940 ou 210 33 12 952* ***M° Thiseio*** *www.ochreandbrown.com*

New Hotel (plan 4, C3 n°56) Soucieux de développement durable, les deux designers brésiliens qui ont ressuscité l'ancien Olympic Palace ont fait appel à des artistes passés maîtres dans l'art du recyclage. Mobilier sur mesure, accessoires faits main... la déco de chacune des 79 chambres et suites de ce quatre-étoiles est unique et se décline en trois thèmes : cartes postales anciennes, personnages du théâtre d'ombres traditionnel, ou le fameux "œil" bleu censé conjurer le mauvais sort. Bar et restaurant sur le toit. Salle de fitness. De 150 à 200€ la double, petit déj. compris. *Filellinon 16* ***Syntagma*** *Tél. 210 32 73 000* ***M° Syntagma*** *www.yeshotels.gr*

Saint George Lycabettus (plan 2, C2 n°84) Un palace des années 1970 niché parmi les pins, sur les hauteurs de Kolonaki. Les 154 chambres et suites ont chacune leur style, du classique au contemporain, et donnent sur l'Acropole ou sur la cour intérieure. Au 7e étage, piscine, bar d'été, restaurant et... vue plongeante sur la ville. Spa au sous-sol. Comptez 150€ pour une double standard, petit déjeuner 35€. *Kleomenous 2* ***Kolonaki*** *Tél. 210 74 16 000* ***M° Syntagma ou Evangelismos*** *www.sgl.gr*

Grande Bretagne (plan 2, B3 n°83) Le palace historique d'Athènes (1874) a retrouvé toute son opulence Belle Époque et il continue d'accueillir la jet-set internationale. Difficile de rivaliser avec un décor aussi somptueux : colonnades, marbres, plafonds à caissons, dorures... et un jardin d'hiver avec verrière, palmiers et statues en bronze. Les 265 chambres et 56 suites allient mobilier ancien ou de style, œuvres d'art avec des équipements high-tech... et quel luxe dans le détail ! Ne ratez surtout pas la vue à 360° qu'offre le bar au 8e étage (ouvert de 11h à 19h en été). Deux piscines, un spa, trois restaurants... et un très beau bar à cocktails (11h-2h) au rez-de-chaussée. À partir de 400€ la double. *Vass. Georgiou 1* ***Syntagma*** *Tél. 210 33 30 000* ***M° Syntagma*** *www.grandebretagne.gr*

Dans les environs

très petits prix

Athens Camping (hors plan 7) À 7km au nord-ouest du centre, sur la route de Corinthe. Évitez les emplacements près de la nationale. De l'ombre et de nombreux services. Comptez 26€ pour deux pers. avec voiture et tente, 9€ le camping car. Électricité 4€. *Athinon 198* ***Peristeri*** *Tél. 210 58 14 101 (hiver) www.campingathens.com.gr Ouvert toute l'année.*

prix moyens

Anita & Argo (plan 7, B1 n°30) Deux établissements réunis sous la même enseigne : 30 chambres pour l'hôtel Argo, 25 pour l'hôtel Anita, certaines décorées dans des couleurs pimpantes. Un cadre aussi chaleureux que l'accueil ! Double avec clim. 50€, petit déjeuner-buffet 8€ (ouvert dès 6h en haute saison). *Notara 23-25* ***Le Pirée*** *Tél. 210 41 21 795 www.hotelargoanita.com*

Cavo d'Oro (plan 7, C1 n°31) La vaste salle de réception est un hymne à la mer : des gouvernails, des statues, une boussole, des pièces de bateau, un aquarium, un bar en bois et cuivre. Salon à l'antique et salle de jeu façon tripot (ouverte à partir de 22h). L'hôtel possède 74 vastes chambres (avec clim. TV, minibar), dont une trentaine dominent la mer. De grandes salles de bains, de larges balcons, tout, ici, donne une impression de confort et d'espace. Et les prix sont raisonnables, étant donné l'emplacement. Double 60€, petit déjeuner compris. *Vassileos Pavlou 19-21 Kastella* ***Le Pirée*** *Tél. 210 41 13 744 ou 210 41 13 745 ou 210 41 21 931/22 210 (Rés.)*

prix élevés

Saron Bien placé, au milieu des pins, cet hôtel est idéal pour un séjour en famille au cap Sounion. Les enfants disposent d'un coin jeux dans le grand salon, la plage est à 150m et la piscine de belles dimensions. Les 50 chambres, sans charme mais claires et fonctionnelles (carrelage, mobilier en pin, TV, clim. tél. et minibar), donnent sur la mer ou la montagne. La double revient à 85€ avec le petit déjeuner. Deux appartements pour 4 pers. à 150€. Insolite : une chapelle toute blanche s'élève dans la cour. *À 4km du* ***Cap Sounion****, sur la route de Lavrio Tél. 22920 39 144 www.saronhotel.com*

Mistral (plan 7, C1 n°32) Dans un hôtel récent, 74 chambres tout confort (tél. et TV satellite, wifi, sdb avec séchoir à cheveux...), dont la moitié dispose d'un balcon et d'une vue plongeante sur le port de Mikrolimano. Si l'on vous loue l'une de celles qui donnent sur l'arrière, vous vous consolerez vite en allant prendre un verre ou dîner sur le toit, au bord de la piscine (gratuite pour les pensionnaires, 7-12€ pour les autres). Café et restaurant au rez-de-chaussée. De 110 à 150€ la double, petit déjeuner compris. *Alexandrou Papanastasiou 105 Kastella* ***Le Pirée*** *Tél. 210 41 17 150 www.mistral.gr*

prix très élevés

Ægeon Hotel Un bâtiment contemporain couleur de terre, posé sur la plage du cap Sounion, au pied du temple de Poséidon... idyllique ! Pas de jaloux, un balcon sur la mer prolonge chacune des 45 chambres. Également 4 suites junior, une supérieure et une présidentielle, d'une sobre élégance. Matelas et parasols à disposition sur la plage. La double standard revient à 140-160€, petit déjeuner inclus. Restaurant, deux

GAMME DE PRIX	RESTAURATION	HÉBERGEMENT
Très petits prix	moins de 10€	moins de 30€
Petits prix	de 10 à 15€	de 30 à 50€
Prix moyens	de 15 à 20€	de 50 à 80€
Prix élevés	de 20 à 30€	de 80 à 120€
Prix très élevés	plus de 30€	plus de 120€

bars, aire de jeux pour les enfants. *Cap Sounion Tél. 229 20 39 200 www.aegeon-hotel.com*

Grecotel Cap Sounion Une petite folie pour une nuit de rêve... ou pour un séjour familial : 120 bungalows et 30 villas avec piscine privative disséminés dans la verdure, avec une vue imprenable sur le cap Sounion, le temple de Poséidon et la mer. La réception est vaste comme une salle de bal, et la décoration des différentes unités particulièrement soignée. Restaurant extérieur et lounge bar. Spa, épicerie et boutiques, nombreux services (du baby-sitting à la location de yachts), pour les enfants. Comptez 280€ le bungalow standard pour 2 avec vue sur la mer. Petit déjeuner inclus. *Cap Sounion Tél. 22920 69 700 www.grecotel.gr Ouvert avr.-début oct.*

L'ÎLE D'EUBÉE EYBOIA, Ευβοια

Boudée par les étrangers, mais prisée des Athéniens, la plus grande île de Grèce derrière la Crète (3 657km²) n'est qu'à une heure de route de la capitale. Le contraste est étonnant entre le nord verdoyant de l'Eubée (Evvia) et sa partie méridionale, rocailleuse et ourlée de criques désertes. De même, la côte occidentale de l'île est aussi plate et urbanisée que sa côte orientale est escarpée et sauvage. Parsemée de vestiges byzantins, francs et vénitiens, l'Eubée est surtout appréciée pour ses petits ports tranquilles, ses plages de sable et ses grandioses paysages de montagne qui offrent de belles échappées vers la mer.

DEUX CITÉS RIVALES Occupée dès le paléolithique, l'île se lance très tôt dans le commerce maritime en profitant de ses ressources : cuivre, fer, céréales et bétail. Au VIIe siècle av. J.-C., les deux cités de Chalcis (Chalkida) et d'Érétrie (Eretria), sur la côte ouest, disposent d'une flotte puissante et de colonies en Thrace, en Macédoine, dans le sud de l'Italie et en Sicile. Mais leur rivalité tourne à la guerre civile (720-660 av. J.-C.), et Athènes en profite pour imposer sa mainmise sur l'île. Carrefour entre la Grèce centrale et l'Attique, l'Eubée est mêlée aux guerres médiques et sa flotte participe aux batailles navales d'Artémision et de Salamine, en 480 av. J.-C. Au lendemain de la victoire sur les Perses, toutes ses cités, hormis Karystos, à la pointe sud, intègrent la ligue de Délos. Sous la domination romaine, Chalkida devient le centre économique et culturel eubéen. Elle passe sous l'autorité franque en 1204, puis vénitienne en 1351. Les nombreuses tours de guet carrées visibles un peu partout dans l'île datent de cette époque. Les Ottomans s'emparent de l'Eubée en 1470 et la transforment en une forteresse imprenable. Le doge Morosini tente vainement de leur reprendre l'île en 1688. Âprement défendue par des forts sur chaque rive, l'Eubée ne sera rendue aux Grecs qu'en 1830.

MODE D'EMPLOI

accès

EN VOITURE

Chalkida, le chef-lieu de l'île d'Eubée, est à 85km au nord d'Athènes et 142km à l'est de Delphes. Un pont métallique tournant et un pont suspendu plus récent enjambent le canal de l'Euripe pour relier la ville au continent.

EN CAR

Gare routière KTEL de Chalkida
Liaisons quotidiennes entre Athènes – cf. Gare KTEL Liosion (p.101) – et Chalkida. Départ d'Athènes toutes les 30min de 6h30 à 21h, de Chalkida toutes les 30min de 5h30 à 19h30. Durée 1h15, AS 7€. *Styron 1 Tél. 22210 22 640 www.ktelbus.gr*

EN BATEAU

Capitainerie d'Eretria *Tél. 22290 62 201*

De Rafina à Marmari (sud de l'île)
Quatre bateaux/j. l'été et trois l'hiver, 1h de traversée, AS 7€, voiture 23€. *Tél. 22240 26 200*

D'Oropos à Eretria (centre-sud)
En été, toutes les 30min de 6h30 à 22h30 ; 30min de traversée. *Tél. 22290 61 322*

D'Arkitsa à Loutra Edipsou (nord-ouest) Toutes les heures de 7h à 22h, 45min de traversée. *Tél. 22260 22 464*

De Glyfa à Agiokambos (nord-ouest) Toutes les 2 heures, de 6h à 20h, 30min de traversée. *Tél. 22380 61 288*

EN TRAIN

Gare OSE de Chalkida Un départ pour Chalkida toutes les heures de 5h à 23h de la gare (*stathmos*) de Larissa, à Athènes (1h30 de trajet, 6,50€). Arrivée côté continent, au bas du fort de Karababa, au pied du pont. *Tél. 22210 86 617 www.ose.gr*

orientation

L'île d'Eubée s'étire sur 175km à l'est des côtes de l'Attique et de la Béotie, séparée de celle-ci par le golfe d'Eubée. La mer Égée baigne sa côte orientale. Les plus hauts sommets de l'Eubée sont le mont Dirfi (1 743m), central et densément boisé, et le mont Ochi (1 398m), dans le sud de l'île. Le versant oriental, assez escarpé, n'accueille qu'un seul port naturel, Kymi, tandis que la côte ouest, très urbanisée, est ponctuée de stations balnéaires.

se déplacer

EN VOITURE

Les routes sont en bon état, et la voiture vous permettra une grande liberté, notamment pour vous déplacer en montagne ou rejoindre une jolie plage à l'écart des axes touristiques.

LOCATION DE VOITURES

Budget Tarif de base 35-40€/j. *Angeli Goviou 17* ***Chalkida*** *Tél. 22210 88 862 www.budget.gr Ouvert lun.-sam. 8h30-14h et 17h30-21h*

Europcar Tarif de base 45€/j. *Archeou Theatrou 70* ***Eretria*** *Tél. 22290 61 336 Ouvert juin-sept. : tlj. 9h-14h et 17h30-22h*

Sixt rent-a-car À partir de 45€/j. *Grand Bleu Hotel* ***Eretria*** *Tél. 22290 61 303 Ouvert avr.-sept. : lun.-ven. 9h-12h et 18h-20h, sam.-dim. 9h-12h ; oct.-mars : lun.-ven. 9h-15h*

EN CAR

Gare KTEL de Chalkida Les villages de l'île sont bien desservis à partir de Chalkida. Cars pour Kymi via Eretria (6/j. dans les deux sens, 2h10 de trajet,

8,50€), Edipsou (1/j., 3h de trajet, 12€), Karystos (4/j., 3h30 de trajet 11,20€) et Limni (3/j., 2h30 de trajet, 8€). *Styron 1 Tél. 22210 22 640 www.ktelbus.gr*

informations pratiques

South Evia Tours (SET) Toutes les informations concernant la région, vente de billets de bateaux, sorties en montagne, etc. *Pl. Amalias 7* ***Karystos*** *Tél. 22240 26 200 ou 22240 25 700 www.eviatravel.gr Ouvert tlj. 9h-23h*

Vi Travel *Athinas 4* ***Chalkida*** *Tél. 22210 89 774 Ouvert lun., mer. et sam. 9h30-14h, mar. et jeu.-ven. 9h30-14h et 18h-21h*

Police *Chalkida Tél. 222 10 22 100*

Police touristique *Tél. 222 10 77 777*

Hôpital *Gazepi Irakli 48* ***Chalkida*** *Tél. 22213 50 100*

Centres de soins ***Karystos*** *Tél. 22243 50 101* ***Kymi*** *Tél. 22223 50 100*

DÉCOUVRIR

L'île d'Eubée

☆ **Les essentiels** Le Musée archéologique d'Eretria, la route des Aigles, Karystos, le petit port de Limni **Découvrir autrement** Allez vous baigner sur une plage sauvage du Sud, prendre le frais à Steni ou crapahuter dans les monts Dirfi ou Ochi

Chalkida

Capitale de l'Eubée, cette ville de 60 000 habitants déborde sur la rive occidentale de l'Euripe. La première impression n'est pas forcément la meilleure, Chalkida étant bruyante, souvent embouteillée et sa signalétique inexistante ! Flânez dans le quartier du Kastro pour ses vieilles maisons turques à encorbellement de bois et son ambiance paisible, puis allez jeter un coup d'œil sur les quais bordés de restaurants et d'hôtels. Face à la mer s'élèvent quelques villas néoclassiques du XIXe siècle : la "maison Rouge" (Kokkino Spiti), construite par un Français ; une demeure jaune pâle dont la façade est ponctuée de statues, et le palais Kotsikas, désormais occupé par la mairie. *Se garer sur l'un des parkings fléchés autour de la rue Kotsou, tout de suite après le pont qui dessert l'île*

Fort de Karababas Édifié en 1684 par les Ottomans, il se dresse sur une colline parsemée de cyprès du littoral béotien, face à l'Eubée. Ses deux bastions, l'un hexagonal, l'autre heptagonal ne protègent plus qu'une église toute blanche au toit de tuiles rouges, dédiée au prophète Élie (XIXe s.). Vue sur Chalkida, le canal de l'Euripe et les montagnes de l'île à l'arrière-plan. *Tél. 22210 22 402 Ouvert mar.-dim. 8h-15h Entrée libre*

Quartier du Kastro Vous le trouverez après avoir franchi le vieux pont, à droite de la rue Kotsou. De l'époque ottomane, il ne reste que la mosquée d'Emir-Zadé (XVe s., ne se visite pas), qui a perdu son minaret mais conservé sa fontaine en marbre. À proximité, l'église Sainte-Parascève (Agia Paraskevi) est dédiée à la patronne de la ville. Succédant à une basilique byzantine, cette construction à trois nefs érigée au XIIIe siècle par les Francs fut remaniée au XIVe dans le style gothique, puis transformée en mosquée par les Ottomans. Son iconostase en marbre date du XIXe siècle. Installé dans les vestiges de la forteresse turque, le petit musée d'Art populaire rassemble dans trois salles voûtées un gentil bric-à-brac de quelque 1 200 objets illustrant les traditions insulaires : de vieux outils agricoles, des costumes de toutes les régions de l'île, des icônes, quelques belles broderies et des instruments de musique. Des mises en scène naïves ressuscitent le travail du berger, de l'apiculteur et reconstituent un intérieur de Chalkida au début du XXe siècle : la chambre, le métier à tisser et le coin repas. *Tél. 22210 21 817* **Musée d'Art populaire** *Skalkota 4 Tél. 22210 21 817 Ouvert mer. 10h-13h et 18h-20h, jeu.-dim. 10h-13h Tarif 1€*

Musée archéologique Il présente les découvertes opérées sur différents sites de l'île. Faute de place, le jardin sert de dépôt lapidaire. Les trois salles du musée recèlent des outils et des poteries du paléolithique et de l'époque mycénienne, des figurines d'inspiration cycladique, deux têtes de *kouroi* (VIe s. av. J.-C.), une stèle funéraire représentant un jeune homme accompagné de son chien (IVe s. av. J.-C.) et des statues romaines. *El. Venizelou 13 Tél. 22210 76 131 Ouvert mar.-dim. 8h30-15h Tarif 2€, seniors 1€, étudiants de l'UE et moins de 19 ans gratuit*

Eretria

Agrémentée de lauriers-roses et d'eucalyptus, Eretria possède deux visages distincts : l'un, balnéaire, avec sa promenade du front de mer bordée de tavernes, de cafés et de boutiques de souvenirs, l'autre, antique, qu'un intéressant musée fait mieux revivre que le champ de ruines contigu. Ne manquez pas, tout de même, la maison aux Mosaïques. *À 22km au sud-est de Chalkida*

☆ **Musée archéologique** Au fond d'une cour, dont l'entrée est défendue par deux lions en marbre d'Érétrie, le musée rassemble les trouvailles faites sur le site d'Eretria et dans la nécropole de Lefkandi, au sud-est de Chalkida. L'École suisse d'archéologie ayant conduit les fouilles, vous y trouverez des panneaux explicatifs en français. Dans la salle 1 sont réunis de petits objets du Ier millénaire av. J.-C. : amphores funéraires, coffres, cruches à bec trilobé, un vase à l'anse en forme de pied, une boussole attique, etc., la plus jolie pièce étant une élégante statuette de centaure en terre cuite peinte, dont la main possède six doigts (Xe s. av. J.-C.). Salle 2, on admirera tout particulièrement les sculptures du fronton ouest du temple d'Apollon Daphnéphoros d'Érétrie (VIe s. av. J.-C.), illustrant l'enlèvement d'Antiope, reine des Amazones, par Thésée. À l'extérieur du musée sont exposés des offrandes et des stèles funéraires, quelques mosaïques et un étonnant fourneau en céramique. *Route d'Eretria Tél. 22290 62 206 Ouvert mar.-dim. 8h30-15h Tarif 2€ (billet valable pour le musée, le site archéologique et la maison aux Mosaïques), seniors 1€, étudiants et moins de 19 ans gratuit*

Site archéologique d'Érétrie Fondée vers 800 av. J.-C., fortifiée vers 550 av. J.-C., la cité-État d'Érétrie fut saccagée par les Romains en 87 av. J.-C. Ses vestiges se limitent à des soubassements peu parlants, mais des panneaux judicieusement placés aident à la compréhension du site. Vous imaginerez donc les villas hellénistiques et leur cour à péristyle, le sanctuaire d'Apollon et la porte ouest de la cité. L'élément le plus intéressant reste le théâtre, détruit par les Perses au ve siècle av. J.-C. et relevé vers 200 par les Romains. De cet amphithéâtre de 6 000 places demeurent quelques rangs de gradins et la galerie souterraine reliant le dessous de la scène à l'*orchestra*. *Mêmes horaires que le musée*

Maison aux Mosaïques Cette villa patricienne bâtie vers 370 av. J.-C. fut incendiée en 268 av. J.-C., mais ses pièces de réception ont conservé une partie de leur magnifique revêtement de sol : des mosaïques de galets, visibles à travers une vitre, qui illustrent essentiellement des thèmes mythologiques. Au centre de la maison, protégée par un auvent moderne, remarquez les fondations d'un tombeau monumental du Ier siècle avant notre ère. *À 200m du musée (demander les clés au gardien) Mêmes horaires*

● S'adonner aux sports nautiques

Grand Bleu Hotel Rendez-vous à l'est d'Eretria sur la plage qui s'étend au pied du Grand Bleu Hotel. Même si vous n'êtes pas client de cet établissement, vous pourrez y louer un jet-ski (35€ les 15min) ou des skis nautiques (35€ les 10min). ***Eretria*** *Tél. 222 90 61 012 ou 69 84 11 84 02 www.grand-bleu.gr*

Le sud de l'île

☆☺ **Route des Aigles** De Lepoura, la route serpente entre les collines, hérissées de vieilles tours de guet vénitiennes, jusqu'à **Styra**. Cette bourgade réputée pour ses carrières de marbre vert cipolin et pour son agréable plage, Nea Styra, marque le début de la route des Aigles. Cette dernière s'élève jusqu'à la crête qui domine de 800m la côte sud-ouest de l'île. Des éoliennes ponctuent désormais ces hauteurs pelées et battues par les vents. La route, récemment élargie, ménage des échappées magnifiques sur le golfe de Petalion et ses petites îles avant de redescendre vers Karystos.

☆ **Karystos** Établie au creux d'une somptueuse baie abritée, sous bonne garde du mont Ochi (1 398m), Karystos est la principale station balnéaire du Sud – Athènes est à moins de 2h de route et de ferry. Les rues et placettes qui quadrillent la ville blanche ont été dessinées par un architecte bavarois à la demande d'Otton Ier. On y voit encore quelques demeures néoclassiques, mais aussi beaucoup de constructions inachevées. L'endroit est magique au petit jour, quand le soleil apparaît derrière les montagnes pour illuminer le bleu de la mer. Sur la promenade du front de mer, qui relie le port de pêche à la grande plage aménagée, les cafés traditionnels où les pêcheurs se retrouvent autour d'un ouzo ou d'un café côtoient des tavernes familiales et des bars lounge branchés qui s'animent à la tombée du jour. À l'est du port se dresse une tour hexagonale, le Bourtzi ("château" en turc), édifiée au XIIIe siècle par les Vénitiens. Le beau bâtiment néoclassique qui lui fait face abrite un minuscule Musée archéologique (quelques stèles, des chapiteaux, des poteries et des statuettes). *À 117km au sud-est de Chalkida* **Musée archéologique** *Tél. 22240 29 218 Ouvert mar.-dim. 8h30-15h Tarif 2€, seniors 1€, étudiants gratuits*

Mili De Karystos, une charmante route sinueuse que traversent des ruisseaux et sur laquelle on croise des troupeaux de chèvres grimpe jusqu'à Mili, à

3km au nord. Ombragées par d'immenses platanes, les maisons de ce village de montagne sont toutes tournées vers le large et dominées par la masse imposante du Castello Rosso. *À 3km au nord-est de Karystos*
Castello Rosso Ce château fort aux murs de grès rouge (d'où son nom) fut bâti par les Vénitiens au XIIIe siècle sur les ruines d'une acropole antique. Il offre de très belles vues sur la baie de Karystos. *De Mili, suivre la direction Castello*

● Où prendre un verre ?

Alea Cafe Boutique De jour, l'Alea Cafe Boutique est un salon de thé cosy avec de petits fauteuils ronds de style Louis XVI, du parquet et des rideaux beige clair, où l'on peut siroter un café frappé ou une bière (5€) et croquer dans un sandwich (4-5€) ou une pâtisserie (5-6€). Les soirs d'été, des banquettes en rotin et des chaises en paille sont installées sous les arbres autour de la grand-place. Cocktails 7,50€ et musique lounge. *Pl. Amalias* ***Karystos*** *(117km au sud-est de Chalkida) Tél. 22240 26 242 Ouvert tlj. 8h-aube*

● Profiter de la plage À l'ouest du port de Karystos s'étend une belle langue de sable avec douches, parasols, transats et cafés de plage ; à l'est, au pied de l'hôtel Apollon, une autre plage, plus intime, est prolongée par une côte rocailleuse et sauvage. La plus jolie plage du Sud, celle de **Potami-Platanistos**, se trouve à 25km à l'est de Karystos (dont 8km de piste carrossable).

● Faire l'ascension du mont Ochi

Mont Ochi Du village de Mili, à droite de la chapelle Saint-Théodore, un chemin bordé de fleurs sauvages (balisage rouge) part vers Kyllidroi, une antique carrière de pierres dans laquelle les Romains ont oublié dix colonnes ! Poursuivez vers Stavros, la châtaigneraie, puis le refuge (*katafygio*, comptez 3h de marche jusque-là). Une piste qui part de Metochi permet d'atteindre le refuge en voiture. On peut grimper à pied jusqu'au sommet rocailleux du mont Ochi (1 398m), où s'élève la chapelle du Prophète-Élie (1h), et poursuivre la randonnée jusqu'au site antique de Drakospito, la "maison du Dragon", un peu plus à l'est. On pensait jadis que ces solides habitations basses en dalles de calcaire et gros blocs non équarris, des VIIe-IIe siècles av. J.-C., avaient été bâties par des dragons. Ces constructions rustiques – une vingtaine en tout, disséminées dans le sud de l'Eubée – pourraient avoir servi de lieu de culte. De la chapelle du Prophète-Élie, un autre sentier mène au ravin de Dimosaris (2h), au fond duquel une rivière coule en cascade. *Rens. agence South Evia Tours à Karystos (cf. Mode d'emploi)*

L'est de l'île

Kymi Ce village perché, bâti en amphithéâtre au sein d'une végétation exubérante, bénéficie d'une vue splendide sur la mer Égée. Ses élégantes maisons au toit à quatre pans témoignent de la prospérité de son commerce maritime au XIXe siècle. Une ravissante route bordée d'oliviers centenaires, de figuiers, de cyprès, d'orangers, de palmiers et de lauriers-roses descend vers le port, Paralia Kimi (4km à l'est), où l'on peut prendre un ferry pour l'île de Skyros. *À 81km au nord-est de Chalkida* **Ferries pour Skyros** *2/j. 1h45 de traversée Tél. 22220 22 020 (Rens.)*

Steni À 2h d'Athènes via Chalkida, ce village accroché au flanc du mont Dirfi, invite à une halte rafraîchissante l'été, vivifiante l'hiver. Une pharmacie, une épicerie, un café, deux hôtels et quelques tavernes… Voilà un bon point de départ pour une balade à pied dans les châtaigneraies des environs ou sur les sentiers boisés du mont Dirfi, plus haut sommet de l'île (1 743m). *À 31km au nord de Chalkida via Nea Artaki*

● Où faire une pause gourmande ?

Avalona - Association d'agrotourisme des femmes d'Avlonari Si vous passez par Avlonari, ne manquez pas d'acheter aux villageoises de quoi faire un délicieux goûter : elles font un pain, des gâteaux, des desserts à la cuillère et des confitures dont vous vous souviendrez ! Et vous pourrez déguster vos achats (3-6€ pièce) au café d'à côté. *Xania Avlonariou* ***Avlonari*** *(64km au nord-est de Chalkida via Lepoura) Tél. 22230 32210 Ouvert tlj. 8h-20h*

● Suivre une splendide route de montagne

☺ **Route Kymi-Steni** Entre Kymi et Steni, la route serpentine réserve des panoramas grandioses. Côtoyant des à-pics, des cirques montagneux, des pentes tapissées de conifères et des amas rocheux, elle s'élève en virages serrés au-dessus de la mer, offrant de belles échappées sur l'île de Skyros. Comptez un bon après-midi pour la parcourir en voiture. Après Metochi, une piste carrossable de 7km rejoint la route de Steni, qui redescend sur le flanc occidental du mont Dirfi, parmi les pinèdes agrémentées de cascades. Demandez votre chemin dès que vous croisez un véhicule, car les intersections sans panneaux sont fréquentes, et procurez-vous avant de partir une carte détaillée de l'Eubée.

● S'offrir un bain de mer

Une plage sauvage, avec ses criques et ses rochers émergeant de l'eau, est de toute beauté. Mais elle se mérite, car la route qui y descend est longue (12km à partir de Stropones) et sinueuse. *À 28km au nord de Steni*

● Randonner autour du mont Dirfi

Mont Dirfi À 8km au nord du village de Steni, arrêtez-vous un instant au col pour profiter du spectaculaire point de vue sur l'île d'Eubée. De ce belvédère, un sentier part en direction du refuge Michalis-Nikolaou (2h30, fléché, hébergement pour 34 pers.), parmi les pins, les lentisques, le houx - et les éboulis -, puis vers le mont Dirfi (1h30). *Rens. au kiosque de Steni (cartes des sentiers pédestres) ou au club alpin de Chalkida Tél. 22210 25 230*

Le nord de l'île

☆ **Limni** Étiré entre mer et montagne, ce village de pêcheurs possède un certain cachet avec ses venelles pavées et ses élégantes maisons basses, aux volets bleu ciel ou indigo et aux balcons en fer forgé ouvragés. À l'est du minuscule port s'étend une plage piquetée de parasols en paille. *À 80km au nord-ouest de Chalkida*

Loutra Edipsou Cette ville d'eau au charme désuet ne vous laissera sans doute pas un souvenir impérissable. La plus grande station thermale de Grèce est pourtant renommée depuis l'Antiquité pour ses eaux sulfureuses. En bord de mer, identifiable à sa tour d'angle, le somptueux hôtel Thermæ Sylla rappelle que, dans l'entre-deux-guerres, des têtes couronnées et autres célébrités venaient y prendre les eaux. Entièrement rénové, il possède des installations ultramodernes : spa, salles de soins, bijouterie, salle de billard, restaurants... Le soir, les tavernes du front de mer sont envahies par les curistes grecs. L'ambiance est décontractée, mais les terrasses font un peu cantine. On y attend longtemps son dîner. *À 31km au nord-ouest de Limni*

CARNET D'ADRESSES

Restauration

Les tavernes du front de mer d'Eretria, Karystos, Loutra Edipsou et des autres stations balnéaires de l'île se valent toutes. Suivez votre inspiration !

petits prix

Taverne Kyssos La grande salle aux baies vitrées n'est utilisée que l'hiver. L'été, on dîne de l'autre côté de la route, sous les platanes, bercé par le murmure de la rivière en contrebas. Le mouton tourné à la broche est la spécialité locale. Belles portions. Caviar d'aubergines, tzatziki et poivrons grillés en entrée (3-4,50€), souvlakia de poulet et de porc (6€), grillades de viande (8-10€). ***Steni*** *(31km au nord de Chalkida) Tél. 22280 51 226 Ouvert juil.-sept. : tlj. 12h-0h ; oct.-juin : tlj. 10h-17h*

O Platanos En bord de mer ou à l'ombre d'un énorme platane, détendez-vous en regardant l'eau scintiller. Efi Boli, qui parle bien le français, vous aidera à choisir entre l'*imam baïldi* (aubergine farcie de tomates et d'oignons), la moussaka, un ragoût de veau au citron, des courgettes frites (*kolokithakia tiganita*), des spaghettis ou de petits souvlakis. Poisson 50-55€ le kg. Service diligent. À la carte 10-15€. Mezedes et tsipouro 3,50€, 8€ ou 16€ selon la taille de l'assiette. ***Limni*** *Sur le port Tél. 22270 31 686 Ouvert mai-juin : ven.-dim. 8h-0h ; juil.-mi-sept. : tlj. 7h-2h*

Restaurant de l'hôtel Karystion Une fois n'est pas coutume, nous avons retenu cette table d'hôtel pour sa terrasse, aménagée au milieu des pins, face à la mer. Très bon rapport qualité-prix : des omelettes (4-5€), des salades (4-6,50€)... Goûtez donc aux spaghettis au bacon, à l'ail et au yaourt grec (6,80€), accompagnés d'un verre de moschofiliro. *Kriezotou 3* ***Karystos*** *à 50m à l'est du port après la tour vénitienne (117km au sud-est de Chalkida) Tél. 22240 22 391 www.karystion.gr Ouvert avr.-oct. : tlj. 11h-0h*

Trikymia Des *mezedes* variés pour accompagner un ouzo en attendant le ferry, proposés en trois tailles d'assiette. L'assiette moyenne (env. 25€), rassasiera 3 personnes ! *Plage de Kymi* ***Kymi*** *(80 km au nord-est de Chalkida) Tél. 22220 23 773 Ouvert tlj. 10h-0h*

prix moyens

☺ **I Gorgona tou Stefano** Installée dans la grand-rue du village, la taverne "La Sirène" propose une formidable variété de poisson et fruits de mer (jusqu'à 15 sortes différentes) aux amateurs. Palourdes, couteaux, moules, calamars et petits anchois 10€, salade d'oursins (décortiqués et servis avec un jus de citron) 12€, et poisson vendu au kilo. ***Plage d'Amarinthos** (5km au sud-est de Chalkida) Tél. 22290 36 656 Ouvert tlj. 12h-1h*

Hébergement

très petits prix

Camping Roviès Entre Limni et Loutra Edipsou, ce camping caché de la route par une haie de lauriers-roses s'étend le long d'une plage de galets. Les emplacements sont ombragés par des pins, des oliviers et des mûriers. Tous services en juillet-août : café, restaurant, épicerie... Comptez 19,50-25€ à deux avec une tente et une voiture. *Roviès (88km au nord-ouest de Chalkida) Tél. 222 70 71 120 www.campingevia.com Ouvert avr.-oct.*

petits prix

House Graegos Au bout du petit port de plaisance de Limni, à deux pas de la plage, une jolie maison à la façade abondamment fleurie. Les 4 chambres d'hôtes, lumineuses et confortables, sont dotées d'un coin cuisine avec bouilloire et sachets de thé et de café à disposition. Antje Papageorgiou a tout prévu (machine à laver et repassage possible...) et elle vend des confitures de sa confection. Accueil chaleureux. Double 40-60€, triple 65-75€. ***Limni** (80km au nord-ouest de Chalkida) Tél. 22270 31 117 www.graegos.com*

Steni Si la canicule vous fait rechercher la fraîcheur, allez passer une nuit à Steni, où la température ne dépasse pas 20°C en été. Ce grand chalet de pierre et de bois coquet et fleuri à profusion est aussi très cosy en hiver, avec sa vaste cheminée, ses boiseries, ses banquettes et ses coussins. Hôtel familial de 38 chambres. Double 50€, petit déj. compris. ***Steni** (31km au nord de Chalkida) fléché dans le village Tél. 22280 51 221 www.dirfis.gr*

prix moyens

Karystion La plupart des chambres ont une vue sur la mer, mais préférez celles qui sont orientées au sud et qui donnent sur la pinède et le large. Seul le choc des vagues sur les rochers et le chant des cigales viendront alors troubler votre tranquillité. Trente-neuf chambres tout confort (clim., TV) avec balcon. On vous prêtera des serviettes de bain si vous n'en avez pas pour aller profiter de la plage en contrebas, et l'on vous préparera un panier pique-nique si vous le souhaitez... Possibilité de faire garder son bébé pendant sa sieste. Double 69€, petit déjeuner compris. *Kriezotou 3 **Karystos** à 50m à l'est du port après la tour vénitienne (117km au sud-est de Chalkida) Tél. 22240 22 391 www.karystion.gr Ouvert avr.-oct.*

Corali Adossé à la colline, à 300m au-dessus du port, l'hôtel offre une vue magnifique sur la mer azur. Classiques, simples et propres, les 22 chambres étagées sur la pente sont desservies

GAMME DE PRIX	RESTAURATION	HÉBERGEMENT
Très petits prix	moins de 10€	moins de 30€
Petits prix	de 10 à 15€	de 30 à 50€
Prix moyens	de 15 à 20€	de 50 à 80€
Prix élevés	de 20 à 30€	de 80 à 120€
Prix très élevés	plus de 30€	plus de 120€

par des escaliers extérieurs. La réception-salon-salle à manger, tout en pierre et bois, est accueillante. Double 75€, petit déjeuner compris. *Paralia* ***Kymi*** *(79km au nord-est de Chalkida) Tél. 22220 22 212 www.coralihotel.gr Ouvert mars-oct.*

Sunrise Hotel Pour un week-end ou une semaine, 15 appartements et 17 studios cosy et chaleureux avec cheminée pour l'hiver, clim. et balcon pour l'été. À 150m de la mer, l'hôtel et son joli jardin respirent la tranquillité. Petit salon relaxant et bar au rdc, très belle piscine, tennis, et terrain de jeux sous les arbres pour les enfants. Comptez 70€ le studio, 90€ l'appartement pour 3 ou 4. *Despinis Agelikaras/Mnisimachou* ***Eretria*** *(22km au sud-est de Chalkida) Tél. 22290 60 004 ou 22290 60 647 www.hotelsunrise.gr*

prix élevés

Avantis De 37 petites maisons individuelles rose pâle, déclinées en studios et suites, posées sur le gazon autour d'une piscine avec rez-de-jardin ou balcon à l'étage. La plage privée est un peu exiguë, mais la vue sur le large est imprenable. Restaurant et bar. Studios tout confort à 100€ pour deux, petit déjeuner inclus. *Oniron 2 à 2min du port* ***Eretria*** *(22km au sud-est de Chalkida) Tél. 22290 64 004 www.avantis-hotel.gr*

Apollon Suite Cet hôtel familial domine une petite plage de sable blanc bien abritée. Ses 36 appartements, avec terrasse ou balcon sur le large, peuvent accueillir 4 ou 5 personnes. Piscine, jardin, grand restaurant, salon, bar. L'été, on reste sur la plage jusqu'à ce que le soleil disparaisse. Studio 115€ pour 2, grand appartement 160€ pour 2, petit déjeuner compris. Personne supplémentaire 45€, 6-12 ans 20€. ***Karystos*** *(117km au sud-est de Chalkida) Tél. 222 40 22 045 www.apollonsuiteshotel.com Ouvert avr.-oct.*

Anastasia Un bel hôtel récent en bord de mer. Les 29 chambres sont immenses et très confortables. Seules six d'entre elles n'ont pas vue sur la baie, mais rassurez-vous, elles ne sont louées que quand toutes les autres sont prises. Si vous aimez la plage, il suffit de traverser la rue, sinon vous pourrez profiter de la piscine aussi vaste qu'ensoleillée. Double 115€, junior suite 140€, grande suite 180€, petit déjeuner-buffet inclus. ***Karystos*** *(117km au sud-est de Chalkida) Tél. 22240 27 222/223 www.anastasiahotel.com.gr Ouvert avr.-oct.*

GEOREGION

V

199 Égine
208 Poros
213 Hydra
218 Spetses

LES ÎLES ARGOSARONIQUES

Thessalonique
TURQUIE
MER ÉGÉE
Athènes
Cyclades
CRÈTE
L'Attique et l'Eubée
Mandra
Elefsina
Athènes (Athina)
Megara
Salamina
Selinia
Eandio
SALAMINE
Le Pirée (Pireas)
GOLFE SARONIQUE
Korfos
Souvala
Kolona
Temple d'Aphaia
Paleochora
Égine (Chora)
Agios Nektarios
Agia Marina
Angistri
BAIE DE MARATHON
Temple de Zeus
ÉGINE
Perdika
MONT OROS 532 M
Nea Epidavros
ANGISTRI
Palea Epidavros
Temple d'Épidaure
Methana
Taktikoupoli
POROS
Poros (Chora)
Monastère de Zoodochou Pigis
Karnezeika
PÉLOPONNÈSE
Galatas
Plepi
Ermioni
Kranidi
HYDRA
Hydra (Chora)
Kamini
Monastère Profitis Ilias
MONT EROS 593 M
Portohéli
Monastère Profitis Ilias
Spetses (Chora)
Agios Anargiri
Agia Marina
SPETSES
GOLFE D'ARGOLIDE
MER DE MYRTO
N
10 km

ÉGINE ΑΙΓΙΝΑ Αιγινα

Située à une vingtaine de kilomètres seulement de la capitale, l'île d'Égine (Egina - "Eyina" - en grec moderne, Aegina en grec ancien) est pratiquement l'un de ses faubourgs. Nombre d'Athéniens y ont une résidence secondaire et ils s'installent en terrasse, le week-end, pour siroter un verre en regardant le jour décliner. Peut-être parce que ce sont les îles les plus proches d'Athènes, mais qu'elles ne figurent pas sur la carte postale officielle, les Argosaroniques occupent une place plutôt discrète dans l'imaginaire touristique. C'est sans conteste l'un de leurs points forts : quand on découvre leurs côtes, la surprise opère encore. Là, peu de maisons blanchies à la chaux, point de villages perchés au bord de l'abîme, mais de petits bouts de terre vivants qui ne tirent pas toutes leurs ressources du tourisme et qui se consacrent encore à certaines activités traditionnelles. Il est difficile de leur trouver un point commun, si ce n'est leur implication marquée dans le destin du pays : la Grèce moderne est née dans les îles, et c'est dans les Argosaroniques qu'elle a construit sa prospérité.

RIVALITÉ ENTRE CITÉS ANTIQUES Si le Péloponnèse était une main ouverte, l'Argolide en serait le pouce : le golfe Saronique désigne ainsi l'étendue marine qui sépare l'Attique de l'Argolide, à l'ouest des Cyclades. C'est la raison pour laquelle on parle souvent des îles Argosaroniques, alors qu'elles ne forment pas à proprement parler un archipel : Égine et Poros sont ancrées dans le golfe Saronique, Hydra au large du golfe du même nom, et Spetses à l'entrée du golfe d'Argolide (ou de Nauplie). Une situation stratégique qui généra très tôt des luttes d'influence entre Athènes et ses plus proches voisines. Dès le VIIe siècle av. J.-C., Égine excelle dans le commerce maritime et multiplie les échanges avec la Crète et les îles de la mer Égée, mais aussi avec l'Égypte et les Phéniciens. Mais Athènes, sa voisine continentale, prend ombrage de cette superpuissance commerciale et elle ne tarde pas à lui imposer sa loi, faisant main basse sur la flotte éginète. Par la suite, les îles Argosaroniques passeront de mains en mains (macédoniennes, romaines, byzantines, vénitiennes, catalanes, ottomanes…) et les insulaires devront parfois se replier dans l'intérieur des terres, voire les abandonner.

FLOTTE MARCHANDE Les îles Argosaroniques renouent avec la prospérité aux XVIIIe et XIXe siècles. Beaucoup plus peuplées qu'aujourd'hui, elles se dotent de puissantes flottes de commerce, malgré ou grâce à l'occupation turque : c'est là que naît la marine marchande grecque moderne. Au début du XIXe siècle, les navires d'Hydra et de Spetses ravitaillent la France de Napoléon Ier, soumise au blocus britannique : des fortunes considérables se construisent alors sur le négoce maritime. Puis, dès les premiers soubresauts de la révolte contre les Ottomans, ces mêmes navires se transforment en navires de guerre et ils contribuent largement à la victoire et à l'indépendance de la Grèce. À tel point qu'en 1828, c'est Égine qui s'impose comme première capitale du jeune État libre. Une jolie revanche sur l'Histoire !

HEURS ET MALHEURS D'UNE GRANDE PUISSANCE COMMERCIALE
C'est étonnant de voir à quel point Égine, un si petit bout de terre, a pu jouer un rôle aussi décisif dans l'histoire du pays tout entier ! Les plus anciennes traces d'une occupation de l'île remontent à la fin du néolithique, soit le début du IIIe millénaire av. J.-C. Suivent une période de prospérité liée à la civilisation minoenne, puis les invasions de tribus hellènes : Ioniens et Achéens. Les Mycéniens abordent Égine vers 1358 av. J.-C. Les Doriens, qui la conquièrent ensuite, en font un puissant rempart contre le voisin athénien. À la fin du VIIe siècle avant notre ère, l'île est à son apogée : elle entretient une puissante flotte de pêche et de commerce et elle a installé de nombreux comptoirs en Méditerranée. C'est à cette époque qu'Égine frappe la première monnaie d'Europe, la Tortue, une pièce en argent massif qui atteste sa domination commerciale. Au VIe siècle se fait jour une longue rivalité avec Athènes. Mais en 480 av. J.-C., quand les Perses mettent cette dernière à feu et à sang, Égine accueille les réfugiés athéniens, puis leur prête main forte lors de la bataille de Salamine. Toutefois, elle s'oppose ensuite systématiquement à sa voisine continentale, au côté de Sparte. Athènes conquiert l'île vers 455 av. J.-C. et expulse ses habitants avant de la coloniser…

LES ÎLES ARGOSARONIQUES

MODE D'EMPLOI

accès

EN BATEAU

Égine est sans aucun doute l'île la plus facile à atteindre, compte tenu de la proximité d'Athènes, de la fréquence des navires qui la desservent et… du prix du billet. Il vous en coûtera 8,50€ pour un voyage en ferry (1h10), et 13,50€ pour une traversée (40min) en bateau rapide (hydrofoil). Mais êtes-vous vraiment pressé ? De très nombreux ferries et bateaux rapides quittent quotidiennement le port du Pirée pour l'île (Égine-port). Une connexion par jour avec Poros et la presqu'île de Methana. Les guichets se trouvent dans le port du Pirée et l'on peut y acheter son billet au dernier moment. Le voyage de retour vers Le Pirée est également très facile. Pour les horaires, appelez la capitainerie ou renseignez-vous aux guichets des compagnies installés devant l'embarcadère, à proximité de la station de taxis. Moins fréquentes (env. 4 fois/j.), les liaisons entre Égine et les autres îles Argosaroniques se font via l'île de Poros. Il en coûtera 14,50€ (AS) en hydrofoil pour rallier Spetses (1h20), et 12,50€ (AS) pour rejoindre Hydra (30min).

Aegina Island Holidays Pour tout renseignement sur les horaires et prix des traversées, qui changent chaque année. *Eginitou P. 11* **Chora** *Tél. 22970 26 430 Ouvert été : tlj. 9h-21h ; hiver : tlj. 9h-15h*

Capitainerie d'Égine *Chora Tél. 22970 22 328*

Capitainerie du Pirée *Tél. 210 41 47 800*

orientation

Située au centre du golfe Saronique, Égine est une île montagneuse de 82km². Elle culmine à 532m au mont Oros, un mamelon désert et couvert d'épineux qui se prête à une jolie randonnée. Le nord-est de l'île, autour du temple d'Aphaia, entre Messagros et Agia Marina, est boisé. La plaine n'occupe qu'une étroite bande le long du golfe de Marathon, entre Égine et Perdika, où l'on trouve quelques plages bordées de filaos. Vous n'aurez aucun mal à vous repérer dans le port d'Égine : ses rues portent toutes un nom et sont clairement indiquées. En retrait du front de mer, le centre-ville est ceinturé par une longue artère tour à tour appelée Sineterismou, Dimitri Petriti, Spyrou Rodi et Afeas.

informations pratiques

La poste de Chora donne sur la place Ethnegersias. Vous trouverez des pharmacies dans tous les bourgs de l'île.
Centre médical / Kentro Ygeias Ouvert 24h/24. *Monachis Marinis Tzika (au nord du centre-ville)* **Chora** *Tél. 22970 22 222 ou 22970 22 902*
Hôpital Saint-Dionysos / Nosokomeio Agios Dionysios *Nosokomeiou 4* **Chora** *Tél. 22970 22 251 (urgences) ou 22970 24 489 (rdv)*
Police **Chora** *Tél. 22970 22 100*

informations touristiques

Comme c'est souvent le cas dans les îles grecques, il n'y a pas d'office de tourisme à Égine. Les établissements qui s'attribuent le nom de Tourist Office sont des agences de voyages qui proposent des véhicules et des chambres à louer, des visites organisées et qui délivrent parfois des billets pour le compte des compagnies de navigation. Elles perçoivent donc une commission sur toutes ces prestations. En revanche, il n'est pas rare qu'elles fournissent gracieusement quelques informations utiles...
Police touristique **Chora** *Tél. 22970 27 777*

TARIFS ET SAISONS TOURISTIQUES

Les infrastructures touristiques des îles Argosaroniques fonctionnent toute l'année et affichent des prix stables quelle que soit la saison.

se déplacer

EN CAR

Gare routière KTEL Des cars relient le port d'Égine aux bourgs de l'île : Marathonas, Perdika (20min, 1,60€), Kypseli, Vathi, Souvala (20min, 1,60€), Agioi, Vagia, Agios Nektarios, Mesagros et Agia Marina (30min, 1,70€). Pour les horaires, tâchez d'obtenir des précisions à la guérite du port qui délivre les billets, à gauche du monument aux morts, s'ils ne sont pas affichés. *Angle de Demokratias et d'Aristofani* **Chora** *Tél. 22970 22 412 ou 22970 22 787 www.ktelbus.gr*

EN TAXI

Les Mercedes grises forment l'essentiel des taxis d'Égine. De longues berlines de toutes les époques que l'on croise sur les routes les plus secrètes de l'île. Il vous faut compter 17€ (AS) pour vous rendre par exemple au temple d'Aphaia. Dans les ports, vous les trouverez à l'embarcadère. *Tél. 22970 22 635 (Chora) ou 22970 71 313 (Mesagros) ou 22970 32 107 (Agia Marina)*

EN VÉHICULE DE LOCATION

De nombreux établissements louent des voitures et des deux-roues.

Comptez 35€/j. pour une voiture chez Aegina Travel. Faites votre choix en tenant compte du mauvais état des routes : les scooters proposés à la location ne sont guère adaptés pour une longue promenade, a fortiori si l'on est deux !

Aegina Travel *P. Irioti 44* **Chora** *Tél. 22970 28 780 www.aeginatravel.gr Ouvert été : tlj. 9h-21h ; hiver : tlj. 9h-17h*

Trust Scooter 15€/j., quad 30€/j. et vélo 5€/j. La femme du patron est normande. *P. Irioti Derrière l'agence Alpha Bank* **Chora** *Tél. 22970 23 214 ou 69 42 02 22 74 Ouvert tlj. 9h-21h*

fêtes et manifestations

Festival de la Pistache Ce festival qui entend promouvoir la création artistique et l'artisanat insulaires conjugue concours gastronomiques, visites guidées d'exploitations agricoles et de musées, concerts et autres spectacles. *www.aeginafistikifest.gr Fin septembre*

Agios Nektarios Saint Nectaire d'Égine est fêté avec faste dans l'île le 9 novembre.

Agios Dionysios Le 17 décembre est un jour férié à Égine : on fête le saint patron de l'île, saint Dionysos.

DÉCOUVRIR

Égine

☆**Les essentiels** Paleochora, le temple d'Aphaia **Découvrir autrement** Visitez le site archéologique d'Aegina-Kolona, faites l'ascension du mont Oros pour jouir d'un extraordinaire point de vue, dégustez une des nombreuses spécialités locales à la pistache

Égine / Egina (Chora) Le chef-lieu de l'île concentre l'essentiel des activités et présente un aspect assez familier : ce pourrait être un petit port convivial des côtes méridionales françaises. Hormis, bien entendu, les façades néoclassiques colorées et les deux petits dômes blancs de l'église Agios Nikolaos, qui trône au milieu de la jetée.

Le berceau de la Grèce moderne

Le Moyen Âge est marqué par de fréquents raids des pirates : pour s'en protéger, les Éginètes fondent Paleochora, à l'intérieur des terres. Mais la cité est dévastée par Barberousse, en 1537. C'est lors du soulèvement contre l'occupant ottoman qu'Égine fait de nouveau parler d'elle. Demeurée une terre d'asile pour les Athéniens, elle accueille en 1826 le gouvernement révolutionnaire, et deux ans plus tard, son chef-lieu devient la capitale de la Grèce libérée. Y sont inaugurées les premières institutions du jeune État : Bibliothèque nationale, Imprimerie nationale et bien sûr Banque nationale. Ainsi, 2 500 ans après la Tortue, Égine frappe en 1829... une pièce à l'effigie du Phénix, la première monnaie de la Grèce moderne.

Kolona C'est l'acropole de l'antique Égine. Les fouilles de la colline d'Aegina-Kolona, entreprises à la fin du XIXe siècle par des archéologues grecs, allemands et australiens sont loin d'être achevées. S'y superposent des traces d'occupation de la préhistoire aux périodes romaine et byzantine. Le site porte le nom de la seule colonne encore debout, dressée à l'extrémité nord du port. Haute de 8m, elle appartient au temple d'Apollon (520 av. J.-C.), un édifice dorique qui en comptait trente. À l'ouest de celui-ci dorment les restes de deux temples plus petits, consacrés l'un à Artémis, l'autre à Dionysos. On distingue aussi les fondations d'un immense théâtre que Pausanias compara à celui d'Épidaure en 180 apr. J.-C. Un bel endroit, encadré d'arbres, qui donne sur une petite plage. Le **Musée archéologique**, au pied des ruines, s'organise autour d'une cour : il expose nombre de poteries, de céramiques et de sculptures de la période archaïque, mais aussi des fragments du fronton du temple d'Aphaia ainsi que le maître des lieux : le sphinx d'Égine. *Au nord-ouest du port* **Chora** *Tél. 22970 29 113 Ouvert mar.-dim. 8h-15h Tarif (un seul billet) 3€, étudiants hors UE et seniors 2€, moins de 18 ans et étudiants de l'UE gratuit*

Agios Nektarios On peut jeter un coup d'œil rapide et interloqué sur ce gâteau à la crème que constitue l'église Agios Nektarios (Saint-Nectaire). Impressionnante par sa taille plus que par sa beauté, c'est la plus grande église de Grèce… Son architecture est inspirée de Sainte-Sophie d'Istanbul. Elle est dédiée à Anastasios Kefalas (1846-1920), natif de Thrace ordonné diacre en 1877 sous le nom de Nectaire, qui exerça un fructueux ministère en Égypte dans les années 1880 et qui se retira à Égine en 1908 après avoir dirigé une école ecclésiastique à Athènes. Il passa ses dernières années au monastère de la Sainte-Trinité, qu'il avait lui-même fondé en 1904, et où sont conservées ses reliques. On lui attribue de nombreux miracles et, le 9 novembre, jour anniversaire de sa mort, de nombreux pèlerins viennent lui rendre hommage… Pour se rendre au monastère, rien de plus facile : le bus à destination d'Agia Marina s'arrête à proximité. C'est le même qui mène au temple d'Aphaia, on peut donc prévoir une étape à l'église et attendre le bus suivant, à l'aller comme au retour. **Kontos** *À 7km du port, sur la route de Messagros et d'Agia Marina, au croisement de celle qui mène à Souvala*

★ ☺ **Paleochora** Chora, terme qui veut dire “ville”, “cité”, désigne le chef-lieu dans les îles. Jadis, et cela se vérifie encore, il n'y avait bien souvent qu'une seule agglomération dans les petites îles. Et quand ladite cité se révélait trop exposée ou, pire, qu'elle était détruite par une invasion de pirates ou par un séisme, on la reconstruisait en un lieu jugé plus sûr. C'est ainsi que, préférant s'éloigner du littoral, les Éginètes fondèrent Paleochora (la “cité ancienne”) au IXe siècle. Cela n'empêcha pas Barberousse de mettre l'île à sac en 1537. Sous la domination ottomane, la localité compta jusqu'à quatre mille habitants ! À partir de 1821, pourtant, leur sécurité étant de nouveau assurée, les insulaires se réinstallèrent sur la côte. On dit qu'il y avait alors autant d'églises à Paleochora que de jours dans l'année… Il en reste une trentaine : de minuscules édifices byzantins qui couronnent la colline, coiffée par les vestiges d'un *kastro* vénitien (1654). Ces chapelles sont peu à peu restaurées : sur les murs de certaines d'entre elles, l'épaisse couche de ce bleu qui n'appartient qu'à la Grèce cache de précieuses images sacrées. Un décor touchant et une merveilleuse promenade… Le plus facile est de partir du petit col, sur la route de Souvala. Ceux qui aiment marcher peuvent à l'inverse descendre de quelques centaines de mètres la route de Messagros pour prendre le sentier qui monte à gauche… Du sommet de la colline, la vue est splendide. Par beau temps (préférez les heures les moins chaudes), on aperçoit Le Pirée, les cheminées d'Éleusis et l'île de Salamine dans le lointain. Le bus qui dessert Agia Marina s'arrête à proximité du site. Ce bus mène aussi au temple d'Aphaia. Vous pouvez donc prévoir une étape à Paleochora et attendre le bus suivant, à l'aller comme au retour. *À 7km du port, sur la route de Messagros et d'Agia Marina, au croisement de celle qui mène à Souvala*

★ Temple d'Aphaia Comme souvent, c'est d'abord un site exceptionnel : une vue splendide, à 360°, sur le continent au nord, le cap Sounion et les premières Cyclades (Keos et Kythnos) à l'est, le canal de Corinthe et le Péloponnèse à l'ouest, Poros et Hydra au sud. Par temps clair, une vraie leçon de géographie sur le golfe Saronique ! On finit par en oublier pour quoi on est venu… D'autant qu'une table d'orientation permet de se repérer. Le temple d'Aphaia (prononcer "aféa") est avec le Parthénon d'Athènes et le temple de Poséidon, à Sounion, l'une des trois pointes d'un triangle sacré et l'un des plus beaux édifices de l'époque classique. Construit entre 500 et 450 av. J.-C. et consacré à Aphaia (l'Invisible), divinité par la suite associée à Athéna (Aphaia Athena). Il est particulièrement bien conservé et laisse imaginer sa conception intérieure. Une partie de sa statuaire qui illustrait, notamment, l'héroïsme des Éginètes à la bataille de Salamine, est aujourd'hui visible à la glyptothèque de Munich. Si vous tenez à visiter trois salles de l'annexe du Musée archéologique, caché dans un repli de la colline boisée, organisez-vous bien car ses horaires d'ouverture sont fantaisistes. ***Souvala*** *Accès Un bus toutes*

Souvenirs gourmands des îles grecques

Épiceries fines

Kiriakos Tziblakis (Naxos) — 438
Mastihashop (Chios) — 638
Sourini (Thassos) — 686

Salaisons

Kouroupas (Tinos) — 526

Pâtisseries, confiseries

Kipseli (Égine) — 205
Confiserie Theodorou (Sifnos) — 313
Artemis (Milos) — 325
Sweet Corner (Ios) — 400
Pâtisserie Korres (Syros) — 488
To Spiti tou Meliou (Tinos) — 533
Lygizos (Andros) — 545

Vin et spiritueux

Giorgos Manalis (Sikinos) — 354
Domaine Sigalas (Santorin) — 369
Santo Wines (Santorin) — 372
Art Space (Santorin) — 372
Koutsogiannopoulos (Santorin) — 372
Domaine Gavalas (Santorin) — 372
Moraïtis Winery (Paros) — 416
Vallindras (Naxos) — 444
Cava Ouzo Frantzeskos (Samos) — 620
Distillerie Barbayanni (Lesbos) — 655

les 2h : 3€ AR env. Ouvert tlj. 9h30-16h30 Tarif 4€, étudiants hors UE et seniors 2€, moins de 18 ans et étudiants de l'UE gratuit **Musée archéologique** *Au nord-ouest du port* **Chora** *Tél. 22970 32 398 Ouvert mar.-dim. 10h30-13h30*

Où trouver des gourmandises à la pistache ?

Kipseli / Κυψελη C'est l'une des nombreuses boutiques du port qui proposent des produits à base de pistaches (friandises, confitures...). Avantage de celle-ci : si vous avez la chance d'y croiser Georges, il vous expliquera en anglais comment s'effectue la récolte des amandes et détaillera les préparations dans lesquelles elles entrent. Comptez 12€ le kg de pistaches. *Kanari 2* **Chora** *Tél. 22970 23 729 Ouvert été : tlj. 7h30-0h ; reste de l'année : tlj. 7h30-21h30*

Où boire un café ou un apéritif sur le port ?

☺ **Kafeneion (A. Galari) / Καφενειον** C'est LE café du port, le vrai, en tout cas le seul où vous avez des chances de côtoyer de vieux loups de mer croquant quelques crevettes devant un ouzo. À l'heure de l'apéritif (en fin de matinée pour les insulaires, mais pour vous ce n'est pas interdit le soir) vous aurez droit à une coupelle d'appétissants *mezedes*. Le café est installé au rez-de-chaussée de la mairie, sous de grands palmiers. À Égine, il est plus facile qu'ailleurs de repérer les établissements les plus intéressants : ils font face au port de pêche et non pas à la marina. La frontière est assez nette... Au Galari, on ne vous servira qu'un café (grec ou expresso), une bière ou un ouzo. Si vous avez un petit creux, allez vous approvisionner en gâteaux secs à la boulangerie, 20m plus haut, derrière le kiosque. De l'autre côté de la rue, de jolis bateaux vendent non pas du poisson mais des fruits et légumes, et bien entendu des pistaches. *Leoforos Dimokratias* **Chora** *Tél. 22970 22 887 Ouvert été : tlj. 7h-0h ; hiver : tlj. 7h-22h*

Yacht Club Panagakis L'un des nombreux bars-restaurants du front de mer, au petit balcon de trois tables, à l'étage de la maison dite "néoclassique" qui l'abrite. Un poste de vigie très agréable pour observer la foule, la mer et le va-et-vient des bateaux. Le Yacht Club est ce genre d'adresses où l'on sait pouvoir trouver de tout : crêpes à la grecque, omelettes, pizzas, salades de fruits et glaces. Les pâtisseries sont de 3,60€, les bières pression à 2,50€ et les nombreux cocktails à 8€. Pas de CB. *Leoforos Dimokratias* **Chora** *Tél. 22970 26 654 Ouvert tlj. 7h-3h*

Où boire un verre en musique ?

Tsitras-International Corner Une grande pièce avec mezzanine, plus de 40 whiskies, des rhums de toutes les îles, des vodkas de toutes les toundras et, surtout, quelques centaines d'excellents disques. L'endroit est tenu de longue date par Vassili, un amoureux des femmes et du blues. Au mur, des portraits de grands voiliers ou de la tour de Markellos, toute proche. À cet International Corner se croisent tous les gens de passage, visiteurs, voyageurs ou marins. En tout cas une clientèle de fidèles qui n'a rien à voir avec celle que l'on croise sur le front de mer. Pas de CB. *I. Katsa et Spyrou Rodi* **Chora** *Tél. 22970 26 564 Ouvert tlj. 10h-14h et 18h-4h*

Ta Perdikiotika / Τα Περδικιοτικα Ce bar à la mode, adossé à un jardin joliment éclairé le soir, occupe un vieux bâtiment du quartier du port. Le cadre est chaleureux (belles fresques au plafond) et la clientèle éclectique, comme le programme musical. Musique live en été. Cocktail 8-9€. *Aphaias 38* **Chora** *Tél. 69 44 20 27 27*

Grimper au sommet du mont Oros

☺ **Mont Oros** À 532m au-dessus de la mer, le sommet du mont Oros offre un point de vue spectaculaire. L'ascension vous conduit d'abord aux vestiges du temple de Zeus : d'impressionnantes murailles et une série de marches immenses qui grimpent jusqu'à la petite chapelle byzantine juchée sur les ruines. Au sommet du mont Oros se dresse une petite église dédiée au prophète Élie (Ilias, dans la prononciation moderne). Avec l'habitude, vous saurez que, dans les îles grecques, les églises et les monastères consacrés au prophète Élie couronnent souvent une éminence et peuvent donner lieu à une belle promenade. C'est le cas de celle-ci, bâtie, dit-on, pour éprouver la résistance et la foi de ceux qui voulaient se faire moines ! Mais cette explication aussi, vous l'entendrez souvent... La montée dure près d'une heure et se fera avantageusement à l'aube. La vue qu'offre le sommet récompense tous les efforts accomplis. Le sentier est pierreux (prévoyez de bonnes chaussures) et mieux vaut se protéger les jambes si l'on ne veut pas avoir les mollets égratignés par les buissons. ***Accès*** *Prendre une piste à droite, 500m après le portail de la Clinique grecque de la faune sauvage, à la hauteur d'une mare Puis s'engager sur le sentier que signale une flèche rouge peinte sur une pierre plate, à gauche, à environ 50m de la route goudronnée Suivre le balisage composé de points rouges Après 20min de montée, on peut aussi se repérer à des cairns*

CARNET D'ADRESSES

Restauration

prix moyens

Agora / Αγορα C'est sans doute la meilleure table de poisson de la ville, située dans le marché... au poisson. Le thon frais tiède accompagné de laitue, d'oignons et de poivrons est un délice (8€) ! Tout comme le poulpe (8€) mis à sécher à l'entrée du restaurant, et grillé sur de grands barbecues. Un bon repas pour environ 15€. *Marché aux poissons Panagi Irioti 50* ***Chora*** *Tél. 22970 27 308 Ouvert tlj. 9h-0h*

Namaste / Ναμαστε Cet endroit aux multiples visages est ouvert, sous le soleil comme sous les étoiles. C'est à la fois un bar lounge à cocktails et un restaurant italien nommé Zaza. L'ensemble descend en paliers vers la mer et offre une vue scintillante sur le petit port de Souvala et celui du Pirée au loin. Si vous avez veillé jusqu'à l'aube, venez y prendre votre petit déjeuner. Et chez Zaza, pizzas au feu de bois, risottos et pâtes (comptez 15€). ***Souvala*** *Tél. 22970 54210 Ouvert tlj. 8h-dernier client*

Saronis / Σαρονης C'est l'une des tavernes de poisson, l'un des *estiatoria* (ils sont une quinzaine) dressés sur la jetée de Perdika, un petit port charmant face à l'îlot de Moni, derrière lequel on aperçoit le rivage du Péloponnèse. L'endroit est d'autant plus agréable que lui fait face une lande verte aux roches sombres. Chaque restaurant dispose d'une large terrasse ombragée. Au Saronis, le poulpe grillé (8€) est goûteux et les aubergines frites (3,50€) sont fondantes. Si vous n'avez pas réservé, il vous faudra peut-être attendre qu'une table se libère. Comptez 15-20€ le repas. *Sur le front de mer* ***Perdika*** *Tél. 22970 61 501 Ouvert mars-nov. : tlj. 9h30-2h ; déc.-fév. : ven.-dim. 9h30-2h*

Hébergement

petits prix

Marmarinos Un peu en retrait du front de mer, le Marmarinos loue 19 chambres (sdb, clim., TV, Internet et réfrigérateur) aux stores rayés et aux volets bleus, quelques-unes avec balcon. Un hôtel modeste et bien tenu, mais si le quartier est calme, la quiétude intérieure n'est pas garantie : les murs semblent en papier crépon ! Environ 35-40€ la nuit. *L. Lada 24* **Chora** *Tél. 22970 23 510 www.hotelmarmarinos.gr Ouvert toute l'année*

Petrino Spiti (La Maison de pierre) Il faut gravir une volée de marches pour atteindre la galerie de cette très étonnante construction, qui évoque un château fort ou une cabane dans les arbres. L'endroit vaut assurément le coup d'œil. Un peu en retrait du front de mer, cette pension propose différentes formules d'hébergement sur 3 niveaux correspondant à des... niveaux de vie différents. L'étage abrite 2 suites, l'une occupée par le propriétaire, l'autre louée 100€ et conçue pour 4-5 personnes. Au rez-de-chaussée, 4 studios avec une chambre en mezzanine et une petite terrasse-jardin, de plain-pied avec la rue (75-85€ pour 3 pers.). Enfin, le "sous-sol" est celui des chambres, au nombre de 4. L'une dispose d'un lit double et d'un lit d'appoint, les autres possèdent 2 lits (35-50€ pour 2 pers., avec TV, clim. et réfrigérateur). *Stratigou Petriti 5* **Chora** *Tél. 22970 23 837 ou 69 45 68 79 73 Ouvert juin-août*

prix moyens

☺ **Eginitiko Archontiko / Αιγηνιτικο Αρχοντικο** L'établissement évoque une *hacienda* : deux cours successives dallées d'ardoises conduisent à des chambres pastel et ocre, au sol de marbre. Quelques tableaux aux murs, des étoffes aux tons chauds... Rien de luxueux, mais beaucoup de charme. Les *archontika* étaient les demeures des armateurs à la fin du XIXe siècle : elles sont inspirées des architectures florentine, vénitienne ou génoise. Toutes les chambres disposent de l'air conditionné, d'un poste de TV et d'un réfrigérateur. Jetez un coup d'œil à la salle à manger, vieille de deux cents ans, et, si vous en avez l'occasion, à la splendide suite d'époque (110€ pour 2-4 pers., petit déj. inclus). À partir de 50€ la chambre simple et 65€ la double, ce qui reste raisonnable vu la personnalité de l'endroit. Le petit déjeuner préparé par Kyria Rena est servi sur le toit. Le soir, vous n'avez qu'à traverser la rue pour aller boire un verre à l'International Corner. *Agiou Nikolaou et Thomaïdou 1 (le long de l'église Agios Nikolaos et à deux pas de la tour de Markellos)* **Chora** *Tél. 22970 24 968 aiginitiko archontiko.info Ouvert toute l'année*

GAMME DE PRIX	RESTAURATION	HÉBERGEMENT
Très petits prix	moins de 10€	moins de 30€
Petits prix	de 10 à 15€	de 30 à 50€
Prix moyens	de 15 à 20€	de 50 à 80€
Prix élevés	de 20 à 30€	de 80 à 120€
Prix très élevés	plus de 30€	plus de 120€

POROS ΠΟΡΟΣ Πορος

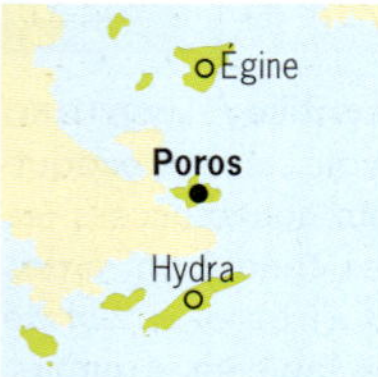

Surprenante mise en scène : lorsque le bateau approche des côtes de Poros, selon l'heure, les conditions météo et la lumière, on a parfois l'impression d'entrer dans un fjord ou de naviguer sur le lac Léman. La végétation, ces côtes que l'on pourrait presque toucher du doigt, cette ville promontoire qui se dresse face à la proue du navire : tout, ici, fait oublier que l'on se trouve en Méditerranée. Henry Miller lui-même en fut tout retourné : "Cette arrivée à Poros ressemble à un rêve. La terre converge subitement de toutes parts et le bateau est comme pressé dans un isthme étroit... Naviguer lentement au milieu de Poros, c'est retrouver la joie de sortir par le col de la matrice. Une joie presque trop intense pour qu'on s'en souvienne." *(Le Colosse de Maroussi).*

MODE D'EMPLOI

accès

EN BATEAU
Une poignée de ferries et quelques hydrofoils quittent chaque jour Le Pirée pour Poros : beaucoup font escale à Égine et la plupart passent au préalable par la presqu'île de Methana. Il vous en coûtera entre 10,50€ (ferry) et 22,50€ (catamaran) du Pirée, en fonction de votre embarcation. Le voyage le plus court prend 1h, le plus long env. 2h30. De Poros, vous pouvez gagner Égine (1h10, 8,50€) et Methana (30min, 4€) en ferry ; ou Spetses (1h, 14,50€) et Hydra (30min, 12,50€) en catamaran ou en hydrofoil. Également des liaisons avec Hermione et Porto Cheli. *www.directferries.fr*

Marinos Tours Vente de billets et renseignements sur les compagnies de navigation, leurs horaires et prix des traversées, qui changent chaque année. *Sur le port* ***Chora*** *Tél. 22980 23 423 Ouvert tlj. 6h30-21h*

Agence de voyages "Kaïkas" ***Chora*** *Tél. 22980 24 900 Ouvert tlj. 8h-21h*

Capitainerie de Poros *Tél. 22980 222 74*

orientation

Poros ("passage" en grec) est en réalité composée de deux entités : l'îlot de Sferia et l'île de Kalavria (Calaurie). Sferia, qui porte le chef-lieu (Chora), est né des mêmes phénomènes volcaniques que la presqu'île de Methana. Seul un mince bras de mer le sépare du continent : 350m en son point le plus resserré, pas plus de 10m de profondeur. Jusqu'au début de notre ère, on le traversait à pied ! Une langue de terre et un pont relient Sferia à Kalavria. À proximité se dressent les bâtiments du premier arsenal de la Grèce indépendante (c'est aujourd'hui une école de la marine). Kalavria se parcourt en peu de temps : la route principale dessine une boucle à l'intérieur des terres, d'où partent les pistes, plus ou moins carrossables, qui desservent de rares plages ou les points culminants. Le port de Poros monte à l'assaut d'un promontoire coiffé d'une tour d'horloge. Ses rues n'ont souvent pas de nom et il vous faudra affronter seul ce dédale... Heureusement, on en fait rapidement le tour. Face au port s'étend Galatas, si proche qu'elle est considérée comme sa jumelle continentale.

informations touristiques

Les agences de voyages du front de mer, dont celles qui délivrent les billets de bateau, sont à même de vous renseigner et de vous fournir les coordonnées de chambres à louer. Consultez aussi le site www.poros.com.gr.

Police touristique *Chora Tél. 22980 22 462*

se déplacer

EN CAR

KTEL La gare routière de Poros (Chora) se trouve sur la place Iroon, à côté du kiosque. Les autocars desservent les principaux centres d'intérêt de l'île, de Moni Zoodochou Pigis à Neorion. Toutes les 30min (en été seulement). *Tél. 22980 42 480 (Galatas) www.ktelbus.gr*

EN TAXI

Station à droite de l'embarcadère des ferries. Comptez 4-5€ du port à Neorion. *Tél. 22980 23 003*

EN BATEAU

Certains caïques desservent régulièrement les plages de Neorion, à l'ouest de Sferia et Askeli, à l'est, ainsi que le monastère de Zoodochou Pigis (voir ci-dessous). Des bateaux-taxis vous conduiront où vous voulez, mais au prix fort. Pour la traversée en caïque Poros-Galatas, repérez le bateau le plus plein et montez à bord...

Poros-Galatas en ferry Les ferries accostent à la pointe du port, les bateaux rapides face à la poste et à la mairie, à côté des caïques qui naviguent jour et nuit entre le port et Galatas. Les bacs qui permettent de rejoindre Galatas avec sa voiture ont leur embarcadère au nord, en direction de Kalavria, face à une jolie petite sirène. En ferry, départ toutes les 30min, de 6h30 à 22h30 en été, de 7h à 22h l'hiver. Billet (comprenant le passage de la voiture) : 5-5,60€ AS. Durée 5min. *Tél. 22980 23 423 ou 22980 42 262*

Poros-Galatas en caïque Départ toutes les 10min, 2€ AR. *Tél. 69 45 24 08 72 24h/24h*

EN VÉHICULE DE LOCATION

Il y a plusieurs loueurs de deux-roues sur le port, cela peut suffire pour parcourir l'île. Mais si vous devez louer une voiture, ne vous adressez pas à une agence : elle ne ferait que la faire venir de Galatas, en prenant une commission au passage... Il faut donc vous rendre directement à Galatas.

Pops Car Comptez 40-60€/j. la location d'une voiture. ***Galatas*** *Tél. 22980 43 714 ou 22980 42 910 www.popscar.gr Ouvert tlj. 9h-14h et 18h-21h*

Moto Stelios Scooter 12-20€/j., quad 25-35€/j., vélo 4-8€/j. *Plage d'Askeli Tél. 22980 23 026 Ouvert été : tlj. 9h-22h ; reste de l'année : tlj. 9h-20h Chora Ouvert mars-nov. : tlj. 9h-22h*

informations pratiques

Plusieurs banques avec DAB et pharmacies à Chora ; le bureau de poste se trouve rue Tobazi.

Centres médicaux *Chora Tél. 22980 22 600* ***Galatas*** *Tél. 22980 42 222*

Police *Tél. 22980 22 256*

fêtes et manifestations

Pèlerinage au monastère de Zoodochou Pigis *Le 1er vendredi après Pâques*

LES ÎLES ARGOSARONIQUES

Festival international de piano de Poros Ce festival qui comprend des masterclasses, conférences et concerts entend faire connaître de jeunes talents du monde entier. *La 2e quinzaine d'août*

DÉCOUVRIR

Poros

☆ **Les essentiels** Le monastère de Zoodochou Pigis **Découvrir autrement** Montez, à travers les pins, jusqu'au sanctuaire de Poséidon, baignez-vous dans la baie de l'Amour, dégustez l'une des meilleures fetas de la région au restaurant Kathestos

Musée archéologique Un petit musée sur deux niveaux qui renferme de jolies pièces, notamment quelques statues dont la peinture apparaît encore nettement. À voir aussi un ensemble d'osselets et deux poupées touchantes, ainsi que le pied d'un colosse exhumé par un écolier à la fin du XIXe siècle et présenté dans une vitrine de bois avec un commentaire peint à la main sur le fond métallique. D'autres pièces proviennent du sanctuaire de Poséidon, bien sûr. *Pl. Korizi* **Chora** *Tél. 22980 23 276 Ouvert mar.-dim. 8h-15h Tarif 2€, seniors et étudiants hors UE 1€, moins de 18 ans et étudiants de l'UE gratuit*

☆ **Monastère de la Source de vie / Moni Zoodochou Pigis** Le monastère de la Vierge source de vie a été érigé au XIIIe siècle près d'une source connue pour ses vertus curatives. C'est un monastère fortifié, aux murs épais et aux ouvertures discrètes. Un bel endroit calme, perché au-dessus d'une petite plage qui abrite une taverne. Tenue correcte exigée (vêtements proposés à l'entrée). *À 3km à l'est de Poros Accès en bus ou en caïque Tél. 22980 22 926 Ouvert été : tlj. 8h-13h et 17h-20h30 ; hiver : tlj. 8h-13h et 17h-19h Entrée libre*

Temple de Poséidon Il ne reste qu'un champ de pierres de ce temple dorique du VIe siècle avant notre ère, dédié au dieu de la Mer (comme celui du cap Sounion que l'on aperçoit par beau temps) et où l'orateur Démosthène, poursuivi par les Macédoniens, mit fin à ses jours en 322 av. J.-C. Au fil des âges, les habitants de l'île et d'Hydra pillèrent le sanctuaire pour ériger d'autres édifices… Le panorama est splendide. *À 5km au nord de Poros Compter 1h de marche Ouvert tlj. lever-coucher du soleil Entrée libre*

● Où boire un café ?

Yachting Café Comme son nom l'indique, le Yachting Café a été pensé pour les plaisanciers qui jettent l'ancre de l'autre côté de la route. Un petit établissement en bois, récent, dont les sous-verre du bar protègent de vieilles cartes marines. L'écran de télévision, calé sur Sailing Channel, diffuse en boucle des images de régates ou de grands bateaux dans la tempête. Programmation musicale agréable et accueil gracieux : un endroit où prendre son petit déjeuner ou paresser à l'heure de la sieste. Café, œufs, bacon, beurre, pain : 10€ ; bière pression (0,25cl) : 2,50€ ; alcool : 6€ ; cocktail : 7,50€. **Chora** *Tél. 22980 24 449 Ouvert tlj. 7h-1h*

Aller à la plage Outre **Askeli**, à l'est, et la minuscule plage nichée au pied du monastère, la côte ouest, de Mikro Neorion à Megalo Neorion, dispose de quelques belles plages. La plus jolie est sans doute celle de la **baie de l'Amour**, encadrée d'eucalyptus et de grands pins. Plus loin, la route devient une piste qui dessert la **baie des Russes**, un endroit surprenant où quelques parasols font face aux ruines d'une base navale... russe.

Pratiquer un sport nautique
Passage Un nom français pour ce club qui propose une multitude d'activités aux petits et aux grands : ski nautique (45€), *wakeboard* (45€), jet-ski (45€ les 10min), parachute ascensionnel (70€/single, 100€/double), *barefoot* (45€). Un club convivial, qui dispose d'un petit bar en terrasse et qui vous accordera des réductions si vous lui êtes fidèle... Et qui loue quelques chambres à Drepani. *Baie de Neorion Tél. 22980 42 540 ou 69 77 77 98 68 www.passage.gr Ouvert tlj. 7h-22h*

CARNET D'ADRESSES

Restauration

petits prix

Kathestos / Καθεστος Mieux vaut ne pas le dire trop fort : le Kathestos propose l'une des meilleures fetas (3€) à l'est du Péloponnèse ! Ne vous en privez pas : en Grèce, on peut la commander avant le repas, au fromage ou même au dessert ! Si poisson et fruits de mer sont déjà parvenus à vous lasser, tentez sans hésiter la côte de porc à l'ananas et à l'abricot, accompagnée de riz et de pomme de terre (*"tropical steak"* : 7€) ou encore le poulet à la Rosa (poivrons, ail et champignons, 7€). Cuisine correcte, accueil souriant, personnel disponible. Compter 12€ *Entre la mairie et le Musée archéologique, sur le front de mer* **Chora** *Ouvert tlj. 10h30-2h*

Karavolos / Καραβολος L'Escargot est un petit restaurant, apprécié des occupants des yachts. La salle est agréable et l'on vient ici pour la spécialité : les escargots à la tomate et à l'ail (6€). Il ne s'agit pas de bourgognes mais de petit-gris. Le reste est habituel : entrées 4€ ; plats (brochettes de poulet, de porc ou d'agneau : 5,50-8€). Les soirs de week-end, l'endroit, toujours plein, ne donne pas envie de s'attarder, même si l'on a mangé correctement. Compter 12-15€ *Gravir l'escalier à droite du cinéma : c'est un peu plus haut sur la gauche* **Chora** *Tél. 22980 26 158 Ouvert toute l'année tlj. 19h-1h*

☺ **Apagio** L'expression "cuisine familiale" prend ici toute sa saveur. Non seulement la salle de restaurant occupe l'entresol d'une grande villa, mais tous les membres de la famille qui y habitent mettent la main à la pâte : les aînés aux fourneaux, les plus jeunes au service. Et la femme du patron est normande ! Tout est fait sur place et sent la cuisine franche et fraîche. L'ambiance est plutôt décontractée. Les plats changent souvent et s'adaptent aux saisons, mais tout est très, très bon. Un simple gigot d'agneau accompagné de quelques pommes de terre poêlées fait monter les larmes aux yeux. On peut l'accompagner, sans outrage, d'un vin blanc doré qui ravit le palais. Entrées :

feuilleté à la feta et au miel (6€) ; boulettes de courgette ou de tomate (4€). Plats (7-10,50€) : agneau au four (la spécialité), poisson frais en sauce (huile d'olive, persil, citron et oignons frais), porc à la sauce tomate, au vin et au fromage, poulet à l'ail et au citron et pourquoi pas... les spaghettis bolognaise ? Une adresse splendide. Comptez de 15 à 18€ par personne, vin inclus. *À 150m de l'église Evangelismos en allant vers le bout du port* **Chora** *Tél. 22980 26 219 Ouvert tlj. 12h-0h*

prix moyens

Taverne Poséidon Une taverne familiale tenue par Giorgos et son épouse néerlandaise, Cindy. Du poisson de première fraîcheur et d'excellentes croquettes de tomates (*domatokeftedes*) et de courgettes (*kolokythokeftedes*). Accueil charmant. Prévoyez 15-20€ le repas, un excellent rapport qualité-prix. *En face du débarcadère* **Chora** *Tél. 22980 23 597 Ouvert avr.-oct. : tlj. 12h-0h*

Hébergement

prix moyens

Pension Sto Roloï / Στο Ρολοι Dans une demeure néoclassique restaurée avec goût et dotée d'un jardinet, deux appartements spacieux, pour un séjour à plusieurs : trois pièces au rez-de-chaussée, avec une cuisine équipée et une belle salle de bains avec Jacuzzi. À l'étage, balcon et belle vue sur le port. Également un petit studio avec terrasse en rez-de-jardin. Selon la saison : 45-55€ le studio (2 pers.) ; 70-130€ l'appartement (2-5 pers.). La propriétaire loue deux autres maisons de charme (100-150€ avec Jacuzzi et piscine !) et deux autres studios sur le port, pour 2-5 pers. (70-100€). TV satellite pour tous. **Chora** *Tél. 22980 25 808 ou 69 32 42 72 67 www.storoloi-poros.gr*

7 Brothers Hotel Non, il ne s'agit pas d'un conte de fées. Oui, l'ancien propriétaire avait bien six frères. Cet hôtel qui donne sur le port est tenu par des gens souriants et agréables, qui sauront, s'ils en ont le temps, vous donner de bonnes informations sur la région. L'établissement a été remis à neuf au cours de l'hiver 2013-2014, et ses 16 chambres – plus calmes pour celles qui donnent sur l'arrière – disposent toutes de la climatisation, d'un téléviseur, d'un réfrigérateur, d'un sèche-cheveux, d'un coffre-fort et d'un balcon. Selon la saison, de 40 à 60€ la double, de 60 à 70€ la triple. Petit déj. 6€. *À proximité de la poste et du monument aux morts* **Chora** *Tél. 22980 23 412 www.7brothers.gr Ouvert toute l'année*

Hôtel Dionysos Un bel hôtel, juste en face de l'embarcadère pour Galatas – si vous avez une voiture, garez-vous sur son parking. Si vous attendez de traverser, il suffit de jeter un coup d'œil par la fenêtre pour voir arriver le bac... l'établissement est installé dans une jolie maison, mais quel dommage que certaines salles de bains soient aussi peu confortables ! La moitié des dix chambres (avec clim., TV, wifi et réfrigérateur) donnent sur la mer. De 45 à 65€ la double avec vue selon la saison. Petit déj. 6€ à la cafétéria. Et une salle Internet : consultation gratuite pour les pensionnaires ; 2€/h pour les autres. *Papadopoulou 78* **Chora** *Tél. 22980 23 511 www.hoteldionysos.eu Ouvert toute l'année*

★ HYDRA ΥΔΡΑ Υδρα

Hydra est un paradoxe : séparée de l'Argolide par le golfe d'Hydra, la plus courue des îles Argosaroniques ne peut offrir que son port en amphithéâtre. Certes magnifique, celui-ci peine à absorber les milliers de visiteurs qui viennent lui rendre hommage chaque jour, mais repartent généralement au bout de quelques heures, après avoir fait un tour à dos de mulet et acheté une poignée de cartes postales, preuves de leur passage. Pour apprécier l'endroit, il faut donc attendre que les quais se vident et que les Hydriotes consentent à sortir de leurs belles maisons en pierre, blanches ou grises. Le reste du temps, il faut s'éloigner pour trouver le calme, se perdre dans les rues hautes, longer les côtes à pied ou partir dans les collines environnantes à la découverte d'une des cent cinquante-deux chapelles de l'intérieur de l'île. Afin de prendre un peu de distance avec le "joyau des Saroniques", une escale charmante… mais bruyante.

AUX SOMBRES HÉROS DE LA MER La grandeur d'Hydra remonte au XVIIIe siècle, lorsque le commerce du Péloponnèse, associé au commerce du blé de Russie méridionale, permet aux capitaines de l'île (les armateurs) de faire fortune. Ils contournent le blocus imposé par l'Angleterre à la France de Napoléon Ier et s'assurent des bénéfices considérables en ravitaillant cette dernière. Hydra, jadis petit port vénitien, devient la puissance maritime dominante de la mer Égée… Pendant la guerre d'Indépendance, qui débute en 1821, les familles hydriotes enrichies par le commerce sont aux premiers rangs de la lutte. En transformant plus de cent de leurs navires marchands en bateaux de guerre, les capitaines hydriotes se couvrent de gloire. Ils portent des noms que vous croiserez souvent en Grèce : Tombazis, Tsamados, Koundouriotis. Le plus célèbre d'entre eux est Andreas Miaoulis, l'amiral qui permit la destruction des navires ennemis en lançant sur eux des embarcations bourrées de poudre. Son buste trône à l'extrémité est du port. À Hydra, les plus belles *archontika* appartiennent souvent aux familles de ces grands Hydriotes.

MODE D'EMPLOI

accès

EN BATEAU

Hellenic Seaways De nombreux hydrofoils de la compagnie Hellenic Seaways relient Le Pirée à Hydra. Comptez 1h40 et 25,50€ (AS). Les bateaux font souvent escale à Égine et Poros. Plusieurs liaisons quotidiennes avec Poros (30min et 12,50€ AS) et Spetses (45min et 10,50€). L'agence Hydreoniki Travel représente la compagnie de navigation à Hydra. *Hydreoniki Travel Sur le quai, à gauche du port* **Chora** *Tél. 22980 53 812 ou 22980 54 007 www.hellenicseaways.gr www.hydreoniki.gr Ouvert tlj. 6h30-21h*

Capitainerie d'Hydra *Tél. 22980 52 279*

orientation

Interdite aux véhicules à moteur, Hydra pourrait se résumer à son port, Chora : les principaux centres d'intérêt, hôtels et restaurants sont regroupés face au rivage, dans un petit périmètre que l'on parcourt à pied en une ou deux heures, mais qui demande un certain sens de l'orientation. Les rues forment un dédale complexe, elles portent rarement un nom, qui n'est cité que sur les plans, très approximatifs, que l'on trouve dans le commerce. Le mieux est de retenir les cinq rues d'importance qui lui sont perpendiculaires quand on fait face au port. De gauche à droite, on trouve d'abord Tombazi (à l'angle de l'Alpha Bank), Ikonomou, Miaouli (qui traverse tout Hydra et rejoint les hauts du village), Votsi (à droite de la tour de l'Horloge) et Lignou (qui croise Sachini, une rue escalier qui permet d'accéder au promontoire à l'ouest du port). Dans la même direction, la promenade côtière se nomme Boudouri, elle rejoint le petit port de Kamini.

informations touristiques

La municipalité a son site : www.hydra.com.gr.

Police touristique *Chora Tél. 22980 52 205*

se déplacer

À DOS D'ÂNE

En réalité il s'agit le plus souvent de mulets, voire de chevaux, pas toujours plus têtus que leurs maîtres... Pour la moindre course vers un hôtel à moins de dix minutes de marche, il vous sera demandé 10€. Ce qui est exorbitant. Et comme tous les âniers sont solidaires, il vous sera difficile de négocier. Il vous reste à porter vos bagages, quitte à faire plusieurs voyages...

EN BATEAU-TAXI

Ils fonctionnent presque comme les taxis urbains : vous les trouverez dans le coin gauche du port, face à l'entrée de la rue Tombazi. Leurs prix, là encore, peuvent faire réfléchir : il faut compter 10€ pour rejoindre le petit port de Kamini (15min à pied), et deux à trois fois plus pour rejoindre les ports et les plages plus éloignées : Mantraki, Vlichos, Plakes Vlichou, Palamidas, Molos, Leriza, Metochi, Agios Nikolaos ou Bisti. Le soir, les bateaux-taxis allument un énorme gyrophare : vous ne pouvez pas les rater ! *Tél. 22980 53 690 ou 69 44 90 73 96*

informations pratiques

Bureau de poste sur Ikonomou, tout près du port.

Centre médical *Chora Tél. 22980 52 420*

Hôpital *Chora Tél. 22980 53150*

Pharmacie Rafalias Il y a plusieurs pharmacies à Hydra. Mais celle-ci, au croisement de Votsi et de Rafalia, présente l'avantage de disposer... d'un accès Internet, au milieu de splendides étagères anciennes et de tiroirs vitrés d'apothicaire. *Chora Tél. 22980 52 059 ou 69 73 01 15 48 Ouvert été : tlj. 9h-14h30 et 17h-22h ; hiver : tlj. 9h-14h30 et 17h-21h*

Point presse Presse étrangère et articles de papeterie dans la librairie de la première rue à droite quand on remonte Gkiossi. *Chora Tél. 22980 53 718*

DÉCOUVRIR
Hydra

☆ **Les essentiels** Une balade dans les rues de Hydra (Chora) **Découvrir autrement** Offrez-vous un petit déjeuner de roi à l'Isalos, grimpez sur le mont Eros jusqu'au monastère Profitis Ilias

Monastère de la Dormition de la Vierge / Moni Panagia Koimissis ti Theotokou C'est un point de repère utile, sur la droite du port. On l'identifie à ses deux clochers de marbre, dont la tour de l'horloge est le plus élevé. L'église se dresse au milieu d'une jolie cour envahie par les fidèles lors des fêtes pascales. Outre une très imposante iconostase, elle abrite un lustre ayant appartenu à Louis XIV, qui fut vendu par un antiquaire à un armateur hydriote, après la Révolution. Dans la cour, un petit escalier mène au Musée ecclésiastique : quelques belles vitrines qui donnent à admirer des livres de messe aux couvertures ouvragées, des mitres, des croix, des peintures, des icônes, des broderies d'or : tous les trésors de l'Église dans les effluves d'encens. ***Chora*** *Tél. 22980 52 207 Ouvert avr.-oct. : tlj. 7h-14h et 19h-21h30 ; nov.-mars : tlj. 7h-12h et 17h-18h* **Musée ecclésiastique** *Ouvert : mar.-dim. 10h-14h Tarif 2€*

Musée des Archives historiques / Istoriko Archeio Mouseio Des peintures, des armes, des cartes marines, des objets de navigation qui illustrent le destin militaire et marchand de la flotte hydriote. Le cœur… embaumé du fameux amiral hydriote Miaoulis repose dans une urne argentée. *Sur la gauche du port, à proximité du quai des hydrofoils* ***Chora*** *Tél. 22980 52 355 www.iamy.gr Ouvert été : tlj. 9h-16h et 19h30-21h30 ; hiver : tlj. 9h-16h Tarif 5€, 8-18 ans, étudiants et seniors 3€*

Se régaler d'un petit déjeuner

Isalos Dans les bars du port comme l'Isalos, chaque fois qu'accoste un bateau en provenance du Pirée, c'est le coup de feu. Puis les touristes s'égaient dans les ruelles ou remontent à bord de leur navire et le calme revient. Entre deux débarquements, profitez de la bonne humeur de l'endroit pour vous installer discrètement au bar et vous faire servir un magnifique petit déjeuner. Classique (5,50€) : pain, beurre et confiture. Continental (9€) : orange pressée, toast, gâteau, confitures et boisson chaude. Anglais (13€) : œufs et bacon en plus. Sportif (13€) : yaourt au miel et fruits en plus. L'Isalos dispose d'un guichet Internet à pièces, hélas un peu capricieux. *Sur la gauche du front de mer, devant les bateaux-taxis* ***Chora*** *Tél. 22980 53 845 www.isalos.com Ouvert tlj. 7h30-1h Petit déj. servi de 7h30-14h30*

Faire une balade sur les hauteurs

Monastère du Prophète Élie / Moni Profitis Ilias Sommet de l'île, le mont Eros, ou Vigla, culmine à 593m. Le sentier qui permet de gravir ce mont de Vénus en 45min à 1h n'est pas seulement pavé de bonnes intentions : s'il protège la terre de l'érosion et facilite la progression des baudets (on peut, en effet, effectuer la promenade à dos d'âne... pour quelque 30€ !), son dallage ne convient en rien au rythme du promeneur moyen. À l'aller comme au retour, l'effet de perspective, sonore et visuel, est étonnant. Le regard embrasse d'abord le port, puis le golfe Saronique, et l'on finit par ne plus entendre que les cris des enfants dans la cour de l'école, le braiment des ânes, ou, plus désespérant, celui de nos congénères en train de s'extasier sur une breloque made in Hong-Kong ou un jeu de cartes aux motifs érotiques antiques. L'entrée du monastère est juchée au sommet d'un incroyable escalier de pierre qui se resserre entre deux murets. Entrez dans l'église dressée au centre de la vaste cour blanche et nue, et profitez de la fraîcheur pour admirer son iconostase, avant que l'on ne vous conduise en cellule... Il vous y sera servi de grandes rasades d'eau fraîche et quelques loukoums. Une belle balade à faire tôt le matin ou en fin d'après-midi. ***Chora Accès*** *Le mieux est de s'engager dans Lignou et de grimper jusqu'à l'église Saint-Jean-Baptiste pour suivre le sentier qui s'enfonce dans la pinède, derrière l'édifice Tél. 22980 52 540 Ouvert jusqu'au coucher du soleil*

CARNET D'ADRESSES

Restauration

petits prix

Gitoniko (Chez Christina et Manolis) Si vous devez demander votre chemin, dites "Chez Christina" : les Hydriotes connaissent l'endroit par le prénom de la patronne. L'établissement est souvent plein, même hors saison, mais Christina n'aime pas trop prendre de réservations... Le mieux est de se présenter et de revenir en retenant la prochaine table qui se libère. On peut aller en cuisine choisir son poisson, qui sera facturé au poids, ou préférer des plats de viande traditionnels... Comptez 12-15€. *À 100m du port (accès : cf. pension Achilleas)* ***Chora*** *Tél. 22980 53 615 Ouvert mi-fév.-nov. : tlj. 11h-15h30 et 18h30-0h*

prix moyens

Kondylenia Taverna Pour rejoindre cette taverne, il vous faut marcher jusqu'à Kamini en empruntant la promenade Boudouri, ou bien affréter un bateau-taxi. L'endroit est facile à trouver : c'est la seule terrasse qui surplombe le petit port. Vous trou-

GAMME DE PRIX	RESTAURATION	HÉBERGEMENT
Très petits prix	moins de 10€	moins de 30€
Petits prix	de 10 à 15€	de 30 à 50€
Prix moyens	de 15 à 20€	de 50 à 80€
Prix élevés	de 20 à 30€	de 80 à 120€
Prix très élevés	plus de 30€	plus de 120€

verez là une honnête table qui vaut par la simplicité de sa carte et la qualité du panorama sur les côtes du Péloponnèse et l'îlot de Dokos. Dans ces conditions, une boisson fraîche et une simple assiette d'épinards à l'huile d'olive et au citron peuvent faire l'affaire. Le repas complet ne vous coûtera pas plus de 18€. Pas de CB. ***Kamini*** *Tél. 22980 53 520 Ouvert mars-oct. : tlj. 12h-0h*

Sunset Restaurant Au pied des moulins d'Hydra, moins fameux que ceux de Mykonos, le Sunset, comme son nom l'indique, dispose d'une terrasse qui offre un point de vue unique sur le couchant. Les prix s'en ressentent : poulpe grillé à 12,50€, anchois marinés à 7,50€ et salade grecque à 8€. Mais les portions sont généreuses et la qualité gustative irréprochable. Et l'on passe un vrai bon moment sous un parasol, le long du petit muret qui surplombe le rivage. À condition de trouver une table libre... Comptez 18-20€ le repas. ***Chora*** *Tél. 22980 52 067 www.sunsethydra.com Ouvert début avr.-mi-oct. : tlj. 12h-0h*

☺ **Caprice** Une agréable caverne blanc et bleu, avec des images et des maquettes de bateau partout, doublée d'un excellent restaurant italien. Quelques délicieux vins grecs. Service souriant. D'une manière générale, vous pouvez commander les yeux fermés tous les plats nommés Caprice, mais ne vous privez pas d'une pizza (9-13€) ou d'un plat de pâtes fraîches (linguine aux truffes 13€). Ici, on les redécouvre. Comptez 25€ environ, vin compris. ***Chora*** *Accès : rue Tombazi, ensuite, prenez la rue Sachtouri à gauche à la patte-d'oie, le restaurant se trouve sur la petite place, côté droit, devant l'église Tél. 22980 52 454 Ouvert fin mars-fin oct. : tlj. 18h-0h*

Hébergement

prix moyens

☺ **Chez Zoé (Zoe Eleftheriou Gardalinou) /** Στο Ζοε "Chambres à louer avec salle de bains privative" annonce quelque peu pompeusement la carte de visite de cette grande maison face à l'îlot de Dokos. Il suffit de donner votre pièce d'identité et de monter vous installer où l'on vous dira. C'est vrai, ici, on ne s'occupe pas beaucoup de vous et la chambre n'est pas faite tous les matins. Mais, à la différence de la plupart des pensions d'Hydra, il s'agit d'une véritable chambre chez l'habitant. Pour le petit déjeuner, on peut le préparer soi-même, comme les autres repas, dans une cuisine équipée et commune : un avantage de taille. Chaque chambre dispose d'une télévision et de la climatisation. Accès Internet. À 15min de marche du port, cette adresse est l'assurance d'une grande tranquillité. Si vous avez réservé chez Zoé avant votre arrivée à Hydra et que vous êtes chargé, mieux vaut louer un âne ou un bateau-taxi pour vous y emmener. De 40 à 60€ la double, selon la saison. ***Kamini*** *Tél. 22980 52 114 www.hydra.com.gr/pension-zoe/ Ouvert toute l'année*

☺ **Pension Achilleas** Huit chambres doubles (60€ avec le petit déj.), deux triples et deux appartements pour 3-4 pers. (130€) agréables et fonctionnels (TV, réfrigérateur, clim., wifi). La maîtresse des lieux sait se montrer gentille mais ferme. Elle vous servira de copieux petits déjeuners dans une cour particulièrement agréable. On peut parfois confier sa lessive. Une bonne adresse au calme, proches de plusieurs tables de qualité. *Du port, remontez la rue Tombazi, bifurquez à droite à la première patte-d'oie, prenez ensuite la troisième rue à* *droite, et enfin tout droit jusqu'à la place La pension, comme le restaurant Gitoniko, donne dans la rue de droite* **Chora** *Tél. 22980 52 050 www.achilleaspension.gr Ouvert fév.-mi-nov.*

Sidra Hotel Un bel hôtel de 16 chambres : simple, blanc, propre, calme. Il dispose d'une jolie terrasse au-dessus des toits et vous y serez gentiment reçu. Environ 50-70€ la nuit à deux, petit déj. inclus. Une chambre claire avec tout le confort classique (tél., TV, radio, réfrigérateur et sèche-cheveux, clim.). *Ikonomou* **Chora** *Tél. 22980 53 401 ou 69 71 58 70 11 www.hydra.com.gr/sidra Ouvert avr.-oct.*

prix élevés

Hôtel Mistral Un bel endroit que cet *archontiko* en pierre de taille de 17 chambres, qui surplombe une cour verdoyante, sous la véranda de laquelle on s'attable avec plaisir. L'hôtel Mistral s'élève en retrait du port et au calme. L'accueil, parfois en français, est agréable et décontracté. Chambre double : 120€ ; chambre "superior" 150€ et un studio à 200€ (4 pers.). Le petit déjeuner, fait maison, est inclus. *Tout au bout de Tombazi, à 400m du port* **Chora** *Tél. 22980 52 509 www.hotelmistral.gr Ouvert mars-oct.*

SPETSES ΣΠΕΤΣΕΣ Σπετσες

Spetses révèle une vraie surprise : à peine s'est-on éloigné de son port que l'on se retrouve en pleine nature. Les côtes de cette île de 27 km^2 sont vierges de toute construction et la voiture y est proscrite – les rares automobilistes que l'on y croise ont obtenu une dérogation pour raisons professionnelles. En contrepartie, les deux-roues sont autorisés, ce qui occasionne, en ville, un chassé-croisé pétaradant et permanent qui ferait presque regretter les autos... Les plages, en revanche, sont sans doute les plus belles des Saroniques : anses abritées, forêts de pins tutoyant la grève... Vous ne serez sans doute pas seul à les apprécier !

UN DRÔLE DE SON ET LUMIÈRE... Occupée dès le VIIe millénaire avant notre ère, vraisemblablement abandonnée entre le IXe et le XVe siècle, l'île fut repeuplée par des Albanais orthodoxes et des Grecs fuyant l'occupation turque du Péloponnèse. C'est aux Vénitiens, qui en furent maîtres de 1204 à 1490, qu'elle devrait son nom actuel, dérivé de Spezia ("épices"). Comme Hydra, Spetses s'affirma comme une puissance navale et commerciale au XVIIIe siècle. Ses armateurs s'enrichirent lors des guerres napoléoniennes en brisant le blocus britannique en Méditerranée et mirent, les premiers, leurs navires au service de la lutte pour l'indépendance, en 1821. Et c'est Spetses qui convainquit Hydra de se jeter dans la bataille en s'emparant de deux navires ottomans à Milos. Le 8 septembre 1822 demeure un jour de gloire pour les Spetsiotes : le vaisseau amiral ennemi est détruit au large du port. Pour commémorer l'événement, chaque année, une barque représentant le navire ottoman est embrasée...

MODE D'EMPLOI

accès

EN BATEAU

Hellenic Seaways La traversée Le Pirée-Spetses (35€) prend 2 ou 3h (escales à Ermioni et Hydra). Spetses est aussi accessible à partir du Péloponnèse : pour quelques euros, on peut monter à bord des bateaux rapides qui font la navette entre Kosta et l'île plusieurs fois par jour (comptez 15min et 2,50€). De Kosta il y a aussi un ferry 3 fois par jour (10h30, 13h30 et 17h ; 1,50€) et des bateaux-taxis (5 min., 20€ la traversée). Également des connexions avec Ermioni et Porto Cheli en hydrofoil. À Spetses, vous trouverez facilement un bateau pour Hydra (30min, 10,50€) ou Poros (1h15, 14,50€). Égine est moins bien desservie. *Tél. 22350 32 609 ou 210 41 99 000 www.hellenicseaways.gr*

Bardakos Tours Représente Hellenic Seaways à Spetses. Renseignements et vente de billets. *Dapia Chora Tél. 22980 73 141 ou 22980 73 142*

Capitainerie du port de Spetses *Chora Tél. 22980 72 245*

orientation

Chora s'étend sur quelques kilomètres le long de la côte et quelques centaines de mètres sur les coteaux que domine le monastère Profitis Ilias. Aucune route n'y mène, seulement des pistes. L'unique véritable route fait le tour de l'île, desservant de rares hameaux et des plages. Elle traverse des régions couvertes de superbes pins d'Alep, dont de désastreux incendies ont réduit l'emprise. Le débarcadère, **Dapia** ("bastion"), représente le centre du port. Au sud-est (à gauche) s'étend le quartier de **Kastelli** : à l'origine une enceinte fortifiée, noyau initial de la ville. Puis on trouve **Kokkinaria**, **Analipsis** et enfin le vieux port, **Palio Limani**, principale attraction de la ville. Au nord-ouest (à droite), sur le littoral, s'étend un quartier plus récent : **Kounoupitsa**, qui prend fin à la hauteur de l'école Anargirios-Korgialenios, un collège de garçons réputé qui accueillit des élèves de 1927 à 1983, avant de devenir un centre de congrès. Les quais du port portent le nom de **Sotirios Anargyros**, ce génie des affaires qui légua à son île natale quelques beaux ouvrages : sa maison à colonnade flanquée de palmiers (face au musée de Bouboulina), l'hôtel Posidonio, à droite du port (une statue de Bouboulina se dresse devant), mais aussi des routes et des pinèdes.

informations touristiques

Police touristique *Chora Tél. 22980 27 777*

se déplacer

EN CAR

En haute saison, des cars vont jusqu'à la plage de Vrellos toutes les heures de 12h à 18h (1,80€). De 10h30 à 0h30, également toutes les heures, un car relie la place Posidonio à Ligoneri en passant par Kounoupitsa et Scholes (juin-sept.). Il s'arrête devant l'hôtel Posidonio. Vers le sud, la ligne emprunte la route circulaire jusqu'à Agia Paraskevi en passant par Agia Marina, Xylokeriza et Agii Anargiri (5/j., jusqu'à 3,50€). Les bus marquent l'arrêt devant la plage d'Agios Mamas. Hors saison ne circulent que des bus de ramassage scolaire.

EN CALÈCHE

Cet utile moyen de transport ne fonctionne que d'avril à octobre.

Station de Dapia Env. 10€ la balade jusqu'au vieux port. *Tél. 22980 73 171*

Station de la place Posidonio *Tél. 22980 73 170*

EN BATEAU-TAXI

Stationnés à droite de la jetée. *Tél. 22980 72 072 Toute l'année*

À DEUX ROUES

Labros Rent a Moto Un petit préau accueille les deux-roues (motos, scooters, *papaki*) de ce magasin de location dont les véhicules, en bon état, sont entretenus par le propriétaire lui-même. Scooter 20€/j., quad 25-30€. *Pl. Agios Mamas Tél. 22980 72 335 ou 69 32 33 01 14 Ouvert tlj. 9h-21h*

Bike Center Location vélo 4-6€/j. Bike Center organise le Tour de Spetses à vélo au mois d'août. *Sur la voie piétonne parallèle au front de mer, direction Agios Mamas* **Chora** *Tél. 22980 72 209 ou 69 76 45 62 38 Ouvert tlj. 10h-15h30 et 17h30-22h*

fêtes et manifestations

Spetses Classic Yacht Race Cette course organisée depuis 2011 met en vedette certains des yachts les plus célèbres de Grèce. Une expérience inoubliable pour les spectateurs et les équipages. *Mi-juin www.classicyachtrace.com*

Festival du Musée de Bouboulina Pièces de théâtre, spectacles de danse et concerts gratuits dans la cour de la maison de Bouboulina, à Chora. *Juillet-août*

Armata La principale fête de l'île commémore la victoire navale du 8 septembre 1822 sur les Ottomans. Elle conjugue cérémonies religieuses à la chapelle de la Panagia Armata et différentes manifestations culturelles (concerts, notamment) et culmine avec une évocation de la bataille avec mise à feu d'une barque représentant le navire amiral de la flotte turque. *Le 1er ou 2e week-end de septembre*

Spetses Mini Marathon Le Spetses Mini Marathon réunit chaque année des sportifs grecs et étrangers (plus de 3 300 coureurs et nageurs en 2013 !) et le Cross Canal Spetses, une compétition de natation, a remporté le titre du plus grand marathon à la nage en Grèce. *Deuxième week-end d'octobre www.spetsesmarathon.com*

informations pratiques

La poste donne sur la première rue parallèle au front de mer, à 300m du débarcadère. Une supérette Kritikos Market sur le front de mer direction Ag. Mamas et un Carrefour Market derrière la place de l'Horloge.

Presse Tsaparas Presse étrangère. *Dans la rue Botassi, qui monte du port* **Chora** *Tél. 22980 73 028 Ouvert été : tlj. 8h-0h ; hiver : tlj. 8h30-15h et 17h30-21h*

Centre médical *Chora Tél. 22980 72 472*

DÉCOUVRIR

Spetses

☆ **Les essentiels** Le vieux port, les plages **Découvrir autrement** Visitez le musée de Bouboulina, star incontestée de l'île, assistez à une séance de cinéma en plein air

☆ **Vieux port / Palio Limani** Un bel endroit, pourvu de nombreuses terrasses, où boire un verre ou se restaurer. Autour de la baie, on remarque des chantiers de réfection ou de construction de bateaux à la coque très particulière : la proue est évasée et son rostre rappelle celui des galères. D'élégants bateaux qui évoquent la prestigieuse histoire navale de Spetses. La pointe de la presqu'île offre une jolie vue circulaire, au pied d'une pinède. À proximité, de surprenantes statues de métal hantent les buissons et la grève : un combattant, une sirène et même des chèvres broutant les arbres, des figures uniquement constituées de chaînes de métal, de boulons et d'écrous… On rejoint le vieux port en un quart d'heure à pied en suivant le bord de mer direction sud-est (à gauche de l'embarcadère) ou bien en calèche (10€). *Chora*

Musée de Spetses - musée Mexis Le musée de Spetses occupe la belle maison (XVIIIe s.) de l'armateur Chatzigiannis Mexis, premier gouverneur de l'île. Folklore, archéologie et histoire (révolution de 1821 à l'honneur) la collection est constituée d'objets de la période byzantine au XIXe siècle, d'icônes rehaussées de motifs plaqués en or ou en argent, de vieux costumes spetsiotes, d'armes du temps de la Révolution, sans oublier l'urne contenant les restes de la fameuse Bouboulina. Dans un coin figure la première carte de l'île, signée d'un géographe français. À l'entrée du musée trônent les imposantes figures de proue de navires ayant participé au soulèvement. *Maison Chatzigiannis Mexis (derrière le port)* ***Chora*** *Tél. 22980 72 994 Ouvert mar.-dim. 8h30-15h Tarif 3€, seniors 2€, moins de 18 ans et étudiants gratuit*

☆ Aller à la plage

On se rend à la plage à deux-roues ou par la mer, en louant un caïque. En été, tentez de repérer une crique isolée ou bien choisissez parmi les plages ci-dessous, belles mais très fréquentées.

Zogueria Un endroit assez original, qui, selon le temps et la saison, évoque la crique provençale ou les rivages nordiques. Une pinède coupée par des rochers ceinture deux anses desservies par un sentier. Un petit restaurant s'est installé dans la seconde.

Agii Anargiri Cette grande plage ouverte et nue est surtout connue pour sa grotte de Bekiri. Pour la voir, il faut marcher jusqu'au bout de la plage (à droite en arrivant), gravir la falaise et longer le bord sur 200m. Vous arriverez alors à une volée de marches en béton. Il faut ensuite se glisser sur le dos entre deux rochers pour découvrir une grotte très basse de plafond, envahie par la mer et au fond de laquelle l'on finit par distinguer un minuscule croissant de sable. Une modeste curiosité qui peut agrémenter l'une de vos sorties. N'oubliez pas votre lampe-torche.

Agia Paraskevi Sans doute l'un des plus beaux endroits de l'île. Une petite crique où les vagues viennent lécher la pinède. Essayez d'arriver tôt le matin ou en début de soirée pour en apprécier le charme.

Musée de Bouboulina Vous ne pouvez pas arriver à Spetses sans avoir entendu parler de Bouboulina : plus qu'une figure locale, c'est une héroïne nationale. Une sorte de Jeanne d'Arc spetsiote, dont le visage grave hante la mémoire collective. Sa vie est exceptionnelle : elle naît dans une prison où son père, un armateur hydriote, a été jeté et condamné à mort par les Turcs. Elle se marie successivement à deux capitaines de navire qui se font tuer par les pirates. Seule avec sept enfants, elle se lance alors dans le négoce maritime et finit par faire fortune. Au moment de la guerre d'Indépendance, Laskarina Bouboulina arme discrètement son plus beau navire, l'*Agamemnon*, le lance dans la mêlée et se distingue, dit-on, par son courage, ramenant ses hommes au combat quand ceux-ci ne sont plus que peur et lâcheté. Bouboulina est nommée amirale et sa réputation dépasse les frontières si bien qu'en France, il y a, à l'époque, des jeux de société à son effigie et même une mode vestimentaire, "à la Bouboulina". Le musée est installé dans la maison de la dame. Vous le visiterez sous la conduite de guides passionnés. Les commentaires sont en grec et en anglais. Des brochures en 14 langues, dont le français, sont proposées. *Pl. Pefkakia (derrière le port)* **Chora** *Tél. 22980 72 416 www.bouboulinamuseum-spetses.gr Ouvert fin mars-fin oct. : tlj. 10h-21h Visite d'environ 30min, départ toutes les 45min Tarif 6€, étudiants 4€, seniors 3€, moins de 18 ans 2€*

GARE AUX FEZ ! Un jour que les hommes étaient en mer, la ville fut menacée par les Turcs. Bouboulina eut l'idée de poser des fez sur tous les arbres pour faire croire à la présence de soldats. L'ennemi, trompé, fit demi-tour et Bouboulina devint l'héroïne de Spetses.

● Où boire un cocktail ?

La Luz Un bar-restaurant dont la terrasse jouit d'une vue magnifique sur le vieux port. Concerts tous les soirs en juillet-août. Cuisine méditerranéenne et de très bons cocktails de fruits frais. *Palio Limani (vieux port)* **Chora** *Tél. 22980 74 244*

● Se faire une toile sous les étoiles

☺ **Cinéma Titania** Une grande salle au plafond amovible, des chaises de bar rouges et bleues, une petite fontaine, d'immenses plantes vertes... cet endroit incroyable est un cinéma : le même film y est programmé deux jours de suite, à raison de deux séances quotidiennes : à 21h et à 23h. Un choix de films récents, grecs, mais surtout anglais, français et, on s'en doute, américains. Il y a un petit comptoir dans le mur où l'on peut commander bières et glaces. Un vrai bonheur de cinéphile : le paradis(io) des amoureux et des curieux. Et dire que le directeur pense à fermer, faute de spectateurs ! *Tarif 8€ Dans la rue qui longe l'entrée du musée de Bouboulina* **Chora** *Tél. 22980 74 651 Ouvert juil.-août : tlj.*

CARNET D'ADRESSES

Restauration, hébergement

prix moyens

Anemos Non loin de l'hôtel Villa Christina, l'entrée de ce bâtiment se signale par un chemin de galets, une tradition locale appelée *botsaloto*. Les chambres, blanches et claires, sont modestement meublées mais disposent toutes d'un réfrigérateur, de l'air conditionné et d'un téléviseur, et certaines d'une petite cuisine équipée. Une quinzaine de chambres doubles (35-55€), trois triples (60-75€, petit déj. inclus) et un appartement pouvant accueillir 5 personnes (60-105€). ***Chora*** *Tél. 22980 72 090 anemos11.13@gmail.com Ouvert avr.-oct.*

Villa Plaza Cette grande villa jaune et blanc, accrochée à la pente au-dessus du port de Dapia, abrite une quinzaine de chambres standard, avec sdb, TV, clim., wifi... Celles de l'étage sont dotées d'un balcon donnant sur la mer. Une chambre pour deux coûte de 40€ en hiver à 70€ à la belle saison (petit déj. inclus). *Après le cinéma Marina tout en haut de la rue, à 200m du port Les gens de l'agence Mimoza Travel (face à l'embarcadère) se proposeront comme guides* ***Chora*** *Tél. 22980 75 170 www.villaplaza.gr Ouvert toute l'année*

prix élevés

☺ **Tarsanas** Sur le vieux port, entre barques en cale sèche et voiliers en construction, des tables calées dans les galets et protégées par un vélum. On fait souvent la queue, parfois en vain : certaines tablées de vingt convives ne sont pas disposées à quitter les lieux de sitôt... Pour les nourrir, des serveurs souriants traversent la rue au pas de charge, un gigantesque plateau sur l'épaule : les salades sont géantes et tous les plats généreusement et joliment servis : spaghettis du pêcheur (22€) ; poisson grillé (à partir de 72€ le kilo). Goûtez le poisson à la spetsiote. Un festin de roi : énorme et joyeux. L'addition ne parvient même pas à gâcher la fête. Comptez 1,50€ supplémentaire pour les quatre variétés de pain. *Palio Limani, côté mer* ***Chora*** *Tél. 22980 74 490 ou 69 45 10 38 64 Ouvert jan.-mars : ven.-dim. 12h-0h ; juil.-sept. : tlj. 12h-0h ; Pâques-juin : lun.-jeu. 17h-0h, ven.-dim. 12h-0h*

Liotrivi Un ancien pressoir à huile d'olive vieux de deux siècles, et une déco marine chic pour la grande salle. En été on préfère la terrasse face au port et ses canapés. Plusieurs recettes de pâtes fraîches maison, comme le *pantzaroti Aragosta* (raviolis au saumon), poisson frais à la spetsiote ou filet de bœuf argentin. Concerts de musique cubaine ou de jazz certains

GAMME DE PRIX	RESTAURATION	HÉBERGEMENT
Très petits prix	moins de 10€	moins de 30€
Petits prix	de 10 à 15€	de 30 à 50€
Prix moyens	de 15 à 20€	de 50 à 80€
Prix élevés	de 20 à 30€	de 80 à 120€
Prix très élevés	plus de 30€	plus de 120€

soirs... et de très bons cocktails. Env. 30€ le repas. Réservation conseillée l'été. *Palio Limani (vieux port)* **Chora** *Tél. 22980 72 269 ou 69 32 60 22 44*

prix très élevés

Nissia À voir l'endroit pour la première fois, on hésite : décor de péplum, parc d'attractions, village de vacances ? Il ne s'agit que d'une architecture clinquante inspirée des *archontika*, les maisons de maître du golfe Saronique. Plus grandiloquent que grandiose, le Nissia est une curiosité coûteuse : studio de 200 à 250€ pour deux, de 235 à 285€ pour trois ou quatre ; suite présidentielle de 520 à 590€ selon le nombre d'occupants (oui, certains grands hommes ont dormi ici, non, vous ne saurez pas lesquels). Selon son budget, on occupe un ou deux étages d'une des maisonnettes (pour quatre à six pers., 280-400€) qui encadrent la piscine géante. Elles disposent d'une cuisine, mais le petit déjeuner est inclus. *Sur le front de mer, à 500m de Dapia direction Scholes* **Chora** *Tél. 21034 62 879 www.nissia.gr Ouvert Pâques-fin sept.*

Spetses Hotel C'est l'hôtel côtier par excellence. Un grand immeuble campé sur le rivage, dont les 77 chambres climatisées bénéficient d'immenses baies vitrées donnant sur un balcon et le large. Les lits sont vastes et fermes, les moquettes épaisses, mais la déco reste assez impersonnelle. Chambres doubles de 80€ à 250€ selon la saison. Petit déj. inclus. Restaurant et plage privée dotée d'un bar. *À env. 1km de Dapia Sur la route de Ligoneri* **Chora** *Tél. 22980 72 602 ou 210 82 13 126 (en hiver) www.spetses-hotel.gr Ouvert avr.-oct.*

227 Skiathos
232 Skopelos
236 Alonissos
240 Skyros

LES SPORADES

V

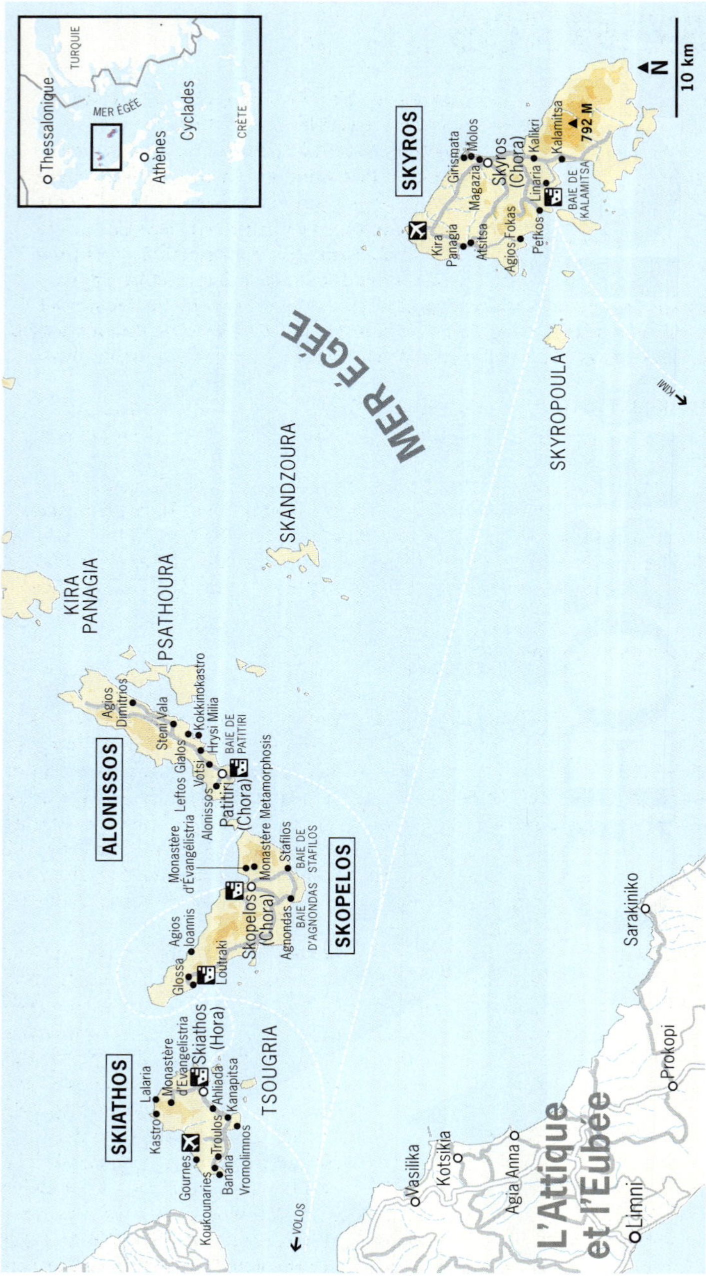

Thessalonique
TURQUIE
MER ÉGÉE
Athènes
Cyclades
CRÈTE
SKYROS
Kira Panagia
Atsitsa
Agios Fokas
Magazia
Girismata
Molos
Skyros (Chora)
Linaria
Kalikri
Kalamitsa
Pefkos
BAIE DE KALAMITSA
792 M
N
10 km
MER ÉGÉE
SKYROPOULA
KIMI
SKANDZOURA
KIRA PANAGIA
PSATHOURA
ALONISSOS
Agios Dimitrios
Steni Vala
Kokkinokastro
Hrysi Milia
Leftos Gialos
Votsi
Alonissos
Patitiri (Chora)
BAIE DE PATITIRI
Monastère d'Évangélistria
Monastère Metamorphosis
SKOPELOS
Stafilos
BAIE DE STAFILOS
Skopelos (Chora)
Agnondas
BAIE D'AGNONDAS
Agios Ioannis
Glossa
Loutraki
SKIATHOS
Lalaria
Kastro
Monastère d'Évangelistria
Skiathos (Hora)
Ahliada
Kanapitsa
Troulos
Gournes
Koukounaries
Banana
Vromolimnos
TSOUGRIA
VOLOS
Sarakiniko
Prokopi
Vasilika
Kotsikia
Agia Anna
Limni
L'Attique et l'Eubée

SKIATHOS ΣΚΙΑΘΟΣ Σκιαθος

Les Sporades – Skiathos, Skopelos, Alonissos, Skyros et leurs satellites – sont un archipel montagneux et boisé du nord-ouest de la mer Égée. À quarante minutes d'avion d'Athènes, ces îles sont réputées pour la beauté de leur littoral et leurs pentes couvertes de pins maritimes. Au cœur de l'été, de nombreux visiteurs, grecs pour la plupart, se ruent sur leur littoral. Les plages de galets, pas toujours très confortables (mais on peut généralement y louer un transat), sont moins fréquentées et plus propres que les plages de sable. C'est particulièrement vrai à Skiathos, une île pourtant belle.

SEMÉES À TOUT VENT Pourquoi les Sporades (dont le nom signifie "dispersé, disséminé") s'appellent-elles ainsi ? Parce que si les Cyclades forme un cercle, ces îles sont comme des grains jetés à la volée sur la mer. On les appelle parfois Sporades du Nord pour les distinguer des douze îles du sud-est de la mer Égée (Rhodes, Tilos, Patmos, Samos, Kos, Karpathos…), qui constituent avec leurs satellites l'archipel du Dodécanèse, ou Sporades du Sud. Quand aux îles ancrées à proximité de la côte turque, elles sont regroupées sous le nom de Sporades de l'Est.

MODE D'EMPLOI

accès

EN AVION

Aéroport de Skiathos Pas de bus pour vous conduire de l'aéroport Alexandros-Papadiamantis en ville mais des taxis et des loueurs de voitures. *À 2km à l'est de Chora Tél. 2427 029 100 ypa.gr*

Olympic Air En été, une liaison aérienne/j. dans les deux sens avec Athènes. *Tél. 24270 22 049 Comptoir aéroport ouvert été : lun.-jeu. 8h-22h, ven.-dim. 7h-22h30 ; hiver : en fonction des horaires des vols*

EN CAR ET EN BATEAU

Tous les jours, plusieurs navires des compagnies Hellenic Seaways et Nel Lines quittent Agios Konstantinos – en Phtiotide, à 175km au nord-ouest d'Athènes, face à l'île d'Eubée – pour les Sporades. La plupart d'entre eux font escale à Skiathos. Comptez 1h50 et 37€ en catamaran, 2h45 et 30,50€ en ferry. Skiathos est aussi reliée à Volos, en Thessalie, par les compagnies Hellenic Seaways et ANES Lines. Comptez 1h45 et 37,50€ en hydrofoil (19€-23€ en ferry, 2h30). *www.directferries.fr*

Gare KTEL Liosion Des cars relient tlj. Athènes à Agios Konstantinos (2h30 de trajet ; billet 15,70€ AS). Départ du terminal de Liosion toutes les heures de 6h15 à 14h15, puis à 16h15, 18h30, 20h et 21h30. *Liosion 260* ***Athènes*** *À 5km au nord du centre-ville Tél. 210 83 17 186* ***M° Attikis Bus B12 (arrêt Marnis)***

Hellenic Seaways La compagnie relie Skiathos aux îles voisines de Skopelos et d'Alonissos. Aucun bateau pour Skyros. Il faut 1h30 en ferry (8-9,50€) et 1h en hydrofoil (16,50€) pour rallier Sko-

pelos, dont on aperçoit les côtes – mais dont le port principal se trouve sur la côte opposée ! Pour Alonissos (deux liaisons/j.), comptez 1h30 et 16,50€ en hydrofoil. *1, rue Papadiamanti* **Chora Skiathos** *Tél. 24270 22 276 ou 22350 32 609 (rés.) www.hellenicseaways.gr*
Nel Lines *Tél. 21041 15 015 www.nel.gr*
ANES Lines *Tél. 22460 71 444 www.anes.gr*
Capitainerie de Skiathos *Tél. 24270 22 217*

orientation

Le littoral méridional de Skiathos, bordé par la route qui dessert ses plages, forme une petite Riviera hellène : une succession ininterrompue d'hôtels, de restaurants et de clubs prêts à accueillir la déferlante de l'été. Hormis ce corridor, l'île est assez peu occupée, la population étant concentrée dans le port. En bus, en bateau ou à deux-roues, vous accéderez facilement aux principaux centres d'intérêt de l'île, notamment ses très belles plages. Le port lui-même (Chora), traversé par une "grand-rue" nommée Papadiamanti, est calé entre deux quais, le plus grand accueillant les ferries à l'une de ses extrémités (le "nouveau port"), le plus petit (le "vieux port") étant réservé aux bateaux d'excursion à la journée. Une charmante et minuscule presqu'île, Bourtzi, relie les deux.
Police touristique *Tél. 24270 23 172*

informations touristiques

Les cahutes dressées sur le quai, face à l'embarcadère, peuvent vous être utiles. À certaines, des guichets d'informations municipales, vous pourrez acheter des cartes postales et une carte miniature de l'île. Ne vous adressez au cabanon censé renseigner sur les hébergements qu'en cas de sérieuses difficultés et si possible en dehors des heures d'arrivée des bateaux ! Les agences qui délivrent les billets des compagnies de navigation sont installées sur le port, face aux embarcadères.

se déplacer

EN CAR

KTEL La ligne 2, qui relie Skiathos-ville (Chora) à Koukounaries-plage dessert 23 stations le long de la côte sud de l'île. Le plan et les horaires sont affichés au terminus, à hauteur du petit square aménagé au bout du quai, à hauteur de l'école primaire. Un départ toutes les 30min environ (toutes les 15min en haute saison), de 7h à 1h. En fin de journée, l'été, les cars sont souvent bondés. La ligne 1 permet de se rendre en 15min à Moni Evangelistria (le matin : 7h15, 9h30, 10h30, 12h ; l'après-midi : 13h15, 14h15, 17h30, 18h30), l'occasion de jeter un coup d'œil à ce monastère de l'Annonciation (p.230). **Chora** *www.skiathos-tours.gr/en/transportation/buses*

EN TAXI

La station de taxis fait face au débarcadère. *Tél. 24270 24 461*

EN BATEAU

Une manière originale de se rendre à la plage ! Du vieux port, à l'extrémité ouest de la ville, de nombreux bateaux partent le matin pour différents points de l'île : Lalaria, *Kastro*... au nord, Kanapitsa, Achladia, Banana... vers le sud. D'autres peuvent vous amener sur l'îlot de Tsougria, face au port, un bel endroit équipé d'une taverne. Enfin, on vous proposera des croisières à la journée entre Skiathos, Skopelos et Alonissos (35€). Toutes les options sont possibles : pour trouver celle qui vous convient, le mieux est de longer le quai en début de matinée ou en fin de journée, afin de repérer celui qui est prêt à partir. Si vous ne trouvez pas votre bonheur, négociez avec un propriétaire de caïque.

EN VÉHICULE DE LOCATION

Il y a des dizaines de boutiques de location de voitures et surtout de deux-roues à Skiathos. Mais il n'est pas indispensable de louer un véhicule, toute la côte sud et le sommet de l'île étant desservis par des cars. De plus, en haute saison, les loueurs du front de mer sont souvent dévalisés. À tel point que s'il leur reste un véhicule, certains refusent de le louer pour moins de 3 jours ! Le mieux est de remonter sur les hauteurs de la ville, sur la route, pour trouver son bonheur. On peut aussi louer des bateaux à la journée. Il s'agit d'engins maniables et simples d'accès avec lesquels vous pourrez faire du cabotage. La prudence s'impose... *À Kanapitsa Bay (car pour Koukounaries, arrêt n°12)*

European Car Rental Location de voitures à 35€/j. en haute saison. *Sur le port* **Chora** *Tél. 24270 29 225 www.europeancars.gr Ouvert tlj. 8h-0h*

informations pratiques

La poste de Chora se trouve au n°67 de la rue Papadiamantis. Vous trouverez des banques avec DAB et des pharmacies dans tous les bourgs de l'île.

Centre médical **Chora** *Tél. 24270 22 222 ou 24270 35 000*

Police **Chora** *Tél. 24270 21 111 ou 24270 22 240*

LES SPORADES

DÉCOUVRIR

Skiathos

☆**Les essentiels** Le *kastro*, la plage de Koukounaries **Découvrir autrement** Visitez le monastère de la Panagia Evangelistria, prenez le bateau pour aller lézarder sur la plage de Lalaria

Ses plages, ses pins, son sable fin... Skiathos (48km²) est avant tout un front de mer ininterrompu sur une trentaine de kilomètres. En haute saison, l'île la plus proche du continent est sans doute l'un des endroits les plus horripilants de la mer Égée. Vous risquez d'y trouver, ce qui est plutôt rare en Grèce, des gens désagréables qui se dépêchent de faire leur chiffre d'affaires avant que les poules aux œufs d'or ne regagnent leurs pénates.

Musée Papadiamantis Traducteur et feuilletoniste, Alexandros Papadiamantis (1851-1911) est surtout connu pour ses romans décrivant les mœurs de ses contemporains grecs. Cet homme de lettres et de foi est mort à Skiathos, dans cette petite maison. Contrairement à ce que l'on pourrait penser, le musée ne donne pas sur la rue Papadiamanti, mais sur Ananiou, près de la station de taxis. *Ananiou* **Chora** *Tél. 24270 23 843 Ouvert avr.-oct. : mar.-dim. 10h-13h30 et 18h-20h30 Tarif 1,50€, moins de 18 ans et étudiants gratuit*

Bourtzi La jolie presqu'île qui sépare le vieux port du nouveau porte encore quelques vestiges d'une citadelle vénitienne érigée au XIIIe siècle ; concerts et autres spectacles en plein air y sont donnés l'été (ils commencent vers 21h30-22h). **Chora**

Monastère de l'Annonciation / Moni Evangelistrias Fondé en 1794 par des moines dissidents du mont Athos, ce monastère niché dans la verdure joua bientôt un rôle déterminant dans la vie insulaire, puis nationale. C'est là qu'aurait été tissé et hissé pour la première fois, en 1807, le drapeau grec avec sa croix blanche sur fond bleu et que les artisans de la guerre d'indépendance – Kolokotronis, Miaoulis et d'autres – auraient prêté serment de libérer leur pays du joug ottoman. L'église byzantine coiffée de belles coupoles recèle une précieuse iconostase en bois sculpté et des reliques. Comme ce *katholikon*, les cellules monacales de l'aile sud sont d'origine. Le 15 août, jour anniversaire de l'Assomption de la Vierge Marie, les insulaires affluent au monastère. *À 4,5km au nord de Chora Service de cars (cf. Mode d'emploi) À pied compter 1h de montée à partir du port*

☆ ☺ ***Kastro*** Un beau but de promenade (à faire au point du jour), à la pointe nord de l'île, qui nécessite un véhicule… à moins que vous ne vous fassiez déposer en bateau sur la minuscule plage en contrebas. Cet éperon rocheux aux parois abruptes est couvert de buissons d'où émergent des ruines médiévales. Celles de la cité fortifiée fondée vers le XIVe siècle pour permettre aux insulaires, établis sur la côte sud depuis l'Antiquité, d'échapper aux pirates. La citadelle ne devait être abandonnée qu'après l'indépendance, au profit de l'actuelle Chora. Ne subsistent que deux de ses 22 églises, quelques maisons restaurées et des portions du solide mur qui l'isolèrent efficacement du reste de l'île pendant plus de quatre siècles. *À env. 10km au nord-ouest de Chora*

☆ Où poser sa serviette de plage ?

De Chora à la pointe occidentale de l'île, la route longe une succession de plages, toutes aussi fréquentées : il suffit souvent aux vacanciers de traverser la route pour les rejoindre de leur hôtel. Mentionnons **Vromolimnos** (presqu'île de Kanapitsa), considérée comme la plus propre, et **Troulos**, face aux îles Touranes. Mais impossible d'évoquer Skiathos sans citer **Koukounaries**, "perle de l'Égée", l'une des plus belles plages de Grèce, dit-on. L'endroit, bordé par une pinède, est effectivement splendide. Mais, en août, dans une ambiance de kermesse tonitruante, s'y rassemblent chaque jour des milliers d'adorateurs bruyants de l'astre solaire, à la disposition desquels on met des pédalos, des radeaux, quelques transats et parasols en rangs serrés. Le reste est, hélas, à l'avenant : autour de **Banana** et d'**Agia Eleni**, à notre avis plus agréables (et plus petites), les pinèdes servent de toilettes et de dépotoir à tous les visiteurs… Il vous reste à chercher refuge sur la côte nord, où **Mandraki, Gournes et Mikros Asselinos**, plus difficiles d'accès, restent à l'écart des foules. La plage de **Xanemos**, à proximité de l'aéroport, conviendra aux passionnés d'aviation et aux campeurs. Les autres s'offriront une baignade sous le rocher percé de **Lalaria**, sans doute le plus beau site de l'île. Mais cette plage de galets n'est accessible qu'en bateau, à partir du vieux port…

Où prendre son petit déjeuner ?

Corner Café Ne nous en voulez pas trop de vous envoyer à cette adresse, où l'agitation est à son comble : les portables sonnent sans cesse, on se hurle des rendez-vous d'une extrémité à l'autre de la terrasse, devant laquelle se croisent tous les véhicules à moteur de la ville et du port. Mais le jus d'orange est pressé (4,50€) et les œufs cuits à point sont accompagnés de fines tranches de poivrons (5€). Avant 10h30, vous serez relativement tranquille. *Face au débarcadère* **Chora** *Tél. 24270 21 280 Ouvert mai-sept. : tlj. juil.-août ouvert 24h/24h*

Profiter d'une belle piscine

La Piscine Si vous ne séjournez pas dans cet hôtel de grand standing (de 60 à 160€ la double selon la saison, petit déjeuner inclus) situé derrière le port, au moins pourrez-vous profiter de sa belle piscine pour le prix d'une consommation. Vu la qualité de l'endroit, l'accueil est plutôt simple, et même les prix sont plus surveillés que quelques centaines de mètres plus bas, sur les terrasses du bord de mer. Et c'est un endroit calme, particulièrement en fin de journée. Il y a des toilettes et des douches, que vous pourrez utiliser pour vous changer. Bière pression 2,50€, expresso 3€, cocktail alcoolisé 5€, sandwich baguette 6€. *Evangelistrias* **Chora** *Tél. 24270 29 231 ou 24270 29 232 ou 24270 21 350 www.lapiscinepalace.gr Ouvert toute l'année*

Se faire une toile en plein air

Cinéma Attikon Le cinéma en plein air du port programme deux films par semaine dont *Mamma Mia* (tourné à Skiathos et Skopelos en 2007) à raison de deux séances par soir, la première à 21h. *Papadiamanti (3e bloc à droite : 2 rues à droite après l'agence qui délivre les billets pour les ferries) Tél. 69 72 70 63 05 marenostrum@n-skiathos.gr Le bar ouvre à 20h45 (pop-corn, hot-dogs)*

CARNET D'ADRESSES

Restauration, hébergement

prix moyens

Marmita Pour une cuisine grecque revisitée à base de bons produits locaux – nous vous recommandons le poisson en croute de sel, et les aubergines farcies à la tomate et à la feta. Et pour l'accueil : on vous offrira des gâteaux maison en fin de repas. Compter 15-20€ le repas, loin des tables touristiques, dans la cour ombragée d'une maison néoclassique agréablement restaurée. *Evangelistrias 30* **Chora** *Tél. 24270 21 701 Ouvert début avr.-mi-oct. : tlj. 18h-0h*

☺ **Pension Vasiliki Mathinou** À peine signalée par le logo de l'EOT près de la porte, cette adresse mérite qu'on perde du temps à la trouver... Face à Bourtzi, sur les hauteurs du vieux port, il s'agit d'une grande maison, dotée de terrasses orientées vers le levant. Si les chambres sont simples, l'endroit vaut par sa situation, la chaleur de ses hôtes et son accès à la mer. Quatre chambres doubles (avec clim., télévision et réfrigérateur) de 40 à 60€, une triple (45-80€), et deux appartements : le premier (de 90 à 130€ selon la saison) possède un lit double et deux simples, le second (de 50 à 80€) est prévu pour deux pers. éventuellement accompagnées d'un enfant ; les deux possèdent une cuisine, une salle de bains, la télévision et l'air conditionné. Petit déjeuner, copieux (yaourts, œufs...), sur demande (env. 6€). *Sur une placette que l'on trouve à main gauche, arrivé au sommet des escaliers qui grimpent de l'extrémité du vieux port* **Chora** *Tél. 24270 22 025 ou 69 44 86 4134 www.mathinos.gr Ouvert avr.-oct.*

prix élevés

Scuna Sans conteste l'une des meilleures tables de Skiathos. Les équipages se relaient à bord depuis 1960 pour servir la pêche du jour. Un caïque au milieu de la terrasse, de grosses lampes-tempête en guirlande pour éclairer les tables blanches et une musique discrète pour accompagner le repas. Comptez 20€. L'été, mieux vaut réserver. *Sur le port* **Chora** *Tél. 24270 22 185 Ouvert avr.-fin oct. : tlj. 12h-0h*

prix très élevés

Orsa Hotel Ce bel hôtel à l'enseigne d'un grand voilier occupe une position dominante au-dessus du vieux port. Les confortables chambres (TV, clim., wifi) dallées de marbre disposent pour certaines de deux balcons avec vue sur le large ! Le petit déjeuner peut être servi sur la terrasse. Du pied de l'hôtel, on peut accéder à la mer, entre les rochers. Comptez 140€ la double (90€ en basse saison) avec le petit déjeuner. *En haut à gauche des escaliers qui partent de l'extrémité du vieux port* **Chora** *Tél. 24270 22 430 www.heliotropio.gr Ouvert mi-avr.-mi-oct.*

SKOPELOS ΣΚΟΠΕΛΟΣ Σκοπελος

Criques endormies ou monastères isolés, au creux de ses admirables pinèdes vert vif, Skopelos (97km^2) conserve quelques jolis secrets... Les parfums de la terre et de la forêt s'y mêlent à ceux de la mer, que l'on ne perd jamais de vue. Mais aussi à ceux de ses vergers : amandiers, pruniers, vignes et oliviers font, depuis toujours, de Skopelos, l'ancienne Peparethos, le grenier des Sporades.

MODE D'EMPLOI

accès

EN BATEAU

Il y a deux ports à Skopelos : Glossa, dans le nord-ouest de l'île, et Chora. Mais tous les services sont regroupés à Chora. D'Agios Konstantinos, sur le continent, comptez 3h de traversée en bateau rapide (38€), avec Hellenic Seaways ou Nel Lines. Des ferries (4h45/22€) et des bateaux rapides Hellenic Seaways et ANES Lines (3h/48€) relient également Skopelos à Volos (Thessalie). De nombreux navires quittent chaque jour Skopelos pour Skiathos (en ferry : 1h-1h30, 8€-9,50€ ; en hydrofoil : 50min, 16,50€), Alonissos (en ferry : 30min, 5€ ; en

hydrofoil : 25min, 9€), Kymi (24€) et Skyros (24€). *Tél. 24240 22 767 (rens. et vente des billets, hydrofoils) ou 24240 22 363 (rens. et vente des billets, ferries)*
Hellenic Seaways *Tél. 22350 32 609 ou 210 41 99 000 www.hellenicseaways.gr*
Nel Lines *Tél. 21041 15 015 www.nel.gr*
ANES Lines *Tél. 22460 71 444 ou 24210 31 059 www.anes.gr*
Capitainerie de Skopelos (Chora) *Tél. 24240 22 180*
Capitainerie de Glossa-Loutraki *Tél. 24240 33 033*

EN AVION

L'aéroport le plus proche est celui de Skiathos (p.227).

orientation

La forme allongée de Skopelos pointe vers le nord-ouest, la baie de Chora formant une échancrure dans la partie orientale. Du port, la route principale grimpe dans la pinède et longe toute la côte ouest jusqu'à Glossa, qui surplombe le port de Loutraki. Elle se dédouble vers le sud et forme une boucle qui conduit aux baies d'Agnontas et de Stafilos. La baie de Skopelos abrite un port qui monte en pente douce jusqu'au bord des falaises. La ville se découvre à pied.

informations touristiques

Association des propriétaires de logements touristiques En face du débarcadère, de l'autre côté de la route, une petite permanence qui regroupe des propriétaires de pensions et de maisons d'hôtes. Évitez de vous y présenter au moment de l'arrivée des ferries... ***Chora*** *Tél. 24240 24 567 ou 69 47 30 33 49 (vice présidente) www.skopelosnet.com Ouvert début juin-mi-sept.*

Madro Travel Établie à l'extrémité nord du port, cette agence peut vous aider pour la location de chambres et de véhicules. ***Chora*** *Tél. 24240 22 300 ou 24240 22 145 www.madrotravel.com Ouvert juin-sept. : tlj. 9h-21h ; oct.-mai : tlj. 10h-14h*

se déplacer

EN CAR

KTEL La gare routière de Chora se trouve à gauche de l'embarcadère, entre la jetée et la place Platanos. Les horaires des cars à destination de Glossa (1h, moins de 4€) et des plages principales y sont affichés : 6/jour en été. D'autres cars desservent Agnontas et Stafilos.

EN TAXI

Station sur le port, à droite sur le quai, en face du jardin d'enfants. *Tél. 69 44 84 37 38*

EN VÉHICULE DE LOCATION

Vous trouverez plusieurs loueurs de véhicules à Skopelos. Prenez garde à l'état des routes secondaires. Elles sont étroites et encombrées de graviers et les visiteurs manquent de prudence lorsqu'ils sont en vacances...
Discovery Les véhicules sont bien entretenus. Comptez de 36 à 51€ (selon la saison) pour un scooter de 50cc pendant trois jours et 30-50€/j. pour une voiture. *Au sud-est du port, à 50m après le croisement avec la route de Stafilos* ***Chora*** *Tél. 24240 23 033 ou 69 46 17 53 66 Ouvert avr.-oct. : tlj. 8h-22h*

informations pratiques

Plusieurs banques avec DAB à Chora. Bureaux de poste et pharmacies à Chora et Glossa.
Presse Le marchand de journaux installé derrière la taverne Zorba, sur le

front de mer, reçoit la presse étrangère. *Chora Tél. 24240 22 236 Ouvert oct.-avr. : tlj. 8h-21h ; mai-oct. : tlj. 8h-1h*

Police *Chora Tél. 24240 22 235*
Centres médicaux *Chora Tél. 24240 33 504 Glossa Tél. 24240 33 000*

DÉCOUVRIR

Skopelos

☆ **Les essentiels** Les monastères du mont Palouki **Découvrir autrement** Gravissez les marches d'Agios Ioannis pour une vue magnifique sur les eaux profondes, baignez-vous dans la crique de Stafilos

☆ **Monastères du mont Palouki** Skopelos est couverte de monastères de toutes les tailles. Il vous faudra un véhicule pour rejoindre Moni Evangelistria. Du haut du mont Palouki, à l'est de Chora, il offre une vue splendide sur le port. À proximité s'élèvent le plus ancien monastère de l'île (XVIe s.), Moni tis Metamorphosis, encore occupé, ainsi que Moni tis Agias Varvaras et Moni tou Prodromou. Les moniales d'Evangelistria et de Prodromou commercialisent leur production (broderies…). Du sommet du mont Palouki (566m), on peut voir l'île entière. *Tél. 24240 22 394 (Moni Evangelistria) ou 24240 22 395 (Moni tou Prodromou) Ouvert tlj. 8h-20h Entrée libre*

Agios Ioannis sto Kastri Il vous faudra gravir un escalier aérien pour atteindre cette église perchée sur un éperon rocheux, à une cinquantaine de mètres au-dessus de la mer. L'affaire en vaut la peine car du sommet, le regard perce la surface de l'eau jusqu'à une dizaine de mètres de profondeur ! *À l'est de Glossa*

Thermes romains de Loutraki À proximité du port de Loutraki dorment les modestes vestiges de thermes romains du IIIe siècle av. J.-C. Outre des bains publics, les thermes comprenaient des équipements gymniques et constituaient un haut lieu de la vie sociale, où l'on se donnait rendez-vous pour commenter grands et petits faits de la cité. Aujourd'hui, l'endroit est assez surprenant : léchés par les vagues, les restes de murs et de sol carrelé semblent littéralement sortir du talus. On tente toutefois de les protéger de la houle en érigeant des murets de galets. *À 22km au nord-est de Chora et 2,5km au sud de Glossa*

● Où chiner des objets déco ?

☺ **Kalimera** Cette belle boutique présente des objets de qualité choisis avec goût. On y trouve, par exemple des marionnettes du théâtre d'ombre et quelques très beaux lustres Arts déco à des prix raisonnables. *Prendre la rue partant sur la gauche de la place Platanos, la boutique est tout de suite à droite Chora Tél. 24240 22 572 Ouvert avr.-sept. : tlj. 10h-14h et 18h-0h*

● Aller à la plage

La plupart des plages présentées ci-dessous sont accessibles en car et, pour certaines, en caïque.

Stafilos Incontestablement une jolie crique au milieu des pins et des rochers. Mais sa plage de sable est l'une des plus courues de l'île !

Agnontas Une jolie baie bien abritée, mais la plage de sable n'est pas très grande : vous y viendrez sans doute plus pour ses tavernes de fruits de mer que pour les bains de mer (attention à la baignade après l'ouzo...).
Limnonari Toute de sable gris, à 700 m de la route d'Agnontas et de l'arrêt des bus. Vous y trouverez deux tavernes et une supérette.
Panormos La station balnéaire dispose d'une vaste plage de sable aménagée avec ses clubs nautiques, bars et tavernes. Attention, compte tenu d'une forte déclivité, on perd vite pied dans l'eau.
☺ **Milia** Cette vaste plage de sable et de gravier jouit d'un magnifique panorama et dispose d'un club nautique et d'un bar. Gîte et couvert à proximité.

CARNET D'ADRESSES

Restauration, hébergement

petits prix

Resto Alexander Le bien-être tient à peu de chose : dans cet établissement on vous accueille avec un sourire cordial. Autour d'un puits, la jolie terrasse associe tournesols et citronniers, belles-de-nuit et mimosas. Une atmosphère douce qui sera vite relevée par le *tyrokafteri*, une salade de fromage épicée (3,80€) : un mélange de feta et de piment qui vous fera dresser les cheveux sur la tête. Grillades variées (porc, poulet, veau, espadon...) de 7,50€ à 18€. On savourera avec bonheur la pizza végétarienne (10€) ou les spaghettis bolognaise (8€). Service diligent. *Prendre la direction de l'OTE, puis suivre les indications* **Chora** *Tél. 24240 22 324 Ouvert avr.-10 oct. : tlj. 18h30-0h ; mi-oct.-mars : ven.-dim. 18h30-0h*

Pension (agence) Lemonis Une adresse pratique si l'on a envie de poser rapidement ses bagages. Les chambres (45€) sont parfaitement entretenues et équipées du double vitrage, de l'air conditionné, d'un réfrigérateur et de la TV. L'agence qui les loue peut vous proposer quantité d'autres services. *À l'extrémité nord du port, à droite de l'embarcadère. S'adresser à l'agence Lemonis* **Chora** *Tél. 24240 22 363 ou 69 44 58 23 65 i.lemonisskopelos@yahoo.gr Agence/location de véhicules ouverte tlj. 9h-22h*

prix moyens

Perivoli / Περιβολι Cet établissement faisant l'unanimité chez les habitants de Chora, il affiche donc souvent complet. Si vous avez réservé votre table ou en tentant votre chance avant 21h, vous pourrez goûter à quelques-unes des spécialités de la maison : risotto de fruits de mer (9€), roulades de porc aux pommes et aux prunes (11€), filet de sole aux épinards et sauce au vin (9,50€), agneau au yaourt et coriandre (11,50€). La terrasse joliment arborée est à la fois grande et intime. Comptez 18€ le repas. *Prendre la rue à gauche sur la place Platanos, puis à droite* **Chora** *Tél. 24240 23 758 Ouvert mai-mi-oct. : tlj. 19h30-0h*

☺ **Hôtel Aegean** Une belle adresse et un personnel attentionné. Vue splendide sur le croissant de la baie. Piscine. Deux simples (25-45€), 10 doubles (28-50€), 2 triples (32-

55€), 3 quadruples (35-65€/pers.) avec 2 chambres séparées. Petit déj. continental inclus. *Au sud-est de la baie, sur la droite de la route (bien indiqué)* **Chora** *Tél. 24240 22 619 Ouvert mai-sept.*

Hôtel Ionia Quarante-sept chambres confortables (réfrigérateur, clim., TV. véranda ou balcon), desservies par des coursives, et une belle piscine. Un endroit agréable où l'on pourra vous donner des informations utiles sur l'île. La chambre double revient à 65€, petit déj. inclus. Wifi, pool-bar, parking. Convivial. *Près de la marina* **Chora** *Tél. 24240 22 568 Ouvert juin-sept.*

Agnanti / Αγναντι Une taverne vieille d'un demi-siècle, qui a suspendu son petit balcon et sa belle terrasse, rafraîchis par l'ombre bienfaisante d'une vigne et de chèvrefeuille, loin au-dessus du port. Dans un cadre de bois bleu et de murs chaulés, des assiettes joliment composées et inventives : *chorto-keftedes* (boulettes aux 12 légumes, 6,80€), feta au nectar de Samos (6,60€), tomates sèches au sésame (6,90€), porc aux prunes (11€), kebab d'agneau au yaourt (13€) et, en dessert, tarte aux amandes et sa glace à la cannelle (5,50€). Comptez 20€. *Au centre de la rue principale* **Glossa** *Tél. 24240 33 076 www.agnanti-rest.gr Ouvert mai-oct. : tlj. 11h-23h*

ALONISSOS ΑΛΟΝΝΗΣΟΣ Αλοννησος

Alonissos (Halonnèse, 65km²) réserve une surprise bien agréable. Patitiri, son port et chef-lieu, est si petit qu'il donne l'impression au visiteur d'arriver chez lui. Les bateaux les plus modernes et les plus gros de la flotte égéenne ne peuvent y entrer ! Verdoyante et montagneuse, pauvre en vestiges et en équipements culturels, l'île ravira les passionnés de nature et tous ceux qui aiment leur tranquillité.

TREMBLEMENT DE TERRE ET TOURISME TRIOMPHANT En 1965, un tremblement de terre ébranla Alonissos, renversant quelques maisons de sa cité médiévale, implantée sur les hauteurs de la côte sud. On en profita pour ériger une autre ville au bord de l'eau, dans la baie de Patitiri, pour mieux assurer le développement touristique de l'île. Dans les années 1990, des Français, Allemands et Britanniques rachetèrent les maisons abandonnées de la ville ancienne. Devenu un endroit chic et cher, le vieil Alonissos est interdit aux véhicules à moteur. Ne vous privez pas d'une promenade dans ce village, mais n'espérez pas y découvrir quoi que ce soit d'authentique… Le sentier qui le relie à Patitiri s'embranche à environ 300m du port, sur la gauche, dans Pelasgon.

MODE D'EMPLOI

accès

EN BATEAU

Les compagnies Hellenic Seaways et Nel Lines relient le port d'Agios Konstantinos - à 175km au nord-ouest d'Athènes, face à l'extrémité nord-ouest de l'Eubée (p.227) - à Alonissos. Le voyage prend 4h50 en ferry (38€) et 3h30 en bateau rapide (49,50€). L'île est aussi desservie par des hydrofoils (3h30/48€) et des ferries (4h50/27,50€) en provenance de Volos, ville portuaire de Thessalie et chef-lieu du nome de Magnésie, ainsi qu'à Pefki, à la pointe nord de l'île d'Eubée. Ces liaisons sont assurées par Hellenic Seaways et Anes Lies. En été, de nombreux navires quittent tous les jours Alonissos pour Skopelos (ferry : 30min-1h, 5,50€ ; bateau rapide 25min, 9€) et Skiathos (bateau rapide 1h30, 16,50€).

Hellenic Seaways *Tél. 22350 32 609 ou 210 41 99 000 www.hellenicseaways.gr*

Nel Lines *Tél. 21041 15 015 www.nel.gr*

ANES Lines *Tél. 24210 31 059 www.anes.gr*

Capitainerie de Patitiri *Tél. 24240 65 595*

EN AVION

L'aéroport le plus proche est celui de Skiathos (p.227).

orientation

Tout en longueur, Alonissos (64km²) est traversée par une route unique qui dessert les plages, situées pour la plupart sur les côtes orientale et méridionale. Vous n'aurez aucune difficulté à vous orienter dans le port de Patitiri : deux rues principales, perpendiculaires au quai, s'éloignent vers les hauteurs. Elles ne portent pas de plaque, mais celle de gauche, quand on tourne le dos à la mer, s'appelle Pelasgon, et celle de droite Ikion Dolopon. Non loin de la baie de Patitiri, les deux charmantes criques de Rousoum Gialos et de Votsi recèlent de jolies pensions et d'agréables terrasses.

informations touristiques

Association des propriétaires de chambres à louer Situé au milieu du front de mer, cet organisme centralise les demandes et les propositions de chambres à louer. Vous ne vous occupez de rien, le propriétaire vient même parfois vous chercher en voiture. Il est assez rare de tomber dans un endroit désagréable. ***Patitiri*** *www.alonissos.gr (site de la municipalité d'Alonissos) Ouvert juil.-août : tlj. 9h30-23h30 ; mai-juin, sept. : tlj. 10h-14h et 18h-22h*

Albedo Travel Tenue par des gens agréables, elle propose notamment des excursions à pied et en bateau, des tours en kayak, de la plongée sous-marine, des trajets en bus, la location de véhicules et des chambres d'hôtel. *Sur la gauche du front de mer* ***Patitiri*** *Tél. 24240 65 804 ou 21080 62 826 (hiver) ou 69 79 72 63 94 ou 24240 65 805 www.alonissosholidays.com Ouvert mai-sept. : tlj. 9h-21h30*

Alonnisos Travel Chambres, location de véhicules. Excursions : Peristera et Kyra Panagia (40€, repas compris), Skopelos : plages de Mamma Mia (45€, menu italien) et de Psathoura (45€, repas compris). ***Patitiri*** *Tél. 24240 66 000 www.alonnisostravel.gr Ouvert avr.-oct. : tlj. 9h-22h ; hiver : sur rdv*

Vlaïkos Travel Elle délivre les billets pour les bateaux rapides et gère l'hôtel Alkyon (déconseillé). ***Chora*** *Tél. 24240 65 220 Fax 24240 65 195 Ouvert été : tlj. 6h-22h ; hiver : tlj. 10h-14h et 18h-20h*

se déplacer

EN CAR
La station se trouve au milieu du quai, devant l'embarcadère : un car part pour Chora toutes les 30-50min. Une autre ligne dessert trois fois par jour la plage de Steni Vala (fréquence moindre en hiver). Billet autour de 1,70€.

EN TAXI
Si vous n'apercevez pas de taxi sur le port, mieux vaut en appeler un. *Tél. 69 44 56 44 32 ou 69 72 25 02 95*
Georgios Athanassiou *Tél. 24240 65 449 ou 69 76 22 14 41*
Georgios Florou *Tél. 24240 65 425 ou 69 78 88 13 60*

EN VÉHICULE DE LOCATION
Turismo Travel est spécialisée dans la location de deux roues (18-22€) et de quatre roues (40-50€). Albedo Travel (voir Informations touristiques et agences de voyages) propose des services comparables, mais loue aussi des bateaux à moteur pour 3 pers. (env. 85€/j.). Enfin, la plupart des agences de voyages proposent des véhicules à la location.
Turismo Travel *Sur le trottoir droit, dans Pelasgon* ***Patitiri*** *Tél. 24240 65 075 Ouvert mai-sept. : 9h-14h et 17h30-21h*

informations pratiques

Bureau de poste dans la rue Ikion Dolopon, à Patitiri. Deux pharmacies également à Patitiri.
Police ***Patitiri*** *Tél. 24240 65 205*
Centre médical Service d'urgences 24h/24. *Sur les hauteurs de* ***Patitiri****, près du collège, sur la droite de la route Tél. 24240 65 208*

DÉCOUVRIR

Alonissos

☆**Les essentiels** Une randonnée sur les sentiers d'Alonissos **Découvrir autrement** Faites une excursion en bateau dans le parc marin, baignez-vous sur l'une des plages de la côte est

Musée d'Alonissos Cet agréable musée évoque l'histoire maritime et guerrière des Sporades et présente leurs traditions artisanales. Le parcours, sur 4 niveaux, se double d'expositions temporaires d'art contemporain – peinture, sculpture, mosaïque, photos, etc.– fréquemment renouvelées. ***Patitiri*** *Tél. 24240 66 250 www.alonissosmuseum.com Ouvert juin-août : tlj. 11h-20h ; mai, sept. : tlj. 11h-18h Tarif 4€, moins de 8 ans gratuit*

Parc national marin d'Alonissos D'une superficie de 251 440ha, le premier parc marin de Grèce englobe Alonissos, six de ses satellites, de Skandzoura à Psathoura et une vingtaine d'îlots inhabités. Il a été créé en 1992 pour assurer la protection d'espèces menacées comme le phoque moine, le faucon d'Éléonore, le goéland d'Audouin, le cormoran huppé et la chèvre sauvage de Gioura (dont le dos arbore une marque en forme de croix). En été, plusieurs des agences citées dans le Mode d'Emploi proposent des excursions à la journée dans le parc marin, avec baignade et déjeuner (env. 40€-45€ la journée, repas compris).

● ☆ **Faire une randonnée** À Alonissos, des sentiers de randonnée balisés offrent de belles occasions de balade, de 30min à 3h. On pourra se référer à la carte d'Alonissos au 1/25 000 (Éditions Anavasi, 6€).
Albedo Travel En mai, juin et septembre, cette agence peut vous déposer sur l'un des sentiers de l'île et vous récupérer au terme de la randonnée effectuée sous la conduite d'un guide (20-30€ selon la durée). *Sur la gauche du front de mer* ***Patitiri*** *Tél. 24240 65 804 www.alonissosholidays.com Ouvert mai-sept. : tlj. 9h-21h30*

● **Aller à la plage** Retenez tout d'abord, au nord de Votsi, **Chryssi Milia**, la seule plage de sable de l'île. Plus au nord, sur la côte est, se distinguent **Kokkinokastro** (face à l'îlot de Vrachos), **Leftos Gialos** (accessible de la route après plusieurs kilomètres de piste), **Steni Vala** (et son joli port) et **Agios Dimitrios** (au nord de Mourtaro, près d'une lagune fréquentée par les oiseaux migrateurs). Pour rejoindre ces plages, vous n'aurez que l'embarras du choix : louer un deux-roues ou un bateau à la journée, prendre un des bateaux-taxis qui quittent Patitiri à intervalles réguliers ou le car pour certaines d'entre elles.

CARNET D'ADRESSES

Restauration, hébergement

À quelques minutes de marche du débarcadère par Ikion Dolopon, le **Kavos Hotel** et le **Liadromia** dominent le port de Patitiri. On y accède à pied en quelques minutes de l'embarcadère.

petits prix

Appartements Myriam Cette pension n'a qu'un défaut : ses fenêtres donnent sur la route. Mais à Alonissos, les voitures ne sont pas nombreuses, surtout la nuit. Spacieuses et climatisées, les chambres disposent d'un poste de TV et d'une vraie cuisine. Comptez 50€ pour deux en haute saison. *Du port, remonter Ikion Dolopon en direction de Chora La pension se trouve après le troisième carrefour, juste après la fourche, à gauche de la route* ***Patitiri*** *Tél. 24240 65 586 ou 69 79 42 72 29 myriamstudios@yahoo.gr Ouvert mai-oct.*

Pleiades / Πλειαδες Le café-restaurant de l'hôtel Pleiades propose des plats italiens : pâtes diverses (environ 7,50€) et risotto de fruits de mer (11€). On peut aussi y prendre son petit déjeuner. La chambre double avec balcon sur la mer (clim., TV, réfrigérateur, fer à repasser, etc.) revient à 50€ en haute saison. *Dans la première rue qui s'embranche à gauche sur la route de Gerakas en venant du débarcadère* ***Patitiri*** *Tél. 24240 65 235 www.pleiadeshotel.gr Ouvert mai-sept. : tlj. 18h-23h30*

prix moyens

Kavos Hotel Les 17 chambres et 3 studios, au milieu des pins, surplombent le port de Patitiri. Des balcons protégés par des stores, des meubles en bois clair, TV, wifi, clim., réfrigérateur et coffre-fort : c'est simple, mais bien entretenu. Une terrasse dallée d'ardoise accueille le café-bar et l'on peut regarder la télévision dans le living-room. Prévoyez 35, 50 ou 60€ pour deux, selon la saison. Et des chambres pour 4 pers. à 50-80€. Appartements avec cuisine dans un autre bâtiment : 45-70€ la nuitée, selon la saison. Petit déj. 10€. ***Patitiri*** *Tél. 24240 65 216 www.kavoshotel.gr Ouvert avr.-oct.*

☺ **Pension Oniro** Un petit immeuble coquet dont les balcons donnent sur la délicieuse crique de Votsi. Vous avez le choix : 10 chambres doubles (40-60€, selon la saison), 6 studios équipés d'une petite cuisine (40-60€), 1 appartement de deux pièces pour 2 à 5 pers. (60-100€). Réfrigérateur, climatisation, TV, wifi, sèche-cheveux. Un rapport qualité-prix intéressant, d'autant que le supermarché est à deux pas, comme les restaurants avec terrasse du port. Une excellente adresse pour passer quelques jours tranquilles. Petit déj. continental sur commande à 5€. Pas de CB. ***Votsi*** *Tél. 24240 65 368 www.pension-oniro.gr Ouvert avr.-oct.*

prix élevés

Hôtel Liadromia Cet établissement de 16 chambres jouit d'une belle vue sur le port. Récemment refait, il offre un bon confort : clim., TV, wifi, coffre-fort, sèche-cheveux, lits vastes, meubles de style… Une bonne adresse, à l'accueil chaleureux et au service prévenant. Plusieurs bars agréables ouverts jusqu'à 22h. Selon la saison, de 40 à 90€ la chambre double, petit déjeuner inclus (servi de 8h à 10h30). Également 6 studios avec kitchenette pour trois personnes à 90€. ***Patitiri*** *Tél. 24240 65 521 www.liadromia.gr Ouvert toute l'année*

★ SKYROS ΣΚΥΡΟΣ Σκυρος

Éloignée de ses sœurs (Skiathos, Alonissos et Skopelos), mal desservie par les compagnies de navigation, la plus grande (209km²) et la plus méridionale des Sporades a conservé tout son caractère. Elle s'offre à un tourisme de passage, qui hante surtout la rue principale de son chef-lieu pour profiter de ses terrasses. C'est en vous perdant dans les jolies ruelles de Chora ou en suivant des pistes discrètes qui débouchent sur de jolies criques que vous profiterez pleinement des charmes de l'île.

MODE D'EMPLOI

accès

EN AVION

Aéroport de Skyros Il n'accueille que des vols domestiques (horaires et prix sur www.skyros.gr). Station de taxis devant l'aérogare – comptez 20€ la course jusqu'à Chora. Également un service de bus pour Chora, Magazia et, l'été, pour Molos (AS 2,50-4€). ***Trachi*** *À 4km au nord-ouest de Chora Tél. 2222 091 684*

Aegean Airlines Assure 3 liaisons hebdomadaires Athènes-Skyros en été (sam., dim., lun., 40min, 28€ AS). *Tél. 210 62 61 000 fr.aegeanair.com*

Sky Express Relie Thessalonique à Skyros les mar., mer. et ven. (40min de vol, 50€ AS). *Tél. 2810 22 38 00 www.skyexpress.gr*

EN CAR ET BATEAU

Aucune ligne maritime directe ne relie Skyros aux autres Sporades (Skiathos, Skopelos ou Alonissos), ni même au Pirée ! D'Athènes, il faut gagner l'île d'Eubée et prendre un ferry (11€ AS) à Kimi pour Linaria (Skyros).

Skyros Shipping Company Pour tout renseignement sur les horaires et prix des traversées, qui changent chaque année. *Tél. 22220 92 164 www.sne.gr*

KTEL Des cars relient Athènes à Kimi (Eubée) en 3h. Ticket à 15,30€ AS.Mais il est sans doute plus rapide de transiter par Chalkida, sur la côte de l'Eubée, là où elle touche presque l'Attique. En effet, les cars Athènes-Chalkida sont plus fréquents (presque toutes les 30min de 5h55 à 22h30). Chalkida-Kimi : 7h05, 9h30, 11h15, 14h, 16h, 18h15, 20h15 (env. 8,50€ AS). *Terminal B Liosson 260* ***Athènes*** *Tél. 21083 17 163 ou 21083 22 997 www.ktelbus.gr*

orientation

Skyros présente deux visages très différents. Vouno, sa partie méridionale, est pratiquement inhabitée : ses mamelons désertiques sont le domaine des chèvres et d'une race locale de petits chevaux rustiques. Meri, la presqu'île septentrionale, est fertile et boisée : de belles pinèdes habillent ses collines et son littoral, notamment sur sa façade ouest. Chora (Skyros), le chef-lieu, est installé sur la côte est de Meri. Votre bateau accostera à Linaria, sur la côte ouest. La route qui relie les deux bourgades délimite assez nettement les deux versants de l'île.

informations touristiques

Skyros Travel Sur le côté gauche de la rue principale cette agence de voyages délivre des billets d'autocar pour Athènes, des billets de ferry et des billets d'avion. Elle propose aussi des voitures et des studios à louer. ***Chora*** *Tél. 22220 91 600 ou 69 44 88 45 88 www.skyrostravel.com www.skyrosvillas.com Ouvert été : tlj. 9h30-14h et 19h-22h ; hiver : tlj. 9h30-13h30 et 19h30-21h*

se déplacer

EN CAR

KTEL Les horaires des cars qui sillonnent l'île sont affichés sur la porte de l'agence qui délivre les billets de ferry. La liaison Skyros-Linaria (15min) est assurée quotidiennement par 4 à 6 cars l'été et 2 ou 3 l'hiver dans les deux sens (1,60€). Et il y en a toujours un qui attend les voyageurs à leur descente du ferry en provenance de Kimi. Il stationne juste à droite du débarcadère (le billet s'achète à bord). À Chora, le terminus est situé au bas de la rue principale. L'été sont également assurées cinq liaisons quotidiennes Chora-Molos. Du même endroit partent des cars pour Kalamitsa, Atsitsa et Pefkos. ***Chora*** *www.ktelbus.gr*

EN TAXI

La station de taxis voisine avec celle des cars... Ils sont peu nombreux et donc très demandés par les touristes qui se rendent au port ou à l'aéroport. Pensez-y si vous devez prendre l'avion. *Tél. 22220 91 666*

EN VÉHICULE DE LOCATION

Moto Vayos Ce concessionnaire moto présente l'avantage de posséder un atelier de réparation mécanique : les deux-roues et les quads qu'il loue sont entretenus et l'accueil est sympathique. ***Chora*** *Première rue à droite (en sens interdit) 100m après le début de la rue principale : c'est à 150m sur la droite Tél. 22220 92 957 Ouvert tlj. 9h-15h et 18h-21h30*

fêtes et manifestations

Carnaval de Skyros Juste avant le carême, il donne lieu à des parades et autres spectacles de rue mettant parfois en scène des danseurs vêtus de peaux de bête qui frappent le sol avec un bâton de berger. Ces réjouissances populaires s'accompagnent de grands festins. ***Chora*** *Février-mars*

Agios Ermolaos Messe en l'honneur du saint patron de Molos sur un îlot au large et, au retour, banquet et danses folkloriques. ***Molos*** *Le 26 juillet*

informations pratiques

Bureau de poste et banque sur la grand-place de Chora.

Centre médical ***Chora*** *Tél. 22220 92 222*

Presse La librairie-papeterie qui s'élève en face de la banque vend aussi des journaux. ***Chora***

DÉCOUVRIR

Skyros

☆**Les essentiels** Une flânerie dans Chora **Découvrir autrement** Déambulez dans le port de Pefkos et profitez de sa plage, faites une promenade dans la presqu'île sauvage de Vouno

Musée archéologique Il expose les produits de fouilles archéologiques effectuées dans l'île, essentiellement des poteries, bijoux, pièces de monnaie ainsi que quelques sculptures – provenant pour la plupart du site de Palamari. La période couverte s'étend de l'âge du bronze (2800-1900 av. J.-C.) à l'époque romaine (1er s. de notre ère). S'y ajoute une petite section Arts et traditions populaires. Le bâtiment lui-même, perché sur les hauteurs de Chora, jouit d'un fantastique point de vue. *Pl. Rupert Brooke Au sommet du rocher : accès à pied d'Agoras (15min) ou en voiture de la côte* ***Chora*** *Tél. 22220 91 327 Ouvert été : mar.-dim. 8h-15h, jeu.-ven. 17h-20h ; hiver : mar.-dim. 8h-15h Tarif 2€, seniors 1€, moins de 18 ans et étudiants gratuit*

Musée Manos Faltaïts Cette demeure du milieu du XIXe siècle présente depuis 1964 la collection d'artisanat insulaire rassemblée par Manos Faltaïts, un écrivain et journaliste natif de Skyros. Dans les huit pièces de la belle

☆ Faire une virée sur les hauteurs

Agoras, la longue artère piétonne qui traverse Chora, se perd rapidement au milieu de rues de plus en plus étroites au fur et à mesure de l'ascension du "rocher". Le site est exceptionnel : des maisonnettes blanches et cubiques bordent les ruelles qui mènent au *kastro* (citadelle vénitienne, fermée aux visiteurs) et au monastère Agios Georgios, fondé en 960. Beau panorama. *Comptez 15min à pied Vous pouvez aussi atteindre le sommet par la route qui gravit la façade maritime du rocher* villa aux murs colorés sont exposés des meubles sculptés selon la tradition locale, encore vivante, des céramiques qui évoquent les styles des différents pays avec lesquels les insulaires ont entretenu des relations commerciales, des costumes, des parures, etc. Sans oublier une impressionnante collection de journaux et de livres. Avec son théâtre de verdure, la villa forme le centre culturel de Skyros. À la boutique, on trouvera de beaux souvenirs : linge de maison, céramique, gravures de belle facture à des prix tout à fait corrects. *À proximité du Musée archéologique* **Chora** *Tél. 22220 91 232 ou 22220 91 150 www.faltaits.gr Ouvert nov.-mars : tlj. 10h-14h ; avr.-oct. : tlj. 10h-14h et 18h-21h Il est conseillé d'appeler pour s'assurer que le musée est ouvert Tarif 2€ ou 5€ (visites guidées en anglais), moins de 10 ans gratuit*

● Où prendre son petit déjeuner ?

☺ **Le Juicy** Un petit snack-bar de plage, bien agréable, où l'on peut accompagner son café (2,50€) d'un sandwich (3-4€), d'une salade (4-7€), d'une omelette (5€), de pâtes (6-10€) ou d'un succulent plat du jour (10-12€), mais surtout se commander un petit déjeuner complet : œufs, yaourts, toasts et d'excellents jus de fruits à déguster face à la mer, devant le camion cuisine installé là pour la saison. *Plage de* **Molos** *Tél. 22220 93 337 Ouvert mai-sept. : tlj. 9h-1h*

● Où boire un café ?

☺ **Kavos** Au moment d'entrer dans le port de Linaria, postez-vous à tribord, le plus près possible de l'arrière du bateau pour entendre les premières mesures d'*Ainsi parlait Zarathoustra* de Richard Strauss (1896). Ce sont les enceintes du Kavos, bar en terrasse, qui diffusent l'ouverture de cette illustration musicale du texte de Nietzsche. Le coup de pub sonore est incontestablement génial, car il sera difficile d'oublier l'endroit, très agréable d'ailleurs : ses terrasses construites en gradins, au milieu des pins, dominent le port. Les propriétaires ne manquent sans doute pas d'humour, proposant des petits déj. jusqu'à 17h. Les tartines beurrées, accompagnées de confiture et de miel, sont à 3€. Comptez 2-3€ pour le café et 3,50€ pour les œufs au plat. ***Linaria*** *Tél. 22220 93 213 Ouvert avr.-oct. : tlj. 9h-5h*

● Aller à la plage La plupart des plages, souvent agrémentées de tavernes, occupent des criques isolées que l'on rejoint à pied. Pour gagner la pointe nord à partir de Chora, suivez la route principale, qui remonte d'abord la côte est, desservant les longues plages de **Magazia**, de **Molos** et de **Girismata**, assez fréquentées. Ensuite, elle s'éloigne du littoral pour traverser des collines sèches en laissant l'aéroport à droite, et rejoint la côte occidentale et ses plages, **Kira Panagia** et **Atsitsa**. De cette dernière, une piste carrossable conduit à la tranquille plage d'**Agios Fokas**. Plus au sud, sous le monastère Agios Pandeleïmon, vous découvrirez **Pefkos**, un charmant petit port et sa jolie plage de sable fin. Vous dépasserez Linaria et Loutro pour atteindre **Kalamitsa**, la plus longue plage de l'île, où se retrouvent les surfeurs.

● Faire une jolie promenade De Chora, prenez la route de Linaria, puis, après quelques kilomètres, celle de Kalamitsa, sur la gauche. Dès que l'on s'engage dans la **presqu'île de Vouno**, la végétation s'éclaircit pour se réduire à une lande de buissons d'épineux aux formes étranges, qui évoquent plutôt… les fonds marins : des chênes verts qu'on pourrait prendre pour des concrétions coralliennes et, dans les creux humides, quelques oliviers. On ne croise guère dans la montagne que des milliers de chèvres qui vagabondent en toute liberté. Avant d'atteindre le sommet, on longe une plaine herbeuse, sur la gauche, où paissent de petits chevaux. On parvient enfin sur une bosse désertique où l'on a du mal à tenir debout quand souffle le meltem.

CARNET D'ADRESSES

Restauration, hébergement

petits prix

Mouries / Μουριες Ce restaurant de Kalikri est une étape idéale quand on visite la partie méridionale de l'île. Grande terrasse sous de splendides mûriers qui ont donné leur nom à l'établissement. Les plats du jour : poulet, veau, agneau ou poisson selon les arrivages. Accueil chaleureux, cuisine franche et rustique. Environ 10-12€ le repas. ***Kalikri** (7km au sud de Chora) Tél. 22220 93 555 Ouvert tlj. 13h-1h*

prix moyens

O Psariotis / Ο Ψαριοτης Dans la famille, on est pêcheur depuis que le grand-père a ouvert la taverne ! Autant dire que celle-ci, face au port, propose moult recettes de la mer et que le poisson saute directement du caïque dans votre assiette ! Soupe de poisson (10€), pâtes au homard... Comptez 17-20€. ***Linaria** (10km au sud-ouest de Chora) Tél. 22220 93 250 Ouvert tlj. 9h-2h*

Bungalow Hôtel Angela Cet hôtel compte 12 chambres doubles (70€) avec balcon, certaines avec une très jolie vue sur Chora, et 2 chambres triples (90€) avec coin cuisine. La piscine est très agréable. Un salon meublé de manière traditionnelle, une salle des petits déjeuners (8€) et un parking sont à votre disposition. TV, clim., réfrigérateur, Internet. Pas de CB. *À 100m de la plage **Molos** (2km au nord-est de Chora) Tél. 22220 91 764 www.angelahotelskyros.com Ouvert pendant le carnaval, à Pâques et de mai à oct.*

Perigiali Des studios avec cuisine (120€) et des chambres coquettes et confortables (65€) avec vue sur la mer et le fort de Chora. Piscine avec bar, wifi. ***Magazia** (1km au nord-est de Chora) Tél. 22220 92 075 ou 22220 91 889 www.perigiali.com*

prix élevés

☺ **Villas Mantalena** Dans ce moulin, bâti sur les hauteurs de Girismata, cinq appartements pour 2 à 7 pers. Chacun d'eux bénéficie d'une cuisine équipée à l'américaine et d'une terrasse. Un endroit de charme, idéal pour les amoureux. De 50 à 120€ la double selon la saison. TV, wifi, clim. *À 300m de la plage de Girismata **Molos** (4km au nord-est de Chora) Tél. 22220 92 350 ou 69 44 44 49 11 www.villas-mantalena.gr Ouvert avr.-oct.*

248 Kea (Tzia)
257 Kythnos
267 Serifos
306 Sifnos
321 Milos
338 Folegandros
351 Sikinos
357 Santorin
387 Anafi
395 Ios
409 Paros
432 Naxos
440 GEOPlus En deux semaines, plages et randonnées...
451 Les Petites Cyclades
465 Amorgos
482 Syros
494 Mykonos
504 GEOPlus En deux semaines, les incontournables cycladiques
512 GEOPlus Le site archéologique de Delos
521 Tinos
537 Andros

LES CYCLADES

V

Athènes
(Athina)
Rafina
EVIA
Gavrio
Andros (Chora)
ANDROS
Kaki Thalassa
Lagonissi
ATTIQUE
MAKRONISSI
Lavrio
Korissia
(Livadi)
Vourkari
Ioulis
(Chora)
KEA
GIAROS
Loutra
Kythnos
(Chora)
Merihas
KYTHNOS
Ermoupoli
SYROS
MER DE MYRTO
Serifos
(Chora)
SERIFOS
Livadi
SIFNOS
Kamares
Apollonia
KIMOLOS
ANTIMILOS
Chorio
POLYAEGOS
Adamas
MILOS
Folegandros
(Chora)
Karavostassis
FOLEGANDROS
Thessalonique
TURQUIE
MER ÉGÉE
Athènes
CRÈTE
N
20 km
MER DE CRÈTE

TINOS
Tinos (Chora)
MYKONOS
Mykonos (Chora)
RINIA
DELOS
MER ÉGÉE
Evdilos
IKARIA
PAROS
Naoussa
Naxos (Chora)
Apollonas
Antiparos (Chora)
Parikia
Punda
Pisso Livadi
Apiranthos
NAXOS
DONOUSSA
ANTIPAROS
KOUFONISSIA
KEROS
SCHINOUSSA
IRAKLIA
Aegiali
Katapola
Amorgos (Chora)
AMORGOS
IOS
Gialos (Chora)
PETITES CYCLADES
Alopronia
SIKINOS
ANUDROS
MER ÉGÉE
SANTORIN
Oia
Manolas
THIRASSIA
Fira
Athinios
ANAFI
Anafi (Chora)
Agios Nikolaos

KEA (TZIA) KEA Κεα

Trop proche du continent ? Injustement ignorée des voyageurs, la plus occidentale des Cyclades attire surtout les Athéniens le week-end... De fait, Kea, ou Tzia, comme on l'appelle le plus souvent, est une île sur laquelle l'on ne parle (presque) que le grec ! Exotisme garanti, donc, parmi ces paysages riants où vergers, oliveraies, terrasses et coteaux, plages de sable... le disputent aux villages perchés et aux monastères isolés. Même si vous évitez les mois de juillet et août, seule solution pour profiter pleinement de ce coin de paradis, pensez toujours à réserver votre hébergement : les hôtels affichent souvent complet en fin de semaine !

UNE LONGUE HISTOIRE Tout près de l'Attique, bénéficiant d'un port naturel particulièrement abrité – dont profiteront bien des pirates –, l'île connaît un essor précoce. Habitée dès le néolithique (comme l'attestent les restes d'un village et d'une nécropole du IVe millénaire av. J.-C.), Kea, première étape après les mines d'argent du Laurion, vient en effet à former un axe commercial majeur avec Milos et Santorin aux époques minoenne et mycénienne ; les vases et terres cuites livrés par le site de la presqu'île d'Agia Irini témoignent d'échanges intenses avec la Crète et la Grèce continentale de l'âge du bronze. Mais c'est surtout au début du Ier millénaire avant notre ère que l'île fait florès, lorsque les Ioniens y édifient certaines des premières cités cycladiques : Ioulis, Korissia, Pisses et Karthea. Reliées par un réseau de voies pavées, elles forment alors une importante tétrapolis. Kea renoue avec la prospérité à l'époque byzantine, avant d'entamer un long déclin sous la coupe des Vénitiens, au XIIIe siècle. Elle ressort de l'ombre en 1789-1790, lorsque Lambros Katsonis, héros de la lutte contre les Turcs, y installe sa base militaire, et se distingue à nouveau au tout début de la guerre d'indépendance, en 1821, en étant l'une des premières îles grecques à se révolter. Enfin, à la chute des colonels, en 1974, Kea fait la une de l'actualité quand le chef de la junte, Georgios Papadopoulos, y est emprisonné en attendant son jugement.

MODE D'EMPLOI

accès

Des bateaux relient Korissia (Livadi), principal port de Kea, à Lavrio, sur le continent (tlj. en été, 1h de traversée) et à quelques îles des Cyclades : Kythnos (2-3/sem., 1h30), Syros (2-3/sem., 4h), Tinos (5h), Andros (4h), Ios (7h) et Folegandros (7h30). Les horaires, prix, et trajets changeant tous les ans en mai, nous vous invitons à consulter les sites www.directferries.fr, www.gtp.gr, www.ferries.gr ou www.aferry.gr. et à vous renseigner dans les agences de voyage locales. Le prix du billet en catamaran est environ 2 fois plus élevé que celui du ferry.

Lepoura - Marmari Express Réservations de billets de bateau pour Lavrio. *Sur le port **Korissia** Tél. 22880 21 435 Ouvert juin-sept. : tlj. 9h-21h*

Meltemi Travel Réservation de billets de bateau pour Lavrio et les Cyclades. *Sur le port **Korissia** Tél. 22880 21 920 Ouvert juin-sept. : tlj. 9h-22h*

Capitainerie de Lavrio *Tél. 22923 20 400*

Capitainerie de Korissia *Tél. 22880 21 344*

orientation

L'île s'étend sur 131km². Les ferries débarquent à Korissia (Livadi), le port principal, sur la côte nord-ouest. Vourkari, à 2km au nord, est un port de plaisance. À 6km, dans les terres, Ioulida (Ioulis ou Chora) est le village historique et le chef-lieu de Kea. Les plages se concentrent au sud-ouest, au nord et à l'est ; le sud de l'île est resté très sauvage.

informations touristiques

Un kiosque d'information ouvre généralement l'été (juil.-août) sur le port de Korissia, face au débarcadère (*Tél. 22880 21 500*). Vous pouvez aussi consulter le site officiel de l'île www.kea.gr.

se déplacer

EN CAR

KTEL Des cars relient Korissia à Ioulida, Pisses, Otzias, Vourkari et Chavouna à un rythme relativement soutenu l'été (horaires au kiosque d'information touristique). Tlj., un car attend les passagers qui descendent du premier bateau (9h30). *www.ktelbus.gr*

EN TAXI
Taxis Keas *Tél. 69 73 01 28 13 ou 69 36 27 15 22*
Taxis Korasidis *Tél. 69 77 97 96 14 ou 69 32 52 58 03*

EN VÉHICULE DE LOCATION
Rent a Car Leon L'unique loueur de l'île ; pensez à réserver l'été. Comptez 40-90€/j. pour une voiture, 18€/j. pour une moto (125cc) et 30€/j. pour un quad. *Sur le quai* ***Korissia*** *Tél. 22880 21 898 ou 69 37 18 50 53 Ouvert mai-sept. : tlj. 9h-21h*

informations pratiques

Vous trouverez des distributeurs de billets à Korissia (en face du débarcadère et sur la route de Ioulida, notamment) et à Ioulida, derrière l'hôtel de ville. Bureau de poste principal à Ioulida, à côté du Musée archéologique.
Antenne médicale ***Ioulida*** *Tél. 22880 22 200*
Pharmacie *Au fond du premier parking à l'entrée du village* ***Ioulida*** *Tél. 22880 22 277 Ouvert lun.-ven. 9h-14h et 18h-21h*
Police ***Korissia*** *Tél. 22880 21 100*

fêtes et manifestations

Agios Charalambos Kea célèbre son saint patron, Charalambos (qui aurait sauvé les insulaires d'une grave épidémie, en 1823), autour de chants traditionnels. *Le 10 février*

DÉCOUVRIR

Kea

☆**Les essentiels** Le monastère de la Panagia Kastriani, Ioulida, Karthea et la baie de Poles **Découvrir autrement** Admirez la vue depuis l'église Agios Simeon, randonnez jusqu'à la baie de Poles, profitez des plages (de rêve) de Koundouros

Korissia et le nord de Kea

Korissia (Livadi) C'est par ce charmant port joliment enroulé autour de son église ocre à coupole bleue que l'on arrive à Kea. Korissia fut l'une des quatre cités-États. Aujourd'hui, on y trouve la plus forte concentration d'hôtels et de restaurants de l'île et, par conséquent, la plus grande animation !

À L'EAU !
À la plage du port, préférez celle de Gialiskaris : eaux claires et ruban de sable à l'ombre des tamaris et des eucalyptus. Café.
Plage de Gialiskaris
Sur la route de Vourkari

Vourkari Ambiance Saint-Tropez dans ce port bien abrité au fond d'une belle petite anse, dans la baie d'Agios Nikolaos. Barques de pêcheurs et gros bateaux de plaisance font face à une enfilade de restaurants de poisson et de fruits de mer, de cafés et de bars branchés. Chic et assez toc l'été, bien plus agréable en moyenne saison. *À 2,5km au nord-est de Korissia*

Agia Irini Ce site archéologique côtier, occupé dès le cycladique ancien (IIIe millénaire avant notre ère), témoigne de la longue histoire de Kea. Les ruines, restes de murs fortifiés, de maisons et d'un temple, ne sont guère spectaculaires, mais on peut voir le produit des fouilles au Musée archéologique de Ioulida (p.251). *À 7km au nord-est de Korissia via Vourkari Ouvert juil.-sept. : mar.-dim. 8h30-15h*

Péninsule de Koka Un sentier pierreux conduit, à travers le maquis, au phare dressé face au large, sur les hauteurs de la baie d'Agios Nikolaos. Beau panorama, surtout au coucher du soleil. *Environ 500m après Agia Irini, à l'ouest*

Otzias Sur la côte nord de l'île : un village et surtout une jolie anse échancrée, bordée de tamaris. Dommage que la plage soit si étroite… De la petite église blanc et bleu, perchée au-dessus des figuiers, au bout de la grève, on a une belle vue sur la baie et les collines de l'arrière-pays. *À 3,5km au nord-est de Vourkari*

☆ **Monastère de la Panagia Kastriani** Accroché à un éperon rocheux, cet adorable édifice couleur de lavande domine les flots. Il a été bâti au début du XVIIIe siècle sur la colline de Kastri, à l'endroit où des bergers auraient découvert une icône miraculeuse de la Vierge. Passé le porche au joli clocher, on débouche sur une cour pavée dominée par le *katholikon*. La chapelle d'origine qui abrite l'image sacrée est enchâssée dans une église plus récente (1910). Le monastère jouit d'un magnifique panorama sur la mer Égée. *À 7km à l'est d'Otzias par une route goudronnée et à 8km au nord-est de Ioulida par une piste carrossable*

Ioulida et ses environs

☆ ☺ **Ioulida (Ioulis ou Chora)** Adossé à la montagne en amphithéâtre, face à la mer, Ioulida est l'un des plus beaux villages des Cyclades. Après plus de 5km de lacets dans une vallée encaissée où règnent l'olivier, le chêne et le figuier, la route en provenance de Korissia en offre une vue idyllique : ruelles pentues, maisons blanches serrées les unes contre les autres, placettes ombragées, églises de poche… Le site, magnifié par ses échappées sur la mer Égée, la garrigue et les vergers, a un charme fou. Laissez votre véhicule au parking et empruntez le passage voûté. La rue Charalambos (à gauche) grimpe vers le *kastro*, bâti sur une ancienne acropole. En prenant à droite après le passage, on rejoint le centre en passant devant le Musée archéologique. Sur la *piatsa* centrale trône un petit hôtel de ville néoclassique entouré de cafés et de restaurants. Remontez la rue Ieronimon, à l'est : de jolies façades néoclassiques, une église bleu pastel et un beau point de vue sur les maisons dévalant la colline vous y attendent. *À 5,5km au sud-est de Korissia*

Musée archéologique Il présente divers objets mis au jour dans l'île et notamment sur le site d'Agia Irini (au 2e étage) : poteries, vases, idoles en marbre de la période cycladique (2800-2300 av. J.-C.) et énigmatiques statues en terracotta, uniques dans la région à l'époque mycénienne. Au 1er étage, intéressante collection de sculptures antiques provenant des quatre cités-États ; notez, dans la salle du fond, les beaux marbres du temple d'Athéna, qui se trouvait à Karthea. *Tél. 22880 22 079 Ouvert mar.-sam. 8h-15h Fermé 1er jan., 25 mars, 1er mai, 25-26 déc. Tarif 2€, seniors 1€, étudiants gratuit*

LES CYCLADES

Lion de Kea Un lion de pierre au sourire étrange veille sur les habitants de Ioulida. Taillée dans le roc, cette statue colossale – 9m de long sur 3m de large – est l'une des plus anciennes sculptures monumentales de Grèce (600 av. J.-C.). Elle fut érigée en hommage à Zeus pour le remercier d'avoir débarrassé l'île des nymphes cruelles qui tuaient les femmes du village… La balade jusqu'à la statue dévoile un panorama splendide sur la bourgade avec, en toile de fond, l'Égée et les reliefs de l'Attique. *À 1,5km (15min de marche) de la grand-place de Ioulida en passant devant l'église Agios Spiridon et le cimetière*

Vallée et baie de Spathi Cette belle vallée, ample et profonde, ondule jusqu'à la mer dans un paysage aride zébré de longs murets de pierre à la régularité parfaite. Un chemin caillouteux mais carrossable (traversant un superbe paysage sur les cinq derniers kilomètres) aboutit à la longue plage de sable de Spathi, belle anse sauvage (taverne). À la sortie de Ioulida, une route (indiquée) non goudronnée descend sur la gauche. Assez vite, un chemin sur la droite grimpe jusqu'aux ruines de l'église byzantine Agia Anna (XVe s.), au sommet d'une colline. La piste descend jusqu'à la petite église Agios Dimitrios, qui marque l'entrée de la vallée de Spathi. *Après 5km, à la patte-d'oie, prendre à droite et rouler sur 5km jusqu'à la plage*

Messaria

À l'est de Ioulida s'étendent forêts et coteaux striés de terrasses et de murets de pierre et aujourd'hui dédiés à l'agriculture céréalière. Jadis, on y exploitait le chêne, dont la noix de galle, *chamada*, était utilisée dans la confection de teintures pour le cuir.

Panagia Episkopi Une minuscule église blanche étincelante, livrée aux herbes folles, un joli clocher ajouré, entouré de ruines… et beaucoup de charme. *Accès par la route de Ioulida, 1,5km après l'embranchement pour la vallée de Spathi*

Mont Profitis Ilias Le point culminant de Kea (568m), reconnaissable à son éolienne et à ses antennes de télécommunications, réserve un superbe panorama sur les terrasses de la Messaria, l'île de Kythnos et les côtes de l'Attique. *Accès par la route principale, entre Kastanies et Ellinika*

● Aller à la plage

Kalidonichi, Psili Ammos et Sikammia Passé le village de Pera Meria, on délaisse l'église Agia Triada (fléchée) et son clocher rouge, qui se dresse à l'aplomb d'une vallée plantée de chênes. Après 1,5km, la route, de plus en plus tortueuse et caillouteuse, mène aux plages sauvages de Kalidonichi et de Psili Ammos ou, encore plus au sud, à la crique isolée de Sikammia. *À 3km de Pera Meria*

Le Sud

Les forêts de chênes de la Messaria laissent place à des terres arides mais non moins agricoles, où s'étendent de nombreux pâturages. Après Kato Meria, la route de crête ménage des vues sublimes sur la mer, notamment entre les hameaux de **Stavroudaki** et de **Chavouna** (au bout de la route) où de belles églises, perchées sur leur promontoire, toisent l'azur ; avec un peu de courage et un bon sens de l'orientation, il vous sera parfois possible de les rejoindre à pied…

Agios Panteleïmon On atteint cette petite église post-byzantine en suivant une piste carrossable à travers des chênaies. La vue sur l'île et les côtes de l'Attique est particulièrement saisissante au coucher du soleil, lorsque les derniers rayons embrasent le cap Sounion. On distingue au loin l'îlot (inhabité) de Makronissos, qui servit de lieu de déportation des opposants politiques, principalement communistes, sous la dictature des colonels. *À 1,7km du village d'Ellinika Prendre la piste à droite (indiquée) si l'on vient du nord, puis rester sur la piste de gauche Les poules de la ferme voisine indiquent que l'on est arrivé à destination !*

☺ **Agios Simeon** De cette église post-byzantine s'offre un panorama extraordinaire sur Kythnos, perdue au large, et sur les coteaux en terrasses du sud de Kea. Envoûtant ! Jolies fresques à l'intérieur. *À 500m au sud d'Ellinika, quitter la grand-route pour suivre une petite route asphaltée sur 2km puis, sur 800m, l'excellente piste qui grimpe jusqu'à l'église*

Agii Apostoli Près d'une bergerie, une ravissante église byzantine à coupole bleue (XIIe s.) et un cadre champêtre à souhait ! Belle vue sur les deux versants

Les Cyclades côté plage

Stations balnéaires

Koundouros (Kea) 254
Kanala (Kythnos) 262
Livadi (Serifos) 268
Naoussa (Paros) 416
Aliki (Paros) 421
Kini (Syros) 490

Plages de sable

Kampi (Kea) 254
Fikiada et Kolona (Kythnos) 261
Lefkes (Kythnos) 262
Baie de Koutalas (Serifos) 270
Platis Gialos (Sifnos) 311
Firiplaka (Milos) 331
Tsingrado (Milos) 331
Roukounas (Anafi) 391
Mylopotas (Ios) 400
Manganari (Ios) 401
Golden Beach (Paros) 419
Agios Georgios (Naxos) 439
Plaka (Naxos) 439
Aliko (Naxos) 445
Skinoussa (Petites Cyclades) 454
Koufonissia (Petites Cyclades) 456
Kalotaritissa (Amorgos) 473
Lia (Syros) 489
Paranga (Mykonos) 506
Paradise (Mykonos) 507
Lia (Mykonos) 508
Baie de Panormos (Mykonos) 508
Pachia Ammos (Tinos) 527
Livada (Tinos) 530
Vori (Andros) 540
Grias to Pidima (Andros) 547

Rochers et galets

Sarakiniko (Milos) 329
Ambeli (Folegandros) 344

de l'île et, à l'intérieur, quelques fragments de fresques d'origine ornent les murs et le plafond. *Peu avant Kato Meria, à droite quand on vient du nord (300m de piste carrossable)*

Agia Marina Niché au creux d'un vallon, ce monastère de l'époque ottomane, laissé à l'abandon au XIXe siècle, doit son charme à sa petite église à dôme rouge (fermée au public). Elle contraste avec l'imposante tour en pierre sèche, à demi écroulée, qui se tient à côté. Édifiée à l'époque hellénistique, cette dernière marque le croisement des anciennes routes de la tétrapolis. *À 7km au sud-ouest de Ioulida (dont 1km de piste carrossable)*

☆☺ Au sud-est, Karthea et la baie de Poles

Au sud du Kato Meria, sur la côte est, les ruines de **Karthea** dominent fièrement la baie de Poles, son eau pure et son sable fin. La plus importante des quatre cités-États de Kea, Karthea perdura jusqu'aux débuts de l'ère byzantine. On y voit les vestiges du temple dorique d'Apollon et, sur une terrasse plus élevée, ceux du temple d'Athéna. Plus bas, les deux belles **plages** de **Mikres Poles** (au sud, avec sa petite chapelle) et de **Megales Poles** (au nord) sont séparées par un piton rocheux. Leur isolement promet de belles heures de baignade au calme. N'oubliez pas pour autant d'explorer le site archéologique (notamment les deux temples accessibles par la plage de Megales Poles). Plus sauvage encore, la **plage de Kaliskia** est accessible par un sentier cahoteux (4x4 uniquement) à partir de Chavouna. **Site archéologique de Karthea** *De la route principale à Stavroudaki (fléché), rouler sur 600m puis se garer et poursuivre à pied (40min de marche ; à mi-chemin, le sentier rejoint le lit de la rivière)*

Les plages du Sud-Ouest

Au sud de **Pisses** et de son beau ruban de sable (taverne), la côte égrène une série de plages idylliques. Si vous avez vraiment envie de solitude, poussez jusqu'à Liparo (à une dizaine de kilomètres au sud de Pisses).

☺ **Koundouros** Villas cossues aménagées dans de vieux moulins, yachts ancrés au large, ce lieu de villégiature a le vent en poupe – il se murmure même que le prix du terrain y est plus élevé qu'à Mykonos ! Plusieurs plages et criques alentour et, à chaque fois, le même décor de rêve : eaux claires, sable fin, rochers… Les plus belles, et les moins fréquentées, comme **Agios Emilianos**, s'étirent derrière les bungalows du complexe hôtelier St. George. *À 5km au sud de Pisses*

Kampi La route de Pisses, devenue piste, suit une côte déchiquetée jusqu'à cette plage paradisiaque, plus calme que celles de Koundouros. *À 2km au sud de Koundouros Piste carrossable*

CARNET D'ADRESSES

Lieux de sortie

Bars

Vourkari est le centre de la vie nocturne avec ses bars alignés sur le quai, mais on trouve aussi des bars-clubs ouverts tard à Korissia (sur le port et sur la route de Vourkari).

☺ **All Around Vinylio** À l'entrée de Vourkari, le premier café sur la droite. On craque pour sa terrasse et ses tables posées sur la jetée. Le bar, tenu par un couple gréco-néo-zélandais, se veut "anti-lounge" et passe des vieilles perles rock, du funk et de la soul lorsque l'ambiance commence à chauffer. Un endroit parfait pour le coucher du soleil, dans une atmosphère plus... lounge ! "Cocktail bar" à l'étage, pizza-bar en terrasse. Alcool 7€, cocktail 9€. *Happy hour* de 19h à 22h : réduction de 2€ sur toutes les boissons. ***Vourkari*** *Tél. 22880 21 080 www.allaroundvinylio.gr Ouvert juin-août : tlj. 19h30-6h ; avr.-mai, sept.-oct. : ven.-dim. 19h30-6h*

Café Panorama Et quel panorama ! Les maisons de Ioulida s'étagent harmonieusement sur fond d'azur égéen. Sublime, forcément... Pour jouir d'une des plus belles vues de l'île, choisissez la terrasse. *Au cœur du village, dans la rue qui mène au Lion* ***Ioulida*** *Tél. 22880 22 341 Ouvert tlj. 10h-14h et 18h-0h*

Restauration

petits prix

Kalofagadon / Καλοφαγαδων De jolies tables sous les tilleuls de la *piatsa*, une vue splendide sur l'arrière-pays, le village et la mer et quelques spécialités locales savoureuses... On n'en demande pas plus ! En soirée, essayez le *paspalas*, morceaux de porc agrémentés de tomate fraîche, d'œufs et de fromage (7,80€) ; pour le déjeuner, quelques entrées, comme les beignets de citrouille, feront largement l'affaire ! Plat 6-8€. ***Ioulida*** *Tél. 22880 22 118 www.kalofagadon.gr Ouvert mai-oct. : tlj. 11h-2h ; nov.-avr. : ven.-dim. 11h-2h*

I Piatsa / Η Πιατσα Sur une place croquignolette, quelques tables sous les parasols où se laisser tenter par un *paspalas* (9€ pour 2 pers.) ou des roulés à la tomate et au fromage. Également moussaka, purée de fèves, côtelettes d'agneau, poissons et légumes verts bouillis. *Mezedes* 4-8€. Évitez la salle, bruyante et sans intérêt. *Juste après le passage couvert qui mène au village* ***Ioulida*** *Tél. 22880 22 195 Ouvert tlj. 6h30-0h*

prix moyens

Anna La meilleure taverne d'Otzias. Sous les canisses du toit-terrasse, goûtez aux classiques de la cuisine insulaire (comme le ragoût de lapin, 8,50€) sur fond de variété grecque ! Agréable vue sur la plage et les collines de l'arrière-pays. Large choix de plats bon marché, à partir de 6€ (légumes), de 8€ (viande) et de 10€ (poisson). Intéressant rapport qualité-prix. *Au-dessus de la plage, en dir. de Kastriani* ***Otzias*** *Tél. 22880 21 137 ou 22880 21 680 Ouvert tlj. 12h-0h*

prix élevés

☺ **Strofi tou Mimi /** Στροφι του Μιμι Ce restaurant familial de bonne réputation occupe une charmante demeure, dont la véranda blanche offre un bon poste d'observation. Les clients plébiscitent les aubergines au four, les boulettes de viande et surtout les poissons : bogue, morue, dorade, rouget, sardines… (allez choisir en cuisine si vous hésitez !) Comptez 20-25€ le repas (poisson, salade, boisson). *Au bout de la plage en dir. d'Otzias* ***Vourkari*** *Tél. 22880 21 480 Ouvert mai-sept. : tlj. 12h-1h ; oct.-avr. : ven.-dim. 12h-1h*

Hébergement

Réservation impérative pour juillet-août et les fins de semaine, quand les Athéniens débarquent en nombre ! Pensez à apprendre quelques rudiments de grec : la plupart des propriétaires de *domatia* et studios ne parlent pas l'anglais.

camping

Camping Kea À 100m au-dessus de la plage de Pisses. Une centaine d'emplacements plus ou moins ombragés par les eucalyptus… Mais les blocs sanitaires sont convenables et l'eau chaude est disponible 24h/24 sans supplément. Minimarché, café-bar, laverie, cuisine commune et, à 50m, une taverne. Compter 4€ la voiture, 7€ la tente et 5,50€/pers. ***Pisses*** *Tél. 22880 31 302 www.campingkea.com Ouvert mai-sept.*

prix moyens

☺ **Koralli** En retrait de la plage de Korissia, huit studios donnant sur un jardinet égayé de bougainvilliers. Chacun dispose d'une terrasse mais les constructions voisines cachent la mer. L'ensemble est très bien tenu par l'adorable Dimitra. TV, bonne literie, clim., petite cuisine équipée (pour petit déj. uniquement). Parking privé. Double à 75€, triple ou studios pour 4 pers. à 95€ en haute saison. ***Korissia*** *Tél. 22880 21 268 www.kea-rooms.gr Ouvert mi-avr.-oct.*

Hotel Brillante Zoï À 30m de la plage… mais du mauvais côté de la route ! Qu'à cela ne tienne, à défaut de donner sur la baie d'Agios Nikolaos, cachée par l'hôtel Tzia, les 20 chambres (TV, clim., réfrigérateur) sont d'un grand confort (80€ la double, 100€ les plus spacieux pour 2-3 pers.). *Route de Vourkari* ***Korissia*** *Tél. 22880 22 685 www.brillante-hotel.gr Ouvert toute l'année*

☺ **St. George Bungalows** Vingt chambres cycladiques en diable à flanc de colline (à 150m au-dessus de la plage) avec une vue splendide sur la mer. Bougainvilliers et bignonias ornent les terrasses ; les chambres, chaulées, sont bien tenues et confortables (TV, wifi, clim., réfrigérateur, réchaud à gaz). Accueil cordial. Comptez 65€. Pas de CB. ***Koundouros*** *Tél. 22880 31 277 ou 210 60 08 282 stgeorgekea.gr Ouvert Pâques-sept.*

Cavo Perlevos Studios Juste derrière la plage d'Otzias, 10 jolis studios tout équipés (1-4 pers. avec cuisine, TV, clim.) parmi des bouquets de lavande et de lauriers-roses. Nette préférence pour les 5 studios à mezzanine : ils occupent des bâtiments séparés, avec terrasse-pergola privative et couleurs gaies. 60-100€, petit déjeuner 5€. Bonne taverne à côté, cf. Anna (p.255). ***Otzias*** *Tél. 22880 21 120 www.cavostudios.gr Ouvert toute l'année*

prix élevés

Hôtel Karthea Une façade peu engageante cache 35 chambres pimpantes, dans les tons beige et chocolat. Parquet, clim., TV, wifi, réfrigérateur. Neuf chambres donnent sur la mer, les autres sur la plage et (un peu) sur l'arrière-pays. Situation pratique sur le port. Env. 85€ en août, petit déj. inclus. *Au bout du quai* ***Korissia*** *Tél. 22880 21 204 ou 22880 21 222 www.hotelkarthea.gr Ouvert avr.-oct.*

Hôtel Korissia Certainement pas le meilleur hôtel du port, mais une bonne solution d'hébergement quand Kéa affiche complet. En retrait de la plage, huit studios et huit chambres simples mais calmes et dotées de bons lits, avec climatisation, TV, Internet, réfrigérateur et balcon. Prix assez élevés au vu de l'établissement : 85€ la double, 95€ le studio, petit déjeuner 7€. *À 300m du port et 150m de la plage* ***Korissia*** *Tél. 22880 21 484 ou 69 44 90 07 21 www.hotelkorissia.gr Ouvert avr.-sept.*

☺ **Guest House Serie** Impossible de rester de marbre : de ce petit hôtel judicieusement situé en retrait, peu après l'épingle à cheveux qui contourne Ioulida, la vue sur les maisons accrochées à la montagne vous fera chavirer ! Sept chambres fraîches et pimpantes dans les tons bleu et orange pastel. Tout confort (TV, réfrigérateur, clim.). Compter 110€ avec petit déj. (confitures maison) en saison, 70€ hors saison. Notre coup de cœur dans l'île ! *Au-dessus de la route, façade orange et bleu* ***Ioulida*** *Tél. 22880 22 355 www.serie.com.gr Fermé 15 déc.-20 jan.*

prix très élevés

☺ **Porto Kea Suites** Les riches familles athéniennes ont fait de cette luxueuse résidence leur QG à Kea. On les comprend : dressées autour d'une grande et somptueuse piscine, les 34 suites offrent une belle vue sur la baie d'Agios Nikolaos. Un style élégant, qui marie pierres sèches et murs crème, et un confort irréprochable (toutes les suites disposent d'un coin cuisine). Restaurant-bar, accès Internet, *home cinema*. Comptez 80-200€ pour deux selon la saison, petit déj. inclus. *À 400m du port, route de Vourkari* ***Korissia*** *Tél. 22880 22 870 www.portokea-suites.com Ouvert mi-avr.-début oct.*

KYTHNOS ΚΥΘΝΟΣ Κυθνος

Rocailleuse et aride : de prime abord, cette île ancrée entre Kea et Serifos peut paraître dénuée d'intérêt. À quelques détails près, car sa côte dentelée, ourlée de splendides criques, ses eaux claires et ses plages presque désertes lui confèrent un charme indéniable ! À l'intérieur des terres, la nature brûlée par le soleil déroule des paysages d'une beauté austère, qu'égaye parfois le blanc éclatant d'une chapelle ou d'un village pittoresque. En dehors des mois de juillet et d'août, qui voient affluer les vacanciers grecs, Kythnos reste calme, son animation nocturne très sage et l'on y est mieux accueilli qu'ailleurs. Une étape idéale, donc, pour les familles et les voyageurs en quête de repos...

L'ÎLE DES DRYOPES Kythnos est le nom du roi des Dryopes, communauté originaire de Thessalie qui, selon Hérodote, aurait vécu en Eubée avant de s'établir sur l'île au XIIIe siècle av. J.-C. Mais cette dernière est en fait habitée depuis le mésolithique (9500-8500 avant notre ère), comme l'ont révélé les traces d'occupation humaine retrouvées à Maroula, au nord de Loutra. Kythnos fut ainsi la première île habitée des Cyclades. Au Moyen Âge, ses sources thermales lui valurent le nom de Thermia – au XIXe siècle, le premier roi de la Grèce moderne, Othon Ier, lui fit l'honneur de venir y prendre les eaux. Jadis tributaire de l'exploitation des mines de fer, épuisées depuis la Seconde Guerre mondiale, l'économie locale repose désormais sur l'agriculture, la pêche et le tourisme.

MODE D'EMPLOI

accès

Des liaisons régulières avec Le Pirée (1/j., 3h) et Lavrio (2/j., 1h40). Des liaisons quotidiennes avec d'autres îles des Cyclades : Serifos (1h10 de traversée), Kea (1h30), Sifnos (2h), Milos (3h30), Kimolos (4h). Syros (2h30), Tinos (3h15) et Andros (4h30). Les horaires, prix et trajets changeant tous les ans en mai, nous vous invitons à consulter les sites www.directferries.fr, www.gtp.gr, www.ferries.gr ou www.aferry.gr. et à vous renseigner dans les agences de voyages locales. Le prix du billet en catamaran est environ 2 fois celui du ferry.

Travel A. D. Gonidakis Renseignements et vente de billets de bateaux (toutes compagnies confondues). *Au-dessus de la plage* ***Merichas*** *Tél. 22810 32 978 ou 22810 32 345 Ouvert été : tlj. 8h-23h ; hiver : tlj. 8h-21h En hiver fermé : 14h-18h*

Capitainerie de Merichas *Tél. 22810 32 290*

orientation

Les bateaux accostent à Merichas, le chef-lieu de l'île, établi à mi-hauteur de la côte ouest. La partie nord de Kythnos abrite l'ancienne capitale, Chora (ou Kythnos) et Loutra, port et station balnéaire. Au sud, même tableau : un village traditionnel dans les terres, Driopida, et un port (avec ses plages), à Kanala. À l'extrême sud de l'île se succèdent des plages sauvages, moins faciles d'accès. Une route goudronnée traverse l'île du nord au sud, de Loutra à Agios Dimitrios.

informations touristiques

Bureau d'informations Renseignements fiables et personnel aimable. *Sur le quai* ***Merichas*** *Tél. 22810 32 250 Ouvert juil.-mi-sept. : tlj. 9h-14h et 17h-22h*

se déplacer

EN CAR

KTEL De Merichas, au moins un car par jour pour Chora et Loutra ; un autre pour Driopida et Kanala. *www.ktelbus.gr*

EN TAXI

Env. 8€ la course Merichas-Chora.

Giorgos Larantakis *Tél. 69 44 27 16 09 ou 69 45 80 02 78*

Michalis Tziotis *Tél. 69 44 27 66 56*

EN VÉHICULE DE LOCATION

Antonis La seule agence de location ouverte toute l'année. Voiture

30-60€/j. ; moto 15-23€/j. Vend aussi des billets de bateau. *Au-dessus du port (après l'épingle à cheveux, au début de la route de Chora)* ***Merichas*** *Tél. 22810 32 104 ou 69 44 90 65 68 www.rentacar-kythnos.com Ouvert été : tlj. 9h-22h ; hiver : tlj. 9h-20h*

EN CAÏQUE
Antonis, le loueur de voitures, propose un service de bateau-taxi de Merichas aux plages de Fikiada et de Kolona. *Tél. 22810 32 104 ou 69 44 90 65 68*

informations pratiques

Merichas réunit l'essentiel des services, dont deux banques avec DAB.
Pharmacie *En face du débarcadère* ***Merichas*** *Tél. 22810 32 240 Ouvert lun.-ven. 8h30-14h et 18h-20h30, sam. 8h30-14h*
Antennes médicales *Chora Tél. 22810 31 202* ***Driopida*** *Tél. 22810 32 234*
Police *Chora Tél. 22810 31 201*

fêtes et manifestations

Festival culturel "Kythneia" Expositions artistiques, jeux de plage, concerts, soirées dansantes... ***Chora*** *1er-10 août*
Assomption Pèlerinages importants à la basilique de Kanala et au monastère de la Panagia Nikous. *15 août*
Fête de la Nativité Messe en l'église de la Panagia Kanala, danses folkloriques, feu d'artifice... ***Kanala*** *8 septembre*

DÉCOUVRIR

Kythnos

☆**Les essentiels** Les plages de Fikiada et de Kolona **Découvrir autrement** Flânez dans les villages de Kythnos et Driopida, prenez le maquis et randonnez jusqu'au site de Kastro Orias, posez votre serviette sur l'une des plages qui s'étendent au nord de Lefkes

Le nord de l'île

Merichas Le principal port de Kythnos constitue une bonne base pour rayonner dans l'île. Le village, sans grand charme, n'est pas désagréable pour autant, avec sa plage (cf. Aller à la plage), ses restaurants à même le sable, ses quais animés et ses cafés.

Apokroussi et Vriokastro Accessible en voiture et dotée d'une taverne, la belle plage d'Apokroussi est l'une des plus longues de l'île et le point de départ d'un sentier côtier (difficulté moyenne) qui mène en 30min de marche vers le sud aux ruines de Vriokastro. Ces vestiges (deux temples, des murs et des citernes souterraines) sont ceux de l'ancienne capitale (xe s. av. J.-C.-VIIe s.). Rien n'est fléché et l'on peut se perdre parmi les bergeries, mais l'on distinguera, à flanc de montagne, trois cavités ogivales – les fameuses citernes – qui servent à présent d'abri aux chèvres. *À 3km au nord de Merichas*

Kythnos (Chora) Un village typique des Cyclades avec ses maisons blanches que ponctuent ici le bleu d'une porte, là le rose vif d'un bougainvillier, et ses

PAUSE OUZO
Chora révèle surtout son charme en fin de journée, lorsque tout son petit monde se retrouve sous les pergolas d'adorables placettes à l'heure de l'apéritif. Cafés et restaurants sont légion dans la ruelle principale cf. Carnet d'adresses (p.263).

ruelles dallées ornées de motifs naïfs (poissons, fleurs) peints à la chaux, comme le veut la tradition… Parmi les nombreuses églises de la bourgade, Agia Triada (Sainte-Trinité), la plus ancienne de l'île, avec sa nef unique coiffée d'une coupole et son clocher ajouré, mérite un détour (à droite après la place Vorina, à l'entrée du village). À ses pieds, un petit jardin essaime des ruines antiques sous un eucalyptus. Dans la même rue, à 50m, Agios Savas (Saint-Sauveur, 1613), autre église à nef unique, est reconnaissable à son linteau en marbre et à ses armoiries gravées sur la façade. Faites-vous ouvrir pour admirer la magnifique iconostase en bois sculpté du XVIIe siècle (autre accès par la droite en sortant du parking du village). Au cours de votre promenade, vous passerez aussi sûrement devant l'église Agios Theologos et son horloge solaire. *À 7km au nord-est de Merichas*

Panagia Nikous Cet imposant monastère, reconnaissable à ses deux coupoles blanches, attire une foule de fidèles le jour de l'Assomption. Environ 200m avant d'y accéder, empruntez le sentier muletier qui mène, sur la droite, à un autre monastère, Prodromos (iconostase du XVIe siècle). *À 800m à l'est de Chora (vers le parc d'éoliennes) : traverser le village en suivant la rue principale (en laissant l'église Agios Chrisostomos sur la droite) et, à la sortie, prendre le sentier bétonné qui part à gauche (15min de marche)*

Loutra Isolée sur la côte nord, cette petite station thermale un brin désuète est réputée pour ses sources chaudes ferrugineuses et sulfureuses (elles rejoignent la mer au bout de la plage, peu avant le bâtiment à créneaux). On y trouve aussi une marina, un club de plongée, de nombreuses tavernes – qui installent leurs tables à même le sable – et de sublimes plages, peu fréquentées, cf. ci-dessous. *À 11,5km au nord-est de Merichas*

☺ **Kastro Orias (Kefalikastro)** Capitale de l'île aux périodes byzantine et vénitienne, la citadelle, qui pouvait accueillir jusqu'à 5 000 personnes en cas d'attaque, fut détruite par les Turcs au XVIe siècle. Le site n'est plus que ruines mais il offre, du haut de son piton rocheux, une vue magnifique sur la mer Égée et l'île de Kea, au loin. Le tout au prix d'une bonne marche à pied ! *Compter 40min de marche à partir de Loutra : suivre le panneau "Kastro" à l'entrée du village et continuer sur plus de 2km Passé une maison sur la droite, prendre le premier chemin à gauche (avant l'embranchement pour Potamia) Laisser l'église blanche sur la droite et, 200m plus loin, à hauteur de la bergerie, viser sur la gauche le mamelon rocheux ; contourner cette colline à travers champs et poursuivre jusqu'au kastro*

Aller à la plage

Merichas De Merichas, quelques minutes à pied suffisent pour rejoindre, au nord par la côte, la jolie plage de Martinakia, bien plus belle que celle du port. Plus au nord, la plage d'Episkopi est un peu moins fréquentée.

Plan 9 Kythnos

☆☺ **Fikiada et Kolona** Deux plages pour le prix d'une, et quelles plages ! Séparées par le mince cordon de sable qui relie l'îlot d'Agios Loukas à la terre ferme, Fikiada (au sud) et Kolona (au nord) forment un vrai décor de carte postale : sable fin, eau limpide, rochers immergés et, pour parfaire le tableau, quelques voiliers venus jeter l'ancre. Seules traces d'une occupation humaine : le monastère d'Agios Loukas, sur la presqu'île, et la taverne au-dessus de Kolona... *De Merichas, compter 2h de marche ; d'Apokroussi, suivre à pied la piste vers le nord sur 2km (elle est cahoteuse, avec des passages difficiles pour les voitures) En été, des caïques en provenance de Merichas desservent les deux plages (cf. Mode d'emploi)*

☺ **Loutra** Les plages, ici, ne manquent pas ! **Skinari**, la plus proche de la station, offre une belle étendue d'eau claire bordée de tamaris, à 1min à pied au nord, derrière la marina et la jetée métallique. Un sentier côtier mène, plus au nord, à d'autres criques reculées : **Maroula**, **Kavourocheri** et, après 30min de marche, **Potamia**, où vous attendent des eaux limpides, des tamaris et... le chant des cigales. *Accès en voiture, par la route de Kastro : à l'entrée du village, prendre à gauche avant l'hôtel Meltemi et suivre les indications (env. 3km de route puis 2km d'une piste très caillouteuse)*
Agios Sostis Encore plus au nord, particulièrement calme et accessible en voiture, contrairement à celle de **Mamakou** (1h30 de marche à partir de Loutra).
Agia Irini Au sud-est de la station, à 1km environ, la route goudronnée débouche sur une jolie petite anse avec sa plage, sa chapelle et son accueillante taverne mais où, hélas, le bras de mer retient les détritus.

● Plonger dans la mer Égée

Aqua Team Ce club de plongée, sérieux, invite à découvrir les fonds marins de la côte est : éponges, amphores peuplées de poulpes, grottes sous-marines... Plusieurs sorties en mer par jour : 40€ la plongée pour les certifiés PADI et ANDI, 60€ la plongée "découverte" (sans diplôme). On peut aussi prendre part à l'une de ces sorties avec masque et tuba (15€). Service de bateau-taxi pour les plages voisines. *Tél. 22810 31 333 www.aquakythnos.com Ouvert juin-août : tlj. 9h-21h*

Le sud de l'île

☺ **Driopida** Prudemment retiré dans les terres, à l'abri des vents forts, le village doit son charme à ses maisons aux toits de tuiles (très rares dans les Cyclades) et à ses ruelles égayées de dessins à la chaux. Juste derrière l'église Agia Anna, qui règne au centre du bourg avec ses deux clochers et sa coupole, le petit **musée des Arts et Traditions populaires** (9h-14h et 17h-20h) expose des costumes, un métier à tisser, quelques broderies, des ustensiles de cuisine ainsi que des marques à pain bénit. Sur la colline opposée, l'église Agios Minas renferme une somptueuse iconostase en bois sculpté et un beau trône épiscopal en bois peint. La route qui monte vers Kanala offre, une magnifique vue plongeante sur le village. Arrêtez-vous à l'église post-byzantine Agios Nektarios, en haut de la colline, pour admirer les moulins à vent. *À 5km au sud-est de Merichas*

Lefkes Quelques maisons regroupées entre une étendue de sable et des vergers forment ce petit hameau blotti au fond de la vallée, après Driopida. Peu de choses à voir en dehors de la plage. Voilà qui tombe bien : eau cristalline, tamaris, taverne, tout est là pour le farniente, cf ci-dessous. *À 4km à l'est de Driopida*

Kanala La route révèle des vues sublimes sur la côte et l'île de Serifos en plongeant sur Kanala, beau village enchâssé dans un rocher au-dessus de la mer. Son nom lui vient de la Panagia Kanala, la sainte patronne de l'île (célébrée en grande pompe le 15 août et le 8 septembre). Pourvue d'une vaste terrasse en pierre sèche entourée de pins, la basilique renferme l'icône sacrée de la Panagia (la "sainte") ainsi qu'une belle iconostase patinée. D'intéressantes fresques ornent les plafonds, les murs et la coupole. La visite de Kanala

– quelques maisons fleuries de géraniums et de lauriers-roses –, prend à peine quelques minutes. L'été, des foules de vacanciers lézardent sur les deux belles plages du village : **Antonides** à l'est (accès par un escalier) ou **Megali Ammos** à l'ouest. Cette dernière est bordée de studios et de chambres à louer. Le village possède par ailleurs plusieurs tavernes. *À 7km au sud de Driopida*

● **Aller à la plage** Passé la bifurcation pour Kanala et ses deux plages, la grand-route pique vers le sud, offrant des panoramas de toute beauté sur les deux versants de l'île. Ici et là, une église perdue dans le maquis rehausse le paysage d'un éclat blanc. Des routes goudronnées et des sentiers pierreux descendent vers différentes plages, plus ou moins sauvages : **Skilou**, **Simoussi**, **Triblaka**, **Stifos**, et **Petroussa**. Terminus balnéaire : la plage d'**Agios Dimitrios**, un bout du monde hélas un peu gâché par de nombreuses maisons inachevées.
☺ **Lefkes** Au nord de Lefkes, reliées par un sentier côtier, les plages de **Zogaki** (accès par un escalier), **Kouri, Naoussa** puis **Agios Stefanos** rivalisent de beauté : horizon aux subtils dégradés de bleu, sable fin, tamaris, eaux limpides et, au large, les îlots déserts de Piperi et Serifopoula... Vous aurez l'embarras du choix pour poser votre serviette ! Attention, seule la plage d'Agios Stefanos possède une taverne (ce site, qui porte le nom de l'église bâtie sur la presqu'île voisine, est aussi accessible en voiture, mais par un mauvais chemin). *De la grand-route, tourner à gauche au panneau Lefkes et rester sur la gauche après la première chapelle Au croisement suivant, la route se scinde en deux : une piste mène à la plage d'Agios Stefanos (2km d'une très bonne piste avec vue panoramique sur la mer et sur Serifos, puis 2km de bitume), l'autre descend sur Lefkes (plus loin sur cette dernière, un embranchement mène, à gauche, après 1,5km, au parking des plages de Zogaki et de Kouri)*

CARNET D'ADRESSES

Lieux de sortie

Les cafés ouverts jusqu'à très tard dans la nuit (voire tôt le matin) se concentrent le long des quais et de la plage à Merichas. À Chora, la rue principale au cœur du village est le centre de la vie nocturne. Loutra, Driopida et Kanala sont beaucoup plus calmes...

Bars

Maïstrali Sur le quai, à hauteur de l'épingle à cheveux, ce café-bar constitue un bon poste d'observation pour voir s'écouler la vie du port. On y prend son petit déjeuner (tartines et café 4€), on y savoure des baklavas maison (2,50€) dans la journée et l'on y sirote un dernier ouzo avant de prendre le bateau. ***Merichas*** *Tél. 22810 32 880 Ouvert été : tlj. 6h-2h ; hiver : tlj. 6h-0h*

Veggera Au bout de la plage, à côté de Kantouni, un café un peu en retrait du port pour boire un verre les pieds dans l'eau, littéralement. Café grec (1,50€), jus de fruits, gaufres, glaces, cocktails (8-9€) à déguster sur la terrasse ou en salle. Petit déjeuner (café, jus, tartines) 4€. ***Merichas*** *Tél. 22810 32 636 Ouvert fév.-nov. : tlj. 8h30-5h*

Amorouza Au cœur de Chora, dans la rue principale, des banquettes à coussins colorés pour boire un café frappé ou un ouzo à l'heure de l'apéritif, tout en écoutant les anciens du café voisin deviser, un chapelet à la main. Milk-shakes, cocktails et musique (jazz, funky, soul) le soir. **Chora** *Tél. 22810 31 636 Ouvert tlj. 7h30-2h*

Apokalypsi La plus belle placette de Chora, au cœur du village, sert de terrasse à ce café-bar idéal pour siroter un *frappè* (2,50€), un jus de pastèque (4€) ou déguster un sorbet au melon (4€) ou une pâtisserie maison (3€). À l'intérieur, jolie déco autour d'agrandissements tirés de vieux films grecs. En été, le week-end, des groupes de rock venus d'Athènes assurent l'ambiance musicale. **Chora** *Tél. 22810 31 272 Ouvert été : tlj. 8h-5h ; hiver : tlj. 8h-0h*

Restauration

Le choix ne manque pas à Merichas et Loutra, où se succèdent de nombreux restaurants "les pieds dans l'eau". Préférez les tables plus typiques de l'arrière-pays pour savourer les spécialités de l'île, comme les croquettes au fromage.

très petits prix

Kantouni / Καντουνι Une accueillante petite taverne déployée sous une opulente bignone. Cuisine simple et locale ; spécialités de viande (*kokoretsi, souvlakia*, grillades). Bon choix de salades et même des beignets de citrouille ! Prix très attractifs de 3 à 9€. *À la pointe sud de la plage* **Merichas** *Tél. 22810 32 220 Ouvert tlj. 20h-0h Fermé oct.-début déc.*

petits prix

To Steki tou Degi / Το Στεκι του Δεγι Deux terrasses pittoresques, l'une donnant sur le village, l'autre abritée par un beau bougainvillier. Degi est le nom du patron mais c'est une femme qui officie aux fourneaux. À goûter absolument : les côtelettes d'agneau, les *souvlakia* mais aussi, en entrée, les tartes au fromage et aux poivrons. Nous sommes bien dans les terres : pas de poisson au menu ! 3-10€ le plat. Compter 12-15€. **Chora** *Tél. 22810 31 204 Ouvert tlj. 18h-2h*

Messaria / Μεσσαρια Un agréable restaurant qui sert des pizzas, des pâtes et quelques savoureuses spécialités locales : croquettes de fromage (*sfougato*) à 4,50€, porc en sauce blanche ou à la sauce tomate (épicée), lapin (8€), etc. Installez-vous sur la terrasse, abritée par des canisses, pour observer la vie du village, tandis que le clocher voisin égrène les heures... Plats 6-9,50€. Compter 13€. *À l'entrée du village* **Chora** *Tél. 22810 31 620 Ouvert tlj. 12h30-1h Fermé jan.-fév.*

To Kentro Une grand-mère tient cette petite taverne simple et populaire, spécialisée dans le lapin. Nappes en toile cirée, TV allumée et une pile de linge à repasser : le décor est familial et les prix sont modestes (autour de 8€ le plat du jour). *Juste derrière l'église* **Chora** *Tél. 22810 31 203 Ouvert tlj. 7h-0h*

Taverne Katerina Vue splendide sur la baie de Loutra de la terrasse de cette sympathique taverne familiale. Boulettes de fromage, salade de câpres et agneau sauce tomate... Un régal pour 11-15€ le repas. Loue aussi des studios dans le même cadre enchanteur, cf. Kalypso Studios (p.266). *Au sud de la plage de Skinari par le chemin côtier* **Loutra** *Tél. 22810 31 418 ou 69 76 33 78 59 Ouvert tlj. 7h-1h*

prix moyens

Avra Restaurant Sur la plage de Merichas, des tables posées à même le sable ou sous les arbres. Même décor que chez les voisins, mais c'est bien ici que sont servis les meilleurs poissons (frais) : cabillaud, espadon, dorade, calamar, rouget, mais aussi langouste, à déguster grillée ou en spaghettis (2 pers. mini., 60€). Si leur nom anglais ne vous en dit pas plus qu'en grec, demandez à les voir en cuisine ! Autres spécialités maison : le bœuf aux oignons (*stifado*, 11€) ou au vin blanc (*sofrito*, 11€) et surtout le *kalogeros*, gratin de bœuf, d'aubergines, de tomates et de fromage (12€). Accueil sympathique. ***Merichas*** *Tél. 22810 32 277 Ouvert Pâques-oct. : tlj. 11h30-1h30*

O Kantris Une taverne familiale bien ombragée aux couleurs de la Grèce : bleu et blanc ! Le regard tourné vers la mer, on déguste les plats préparés avec simplicité et savoir-faire. Si tous les mets inscrits sur la carte ne sont pas toujours servis, tout est bon ! Goûtez absolument aux *sfougato* (croquettes de fromage), spécialité de Kythnos. Autres spécialités : porc épicé *(kaftero)* et chèvre en sauce blanche citronnée *(katsiki lemonato)*. Plat 10€ env. Repas 13-15€. *À env. 150m en retrait de la plage, à l'entrée du village* ***Agios Stefanos*** *Tél. 22810 32 943 ou 69 76 65 44 69 Ouvert mai-20 sept. : tlj. 10h-0h*

prix élevés

☺ **Ostria** En débarquant du ferry, le premier restaurant sur la gauche. Est-ce parce qu'il est si près des bateaux de pêche que ses poissons sont plus frais qu'ailleurs ? Pagres, dorades, pageots, rougets... Toute la Méditerranée – et l'incontournable langouste – se retrouvent sur sa carte (qui a l'honnêteté de préciser quand les poissons sont congelés). Le plat de pâtes à la langouste (80€ le kg) suffit à rassasier 3 pers. (commandez à l'avance). Plats 6-12€. ***Merichas*** *Tél. 22810 33 017 Ouvert jan.-mars : ven.-dim. 10h-1h ; avr.-nov. : tlj. 10h-1h Fermé décembre*

☺ **Ofiousa /** Οφιουσα D'abord, le plaisir des yeux, avec, de la terrasse, une magnifique vue plongeante sur les maisons de Kanala, sa plage et, au loin, Serifos. Côté cuisine, les classiques grecs côtoient les créations maison et les spécialités insulaires : *melofeta* (feuilleté à la *feta* frit au miel, sésame et ouzo), *sousamenies* (croquettes au fromage et sésame), chevreau en croûte, *begoto* (friture de poisson), oignons farcis... Un sans faute qui a valu à l'établissement une distinction en 2009 ! Et chaque plat est traduit en français ! Le soir, demandez à regarder à travers le télescope de Giannis, le maître des lieux, pour scruter les étoiles. *À l'embranchement de la route menant à la plage d'Antonides* ***Kanala*** *Tél. 22810 32 601 Ouvert tlj. 9h-1h*

Hébergement

Pas de grands hôtels avec piscine mais de nombreuses locations et des chambres à louer tenues par des Grecs ne parlant souvent que leur langue. Le plus pratique est de loger à Merichas pour rayonner ensuite dans toute l'île. Pas de camping sur place.

petits prix

Chambres Panagiota Larentzaki Vingt chambres dispersées dans le village. TV, clim., balcon... Aux locations sur la plage, un peu vieillottes, préférez les studios du port, plus confortables avec leur balcon ombragé (au-dessus du loueur de voitures Antonis). 25-40€. Pas de CB. ***Merichas*** *Tél. 22810 23 268 ou 69 93 95 02 53*

Giannoulis Studios Dix chambres (clim., TV, ventilo, frigo) bien situées sur le port, pour assister au manège des bateaux dans la rade. On aimerait un peu plus d'espace et, pour les chambres sur le port, un peu moins de bruit (la route passe juste devant). Plus calme sur l'arrière mais pas de vue : il faut choisir ! Comptez 30-45€, petit déj. 5€. *Au-dessus du café Merichas* ***Merichas*** *Tél. 22810 32 247 Fax 22810 32 092 Ouvert toute l'année*

Akrogialia I et II Sur la jolie plage de Megali Ammos, à Kanala, un petit complexe récemment rénové de 10 chambres toutes simples, avec climatisation, cuisine équipée... La clientèle grecque, qui passe plus de temps sur la terrasse qu'à l'intérieur, s'en satisfait parfaitement ! Mention bien pour celles en pierre du pays. Attention, beaucoup de monde en juillet-août. Les propriétaires, Dimitri et Marietta, ne parlent que le grec. Comptez 40€ la double, 50€ avec coin cuisine. Également des appartements (4-5 pers.) à 80-100€. Pas de CB. ***Kanala*** *Tél. 22810 32 366 ou 22810 32 146 (hiver) ou 69 44 15 64 73 www.akrogialia-kythnos.com Ouvert mai-sept.*

prix moyens

Panorama À côté du Paradisos, dont il est la copie conforme, il propose des chambres (TV, wifi, clim., réfrigérateur, plaque électrique) fort bien tenues et avec une jolie vue sur le port et des prix doux, facilement flexibles hors saison. Mais là encore, escalier pentu et langue de Shakespeare inconnue ! Comptez 55€ la double et 65€ la triple. ***Merichas*** *Tél. 22810 32 184 ou 69 45 49 73 68 www.kithnosisland.gr/panorama Ouvert mai-nov.*

☺ **Villa Elena** Surplombant la plage de Martinakia, un peu au nord de Merichas, 6 maisonnettes et 2 studios blancs à flanc de falaise, parmi les eucalyptus et les géraniums. Un lieu empreint de charme et de quiétude. À l'intérieur, petites touches de déco marine et équipement complet (clim., TV, sèche-cheveux, cuisine équipée). Toutes les maisons (sauf 2) s'élèvent sur deux niveaux reliés par un escalier en colimaçon. Vue splendide sur la plage et Merichas, au loin, depuis les terrasses individuelles. Comptez 60-80€ le studio (2 pers.) et 80-120€ la maisonnette (2-4 pers.), mais les tarifs, dégressifs selon la durée du séjour, sont négociables. Également une chambre double à 50-60€. Pas de CB. *Plage de Martinakia* ***Merichas*** *Tél. 69 07 00 18 40 ou 22810 32 275 www.villa-elena.gr Ouvert juin-sept.*

☺ **Filoxenia Studios** Sur la placette à l'entrée du village (près du restaurant Messaria), un ravissant petit ensemble de 10 studios (2 à 4 lits) disposés parmi les bougainvilliers et les jardinières fleuries. La décoration est réduite au minimum mais chaque studio est bien équipé (TV, clim., frigo) et assez spacieux pour accueillir une famille. Env. 65€. ***Chora*** *Tél. 22810 31 644 ou 22810 31 265 ou 69 45 94 96 74 www.filoxenia-kythnos.gr Ouvert toute l'année*

Kalypso Studios Neuf studios (2-5 pers.) tenus par la famille de la Taverna Katerina, cf. Taverne Katerina (p.264). Même accueil chaleureux et même vue à couper le souffle sur la baie de Loutra, ses côtes rocheuses et sa mer ultramarine. On passe le plus clair de son temps sur la terrasse, que borde un joli jardin. Seuls quelques poteaux téléphoniques font de l'ombre au tableau. La déco intérieure reste simple mais le confort est bien là (clim., frigo, cuisine, TV, sdb). Comptez 60€ pour deux, 75€ pour trois et 85€ pour quatre. *À 5min à pied au nord du port* ***Loutra*** *Tél. 22810 31 418 ou 69 76 33 78 59 Ouvert toute l'année*

prix élevés

☺ **Porto Klaras** Sans doute la meilleure adresse ! À 30m de la mer, dominant le port de Loutra, ses 26 chambres, studios et appartements rénovés réservent des vues splendides sur la plage et la marina. Côté déco, rien n'a été laissé au hasard : murs chaulés, sol en pierre, poutres apparentes, meubles en bois, dessus-de-lits, rideaux, chaises en étoffes damassées, terrasses ombragées... TV, réfrigérateur, clim., coffre-fort, sèche-cheveux et espace wifi (et cuisines parfaitement équipées dans les studios et appartements) pour le confort. Propreté remarquable. Coup de cœur pour le studio n°19 et l'appartement n°22. Seul bémol : Loutra est assez isolé du reste de l'île. Double 45-80€, studio 50-100€, appart. 80-140€ selon la période. ***Loutra*** *Tél. 22810 31 276 ou 22810 31 600 www.porto-klaras.gr Ouvert avr.-oct.*

SERIFOS ΣΕΡΙΦΟΣ Σεριφος

Un rocher dans la mer : dès l'arrivée au port, le regard hésite entre Chora, magnifique village médiéval haut perché, dévalant la montagne telle une cascade, et les eaux turquoise de la longue plage de Livadi... Le charme opère dès que l'on prend un peu de hauteur. De son relief pelé et escarpé, en effet, Serifos révèle de somptueuses vues, sans cesse renouvelées, sur ses paysages de rocaille, ses coteaux, ses villages perchés, ses côtes déchiquetées et ses églises en équilibre au-dessus de la mer... Rassurez-vous, l'île est petite et vous n'aurez pas à choisir entre littoral et arrière-pays. À l'écart des sentiers battus (par les noctambules et les amoureux de vieilles pierres), moins connue que sa voisine, Sifnos, Serifos reste à découvrir... avant que les tour-opérateurs ne jettent leur dévolu sur elle !

MODE D'EMPLOI

accès

L'île est reliée au Pirée (de mai à octobre, 2h30 de traversée en bateau rapide et 4h30-5h en ferry), à Kythnos (1h20 de traversée), à Sifnos (25min en bateau rapide, 40min en ferry) et à Milos (1h30 en bateau rapide et 2h15-3h30 en ferry). Également des liaisons avec Syros (2-4h de traversée) et Kimolos (2-4h). Deux fois par semaine, bateau pour Paros (2h), Folegandros (2h30 en bateau rapide, 5h en ferry), Santorin (6-9h) et Ios (6h30).

Capitainerie de Livadi *Au-dessus du café Anemos Tél. 22810 51 470*

Kondilis Shipping & Tourism Billets toutes destinations. *À 500m à gauche du débarcadère* ***Livadi*** *Tél. 22810 52 135 www.greekferries-online.gr Ouvert juil.-sept. : tlj. 8h30-23h ; oct.-juin : tlj. 10h-13h*

orientation

Les ferries accostent à Livadi, sur la côte est. Le chef-lieu, Chora, est perché au sommet de la montagne, à 2km. Une bonne route goudronnée, fait le tour de l'île ; seul le quart nord-ouest, désertique, n'est pas desservi. Les plages des environs de Livadi et de la baie de Koutalas sont les plus belles... et les plus fréquentées !

se déplacer

EN CAR

KTEL Une dizaine de liaisons quotidiennes entre Livadi et Chora (de 8h à 21h30 env., arrêts aux centres villages), et 2/j. entre Livadi et Kentarchos. *Tél. 22810 51 034 www.ktelbus.gr*

EN TAXI

De Livadi, comptez 7€ la course pour Chora, 15€ pour le monastère des Taxiarques et 16€ pour Koutalas.

Gounaris *Tél. 69 44 47 30 44*

Moustakas *Tél. 69 44 90 86 37*

Chalida Kalliopi *Tél. 69 32 43 11 14*

EN VÉHICULE DE LOCATION

Renseignements sur le site www.serifos-travel.com.

Blue Bird Voiture 45€/j., moto 15-25€/j., quad 20-30€/j. *Juste à côté de la seule station-service de l'île, sur la route de Serifos (Chora)* ***Livadi*** *Tél. 22810 51 511 Ouvert sept.-mai : tlj. 8h-20h ; juin-août : tlj. 8h-21h*

informations touristiques

Sur le quai, un kiosque ouvre l'été... en principe !

informations pratiques

Bureau de poste, banque et distributeurs de billets (sur le quai du port de plaisance) à Livadi.

Pharmacie *À côté de la poste* ***Livadi*** *Tél. 22810 51 205 ou 69 32 60 58 59 Ouvert lun.-ven. 9h-14h et 18h-21h, sam.-dim. 10h-14h et 18h-21h Horaires aléatoires en été (affichés)*

Centre médical ***Livadi*** *Tél. 22810 51 202*

Police *Tél. 22810 51 300*

DÉCOUVRIR

Serifos

☆**Les essentiels** Le monastère des Taxiarques, Serifos (Chora) **Découvrir autrement** Profitez du décor de carte postale qu'offrent les plages de Livadi et la baie de Koutalas, faites le tour de l'île à moto, flânez du côté de Megalo Livadi

Sachez-le : tôt ou tard, il faudra vous offrir un tour de l'île en voiture ou à moto : la route (dont l'état est excellent, même si la portion Koutalas-Ramos n'est pas encore bitumée) réserve des vues époustouflantes sur l'île et ses villages à flanc de colline, ses plages blondes, ses églises sur fond de mer indigo...

Livadi et le Sud

Livadi Blotti au creux d'une baie à l'abri de deux presqu'îles, Livadi est à la fois le port et la principale station balnéaire de l'île. De nombreux hôtels, cafés-bars, restaurants et boutiques se succèdent entre le débarcadère et

Plan 10 Serifos

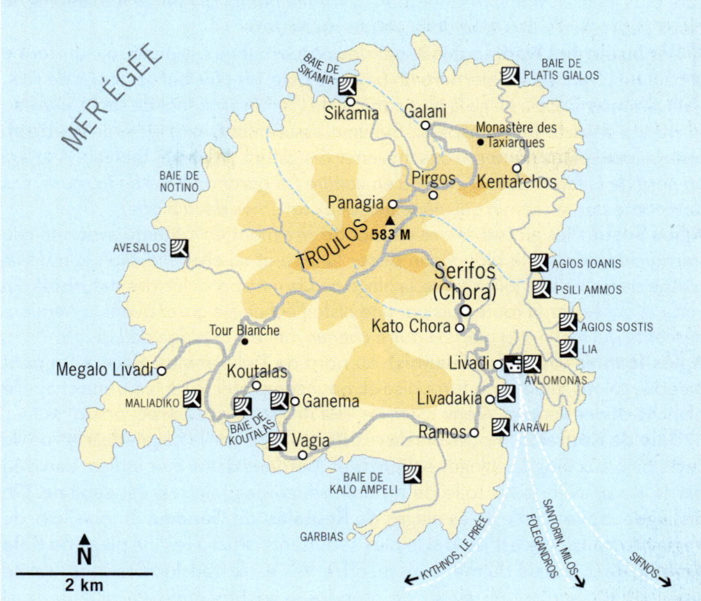

la longue plage d'Avlomonas, au centre du village. Mais l'animation reste plaisante et l'atmosphère bon enfant. Juste au sud du port, derrière un promontoire, la belle plage de la station de **Livadakia** est appréciée des touristes qui résident alentour.

Tour Blanche Cette tour en ruine de la période hellénistique (vers 300 avant notre ère) offre un très beau panorama sur les baies du sud-ouest de l'île. *À 12km à l'ouest de Livadi, sur la route de Megalo Livadi De la route, suivre le panneau (200m de marche)*

Megalo Livadi Ambiance Far West pour ce village (presque) fantôme pourtant lové dans une très jolie baie : un pont de chargement rouillé, des bâtiments en ruine, des wagonnets abandonnés dans les hautes herbes… Dès 1880, le lieu fut le centre d'une importante activité minière. Une compagnie métallurgique, la Serifos Spiliazeza, dont on peut voir la façade décrépie de la plage, y avait son siège. Juste à côté, un monument rend hommage aux victimes de l'émeute d'août 1916, au cours de laquelle une dizaine de mineurs en grève furent abattus par la police. *Sur la côte sud-ouest, à 15km de Livadi*

● Aller à la plage

Livadi La plage la plus proche de Livadi est celle d'**Avlomona**s, longue et assez claire malgré la proximité du port. Besoin de tranquillité ? Préférez celle de **Livadakia** (à 1min à pied du port, bondée l'été), très échancrée avec sable fin, eau claire et tamaris, ou encore celle de **Karavi** (nudisme toléré), au sud, plus jolie et moins fréquentée (suivre le chemin qui longe le camping, la plage s'étire de l'autre côté de la pointe rocheuse).

☺ **Péninsule de Livadi** Terminée par deux caps rocheux, la péninsule qui ferme la baie de Livadi cache, derrière un paysage pelé, les plus belles plages de l'île.

Psili Ammos C'est la plage la plus connue de l'île. Un croissant de sable, une eau qui hésite entre le vert et le bleu... Sublime, assurément, mais le béton guette et, l'été, la foule et les nombreux yachts amarrés gâtent un peu le tableau. *À 2,5km au nord de Livadi. Accès à pied ou en voiture (se garer au bord de la route puis descendre par le chemin qui mène aux deux tavernes de la plage)*

Agios Sostis Plus au sud, moins de monde. Vraiment envoûtante avec son eau translucide, son sable blond, son décor lunaire et sa chapelle. Non loin de là, blottie dans une très jolie crique, la plage de **Lia** est appréciée des naturistes. *En voiture, accès par la route puis par une piste fléchée (se garer avant la dernière descente qui mène à la plage) L'autre chemin mène à la plage de Lia*

Agios Ioannis (ou Agios Giannis) Au nord de Psili Ammos. Encore un petit paradis : galets, sable, eaux turquoise et, pour compléter le tableau, une chapelle blanche et des vergers. *À env. 1,5km de Psili Ammos. Accès direct par la route*

☺ **Baie de Koutalas** Impossible de résister à l'appel de la baignade à la vue de cette baie aux longues plages échancrées, bordées d'une mer indigo. L'arrivée par le nord, avec, pour toile de fond, le rouge des falaises, est sublime. On distingue, d'ouest en est, les plages de **Koutalas**, de **Ganema** et, plus loin, de **Vagia** – la deuxième est de loin la plus séduisante. Plus à l'est, la plage de **Kalo Ambeli**, dans la baie du même nom, offre des eaux translucides et un calme absolu (difficile d'accès ; évitez de prendre le sentier, raide et caillouteux, si vous êtes motorisé !). *À env. 10km à l'ouest de Livadi*

Megalo Livadi *Sur la côte sud-ouest, à 15km de Livadi*

Une belle plage bordée de maisons cubiques blanches – et de bonnes tavernes (cf. Carnet d'adresses) – invitent à une agréable pause.

Serifos (Chora) et le Nord

☆☺ **Serifos (Chora)** Tout le charme d'un village cycladique ! L'ancienne capitale dégringole du sommet de la montagne en un torrent de maisons blanches, de ruelles et d'escaliers pentus d'où s'échappent, çà et là, de belles perspectives sur la mer. On découvre en premier lieu la ville basse (Kato Chora) où se tient, dans une maison ancienne, près de l'église colorée d'Evangelistrias (toiture rouge et dôme bleu), le petit **Musée d'Art populaire** (costumes, broderies et outils traditionnels). Plus haut sur la route goudronnée, le **Musée archéologique** exhibe dans son unique salle des vestiges des périodes hellénistique et romaine retrouvés à Chora : colonnes, piédestaux, stèles… Arrivé au petit col, on prend à droite l'escalier qui grimpe jusqu'à la ravissante placette Pano Piatsa, le centre du village. La façade néoclassique assez grossière de l'hôtel de ville (1907) y côtoie les élégants volumes arrondis de l'église Agios Athanasios, d'un blanc éclatant, et de son dôme bleu. De la *piatsa*, un chemin balisé (panneaux figurant un A jaune sur fond bleu) grimpe jusqu'au sommet où les ruines du *kastro* vénitien, à l'ombre de l'église Agios Konstantinos et Eleni, forment un cadre idéal pour admirer le panorama sur le sud de l'île (avec, au loin, Sifnos) : grandiose !

ENTRER DANS LA DANSE

Si les enfants sont rois en Grèce, le soir, à l'heure de l'apéritif, ils ont plutôt tendance à faire les pitres ! Profitez du spectacle en vous installant à la terrasse du **Stou Stratou** : vos enfants pourront, bien sûr, se mêler à la ribambelle de bambins du village (p.272) !

À 2km au nord-ouest de Livadi L'ascension peut se faire à pied de Livadi par un escalier ; éviter les heures chaudes En bus, compter 20min **Musée d'Art populaire** *Tél. 22810 51 181 Ouvert juil.-août : lun.-ven. 18h-21h, sam.-dim. 10h-13h et 18h-21h Participation libre* **Musée archéologique** *Tél. 22810 52 611 Ouvert mar. et jeu.-dim. 9h-16h 2€*

Panagia Ce village à flanc de colline s'organise autour de son église qui, consacrée à la Vierge (Panagia), lui a donné son nom. C'est la plus ancienne de l'île (xe s.). Les fresques, hélas bien noircies par le temps, qui ornent murs et plafonds remontent au XIIIe siècle – celles du bas-côté droit et du transept gauche sont les mieux conservées. Demandez les clés au café du village, où vous pourrez, au passage, acheter du miel. Au sortir du village, une route en lacet mène à la jolie baie de Sikamia, cf. Aller à la plage ci-dessous. *À 6km au nord-ouest de Chora*

☆ **Monastère des Taxiarques / Taxiarchon** Bâti en 1572 en l'honneur des archanges Michel et Gabriel (les taxiarques – généraux des armées célestes – de l'Église orthodoxe), dont l'icône serait parvenue sur l'île cette année-là (après avoir disparu d'un bateau chypriote fuyant l'occupation turque), ce monastère aux allures de forteresse fut pillé à plusieurs reprises par les pirates. Derrière ses hautes parois étincelantes se regroupent une soixantaine de cellules, distribuées autour d'une église à dôme blanc ; demandez au moine qui garde les lieux de vous l'ouvrir pour voir l'icône miraculeuse de saint Michel, le trône épiscopal en bois sculpté et doré (1600), la superbe iconostase en marbre et bois (1600) et le porte-icône en marqueterie (1500). Tenue correcte exigée (pantalon ou jupe longue pour les femmes, bras couverts). Après la visite, une baignade s'impose à Platis Gialos, cf. Aller à la plage, ci-dessous. *À 3,5km à l'est de Galani et 13km au nord de Chora Le monastère est desservi une fois par jour, à la demande, par le car qui s'arrête au village voisin Tél. 22810 51 027 Ouvert tlj. 11h-13h (horaires variables)*

Le regard qui tue...

Dans la mythologie grecque, l'île de Serifos abrite la célèbre gorgone **Méduse**, monstre aux ailes d'or dont la chevelure est constituée de serpents et dont le regard pétrifie ceux qui fixent son visage repoussant. Voulant séduire Danaé, Polydectès, roi de Serifos, éloigne le fils de celle-ci, **Persée**, en le chargeant de tuer Méduse, convaincu que le jeune héros y trouvera la mort. Mais grâce à son bouclier, qu'il utilise comme un miroir, Persée évite le regard mortel de la gorgone et lui tranche la tête. En sortant celle-ci de son sac, à son retour auprès de Polydectès, il change le roi de Serifos - et l'île entière -, en pierre...

Kentarchos (ou Kallitsos) Une grappe de maisons cubiques accrochées à la colline, face à la mer… Le paysage, verdoyant, émaillé de vergers, de pins et d'oliviers, tranche avec le décor minéral des collines voisines. *À 3km au sud-est du monastère des Taxiarques*

Aller à la plage

Platis Gialos Superbe plage nichée au fond d'une anse protégée par un bras de terre. Au loin s'égrènent les îlots de Serpofoula et de Piperi. Bonne taverne en retrait, cf. Nikoulias (p.274). *À 2km au nord-est du monastère des Taxiarques Accès par une piste partiellement bétonnée*

Sikamia Calme et eau claire garantis dans ce bout du monde, hélas pas très propre. *À 4km au nord-ouest de Panagia*

CARNET D'ADRESSES

Lieux de sortie

Bars

On trouve de nombreux cafés et bars le long de la plage de Livadi, dispensant une musique rythmée (parfois trop) !

Yacht Club Serifos Plutôt que le chic surfait d'un vrai yacht-club, on y apprécie le charme d'un bar de plage, avec ses tables disposées sous les tamaris… Jolie salle décorée de maquettes de bateaux et d'antiques postes de radio. Musique d'assez bonne qualité (soul, rock, lounge) à un volume décent. Caïpirinhas, mojitos, vodka (9-11€). Petit déjeuner à partir de 10h et restauration légère (omelettes à partir de 4,50€, pâtisseries) jusqu'à 19h. *Un peu en retrait des autres cafés, au nord de la plage **Livadi** Tél. 22810 51 888 Ouvert Pâques-oct. : tlj. 7h-5h*

Anemos Siroter un jus de fruits frais face à la baie de Livadi sur fond d'un vieux Pink Floyd, c'est possible ! Au bout du quai, ce sympathique café-bar offre une vue imprenable sur la mer et le village, et son ambiance décontractée remporte tous les suffrages. Petit déjeuner 5€, *frappè* 2,50€, bière pression 2,50€… et jeux de cartes pour passer le temps en attendant le bateau. Bondé le samedi soir en été. ***Livadi** Tél. 22810 51 783 Ouvert tlj. 12h-4h*

☺ **Stou Stratou / Στου Στρατου** Sur la ravissante *piatsa* de Chora, l'une des terrasses les plus agréables de l'île. Le soir, les enfants du village jouent entre les tables et à midi, on vient y chercher un peu de fraîcheur sous les canisses. Stratos, le chef francophone, sert de délicieux jus de fruits frais, des petits déjeuners (œufs et tomates *strapatsada*), pâtisseries maison (3,50€), des cocktails à base d'ouzo (6-7€), des *mezedes*, des glaces… Son site Internet est une mine d'informations sur Serifos ! *Pano Piatsa **Chora** Tél. 22810 52 566 www.stoustratou.com Ouvert Pâques-sept. : tlj. 9h-4h*

☺ **Karavomilos / Καραβομυλος** Central, au milieu du virage pour Megalo Livadi, ce joli resto-bar-café attire les villageois de tout âge et les touristes dans un joyeux coude-à-coude. Déco soignée, façon "brocante chic" dans l'une des salles : maquettes de bateaux, plateaux peints, *komboloï*, meubles rétro… *Frappé*, ouzo, raki (4,50€), cocktails servis en terrasse (9,50€). La salle du restaurant délivre une vue magistrale sur les montagnes de l'arrière-pays. Musique grecque essentiellement. ***Chora*** *Tél. 22810 51 261 ou 69 45 55 49 77 Ouvert mai-fin sept. : tlj. 17h-4h et Pâques*

Restauration

petits prix

☺ **Stamatis** Les insulaires plébiscitent ce restaurant de plage, situé à l'écart des autres tavernes de Livadi. Une façon de se démarquer, à l'instar de sa cuisine, plus savoureuse : poisson frais, courgettes et tomates farcies, excellentes feuilles de vigne (demandez-les tièdes, c'est bien meilleur !). Le tout arrosé de vin de Crète. Bon rapport qualité-prix : 5-7,50€ le plat (poisson 35-60€ le kg). Pas de CB. *Au bout de la plage en direction du nord* ***Livadi*** *Tél. 22810 51 309 Ouvert mi-mars-début nov. : tlj. 11h-0h*

Taverne Stephanakos La taverne a beau proposer des spécialités de *saganaki* (fromage frit) et de *revithia* (pois chiches), la clientèle n'en a cure : on vient ici pour croquer du poisson ! Le cadre enchanteur, dominant la plage de Psili Ammos, ouvre, il est vrai, des appétits marins. Coques, poissons grillés... ainsi que viandes et quelques classiques grecs pour ne froisser personne. Env. 11-12€. Prix accessibles et bon accueil. Pas de CB. ***Psili Ammos*** *Tél. 69 44 59 41 88 Ouvert avr.-oct. : tlj. 8h-22h*

Taverne Kyklopas L'une des deux tavernes de Megalo Livadi, posée sur la plage à l'ombre des tamaris. Une cuisine simple, familiale, appréciée pour ses spécialités : la purée de fèves (*fava*, 5€), le porc de Serifos au four (7€), les boulettes de viande (6,50€) et le poisson frais. Portions généreuses et petits prix. Pas de CB. ***Megalo Livadi*** *Tél. 22810 51 009 Ouvert tlj. 10h-0h*

Plakes Cette table assez simple fait l'unanimité à Serifos. Toute la famille met la main à la pâte, même les plus jeunes qui s'improvisent serveurs ! Les viandes (côtelettes, pancetta, filet de porc) restent bon marché et se dégustent en terrasse face aux maisons et moulins de Chora. Plats 5-9€. Et si vous avez l'estomac solide, essayez le vin maison ! *À la sortie nord de* ***Chora****, légèrement en hauteur Tél. 22810 51 913 Ouvert juin-août : tlj. 18h-0h ; sept.-mai : ven.-sam. 18h-0h*

☺ **Aloni** La baie de Livadi se déploie avec majesté de la terrasse de ce restaurant, accroché à mi-pente entre Livadi et Chora. Loin des cafés bruyants, on s'y régale sous les étoiles, au chant des cigales... Parmi les spécialités de Marietta et Nikos Kotsikou, essayez le ragoût de lapin au citron (8€), les câpres aux tomates et oignons (6,50€) et les croquettes d'aubergine (5,50€). Plats 5,50-8,50€. *À 1,5km env. de* ***Livadi*** *en dir. de Chora (panneau discret dans un virage) Tél. 22810 52 603 ou 69 72 12 22 79 Ouvert Pâques-sept. : tlj. 17h-0h ; oct.-avr. : ven.-sam. 17h-0h*

GAMME DE PRIX	RESTAURATION	HÉBERGEMENT
Très petits prix	moins de 10€	moins de 30€
Petits prix	de 10 à 15€	de 30 à 50€
Prix moyens	de 15 à 20€	de 50 à 80€
Prix élevés	de 20 à 30€	de 80 à 120€
Prix très élevés	plus de 30€	plus de 120€

Nikoulias Une taverne familiale à l'aplomb d'une crique, près de la plage de Platis Gialos. Pois chiches, boulettes de viande (6€), salades au fromage maison et poissons se dégustent sous une terrasse abritée de canisses, face à la mer turquoise. Parfois, un ferry passe au loin. Le bonheur… Prix mini : autour de 7,50€ le plat. Accueil cordial. Pas de CB. ***Platis Gialos*** *Tél. 22810 52 174 Ouvert avr.-oct. : tlj. 7h-0h*

prix élevés

Takis Noyé parmi les autres restaurants de la plage de Livadi, on le remarquerait à peine. Mêmes tables posées sur le sable, même vue agréable sur la mer… Mais la cuisine de Takis se distingue par ses – bonnes – spécialités de poisson et de fruits de mer : salade d'oursins (21€) ou encore spaghettis aux oursins… mais on peut aussi commander un plat de la viande. Une tranche de pastèque clôt le repas en douceur. Comptez 20-25€. Réservez le soir en été. ***Livadi*** *Tél. 22810 51 159 Ouvert fév.-oct. : tlj. 12h30-0h30*

Hébergement

La plupart des hôtels et chambres à louer de l'île se trouvent à Livadi et Livadakia (à quelques minutes à pied du port, à gauche en quittant le débarcadère).

camping

Camping et bungalows Coralli Idéalement posé sur la plage de Livadakia, ce camping peut accueillir 500 personnes mais il est vite bondé en août ! L'endroit ne manque pas d'atouts : du sable fin, un terrain ombragé d'eucalyptus et de lauriers-roses, une piscine avec bar, une épicerie, un restaurant, une laverie, une cuisine commune, etc. Plantez votre tente le plus loin possible de l'entrée, la musique tonitruante de la piscine est assez pénible. Une certaine négligence, malheureusement, est à déplorer côté propreté en haute saison. Propose également des bungalows (2-6 pers., réservation impérative pour un séjour en été, 45-65€ pour deux) et, en dehors du camping, des appartements tournés vers la mer (55-85€ pour 5 pers). Navette gratuite avec le port. Comptez 7€/pers., 4€ la tente, 8€ la caravane. Les animaux ne sont pas acceptés. ***Livadakia*** *Tél. 22810 51 500 www.coralli.gr Ouvert Pâques-sept.*

petits prix

Pension Helios La famille Gabriel tient avec le sourire – et beaucoup d'expérience – cette pension située à 2min à pied de la plage de Livadakia. Lits sur banquettes, TV, wifi, clim., frigo, réchaud pour le café et balcon privé pour les 8 chambres, très bien tenues. Demandez de préférence celles à l'étage avec vue sur la mer. Calme garanti : les cafés de la plage sont loin ! Prix attractifs hors saison (25-30€ pour deux en juin ou septembre !), retour à la normale en juillet-août : 45-55€, sans petit déj.

GAMME DE PRIX	RESTAURATION	HÉBERGEMENT
Très petits prix	moins de 10€	moins de 30€
Petits prix	de 10 à 15€	de 30 à 50€
Prix moyens	de 15 à 20€	de 50 à 80€
Prix élevés	de 20 à 30€	de 80 à 120€
Prix très élevés	plus de 30€	plus de 120€

Excellent accueil. *A 100m de la plage de Livadakia* ***Livadi*** *Tél. 22810 51 066 www.serifosisland.gr/helios Ouvert toute l'année*

prix moyens

☺ **Areti Hotel** Assurément l'un des meilleurs établissements de l'île. Bâti sur les hauteurs, peu après le débarcadère, entre Livadi et Livadakia, cet hôtel pimpant de 12 chambres regarde vers la mer : l'île de Sifnos d'un côté, la plage de Livadi et le village perché de l'autre. Sublime dans les deux cas ! Confort impeccable (TV, clim., frigo, coffre) et jolies petites touches de déco bleu et blanc. L'hôtel propose aussi 4 studios (2-5 pers.). La plage de Livadakia est à 200m. Double 40-60€, studio 70-90€, petit déj. 5€. Pas de CB. ***Livadi*** *Tél. 22810 51 479 www.serifosisland.gr/areti Ouvert mi-mai-mi-oct.*

Hôtel Maïstrali Un hôtel classique bien situé sur la plage de Livadi, légèrement en retrait des cafés bruyants. Confort classique (clim., TV, frigo, sèche-cheveux, coffre-fort) pour les 17 chambres qui, rafraîchies régulièrement, gagneraient à afficher un peu plus de fantaisie. On ne perd pas au change en optant pour une chambre à l'arrière : pas d'ouverture sur la mer mais une vue magistrale sur Chora, et plus de calme, pour quelques euros de moins (40-70€ la double). Aussi deux appartements pour 4 ou 5 pers. (65-100€). Petit déj. 5€. Réservez en été. ***Livadi*** *Tél. 22810 51 220 www.hotelmaistrali.eu Ouvert mi-mai-mi-oct.*

Cristi Rooms Un petit établissement à taille humaine qui a emprunté à l'Areti Hotel, son voisin (à moins que ce ne soit l'inverse ?), toutes ses bonnes idées : 9 chambres, 2 appartements de 2 pièces (4-5 pers.) et une maison traditionnelle (2-7 pers.) dans un vaste jardin, propres et confortables, une décoration "cycladique" du meilleur goût et, surtout, des balcons magnifiques donnant sur Livadi et, au loin, sur Chora. Seuls défauts : des salles de bains un peu étroites. Double à 50-80€, appartement à 60-90€. Accueil souriant. *Près de la plage de Livadakia.* ***Livadi*** *Tél. 22810 51 214 Ouvert toute l'année*

Alexandros-Vassilia Sur la plage de Livadakia, ce petit complexe bleu et blanc rassemble 20 chambres et appartements (plus une taverne) dans un esprit "village vacances". Récemment rafraîchis, tous sont plus que confortables (clim., TV, wifi, coffre, balcon) et le cadre, ponctué de bouquets de bougainvilliers, est plaisant. Préférez les chambres donnant sur l'arrière, sans vue sur la mer mais plus au calme. Ceux qui cherchent un peu d'intimité risquent cependant d'être déçus. Bonne taverne au-dessus de la plage, bondée l'été. Navette avec le port. Comptez 70-80€ la double et 100-120€ la triple avec le petit déj. ; 120€ le studio (4 pers.). Réservez longtemps d'avance pour août. *Sur la plage de Livadakia* ***Livadi*** *Tél. 22810 51 119 www.alexandros-vassilia.gr Ouvert Pâques-début oct. Café-restaurant ouvert tlj. 8h-23h*

Mykonos (p.486).

Temple d'Aphaia (p.204), Égine.

Filoti (p.441) et ses oliveraies, Naxos.

Le combat autour du corps de Patrocle, thème récurrent des vases antiques.

Sur la corniche dominant la caldeira, Santorin (p.357).

Théâtre de Dionysos (p.116), Athènes.

Baie de Kleftiko (p.327), Milos.

Athènes (p. 96) et le mont Lycabette (p.153), vus de l'Acropole (p.111).

Monastère de la Panagia Choroviotissa (p.468), Amorgos.

Église d'Oia (p.368), Santorin.

Pélican du vieux port de Mykonos (p.498).

Petite Venise (p.499), Mykonos.

Aspronissi (p.370), Santorin

Navigation dans les Cyclades.

Port de Gialos (p.578), Symi.

Chouchi
GOLD
COCKTAILS
DRINKS
illy

Le Moschophore ("porteur de veau"), musée de l'Acropole (p.121), Athènes.

Port de Naoussa (p.416), Paros.

Église de Fira (p.361), Santorin.

SIFNOS ΣΙΦΝΟΣ Σιφνος

Sifnos exhibe fièrement la douce beauté et la diversité de ses paysages. Ici, les montagnes les plus arides côtoient des vallons fertiles, les monastères dominent des plages de sable fin. On ne compte plus ses chapelles et églises – 365 selon la légende ! –, ni les moulins et les pigeonniers qui émaillent la campagne parmi des bouquets d'oliviers, d'amandiers et de figuiers... Ce joli caillou, qui attire les amoureux des Cyclades en quête d'authenticité (et beaucoup de Français), se prête particulièrement bien à la randonnée, même si l'on doit plus souvent se fier à son sens de l'orientation qu'au balisage. Où que vous vous retrouviez, cette île célèbre pour ses *keramika* vous réservera un accueil chaleureux, souvent autour d'une cuisine savoureuse.

LE TRÉSOR DE SIFNOS Dès la Haute Antiquité, les différents occupants de l'île (Phéniciens, Minoens puis Ioniens) y exploitent des mines d'or et d'argent – on y frappe même monnaie, vers 600 av. J.-C., avant Athènes et Corinthe ! Témoignage de sa prospérité, le fameux trésor de Sifnos (VIe s. av. J.-C.), petit édifice votif offert au sanctuaire d'Apollon, à Delphes, se distingue par la richesse de son ornementation. Sifnos entame un long déclin au Ve siècle av. J.-C. Ses mines finissent par s'épuiser. Annexée au duché de Naxos en 1207, l'île tombe aux mains des Ottomans en 1537. Mais au XVIIe siècle, après une période de troubles, elle devient le cadre d'une intense vie religieuse, intellectuelle et politique sous l'impulsion d'un riche négociant, Vassilis Logothetis. Cette grande effervescence culturelle prévaut encore aux XVIIIe et XIXe siècles, époque qui voit l'établissement, à *Kastro*, de l'école de théologie du Saint-Sépulcre. On dit même que c'est dans un monastère de Sifnos – Chryssopigi – que débute en 1821 la guerre d'indépendance, combat auquel l'île prendra une part active avant d'être rattachée au royaume grec en 1832.

MODE D'EMPLOI

accès

Des lignes maritimes relient Kamares au Pirée (2h10 en bateau rapide et 5h50 en ferry), à Serifos (30min en bateau rapide, 1h en ferry), Milos (45min en bateau rapide, 1h30 en ferry), Folegandros (30min en bateau rapide, 1h en ferry), Santorin (environ 1h30-2h en bateau rapide et 5h en ferry), Ios et Sikinos. Liaison directe avec Paros (2h40 en ferry). Les horaires, prix et trajets changeant tous les ans en mai, nous vous invitons à consulter les sites www.directferries.fr, www.gtp.gr, www.ferries.gr ou www.aferry.gr. Le prix du billet en catamaran est environ 2 fois celui du ferry. Les billets sont en vente dans les agences de voyages et à l'office de tourisme, sur le port de Kamares et à Apollonia. Attention, les agences ne couvrent pas toujours toutes les destinations.

Capitainerie de Kamares *Tél. 22840 33 617*

Thesaurus Vend des billets de bateau pour toutes les destinations. ***Apollonia*** *Tél. 22840 33 151 www.thesaurus.gr Ouvert juin-sept. : tlj. 9h30-21h30 ; oct.-mai : tlj. 10h-15h* ***Kamares*** *Tél. 22840 33 152 Ouvert juin-sept. : tlj. 9h30-21h30 ; oct.-mai : tlj. 10h-15h*

orientation

Les bateaux accostent à Kamares, principal port de l'île, doté, une fois n'est pas coutume, de cafés, de restaurants et d'hôtels. Également animée mais plus centrale, l'agglomération d'Apollonia est établie sur la côte est ; elle regroupe les villages d'Artemonas, de Kato Petali, de Katavati et de Pano Petali. Dans le sud de l'île, les belles plages de Platis Gialos, Chryssopigi et Vathi attirent les touristes. Le Nord est désert, à l'exception du petit port de Cheronissos.

informations touristiques

Office de tourisme Billets de bateau, consigne à bagages gratuite et vente de cartes de l'île. Accueil professionnel. *Face au débarcadère* ***Kamares*** *Tél. 22840 31 977 www.sifnos.gr Ouvert tlj. 9h-0h*

se déplacer

EN CAR

KTEL Excellent réseau qui rayonne à partir d'Apollonia-Artemonas. Fréquence régulière et soutenue, surtout l'été : un car toutes les 30min d'Apollonia-Artemonas à Kamares et Platis Gialos. Liaisons avec Kastro, Faros, Vathi et Cheronissos moins fréquentes. Horaires (très clairs) disponibles à l'office de tourisme. Prix du billet : 1,60-2,20€. ***Artemonas*** *Tél. 22840 31 925 www.ktelbus.gr*

EN TAXI

Une dizaine de chauffeurs de taxis exercent dans l'île (leurs coordonnées figurent sur le site www.sifnos.gr). Réservation par téléphone impérative. Prix de la course Kamares-Apollonia : 8€ env. ; Apollonia-Vathi : 13€ env. ; Platis Gialos : 11€ env.

Diaremes *Tél. 22840 31 719 ou 69 44 64 26 80*

Chryssogelos *Tél. 22840 33 570 ou 69 44 90 09 72*

Karavis *Tél. 22840 31 173 ou 69 44 93 61 11*

EN VÉHICULE DE LOCATION

Les trois seules stations-service se trouvent à Apollonia.

1° Moto Car Voiture : 20-70€/j. ; scooter et moto : 10-35€/j. ; quad : 15-35€/j. selon la saison. *Sur le port* ***Apollonia*** *Tél. 22840 33 791 www.protomotocar.gr Ouvert tlj. 8h30-21h*

Apollo Voitures 20-60€/j. ; motos 10-25€/j. selon la saison. *Sur la route d'Exambela* ***Apollonia*** *Tél. 22840 33 333 Ouvert tlj. 9h-21h*

fêtes et manifestations

Fête du monastère de la Panagia Chryssopigi *À l'Ascension (40 jours après Pâques)*

Fête du monastère Profitis Ilias *Le 19 juillet*

Fête du monastère Saint-Siméon *Le 31 août*

Fête du monastère des Taxiarques À Vathi. *Le 5 septembre*

informations pratiques

Apollonia concentre l'ensemble des services. Signalons un cybercafé à Kamares, près de l'hôtel Stavros.

Centre médical ***Apollonia*** *Tél. 22840 31 315*

Pharmacie Fotiadis *Route d'Artemonas* ***Apollonia*** *Tél. 22840 33 033*

Ouvert été : lun.-ven. 9h-23h, sam.-dim. 9h-14h30 et 17h-23h ; hiver : lun.-sam. 9h-14h30 et 17h-21h, dim. 10h-14h
The Bookshop Presse internationale, cartes, guides, livres sur Sifnos. *Platia Iroon* ***Apollonia*** *Tél. 22840 33 523 Ouvert juil.-août : tlj. 8h30-1h ; mars-juin, sept.-oct. : tlj. 8h30-21h*
Police *Tél. 22840 31 210*

DÉCOUVRIR

Sifnos

☆**Les essentiels** Apollonia, Artemonas, Kastro, le monastère de la Panagia Chryssopigi **Découvrir autrement** Piquez une tête au pied de la Panagia Poulati, succombez au charme du petit port de Cheronissos

L'ouest de l'île

Kamares Port principal de l'île depuis la fin du XIXe siècle, Kamares est niché au fond d'une baie, entre deux montagnes. Sur ses quais s'alignent restaurants, cafés et ateliers de potiers... Même si les ferries accostent à quelques encablures, la plage est notée "drapeau bleu". Locations derrière le port et dans le quartier d'Agia Marina, au bout de la plage. Une jolie route, traversant des vallées encaissées, mène à Apollonia, le chef-lieu (6km).

● **Où acheter des *keramika* ?** Sifnos est réputée pour sa poterie, notamment pour ses *flaros*, éléments décoratifs en forme de pigeonniers ouvragés qui ornent le toit des maisons.
Giraskos Aei Didaskomenos / Γηρασκως αει διδασκομενος Antonis Calogirou, le potier fantasque de Kamares, s'est fait une spécialité des *keramika* à rayures bleu et blanc ou, dans un registre plus touristique, ornées de bateaux. *Flaros*, vases, tasses, saladiers de 3 à 25€. On peut observer l'artisan à l'œuvre dans son atelier. *Sur le port de Kamares, signalé par un moulin miniature Tél. 22840 31 651 Ouvert 9h-0h*
Podotas Une référence en matière de poterie, et pour cause : les Podotas exercent depuis plus d'un siècle. Giannis, qui a repris le flambeau, signe des poteries de belle qualité : outre les *flaros*, des plats entièrement noirs, bleus ou beiges, tout en sobriété et en élégance. *Dans la ruelle au-dessus de l'église Agios Georgios Tél. 22840 32 349 Ouvert tlj. 9h-23h*

Les côtes est et sud-est

Centre administratif et commercial de Sifnos, Apollonia s'étend sur trois collines, formant une vaste agglomération qui comprend les villages de Pano Petali et d'Artemonas au nord, de Katavati et d'Exambela au sud, de Kato Petali et d'Agios Loukas à l'est.

☆ **Apollonia (plan 12)** Une marée de cubes blancs et de dômes bleus ondulant sur les collines... On visite à pied ce joli dédale qui, au gré de ses ruelles et de ses cours fleuries, ménage de belles vues sur la côte. Le chef-lieu de

Plan 11 Sifnos

Sifnos accueille les banques et les hôtels, mais aussi les bars et clubs les plus branchés de l'île. Sur la Platia Iroon, la place principale, au centre du bourg, le **musée d'Art populaire** rassemble tout un bric-à-brac d'objets anciens : plusieurs collections de poteries (les fameuses *flaros* en forme de pigeonniers à trous), de broderies, de ferronneries, mais aussi de costumes traditionnels, d'armes anciennes, etc. Rue commerçante bordée d'églises, de restaurants et de cafés chics, le Steno est littéralement noir de monde l'été ; en le remontant (de la Platia Iroon, prenez la ruelle pavée qui part derrière le musée, puis tout de suite à droite), on arrive à la petite église de la Croix (Stavros), peu avant la placette Cleanthis Triandafilos. Elle possède une belle iconostase en

Plan 12 Sifnos, Apollonia

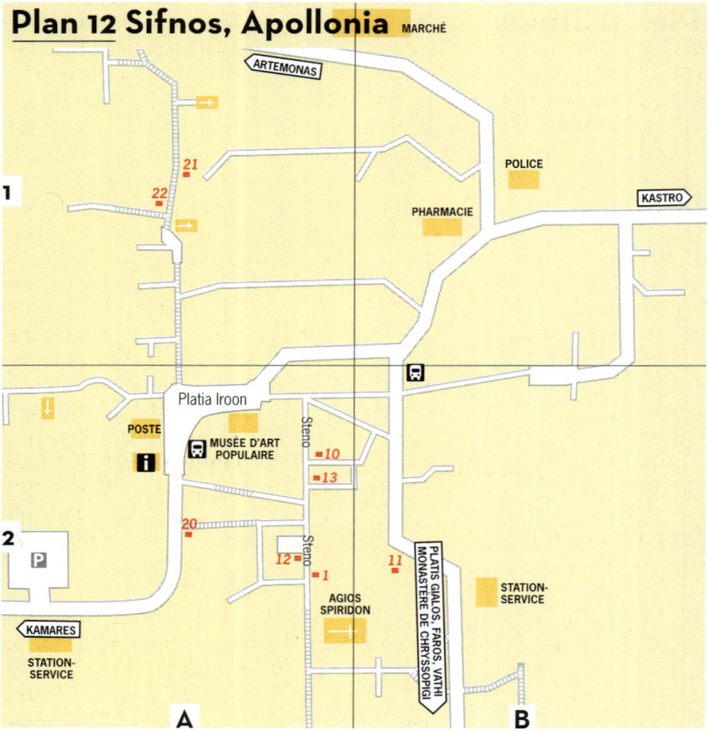

Restauration (n°1 et 2)
Kafeneio Drakakis ____ **1** A2
Mamma Mia ____ **2** A2

Cafés, bars et lieux de sortie (n°10 à 13)
Botzi ____ **10** A2
Gad Bar ____ **13** A2
Rampagas (Cykladon Choros) ____ **11** B2
To Doloma ____ **12** A2

Hébergement (n°20 à 22)
Association of Rooms to Let ____ **20** A2
Pension Geronti ____ **21** A1
Petali Village Hotel ____ **22** A1

bois sculpté, assez bien conservée. Tout en haut du Steno trône l'imposante **cathédrale Agios Spiridon**, reconnaissable à ses deux clochers et à son porche soutenu par deux piliers bleus ; vous aurez peut-être l'occasion d'y voir l'icône de Chryssopigi, si elle ne fait pas l'objet d'une rotation de foyer en foyer comme le veut la coutume locale. *À 5,5km à l'est de Kamares* **Musée d'Art populaire** *Platia Iroon Tél. 22840 31 341 Ouvert juil.-août : tlj. 19h-23h Tarif 2€, moins de 12 ans gratuit*

Pano Petali (Ano Petali) De la Platia Iroon, remontez la rue principale vers Pano Petali – suivez le panneau Petali Hotel. Vous dépasserez la Panagia I Ouranofora (église de la Vierge aux Géraniums, XVIIIe s.), sur la droite, dont le linteau sculpté représente la Vierge et saint Georges terrassant le dragon.

Sur les hauteurs du village, l'imposante église Agios Ioannis dresse sa façade néoclassique sous une grande coupole et deux clochers à dômes bleus. De là, des escaliers descendent jusqu'au renflement de la colline où la chapelle de la Panagia tou Gournia, ou "Vierge des Bassins", trône au-dessus des vergers : si elle est ouverte, vous pourrez admirer ses fresques, hélas à demi effacées, illustrant le Cycle de la Vie, et sa belle iconostase en bois sculpté.

☆ **Artemonas** De Pano Petali, remontez tout droit la rue principale pour gagner ce village dont les paisibles ruelles contrastent avec l'animation d'Apollonia. Marchez jusqu'à la placette où se dresse, à côté d'une belle façade néoclassique blanche, le buste de Nikolaos Chryssogelos (1780-1858), enfant du village et héros de la guerre d'indépendance grecque (1821). La rue principale dessert ensuite la grand-place sur laquelle trône Agios Konstantinos (XVe s.), église à triple nef voûtée et aux épais contreforts arrondis par des couches de chaux successives. C'est aussi dans cette rue que se cachent les fameux *archontika*, ces beaux hôtels particuliers du XVIIIe siècle aux perrons en marbre, toits de tuiles et vastes jardins... Peu après une patte-d'oie (prenez à gauche), un linteau sculpté signale la Panagia tis Amou. Dotée d'une belle iconostase en bois peint et doré, cette église renferme une icône qui aurait été découverte dans le sable (*amou*). À 100m de là, la Panagia de Kochi pointe son dôme bleu. Une profusion de motifs géométriques tapisse l'intérieur.

☆ ☺ **Kastro** Dominant la mer Égée du haut de sa colline, c'est sans conteste le plus beau village de l'île ! Habité depuis l'Antiquité, le site est fortifié à l'époque vénitienne (XIIIe-XVIe s.). Ce *kastro* demeurera la capitale de l'île jusqu'en 1832. Par miracle, le village a conservé son architecture médiévale : un lacis inextricable de ruelles escarpées et un rempart constitué de hautes maisons collées les unes aux autres. On s'égare avec délice dans ce dédale d'un autre temps : cours minuscules, vieux balcons en bois, escaliers secrets, toits-terrasses... Les demeures seigneuriales portent encore l'empreinte vénitienne : linteaux en marbre et bancs romains. Des pans du mur d'enceinte sont aussi visibles çà et là, le long de l'ancien chemin de ronde. Empruntez l'escalier qui descend jusqu'à la **chapelle des Sept-Martyrs** (Epta Martiros), juchée sur un rocher en contrebas : vous profiterez d'une belle vue sur le village, doublée d'un magnifique panorama sur la mer. Une jolie crique, au pied du promontoire, invite à la baignade. De la sortie sud de Kastro, une route mène à

Doigts de pied en éventail dans le sable

Platis Gialos Cette station balnéaire un peu excentrée possède la seule plage de sable fin de Sifnos, l'une des plus grandes des Cyclades. On y vient surtout pour bronzer, et cela tombe bien, car il n'y a absolument rien d'autre à y faire : la station s'étire le long d'une unique rue bordée de cafés, de restaurants, de chambres à louer, de magasins de céramique et autres souvenirs... *À 10km au sud d'Apollonia*

Seralia, minuscule port de pêche nanti d'une micro-plage cernée de rochers : agréable hors saison, quand il n'y a personne. *À 2,5km à l'est d'Apollonia et 7,5km de Kamares*

Musée archéologique Au cœur de Kastro, ce musée présente une intéressante collection de bas-reliefs, de chapiteaux, de bustes et de poteries anciennes (des époques classique, hellénistique, romaine et même byzantine). Belles urnes funéraires de l'hellénistique tardif et remarquable *kandida* (vase en marbre) proto-cycladique, aux formes dépouillées. *Tél. 22840 31 022 Ouvert mar.-dim. 8h-15h*

☺ **Notre-Dame de Poulati / Panagia Poulati** Sur la côte orientale. Loin de tout, au-dessus des flots, cette église privée (1871) constitue surtout un bon but de promenade avec, à la clef, des vues plongeantes sur la mer Égée tandis que se profile, au sud, la silhouette de Kastro… En contrebas (suivre l'indication Paralia, sur la gauche en descendant) miroite une charmante crique aux eaux émeraude, bordée de roseaux sauvages. *À 3,5km au nord de Kastro en reprenant la route d'Apollonia et en tournant à droite avant le village de* ***Poulati*** *(20min par le sentier côtier) D'Artemonas, suivre la dir. Cheronissos puis Poulati Après 200m, prendre la route de l'hôtel Windmill Bella Vista et poursuivre la descente*

Monastère de Vrissiani / Panagia Vrissis Édifié au XVIIe siècle, il dresse ses murs fortifiés au-dessus de la route. Sa lourde porte s'ouvre sur un passage couvert puis sur une cour d'un blanc lumineux, égayée d'arbustes et de fleurs, et rythmée, sur un côté, par une galerie d'arcades. L'église dressée au centre de la cour renferme une belle iconostase. Sur la galerie supérieure de la cour se visite un petit **musée d'art sacré** (entrée libre). *À 500m au sud d'Exambela Emprunter l'escalier à hauteur de l'arrêt des bus ; en voiture, suivre le panneau Héliport*

Faros Principal port de l'île jusqu'en 1883, Faros apparaît aujourd'hui comme un modeste port de pêche, charmant avec sa plage de poche, ses caïques et ses tavernes. Une grande étendue de sable commence derrière la pointe rocheuse, au sud. Par un beau sentier côtier, on rejoint le monastère de Chryssopigi (2min de marche) ; en chemin, on passe la longue plage d'Apokofto, très agréable (douches et bonnes tavernes). *À 7km au sud-est d'Apollonia*

☆☺ **Monastère Notre-Dame-de-la Source-d'or / Panagia Chryssopigi** Posé depuis 1650 sur une avancée rocheuse dans la mer azur, ce monastère immaculé emblématique de Sifnos est dédié Notre-Dame de la Source d'or, sainte patronne de l'île depuis 1964. Cinq jours après Pâques et à l'Ascension, une foule compacte accompagne en procession l'icône sacrée de la Vierge entre le monastère et Apollonia. Assurément le principal rendez-vous religieux de Sifnos, même si, l'été, les adorateurs du soleil, en chemin pour les jolies criques de la presqu'île, sont plus nombreux que les fidèles… *À 1,5km au sud-ouest de Faros par la route ou le sentier côtier*

Tour Blanche Un sentier (mal entretenu) mène à cette tour dont il ne reste que la base. Si les ruines sont modestes, en revanche, le panorama sur la côte sud-est de Sifnos est somptueux : on distingue bien Platis Gialos, cf. Doigts de pied en éventail dans le sable (p.311) et, plus au nord, le monastère de Chryssopigi. *À 1km au nord de Platis Gialos, sur la gauche*

Monastère de la Vierge-de-la-Montagne / Panagia tou Vounou Ce beau monastère (1813) aux coupoles blanches surmontées de croix domine le village du haut de sa colline. Sa terrasse offre un magnifique panorama à 180°. *À 3km au nord-est de Platis Gialos et 500m de la route d'Apollonia (fléché) Tél. 22840 33 138 Ouvert 11h-14h (sam. 17h-19h)*

● Où faire provision de *pastelli* ?

☺ **Confiserie Theodorou / Ζαχαροπλαστειο Θεοδορου** La meilleure confiserie de l'île occupe une jolie boutique à l'ancienne. Depuis 1933, on y confectionne de délicieux *pastelli* (sésame et miel), des nougats, loukoums et autres douceurs à base d'amandes. *À 100m de la grand-place en dir. de la Panagia de Kochi, sur la gauche* ***Artemonas*** *Tél. 22840 31 370 Ouvert été : tlj. 8h-14h et 17h30-22h30 ; hiver : tlj. 8h-14h et 17h30-21h30*

● Où choisir un bijou ?

Maximos Ce joaillier tient sa boutique face à la mer, (bien) au-dessus de l'église des Sept-Martyrs. Un décor de rêve qui lui inspire des créations épurées, en or ou argent, à des prix défiant toute concurrence : de 8 à 120€. Un artisan à encourager ! ***Kastro*** *Tél. 22840 33 692 ou 69 48 40 80 25 Ouvert mai-sept. : tlj. 9h30-23h (21h30 basse saison)*

● Partir en randonnée

Le balisage étant approximatif, voire inexistant, il est préférable de vous munir d'une carte détaillée comme la carte Topo (au 1/25 000).

☺ **Monastère du Prophète-Élie-le-Grand / Moni Profitis Ilias Apsilos** La plus prisée des randonnées mène à ce monastère fortifié qui, perché sur le toit de l'île (682m), offre, de sa terrasse panoramique, une vue à 360° sur les Cyclades de l'ouest : Milos, Serifos, Paros, Folegandros, Ios et Syros... ! Édifié en 1650 sur les restes d'une citadelle antique, le monastère comprend un *katholikon* (1686), des cellules, une galerie souterraine voûtée et un réfectoire - réservé désormais aux randonneurs ! Évitez les heures chaudes et entreprenez l'ascension en fin d'après-midi. ***À pied*** *D'Apollonia, rejoindre Katavati par le Steno et suivre sa ruelle principale jusqu'à l'église de la Panagia I Angeloktisti où un panneau signale la dir. du monastère Sortir du village par le sentier bordé de murets de pierre Arrivé sur la route, prendre à droite puis à gauche au panneau Le sentier commence sur le parking* ***En voiture*** *Suivre la route qui contourne Apollonia par l'ouest en direction de Vathi jusqu'au parking* ***Durée*** *1h30-1h45 d'ascension* ***Difficulté*** *Moyenne, quelques passages difficiles.*

De Kato Petali à Kastro À Apollonia, prenez la route de Kastro puis le chemin qui s'ouvre en contrebas de l'église dressée à la hauteur de la bifurcation pour Kato Petali. Le sentier traverse des champs en terrasse avant de rejoindre la route. En contrebas de **Kastro** (juste avant l'église des Sept-Martyrs) et à **Seralia**, deux splendides criques invitent à la baignade. ***Durée*** *Env. 25min en descente* ***Difficulté*** *Faible* ***Conseil*** *Mieux vaut prendre un car au retour (se rens. sur les horaires)*

Le sud-ouest

Agios Andreas Au sommet de la colline, l'église Saint-André (1701) côtoie les ruines d'une citadelle mycénienne (XIIIe s. av. J.-C.) occupée jusqu'à l'époque hellénistique. Un petit musée présente le résultat des fouilles, qui ont dégagé une partie du mur d'enceinte et les vestiges de cinq bâtiments, vraisemblablement des habitations. Belle vue sur Apollonia, Kastro et les baies découpées de la côte sud. *À 2km au sud de Katavati en direction de Vathi Compter 20min de marche avec ascension d'un escalier* **Musée archéologique** *Tél. 22840 31 488 Ouvert mar.-dim. 8h-15h Entrée 2€*

Vathi Niché au fond d'une baie profonde (*vathi*) prise en tenaille par deux caps rocheux, ce village agréable s'étend le long d'une plage de sable, de part et d'autre d'un minuscule port de pêche – d'où partaient jadis les poteries de Sifnos vers les îles voisines, la Crète et parfois l'Égypte ! On reconnaît le beau monastère des Taxiarques (XVIIe s.) à son clocher ajouré et à ses deux dômes immaculés. Le village est prisé des vacanciers en quête de calme : les cafés bruyants en sont bannis, comme les voitures, qu'on laisse à l'entrée du village ! *À 10km au sud-ouest d'Apollonia*

Le nord de l'île

☺ **Cheronissos** On ne compte plus les amoureux de cet adorable petit port blotti au fond d'un bras de mer, loin de tout, au nord de l'île. La vie s'écoule paisiblement ici, entre les filets de pêche jaune citron qui sèchent sur le quai et les barques qui clapotent sur l'eau claire… Deux tavernes pour vous restaurer après la baignade (gare aux oursins !) et une belle balade de 30min (AR) à faire jusqu'au monastère Agios Georgios qui, perché sur son promontoire, au nord-ouest, domine Serifos et les collines arides de l'arrière-pays (le sentier traverse ensuite les paysages sauvages et désolés du maquis). *À 12km au nord-ouest d'Apollonia*

UN POTIER PAS EMPOTÉ !

Tapi dans son antre, Kostas attend les visiteurs autour de ses poteries "à énigme" : comment remplir ce pot sans trou, comment vider cette tasse… ? Il vous livrera quelques secrets (en grec !), mais pas tous… Et aussi de classiques *flaros* ! **Kostas Depastas** *Sur la plage* **Cheronissos** *Ouvert tlj. 12h-22h*

Partir en randonnée

☺ **D'Agios Minas à Agios Sostis** Le sentier s'embranche sur la droite, env. 2,5km après la sortie d'Artemonas, sur la route de Cheronissos. Vous laisserez bientôt sur votre gauche la ravissante chapelle Agios Minas. Continuez tout droit et au carrefour, prenez à droite (fléché). Après 10min de marche, passez la première barrière sur la gauche et longez le muret de pierre sur 300m ; arrivé à l'angle, continuez tout droit et gravissez la colline à découvert. Le sentier, jalonné de cairns, redescend ensuite vers l'église Saint-Sauveur (Agios Sostis) assez abruptement. L'église semble abandonnée sur son cap rocheux, à la pointe du maquis. Magique ! Les excavations voisines sont les vestiges des mines d'argent qui firent la fortune de l'île dans l'Antiquité.

CARNET D'ADRESSES

Lieux de sortie

Le Steno d'Apollonia concentre presque tous les bars du village : du traditionnel au clinquant, animation nocturne garantie. Également de nombreuses adresses sur le front de mer de Kamares.

Bars

Gad Bar (plan 12, A2 n°13) Sur la vaste et agréable terrasse d'une bâtisse du Steno, des barmen affairés et très pros débitent des concombres, pilent des fraises, additionnent liqueurs et sirops pour concocter des breuvages étourdissants. Un *Storm in the Night* à base de vodka, citron frais, violette, fleur de sureau et prosecco ? On dit *Nai* (oui en grec) tout de suite ! On se relaxe en bavardant sur les petits bancs, à la lumière des bougies, à moins que l'on préfère danser sur la micropiste, quelques marches en contrebas, sur des tubes... un peu trop serinés. Comptez 9-10€ le cocktail. *Prendre la ruelle entre le Botzi et l'Albus, escalier sur la droite* ***Apollonia*** *Tél. 22840 33 837 www.gadbar.gr Ouvert juil.-août : tlj. 21h30 et 3h30 ; juin, sept.-oct. : ven.-dim. 22h-3h*

To Doloma (plan 12, A2 n°12) Ambiance rock-pop-reggae bon enfant dans ce bar qui réunit plusieurs générations. Sympathique décor de bric et de broc, tables dans la rue et bons cocktails. Agréable café lounge à côté. *Steno* ***Apollonia*** *Tél. 22840 33 186 Ouvert juin-sept. : tlj. 19h30-3h ; oct.-mai : ven.-sam. 19h30-3h*

Botzi (plan 12, A2 n°10) Un joli bar avec sa terrasse fleurie de bougainvilliers et sa déco soignée. On vient y boire un verre et s'y montrer (un peu) sur fond de jazz et de musique latino. Voilà qui change du boum-boum de certains bars de la rue ! Cocktails 8-9€. *Steno* ***Apollonia*** *Tél. 22840 32 358 Ouvert avr.-sept. : tlj. 20h-4h*

☺ **Rampagas (Cykladon Choros) (plan 12, B2 n°11)** Un étonnant complexe à ciel ouvert qui vaut le coup d'œil. Étagé à flanc de colline, en plein village, il réunit trois boutiques branchées (vêtements, mobilier exotique, bijoux), un élégant restaurant de poisson, un café, un cocktail-bar et une galerie d'art. Le tout dans un cadre traditionnel (beau pigeonnier), en plein air, parmi les pins et les lauriers-roses... Panorama superbe sur le village, Kato Petali et Kastro et, au loin, Paros. Un vrai petit paradis que l'on peut s'offrir pour le prix d'un verre au bar, sur fond de chant des cigales. Boutiques et restaurant nettement plus chers, à l'image de la clientèle, sophistiquée. Comptez 20€ le repas. *En face de l'hôtel Sifnos* ***Apollonia*** *Tél. 22840 32 211 www.kikladonxoros.gr* ***Café*** *Ouvert mai-sept. : tlj. 9h-3h* ***Restaurant*** *Ouvert juin-sept. : tlj. 18h-1h* ***Bar*** *: tlj.18h-5h*

Café Folie Des clientes en bikini, des serveurs en maillot de bain : vous êtes bien au Folie, un bar de plage lounge idéalement situé au bout de la plage de Kamares. Cocktails à déguster sur les transats de la terrasse turquoise, avant de descendre à la mer par le petit escalier. Au plus fort de l'été, ambiance de fête comme à Mykonos lors des *beach parties* du soir (marches sur le feu, danse, tam-tam...). Sert aussi des petits déj. et quelques plats sur le pouce. *Sur la plage, côté Agia Marina* ***Kamares*** *Tél. 22840 31 183 Ouvert Pâques-fin sept. : tlj. 10h-3h*

The Old Captain Bar L'un des nombreux cafés-bars du front de mer, après l'embarcadère. On l'apprécie pour son ambiance décontractée aux accents anglo-saxons. Agréable terrasse sous les tamaris et chaises longues dans le sable... Musique classique au coucher de soleil. Bons cocktails (7€), jus de fruits, cafés, alcools (5-6€) et petit déj. ***Kamares*** *Tél. 22840 31 990 Ouvert avr.-oct. : tlj. 10h-3h*

Restauration

La réputation gastronomique de Sifnos doit sans doute beaucoup à Nikos Tselementes, célèbre et talentueux chef originaire de l'île, mais elle n'est pas usurpée. *Mastello* (ragoût d'agneau au vin et à l'aneth, du nom du plat en terre cuite dans lequel il mijote), boulettes et soupe de pois chiches (la fameuse *revithada* qui, si elle n'est pas une spécialité locale, y est particulièrement bien cuisinée), salade de câpres... ici, plus qu'ailleurs, on se régale.

petits prix

Argiris / Αργυρης Trente ans que cette taverne familiale sert le meilleur de Sifnos, à l'extrémité de la plage de Kamares (côté Agia Marina) : salade de câpres, boulettes et soupe de pois chiches, *mastello*, mousakas, tarte aux oignons, *giouvetsi* aux fruits de mer... La viande est locale, les poissons tout frais pêchés et les légumes viennent du potager. En apéritif, essayez le *manoura* (fromage de Sifnos) avec un verre d'ouzo. Bons desserts maison : tarte au miel, fruits confits en semoule, baklava. Le tout face à Kamares, sa plage et ses montagnes. Plats 5-10€, dessert 2,50-5€. Sert aussi des petits déjeuners. Service prévenant. ***Kamares*** *Tél. 22840 32 352 Ouvert Pâques-mi-oct. : tlj. 8h-0h*

Kafeneio Drakakis / Καφενειο Δρακακης (plan 12, A2 n°1) C'est l'institution du Steno. Cette taverne inaugurée en 1887 est réputée pour son animation comme pour ses spécialités d'influence crétoise. Posez les assiettes au centre de la table, partagez... et revenez tous les soirs ! En salle, on s'installe entre des photos anciennes et des objets traditionnels, sous une télé antique au bord de l'implosion que personne ne regarde. Il faudra sans doute patienter pour obtenir une table en terrasse et pouvoir observer le défilé nocturne et pomponné. À ne pas manquer, le poulet au vin et au miel, le porc sous toutes ses formes, les boulettes de courgette, le *dakos* (pain, fêta, tomate)... et le *rakomelo* chaud au miel et à la cannelle, qui fait tourner la tête. Comptez 10-15€ le repas (20€ avec le vin). *Steno* ***Apollonia*** *Tél. 22840 31 233 Ouvert été : tlj. 11h-4h ; reste de l'année : ven.-sam. 11h-4h*

☺ **Lempesis** L'hôtel-restaurant Artemon ne paie pas de mine et il faut traverser le hall pour tomber sous le charme : la cour, à l'ombre d'une grande treille, est ravissante et la cuisine délicieuse ! La *revithada* (soupe de pois chiches) reste la valeur sûre de la maison, mais on ne commettra pas d'impair en préférant le ragoût de lapin aux oignons, le *mastello*, l'agneau en tourte (*exochiko*) ou le poulpe au citron. Vin blanc et *retsina* maison. Bon accueil du chef, Stamatis, qui parle français. Plats 5-8€. *Route principale, 100m avant l'arrêt des cars* ***Artemonas*** *Tél. 22840 31 303 www.hotel-artemon.com Ouvert Pâques-sept. : tlj. 13h-16h et 18h-0h*

To Chrisso / Το Χρυσο Au bout d'une ruelle d'Artemonas, une adresse connue des initiés. Comme le vieux juke-box qui trône dans la salle, la taverne ne semble pas avoir bougé depuis 30 ans. On y sert sans chichis, et en grec uniquement, une excellente cuisine de grand-mère : boulettes de viande au riz et citron ou à la sauce tomate, *mastello, kalassouna* (tarte à l'oignon et fromage). Le tout pour une poignée d'euros : 4,50-8€ le plat. Les jeunes de la famille font le service. Agréable terrasse sous les canisses. *De l'église de la Panagia de Kochi, remonter la rue principale sur 100m et tourner à droite (le restaurant est indiqué)* ***Artemonas*** *Tél. 22840 31 322 Ouvert tlj. 19-1h*

Astro (L'Étoile) La star, ici, c'est sans nul doute Maria Lempesi, qui mitonne sur ses fourneaux une cuisine traditionnelle très appréciée des habitants comme des touristes. Spécialités maison : l'agneau de Sifnos à l'aneth, les boulettes de viande aux aubergines et le poulpe aux olives... Résultat plutôt convaincant ! Comptez 7-10€ le plat. On vous offrira peut-être un verre de *tsipouro,* l'alcool fort local, en digestif. Agréable terrasse, très bon service et belle vue sur l'arrière-pays. *Dans la rue principale* ***Kastro*** *Tél. 22840 31 476 Ouvert mai-oct. : tlj. 10h-0h*

☺ **Chryssopigi /** Χρυσσοπηγι La meilleure taverne de la plage d'Apokofto. Le cadre est enchanteur : la mer translucide, les tamaris et le monastère de la Panagia Chryssopigi sur sa pointe rocheuse. On en oublierait presque les assiettes, fort réussies : agneau de l'île au thym (*thimarisio*), veau aux pommes de terre et fromage (*stamnas*), aubergine au fromage et viande rôtie (*chanoum*), croquettes diverses et variées. Également des salades et du poisson. Plats 6-10€. ***Chryssopigi*** *Tél. 22840 71 295 Ouvert Pâques-oct. : tlj. 12h-23h*

Tsikali Une taverne sur la plage, dans la baie de Vathi. Des plats inédits, comme le lapin à l'origan ou le cochon de ferme au citron. Pour les végétariens, une tarte aux épinards du potager (une exclusivité, là encore !). Et du vin de Sifnos pour accompagner le fromage (local). Le tout les pieds dans le sable, profitant du calme olympien de la baie... Plats 5,50-9€. *En face du monastère des Taxiarques* ***Vathi*** *Tél. 22840 71 150 Ouvert début avr.-mi-oct. : tlj. 8h-0h*

prix moyens

Omega 3 Sur la plage de Platis Gialos, on s'attable en rang serré sur les tabourets de ce *fish bar* design pour déguster du poisson ultra frais... Des recettes inventives et raffinées, servies en petites portions façon tapas pour les entrées : tartare de bar, risotto d'*orzo* aux écrevisses, ceviche de crevettes à l'avocat et une inénarrable mousse de tarama. À faire suivre d'énormes poissons de la mer Égée à partager entre convives. Attention, l'addition grimpe vite : de 15 et 50€ le repas avec le vin (belle cave). ***Platis Gialos*** *Tél. 22840 72 014 Ouvert avr.-oct. : tlj. 12h-0h*

To Liotrivi / Το Λιοτριβι Une taverne qui ne désemplit pas ! Un succès mérité tant les plats cuisinés fleurent bon la tradition : poivrons farcis au fromage, soupe de pois chiches *(revithada),* agneau à l'étouffée, tomates farcies. À déguster sur l'agréable place du village ou, en salle, sous les calebasses vernies suspendues au plafond. Plats env. 6-12€. Service un peu sec en cas d'affluence. *Sur la grand-place, à côté de l'église Agios Konstantinos* ***Artemonas*** *Tél. 22840 31 246 Ouvert tlj. 13h-1h*

☺ **Cheronissos /** Χερονισσος Bonne pioche ! La meilleure des deux tavernes du petit port est tenue par trois frères : l'un pêche, l'autre cuisine, le troisième fait le service ! Et les poissons du jour, que l'on choisit en cuisine, sentent bon la mer... Jolies tables au bord de l'eau, près des filets de pêche. Poisson de 20 à 55€ le kg, pâtes à la langouste à 70€ le kg (pour 4 pers). ***Cheronissos*** *Tél. 22840 33 119 Ouvert Pâques-fin oct. Ouvert Pâques-oct. : tlj. 7h-0h*

prix élevés

Mamma Mia (plan 12, A2 n°2) Avouons-le, même si l'on mange fort bien dans cette île des Cyclades, on peut avoir envie de tenter une autre aventure culinaire. Envie de salami calabrais, d'un carpaccio fondant, de pâtes fraîches *al dente*, ou d'une escalope panée arrosée de vin transalpin ? Courez chez le sémillant Pippo, Milanais d'origine et Sifniote d'adoption. Avec les siens, il fait régner une chaude ambiance sur ses deux trattorias, l'une à Apollonia – charmante cour ombragée –, l'autre sur la plage de Platis Gialos. Prévoyez 30€ le repas complet, vin compris. *Pano Petali* ***Apollonia*** *Tél. 22840 33 086 Ouvert Pâques-oct. : tlj. 18h-1h* ***Platis Gialos*** *Tél. 22840 71 219 Ouvert juin-sept. : tlj. 13h-1h*

Hébergement

Si vous passez plusieurs jours à Sifnos, optez pour Apollonia ou l'un des villages limitrophes, plus centraux que le port de Kamares. Vous trouverez de nombreuses chambres à louer dans tous les villages de l'île. L'association Rooms to Let fournit des informations sur les chambres et appartements (mais pas sur les hôtels), mais attention, elle ne prend pas de réservation.

Association of Rooms to Let (plan 12, A2 n°20) *Platia Iroon* ***Apollonia*** *Tél. 22840 31 333 endomsif@otenet.gr Ouvert avr.-juin, sept. : tlj. 9h-15h30 ; juil.-août : tlj. 9h-0h*

camping

Camping Makis Un camping très propre et parfaitement tenu, à 50m de la plage de Kamares. On plante sa tente (7€/pers., 4€/tente) sous les tamaris ou les canisses, le long d'allées bétonnées. Capacité d'accueil de 200 pers. Supérette, cuisine commune, réfrigérateur, laverie, eau chaude 24h/24, petit déj. 5€. En demi-saison, Makis, le patron, et son épouse française organisent des excursions et des soirées "soupe". Il dispense aussi d'excellents conseils de balade dans l'île et loue des matelas et des tentes. Également 10 chambres (25-70€) ; des studios et 1 appartement pour 2-5 pers. (90-110€). AC, ventilateur, TV, réfrigérateur, bouilloire, sdb avec sèche-cheveux, wifi en terrasse... Les 4 chambres ont été rénovées en 2010 ; les studios et l'appartement inaugurés en 2013. ***Kamares*** *Tél. 22840 32 366 ou 69 45 94 63 39 www.makiscamping.gr Ouvert 1er avr.-fin nov.*

prix moyens

Froudi Au fil des ans, la pétillante Katerina, qui parle la langue de Molière, s'est forgée une clientèle fidèle, notamment française. En retrait des autres résidences de Kamares, au pied de la falaise, les 9 chambres offrent des vues saisissantes sur la mer et la montagne. Cadre confortable (clim., TV, réfrigérateur, wifi), sobre et très propre – le ménage est fait tous les jours. Double à 35-65€, triple à 40-75€, sans petit déj. ***Kamares*** *Tél. 22840 32 347 www.froudi.gr Ouvert mai-sept.*

☺ **Windmill Villas** Juché sur une butte, ce vieux moulin de 1854 qui surplombe la route offre une vue panoramique inégalée sur Kastro et, au loin, sur les îles de Paros, Naxos, Sikinos et Folegandros (on en passe...) ! Autour ont été aménagés 6 appartements (45-100€) et 5 studios pour 2 pers. (30-60€) tout confort : cuisine aménagée, TV, climatisation (sauf dans le moulin, naturellement bien isolé) et terrasse sur la mer Égée. *À 500m au nord du village, dir. Cheronissos, sur la gauche **Artemonas** Tél. 22840 32 098 ou 69 97 08 61 33 www.windmill-villas.gr Ouvert mi-mai-fin sept.*

☺ **Pension Geronti (plan 12, A1 n°21)** La famille Geronti au grand complet loue une quinzaine de chambres impeccables dominant Apollonia et la mer ! Une vue dont on ne se lasse pas, dans un cadre baigné de quiétude. La mère et ses filles gèrent chacune un bâtiment, de la simple chambre au studio avec cuisine. Point commun : propreté, confort (clim., TV, réfrigérateur, moustiquaires), déco soignée et terrasses privées sous la treille, avec en plus le sourire de Flora, Moscha, Nicoletta et de leurs parents. Vous aurez peut-être même droit à des fruits ou des gâteaux ! Coup de cœur pour le style traditionnel et la magnifique terrasse de la n°4, chez Flora. Internet et parking. 35-60€ (selon la saison), 70€ la n°4, env. 80€ pour 4 pers. Petit déj. 6€. *En face de l'hôtel Petali **Ano Petali** Tél. 22840 31 473 ou 69 37 60 20 60 ou 69 73 77 08 31 (pour les studios) www.gerontisifnos.gr Ouvert avr.-oct. (uniquement juillet-août pour les studios)*

☺ **Agnanti** Elles ont du cachet, ces chambres qui s'ouvrent sur le village fortifié avec la mer Égée en toile de fond... Dix-sept chambres et deux styles : traditionnel (notre coup de cœur !) ou plus classique. Même vue splendide (on devine Antiparos au loin) en terrasse, où l'ombre fournie par les treilles, la vigne et les figuiers est propice à la contemplation... et à la cueillette (c'est autorisé) ! TV, clim., réfrigérateur. Parking. Bon rapport qualité-prix : 30-85€, petit déjeuner compris. ***Kastro** (un peu avant le village sur la gauche) Tél. 22840 32 314 www.agnanti-sifnos.gr Ouvert avr.-oct.*

☺ **Aris et Maria Traditional Houses** Un coup de cœur situé en plein Kastro ! Une chambre, 2 appartements, 3 studios aménagés par lAris et Maria Rafeletou dans le respect de l'architecture traditionnelle : vieilles poutres, murs chaulés, mobilier ancien... Chaque hébergement renferme une pièce unique : table traditionnelle ou douche en marbre. Vues splendides sur la mer Égée et sur l'arrière-pays. Comptez 40-60€ le studio sans vue, 55-80€ avec ; 77-120€ l'appartement (2-5 pers.). Pas de CB. ***Kastro** Tél. 22840 31 161 ou 69 46 87 43 60 www.arismaria-traditional.com Ouvert mars-oct.*

☺ **Kalypso** Charmants petits cubes blancs aux volets bleus, le studio et les 4 chambres de cet ensemble séduiront les amateurs de calme et de sobriété. Les terrasses privatives donnent sur un joli jardinet de cactus, de palmiers et de yuccas et la plage est à... 10m au plus ! Confort classique (TV, clim. et, dans le studio, cuisinette), ménage tous les deux jours. Double à 35-60€. Appartement pour 4-5 pers. à 60-120€. Pas de CB. ***Vathi** Tél. 22840 71 127 ou 69 34 90 17 50 www.kalypso-sifnos.gr Ouvert avr.-oct.*

Agrilia Même standing que le Kalypso. Cinq studios (4 pour 3 pers. et 1 pour 2 pers.) et 2 appartements simples mais paisibles, légèrement en retrait de la plage de Vathi, dans un agréable jardinet. TV, clim., style minimaliste et propreté impeccable. Vue mer un peu tronquée dans le studio n°2. Préférer les appartements, solution idéale pour une famille de 4 : grande terrasse, déco sobre et soignée, cuisine équipée. Studio 35-70€, appartement 50-110€. *À côté de Tsikali* ***Vathi*** *Tél. 22840 31 971 ou 22840 71 110 www.xanthakis-sifnos.gr Ouvert avr.-oct.*

prix élevés

Hôtel Boulis Un hôtel des années 1980 assez daté mais parfaitement situé sur la plage de Kamares. Les 35 chambres, disposées autour d'une cour ombragée de vignes et de bougainvilliers, offrent tout le confort nécessaire (clim., TV, réfrigérateur) et celles donnant sur la mer sont à réserver longtemps à l'avance, mais au vu des prix pratiqués, les propriétaires pourraient toutefois songer à moderniser l'ensemble. Double à 45-82€ sans petit déj. (5€). ***Kamares*** *Tél. 22840 32 122 www.hotelboulis.gr Ouvert Pâques-sept.*

Alk Hotel (Kastrinakis) À Agia Marina, au nord du port de Kamares, un hôtel qui joue la carte haut de gamme. Jolie vue sur le village, sa plage (150m) et la montagne pour les chambres bien situées. Même panorama depuis la belle terrasse du petit déjeuner. Attention, certaines chambres ne donnent que sur la route. Plusieurs catégories : suite avec cuisine, supérieure, standard, et plusieurs chambres adaptées aux personnes handicapées. Comptez 40-99€ (2 pers.) ; 60-150€ (4 pers.) avec petit déj. Navette gratuite avec le port. *Agia Marina* ***Kamares*** *Tél. 22840 33 209 ou 22840 33 210 www.alkhotel.gr Ouvert toute l'année*

Cape Napos Sur les hauteurs de Faros, 10 beaux studios (2-5 pers.) lorgnant sur le cap Napos et le grand bleu et, embrassant ce panorama splendide, une belle piscine. Un soin particulier a été apporté à chaque studio, qui marie tradition (pierres sèches) et modernité (clim., TV, cuisine équipée). Préférez les 4 studios traditionnels, plus réussis. Sur les terrasses privatives, une pergola dispense son ombre salvatrice. Place à la contemplation... Double 60-110€, petit déj. 6€ (buffet 12€). Déjeuner et dîner sur commande. *À 1km du village* ***Faros*** *Tél. 22840 71 496 www.napos.gr Ouvert Pâques-mi-oct.*

prix très élevés

Moscha Pension – Hôtel Nymfes Une pension à l'ancienne et un hôtel plus sophistiqué tenus par une mère (pour la première) et sa fille (pour le deuxième). Chaque établissement possède 11 chambres, toutes très bien entretenues. Carrelage blanc au sol, déco minimaliste et vue splendide sur la mer (demandez l'étage) à la pension (30-120€ la chambre avec TV, réfrigérateur, clim., petit déj. compris). Style un peu pompeux mais belles terrasses et confort parfait à l'hôtel (50-135€, petit déj. compris), qui compte une chambre adaptée aux personnes handicapées. Piscine. *Agia Marina* ***Kamares*** *Tél. 22840 31 269 www.nymfes.gr Ouvert toute l'année*

☺ **Petali Village Hotel (plan 12, A1 n°22)** Sur les hauteurs d'Apollonia, côté Pano Petali, 19 chambres et 2 appartements en terrasses, superbe agencement de cubes blancs, préservant l'intimité de chacun, autour du bleu de la piscine, parmi les fleurs. À l'intérieur, tout n'est qu'élégance et sobriété (clim., TV, minibar). Magnifique panorama sur le village et, au loin, sur le mont Profitis Ilias. Bar. 90-

170€ avec petit déj., suite 130-300€. ***Apollonia*** *Signalé à l'entrée du village Tél. 22840 33 024 www.hotelpetali.gr Ouvert toute l'année*

Hotel Alexandros Un hôtel de qualité, au service attentionné (et francophone), tout indiqué pour les familles. Disséminées dans un vaste jardin fleuri et planté de palmiers, 49 chambres et suites alliant confort (A/C, mini-bar, TV, etc.) à une déco soignée, qui privilégie le bois et la pierre... Ajoutez une vaste piscine et son bar, dont les sofas invitent à lézarder pendant des heures, un cocktail de fruits à la main. La plage n'est qu'à 2 minutes à pied. En haute saison, la double standard revient à 130€ la nuit avec le petit déj., la quadruple à 190€ et la suite de deux chambres à 220€. Offres promotionnelles sur Internet. *Dans la descente, sur la gauche* ***Platis Gialos*** *Tél. 22840 33 086 www.hotelalexandros.gr Ouvert mi-avr.-fin sept.*

Hôtel Platis Gialos Tout au sud de la plage de Platis Gialos, un hôtel à l'ancienne géré depuis 50 ans par une famille crétoise. Les 26 chambres, décorées de peintures originales, offrent une vue imprenable sur la plage et sur les palmiers, ibiscus et géraniums du jardin en contrebas. Grand confort, plage privée, jeux pour enfants. Vaste terrasse pour boire un verre ou prendre le soleil sur un transat. Prix exagérés, hélas : 100-170€ selon la saison, avec petit déj. ***Platis Gialos*** *Tél. 22840 71 224 ou 69 74 79 35 58 www.platys-gialos.gr Ouvert Pâques-début oct.*

MILOS ΜΗΛΟΣ Μηλος

Bien des voyageurs sont déçus par Milos : trop peuplée, trop bruyante, pas assez "cycladique"... Cette grande île est, en effet, exploitée depuis l'Antiquité – et de manière industrielle depuis la seconde moitié du XIXe siècle – pour les richesses de son sous-sol. Mines à ciel ouvert, carrières, nuages de poussière, va-et-vient incessant de camions... on est loin du paradis ! Mais le volcanisme, puis l'action conjuguée de la mer et du vent ont donné à son littoral les formes les plus étranges : parois de tuf blanc creusées d'arches et de cavités à Kleftiko, orgues basaltiques à Glaronissia, rochers lunaires à Sarakiniko, grottes marines à Sikia, falaises multicolores sur la côte sud, où l'eau prend soudain des nuances insoupçonnées de bleu... À ces merveilles naturelles s'ajoute le charme de minuscules ports de pêche, où s'alignent des hangars à bateaux aux couleurs pimpantes, creusés dans la roche. Forte de 5 000 habitants et d'une population active employée à 25% dans l'industrie minière, Milos ne vit pas que pour le tourisme ; aux beaux jours, ce sont surtout des Athéniens qui y affluent le week-end, et l'on y entend plus souvent parler grec qu'anglais. Bref, une île qu'on peut aimer ou ne pas aimer, mais dont les rivages aux mille couleurs, les plages (74 !) et les vestiges antiques méritent à coup sûr une halte.

MODE D'EMPLOI

accès

EN BATEAU

L'été, des catamarans relient tous les jours Le Pirée à Milos en 4h (environ 54€). Le trajet est plus long mais plus économique en ferry. De Milos, on peut rallier aisément les Cyclades méridionales (Folegandros, Ios, Sikinos, Santorin, Anafi), la Crète et le Dodécanèse. En été, nombreuses connexions avec les Cyclades du Nord (Tinos, Syros, Mykonos, Andros, Ios, Naxos, Paros, etc.). Les horaires, prix et trajets changeant tous les ans en mai, nous vous invitons à consulter les sites www.directferries.fr, www.gtp.gr, www.ferries.gr ou www.aferry.gr. et à vous renseigner dans les agences de voyages locales. Le prix du billet en catamaran est environ 2 fois celui du ferry.

Capitainerie d'Adamas *Tél. 22870 23 360*

Capitainerie de Kimolos *Tél. 22870 22 100*

EN AVION

Aéroport de Milos Des taxis stationnent devant l'aérogare à l'atterrissage des vols. *À 5km au sud-est d'Adamas Tél. 22870 22 090*

Olympic Air Deux rotations/j. Athènes-Milos (40min). *Aéroport Tél. 22870 28 410 www.olympicair.com*

orientation

Cinquième des Cyclades par la taille (160km²), Milos a la forme d'un fer à cheval, enroulée autour de l'une des plus grandes rades naturelles de Méditerranée. Du port d'Adamas, sur la côte nord, une route sinueuse grimpe sur 5km jusqu'à Plaka, le chef-lieu, qui forme une vaste agglomération perchée avec les villages de Tripiti, Plakes, Triovassalos et Pera Triovassalos. Hormis Pollonia, à l'extrémité nord-est, le reste de l'île est peu habité, mais des routes desservent les belles criques et plages des côtes nord et sud, très fréquentées. Dans la moitié ouest, presque déserte, les voies se résument en revanche à des pistes.

informations touristiques

Si la dizaine d'agences de voyages du front de mer d'Adamas ne représentent pas forcément toutes les compagnies de ferries, Milos Travel vend tous types de billets de bateaux (y compris pour des excursions), loue des voitures et fait office de bureau de poste ! Riva Travel, sur le front de mer, est une autre agence sérieuse.

Milos Travel *Adamas Tél. 22870 22 000 www.milostravel.gr Ouvert été : tlj. 9h-0h ; hiver : tlj. 9h-14h et 17h-20h*

Riva Travel *Adamas Tél. 22870 24 024 Ouvert été : tlj. 9h-23h ; hiver : tlj. 9h-15h et 17h-20h30*

Tourist Information Office Une fois n'est pas coutume, un vrai bureau d'informations touristiques ! Il diffuse une carte et un épais fascicule sur l'île, ainsi qu'une liste d'hébergements. Pour toute autre information, il suffit de demander. Vous trouverez même des photos des plages, pour faire votre choix ! *Face au débarcadère* ***Adamas*** *Tél. 22870 22 445 www.milos.gr Ouvert mai-sept. : tlj. en fonction du trafic portuaire*

Police touristique *Tél. 22870 21 378*

se déplacer

Munissez-vous d'une carte et révisez votre alphabet grec : la signalisation est rarement transcrite en caractères latins ! Automobilistes, l'île compte 5 stations-service, dont 4 entre Adamas et Plaka, et 1 sur la route de Pollonia, à hauteur de Mitakas.

EN CAR

Gare routière KTEL La compagnie relie Adamas à Triovassalos, Plaka et Tripiti (16 à 19 bus/j.) ; à Papafrangas, Filakopi et Pollonia (6 à 9 bus/j.) ; à Zefiria et Paleochori (5 à 7 bus/j.), à Provatas (5 à 8 bus/j.), à Achivadolimni (camping ; 5 à 11 bus/j.) et à Sarakiniko (3-4 bus/j.). Horaires variables, affichés aux arrêts et à l'office de tourisme. Service réduit hors saison. Billet (vendu à bord) 1,90€. *Sur le front de mer, au début de la route de Plaka* ***Adamas*** *Tél. 22870 41 018*

EN TAXI

Nombreux à Adamas, ils stationnent sur le front de mer près de l'arrêt de bus ; les numéros de téléphone sont affichés, ainsi que les tarifs (7€ pour Plaka, 14€ pour Pollonia). Suppléments nuit, bagages et aéroport. Le soir, plusieurs taxis stationnent en haut de Plaka, près de l'arrêt des bus. ***Adamas*** *Tél. 22870 22 219* ***Triovassalos*** *Tél. 22870 21 306* ***Psathi Kimolou*** *Tél. 69 45 46 40 93*

EN VÉHICULE DE LOCATION

À votre arrivée à Adamas, vous trouverez, alignées sur la droite, le long du front de mer, plus d'une dizaine d'agences de location. Les plus proches du débarcadère sont bien sûr plus vite à court de véhicules. Éloignez-vous et les prix baisseront comme par enchantement… Comptez de 22 à 50€/j. selon la saison pour une petite voiture. Tarifs dégressifs.

Niko's Cars Un peu plus cher que la moyenne, mais l'agence est sérieuse et les véhicules neufs. ***Adamas*** *Tél. 22870 21 318 www.milosrentacar.gr Ouvert été : tlj. 9h-0h ; hiver : tlj. 9h-14h et 18h-21h*

informations pratiques

Pharmacies ***Plaka*** *Dans la montée en venant d'Adamas Tél. 22870 21 405 Ouvert lun.-sam. 8h30-14h30 et 18h30-21h, dim. 11h30-13h et 19h-21h* ***Adamas*** *À la sortie du village, route de Plaka Tél. 22870 22 178 ou 69 44 58 81 85 Ouvert été : lun.-sam. 9h-14h30 et 18h30-0h, dim. 10h-14h et 19h-22h ; hiver : lun.-sam. 9h-14h et 18h-21h, dim. 11h-14h* ***Triovassalos*** *Tél. 22870 21 240 Ouvert lun.-ven. 8h30-14h et 18h-21h30, sam. 9h-14h*

Centre médical *Dans la montée en venant d'Adamas* ***Plaka*** *Tél. 22870 22 700 ou 22870 22 701 Ouvert 24h/24*

Antenne médicale de Kimolos ***Chorio*** *Tél. 22870 51 222*

Police ***Plaka*** *Tél. 22870 21 204*

LES CYCLADES

DÉCOUVRIR

Milos

☆ **Les essentiels** Le village de Plaka, le tour de l'île en bateau, le port de Klima, Sarakiniko, les plages du sud-est **Découvrir autrement** Promenez-vous dans les ports de Firopotamos et de Mandrakia, faites votre baptême de plongée sous-marine à Pollonia

Adamas (Adamantas)

Le port de Milos s'étire au creux de l'une des plus vastes baies de la mer Égée, celle-ci correspondant à l'ancien cratère de cette île volcanique. Perché

Plan 13 Milos, Adamas

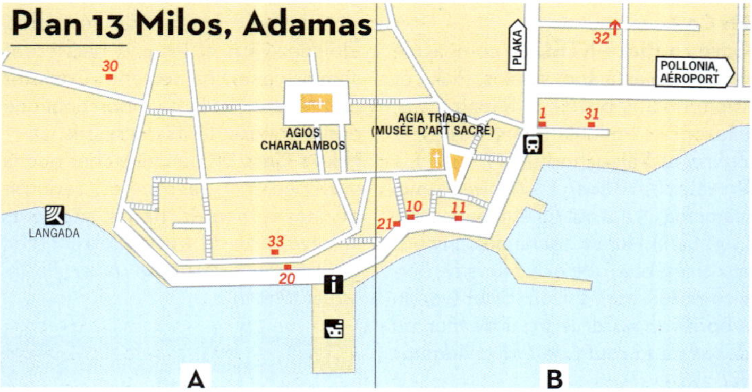

Pâtisserie (n°1)
Artemis* ____ **1** B

Restauration (n°10 et 11)
Aragosta ____ **10** B
Flisvos ____ **11** B

Cafés, bars et lieux de sortie (n°20 et 21)
Akri* ____ **20** B
Vipera Lebetina* ____ **21** B

Hébergement (n°30 à 33)
Hôtel Delfini ____ **30** A
Portiani Hotel ____ **31** B
Tilemachos ____ **32** B
Villa Helios ____ **33** A

* À RETROUVER DANS LA PARTIE DÉCOUVRIR

sur le promontoire, le village d'origine, fondé en 1835 par des Crétois, prit rapidement de l'importance grâce à son port. Aujourd'hui, ses 1 000 habitants font d'Adamas la plus grande localité de l'île, la plus animée aussi, avec ses commerces et son front de mer où s'alignent tavernes, cafés, bars : l'été, les terrasses ne désemplissent que tard dans la nuit ! Un excellent point de départ, donc, pour découvrir l'île, d'autant qu'on y trouve de nombreuses possibilités d'hébergement.

Le Vieil Adamas (plan 13) Quelques ruelles paisibles gravissant la colline… Pas si "vieux" pourtant et, surtout, il n'a ni le charme (cycladique) ni l'architecture (traditionnelle) d'un village comme Plaka. Au sommet, le campanile signale l'imposante église Agios Charalambos (1870) ; si elle est ouverte, entrez admirer les icônes des peintres crétois Emmanuel et Antonios Skordelis (XVIIe s.).

Agia Triada - musée d'Art sacré (plan 13, B) Dissimulée dans une ruelle, la chapelle de la Sainte-Trinité (début du XVIIe s.), arbore une singulière architecture à trois absides, portées par un toit voûté. Un intéressant musée y expose de précieuses icônes, dont les plus anciennes remontent au XIVe siècle, et des objets liturgiques – évangiles, chandeliers, lampes votives, encensoirs, etc. – des XVIIe et XVIIIe siècles surtout. Dans les absides, trois superbes iconostases (quelques explications en anglais). La mosaïque de la cour a été réalisée en 1937 par un artisan local. *De la place où s'arrêtent les cars, remonter, sur quelques mètres, la ruelle qui grimpe vers le vieil Adamas, l'église est sur la gauche Tél. 22870 23 956 Ouvert mai-mi-juil., mi-août-sept. : lun.-sam. 9h15-13h15 ; mi-juil.-mi-août : lun.-sam. 9h15-13h15 et 18h15-22h15 Entrée libre*

Musée minier Créé en 1998 à l'initiative d'une compagnie minière locale, ce petit musée à la scénographie attrayante consacre même une salle aux enfants. À l'étage : présentation de la géologie de l'île et de ses richesses minérales (obsidienne, gypse, manganèse…). Au rdc, l'extraction minière telle qu'elle s'effectuait jadis illustrés par des photos noir et blanc et des outils d'époque. *Sur le front de mer, à 300m env. à l'est du centre, route de l'aéroport Tél. 22870 22 481 www.milosminingmuseum.gr Ouvert juin-sept. : tlj. 9h30-14h et 17h30-22h ; oct.-mai : tlj. 9h30-14h Tarif 4€, étudiants et seniors 2€, moins de 6 ans et pour tous le sam. de nov. à mars gratuit*

● Où se laisser tenter par une pâtisserie ?

Artemis (plan 13, B n°1) Toutes sortes de pains, mais aussi des sandwichs, des pizzas, des *tiropita* (feuilletés au fromage) des tartes à la pastèque ou des baklavas dégoulinant de miel… Aussi un large choix de gâteaux secs : au sésame, au chocolat, à la cannelle, aux raisins, etc. *Sur la place où s'arrêtent les cars, au coin de la route de Plaka Tél. 22870 22 849 Ouvert été : tlj. 3h-0h ; hiver : lun.-sam. 7h-22h, dim. 7h-15h*

● Où boire un verre face à la mer ?

☺ **Akri (plan 13, B n°20)** Une terrasse à la vue imprenable sur la baie, une galerie d'art, une clientèle branchée, de multiples recoins, des murs-banquettes en pierre, des coussins bleu et blanc, et beaucoup de goût : Akri est le bar à ne pas manquer à Adamas. Cocktails de jus de fruits frais ; musique jazzy en début de soirée, plus forte et plus rythmée à mesure que l'heure tourne. Cocktail 9€, ouzo 4€. *Du côté gauche du débarcadère, sur le chemin de la plage de Langada, au-dessus du parking : on y accède par un escalier Tél. 22870 22 604 Ouvert mai-sept. : tlj. 20h-4h*

● Aller à la plage Mieux vaut filer vers le nord ou vers le sud ! Hormis la crique de **Langada** (côté ouest, passé le grand parking), et la longue plage de **Papikinou** (côté est, à 500m du centre, passé le quartier de Neochori) qui ne sont pas des plus agréables (la deuxième est bordée par la route), mieux vaut pousser jusqu'à **Achivadolimni**, la plus grande de l'île, 5km plus loin (vers l'aéroport), si vous êtes motorisé.

Où faire la fête à Adamas ?

Vipera Lebetina (plan 13, B n°21) La soirée commence généralement à une terrasse du front de mer et se poursuit dans les bars qui le surplombent. Le Vipera Lebetina est l'un de ces bars de nuit vers lesquels on se dirige passé 1h du matin : terrasse face au port et musique rock, techno ou des années 1980, c'est selon. On passe indifféremment chez ses voisins, à côté ou juste au-dessous. Le Fuego, sur la plage de Langada, est un autre point d'échouage des fêtards locaux. *Sur le front de mer, en haut d'une volée de marches Ouvert été : tlj. à partir de 21h ; hiver : ven.-sam. à partir de 21h*

Plan 14 Milos et Kimolos

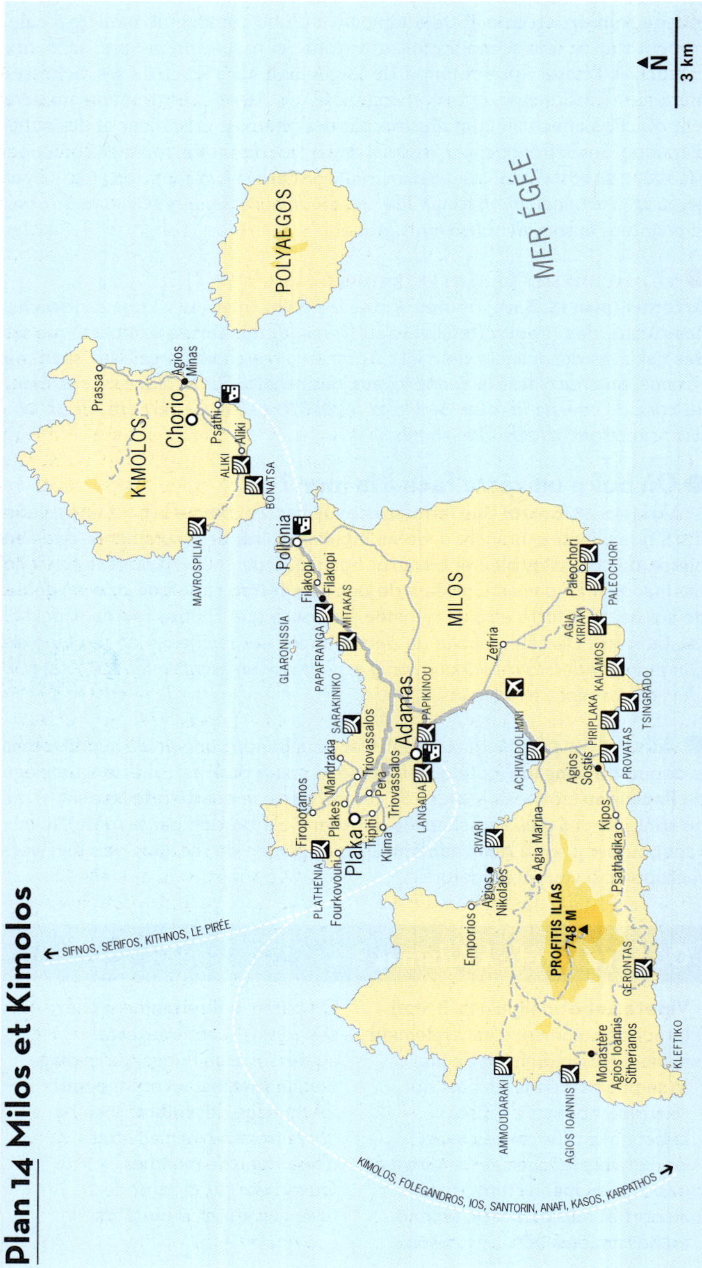

Plaka et ses environs

Plaka se prolonge au nord par le village de Plakes, à l'est par Triovassalos et Pera Triovassalos et, au sud, par Tripiti. C'est sur ce versant sud (aujourd'hui entre Tripiti et Klima) que la cité antique de Melos se développa, du Ier millénaire av. J.-C. à la fin du Ve siècle, date de sa destruction, probablement par un tremblement de terre. Outre des catacombes (cf. ci-dessous), y a été mis au jour un **théâtre antique** (IIe s. av. J.-C), bien préservé et tourné vers la mer. On y revient de nos jours les soirs d'été, assister à des pièces de théâtre. À voir aussi autour de Plaka : le port de Fourkovouni (à 2km au nord-ouest) et la jolie plage de Plathiena (à 3km au nord-ouest).

☆ **Plaka** Le chef-lieu de Milos est juché à 200m au-dessus de la mer, sous bonne garde de son *kastro* vénitien, qui a conservé son église d'origine (XIIIe s.) et d'impressionnantes murailles ; surtout, il offre panorama grandiose à 360° sur l'île et ses voisines (Sifnos, Serifos, Folegandros, etc.) ! Le village présente un pittoresque dédale de ruelles serpentant entre de vénérables maisons aux portes de bois peint. Toutes semblent converger vers la grande église de la **Panagia Korfiatissa** (début du XIXe s.) qui trône sur une placette pavée au bord d'une falaise, face à la mer. Malheureusement souvent fermée, l'église recèle de belles voûtes peintes et un mobilier opulent (chandeliers dorés, icônes, lustres) et des matériaux de réemploi de l'antique Melos. Peu animé en journée, Plaka se réveille le soir, quand

☆ Faire le tour de l'île en bateau

C'est en prenant le large que l'on découvre ce que Milos a de plus beau : son littoral. **Sikia** et sa grotte, **Glaronissia** et ses orgues basaltiques, **Kleftiko** et son défilé de falaises blanches, creusées d'arches et de grottes sous-marines... Du port d'Adamas, une dizaine de bateaux appareillent pour des croisières à la journée (départ à 9h ou 10h, retour à 19h). Les formules proposées par le *Delfini Express* ou le *Kapetan Giangos* comprennent, outre le tour des plus beaux sites, une pause-déjeuner à Kimolos et plusieurs arrêts baignade (comptez 25€ sans repas). Les voiliers vont moins loin, en général du côté de Kleftiko, mais ils jettent l'ancre dans des criques et le repas est inclus : c'est plus cher (au moins 45€), mais plus tranquille. L'été, prenez votre billet la veille au soir. Attention, les bateaux restent à quai les jours de grand vent. *Port d'Adamas*

Sea Kayak Milos Cette agence, tenue par un couple australo-grec, propose des excursions à la journée en kayak vers les plus beaux sites de l'île. Un moyen un peu plus paisible de découvrir Milos de la mer. Un peu cher, 65€, mais tout compris : pique-nique, équipement, etc. Organise aussi des séjours d'"exploration" d'une semaine, avec hébergement. ***Triovassalos*** *Tél. 22870 23 597 ou 69 46 47 71 70 www.seakayakgreece.com Ouvert avr.-oct.*

ses quelques restaurants et boutiques d'artisanat attirent les touristes… Un conseil, arrivez pour le coucher de soleil, souvent somptueux ! *À 5km au nord-ouest d'Adamas* **Accès en car** *Env. 1 car/h en été, via Tripiti* **Accès en voiture** *Il faut se garer au pied du village et prendre à droite pour le* kastro *(fléché) ou à gauche pour le centre de Plaka*

Musée des Arts et Traditions populaires Récemment restaurée, une demeure de la fin du XIXe siècle, dont les six pièces ont été reconstituées : le salon de réception, la chambre, la cuisine, la salle du pressoir, le réduit (et ses outils), la buanderie et son métier à tisser. Plusieurs panneaux d'explication et un fascicule très complet (en anglais) complètent l'exposition, mais n'hésitez pas à poser des questions, le personnel est particulièrement avenant. *Sur la place de la Panagia Korfiatissa, au cœur du village Tél. 22870 21 292 Ouvert juin-sept. : lun. 19h-22h, mar.-dim. 10h-13h et 19h-22h Tarif 3€, étudiants 1€, moins de 12 ans gratuit*

Musée archéologique Dans le bâtiment néoclassique (1870) de l'ancien hôtel de ville, ses trésors évoquent l'histoire de l'île de la préhistoire à la période romaine. Après le vestibule, où trône une copie de la *Vénus de Milo*, la pièce de gauche abrite des jarres et des poteries provenant du site de Filakopi ainsi que de précieuses figurines cycladiques, dont la *Dame de*

La *Vénus de Milo*, une déesse de marbre

8 avril 1820 : Georgios Kentrotas laboure son champ, près de Tripiti, quand il met au jour, par hasard, une statue en marbre…
La pierre vient de Paros et l'effigie représente Aphrodite, la déesse de l'Amour. La suite est une longue histoire : un officier français, Olivier Voutier, convaincu de la valeur artistique de la pièce, en informe le vice-consul de France à Milos, Louis Brest, et fait affaire avec le paysan… Mais ce dernier, las d'attendre son pécule, vend la statue au prince de Moldavie et s'apprête à l'envoyer en Turquie. Après moult tractations avec les autorités de l'île, le marquis de Rivière, consul de France à Constantinople, en fait l'acquisition et, le 1er mars 1821, Vénus est présentée à Louis XVIII. Dans la précipitation, la déesse, qui n'avait déjà plus de bras, en perd… ses lobes d'oreille. Le roi la lègue au musée du Louvre, d'où elle ne repartira plus : la sensualité de sa poitrine, le glissé du drapé sur ses hanches, la pureté de ses lignes en ont fait un chef-d'œuvre majeur ! Vraisemblablement sculptée vers l'an 100 av. J.-C., elle arbore les caractéristiques du style hellénistique classique. Mais les questions restent nombreuses : qui en est l'auteur ? S'agit-il vraiment d'Aphrodite ? Que tenait-elle dans ses mains ? Seule une modeste plaque, dans le champ, indique l'endroit précis de sa découverte…
Une chose est sûre, elle témoigne de la prospérité de l'antique Melos qui, à mi-chemin entre le continent et la Crète, s'était hissée, grâce à l'exploitation de ses minerais, au rang des plus brillants sites cycladiques à l'époque hellénistique et romaine.

Filakopi (1200 av. J.-C.). Considérée comme la pièce maîtresse du lieu, cette dernière atteste l'influence mycénienne sur l'île. Dans les deux autres salles, on peut voir des statuettes hellénistiques, des lampes d'argile et des vases exhumés des catacombes et des cimetières de l'antique Melos et, d'autre part, des bustes et stèles de l'époque romaine. *Au pied du village, sur la gauche en arrivant d'Adamas Tél. 22870 28 026 Ouvert juil.-oct. : mar.-sam. 8h-20h, dim. 9h-16h ; nov.-juin : mar.-dim. 8h30-15h Tarif 3€, réduit 2€, étudiants gratuit*

Catacombes Un ensemble de catacombes unique en Grèce, précieux témoignage des premiers âges chrétiens (elles datent des IIIe et IVe s.). La communauté chrétienne de l'île, fondée dès les premières années de notre ère, s'y réfugiait pour y tenir des cérémonies religieuses et y enterrer ses morts. Après le séisme qui détruisit la cité antique au Ve siècle, elles furent ensevelies et redécouvertes, malheureusement par des pilleurs, au XIXe siècle… Les galeries et les 126 caveaux creusés dans la roche forment un labyrinthe de 185m de long. Notez, à proximité, les grottes funéraires utilisées comme… étables ! ***Tripiti*** *Itinéraire fléché à partir de Plaka (route qui descend vers la mer) Tél. 22870 21 625 Ouvert mar.-dim. 8h30-14h Tarif 3€, seniors 2€, étudiants gratuit*

LES CYCLADES

☆☺ **Klima** En contrebas de Tripiti s'enfonce un vallon à la végétation étonnamment luxuriante, émaillé de potagers et de vergers de citronniers. La route serpente au son des cigales jusqu'au joli port de Klima, qui aligne sur ses rochers une ribambelle de minuscules habitations aux portes jaune, rouge, bleu, vert, orange… Toutes sont bâties sur le même principe : le rez-de-chaussée est un *sirmata*, garage à bateaux creusé dans la roche pour protéger les embarcations du vent ; il est surélevé d'un ou deux étages, pour les pièces d'habitation auxquelles on accède par un escalier extérieur et un balcon aux rambardes peintes. Au bout de la petite jetée : un banc pour regarder le soleil se coucher derrière les bateaux…

La côte nord, ses plages et Pollonia

Dans sa partie nord, Milos présente un littoral très échancré ; fouettée par les rafales du meltem, cette côte au relief tourmenté cache quelques-uns des sites les plus spectaculaires de l'île qui sont autant de lieux de baignade insolites.

☺ **Firopotamos** Incrustés dans la roche, au ras de l'eau, plusieurs *sirmata* égayent ce minuscule port. Et pour ne rien gâcher, une jolie petite plage de sable s'étend juste à côté ! *À 4km au nord de Plaka via Triovassalos*

Mandrakia Un autre ravissant et minuscule port, où se tiennent, en demi-cercle, une dizaine de *sirmata* aux portes bleues. Plus haut, une église et quelques maisons, battues, l'été, par le vent du nord. *À 3km au nord-est de Plaka via Triovassalos*

☆ **Sarakiniko** L'un des sites naturels les plus spectaculaires de l'île : un paysage lunaire de terrasses de tuf blanc descendant dans la mer… Et au milieu de ces rochers aveuglants, une superbe plage de sable de 10m de large. Bien abritée, elle est idéale pour les enfants, mais évidemment bondée l'été. Attention tout de même aux remous près des rochers quand le vent se lève. *À 4km au nord-est de Plaka, sur la route de Pollonia Au départ d'Adamas 3-4 bus/j. en été*

Mitakas et Glaronissia La jolie plage de sable de **Mitakas** est malheureusement assez exposée au vent du nord. Paillote et parasols. Au large surgit l'îlot inhabité de **Glaronissia** : au contact de l'eau, les coulées de lave se sont refroidies rapidement, formant de spectaculaires orgues basaltiques, pentagonales ou hexagonales, plongeant à la verticale dans la mer d'une hauteur de 20m. À découvrir à l'occasion d'une mini-croisière, cf. Faire le tour de l'île en bateau (p.327). *À 7km au nord-est d'Adamas, sur la route de Pollonia*

Papafranga Une calanque étroite et fermée, sorte de grotte à ciel ouvert où l'eau, turquoise, vient lécher ce qui est sans doute la plus petite plage de l'île. Soumise à une importante érosion, la roche volcanique, friable, est constellée d'une myriade de cavités sous-marines. Un sentier mène aux criques voisines. *À 300m de Mitakas*

Filakopi Vers 2200 av. J.-C., les Minoens établirent en cette crique un comptoir pour le commerce et l'exploitation de l'obsidienne ; cette roche noire et vitreuse, très solide, était utilisée pour confectionner armes et outils. La cité de Filakopi prospéra pendant près de 1 000 ans, avant d'être détruite par les Doriens au XIe siècle av. J.-C. Ses vestiges constituent l'un des plus importants sites archéologiques de l'époque cycladique. Ils sont malheureusement fermés en raison des fouilles ; mais les nombreux objets qui y ont été excavés sont exposés au Musée archéologique de Plaka. **Site archéologique** *À 300m de Papafranga Tél. 22870 41 290 Ouvert mar.-dim. 8h-15h Tarif 2€*

Pollonia À l'extrémité nord-est de Milos, ce petit port est situé à quelques encablures seulement de l'île de Kimolos dont il est séparé par un étroit bras de mer ; des bacs font la traversée plusieurs fois par jour, cf. Excursion à Kimolos (p.332). Ce village de pêcheurs, devenu un lieu de villégiature très apprécié des familles grecques, s'organise autour d'une belle baie, abritée du vent, et d'une plage de sable ombragée par des tamaris. Côté droit, tavernes et cafés se suivent le long des quais, où tanguent quelques bateaux colorés. Côté gauche, passé la plage, la route mène au quartier de Pelekouda, sur le petit cap, zone résidentielle assez récente où chaque maison ou presque fait office de pension. Les seules qui ne le sont pas affichent un panneau "*this house is not for rent*" ! Il suffit donc de faire son choix, mais attention : tout est complet en août. *À 10km au nord-est d'Adamas L'été 9 bus/j. en provenance d'Adamas, via Filakopi* ***Bac pour Kimolos*** *À droite du port*

● Faire de la plongée Si on fait passer les baptêmes à Pollonia, les plongeurs confirmés vont plutôt du côté de Kimolos ou de l'îlot de Polyaigos, qui recèlent quelques-uns des plus beaux spots des Cyclades. Du grand bleu plein les yeux, des barracudas, des mérous, des tortues caouannes…
Milos Diving Center Agréé PADI, CMAS et IAHD (pour personnes handicapées) et installé de longue date, le petit centre de Giannis Chavakis est

une référence. Comme lui, ses instructeurs parlent français. Baptême 35€ ; plongée (équipement en plus) 50€. Réservés aux plongeurs, 2 appartements à louer (juste au-dessus du centre). ***Pollonia*** *Tél. 22870 41 296 ou 69 76 11 48 46 ou 69 55 66 44 03 www.milosdiving.gr Ouvert avr.-oct. : tlj. 8h-21h*

☆ Les plages de la côte sud-est

Si la côte est de Milos n'est que mines, poussière et bulldozers, sa côte sud, en revanche, égrène, de Paleochori à Kipos, des plages toutes plus séduisantes les unes que les autres, où les falaises déploient une étonnante palette de couleurs. Bien protégées des vents d'ouest et du meltem, facilement accessibles par la route ou par des chemins de terre, elles sont très fréquentées l'été. Les jours où le vent souffle du sud, optez plutôt pour les plages du nord, cf. La côte nord, ses plages et Pollonia (p.329).

Paleochori Cette grande plage, l'une des plus belles de l'île, déroule un long tapis de sable sur presque 1km le long d'une mer turquoise. Par endroits, les sources chaudes en font délicieusement monter la température… Transats, parasols, tavernes, chambres à louer et… beaucoup de monde l'été ! Juste au sud s'étend une autre plage, adossée à des falaises multicolores, véritable féerie de teintes pourpres, blanches et ocre ! On y accède par le club Deep Blue (sur la droite avant Paleochori) installé à l'aplomb et dont les parasols (bleus, bien sûr…) ont colonisé le sable. *À 10km au sud-est d'Adamas par une route goudronnée (7 bus/j. en été, via Zefira)*

UN VENT DE FOLIE Besoin de reprendre des forces après une longue baignade ? La carte originale du Sirocco vous permet de déjeuner les pieds dans le sable et les papilles dans les nuages (p.334) ! **Sirocco** *Au bout de la route **Paleochori***

Agia Kiriaki Une autre longue plage de sable aux eaux cristallines, un peu plus exposée. Des bars de plage, avec transats et parasols sur la gauche. Le versant droit, fermé par l'imposant cap Kalamos, est plus tranquille. *À 10km d'Adamas Sur la route de Paleochori, juste après le village de Zefira, prendre à droite la piste carrossable (3,5km) Attention, la signalétique est en grec*

☺ **Firiplaka** Protégée par des falaises, cette longue étendue (1km) de sable fin et blond attire les jeunes vacanciers, qui viennent s'y prélasser au son de la musique distillée par le bar. Transats et parasols en location. Pour plus de tranquillité, allez au bout de la plage. *À 11km au sud d'Adamas Prendre d'abord la route de l'aéroport, puis suivre les panneaux ; les trois derniers kilomètres se font sur piste*

☺ **Tsingrado** Blottie entre deux avancées rocheuses, cette adorable petite crique ourlée d'une plage de sable est large d'une vingtaine de mètres tout au plus… Attention à la descente abrupte ! *Sur la gauche juste avant Firiplaka*

Provatas Plus fréquentée que les autres (car accessible par une route bétonnée, et desservie par le bus), elle possède trois tavernes, un hôtel et des chambres à louer. Belle plage de sable fin, ombragée par quelques tamaris. Et les incontournables bars et locations de transats et de parasols. La plage est coupée en deux par des falaises ; l'autre tronçon, Agios Sostis (à l'ouest), est plus paisible. *À 9km au sud d'Adamas Prendre la route de l'aéroport et suivre les panneaux En été, 8 bus/j. via le camping d'Achivadolimni*

Chalakas, la moitié ouest

Nommée Chalakas, la moitié ouest de Milos, région montagneuse, culmine à 748m au mont Profitis Ilias. Déserte, hormis deux ou trois hameaux, elle n'est sillonnée que de pistes. D'Agia Marina ou de Psathadika (villages où s'arrête la chaussée asphaltée), vous pourrez faire une boucle d'une quarantaine de kilomètres et vous arrêter à la plage de Gerontas (accessible par un sentier) ou à celle d'Ammoudaraki, sur la lagune de **Rivari**, ou encore au sommet du mont Profitis Ilias... Attention cependant aux chemins cahoteux et pentus – vérifiez la couverture de votre contrat d'assistance dépannage si vous avez loué une voiture !

Monastère Agios Ioannis Siderianos Un monastère bien entretenu, perdu au milieu de nulle part ! L'immense parking laisse pourtant imaginer l'affluence lors de la fête patronale, le 25 septembre. Les documents retrouvés dans ses murs font remonter sa fondation à 1582. Ceint de murs chaulés, il ne se visite pas, mais 500m en contrebas s'étend l'une des plus belles plages de Milos, parfois déserte ! *D'Adamas, prendre la route de l'aéroport et continuer vers Kipos Les douze derniers kilomètres, passé Psathadika, ne sont pas goudronnés*

Excursion à Kimolos

Un étroit chenal (moins de 2km) sépare Milos de l'île de Kimolos, qui vit depuis toujours dans l'ombre de sa voisine. D'une superficie de 36km² (pour 800 hab.), et d'origine volcanique, comme sa sœur, Kimolos est exploitée pour sa craie (*kimolia*) et son kaolin, ressources qui lui valurent le surnom d'"Argentée". Mais son infrastructure touristique n'est guère développée, l'île n'accueillant que des excursionnistes et quelques touristes grecs au mois d'août. Une aubaine pour les apprentis Robinson qui trouveront là un cadre atypique, paisible, et des plages souvent désertes ! Automobilistes, sachez qu'il n'y a qu'une seule station-service sur l'île (sur la route de Prassa).

Se rendre à Kimolos

Kimolos Link Le bac *Panagia Faneromeni*, qui relie Milos à Kimolos toute l'année en 15min, embarque quelques voitures et motos : 3 départs/j. en hiver, 7/j. l'été ; horaires affichés dans les villages. Billet (aller) : 2€/pers., 1,70€/moto et 8,50€/voiture. Attention, les jours de gros vent, le bateau reste à quai. À savoir : certains des ferries à destination de Milos font escale à Kimolos. ***Psathi Kimolou** Tél. 69 48 30 87 58 www.kimolos-link.gr*

Psathi Le petit port de l'île compte trois tavernes, un café et une minuscule plage… et c'est tout ! Ambiance paisible sauf quand débarquent, vers midi, les tours organisés.

Chorio C'est le chef-lieu de l'île. Authentiquement cycladique avec ses venelles flanquées de maisons blanchies à la chaux, ses moulins à vent, ses vieilles églises (pour beaucoup bâties au XVIIe s.) et son *kastro* du XVIe siècle (relativement bien préservé), ce village perché mérite une halte. Seule particularité, les touristes y sont rares ! *À 1km de Psathi Quelques liaisons en bus à partir de Psathi Compter, sinon, 20min de marche !*

La côte sud-ouest Elle est ourlée de quelques belles plages de sable et d'une plaine côtière cultivée. De Chorio, la route est goudronnée jusqu'à **Aliki** (deux tavernes, quelques chambres à louer) qui possède une plage correcte ; préférez toutefois celle de **Bonatsa**, un peu plus loin. La route s'arrête après environ 3km de piste jusqu'à la sympathique plage de Mavrospilia, la plupart du temps déserte.

La côte est Au nord de Psathi, passé les petits ports blottis au creux des rochers, tel Agios Nikolaos, le littoral n'est plus qu'une succession de carrières : une atmosphère étrange nimbe ces paysages désolés qui deviennent franchement surréalistes aux abords de Prassa (à 6km au nord de Chorio), où s'étire une plage de sable, presque trop blanc, léchée par des eaux turquoise… Paradisiaque si elle n'était longée par une route qu'empruntent les camions !

CARNET D'ADRESSES

Restauration

À Milos

prix moyens

Flisvos (plan 13, B n°11) Une valeur sûre, parmi les innombrables tavernes du port. Allez-y pour les viandes et les poissons grillés, ou encore pour les traditionnelles saucisses rôties. Plat de 6 à 10€ ; poisson de 50 à 55€ le kg. O Kynigos, l'établissement voisin, est aussi un bon choix. Chaises bleues pour le premier, vert pastel pour le second. *À mi-hauteur du front de mer **Adamas** Tél. 22870 22 275 Ouvert avr.-oct. : tlj. 12h-1h*

☺ **Archontoula / Αρχοντουλα** Très prisé, ce restaurant occupe l'ancien *kafeneion* du village de Plaka. Il en a gardé le décor, le vieux juke-box et l'ambiance conviviale. L'été, les tables envahissent la ruelle et il s'avère parfois difficile d'y dénicher un bout de nappe pour dîner. Belle surprise, la carte (sur laquelle on coche sa commande !) propose, outre les plats habituels, des mets plus inventifs, comme les artichauts ou les moules à la sauce citron, l'espadon à l'ouzo, le filet de porc au miel ou le poulet au romarin. Et pour ne rien gâcher, les portions sont généreuses. Carte des vins bien fournie en breuvages grecs, dont un rosé de l'île. Comptez 15€. Pas de CB. *Près de la place sur laquelle s'arrêtent les cars, à l'entrée de la rue principale **Plaka** Tél. 22870 21 384 Ouvert Pâques-oct. : tlj. 11h-2h*

Ergyna / Εργυνα Dans la rue principale de Tripiti, cette terrasse jouit du plus beau des panoramas sur la mer Égée. Ambiance animée et toujours beaucoup de monde : c'est l'un des rendez-vous des insulaires et des vacanciers grecs. À la carte : un large choix de plats traditionnels, parfaitement cuisinés (de 6 à 15€). Si l'Ergyna est complet, vous trouverez deux ou trois autres restaurants sympathiques dans la même rue. Pas de CB. *Dans le centre, un peu plus haut que l'église* ***Tripiti*** *Tél. 22870 22 524 Ouvert juin-sept. : 14h-0h30*

Sirocco Attention, cuisine volcanique ! Ici, on tire profit de la géothermie locale : poissons et viandes sont cuits sous le sable... et se dégustent sur une vaste terrasse ouvrant sur la superbe plage de Paleochori. Carte pléthorique, plats de 4 à 15€, vin maison (bon marché) et service assez efficace étant donné la taille de l'établissement. Beaucoup de monde, principalement des vacanciers habitués, qui viennent réserver leur table dans la matinée. *Au bout de la route* ***Paleochori*** *Tél. 22870 31 201 Ouvert mars-oct. : 10h-0h*

Tarentela Au-dessus de la mer turquoise et des plages de la baie de Provatas... On sert dans cette taverne classique tous les incontournables de la gastronomie grecque (*briam*, moussaka, *souvlaki*...) et quelques plats plus originaux (avis aux intrépides) comme le... bœuf au chocolat. Plats de 7 à 18€. Belle carte des vins. *Sur la route de Kipos, tournez à gauche après l'église d'Agios Sostis* ***Agios Sostis*** *Tél. 22870 31 346 Ouvert juin-sept. : tlj. 12h-0h*

Taverne Giannis Koliarakis Un goût de bout du monde... Cette taverne familiale perdue dans la partie ouest de l'île (c'est la seule !) apparaît au terme d'un chemin cahoteux. Accueil plutôt rustique mais la terrasse, près de l'eau, est agréable et offre une jolie vue sur Plaka et Adamas, de l'autre côté de la baie. Spécialité de viande de chèvre (9€) et de poulet au citron (6€). Vous pouvez louer l'une des 3 minuscules chambres (sans grand charme), avec vue sur la mer qui dominent le restaurant (45 à 50€). Pas de CB. ***Empourios*** *D'Adamas, prendre la direction de l'aéroport, puis celle d'Agia Marina, d'où un chemin descend vers Rivari et Empourios ; la taverne est près de la plage Tél. 22870 21 389 ou 22870 23 918 (chambres) Ouvert juin-sept. : 12h-22h30*

Et aussi...

Shopping gourmand

Artemis ____ 325

Bars

Akri ____ 325

Vipera Lebetina ____ 325

prix élevés

Aragosta (plan 13, B n°10) Terrasse élégante, vue plongeante sur le port, banquettes et coussins blancs... C'est LE restaurant branché d'Adamas, celui où les Athéniens viennent se montrer, où l'on dîne en tête-à-tête... Mais on aurait tort de le délaisser pour autant : de telles tables sont assez rares par ici, et la carte, en dépit de tarifs élevés (plats de 14 à 23€), tient plutôt ses promesses – celles d'une cuisine contemporaine et raffinée. Pensez à réserver. Bar-terrasse juste en dessous, pour prolonger la soirée autour d'un cocktail. *Au début du front de mer, côté embarcadère, et légère-*

ment en hauteur (gravir les escaliers) ***Adamas*** *Tél. 22870 22 292 ou 69 44 41 63 94 www.aragosta.gr Ouvert fin mai-sept. : 19h-1h30*

Armenaki À Pollonia, une taverne un peu plus chic que les autres, légèrement à l'écart du front de mer où elles s'alignent. La (courte) carte ne propose que du poisson et des produits de la mer : poulpe grillé, crevettes, homard, etc. Poisson 35-60€ le kg. Fraîcheur garantie, même pour les légumes, cultivés dans l'île. Vin blanc maison. *En retrait de la plage, au croisement de la route d'Adamas* ***Pollonia*** *Tél. 22870 41 061 www.armenaki.gr Ouvert avr.-oct. : tlj. 12h30-0h*

À Kimolos

prix moyens

To Kyma / Το Κυμα Sur le port, une taverne toute simple, sans doute la meilleure de cette petite île. Tables et chaises en bois, les pieds dans l'eau. Poulpe grillé (10,50€) et poisson frais (50-70€ le kg). Plats 5-17€. Pas d'enseigne, mais vous ne pourrez pas manquer sa terrasse qui se trouve immédiatement à gauche du débarcadère en descendant du bateau. Service à l'image de l'île : paisible... ***Psathi*** *Tél. 22870 51 001 Ouvert Pâques-sept. : tlj. 10h-2h*

Hébergement

À Milos

Fréquentation grecque oblige, on trouve des chambres à louer absolument partout, avec une grande concentration dans le vieil Adamas. Elles sont généralement signalées par un numéro. Si vous n'avez pas réservé, sachez que certains propriétaires attendent les voyageurs à l'arrivée des bateaux. Sinon, adressez-vous au petit bureau d'information touristique qui tient une liste des hébergements disponibles.

camping

Milos Achivadolimni Camping L'unique camping de l'île. D'aucuns lui reprochent son éloignement, mais c'est aussi ce qui fait son charme : au centre de l'île, le site est campé sur une falaise face à la mer, au-dessus de la plage d'Achivadolimni (superbe vue) qui se trouve à 150m. Les emplacements sont très bien ombragés et séparés par des haies de bambous et de lauriers. Mais en août, le trop-plein de voyageurs doit se contenter des nouveaux emplacements situés à l'arrière, sous une toiture de plastique ondulé. Location de bungalows (jusqu'à 4 pers., 50-90€ pour 2 pers. avec vue sur mer, 30-68€ sans) et possibilité de dormir à la belle étoile. Vous pourrez aussi profiter d'un bon restaurant, d'un bar et d'une belle piscine. Sanitaires assez corrects. Sinon, des douches communes en plein air ! La plage, en contrebas, est accessible par un sentier. Tente 5-6€, voiture 3€ et 4,50-6,80€/pers. Accueil affable, nombreux service (réduction de 10 % en basse saison en cas de réservation). Le minibus du camping fait des rotations vers Adamas et l'été, le bus y passe 11 fois/j. *À 7km au sud d'Adamas via la route de l'aéroport* ***Achivadolimni*** *Tél. 22870 31 410 www.miloscamping.gr Ouvert mai-sept.*

prix moyens

Hôtel Delfini (plan 13, A n°30) Dissimulée par l'énorme bâtiment du Lagada Beach Hotel, la plage de Langada n'est pourtant qu'à deux pas de cet hôtel familial. Avantage : les tarifs sont restés raisonnables :

de 30 à 80€ selon la saison, petit déj. 5€. Les 23 chambres (pour 2 ou 3 pers.), bien tenues, disposent d'un balcon. Ambiance sympathique et accueil jovial de Nikolas, ex-capitaine de bateau et grand voyageur dans l'âme. *À 200m env. du débarcadère, côté nord* ***Adamas*** *Tél. 22870 22 001 ou 22870 22 756 www.delfinimilos.gr Ouvert avr.-oct.*

Tilemachos / Τηλεμαχος (plan 13, B n°32) Quatre chambres et 10 appartements simples mais corrects pour ce petit hôtel situé à l'écart de l'animation du front de mer. Tous disposent d'une cuisine, la plupart d'un balcon et certains peuvent accueillir jusqu'à 5 pers. Double de 50 à 80€, appartement de 60 à 110€ selon la saison, petit déj. 5€. Navette gratuite avec le port. Petit déjeuner dans un jardin agréable. *À 250m du front de mer ; prendre la route de Pollonia et tourner à gauche à hauteur du petit pont, continuer sur 150m env.* ***Adamas*** *Tél. 22870 22 160 www.tilemachos-studios.gr Ouvert mai-sept.*

Panorama Accroché à la falaise qui domine le délicieux port de Klima, ce petit hôtel porte bien son nom : les balcons jouissent d'une vue magnifique sur la mer caressée par le soleil couchant. Huit chambres étroites et sans prétention, de 40 à 70€ selon la saison, petit déj. inclus. *Sur la route qui descend de Tripiti, sur la gauche avant d'arriver au port* ***Klima*** *Tél. 22870 21 623 ou 6976024358 Ouvert avr.-oct.*

Soultana La grande maison de Soultana Marinitsi, vraie mamie gâteau, compte 19 chambres et 2 appartements tout simples. Demandez à les voir, toutes sont un peu différentes, plus ou moins spacieuses, quelques-unes ont une cuisine. Si elle est libre, optez pour la n°20 pour son grand balcon et sa belle vue. Double 40-75€ selon la saison, appartement pour 4 pers. (85m^2) 140€ l'été. Réservez dès mai ou juin pour août. La belle-fille de Soultana tient une autre pension. Mais sachez que le quartier en compte une bonne trentaine, toutes similaires ! Pas de CB. *Quartier de Pelekouda* ***Pollonia*** *Tél. 22870 41 346 www.soultana-milos.com Ouvert toute l'année*

prix élevés

Apollon / Απολλων Un hôtel face à la mer, notre préféré à Pollonia. Les 15 chambres au total ne sont certes pas luxueuses, mais avenantes et très propres. Toutes bénéficient de la climatisation, de la TV, d'un réfrigérateur et d'un balcon ou d'une petite terrasse face à la mer. Double de 35 à 100€ selon la saison. Accueil discret et attentionné. De plus, la patronne cuisine midi ou soir pour ses hôtes (il suffit de la prévenir un peu à l'avance). Le petit déjeuner (8€) est servi sous la véranda ou sur la belle terrasse. Piscine. Annexe (Apollon 2, 15 chambres) à 50m en retrait de la mer, tenue par la même famille. Pas de CB. *Dans le quartier de Pelekouda, suivre les panneaux (en grec !)* ***Pollonia*** *Tél. 22870 41 347 Fax 22870 41 240 Ouvert avr.-oct.*

GAMME DE PRIX	RESTAURATION	HÉBERGEMENT
Très petits prix	moins de 10€	moins de 30€
Petits prix	de 10 à 15€	de 30 à 50€
Prix moyens	de 15 à 20€	de 50 à 80€
Prix élevés	de 20 à 30€	de 80 à 120€
Prix très élevés	plus de 30€	plus de 120€

Portiani Hotel (plan 13, B n°31) Pour dépanner. C'est l'hôtel principal du front de mer d'Adamas. Vous y trouverez 23 chambres classiques et un peu vieillottes, dont une bonne moitié regardent la baie. Rapport qualité-prix plutôt moyen. Accueil sympathique toutefois et petit déj. pantagruélique (10€) : petits pains, confitures maison, gâteaux, fruits, oranges pressées, miel, lait de chèvre, etc. En cas d'arrivée tardive, récupérez les clés au bar voisin. Comptez 70-110€ selon la saison pour les chambres les moins chères (sans vue). *Sur le front de mer, à 200m à droite du débarcadère* ***Adamas*** *Tél. 22870 22 940 www.hotelportiani.gr Ouvert toute l'année*

☺ **Villa Helios (plan 13, A n°33)** À Milos comme dans le reste des Cyclades, les hébergements de charme sont rares. Mais ici, tout n'est que douceur et volupté, de l'accueil (l'épouse du patron est francophone) jusqu'aux chambres. Des antiquités (tableaux, meubles, etc.) glanées à Athènes décorent chacun des 5 studios, par ailleurs immenses (2 pièces et une kitchenette). L'un d'eux possède même une terrasse sur le toit ! Tarif 50€ en juin, sept. et oct., 100€ en juil.-août. Les enfants peuvent dormir dans le sofa. Terrasse commune. En bas, une chambre romantique (35 à 60€). Un peu de bruit en été car le bar Akri est situé juste au-dessous. *Dans le vieux village, au-dessus du débarcadère, côté gauche* ***Adamas*** *Tél. 22870 22 258 heaton.theologitis@utanet.at Ouvert mai-oct.*

☺ **Kostantakis Studios** Dans les vignes, une ferme d'agrotourisme sise sur une petite éminence non loin de Pollonia. Ses élégants studios, aux styles et aux couleurs différents, sont plantés au milieu d'un grand jardin luxuriant, où s'épanouissent bougainvilliers et palmiers. Et il y a même un potager : concombres, tomates, aubergines, pastèques, melons, etc. à déguster le soir au retour de la plage... Au choix : 6 bungalows avec de grands balcons (50-120€), 2 studios *superior* dotés d'un petit salon (65-120€) ou une *junior suite* (90-200€). Le propriétaire, qui produit lui-même son vin, vous invitera à participer aux activités de la ferme et les enfants pourront nourrir les animaux. *À 400m du port, sur la route de Voudia* ***Pollonia*** *Tél. 22870 41 357 www.kostantakis.gr Ouvert avr.-oct.*

À Kimolos

prix moyens

Domatia Meltemi / Δωματια Μελτεμι Cette taverne très simple loue 7 chambres, petites mais plutôt correctes, profitant d'une jolie vue sur Chorio. Demandez l'une des 4 qui sont à l'étage. Double 35-65€ selon la saison, petit déj. compris. Plats classiques au restaurant, de 4 à 9,50€. Accueil cordial de la patronne (en grec). Son mari, qui travaille sur le *Panagia Faneromeni*, parle quelques mots d'anglais. Il pourra venir vous chercher au port. *Dans la partie nord-ouest du village* ***Chorio*** *Tél. 22870 51 360 ou 69 72 60 49 77 meltem_kimolos@hotmail.com* ***Restaurant*** *Ouvert tlj. 12h-0h toute l'année*

★ ☺ FOLEGANDROS

ΦΟΛΕΓΑΝΔΡΟΣ Φολεγανδρος

Autrefois à l'écart des sentiers battus, Folegandros accueille un nombre croissant de visiteurs. Il faut dire qu'elle a gardé son âme et qu'elle ne manque ni de charme, ni d'atouts : une Chora joyeuse et atypique, l'une des plus belles des Cyclades ; un mode de vie traditionnel et une beauté sauvage, tout juste adoucie par le soleil et le bleu omniprésent de l'Égée... Les versants escarpés de l'île tombent en cascade dans la mer, ménageant parfois de petites plages aux eaux cristallines, accessibles au prix de belles balades... Mais voilà : les catamarans ont mis Folegandros à seulement trois heures d'Athènes et moins d'une heure de Santorin, et les hôtels, qui se multiplient, visent une clientèle toujours plus chic. Certes, il ne s'agit pas de tourisme de masse – loin de là – mais en août, la petite île est saturée...

MODE D'EMPLOI

accès

Seajets relie Folegandros au Pirée en 3h10 (56,20€), à Sifnos et à Santorin en 45min, à Amorgos en 2h, à Naxos en 3h15, à Paros en 3h50 et à Syros en 4h40 : 6 rotations/sem. de mi-juin à mi-sept. Des ferries d'autres compagnies relient l'île au Cyclades de l'Est (Sikinos, Ios, Santorin, Anafi) et du Nord (Milos, Sifnos, Serifos, Kithnos, Naxos, Paros, Mykonos et Syros). Les horaires, prix et trajets changeant tous les ans en mai, nous vous invitons à consulter les sites www.directferries.fr, www.gtp.gr, www.ferries.gr ou www.aferry.gr. et à vous renseigner dans les agences de voyages locales. Le prix du billet en catamaran est environ 2 fois celui du ferry.

Capitainerie de Karavotsassis
Tél. 22860 41 530

EXCURSIONS À SIKINOS
S'il reste des places, vous pourrez gagner Sikinos (p.351) en prenant un des bateaux d'excursion qui débarquent leurs passagers à Alopronia. *Tarif 22€ www.tourgats.com/ferry_tickets_en.php Départs juil.-août (juin et sept. selon l'affluence) jeu. et dim. : départ à 11h, retour à 17h (1h de trajet)*

orientation

Folegandros est une petite île de 32km² (12km de long pour 4 de large) formant une longue crête rocheuse orientée nord-ouest/sud-est et culminant à 416m. La route principale de l'île relie le port de Karavostassis (au sud-est) au hameau d'Ano Meria, à 8km au nord-ouest, en passant par le chef-lieu, Folegandros (Chora). Les pistes qui la prolongent à la pointe nord de l'île desservent les plus belles plages. Si la côte nord-est est escarpée, la côte sud-ouest présente un relief un peu plus doux et sa petite baie d'Angali accueille une plage agréable et quelques infrastructures touristiques. Pour gagner les autres plages, il faut se faire déposer en bateau par un pêcheur de Karavotsassis ou mar-

Plan 15 Folegandros

cher – parfois longtemps – sur des sentiers abrupts. Ils sont signalés sur la **carte détaillée** (3€) vendue dans les commerces de Chora. Enfin, comme dans toutes les Cyclades, on choisit sa plage en fonction du vent : quand le meltem souffle, les plages orientées au nord (comme celle de Vardia) sont très désagréables (et inversement quand le vent se lève au sud).

informations touristiques

Les agences de voyages sont installées à Chora. Deux d'entre elles vendent des billets de bateau et proposent un accès Internet (1,50€ les 15min).

Diaplous Organise des tours de l'île à la journée, avec repas et 5 arrêts-plage (tarif 30€) et des excursions à Sikinos (si la météo le permet). Billets de bateau (l'agence ouvre un petit comptoir au port avant le départ de certains bateaux). *Près de la place Pounta* **Chora** *Tél. 22860 41 158 www.diaploustravel.gr Ouvert avr.-sept. : tlj. 9h-14h30 et 17h-23h ; oct.-mars : lun.-sam. 10h-14h et 18h-21h, dim. 10h-14h*

Folegandros Travel Billets de bateau, mais attention, cette agence (pour d'obscures questions d'allotements) prétend parfois que les bateaux rapides sont pleins alors qu'ils ne le sont pas ! *Pl. Dounavi* **Chora** *Tél. 22860 41 273 info@folegandros-travel.gr Ouvert été : tlj. 9h-14h30 et 17h-0h ; hiver : lun.-sam. 10h-13h et 17h-20h*

Sottovento Plus chic et installée dans le consulat d'Italie. Ne vend pas de billets de bateau mais organise des excursions autour de l'île et peut se charger de vous réserver un hébergement ou un billet d'avion. *Côté ouest* **Chora** *Tél. 22860 41 444 ou 69 72 22 03 91 www.sottovento.eu Ouvert Pâques-oct. : tlj. 10h-14h et 18h-22h*

Mairie et office de tourisme de Chora Ils partagent le même bâtiment. **Chora** *Tél. 22860 41 285 (mairie) ou 22860 27 180 (OT) www.folegandros.gr*

se déplacer

EN CAR

KTEL De la place Pounta, à Chora, trois lignes : vers le port de Karavostassis (l'été : 14 à 16 bus/j. de 7h à 0h), Angali (3 à 4 bus/j.) et Ano Meria, le terminus (6 à 8 bus/j., arrêts à la demande). Horaires fluctuants selon la saison, crayonnés sur une ardoise aux arrêts. Il y a au moins un car à chaque départ et arrivée de bateau. *Tél. 22860 41 425 www.ktelbus.gr*

EN TAXI

Taxis de Folegandros *Tél. 22860 41 048 ou 69 44 69 39 57*

EN VÉHICULE DE LOCATION

En août, le parc de location ne suffit pas à satisfaire la demande et les tarifs s'envolent : parfois plus de 60€/j. pour une voiture, 20€ pour un scooter. En dehors de cette période, comptez respectivement 30€ et 12€. Une seule station-service : à Chora, sur la route d'Ano Meria (ouverte tlj. 8h-15h et 18h-20h).

Rac Location de voitures (35-50€/j.) et de motos (15-30€/j.). Agences à Karavostassis (sur la route de Chora) et à Chora (place Pounta). *Tél. 22860 41 660 ou 69 74 28 94 97 Ouvert juin-sept. : tlj. 7h-22h*

Stelios Rent a Moto Location d'une moto 12-30€/j. **Chora** *Tél. 22860 41 346 ou 69 46 49 46 42 stelioslignos@hotmail.gr Ouvert été : tlj. 9h-21h hiver sur réservation*

Venetia Scooterland Scooters seulement, pas toujours en bon état, mais en quantité ! De 15 à 25€/j. Côté *ouest, derrière le café Greco* **Chora** *Tél. 22860 41 316 ou 69 72 18 48 14 ou 69 77 51 35 59 www.scooterlandvenetia.com Ouvert mai-oct. : tlj. 9h-21h*

informations pratiques

Attention, il n'y a pas de banque à Folegandros, uniquement des distributeurs de billets... souvent à sec l'été. Prenez vos précautions ! Les agences de voyages et le bureau de poste de Chora (sur la grand-place) changent les chèques de voyage.

Antenne médicale *Pl. Pounta* **Chora** *Tél. 22860 41 222*

Pharmacie *À l'entrée de Chora en venant du port* **Chora** *Tél. 22860 41 540 Ouvert lun.-sam. 9h-14h et 18h-20h30*

Police **Chora** *Tél. 22860 41 249*

fêtes et manifestations

Isolario Project Concerts, danse, théâtre, projection de films et observation d'étoiles. Dans toute l'île. *www.mediadellarte.gr 15 jours autour de la mi-juil.*

Fête d'Agios Panteleimon *Entre Ano Meria et la plage d'Ambeli le 27 juillet*

Fête de la Panagia *À Chora le 15 août*

DÉCOUVRIR Folegandros

☆ **Les essentiels** Chora **Découvrir autrement** Gagnez l'église de la Panagia pour le coucher du soleil, arrêtez le temps au musée d'Ano Meria, rejoignez à pied ou à scooter les belles plages du Nord

LES CYCLADES

Le sud de l'île

Il offre au voyageur qui débarque dans l'île des reliefs dénudés et un paysage un brin désolé, qui ne changera qu'au bout des 3km de route qui grimpent doucement vers le chef-lieu. Le port constitue néanmoins un bon point de chute si tout est complet à Chora : les liaisons en car sont fréquentes, l'été, et ses belles plages sont faciles d'accès.

Karavostassis Malgré ses hôtels, ses *domatia* et quelques tavernes, le port ne s'anime guère qu'en pleine saison. À l'origine, le bourg se limitait aux deux ou trois ruelles gravissant le cap qui protège le bassin du vent du nord. Depuis, il a pris des airs de station balnéaire et compte de nouveaux établissements (haut de gamme) autour de sa baie. Un projet de réaménagement de la jetée devrait voir le jour.

★ ☺ **Folegandros (Chora)** Perché sur sa falaise, à 200m au-dessus des flots, le chef-lieu de Folegandros dégage un charme fou. Ses ruelles convergent vers une série d'adorables placettes disposées en enfilade et dotées, chacune, d'une, voire de deux églises (on en compte 15 au total, datant du XVIIe au XIXe s.). C'est à ces petites places délicieusement ombragées que le village doit son atmosphère joyeuse, particulièrement animée le soir sous les guirlandes lumineuses des terrasses de tavernes. Commencez votre visite sur la place Pounta, et jetez un coup d'œil par-dessus le parapet, côté nord, si vous n'êtes pas sujet au vertige ! Une ruelle, sur le côté opposé, mène au centre du village, sur la place Dounavi : sous la frondaison de son grand platane (le seul de l'île), deux citernes du XVIIIe siècle ; côté sud, la principale église de Chora est dédiée à saint Nicolas. Derrière celle-ci, la place Kontarini cache sous ses arbres deux tavernes sympathiques ; côté sud, l'église Agios Antonios possède une belle porte en marbre sculpté et, à l'intérieur, une iconostase ouvragée du XVIIe siècle ; le soir, les villageois, toutes générations confondues, se retrouvent le long de son petit muret. À quelques mètres, la place la plus ancienne de Chora, puis la place Maraki.

Kastro Au nord, juchée au bord de la falaise, la citadelle, bâtie au début du XIIIe siècle par les Vénitiens, est aujourd'hui un quartier résidentiel, très calme, coupé du reste du village par le rempart que forment ses maisons serrées les unes contre les autres (côtés sud, est et ouest). Seules deux percées, la Loggia et le Paraporti (accès de la place Dounavi), ouvrent sur la grand-rue, la *kato roua*, superbe alignement de façades aux escaliers et balcons de bois peint. Derrière elle s'étirent plusieurs rangées de maisons (soit autant de lignes défensives) reliée les unes aux autres par de petits passages voûtés ; notez que plus on s'éloigne du centre, plus les maisons sont grandes et cossues, assez spacieuses pour intégrer leurs escaliers à l'intérieur ! Vers l'ouest, une ruelle mène à l'extrémité du *kastro*, où s'élève l'église de la **Panagia Pantanassa** (XVIIe s.), qui renferme des icônes postbyzantines de l'école de Crète ; très belle vue sur la côte.

Église de la Panagia Cette massive église toute blanche, signalée par un campanile, est perchée sur l'escarpement rocheux qui domine Chora. De là, on jouit d'une vue à couper le souffle, notamment au coucher de soleil. On y accède facilement par un chemin en zigzag (15min de la place Pounta).

Plan 16 Folegandros, Chora

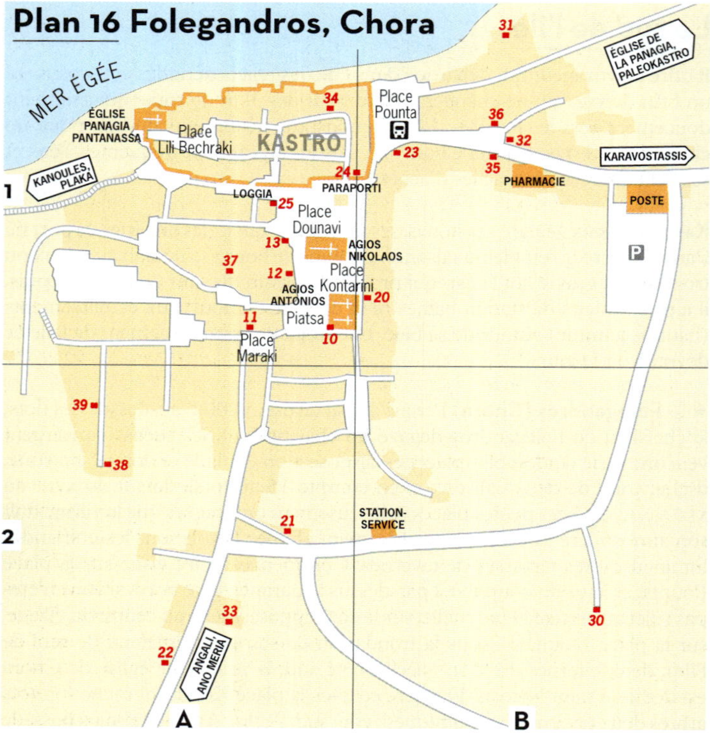

Restauration (n°10 à 13)
Estiatorio Sik – "Restaurant Chic" ____ **13** A1
O Kritikos ____ **10** A1
Ouzeri To Koupi ____ **11** A1
Piatsa ____ **12** A1

Cafés, bars et lieux de sortie (n°20 à 25)
Astarti ____ **20** B1
I Pounta* ____ **23** B1
Kastro* ____ **24** A1-B1
Ki'Araxe* ____ **25** A1
Laoumi ____ **21** A2
Rakentia ____ **22** A2

Hébergement (n°30 à 39)
Aegeo Hotel ____ **30** B2
Anemomilos ____ **31** B1
Evgenia ____ **32** B1
Fani-Vevis ____ **33** A2
Hôtel Castro ____ **34** A1
Hôtel Polikandia ____ **35** B1
Meltemi Hotel ____ **36** B1
Nikos Rooms ____ **37** A1
Odysseus Hotel ____ **38** A2
Spiridoula ____ **39** A2

*À RETROUVER DANS LA PARTIE DÉCOUVRIR

Cette ancienne église conventuelle remplaça au XVIIe siècle un temple romain dédié à Artémis – en témoignent quelques matériaux de réemploi et un buste – mais son plan et sa décoration intérieure datent du début du XIXe siècle. Vous pourrez pousser jusqu'au Paleokastro, une acropole antique dont il ne reste que des ruines sommaires (beau point de vue).

● À l'heure du goûter ou de l'ouzo...

Ki'Araxe / Κι' Αραξε (plan 16, A1 n°25) La seule pâtisserie de Chora et un café pour toutes les envies de la journée : un petit déjeuner (formule à 5,50€)

ou une orange pressée, une omelette ou une crêpe pour combler un petit creux, une glace en rentrant de la plage, un *frappe* pour suivre une partie de *tavli*, un ouzo et des *mezedes* à l'heure de l'apéritif, une pâtisserie après la tournée des bars... Tables dans la rue ou à l'ombre des parasols, sur la place. Le lieu ne paie pas de mine, mais c'est l'un des rares cafés ouvert à l'année et un rendez-vous des îliens. *Platia Dounavi* **Chora** *Tél. 22860 41 495 Ouvert tlj. 7h-3h (0h en hiver)*

Kastro (plan 16, A1-B1 n°24) Trois tables, huit chaises et un banc dans la ruelle, pour regarder le temps passer et siroter un ouzo avec les papis du village. *Platia Dounavi* **Chora** *Tél. 69 72 87 27 07*

I Pounta / Η Πουντα (plan 16, B1 n°23) Quelques chaises sur la place, pour avaler un café en attendant le car, et des tables de toutes les couleurs, à l'arrière, dans un joli jardin. Bons petits déjeuners et quelques plats, servis dans de la céramique maison ! *Platia Pountas* **Chora** *Tél. 22860 41 063 ou 22860 41 175 (en hiver) Ouvert avr.-oct. : tlj. 8h30-14h30 et 18h-0h30*

● **Aller à la plage** Au port, la plage de galets de **Kochlidia**, appréciée des îliens, est ombragée par une rangée de tamaris ; si l'eau est claire, on la partage tout de même avec les bateaux à moteur et les ferries qui accostent à quelques dizaines de mètres... Vers la droite, le long de la route du camping, se succèdent, sur 1,2km, 4 plages de sable (et de gravier) noir, desservies par de courts sentiers : **Latinaki**, **Vitsentzou**, **Pountaki** et enfin **Livadi**, proche du camping. Cette dernière est la plus grande. On lui préférera celle de **Katergo** (isolée, à 2km au sud), pour son charme sauvage et son sable noir (mais beaucoup de monde l'été). Vous pourrez la rejoindre à pied (1h de marche : sentier escarpé à partir du camping ou piste jusqu'au hameau de Livadi, puis sentier sur la gauche) ainsi qu'en caïque (du port : 4 départs/j. sauf les jours de vent, horaires affichés sur place, 8€ AR). Enfin, côté nord, juste derrière le port, de l'autre côté du cap, se cache la jolie plage de **Vardia** ; directement accessible des rues de Karavostassis, elle est également appréciée des insulaires.

Le nord de l'île

La superbe route qui part de Chora vers Ano Meria suit la ligne de crêtes de l'île, dévoilant des vues magnifiques. Cette partie de Folegandros est encore largement agricole – il n'est pas rare de croiser des paysans rentrant des champs à dos de mule –, et hormis Angali, l'infrastructure touristique y est inexistante.

Angali La seule plage du Nord accessible en car et par une route asphaltée. Beaucoup de monde, donc, en été. Angali est devenu une petite villégiature, avec ses quelques pensions toutes simples, cafés et tavernes.

Ano Meria L'habitat clairsemé de ce hameau, qui s'étire sur 3km le long de la route, remonte à l'époque où les insulaires, repliés dans la citadelle par crainte des pirates, bâtirent de petits abris près de leurs champs pour y entreposer leurs outils. La piraterie déclinant, ils finirent par s'y installer. La ferme (*themonia*) traditionnelle regroupe un four à pain, une étable, une grange et autres dépendances autour du gîte. Tout autour se déploie un pay-

UN HAMEAU RÉTRO Quelques commerces d'Ano Meria ont résisté à l'épreuve du temps ; le petit *kafeneion* Barbakosta compte quelques tables où s'installer pour déguster du raki ; quant à la boulangerie (sur la route, signalée par un panneau bleu "*bakery*"), on y fait provision de pain cuit au four à bois, de *tiropita*, de gâteaux au sésame et de douceurs au chocolat...

sage de cultures en terrasses, aux murets de pierre soigneusement entretenus. À la sortie nord-ouest du village, la route se réduit à une piste et les paysages se font plus sauvages ; c'est de là que partent les sentiers qui mènent aux plus belles criques de l'île, cf. Aller à la plage et faire de belles balades (p.344).

☺ **Musée des Arts et Traditions populaires** Une *themonia* inchangée depuis les années 1950, avec tous ses ustensiles : moulin à café, métier à tisser, vêtements, etc. Les portraits de famille des occupants d'alors sont encore accrochés aux murs et à l'extérieur, le four à pain, le pressoir à huile, le cellier, l'étable, la citerne, la petite aire de battage du blé, le bac où l'on foulait le raisin, le lavoir… évoquent la vie d'antan. Instructive et touchante, la visite guidée se déroule en anglais, l'été – le reste de l'année, vous aurez peut-être la chance de faire le tour du propriétaire… accompagné par le propriétaire en personne, mais en grec (avec les mains et le sourire) ! *Sur la gauche après l'entrée d'Ano Meria et une montée abrupte Suivre les panneaux, le musée est niché sur les hauteurs, à 50m de la route Tél. 22860 41 370 Ouvert début juil.-15 sept. : tlj. 17h-20h Entrée libre, mais dons bienvenus*

LES CYCLADES

● **Aller à la plage et faire de belles balades** Hormis autour d'Angali, les plages du nord de l'île ne sont desservies que par des pistes cahoteuses ou par des sentes abruptes ! Pensez qu'il vous faudra bien plus de temps pour les remonter que pour les descendre ! Beaucoup de monde l'été, sur ces petites plages, mais le matin vous serez généralement seul... Attention, aucune taverne aux environs, emportez de l'eau et, au besoin, un pique-nique.

Autour d'Angali Angali est une belle plage de sable hélas vite bondée car facile d'accès en voiture et en car ! Poussez plutôt vers l'ouest jusqu'à celle d'Agios Nikolaos, plus calme, bien abritée et ombragée - taverne à 100m - à 20min de marche d'Angali et 50min d'Ano Meria. En haute saison, on peut s'y rendre en bateau à partir d'Angali (3€ AR). Vous pourrez également poser votre serviette dans la crique de Galifos - sur le même sentier côtier, à seulement 10min de marche d'Angali, mais sans ombre (nudisme toléré). À la même hauteur, mais sur la côte orientale, la crique de Voreina (fléchée sur la route entre Chora et Angali) est bien moins fréquentée car sans ombre et desservie par un sentier très raide - env. 20min de la route.

Livadaki On peut s'y rendre en bateau à partir d'Angali (7€ AR), mais cette superbe crique lovée au pied du phare d'Aspropuna peut constituer le but de la plus belle des balades. Le sentier qui y mène (panneau "Λιβαδακι") s'embranche à gauche sur la piste en provenance d'Ano Meria. Il dessert la chapelle Agii Anargiri et offre des vues magnifiques... Comptez 1h de marche à partir d'Ano Meria. Emportez de l'eau. Les environs sont déserts.

Ambeli Un peu plus haut sur la côte ouest, cette petite plage caillouteuse, bien abritée mais sans ombre est désormais desservie par une large piste carrossable (tournez à gauche à l'intersection avec la piste qui mène à la plage

d'Agios Georgios). On peut aussi rejoindre Ambeli par le sentier fléché qui part de la chapelle Agios Panteleimon, à Ano Meria (30 à 40min de marche).
Ligaria et Agios Georgios Deux plages de sable et de cailloux de la côte nord desservies par une piste. La première, nichée entre deux caps rocheux, ne manque pas de charme. Relativement grande, ombragée, mais pas toujours propre, Agios Georgios est bordée par quelques garages à bateaux (elle est aussi reliée à Ano Meria par un sentier plus direct : comptez 1h).
Serfiotiko Calme garanti sur cette crique, que seul un sentier abrupt relie à Ano Meria (45min de marche).

CARNET D'ADRESSES

Lieux de sortie

Bars de nuit

Les rues de Chora se vident après la fermeture des restaurants. Les principaux lieux de sortie (de plus en plus nombreux) se trouvent dans la partie "nouvelle" du village, côté sud-ouest. Beaucoup de bars lounge. Tous ferment à 3h mais les boîtes de nuit ont la permission de 5h !

Rakentia (plan 16, A2 n°22) Un très beau bar installé dans le chai (XIXe s.) d'une ancienne ferme. Enfoncez-vous dans l'un des transats alignés face à la mer pour admirer le coucher du soleil en sirotant un milk-shake au melon et au lait de coco, ou, pourquoi pas, un jus de cerises maison, préparé avec les fruits de la grand-mère du patron ! Cocktail 8-9€. Quelques plats et *pittes* pour grignoter. *À la sortie ouest du village, en contrebas de la route d'Ano Meria, sur la droite* **Chora** *Tél. 22860 41 581 ou 69 45 10 22 88 www.rakentia.gr Ouvert juin-sept. : tlj. 10h30-15h et 18h30-tard dans la nuit*

Astarti (plan 16, B1 n°20) Au cœur de Chora, ce bar minuscule et joyeux déborde allégrement sur la place Kontarini, tout comme ses airs de musique traditionnelle... Asseyez-vous à l'une des trois grandes tables basses en bois adossées à l'église et vous finirez bien, vous aussi, par vous mêler à la conversation de vos voisins ! On vient à l'Astarti pour son excellent *rakomelo*, servi chaud avec une sucrerie au sésame. Assez cher toutefois : 2,50€ le shot. Mais on le sert aussi au pichet. *Platia Kontarini* **Chora** *Tél. 22860 41 091 ou 69 72 64 41 83 Ouvert avr.-sept. : à partir de 19h*

Laoumi (plan 16, A2 n°21) Le plus vieux bar de l'île (dixit son sympathique patron) existe depuis 1990 ! Très bonne musique jazz, soul, ethnic, reggae. Comme ailleurs, l'ambiance ne s'enflamme vraiment qu'au plus fort de la saison. Quelques tables et chaises dans la rue. Cocktail 8€. *Côté sud-ouest, près du Chora Resort et de la route d'Ano Meria* **Chora** *Tél. 22860 41 129 ou 69 74 67 71 49 Ouvert mi-juin-mi-sept. : à partir de 21h30*

Restauration

Chora concentre la plupart des restaurants, mais il en existe quelques-uns à Karavostassis, à Ano Meria et à Angali. Attention, toutes les tavernes de l'île, désertes à midi, sont pleines à craquer le soir ! Pour manger sur le pouce : deux vendeurs de *souvlaki* à Chora. Ne manquez pas de goûter à la spécialité locale, les *matsata* : des pâtes fraîches maison servies avec une sauce tomate et de la viande.

petits prix

☺ **Ouzeri To Koupi / Το Κουπι (plan 16, A1 n°11)** Quatre tables seulement sur la place Maraki, pour cette *ouzeria* discrète, l'un des meilleurs restaurants de Chora ! Vous serez accueilli par Akis, le jeune et souriant patron, et dégusterez la cuisine de sa mère. Petits plats (3,50-8€) à partager autour d'un pichet de vin ou d'un ouzo : *stifado* de câpres, feuilles de vigne, porc, chevreau au citron, boulettes de *fava, tyropitakia* (feuilleté au fromage) etc. Mais il vous faudra sûrement patienter pour qu'une table se libère... *Platia Maraki* ***Chora*** *Tél. 22860 41 057 Ouvert juin-sept. : tlj. 18h30-2h*

prix moyens

O Kritikos (plan 16, A1 n°10) Cette taverne familiale essaime une vingtaine de tables sous les acacias de la jolie Piatsa. Les plats du jour sont griffonnés sur une ardoise blanche : à midi, on se régale d'une salade grecque, d'un *pastitsio* ou d'un veau à la sauce citron. Le soir, l'odeur du gril titille les papilles : la viande à la broche fait en effet le succès du lieu ! Plats et grillades (spécialité de *kontosouvli,* mélange de viandes d'agneau et de veau) de 5,20 à 10€. *Pl. Piatsa* ***Chora*** *Tél. 22860 41 219 ou 22860 41 183 (en hiver) Ouvert mai-oct. : tlj. 12h-1h*

Et aussi...

Bars

Ki'Araxe ________ 342
Kastro ________ 343
I Pounta ________ 343

Piatsa (plan 16, A1 n°12) Un autre bon restaurant de grillades où l'on peut aussi déguster des *matsata* (10€), ici relevées de clous de girofle. En dessert, goûtez, s'il y en a, au *karpouzenia* (gâteau à la pastèque). Joyeuse ambiance sur la terrasse, qui occupe la moitié de la place Kontarini, éclairée de guirlandes. Plus intime sur le toit. Plats 5,50-11€. Service efficace, c'est rare ! Autre bonne option, sur la même place, le **Melissa**, l'un des plus vieux restaurants de l'île. *Pl. Kontarini* ***Chora*** *Tél. 22860 41 274 ou 210 70 15 370 (hiver) Ouvert mai-sept. : tlj. 12h30-0h30*

Estiatorio Sik – "Restaurant Chic" (plan 16, A1 n°13) Comme son nom l'indique, cette taverne entend proposer des mets recherchés, en l'occurrence d'inspiration orientale. À la carte figurent un agneau aux pruneaux et amandes (13€) et un porc au four à la moutarde et aux herbes (8,50€), et la viande est d'origine locale. Les croquettes de pois chiches, les aubergines farcies au couscous (7€) et autres plats de légumes feront les délices des végétariens. Comptez 18-20€. ***Chora*** *Tél. 22860 41 515 Ouvert Pâques-oct.*

GAMME DE PRIX	RESTAURATION	HÉBERGEMENT
Très petits prix	moins de 10€	moins de 30€
Petits prix	de 10 à 15€	de 30 à 50€
Prix moyens	de 15 à 20€	de 50 à 80€
Prix élevés	de 20 à 30€	de 80 à 120€
Prix très élevés	plus de 30€	plus de 120€

I Sinandisi / Η Συναντηση Pour dîner loin de l'agitation de Chora et savourer les meilleures *matsata* de l'île (9,50€), ici déclinées en cinq recettes : au coq, au lapin, au porc, à la chèvre ou simplement en sauce. Très copieux, d'autant qu'il faut garder une place pour le baklava maison offert en dessert. Plats 4-9,50€. Arrosez le tout d'une *retsina* locale bon marché. Terrasse rustique, souvent ventée. *À la sortie du village, au bord de la route, 200m avant la piste* ***Ano Meria*** *Tél. 22860 41 208 ou 69 45 70 61 64 Ouvert mai-sept. : tlj. 12h-0h*

Flora-Mimis Une taverne campagnarde, où l'on vient déguster de délicieuses côtelettes d'agneau ou du poulpe grillé (celui-là même qui a séché au soleil sur des fils dans la journée). Plats de 5,50 à 12€. Les soirs de vent, la véranda est fermée. *Au bord de la route, dans le "centre", juste avant la grande église blanche* ***Ano Meria*** *Tél. 22860 41 377 Ouvert avr.-oct. : tlj. 12h-0h*

prix élevés

Kalymnios L'une des meilleures tavernes de poisson et fruits de mer de l'île. On y côtoie des politiciens en vacances et d'autres personnalités en mode décontracté venues déguster, dans un décor résolument marin, les fameuses pâtes au homard *(astakomakarodana)* de Madame Natacha, une soupe de poisson ou une daurade fraîchement pêchée. Les recettes s'accompagnent d'un tsipouro maison. Comptez 20-25€. ***Karavostassis*** *Tél. 22860 41 146 ou 69 48 80 15 50 (en hiver) Ouvert mai-sept. : tlj. 12h-0h*

☺ **Eva's Garden** Un charmant (tout) petit restaurant – le plus romantique de l'île, selon ses adeptes. Une carte originale avec ses associations de saveurs parfois déroutantes : risotto d'avoine au safran de Kozani, queue d'écrevisses et agneau à la sauce verveine, asperges et petites pommes de terre au four. Et une bonne cave pour accompagner les mets. Comptez 25-30€. *Nea Plateia Kontarini* ***Chora*** *Tél. 22860 41 110 ou 69 48 04 77 22 Ouvert mai-sept. : tlj. 19h-0h*

Hébergement

À moins de ne pouvoir vous passer de la plage au saut du lit, nous vous conseillons de séjourner à Chora, pour profiter pleinement de ses douces soirées. Les hébergements, concentrés à sa périphérie, y sont nombreux et variés, mais vite complets en juillet et en août : pensez à réserver. Attention aussi aux week-ends, dès juin, les Athéniens affluant le vendredi soir. Sinon, tentez votre chance à Karavostassis, qui se remplit généralement après Chora, ou à Ano Meria : outre l'adresse que nous vous proposons, quelques familles (qui ne parlent pas anglais) y louent des chambres très simples. Renseignez-vous sur place.

camping

Camping Livadi Le seul camping de l'île, isolé en pleine nature, à 1 200m du port... et 50m de la plage. Relativement calme, il ne se remplit vraiment que vers la mi-juillet. Emplacements alignés, ombragés le plus souvent par des treilles en bambou ou des arbres. Évitez de planter votre tente près du bar. Sanitaires corrects. Tente 3€ (sauf en juin et sept.) et 6€/pers. (enfant de moins de 5 ans gratuit). Le restaurant sert le petit déj. et quelques plats. Navette gratuite avec le port. ***Livadi*** *À 1,2km au sud du port, au bout d'une route en béton Tél. 22860 41 213 ou 478 www.folegandros.org Ouvert 10 juin-10 sept. Réception tlj. 9h-14h et 17h-19h*

très petits prix

☺ **Rooms to let Galifos** Pour les petits budgets, les amateurs d'aventure et les âmes romantiques, des chambres sans électricité, tout juste éclairées par des lampes à gaz... Elles se cachent au-dessus de la crique de Galifos, à 10min à pied d'Angali par un étroit sentier. De 15€ (sans sdb) à 20-35€ (avec sdb et cuisine avec réfrigérateur). Pas d'accueil sur place, il faut téléphoner avant de s'y rendre. Pas de CB. ***Galifos*** *Tél. 22860 41 072 ou 22860 41 069 (pour les chambres avec sdb partagée) Ouvert mai-sept.*

prix moyens

Hôtel Aeolos Un hôtel à l'ancienne mode, posté à l'arrière de la plage de Karavostassis. Quinze chambres correctes, climatisées, autour d'une cour ornée d'oliviers. Demandez-en une avec balcon (55-85€ selon la saison). À moins que vous ne craquiez pour sa suite incroyable (la n°20), avec salon, lit à baldaquin et écran plasma : 80-120€. Également, dans une petite unité flambant neuve, 4 chambres *superior* et une mini-suite un peu plus chères : 68-95€. Bon accueil de Pavlos Sideris. Petit déj. 8€. Pas de CB. ***Karavostassis*** *Tél. 22860 41 205 ou 69 38 70 70 59 www.aeolos-folegandros.gr Ouvert mi-mai-mi-sept.*

Spiridoula (plan 16, A2 n°39) Impeccablement tenue par un jeune couple, cette agréable pension dispose de 13 chambres (35-60€ selon la saison) carrelées, meublées de lits en bois peint et toutes pourvues d'une petite terrasse. Demandez à choisir car deux d'entre elles ont, pour le même prix, la climatisation, et deux autres une kitchenette. Également 2 appartements pour 4 pers. (80-120€). Accueil chaleureux. Pas de CB. D'autres pensions vous attendent dans le voisinage si celle-ci affiche complet. ***Chora*** *Tél. 22860 41 078 ou 69 38 09 86 53 www.belvederefolegandros.gr/chora.htm Ouvert avr.-oct.*

Nikos Rooms (plan 16, A1 n°37) Dans sa maison au cœur du village, Nikos loue 4 chambres toutes simples (de 30 à 60€ selon la saison) ainsi que 2 studios avec cuisine, petit balcon et terrasse commune, à peine plus chers (ajoutez 5€). *Suivre les pancartes à partir de la Piatsa* ***Chora*** *Tél. 22860 41 055 Ouvert Pâques-oct.*

Meltemi Hotel (plan 16, B1 n°36) Une bonne adresse : 11 chambres simples, mais impeccables, climatisées et toutes pourvues d'un balcon. Trois d'entre elles sont plus vastes et peuvent loger 3 pers. (60-100€). Celles à l'étage ont vue sur le village. Pour deux : 80€ de mi-juil. à fin août, de 30 à 45€ le reste de l'année. Bon accueil. Pas de CB. *À l'entrée du village, sur la route du port* ***Chora*** *Tél. 22860 41 425 ou 22860 41 068 (en hiver) www.greekisland.com Ouvert toute l'année*

Evgenia (plan 16, B1 n°32) C'est Evgenia en personne qui, probablement, vous accueillera sur le pas de sa porte. Elle connaît quelques mots d'anglais, et c'est bien suffisant pour vous parler de ces chambres simples mais bien tenues (TV, clim., frigo, Internet). Le prix des 9 doubles varie de 30 à 70€ selon la saison. À 2 ou 4 pers., vous pourrez louer l'un des 3 studios avec cuisine (40-100€). Navette gratuite avec le port. Pas de CB. *À l'entrée du village sur la route du port* ***Chora*** *Tél. 22860 41 006 ou 69 44 41 28 49 www.aegeohotel.com Ouvert toute l'année*

Fani-Vevis (plan 16, A2 n°33) Cette belle demeure bourgeoise (1845) fut le premier hôtel de l'île, ouvert dans les années 1970. Deux sœurs en ont pris la tête aujourd'hui. Photos de famille, chandeliers, mobilier : tout, ou presque, est d'origine. Beaucoup de cachet. De tels hôtels sont rares dans les Cyclades, mais malheureusement, le rapport qualité-prix est plutôt moyen... Pour deux : 45-80€. Pas de CB. *À la sortie du village sur la route d'Ano Meria* ***Chora*** *Tél. 22860 41 615 ou 69 77 61 09 64 www.fani-vevis.gr Ouvert mi-mai-mi-oct.*

Hôtel Castro (plan 16, A1 n°34) Cet établissement de charme se dissimule dans une venelle du *kastro* (c'est d'ailleurs le seul), entre les murs d'une demeure vieille de 500 ans. Son grand âge a commandé la distribution des chambres, toutes différentes et assez petites. Le confort y est basique et le décor assez dépouillé. Évitez les n°s 1 et 2, vraiment minuscules, qui donnent sur la ruelle. Préférez celles ayant une vue sur la mer, mais attention au vertige car la maison est construite juste au bord de la falaise ! Les chambres doubles n°s 3, 4 (50-95€) et les quadruples n°s 13 et 14 (90-130€) n'ont qu'une fenêtre, les n°s 5 et 15 (70-95€), très correctes, ont un balcon, et la R1 (60-80€), sur le toit, possède une terrasse privée. Terrasse pour tous à côté. Petit déj. 11€. ***Chora*** *Tél. 22860 41 230 www.hotel-castro.com Ouvert juin-sept.*

☺ **Pano sto Kyma / Πανω στο Κυμα** Ambiance "vacances les pieds dans l'eau" : son nom signifie "sur la vague" et il est vrai qu'on semble pouvoir toucher la mer du doigt ! Posée juste au-dessus de la plage d'Angali, cette pension abrite 7 cFhambres bien tenues et toutes simples, avec ventilateurs. Rénovées les unes après les autres, elles ouvrent sur la mer et sur une terrasse commune, baignée par le soleil le soir. Double 45-80€ selon la saison, avec le café offert le matin. Pas de CB. Wifi. Réservez, car la petite affaire de l'adorable Rena et de son mari Vangelis marche plutôt bien. *Côté gauche de la plage* ***Angali*** *Tél. 22860 41 190 ou 69 32 29 78 96 www.kymanemi.gr Ouvert fin mai-sept.*

☺ **Imerovigli** Envie de solitude ? Cette fermette traditionnelle, entièrement restaurée par une sympathique famille italienne, est l'antidote idéal à la frénésie de Chora ! Elle fera aussi un bon point de chute pour les randonneurs. Les 2 chambres ont été aménagées dans les anciennes dépendances en pierre sèche. Sans climatisation, télévision, ni frigidaire, elles n'en sont pas moins très agréables et au-dessus de la moyenne. Tarif de 40€ en juin à 60€ en août (réductions pour les longs séjours). Petit déj. 4€. Pas de CB. La patronne tient le restaurant "Pane e Vino" juste à côté. *Prendre le chemin qui part sur la droite juste après le restaurant I Sinandisi, la maison est à 100m sur la gauche* ***Ano Meria*** *Tél. 69 34 09 03 49 ou 69 34 03 27 31 http://folegandromare.orgfree.com Ouvert mai-sept.*

prix élevés

Odysseus Hotel (plan 16, A2 n°38) Il se cache tout au bout du village, au calme, au bord de la falaise... Chaque chambre du rdc dispose d'une terrasse de plain-pied et celles de l'étage d'un balcon ; idéal pour admirer le soleil se coucher juste en face. Vous pourrez utiliser la piscine de rêve de l'hôtel voisin, géré par la même famille. Chambres correctes de 50 à 90€ (60-105€ pour celles de l'étage). Les plus grandes peuvent accueillir 3 pers. (90-130€). Petit déj. 12€. ***Chora*** *Tél. 22860 41 276 www.hotelodysseus.com Ouvert mai-sept.*

Aegeo Hotel (plan 16, B2 n°30) Cet hôtel a été érigé en 1998, comme les autres, dans le respect de l'architecture traditionnelle cycladique, en bleu et blanc bien sûr. Le jeune Kiriakos y propose 14 chambres impeccables et agréables, avec terrasse. Demandez-en une à l'étage, d'où la vue sur le village est plus belle. Le rapport qualité-prix est excellent hors saison : 40€ la double. Il vous en coûtera 90€ en août. L'hôtel compte aussi 4 quadruples (50-115€) où l'on peut ajouter des lits. Petit déj. sur demande (6€). Pas de CB. *Sur la route d'Ano Meria, à la périphérie du village L'hôtel s'élève sur la gauche, derrière l'hôtel Kallisti* ***Chora*** *Tél. 22860 41 468 ou 6944 412 849 ou 69 47B63 88 79 www.aegeohotel.com Ouvert mai-oct.*

Hôtel Polikandia (plan 16, B1 n°35) Les 31 chambres de ce bel hôtel rénové en 2011 affichent, avec leurs voilages et leurs dessus-de-lits colorés, un charme certain, qui change un peu du décor habituel des pensions grecques. Elles sont confortables et bien équipées (climatisation, TV satellite, wifi, etc.). Tarifs (officiels, mais comme partout, ils peuvent encore baisser hors saison) de 55 à 120€ selon la période. Jardin fleuri et terrasse pour le petit déjeuner (10€). Piscine et Jacuzzi. Navette gratuite avec le port. *À gauche de la route à l'entrée du village* ***Chora*** *Tél. 22860 41 322/404 ou 69 48 07 44 88 www.polikandia-folegandros.gr Ouvert juin-sept.*

prix très élevés

Fata Morgana Studios Au sud du centre-bourg, 14 studios spacieux avec vue sur le village, et un panoramique sur les Cyclades du bord de la piscine. Un très bon accueil et une déco simple mais soucieuse du détail. Comptez 110-155€ le studio. ***Chora*** *Tél. 22860 41 237 ou 69 36 74 52 61 (en hiver) http://www.fatamorgana.com.gr/ Ouvert mai-sept.*

Studios Vardia Bay Difficile d'être plus près du port… et de la plage ! Côté face, les balcons offrent une vue plongeante sur le débarcadère et toute la baie de Karavostassis. Côté pile, un simple escalier mène à la plage de Vardia. Les 20 studios, sans être luxueux, sont clairs, confortables et équipés d'une kitchenette (de 65 à 150€ selon la saison). Les appartements, plus spacieux, peuvent accueillir jusqu'à 5 pers. (80-200€). Petit déj. 6€. Pas de CB. *Face au débarcadère* ***Karavostassis*** *Tél. 22860 41 041 www.vardiabay.com Ouvert toute l'année*

☺ **Anemomilos (plan 16, B1 n°31)** Dix-sept appartements de rêve aménagés dans de petites maisons cubiques accrochées à la falaise avec, pour certaines chambres, une vue époustouflante sur le grand bleu ! Tous sont bourrés de charme, spacieux et profitent d'un salon et d'une kitchenette. Deux catégories. Les *blue line* (150-250€ selon la saison), qui donnent sur la corniche, s'ouvrent complètement sur la mer, tandis que les *green line* (100-200€) n'en ont qu'une vue partielle. Quant à la suite (200-330€), elle est bordée sur toute sa longueur d'une immense terrasse littéralement suspendue au-dessus du précipice ! Bar et splendide piscine. Accueil charmant de Dimitris et Cornelia et ambiance assez décontractée. Petit déj. 18€. *Derrière la place Pounta* ***Chora*** *Tél. 22860 41 309 ou 69 74 38 64 52 www.anemomilosapartments.com Ouvert mai-début oct.*

SIKINOS ΣΙΚΙΝΟΣ Σικινος

Sikinos compte parmi ces Cyclades méconnues où font escale des ferries pleins à craquer sans que ne descendent jamais qu'une poignée de voyageurs… Jusqu'à la construction du port, en 1991, on y débarquait même offshore ! À mi-chemin entre Folegandros et Ios, ce caillou (41km²) qui compte moins de 300 habitants n'a certes pas le charme de la première, ni les plages ou la vie nocturne de la seconde, mais il ravira les vacanciers en quête de tranquillité et de simplicité. Ses reliefs escarpés, ponctués de chapelles blanches et taillés en terrasses, sont le cadre de belles randonnées dévoilant, par temps clair, des vues saisissantes sur les îles voisines. Un village authentique, deux ou trois belles criques et une vieille église isolée sur un site romantique viennent compléter le tableau.
Le tourisme se développe doucement à Sikinos, mais en dehors de l'été, l'île vit au ralenti…

MODE D'EMPLOI

accès

Si aucun bateau rapide ne fait escale à Sikinos, cette petite île située sur la route maritime entre Le Pirée (env. 35€, durée 7h30), Santorin et Mykonos, est reliée à la plupart des Cyclades. Liaisons fréquentes – pratiquement 1 bateau/j. en été – avec Ios, Santorin, Folegandros, Naxos, Paros, Syros, Anafi et Thirassia. D'Athènes, il est parfois plus rapide de prendre un catamaran pour Naxos, Ios ou Folegandros, puis un ferry jusqu'à Sikinos. Également des bateaux pour Milos et Kimolos. Les horaires, prix et trajets changeant tous les ans en mai, nous vous invitons à consulter les sites ww.directferries.fr, www.gtp.gr, www.ferries.gr ou www.aferry.gr. et à vous renseigner dans les agences de voyages locales. Le prix du billet en catamaran est environ 2 fois celui du ferry.

Capitainerie d'Alopronia *Tél. 22860 51121 ou 22860 51238 Ouvert mars-sept.*

orientation

Sikinos est une île montagneuse de forme oblongue (14km de long sur 5km de large), qui culmine au Troulos, à 553m. C'est l'une des plus Petites Cyclades (41km²) et elle ne compte que deux localités : le port, Alopronia, sur la côte sud-est, et 4km plus haut, juché sur une falaise de la côte nord, le chef-lieu (formé de deux villages jumeaux : Chorio et Kastro). La route goudronnée qui les relie se prolonge au sud-ouest jusqu'au site archéologique d'Episkopi. Une bifurcation dessert la plage d'Agios Georgios, sur la côte nord-est. Des pistes complètent ce réseau routier.

informations touristiques

Koundouris Travel/Ticket Office
La seule agence de l'île. A priori, sauf pour les départs de nuit, on peut aussi prendre son billet de bateau au guichet du port, censé ouvrir 1h avant

chaque départ, l'été. *Face au débarcadère* ***Alopronia*** *Tél. 22860 51 232 ou 69 36 62 19 46 www.sikinos.gr Ouvert été : tlj. 7h30-22h Ouvert hiver : 1 ou 2h seulement*

se déplacer

Il n'est pas impératif d'être motorisé pour découvrir Sikinos : un bus assure la liaison entre le port et le village ; il va même à Episkopi. Les plages, presque toutes inaccessibles à scooter, sont desservies par bateau (69 37 26 18 00). L'unique station-service se trouve à la sortie d'Alopronia sur la route de Kastro-Chorio. Il n'y a pas de taxi.

EN CAR

Ils relient Alopronia à Kastro-Chorio à raison de 1 bus/h. environ en saison (de 7h à 1h). Tous les soirs, vers 19h, un bus fait la navette jusqu'à Episkopi où il s'arrête une petite demi-heure, le temps de la visite, avant de redescendre à Kastro-Chorio et au port. Billet 1,60€. Renseignements et horaires à l'agence Koundouris.

À DEUX-ROUES

M. Giorgos, le chauffeur du bus, loue des scooters. Env. 15€/j. ***Alopronia*** *Tél. 69 37 86 58 66*

informations pratiques

Un bureau de poste à l'entrée de Kastro et une banque avec DAB sur la grand-place du village. Aucune pharmacie sur l'île.

Centre de santé *Sur la grand-place, à côté de la banque* ***Kastro*** *Tél. 22860 51 211*

Police *Tél. 22860 51 222*

fêtes et manifestations

Fête du monastère Zoodochos Pigi *Le 1er vendredi après Pâques*

Fête de la chapelle Ag. Panteleïmon *27 juillet*

Dormition de la Vierge (Dekapentavgoustos) *15 août*

Fête en l'église de la Panagia *Kastro 21 nov.*

Fêtes de Sikinos Dans toute l'île concerts, expositions, théâtre... *Juin-août*

DÉCOUVRIR

Sikinos

☆ **Les essentiels** Kastro-Chorio, le monastère Zoodochos Pigi, l'église Episkopi **Découvrir autrement** Embarquez pour la plage d'Agios Georgios, partez en randonnée, dégustez le vin de l'île

Alopronia Le port de l'île – on y croise encore quelques pêcheurs – concentre autour de sa baie les rares hôtels et pensions de Sikinos. On y trouve aussi des tavernes, une épicerie et c'est de là que partent les bateaux qui desservent les criques.

☆ **Kastro-Chorio** Le chef-lieu de Sikinos est composé de deux villages séparés par la route et campés chacun au flanc d'une colline. Kastro, le premier sur la droite en arrivant du port, est le plus ancien et le plus animé, mais avec leurs maisons blanches, leurs moulins, leurs innombrables chapelles, leurs ruelles tortueuses, l'un comme l'autre ont tout des villages cycladiques

Plan 17 Sikinos

traditionnels ! Visitez-les de préférence en fin de journée, quand ils sortent de leur torpeur, sans quoi vous n'y verrez guère que quelques poules gambader dans les venelles écrasées de soleil… Commencez par la place de Kastro où se dresse l'**église de la Pantanassa** (1787), près de la route. Si elle est ouverte, entrez admirer l'icône miraculeuse de la Vierge, dont la légende veut qu'elle soit arrivée par elle-même de Crète. La place est bordée d'*archontika* (hôtels particuliers) du XVIIIe siècle, aux encadrements de portes et de fenêtres discrètement ornés. À l'instar de tous les *kastro* des Cyclades, les maisons, dotées d'escaliers extérieurs, sont tournées vers la place : leur façade arrière faisait office de rempart au temps des pirates. Les ruelles qui gravissent la colline sont jalonnées de vieilles demeures en pierre sèche souvent délabrées. Du côté nord-ouest s'ouvre une jolie perspective sur la mer, 275m en contrebas.

☆ **Monastère Zoodochos Pigi** Juché sur les hauteurs de Kastro, au bout de la rue principale, il vous réserve une vue étourdissante ! À vos pieds : le village, le port, les montagnes de l'île et, au loin, par temps clair, les falaises de Santorin, qu'on dirait couronnées de neige. Bâti en 1719, il a des allures de forteresse, et pour cause : il lui fallait abriter les insulaires lors des raids de pirates ! Il a été abandonné en 1834 et la plupart de ses bâtiments sont en ruine. Côté gauche, on devine un four à pain. Seule la chapelle est encore entretenue (par un laïc, qui l'ouvre tous les jours) : entrez admirer la vieille iconostase. Certaines icônes seraient dues à Skordilis, maître du XVIIIe siècle.
Ouvert jusqu'au coucher du soleil

☆☺ **Episkopi** Perdue dans un paysage rocailleux, cernée de ruines, cette petite église a quelque chose de poétique… Il s'agit d'un temple d'Apollon du IIIe siècle av. J.-C., transformé en mausolée romain au IIe ou IIIe siècle. Ses ruines furent incorporées au VIIe siècle à une église chrétienne puis, au XVIIe siècle, à un monastère dont ne subsiste que le *katholikon*. Ce dernier intègre des éléments (notamment les deux colonnes doriques en marbre qui encadrent l'entrée) du mausolée romain ; derniers témoins d'un temps où la petite île était plus peuplée qu'aujourd'hui ! Quelques mètres plus haut se dresse la chapelle Agia Anna (fermée), qui recèle des fresques du XIIe siècle. *À 4,5km au sud-ouest de Kastro-Chorio (tout au bout de la route) Accès en car tous les soirs en saison à 19h (retour 30min après)*

● Où déguster le vin de l'île ? Si la viticulture n'a plus la dimension qui valut à l'île son nom d'Œnoe ("vin"), dans l'Antiquité, une poignée de familles perpétuent la tradition… Une production qui reste limitée à une petite échelle, mais qu'il fait bon découvrir dans les restaurants de Sikinos !

Giorgos Manalis Il cultive ses vignes en terrasses sur le versant nord de l'île, dans un paysage splendide, face à la mer, depuis quelques années. Il vous fera déguster son nectar 100% nature après vous avoir fait visiter sa petite exploitation, qui fonctionne à l'énergie éolienne et solaire. *À 2,5km au sud-ouest de Kastro sur la route d'Episkopi Rens. à l'hôtel Kamares (cf. Carnet d'adresses) Tél. 69 32 27 28 54 www.manaliswinery.gr Ouvert mai-sept. : tlj. 18h-23h En saison basse sur rendez-vous*

● Piquer une tête Bonne nouvelle, Sikinos est l'une des rares îles où les parasols sont encore gratuits ! En famille, les insulaires plébiscitent la plage de sable du port d'**Alopronia**, bien ombragée (une dizaine de parasols, des bancs et des tamaris), abritée du vent et ourlée d'eaux peu profondes ; les plus jeunes plongent du haut des rochers, à droite du débarcadère. Les touristes préfèrent s'éloigner du port : au sud, la côte accidentée recèle quelques belles criques accessibles en bateau ou au terme d'une longue marche. Comptez 20min à pied du port à la jolie crique sableuse de **Dialiskari**, au pied de la chapelle **Agios Nikolaos**, également accessible à scooter ; vous y trouverez, entre deux avancées rocheuses, du sable fin, une eau cristalline, quelques

Partir en balade et prendre de la hauteur

Le site d'Episkopi a perdu de sa beauté sauvage depuis qu'une route asphaltée y mène… Évitez-la et empruntez ce qui reste du sentier d'origine en bifurquant à droite à la sortie de Kastro, au panneau "Old Path to Episkopi". Cette agréable promenade (4,5km) vous conduira à travers les cultures en terrasse, avec, pour toile de fond, les Cyclades du Nord (Paros, Naxos…). Autre grisante balade, à partir d'Episkopi, le raidillon à peine tracé qui grimpe sur 1,3km jusqu'à la chapelle Agia Marina : une vue époustouflante sur Folegandros vous attend du haut de ces 444m. En chemin, quelques maisons et une citerne en ruine.

parasols et tamaris ! La plus belle et la plus fréquentée des plages de Sikinos, **Agios Georgios** (Aï Giorgis), dispose d'une taverne. Elle se trouve à 20-30min de marche de Dialiskari. Un bus la relie à Alopronia et Kastro. L'été, une barque à moteur y amène les baigneurs du port (réservation : 69 37 26 18 00). **Malta**, tout au nord, et la plage de galets d'Agios Panteleïmon, au sud d'Alopronia, sont desservies par la même barque. Vous pouvez aussi gagner ces deux criques à pied par les sentiers de l'île, cf. ci-dessous.

● **Partir en randonnée** Le beau relief montagneux de l'île, parcouru de sentiers muletiers, se prête particulièrement bien à la randonnée. On n'y rencontre souvent pas âme qui vive... Attention, toutefois, si les distances paraissent courtes, les dénivelés sont importants. Avant toute excursion, procurez-vous l'excellente carte topographique éditée par Anavasi (5€), très détaillée (1/25 000) en vente dans les épiceries de l'île. Deux idées de balades à partir **de Kastro**, cf. Partir en balade et prendre de la hauteur (p.354) : la première, qui dessine une boucle de 14,5km (comptez 4h30), passe par **Episkopi et Agios Panteleïmon**, au sud, et fait le tour des plus hauts sommets de l'île ; la seconde mène, au nord, au **Paleokastro**, premier site habité de l'île, puis à la crique de **Malta** (6,5km l'aller, comptez 1h45), avec un retour possible par les plages d'**Agios Georgios** et de **Dialiskari**, jusqu'à **Alopronia** (même distance).

CARNET D'ADRESSES

Restauration

Côté table, l'offre est proportionnelle à la taille de l'île : quelques restaurants à Alopronia et à Kastro et une taverne sur la plage d'Agios Georgios ! Pour un verre, direction Kastro : en fin d'après-midi quand la chaleur tombe, les anciens s'attablent dans les cafés de la ruelle principale. Les soirs d'été, les jeunes de l'île se retrouvent à la terrasse de l'Anemelo, près de la billetterie. La soirée se termine en général dans l'unique boîte de nuit de l'île, sur la route du port. Attention, une bonne partie de ces établissements n'ouvre que fin juin, voire début juillet.

petits prix

Vrachos "Rocher", *vrachos* en grec, car il est niché sur une petite falaise surplombant le port. On y sert des pizzas, des omelettes, des pâtes à la carbonara, des sandwichs toastés ou des salades de calamars... Rien d'exceptionnel mais la vue est superbe et la terrasse agréable, tant pour manger sur le pouce en attendant le bateau que pour siroter un cocktail sous les étoiles. C'est également le seul endroit d'Alopronia qui soit un peu animé le soir. Plats de 5 à 9€. Aussi des petits déjeuners et des chambres à louer (25€ en juin et septembre, 50€ en juillet-août) avec vue imprenable, mais bruit garanti ! ***Alopronia*** *Tél. 22860 51 135 Ouvert avr.-oct. : tlj. 19h-0h*

Lucas Ses tables s'enfoncent dans le sable sur la plage du port, à l'ombre de quelques tamaris. On y sert les traditionnels plats de taverne : *souvlaki*, salade grecque (5,50€), moussaka (8€), poisson grillé, calamars (8,50€), etc. Mais vous pouvez aussi venir y prendre votre petit déjeuner. *Au début de la plage, près de l'épicerie* ***Alopronia*** *Tél. 22860 51 076 Ouvert avr.-oct. : tlj. 8h-1h*

Hébergement

Quatre hôtels ou pensions, tous situés à Alopronia et pas de camping : le choix est là aussi limité. Au village, une poignée de familles, dont les gérants de l'épicerie Charoula (la première dans la ruelle principale de Kastro), louent quelques chambres (20-50€ selon la saison) : renseignez-vous directement auprès des commerçants de Kastro ou contactez-les par téléphone (mais très peu d'entre eux parlent anglais).

Épicerie Charoula *Kastro Tél. 22860 51 212 Ouvert été : tlj. 9h-14h et 18h-0h ; hiver : tlj. 9h-14h et 18h-22h*

prix moyens

Hotel Kamares Tenu par une famille sympathique, sur les hauteurs d'Alopronia. Ses 20 chambres sont simples, impeccables, climatisées et disposent presque toutes d'un balcon avec vue sur la mer. Demandez à les visiter : certaines ont des poutres apparentes, d'autres un parquet peint ou encore une cuisine... Les plus spacieuses peuvent accueillir 4 pers. Nos préférées : les n°s 15 et 16, dans le bâtiment sis à l'arrière. Pour deux, comptez 60€ en août, 35€ le reste du temps. Navette gratuite avec le port. *À la sortie du bourg, côté droit* ***Alopronia*** *Tél. 22860 51 281 ou 69 32 27 28 57 www.manalis-camares.gr Ouvert mai-oct.*

Studios Lucas et Ostria Ces deux familles, qui possèdent des pensions à Alopronia, se partagent un petit bâtiment de 4 studios, posé au-dessus des flots à l'extrémité nord du port. Du balcon, on pourrait presque plonger dans l'eau ! Préférez les studios Lucas, à l'étage. Comptez 25-70€ selon la saison. ***Alopronia*** *Du débarcadère, faites le tour de la baie sur la droite*

Studios Lucas *Rens. à la taverne du même nom sur le port, cf. Restauration. Tél. 22860 51 075 ou 69 74 76 10 54 www.sikinoslucas.gr Ouvert avr.-nov.*

Studios Ostria *Tél. 22860 51 062 ou 69 44 34 68 09 www.ostriastudiossikinos.gr Ouvert avr.-oct.*

prix élevés

Porto Sikinos C'est l'hôtel haut de gamme de l'île. De petites unités aux portes et volets roses ou bleu pastel, étagées à flanc de colline, et 18 chambres spacieuses, confortables, ouvrant sur de larges terrasses dotées de transats. Comptez 55-85€ (négociable) pour deux, selon la saison, petit déj. inclus. CB acceptées avec réticence. L'accueil pourrait être plus chaleureux. Bar peu animé avec terrasse où officie le fils du patron, ancien barman de Mykonos. *À 100m du débarcadère sur la droite, suivre les panneaux* ***Alopronia*** *Tél. 22860 51 220 ou 69 32 55 52 70 www.portosikinos.gr Ouvert mai-sept.*

GAMME DE PRIX	RESTAURATION	HÉBERGEMENT
Très petits prix	moins de 10€	moins de 30€
Petits prix	de 10 à 15€	de 30 à 50€
Prix moyens	de 15 à 20€	de 50 à 80€
Prix élevés	de 20 à 30€	de 80 à 120€
Prix très élevés	plus de 30€	plus de 120€

★ SANTORIN ΣΑΝΤΟΡΙΝΗ Σαντορινη

L'arrivée en bateau ne manque pas d'impressionner ! À peine le ferry s'est-il engouffré dans cet immense cratère envahi par la mer que surgissent de colossales falaises, à-pics bruns, rouges, ocre, coiffés de minuscules maisons blanches en enfilade… Du haut de ce vaste amphithéâtre de quelque 200m de hauteur, le spectacle est encore plus grandiose, ouvrant sur le bleu infini de la mer Égée tandis que de petites îles, au creux de la rade, perpétuent le souvenir du volcan englouti… On se prend alors à imaginer l'ampleur du cataclysme qui, il y a 3 500 ans, souffla les deux tiers de l'île et ensevelit, à Akrotiri, l'une des plus brillantes civilisations de l'époque… C'est à cette terrible éruption que la plus méridionale des Cyclades doit sa surprenante beauté ; on ne se lasse pas de ses points de vue à couper le souffle, de ses chapelles éclatantes qui semblent plonger dans les eaux profondes de la caldeira, de ses hôtels de rêve dégringolant la falaise… Bien sûr, ce décor étourdissant a son envers : une affluence que la petite île, l'été, peine à absorber, et que beaucoup ne supportent plus. La circulation est infernale, les plages sont bondées, les prix explosent… Difficile, aussi, de sortir des sentiers battus. Un ou deux jours sur l'île suffiront, donc, pour vous délecter de ce site extraordinaire ; attardez-vous un peu si vous voulez découvrir ses plages noires et sa vie nocturne débridée. Et concédons tout de même un avantage à ce tourisme effréné : Santorin est l'une des rares îles de Grèce à vivre du tourisme toute l'année – profitez-en hors saison !

STRONGYLÉ Il ne reste que des fragments de ce qu'était Santorin avant le cataclysme. L'archipel est, en effet, le reliquat d'une grande île circulaire – d'où son premier nom, Strongylé, "la ronde" – de près de 15km de diamètre. La fertilité de ses terres, ainsi qu'un commerce maritime de plus en plus intense, fait la richesse de ses premiers habitants. La société brillante et raffinée qui s'y développe, entretient des liens étroits avec les Minoens de Crète (à une centaine de kilomètres au sud), qui dominent alors la mer Égée. À l'époque des Seconds Palais (entre 2000 et 1450 av. J.-C.), qui marque l'apogée de la civilisation crétoise, Théra est une cité prospère où se rencontre toute la Méditerranée orientale.

LE CATACLYSME Après plusieurs tremblements de terre annonciateurs (les fouilles effectuées à Akrotiri n'ont mis au jour ni objets précieux ni squelettes d'hommes ou d'animaux, ce qui porte à croire que les habitants avaient déjà quitté les lieux), Santorin est le théâtre d'un cataclysme sans précédent, sans doute la plus violente éruption volcanique que l'homme ait jamais connue : près de 55km^3 de magma et 150 milliards de tonnes de roche projetés à des kilomètres à la ronde ! L'explosion, suivie d'une gigantesque colonne de poussière et de cendres de plusieurs kilomètres de hauteur, finit par plonger la région dans l'obscurité ; l'île et ses cités se retrouveront ensevelies sous une épaisse couche de cendres dépassant, par endroits, 30m ! Mais elle entraîne surtout l'effondrement du cratère (80km^2) qui, s'écroulant dans le vide de la chambre magmatique avant d'être englouti par les eaux, à 500m de profondeur, provoque un gigantesque raz-de-marée. La déferlante rase les cités installées sur le rivage de la Crète et détruit une grande partie de sa flotte ; on a même longtemps pensé, après les fouilles menées par le professeur Spyridon Marinatos en Crète, qu'elle avait mis fin à la civilisation minoenne. Mais de récentes datations montrent que l'éruption s'est produite vers 1650 av. J.-C. – et non en 1500 av. J.-C. comme admis jusque-là –, soit 100 à 150 ans avant la destruction des palais minoens.

HISTOIRE DE NOMS Les Phéniciens, premiers à se réinstaller sur l'île après la catastrophe, au XIIIe siècle av. J.-C., lui donnent le doux nom de Kalliste ("la très belle"). Mais les Doriens, débarqués de Sparte un siècle plus tard, lui attribuent à leur tour celui de leur roi : Théra (Θηρα ou Thira). À l'époque hellénistique, l'île se retrouve sous la domination des Ptolémées et acquiert une certaine importance comme base navale ; la cité de Théra, alors à son apogée, décline ensuite sous l'Empire romain. C'est au XIIe siècle de notre ère qu'apparaît pour la première fois le nom de Santorin, d'après celui de l'église Santa Irini. À partir de 1204 et la prise de Constantinople par les Croisés, l'île passe sous la coupe des Vénitiens, et le reste jusqu'au milieu du XVIe siècle, avant d'être occupée par les Turcs. À l'indépendance de la Grèce, en 1821, elle reprend son nom de Thira… officiellement du moins, car elle est plus souvent appelée Santorin alors que ce toponyme désigne en fait les cinq îles de la caldeira : Thira, Thirassia, Aspronissi, Palea Kameni et Nea Kameni. En 1956, un séisme détruit plus de 2 000 habitations et fait une cinquantaine de morts.

MODE D'EMPLOI

accès

EN AVION

Aéroport de Santorin Aux avions assurant les liaisons régulières avec Athènes s'ajoutent, l'été, ceux qui connectent Santorin à Heraklion et Mykonos et des charters en provenance des grandes villes européennes. On y trouve un point information et trois loueurs de voitures. Des bus le relient à Fira (toutes les 30min en été et toutes les heures en hiver) et des taxis stationnent devant le terminal 1. Vous pouvez en réserver un sur le site Internet de l'aéroport ou sur www.holidaytaxis.com. *Près de Kamari, à 6km au sud-est de Fira Tél. 22860 28 401 www.hcaa-eleng.gr/santor.htm www.santorini-airport.com*

Olympic Air Cinq ou six vols par jour (50min) entre Athènes et l'île en été, deux en hiver. L'été, liaisons avec Heraklion et Mykonos. *Tél. 22860 31 525 ou 22860 31 666 (à l'aéroport) ou 210 35 50 500 ou 801 801 01 01 www.olympicair.com*

Aegean Airlines Quatre ou cinq vols par jour au départ d'Athènes. *Tél. 22860 28 500 ou 22860 33 336 (à l'aéroport) ou 801 11 20 000 www.aegeanair.com*

EN BATEAU

Santorin est l'une des îles grecques les mieux desservies. Du Pirée, les bateaux rapides (catamarans) rallient l'île en 4h env. (autour de 57€), les ferries en 8 à 12h (autour de 35€). Certains soirs, un ferry fait le trajet de nuit et arrive au petit matin à Santorin. Toutes les Cyclades sont desservies, plus ou moins fréquemment à partir de Santorin. Seules Anafi, Kea, Kithnos et Sikinos ne se situent pas sur la route des bateaux rapides. L'été, liaisons régulières, également, vers la Crète (Heraklion), Rhodes et certaines îles du Dodécanèse (Karpathos, Kos), les Sporades (Skiathos et Skopelos) et le continent (Lavrio et Thessalonique). Les horaires, prix et trajets changeant tous les ans en mai, nous vous invitons à consulter les sites www.directferries.fr, www.gtp.gr, www.ferries.gr ou www.aferry.gr. et à vous renseigner dans les agences de voyages locales. Le prix du billet en catamaran est environ 2 fois celui du ferry. En général, Santorin est relié l'été au Pirée par les catamarans de la compagnie Seajet et Hellenic Seaways et par les ferries de la compagnie Blue Star.

Port d'Athinios Relié au sommet de la falaise par une impressionnante route en zigzag (Fira est à 9km au nord), Athinios, le nouveau port de Santorin, a été conçu pour recevoir un nombre croissant de voyageurs ; on ne fait donc qu'y attendre les bateaux, ou débarquer ! Quelques épiceries, une demi-douzaine de cafés et à peu près autant d'agences de voyages et de loueurs de voiture. Env. 5 bus/j. pour Fira (horaires fluctuants). Attention aux embouteillages qui peuvent bloquer l'accès au port : le jour du départ, laissez-vous de la marge (et sachez que les bus sont parfois si bondés qu'on ne peut y monter !).

Capitainerie d'Athinios *Tél. 22860 22 239*

orientation

Vu du ciel, l'archipel dessine un cercle fragmenté avec, à l'est, Thira, l'île principale, en demi-lune ; au centre, dans la caldeira engloutie, les îlots de Palea Kameni et de Nea Kameni ; et, au nord-ouest, l'île de Thirassia. Vue de la mer, Thira est une énorme falaise tombant de 200 à 300m de hauteur sur sa façade ouest pour descendre en pente douce vers la mer sur son flanc est, où le littoral s'étire en longues plages de sable noir (c'est là que se trouvent les stations balnéaires). L'île n'est pas très grande – 76km², soit une vingtaine du nord au sud et à peine 4km dans sa partie la plus large – et compte environ 13 600 habitants. Le chef-lieu, Fira, au sommet de la falaise, est situé à mi-chemin (11km) entre Oia, au nord, et Akrotiri, au sud. Les rues des localités portent rarement un nom.

informations touristiques

Il y a bien un kiosque d'information à Fira, mais nous ne l'avons pas vu souvent ouvert... Il faudra donc vous adresser aux (nombreuses) agences de voyages du port, de Fira, Oia, Perissa ou Kamari.... Selon leur taille, elles fournissent à peu près tous les services utiles : location de voitures, billets de bateau, excursions, réservation d'hébergements, consigne à bagages, etc. Sachez toutefois qu'elles prélèvent une importante commission (jusqu'à 40% sur le prix des chambres d'hôtel dans les Information Center Accommodation d'Athinios). Les adresses ci-dessous nous ont paru relativement sérieuses.

Dakoutros Travel *À l'entrée de **Fira** Tél. 22860 22 958 ou 22860 24 286 www.dakoutrostravel.gr Ouvert avr.-nov. : tlj. 8h30-22h30 ; déc.-mars : tlj. 8h30-20h30*

Ecorama Holidays Réservation de chambres d'hôtel, de studios et de villas. *Gare routière* ***Oia*** *Tél. 22860 71507/508 ecorama@otenet.gr Ouvert tlj. 8h30-22h*

Bureau d'informations touristiques ***Fira*** *Tél. 22860 25 940 Ouvert en été : tlj. 8h-22h*

www.santorini.gr Site de la municipalité de Thira, bien fait et en anglais.

se déplacer

Le réseau routier, de bonne qualité, dessert tous les villages, mais attention, l'été, la circulation est démentielle : bus, voitures, quads, scooters et même piétons se partagent des routes parfois étroites, et les accidents sont nombreux.

EN CAR

KTEL Des cars relient Fira aux autres communes de l'île : Oia, Perissa, Kamari, Perivolos, Akrotiri, Vlichada, Exo Gonia. Horaires détaillés affichés et distribués au petit kiosque de Fira. Fréquence selon la saison et la destination (l'été, un bus pour Kamari ou Oia toutes les 30min env., de 7h à 0h). Le service est plutôt efficace, mais les cars sont parfois bondés l'été. Billet (vendu à bord) de 1,60 à 2,20€ selon la destination. *Tél. 22860 25 462 www.ktel-santorini.gr*

EN TAXI

La station de Fira se situe à l'entrée de la ville, sur la route du port. À Oia, les taxis attendent à la gare routière. Ils sont pris d'assaut en été, prévoyez suffisamment de marge si vous avez un bateau ou un avion à prendre ou réservez. Environ 12€ la course entre Fira et Oia le soir. *Tél. 22860 22 555/23 951*

EN VÉHICULE DE LOCATION

On trouve des loueurs absolument partout, et ils se comptent par dizaines à Fira. Tarifs variables, d'autant qu'ils sont négociables selon l'affluence et la durée de la location. Comptez env. 15€/j. pour un scooter (20€ en août), au moins 30€/j. pour une voiture (40€, voire plus, en août). Quelques voitures à louer au port d'Athinios (mais gare aux tarifs) ; pour les scooters, il faut monter au village.

informations pratiques

Plusieurs banques sont implantées à Fira, notamment place Theotokopoulo (attention aux horaires d'ouverture : lun.-jeu. 8h-14h30, ven. 8h-14h) et des distributeurs de billets disponibles dans presque toutes les localités de l'île. La National Bank of Greece assure un service de change. Bureaux de poste à Fira, Oia et Emporio. Pharmacies à Fira (sur la route du port), à Messaria, Emporio, Oia, Imerovigli, Pyrgos et Kamari.

Police ***Fira*** *Tél. 22860 22 649*

Centre médical ***Fira*** *Tél. 22860 22 237 ou 22860 23 333*

Santorini Medica Clinique privée. Urgences 24h/24. *Messaria (4km au sud-est de Fira) Tél. 22860 31 731 www.smedica.gr*

Librairie Nomikos Le plus large choix de journaux, de magazines et de livres en français ! *Pl. Theotokopoulou* ***Fira*** *Tél. 22860 25 301 Ouvert été : tlj. 7h30-1h ; hiver : tlj. 7h30-22h*

DÉCOUVRIR

Santorin

☆ **Les essentiels** Les villages de Fira et d'Oia, le Musée de la Théra préhistorique, la Panagia Episkopi, le site archéologique de l'antique Théra et celui d'Akrotiri **Découvrir autrement** Longez la corniche de Fira à Oia, dégustez un vin de l'île au domaine Sigalas, flânez dans les venelles de Pyrgos

★ Fira

Au bord même de la caldeira, à 220m au-dessus de la mer, le chef-lieu de Santorin jouit d'un site extraordinaire. Bâties en enfilade sur la corniche, ses maisons blanches et ses *scafta*, en partie taillées dans la roche, s'étagent les unes au-dessus des autres dans un savant enchevêtrement de ruelles, de terrasses et d'escaliers, ménageant ici et là des points de vue époustouflants sur le cratère englouti. C'est à la suite du séisme de 1956 (qui fit plus de cinquante morts), que le village, rebâti, prend son aspect actuel, mais il fut fondé au XIXe siècle, lorsque les habitants de Skaros – cf. Imerovigli (p.367) –, à l'étroit dans leur citadelle, profitent du déclin des attaques de pirates pour s'installer en ces lieux et se doter d'un accès à la mer. Depuis les années 1970, Fira est voué au tourisme, comme en témoigne sa marée de bijoutiers et de boutiques de souvenirs… Le pôle administratif et économique de l'île est aussi l'épicentre de sa vie nocturne. L'idéal est donc de découvrir ses ruelles au petit matin, avant l'arrivée des croisiéristes… et après le départ des noctambules !

☆ **Musée de la Théra préhistorique (plan 19, A3)** Le principal musée de l'île présente le résultat des fouilles menées sur le site d'Akrotiri (p.374). La visite, introduite par une intéressante présentation de la géomorphologie de l'île, suit un ordre chronologique : après les figurines de marbre (2700-2300 avant notre ère), qui révèlent l'importance d'Akrotiri dès l'âge du bronze, on découvre une société bien avancée à travers ses outils, armes, tablettes, pote-

Organiser votre visite de Fira

Le village est coupé en deux par la rue 25 Martiou (la route d'Imerovigli et d'Oia), qui traverse la place Theotokopoulou : à l'est de cet axe s'étirent les quartiers les plus récents, où s'ouvre un nombre toujours croissant de pensions et d'hôtels bon marché ; à l'ouest s'étend la vieille ville, avec ses vues imprenables sur la caldeira. Commencez votre visite par le sud. Les visites guidées de Fira débutent sur le parvis de l'imposante cathédrale orthodoxe, élevée en 1970 ; fuyez-les et réfugiez-vous dans la ville basse (Kato Fira), qui s'étage sur le flanc ouest de la falaise ; ses venelles labyrinthiques, jalonnées de petites chapelles blanches, recèlent de paisibles hôtels.

LES CYCLADES

Plan 18 Santorin

ries, sceaux, etc. Enfin, incontournables, les fresques du XVIIe siècle avant notre ère jadis exposées au Musée archéologique d'Athènes – notamment celles des Dames et des Singes bleus. Reconstituées à partir de grands fragments, elles témoignent d'une influence de la civilisation minoenne. *Tél. 22860 23 217 Ouvert avr.-oct. : mar.-dim. 9h-16h ; nov.-mai : mar.-dim. 8h-15h Tarif 3€, seniors 2€, moins de 18 ans et étudiants gratuit*

Musée archéologique (plan 19, A2) Parfait complément du précédent, ce musée des années 1960 paraît aujourd'hui un peu désuet… Il présente, notamment, des objets exhumés sur le site de l'antique Théra, datés du VIIIe

au IIIe siècle av. J.-C., d'imposants vases à décor géométrique rouge ou noir et des kouros de l'époque archaïque, quantité d'inscriptions de différentes époques et quelques statues des époques hellénistique et romaine – la plupart de ces œuvres d'art ont été retrouvées dans le cimetière de la cité antique. Peu d'explications. *Sur une placette près de la station supérieure du téléphérique Tél. 22860 22 217 Ouvert mai-oct. : mer.-lun. 9h-16h ; nov.-avr. : mer.-lun. 8h-15h Tarif 3€, réduit 2€, étudiants gratuit*

Quartier catholique / Katholika (plan 19, A2) Ce paisible quartier nord, fief de la communauté catholique sous les Vénitiens, est l'un des mieux préservés, avec ses maisons ocre et ses deux monastères. Remontez la commerçante ruelle Ipapandis jusqu'à la station du téléphérique. Le clocher de style éclectique est celui de la cathédrale Saint-Jean-Baptiste (1823), rendue au culte en 1975 après avoir été endommagée par le séisme du 9 juillet 1956. Juste à côté, le couvent des Dominicaines, fondé en 1596 à Skaros, fut transféré là en 1811, quand les habitants de la citadelle s'installèrent à Fira. Son église, Notre-Dame du Rosaire (Panagia tou Rodariou, 1823), qui marie styles cycladique et baroque, se visite. **Église Notre-Dame-du-Rosaire** *Tél. 22860 22 420 Ouvert tlj. 8h-12h30 et 17h30-18h30*

Centre culturel Megaro Gyzi (plan 19, A2) Il occupe depuis 1980 une splendide villa patricienne du début du XVIIIe siècle voisine de la cathédrale et propriété de l'évêché de Santorin. Entrez admirer son patio. Les gravures et manuscrits du XVe-XIXe siècle, peintures de différentes époques et belles photographies (1930-1950) qu'expose le centre permettent de se représenter l'île telle qu'elle était avant le séisme de 1956. Des lectures, concerts, et autres spectacles y sont également donnés… Grand festival en août (expos de peinture et concerts gratuits). *Erythrou Stavrou Tél. 22860 23 077 www.megarogyzi.gr Ouvert mai-oct. : lun.-sam. 10h-16h Tarif 3€, étudiants 1,50€*

Vieux Port / Messa Gialos (plan 19, A2) Le vieux port, 260m plus bas que le village, ne sert plus qu'au transbordement des paquebots de croisière et des caïques d'excursion vers le cratère, mais le chemin qui y conduit, un zigzag de quelque 566 marches, réserve des vues splendides sur la caldeira. La montée est aussi ardue que la descente est aisée, mais vous pourrez faire la balade à dos d'âne ou emprunter le téléphérique construit en 1979. **Téléphérique** *Ouvert avr.-oct. : tlj. 6h30-22h30 Départ toutes les 20min ; nov.-mars : tlj. 7h30-10h30 et 14h30-18h30 AS 4€, enfants 2€*

Centre Petros M. Nomikos (plan 19, A1) Sise dans un bâtiment néoclassique dont la façade rouge domine majestueusement la caldeira, la fondation Théra (due au mécène Petros M. Nomikos) offre au public la possibilité d'admirer l'ensemble des fresques d'Akrotiri, reproduites à la perfection grandeur nature. Certes, le centre doublonne un peu avec le musée de la Théra préhistorique (p.361), mais à défaut des originaux, les passionnés auront ici une vision de l'intégralité des chefs-d'œuvre. Explications et documentation abondantes. *Sur la corniche, à la sortie nord de la ville, dir. Firostefani Tél. 22860 23 016 www.therafoundation.org Ouvert mai-oct. : tlj. 10h-18h Tarif 5€, étudiants 3€, moins de 18 ans et seniors gratuit*

Plan 19 Santorin, Fira

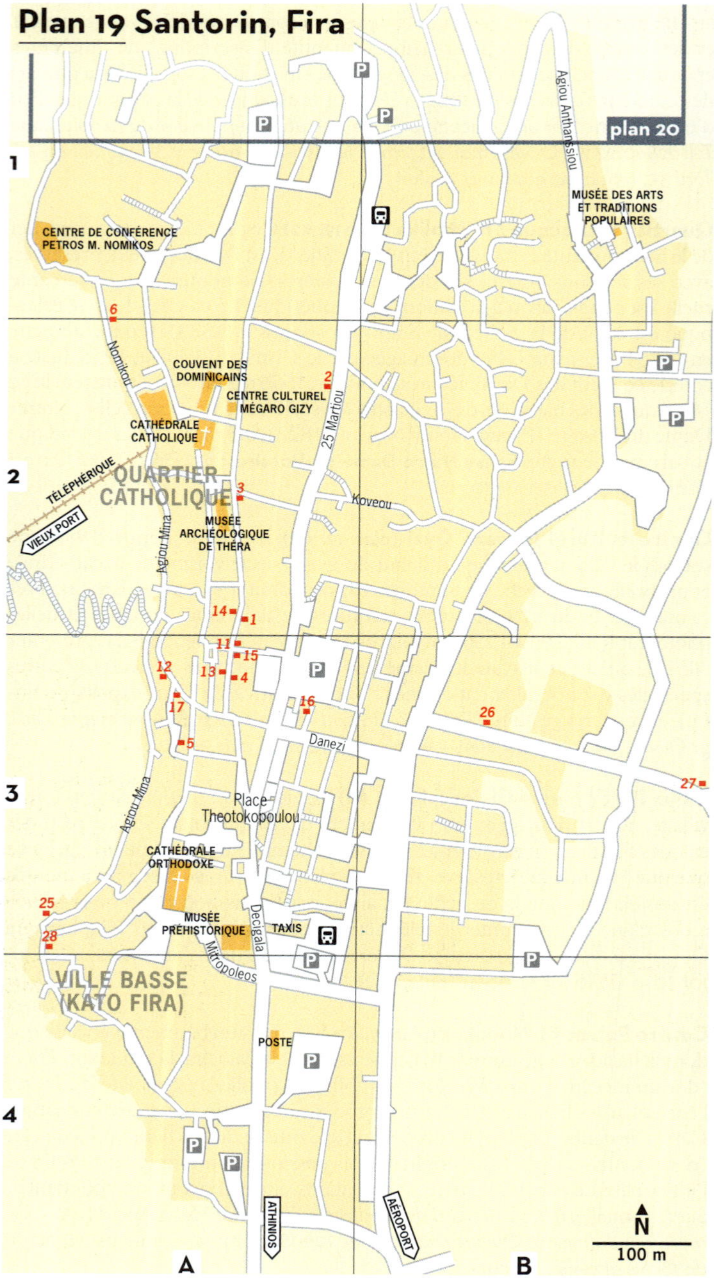

Plan 20 Santorin, Fira-Firostefani

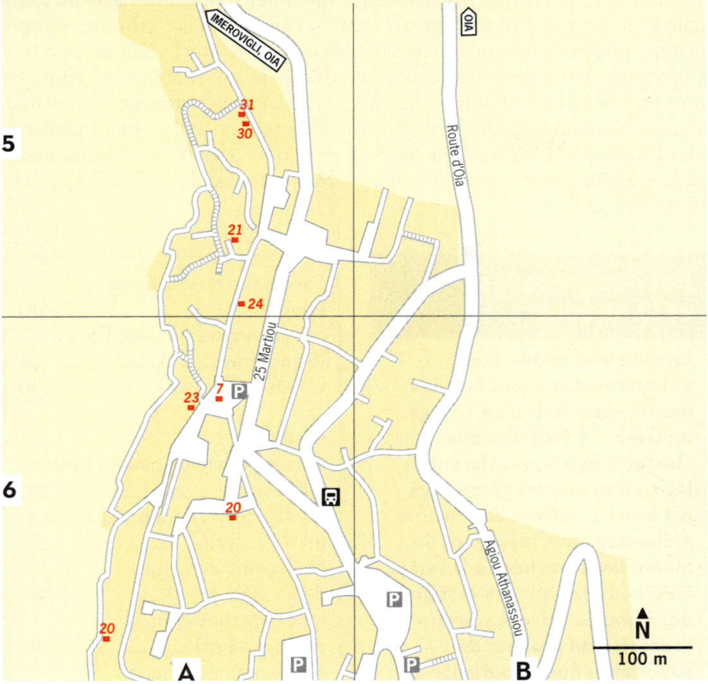

Restauration (n°1 à 7)
Dionysos in Atlantis ____ **1** A2
Kapari ____ **2** A2
Koukoumavlos ____ **5** A3
Naoussa ____ **3** A2
Nikolaos ____ **4** A3
The Flame of the Volcano ____ **6** A1-A2
To Akteion ____ **7** A6

* À RETROUVER DANS LA PARTIE DÉCOUVRIR

Cafés, bars et lieux de sortie (n°11 à 17)
Enigma Club ____ **11** A3
Franco's* ____ **12** A3
Kira Thira ____ **13** A3
Koo Club ____ **14** A2
Murphy's ____ **15** A3
Tithora Club ____ **16** A3
Tropical ____ **17** A3

Hébergement (n°20 à 31)
Apartments Gaby ____ **20** A6
Efterpi Villas ____ **21** A5
Hôtel Galini ____ **23** A6
Hôtel Sofia Sigala ____ **24** A5
Keti Hotel ____ **25** A3
Pension Petros ____ **26** B3
Santorini Camping ____ **27** B3
Sofi ____ **28** A3
Villa Ilias ____ **30** A5
Villa Maria Damigou ____ **31** A5

Musée Lignos des Arts et Traditions populaires (plan 19, B1) Fondé en 1974 et toujours dirigé par le jovial Emmanuel A. Lignos – avocat, journaliste et directeur d'un mensuel local –, ce petit musée ethnographique occupe une ancienne propriété vinicole de Kontochori : une maison troglodytique des années 1860 avec une partie de son mobilier d'époque et tout un bric-à-brac d'objets anciens (fer à repasser, ustensiles de cuisine, etc.) et, tout autour, une chapelle, une citerne, des chais, une tonnellerie, une forge, etc. *À la périphérie nord-est de Fira Tél. 22860 22 792 www.santorinisfolkmuseum.com Ouvert juil.-août : tlj. 10h-14h et 18h-20h ; mai-juin, sept.-oct. : tlj. 10h-14h Tarif 3€*

Les îles grecques et l'Antiquité

La découverte des sites antiques est souvent l'un des motifs essentiels d'un voyage en Grèce : il faut dire que l'histoire que nous relatent les vieilles pierres de ce pays est aussi la nôtre… Les musées archéologiques regorgent de merveilles arrachées à la terre. Sans compter que les vestiges des temples offrent souvent l'occasion de profiter de panoramas époustouflants sur la mer Égée. Grecques ou romaines, ces antiquités guideront vos pas…

Monuments et sites

Kolona (Égine) — 203
Temple d'Aphaia (Égine) — 204
Temple de Poséidon (Poros) — 210
Lion de Kea — 252
Théra antique (Santorin) — 373
Akrotiri (Santorin) — 374
Temple de Déméter (Naxos) — 443
Delos — 509
Paleopoli (Andros) — 542
Asclepeion (Kos) — 594
Sanctuaire d'Héra (Samos) — 621
Sanctuaire des Cabires (Limnos) — 670
Sanctuaire des Grands Dieux (Samothrace) — 676
Limenas (Thassos) — 680

Musées

Musée archéologique de Kastro (Sifnos) — 312
Musée de la Théra préhistorique (Fira, Santorin) — 361
Musée archéologique de Fira (Santorin) — 361
Musée archéologique de Chora (Ios) — 398
Musée archéologique de Parikia (Paros) — 415
Musée archéologique de Chora (Naxos) — 436
Musée archéologique de Chora (Amorgos) — 460
Musée archéologique d'Ermoupoli (Syros) — 486
Musée archéologique de Chora (Andros) — 543
Musée archéologique de la Ville de Rhodes — 564
Musée archéologique de Pothia (Kalymnos) — 600
Musée archéologique de Vathi (Samos) — 618
Musée archéologique de Mytilène (Lesbos) — 652
Musée archéologique de Limenas (Thassos) — 682

Firostefani (plan 20, A5-A6-B5-B6) Plus calme que Fira et jouissant des mêmes vues – splendides – sur la caldeira, la "banlieue" nord du chef-lieu peut constituer un excellent lieu de séjour. À voir : l'église Agios Ierassimos (dans la rue principale) et le vieux monastère Agios Nikolaos (sur la corniche), fondé en 1651 par les frères Ghizi et transféré de Skaros en 1820. *À 1km au nord de Fira Accès en bus*

Imerovigli (plan 20, A5) L'"Observatoire" tire son nom de sa situation : à 300m au-dessus des flots, au sommet de la caldeira : le site idéal pour guetter l'arrivée des pirates. De fait, six siècles durant, cette citadelle bâtie en 1207 par les Vénitiens défendit efficacement l'ancienne capitale de l'île, Skaros, posée sur un éperon rocheux en contrebas ! Au XVIIe siècle, outre les palais des dignitaires de l'île s'y entassaient quelque 200 maisons ! Il n'en reste plus rien aujourd'hui, mais au bout du sentier qui longe la corniche vous attend la chapelle Theoskepasti et son point de vue époustouflant. Entièrement restauré après le séisme de 1956, le village d'Imerovigli, haut lieu des séjours en amoureux, abrite quantité de petits hôtels haut de gamme et de piscines de rêve. Pas de boutiques, peu de restaurants et de cafés : ici, tout n'est que luxe, calme… *À 2km au nord de Fira Accès en bus*

● Où assister au coucher de soleil en sirotant un cocktail ?

Un vrai rituel : aux derniers rayons du soleil, la foule se masse, appareil photo en bandoulière, dans les ruelles donnant sur la caldeira... Les cafés avec vue sont légion à Fira (comme à Oia), et la beauté de l'instant mérite bien un verre hors de prix !

Franco's (plan 19, A3 n°12) Un must. Pour voir le soleil plonger sous l'horizon tout en sirotant un cocktail au champagne, allongé dans un transat, sur un air d'opéra... Même le personnel, endimanché, a de l'allure. Prix en conséquence. *À l'entrée de la rue du vieux port Tél. 22860 24 428 Ouvert avr.-juin, sept.-oct. : tlj. 12h-2h ; juil.-août : tlj. 18h-3h*

● ☺ Randonner au bord de la caldeira Une randonnée incontournable, sans doute la plus belle que l'on puisse faire à Santorin : elle suit le bord de la caldeira entre Fira et Oia, offrant un spectacle permanent ! De Fira, suivez la corniche en direction de Firostefani et d'Imerovigli. Pour ne pas vous perdre dans ce dédale de venelles, revenez toujours vers le sommet de la falaise. Au sortir d'Imerovigli, place à la nature. À hauteur du restaurant Pantheon et du café To Monopati, bifurquez à droite vers l'église Agios Athanasios, qu'il faut contourner par la droite. À la seconde église, Agios Andonios, prenez à gauche : une inscription sur un rocher indique la direction d'Oia. Le sentier, caillouteux, débouche après quelques centaines de mètres sur la route, qu'il faut suivre sur 300m jusqu'à un petit snack. Là, reprenez le sentier sur la gauche qui mène à Finikia ; de là vous pourrez rejoindre Oia par la rue ou par la route. ***Durée*** *3h (aller)*

● Admirer les œuvres d'un artiste engagé

Mati (plan 19, A3) Sculpteur de réputation internationale, Giorgos Kypris a choisi d'exposer ses œuvres à Santorin, face au vieux port de Fira et à la caldeira. Soucieux de dénoncer la vanité des humains et leur cruauté envers les

Plan 21 Santorin, Oia

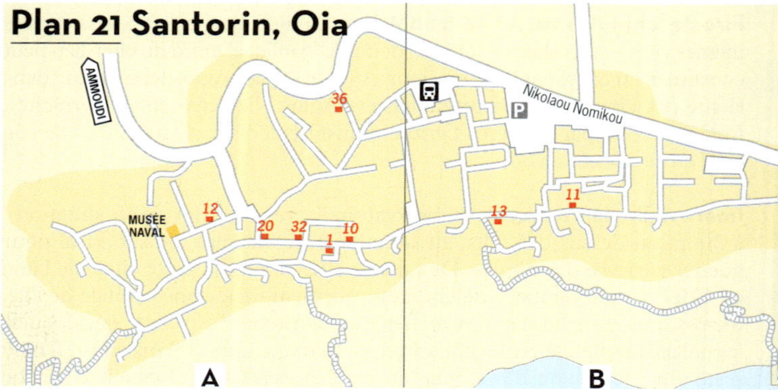

Pâtisserie (n°1)
Melenio* — 1 A

Restauration (n°10 à 13)
1800 — 10 A
Cafe Flora — 11 B
Kyprida — 12 A
Skala — 13 B

Lieu de sortie (n°20)
Chassapiko Bar — 20 A

Hébergement (n°30 à 36)
Delfini Villas — 30 C
Filotera Villas — 31 C
Museum Hotel — 32 A
Olympic Villas — 33 D
Pension Galini Oia — 34 D
Pension The Flower — 35 D
Youth Hostel Oia — 36 A

* À RETROUVER DANS LA PARTIE DÉCOUVRIR

LES CYCLADES

animaux, il travaille aussi bien le bois (une anguille), le verre (une coccinelle, des vases), le bronze (barques, requins), l'or (squelette de poisson à porter en pendentif) que l'inox (bancs de poissons argentés, essaims de papillons et vols d'oiseaux de mer). *Fabriqua Esplanade de la cathédrale orthodoxe Tél. 22860 23 814 www.matiartgallery.com Ouvert avr.-nov. : tlj. 9h-0h*

★☺ Oia

Avec ses ruelles dallées de marbre, ses façades aux couleurs pastel et ses innombrables chapelles blanches aux dômes vacillant dans la mer, Oia (prononcez i-a) est le plus beau village de Santorin. Moins élevé que Fira mais situé à la pointe nord de l'île, il offre un panorama plus majestueux encore puisqu'il ouvre sur la caldeira tout entière. S'il n'a pas échappé au tourisme de masse – et à son cortège de boutiques et de tavernes quelconques –, le village reste plus paisible et l'ambiance y est plus chic. Quelques splendides demeures patriciennes témoignent de cette Belle Époque où, fort d'une flotte de 150 navires, il profitait d'un commerce maritime florissant. La cité, qui comptait alors plusieurs milliers d'habitants (contre quelques centaines aujourd'hui), surplombait les chantiers navals et le port, au pied de la paroi ; les matelots étaient logés dans des *scafta*, creusées dans la roche, tandis que de belles maisons néoclassiques s'élevaient dans la partie haute du village. Ce dernier fut largement reconstruit après le tremblement de terre de 1956, mais on peut encore voir, tantôt délabrées, tantôt restaurées, plusieurs de ces somptueuses villas de capitaines. Pour bien profiter d'Oia, il faut venir flâner dans ses ruelles de bon matin, avant l'ouverture des boutiques et des cafés. Et si vous voulez sacrifier au rituel, revenez au coucher de soleil et suivez la

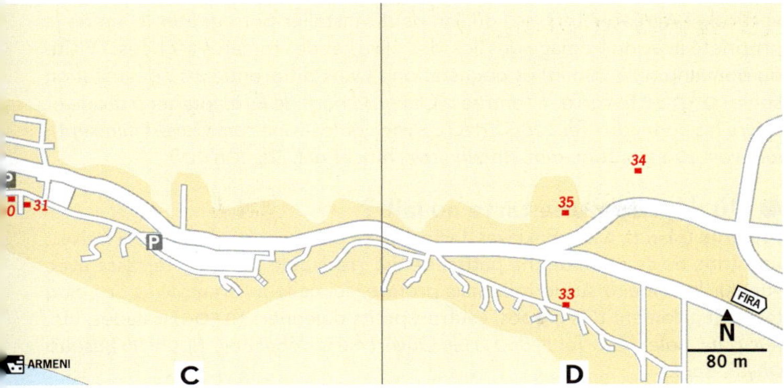

foule qui se presse au bout du village, sur l'avancée rocheuse : c'est là, sur les ruines du *kastelli*, que finissent, devant l'astre rougissant, toutes les visites guidées de Santorin (et elles sont nombreuses) ! *À 11km au nord de Fira De Fira, 24 bus/j. l'été (soit env. 1 bus toutes les 30min en journée et 1/h en soirée)*

Ammoudi et Armeni Points de départ des excursions en bateau dans la caldeira – cf. Mini-croisières (p.370) –, les ports d'Oia, Ammoudi à l'ouest, et Armeni à l'est, abritent des tavernes de poisson. *Accès par des escaliers (de 235 et 286 marches respectivement !)*

Musée naval Belle demeure restaurée qui évoque l'histoire maritime d'Oia à travers divers objets ; maquettes, aquarelles, uniformes, portraits, sextants, jumelles, documents anciens et superbes têtes de proue sculptées (les plus vieilles remontent au XVIIe s.). Dommage qu'il y ait si peu d'explications ! *Au centre, côté nord Tél. 22860 71 156 Ouvert avr.-fin oct. : mer.-lun. 10h-14h et 17h-20h Tarif 3€, étudiants 1,50€*

● Où goûter les vins de Santorin ? Les fouilles d'Akrotiri ont montré que la viticulture était déjà pratiquée à Santorin il y a plus de 3 500 ans, ce qui en fait l'un des vignobles les plus anciens du monde : la nature volcanique du sol lui a permis d'échapper aux ravages du phylloxéra au XIXe siècle, aussi l'île peut-elle se prévaloir de ses ceps francs sur pied, centenaires pour certains. Le vignoble couvre à peu près tout ce que l'urbanisation a épargné. Sur la trentaine de cépages endémiques cultivés, le plus répandu est l'*assyrtiko*, qui donne un blanc sec et fruité et représente 80% de la production. Traditionnellement, on taille les rameaux et on entrelace les sarments en corbeille afin de limiter la déperdition d'eau et leur exposition au vent et au sable qu'il soulève. Autre spécialité de Santorin, le vinsanto, un vin blanc doux réputé depuis l'Antiquité : avant d'être vinifié, le raisin est mis à sécher au soleil deux semaines durant, le vin vieillissant ensuite au moins deux ans en fût de chêne.
☺ **Domaine Sigalas** Le seul viticulteur du nord de l'île est aussi notre préféré, car la propriété a gardé une certaine dimension humaine. On y produit principalement du blanc, mais aussi un peu de rouge issu du cépage mavrotragano, plus rare. Remarquez qu'on y expérimente la culture des vignes à la

verticale ! Agréable terrasse où l'on peut s'installer pour goûter le vin de la propriété avec du fromage des îles, des olives et des tomates séchées… Visite du domaine (15 à 20min) et dégustation (3 vins différents) 4€ ; dégustation seule : 0,30-2€ le verre. *À l'entrée d'Oia en venant de Fira, tourner à droite et suivre les panneaux Tél. 22860 71 644 www.sigalas-wine.com Ouvert juin-sept. : lun.-ven. 10h-21h, sam.-dim. 11h-21h ; avr., mai et oct. : tlj. 10h-20h*

● Où déguster une tarte au lait ?

Melenio (plan 21, A n°1) Baklavas, tartes au lait ou aux noix, gâteaux à la fraise… La vitrine de ce salon de thé-pâtisserie est irrésistible ! Grande terrasse avec vue sur la caldeira sur le toit, mais préférez-lui celle à l'avant, avec ses cinq tables. Également des crêpes, gaufres, petits déjeuners (11,50€), salades, etc. *Rue principale d'Oia Tél. 22860 71 149 Ouvert mars-début nov. : tlj. 9h-21h (jusqu'à 0h juil.-sept.)*

● S'offrir une sortie dans la caldeira

Mini-croisières Les prestataires sont nombreux et les programmes d'excursion variés. Un exemple : départ des ports de Fira ou d'Oia vers 10h ; escale d'env. 1h30 pour gravir le cratère de Nea Kameni (prévoyez des chaussures robustes), puis arrêt baignade de 30min env. auprès des sources chaudes (30-35°C) de Palea Kameni. Attention, les bateaux n'accostent pas ; il vous faudra nager quelques dizaines de mètres pour profiter de ces eaux sulfureuses. Tandis que certains bateaux retournent alors à Thira, la plupart font ensuite escale à Thirassia pour 2h env. à l'heure du déjeuner : il vous faudra gravir 250 marches pour atteindre le village de Manolas mais ses points de vue et ses restaurants valent bien cet effort ! Retour vers 15-16h. Certains bateaux s'arrêtent à Oia (où vous pourrez débarquer pour rentrer en car à Fira), d'autres ne font que longer sa côte pour la photo. Les tarifs varient en fonction du programme et, surtout, du type d'embar-

La caldeira ou la terre submergée par les flots

En provoquant l'affaissement de la partie supérieure du cône volcanique de Strongylé, l'île originelle de Santorin, la grande éruption (de 1650 av. J.-C.) a engendré une immense caldeira (cratère d'effondrement) dans laquelle la mer s'est engouffrée, ne laissant à la surface que le pourtour de l'île disloquée : Thira est un fragment de l'île primitive, tout comme **Thirassia**, îlot dont elle fut séparée par un séisme au IIIe siècle av. J.-C., et **Aspronissi**, minuscule bout de terre inhabité. Depuis le cataclysme, le volcan englouti est entré huit fois en activité, ouvrant de nouveaux cratères dont les coulées de lave donnèrent naissance, au centre de la caldeira, à l'îlot de Palea Kamini ("l'ancienne brûlée") puis, à partir du XVIe siècle de notre ère, à une autre petite île, Nea Kameni ("la nouvelle brûlée"). Cette dernière, agrandie au fil des éruptions, forme le cratère actuel (2km de largeur pour 127m de hauteur) ; ses fumerolles et sources chaudes rappellent que le volcan n'est toujours pas éteint (la dernière éruption date de 1950).

cation : caïque, bateau à fond en verre... Comptez 20€/pers. pour l'excursion à Nea Kameni, 30€/pers. avec l'escale à Thirassia. Certains prestataires proposent des sorties au soleil couchant, cf. informations touristiques (p.359). *Rens. et billets en agence de voyages, cf. informations touristiques (p.xxx)*
Plongée Les clubs de plongée de l'île (installés à Perissa et à Kamari) proposent des sorties dans la caldeira et au sud d'Akrotiri. Toutefois, si vous ne deviez plonger qu'une seule fois lors de votre séjour dans les Cyclades et que vous comptez vous rendre dans d'autres îles, nous vous déconseillons de plonger à Santorin : les fonds, volcaniques et obscurs, sont moins beaux que ceux de Kimolos ou de Ios, les tarifs plus élevés et l'ambiance comme à l'usine...

Le centre de l'île

Karterados Si ce village tranquille, au creux d'un vallon à la sortie de Fira, mérite un détour pour ses habitations troglodytiques, sa plage, à 3km à l'est, ne présente guère d'intérêt. *À 2km au sud-est de Fira, sur la route de l'aéroport*

☺ **Pyrgos** Le village le plus élevé de l'île s'élance sur une colline au pied du mont Profitis Ilias. C'est un vrai village cycladique, avec son *kastro* (en ruine), ses ruelles pentues, ses maisons blotties les unes contre les autres, ses chapelles (une quarantaine) des XVIe et XVIIe siècles... De la grand-place Stefanoy-Melekoy, où s'arrêtent les cars et où il faudra laisser votre véhicule, suivez les ruelles (et les panneaux indiquant "*Kastelli*") qui grimpent vers le sommet. L'ambiance est plutôt calme ; on dépasse en chemin deux ou trois étals de produits locaux, des papis vendant leur vin "maison", quelques galeries d'art et échoppes d'artisans. Des modestes ruines du *kastelli* (XIIIe s.) s'offre une belle vue panoramique sur les environs. Après la visite de la chapelle **Agia Triada**, devenu un petit musée d'art sacré exposant des icônes du XVe au XVIIe siècle et des objets liturgiques, faites une pause au café Franco's, juste à côté, doté d'une terrasse et de balcons. *À 6km au sud-est de Fira Suivre la route du port Parking en contrebas après la place du village Accès en bus (ligne Fira-Perissa, 26 bus/j. l'été)* **Musée** *Pyrgos Kallistis Ouvert mar.-dim. 10h-16h (horaires fluctuants en hiver) Entrée libre*

Mont Profitis Ilias Le point culminant (567m) de Santorin réserve des vues magnifiques sur l'ensemble de l'île. Sous les antennes de télévision, le **monastère** (1711), fortement endommagé lors du séisme de 1956, arbore une architecture austère aux allures de forteresse. Jadis très riche – mais son influence déclina à la fin du XIXe siècle –, il conserve d'importants manuscrits et de précieuses icônes, et son église abrite une iconostase en bois sculptée par Demmis Lagadas (1836). Tentez votre chance, mais le lieu semble dorénavant fermé au public. Du sommet, une jolie (quoique difficile) balade permet de rejoindre, vers l'est, le site de l'ancienne Théra (30min). *À 4km au sud-est de Pyrgos par une route en lacet*

Megalochori Entouré de vignes, ce village paisible s'organise autour d'une place (signalée par le campanile de l'église) où se rafraîchir à l'ombre d'un eucalyptus centenaire... Une pause idyllique avant d'aller déguster les vins du domaine Gavalas (p.372). *À 6km au sud de Fira Suivre la route du port, puis celle d'Akrotiri et Perissa ; le village s'étend sur la gauche en retrait de la route*

Emporio Lové dans une plaine fertile au pied du mont Profitis Ilias, ce grand bourg (3 000 hab.), pittoresque et vivant, ignoré des touristes, est le plus grand village du sud de l'île. Important comptoir dont les marchandises transitaient par le port de Perissa (d'où son nom, "commerce"), Emporio fut aussi l'un des cinq *kastelli* de Santorin érigés par les Vénitiens pour échapper aux pirates. Formé par une rangée de demeures tournées vers l'intérieur, le mur d'enceinte abritait quatre-vingts autres maisons. Outre les vieilles bâtisses et une église du XVIe siècle, se dresse encore, au nord, un impressionnant *goulas*, grande tour carrée, très bien préservée, datant de l'époque ottomane, qui servait de lieu de stockage et de refuge en cas d'attaque. Sur la colline, en face du village, côté sud, huit moulins à vent, en ruine, témoignent de la prospérité passée d'Emporio. *À 10km au sud de Fira, sur la route de Perissa*

● Où goûter les vins de Santorin ?

Santo Wines Cette coopérative assure environ 80% de la production annuelle de l'île, une dizaine de viticulteurs indépendants se partageant le reste. Visite guidée (en anglais 3€, gratuite pour les moins de 6 ans), film (15min, 2,60€) sur l'histoire du vin à Santorin et dégustation (1€ le verre) sur une vaste terrasse, face à la caldeira... si elle n'a pas été prise d'assaut par les groupes ! *À 4km au sud de Fira, au croisement des routes de* ***Pyrgos*** *et de Megalochori Tél. 22860 22 596 www.santowines.gr Ouvert 20 mars-fin jan. : tlj. 9h-21h Visite guidée toutes les 30min de 10h à 15h*

Art Space / Argyros Kanava Exposition d'œuvres d'art contemporain et d'outillage ancien dans les chais et la distillerie troglodytiques d'origine (1862), désaffectés depuis les années 1950. Le domaine ressuscité en 1999 s'est orienté vers la biodynamie. ***Exo Gonia*** *Sur la route de Fira à Kamari en bifurquant à droite à 1,5km env. avant Kamari (fléché) Tél. 22860 32 774 www.artspace-santorini.com Ouvert avr.-fin oct. : tlj. 11h-coucher du soleil Visite galerie gratuite Dégustation 2,50€ (6 vins différents)*

Koutsogiannopoulos Cette exploitation familiale vous ouvre les portes de son petit musée souterrain, qui relate l'histoire de la viticulture locale du XVIIe au XXe siècle, et vous invite à une dégustation. ***Vothonas*** *(passé Messaria, suivre les panneaux Wine Museum) Tél. 22860 31 322 www.volcanwines.gr Ouvert déc.-mars : mar.-dim. 9h30-14h ; avr.-mai, nov. : tlj. 10h-17h ; juin-oct. : tlj. 10h-19h Tarif musée et dégustation (4 vins) 7€ Visite avec audioguide*

Domaine Gavalas Outre le fameux vinsanto, vin blanc doux vedette de Santorin depuis l'Antiquité, le domaine produit des rouges fruités d'assemblage comme le xenoloo et le katsano. Le raisin est récolté début août avant maturité. Dégustation : 0,80€ le verre. *À 30m de la grand-place (signalé)* ***Megalochori*** *Tél. 22860 82 552 www.gavalaswines.gr Ouvert mi-avr.-fin oct. : tlj. 10h-19h (20h de mai à sept.)*

La côte est

☆ **Panagia Episkopi** Cette petite église byzantine est l'un des monuments les plus importants de l'île. Fondée au XIe siècle par l'empereur Alexis Comnène, elle a été plusieurs fois remaniée, mais sa magnifique iconostase en marbre sculpté et les fresques de ses voûtes sont d'origine. ***Episkopi Gonias*** *(de Fira, suivre les panneaux l'indiquant sur la droite, à 1,5km env. de Kamari) Entrée libre*

☆ **Théra antique / Αρχαια Θηρα** Juchée sur une arête rocheuse, à plus de 360m au-dessus de la mer, la cité abandonnée depuis le VIIIe siècle jouit d'un cadre grandiose. C'est dans cette forteresse naturelle doublée d'un port, Kamari, que les Doriens s'installent au IXe siècle av. J.-C. Théra connaît son apogée de 300 à 145 av. J.-C., les Ptolémées d'Égypte mettant à profit sa position stratégique pour en faire leur principale base navale en mer Égée. Elle compte alors 5 000 habitants. Les fouilles entreprises au début du XIXe siècle ont mis au jour une cité d'environ 12ha. Même si vous n'êtes pas féru d'archéologie, visitez le site pour son cadre exceptionnel et sa vue sur Kamari au nord, Perissa au sud. *Accès par une route en lacet (3km) à partir de Kamari ou à pied par un sentier qui part de Perissa (1h de marche) Ouvert mai-oct. : mar.-dim. 9h-16h ; nov.-avr. : mer.-lun. 8h-15h Entrée libre*

CONSEIL DE VISITE L'été, mieux vaut éviter de visiter le site en pleine journée car il n'y a pas d'ombre. Prévoyez de l'eau et de bonnes chaussures.

Visite En venant du parking, le premier vestige que l'on aperçoit sur la gauche du sentier est celui du sanctuaire d'Artemidoros (IIIe s. av. J.-C.), voué à Poséidon, Zeus et Apollon comme l'attestent le dauphin, l'aigle et le lion gravés dans la roche. Au-dessus du dauphin figure le portrait d'Artemidoros de Pergée, amiral des Ptolémée. Le chemin mène ensuite à l'agora, le cœur de la cité antique. Son côté oriental s'ouvrait sur la mer, tandis que la partie ouest était bordée de temples et d'édifices publics comme le petit temple de Dionysos d'époque hellénistique et, un peu plus loin, la maison du Phallus et le portique royal. Au sud, l'agora se resserre pour laisser place à la Voie sacrée. Sur la gauche s'élevaient un théâtre (IIIe s. av. J.-C.), dont il ne reste guère que le tracé, des thermes romains et une chapelle byzantine. Sur la droite, le sanctuaire des Dieux égyptiens Isis, Sarapis et Anubis. Enfin, à l'extrémité sud-est de la cité se dressaient un temple d'Apollon, un gymnase (IIe s. av. J.-C.) et une grotte vouée au culte d'Hermès et d'Héraclès.

Une île aux airs d'Atlantide

Les fouilles menées par le professeur Spyridon Marinatos (1901-1974) ont redonné vie à la légende : et si la mythique Atlantide, le continent englouti décrit par Platon dans le *Timée* et le *Critias*, n'était autre que la civilisation minoenne, anéantie par le gigantesque tsunami consécutif à l'éruption du volcan de Santorin ? De tout temps, on a cherché à élucider le mystère de cette île fabuleuse, siège d'un empire infiniment paisible et prospère soudainement disparu.
Et si l'on s'accorde à penser aujourd'hui, grâce aux nouvelles datations, que la destruction des palais minoens est bel et bien l'œuvre de l'homme, la fin analogue de ces terres "heureuses" que furent la "première" Santorin et l'Atlantide, toutes deux avalées par les océans, enflamme encore certaines imaginations...

● Où se faire une toile sous les étoiles ?

Cinema Kamari Un agréable cinéma en plein air. Films grand public, en anglais (sous-titrés en grec). Séance à 21h30 tous les soirs ; séance supplémentaire à minuit le lun. et le mer. Autre cinéma en plein air à Fira. 7€ ***Kamari*** *À l'entrée du bourg, sur la route de Fira Tél. 22860 33 452 www.cinekamari.gr Ouvert mai-oct.*

● Poser sa serviette sur une plage de sable noir Certes, les deux grandes stations balnéaires ont totalement défiguré les lieux mais leurs longues étendues de sable noir restent les plus belles plages de l'île ! Attention toutefois à ce sable qui devient vite brûlant au soleil, aux fonds qui deviennent vite obscurs, aux courants et au vent, particulièrement violent sur ce front de mer très exposé.

Kamari N'était-ce sa plage noire, Kamari resterait une banale station balnéaire : transats et parasols aux tarifs prohibitifs, boutiques de cartes postales et de serviettes de plage, restaurants “pittoresques”, rabatteurs pressants, bars à cocktails sans ambiance... Kamari est, avec Perissa, l'une des deux grandes stations balnéaires de Santorin ! Qui vit, donc, au rythme des charters (l'aéroport est tout proche) et voit son parc hôtelier monopolisé, l'été, par les groupes. On y compte toutefois nombre de pensions et de petits hôtels meilleur marché que ceux de Fira ou d'Oia. Tout se passe sur le front de mer (2km env.), longue litanie de tavernes, de boutiques et de bars : piéton et animé, c'est le lieu de promenade du soir. La plage, frangée de tamaris (et bondée, évidemment, l'été), est toutefois très belle. *À 7,5km au sud-est de Fira (cars de 7h30 à 23h env., départ toutes les 30min)*

Perissa C'est Kamari... en pire ! Ici, une route sépare la plage des bars et des restaurants du front de mer, noyant les estivants dans les gaz d'échappement, pétarades et vrombissements des quads et des scooters... L'ambiance y est plus jeune et plus festive qu'à Kamari et l'on y trouve une auberge de jeunesse, un camping et nombre d'hôtels bon marché. Votre unique raison de séjourner à Perissa : sa plage de sable noir, sans doute la plus belle de l'île. Très longue (7km), elle se prolonge au sud jusqu'à la petite station balnéaire de Perivolos, plus tranquille. *À 12km au sud-est de Fira (1 bus/h de 7h à 22h env.) Bateaux-taxis pour Kamari l'été*

Le sud de l'île

Akrotiri On fait vite le tour de cet agréable village qui possède quelques restaurants et de plus en plus d'hôtels : il est surtout connu pour sa plage, Red Beach, et son site archéologique ! Érigé autour d'une butte, il réserve des vues spectaculaires sur le nord de l'île et la caldeira. *À 9km au sud-ouest de Fira De Fira, 11 bus/j. l'été*

Cap Akrotiri Tout au bout de la route, surmontés d'un phare, ses rochers tombent en à-pic dans l'eau… D'ici, la vue embrasse toute la caldeira, jusqu'à Oia : absolument sublime. *À 5km à l'est d'Akrotiri*

★ Site archéologique d'Akrotiri Le géologue Ferdinand Fouqué l'appelait “la Pompéi de la mer Égée”… En effet, enfouie comme cette dernière sous une épaisse couche de cendres volcaniques (10m de hauteur en moyenne),

MANGER DU POISSON LES PIEDS DANS L'EAU
Les tavernes de la plage d'Akrotiri, où l'on dîne dans une ambiance animée, ont déployé leurs terrasses à même le sable, et certains ont creusé une salle dans la falaise. Très pittoresques et bien sûr très fréquentés : vous aurez le droit à des menus touristiques (comptez 20€ à deux, pour une salade grecque et du poisson). *À 1,5km au sud d'**Akrotiri** : sur la route du site archéologique, tourner à gauche au panneau "Beach" (à ne pas confondre avec celui de Red Beach)*

la cité antique fut retrouvée dans un parfait état de conservation. Les premiers sondages, entrepris par les Français, remontent à la fin du XIXe siècle, mais c'est à partir de 1967 que le site fut véritablement dégagé, lors des travaux menés par le professeur Spyridon Marinatos. Ce dernier cherchait à démontrer que la disparition de la civilisation minoenne était directement liée à l'éruption du volcan de Santorin. Mort sur le site en 1974, il n'eut pas le temps d'étayer sa thèse, que réfutent les dernières datations en vigueur, mais les fouilles, dirigées par le professeur Christos Doumas, se poursuivent. Et avec quels résultats ! Maisons de deux ou trois étages, rues pavées, places, systèmes de canalisation, jarres (contenant des restes d'aliments), céramiques (intactes), les travaux ont révélé une cité florissante dont l'urbanisme évolué laisse à penser qu'elle était à son apogée lorsqu'elle fut abandonnée puis ensevelie. Les fresques qui décoraient les maisons, exhumées, elles aussi, dans un état de conservation étonnant, constituent l'une des plus précieuses découvertes opérées sur le site. Les plus célèbres sont celles du *Pêcheur*, des *Singes bleus*, des *Antilopes*, des *Dames*. Véritable livre ouvert à la fois sur la vie des habitants de l'époque et sur leurs techniques artistiques, elles évoquent une civilisation brillante, proche de la culture minoenne. Vous pourrez en admirer certaines au Musée de la Théra préhistorique(p.361). *À 1,5km au sud du village d'Akrotiri, sur la route des plages*

Piquer une tête Quelques belles plages de sable ou de gravier se nichent entre les falaises, qui les protègent du vent du nord. Énormément de monde l'été toutefois, aucune ombre et un sable rarement propre... Vous l'aurez compris, côté plage, Santorin arrive loin derrière les autres Cyclades.

Red Beach En grec : Kokkini. Sans doute la plus fréquentée des plages de l'île et donc difficilement supportable en été... Elle doit son nom aux falaises rougeoyantes qui la cernent. Le sable, lui, est plutôt noir, recouvert, près de l'eau, d'un bon tapis d'algues desséchées. Un chemin caillouteux, assez rude par endroits, y mène du parking (env. 10min de marche). Pas d'ombre sur la plage, mais des parasols et des transats en location. *À 2km au sud du village d'Akrotiri, suivre les panneaux. De Fira, 11 bus/j. via Akrotiri Accès en bateau de Perissa : départ à 11h, retour à 15h tarif 7€*

Mesa Pigadia Une longue plage de cailloux noirs... Rien d'extraordinaire, mais il y a moins de monde qu'à Red Beach. Aucun arbre pour faire de l'ombre mais des parasols et des transats à louer. Taverne. *À 4km à l'ouest d'Akrotiri en suivant la direction du cap sur 3km avant de tourner à gauche et suivre une piste (pentue) sur 1,2km*

Vlichada Un petit port de pêche, pas des plus agréables, dominé par un gigantesque hôtel peint en bleu ciel insipide. La plage (gravier et sable noir), exposée, dominée de petites falaises, est cependant très grande et bien moins fréquentée que Red Beach : un avantage ! *À 6km à l'est d'Akrotiri Reprendre la route de Fira puis bifurquer vers Perissa et, au bout de 500m, tourner à droite vers Vlichada*

CARNET D'ADRESSES

Lieux de sortie

Fira est l'épicentre de la vie nocturne à Santorin. Ainsi, la petite rue Erythrou Stavrou n'est qu'une succession de bars et de boîtes de nuit. L'entrée de ces dernières est la plupart du temps payante (le tarif varie selon l'affluence et... l'humeur du portier). Partout, attendez-vous à payer de 7 à 10€ pour un cocktail et de 4 à 6€ pour une bière. Plusieurs stands de *giros* restent ouverts tard dans la nuit. Si Oia reste très calme, on trouve de nombreux bars sur le front de mer de Kamari et, surtout, de Perissa, où l'on va prendre un petit verre... avant de filer à Fira !

Bars de nuit

☺ **Kira Thira (plan 19, A3 n°13)** C'est notre bar préféré. Minuscule, il se distingue par son ambiance plutôt paisible, sa clientèle un peu plus âgée et sa sélection musicale pointue (du jazz à la salsa en passant par la soul). Belle salle voûtée, juste pourvue de quatre tables et décorée d'une trompette, de bongos et d'une contrebasse, souvenirs des nombreux "bœufs" organisés ici depuis 1976. ***Fira** Tél. 22860 22 770 Ouvert tlj. 20h-4h*

Murphy's (plan 19, A3 n°15) À en juger par la foule qui déborde sur la ruelle alors que les autres bars sont encore vides, c'est ici que débute toute soirée à Fira ! La salle, tout en longueur, hésite entre le saloon américain et le pub australien, et la musique encourage assez vite à danser. Happy hour de 21h30 à 22h30. *Erythrou Stavrou **Fira** Tél. 22860 22 248 Ouvert mars-oct. : tlj. 20h-4h*

Chassapiko Bar (plan 21, A n°20) Le Mary K, comme on l'appelle aussi, est le seul bar d'Oia qui soit animé passé minuit (fermeture vers 4h). Il est ainsi le repaire des saisonniers (jeunes et moins jeunes) et des rares vacanciers d'Oia à ne pas être en lune de miel... Un lieu très sympathique, ouvert sur la rue où l'on finit généralement son verre. Musique plutôt rock et tarifs raisonnables. *Dans la rue principale **Oia** Tél. 22860 71 244 Ouvert Pâques-mi-nov. : tlj. 8h-5h*

Magic Bus Caché tout au bout de la plage de Perissa, ce gastro-pub se démarque des bars-lounge – déprimants et tous identiques – du front de mer. Musique plus calme, décor de bric et de broc, et même des balançoires pour s'asseoir ! Musique live certains soirs, de la salsa au *rébétiko* en passant par le funk. *À l'extrémité nord du front de mer **Perissa** Ouvert avr.-oct. : tlj. 10h-3h*

Clubs

Tithora Club (plan 19, A3 n°16) Pour les allergiques du tube de l'été ou des rythmes R'n'B à la chaîne, un bar tout droit sorti du film *Easy Rider* : salle plongée dans la pénombre, DJ barbus et chevelus, musique tonitruante, vieilles motos, arbres morts, barils d'essence et objets de récup' en guise de décor... Rock n' roll ! *Galerie commerciale* ***Fira*** *Tél. 69 48 82 98 23 www.tithora.gr*

Koo Club (plan 19, A2 n°14) Un superbe jardin pour un cocktail sous les étoiles et les palmiers. Et une piste pour danser. *Erythrou Stavrou* ***Fira*** *Tél. 22860 22 025 www.kooclub.gr Ouvert avr.-oct. : tlj. 22h-4h*

Tropical (plan 19, A3 n°17) Tenu par un Australo-Grec, l'un des meilleurs endroits pour faire la fête jusqu'à l'aube, légèrement à l'écart de la rue Erythrou Stavrou. Programmation musicale éclectique et cocktails originaux. Bon spot également, en début de soirée, pour admirer le coucher du soleil du haut de la terrasse. ***Fira*** *Tél. 22860 23 089 Ouvert avr.-nov. : tlj. 12h-tard*

Enigma Club (plan 19, A3 n°11) Trois salles voûtées et autant de bars. Beau jardin (avec bar bien sûr) pour prendre l'air. Programmation sans surprise pour faire danser le plus grand nombre. ***Fira*** *Tél. 22860 22 466 Ouvert avr.-début oct. : tlj. 23h-6h*

Restauration

Outre le vin de l'île, ne manquez pas de goûter aux autres produits du terroir de Santorin, notamment les délicieuses tomates cerises, les petites aubergines blanches et les *fava*, pois jaunes préparés en purée.

petits prix

☺ **Nikolaos (plan 19, A3 n°4)** Authentique taverne, ouverte en 1956, malheureusement coincée entre des bars, des bijouteries et autres boutiques de souvenirs... Rassurez-vous, elle a gardé toute sa simplicité, et les touristes ont beau s'y presser, ils n'y changeront pas grand-chose. Ici pas de menu, les plats du jour sont crayonnés sur l'ardoise... en grec ! Heureusement les serveurs, qui ont vu passer des générations de visiteurs, parlent à eux tous une bonne partie des langues du globe. Moussaka, *pastitsio, légumes farcis* (7€) et toutes les spécialités grecques (10€), à arroser d'un vin de table de Santorin servi en carafe. Arrivez tôt, ou tard, ou faites la queue, ses tables (une vingtaine) sont littéralement prises d'assaut. ***Fira*** *Tél. 22860 24 550 Ouvert mai-sept. : tlj. 11h-0h ; oct.-avr. : tlj. 12h-22h Fermé fêtes de fin d'année*

Anestis C'est chez le jovial Anestis que viennent se rassasier les habitants d'Imerovigli, fief des hôtels chics et feutrés. Une taverne sans chichis, où l'on déguste une savoureuse moussaka avec un vin blanc tiré au tonneau. Plats à 7-8€. Terrasse au bord de la route ou salle panoramique sur la côte est. Comptez 12-13€. *Dans le centre, sur la route de Fira à Oia* ***Imerovigli*** *Tél. 22860 25 374 Ouvert avr.-10 nov. : tlj. 12h-0h*

Cafe Flora (plan 21, B n°11) Une bonne option pour se rassasier à toute heure et à petits prix à Oia, tout en profitant du panorama sur la caldeira. Salades, omelettes, feuilletés au fromage, boulettes de viande, spaghettis, pizzas, etc. Plats 6-10€. Repas 15€. Formules petit déjeuner ; glaces et pâtisseries pour la pause goûter. Dans le même style, voir le café Melenio, cf. Où déguster une tarte au lait ? (p.370). *À côté de l'école* ***Oia*** *Tél. 22860 71 424 Ouvert avr.-mi-nov. : tlj. 9h-1h*

Savas À peine une dizaine de tables, dont la moitié sur la petite terrasse. On sert, dans cette vieille taverne, tous les plats traditionnels, comme les *papoutsakia* (aubergines farcies à la viande et aux oignons), pour la modique somme de 8€, ainsi que de délicieuses viandes grillées. Plats 6-8€. Comptez 12-15€. *En contrebas de la grand-place, sur la route de la plage* **Karterados** *(3km au sud-est de Fira) Tél. 22860 23 072 Ouvert tlj. 8h-0h*

Taverna Panos Une taverne sympathique sur la plage de Karterados (qui n'est certes pas la plus belle de l'île...), où se restaurer au bord de l'eau. La carte est restreinte et c'est plutôt bon signe. Midi et soir, le gril dispense à la ronde ses odeurs alléchantes : poulpe (4-8€) et pour quelques euros de plus du poisson ultra-frais, pêché par le patron en personne – ce qui est devenu très rare ! Légumes bios du jardin et œufs frais des poules de la maison complètent le l'offre. Et pour l'atmosphère, le clapotis de l'eau, pas de musique – ouf ! Comptez 12-15€. *Au bout de la route de la plage* **Karterados** *Tél. 22860 24 905 Ouvert mai-fin sept. : tlj. 10h-0h*

Taverna Zanakis Une petite adresse familiale et comme c'est de plus en plus rare, elle mérite le détour. Chèvre de la propriété, légumes farcis du jardin, coq aux pâtes (8€), la fameuse *fava* (purée de fève) de Santorin (5€), croquettes de tomates (4,50€) ou encore lapin aux petits oignons, fromage frais maison et salade de tomates de l'île – les tomates grappes, les seules qui poussent à Santorin (6€). Les portions sont copieuses, l'accueil est chaleureux et la fraîcheur garantie. Comptez 12-15€. *En venant de Fira vers Perissa, après l'hôtel Star, tout de suite à gauche* **Megalochori** *Tél. 22860 81 929 Ouvert Pâques-fin oct. : tlj. 11h-0h*

prix moyens

☺ **Kapari (plan 19, A2 n°2)** À l'écart du flot touristique, au bord de la route, sa terrasse se cache derrière une haie de bougainvilliers dans un décor champêtre de vignes, de tables en bois et de banquettes traditionnelles. Rien à l'horizon qui puisse détourner votre attention de votre assiette, et c'est tant mieux, car la cuisine est un vrai régal ! Mention spéciale pour la feta grillée aux graines de sésame et au miel (en entrée) et pour l'étonnant poulet préparé à l'ancienne, le foie de veau aux pommes et au vin ou encore le *tigania* (porc au vin et revenu à la poêle). Quelques influences crétoises et deux ou trois recettes inventives. Plats 8-12€. Repas 15-20€. *25 Martiou à 200m au nord de la place Theodokopoulo* **Fira** *Tél. 22860 27 086 Ouvert mars-mi-oct. : tlj. 14h-0h*

☺ **Naoussa (plan 19, A2 n°3)** La terrasse dominant la caldeira est des plus agréables, le service virevoltant et polyglotte, les plats sont copieux, les prix raisonnables (plats 7-12€) et la moussaka figure parmi les meilleures du coin. Bon vin blanc de la maison. Comptez 17€. Que demander de plus ? *Sur la corniche, près de l'hôtel Atlantis* **Fira** *Tél. 22860 24 869 Ouvert tlj. 12h-0h Fermé jan.-fév.*

GAMME DE PRIX	RESTAURATION	HÉBERGEMENT
Très petits prix	moins de 10€	moins de 30€
Petits prix	de 10 à 15€	de 30 à 50€
Prix moyens	de 15 à 20€	de 50 à 80€
Prix élevés	de 20 à 30€	de 80 à 120€
Prix très élevés	plus de 30€	plus de 120€

Dionysos in Atlantis (plan 19, A2 n°1) C'est, avec Nikolas et Naoussa, l'une des trois tavernes que vous recommanderont à coup sûr les habitants de Fira. On y goûte comme dans les deux autres une délicieuse cuisine traditionnelle, sur une terrasse où l'absence de vue sur la caldeira freine la tentation de tirer sur les prix (on se consolera avec un panorama sur la côte est). Plats de 6 à 12€. L'agneau farci aux épinards et à la feta constitue un bon choix, tout comme les courgettes farcies. Belle carte de vins de l'île. Un peu bruyant en fin de soirée quand les bars alentour s'animent. ***Fira*** *Tél. 22860 23 845 Ouvert avr.-mi-oct. : tlj. 12h-0h*

To Akteion (plan 20, A6 n°7) Cette taverne croquignolette, l'une des plus anciennes de l'île, remonte aux années 1920 ! Les Grecs préfèrent en général la terrasse. Les touristes, eux, se précipitent sur les cinq tables alignées dans la ruelle, sous les eucalyptus et... face à la caldeira ! La cuisine simple, savoureuse décline les crevettes à l'ouzo, le porc grillé aux tomates séchées, l'agneau cuit dans des feuilles de vigne... et le rapport qualité-prix se révèle excellent (plats de 5 à 11,50€). *Juste au sud de l'église, dans la ruelle principale* ***Firostefani*** *Tél. 22860 22 336 Ouvert mai-oct. : tlj. 19h-0h30*

Kyprida (plan 21, A n°12) À l'écart de l'agitation d'Oia, tenu par un couple franco-chypriote, un élégant restaurant pour découvrir tous les délices de la cuisine chypriote : *halloumi* (fromage de Chypre) grillé, *lountza* (porc fumé), *loukaniko* (saucisse marinée au vin et à la coriandre), *tachini* (purée de sésame), etc. Comme à Nicosie, partagez un plateau de *mezedes* (59€) et une bonne bouteille de vin. Sinon, des plats entre 9 et 14€. Terrasse aérée sur le toit. Comptez 17€. ***Oia*** *Tél. 22860 71 979 Ouvert avr.-mi-oct. : tlj. 12h-16h et 17h30-0h30*

Skala (plan 21, B n°13) Une valeur sûre à Oia, pour profiter du cadre enchanteur tout en dînant d'une bonne cuisine locale, à des prix (relativement) raisonnables. Quelques recettes plus élaborées que dans les tavernes, comme le poulpe au vinsanto et aux feuilles de laurier, le *sfougato* (feuilleté aux œufs) 7€, agneau *kleftiko* (14€) Plats de 8,50 à 14€. ***Oia*** *Tél. 22860 71 362 Ouvert début avr.-fin oct. : tlj. 12h-0h*

Taverna Kallisti Pour s'attabler à Pirgos. Cette taverne traditionnelle sert tous les classiques de la cuisine grecque et quelques spécialités de Santorin comme les *fava* et les aubergines blanches, les croquettes de tomates (du cru) ou farcies. C'est l'une des plus appréciées de l'île. Plats de 5 à 12€. En dessert, baklava, *kadaifi* et yaourt au confit de raisin. *Giros* à emporter (2€). Terrasse. *Sur la place principale, face à l'arrêt de bus* ***Pyrgos*** *Tél. 22860 34 108 Ouvert tlj. 12h-0h Fermé lun. en hiver*

☺ **Metaxi Mas** "Entre nous" : son nom résume bien l'atmosphère de ce petit endroit jeune et convivial. Il se cache derrière l'église d'Exo Gonia, un village ignoré des touristes. Les deux terrasses, la musique, la vue sur Anafi invitent à la détente... Belles tables en bois, couvertes de nappes traditionnelles où s'accumulent verres et *mezedes*... Goûtez le poulpe grillé aux câpres et à l'origan frais et aux fèves, les pâtes au safran et aux fruits de mer *(giouvetsi)*, le filet de bœuf au vinsanto (19€) ou encore le filet de porc à l'orange (10€). Le chef n'a pas son pareil pour revisiter, à sa manière, les recettes de la région.

Également de bonnes salades avec les produits de Santorin. À l'occasion, petits concerts (jazz, latino, etc.). *Derrière l'église Agios Charalambos, à la grande façade ocre* ***Exo Gonia*** *Tél. 22860 31 323 Ouvert fév.-nov. : tlj. 12h30-0h*

☺ **Raki** À l'ombre d'un eucalyptus centenaire, sur la place de Megalochori, ce *kafeneion-mezedopoleion* mérite, comme son paisible village, un petit détour. Pour un simple apéritif, tomates séchées et feuilles de câpre... Accompagné d'un verre d'ouzo ou d'un vin de l'île, c'est déjà un bonheur. Mais il serait dommage d'en rester là, car on sert ici des petits plats audacieux et gorgés de soleil qui fleurent bon le basilic, le miel, le citron et l'huile d'olive et subliment les produits du terroir... Une fois n'est pas coutume, de vrais desserts, dont une mousse de yaourt à la sauce aux prunes et au vin rouge. Plats 5,50-12,90€. Comptez 15-18€. *Sur la place du village* ***Megalochori*** *Tél. 22860 81 724 Ouvert mai-oct. : tlj. 9h-0h*

Almira Pas moins d'une soixantaine de restaurants s'agglutinent dans la station balnéaire, la plupart se disputant le front de mer ! Comme les autres, l'Almira se tient face à la plage, propose en plusieurs langues tout ce que la Grèce, voire la Méditerranée, compte de spécialités culinaires, et ses serveurs jouent eux aussi aux rabatteurs... Mais l'établissement se distingue par une cuisine de qualité et quelques spécialités, comme le *stifado* de lapin, le filet de bœuf au vinsanto ou le filet mignon aux pommes et aux pruneaux. Plats 8-14€. Enfin, c'est un détail, mais vous aurez ici droit à des nappes en tissu... Plateau de *mezedes* (17€ à deux) pour un déjeuner léger. Menu enfants 4,50€. *À l'extrémité nord du front de mer* ***Kamari*** *Tél. 22860 33 477 Ouvert fin avr.-mi-oct. : tlj. 12h-0h*

Zafora Une taverne sans prétention à peine pourvue d'une dizaine de tables : c'est l'une des meilleures options "petits prix" d'Akrotiri. Sa terrasse est au cœur du village, et vous ne pourrez pas la rater... La carte est pléthorique, mais goûtez au poulet au riz et au safran (8,70€), spécialité maison. Plats 6-10€. ***Akrotiri*** *Tél. 22860 83 025 Ouvert mars-mi-oct. : 9h30-0h*

O Giorgaros Une bonne adresse, souvent conseillée par les locaux car le patron et son fils font partie des rares pêcheurs de l'île et ils proposent ici leurs prises : langouste, dorade, poissons de roche, etc. C'est selon les jours. Prix au kilo : de 20 à 48€ (allez choisir en cuisine). Aussi intéressants, des menus (de 11 à 40€) pour une à cinq personnes. On s'installe en terrasse ou dans la salle aux baies vitrées, avec vue sur la caldeira, dans un cadre très simple. Comptez 15-20€ à la carte. *À 3km env. du village, sur la route du phare, côté droit* ***Akrotiri*** *Tél. 22860 83 035 Ouvert début mars-fin oct. : tlj. 12h-23h*

prix élevés

The Flame of the Volcano (plan 19, A1-A2 n°6) Deux spectacles se jouent à la terrasse de cette taverne : celui de la caldeira, splendide, immuable, et celui du jovial et généreux patron, albanais, dont le petit jeu consiste à deviner la nationalité de ses clients pour pouvoir d'adresser à eux dans leur langue (grec, italien, français, anglais, espagnol, allemand...). Au menu : les classiques de la gastronomie locale et plusieurs recettes de pâtes, dont une à la vodka ! Plats de 6€ (la salade grecque) à 16€ (le *souvlaki*) : c'est un peu cher (on paie l'emplacement), mais la cuisine est plus qu'honnête. *La dernière taverne dans la ruelle qui longe la falaise vers Firostefani* ***Fira*** *Tél. 22860 25 245 Ouvert juil.-août : tlj. 11h-15h30 et 18h30-23h ; avr.-juin, sept.-oct. : tlj. 10h-22h*

prix très élevés

Koukoumavlos (plan 19, A3 n°5) On apprécie tout d'abord le cadre : une belle demeure du XVIIIe siècle, avec vue sur la caldeira. Mais si l'on peut se croire attablé dans une salle à manger bourgeoise d'antan, les propositions du chef Nikos Pouliassis sont résolument contemporaines : filet de bœuf sauce truffe sur purée de pommes de terre à la bergamote et glace au parmesan, lotte en sauce aigre et caviar d'anchois, queues d'écrevisse sauce chocolat blanc, citron vert et gingembre, tiramisu d'aubergines sur lit d'amandes et jus d'orange amère. Env.45-50€. ***Fira*** *Tél. 22860 23 807 www.koukoumavlos.eu Ouvert mi-avr.-mi-oct. : tlj. 19h30-0h*

1800 (plan 21, A n°10) Sans doute la meilleure table d'Oia, peut-être même de l'île. Installé dans une maison de capitaine fort bien restaurée, le 1800 décline à la grecque le concept tendance du *slow-food*. Les prix (26-36€ le plat, 12-16€ le dessert, env. 70€ le repas), sont à la hauteur de la qualité. Goûtez le veau braisé accompagné d'une *graviera* (mousse de fromage) et de canellonis de brocolis, ou le filet de poisson au quinoa parfumé avec sa purée de fenouil et son aïoli d'artichaut. Très belle carte des vins, tous grecs, dont une douzaine de l'île. Terrasse sur la rue. *Rue principale* ***Oia*** *Tél. 22860 71 485 ou 22860 71 800 Ouvert mai-oct. : tlj. 19h-0h*

Selene Le credo de cette maison, dont la réputation a largement dépassé les frontières (de l'île) : une cuisine qui réinvente les classiques et privilégie les produits locaux : langoustines dans fleurs de courgettes et rizotto, lapin mariné au vin rouge et aux oignons variés... certains plats ressemblent à des bijoux. Plats 21-32€. Également un espace bar à vin (*Selene meze and wine*) proposant des plats plus simples (9-16€), ainsi qu'un café-delicatessen. Sachez qu'on donne ici des cours de cuisine à la journée (130€ avec le repas, 75€ sans) et que l'on peut visiter un petit musée sur l'histoire des travaux de la terre et de la vigne à Santorin (entrée libre). *À 1min à pied de la grand-place* ***Pyrgos*** *Tél. 22860 22 249 www.selene.gr Ouvert avr.-10 nov. : tlj. 12h-23h30 Musée 10h-15h et 17h-20h*

Hébergement

campings et auberge de jeunesse

Santorini Camping (plan 20, B3 n°27) Plutôt bien situé, à quelques minutes à pied du centre de Fira. Certains emplacements sont peu ombragés, d'autres un peu trop proches du bar. Au fond, emplacements pour les sacs de couchage (dalles de béton abritées sous des cannisses) ; on peut aussi louer des tentes plus ou moins grandes et confortables ou encore des chambres plus sympathiques (doubles de 40 à 60€), dortoir de 12 à 20€/pers. Belle piscine. État des sanitaires un peu juste. Épicerie, self-service (petit déj. 5€), laverie, etc. Selon la saison, emplacement tente gratuit, 7,50-12,50€/pers. et voiture 3-5€. *À 300m en contrebas de la ville, côté est, au bout de la rue de la pension Petros* ***Fira*** *Tél. 22860 22 944 www.santorinicamping.gr Ouvert début mai-fin oct.*

☺ **Youth Hostel Oia (plan 21, A n°36)** Un vrai bonheur ! Calme et à taille humaine, cette auberge de jeunesse installée dans une grande maison agencée autour d'un patio. Les 78 lits sont répartis en dortoirs (hommes, femmes ou mixtes) de 4 à 18 pers. : basiques, mais vous trouverez difficilement moins cher (16€/pers. ; 18€ de mi-juil. à fin août, draps et petit déj. inclus). Ceux de 4 et 6 lits sont réservés aux familles et groupes d'amis. Les filles ont droit à une sdb intérieure. Accueil chaleureux, atmosphère conviviale et, pour couronner le tout, superbe terrasse d'où admirer le coucher du soleil. Limites d'âge 5 ans minimum, 55 ans maximum. Bar (jusqu'à 22h), snack, laverie. **Oia** *Tél. 22860 71 465 www.santorinihostel.gr Ouvert mai-oct. Réception tlj. 8h-22h*

Perissa Camping À deux pas de la plage, au cœur de l'animation ! Certains emplacements sont très ombragés, d'autres pas du tout : premiers arrivés, premiers servis ! Le site n'est vraiment bondé que de fin juillet à fin août. Quelques encombrantes colonies de vacances (françaises !) le reste du temps. Comptez 5-8€/pers., 2,50-4€ la tente selon la saison et 2€

Dormir sur une île (pas) déserte !

Avec Mykonos, Santorin est l'île la plus chère des Cyclades. De l'hôtel de luxe avec piscine surplombant la caldeira à la petite pension de famille, les possibilités d'hébergement ne manquent pas. Mais de mi-juillet à fin août, la demande est telle qu'il vous faudra impérativement réserver longtemps à l'avance, et que les tarifs s'envolent... En dehors de ces périodes, en revanche, n'hésitez pas à négocier. Les hôtels et pensions bon marché sont les plus recherchés et donc les plus vite complets. À Fira comme à Oia, ils se situent du côté est de la route. Côté caldeira, il est malheureusement difficile de trouver des chambres décentes à un tarif abordable... Hormis quelques bons plans (encore une fois, vite complets), il vous faudra payer cher. Firostefani, à 1km seulement au nord de Fira, regroupe les meilleures adresses face à la mer. Mais si vous êtes chargé, pensez que les hôtels sur la caldeira ne sont accessibles qu'à pied ! Abritant un nombre croissant d'hôtels et de pensions, Karterados offre en outre une bonne alternative pour se loger, l'été, si tout est complet à Fira. Perissa et Kamari, les deux stations balnéaires, proposent aux amateurs de plage et d'activités nautiques de nombreux hôtels et *domatia*, souvent meilleur marché qu'à Fira ou Oia. Les propriétaires qui vous accueillent au port sont ceux qui ont encore des chambres disponibles : négociez âprement et surtout faites-vous bien préciser la situation, car la plupart vous emmèneront loin de Fira (Karterados, Perissa, etc.) bien qu'ils prétendent le contraire. Attention aussi à ceux qui vous promettent un hôtel les pieds dans l'eau alors que la mer est à plusieurs centaines de mètres... Il vaut parfois mieux grimper à Fira pour commencer à chercher une chambre. Dernier détail : sachez qu'une taxe peut s'appliquer en haute saison aux séjours d'une seule nuit.

la voiture. Épicerie, bar. Location de bungalows (20-40€). *Tout au bout de la grand-route, sur la droite* ***Perissa*** *Tél. 22860 81 343 camp@otenet.gr Ouvert fin mai-début oct. Réception 8h-23h (24h/24 en août)*

petits prix

Carlos Pansion Une chaleureuse pension à Akrotiri, qui a l'avantage et les inconvénients de sa situation : ambiance familiale, tarifs très bas, mais on est loin de Fira. Une douzaine de chambres simples et correctes, avec ventilateur, clim. et réfrigérateur : de 35 à 55€ selon la saison, petit déj. inclus. Évitez celles du fond. Transfert gratuit depuis le port ou l'aéroport. Les femmes de la maison préparent tous les soirs un dîner servi au petit restaurant attenant, nommé Carlos. *Dans le village* ***Akrotiri*** *Tél. 22860 81 370 ou 22860 81 150 (hiver) www.carlospansion.gr Ouvert avr.-fin oct.*

prix moyens

Pension Petros (plan 19, B3 n°26) Une sympathique pension familiale (papa Petros, maman et les deux filles habitent à l'étage) bien située, à quelques pas du centre de Fira. Dix-huit chambres sans prétention, mais bien tenues. Pour deux : 70€ en haute saison, 35€ le reste du temps. Certaines chambres disposent de 3 lits. Navette gratuite avec le port ou l'aéroport. Petit déj. 4€. Piscine. Internet. Si tout est loué, tentez l'une des deux pensions voisines et similaires : Voula et Summertime. ***Fira*** *Tél. 22860 22 573 www.hotelpetros-santorini.gr Ouvert toute l'année*

☺ **Sofi (plan 19, A3 n°28)** La pétillante Sofi, qui vous attend sur le pas de la porte, vous fera visiter ses 5 chambres avec le sourire. Demandez la n°4, une pièce voûtée, spacieuse et dont la large fenêtre ouvre sur le dôme blanc de l'église Agios Minas et sur la caldeira ! La n°5, en dessous, possède un balcon mais pas de vue. Les trois autres sont moins agréables, mais elles jouissent de deux petites terrasses communes, d'où le panorama est inoubliable. Tarif très intéressant en juil.-août : 80€ ; moins en basse saison : 50€. Pas de petit déj. Si l'établissement affiche complet, demandez à Sofi de vous conduire chez Maria, qui loue aussi des chambres un peu plus bas. *Du parvis de la cathédrale orthodoxe, prendre la ruelle qui descend sur la gauche* ***Fira*** *Tél. 22860 22 405 ou 69 45 62 43 47 www.sofiroomscaldera.com Ouvert avr.-oct.*

Pension Galini Oia (plan 21, D n°34) Comme à Fira, les pensions bon marché d'Oia ne regardent pas la caldeira. On y gagne une autre perspective sur l'Égée, vue du côté est de l'île, ainsi qu'une ambiance plus décontractée. Cette grande demeure bleu et blanc dispose de 17 chambres (40-70€ selon la saison), la plupart avec balcon et ladite vue. La n°6, avec mezzanine, peut loger 4 pers. Vous pourrez utiliser la superbe piscine de l'hôtel voisin, tenu par la même famille : le Maria's Place (beaux appartements 60-120€). Petit déjeuner 5€. Navette gratuite avec le port ou l'aéroport. ***Oia*** *Tél. 22860 71 396 ou 69 44 33 44 88 www.galini-ia.gr Ouvert avr.-oct.*

☺ **Pension The Flower (plan 21, D n°35)** Voisine de la pension Galini Oia, cette maison toute rose porte bien son nom : lauriers-roses, bougainvilliers, cactus, palmiers nains et cyprès ornent son jardin luxuriant, autour d'une belle piscine. Les 14 chambres avec balcon donnent, elles, sur la mer. Toutes sont spacieuses et climatisées, et certaines peuvent accueillir jusqu'à 4 pers. Comptez 50-75€ la double selon la saison. Petit déj. 5€. Bon accueil. *À l'entrée du village, prendre une petite route sur la droite* **Oia** *Tél. 22860 71 130 www.flower-santorini.com Ouvert avr.-nov.*

Olympic Villas (plan 21, D n°33) Ce grand hôtel situé face à la caldeira à l'entrée d'Oia propose plusieurs types d'appartements (avec cuisine), à des tarifs relativement raisonnables. Au choix, donc : des studios sans vue (50-75€ selon la saison), des appartements avec vue (65-95€) et des maisons troglodytes avec vue (80-125€). Petit déj. 7€. L'ensemble est un peu vieillot, l'accueil plutôt tiède, mais vous profiterez de deux piscines, dont l'une donne sur la mer. *À l'entrée du village sur la gauche* **Oia** *Tél. 22860 71 495/797 www.olympicvillas.com Ouvert début avr.-fin oct.*

prix élevés

De nombreux hôtels affichent des prix élevés car ils proposent des chambres avec vue sur la caldeira ; mais leur confort n'est pas toujours celui que l'on est en droit d'attendre d'établissements de cette catégorie dans les Cyclades.

☺ **Apartments Gaby (plan 20, A6 n°20)** Deux pensions, tenues par deux sœurs (les filles de Gaby). L'une, en retrait de la corniche, loue 7 chambres simples : 40€ à 50€ selon la saison. L'autre, très prisée, dispose de 6 appartements (pour 2 à 4 pers.) climatisés, avec TV, cuisine et vue sur la caldeira. Ceux du dernier étage ont une terrasse privée ! Comptez de 65 à 95€ pour deux, et de 95 à 140€ pour quatre. Pas de petit déj. Comme dans les autres hôtels de cette catégorie, réductions en cas de faible affluence ou de séjour prolongé. Accueil cordial. **Fira** *Tél. 22860 22 057 www.gaby-apartments.gr Ouvert avr.-10 nov.*

☺ **Keti Hotel (plan 19, A3 n°25)** Sans doute le meilleur choix à Fira pour profiter de la vue sur la caldeira sans (trop) casser sa tirelire. Les 9 chambres ont été récemment rénovées (70-120€ la double standard, 80-150€ la double *superior*, 90-156€ la triple, 95-165€ la suite troglodyte) petit dej. compris. Jacuzzi et transats sur la terrasse. **Fira** *Tél. 22860 22 324 www.hotelketi.gr Ouvert mi-mars-10 nov.*

Hôtel Sofia Sigala (plan 20, A5 n°24) Pour résider à des tarifs raisonnables à Firostefani, il vous faudra souvent oublier la vue sur la caldeira... Dans la ruelle longeant la falaise, Sofia Sigala loue dans sa maison (récente) 6 chambres, dont 3 donnent côté rue avec terrasse commune. À l'arrière, elles sont plus étroites ; la n°6 dispose toutefois d'un balcon et d'une vue sur la mer (côté est) en plus d'un lit à baldaquin ! Compter 90€ pour deux en juil.-août, 40€ hors saison. Petit déj. au Mylos Café voisin 8€. Petite piscine et quelques transats. *Accueil à la boutique Cava, sous l'hôtel* **Firostefani** *Tél. 22860 228 02/27 117 www.sofiahotelsantorini.com Ouvert avr.-oct.*

Villa Maria Damigou (plan 20, A5 n°31) Juste à côté de la Villa Ilias, la pension de famille de la charmante Maria domine elle aussi la grandiose caldeira. Les 9 chambres avec vue profitent d'un petit balcon. Selon la saison, de 70 à 100€ la double standard, 100-140€ la double avec coin cuisine. Petit déj. inclus. Toutes sont honnêtes et propres, mais la vue sur la caldeira a un prix, même dans les pensions de famille ! *Dans la ruelle principale, dir. Imerovigli* **Firostefani**

Tél. 22860 23 725 www.villamariadamigou.gr Ouvert mars-nov.

☺ **Hôtel Galini (plan 20, A6 n°23)** Ce petit hôtel bourré de charme réserve lui aussi des vues inoubliables sur la caldeira. Douze chambres assez étroites, mais impeccables et joliment décorées dans des tons clairs : double de 95 à 170€ selon la saison. Attention trois d'entres elles (95-120€) n'ont pas de vue directe sur le volcan. Trois autres *special superior* (125-155€) sont en revanche dotées d'un petit balcon. Café de rêve sur le toit, où est servi le petit déj. (7,50-15€). *Dans la ruelle principale, un peu avant l'église* ***Firostefani*** *Tél. 22860 22 095 www.hotelgalini.gr Ouvert avr.-fin oct.*

Meltemi Village Ses 4 petits bâtiments accueillent 45 chambres et studios bien équipés et décorés de blanc et de bleu dans la tradition cycladique. Une vaste piscine cernée de palmiers pour la note exotique, un bar et deux restaurants. De 60 à 130€ la double en haute saison. ***Perissa*** *Tél. 22860 81 118 www.meltemivillage.gr Ouvert mai-fin oct.*

prix très élevés

Aegean View Hotel Comme son nom le laisse penser, cet hôtel offre une vue sur la mer Égée... côté est ! Accroché au flanc du Mesa Vouno, il surplombe la station balnéaire et de ses balcons, le regard porte au loin jusqu'à Anafi. Les 24 chambres sont simples, mais très spacieuses et équipées d'une cuisine. Idéales pour des familles, jusqu'à 4 pers. Pour deux, comptez de 100 à 185€ env. selon la saison, petit déj. inclus. Grande piscine. Assez calme. 15 oct *À la sortie sud de Kamari, prendre la route de l'ancienne Théra, l'hôtel se trouve peu après sur la droite* ***Kamari*** *Tél. 22860 32 790 www.aegeanview-santorini.com Ouvert mai-15 oct.*

Villa Ilias (plan 20, A5 n°30) Une demeure récente mais accrochée à la falaise. Les 13 chambres standard (60-120€ selon la saison) sont sobres, assez exiguës et ne donnent pas directement sur le volcan. Les "supérieures" (80-160€) sont décorées avec goût et disposent d'un balcon donnant sur le village ou la falaise. S'ajoutent deux studios pour 4 pers. (90-170€) et une *cave house* pour 5 avec coin cuisine et 2 chambres (100-200€) donnant sur la caldeira : l'une d'elles est aménagée sur le toit ! Petite piscine pour tous, c'est assez rare à ces prix. Accueil jeune et décontracté. Petit déj. inclus. Le propriétaire parle français. *Dans la rue principale, à 150m au nord de l'église vers Imerovigli* ***Firostefani*** *Tél. 22860 22 519/24 178 www.villailias.gr Ouvert avr.-fin oct.*

Efterpi Villas (plan 20, A5 n°21) Une valeur sûre, parmi les dizaines d'hôtels luxueux qui ont colonisé la falaise à Firostefani. Efterpi loue 4 studios standard (125-180€ selon la saison), 3 studios *superior* (150-220€) et 3 suites pour 3 pers. (30€/pers. supplémentaire) : une *family*

GAMME DE PRIX	RESTAURATION	HÉBERGEMENT
Très petits prix	moins de 10€	moins de 30€
Petits prix	de 10 à 15€	de 30 à 50€
Prix moyens	de 15 à 20€	de 50 à 80€
Prix élevés	de 20 à 30€	de 80 à 120€
Prix très élevés	plus de 30€	plus de 120€

(190-285€), une *superior* (210-305€) et la *cave suite*, ou suite "troglo" (220-315€). L'ensemble est sobre mais agréable. Chaque unité a sa terrasse où l'on peut prendre son petit déjeuner (compris dans le prix) face à la caldeira... et à bonne distance de la ruelle et donc au calme. Piscine. *Dans le centre, prendre la ruelle principale vers Imerovigli, l'hôtel est indiqué sur la gauche* ***Firostefani*** *Tél. 22860 22 541 www.efterpi.gr Ouvert avr.-oct.*

Museum Hotel (plan 21, A n°32) Au cœur d'Oia, cette magnifique demeure qui a appartenu à un consul au XIXe siècle fut transformée en musée (d'où son nom) avant de devenir ce séduisant hôtel-spa de la chaîne Best Western. Sept chambres seulement, élégantes et très confortables : de 80 à 195€ selon la saison, du studio avec vue à la *junior suite* avec balcon. Petit jardin exotique autour d'une piscine somptueuse. Reposant. ***Oia*** *Tél. 22860 71 515 www.bestwestern.fr Ouvert toute l'année*

☺ **Delfini Villas (plan 21, C n°30)** Sans doute l'un des plus beaux endroits où s'endormir – et se réveiller – face à la caldeira ! Rena loue 10 petits nids lovés dans la roche, du studio (135-225€), à la maison troglodytique (180-275€), en passant par la *junior suite* (170-245€), petit déj. compris. Toutes disposent d'un balcon donnant sur la caldeira et d'un Jacuzzi. Terrasse sur le toit avec piscine et bar. ***Oia*** *Tél. 22860 71 600 www.delfinihotel.net Ouvert toute l'année*

Filotera Villas (plan 21, C n°31) Une affaire familiale. Creusés dans la roche, à flanc de falaise, les caves du grand-père viticulteur abritent aujourd'hui 8 appartements, pour le plus grand bonheur des vacanciers qui se délectent du panorama depuis la terrasse... Au choix : suites (220-260€ pour deux, 260 à 320€ pour quatre, selon la saison) et studio troglodytiques (160-200€ pour deux). Piscine, Jacuzzi. Petit déj. 7,50€. Également des chambres sans vue de l'autre côté de la rue. ***Oia*** *Tél. 22860 71 110 ou 22860 31 559 ou 69 74 79 79 26 www.filoteravillas.gr Ouvert avr.-oct.*

Vedema Resort Au cœur du village médiéval de Megalochori, ce complexe luxueux de 10 suites et 45 villas avec piscine privée occupe une propriété vinicole du XVe siècle. Il propose d'ailleurs des dégustations de vin et a installé un restaurant gastronomique dans les chais. Spa et centre de fitness à disposition. À partir de 610€ pour 2, petit déjeuner buffet au champagne compris. ***Megalochori*** *Tél. 22860 81 796 ou 210 89 93 790 (Athènes) www.vedema.gr Ouvert mai-mi-oct.*

Black Rose Cinq suites, soit autant de maisonnettes de style cycladique, avec terrasse et piscine privée, discrètement séparées les unes des autres. Le cadre rêvé pour un couple d'amoureux ou une petite famille, certaines suites pouvant loger 4 personnes. À partir de 350€ la nuit. Face à la mer, une piscine de 25m tout aussi bleue et un bar chic à la musique discrète pour passer de l'eau salée à l'eau douce, du sucré au salé et retour. La propriétaire parle français. Café 3,50€, salade ou club sandwich 12€. *Sur la plage à la lisière de Perivolos* ***Perissa*** *Tél. 22860 85 141 www.blackrosesuites.gr Ouvert mai-mi-oct.*

ANAFI ΑΝΑΦΗ Αναφη

Aux confins des Cyclades, ce petit bijou d'île est un havre de paix, loin du tumulte de sa voisine, Santorin ! Anafi vit au ralenti et son infrastructure touristique est limitée. C'est là tout ce qui fait son charme : pas de quads, d'excursions organisées, ni d'hôtels avec piscine (mais pour combien de temps encore ?). Cette petite île compte à peine 270 habitants et un seul village, perché sur un escarpement face à la mer. Le reste de son territoire est aride et montagneux. Çà et là apparaissent des figuiers de Barbarie, des cactus, des ruches et quelques vignes en terrasses. Les seules touches de vert sont les vallons : autant de petites oasis à la végétation étonnamment luxuriante (bambous, palmiers, lauriers, etc.). Si les côtes nord et ouest restent sauvages, la côte sud, elle, déroule des plages de rêve au sable doré, avec un je-ne-sais-quoi de tropical... À l'est, les falaises du cap Kalamos plongent dans l'eau de 460m de hauteur. À leur sommet se dresse un vieux monastère, but improbable d'une splendide balade. Sans doute l'un des plus beaux sites naturels des Cyclades.

MODE D'EMPLOI

accès

Au bout des lignes maritimes de l'archipel, Anafi est reliée aux Cyclades à raison de 6 à 8 bateaux/sem. l'été : tous les ferries passent par Santorin, île à laquelle Anafi est connectée presque tous les jours en 1h40 en saison (connexions plus sporadiques le reste de l'année). Pas de bateau rapide.

Travel Agency Roussou/Ticket Office L'unique point de vente de billets de bateau. *Agios Nikolaos À 50m du débarcadère Tél. 22860 61 408 ou 69 74 45 48 83 ou 69 79 85 84 95 Ouvert juil.-août : tlj. 10h-13h et 18h-22h ; reste de l'année : tlj. 10h-13h et 18h-20h30 et une heure avant chaque bateau (sinon, s'adresser au restaurant voisin)*

Capitainerie d'Athinios *Santorin Tél. 22860 22 239*

orientation

Petite île de 38km², Anafi culmine à 582m, au mont Vigla. On débarque sur la côte ouest dans le port d'Agios Nikolaos, d'où une route en lacet (2km) grimpe jusqu'à l'unique localité de l'île, Chora. L'autre route asphaltée traverse Anafi d'ouest en est et relie Chora au monastère Zoodochos Pigi en desservant les principales plages.

se déplacer

EN CAR

KTEL De Chora partent deux lignes : l'une vers Klissidi et le port d'Agios Nikolaos (4 cars/j. l'été ; billet 1,50€) et l'autre vers le monastère Zoodochos Pigi via la plage de Roukounas (3 cars/j. l'été ; ticket à 2€). En outre, avant chaque arrivée/départ de bateau, un car fait la navette entre

Chora et le port (départ de Chora 45min avant). *Tél. 22860 61 266 (mairie) www.ktelbus.gr Horaires affichés dans les commerces du village*

EN VÉHICULE DE LOCATION

Les agences de location de Chora affichent des tarifs plus ou moins identiques. Bon accueil dans les deux. Véhicules en bon état, mais peu nombreux. Comptez 40€/j. pour une voiture et 16€/j. pour un scooter en août. La seule station-service de l'île se trouve entre le port et le village (ouverte tlj. 18h-20h).

Margarita Scooter 12-15€/j., voiture 25-40€/j. *Panorama Rooms* **Chora** *(cf. Hébergement) Tél. 22860 61 292 panorama.rooms@yahoo.gr Ouvert avr.-oct. : tlj. 9h-14h et 17h-21h*

Manos Scooter 12-16€/j., voiture 25-40€/j. *Près de l'arrêt de bus* **Chora** *Tél. 22860 61 280/380/430 ou 69 74 64 84 47 Ouvert avr.-oct. : tlj. 9h-14h30 et 18h-21h*

informations touristiques

À défaut d'office de tourisme, vous pourrez consulter le site officiel de l'île (en français notamment) : *www.anafi.gr*. Par ailleurs, il n'existe pas de carte précise d'Anafi, mais certains hôtels et la boutique de souvenirs de Chora distribuent des photocopies de plans. L'agence de voyages et les épiceries vendent sensiblement les mêmes en couleur (1€).

informations pratiques

Il n'y a pas de banque à Anafi mais vous trouverez un distributeur sur le port. Bureau de poste à l'entrée du village, sur la gauche.

Centre médical / Kentro igeias *Chora Tél. 22860 61 215 Ouvert lun.-ven. 10h-13h*

Police *Tél. 22860 61 216*

fêtes et manifestations

Fête du monastère de la Panagia Kalamiotissa Procession jusqu'au monastère en l'honneur de la Vierge protectrice de l'île. *Les 7 et 8 septembre*

LES CYCLADES

DÉCOUVRIR

Anafi

☆**Les essentiels** Chora, les monastères Zoodochos Pigi et de la Panagia Kalamiotissa **Découvrir autrement** Prenez un verre dans un moulin au Mylos Bar, lézardez sur la plage de Roukounas

Agios Nikolaos Le minuscule port d'Anafi ne sort guère de sa torpeur que pour les arrivées de bateaux. Vous y trouverez le seul distributeur de billets de l'île et l'unique agence de voyages, ainsi que deux tavernes et une petite plage. Si le cœur vous en dit, vous pourrez emprunter le chemin muletier pour vous rendre à pied à Chora (environ 20min de marche) ; un autre sentier mène à la plage de Klissidi (compter 10min).

☆ **Anafi (Chora)** Le chef-lieu d'Anafi est bâti en amphithéâtre face à la mer, à 280m au-dessus des flots. La grand-rue, qui abrite les tavernes et principaux commerces de l'île, dessert la placette de l'école, le cœur du village : c'est là que se retrouvent, le soir, les enfants pour jouer et les anciens pour discuter. Elle débouche plus loin sur une autre *piatsa* ponctuée d'un moulin en ruines, rendez-vous rituel au coucher de soleil (jolie vue sur Santorin). Les plus vieilles maisons de Chora se blotissent non loin, au pied du piton rocheux que garde une citadelle vénitienne. Voûtées comme des chapelles, elles ne sont pas sans évoquer les maisons de Santorin, mais leur crépi, souvent beige-ocre, couleur de la terre d'Anafi, est inimitable ! Remarquez également le dallage irrégulier des rues ; on le retrouve à Athènes, sur les hauteurs de Plaka, où nombre d'Anafiotes émigrèrent au XIXe siècle, donnant son nom au quartier d'Anafiotika. L'été, Chora s'anime le soir. Hors saison, il évoque parfois un village fantôme, surtout quand les nuages venus du large viennent s'accrocher à son sommet...

ÊTRE À LA FÊTE ET AU MOULIN

Une guirlande lumineuse accrochée aux pâles d'un vieux moulin, sur les hauteurs de Chora, indique qu'il est ouvert... Un long comptoir et une petite piste de danse où l'on se trémousse, en fin de soirée, sur des musiques anglo-saxonnes des années 1980 et 1990. C'est le seul bar du village ; vous en trouverez un autre (Mandrès) sur la route de Klissidi. **Mylos Bar** *À l'entrée de* **Chora** *sur la droite Tél. 22860 61 267 ou 69 79 59 66 41 Ouvert juin-sept. : tlj. 22h-aube ; avr. et oct. : sam. soir seulement*

Kastelli Il ne reste que de modestes vestiges de la citadelle vénitienne (1453) érigée sur les ruines de l'antique cité-État d'Anafi. Fondée au VIIIe siècle av. J.-C. par les Doriens, puis abandonnée vers le Ve siècle, cette dernière, en revanche, nous a légué quelques tombes. Vous pourrez admirer un sarcophage en marbre de l'époque romaine à proximité de l'église paroissiale de la Panagia Dokari ; orné d'une ribambelle d'enfants et de deux griffons sculptés, il est assez bien préservé. Plusieurs statues romaines ont également été découvertes sur le site ; il est question d'y consacrer un petit musée (renseignez-vous auprès des commerçants du village). *À 5km env. à l'est de Chora sur la route du monastère Zoodochos Pigi (peu après le panneau signalant Agios Ioannis, un autre panneau indique la direction de Kastelli ; comptez 20min de montée par le sentier qui part de la route)*

☆ **Monastère Zoodochos Pigi (Kato Monastiri)** On l'appelle le monastère "d'en bas" (*kato*), par opposition au vieux monastère juché au sommet du cap Kalamos. Il a été construit à la fin du XIXe siècle sur les ruines d'un temple dédié à Apollon Eglitis – selon la mythologie, c'est Apollon qui aurait fait apparaître Anafi pour venir en aide aux Argonautes, perdus dans une nuit opaque sur la mer de Crète. Du sanctuaire antique subsistent des tronçons épars de colonnes en marbre et les blocs et autres matériaux réutilisés par les maçons du monastère ; mais il ne reste guère de traces de la Voie sacrée (*Iera Odos*) qui reliait le sanctuaire à l'antique cité d'Anafi. Le monastère, sa cour fleurie et son église (entretenus par un laïc) sont ouverts au public et accueillent un grand pèlerinage le 7 septembre. On peut même passer la nuit dans l'une de ses cellules (renseignements sur place). *À 7km env. à l'est de Chora, au bout de la route asphaltée Ouvert en journée*

LES CYCLADES

Plan 22 Anafi

☆ ☺ **Monastère de la Panagia Kalamiotissa (Pano Monastiri)** De Zoodochos Pigi, un sentier grimpe jusqu'au monastère d'"en haut" (*pano*), juché sur la ligne de crête du cap Kalamos. Fondé il y a plus de 400 ans, et abandonné depuis que le monastère d'"en bas" offre aux fidèles un lieu de culte d'accès plus aisé et moins dangereux, il n'en accueille pas moins une procession lors du pèlerinage vouée à la protectrice de l'île, début septembre. Son *katholikon* (fermé), reconstruit après le séisme de 1956, constitue le point d'orgue de la plus belle randonnée que l'on puisse faire à Anafi. Le sentier grimpe en lacet à flanc de montagne, puis longe des à-pics vertigineux avant d'arriver au sommet du cap Kalamos ; c'est là, à 460m au-dessus des flots, que se dresse la chapelle. Insoupçonnable jusqu'au dernier moment, le panorama est époustouflant : du haut de ce fantastique belvédère (le cap Kalamos est le deuxième monolithe de Méditerranée, après Gibraltar), le regard embrasse toute l'étendue d'Anafi et les îles voisines (Santorin, Amorgos, Astipalea), portant même, par temps clair, jusqu'en Crète ! Pour profiter pleinement du site et assister au lever du soleil, certains n'hésitent pas à passer la nuit sur le parvis de la chapelle… *Départ du sentier derrière le monastère Zoodochos Pigi ; le chemin, non balisé, est cependant relativement bien tracé et jalonné de petits cairns Comptez entre 45min et 1h de marche pour l'ascension (moins, bien sûr, pour la descente, mais attention à l'entamer avant la tombée de la nuit)*

● ☺ **Aller à la plage** Les plus belles plages d'Anafi s'étirent sur la **côte sud** de l'île, à l'est de Chora. De la route, un sentier littoral permet de les rejoindre à pied. Vous trouverez quelques plages tranquilles, mais plus difficiles d'accès, sur la **côte nord**. Il en va de même pour la crique de **Kiparissi** et celle qui s'étend au pied de l'église **Agios Panteleïmon**, sur la côte ouest.

Klissidi C'est la plus proche du village, la plus simple d'accès et donc la plus fréquentée. Magnifique étendue de sable fin adossée aux falaises : des arbres (tamaris, cèdres halophiles) pour l'ombre, un bouquet de palmiers pour l'exotisme et une eau cristalline... Mais elle est assez exposée et les jours de vent, de grosses vagues peuvent se former. Une taverne - cf. Margaritas (p.393) -, un hôtel et quelques *domatia*. Camping et nudisme interdits. Derrière le cap rocheux, à l'est, se cache la petite plage de **Katsouni**.

☺ **Roukounas** La plus belle plage de l'île déroule près de 1km de sable fin au pied de petites dunes dont les tamaris procurent une ombre recherchée. Hamacs et paréos se tendent entre les arbres, contribuant à l'ambiance un brin baba-cool des lieux... Le nudisme, pourtant interdit par des panneaux, semble toléré. Taverne, cf. Roukounas (p.393). *En voiture, ne suivez pas le 1er panneau, garez-vous au parking de la taverne, 250m plus loin*

Potamos Longue plage, plus tranquille que les précédentes. À l'est de Roukounas, non signalée mais visible de la route et accessible par une petite piste.

Prassies (ou Monastiri) Toujours plus à l'est, avant le cap de Kalamos (c'est ici qu'accostaient les bateaux des pèlerins en route pour le monastère). Légèrement ombragée, peu fréquentée, mais moins agréable que ses voisines.

Les îles grecques en amoureux

Une table pour deux

Eva's Garden (Folegandros) ____ 347
Koukoumavlos (Santorin) ____ 381
Selene (Santorin) ____ 381
Restaurant Marco Polo (Rhodes) ____ 573
Jimmy's Balcony (Patmos) ____ 610
Taverne Delfini (Ikaria) ____ 631
O Glaros (Limnos) ____ 672

Un verre face au couchant

Akri (Milos) ____ 325
Rakentia (Folegandros) ____ 345
Franco's (Santorin) ____ 367
Mojo (Naxos) ____ 445
Island (Naxos) ____ 446
Sorokos (Koufounissia) ____ 457
Caprice (Mykonos) ____ 503
Coco Club Super Paradise (Mykonos) ____ 507

Une chambre de charme

Sunrise Hotel (Eubée) ____ 196
Villas Mantalena (Skyros) ____ 244
Villa Helios (Milos) ____ 337
Kostantakis Studios (Milos) ____ 337
Hôtel Castro (Folegandros) ____ 349
Hôtel Galini (Santorin) ____ 385
Vedema Resort (Santorin) ____ 386
Venus Hotel (Ios) ____ 408
Gitonia tis Irinis (Koufonissia) ____ 463
Keros Icons (Koufonissia) ____ 464
Emprostiada (Amorgos) ____ 481
Belvedere (Mykonos) ____ 520
Altana Hotel (Tinos) ____ 537
Hôtel Andreas (Rhodes) ____ 575
Erofili (Ikaria) ____ 632
Perleas (Chios) ____ 646
Hôtel Olive Press (Lesbos) ____ 665

Agios Georgios Certes moins belle que les plages du sud, mais on est seul au monde dans cette minuscule crique... *Suivre la dir. de l'héliport puis celle de Vrissi ; sur le versant nord, la route asphaltée laisse place à une piste pleine d'ornières, difficilement pratiquable en berline, mais qui traverse de beaux paysages sauvages*

CARNET D'ADRESSES

Restauration

D'une façon générale, ne vous fiez pas aux menus : ici, on fait avec ce qu'on a ! En revanche, sachez que tous les restaurants, ou presque, proposent aussi le petit déjeuner. La plupart se trouvent à Chora. Au port, vous n'aurez pas l'embarras du choix ; installez-vous à la terrasse de son unique hôtel, l'Akrogiali (p.394). Dans le reste de l'île, seules les plages de Roukounas et de Klissidi sont nanties d'une taverne ; emportez donc des provisions si vous comptez vous rendre sur une autre plage ou si vous partez visiter les monastères. Les épiceries sont en général fermées l'après-midi ; à la boulangerie, vous pourrez faire provision de bon pain, mais aussi de *tiropita*, de feuilletés aux épinards, de gâteaux secs ou de pains au chocolat tout juste sortis du four... Au snack voisin, on peut s'attabler devant un *giros*.

petits prix

To Steki Une séduisante taverne traditionnelle, sans doute la plus courue de Chora. La cuisine, excellente, fait la part belle aux produits du potager et de l'île : agneau, délicieux fromage à pâte dure, bon petit vin blanc... Comptez 10€. Belle terrasse et quelques tables dressées dans la rue. *Près de la grand-rue, à hauteur de la place de l'école* **Chora** *Tél. 22860 61 380 Ouvert avr.-oct. : tlj. 10h-2h*

☺ **Armenaki** On aime ce restaurant pour son atmosphère, qui change un peu de la taverne classique : l'équipe est jeune, le service efficace et le petit effort porté à la décoration mérite d'être salué. Terrasse agréable et jolie salle, tapissée de photos, noir et blanc, de joueurs de *bouzouki* (d'ailleurs, certains soirs, généralement hors saison, clients et patrons s'emparent de leur instrument...) Côté menu : un large choix d'entrées à partager et à accompagner d'ouzo ou d'un vin de Santorini (bouteille 8€). Goûtez notamment au *saganaki* (délicieuse spécialité à base de feta et de sauce tomate) de saucisse ou de moules. Pour les plats principaux, il faut regarder du côté du poisson et surtout du thon frais : filet de thon grillé ou encore moussaka de thon, spécialité de la maison (7,50€). Comme les habitués, terminez le repas par quelques lam-

GAMME DE PRIX	RESTAURATION	HÉBERGEMENT
Très petits prix	moins de 10€	moins de 30€
Petits prix	de 10 à 15€	de 30 à 50€
Prix moyens	de 15 à 20€	de 50 à 80€
Prix élevés	de 20 à 30€	de 80 à 120€
Prix très élevés	plus de 30€	plus de 120€

pées de *rakomelo* maison. Comptez 12€. *À 20m en contrebas de la place de l'école et du restaurant To Steki* **Chora** *Tél. 22860 61 234 ou 69 77 14 43 10 Ouvert juin-sept. : tlj. 11h-2h*

Margaritas Plus un café qu'une taverne, mais la terrasse bien abritée du meltem offre l'occasion d'une sympathique pause déjeuner, entre un plongeon et une séance de bronzage. Au menu, selon les jours : pizzas, feuilletés aux poivrons, ragoût de chèvre, feuilles de vigne... à déguster avec le pain de la maison parfumé au *maratho*, une sorte d'anis sauvage. Yaourt au miel d'Anafi pour le dessert. Comptez 10-12€. Par ailleurs, 4 chambres à prix doux (50€ en juil.-août, 25€ hors saison) : vous pouvez toujours tenter votre chance, mais elles sont en général réservées d'une année sur l'autre... *Au-dessus de la plage de* **Klissidi** *Tél. 22860 61 237 Ouvert mai-oct. : tlj. 10h-0h*

Roukounas Une taverne toute simple, à l'arrière de la plage, et une terrasse bucolique où déjeuner au chant des cigales... Ici, pas de menu (et pas vraiment de serveurs) : on va directement en cuisine choisir parmi les deux ou trois plats du jour (laissez votre prénom avec la commande). Également du poisson frais pour trois fois rien : env. 10€/pers. ***Roukounas*** *À 3km à l'est de Chora (suivre les panneaux) Tél. 22860 61 206 Ouvert mai-oct. : tlj. 9h30-tard*

prix moyens

☺ **Liotrivi** La pêche du jour, proposée à des prix imbattables (de 25 à 45€ le kg), aguiche le chaland à l'entrée... C'est dans cette taverne qu'il faut se poser, à Chora, pour déguster du poisson frais : dorade, rouget, etc., selon les prises, à moins que vous ne craquiez pour une soupe du pêcheur ou des spaghettis à la langouste ! Plats 5-10€. L'affaire est familiale : il y a quelques années, le patron a troqué sa casquette d'oléiculteur (le pressoir est toujours là), pour celle de pêcheur, son épouse s'est mise aux fourneaux et leurs filles se chargent du service (la jeune Sophia prépare même le dessert). Terrasse avec vue et salle à l'arrière pour les jours de vent. *Dans la rue principale de* **Chora** *Tél. 22860 61 209 Ouvert Pâques-oct. : tlj. 11h-2h*

Hébergement

À part l'hôtel Akrogiali d'Agios Nikolaos, parfait pour les arrivées tardives ou les départs aux aurores, et les *domatia* de Klissidi (voir ci-dessus), l'offre se concentre à Chora. Dans l'ensemble, attendez-vous à des chambres simples avec une belle vue panoramique sur la mer louées env. 50€ la nuit en août. Mais l'infrastructure reste limitée et on affiche complet très tôt dans la saison : pensez à réserver. Aux établissements présentés ci-dessous (les plus grands) s'ajoutent une quinzaine de pensions (signalées par des panneaux "*rooms to let*"). Prises d'assaut, elles privilégient les candidats au séjour prolongé ; et rares sont celles où l'on parle l'anglais ! Enfin, sachez qu'il n'y a pas de camping.

petits prix

Villa Galini Ce petit hôtel loue 6 belles chambres avec ventilateur et 7 studios spacieux, bien aménagés et climatisés. À deux, de mi-juil. à fin août, comptez 30-45€ la chambre selon la saison, et 40-60€ le studio. Balcon privé et vue pour tous. Navette gratuite avec le port. *À l'entrée de* **Chora**, *sur la gauche Tél. 22860 61 279 Fax 22860 61 379 Ouvert toute l'année*

Panorama Rooms Seize chambres avec vue et terrasse, climatisées et

LES CYCLADES

toutes simples. Certaines disposent d'une cuisine et les plus grandes peuvent accueillir 4 pers. Comptez, selon la saison, 25-50€ la double et 30-60€ la triple. Accueil sympathique. Transfert depuis le port assuré. *À l'entrée de* **Chora**, *sur la gauche, en contrebas du Ta Plagia Tél. 22860 61292 ou 69 74 21 87 41 Ouvert toute l'année*

Ta Plagia Accueil au petit café du même nom, par un couple adorable. Les 12 chambres se situent en contrebas, un peu à l'écart, et disposent toutes d'une terrasse de plain-pied face à la mer. Les 6 doubles, étroites, nous ont paru tout juste correctes au regard du prix (30-45€ selon la saison), mais les 3 triples (50-75€), plus récentes, sont superbes : tableaux, miroir au cadre ouvragé, base du lit en pierre chaulée... La n°10 possède 4 lits et une large terrasse (50-70€). Dans le même style : un appartement en duplex pour 5 pers. (60-80€). Petit déj. 5€. *À l'entrée de* **Chora**, *sur la gauche Tél. 22860 61 308 www.taplagia.gr Ouvert mai-20 sept.*

Akrogiali Le "Débarcadère", aussi appelé Popi's, du nom de sa propriétaire et cuisinière, fut le premier restaurant de l'île (en 1970) ! C'est aussi l'unique hôtel du port, pratique si l'on veut rester à portée de main du bateau. À l'étage, une coursive dessert 2 belles chambres (25-50€ selon la saison) et 2 appartements (30-60€) au mobilier de bois clair et au sol pavé comme les ruelles de Chora. La taverne est agréable, on s'y restaure en attendant le bateau. Popi cuisine comme à la maison la moussaka, les *tomatokeftedes*, la soupe de poisson et de bons gâteaux. Comptez 10-12€. *À 50m du débarcadère* **Agios Nikolaos** *Tél. 22860 61 218 Fax 22860 61 407 Ouvert mai-mi-sept. Restaurant ouvert tlj. 8h-0h*

prix moyens

Iliovasilema Une dizaine de chambres, donnant sur un charmant jardin fleuri et une terrasse ombragée (avec transats et vue sur la mer). Six chambres, avec coin cuisine et clim. pour certaines, de 30 à 60€ selon la saison ; 4 studios de 50 à 75€. *À la sortie de* **Chora** *Tél. 22860 61 280 ou 69 76 50 47 39 Ouvert avr.-fin sept.*

☺ **Apollon Village Hotel** Ses petites maisons voûtées dégringolent de la falaise surplombant la plage de Klissidi. Douze appartements (pour 2 à 4 pers.) récents, mais dans le style traditionnel local : superbes ! Intérieurs spacieux et tout confort. Terrasse avec vue imprenable sur la plage (accessible par un sentier). Pour deux : 95€ en juil.-août (80-115€ pour 3, 95-130€ pour 4), 70€ le reste de l'année, c'est l'établissement le plus cher de l'île ! Plus proche de la mer, la Villa Apollon propose 2 studios équipés (75€) et 5 jolies chambres (65€). Accueil familial et sympathique. Navette gratuite avec le port. *À mi-chemin entre le port et le village* **Klissidi** *Tél. 22860 28 739 www.apollonvillage.com Ouvert mi-mai-sept.*

GAMME DE PRIX	RESTAURATION	HÉBERGEMENT
Très petits prix	moins de 10€	moins de 30€
Petits prix	de 10 à 15€	de 30 à 50€
Prix moyens	de 15 à 20€	de 50 à 80€
Prix élevés	de 20 à 30€	de 80 à 120€
Prix très élevés	plus de 30€	plus de 120€

IOS ΙΟΣ Ιος

On la dit prise d'assaut par de jeunes noctambules échevelés, transformée en boîte de nuit géante et très largement anglophone... Certes, les ruelles de sa "capitale" alignent les bars en enfilade (plus de 40 pour quelque 1 700 habitants). Certes, l'ambiance est à la fête et les hordes d'ados en quad peu propices à la sérénité... Mais c'est aussi l'une des plus belles îles des Cyclades ! Et il vous sera aisé d'en profiter pleinement. D'abord – et c'est sans doute encore plus vrai pour Ios plus que pour toute autre destination cycladique – en évitant d'y aller en haute saison, notamment en août. Ensuite, en vous tenant à l'écart de Chora. Car il suffit de s'éloigner de ses rues agitées pour découvrir une campagne sereine, où les insulaires perpétuent un mode de vie séculaire, et des plages isolées et souvent désertes...

L'ÎLE DU POÈTE La tradition lie Ios à Homère... Mais ici comme ailleurs en Grèce, légende et histoire se confondent en un mélange subtil, voire inextricable, car l'aède aveugle lui-même pourrait être un mythe : rien, en effet, ne prouve son existence avec certitude et un doute persiste quant à l'identité de l'auteur, ou plutôt des auteurs éventuels, de *L'Iliade* et de *L'Odyssée*. Qu'importe, Ios est l'une des sept cités qui se disputent la gloire d'avoir vu naître Homère au VIIIe siècle av. J.-C., et tous les textes anciens rapportent qu'il est mort sur une plage d'Ios – sans pour autant s'accorder sur la cause du décès : une chute selon certains, le désespoir de n'avoir pu résoudre une énigme pour d'autres. Autre preuve du lien entre l'île et le poète : des pièces de monnaie des IIIe et IIe siècles av. J.-C. à son effigie retrouvée à Ios. Son tombeau n'a toutefois jamais été retrouvé ; on suppose qu'il repose dans le nord de l'île. C'est là, en tout cas, que les autorités ont décidé de matérialiser sa dernière demeure pour lui rendre – un bien modeste – hommage.

MODE D'EMPLOI

accès

Grâce à sa situation centrale sur la route des bateaux entre Santorin et Paros ou Naxos, Ios est très bien desservie, avec des liaisons en ferry pour la plupart des Cyclades. Bateaux rapides pour Santorin (35min), Naxos (50min), Paros (1h), Mykonos (1h50) et Le Pirée (3h15, 53€). Les horaires, prix et trajets changeant tous les ans en mai, nous vous invitons à consulter les sites www.directferries.fr, www.gtp.gr, www.ferries.gr ou www.aferry.gr. et à vous renseigner dans les agences de voyages locales. Le prix du billet en catamaran est environ 2 fois celui du ferry.

Capitainerie de Gialos *Tél. 22860 91 264*

Plan 23 Ios

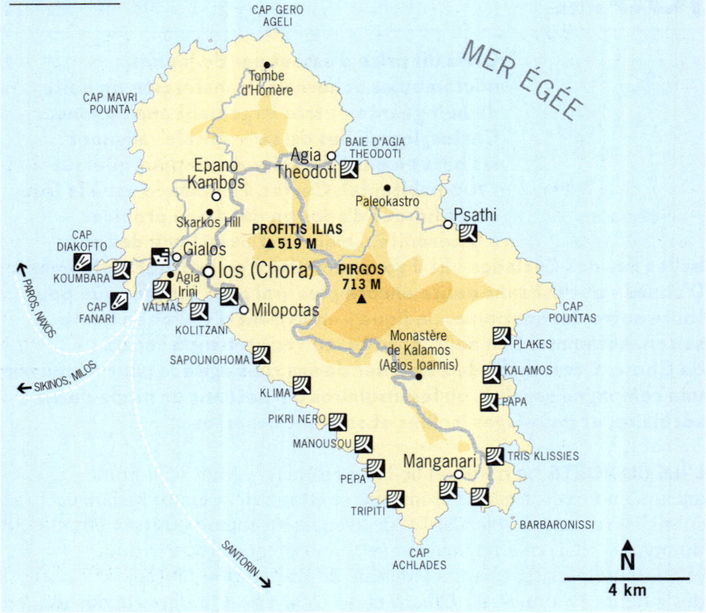

orientation

Ios est une île montagneuse de 108km² culminant au mont Pirgos (713m). Le port, Gialos, est installé sur la côte nord-ouest, à 2km du chef-lieu. La route qui monte en lacet jusqu'à Chora redescend vers la station balnéaire de Mylopotas, 2km plus loin, sur la côte sud-est. La plupart des visiteurs restent cantonnés dans ce périmètre. Les hameaux du reste de l'île, Agia Theodoti et Psathi sur la côte est, et Manganari dans l'extrême sud (à 26km de Chora), sont desservis par des routes récentes ; les plus belles plages s'étirent sur le littoral sud.

se déplacer

EN CAR

KTEL Une seule ligne, de Gialos à Mylopotas via Chora. Rotations toutes les heures de 8h à 23h env., plus nombreuses l'été (jusqu'à 3 bus/h). Et un car toutes les 2h de Chora à Koumbara en haute saison. Billet 1,60€. Le reste de l'île n'est desservi que par des cars d'excursion. *Tél. 22860 92 015 www.ktelbus.gr*

EN TAXI

Quelques taxis. Mieux vaut les appeler. Le soir, ils stationnent à Chora près de l'arrêt de bus. ***Chora** Tél. 69 77 76 05 70 ou 69 77 03 17 08*

EN VÉHICULE DE LOCATION

Comptez, selon la saison, de 25 à 60€ pour une petite voiture, et de 12 à 25€ pour un scooter. Réductions pour des locations de plusieurs jours. Les pistes sont réservées aux 4x4 et, selon les loueurs, parfois uniquement aux quads. L'île compte trois stations-service (entre Gialos et Chora).

Jacob's Deux agences à Gialos et une à Mylopotas. *Tél. 22860 91 700 ou 22860 91 047* **Gialos** *Ouvert juin-sept. : tlj. 8h-22h ; hors saison : tlj. 9h-20h* **Mylopotas** *Ouvert juin-sept. : tlj. 9h-20h30*

informations touristiques

Nombreuses agences de voyages à Gialos et Chora : change, réservation d'hôtels, vente de billets de bateau, location de véhicules, excursions, etc. Elles ont en général un bureau à Chora ouvert en haute saison et un autre à Gialos ouvert toute l'année. À consulter également, les sites suivants, traduits en anglais : *www.ios.gr* et *ww.ios-hellas.com.*

Acteon Travel L'une des agences les plus importantes de l'île. Peut notamment se charger de confirmer vos billets d'avion. Agences à Chora (dans le centre, sur la route principale) et à Gialos (sur le port). Loue aussi des voitures : *www.ioscar.gr* **Chora** *Tél. 22860 91 343 ou 22860 91 002 www.acteon.gr Ouvert avr.-oct. : tlj. 8h-22h30 ; nov.-mars : tlj. 9h-20h*

Police touristique *Chora Tél. 22860 91 222*

fêtes et manifestations

Tout l'été, des spectacles sont organisés au théâtre Odysseus Elitis de Chora, magnifique scène de plein air de 1 100 places, avec vue sur la mer (rens. en agence de voyages).

Homeria Festival dédié à Homère : expositions, concerts et autres spectacles. *Deux premiers week-ends de mai, à Chora*

Saint-Jean-Baptiste Fête en l'église Agios Ioannis, sur le mont Pirgos. *Le 24 juin*

Saint-Jean-Baptiste Le saint est aussi fêté à Psathi et au monastère de Kalamos. *Le 29 août*

Fête mariale La Vierge Marie est fêtée sur la plage d'Agia Theodoti et en la Panagia Paliokastritissa, chapelle de Paleokastro. *Le 8 septembre*

informations pratiques

Vous trouverez un DAB au port, plusieurs à Chora et un à Mylopotas (au camping Far Out).

Pharmacie *À droite de la cathédrale Tél. 22860 91 562 Ouvert mai-oct. : lun.-sam. 8h-23h, dim. 10h-14h et 17h-23h*

Centre médical / Kentro igeias Côté *nord* **Gialos** *Tél. 22860 28 611 Ouvert lun.-ven. 9h-14h30 (24h/24 pour les urgences)*

Dr Giannis Kalathas Praticien anglophone. *Dans le centre, dir. Mylopotas* **Chora** *Tél. 22860 91 137 ou 69 32 42 02 00 Urgences toute l'année 24h/24*

DÉCOUVRIR

Ios

☆**Les essentiels** Chora au petit matin **Découvrir autrement** Visitez le Musée archéologique, prenez un verre sous l'olivier de la placette Valeta, embarquez pour une plage de la côte ouest ou est

Le port de Gialos

Lové au fond d'une anse magnifique creusée entre deux caps rocheux, le port (*ormos*) de Ios est l'un des mieux abrités des Cyclades. La bourgade, étrangement calme compte tenu de la réputation de l'île, ne manque pas de charme ! Terrasses de café, agences de voyages et tavernes s'alignent sur le quai, face aux navettes touristiques et à quelques bateaux de pêche ; quelques hôtels s'élèvent derrière. Pour boire un ouzo, arrêtez-vous à l'**Octopus Tree** (côté sud, c'est le dernier café-restaurant avant le camping), qui a installé quelques tables à l'ombre d'un grand arbre. Un peu plus loin, sur le petit cap, l'église Agia Irini veille sur Gialos depuis le XVIIe siècle. Chora n'est qu'à 1km par l'ancien chemin muletier taillé en escaliers et bordé d'eucalyptus : une jolie balade. La route, elle, monte en lacet et est bordée d'hôtels.

● **Aller à la plage** La grande plage de **Gialos** s'étend juste au nord du port, de l'autre côté de la jetée. Location de parasols, de transats et activités nautiques... Le sable est beau, la plage ombragée, mais n'oubliez pas que le port est l'un des plus fréquentés des Cyclades ! Vous trouverez d'autres plages autour de Gialos : si elles ne sont pas les plus belles de l'île, elles ont l'avantage d'être facilement accessibles. Côté nord, à 2km (continuer la route après la plage de Gialos ; on peut aussi y aller en car), la petite plage de sable de **Koumbara**, plutôt sympathique, est surtout fréquentée par les insulaires. Bar et location de parasols et de transats ; quelques criques dissimulées dans les rochers côté nord. Au sud du port se cache la crique de Valmas, que l'on rejoint par un sentier qui part de l'église Agia Irini (15min). Plus à l'est, la crique de **Kolitzani** est plus facilement accessible (par un chemin descendant de Chora).

☆ Ios (Chora)

Enroulé autour d'un éperon rocheux, hérissé de moulins à vent, Ios (Chora) est un village cycladique des plus typiques, une radieuse juxtaposition de maisons chaulées aux volets verts ou bleus autour de ruelles fleuries, de passages voûtés et d'une trentaine de chapelles immaculées… Le site, habité depuis la préhistoire, n'a conservé que de rares vestiges de son lointain passé. Au sommet de la colline dorment les modestes ruines de la citadelle élevée à la fin du XIVe siècle pour protéger les habitants des pirates. L'agora antique a fait place à une route, deux parkings, des terrains de sport… Commencez la visite par celle de l'imposante cathédrale Evangelismos – à côté, la petite église Agia Ekaterini, élevée sur les fondations d'un temple d'Apollon. La rue principale du village, Sindesmou Iton, part de la placette qui s'étend derrière. Bordée de bars et d'échoppes, elle mène à la place Valeta, envahie à la belle saison par les terrasses de café, cf. Où prendre un verre dans la journée ? (p.400). Suivez ensuite les ruelles qui grimpent à l'assaut de la colline jusqu'à l'église de la Panagia Gremniotissa. Son parvis, ponctué d'un palmier élancé, domine tout le village. De là, un sentier file vers le sommet du rocher et ses trois chapelles emblématiques : Agios Eleftherios, Agios Georgios puis Agios Nikolaos. Vue splendide. C'est au petit matin, quand les bars ont enfin fermé leur porte, que vous profiterez au mieux de Chora !

Musée archéologique Il partage avec l'hôtel de ville la majestueuse maison Amiradakeio, l'un des rares bâtiments néoclassiques de l'île (début XXe s.). Ses quatre petites salles dévoilent, par ordre chronologique, le résultat des fouilles menées sur l'île, notamment des flèches et des fragments de vases et de jarres

Plan 24 Ios, Chora

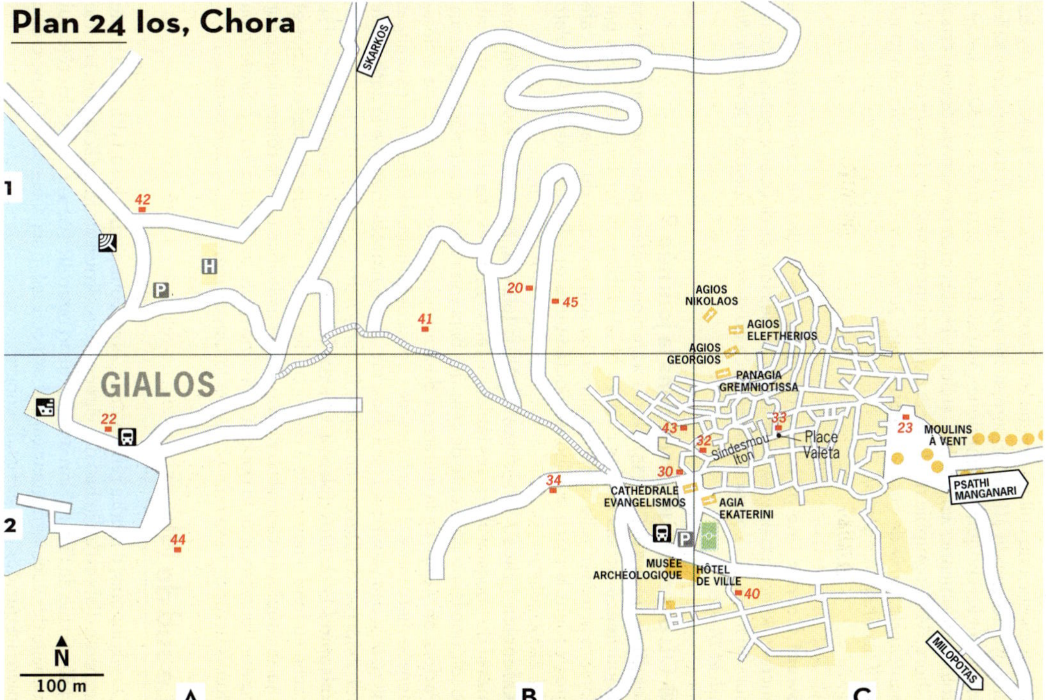

Restauration (n°20 à 23)

Fiesta	**20**	B1
Oi Mylloi	**23**	C2
Peri Anemon	**22**	A2

Cafés, bars et lieux de sortie (n°30 à 33)

Ios Blue*	**33**	C2
Kafeneion I Nios*	**30**	B2
Valsamo*	**32**	C2

Hébergement (n°40 à 45)

Artemis	**40**	C2
Corali Hotel	**42**	A1
Francesco's	**43**	AB2
Hôtel Poseidon	**44**	A2
Pension Panorama	**45**	B1

* À RETROUVER DANS LA PARTIE DÉCOUVRIR

retrouvés sur une colline proche de Chora, sur le site de Skarkos, prospère cité cycladique du IIIe millénaire avant notre ère. Les deux dernières salles évoquent les époques hellénistique (300 av. J.-C.) et romaine (130 av. J.-C.) : colonnes ioniennes en marbre, stèles et bustes bien conservés, découverts à Chora. Muséographie moderne et explications en anglais. *Dans le centre, à la hauteur de l'arrêt de bus Tél. 22860 91 246 Ouvert avr.-oct. : mar.-dim. 8h30-15h Tarif 2€, étudiants gratuit*

● Où succomber à la tentation d'une sucrerie ?

Sweet Corner Une pâtisserie traditionnelle pour une savoureuse pause sucrée : *kadaifi*, baklavas, confiseries au sésame et délicieux petits gâteaux aux amandes. *Au cœur du village, face au restaurant Kalypso Ouvert tlj. 8h-14h et 17h-0h*

● Où prendre un verre dans la journée ?

Ios Blue (plan 24, C2 n°33) Notre *kafenion* préféré pour un *frappè* dans la journée, avec ses vieilles chaises et ses tables en fer forgé abritées par l'ombre providentielle d'un vieil olivier. Le soir, les papis du village et leur café grec cèdent la place aux jeunes noctambules et à leurs cocktails. *Pl. Valeta Tél. 22860 91 259*

Kafeneion I Nios / Καφενειον η Νιος **(plan 24, B2 n°30)** Sous un énorme massif de bougainvilliers, ses tables en fer forgé et ses chaises en bois attirent, le soir, une faune différente de celle des bars voisins, principalement des Grecs. Parfois, on y joue de la guitare et du *bouzouki* (oui, oui, sans aucune arrière-pensée mercantile...) ! Sert aussi des petits déjeuners, des *frappè*, des oranges pressées, des yaourts au miel d'Ios, etc. *Sur la placette derrière la cathédrale Tél. 22860 92 164 Ouvert mai-sept. : tlj. 10h30-3h*

Valsamo / Βαλσαμο **(plan 24, C2 n°32)** Son nom n'est indiqué qu'en grec. Il se cache au fond d'une ruelle à deux pas des bars. Clientèle plus âgée. Tables et chaises déployées au milieu de la ruelle et ambiance un brin romantique pour conter fleurette... *Sur la gauche dans une ruelle perpendiculaire à Sindesmou Iton Tél. 22860 91 383 ou 69 45 84 25 18 Ouvert mai-sept. : tlj. 22h-aube*

Le sud de l'île

De Mylopotas, il faudra remonter à Chora pour gagner le sud d'Ios. La route serpente d'abord au milieu des vignes et des oliviers de Pano Kambos, la seule vallée fertile de l'île. À 6km de Chora, on bifurque sur une route de crête qui ménage des vues somptueuses, d'abord côté est, puis côté ouest. On ne croise guère ici que des troupeaux de chèvres...

Mylopotas Un immense ruban de sable fin à 2km à peine de Chora et de ses bars : tous les noctambules viennent s'y dégriser en rougissant au soleil... Parasols, transats, activités nautiques : rien ne manque à cette plage bondée l'été, qui n'en reste pas moins l'une des plus belles des Cyclades – en tout cas l'une des plus longues ! Quelques hôtels et campings se sont installés à proximité mais rassurez-vous, on est encore loin de la Costa Brava ! *À 2km au sud-est de Chora Accès à pied (20min) ou en bus (celui-ci s'arrête aux deux extrémités de la plage)*

Monastère Agios Ioannis de Kalamos À 350m d'altitude, fermé par une enceinte chaulée, ce complexe monastique fondé au XVIIIe siècle est si bien entretenu qu'on le jurerait encore occupé ! Si les moines sont partis depuis longtemps, les insulaires prennent soin des lieux et, à la fin du mois d'août, ils y donnent une grande fête, comme le laissent supposer les tables et les bancs en pierre ! Le reste de l'année, les portes sont en principe fermées, mais vous pouvez toujours tenter votre chance... *À 16km de Chora, sur la route de Manganari*

L'ÎLE AUX ENFANTS Sur la plage de Manganari, l'anse de gauche est idéale pour les enfants : presque fermée et peu profonde. Et si vous voulez partir à l'aventure avec eux, louez un pédalo dans l'anse de droite !

☺ **Manganari** Avant de descendre vers Manganari, la route offre de belles perspectives sur la plage et en dévoile la forme singulière : deux superbes anses aux eaux translucides juste séparées par une langue de sable et quelques rochers. En été, voiliers et yachts complètent le tableau. Si les tavernes se disputent les abords de la plage, elles restent peu nombreuses dans le hameau et ne proposent que des *domatia* toutes simples. On dit même qu'un milliardaire tombé amoureux du site l'aurait acheté afin de le préserver des promoteurs... Espérons-le ! Car si dans la journée, l'été, cars et bateaux déversent leurs flots de baigneurs, le soir et hors saison, Manganari demeure paisible. Activités nautiques (p.402). *À 26km au sud-est de Chora Été : accès en car d'excursion de Mylopotas, Chora ou Gialos (6€) ; accès en bateau de Gialos (12€ AR)*

Où boire un verre en soirée ?

Harmony C'est un restaurant mexicain (!), mais allez-y en fin de soirée pour goûter un de leurs cocktails, excellents (5-7€), par exemple une margarita glacée (avec de vrais morceaux de fruits). Ambiance très "cool" : on s'affale sur des banquettes, des coussins, des balançoires, des hamacs, des lits... ! Terrasse face à la mer. Équipe sympathique, 100% anglophone. Bonne musique, de Stanley Beckford à Maceo Parker. Concerts de guitare sèche ou de djembé. *À l'orée de la plage de **Mylopotas** en venant de Chora, à droite sur les rochers Tél. 22860 91 613 Ouvert juin-sept. : tlj. 12h-2h Restauration*

☺ Trouver des plages de rêve

Si vous voulez poser votre serviette ailleurs que sur le sable de Mylopotas ou de Manganari, bonne nouvelle : vous avez l'embarras du choix !

La côte ouest Sept plages, plus ou moins accessibles. De Mylopotas, prenez, à pied, la piste qui part vers le sud, puis un sentier sur la droite, dont on perd vite la trace (mais il suffit de suivre la côte) : on arrive en 45min à la crique de **Sapounochoma**, et en 1h15 à la plage de **Klima**, la plus belle. La piste et le sentier continuent vers **Pikri Nero**. Au sud, les criques de **Manousou**, **Pepa** et **Tripiti** sont moins faciles d'accès. Vous pourrez aussi les rejoindre par des sentiers partant de la route de Manganari.

La côte est Elle n'a rien à envier à la côte ouest, dissimulant quatre véritables joyaux : **Plakes**, **Kalamos**, **Papa** et **Tris Klissies**. Deux options : prenez le chemin qui part derrière le monastère de Kalamos : il mène, 4km plus bas, à la baie du même nom, sorte de fer à cheval de sable blond. Le chemin continue au nord

LES CYCLADES

et débouche, après 2,5km, sur la plage de Plakes. Avant d'arriver à la plage de Kalamos, vous verrez un petit sentier sur la droite menant à la petite plage de Papa. Ce même sentier est accessible de la route de Manganari (à la hauteur de la fourche indiquant les tavernes de la plage) : il descend abruptement vers la crique de Tris Klissies, avant de continuer vers Papa puis de rejoindre le chemin de Kalamos. Dans tous les cas, emportez des provisions d'eau, car vous ne trouverez rien sur place.

● Faire de la planche à voile, du wake-board... Envie de sensations fortes ? Sur les plages de Mylopotas et de Manganari, plusieurs prestataires d'activités nautiques combleront votre soif d'adrénaline, que vous soyez amateur de windsurf (20€/h), de pédalo (15€/h), de kayak (8€/h), etc. Cours de wake-board ou de ski nautique. On y loue également des bateaux "sans permis". Vous trouverez un troisième prestataire sur la plage de Gialos.

Meltemi Trois points d'accueil, un sur les plages de Mylopotas et deux sur celles de Manganari. Accueil sympathique de Peter et Joe, deux Britanniques installés à Ios de longue date. ***Mylopotas*** *Tél. 69 32 15 39 12 www.meltemiwatersports.com Ouvert Pâques-mi-oct.* ***Manganari*** *Ouvert juin-mi-sept.*

Mylopotas Watersports Trois points d'accueil et un centre de plongée sur la plage. ***Mylopotas*** *Tél. 22860 91 622 ou 69 36 84 49 44 www.ios-sports.gr Ouvert début avr.-15 oct.*

LES CYCLADES

● Faire de la plongée

Godive Ouverte depuis 2007 (date de la libéralisation de la pratique de la plongée dans les eaux grecques), Godive est la seule vraie école de plongée de Ios (mais les prestataires cités plus haut proposent aussi une activité "plongée"). Démarche sérieuse, bon esprit et accueil cordial, en français. Baptêmes au large des plages : 60€. Pour les plongeurs expérimentés, une quinzaine de sites autour de Gialos, dont les tombants de l'îlot de Diakofto et du cap Fanari : 50€/plongée (matériel fourni), 90€ les 2 plongées. Snorkeling possible pour les accompagnants (25€). *Sur le port de* ***Gialos****, près des restaurants Tél. 22860 92 032 ou 69 77 74 05 44 (Antonis Halkeas) www.godive.gr Ouvert mi-mai-début oct. : tlj. 9h-19h*

Se rendre sur les plages d'Ios en bateau-taxi

Outre celles de Mylopotas et de Manganari, le littoral sud d'Ios recèle une bonne dizaine de plages absolument sublimes, léchées par une eau turquoise. Desservies uniquement par des pistes ou des sentiers, celles-ci sont assez peu fréquentées : en dehors de juil.-août, on pourrait presque y jouer les Robinson Crusoë ! Les deux loueurs de matériel nautique de Mylopotas (cf. ci-dessus) assurent en haute saison un service de bateaux-taxis, qui permet de gagner sans se fatiguer les criques au sud-ouest de Mylopotas et au sud-est de Manganari. Tarif selon la distance, 18-25€/pers., 4-8 pers. par embarcation. *Tél. (Giorgos Koutsoutvelis) 69 72 85 57 08*

Le nord de l'île

Psathi Ce petit hameau – quelques maisons et deux églises – regarde une longue étendue de sable, sauvage et peu fréquentée, où viennent pondre les tortues de mer caouannes (*Caretta caretta*). Le site est superbe, mais la plage, assez exposée, vite profonde et festonnée d'un tapis d'algues, n'est pas des plus agréables. Aucune infrastructure touristique hormis une bonne taverne, cf. Restauration (p.404). *À 18km à l'est de Chora*

Paleokastro Perchées sur un promontoire dominant la mer, ces ruines sont celles d'une forteresse byzantine élevée au XVe siècle pour abriter les insulaires en cas de raid des pirates. La chapelle voisine offre des points de vue exceptionnels sur Naxos et les Petites Cyclades. *Sur la route de Psathi, signalé par un panneau (3km avant Psathi) Suivre à pied le chemin de 500m qui y mène Accessible également par un sentier (de 2km env.) qui part d'Agia Theodoti, à droite de la plage*

Agia Theodoti La route qui mène à Agia Theodoti dévoile des panoramas somptueux sur cette large baie que précède un vallon fertile, cf. Aller à la plage (p.403). Vous trouverez dans le hameau une taverne, un snack-bar (avec piscine !) et quelques chambres à louer. En repartant, jetez un coup d'œil à droite de la route sur l'église byzantine Agia Theodoti, dont le double dôme se profile sur les hauteurs. Érigée au XVIe siècle, elle serait la plus ancienne d'Ios. *À 9km au nord-est de Chora Excursions possibles en car l'été (rens. dans les agences de Chora ou Gialos)*

"Tombe" d'Homère C'est sur ce site désert, loin de tout, à l'extrême nord de l'île, qu'aurait été enterré l'aède à la fin du VIIIe siècle avant notre ère. Mais aucune preuve n'est jamais venu corroborer la légende, et les seules ruines jamais retrouvées là sont celles d'une tour hellénistique. Peu importe, les îliens ont décidé d'y "reconstituer" la tombe – en offrant au poète une simple plaque en marbre –, la dotant d'une infrastructure qui semble démesurée : une large route bitumée, un parking circulaire, une allée solennelle... Pas grand-chose à voir, donc, mais on se consolera en admirant le cadre pastoral, ses ruches, ses troupeaux de chèvres et la lumière du couchant qui le caresse le soir. Au large : les falaises d'Iraklia et les sommets de Naxos. *À 12,5km au nord de Chora*

● **Aller à la plage** La plage d'**Agia Theodoti**, bien protégée par deux caps rocheux (mais à éviter néanmoins les jours où le meltem souffle) est l'une des plus belles de l'île. Malheureusement, avant la saison, la propreté laisse un peu à désirer. Quelques arbres pour l'ombre ; sinon, location de parasols (6€).

CARNET D'ADRESSES

Lieux de sortie

Tous se passe à Chora, dans les ruelles du vieux village qui ne concentre pas moins d'une quarantaine de bars. Pour aguicher le chaland, chacun rivalise avec le voisin à coups de décibels, de superlatifs, d'entraîneuses souriantes ou de rabatteurs gominés (on s'adapte à la clientèle du moment), de slogans ("ici, boissons fortes et prix minis", "1 shot offert pour 7 consos"...). La modération n'est pas de mise : on vient là surtout pour boire, boire et boire encore... plus que pour faire la fête (Ios n'est pas Ibiza, ni même Mykonos)... Étonnamment, l'ambiance reste bon enfant. La plupart des établissements proposent un *happy hour* en début de soirée, à partir de 23h, mais la majorité de leur clientèle est déjà dans un état d'ébriété assez avancé, ayant bu d'abord dans la rue ou à l'hôtel. L'ambiance s'échauffe vers 1h du matin. les **taxis** attendent les couche-tard sur la place Valeta, pour les ramener à bon port.

Bars et clubs

Les bars de la place Valeta La petite place est l'épicentre de la vie nocturne de Ios et l'endroit idéal où s'installer pour observer la foule, mais les places en terrasse sont chères ! Si vous voulez vous mettre dans l'ambiance, rendez-vous au **Slammer** *(Tél. 22860 93 003,* dans l'angle nord-ouest de la place) : on y gagne un tee-shirt pour sept "tequila paf" ingurgitées, et le barman vous fait avaler ses cocktails par un entonnoir, avant de vous asséner un coup de marteau sur la tête (casque fourni) – on peut ne pas apprécier. La ruelle Sindesmou Iton, qui descend de la place Valeta vers la cathédrale abrite aussi plusieurs bars. Le mieux est d'entrer pour jauger la musique et l'affluence (les modes se font et se défont vite...) À voir, notamment : le **Disco 69** *(Tél. 22860 91 064 www.disco69club.com),* plus club que bar, le **Barmacy** *(Tél. 69 32 09 72 19)* et son décor psychédélique, et le **Pégasus**, qui mérite une mention spéciale pour sa programmation rock. D'autres établissements se cachent dans les ruelles adjacentes : le **Rehab** (près du grand parking, en retrait dans la ruelle) et le **Sweet Irish Dream** *(Tél. 69 79 89 48 63),* près de l'arrêt de bus. D'une manière générale, l'entrée est libre ou n'excède pas le prix d'une consommation, les boissons sont bon marché, la clientèle très jeune (moins de 20 ans souvent) et largement anglo-saxonne (les Grecs eux-mêmes passent commande en anglais) ! À la fermeture, officiellement entre 3h et 4h, les fêtards encore en état de tenir debout se dirigent vers les boîtes de nuit (situées à la sortie de Chora, sur la route de Mylopotas) qui ouvrent en haute saison. Le **Scorpion**, l'une des plus grandes discothèques des Cyclades, est une valeur sûre.

Restauration

Si beaucoup de restaurants sont fermés à l'heure du déjeuner, vous trouverez sans peine où déjeuner à Chora, où l'offre est conséquente. Mais attention, le soir, tout est plein à craquer ! Le port de Gialos compte de nombreux établissements, malheureusement sans grand intérêt (évitez le Kalos Irfate, face au débarcadère, dont les sandwichs sont ridiculement petits, et le Boat Stop), alors que le reste de l'île recèle de belles tavernes bucoliques.

Ouvert la nuit Près de la place Valeta, à Chora, plusieurs stands de *giros* ferment en même temps que les bars. Vous trouverez un kiosque-épicerie ouvert 24h/24 sur la route, face à l'arrêt de bus ;

petits prix

Peri Anemon / Περι Ανεμων **(plan 24, A2 n°22)** Cette terrasse est l'une des plus appréciées du port, alors pourquoi pas... tenter la viande, les souvlakis, le cochon à la broche, le kokoretsi (sorte d'andouillettes) et goûter à de vraies giros (pas surgelés). Pour 6-8€ : un festin. *Sur une placette, à 50m en retrait du débarcadère* ***Gialos*** *Tél. 22860 92 501 Ouvert tlj. 13h-1h*

Oi Mylloi / Οι Μυλλοι (plan 24, C2 n°23) Un peu à l'écart, sur l'esplanade des moulins, cette taverne traditionnelle est le refuge nocturne idéal où retrouver la "véritable" atmosphère des Cyclades. Depuis 1969, on y sert *souvlaki* de crevettes, moussakas en pot d'argile et autres spécialités à petits prix (env. 10€). En fin de soirée, l'exubérant patron, Kiriakos, vient trinquer avec ses convives autour d'un *rakomelo* maison. *Quartier des moulins* ***Chora*** *Tél. 22860 91 284 Ouvert tlj. 17h-2h*

Polidoros / Πολυδορος De l'avis de tous, voici l'une des meilleures tavernes de l'île, loin des *fast-food* à la grecque de Chora. Elle se cache en retrait de la plage de Koumbara, dans une maison sans grand charme mais à l'agréable et spacieuse terrasse. La carte, pléthorique et renouvelée tous les jours, énumère tous les classiques de la cuisine grecque, parfaitement exécutés : crevettes *saganaki* (tomate et feta), soupe de poisson, escargots aux petits oignons, chevreau en fricassée, tomates farcies, fleurs de courgettes farcies... Comptez 10-15€. *Sur la route de la plage, côté droit* ***Koumbara*** *Tél. 22860 91 132 Ouvert juin-oct. : tlj. 13h-0h*

Christos Les pieds dans l'eau sur la plage de Manganari... Cette taverne traditionnelle toute simple fait la part belle au poisson (plateau de grillades ou soupe à partager) et aux produits de la mer : moules *a la Diavola*, calamars farcis, etc. Comptez 12-15€. Le patron loue également 3 chambres bon marché (20-40€), qui donnent malheureusement sur la terrasse (bruyante) du restaurant. *Prendre à gauche à la fourche* ***Manganaris*** *Tél. 22860 92 286 ou 69 32 41 15 47 Ouvert fin mai-fin sept. : tlj. 9h-0h*

Et aussi...

Shopping gourmand
Sweet Corner ____ 400

Bars
Ios Blue ____ 400
Kafeneion I Nios ____ 400
Valsamo ____ 400
Harmony ____ 401

☺ **Alonistra** On vient dans ce restaurant familial pour son calme, son cadre bucolique, son panorama sur la mer mais aussi pour ses plats soignés et délicieux. Goûtez les *psimatia* (fleurs de courgettes farcies), la salade grecque servie avec des câpres et des herbes aromatiques et le délicieux fromage de l'île. Comptez 12-15€. *Juste avant la plage* ***Psathi*** *Tél. 22860 92 363 Ouvert juin-sept. : tlj. 12h-0h ; oct.-mai : sam.-dim. 12h-0h*

prix moyens

Fiesta (plan 24, B1 n°20) Ce restaurant populaire, mi-taverne, mi-pizzeria, résume à merveille le tourisme à Ios : une clientèle majoritairement étrangère, des serveurs ne parlant pas un mot de la langue d'Homère, un couple anglo-grec à la baguette et une carte qui, à côté de la moussaka et des plats régionaux, affiche sans vergogne ses *fish & chips, chili con carne* et autres porcs sauce *gravy* ! Qu'importe, l'ambiance est bonne, et les pizzas sont copieuses et cuites au feu de bois : 8€ la petite, 13€ la moyenne (déjà grande !). Autres plats de 7 à 13€ (filet mignon aux champignons). Terrasse au bord de la route, mais avec une jolie vue sur le port. Également des plats à emporter ou à se faire livrer. *À 200m de la sortie de* **Chora** *sur la route du port Tél. 22860 91 766 Ouvert mai-fin sept. : tlj. 13h-0h Ouvert mai-sept. : tlj. 13h-0h*

☺ **Drakos / Δρακος** Sur ce rocher fermant la baie de Mylopotas, on se croirait dans un vrai petit port... Les vieilles tables en bois, la terrasse au bord de l'eau, les poulpes qui sèchent au soleil : tout y est ! Depuis plus de 40 ans, cette taverne pittoresque régale ses habitués de tous les délices de la mer, imperturbable à la fièvre qui a gagné la station... Le poisson y est préparé à la perfection. Env. 20-25€ en commandant du poisson de belle taille, 15€ sinon. Pour un dîner en tête-à-tête et aux chandelles, demandez la table à l'écart, près des rochers. *Tout au bout de la plage, côté sud* **Mylopotas** *Tél. 22860 91 281 Ouvert mai-fin sept. : tlj. 13h-0h*

Hébergement

Pensions, campings et hôtels ne manquent pas à Ios. Ils sont concentrés à Chora, Gialos et Mylopotas. Séjournez plutôt à Chora si vous voulez profiter de son animation nocturne : les hébergements sont regroupés sur la colline qui fait face au village. Tout en n'étant pas très loin de Chora (à pied ou en bus) si vous optez pour Gialos ou Mylopotas, vous pourrez ainsi échapper au bruit (sauf dans les campings). Enfin, pour dormir loin de tout, poussez jusqu'à Manganaris. La haute saison s'étend de mi-juillet à fin août : pensez à réserver.

campings

Far Out Club L'un des emblèmes d'Ios la festive. Ce camping attire chaque été des jeunes de toutes nationalités venus faire la fête, draguer, bronzer : en un mot, s'éclater... Tout se passe, dès le début de l'après-midi jusqu'à tard dans la nuit, autour de l'immense piscine et de son bar. Animations à gogo : jeux, tournois de volley, concerts, projection de films, concours de tee-shirts mouillés... et même du saut à l'élastique ! On fait la sieste sur la plage, de l'autre côté de la route. L'hébergement, finalement, importe peu... Mais c'est là que réside la surprise. Les emplacements, bien ombragés, s'étagent sur les terrasses d'une ancienne oliveraie, les sanitaires sont relativement propres et vous aurez le choix entre dormir avec votre sac de couchage à la belle étoile, planter votre tente (5-11€/pers., 6€ la voiture), louer une hutte en bambou ou un bungalow à l'allure de moulin (jusqu'à 4 pers., 10-22€/pers.). Cafétéria, épicerie, Internet, laverie, location de véhicules, etc. Navette gratuite avec le port. Juste à côté, le Far Out Village loue 45 chambres confortables, climatisées et avec terrasse, de 24 à 90€ (tarif très fluctuant selon l'affluence). Le même groupe gère un hôtel avec

GAMME DE PRIX	RESTAURATION	HÉBERGEMENT
Très petits prix	moins de 10€	moins de 30€
Petits prix	de 10 à 15€	de 30 à 50€
Prix moyens	de 15 à 20€	de 50 à 80€
Prix élevés	de 20 à 30€	de 80 à 120€
Prix très élevés	plus de 30€	plus de 120€

spa, encore plus chic, sur les hauteurs de Mylopotas : le Far Out Hotel (double 40-120€). Comme au camping, clientèle jeune, venue pour en profiter, vous êtes prévenu ! *Du côté nord de la plage **Mylopotas** Camping Tél. 22860 91 468 Ouvert avr.-sept.* **Chambres** *Tél. 22860 92 305 Ouvert avr.-mi-oct.* **Hôtel** *Tél. 22860 91 446 www.faroutclub.com Ouvert juin-sept.*

The Purple Pig - Stars Camping Plus paisible et plus petit que le précédent – et généralement désert en juin. Côté camping (6,50-10€/pers. avec la tente), certains emplacements manquent d'ombre. On peut aussi louer des 13 chambres avec sdb et balcon à des prix imbattables hors saison : 15-25€/pers., que l'on soit en couple (cinq doubles climatisées) ou seul (lits en dortoir de 4). Piscine, bar-snack, minimarket. *Sur la gauche en venant de Chora, juste avant la plage **Mylopotas** Tél. 22860 91 302 www.purplepigstars.com Ouvert fin mai-fin sept.*

prix moyens

Francesco's (plan 24, AB2 n°43) Au fil des années, la pension de Francesco est devenue une petite institution pour les voyageurs sac au dos, en raison de son ambiance cosmopolite et festive. Les bars sont à deux pas, et c'est le plus important ! La plupart des chambres (doubles, triples, quadruples) sont climatisées et certaines dotées d'un balcon. Jacuzzi. De 30 à 70€ la double, autour de 12-20€/pers. en dortoir, sans petit déjeuner. Bar sympathique pour démarrer la soirée et terrasse sur Gialos. Navette gratuite avec le port. Réservez très tôt pour juillet et août. *Dans le village, prendre à gauche au niveau de la cathédrale **Chora** Tél. 22860 91 223 www.francescos.net Ouvert mars-oct.*

Artemis (plan 24, C2 n°40) La chaleureuse Ageliki Artémi loue 20 chambres climatisées, réparties dans 2 bâtiments, toutes très simples mais bien tenues : de 30 à 70€ selon la saison. Certaines d'entre elles peuvent loger 4 à 6 personnes (40-100€). Wifi. *Dans la rue parallèle à la route principale, sur la colline qui fait face au village **Chora** Tél. 22860 91 202 www.artemisios.com Ouvert avr.-oct.*

Pension Panorama (plan 24, B1 n°45) Qu'elle porte bien son nom, cette pension dominant la baie de Gialos, bâtie en contrebas (donc à distance acceptable) de Chora ! Le soleil se couche juste en face... Pour profiter du spectacle, demandez une chambre au 1er étage. Les autres sont sans vue, donc sans intérêt, mais au même prix. Toutes sont cependant correctes, climatisées et certaines peuvent accueillir 3 ou 4 pers. De 20 à 60€ la double selon la saison, 50-80€ la triple et 50-90€ la quadruple. Café sympathique. *Sur la route qui vient du port, tourner à gauche à hauteur du restaurant Fiesta **Chora** Tél. 22860 91 592 ou 22860 91 186 Ouvert juin-sept.*

Corali Hotel (plan 24, A1 n°42) Un hôtel chaleureux, face à la plage de Gialos, dans un secteur un peu plus tranquille. La clientèle est d'ailleurs plus âgée qu'à Chora. Vingt-deux chambres dont 3 appartements. Comptez 85€ la double en juil.-août, 40-55€ le reste de l'année, petit déj. compris. Les clients profitent gracieusement de transats sur la plage de Gialos (de l'autre côté de la petite route). Piscine. Bon restaurant italien. Plats 8€. *Le premier hôtel face à la plage, sur la route de Koumbara **Gialos** Tél. 22860 91 272 ou 69 74 99 16 07 www.coralihotelios.gr Ouvert mai-fin sept.*

☺ **Psili Ammos** Il faut traverser la terrasse de la pittoresque taverne Drakos pour gagner cette petite pension posée sur l'un des rochers qui ferment la baie de Mylopotas. Les chambres et leur balcon donnent directement sur la mer, au bout du cap : on s'y sent bien loin de l'agitation d'Ios… Leur simplicité fait le charme de ces lieux (et de son adorable hôtesse, Lola), c'est pourquoi tous les clients reviennent année après année… Les 10 chambres sont propres, spacieuses, toutes blanches et juste meublées de deux ou trois lits. L'emplacement s'avère idéal, au calme, à deux pas seulement de la plage. Un conseil toutefois : prévoyez un bon antimoustique. Double de 45 à 85€ selon la saison, petit déj. inclus. *À l'extrémité sud de la plage* ***Mylopotas*** *Tél. 22860 91 010 ou 69 77 40 41 09 www.psiliammos.gr Ouvert mai-sept.*

☺ **Venus Hotel** Tenu par deux frères, ce petit hôtel récent se cache à 50m de la magnifique plage de Manganari. Les 12 chambres (dont une quadruple et quelques triples) sont climatisées, lumineuses, impeccables et disposent d'un balcon ou d'une terrasse. Double 25-55€ selon la saison, petit déj. inclus, servi au restaurant voisin (à 50m). *Au milieu de la plage* ***Manganari*** *Tél. 22860 92 374 ou 69 72 31 56 51 www.venus-hotel.gr Ouvert mai-fin sept. Restaurant tlj. 9h-22h30*

prix élevés

Hôtel Poseidon (plan 24, A2 n°44) Cet hôtel familial est sans doute parmi l'un des meilleurs de sa catégorie à Ios. Si leur déco est un peu désuète, les 30 chambres, bien tenues, disposent de tout le confort et jouissent d'une jolie vue sur le port. Comptez 45-90€ la double selon la saison. Les 8 triples sont spacieuses (58-117€) et les quadruples idéales (70-144€) pour les familles. Petit déj. 6€. Larges terrasses communes. Belle piscine. Bar, billard. Clientèle hétéroclite (jeunes venus faire la fête, familles nombreuses, hippies sur le retour, couples homos, retraités…). *Du débarcadère, longer le quai vers la droite, l'hôtel est à 50m, campé au sommet d'un escalier* ***Gialos*** *Tél. 22860 92 104 www.poseidonhotelios.gr Ouvert mai-oct.*

prix très élevés

Liostasi (plan 24, B1 n°41) Une touche de luxe et de bon goût et une promesse de détente au cœur des Cyclades. Dîner auprès de la piscine, sur la terrasse dominant le port, avant d'aller retrouver une des élégantes chambres immaculées de ce 5-étoiles. Le lendemain, approfondissez le traitement anti-stress au Spa, avec un massage aux pierres chaudes par exemple. Selon la saison, de 70 à 155€ la chambre standard (avec wifi), petit déj. buffet compris. ***Chora*** *Tél. 22860 92 140 www.liostasi.gr Ouvert mai-oct.*

GAMME DE PRIX	RESTAURATION	HÉBERGEMENT
Très petits prix	moins de 10€	moins de 30€
Petits prix	de 10 à 15€	de 30 à 50€
Prix moyens	de 15 à 20€	de 50 à 80€
Prix élevés	de 20 à 30€	de 80 à 120€
Prix très élevés	plus de 30€	plus de 120€

PAROS ΠΑΡΟΣ Παρος

Principal carrefour maritime des Cyclades, Paros est l'une des étapes incontournables de l'archipel, et pas seulement parce qu'on y fait souvent escale ! La troisième île des Cyclades par sa superficie (195km^2) réunit tout ce que l'on peut demander à une île grecque : de belles plages de sable, des monastères perdus dans le maquis, de ravissants ports tout blancs, des villages hors du temps, des montagnes vierges... La vie nocturne de Parikia et Naoussa, les deux principales localités, satisfera les fêtards ; les spots de plongée, de planche à voile et de kitesurf raviront les amateurs de sports nautiques. En outre, l'île est riche d'une longue histoire, inscrite jusque dans son sous-sol : exploité depuis l'Antiquité, le marbre de Paros est célèbre dans le monde entier pour sa belle couleur blonde, presque translucide. Il nous a donné la *Vénus de Milo* et la *Victoire de Samothrace*.

GRAVÉE DANS LE MARBRE C'est entre Paros et Antiparos, sur l'îlot de Saliagos, que l'on a découvert les plus anciennes traces d'habitat cycladique (5300-4500 av. J.-C.). Dominée par les civilisations minoenne, ionienne et dorienne, Paros entre dans son âge d'or au VIIIe siècle av. J.-C., notamment grâce au commerce de son marbre, d'une qualité exceptionnelle. Les Pariens battent monnaie et fondent des colonies en Thrace (Thassos) et en Propontide. La rivalité avec l'île voisine de Naxos éclate au VIIe siècle av. J.-C. Paros doit s'incliner et choisit le camp des Perses lors des guerres médiques. Mauvaise pioche : ces derniers sont battus par les Athéniens à Marathon en 491 av. J.-C. Paros rejoint opportunément la ligue de Delos avant de passer sous domination spartiate, macédonienne et enfin romaine. Christianisée par les Byzantins au IVe siècle, elle demeure une place commerçante majeure des Cyclades jusqu'au VIe siècle, quand les premières attaques de pirates annoncent son déclin. Occupée par les Arabes au IXe siècle, elle est conquise en 1207 par les Vénitiens, qui édifient plusieurs forteresses, notamment à Parikia, et relancent le commerce de son marbre. En 1537, Barberousse et ses pirates saccagent l'île et massacrent ou réduisent en esclavage une bonne partie de sa population. Paros passe alors sous tutelle ottomane. Elle sert de base navale aux Russes de 1770 à 1774 et est libérée en 1825.

MODE D'EMPLOI

accès

EN AVION

Aéroport de Paros En saison, 4 liaisons quotidiennes avec Athènes (45min) assurées par Olympic Air. Hors saison, 1 ou 2 vols par jour. Comptez env. 160€ AR. Attention, les horaires sont souvent modifiés, et les vols parfois annulés. Des bus font la navette entre l'aéroport et Parikia (1/h en été, env. 30min de trajet). La course

en taxi revient à 16€ env. *À env. 10km au sud de Parikia Tél. 22840 92 277 ou 22840 90 900*
Olympic Air *Tél. 22840 91 257 ou 210 35 50 500 (Athènes)*

EN BATEAU

Paros est très bien desservie : de Parikia, liaisons quotidiennes en bateau rapide de type catamaran ou en ferry avec Naxos (30-45min), Le Pirée (3h-4h15), Mykonos (35-45min), Santorin (1h45-3h15), Rafina (3h10-4h30), Tinos (1h25-2h40), Syros (40min-1h30), Ios (1h-3h10), Amorgos (2h10-4h). Liaisons régulières avec Sifnos, Folegandros, Andros, Milos, Serifos. Également des catamarans et un ferry pour Heraklion en Crète. Les horaires, prix et trajets changeant tous les ans en mai, nous vous invitons à consulter les sites www.directferries.fr, www.gtp.gr, www.ferries.gr ou www.aferry.gr. et à vous renseigner dans les agences de voyages locales. Le prix du billet en catamaran est environ 2 fois celui du ferry.
Capitainerie de Parikia *Tél. 22840 21 240*

orientation

Sur la côte ouest, Parikia est le port et la capitale de l'île. Au nord, Naoussa est le deuxième centre urbain. Les plages les plus populaires bordent ces deux villes, ainsi que la côte est (Golden Beach, Logaras, Pounta). Le centre de l'île, montagneux, a Lefkes pour village principal ; la côte sud est inhabitée.

informations touristiques

EOT Un kiosque d'information *Parikia Ouvert juil.-août*
Erkyna Travel Cette agence délivre des billets et propose des excursions en bateau ainsi que des locations de voiture et des chambres d'hôtel. ***Parikia*** *Tél. 22840 22 654 www.erkynatravel.com Ouvert tlj. 9h-21h*
www.parosweb.com Le site officiel de l'île.

se déplacer

EN CAR

Gare routière KTEL Relie **Parikia** à Naoussa (2/h l'été, 1,60€). Des cars relient aussi le chef-lieu à Lefkes (1,60€), Pisso Livadi (2,20€), Golden Beach (2,80€) et Drios (2,80€). Cars pour Drios via Naoussa (1,60€) et pour Aliki (1,60€) et Pounta (1,60€). De **Naoussa**, cars à destination de la plage Santa Maria (1/h, 1,60€) et d'Ampelas (3/j., 1,60€). Nombreux cars en été pour les plages de la côte orientale. *Sur le port (à droite en sortant du bateau)* ***Parikia*** *Tél. 22840 21 395 ou 22840 21 133 www.ktelparou.gr*

EN TAXI

De Parikia (station derrière le moulin du port), comptez 12€ pour Pounta, 13€ pour Naoussa, 16€ pour Aliki, 22€ pour Pisso Livadi et 26€ pour Drios. *Tél. 22840 21 500*

EN VÉHICULE DE LOCATION

Paros possède un vaste parc de voitures et de scooters,de location, mais il est conseillé de réserver longtemps d'avance toute location pour juillet-août si l'on veut bénéficier de prix doux. Les loueurs de voitures ont peu ou prou aligné leurs tarifs, mais mieux vaut comparer ceux des scooters ! Vérifiez l'état de votre deux-roues et exigez un casque. Automobilistes, privilégiez les parkings (gratuits) et les places autorisées en centre-ville, les amendes pleuvent ! Pour découvrir Antiparos, le scooter reste le meilleur moyen de transport : les distances sont courtes et le relief, peu marqué ; vous trouverez de nombreux loueurs

LES CYCLADES

Plan 25 Paros et Antiparos

sur le port. Attention, faites le plein avant de rendre votre véhicule (station-service à la sortie sud du port).

Sixt La location d'une voiture vous reviendra à 46€/j. en été (20-30€/j. en hiver). *À droite en sortant du bateau Polo Tours* ***Parikia*** *Tél. 22840 21 309 Ouvert tlj. 8h-16h et 18h-21h Sur la place principale* ***Naoussa*** *Tél. 22840 52 275 Ouvert tlj. 8h-16h et 18h-21h*

Hertz Voiture 50-70€/j. (25-35€/j. en basse saison). *À 100m du port à gauche* ***Parikia*** *Tél. 22840 28 113 Ouvert été : tlj. 9h-14h30 et 18h-21h ; hiver : lun.-sam. 9h-14h30 et 18h-21h En dehors de ces horaires sur rdv*

Cyclades Rent a Car Loueur sérieux. Voiture 50€/j. en haute saison. *Pl. Ekatontapilianis* ***Parikia*** *Tél. 22840 23 388 Ouvert été : tlj. 8h-22h ; hiver : tlj. 8h-21h*

Dimitris Scooter 12-15€, vélo 5€. Bon accueil. ***Antiparos*** *Tél. 22840 61 286 Ouvert été : tlj. 8h-22h*

Europcar Voiture 50€/j., scooter 20-25€/j., quad 30€/j. et vélo 5€ en haute saison. ***Antiparos*** *Tél. 22840 61 346 ou 69 72 84 78 35 Ouvert avr.-sept. : tlj. 9h30-21h*

informations pratiques

Vous trouverez plusieurs banques avec DAB – également un distributeur de billets à la poste de Parikia, face à la marina – ainsi que plusieurs pharmacies à Parikia et à Naoussa. Le port d'Antiparos possède une poste, un minimarché, une station-service, plusieurs pharmacies...

Centre médical *Pl. Ekatontapilianis (à 100m du port, à gauche en sortant du bateau)* ***Parikia*** *Tél. 22843 60 000*

Police *Pl. Mavrogenous* ***Parikia*** *Tél. 22840 23 333*

Anagennisi Books Presse internationale, plans et cartes de Paros, littérature. *Platia Ekatontapilianis* ***Parikia*** *Tél. 22840 22 247 Ouvert tlj. 8h-23h*

fêtes et manifestations

Fête du vin et du poisson Dégustations et concerts de musique traditionnelle sur le port. ***Naoussa*** *1er dim. de juillet*

Assomption de la Vierge / Analipsis tis Panagias L'Assomption donne lieu à un important pèlerinage à l'église de la Panagia Ekatontapiliani, à Parikia. Les fidèles accourent de tout le pays pour prendre part à la procession qui fait le tour des églises du chef-lieu, puis des centaines de navires paradent dans la baie en attendant le feu d'artifices. ***Parikia*** *15 août*

Fête des Pirates Spectacle illustrant la résistance des insulaires aux pirates. Feux d'artifice. ***Naoussa*** *Le 23 août*

Panagia tis Faneromeni Procession religieuse suivie de spectacles de danse, de concerts et d'une dégustation de vin sur le port. ***Antiparos*** *Le 8 septembre*

DÉCOUVRIR

Paros

☆**Les essentiels** Parikia et son église de la Panagia Ekatontapiliani, le port de Naoussa, le village de Lefkes, les plages : Kolimpithres et Golden Beach **Découvrir autrement** Suivez le sentier byzantin de Lefkes à Prodromos, grimpez jusqu'au monastère Agii Theodori

☆☺ Parikia (Chora) et ses environs

Les visiteurs de passage ne voient en **Parikia** qu'un port dévolu au tourisme de masse, avec sa noria de ferries et ses innombrables boutiques de souvenirs. Le tableau est en fait beaucoup plus flatteur : passé la grand-place M. Mavrogenous (derrière le moulin du quai), le vieux Parikia se déploie le long de ruelles tortueuses et de passages voûtés. Çà et là, de belles demeures dressent leurs façades néoclassiques, des fontaines de marbre ornent un trottoir, des églises secrètes apparaissent au détour d'une rue. Difficile de faire plus cycladique que ces rues blanchies à la chaux, éclaboussées de couleurs : le rose saumon des lauriers, l'orange vif des bignonias, le fuchsia des bougainvilliers. Dans Lochagou Kourtinou (Market St.), la principale rue commerçante, les échoppes touristiques ont colonisé le rez-de-chaussée des maisons. Pour éviter la cohue et profiter de la beauté du centre ancien, il est conseillé de venir le matin… avant l'heure d'ouverture !

***Kastro* vénitien (plan 26, B1)** Ce château franc a été bâti sur le plus haut point de la ville par le duc vénitien de Naxos en 1260, avec des matériaux prélevés sur un temple d'Athéna. On reconnaît clairement, dans le mur d'enceinte, des fûts de colonnes antiques ! Juste derrière, face à une élégante façade néoclassique s'élèvent deux jolies églises accolées. Remontez la ruelle jusqu'à Agios Konstantinos, l'une des plus vieilles et des plus charmantes églises de l'île,

Plan 26 Paros, Parikia

Restauration (n°2 à 5)
Giannoulis — **5** B1
Happy Green Cows — **2** B1
Levantis — **3** A1
Tamarisko — **4** B1

Cafés, bars et lieux de sortie (n°10 à 12)
Alexandros Café — **10** A1
Evinos — **11** A1
Pirate Café-Bar — **12** A1

Hébergement (n°20 à 25)
Argonauta Hotel — **20** B1
Arian Hotel — **21** C1
Camping Krios — **22** C1
Jane's Rooms — **23** B1
Pension Rena — **24** C1
Sofia Pension — **25** C1-C2

qui domine la mer. Elle semble avoir été dessinée par une main tremblante : petite galerie à colonnade, fronton en escalier, marches approximatives, beau porche en marbre surmonté d'une croix en faïence, dôme bleu.

☆ **Panagia Ekatontapiliani (plan 26, B1)** Considérée comme l'un des plus importants monuments byzantins de Grèce, "Notre-Dame aux 100 portes" reçoit des milliers de pèlerins à l'Assomption, le 15 août. Dédiée à la Dormition de la Vierge, la basilique doit son surnom à une légende du XVIIe siècle affirmant qu'à ses 99 portes s'ajoute une centième, dissimulée, qui s'ouvrira miraculeusement quand les chrétiens reprendront Constantinople… Sa fondation, attribuée à la mère de Constantin le Grand – le premier empereur chrétien –, remonte au début du IVe siècle, mais l'édifice principal actuel date du VIe siècle. Plusieurs fois remanié et sévèrement endommagé par un séisme en 1733, il n'en demeure pas moins le plus grand sanctuaire paléochrétien des Cyclades. Ses bâtisseurs ont utilisé de nombreux matériaux de réemploi : pilastres, colonnes et autres éléments provenant d'édifices antiques. La vaste cour est ceinte sur trois côtés de bâtiments à un étage du XVIIe siècle abritant les cellules des moines (la plupart des fameuses "portes"). Remarquez les deux cloches suspendues aux branches du grand arbre qui ombrage la cour – elles sont censées relayer la cloche électrique en cas de panne. La nef principale de la basilique est assez spectaculaire avec ses gros blocs gris, verts ou mauves. Admirez l'iconostase à colonnes de marbre, dont les icônes revêtues d'argent et d'or font l'objet d'une dévotion constante. Remarquez également la cathèdre – trône épiscopal – et l'*amvon* – pupitre surélevé (XVIIe s.). L'abside abrite un synthronon, banc à gradins destiné aux prêtres, dont le marbre provient des ruines d'un théâtre antique. Au-dessous coule la source miraculeuse qui aurait abreuvé Theoktisti, la sainte à qui la chapelle de gauche est consacrée. L'abside principale abrite un autel au dais de marbre finement sculpté. La galerie supérieure de la basilique (accès par un escalier extérieur) offre un meilleur point de vue d'ensemble. À gauche de l'iconostase s'ouvre la chapelle Saint-Nicolas, en fait l'église primitive avec ses trois nefs, son iconostase et son petit synthronon. Agios Nikolaos recèle une fresque du VIIe ou VIIIe siècle représentant Sainte Élisabeth et Jean le Baptiste enfant. La nef sud (droite) de la basilique communique avec le baptistère en forme de croix grecque, à l'origine (IVe s.) une structure à trois

Excursion à tire-d'aile dans les îles

Anemomylos Alexander Travel Cette agence de voyages organise des excursions à la journée à Mykonos et à Delos à bord du *Naxos Star*, 3 fois/sem. (45€, enfants 23€) : départ à 8h30, retour à 18h15. Également des excursions à Santorin (5€, enfants 30€) : 1 fois/sem. (8h30-18h) avec visite guidée en français. Vous préférez rester dans le coin ? Faites le tour d'Antiparos… avec ouzo et barbecue (58€, enfants 30€) : tous les jours, départ à 10h, retour à 17h. *Platia Aligaria (derrière le commissariat, pl. Mavrogenous)* ***Parikia*** *Tél. 22840 24 968 www.windmill-travel.gr Ouvert été : tlj. 9h-22h ; hiver : tlj. 9h-14h et 18h-21h* nefs. Sur la cour donne un Musée byzantin, qui renferme de belles icônes provenant de la Panagia Ekatontapiliani, mais aussi d'autres églises et monastères de l'île : à gauche de l'entrée, deux remarquables icônes anciennes en argent ciselé représentent la Dormition de la Vierge (XVIIIe s.) ; de nombreux objets liturgiques, évangiles du XVe siècle, et l'épitaphe en bois sculpté (XVIIIe s.) portée en procession le vendredi de Pâques. *Ouvert juil.-août : tlj. 7h-0h ; sept.-juil. : tlj. 7h-13h et 16h-21h* **Musée byzantin** *Tél. 22840 21 243 Ouvert juil.-août : tlj. 9h-21h ; sept.-juin : tlj. 9h-14h et 17h-21h Tarif 1,50€*

☺ **Musée archéologique (plan 26, B2)** Ce très joli musée dont l'entrée est signalée par de beaux tombeaux en marbre sculpté expose les trésors du néolitique à la période romaine mis au jour sur les différents sites archéologiques de l'île et de ses satellites. Outre de nombreux marbres sculptés, pour la plupart du Ve siècle av. J.-C., il abrite une splendide statue ailée de Gorgone (VIe s. av. J.-C.) et une *Victoire de Samothrace* de facture classique, découverte près du *kastro* de Parikia. Autre trésor : l'une des trois stèles de la *Chronique parienne* (IIIe s. av. J.-C.), qui retrace plus de 1 000 ans d'histoire grecque (les deux autres sont conservés à l'Ashmoleum d'Oxford). Admirez également les lignes épurées des cratères et idoles cycladiques en marbre blanc originaires de Drios. La collection comprend aussi des poteries provenant du site néolithique de Saliagos (4 000 ans av. J.-C.) et des fibules en bronze et poteries corinthiennes de Despotiko, deux îlots voisins d'Antiparos. Signalons enfin une magnifique frise en marbre du temple d'Apollon à Delos (Ve s. av. J.-C.). *Derrière l'église Ekatontapiliani Tél. 22840 21 231 Ouvert mar.-dim. 8h-15h Tarif 2€, réduit 1€, moins de 18 ans et étudiants gratuit*

Nécropole antique (plan 26, C1) Au-dessus de la marina, cette nécropole exhumée en 1983 remonte au VIIe siècle av. J.-C. L'ensemble reste peu spectaculaire : sarcophages et urnes en marbre, tombeaux de la période archaïque à l'époque romaine. *À 2min à pied du port, au-dessus de la marina*

● Aller à la plage

Livadia et Livadia 2 (plan 26, C1) Après la marina, en allant vers l'est, vous pourrez poser votre serviette sur Livadia, la plage la plus proche du centre-ville (700m) : sable et parasols à louer, comme presque partout dans l'île. Nous préfèrons cependant **Livadia 2**, un peu plus à l'est, moins peuplée et moins touristique.

Krios Son long ruban de sable se déploie au nord de la baie de Parikia. Tavernes, parasols et... la foule en été ! ***Krotiri*** *À env. 2km au nord de Parikia Bateau-taxi de Parikia (guérite à gauche en sortant du bateau) 4€ AR (20min)*

Martselo La plage suivante... moins bondée ! Les rochers se succèdent, appréciés des nudistes, jusqu'au cap Phokas, qui ferme la baie. *À env. 2km au nord de Parikia Bateau-taxi de Parikia (guérite à gauche en sortant du bateau) juin-sept. : tlj. 10h-19h 4€ AR (20min)*

Delfini / Souvlia Il faut parcourir 1km à l'ouest de Parikia avant de gagner la petite plage de Delfini, animée par un sympathique restaurant-bar, le Magaya.

Parasporos Cette plage s'étend 500m plus à l'ouest de la précédente, au creux d'une anse à l'eau couleur indigo. Plus longue, bien abritée et équipée (parasols, chaises longues), elle est assez familiale et prise d'assaut en été.

Naoussa et la côte nord

☆☺ **Naoussa** Le Saint-Tropez de Paros ! Ce ravissant petit port de pêche aux ruelles étroites a réussi à préserver son caractère en dépit des bars bruyants et des boutiques de bijoux et de vêtements chics, toujours plus nombreuses. À l'instar de Parikia, le village est ourlé de belles plages, qui se succèdent le long de sa baie. En été, inutile de s'aventurer en voiture dans le centre : garez-vous dans le parking à l'entrée nord de la ville. Les ruines d'un **fort vénitien** (XIVe s.) occupent l'extrémité de la jetée du port. De la grand-place (derrière le port, près du pont), prenez la première ruelle de gauche quand vous êtes dos à la mer. Au-delà du passage voûté s'élève **Agios Nikolaos**, reconnaissable à son joli clocher ajouré à colonnades. Cette église possède une iconostase en bois sculpté parfaitement conservée et de belles icônes. Continuez dans la ruelle et tournez tout de suite à droite pour rejoindre la charmante église **Ioannis Theologos** et admirer ses fresques du XVIIe s., hélas fort dégradées, son iconostase et sa poutre de gloire peinte au milieu de la nef. Dans le prolongement de la grand-place se dresse l'église de la **Panagia Pantanassa**. En face, un petit **musée des Arts et Traditions populaires** présente la collection hétéroclite rassemblée par le docteur Othon Kaparis au siècle dernier : poteries, figurines antiques, vaisselle française du XIXe siècle, vieilles pipes… Anecdotique. À l'ouest du port, à côté de l'église Agios Athanassios, un Musée byzantin (temporairement fermé, faute de crédits), réunit des stèles, icônes du XIIIe siècle, photographies, etc. *À 9km au nord-est de Parikia* **Musée des Arts et Traditions populaires** *Tél. 22840 53 453 Ouvert juil.-août : tlj. 10h-13h et 18h-21h ; Pâques-juin : tlj. 10h-13h et 18h-20h ; sept.-oct. : tlj. 10h-13h et 18h-20h Tarif 2€*

● Où déguster une glace à la mangue épicée ?

☺ **Scream** Bienvenue chez le meilleur artisan glacier de l'île ! Mangue épicée, sésame, plusieurs sortes de chocolat… Plus de 50 parfums de glaces et sorbets (3-6,50€), des nouveautés tous les ans, en provenance d'Italie - et servis avec le sourire ! *Sur le port* **Naoussa** *Tél. 22840 53 094 Ouvert juil.-août : tlj. 13h-4h ; Pâques-juin : tlj. 13h-1h ; sept.-début oct.*

● Où déguster du vin de Paros ?

Moraïtis Winery Cette exploitation vinicole fondée en 1910 ouvre au public ses chais, un élégant bâtiment en pierre sèche. Mieux vaut réserver pour se joindre à un groupe et bénéficier de la visite guidée : histoire du vin de Paros et dégustation des crus maison, ouzo compris. *Route d'Agii Anargiri* **Naoussa** *Tél. 22840 51 350 Ouvert lun.-sam. 9h-15h30 Horaires aléatoires Visite, film et dégustation 6€*

● Aller à la plage

Naoussa La plus proche du centre-ville, **Piperi**, se trouve à l'ouest du port. À la sortie est du bourg, derrière l'église Agios Dimitrios, se dessine la plage de sable d'**Agii Anargiri**, hélas enlaidie par une cheminée d'usine. Il vous faudra aller plus à l'est pour trouver les plus belles plages.

À l'est de Naoussa D'abord **Langeri**, appréciée des nudistes, puis la longue et sableuse **Aliki**, qui borde le camping Surfing Beach (nombreux jeux nautiques). Plus calme, **Santa Maria** se déploie 1,5km plus loin. Elle se compose de deux plages séparées par une pointe rocheuse. Aliki et Santa Maria disposent de tavernes et de clubs de plongée ; on y pratique divers sports aquatiques (planche à voile, ski nautique, bouées tractées à grande vitesse). Navette entre le port de Naoussa et Langeri (5,50€ AR) tlj., toutes les 20min en haute saison

Ampelas Un petit port de pêche, dont la jolie plage de sable est un peu plus calme que les autres. *À 2,5km au sud-est de Naoussa*

☆☺ **Kolimpithres** De ravissantes plages se blottissent entre les formations de cet étonnant chaos de rochers sculptés par l'érosion. Hélas, à moins de venir tôt, ce paradis naturel est généralement pris d'assaut. Parasols, jeux aquatiques, taverne... *À 2km à l'ouest de Naoussa Navettes entre le port de Naoussa et Kolimpithres (3,50€ AS) tlj. en saison de 10h à 15h*

Monastiri Au bout de la baie, 2km après Kolimpithres, la plage de Monastiri se cache derrière un monastère. Parasols, taverne. *Navettes entre le port de Naoussa et Monastiri (3,50€ AS) tlj. en saison de 10h à 15h*

● Explorer les fonds marins

X-ta-sea Divers Épaves, prairies et grottes sous-marines à explorer avec ce club qui anime des plongées à 45€ (80€ les deux) pour tous niveaux. Propose également du ski nautique et diverses activités aquatiques. *Tél. 22840 51 584 ou 69 77 68 90 67 www.parosdiving.com Ouvert mi-mai-début oct. : tlj. 9h-10h15 et 18h-21h*

● Galoper sur la plage

Kokou Un centre équestre ouvert toute l'année et tenu par une famille québécoise sérieuse. En saison, 2 balades/j. La meilleure étant celle du matin (8h30), qui vous fera galoper sur la plage (2h30, 55€). Promenade plus courte en fin d'après-midi, au coucher du soleil (1h30, 35€). Réservez-la 3 jours avant en juillet-août ou la veille hors saison. Navette possible avec Naoussa. *Route de Drios (à 2km au sud de Naoussa) Tél. 22840 51 818 ou 69 44 17 49 98 www.horseridingparos.com Ouvert avr.-oct. : tlj. Le reste de l'année, sur réservation*

Le centre et la côte est

Monastère de Longovarda Ce monastère du XVIIe siècle perché sur une colline est le plus grand de l'île et son accès réservé aux hommes – à condition qu'ils aient les jambes et les bras couverts. Son église renferme des fresques, des icônes du XVIIe siècle et une magnifique iconostase de 1850. Sur la cour donnent les cellules des moines (une dizaine aujourd'hui), une bibliothèque qui recèle des livres rares et des ateliers de peinture et de reliure. La communauté s'adonne également à la viticulture. La fête du monastère a lieu le 23 juillet. *À mi-chemin de Parikia et de Naoussa (après 1km de piste) Tél. 22840 21 202 Ouvert tlj. 9h30-12h*

Marathi À la sortie est du village se cachent des carrières de marbre, exploitées de l'Antiquité au XIXe siècle (les bâtiments en ruine datent de cette époque). Une piste carrossable et un sentier conduisent à l'entrée des grottes. Celles-ci, bien que très longues, sont peu spectaculaires mais difficiles d'accès : la pente est raide et glissante. Prévoyez de bonnes chaussures et surtout une lampe-torche (noir complet à l'intérieur) et évitez de vous y aventurer seul. Un bas-relief sur la gauche orne l'entrée de la grotte dite des Nymphes. *Sur la route de Lefkes À 3km à l'est de Parikia*

Agios Minas Ce monastère fortifié du XVIIe siècle est perdu en plein maquis. Si vous voulez le visiter, agitez fort la cloche et appelez le moine-gardien. Le résultat n'est pas garanti ! *Des carrières de Marathi, suivre le chemin carrossable sur 2km*

Kostos Entre Marathi et Lefkes, un joli petit village 100% cycladique. Partir de la placette, reconnaissable à ses deux églises, et flâner dans les ruelles blanches, que colorent des bougainvilliers.

☆ ☺ **Lefkes** Ce village perché de l'intérieur, qui servit de capitale à l'époque ottomane, s'explore à pied. La beauté sans artifice de ses ruelles abruptes et de ses placettes ombragées attire aujourd'hui les touristes. Façades néoclassiques, passages voûtés, linteaux sculptés, églises de poche… Le temps ne semble pas avoir de prise sur Lefkes. De la grand-place, descendez jusqu'à l'église Agia Triada parmi les palmiers, cyprès et bougainvilliers. Cette église de 1830 dotée de deux clochers à bulbes ajourés est, hélas, souvent fermée. L'hôtel Lefkes Village abrite un petit musée de la Culture égéenne : amphores, chaises paysannes, outils agricoles, coquillages, etc. *À 11km au sud-est de Parikia* **Musée de la Culture égéenne** *Tél. 22840 41 827 Ouvert mai-oct. : tlj. 18h-23h Entrée libre*

DORMIR À LEFKES
Si vous voulez profiter plus longtemps du charme du village, réservez une chambre dans son hôtel le plus chic (cf. p.430). **Lefkes Village** *Tél. 22840 418 27*

☺ **Prodromos** Un ravissant village fortifié, oublié des touristes ! On y pénètre par une porte surmontée d'un clocher ajouré qui est intégré au système défensif. La suite de la visite est un enchantement : ruelles blanches dallées de pierre, épais bouquets de bougainvilliers rose vif, clocher à bulbe ajouré à cheval au-dessus de la rue, scènes de la vie quotidienne… *À 7km au sud de Naoussa*

Marmara Sur la route de Molos, faites une pause dans ce village fleuri de bignonias et de bougainvilliers. Maisons blanches, ruelles dallées, passages couverts : rien ne manque à la carte postale. Au centre du village, admirez le clocher ajouré aux drôles de cornes de l'église Agios Savas (1608). À la sortie de Marmara, en allant vers Molos, on aperçoit sur la gauche un autre joli clocher de style cycladique.

Molos Cette vaste baie assez sauvage se déploie entre deux caps rocheux. Idéal pour un bain de soleil loin du tumulte des autres plages. Suivez le chemin qui part du sud de la baie jusqu'à la plage de Kalogero, de l'autre côté de la pointe. Impressionnante falaise rouge sublimée par le coucher du soleil et vue sur Naxos. Les insulaires ont l'habitude de s'enduire le corps d'une argile récoltée sur cette plage.

Marpissa S'il a moins de charme que Prodromos, ce village séduit par son authenticité. Garez-vous sur la place des trois moulins et gagnez le haut du village. En chemin, admirez ses ruelles blanches et tortueuses, ses maisons aux volets bleus, ses façades décrépies et ses campaniles à bulbe orné. *À 18km au sud-est de Parikia*

☺ **Monastère Agios Antonios** Érigé au XVIe siècle au sommet d'une colline et désaffecté depuis le XIXe siècle, il offre un panorama saisissant sur les baies découpées de la côte orientale et les plaines du centre de l'île. *De la place des trois moulins, à Marpissa, compter 2km de piste jusqu'au monastère Laisser la voiture et finir à pied (20min de montée) Ouvert tlj. 11h-13h et 18h-20h*

Pisso Livadi Un petit port de pêche plein de charme avec ses caïques colorés et sa plage bordée de tamaris. Le village compte de multiples hôtels et studios à louer, principalement occupés par des familles grecques. Nombreuses tavernes. *À 19km au sud-est de Parikia*

Drios Surnommé le "jardin de Paros" en raison de son abondante végétation, le port de Drios et sa belle plage – cf. Piquer une tête dans les eaux azur (p.419) – ne manquent pas de cachet. *À 5km au sud de Pisso Livadi et 25km au sud-ouest de Parikia*

● De Lefkes à Podromos à pied

☺ **Sentier byzantin** De la grand-place de Lefkes, on peut gagner Podromos à pied en 1h30 en suivant - dans le sens de la descente donc - la voie pavée qui relie les deux localités depuis l'Antiquité. Une balade à faire quand le coucher du soleil colore de miel les herbes sèches et les murets de pierre.

● Découvrir les fonds marins

☺ **Aegean Diving College** Une école de plongée pas comme les autres ! Elle est dirigée par Peter Nicolaïdes, ancien de l'équipe du commandant Cousteau et collaborateur permanent du National Geographic. Ici, chaque plongée est l'occasion de sensibiliser les "élèves" à la biodiversité et de faire découvrir les richesses biologiques et archéologiques de la mer Égée. Passionnant, surtout avec une équipe aussi chaleureuse et dynamique. De quoi justifier les tarifs, un peu plus élevés qu'ailleurs : baptême 60-65€, plongée 70-85€, sortie en masque-tuba 35€ (sans bateau) ou 55€ (avec bateau). Également des plongées à thème (photo sous-marine), des activités en mer pour les enfants et des sorties à Antiparos et dans les Petites Cyclades. ***Chryssi Akti*** *Tél. 22840 43 347 ou 69 32 75 71 23 aegeandive@gmail.com Ouvert mars-fin nov.*

● Piquer une tête dans les eaux azur

Logaras Derrière la pointe rocheuse, cette plage dispose de plus d'espace et d'un meilleur sable que celle de Pisso Livadi (au nord).

☆ **Golden Beach** La plus prisée des plages de Paros séduit par son sable fin et son eau transparente. Elle n'est certes pas sauvage (parasols et matelas de 7€), mais on a la place d'y déployer sa serviette sans être importuné par les décibels des bars de plage. Elle reste bien protégée du meltem, mais gare aux véliplanchistes qui sortent parfois de leur couloir. Tournois de beach volley en août. Au nord du cap Choni s'étire la plage de **New Golden Beach**, version réduite de la précédente.

Messada Les naturistes apprécient cette étendue de sable et de galets enchâssée entre les rochers et ombragée de tamaris. *Compter 10min à pied à partir de Golden Beach*

Drios Le village possède une belle plage de galets, ombragée de tamaris. *À 5km au sud de Pisso Livadi et 25km au sud-ouest de Parikia*

Autour de Drios Au sud du village, passé le cap Pirghos, cherchez la ravissante plage de **Pirghakia**, sise entre une cale de pêcheurs et une petite église juchée sur des rochers rouges. Au sud-ouest se succèdent plusieurs plages encastrées dans les rochers, telles **Tripiti** et **Glifa**, longue et belle étendue de sable bordée de tamaris (une taverne).

● Embarquer sur un voilier

Voilier Ritsaki Excursion à la journée (9h-21h) à bord d'un voilier vers les Petites Cyclades. Si le confort est relatif (déconseillé aux familles), la balade est vraiment belle ! Repas à Schinoussa, pauses baignades à Koufonissia. 58€/pers. (enfant 29€). ***Pisso Livadi*** *Tél. 69 72 71 49 51 Ouvert juin-sept.*

● Faire de la planche à voile, du kayak...

Force 7 Center Location de planches : 20-30€/h, 70-80€/j. ; leçon : 130€/6h. Kayak 10€/h, catamaran 60€/2h. Terrain de beach-volley à disposition. ***Golden Beach*** *Tél. 22840 41 789 ou 69 44 64 54 40 www.force7paros.gr Ouvert mai-oct. : tlj. 10h-18h30*

La côte ouest et sud

Monastère Christou Dassous Juché sur une hauteur, ce monastère fortifié du XVIIIe siècle est occupé par une communauté de femmes. Il abrite le tombeau de saint Arsène (1800-1877), patron de l'île. Deux églises, des terrasses et des cellules dont l'accès est réservé aux femmes. Beau panorama sur la côte ouest et Antiparos. Au-dessus du monastère se dresse l'imposante église Agios Arsenios, plus récente. *À 5km au sud de Parikia (dir. Valley of Butterflies - vallée aux Papillons) Tél. 2840 91 300 Ouvert tlj. 8h30-13h30 et 18h-20h*

Vallée aux Papillons La "vallée" se résume à un coin de forêt dense agrémenté d'une source où les écailles chinées, ou callimorphes (*Panaxia quadripunctaria)* viennent pondre de juin à août – les chenilles éclosent au bout de quelques semaines et se métamorphoseront en mai de l'année suivante. Ces papillons à la livrée noire zébrée de beige ne déploient leurs ailes postérieures rouge orangé tachetées de noir que quand ils volent. Très actifs la nuit, ils se cachent sous les feuilles en milieu de journée... à la grande déception des touristes. Venez vers 9h ou en fin d'après-midi : les papillons offrent alors de beaux ballets multicolores (il est interdit de faire du bruit pour les obliger à voler). Cafétéria. *À 7km au sud de Parikia Tél. 22840 91 211 Ouvert 10 juin-31 août : tlj. 9h-20h ; 1er-20 sept. : tlj. 9h-19h30 Tarif 2€*

Punda Beach Club Une plage transformée en boîte de nuit dès l'après-midi, à la façon de Mykonos ! Les bus (bondés) en provenance de Parikia déposent une foule de jeunes gens venus faire la fête au club de la plage et, accessoirement, se baigner. L'alcool coule à flots, la piscine est pleine et les décibels déchirent les tympans. Il faut aimer… Le complexe possède un restaurant, des bars et plusieurs boutiques. *À 8km au sud-ouest de Parikia www.pundabeach.gr Ouvert mai-sept.*

Aliki Il flotte une ambiance désuète dans ce paisible port de pêche à moitié transformé en station balnéaire familiale. Les poulpes sèchent sur les terrasses des tavernes, les barques tanguent et quelques touristes oublient le temps sur la petite plage du port.

Musée Scorpios Les Cyclades en modèle réduit ! Pêcheur de métier, Beneditos Skiadas reproduit depuis plus de 30 ans les chefs-d'œuvre architecturaux des Cyclades à échelle réduite. Les miniatures sont disposées dans un petit parc : la Panagia de Tinos, les pigeonniers d'Andros, le monastère de la Vierge Marie d'Amorgos, etc. Touchant. Nombreuses maquettes de bateaux. Commentaires sympathiques de Popi, la femme de l'artiste et brochures en français. *Près de l'aéroport (10min à pied d'Aliki) Tél. 22840 91 129 Ouvert mai-sept. : tlj. 9h30-14h Tarif 2,50€*

☺ **Monastère Agii Theodori** Ce monastère ceint de murs crénelés domine l'arrière-pays et offre un panorama grandiose sur la mer et les collines ondoyantes de Paros. S'il est ouvert, allez profiter de sa verdure : une véritable oasis au cœur d'un maquis désolé. Ensuite, vous pourrez rejoindre Lefkes en 4x4 : suivez le chemin en vous repérant aux antennes de télécommunications dressées sur le toit de l'île (762m). Après quelques kilomètres d'ascension, redescendez sur Lefkes parmi les vallées étagées et les églises abandonnées. Panorama exceptionnel sur tout le nord de Paros et sur Naxos. *À 3,5km au nord-est d'Agéria (accès en 4x4 par une route partiellement bétonnée, fléché)*

● Voguer en caïque

Alexandros Une journée en caïque autour d'Antiparos, à partir de Pounta. Une pause-déjeuner à Despotiko et plusieurs arrêts baignade sont prévus. Sympathique en famille. Comptez 40€, enfant 20€. Départ vers 10h, retour vers 18h. Sur réservation. *Punda Sur le quai Tél. 22840 61 273 ou 6972 026 585 Ouvert mai-sept. : tlj.*

● Aller à la plage

Aliki À la plage du port, on peut préférer celle qui commence 200m plus à l'ouest : sable et galets, face à de petits îlots.

Faranga Fuyez la musique FM du bar installé sur le sable et dénichez l'une des criques voisines, plus tranquilles. *À env. 2km à l'est d'Aliki (accès possible par un sentier côtier)*

● Faire du kitesurf Punda est le fief des kitesurfeurs. Le vent, fort et régulier, qui s'engouffre dans le chenal séparant la côte ouest de Paros et l'île d'Antiparos, a fait la réputation du lieu. On trouve là deux clubs voisins et concurrents.

Paros Kiteboarding Center Installé depuis 1992. Comptez 200-230€ les 6h (niveau 1), 230-250€ les 6h (niveau 2), 230-250€ les 5h (niveau 3). Cours et location de planches à voile, ski nautique, etc. Taverne et bar. *Tél. 22840 93 018 ou 69 77 00 38 55 www.paroskite.gr Ouvert Pâques-fin oct. : tlj. 9h-19h*

Paros Kite Pro Center Peu après le Kiteboarding Center, au sud de Punda. Prévoyez 35-45€ l'heure de découverte, 500-550€ niveau 1 et 2 (15h). Cours en français et location de planches à voile.Réservation conseillée en juillet et août. ***Pounta*** *Tél. 22840 92 071 www.paroskite-procenter.com Ouvert juil.-août : tlj. 9h-21h ; Pâques-juin : tlj. 10h-19h ; sept.-début oct. : tlj. 10h-19h*

● Faire de la plongée

Eurodivers Club Un club sérieux pour découvrir grottes, murènes et stalactites sous l'eau. Initiation et plongée profonde. La plongée 70€, 99€ les deux, 170€ les quatre. Également des croisières en caïque à la journée autour d'Antiparos avec arrêts baignade. *Derrière le port Tél. 22840 92 071 ou 69 06 87 64 64 www.eurodivers.gr Ouvert mai-mi-oct.*

Excursion à Antiparos

Il y a 5 000 ans, Antiparos et Paros ne faisaient qu'un. Aujourd'hui, il faut prendre un bac pour traverser le chenal d'à peine 1km qui les sépare. En général, les touristes se contentent de passer la journée à Antiparos, une île relativement épargnée par le tourisme. Mais si vous aimez le calme, vous pourrez prolonger votre séjour afin de profiter de son port animé et de ses plages de sable et visiter son impressionnante grotte à stalactites. Le mieux est de louer un scooter sur le port pour parcourir cette île assez plate de 35km².

Antiparos (Chora) Du port, remontez la rue principale d'Antiparos jusqu'à la place ombragée par un grand arbre et tournez à droite. Une porte ogivale signale l'entrée d***u kastro***. Cette fortification vénitienne du XVᵉ siècle, destinée à défendre les insulaires des attaques de pirates, s'élève dans une cour carrée bordée de maisons à deux étages. La rue principale débouche sur la plage de **Sifneikos Gialos**, sur la côte ouest, idéale pour contempler le coucher du soleil sur Sifnos.

☆ ☺ **Grotte** Principale attraction de l'île, cette grotte creusée dans la montagne fut découverte le jour de Noël 1673 par le marquis de Nointel, ambassadeur français à Constantinople : ce dernier y célébra la messe de minuit avec sa suite, comme il est inscrit sur la base d'un stalactite ! À l'entrée se dresse un stalagmite vieux de 45 millions d'années. Les 411 marches descendent

Se rendre à Antiparos

En bac à partir de **Pounta** de 7h à 2h30, toutes les 30min. Durée de la traversée : env. 5min. On peut y embarquer un scooter ou une voiture. En bateau à partir de **Parikia** toutes les heures en haute saison (mi-mai à sept.) de 9h30 à 21h (18h30 en moyenne saison). Durée de la traversée : env. 30min (pas de véhicule). **Capitainerie d'Antiparos** *Tél. 22840 61 485* jusqu'à la vaste salle principale (5 600m^2 !), véritable forêt de stalactites et de stalagmites. Inutile de descendre plus bas, l'escalier se finit en cul-de-sac. *En saison, des bus partent du port pour la grotte, horaires variables Tél. 22840 61 570 Ouvert Pâques-fin oct. : tlj. 10h-16h Tarif* 5€

Agios Georgios Une eau turquoise, du sable fin et l'îlot sauvage de Despotiko qu'on croirait pouvoir toucher du doigt... La plage d'Agios Georgios a de quoi faire rêver. Mais les promoteurs immobiliers l'ont compris également et le petit coin de paradis se bétonne à la vitesse grand V. L'endroit reste tout de même idyllique et compte de bonnes tavernes de plage. *En saison, des bus partent du port pour Agios Georgios*

● ☺ Trouver une plage de rêve Au nord de l'île, une plage naturiste borde le camping. On peut rejoindre à pied, par une bande de sable, l'îlot tout proche de **Kato Fira** qui surgit dans un décor de carte postale ! Plusieurs plages se succèdent au sud du port. Passez celle de **Psaraliki** (équipée, la première en sortant du port) et préférez-lui la **Panagia**, plus séduisante avec ses tamaris, face à Paros. Plus au sud, **Apantima** est également séduisante et dotée d'une taverne, tout comme celle de **Soros**, plus longue et assez calme, avec un "coin" naturiste. À proximité s'étend celle d'**Agios Sostis,** une vraie piscine naturelle ! De là, une piste (praticable à scooter) descend jusqu'à la pointe sud de l'île en desservant de superbes criques sauvages.

● Explorer les fonds marins

Blue Island Divers Plongée 50€ (80€ les 2) sur plus de 10 sites. Grottes, canyons, raies, barracudas : à chaque "spot" sa merveille. *Rue principale Antiparos Tél. 22840 61 767 ou 6983 159 452 www.blueisland-divers.gr Ouvert avr.-oct.*

● Partir à la découverte de Despotiko De mai à sept., plusieurs caïques proposent des excursions à la journée à Despotiko et autour d'Antiparos, à partir du port de Parikia (Paros). Au programme : exploration de grottes sous-marines, pause-déjeuner sur l'îlot de Despotiko et visite de son parc archéologique. Comptez 35-40€, moitié moins pour les enfants. *Rens. chez Anemomylos Travel* (p.414)

Sargos 1 À bord du *Sargos 1*, découvrez l'îlot de Despotiko et son site archéologique, baignez-vous à Livadi, et plongez à la découverte des grottes immergées du sud de l'île. Comptez 20€ (3h30 d'excursion). Départ à 11h30. *Agios Georgios Tél. 69 73 79 48 76 www.sargos1.com Ouvert mai-sept.*

CARNET D'ADRESSES

Lieux de sortie

Cinéma

Rex (plan 26, A2) En saison, 2 séances par soir (en version anglaise). ***Parikia*** *Au sud-ouest du port, près de la route périphérique Tél. 22840 21 676 Ouvert juin-sept.*

Bars

À Paros

Evinos (plan 26, A1 n°11) Juste en contrebas de la charmante église Agios Konstantinos, un agréable café-bar relié au front de mer par des escaliers. Le mieux est de s'y rendre au coucher de soleil pour apprécier le spectacle sur fond de musique jazzy. Cocktail de 7,50€. L'Aplo Café voisin n'est pas mal non plus avec son toit-terrasse. *Front de mer* ***Parikia*** *Tél. 69 74 41 32 32 Ouvert Pâques-oct. : tlj. 19h-3h*

Pirate Café-Bar (plan 26, A1 n°12) Cette maison ancienne, dont l'intérieur a été conservé intact, accueille une petite boîte de jazz qui ouvre ses *jam sessions* aux musiciens blues et funk. Concerts occasionnels. Cocktail env. 8€. ***Parikia*** *Tél. 69 74 31 59 91 Ouvert tlj. 9h-3h*

☺ **Alexandros Café (plan 26, A1 n°10)** Superbe vue sur le port de Parikia de ce moulin cycladique de 300 ans, habilement recyclé en bar. Un cadre magique pour boire un verre dans une atmosphère ouatée, loin du vacarme des bars du front de mer. Cocktail de 8€. Également glaces, yaourts, salades de fruits (7€). *Tout au sud du front de mer* ***Parikia*** *Tél. 69 30 67 12 69 www.alexandros-cafe.gr Ouvert fin mai-fin oct. : tlj. 18h30-2h*

☺ **Fotis Art Café** Un bar chic et élégant, aux tons blanc et crème, posé sur la plage d'Agios Dimitrios. Nul besoin d'être un VIP pour siroter son verre dehors, au bord de l'eau, Fotis, le patron, accueille tout le monde ! Atmosphère lounge le jour, plus dansante la nuit. Bonne ambiance après minuit. Cocktail 9€. Expos d'art régulièrement. ***Naoussa*** *Tél. 69 70 33 93 26 Ouvert mars-oct. : tlj. 11h-4h ; nov.-fév. : ven.-sam. 11h-4h*

The Anchorage Sur le port, vous ne pourrez manquer ce café-bar avec son comptoir en forme de coque de bateau et sa déco marine. Sert des boissons, cocktails (8€), glaces, petits déjeuners (4-8,50€) et yaourts. Free wifi. ***Pisso Livadi*** *Tél. 22840 28 740 Ouvert tlj. 8h-5h*

À Antiparos

Tzitzikas/Cicada Des grottes donnant sur une cour plantée d'oliviers, une entraînante musique latino et de bons mix jusqu'au matin ont rendu ce bar incontournable. Qu'elle soit grecque (*tzitzikas*) ou espagnole (*cicada*), cette cigale-là chante et danse tout l'été ! Bière 5€, cocktail 8€, cocktail au champagne 10€. ***Chora*** *sur la grand-place Tél. 69 32 714 841 Ouvert Pâques-fin sept. : tlj. 20h-4h*

Restauration

À Paros

Vous trouverez à Parikia des restaurants pour toutes les bourses. À Naoussa, vous risquerez de payer plus cher, surtout du côté du port : les petites *psarotavernes* à touche-touche montent exagérément les prix, gare à l'attrape-touristes !

petits prix

Giannoulis (plan 26, B1 n°5) Sur le port, en face de la station de bus, une taverne toute simple postée en bord de route. Si les incontournables *souvlakia*, pitas et *giros* ne manquent pas à l'appel, la carte s'enrichit de bons petits plats maison (5-9€). Spécialité de poisson, d'agneau, en croûte ou au four, et de viande de chèvre de l'île à prix très raisonnables. Légumes farcis 5,50€, aubergines au four 6,90€, agneau 8,50€, bœuf casserole 8€. À arroser d'un honnête vin de Paros. Verre d'ouzo parfois offert, accueil en français. Bonne ambiance le soir. De quoi compenser la banalité du cadre. Pas de CB. ***Parikia*** *Tél. 22840 23 673 Ouvert tlj. 11h-1h Fermé à Noël*

Charoula / Χαρουλα Une petite table pas ruineuse au cœur du village de Marpissa. La placette est assez difficile à trouver, et le meilleur moyen de débusquer la taverne est encore de demander aux habitants. Les anciens tapent le carton sous le figuier tandis que les convives dévorent une vraie cuisine de famille, concoctée comme à la maison (moussaka, boulettes de viande, *pastitsio*, coq au vin, fricassée de lapin). Plats 5-8€. En dessert, essayez le citron confit. ***Marpissa*** *Tél. 22840 41 440 Ouvert mai-oct. : tlj. 8h-2h*

To Thalami / Το Θαλαμι De la barque à l'assiette... Cette petite taverne située au-dessus de la plage, face à Naxos, sert de bons poissons, fraîchement rapportés par les bateaux de la maison. Papa pêche et les deux jeunes fistons assurent le service. Joli cadre sous les tamaris et tarifs très abordables. D'excellents calamars frits, rougets, langoustes, mais aussi des classiques grecs du jour (moussaka, *pastitsio*, légumes farcis pour 6€). Poisson 6-43€. Spaghettis à la langouste sur réservation. Pas de CB. *Passé les tavernes du port, 200m après l'église* ***Ampelas*** *Tél. 22840 53 351 Ouvert Pâques et fin mai-fin sept. : tlj. 13h-0h ; reste de l'année : ven.-dim. 13h-0h Fermé déc.-jan.*

Markakis Une grande terrasse face à l'azur et des produits frais, qui dit mieux ? Des *mezedes* très soignés aux viandes en passant par le poisson et les pizzas, la qualité est au rendez-vous. On se tournera de préférence vers les poissons, pêchés par le bateau du restaurant : rougets, sars, maquereaux, espadons, etc. Portions généreuses, à des tarifs raisonnables : 6-10€ l'assiette de poisson. Menu à 10-12€. Dommage que l'accueil ne soit pas plus aimable. *Au-dessus de la plage* ***Drios*** *Tél. 22840 41 913 Ouvert avr.-oct. : tlj. 12h-0h*

prix moyens

Tamarisko / Ταμαρισκο **(plan 26, B1 n°4)** L'une des plus anciennes tables de Parikia... et l'une des plus soignées. Sur la jolie terrasse tapissée de vigne, goûtez aux suggestions du jour qui changent salon la saison : salades originales et copieuses, courgettes farcies, épaule de porc à la sauge et au miel... Même les tomates farcies sont singulières : une garniture de riz, de raisin et de pignons remplace la viande. Plat 8-17€. Petite carte de vins. Réservation nécessaire en juil.-août. *Rejoindre Lochagou Kourtinou (Market Street) de la pl. Mavrogenous, la remonter sur la gauche, puis tourner à droite (passage voûté)* ***Parikia*** *Tél. 22840 24 689*

Ouvert juin-sept. : tlj. 19h30-0h ; oct.-mai : ven.-sam. 19h30-0h Fermé jan.

Moschonas / Μοσχονας Notre meilleure adresse sur le port. Oubliez les *souvlakia* de la carte et ruez-vous sur les poissons du jour : ils sont pêchés par le patron, qui dispose d'un bateau. La fraîcheur est garantie ; les portions sont généreuses et les prix plus bas que chez les voisins. Comptez 12,50€ la dorade et la salade grecque, et env. 24,90€ l'assiette de poisson pour deux servie avec une salade grecque. Un peu d'attente en saison, mais pas plus qu'ailleurs ! Pas de CB. *Sur le port* ***Naoussa*** *Tél. 22840 51 623 www.moschonasrestaurant-paros.com Ouvert tlj. 12h-1h*

Mitsi Une taverne posée sur la ravissante plage de la Petite Venise (Mikri Venetia), pour dîner les pieds dans le sable… Romantique en diable, mais la cuisine n'est pas en reste : *pougi* et *tzatziki* maison en entrée (3,50€), poivrons farcis au fromage ou salade de pommes de terre au crabe (les spécialités de la maison), sars, dorades, grillades, etc. À déguster avec un verre de *retsina* en se laissant bercer par le clapotis des vagues. Poisson 7,50-20€. *Plage d'Agios Dimitrios À l'est du port* ***Naoussa*** *Tél. 22840 52 096 Ouvert mai-début oct. : tlj. 11h-1h30*

☺ **Open Garden** Dans ce restaurant en plein air, situé en retrait du port, on concocte une cuisine fine et créative. Attablé dans un jardin de palmiers et d'arbres fruitiers, dégustez de préférence le poisson du jour tout droit sorti de la barque (rouget, mulet, mérou, seiche), à moins de la jouer grecque avec la moussaka, très légère. Entrées maison et portions généreuses, à l'image de l'accueil (francophone). Plat 9-16€. *Agios Spyridon* ***Naoussa*** *Tél. 22840 51 433 www.opengarden.gr Ouvert mai-début oct. : tlj. 19h-0h30 (lounge bar 19h-2h)*

Agnadio / Αγναδιο On est rarement seul sur la jolie terrasse de cette taverne qui domine le village. Peu importe, il y a de la place ! À la carte, salades, poissons, pâtes et grillades à déguster en admirant l'église de la Sainte-Trinité. Quelques desserts maison à prix dérisoires (*halva*, roulé à la confiture ou gâteau au yaourt) pour adoucir une addition parfois un peu salée. Plat env. 8-10€. Pas de CB. *À gauche de la place centrale en regardant vers l'église* ***Lefkes*** *Tél. 22840 43 089 ou 22840 41 663 Ouvert Pâques-fin oct. : tlj. 11h-0h*

Chalaris / Χαλαρις Une excellente petite ouzerie familiale sur le port de Pisso Livadi. Les poulpes qui sèchent aux cordes annoncent la couleur : ici, place aux produits de la mer ! Bons poissons frais, feuilletés aux crevettes et au fromage, *gouna* (poisson salé, séché au soleil et grillé), *kakavia* du patron (soupe de poissons), etc. Goûtez aux beignets de tomates et de courgettes. Comptez 15-20€ (entrée et plat). Carte en français. ***Pisso Livadi*** *Tél. 22840 43 257 Ouvert avr.-oct. : tlj. 9h-1h*

GAMME DE PRIX	RESTAURATION	HÉBERGEMENT
Très petits prix	moins de 10€	moins de 30€
Petits prix	de 10 à 15€	de 30 à 50€
Prix moyens	de 15 à 20€	de 50 à 80€
Prix élevés	de 20 à 30€	de 80 à 120€
Prix très élevés	plus de 30€	plus de 120€

prix élevés

Happy Green Cows (plan 26, B1 n°2) Amateurs de viande rouge, passez votre chemin ! Ce restaurant à la déco orientaliste délirante sert principalement des plats végétariens et végétaliens, plus quelques fruits de mer et du poulet. Essayer le risotto aux fruits de mer, les gambas à l'ail, les champignons aux poivrons et aux épinards, le poulet à la sauce roquefort... Amusant et convaincant. Plat 9-16€. Réservez en juil.-août. *De la place Mavrogenous, dans la ruelle derrière la National Bank* ***Parikia*** *Tél. 22840 24 691 Ouvert avr.-début oct.*

☺ **Levantis (plan 26, A1 n°3)** Sans doute la meilleure table de Parikia. Nichée dans une jolie cour aux tons terracotta, elle propose une cuisine méditerranéenne sophistiquée et plutôt audacieuse : agneau rôti enveloppé de feuilles de vigne, raviolis de betterave et de gingembre, risotto au fenouil et à l'orange, beignets de morue à l'huile d'anchois et purée d'aubergines, etc. Présentation des assiettes très raffinée, même si on aimerait les voir plus remplies ! En dessert, sorbet citron aux figues rôties ou truffes en chocolat. Env. 25€ (sans la boisson). Belle sélection de vins grecs à la carte. Réservation impérative en août. *Route du marché central* ***Parikia*** *Tél. 22840 23 613 levantisrest@yahoo.gr Ouvert mi-avr.-fin oct. : tlj. 18h30-0h*

☺ **Thea** À Pounta, on embarque pour Antiparos... ou pour l'Asie Mineure. Cette table élégante revisite la gastronomie grecque à l'aune de vieilles recettes de Constantinople et de la mer Noire. De l'agneau de Cappadoce aux abricots au poulet de Constantinople aux prunes et raisins, c'est plus que convaincant ! Poisson frais en fonction de l'arrivage. Avec plus de 500 vins grecs (qu'il connaît sur le bout des doigts), le patron possède la meilleure cave des Cyclades. Et quand le coucher de soleil est de la partie, alors... Plat 12-20€. Réservez de mi-juil. à août. *À l'embarcadère* ***Pounta*** *Tél. 22840 91 220 Ouvert Pâques-mi-oct. : tlj. 19h-0h ; mi-oct.-Pâques : ven.-dim. 19h-0h*

À Antiparos

prix moyens

Anargyros / Αναργυρος Sur le port, sans prétention mais de qualité toujours égale. Il y a du choix : croquettes d'aubergines, tarte aux épinards, poulpe grillé, spécialités italiennes. Pour manger local, laissez-vous tenter par la viande de chèvre d'Antiparos à la tomate. *Mezedes* 3,50€. Plats 8-16€. Sert aussi le petit déj. Quelques chambres à l'étage pour dépanner. *À l'entrée de la rue principale* ***Chora*** *Tél. 22840 61 204 Ouvert mai-oct. : tlj. 7h-2h*

Captain Pipinos Avec la voisine Zombos, la meilleure taverne d'Agios Georgios. De la terrasse de rêve, en surplomb de la plage, jetez votre dévolu sur le poulpe, les calamars et, parmi les poissons (env. 54€ le kg), le rouget, pêché par le bateau de la maison. Fraîcheur assurée. Comptez 15-25€ le poisson et une salade. Fritures variées à partir de 8-10€, *mezedes* à 3,50-4€. ***Agios Georgios*** *Tél. 22840 21 823 Ouvert mai-mi-oct. : tlj. 12h-23h*

Soros Taverna L'unique taverne de la plage de Soros (sur la côte sud-est de l'île sert de bons petits plats traditionnels : légumes farcis (6,50€), moussaka (7,50€), calamars (8-12€) et une excellente *astakomakarodana* (spaghettis au homard). Le carafon de *tsipouro* maison est à 4€. *Sur la plage de* ***Soros*** *Tél. 69 37 44 54 33 ou 22840 24 962 www.sorosbeach.gr Ouvert mi-avr.-mi-oct. : tlj. 10h-0h*

Hébergement

À Paros

L'offre hôtelière est vaste à Paros, mais les bonnes adresses affichent vite complet en haute saison. Réservez impérativement pour juil.-août sous peine de devoir vous contenter de chambres chez l'habitant de second ordre. Parikia et Naoussa restent les deux meilleures bases pour explorer l'île. Sur la côte est, Pisso Livadi et ses environs présentent l'avantage d'être proches des plus belles plages de l'île.

campings

Camping Krios (plan 26, C1 n°22) Le plus appréciable des trois campings de Parikia grâce à sa situation au bord de l'eau et à sa grande piscine (avec bar). D'une capacité de 500 pers., il dispose ses emplacements sur un bon terrain sableux, ombragé d'eucalyptus, de tamaris et de cyprès. Douche chaude, mini marché, restaurant avec petit déj. (2,50€), coin barbecue mais pas de laverie. Bien entendu, bondé en été ! Accès wifi, bungalows (très spartiates) à louer (20-25€/2 pers.). 6-8€/pers., 3,50-4€/tente, selon la période. Piscine. Parking gratuit. Navette gratuite avec le port toutes les heures, et parasols et transats mis à disposition sur la plage. Location de scooters, motos. Animations le soir. ***Plage de Krios*** *(2km au nord de Parikia) Tél. 22840 21 705 www.krios-camping.gr Ouvert 15 juin-15 sept.*

Camping Surfing Beach Sur la plage de Santa Maria (côté Naoussa), ce vaste camping accueille jusqu'à 500 personnes en saison, majoritairement des jeunes. Les eucalyptus et les canisses dispensent un peu d'ombre, mais on y vient généralement pour le soleil, la plage toute proche et ses attractions nautiques, cf. Aller à la plage (p.416). Animations au bar en été, supérette, self-service, bar et grande piscine. Pas de machine à laver. Comptez 5-7,50€/pers., tente 3,20-5,50€, tente à louer 6,70-7,50€. Également 48 bungalows avec sdb, clim., TV, réfrigérateur et terrasse privée (50-90€/2 pers.). Arrêt de bus juste à côté. Navette gratuite avec le port. *(3km à l'est de Naoussa) Tél. 22840 52 491 www.surfingbeach.gr Ouvert 1er juin-fin sept.*

petits prix

Pension Rena (plan 26, C1 n°24) Un sympathique couple gréco-batave tient avec brio, et depuis plus de vingt ans, cette agréable pension située derrière la marina. Les 12 chambres, simples mais impeccables, sont réparties sur 3 étages (clim., réfrigérateur, TV, balcon, wifi, excellente literie). Ménage quotidien. Attention, pas de climatisation ni de TV à l'étage, juste une vue sur la mer ou la montagne. Prix doux : 25-45€ la double selon la saison. Consigne gratuite. Pas de CB mais travellers acceptés. *À 400m du débarcadère (à gauche en sortant du bateau)* ***Parikia*** *Tél. 22840 22 220 ou 22840 21 427 www.pensionrena.eu Ouvert toute l'année (l'hiver sur réservation)*

prix moyens

☺ **Sofia Pension (plan 26, C1-C2 n°25)** Un bon filon que l'on se passe d'ami à ami. Les 12 chambres de cette pension pimpante sont situées dans un jardin luxuriant. Toutes sont bien équipées (TV satellite, wifi, clim., réfrigérateur, sèche-cheveux, coffre) et 6 d'entre elles regardent vers la mer (en partie). Légèrement excentré (à 400m du port), le quartier est plutôt calme. Accueil chaleureux – en français s'il vous plaît ! 30-70€, petit déj. 8€. Pensez à réserver, l'adresse est courue ! *Au-dessus de la marina, face à l'ancien Ciné Paros* ***Parikia*** *Tél. 22840 22 085 www.pension-sofia.gr Ouvert avr.-oct.*

Jane's Rooms (plan 26, B1 n°23) Jane a ses inconditionnels, et on les comprend. Ses 4 chambres et son appartement (pour 6 pers.) sont bien situés dans le vieux Parikia, à deux pas de l'église Agios Konstantinos. Confort modeste (clim., pas de TV) mais vue sur la mer et la plage de Krios. Accueil attentionné de Jane (francophone), doublé d'un humour so *British*. Du charme dans l'appartement, avec marbre et avec poutrelles apparentes, mais bruyant au mois d'août. Jolie terrasse sur le toit au coucher de soleil. Prévoyez 40-60€ (70-90€ l'appartement). Pas de CB. Jane loue aussi une maison (70-90€ pour 4 pers.) et 5 appartements sur la plage de Krios (40-60€ pour 2 pers.). ***Parikia*** *Tél. 22840 21 338 Ouvert toute l'année*

☺ **Arian Hotel (plan 26, C1 n°21)** Dans un quartier paisible, un charmant petit hôtel familial, où l'on se sent comme chez soi. Confort assuré (TV, wifi, clim., ventilateur, réfrigérateur, bons matelas, sdb rénovées), confitures et gâteaux maison au petit déjeuner. Voilà qui vaut la peine de parcourir les 400m qui séparent l'hôtel du le port ! Les 12 chambres, pimpantes, s'organisent autour d'un patio fleuri d'ibiscus, de cactus et de bougainvilliers. Excellent rapport qualité-prix : double 30-60€ selon la saison, petit déj. 7€. *Juste derrière la nécropole* ***Parikia*** *Tél. 22840 21 490 ou 69 44 63 66 17 Ouvert avr.-oct.*

Despina's Dans une zone résidentielle, à 300m du centre, 10 studios (2-3 pers.) et 1 appartement (4 pers.) fort bien orientés vers la mer et les maisons blanches du port. Tous sont assez spacieux, bien équipés (TV, clim., réfrigérateur, coffre, bonne literie) et profitent de la quiétude du quartier. Agréable patio ombragé pour se reposer du soleil. Accueil un peu mou. Studio 35-79€ pour 2 pers., appartement 60-120€, petit déj. 7€. Plage à 200m. *Quartier d'Agii Anargiri* ***Naoussa*** *Tél. 22840 52 139 www.despinas.gr Ouvert mai-sept.*

Zanetta's house À 2min à pied de la plage d'Agii Anargiri, une maison tenue de main de maître par l'adorable Zanetta. Les 3 studios et les 3 appartements sont tous très confortables (clim., TV, wifi, réfrigérateur, cuisinette) même si l'on regrette que la vue sur la mer soit gâchée par un vilain câble téléphonique. Ne soyez pas étonné si votre hôte vous sert le petit déjeuner ou des tranches de pastèque, c'est comme ça qu'on est reçu chez Zanetta, qui en plus parle français ! Bons conseils sur l'île. Studio 45-75€, appartement 70-130€. ***Naoussa*** *Sur la route d'Agii Anargiri, à gauche juste après les chambres Léonardos Tél. 22840 51 555 www.zanettashouse.com Ouvert toute l'année*

Young Inn À 5min du port, une auberge de jeunesse conviviale et internationale. Les 8 chambres (pas de dortoir) sont simples mais confortables (clim., réfrigérateur, ventilateur, parfois cuisinette). On peut les partager ou non. Accès Internet, soirées barbecue, sorties en groupes organisées. À 200m de la plage. Navette gratuite avec le port et l'aéroport. Comptez 22€/pers., double à 66€ en haute saison. Service de blanchisserie. Petit déj. 3€. Pas de CB. Réservation conseillée en été. *Sur la route d'Agii Anargiri, ruelle sur la gauche avant les chambres Leonardos, puis première à gauche **Naoussa** Tél. 69 42 83 49 11 www.young-inn.com Ouvert avr.-oct.*

Anna's Studios Sur le port, 7 studios (40-60€ selon la période) munis d'une terrasse spacieuse pour observer les caïques se balancer dans l'eau et les baigneurs s'adonner aux plaisirs de la plage. Bonne literie (draps brodés par Anna elle-même), réfrigérateur, clim. Également 5 appartements (2-4 pers., 65-98€) de bon standing à 2min à pied, en retrait du port. Tous ne donnent pas sur la mer, mais ils sont impeccables, assez spacieux, pourvus d'une cuisine équipée et d'un parking. Choisissez de préférence les n^os^12 et 13. Draps changés tous les deux jours. Pas de CB. ***Pisso Livadi** Tél. 22840 41 320 www.annasinn.com Ouvert mai-sept.*

Afroditi Dix studios (36-64€) tout simples dominant la plage de Logaras. Chacun possède un balcon, la TV, le wifi, la climatisation et une cuisinette. La literie est vraiment ferme, mais l'ensemble est net et assez spacieux. Aussi 3 chambres (29-58€) et 2 appartements de 4-6 pers. (100-190€). Meilleure vue sur la plage depuis les chambres. Pas de CB. ***Logaras** (au sud de Pisso Livadi) Tél. 22840 41 430 www.afroditi-studios.gr Ouvert Pâques-mi-oct.*

☺ **Aura Tsimbros Studios** Cinq studios (2/4 pers.) pour rêver face à la mer, sans aucun vis-à-vis ! Pour décrocher sa place au paradis, mieux vaut parler grec ou s'adresser à la fille des propriétaires (Elina) qui parle anglais. Chaque studio est moderne, décoré sur le thème de la mer et parfaitement équipé (bonne literie, TV, wifi, clim., sèche-cheveux, cuisine complète). Vue dégagée des terrasses, spacieuses et dotées de transats. Studio 35-60€. Pas de CB. *Cap Pounta **Marpissa** (au sud de Logaras) Tél. 22840 28 290 ou 69 48 78 68 17 Ouvert mai-mi-oct.*

prix élevés

☺ **Argonauta Hotel (plan 26, B1 n°20)** Un bel hôtel soigné et récemment rénové, doté de 15 chambres assez coquettes, dans les tons bleu pâle et vert amande. La situation sur la place Mavrogenous fait craindre le pire (le bruit !) mais les chambres sont toutes équipées de double vitrage (clim., réfrigérateur, TV, sèche-cheveux, bonne literie). Préférez celles donnant sur l'arrière. 55-90€, petit déj. 7€ servi au restaurant de l'hôtel. Parking à 200m. ***Parikia** Tél. 22840 21 440 ou 22840 22 278 www.argonauta.gr Ouvert avr.-oct.*

Adonis Bien situé à 30m de la plage de Megalo Piperi et 5min à pied du centre-ville, ce complexe regroupe 12 studios, 5 chambres et 4 appartements familiaux (4 pers.) très propres et confortables. TV satellite, wifi, cuisine, climatisation, sèche-cheveux, coffre et jolie déco dans les studios, où le ménage est fait chaque jour. Attention, pas de vue sur la mer pour les chambres. Quartier calme. Chambre double env. 80€, studio 95€, appartement 110€ (150€ pour 4 pers.). Petit déj. 7,50€. Navette (payante) avec le bateau. ***Naoussa** Tél. 22840 51 462 www.adonisparos.com Ouvert fin mars-fin oct.*

Lefkes Village Pas vraiment un village mais un superbe hôtel haut de gamme qui surplombe la vallée encaissée de Lefkes et regarde au loin vers Naxos. Son plus bel atout : la grande piscine d'où l'on profite du paysage. Vue magnifique également des 20 chambres (TV, clim., réfrigérateur, sèche-cheveux), spacieuses, quoique assez simples.

Agréable hall où bouquiner au coin du feu. Prévoyez 50-100€ la double, petit déj. inclus. Restaurant (repas env. à 15€). ***Lefkes*** *Tél. 22840 41 827 www.lefkesvillage.com Ouvert mai-fin sept. Restaurant ouvert juil.-août : tlj. 13h-15h30 et 20h-23h30*

prix très élevés

☺ **Hôtel Petres** Loin de l'agitation de Naoussa, cet hôtel retiré dans l'arrière-pays ravira les vacanciers plutôt bon chic bon genre, amateurs de calme et de sport. Toutes tournées vers la mer, les 16 chambres encadrent la belle piscine. À l'intérieur, confort impeccable (TV, clim., wifi, réfrigérateur, sèche-cheveux, coffre...) et quelques touches de déco rustique. L'ensemble reste simple et de bon ton. Un coin cosy avec feu de cheminée. Côté activité, il y a le choix : tennis, sauna, Jacuzzi, massage, salle de musculation. Le tout dans un beau décor de montagnes. Navette gratuite avec le port ou l'aéroport. Comptez 78-140€ avec le petit déj. Réservation impérative en été. *Agios Andreas (2,5km à l'ouest de Naoussa) Tél. 22840 52 467 www.petres.gr Ouvert Pâques-sept.*

À Antiparos

Il est désormais difficile de trouver une chambre en haute saison. Pensez donc à réserver suffisamment longtemps à l'avance.

camping

Camping Antiparos Le seul camping d'Antiparos occupe la pointe nord de l'île, à 600m du port. Plage à deux pas. Les emplacements, protégés du meltem par des bambous, sont pris d'assaut du 15 juil. au 20 août. Sol assez dur, peu d'ombre : si vous trouvez un arbre, n'hésitez pas ! Laverie, restaurant (6h-22h), mini marché, bar, douche chaude, wifi. 6-8€/pers., 2€ la voiture, 1€ la moto, 2€ la location de tente. Pas de CB. ***Agios Ioannis Theologos*** *Tél. 22840 61 221 www.camping-antiparos.gr Ouvert mai-sept.*

prix moyens

Kastro Hotel Ce petit établissement familial loue des chambres doubles ou triples (avec TV, réfrigérateur et véranda) et des appartements pour 3-6 personnes donnant sur un jardin avec piscine. L'accueil est chaleureux, les lieux sont confortables (wifi, bar, aire de jeux pour enfants, transfert gratuit du/vers le port) et plutôt coquets, et la patronne propose des cours de cuisine. De 50 à 65€ la double, sans le petit déj., selon la saisonn. Studio à 75-100€. *5 min de* ***Chora*** *Tél. 22840 61 011 www.antiparosgreece.com Ouvert avr.-fin sept.*

☺ **Hôtel Artemis** Au bout du port, un hôtel très agréable. Les palmiers, cactus et bougainvilliers du jardin donnent de la fraîcheur et l'on dort au calme. Exigez une chambre avec vue sur le port (les n°s 13 et 14, sublimes). Confort classique : TV, clim., ventilateur, réfrigérateur. Au sol : du marbre ! Terrasse panoramique. Bar, Internet. Chambre double ou studio 35-70€, petit déj. 7€. ***Chora*** *Tél. 22840 61 460 ou 22840 61 102 www.artemisantiparos.com Ouvert fin mars-mi-oct.*

Hôtel Mantalena Agréablement situé sur le port, cet hôtel bien tenu et rénové récemment compte 30 chambres classiques (clim., TV, réfrigérateur). Toutes sont repeintes chaque année, certaines arborent une petite note cycladique, et 10 ont vue sur la mer. Belle terrasse commune pour prendre le soleil en contemplant l'Égée. Selon la saison, 50-70€ avec petit déj. Internet, wifi, bar, bibliothèque, parking. *Sur le port de* ***Chora*** *Tél. 22840 61 365 www.hotelmantalena.gr Ouvert Pâques-mi-oct.*

Begleri Hotel Une coquette pension de style cycladique récemment rénovée, à 5min à pied du port. Dix chambres confortables (clim., réfrigérateur, TV, tél.) et calmes, certaines avec balcon, et 4 studios. La plage n'est pas loin. De 35 à 70€ la double selon la saison. De 60 à 130€ l'appartement pour 3-4 pers. ***Chora*** *Tél. 22840 61 378 ou 69 72 61 44 45 (Clairi) www.begleri.gr Ouvert avr.-oct.*

prix élevés

San Giorgio Studios Toisant la plage d'Agios Georgios, cette drôle de bâtisse blanc et jaune, aux airs de pigeonnier, abrite 4 studios (2-4 pers.) et un appartement (7 pers.). Si la déco, très soignée, est à l'appréciation de chacun, les terrasses privatives, le jardinet et la vue sur l'îlot de Despotiko font l'unanimité : c'est splendide ! Cuisine, réfrigérateur, TV, clim. Isolé et très calme. La double 40-90€ selon la saison. Accueil en grec seulement. Pas de CB. ***Agios Georgios*** *Tél. 22840 61 512 ou 6997 106 185 www.sangiorgio-antiparos.com Ouvert mai-oct.*

NAXOS ΝΑΞΟΣ Νάξος

Plus verte, plus fertile, plus grande que ses consœurs cycladiques, Naxos sort du lot ! Un peu oubliée des amoureux de la Grèce à force d'être exploitée par les tour-opérateurs, l'île a tout pour plaire : de longues plages de sable fin, un relief montagneux qui culmine avec le mont Zeus (1 001m) – le plus haut sommet des Cyclades –, des vallées verdoyantes, des villages préservés, des carrières de marbre à ciel ouvert, des à-pics vertigineux, de nombreux sentiers de randonnée, des spots de planche à voile et même un bel arrière-pays à explorer (en voiture) ! Le tourisme reste avant tout familial sur la côte ouest. L'île a su rester une terre de mythes, d'histoire et de culture autant que de sports et de loisirs.

DIONYSIAQUE La mythologie veut que Zeus, né en Crète, ait été élevé à Naxos. C'est aussi là que Thésée, vainqueur du Minotaure, et Ariane, fille du roi Minos, qui l'a aidé à sortir du Labyrinthe, font halte après avoir fui la Crète. Pour des raisons ambiguës, le héros athénien abandonnera Ariane sur le rivage, et la princesse sera recueillie par un certain… Dionysos. Ce dernier vient tout juste d'échapper à des pirates en ayant fait pousser des pieds de vigne dans leur navire, transformé les rames en serpents et les marins en dauphins ! C'est logiquement à Naxos que le dieu plante le tout premier cep, y confortant son culte. Historiquement, l'île connaît son apogée au VIIe-Ve siècle av. J.-C. Elle "surpasse alors en prospérité" les autres Cyclades, selon l'historien Hérodote. Son marbre est réputé dans toute la Grèce, comme en témoignent les célèbres lions de Naxos exposés à Delos. L'île passe ensuite aux mains des Perses, des Athéniens, des Macédoniens et des Romains. Au Moyen Âge, elle est conquise par les Vénitiens à l'issue de la quatrième croisade. Elle devient ainsi, en 1207, le siège d'un État latin qui rayonne sur une partie des Cyclades, le duché de Naxos. Le premier duc, Marco Sanudo, édifie le *kastro* qui domine encore le chef-lieu, Naxos (Chora). La féodalité "franque" se superpose au système administratif byzantin et le christianisme orthodoxe se maintient au côté du catholicisme. Naxos passera ensuite sous domination ottomane de 1579 à 1821.

MODE D'EMPLOI

accès

EN AVION

Aéroport de Naxos Un ou deux vols quotidiens entre Naxos et Athènes avec Olympic Air (env. 45min, 72€). *Sortie sud de* ***Naxos (Chora)*** *Tél. 22850 23 292*

Olympic Air *Tél. 22850 23 043 ou 801 801 01 01 www.olympicair.com*

EN BATEAU

L'une des plaques tournantes des Cyclades grâce à la proximité de Paros (25min en bateau rapide). En haute saison, liaisons quotidiennes avec Le Pirée, Paros, Mykonos, Santorin, Tinos via Paros, Rafina, Amorgos, Syros, Ios, les Petites Cyclades, Folegandros et Milos. Billets en vente dans les nombreuses agences du port de Naxos (Chora). Les horaires, prix et trajets changeant tous les ans en mai, nous vous invitons à consulter les sites www.directferries.fr, www.gtp.gr, www.ferries.gr ou www.aferry.gr. et à vous renseigner dans les agences de voyages locales. Le prix du billet en catamaran est environ 2 fois celui du ferry.

Capitainerie de Naxos *Tél. 22850 22 300*

orientation

Sur la côte ouest, la ville de Naxos (appelée Chora) concentre l'essentiel de l'offre touristique. De belles plages de sable s'alignent au sud de Naxos jusqu'à la baie d'Agiassos. Le centre montagneux rassemble les beaux villages de Chalki, Filoti et Apiranthos. Isolé au bout d'une route sinueuse, Apollonas rompt la solitude de la côte nord. Au sud-est, la route dessert une série de plages tout aussi excentrées jusqu'à Panormos.

informations touristiques

www.naxos.gr Site en français.

www.naxosisland.com Site en anglais.

Naxos Tours *Chora Tél. 22850 23 043 www.naxostours.net Ouvert mai-sept. : tlj. 8h-0h ; oct.-avr. : tlj. 8h-22h*

Zas Travel *Chora Tél. 22850 23 330/331/200 www.zastravel.com Ouvert mai-sept. : tlj. 8h-0h ; oct.-avr. : tlj. 8h-21h*

Police touristique *Tél. 22853 60 146 ou 22853 60 171*

se déplacer

EN CAR

Gare routière KTEL De Chora, 2 cars/sem. pour Apollonas, 7/j. pour Chalki, Filoti et Apiranthos. Cars pour les plages (Plaka, Mikri Vigla, Prokopios) toutes les 30min en saison, de 7h30 à 2h. Horaires disponibles au bureau, voisin de la station de taxis. *Sur le port, face au débarcadère* ***Chora*** *Tél. 22850 22 291*

EN TAXI

Station Tarifs à partir de Chora : Prokopios 10€, Agia Anna 12€, Plaka 15€, Chalki 22€, Filoti 25€, Apiranthos 35€, Apollonas 50€. Attention, supplément de 1,50€ quand le taxi vient vous chercher à l'hôtel pour vous emmener au port. *Face au débarcadère de Chora Tél. 22850 22 444*

EN VÉHICULE DE LOCATION

Nombreuses agences de location sur le port et rue Paparigopoulou. Évitez le scooter et privilégiez la voiture si vous comptez explorer l'île : les distances sont importantes. À savoir : pensez à faire le plein à Naxos, les stations-service ne sont pas légion dans le reste de l'île.

Budget Auto Tour Loueur sérieux. Voiture 25-45€/j., scooter 10-15€/j., quad 15-25€/j. Tarifs dégressifs en fonction du nombre de jours. *Sur le port* ***Chora*** *Tél. 22850 25 480 www.naxosrentacar.com Ouvert mai-sept. : tlj. 9h-22h ; oct.-avr. : tlj. 9h-14h et 18h-21h*

Sixt Voitures 35-45€/j. en saison (assurance 3e tiers incluse). *Quartier de Kotti, près du commissariat de police* ***Chora*** *Tél. 22850 26 216 ou 69 36 89 82 86 Ouvert avr.-oct. : 8h-21h*

Naxos Moto Rent Un peu excentré mais le moins cher dans la location de scooters : 8-10€/j. Vélo 5€, 8€/j., quad 12-16€/j. *Pl. Protodikaiou* ***Chora*** *Tél. 22850 24 704 Ouvert mars-oct. : tlj. 9h-22h*

informations pratiques

Vous trouverez de nombreuses **banques** (ouvertes lun.-ven. 8h-14h30) avec guichets automatiques sur le port de Chora, et deux agences à Filoti.

Zoom Presse internationale, cartes de l'île. *Sur le port* ***Chora*** *Tél. 22850 23 675 Ouvert mai-oct. : tlj. 8h30-0h ; nov.-avr. : tlj. 8h30-22h*

Hôpital *Sur la route d'Apollonas et de Filoti* ***Chora*** *Tél. 22853 60 500*

Police *Tél. 22850 22 100*

Naxos Fun Park Accès Internet : 3€/h. *Sur le port (à côté de la National Bank of Greece)* ***Chora*** *Tél. 22850 22 962 Ouvert mai-oct. : tlj. 8h-0h ; nov.-avr. : tlj. 9h-22h*

fêtes et manifestations

Festival Domus Festival culturel organisé par la maison Della Rocca-Barozzi pendant 6 mois. *Tél. 22850 22 387*

Naxos Festival Récitals, danse, concerts, théâtre, expositions... Une programmation pointue dans le cadre élégant de la tour de Bazéos (XVIIe s.). *www.bazeostower.gr Fin juil.-début sept.*

DÉCOUVRIR

Naxos

☆ **Les essentiels** Naxos (Chora) et les plages des environs, les villages de Halki et d'Apiranthos **Découvrir autrement** Offrez-vous une croisière à la journée dans les Petites Cyclades, gravissez le mont Zeus, explorez l'extrême Nord jusqu'à Apollonas

☆ ☺ Naxos (Chora) et ses environs

Le chef-lieu de l'île est l'une des plus belles villes des Cyclades. Bâtie à flanc de colline, elle est dominée par un *kastro* vénitien du XIIIe siècle, qui

Plan 27 Naxos

abrite une vieille ville aux ruelles labyrinthiques d'allure médiévale. L'autre curiosité de la cité reste le temple d'Apollon, posé sur l'îlot de Palatia. On ne s'ennuiera pas à Naxos : le port regorge d'ouzéries, de restaurants, de bars et de boutiques. Pour pouvoir se baigner, il faut marcher quelques minutes au sud du port jusqu'à la plage d'Agios Georgios, où sont rassemblés la plupart des hôtels.

☺ **Portara, le temple d'Apollon (plan 28, A1)** La porte du temple inachevé d'Apollon se dresse majestueusement sur l'îlot de Palatia, à l'entrée nord du port. Une bande de terre mène à ce portique en marbre (522 av. J.-C.) édifié à l'endroit où, selon la mythologie, Thésée aurait abandonné Ariane avant de faire voile pour Athènes. Le soir, les touristes se pressent autour de la porte pour admirer le coucher du soleil. Incontournable.

Cathédrale Zoodochos Pigi – Mitropolis (plan 28, B1) Cette cathédrale orthodoxe à l'imposant clocher ajouré trône sur une grande place entre le *kastro* et le quartier de Grotta. Bâtie en 1786, elle abrite un majestueux autel en marbre incrusté d'icônes dorées, des colonnes en marbre et en granit de Delos, une jolie chaire reposant sur une colonnette sculptée et de nombreux porte-icônes en bois.

Musée Metropolis (plan 28, B1) Il est construit autour des vestiges du mur cyclopéen qui défendait la ville à l'époque mycénienne (XIIIe-XIe s. av. J.-C.) ; l'enceinte s'étendait alors du sommet de la colline à la mer. Pour honorer leurs prestigieux prédécesseurs, les familles nobles de l'île utilisèrent le site pour y enterrer leurs morts du IXe siècle av. J.-C. jusqu'au Ier siècle de notre ère. Une histoire intéressante à défaut de ruines spectaculaires. *Face à la cathédrale Zoodochos Pigi Tél. 22850 24 151 Ouvert mar.-dim. 8h-15h Entrée libre*

LES CYCLADES

★ ☺ ***Kastro* (plan 28, B1-B2)** La vieille ville domine le port. Il faut flâner le nez en l'air pour admirer les linteaux et blasons en marbre de ses vénérables demeures vénitiennes, ses passages couverts et ses églises byzantines blanches. Belle vue sur le temple d'Apollon et, au loin, sur les îles de Mykonos, Syros et Tinos.

Musée archéologique (plan 28, B1) Son intéressante collection rassemble des poteries vieilles de 5 000 ans, de splendides idoles en marbre et d'amusantes statuettes du Cycladique ancien (2800-2300 av. J.-C.), des vases du néolithique retrouvés dans la grotte de Zeus, de belles poteries mycéniennes aux motifs énergiques… Également des rosettes en or et des statuettes de la période classique ainsi que des bronzes et de délicates verreries aux reflets nacrés de la période romaine. La mosaïque de la cour représentant Europe chevauchant Zeus métamorphosé en taureau remonte au IVe siècle avant notre ère. Le bâtiment, construit par les jésuites au XVIIe siècle, abritait jadis une école de commerce, et l'écrivain Nikos Kazantzakis (1883-1957) compta parmi ses élèves. *Au sommet du kastro Tél. 22850 22 725 Ouvert mar.-dim. 8h-15h Tarif 3€, seniors 2€, étudiants gratuit*

Cathédrale catholique (plan 28, B2) Au sommet du *kastro*, à deux pas du Musée archéologique, facilement repérable à sa façade en marbre. Dans le chœur, l'icône représentant la Vierge et saint Jean-Baptiste a la particularité d'être pivotante. Les visites guidées organisées à 17h incluent celle de la chapelle personnelle de Marco Sanudo (1153-1220), fondateur du duché de Naxos, de son palais et du monastère des Capucins. *Ouvert tlj. 10h-13h30 et aux heures des offices (18h30, dim. 9h30)*

Centre culturel de la cathédrale catholique (plan 28, B1) Attenant à la cathédrale, il présente, en saison, des expositions d'art (sculpture, peinture, photo, céramique). *Ouvert mai-oct. : tlj. 10h30-19h*

Plan 28 Naxos, Chora

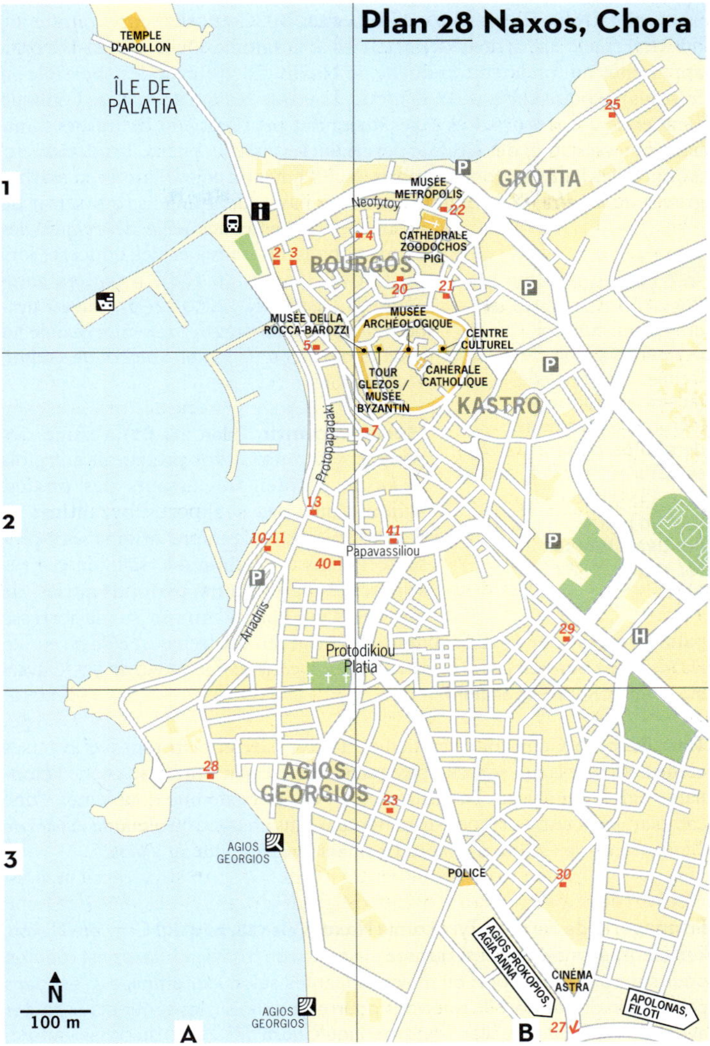

Restauration (n°2 à 7)
Irini's ____ **2** A1
Lucullus ____ **3** A1
Manolis Garden ____ **4** B1
Meze-Meze ____ **5** A1
Typografio ____ **7** B2

Cafés, bars et lieux de sortie (n°10 à 13)
Mojo ____ **10** A2
Ocean ____ **11** A2
Waffle House* ____ **13** A2

Hébergement (n°20 à 30)
Château Zevgoli ____ **20** B1
Hôtel Anixis ____ **21** B1
Hôtel Anna ____ **22** B1
Hôtel Grotta ____ **25** B1
Kallisti Studios ____ **23** B3
Naxos Camping ____ **27** B3
Nissaki Beach Hotel ____ **28** A3
Pension
Irene I et II ____ **29, 30** B2, B3

Shopping (n°40 et 41)
Fromagerie
de Naxos* ____ **40** A2
Kiriakos Tziblakis* ____ **41** B2

* À RETROUVER DANS LA PARTIE DÉCOUVRIR

☺ **Musée Della Rocca-Barozzi (plan 28, B1)** Cette demeure vénitienne du XIIIe siècle appartient depuis 1714 à la famille Della Rocca-Barozzi, apparentée au fondateur du duché de Naxos. La visite guidée (possible en français) évoque l'histoire et le mode de vie de ses occupants, de l'époque vénitienne à nos jours. Les salles, magnifiques, regorgent de trésors familiaux amassés au fil des siècles : porcelaines, vaisselle, bijoux, broderies, etc. Admirez les hauts plafonds lambrissés, les linteaux et les blasons en marbre gravés aux murs. L'étonnante cave aux pavés de guingois, qui servit de moulin et de geôle, accueille désormais des expositions temporaires et des concerts lors du festival Domus (p.438). *À l'entrée nord-ouest du kastro Tél. 22850 22 387 Ouvert avr.-oct. : tlj. 10h-15h et 19h-22h Tarif visite guidée 5€ avec dégustation de vin et d'alcool de cédrat, étudiants 3€*

FESTIVAL DOMUS
La maison Della Rocca-Barozzi organise un festival culturel pendant six mois de l'année : concerts de musique folklorique, lectures, expositions de photos, peintures, sculptures... sur la terrasse face à la mer ou à la cave, tout en pierre.
Festival Domus
Tél. 22850 22 387

Musée byzantin (plan 28, B2) Vestige des remparts, la tour Glezos protégeait autrefois le *kastro* vénitien des assauts des pirates. Aujourd'hui, des sculptures byzantines et d'autres pièces de la même origine sont présentées dans une admirable salle en pierres apparentes, aux hauts plafonds striés de poutres. Une halte s'impose sur la terrasse panoramique pour sa vue sublime sur la ville, en contrebas. *À côté du musée Della Rocca-Barozzi, juste après le passage couvert Tél. 22850 22 525 Ouvert mar.-dim. 10h-15h Entrée libre*

Tour Belonia Cette tour vénitienne du XVIe siècle, bien rénovée avec ses créneaux en épis, ne se visite pas, mais derrière son portail se cache l'étonnante église Saint-Jean. Sa particularité : elle possède une double nef, l'une catholique et l'autre orthodoxe, nettement plus chargée ! ***Galanado*** *À 6km de Chora (route de Chalki, à l'embranchement avec la route de Vivlos)*

● Où faire provision de fromage ?

Fromagerie de Naxos / Tyrokomia Naxou (plan 28, A2 n°40) Graviera Naxou, kefalograviera naxou... C'est du grec mais aussi du fromage ! Naxos est réputée pour ses pâtes dures plus ou moins piquantes selon leur affinage. C'est dans ce magasin du centre-ville que vous pourrez les choisir, les sentir et les goûter avant de les faire emballer. *Papavassiliou* ***Chora*** *Tél. 22850 26 018 www.tyrokomia-naxou.gr*

● Où acheter la production artisanale locale ?

Kiriakos Tziblakis (plan 28, B2 n°41) Ambiance d'un autre temps dans ce magasin à l'ancienne qui vend un peu de tout dans un décor pittoresque de vieux bazar : poteries, huile d'olive, vin et fromages de Naxos, raki, *kitron* (liqueur de cédrat), épices, paniers en osier, tisanes, miel... À voir ! *Papavassiliou* ***Chora*** *Tél. 22850 22 230/096 Ouvert avr.-oct. : tlj. 7h-22h30 ; nov.-mars : tlj. 7h-14h et 18h-22h30*

● Où faire une pause sucrée ?

Waffle House (plan 28, A2 n°13) Pas vraiment grec, mais on y déguste de bonnes glaces maison (à partir de 1,70€) et autres douceurs caloriques : gaufres, milk-shakes, jus de fruits frais. ***Chora*** *Tél. 22850 23 007 Ouvert avr.-oct. : tlj. 10h-1h (2h en août)*

● ☆ Profiter de la plage

L'été, des cars qui partent de Chora desservent les plages jusqu'à Plaka toutes les heures.

Agios Georgios (plan 28, A3) Au sud du port de Chora, derrière une pointe rocheuse, une plage cernée de petits hôtels et envahie de touristes en saison. Difficile de poser sa serviette, les parasols colonisent le sable. Filez au bout de la plage pour trouver plus de calme et d'espace.

Agios Prokopios et Agia Anna Passé le cap Agios Prokopios, la plage du même nom, bien abritée du vent, puis celle d'Agia Anna, sont certes touristiques mais possèdent un beau sable fin. Sur place : des parasols et de nombreux cafés-bars.

Plaka De loin la plus belle : sable fin, eau vert et bleu, beaucoup d'espace et moins de monde.

● Faire du kitesurf, de la planche à voile...

Flisvos Sport Club Ce centre nautique loue des planches à voile, kitesurfs, catamarans de type *Hobie Cat* et propose des excursions en voilier avec skipper à la journée ou à la semaine. ***Plage d'Agios Georgios*** *Tél. 22850 24 308 www.flisvos-sportclub.com Ouvert juil.-août : tlj. 9h-19h ; avr.-juin, sept.-nov. : tlj. 10h-18h*

● Découvrir les fonds marins

Blue Fin Divers Plongées sur récifs et épaves, du rivage ou d'un bateau, et plongées de nuit. Également des excursions sur un bateau à fond translucide pour observer la vie sous-marine. Sortie masque et tuba 20€, baptême de plongée 55€. ***Plage de Prokopios*** *Tél. 22850 42 629 ou 69 37 16 12 26 http://bluefindivers.gr Ouvert mai-oct. : tlj. 9h30-21h30*

● Se balader à cheval

Naxos Horse Riding Ce centre équestre ne manque pas d'idées : balade au coucher de soleil ou le matin (50€), excursions de 3 à 6 jours dans l'île, leçons pour enfants... ***Plage d'Agios Georgios*** *Tél. 69 48 80 91 42 www.naxoshorseriding.com Ouvert toute l'année*

● Sortir en mer

Plusieurs compagnies naxéennes proposent des excursions à la journée à Santorin (avec tour guidé en bus 55€), Delos (45€), Mykonos (45€) et dans les Petites Cyclades (Iraklia-Koufonissia, 40€).

Naxos Star Liaisons directes avec Santorin, Delos, Mykonos et les Petites Cyclades. ***Chora*** *Tél. 22850 22 356/25 573 Ouvert mai-oct.*

Alexander Fait escale à Paros. ***Chora*** *Tél. 22850 24 131 Ouvert mai-oct.*

Annabella Pour des groupes de 4 à 17 pers., excursions à la journée à bord d'un voilier de 14m vers Paros (60€) et les Petites Cyclades (Iraklia ou Schinoussa, 60€ - 40€ pour les moins de 8 ans). Au programme : pauses baignade et visite des îles. Bateau reconnaissable à ses pavillons. *Sur le port* ***Chora*** *Tél. 69 44 35 57 17 www.yacht-sailing.com Ouvert mai-oct.*

GEOPLUS

En deux semaines, plages et randonnées…

Pour vous, vacances rime avec errance et Cyclades avec balade ? Partez randonner sur les sentiers de l'archipel, avant de vous prélasser dans des criques tranquilles

PREMIÈRE SEMAINE

Jour 1 Sifnos (p.306) Bateau Le Pirée-Sifnos (5h30 en ferry, 2h10 en catamaran).

Jour 2 Visitez **Artemonas** (p.311) avant d'entamer la balade qui mène d'**Agios Minas à Agios Sostis** (p.314) (1h30 AR).

Jour 3 Une randonnée très prisée mène de **Platis Gialos à Profitis Ilias** (p.313) (3h). Profitez-en pour admirer la vue du monastère. Au retour, plongez dans les eaux azur de **Kastro** pour vous délasser (p.311).

Jour 4 Amorgos (p.465) Liaison en catamaran avec Amorgos (3h). Profitez des plages du nord de l'île (p.474).

Jour 5 Suivez le sentier muletier de **Chora à Aegiali**, via le monastère de la **Panagia Chozoviotissa** (4-5h, retour en bus) (p.468).

Jour 6 À la découverte des paysages sauvages d'Amorgos : **Aegiali-Langada-Stavros** (p.475) (5h AR).

Jour 7 Naxos (p.432) Bateau pour Naxos (1h en catamaran, 3h en ferry), et profitez des eaux turquoise de Plaka (p.439).

DEUXIÈME SEMAINE

Jour 8 Le **mont Zeus**, toit des Cyclades, n'attend que vous (p.443) (3h).

Jour 9 Pour reposer vos pieds, pourquoi pas une **randonnée à cheval** ? Vous trouverez plusieurs prestataires sur les plages de Naxos (p.439).

Jour 10 Partez tôt le matin **d'Apiranthos** (p.442) pour le **monastère de Fotodotis** (p.441) (3h AR). Splendides paysages.

Jour 11 Sikinos (p.351) Embarquez pour Sikinos (3h de ferry).

Jour 12 Profitez de la solitude sur le sentier qui relie **Kastro** à **Episkopi** (p.355) (4h30 en boucle). En cas de grosse chaleur, variante agréable par **Agios Panteleimon** pour se rafraîchir dans la crique (15min de marche).

Jour 13 Une agréable randonnée relie **Paleokastro**, la crique de **Malta et Alopronia** (p.355) (4h). Le retour s'effectue par les plages de l'est de l'île.

Jour 14 Journée farniente pour vous remettre de vos efforts ! Le soir, embarquez pour Le Pirée (p.157) (11h en ferry, trajet de nuit).

CONSEIL À Sikinos, si les distances semblent courtes, les dénivelés sont importants. Carte topographique en vente dans les épiceries de l'île.

L'arrière-pays

L'intérieur réserve de belles surprises : passé un premier rideau de montagnes, on découvre des vallées fertiles entourées d'un cirque irrégulier de crêtes rocheuses. Prévoyez une voiture pour vos déplacements.

Kouros de Flerio Cette statue de jeune homme haute de 5,50m et datée de 570 av. J.-C. repose dans un joli verger de la Traghéa, la plus importante vallée agricole de l'île. Sa jambe fut probablement brisée lors de son transport, ce qui expliquerait qu'il ait été abandonné sur ce site. Un autre kouros inachevé, dit de Farangi, gît à 10min à pied de là, dans une carrière de marbre. Le but d'une jolie balade dans l'arrière-pays (attention, pas d'ombre) : sortez du jardin par la droite, tournez à droite à la borne blanche au milieu du ruisseau à sec, puis suivez les escaliers. Dans la montagne au loin, remarquez les carrières à ciel ouvert, toujours exploitées. *À 2km au sud-est de* ***Kourounochori*** *(env. 8km à l'est de Chora) Fléché ; laisser sa voiture au parking puis prendre à gauche*

Notre-Dame de la Rosée / Panagia Drosiani La plus vieille église de Naxos (fin du VIe s.), dédiée à la nativité de la Vierge, se cache dans un virage, sur la gauche, peu après la sortie de Moni. Entre ses murs en pierre sèche se cachent des fresques à demi effacées du VIe-VIIe siècle. Peintures murales mieux conservées dans le transept gauche. *À la sortie de* ***Moni*** *(10km à l'est de Chora) Ouvert tlj. 10h-18h*

☆ **Chalki** Niché dans la vallée de Traghea, ce charmant village entouré de vergers est très bien restauré. Façades néoclassiques agrémentées de ferronneries, placettes ombragées, ruelles piétonnes et de jolis magasins vendant céramiques et tissages. Centre économique de l'île avant la Seconde Guerre mondiale, Chalki est réputé pour sa distillerie de *kitron*, Vallindras, et ses artisans talentueux, cf. Où trouver de la poterie d'art ? (p.443). De la sortie nord du village, un sentier chemine parmi les poiriers, les néfliers et les oliviers jusqu'à la belle église byzantine Agios Georgios Diasoritis (XIe s.), à 500m (accès fléché). Jolies fresques, très bien conservées dans le narthex droit. Sous le dôme, on reconnaît un Christ Pantocrator. *À 12km au sud-est de Chora*

Filoti Ce gros bourg blanc établi au pied du mont Zeus (ou Zas) mérite un arrêt. Au cœur du village, à hauteur des platanes, une rue en escalier dallée de pierres grimpe jusqu'à l'église de la Panagia tis Filotissas (XVIIIe s.), l'une des plus belles de l'île avec son imposante iconostase en marbre incrustée d'icônes. Non loin se dresse la tour Barozzi (XVIIe s.). De là, en remontant la rue qui passe sous un passage voûté, on peut gagner les hauteurs du village et profiter d'une jolie vue sur Filoti et les pitons rocheux ponctués d'églises blanches qui encadrent le village. L'ascension à pied du mont Zeus (p.443) débute aux sources de Zas, à 1km du bourg (dir. Apiranthos, puis sur la droite, indiqué). *À 15km au sud-est de Chora*

Monastère de Fotodotis De la route, un large sentier traverse les vergers et mène en 20min à ce monastère byzantin, probablement le plus ancien de Naxos. Ses airs de château à créneaux fortifié attirèrent Lord Byron, qui y aurait gravé son nom dans la pierre d'une colonne. Belle vue sur l'île de Donoussa au loin. Le monastère est fermé pour travaux de rénovation. Les marcheurs peuvent rejoindre Apiranthos en passant de l'autre côté de la crête. *À 15km au sud-est de Chora Après Filoti, suivre la route de Danakos sur 800m et se garer à hauteur de l'église Prendre le premier chemin sur la droite, de l'autre côté de la route (plus loin, passer un échalier)*

☆☺ **Apiranthos** Fondé par des réfugiés crétois au XVIIe-XVIIIe siècle, ce joli village perché surgit dans un amphithéâtre montagneux. La plus célèbre de ses maisons reste la tour Zevgoli, imposant édifice crénelé du XVIIe siècle. On grimpe jusqu'au sommet du village par des ruelles pavées de marbre et des passages voûtés, dépassant de temps à autre de vieilles façades aux balcons ouvragés en marbre et pierre du pays. Apiranthos est réputé pour son tissage artisanal et compte de nombreux petits musées. Plusieurs sentiers de randonnée vers des églises de campagne, comme celle de Kiriaki, partent du village. *À 20km à l'est de Chora*

Panagia tis Apiranthitissa À l'intérieur, un étonnant *amvon* (pupitre) juché sur une longue colonne en marbre, et une belle iconostase en marbre sculpté. *Face à l'arrêt des cars, à l'entrée du village*

Musée archéologique L'unique salle de ce musée recèle deux splendides vases cycladiques aux formes épurées (à gauche de l'entrée) et des fragments d'idoles cycladiques (IIIe millénaire av. J.-C.). Les pièces maîtresses, uniques en Grèce, restent les plaques de marbre ornées de scènes pastorales ou de chasse de la même époque, exhumées à l'est de Naxos. *Tél. 22850 61 725 Ouvert mar.-dim. 7h30-15h30 Entrée libre*

Musée des Arts et Traditions populaires Cette maison traditionnelle rassemble une collection hétéroclite d'objets anciens : ustensiles de cuisine, outils agricoles, costumes régionaux, poteries, broderies, etc. Sympathique, mais vite vu. *Tél. 22850 61 431/629 Ouvert mai-oct. : tlj. 11h-15h (21h en juil.-août, 17h en sept.) Tarif 2,50€ (billet combiné avec le musée d'Histoire naturelle)*

Musée d'Histoire naturelle Une maigre collection de coquillages et de squelettes d'animaux marins. Dispensable. *Tél. 22850 31 723/61 622 Ouvert mai-oct. : tlj. 11h-15h (21h en juil.-août, 17h en sept.) Tarif 2,50€ (billet combiné avec le musée des Arts et Traditions populaires)*

Moutsouna Une superbe route en lacet descend jusqu'à ce petit port de pêche, réservant des points de vue sublimes sur les îles de Donoussa et d'Amorgos. Sur le quai, deux grues de chargement, des wagonnets rouillés et quelques bâtiments décrépis rappellent que le village servait de port d'exportation pour l'émeri. Plusieurs tavernes de poisson retiennent les touristes qui viennent profiter des plages sauvages du sud-est de l'île. *À 11km à l'est d'Apiranthos*

Tour Bazeos Isolée au pied de la montagne, cette solide tour carrée bâtie en 1671 servit de monastère (Timios Stavros) jusqu'au début du XIXe siècle avant d'être rachetée par la famille Bazeos. Celle-ci y organise depuis 2000 un festival culturel de très bon niveau, cf. Naxos Festival (p.434). *À 9km au sud-est de Chora (sur la route de* ***Chalki****, peu après l'embranchement pour Agiassos) Tél. 22850 31 402 www.bazeostowers.gr Ouvert début juil.-fin sept. : tlj. 10h-17h Tarif 4€, moins de 18 ans et étudiants 2€*

Temple de Déméter Ce temple en marbre de 530 av. J.-C. apparaît sur fond de montagne au sud de Sangri. De style dorique, il est dédié à Déméter, la déesse de l'Agriculture et des Moissons, mais on y a retrouvé des traces du culte d'Apollon. Reconverti en église au VIe siècle, sous l'empereur Justinien, il a fait l'objet d'une restauration soignée et abrite depuis peu un musée (au bas du site) qui expose des vestiges (colonnes, pierres…) du temple. *À 11km au sud de Chora et à 1,5km au sud de* ***Sangri*** *(indiqué de la route) Ouvert mar.-dim. 8h-15h Entrée libre*

Tour Chimarou Si cette tour de la période hellénistique (IVe s.) bardée d'échafaudages ne mérite pas à elle seule un si long détour, elle est cependant un bon prétexte pour découvrir le sud de l'île, désertique, aride et inhabité. À mille lieues des plages de l'ouest et des vergers verdoyants de la Traghéa ! La route de montagne offre des vues splendides sur la côte et les îles d'Ios, de Paros, d'Amorgos et les Petites Cyclades. À parcourir de préférence en fin de journée, lorsque la lumière du soleil couchant teinte les montagnes de rose. Gare aux chèvres qui traversent la route ! *À env. 13km au sud de* ***Filoti***

● Où trouver de la céramique ?

Atelier de poterie / Εργαστηριο αγγειοπλαστηκης À l'entrée ouest du village, un atelier-magasin de céramique pour petits budgets : tasse 5€, coupe à fruits 12€. Depuis quatre générations, l'atelier produit sans faiblir des plats et de la vaisselle aux formes classique, mais colorés : collection rouge, collection bleue, jaune, orange... Tout est à vos pieds, il suffit de vous baisser pour choisir. *Route de Naxos* ***Chalki*** *Tél. 22850 32 820 Ouvert mai-sept. : tlj. 9h-21h*

● Où trouver de la poterie d'art ?

L'Olivier / Η Ελια De très jolies céramiques en grès réalisées par un couple d'artistes, mais 95€ pour une coupelle ! Leur nouvelle galerie, "*Fish & Olive*" (en face de la distillerie Vallindras), présente les splendides sculptures sur marbre

☺ Le mont Zeus, sommet des Cyclades

Mont Zeus (ou Zas) Culminant à 1 001m d'altitude, c'est le plus haut sommet des Cyclades. Par temps clair, on y découvre un panorama à 360° sur presque tout l'archipel : Amorgos, les Petites Cyclades, Ios, Paros, Santorin, Syros, Mykonos... Magique ! À la sortie sud de Filoti, suivez le panneau. La route s'arrête peu avant la source d'Aria ("Aria Spring"), où remplir votre gourde. L'ascension commence au fond d'une ravine (on passe devant la grotte de Zeus, sur la gauche), puis sur le flanc nord-ouest du mont. Elle est assez facile à condition de bien suivre le balisage rouge et les cairns (ne vous engagez dans aucun pierrier). Descente possible (et plus facile) par le flanc nord-est, en suivant le chemin n°2 (peint au sol), qui rejoint la route de Danakos. ***Départ*** *Filoti* ***Durée*** *Compter 1h15-1h30 pour atteindre le sommet* ***Conseil*** *Prévoir de bonnes chaussures de marche, une laine, voire un bonnet (ça peut souffler fort !).*

de l'artiste Ingbert Brunk, tout en épure (10h30-19h). Coup de cœur également pour les luminaires en marbre translucide d'Alexander Reichardt. **Chalki** *Tél. 22850 31 771 www.fish-olive-creations.com Ouvert avr.-oct. : tlj. 10h30-16h*

● Où déguster du *kitron* ?

Vallindras "La" maison du *kitron*, la fameuse liqueur de cédrat de Naxos. Ici, on distille les feuilles de l'agrume depuis 1896 pour en tirer trois variétés de liqueur : la jaune (forte), la verte (douce) et la claire (medium). Les Vallindras, qui élaborent le *kitron* mais aussi l'ouzo depuis cinq générations, font visiter (gratuitement) la fabrique, avec une séance de dégustation et un petit shopping à la boutique. **Chalki** *Tél. 22850 31 220 Ouvert avr.-oct. : tlj. 9h30-18h (23h en juil.-août)*

Le Nord

Cette partie de l'île vaut surtout pour sa route qui ménage des vues superbes. Passé Apiranthos, les paysages défilent, de plus en plus spectaculaires : maquis vert tendre à hauteur de l'église Stavros (au croisement pour Moni, vue sur Amorgos et Paros), villages blancs accrochés à la montagne et enfouis sous les vergers (Koronos et Skado)… Le plus beau tronçon reste la descente sur Apollonas, entre montagne abrupte et azur profond avec, au loin, Donoussa perdue dans la mer Égée.

Koronos Bâti au creux d'un amphithéâtre verdoyant, ce village vivait jadis de l'exploitation de l'émeri, une roche qui, une fois réduite en poudre, était utilisée comme abrasif. Aujourd'hui, le village paresse à l'ombre de ses vergers croulant sous les citrons, les figues, les pommes et les coings. On peut y faire une pause pour flâner dans ses ruelles paisibles, ignorées des touristes. Ici, un chat s'étire nonchalamment, là, un vieil homme chantonne seul sur son balcon… Des instants de vie à attraper. *À 8km au nord d'Apiranthos*

☺ **Apollonas** Isolé tout au nord de l'île, ce petit port, qui est aussi une station balnéaire familiale, mérite le détour ne serait-ce que pour la sublime route qui y mène (cf. plus haut). Le village occupe un site remarquable à l'ouest d'une baie bordée de montagnes. Entre les vieux hôtels et la jolie plage bordée de tavernes, l'atmosphère est assez désuète. À 5min à pied dans les hauteurs (à gauche en venant de Koronos par la route), un kouros d'environ 10m de longueur gît au centre d'une carrière. Daté du VIe siècle av. J.-C., il représente probablement Dionysos. *À 26km au nord d'Apiranthos et 35km au nord-est de Chora*

Les plages du sud

Mikri Vigla Au nord de Kastraki, une très belle plage, longue et sablonneuse, avec une pointe rocheuse sculptée par l'érosion pour pimenter le décor. *En été, quelques cars à partir de Chora*

Kastraki Sable, eau claire et suffisamment d'espace pour poser sa serviette : tout est là. Au large se dessine la silhouette massive de Paros. La plage se prolonge au sud sous le nom de Glifada, autre plage de rêve bordée d'une lagune. *En été, quelques cars à partir de Chora*

☺ **Aliko** Une très belle grève festonnée de petites falaises, où nudistes et "textiles" se côtoient sans problème. Sable fin et eau turquoise. Elle s'étend au bout de la route goudronnée. L'ultime bifurcation à gauche du ruban d'asphalte mène à la longue plage de Pirgaki, moins charmante mais pourvue de tavernes (ouvertes l'été). *À 19km au sud de Chora En été, quelques cars relient Chora à Pirgaki*

Psili Ammos Les amateurs de calme apprécieront les plages de la côte est le long de la route reliant Moutsouna à Panormos. La plus proche de Moutsouna est celle de Psili Ammos, longue et baignée par une eau transparente. Taverne et jolie vue sur Amorgos, Koufonissia et les montagnes de Keros au loin. *À 8km au sud de Moutsouna*

● **Faire de la planche à voile** Véliplanchistes et kitesurfeurs se donnent tous rendez-vous sur la plage de Mikri Vigla, "le" spot de Naxos, vite bondé en été lorsque le meltem se lève.
Thalasea Sports Center Une équipe française tient ce centre sportif qui fait office à la fois de boutique de surf, d'école de kitesurf (40€ de l'heure) et d'école de planche à voile (65€ les 2h, bon matériel). Café et restaurant de plage. *Sur la plage, près de l'hôtel Mikri Vigla* ***Mikri Vigla*** *Tél. 22850 75 357 www.thalasea-sports.com Ouvert mai-oct.*

CARNET D'ADRESSES

Lieux de sortie

La vie nocturne se concentre sur le front de mer de Chora et sur la plage d'Agia Anna.

Bars

Mojo (plan 28, A2 n°10) Un bar extérieur branché, parfait pour profiter du coucher de soleil, un tonic à la main. L'ambiance monte vite et ça tombe bien car pour danser, l'Ocean (mêmes propriétaires) est tout à côté ! *À l'extrémité sud du port* ***Chora*** *www.oceanmojo.com Ouvert juin-sept. : tlj. 19h-aube*

Banana Un café-restaurant de plage très agréable avec sa grande paillote que traverse un tronc de palmier et ouverte sur la plage. On respire ! Il est prolongé par le Patatosporos, où l'on peut grignoter une salade, des pâtes ou le plat du jour (4-10€) alangui sur une banquette, sur fond de musique lounge. L'ambiance monte d'un cran ou deux de 15h à 18h. Cocktails 7€. Transats 8€ en août. *Juste à côté du Island* ***Agia Anna*** *Tél. 69 76 62 02 02 Ouvert juin-sept. : tlj. 9h-1h*

Cinéma

Ciné Astra (plan 28, B3) Cinéma en plein air. *Route de l'aéroport (près de Paparigopoulou)* ***Chora*** *Tél. 22850 25 381 www.cineastra.gr Ouvert mai-sept. : tlj. uniquement soir*

Clubs

Ocean (plan 28, A2 n°11) L'une des meilleures boîtes de nuit de Naxos depuis plus de 20 ans. Musique de club variée, soirées à thèmes, spots et boules à facettes, tout y est ! Bondé en été. Consommation 7€. *Entrée 10€*

avec boisson À côté du Mojo ***Chora*** *www.oceanmojo.com Ouvert mai-début oct. : tlj. 23h30-aube*

☺ **Island** Ambiance torride et classieuse dans ce beau bar de nuit posé sur la plage d'Agia Anna. Les bougies, la décoration en bois blanchi par la mer et l'inévitable boule à facettes illuminent les nuits des fêtards du coin. À boire : mojitos, margaritas et un succulent daïquiri fraise. Cocktail 9€. *Face au quai* ***Agia Anna*** *Tél. 69 78 73 34 02 Ouvert juin-sept. : tlj. 22h-aube*

Restauration

L'île-verger produit ses propres fruits et légumes, viandes et fromages, et la qualité s'en ressent. Si l'on ne se régale pas toujours dans certaines gargotes, du moins mange-t-on local ! À Chora, les restaurants, cafés et clubs s'alignent sur le port.

petits prix

Delfinaki La première des tavernes en arrivant sur la plage d'Apollonas. Ici, tout vient du village et des environs : courgettes et pommes de terre du potager, chèvre de la montagne, poissons du port, fromage local... Depuis plus de 40 ans, cette sympathique taverne régale ses convives de plats simples et savoureux. Jolies tables au-dessus de la plage pour croquer des fritures de poisson, une salade grecque ou, le soir, des boulettes de viande accompagnées de courgettes en sauce. Bon accueil et petits prix : compter 10€. ***Apollonas*** *Tél. 22850 67 110 Ouvert avr.-oct. : tlj. 8h-0h*

Liofagos / Λιοφαγος Une bonne petite taverne familiale au bout de la plage de Mikri Vigla, près des rochers. Les *keftédès* (boulettes de viande) sont réputées et si le chef Kostas n'en a plus, il vous offrira peut-être un grand verre de vin local pour s'excuser ! Autre spécialité maison : la tarte aux épinards (ou courgettes) et au fromage. Poissons et fruits de mer, calamars grillés, salades de poulpe, etc. Comptez 10€. ***Mikri Vigla*** *Tél. 22850 75 214 Ouvert mi-mai-début oct. : tlj. 9h-0h (cuisine de 12h30 à 22h30)*

Et aussi...

Shopping gourmand
Fromagerie de Naxos 438
Kiriakos Tziblakis 438

Grignotage et dégustation de *kitron*
Waffle House 439
Vallindras 444

Manolis Garden (plan 28, B1 n°4) C'est un petit jeu de débusquer cette taverne cachée au détour d'une ruelle, dans la Paleia Agora. À l'ombre de l'église Agios Pandeleimon, les tables sont dressées dans un jardin apaisant, sous la treille et loin de la promiscuité des autres tavernes. Côté cuisine, rien de bien extraordinaire mais des prix abordables : tomates farcies, moussaka, lapin au yaourt et au vin. Four au bois. Comptez 12€. *Axinodos* ***Chora*** *Tél. 22850 25 168 Ouvert mai-mi-oct. : tlj. 18h-0h*

☺ **Irini's (plan 28, A1 n°2)** L'une des meilleures tavernes du port... et ça se sait ! La pétulante Irini a l'art de dorloter ses clients : produits frais de Naxos, service rapide et *halva* offert par la maison en dessert. Les musts restent les *mezedes*, les calamars frits, les crevettes *saganaki* (tomates, ouzo, basilic et fromage), l'agneau au four, les fromages réputés (graviera) de l'île...

Bref, il y a du choix et les végétariens y trouveront leur compte. Comptez 12-15€. Belle sélection de vins rosé et blanc. **Chora** *Tél. 22850 26 780 ou 69 72 26 04 37 Ouvert début mai-début oct. : tlj. 12h-1h*

Meze-Meze (plan 28, A1 n°5) Serrée entre les autres restaurants du port, cette taverne de poisson se distingue par la fraîcheur de ses produits. Outre les délicieux *mezedes*, qui lui ont donné leur nom (essayez les croquettes de poulpe, 4-7€), il faut goûter les poissons du jour, les rougets grillés et la *salatouri*, une salade de poisson chaude à arroser de citron. Accueil souriant. Comptez 13€. *Sur le port* **Chora** *Tél. 22850 26 401 Ouvert tlj. 12h-1h*

prix moyens

☺ **Lucullus (plan 28, A1 n°3)** C'est dans les vieux pots qu'on fait les meilleures confitures, et dans les vieilles tavernes qu'on fait les meilleurs plats mijotés. Démonstration avec cette table, la plus ancienne de Naxos (1908), qui excelle dans la moussaka, le veau sauce citron, le *stifado* de lapin ou de poulpe et le veau aux tomates et au vin. Ajoutez un vin maison honorable, un décor rétro et un service souriant, et le compte est bon ! Comptez 15€. *Paleia Agora* **Chora** *Tél. 22850 22 569 Ouvert début mai-fin oct. : tlj. 13h-16h et 17h30-0h*

Typografio (plan 28, B2 n°7) En remontant vers le *kastro*, nous avons été d'emblée séduit par les terrasses en plein air de ce café-restaurant bien situé sur la Platia Faranga, que domine l'église Agia Paraskevi. Un cadre charmant, certes, mais noir de monde en août ! Goûtez l'agneau au four servi avec du fromage de Naxos et une sauce au vin rouge (11€). Peu de plats de poissons. Comptez 15-20€. **Chora** *Tél. 22850 22 375 Ouvert mai-mi-oct. : tlj. 18h-1h*

Platia Paraskevi a ouvert ce restaurant en 2011 sur la place de Galini et la réputation de sa cuisine a fait le tour de l'île en un temps record. Le décor est soigné – tables et chaises blanches dressées dans un bel arrondi cycladique délimitant la cour –, le service agréable et efficace et les plats mêlent tradition et raffinement : essayez les nids d'oignons (*kremidofolies*, 8€), la pita à la tomate (4€ la part), les aubergines au four et au *graviera* de Naxos (12€) ou le porc au citron. Et toujours un gâteau en fin de repas offert par la maison. Comptez 15-20€. **Galini** *Tél. 22850 62617 ou 69 46 51 69 13 Ouvert juil.-août : tlj. 10h-2h ; tlj. 13h-dernier client*

Taverna Pigi / Ταβερνα Πηγη Déjeuner ou dîner à la fraîche en plein été, parmi les arbres fruitiers et près d'un potager, c'est ce qu'offre la taverne Pigi ("La Source"). L'occasion de s'éloigner du littoral pour se rappeler que l'île de Naxos est un verger où tout pousse. Autant d'arbres que de tables sur l'immense terrasse de la taverne et une cuisine familiale : bons produits, grillades ou viandes à la casserole. Comptez 15€. ***Ano potamia*** *Tél. 22850 32 292 Ouvert mars-oct. : tlj. 12h-dernier client*

Stoy Lefteri Elle a du charme, cette petite table ombragée qui domine l'amphithéâtre montagneux d'Apiranthos. La carte change régulièrement mais le steak aux tomates, fromage et poivron (13€) reste une valeur sûre. La présentation de la salade grecque est tout un art (7,50€)... ce qui n'est pas le cas de l'accueil, assez glacial. L'addition finale est un peu salée et les douceurs maison n'y changent rien... Il faut dire que l'établissement est réputé de longue date pour ses desserts et douceurs à l'ancienne : fruits confits, baklava, *kataifi*, tartes aux fruits, etc. ***Apiranthos*** *Ouvert mai-sept. : tlj. 11h-0h*

Jonny's / Τζωννης Derrière ce nom improbable se cache une bonne taverne grecque du petit village de Sagri. Le propriétaire, Giannis (soit John en anglais... tout s'explique) tient avec sa famille cette taverne à la grande cour fleurie et ombragée. Sa cuisine fait revivre des recettes ancestrales de Naxos comme le *kalogeros* ("moine") – un mille-feuilles de bœuf, tomates et fromage graviera (10€) – ou le *rosto* – jarret de porc cuit 3 heures durant dans du vin rouge, de la purée de tomate, beaucoup d'ail et de l'huile d'olive (9€) : un délice ! Attention, réfrénez vos ardeurs, les portions sont copieuses. Comptez 15€. ***Sagri*** *Tél. 22850 41 545 ou 69 45 23 72 16 Ouvert mai-oct. : tlj. 10h-3h ; nov.-avr. : tlj. 12h-17h et 19h-23h*

To Petrino Un restaurant tout en pierre et bois, avec charpente apparente, un joli cadre de verdure et surtout un accueil tout sourire. Une excellente adresse pour un dîner face à la belle plage de Plaka. Nous vous recommandons l'agneau cuit au four à bois (9,80€), le risotto du pêcheur (8€), et la soupe de poisson (9,80€). *Plage de* ***Plaka*** *Tél. 22850 41 589 Ouvert mai-sept. : tlj. 10h-1h*

prix élevés

☺ **I Axiotissa** Le summum de la cuisine locale préparé avec des produits biologiques : tzatziki aux graines de moutarde, roulade de porc farcie au fromage, lapin aux herbes, poulpe au vin et pain maison... et encore : chèvre au four en papillote, tomates farcies au basilic et pignons de pin et des recettes surprises selon l'inspiration du jour... Savoureux et parfois étonnant ! Comptez 20€. Pensez à réserver. ***Aliko*** *Tél. 22850 75 107 Ouvert avr.-sept. : lun.-sam. 16h-22h30, dim. 14h-22h ; oct. : sam.-dim. 14h-22h30*

Hébergement

Nous vous conseillons de loger à Chora, qui offre un large choix d'hôtels, de restaurants et de bars. La majorité des établissements se concentre le long de la plage d'Agios Georgios, au sud du centre-ville. Vous trouverez aussi des chambres dans la vieille ville *(kastro)* et dans le quartier de Grotta, plus excentré au nord-est.

camping

Naxos Camping (plan 28, B3 n°27) En haute saison, 300 campeurs se côtoient à l'ombre des bambous, des tamaris et des eucalyptus. La piscine est grande mais les sanitaires sont un peu vétustes et la plage, à 150m de là, a des tristes airs de lagune abandonnée. La jolie plage d'Agia Anna est à 3km. Location de tentes et de sacs de couchage. 7-9€/pers., 2€ la tente, 2€ la voiture. Piscine, restaurant, mini-marché, coffre-fort, réfrigérateurs et cuisine collectifs. Accès par le bus des plages. Navette avec le port. *Plage d'Agios Georgios Tout au sud, à 1,5km du port à pied et 3,5km par la route* ***Chora*** *www.naxos-camping.gr Ouvert mai-début oct.*

prix moyens

Pension Irene I et II (plan 28, B2, B3 n°29, 30) Deux bâtiments au confort semblable (TV, clim., cuisinette, balcon) dans deux quartiers différents : Irene I rassemble 7 studios rénovés récemment avec Jakuzzi dans le quartier tranquille de

Christos, à 500m de la plage d'Agios Georgios. Comptez 20-50€. Irene II regroupe ses 15 studios et appartements autour d'une piscine, à 400m de la même plage. Comptez 25-60€ le studio, 40-80€ l'appartement. Internet. Navette gratuite avec le port. **Chora** *Tél. 22850 23 169 www.irenenaxos.com Ouvert toute l'année*

☺ **Hôtel Anixis (plan 28, B1 n°21)** Cet hôtel familial de 25 chambres est très bien situé dans la vieille ville. Les lits en fer forgé avec moustiquaire et les meubles assortis donne un air très comme à la maison à cet hôtel (bonne literie, clim., TV, réfrigérateur). La plupart des chambres offrent une vue splendide sur la mer, la montagne et les toits du vieux Naxos. Même panorama chaque matin sur la terrasse du petit déjeuner (copieux) ! Bon accueil. Comptez 45-70€, petit déj. 6€. Également 1 appartement pour 3-5 pers. (80-130€), 3 studios, 3 suites. *Amfitritis* **Chora** *Tél. 22850 22 932 www.hotel-anixis.gr Ouvert fin mars-oct.*

Hôtel Anna (plan 28, B1 n°22) Juste à côté de la cathédrale Zoodochos Pigi, un petit hôtel familial de 7 chambres sans prétention, sur une petite voie piétonne. Confort suffisant (clim., réfrigérateur, TV) et bonne literie. Autres atouts : le débarcadère des ferries n'est qu'à 200m et la gérante parle français. Sommeils légers, évitez le dimanche : les cloches de la cathédrale voisine sonnent à toute volée ! Double 40-60€. Pas de CB. **Chora** *Tél. 22850 22 475/25 213 www.hotelannanaxos.gr Ouvert toute l'année*

Kallisti Studios (plan 28, B3 n°23) Au cœur de la ville mais dans une ruelle tranquille, 10 studios soignés avec kitchenette, lits en fer forgé et déco contemporaine. Sur chaque balcon un grand parasol abrite du soleil un canapé où se prélasser à l'heure de la sieste. Jolie palette de couleurs aux murs et sur les lits, tons blanc-gris pâle ravivés de touches vitaminées, imaginée par Eleni et son mari. Accueil prévenant. De 40 à 70€ pour deux selon la saison. *Agios Giorgios* **Chora** *Tél. 69 84 16 18 14 ou 69 44 10 95 14 www.kalististudios.com*

Château Zevgoli (plan 28, B1 n°20) Un château, sûrement pas, mais un hôtel à part quand même, bien caché dans la vieille ville. Les meubles en bois, les baldaquins, les armoires peintes et la décoration donnent un cachet ancien aux 8 chambres. Évitez celles sur l'arrière, sans vue. TV, clim., réfrigérateur, coffre. Comptez 60-80€ pour une double et 80-120€ pour une suite, avec petit déj. *Bourgos* **Chora** *Tél. 22850 26 123 ou 22850 25 201 www.naxostownhotels.com Ouvert fin mars-oct.*

Zefiros Studios Tout d'abord le cadre : un peu en retrait de la plage de Plaka pour plus de tranquilité, 8 studios aménagés en 2010 dans un joli bâtiment. Ensuite l'accueil : Antonis, jeune diplômé d'informa-

GAMME DE PRIX	RESTAURATION	HÉBERGEMENT
Très petits prix	moins de 10€	moins de 30€
Petits prix	de 10 à 15€	de 30 à 50€
Prix moyens	de 15 à 20€	de 50 à 80€
Prix élevés	de 20 à 30€	de 80 à 120€
Prix très élevés	plus de 30€	plus de 120€

tique revenu à Naxos tout sourire, alliant la gentillesse à une efficacité de pro (chambres faites tous les jours). Enfin, des studios spacieux avec balcon, donnant sur les champs. Des fruits pour vous accueillir, un riz au lait pour votre départ. De petites attentions qui font aussi la différence. De 30 à 60€. ***Plaka*** *Tél. 22850 41 219 ou 69 45 81 47 01 www.zefyrosstudios.com Ouvert mai-oct.*

Ydreos Dressés face à la mer, sur la pointe rocheuse de Mikri Vigla, 10 studios, 5 appartements et 1 maison impeccables et bien tenus, parfaits pour les couples et familles. Situation paradisiaque face à Paros et à la baie de Kiradhès. Les petits bâtiments, bien isolés, offrent tout le confort nécessaire : clim., TV, cuisine équipée. Décoration simple, sol en marbre. Également des maisons plus loin, en retrait de la plage. Studio 30-70€, appartement 45-130€, maison 90-170€. Accueil en grec, mais la fille de la famille parle anglais, français et italien. ***Mikri Vigla*** *Tél. 22850 75 266 ou 69 74 14 82 81 www.ydreos.gr Ouvert avr.-oct.*

LES CYCLADES

prix élevés

Hôtel Grotta (plan 28, B1 n°25) En retrait du port, 40 chambres standard, mais confortables. Certaines jouissent d'une belle vue sur la vieille ville, la mer et le temple d'Apollon ; les autres, d'une terrasse sur le jardin. Un bar, deux Jacuzzis, accès Internet et wifi gratuits. Accueil plaisant en français. Comptez 45-100€ avec petit déj. *À env. 700m au nord-est du port, dans le quartier de Grotta* ***Chora*** *Tél. 22850 22 215 www.hotelgrotta.gr Ouvert toute l'année*

Faros Studios L'endroit idéal pour passer des vacances familiales au calme à Naxos. La forêt de cèdres de l'île est toute proche, et on est accueilli en ami par les propriétaires. Des prix corrects (50-95€ selon la saison) pour les 7 chambres et appartements confortables, à la jolie déco cycladique et service de qualité. Bar, restaurant de cuisine traditionnelle (taverne Faros), piscine et ambiance chaleureuse. ***Plage d'Alyko*** *Tél. 22850 75 244 ou 69 45 62 37 33 www.faros-studios-naxos.gr Ouvert début avr.-fin oct.*

☺ **Ostria Hotel** Calme, isolement, silence... Répartis dans quatre bâtiments, au sein d'un jardin verdoyant où poussent palmiers et ibiscus, les 13 studios et 2 suites de cette résidence sont spacieux et offrent tous une vue idyllique sur la mer et l'île de Donoussa et de Kamares. Confort complet (TV, clim., cuisine, bonne literie), terrasse ombragée de bougainvilliers et, à 50m, une ravissante plage privée. Piscine. Comptez 50-120€ le studio (petit déj. 7€), 200-250€ la suite (petit déj. inclus). La taverne avec terrasse (langouste 80€/kg, risotto aux fruits de mer 14€, spaghettis aux crevettes 14,50€) profite de la même vue de rêve (ouverte tlj. en saison, 9h-23h30). *À 500m de la sortie sud de* ***Moutsouna*** *Tél. 22850 68 235 ou 21020 23 464 (l'hiver) www.ostria.com Ouvert mai-10 oct.*

prix très élevés

☺ **Nissaki Beach Hotel (plan 28, A3 n°28)** Cet hôtel haut de gamme a fait peau neuve et c'est une réussite ! Les 26 chambres, toutes tournées vers l'azur, affichent un style "minimaliste cycladique" qui allie sobriété et modernité. Confort luxueux (écran plasma, lecteur DVD, baldaquin, machine à café), décoration mariant beige et orange, restaurant, piscine bordée de sofas, Jacuzzi... Sans conteste le plus bel établissement de l'île. Service d'hydromassages. Comptez 140-230€ la double avec petit déj. selon la saison et la catégorie, 210-350€ la chambre familiale et 250-370€ la suite de deux pièces. *Plage d'Agios Georgios* **Chora** *Tél. 22850 25 710-3 www.nissaki-beach.com Ouvert avr.-oct.*

LES PETITES CYCLADES

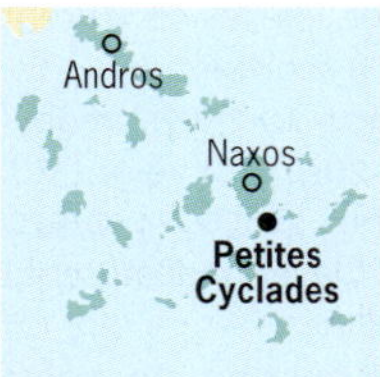

Plages de sable léchées par une eau translucide, côtes vierges de toute construction, collines arides peuplées de chèvres, tables authentiques... Pas de doute, les Petites Cyclades ont su conserver ce que certaines "Grandes" ont perdu. Encore largement méconnu à la fin du XXe siècle, cet archipel constitué de quatre îles habitées et d'un chapelet d'îlots ancrés entre Naxos et Amorgos a désormais le vent en poupe. Des plages et des criques que l'on gagne à pied ou à deux-roues, faute d'autres moyens de transport disponibles, c'est à peu près tout ce que les Petites Cyclades ont à proposer, mais ce régime semble parfaitement convenir à de nombreux aoûtiens. Koufonissia est bien plus touristique que Schinoussa et qu'Iraklia, tandis que Donoussa, esseulée au nord-est de l'archipel, comblera les amateurs de nature sauvage. L'été, pensez à emporter casquettes et parasol, il n'y a aucun arbre dans ces îles et le soleil tape méchamment !

PAS SI PETITES... Habité dès le IIIe millénaire avant notre ère, l'archipel vit s'épanouir la civilisation cycladique. L'île de Keros, où l'on a retrouvé maints vestiges archéologiques, a même donné son nom à la période du cycladique ancien la plus prospère, dite culture Syros-Keros (2800-2300 av. J.-C.). Devenues vénitiennes à la chute de l'Empire byzantin, les Petites Cyclades subirent de plein fouet les luttes d'influence entre la Sérénissime et les Turcs, et elles servirent longtemps de refuge aux pirates. Après la guerre d'Indépendance (1821), certaines îles accueillirent des habitants d'Amorgos et de Naxos.

MODE D'EMPLOI

accès

Blue Star Ferries assure 3 liaisons hebdomadaires entre Le Pirée et les Petites Cyclades. Un catamaran de la compagnie Seajet relie quotidiennement Koufonissia à Naxos et au Pirée (de 6h à 8h30 de traversée selon la destination). Le ferry Express Skopelitis relie 1 fois/j. l'archipel à Naxos et à Amorgos. De Naxos, comptez 1h30 de bateau pour Iraklia, 2h pour Schinoussa, 2h30 pour Koufonissia et 3h50 pour Donoussa. Des vedettes rapides relient également Naxos (en 2h) et Amorgos (en 40min) à Koufonissia, mais moins fréquemment : renseignez-vous sur place. Enfin, des croisières à la journée dans les Petites Cyclades sont proposées à Naxos, cf. Sortir en mer (p.439). Les horaires, prix, trajets et compagnies changeant tous les ans en mai, nous vous invitons à consulter les sites www.directferries.fr, www.gtp.gr, www.ferries.gr ou www.aferry.gr. et à vous renseigner dans les agences de voyages locales. Le prix du billet en catamaran est environ 2 fois celui du ferry.

Billetterie Rappelons qu'il faut impérativement acheter son billet avant d'embarquer. ***Iraklia*** *Épicerie-poste Melissa, Agios Georgios Tél. 22850 71 539 Ouvert tlj. 6h-23h toute l'année* ***Donoussa*** *Agence Sigalas Travel Chora Tél. 22850 51 570 Ouvert mai-oct. : tlj. 7h-13h et 17h-20h30 ; nov.-mars : tlj. 17h-20h* ***Skinoussa*** *Restaurant Panorama (poste, librairie) et Central Travel Agency (au carrefour pour Psili Ammos), Chora Tél. 22850 29 329 Ouvert mai-sept. : tlj. 10h-14h et 17h-22h ; oct.-avr. : tlj. 10h-22h* ***Koufonissia*** *Prassinos Rue de l'Église, Agios Georgios Tél. 22850 71 438 ou 69 45 04 25 48 Ouvert tlj. 8h-22h30 toute l'année*

Capitainerie ***Le Pirée*** *Tél. 21042 26 000* ***Naxos*** *Tél. 22850 22 300*

orientation

Les Petites Cyclades sont ancrées au sud de Naxos, entre Ios et Amorgos, à l'exception de Donoussa, isolée à l'est de Naxos.

informations touristiques

Plusieurs sites vous aideront avant le départ, notamment pour trouver un hébergement. Le site www.smallcyclades.com (en anglais) est le plus complet sur l'ensemble de l'archipel. Pour Iraklia : www.iraklia.gr (version anglaise) ; pour Koufonissia : www.koufonisia.gr ; pour Donoussa : www.donoussa.com.

Koufonissia Tours Cette agence peut réserver des chambres d'hôtel dans toutes les Petites Cyclades et organiser des excursions privées à Keros. ***Chora*** *Tél. 22850 74 091 ou 71 671 www.koufonissiatours.gr Ouvert toute l'année*

se déplacer

Oubliez la voiture, les îles se visitent à pied, à vélo ou à scooter.

Faros Bikes Quads (20-25€/j.), mobylettes (*papi*, env. 20€/j.) et vélos (5€). *Chora* ***Skinoussa*** *Tél. 22850 71 630/920 ou 69 77 36 68 53 Ouvert mai-mi-sept. : tlj. 10h-14h et 17h-21h*

Vartan Bikes Location de vélos (5€/j.). *À la sortie de Chora, sur la route des plages* ***Koufonissia*** *Tél. 69 73 21 18 29 Ouvert mai-oct. : tlj. 9h-22h*

informations pratiques

Pas d'agences bancaires, mais deux **distributeurs de billets** à Koufonissia (boutique Ermis, à côté de l'hôtel Keros) et à Donoussa (sur le port). L'agence Central Travel Agency de Chora, à Schinoussa, assure un service Western Union. Pour les urgences médicales, vous trouverez des **centres de soins** à Iraklia (*Tél. 22850 71 388*), Schinoussa (*Tél. 22850 71 385*), Koufonissia (*Tél. 22850 71 370*) et Donoussa (*Tél. 22850 51 506*). Attention : les **épiceries** sont très chères ! Mieux vaut vous ravitailler à Naxos.

Mairie de Koufonissia *Tél. 22850 71 379*

Police *À côté du bar Kalamia,* ***Chora Koufonissia*** *Tél. 22850 71 375*

fêtes et manifestations

Fête de la Saint-Georges Procession sur la plage de Koufonissia, feux d'artifice, repas offert. *Normalement*

le 23 avril – ou le lundi de Pâques si elle coïncide avec le Carême
Fête du 6 août Dégustation de poisson, musique et danses traditionnelles à Agios Georgios, dans l'île d'Iraklia
Assomption (15 août) Repas et fête populaire à Iraklia, deux jours de fête, dégustation de veau rôti à Schinoussa, procession de caïques à Kato Koufonissi et procession à l'église de la Panagia, à Donoussa.
28 août Grand-messe dans la grotte d'Agios Ioannis, à Iraklia.
Fête patronale Musique, dégustation de *patato* (viande braisée et pommes de terre) à Donoussa. *Le 14 sept.*
Fête des pêcheurs Koufonissia organise des dégustations de *Kakavia* (bouillabaisse grecque). *Le 24 sept.*

DÉCOUVRIR
Les Petites Cyclades

☆ **Les essentiels** Les plages de Koufonissia **Découvrir autrement** Assistez à la messe du 28 août dans la grotte illuminée d'Agios Ioannis, à Iraklia ; rafraîchissez-vous dans les *pissina* de Koufonissia ; dînez sur l'île déserte de Kato Koufonissia

Iraklia

À l'extrémité ouest de l'archipel, la plus grande des Petites Cyclades (19km^2) est une île aride et presque désertique, qui comblera les vacanciers jaloux de leur tranquillité. Les activités y sont limitées : deux ou trois plages abritées et un bel itinéraire de balade à pied dans l'ouest montagneux de l'île. L'unique route goudronnée d'Iraklia relie Agios Georgios, le port et village principal, à Panagia. Attention, vous ne trouverez sur place ni banque, ni station-service, ni terrain de camping, ni service de bus ni taxi. On s'y déplace à pied ou à scooter.

Agios Georgios L'unique port d'Iraklia, doté d'une petite plage (où l'on attend le bateau), concentre toute l'offre touristique de l'île : chambres chez l'habitant, studios et tavernes. Le tout dans un bouquet de verdure où domine le figuier de Barbarie.

☺ **Grottes d'Agios Giannis** Un berger aurait découvert dans ces grottes une icône de saint Jean. La messe spectaculaire qu'on y célèbre à la bougie, le 28 août, attire de nombreux pèlerins. Voilà le prétexte tout trouvé à une randonnée à partir d'Agios Georgios, via Agios Athanasios ! Le sentier est bien balisé, mais, passé Agios Athanasios, soyez attentif aux flèches peintes au sol. La longue descente jusqu'aux grottes offre une vue splendide sur la pointe sud-ouest d'Iraklia. Dans le lointain, on distingue la silhouette massive de l'île d'Ios. Des marches chaulées et une cloche dans un olivier signalent l'entrée des grottes. Attention, il faut ramper pour s'y introduire ! Munissez-vous d'une bonne lampe torche si vous voulez admirer le décor de stalagmites et de stalactites de la première salle. Ne vous aventurez pas au-delà de la 2e ou de la 3e salle (il y en a plus d'une dizaine). D'après la légende, la grotte voisine, moins spectaculaire, aurait abrité un cyclope… *À 2h30 de marche d'Agios Georgios*

Panagia Un petit village-rue, dont l'église à dôme bleu, édifiée de 1919 à 1930, abrite l'icône sacrée de saint Jean (Agios Giannis) retrouvée dans la grotte du même nom. Du village, on peut faire l'ascension du mont Pappas, point culminant de l'île (419m), pour redescendre ensuite vers les grottes d'Agios Giannis (chemin non balisé). *À 5km au sud-ouest d'Agios Georgios par la route*

● **Aller à la plage** À 10min à pied du port, la jolie plage de sable de **Livadi** est la plus fréquentée. De là, on peut gagner à pied les ruines de la forteresse hellénistique qui coiffent la colline et jouir d'une belle vue sur Schinoussa, Kedros et Koufonissia. En saison, le bateau *Anemos* dessert tlj. deux plages du sud-ouest de l'île, inaccessibles à pied : **Karvounolakos** (galets) et **Alimia** (sable). **"Anemos"** *Tél. 22850 71 145 ou 22850 74 234 De juin à septembre Départ à 10h30, retour à 16h45 Les billets (12€) se prennent sur le port*

Schinoussa

Coincée entre Iraklia et Koufonissia, cette île très découpée, mais relativement plate attire baigneurs et marcheurs. Ses nombreuses plages séduisent ceux que rebute la foule aoûtienne de Koufonissia. Bonne surprise : Schinoussa est plus paisible et l'on y mange bien. Jusqu'à quand ? Les nombreuses maisons en chantier font craindre le pire… L'île compte trois villages : le port de Mersini, le chef-lieu, Chora, et Messaria. On explore ses 9,5km² à pied, à vélo ou à scooter (ni bus ni caïque).

Mersini Ce petit port dispose de deux bonnes tavernes et de quelques chambres à louer, mais mieux vaut séjourner à Chora. Les plaisanciers peuvent jeter l'ancre dans cette anse bien abritée, l'un des meilleurs mouillages de la mer Égée.

Chora À 1,2km du port, le chef-lieu de Schinoussa s'est installé sur une colline rocailleuse pour échapper aux raids des pirates. Pas déplaisant avec ses ruelles décorées de motifs peints au sol, le village abrite la plupart des restaurants et chambres à louer de l'île ainsi qu'un petit musée des Arts et Traditions populaires exposant costumes et outils agricoles (horaires d'ouverture aléatoires).

● ☺ **Aller à la plage** On en dénombre une quinzaine autour de l'île ! **Tsigouri**, la plus proche de Chora (à 450m, passé Villas Grispos), dispose d'une taverne. Plus au sud, à environ 700m de Chora, après une longue descente, apparaît **Livadi**, longue, régulière et bien ombragée. Comme Tsigouri, elle est assez fréquentée, et son sable pas toujours très propre. Tout au sud, essayez la ravissante plage de **Lioliou** (à 2,5km de Chora) avec son beau sable, son eau translucide, ses tamaris et les îlots qui s'égrènent au loin. Juste avant, il faut franchir un portail rouge pour suivre le sentier qui mène à l'idyllique crique sableuse d'**Alygaria**. Bien abritée (mais sans ombre), elle séduit les nudistes et, avec ses jolis fonds, les plaisanciers. Sur la côte est, coup de cœur pour **Almyros** (à 1,4km de Chora), son eau transparente et son chapelet d'îlots. Enfin, à 600m du village de Messaria (à 1,6km de Chora), ne manquez pas la plage de **Psili Ammos**, un coin de paradis au milieu des rochers, hélas peu ombragé.

Plan 29 Les Petites Cyclades

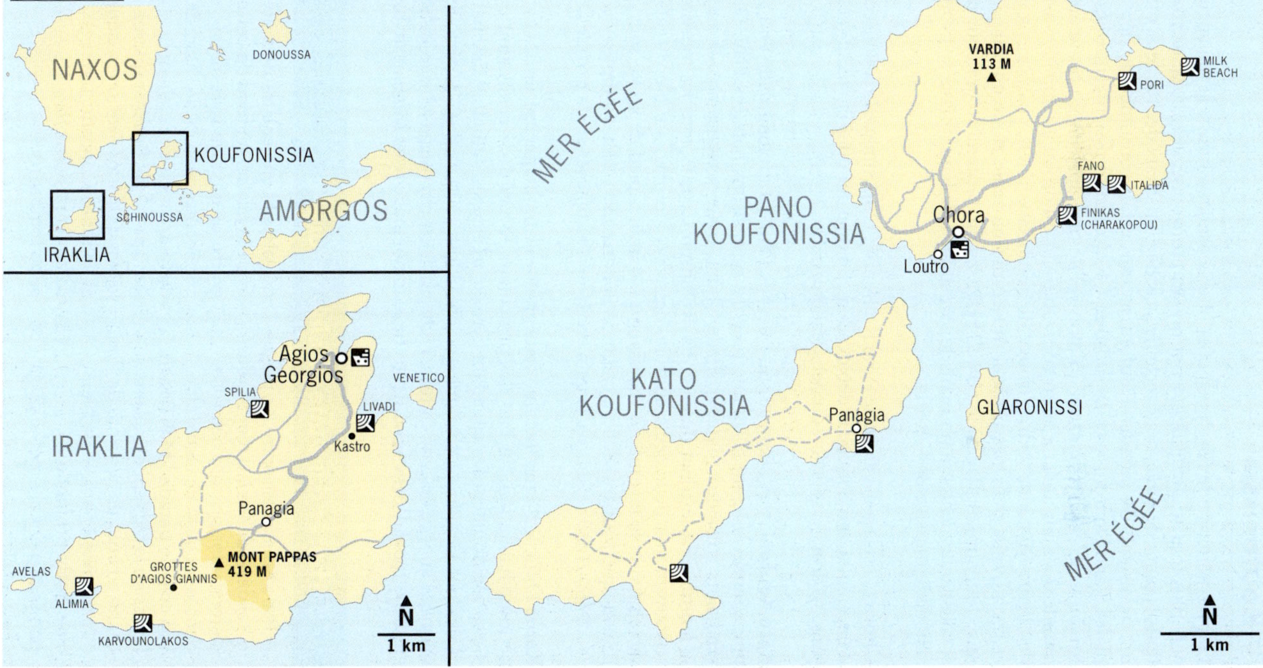

☺ Koufonissia

La plus petite île de l'archipel, et la plus centrale, est aussi la plus peuplée et la plus touristique. Baignée par une eau turquoise, elle recèle de magnifiques plages de sable, dont certaines, cachées au creux des rochers, offrent un avant-goût du paradis. Koufonissia est en fait constituée de deux îles plates, Pano Koufonissi et, au sud-ouest, Kato Koufonissi, presque déserte. En dépit de sa taille modeste (3,8km^2), l'île principale attire beaucoup de monde de la mi-juillet à la fin août, au point qu'on lui a donné le surnom de "Petite Mykonos". On y trouve de nombreux hôtels, chambres à louer et restaurants, mais pas un seul musée ni une seule ruine antique… l'île mise tout sur ses plages de rêve ! Préférez juin, septembre et début juillet si vous voulez éviter la bousculade. Au sud-est de Koufonissia se profile la silhouette massive de Keros.

Chora C'est le seul village de Pano Koufonissi. On distingue la colline coiffée d'un moulin, qui domine le débarcadère, du quartier qui s'étend à l'est de la plage (à droite en sortant du débarcadère).

Kato Koufonissi À 200m au sud-ouest de Pano Koufonissi, cette île à peine plus grande ne compte qu'une poignée de maisons habitées l'été. On s'y rend alors en caïque (4 départs/j. de Chora) pour quelques heures ou pour la journée. Pas évident de jouer les Robinson Crusoë, tous les touristes se retrouvent aux deux seuls endroits desservis : la plage de Nero (galets et sable gris) et la taverne de Venetsanos, à 45min à pied de là. Le soir, dîner romantique sous les étoiles ; caïque à 20h, retour à 23h. Comptez 5€ AR. *Tél. 22850 71 438 Tickets en vente à bord Horaires affichés sur le port de Chora*

Keros Difficile d'imaginer que cette grande île montagneuse, aride et vierge de toute habitation, fut l'un des principaux foyers de la civilisation cycladique. Des fouilles ont cependant livré de précieuses statuettes, des marbres et des poteries du Cycladique ancien (2800-2300 av. J.-C.), période qui marque l'apogée de cette culture. L'ensemble est exposé au Musée archéologique national d'Athènes. Le plus beau témoignage reste le trésor de Keros,

☺ Barboter dans une piscine naturelle

À Pano Koufonissi, entre les plages d'Italida et de Pori, la mer a creusé d'étonnantes piscines naturelles dans la roche. À chacun d'élire son coin de paradis ! **Milk Beach**, la *pissina* la plus spectaculaire, se cache au bout de la pointe de Pori, à l'extrémité orientale de l'île. Une grotte profonde, que soulignent une petite plage de galets et une eau translucide, troue la falaise. Au fond de cette grotte, un passage sous-marin permet aux nageurs de ressortir de l'autre côté de la falaise ! Peu après Milk Beach, explorez les fonds marins avec un masque et un tuba : étonnants paysages de cratères, de grottes et de tombants.

une vaste collection de statuettes en marbre, de poteries et d'outils, hélas allègrement pillé dans les années 1950, mais dont une partie est visible au musée d'Art cycladique et grec antique d'Athènes. Ce trésor aux origines mystérieuses nourrit différentes thèses qui feraient de Keros l'île sacrée de la Grèce antique en lieu et place de Delos… Classée au patrimoine archéologique national, ce qui en interdit l'accès, Keros n'est desservie par aucun ferry.

● ☆ ☺ **Aller à la plage** La raison d'être de Pano Koufonissi : une succession de plages facilement accessibles à pied ou à vélo – mais sans un seul arbre pour vous protéger du soleil (prévoyez un chapeau ou/et un parasol). En descendant du bateau, prenez à droite et traversez Chora. Vous atteindrez **Finikas** (Charakopou) en 15min : sable blond, eau indigo et la silhouette montagneuse de Keros en toile de fond. Les plages de **Fano** et d'**Italida**, juste après, lui ressemblent comme deux gouttes d'eau. **Pori**, un grand croissant de sable souligné par une eau aux reflets verts, n'est qu'à 35min de marche de Chora. En saison, des caïques font la navette entre Chora, Finikas, Italida et Pori 4 fois/j. de 12h à 18h30. Toutes les plages disposent d'une taverne, à l'exception de celle d'Italida.

● Où boire un verre ?

☺ **Sorokos** L'endroit parfait pour siroter un ouzo au coucher du soleil ou un cocktail plus tard dans la soirée, face à Keros. Sympathique déco de bric et de broc et ambiance musicale de qualité. En haute saison, DJ et prix élevés : 9€ le cocktail. Accès Internet. *Peu après Akrogiali, à l'est de la plage* **Chora** *Tél. 22850 71 704 Ouvert mai-fin sept. : tlj. 18h-4h*

Kalamia Le plus "ancien" (1985) bar de Pano Koufonissi... Essayez le cocktail Koufonisi (8€), aussi bleu que la mer à Finikas ! Ambiance musicale variée. Accès wifi gratuit. Sert aussi des petits déjeuners, ainsi que des glaces, des gaufres et autres pâtisseries. *Rue montante, face à la plage* **Chora** *Tél. 22850 74 444 Ouvert fin mai-début oct.*

Mylos Café Juché au sommet de la colline, face au débarcadère, ce moulin vieux de 200 ans abrite un café-bar idéalement situé : en face, Keros et Kato Koufonissi, à gauche, les lumières du village, au-dessus, la Voie lactée... Cocktail 7,50€. Bondé en août. **Chora** *Tél. 69 78 69 34 13 Ouvert juin-début sept. : tlj. 18h-3h*

To Kyma – La Vague Pour boire un verre ou un café (2,50€) face aux flots bleus, ou encore déguster une pâtisserie maison (à partir de 4€) après la baignade. Maria concocte, en effet, de délicieux *loukoumades, ravanis*, millefeuilles et gâteaux au yaourt. Une vague de plaisir ! *"Maria Prasinou", plage de* **Chora** *Tél. 22850 71436 www.to-kima.gr Ouvert mai-fin sept. : tlj. 11h-0h*

☺ Donoussa

Isolée au nord-est de l'archipel, Donoussa est la moins connue des Petites Cyclades et sans doute la plus authentique. Ses habitants viennent juste de comprendre l'intérêt économique que représentent les touristes, de plus en plus nombreux à venir y goûter le calme, le soleil et la solitude. Avant que les parpaings ne défigurent le petit port de Stavros, son chef-lieu, courez découvrir cette île montagneuse (535m) et aride de 14km^2, qui se prête aussi bien à la marche qu'au farniente et à la baignade. Attention, pas de scooter ni de vélo à louer sur place. Les bons marcheurs peuvent faire le tour de l'île en une journée (Stavros, Mersini, Kalotaritissa puis retour à Stavros) en s'accordant des pauses-baignade et déjeuner à Kentros, Mersini ou Kalotaritissa.

(Agios) Stavros Le port principal de l'île reste un agréable village cycladique avec ses petites maisons serrées les unes contre les autres, ses ruelles blanches éclaboussées de bougainvilliers et sa jolie plage à l'eau limpide. Stavros concentre tous les hébergements de l'île. Joli coucher de soleil du parvis de l'église de la Panagia, perchée sur une butte sur la route de Kentros. *Route bitumée jusqu'à Kalotaritissa*

Mersini Il faut 1h-1h30 à pied et 20min en caïque pour rejoindre ces quelques maisons retirées sur les hauteurs de Donoussa, face à Amorgos. Deux tavernes en balcon scrutent l'azur et, au bas du village, une source fraîche qu'ombrage un grand platane invite à faire une pause dans des effluves de figues. Comptez 15min de descente à pied jusqu'aux plages de Fikio et de Livadi.

Kalotaritissa Ce minuscule port de pêche isolé de la côte nord de l'île est installé au sud de la presqu'île rocheuse de Fanari et gardé par l'imposant mont Papas. Le village est à 1h de marche de Mersini au bout d'une route bitumée qui vous fera profiter de vues spectaculaires : des falaises rocheuses plongeant dans une eau céladon, tandis qu'au loin se profilent les îles de Patmos et d'Ikaria. En perspective : une sympathique baignade sous l'œil des pêcheurs qui reprisent leurs filets.

● **Aller à la plage** La plage la plus proche de Stavros (15min à pied en passant par l'église de la Panagia) est celle de **Kentros** avec son sable fin, son eau turquoise et sa taverne. Au bas de Mersini, on longe d'abord la plage de **Fikio** (assez petite), puis celle de **Livadi**, sans doute la plus belle de l'île avec son cadre rocailleux, son sable fin et son eau d'un bleu paradisiaque (nombreux nudistes). Sur la côte nord de l'île, on peut aussi profiter du cadre montagneux de **Kalotaritissa**. En saison, liaison quotidienne en caïque entre Stavros et Livadi et parfois Kalotaritissa.

● ☺ **Faire une randonnée de Kalotaritissa à Stavros** Sortez de Kalotaritissa en prenant l'impasse que prolonge un sentier. Suivez autant que possible le balisage rouge et les cairns. Gravissez la colline à droite du mont Papas tout en visant les poteaux télégraphiques sur la crête. Au sommet, vous serez récompensé par un paysage de falaises blanches à couper le souffle, avec Naxos en toile de fond. Redescente facile sur Stavros par un sentier large (suivez les poteaux téléphoniques). ***Durée*** *Env. 1h15*

CARNET D'ADRESSES

Restauration, hébergement

À Iraklia

Il est indispensable de réserver son hébergement en haute saison.

petits prix

To Steki Au rez-de-chaussée, une épicerie, et à l'étage, une taverne offrant une belle vue panoramique sur une partie de l'île. Cuisine simple concoctée à partir de produits locaux, comme la savoureuse *arakas*, une épaisse soupe de légumes subtilement citronnée. *Pastitsio*, moussaka, boulettes de viande... À partir de 10€. ***Chora*** *Tél. 22850 71 579 ou 69 78 27 86 51 Ouvert mai-fin oct. : tlj. 8h-23h*

Alexandra Rooms Juste 4 chambres simples (murs blancs, lits en pin, ventilateur), mais impeccables et bien situées, à équidistance du port et de la plage de Livadi (5min). Climatisation, TV et réfrigérateur ainsi qu'une bonne literie et une grande terrasse dominant le port. Cuisine commune où préparer son petit déj. Accueil sympathique. Comptez 25-50€ la double. *Route de Livadi, au-dessus d'Anna's Place, sur la gauche* ***Agios Georgios*** *Tél. 22850 71 482 ou 69 78 31 50 28 Ouvert toute l'année*

☺ **Anna's Place** Sur les hauteurs d'Agios Georgios, 13 chambres nichées parmi les pieds de vigne et tournées vers la mer. Au loin, les montagnes de Naxos ondulent... Intérieur cosy et confortable, avec TV, climatisation, bonne literie, balcon privé. La gérante tient le supermarché Perigiali sur le port et connaît bien son île. Chambres simples 25-50€, chambres luxe (avec salon) 50-70€. Navette gratuite avec le port. *Route de Livadi, à mi-pente* ***Agios Georgios*** *Tél. 22850 742 34 ou 22850 711 45 ou 69 74 72 47 77 www.annasplace.gr Ouvert toute l'année*

Marietta Rooms Sept chambres avec terrasse sur la plage de Livadi pour les amateurs de calme et de baignade. Le confort reste modeste : lit banquette, murs blancs, réfrigérateur d'un autre âge, mais air climatisé tout de même. Demandez une chambre avec vue sur la mer. Principal inconvénient, il faut marcher 800m jusqu'au port pour se sustenter. Mais on vous y conduira avec plaisir. Sinon une taverne "Pera panta" s'est installée juste à côté. Comptez 25-50€ la double. Pas de CB. ***Livadi*** *Tél. 22850 71 252 ou 69 74 91 63 88 Ouvert juin-oct.*

prix moyens

Perigiali Légèrement au-dessus du port, une agréable taverne où l'on choisit le poisson du jour avant de le déguster attablé sous un grand pin ou à l'étage pour profiter du panorama. Fraîcheur garantie : les restaurateurs ont leur propre bateau de pêche. Également des beignets de légumes, calamars grillés, maquereaux au four. Comptez 15€. ***Agios Georgios*** *Tél. 22850 71 118 ou 69 72 43 18 16 Ouvert Pâques-nov. : tlj. 10h-22h30*

Seamen's Club Cette taverne, qui jouit d'une jolie vue sur le port en contrebas, sert une cuisine simple mais savoureuse : veau aux tomates, espadon grillé, cabri au four. Les amateurs fondront pour le délicat poulpe bouilli au vinaigre. Comptez 17€ par pers. Vins de Paros. L'écran télé rameute du monde les soirs de match. Christos loue aussi 3 studios (30-80€) et 3 appartements (50-100€) au-dessus. *Route de Livadi à mi-pente,* ***Agios Georgios*** *Tél. 22850 71 807 Ouvert mai-oct. : tlj. 8h-0h*

Villa Aiolos Surplombant le port, cette résidence hôtelière dispose de 12 chambres confortables (60-80€, petit déjeuner inclus) offrant toutes une très belle vue sur Naxos, Paros et l'anse d'Agios Georgios. Dommage qu'aucun effort n'ait été consenti à la décoration. Bonne literie, clim., TV et réfrigérateur. Pizzas et plats variés dans le café-restaurant attenant, qui sert aussi des petits déjeuners. Plage de Livadi à 450m. *Au-dessus d'Anna's Place, sur la droite* ***Agios Georgios*** *Tél. 21099 62 224 ou 22850 71 233 ou 69 74 75 60 01 mroussos@hol.gr Ouvert juin-sept.*

prix élevés

☺ **Villa Zografos** Elle a du cachet, cette résidence perchée au-dessus de la plage de Livadi, avec vue imprenable sur Schinoussa, Keros, Koufonissia et même, par temps clair, Amorgos et Ikaria. La déco des 6 chambres n'a pas été délaissée : meubles blancs, coquillages aux murs... Literie douillette et excellent confort : TV, clim., réfrigérateur, ventilateur, coffre et service à café dans les chambres, accès à une cuisine commune. Calme garanti, en rapport avec l'isolement de cette adresse ! Selon la saison, la double est louée 50-110€ et le deux-pièces pour 3-4 pers. à 60-120€. Petit déj. 5€. ***Livadi*** *Tél. 22850 71 946 ou 69 77 63 20 66 Ouvert avr.-sept.*

À Schinoussa

Assurez-vous qu'on viendra vous chercher à votre descente du bateau, le chef-lieu est à plus de 1km du port et la route grimpe !

petits prix

Nikolas L'une des deux tavernes du port, juste en face du débarcadère. Comme sa voisine, elle présente de bons produits de la mer à savourer en terrasse face aux caïques et aux voiliers. Risotto à la langouste (85€ le kg), soupe de poisson (5€) et grand choix de poissons grillés à des prix plus modérés. Comptez 10-12€. ***Mersini*** *Tél. 22850 71 254 Ouvert mai-oct. : tlj. 9h-0h*

Loza Facilement repérable à son large parasol bleu. Les anciens du village s'y retrouvent pour d'interminables palabres et les touristes s'y restaurent de pizzas (7-9,50€), de pâtes, de salades, de viandes grillées et de pâtisseries maison. La qualité est là. Comptez 12€. Petits déjeuners. ***Chora*** *Tél. 22850 71 864 Ouvert tlj. 8h-3h*

Kira Pothiti Au-dessus du restaurant du même nom, 15 chambres disséminées dans le village et en bord

GAMME DE PRIX	RESTAURATION	HÉBERGEMENT
Très petits prix	moins de 10€	moins de 30€
Petits prix	de 10 à 15€	de 30 à 50€
Prix moyens	de 15 à 20€	de 50 à 80€
Prix élevés	de 20 à 30€	de 80 à 120€
Prix très élevés	plus de 30€	plus de 120€

de mer, sobres et bien tenues, avec climatisation, réfrigérateur et des matelas de qualité. En août, un peu de bruit occasionné par le restaurant pour les chambres situées au-dessus. Comptez 40-50€. À table, cuisine grecque traditionnelle (12€ environ). *Rue principale* **Chora** *Tél. 22850 71 184 Ouvert juin-sept.*

prix moyens

☺ **Deli Restaurant** Cette table s'est fixé pour objectif de donner un coup de jeune à la cuisine insulaire en lui insufflant une touche de créativité. Mission accomplie ! Jugez sur pièces : roulés de fromage à la cannelle (5,50€), chevreau sauvage aux spaghettis ou encore langoustines aux petites pâtes maison, fenouils et poireaux sauce à l'ouzo (plats 10€-14,50€). Et pour finir ganage chocolat sur biscuit à la vanille. Bons choix de vins grecs au pichet (*chima*) ou en bouteille. Vue magique sur l'Égée, service attentionné et prix raisonnables : comptez 18-23€. Réservation conseillée le soir en juillet-août. *Dans une ruelle pentue perpendiculaire à la rue principale,* **Chora** *Tél. 22850 74 278 ou 69 77 40 97 58 www.delirestaurant.gr Ouvert avr.-oct. : tlj. 9h-0h et plus*

Iliovasilema Hotel Les cubes blancs de cet hôtel abritent 29 chambres pouvant accueillir jusqu'à 4 pers. Exigez la vue sur la mer, côté lever ou coucher du soleil selon vos préférences. Chambres simples, mais propres et bien tenues (clim., TV, frigo). Transfert pour le port ou pour les plages en minibus. On vous conduira même à la plage de votre choix gracieusement ! Dommage que l'accueil soit si peu affable. De 30 à 70€ selon la saison. Pas de CB. *Route de Messaria* **Chora** *Tél. 22850 71 948/161 ou 69 72 33 52 17 www.iliovasilemahotel.gr Ouvert avr.-oct.*

Hôtel-restaurant Meltemi Côté pension, 12 chambres (25-60€) à l'ancienne avec lits en pin, réfrigérateur, clim. et sdb. Demandez l'étage pour jouir d'une belle vue sur Keros, Koufonissia et Amorgos. Côté hôtel, 10 studios (35-65€) et 1 appartement (50-80€) avec 2 chambres, séjour avec TV et coin cuisine. Réservez la n°31 pour sa belle vue sur Keros. Transport gratuit en minibus vers le port et les différentes plages de l'île. Restaurant (ouvert 8h-1h, compter 10-12€). *Au carrefour avant Psilli Ammos* **Chora** *Tél. 22850 71 947/74 037 ou 69 45 88 70 79 ou 69 77 29 44 26 www.pension-meltemi.gr Ouvert 20 mars-20 oct.*

☺ **Villas Grispos** Idéalement campés dans la végétation, dominant la plage de Tsigouri, face à la mer, une vingtaine de chambres, studios et appartements répartis dans deux bâtiments, l'un ancien, l'autre récent. Confort partout (TV, clim. et réfrigérateur) mais accueil variable. Taverne de poisson pour un dîner romantique face à la grande bleue (plats env. 8€). Chambre double à 60-95€, petit déj. inclus. Basse saison et hiver 40€. *À 400m du centre, route de Tsigouri* **Chora** *Tél. 22850 71 175 ou 69 45 70 00 69 www.grisposvillas.com Ouvert toute l'année*

Lioliou Beach Hotel Posé sur la ravissante plage de Lioliou, ce complexe hôtelier récent et assez isolé comblera les amateurs de calme et de baignade. Les 17 studios (70-90€, petit déj. inclus), l'appartement (130-150€) et les 2 maisonnettes (120-150€) lorgnent tous vers la mer et les îles : Keros, Amorgos, Koufonissia, Naxos... Tout confort (TV, clim., réfrigérateur, coin cuisine dans certains studios, parfois coffre-fort) à défaut d'une déco recherchée. Restaurant. Transfert possible (et gratuit) à Chora, et tours en canot pneumatique sur les plages de l'île. ***Plage de Lioliou*** *Tél. 22850 71 975 ou 69 76 81 86 83 Ouvert Pâques-sept.*

À Koufonissia

Réservez impérativement pour août. Les prix chutent pratiquement de moitié d'août à septembre. Comme souvent, on viendra vous chercher au port en minibus.

petits prix

Melissa Une institution locale, depuis une trentaine d'années. Des plats cuisinés comme à la maison, servis par une mamma grecque plus vraie que nature. La moussaka et le *pastitsio* (6,50€) passent pour les meilleurs de Koufonissia. Carte variée et agréable terrasse couverte avec ses chaises colorées. Comptez 10€. *Sur la colline, dans la ruelle principale (coque de bateau à l'entrée)* ***Chora*** *Tél. 22850 71 454 www.melissanet.gr Ouvert Pâques-fin nov. : tlj. 6h-0h*

Capetan Nikolas Une taverne réputée pour ses produits de la mer. Et pour cause : les Prasinos sont pêcheurs de père en fils. Le must reste les spaghettis à la langouste, mais la soupe de poisson, les crevettes *saganaki* et le riz aux fruits de mer sont tout aussi recommandables. Également des viandes et plats traditionnels. Accueil cordial. Comptez 10-15€ le repas (plus cher avec une langouste). Réservation vivement conseillée en haute saison. *À 200m à l'ouest du port (à gauche en sortant du débarcadère)* ***Chora*** *Tél. 22850 71 690 Ouvert mi-mai-mi-oct. : tlj. 17h-2h*

Pori Café Au bout de la plage de Pori, une adresse appréciée des baigneurs. Le cadre est magique : mer indigo, montagnes, et un hamac qui n'attend que vous. Cuisine simple, mais généreuse : salades, tartes salées maison, poisson grillé, etc. Desserts maison également. Bon choix de rafraîchissements. Comptez 12€. ***Pori*** *Tél. 22857 71160 ou 69 42 01 15 29 Ouvert juin-fin sept. : tlj. 8h-0h*

prix moyens

Oi Atairiastoi / Οι Αταιριαστοι Les "incompatibles" *(atairiastoi)*, ce sont les deux chefs de ce restaurant. Une *private joke*, mais leur cuisine n'a rien d'une plaisanterie ! Du poulpe aux petits oignons au sauté de porc au raki, les assiettes sont imaginatives et bien présentées. Cadre très plaisant en terrasse, sous les étoiles, face à l'île de Keros. Comptez 15€. *Peu avant le moulin du Mylos, café en venant du port* ***Chora*** *Tél. 22850 71 834 www.ostriavilla.gr Ouvert fin mai-20 sept. : tlj. 17h-3h*

Lefteris / Λευτερις Une cuisine de grand-mère et de bons produits de la mer dans cette taverne fort bien située au-dessus de la plage du port. Poisson grillé (15-20€), salades d'oursins ou agneau de l'île sont servis sans chichis sous les oliviers, face à la mer. Également 12 chambres spartiates à l'étage, à ne choisir qu'en dernier recours (25-50€). Comptez 12€ pour une salade ou un plat de viande. Fait aussi bar. ***Chora*** *Tél. 22850 71 458 ou 69 56 85 21 10 ou 69 70 51 44 12 Ouvert mai-début oct. : tlj. 7h-2h*

Akrogiali Sans doute l'une des meilleures situations de l'île : en surplomb des rochers sur lesquels les pêcheurs viennent battre les poulpes pour les attendrir. Neuf chambres simples mais proprettes et bien équipées (TV, clim., réfrigérateur, réchaud à café), dont cinq jouissent d'un panorama de rêve sur Kato Koufonissi, Keros et, au loin, Santorin ! Accueil adorable de la gérante, Georgia Roumelioti. De 35 à 65€ la double. Pas de CB. *Passé la plage, dans la ruelle principale* **Chora** *Tél. 22850 71 685 Ouvert juin-oct. sur rés. le reste de l'année*

☺ **Villa Maria Vekri** Dans un grand jardin, à 5min du port, des 7 studios et deux maisons à louer comprenant deux chambres, cuisine et séjour (45€-90€). L'ensemble est propre et confortable et la souriante Iota fera tout pour que vous vous y sentiez au mieux. Wifi. De 25 à 60€ le studio. **Chora** *Tél. 22850 29225 ou 69 74 65 26 91 Ouvert juin-fin sept.*

Studios Fanos Des studios et maisonnettes de style cycladique, avec pierres dorées sur murs chaulés de blanc, clim. et vue sur l'île de Keros. La plage est à vos pieds et le café attenant sert d'excellents rafraîchissements. Comptez 60€ pour deux. ***Plage de Fano*** *Tél. 22850 71670 ou 69 76 97 52 18 Ouvert mai-fin sept.*

To Steki tis Marias Cette taverne loue 7 jolies chambres, simples, mais calmes. Préférez les plus récentes, dans le bâtiment voisin du restaurant. Les n^os^4 et 5, à l'étage, offrent une belle vue sur le petit port de Loutro. Bonne literie, TV, clim., balcon. Comptez 30-70€. Restaurant. Pas de CB. Accueil uniquement en grec. *À 5min à pied du débarcadère, à gauche* **Chora** *Tél. 22850 74 128 www.stekitismarias.com Ouvert juin-fin sept.*

☺ **Villa Ostria** Dix chambres et deux appartements arrangés avec goût autour d'une jolie cour plantée de palmiers. Pas de TV ni de climatisation (le ventilateur suffit) mais un réfrigérateur, un nécessaire à café et un cadre sympathique : murs colorés, briques, bois blanchi par la mer et balcon avec, parfois, vue sur la mer. Cuisine, coffre et TV dans les studios. Chambre 40-75€, appartement 55-100€. Navette avec le port. *Longez la plage et prenez la 1re ruelle qui monte sur la gauche* **Chora** *Tél. 22850 71 671/74 091 ou 69 44 24 41 58 www.villaostria.gr Ouvert mai-oct.*

Ermis Rooms Dans une ruelle calme et fleurie de Chora, 8 chambres (2/4 pers.) réparties dans deux bâtiments récents et très bien tenus. Déco minimaliste (pour ne pas dire inexistante !), mais tout le confort est là : TV, clim., réfrigérateur, bons matelas. Vue partielle sur Keros et la mer pour certaines chambres. Plage du port à 50m. Comptez 45-80€ la double selon la saison. Pas de CB. **Chora** *Tél. 22850 71 693 ou 69 72 26 52 40 Ouvert toute l'année*

prix élevés

☺ **Gitonia tis Irinis** Elles ne manquent pas d'allure, ces maisonnettes qui toisent l'île de Keros au loin. Dispersées dans un jardin au désordre savamment étudié, les 15 unités s'inspirent de l'architecture cycladique : lits banquettes, poutres au plafond, murs chaulés incrustés de bois, escaliers menant au toit-terrasse... Réfrigérateur et coin cuisine, wifi mais pas de TV. Comptez 35-55€ en basse saison, 90-120€ en haute saison. Pas de CB. *Route des plages* **Chora** *(150m après la sortie du village) Tél. 22850 71 674 www.koufonisia-diakopes.gr Ouvert mai-oct.*

Koufonisia Hotel Cet élégant complexe hôtelier compte 56 chambres disposées autour d'une belle et grande piscine, au cœur d'un ravissant jardin planté de palmiers et de plantes grasses. À l'intérieur, confort irréprochable (TV, Internet, clim., réfrigérateur, parfois coin cuisine, excellente literie) mais quelques fautes de goût feront sourire ou grimacer. Comptez 80-130€ la double avec le petit déj. et 220-310€ pour une *executive*. Navette gratuite avec le port. Un restaurant ouvert de mai à oct. et un bar. *Chora Tél. 22850 74 067/068 www.hotelkoufonisia.gr Ouvert avr.-oct.*

Keros Icons Cet hôtel boutique a remporté de nombreux prix avec ses 23 chambres spacieuses, parquetées et meublées dans la tradition cycladique. Chacune d'elles dispose d'un confort sans faille et d'une véranda, la plupart donnant sur la piscine d'un bleu d'azur. De 80 à 130€ la double selon la saison. *Chora Tél. 22850 71 601/961 www.keroshotel.gr Ouvert avr.-oct.*

À Donoussa

L'île n'est pas vraiment réputée pour sa gastronomie... L'hébergement y est sommaire, mais bon marché. On vous proposera de nombreuses chambres à louer dès votre descente du bateau.

petits prix

Aposperitis Cette agréable taverne posée sur la plage du port sert surtout de bonnes grillades – *souvlaki*, "steak" (filet) de porc –, mais aussi du cabri à la tomate et du poisson grillé. Ne cherchez pas la carte, on vous énumèrera les plats. À déguster sous les canisses. Service rapide et prix attractifs : comptez 10-12€. *Chora Tél. 22850 51 571 www.aposperitis-rooms.com Ouvert Pâques-sept. : tlj. 8h-1h*

prix moyens

Iliovasilema Tous les soirs, les clients des 6 chambres (25-55€), des 10 studios (30-70€) et des 2 appartements (35-75€) sortent admirer le coucher du soleil (*iliovasilema*) sur Naxos. Les chambres sont spacieuses, mais la déco est vieillotte et le confort moyen (TV, wifi, réfrigérateur). Bonne taverne avec vue sur la mer et vente de billets de bateau (Sigalas Travel). Navette avec le port. Très bon accueil. *Au bout de la plage, côté sud Chora Tél. 22850 51 570 ou 69 42 26 92 19 www.iliovasilema-studios.gr Ouvert avr.-oct. Restaurant ouvert mi-mars-mi-sept. : tlj. 10h-1h*

Prassinos Studios Rooms Les balcons des 7 studios et 5 appartements de cette petite résidence blanc et bleu offrent une belle vue sur la mer et Naxos. L'ensemble est propre et les studios disposent d'une cuisine bien équipée. TV, mais pas de clim, c'est inutile. Prix plutôt sages : studio 25-70€, appartement de deux pièces 40-80€. Pas de CB. *Juste au-dessus d'Iliovasilema Chora Tél. 21028 11 392 ou 22850 51 579 Ouvert toute l'année*

GAMME DE PRIX	RESTAURATION	HÉBERGEMENT
Très petits prix	moins de 10€	moins de 30€
Petits prix	de 10 à 15€	de 30 à 50€
Prix moyens	de 15 à 20€	de 50 à 80€
Prix élevés	de 20 à 30€	de 80 à 120€
Prix très élevés	plus de 30€	plus de 120€

★ ☺ AMORGOS ΑΜΟΡΓΟΣ Αμοργος

Comme les Italiens à Folegandros ou les Britanniques à Ios, les Français semblent avoir jeté leur dévolu sur Amorgos : ils représentent parfois plus de 75% de ses visiteurs ! Effet *Grand Bleu* ? Il est vrai que le film culte, dont une partie fut tournée sur l'île en 1986, en a révélé l'âpre beauté. Mais sans doute est-ce lié à son charme sauvage : trop escarpée pour aligner de nombreuses plages, à l'écart des grands circuits de l'archipel, la plus orientale des Cyclades a longtemps gardé des airs de bout du monde... Si ceci est moins vrai depuis qu'un bateau rapide la dessert tous les jours, l'été, Amorgos reste chère aux voyageurs amoureux du calme, du soleil et du grand air, qui y reviennent, année après année. Les à-pics vertigineux, les paysages désolés et rocailleux de ce massif surgi des flots offrent en effet aux marcheurs des sentiers inoubliables (et, une fois n'est pas coutume, souvent balisés !)... Adossé à une impressionnante muraille naturelle, éclatant de blancheur face au bleu infini de la mer Égée, le monastère millénaire de la Panagia Chozoviotissa justifie à lui seul l'escale.

MODE D'EMPLOI

accès

Amorgos compte deux ports : Katapola et Aegiali. Mais attention, si certains bateaux s'arrêtent dans les deux, d'autres ne font escale que dans l'un ou l'autre. L'été, l'île est desservie par des catamarans, qui relient Le Pirée (en 5h25), Sifnos (3h), Folegandros (2h05), Santorin (1h10), Naxos (1h), Paros (1h35) et Syros (2h30). Ces mêmes destinations sont également desservies par des ferries du Pirée. Liaisons moins régulières pour Ios, Rhodes et Astipalea. Les horaires sont affichés à l'extérieur des agences de voyages. Les horaires, prix, trajets et compagnies changeant tous les ans en mai, nous vous invitons à consulter les sites www.directferries.fr, www.gtp.gr, www.ferries.gr ou www.aferry.gr. et à vous renseigner dans les agences de voyages locales. Le prix du billet en catamaran est environ 2 fois celui du ferry.

Vers Naxos et les Petites Cyclades
L'été, l'express *Skopelitis* dessert Koufonissia, Schinoussa, Iraklia et Naxos presque tous les jours, et Donoussa 3 fois/sem. Départs tôt le matin. Certains voyageurs en profitent pour s'offrir une croisière à moindre prix autour des Petites Cyclades (retour vers 19h à Katapola). Les horaires sont affichés à l'extérieur des agences de voyages.

Capitainerie de Katapola *Face au débarcadère Tél. 22850 71 259*

orientation

Amorgos est une grande île montagneuse de 126km², tout en longueur (32km de longueur pour 6km dans sa plus grande largeur), orientée nord-est/sud-ouest et dont la ligne de crête, qui descend rarement à moins de 400m, culmine, au nord, à 823m (Kroukelos). Le versant sud-est tombe pratiquement à pic dans la mer et ne laisse place à aucun port ou village. La côte nord-ouest est moins abrupte. Peu peuplée, l'île compte trois localités principales : Katapola et Aegiali, ses deux ports (qui sont aussi des lieux de villégiature), situés sur la côte nord-ouest et reliés par une route de 20km, et Chora, le chef-lieu. Moins animé, ce dernier est bâti sur les hauteurs entre Katapola et Aegiali (à 4km du premier et 16km du second). On trouve quelques villages paisibles aux caps nord et sud, l'arrière-pays déployant un paysage de lande et de rocaille où l'on ne croise guère que des troupeaux de chèvres.

informations touristiques

Il existe deux agences sérieuses, ouvertes toute l'année, où acheter vos billets de bateau et vous renseigner sur les excursions.

N. Synodinos Travel *Sur le débarcadère* ***Katapola*** *Tél. 22850 71 201/71 747 Ouvert été : tlj. 8h30-14h et 17h30-21h30 ; hiver : tlj. 10h-13h30 et 17h-21h30*

Nautilos *Dans la ruelle principale, près du port, juste au-dessus du loueur de voitures Thomas Rent a Car* ***Aegiali*** *Tél. 22850 73 032*

Office de tourisme (mairie) *Chora Tél. 22853 60 200*

se déplacer

EN CAR

KTEL Quatre lignes : Katapola-Aegiali (via Chora et la plage d'Agios Pavlos) ; Katapola-Agia Anna (via Chora et le monastère de la Panagia Chozoviotissa) ; Aegiali-Langada ; Aegiali-Tholaria. Environ 6-10 cars/j. l'été selon la destination. Attention, pas de car avant 9h30 voire 10h. Signalons également des liaisons entre Katapola et le sud de l'île (via Mourou, Arkessini, Kolofana et Kalotaritisas) : départ à 13h15, retour à 17h30 et 18h ; arrêts en chemin à la demande. *Tél. 22850 71 514 ou 22850 71 623*

EN TAXI

Plusieurs taxis dans l'île. Ils stationnent parfois à Katapola et à Aegiali sur le port, mais mieux vaut les appeler ; leurs numéros sont affichés sur le quai. *Tél. 69 37 88 38 38 ou 69 78 96 02 06*

EN VÉHICULE DE LOCATION

Des loueurs de scooters et de voitures se trouvent à Katapola (sur le port) et à Aegiali (sur le port également). Comparez les prix. Comptez de 20 à 70€/j. selon la saison pour une voiture. Deux stations-service dans l'île : sur la route entre Katapola et Chora, et à Aegiali (derrière le camping).

Thomas Rent a Car *Katapola Tél. 22850 717 77* ***Aegiali*** *Tél. 22850 73 444*

informations pratiques

Vous pourrez vous procurer des journaux en français et des cartes de l'île dans les librairies de Katapola (dans la ruelle qui part sur la droite de l'hôtel Minoa) et d'Aegiali (dans la ruelle principale).

Centres médicaux *Chora À l'entrée du bourg, sur la route de Katapola Tél. 22850 71 207* ***Katapola*** *Rahidi, sur la route de Chora Tél. 22850 71 805 Ouvert tlj. 9h-14h30* ***Aegiali*** *Tout en haut de la rue de la pharmacie, à l'intersection avec la grand-route Tél. 22850 73 222 Ouvert lun.-ven. 9h-13h30*

Pharmacies *Chora À l'entrée du village, à l'arrêt de bus Tél. 22850 74 166 Ouvert mar. et jeu.-ven. 8h30-14h et 17h30-21h, lun., mer. et sam. 9h-14h* ***Aegiali*** *Dans une rue perpendiculaire aux quais, à 50m du port (suivre les panneaux) Tél. 22850 73 173 Ouvert sept.-juin : lun.-ven. 9h30-14h30 et 18h-*

21h, sam. 11h-14h30 et 18h30-21h ; juil.-août : lun.-ven. 9h30-14h30 et 18h-21h, sam.-dim. 11h-14h30 et 18h30-21h
Police *Chora Tél. 22850 71 210* ***Aegiali*** *Tél. 22850 73 320*

fêtes et manifestations

Fête du village de Tholaria Devant l'église Agii Anargiri. *1er juillet*
Fête en l'église Agia Paraskevi L'une des plus importantes d'Amorgos. À Kolofana (à 700m du village vers la baie de Paradissa). *26 juillet.*
Fête en l'église Epanochoriani Au nord de Langada. *14 et 15 août*
Pèlerinage à l'église de Stavros Au nord de Langada. *14 septembre*
Fête du monastère de la Panagia Chozoviotissa *21 novembre*

DÉCOUVRIR

Amorgos

☆ **Les essentiels** Amorgos (Chora), le monastère de la Panagia Chozoviotissa **Découvrir autrement** Plongez dans les eaux limpides des criques d'Agia Anna, arpentez les sentiers de randonnée, perdez-vous dans le charmant village de Langada

Katapola

Enroulé autour d'une baie profonde et bien abritée, le port principal d'Amorgos regroupe trois villages : Katapola même, le débarcadère, au sud, Xilokeratidi, au nord et, entre les deux, peu fréquenté par les touristes, Rachidi. Katapola est le plus animé, grâce à ses terrasses de café et ses tavernes qui s'alignent en enfilade le long des quais, face aux voiliers. Quelques ruelles paisibles serpentent à l'arrière ; l'une d'elles (celle qui part à droite de la place principale ombragée par un grand eucalyptus, devant l'hôtel Minoa) mène à l'église de la Panagia Katapoliani. Élevée à l'emplacement d'un temple romain, c'est l'une des plus vieilles de l'île. Citronniers et orangers s'épanouissent dans les jardins fleuris alentour. De l'autre côté de la baie, Xilokeratidi, l'ancien quartier des pêcheurs, plus calme mais tout aussi charmant que Katapola, offre une belle alternative de séjour (on y trouve quelques tavernes et cafés, et de nombreuses pensions).

Antique Minoa Elle s'élevait au sommet du Moundoulia (240m), qui surplombe Katapola au sud. Bâtie par les Minoens, cette cité prospère fut habitée du Xe siècle av. J.-C. à la fin du IIIe siècle de notre ère. Des vestiges (de maisons, d'un stade, d'un gymnase et d'un temple dédié à Dionysos) y ont été mis au jour mais ils ne sont malheureusement visibles qu'à travers un grillage, le site étant fermé en raison des fouilles (quelques panneaux d'explication à l'entrée). Vous serez récompensé néanmoins par la superbe vue qui s'offre sur la baie. *À 3km de Katapola* ***Accès en voiture*** *Montée très abrupte par une route goudronnée à partir de Rachidi (suivre les panneaux) Au sommet de la route, suivre sur 400m le chemin de terre (carrossable) sur la droite* ***Accès à pied*** *Suivre le sentier qui part près de l'église de la Panagia Katapoliani, derrière le port (compter 45min)*

● Piquer une tête autour de Katapola

Maltezi et Plakes Délaissez la plage de Katapola, peu avenante, pour deux agréables criques, au nord de la baie : de Xilokeratidi (en haut du village) un sentier longe la côte ; passé deux premières plages, Treis Iérarhes et Agios Panteleïmonas (pas très propres), vous déboucherez, après un petit cap (comptez 20min), sur la jolie crique sableuse de **Maltezi**. Bien abritée, pourvue d'une paillote, de transats et de parasols, elle attire du monde ! Pour un peu plus de tranquillité, poussez jusqu'à **Plakes** (20 à 30min de marche en plus). *L'été, des bateaux-taxis desservent Maltezi et Plakes à partir du port de Katapola (env. toutes les heures, tarif 3€ AR)*

★ ☺ Amorgos (Chora)

Murs chaulés, volets mauves, bleus, verts ou marron, vieux passages voûtés, étroites ruelles pavées, figuiers, bougainvilliers, acacias, albizzias sans oublier une myriade de chapelles : le chef-lieu d'Amorgos est un village ravissant où il fait bon perdre son chemin… Bâti sur les hauteurs (à près de 300m d'altitude), de telle sorte que les pirates ne puissent le voir de la mer, il domine pourtant à la fois les côtes est et ouest de l'île !

Musée archéologique (plan 31, B1) Aménagé dans une belle demeure patricienne du XVIe siècle, bien rénovée, il abrite des objets découverts sur les sites antiques de l'île. À l'intérieur : des poteries de l'époque mycénienne et des figurines cycladiques en marbre ; dans le patio et sur la terrasse : des chapiteaux, bustes, stèles, etc. Malheureusement, les rares explications sont en grec. *Dans la ruelle principale* ***Chora*** *Tél. 22850 71 831 Ouvert juin-oct. : mar.-dim. 8h-15h Entrée libre*

★ ☺ **Monastère de la Panagia Chozoviotissa** L'un des hauts lieux sacrés de l'archipel et l'une de ses merveilles. De loin, ce monastère millénaire apparaît telle une petite tache blanche écrasée par la masse énorme d'une falaise aux teintes rougeoyantes… Au fil des centaines de marches qui y mènent, ce site extraordinaire, suspendu à 300m au-dessus de la mer, donne toute sa mesure ! Éclatante au soleil, percée de fenêtres irrégulières et étroites semblables à des meurtrières, la façade du monastère s'étire tout en hauteur, sur huit étages, mais s'adosse à la roche sur à peine cinq mètres d'épaisseur ! D'où son surnom de "monastère d'un seul mur". La légende raconte qu'il doit son origine à une icône de la Vierge échouée au pied des falaises, au IXe siècle, ainsi découverte après avoir été cachée dans un bateau par une femme de Hozova, en Terre sainte. Ayant eu vent de la ferveur des moines qui s'étaient installés en ces lieux (en 1017) pour vénérer la *panagia*, l'empereur byzantin Alexis Ier Comnène décida d'y fonder un monastère en 1088. Celui-ci fut agrandi par la suite et aurait été occupé sans discontinuer depuis plus de neuf siècles ! Seuls deux religieux y habitent aujourd'hui mais il renferme encore de précieux manuscrits, icônes et objets liturgiques accumulés au fil des siècles (et que l'on peut admirer). On y accède par une petite porte verte en fer (ajout vénitien). D'escalier en escalier, on suit le "guide" (un bénévole) jusqu'à la chapelle, creusée à même la roche, au point le plus haut du monastère. C'est là que se trouve, parmi une opulente décoration

Plan 30 Amorgos

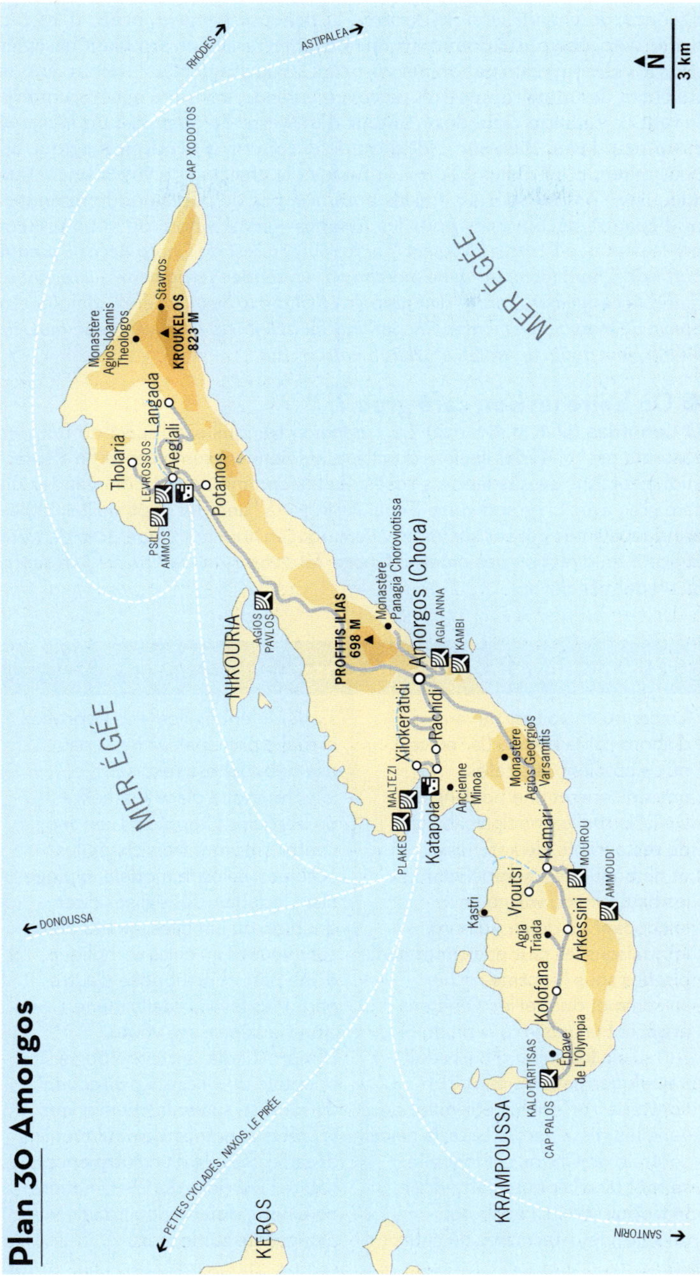

d'icônes, de chandeliers, de dorures, la fameuse *panagia*, ornée d'argent. Sur le côté, une porte donne sur une petite terrasse qui, semblant basculer dans le vide, ouvre un panorama saisissant sur le grand bleu ! Retour dans la fraîcheur des murs : après trois pièces en enfilade, la visite s'achève, comme le veut la tradition orthodoxe, autour d'un verre de *rakomélo*, un *loukoum* et un peu d'eau. Bien sûr, l'idéal est de découvrir cet endroit magique au petit matin, pour éviter à la fois la foule et la chaleur. Prévoyez une tenue adéquate : pas de shorts pour les hommes, pas de pantalon, de minijupe, ni d'épaules découvertes pour les femmes – mais sinon, on vous prêtera un "surtout" à l'entrée. *À 2,5km (par la route) à l'est de Chora* **Accès à pied** *À partir de Chora (compter 1h de marche par un sentier vertigineux qui rejoint la route)* **Accès en bus** *À partir de Katapola et Chora (6 bus/j. en été) Compter 15 à 20min de marche (en montée) du parking Tél. 22850 71 274 Ouvert sept.-mai : tlj. 8h-15h ; juin-août : tlj. 9h-13h et 17h-19h Entrée libre*

● Où boire un bon café grec ?

O Leonidas (plan 31, B2 n°22) Ce *kafeneion* tranquille, à l'écart du flot des passants, est le QG des anciens du village, qui viennent somnoler en fin d'après-midi à l'ombre de ses lauriers-roses. Faites comme eux et commandez un café grec avec un grand verre d'eau. À siroter à l'une des sept vieilles tables brinquebalantes posées sur les escaliers. *Tout en haut du village, 30m derrière la poste en direction des moulins* **Chora** *Tél. 22850 71 004 Ouvert juin-sept. : tlj. 11h-dernier client*

☺ Promenade au cœur de Chora

En car ou en voiture, on arrive d'abord sur la Plateia (la "place"), où se côtoient des cafés, une épicerie et une boulangerie. De là, la ruelle principale, bordée de restaurants, de *kafeneion* et de boutiques, grimpe vers les hauteurs du village en le coupant en deux. Au nord, les maisons les plus anciennes sont blotties sous l'énorme rocher au sommet duquel les Vénitiens érigèrent un *kastro* à la fin du XIIIe siècle (et aujourd'hui réduit à quelques pans de murs). En contrebas, un enchevêtrement de venelles glisse vers la Loza, la place centrale de Chora, sur laquelle se font face la petite cathédrale, Mitropoli (XVIIe s.) et l'hôtel de ville ; deux terrasses de cafés s'y déploient également. Reprenez la ruelle principale, à deux pas : elle débouche, à l'est, sur la pittoresque place Plateaki, ou Pezoules ("terrasse") ; en son centre s'élèvent trois chapelles accolées, selon le modèle, typique des Cyclades, des églises dites doubles, ou jumelles, quand elles sont vouées au culte catholique d'une part et orthodoxe d'autre part. Plus loin, la ruelle mène à un vieux passage voûté, l'Emprostiadia, ancienne porte orientale du village. En direction du sud-est, suivez le chemin vers la crête, ponctuée de neuf moulins désaffectés... et d'un autre encore habité ! Derrière dort le cimetière de Chora, d'où l'on jouit d'une vue plongeante sur la mer.

Plan 31 Amorgos, Chora

Restauration (n°10 à 13)

Kastanis ____ **10** B1
Liotrivi ____ **11** A2
To Xyma ____ **12** B1
Tsagaradiko ____ **13** B1

Cafés, bars et lieux de sortie (n°20 et 22)

Jazzmin ____ **20** B2
O Leonidas ____ **22** B2

Hébergement (n°30 à 32)

Emprostiada ____ **30** C1
Pension & Studios Panorama ____ **32** A2-C1
Pension Ilias Kastanis _ **31** A2

Piquer une tête

Plusieurs criques rocheuses et quelques miniplages recouvertes de galets, baignées par une eau cristalline : **Agia Anna** est l'endroit idéal pour vous rafraîchir après la visite du monastère, au pied de ses falaises vertigineuses. Un sentier difficile vers le sud (10min) mène à la minuscule crique sableuse de **Kambi**. *À 4km de Chora par une route asphaltée* ***Accès à pied*** *De Chora, par le sentier du monastère* ***Accès en bus*** *De Katapola et Chora (6 bus/j. en été)*

Le sud de l'île

Plus fertile que dans le nord de l'île, le "pays d'en bas" (Kato Meria), aux reliefs plus doux, perpétue les traditions agricoles avec ses oliveraies, ses vergers et ses pâtures à vaches. La région n'est fréquentée que par les visiteurs motorisés et on y trouve peu d'infrastructures touristiques hormis une poignée de tavernes et d'épiceries dans les villages, assez clairsemés (Vroutsi, Arkessini, Kolofana, etc.), qui jalonnent la route. *Compter 22km entre Chora et le cap Kalotaritisas, qui marque l'extrémité ouest d'Amorgos Desserte en car sporadique : un seul par jour l'été !*

Monastère Agios Georgios Varsamitis Il doit son nom à la menthe sauvage (*varsam*) qui y pousse tout autour. Et sa réputation à une source miraculeuse, vénérée depuis des siècles. L'édifice (XVIe s.), accroché à un versant taillé en terrasses, constitue une dépendance du monastère de la Panagia Chozoviotissa. Fermé, il n'est guère plus fréquenté que par les chats, mais son cadre bucolique mérite néanmoins un (petit) détour. *À 4km de Chora Au bout d'une route de 500m*

Arkessini Un agréable village (le plus grand de cette partie de l'île), une église pimpante au dôme bleu et un café à l'ombre d'un pin... Habité dès l'ère cycladique, le site accueillit l'une des trois cités antiques d'Amorgos ; on peut en voir des vestiges sur la colline de Kastela, du côté sud du village, et au nord.

Kastri Élevée sur un piton rocheux face à la mer, cette acropole date du IVe siècle av. J.-C., époque à laquelle la cité était à son apogée. Ses murs sont relativement bien préservés, mais le site vaut surtout pour la balade et la beauté des paysages. Si la faim vous tenaille au retour, sachez que la taverne de Vroutsi jouit d'une bonne réputation (pour ses viandes) auprès des Amorgiotes ! *À 5km au nord d'Arkessini Laisser son véhicule dans le haut du village de Vroutsi pour emprunter le sentier bien balisé, pavé au début, qui y mène, via la chapelle Agios Ioannis (compter 1h30 de marche AR)*

Agia Triada Cette tour hellénistique (IVe s. av. J.-C.) servait de refuge aux habitants en cas d'attaque ; elle bénéficiait même d'un système de citerne et de drainage des eaux ! *Fléché à la sortie d'Arkessini dir. Kolofana*

Aller à la plage Le sud de l'île réserve quelques belles plages, mais vous devrez les partager avec de nombreux excursionnistes ! Surtout à **Mourou** (accessible à scooter ou en voiture et nantie d'une taverne, cf. Mouros (p.477), superbe crique de galets et petits cailloux noirs. Côté droit, des grottes et de minuscules poches de sable à explorer ; pensez à vos masques et tubas. La plage d'**Ammoudi**, un peu plus au sud, n'est accessible que par un sentier (indiqué sur la route avant Arkessini). Enfin, tout au bout de l'île, quelques bateaux de pêche et des voiliers jettent l'ancre dans la magnifique baie de **Kalotaritisas**. On y trouve tout ce qu'il faut : des transats, des parasols, un petit bar dans une cahute pour jouer au *tavli* à l'ombre, des pédalos et des kayaks (à louer)... Un bateau peut même vous emmener faire le tour de l'île (25€/pers.) ou vous déposer sur la plage de l'îlot inhabité de Krampoussa. Et pour l'anecdote, ne ratez pas l'épave du bateau *L'Olympia*, échouée dans l'anse de Livéros (sur la route, 2km env. avant la plage, sur la droite). Rappelez-vous : c'est là qu'Enzo sauve un plongeur au début du *Grand Bleu*... Contentez-vous toutefois de l'admirer de loin : le lieu est une vraie décharge !

Mourou Le sud de l'île dispose de quelques belles plages, mais vous devrez les partager avec de nombreux excursionnistes ! Surtout celle de Mourou, belle crique de galets et de petits cailloux noirs, que domine une taverne, cf. Mouros (p.477). Côté droit, deux grottes marines et de minuscules poches de sable à explorer ; pensez à vos masques et tubas. *À env. 15km au sud de Chora Route asphaltée jusqu'au parking, puis sentier (compter 10min à pied jusqu'à la plage)*

Ammoudi Cette plage sauvage de la côte sud-est, au sud de la précédente, n'est desservie que par un sentier (indiqué sur la route avant Arkessini). *À 2km au sud d'Arkessini*

☺ **Kalotaritissa** À la pointe sud-ouest de l'île, quelques bateaux de pêche et des voiliers jettent l'ancre dans la magnifique baie de Kalotaritisas. On y trouve quelques transats et parasols, un petit bar dans une cahute pour jouer au *tavli* à l'ombre, des pédalos et des kayaks (à louer)... Un bateau peut même vous emmener faire le tour de l'île (25€/pers.) ou vous déposer sur la plage de l'îlot inhabité de **Krampoussa**. Et pour l'anecdote, ne ratez pas l'épave de *L'Olympia*, échouée dans l'anse de Liveros (sur la route, 2km env. avant la plage, sur la droite). Rappelez-vous : c'est là qu'Enzo sauve un plongeur au début du *Grand Bleu*... Contentez-vous toutefois de l'admirer de loin : le lieu est une vraie décharge ! *À 5km à l'ouest de Kalofana et env. 20km de Chora*

● Partir en randonnée

Katapola-Arkessini Pour découvrir le sud de l'île à pied au départ de Katapola et à destination d'Arkessini. Le chemin serpente à flanc de montagne sur le versant nord-ouest. En chemin : l'antique Minoa, l'acropole d'Arkessini et le village de Vroutsi. ***Durée*** *Compter 4 ou 5h* ***Conseil*** *Penser au retour : un seul bus en été (à 16h) à partir d'Arkessini*

Le nord de l'île

La route qui relie Chora à Aegiali est spectaculaire. Relativement récente, elle traverse des paysages arides et désolés, où l'on ne rencontre pas âme qui vive à part des troupeaux de chèvres… Superbes panoramas sur la côte nord-ouest et sur l'îlot de Nikouria.

Aegiali C'est le second port d'Amorgos. Mais l'ambiance est plus balnéaire qu'à Katapola. Sans doute grâce à sa belle plage et à une vie nocturne plus intense ! En toile de fond se dresse un magnifique amphithéâtre de montagnes ponctué de trois villages blancs : Tholaria, Langada et Potamos.

Tholaria Surplombant Aegiali à 220m d'altitude, Tholaria offre de jolies vues sur la baie. Dominés par l'imposante église Agii Anargiri, les rues et les toits des maisons sont ornés, comme à Langada, de fleurs peintes à la chaux. Plusieurs boutiques-ateliers et quelques authentiques *kafeneion* se révèlent au détour des ruelles. *À 3,5km au nord d'Aegiali* ***Accès en bus*** *7 navettes/j. en saison* ***Accès à pied*** *Par un chemin muletier ; compter 30min l'aller*

☺ **Langada** Un village irrésistible, lui aussi niché sur les hauteurs d'Aegiali et enfoui sous une végétation étonnamment luxuriante. De la placette (près du parking) appelée Loza, on s'engouffre avec délice dans ses paisibles ruelles au dallage orné de fleurs peintes. Grimpez jusqu'à la jolie église, pourvue de deux dômes bleus. On croise çà et là quelques cafés et une ou deux tavernes. Enfin, Langada est le départ de superbes randonnées, cf. Suivre les sentiers muletiers (p.474). *À 3km à l'est d'Aegiali* ***Accès en bus*** *7/j. en saison* ***Accès à pied*** *Par un chemin abrupt mais bien tracé ; compter 45min*

PAUSE À LANGADA Notre taverne préférée se trouve en bas de Langada : fruits et légumes du potager, propriétaire accueillant et terrain de pétanque pour digérer ! (p.478) **Pagali – O Nikos** *Tél. 22850 73 310*

Potamos Plus proche d'Aegiali, ce troisième village est moins vivant que les deux précédents, mais sa partie haute (Pano), en balcon au-dessus de la baie, réserve les plus belles vues, surtout au coucher du soleil. *À 1km au sud d'Aegiali Accès à pied du haut des ruelles d'Aegiali pour Kato Potamos (le "bas Potamos"), par la route de Chora pour Pano Potamos (le "haut Potamos")*

● Aller à la plage

Aegiali Sa belle plage, ombragée dans sa partie gauche, est ourlée d'une rangée de tavernes et de bars. On s'y sent bien : en attestent les nombreux vacanciers qui y passent leurs journées. De là, un sentier mène à deux autres jolies plages, au nord de la baie, dont **Levrossos**, plus calme que celle d'Aegiali, beau ruban de sable fin sur lequel donnent des chambres à louer (accessible aussi par la route de Tholaria en tournant à gauche avant l'hôtel Aegialis, puis par un court sentier). L'autre plage, **Psili Ammos**, est à 15min de marche de Levrossos, au bout du sentier.

Agios Pavlos Sur la route entre Aegiali et Chora, vous ne pourrez pas la rater : c'est cette petite langue de terre qui s'avance dans une mer irrésistiblement turquoise. On n'a qu'une envie : se jeter à l'eau ! Vu de plus près cependant, le lieu se révèle un peu décevant et pas toujours très propre. De là, un bateau dessert les plages désertes de l'îlot de **Nikouria**, en face (départs entre 11h et 19h en saison, rens. à la taverne, attention aux tarifs). ***Accès en bus*** *Navette entre Katapola et Aegiali (9 cars/j. en saison)*

● ☺ Suivre les sentiers muletiers Ses longs chemins, encore bien tracés, bordés de murets en pierre, et ses paysages sauvages font d'Amorgos une île idéale pour la randonnée, d'autant que les itinéraires sont le plus souvent balisés. Avant de partir à la découverte de ces magnifiques sentiers, procurez-vous l'excellente carte topographique (au 1/35 000), éditée par Anavasi (6€), elle détaille très précisément les balades que nous vous proposons ici. Si ces derniers sont de difficulté moyenne, pensez toujours à vous munir de provisions (d'eau notamment) et prenez gare au vent sur les hauteurs. Attention aussi à bien vous accorder avec les horaires de bus si vous ne souhaitez pas rentrer à pied.

Chora-Aegiali Sans doute l'une des plus belles balades à faire dans les Cyclades. Et la plus longue de l'île : comptez 4 ou 5h (aller). De Chora, elle passe par le monastère de la Panagia Chozoviotissa avant de suivre la ligne de crête de l'île. Panoramas somptueux et calme absolu : aucun village avant Potamos (sur les hauteurs d'Aegiali) ! Prévoyez un retour en bus à moins d'être vraiment accro à la marche.

Aegiali-Langada-Stavros Une autre superbe randonnée. Départ d'Aegiali vers Langada par le sentier muletier. De Langada (derrière le parking du village), un chemin mène vers la chapelle de Stavros, sur le flanc du Kroukelos, point culminant de l'île. En chemin : des champs et des fermes à l'abandon et le monastère Agios Ioannis Théologos. ***Durée*** *Compter 2 ou 3h aller (autant pour le retour) Possibilité d'allonger le trajet en passant par Tholaria*

● Faire de la plongée

Amorgos Scuba Diving Cette école organise des plongées tout autour de l'île, au large d'Agia Anna et de Nikouria notamment. Comptez 60€/baptême et 50€/plongée pour les initiés. *Dans la ruelle principale, face à l'agence de voyages Nautilus* ***Aegiali*** *Tél. 22850 73 611 ou 69 32 24 95 38 www.amorgos-diving.gr Ouvert été : tlj. 10h-14h et 18h-21h ; hiver téléphoner*

CARNET D'ADRESSES

Lieux de sortie

Bars

Amorgos n'est pas particulièrement réputée pour sa vie nocturne débridée, mais on y trouve des petits bars de caractère où passer de très bonnes soirées (sachant qu'il n'y a vraiment de l'ambiance qu'au plus fort de la saison). Si Aegiali reste la localité la plus animée de l'île, Katapola possède plusieurs terrasses sur le port, près de l'hôtel Minoa, idéales pour siroter un cocktail le soir... Mais nos adresses sont également tout indiquées pour prendre un verre dans la journée !

Le Grand Bleu Pour voir ou revoir les exploits abyssaux de Jacques et d'Enzo... Il fallait bien tirer parti de la notoriété d'Amorgos ! C'est chose faite ici par deux patrons affables et francophiles. Progrès technologique oblige, le film culte est désormais diffusé en DVD sur écran plasma : séance à la terrasse du bar tous les soirs vers 20h30, en français ou en anglais (avec sous-titrage dans l'une ou l'autre langue). Cocktail 7€ (tout de même) et l'on pousse un peu à la consommation... Après le film, la soirée se prolonge sur la terrasse au bord... de l'eau. Certains soirs, l'ambiance monte d'un cran, et la fête s'improvise au son des tubes des années 1980. Accès libre à

Internet et espace wifi. Si ce type d'atmosphère n'est pas la vôtre, passez au Moon Bar, un peu plus loin sur le quai. *Sur le front de mer, dans le quartier de Xilokeratidi* ***Katapola*** *Tél. 22850 71 633 www.legrandbleu-amorgos.gr Ouvert mars-nov. : tlj. 9h-3h (voire 4h ou 5h selon l'affluence)*

Jazzmin (plan 31, B2 n°20) Le petit bar de Georgios et Théodoros est le plus décontracté de Chora. Dès le matin, on vient y paresser autour d'un petit déjeuner bio avec des confitures maison ou d'un jus de fruits pressés en jouant à divers jeux de société. Le soir, on y sirote un verre en regardant les étoiles. Agréable terrasse sur le toit et bonne musique, dans l'esprit du lieu. L'été, concerts de musique ethnique (latino, tzigane, etc.). *En contrebas de la ruelle principale, indiqué par un panonceau* ***Chora*** *Tél. 22850 74 017 Ouvert avr.-oct. : tlj. 9h-2h ; nov.-mars : tlj. 20h-2h*

Clubs

Commencez la soirée sur le Sunset boulevard ! À l'extrémité sud du village, cette ruelle aligne cinq cafés où l'on vient admirer le coucher de soleil autour d'un verre. Plus tard, les lumières se tamisent et la musique monte en puissance... On peut préférer alors à ces terrasses celle de l'Amorgialos, située en contrebas, sur le port. L'occasion de goûter au *rakomélo* (particulièrement prisé à Amorgos) servi chaud et rehaussé de clous de girofle. Pour une ambiance plus décontractée, optez pour les transats et les hamacs des bars de la plage. Nos favoris : Ammos et The Que (situé tout au bout de la plage, ce dernier voit parfois son ambiance s'enflammer l'été !)

Corte Club L'unique boîte de nuit de l'île, où l'on se dirige après la fermeture des bars : il suffit de suivre le laser qui balaie le ciel ! Salle tout en longueur dont les parois vitrées ouvrent sur la baie d'Aegiali. Musique commerciale. *À 300m de la plage en direction de Tholaria, sous l'hôtel Aegialis* ***Aegiali*** *Tél. 22850 73 393 Ouvert juin-sept. : ven.-dim. à partir de 0h*

Restauration

petits prix

Mouragio Sur le port de Katapola, cette taverne authentique est sans doute la plus courue. Cuisine familiale et spécialités grecques comme le *pastitsio* ou la moussaka. Évitez les viandes, le lieu est plutôt spécialisé dans le poisson frais. Service très lent. Plats de 5 à 8€. *Sur le front de mer près du débarcadère* ***Katapola*** *Tél. 22850 71 011 Ouvert tlj. 12h-0h*

☺ **Tsagaradiko /** Τσαγαραδικο **(plan 31, B1 n°13)** Cette ouzerie se déploie sur la charmante place aux trois chapelles accolées. Autour d'un verre d'ouzo ou de vin, on vient picorer, au calme, des croquettes de courgettes, des tomates séchées ou du poulpe grillé, ou encore le plat du

GAMME DE PRIX	RESTAURATION	HÉBERGEMENT
Très petits prix	moins de 10€	moins de 30€
Petits prix	de 10 à 15€	de 30 à 50€
Prix moyens	de 15 à 20€	de 50 à 80€
Prix élevés	de 20 à 30€	de 80 à 120€
Prix très élevés	plus de 30€	plus de 120€

jour. La qualité est irréprochable et le fromage, la viande et les légumes proviennent tous de l'île ! Plats 2,50-8,50€. Pas de CB. *Plateaki, tout en haut de la ruelle principale* **Chora** *Tél. 69 37 28 12 26 Ouvert mi-mai-mi-sept. : tlj. 13h-0h*

To Xyma (plan 31, B1 n°12) Minuscule et coquet, ce *café-mezedopoleion* aligne ses chaises bleu ciel et ses belles tables en fer le long de la ruelle principale de Chora. On s'y installe pour partager des *mezedes* en regardant passer la foule. Comptez 10€ pour un repas complet (sans boisson). Accueil attentionné de Theodoros. *Dans la ruelle principale, juste avant le restaurant Kastanis* **Chora** *Ouvert en saison midi et soir*

prix moyens

Psaropoula Cette taverne de poisson est aujourd'hui tenue par une Allemande et un chef venu du continent. Carte très limitée à midi, allez-y plutôt le soir quand les poissons grillent sur la terrasse. Plats 5,50-10€. *À l'entrée de Xilokeratidi* **Katapola** *Tél. 22850 71 343 Ouvert mars-mi-oct. : tlj. 12h-0h*

☺ **Vitsentzos** Au bord de l'eau, sur le ravissant port de Xilokeratidi. Au déjeuner, on profite en terrasse de l'ombre providentielle du vieil arbre ; le soir, les guirlandes et la foule lui confèrent un air de fête. Bonne cuisine grecque (plats de 5 à 10€). Mention spéciale pour le *saganaki* de crevettes et les spaghettis aux fruits de mer ou à la langouste (70€ le kg). La petite salle, parée de pierres apparentes, de photos jaunies et d'outils anciens prend vie l'hiver. *Dans le quartier de Xilokeratidi* **Katapola** *Tél. 22850 71 518 Ouvert Pâques-sept. : tlj. 13h-23h30 ; oct.-Pâques : ven.-dim. 13h-23h30*

Liotrivi (plan 31, A2 n°11) Sa cuisine relativement élaborée en fait une bonne table, particulièrement appréciée des Amorgiotes. Goûtez les spécialités maison, cuites au four : *kalogeros* (veau, aubergines et feta), *choriatiko* (veau, légumes et fromage) et *exochiko* (agneau et légumes). Plats autour de 8-9€. Belle terrasse sur le toit. *À l'entrée du village, à 50m en contrebas de la place où s'arrêtent les bus* **Chora** *Tél. 22850 71 700 ou 69 77 17 02 67 Ouvert mi-mai-début oct. : tlj. 13h-0h*

Kastanis (plan 31, B1 n°10) Au milieu de la ruelle principale, une bonne taverne classique, sans chichis, où l'on vient se rassasier d'un *souvlaki* ou d'une moussaka (vous pouvez faire l'impasse sur le reste de la carte). *Dans la ruelle principale* **Chora** *Tél. 22850 71 618 Ouvert 10 mai-10 oct. : tlj. 12h-0h*

Mouros Une grande terrasse aérée au-dessus de la plage, où avaler une salade grecque entre deux bains de soleil. Calamars, poulpe grillé et spécialité de plats en sauce (6-9€), dont le porc au four mijoté avec des légumes frais. Veillez à ce qu'on ne vous apporte pas quelque chose que vous n'ayez pas commandé et surveillez l'addition. **Mourou** *(à 13,5km de Chora sur la route du sud ; tournez à gauche à hauteur de Kamari) Tél. 22850 74 287 ou 69 78 77 96 35 Ouvert fin mai-fin sept. : tlj. 10h-22h*

To Limani tis Kyra-Katinas Cette taverne, la plus prisée d'Aegiali, dresse ses tables dans la rue, à l'ombre des lauriers... Le soir, on ouvre sa vaste terrasse sur le toit. Jetez aussi un coup d'œil à la salle, chargée de souvenirs... La carte est pléthorique : une bonne centaine de plats ! Comptez de 4,50€ (pour des spaghettis à la napolitaine) à une vingtaine d'euros (pour un poisson grillé). N'oubliez pas de goûter la *retsina* (d'Amorgos). Le vendredi, le menu est plus... thaï, avec *tom yum kung, pad thai* et bière Singha ! *Dans la ruelle principale (parallèle au quai)* ***Aegiali*** *Tél. 22850 73 269 Ouvert Pâques-mi-oct. : tlj. 8h-0h*

12 Acropolis Un peu plus cher que les tavernes classiques d'Aegiali, mais l'atmosphère y est plus intime et la cuisine plus raffinée et créative. Les petites tables bleues prennent place dans un jardinet où l'on vient déguster des *mezedes*, tandis qu'un musicien, voire le patron, distille quelques notes de jazz ou de variété grecque. Plats de 6 à 13€, dont 6 recettes de crevettes (à la mousse de tomate, au gingembre, etc.). Accueil mitigé. *Dans le centre, près du restaurant To Limani, dans une ruelle perpendiculaire au quai qui monte vers le haut du village* ***Aegiali*** *Tél. 22850 73 422 Ouvert Pâques-oct. : tlj. 8h-2h*

☺ **Pagali – O Nikos** Voilà un secret bien gardé ! Cachée dans le village de Langada, sur les hauteurs d'Aegiali, cette table campagnarde s'inscrit dans une démarche (peu fréquente dans les Cyclades) d'agrotourisme. Tous les produits (aubergines, tomates, viande de chèvre, fromage, etc.) proviennent en effet de la ferme et du potager "d'en bas" (à Aegiali) et sont cuisinés d'après des recettes traditionnelles... À déguster attablé en terrasse sous la magnifique tonnelle... Le chaleureux Nikos, non content de ravir les gourmets de passage, a aussi ouvert une séduisante boulangerie à l'ancienne, où vous pourrez acheter pains et gâteaux. Par ailleurs, le café de son restaurant est devenu le rendez-vous des habitants : on s'y retrouve au comptoir ou autour des quelques tables déployées dans la ruelle (allez jeter un coup d'œil au terrain de boules, le seul des Cyclades !)... Plats de 6 à 8,50€. Pas de CB. *À l'entrée du village sur la gauche* ***Langada*** *Tél. 22850 73 310 www.pagalihotel-amorgos.com Ouvert avr.-oct. : tlj. 8h-0h*

☺ **Kamara** Loin de la foule d'Aegiali, ce petit restaurant perché sur les hauteurs de Potamos ouvre sur un panorama grandiose ! Arrivez suffisamment tôt pour profiter du coucher de soleil. Le lieu est tenu par un couple franco-grec, Sophie et Christophoros, mais la cuisine est 100% locale : c'est la "mamma" du patron qui est aux fourneaux ! Goûtez son *patatato*, spécialité de viande de chèvre et de pommes de terre. Et ne manquez pas les desserts, originaux et chaque soir différents, comme la moussaka au chocolat ou le millefeuille. Prix raisonnables, plats autour de 6-8€. Prévoyez une petite laine, le vent souffle parfois fort là-haut. Enfin, les propriétaires disposent de 2 chambres avec cuisine, toutes simples, au rez-de-chaussée (40-60€). Ils pourront aussi vous aider à trouver un appartement à louer dans le village. *Dans la partie haute du village (Pano Potamos)* ***Potamos*** *Tél. 22850 73 260 http://www.kamaracafe.com Ouvert avr.-sept. : tlj. 10h-0h ; oct.-mars : ven.-dim. 17h-1h*

Hébergement

Pensez à réserver si vous comptez venir entre la mi-juillet et la fin août, période durant laquelle la plupart des pensions (surtout les bonnes adresses) affichent complet. À Katapola comme à Aegiali, vous aurez le choix parmi une ribambelle de pensions et de petits hôtels sur les hauteurs, au-dessus du port. Les chambres sont modestes et souvent toutes identiques : difficile de trouver un peu de charme... À Katapola, préférez le quartier de Xilokeratidi, plus calme et plus typique. À Chora, le choix est assez limité. Quelques chambres à louer dans le sud de l'île, pour les visiteurs en quête d'authenticité.

campings

Il existe trois campings à Amorgos : deux à Katapola (dont le Kastanis, à 1km de Katapola sur la route de Chora), un à Aegiali. Tous trois ne se remplissent vraiment qu'en haute saison : en juin, les tentes se comptent sur les doigts d'une main... En août, en revanche, ils sont pleins à craquer.

Camping Kastanis Katapola Au calme. Les emplacements côté droit, sous les arbres, sont les mieux ombragés. Réouvert en 2013, tout est neuf. Emplacement tente 3-4€, 3,50 à 4€/pers., voiture 2€. Café bar, restaurant self-service, minimarket, et un centre de plongée. *À 150m en retrait de la plage (tourner à droite sur le pont entre Katapola et Xilokeratidi)* ***Katapola*** *Tél. 22850 71 277 ou 71 012 ou 69 38 30 39 12 Ouvert juin-fin oct.*

Camping Aegiali Son café sympathique et sa proximité avec la plage d'Aegiali font la différence... Archibondé toutefois en août. Allez tout au fond pour dénicher de la place et profiter d'un minimum de tranquillité. Beaucoup d'ombre (arbres et treilles couvertes de branchages). Sanitaires bien entretenus. De 11 à 15€ (selon la saison) pour deux pers. avec une tente. *Derrière la plage, sur la route de Tholaria* ***Aegiali*** *Tél. 22850 73 500 Fax 22850 73 388 Ouvert avr.-oct.*

prix moyens

☺ **Voula Beach** Une jolie pension autour d'un très agréable jardin fleuri et ombragé par un pin maritime. Demandez à visiter les chambres (kitchenette, TV, clim., réfrigérateur) avant de faire votre choix : certaines ouvrent sur la cour et une petite terrasse, etc. Double de 25 à 60€ selon la saison. Accueil sympathique quoique désinvolte du patron, qui parle très peu anglais. Libre accès à Internet. Pas de CB. *Dans la ruelle qui part à droite de l'hôtel Minoa* ***Katapola*** *Tél. 22850 74 052 ou 69 45 35 21 78 www.amorgos-island.gr Ouvert avr.-oct.*

☺ **Diosmarini** Une pension comme on aimerait en voir plus souvent ! Les 7 chambres (dont 5 avec kitchenette) sont pimpantes, le rapport qualité-prix est excellent (double de 35 à 60€) et l'accueil de Rania (qui parle français) inoubliable. Adossée à la falaise, sa maison fleurie est la plus haut perchée du village : des balcons, on jouit de vues imprenables sur la baie. Certaines chambres peuvent accueillir 4 pers. Rania loue aussi 2 appartements de 2 pièces (65-115€). Réservez le plus tôt possible, le lieu a du succès. *Dans le quartier de Xilokeratidi* ***Katapola*** *Tél. 22850 71 636 ou 69 72 92 93 61 www.diosmarini.com Ouvert avr.-oct.*

GAMME DE PRIX	RESTAURATION	HÉBERGEMENT
Très petits prix	moins de 10€	moins de 30€
Petits prix	de 10 à 15€	de 30 à 50€
Prix moyens	de 15 à 20€	de 50 à 80€
Prix élevés	de 20 à 30€	de 80 à 120€
Prix très élevés	plus de 30€	plus de 120€

Pension Panos La pension de Panagiotis compte 11 chambres, plutôt banales dans l'ensemble, mais correctes (TV, clim. espace wifi). Trois d'entre elles disposent d'une kitchenette. Double de 30 à 60€ selon la saison ; également un appartement de 2 pièces pour 2-4 pers. (50-90€). Le jeune patron, en plus d'avoir la main verte, est un passionné de randonnée et vous délivrera de judicieux conseils pour découvrir les sentiers de l'île. Navette gratuite avec le port. Voisine de la pension Panos et dans le même style, la pension Titika constitue une autre bonne option pour se loger à Xilokeratidi (mais elle affiche souvent complet) ! *À l'entrée de Xilokeratidi, sur la droite et légèrement en retrait* ***Katapola*** *Tél. 22850 71 890 ou 69 72 74 86 05 www.pensionpanos-amorgos.gr Ouvert toute l'année*

Anna Studios Sur les hauteurs du port de Katapola, 15 studios propres et lumineux : préférez le bâtiment principal pour la vue. TV satellite, clim., coin cuisine, espace wifi, sèche-cheveux... Grand jardin orné de bougainvilliers et de palmiers. De 30 à 65€ la double selon la saison. Accueil assez tiède. ***Katapola*** *Tél. 22850 71 218 www.studioanna-amorgos.com Ouvert toute l'année*

☺ **Amorgia Studios** Un délicieux petit hôtel dissimulé dans une ruelle à l'arrière du port. Les chambres, claires et bien tenues, bénéficient d'un appréciable – quoique léger – effort de décoration (TV, clim., sèche-cheveux). Certaines sont munies d'un balcon, d'autres d'une petite terrasse, donnant sur un jardin luxuriant. Double de 30 à 70€. Deux annexes dans le voisinage. *Prendre la ruelle qui part à droite de l'hôtel Minoa, puis tourner à droite ; s'il n'y a personne, accueil au café Telion, sur le port* ***Katapola*** *Tél. 22850 74 004 ou 69 45 57 68 72 www.amorgiastudios.gr Ouvert avr.-oct.*

Hôtel Agios Georgios Un grand hôtel désuet bâti sur les hauteurs de Xilokeratidi. Chambres modestes (clim., TV, réfrigéateur), mais calmes et bien tenues : 50-67€ selon la saison. Jolie vue sur la baie. On a vu certes mieux, mais cet hôtel peut être d'un bon secours. Grande salle de restaurant avec bar et billard. Le patron confectionne un raki délicieux, que vous pourrez lui acheter. Petit déj. 6€. *À Xilokeratidi, prendre la ruelle qui monte derrière le restaurant Psaropoula (c'est l'hôtel à la façade bleu clair)* ***Katapola*** *Tél. 22850 71 228 www.hotelagiosgeorgios.gr Ouvert toute l'année*

Villa Le Grand Bleu Bâtie par les propriétaires du bar Le Grand Bleu, cette pension s'est ouverte en 2008 au centre d'un immense terrain en retrait de la route. Neuf chambres de 35 à 80€ selon la saison (TV satellite, clim., réfrigérateur). Terrasse avec vue sur la mer. Le patron parle français. Petit déj. au bar Le Grand Bleu avec réduction. *À l'entrée du quartier de Xilokeratidi (à droite de la pension Titika)* ***Katapola*** *Tél. 22850 71 633/585 ou 69 77 23 18 08 ou 69 74 08 66 81 www.legrandbleu-amorgos.gr Ouvert mars-10 oct.*

Pension Ilias Kastanis (plan 31, A2 n°31) C'est l'une des rares pensions de Chora. Elle compte 20 chambres simples, mais bien tenues, disposant d'un balcon ou d'un accès à la grande terrasse commune. Dans un autre bâtiment, 9 chambres plus récentes et plaisantes. Double 30-60€ selon la saison, studio 40-70€, appartement de 2 pièces pour 2-4 pers. 50-90€, maisonnette pour 6-8 pers. de

60 à 150€. Navette gratuite avec le port. Accueil chaleureux. *Au bas du village* **Chora** *Tél. 22850 71 277 ou 22850 71 012 www.kastanis.com.gr Ouvert toute l'année*

Pension & Studios Panorama (plan 31, A2-C1 n°32) La pension, un peu vieillotte, loue 10 chambres étroites et modestes, sans climatisation (TV, wifi). De 35 à 50€ la double selon la saison. Demandez-en une au dernier étage pour disposer d'un balcon (évitez les autres). Les 7 studios (2-4 pers.) sont en revanche récents, très spacieux et bénéficient d'un large balcon, de l'air conditionné et d'une kitchenette. Pour deux, comptez 40 à 80€. Navette gratuite avec le port. *La pension se trouve à l'entrée du village, en contrebas de l'arrêt de bus ; les studios sont situés de l'autre côté de Chora, près de l'école et de l'OTE* **Chora** *Tél. 22850 71 606 ou 69 32 08 50 58 http://panorama-studios.amorgos.net Ouvert toute l'année*

Pension Christina Les anciens patrons avaient donné le prénom de leur fille à cette grande pension. C'est elle qui en tient désormais les rênes. Toutes les chambres dominent la baie d'Aegiali, surplombant ses ruelles animées. Leur équipement permet aux clients de préparer leur petit déj. En plus des 25 chambres (jusqu'à 4 pers.), 10 appartements (jusqu'à 6 pers.) sont à louer. Double de 30 à 70€ selon la saison, appartement de 50 à 100€. Si c'est complet, tentez l'une des pensions voisines : Pelagos, Poseidon, Galaxy, etc. Pas de CB. *À 100m environ du port, sur les hauteurs* **Aegiali** *Tél. 22850 73 236 ou 69 37 99 27 60 http://christina-pension.amorgos.net Ouvert mai-oct.*

Pension Askas Dans une vaste maison à 50m de la plage, un petit hôtel tenu par trois frères. Les 18 chambres, avec balcon, sont simples mais soignées (TV satellite, clim., réfrigérateur). Au choix : vue sur la mer ou sur la montagne. Le petit déjeuner (6€) est servi sur le toit. Comptez de 30 à 70€ la double selon la saison. Ajoutez 7€ pour 3 pers.Restaurant sur place, commun avec le camping, ouvert de mi-juin à mi-sept. (6h30-1h). Navette avec le port. Location de voitures (20-55€/j.). *Derrière la plage, sur la route de Tholaria* **Aegiali** *Tél. 22850 73 333 www.askaspension.gr Ouvert avr.-oct.*

☺ **Hôtel Pagali** Nous avons vraiment apprécié le restaurant – cf. Pagali – O Nikos (p.478) – et l'hôtel figure lui aussi parmi nos coups de cœur ! Vous y trouverez 10 chambres impeccables (40-65€ selon la saison) et 10 studios spacieux avec kitchenette (50-95€). Tous sont aménagés avec goût et dotés d'un balcon tourné vers la mer. Petit déj. 8€. Réservation indispensable pour y séjourner l'été. Nombreuses animations : participation aux activités de la ferme, randonnées, etc. *À l'entrée du village sur la gauche* **Langada** *Tél. 22850 73 310/600 www.pagalihotel-amorgos.com Ouvert avr.-oct.*

prix élevés

Emprostiada (plan 31, C1 n°30) Tout neuf, c'est l'un des rares établissements de charme de l'île. Voilages, fer forgé, poutres apparentes et objets d'antan décorent chacune des chambres, toutes différentes. Au choix : 5 doubles (de 50 à 100€ selon la saison) ou 2 suites en duplex et 2 maisonnettes avec Jacuzzi et douches hydromassantes (de 100 à 150€) ou sans (80-130€). Toutes sont équipées d'un balcon. Superbe jardin, méticuleusement entretenu, où un barbecue est à la disposition des clients. Une option intéressante hors saison. *Sur les hauteurs du village* ***Chora*** *Tél. 22850 71 814 ou 69 32 24 88 67 www.amorgos-studios.amorgos.net Ouvert toute l'année*

prix très élevés

Aegialis Hotel C'est le seul hôtel un peu "haut de gamme" d'Amorgos. Certes, il ne s'agit pas d'un 5-étoiles mais l'on y profite d'une piscine somptueuse, d'un spa, d'un Jacuzzi, d'un sauna, d'une salle de musculation, d'un bar agréable, d'un restaurant de bon aloi et même d'un salon de coiffure ! Débordé mais chaleureux, le service, lui, est resté familial. Les chambres sont plutôt confortables, même si certaines auraient besoin d'être rafraîchies, et le bâtiment, accroché à la falaise, surplombe la baie d'Aegiali : d'ici, la vue est imprenable ! Double "standard" de 86 à 160€ selon la saison, petit déj. inclus ; comptez de 110 à 197€ pour la catégorie "supérieure". Nombreuses prestations, dont un service de garde d'enfants. *À 1km environ du port, sur la route de Tholaria ; accès en car possible* ***Aegiali*** *Tél. 22850 73 393/107 www.aegialis-amorgos.com Ouvert toute l'année*

SYROS ΣΥΡΟΣ Συρος

Capitale administrative des Cyclades, Syros occupe une place à part. Le tourisme y est moins développé qu'ailleurs et le chef-lieu, Ermoupoli, n'a pas vendu son âme aux magasins de souvenirs. C'est une chance car la ville, assurément l'une des plus belles des Cyclades avec ses élégantes demeures patriciennes de style néoclassique, justifie à elle seule le voyage. Le reste de l'île est moins convaincant : stations balnéaires sur la côte sud, collines désertiques dans la partie nord. Syros reste toutefois un bout de terre authentique et présente l'avantage d'être facile d'accès. Ne la quittez pas sans avoir goûté ses loukoums, une spécialité locale.

SYROS, LA CATHOLIQUE En 1207, les Vénitiens prennent le contrôle de l'île. Elle devient alors une terre d'asile pour les catholiques francs de l'archipel, fuyant les Turcs, qui s'établissent à Ano Syros. Sous la période ottomane, l'île bénéficie, grâce à sa minorité catholique, de la protection des rois de France, et l'enseignement est dispensé par les Jésuites et les Capucins. Ce statut particulier, qui lui confère une certaine neutralité, fait à nouveau de Syros une île-refuge où s'installent des milliers de Grecs venus de Chios et de la mer Égée orientale, chassés par les Turcs lors de la guerre d'Indépendance (1821). Ce sont ces émigrés qui fondent Ermoupoli, la cité d'Hérmès (dieu du Commerce), et qui, la dotant de chantiers navals et d'autres industries florissantes, la hissent au rang de centre économique de la Grèce ! De belles demeures néoclassiques voient le jour et la haute société fréquente assidûment le théâtre Apollon, où de grands opéras sont donnés. Un âge d'or qui durera jusqu'au début du XXe siècle !

MODE D'EMPLOI

accès

EN AVION

Aéroport Demetrius Vikelas *Manna (4km au sud d'Ermoupoli) Tél. 22810 81 900*

Olympic Air Liaisons quotidiennes avec Athènes (25min, 87€ AS). *Tél. 801 801 0101 ou 210 35 50 500 (Athènes) ou 22810 87 025 (Syros) www.olympicair.com* ***Comptoir*** *sur le port d'Ermoupoli, à droite du débarcadère*

EN BATEAU

Capitale des Cyclades, Syros est desservie par des ferries et des catamarans. Liaisons quotidiennes entre Ermoupoli et Mykonos (30min-1h30), Le Pirée (2h30-4h30), Paros (40min-1h50), Naxos (1h15-2h30), Tinos (20min-1h), Lavrio (2h40-5h40) et Sifnos (3h30-5h30). Liaisons avec Amorgos (2h30-6h45), Santorin (4h-8h40), Rhodes (8h), Ios (5h-7h10), Andros (3h30), Serifos (2h30-4h30), Kea (4h-4h20), Milos (5h45-8h). Nombreuses billetteries sur le port. Les horaires, prix, trajets et compagnies changeant tous les ans en mai, nous vous invitons à consulter les sites www.directferries.fr, www.gtp.gr, www.ferries.gr ou www.aferry.gr. et à vous renseigner dans les agences de voyages locales. Le prix du billet en catamaran est environ 2 fois celui du ferry.

Enjoy Your Holidays Cette agence vend les billets de toutes les compagnies et affiche clairement les horaires de bateau. *Akti Papagou 2 (face au débarcadère)* ***Ermoupoli*** *Tél. 22810 87 070 enjoysyros@gmail.com Ouvert mai-sept. : tlj. 8h-23h ; oct.-avr. : lun.-ven. 9h-16h et 18h-21h, sam. 9h-16h*

Capitainerie d'Ermoupoli *Tél. 22810 88 888*

orientation

Syros présente deux visages contrastés de part et d'autre de la ligne Ermoupoli-Kini : au sud, des stations balnéaires, des cultures et un habitat dense ; au nord, des collines désertiques, dominées par des éoliennes. Le chef-lieu, Ermoupoli, est situé sur la côte est, à mi-hauteur. On le traverse obligatoirement pour passer du nord au sud de l'île.

se déplacer

EN CAR

Gare routière KTEL Relie toutes les 30min Ermoupoli à Galissas (1,60€, 15min de trajet), Finikas, Possidonia, Megas Gialos, Vari et Azolimnos. Cars moins fréquents d'Ermoupoli à Kini (1,40€). *Kynthou 7 (à côté du débarcadère)* ***Ermoupoli*** *Tél. 22810 82 575 www.ktel-syrou.gr (horaires affichés sur la guérite)*

EN TAXI

Comptez environ 10€ pour Galissas et Kini, 12€ pour Kambos.

Station *Au port, à côté de la statue de la Victoire (Akti P. Ralli)* ***Ermoupoli*** *Tél. 2810 84 222 (taxis Ermis)*

EN VÉHICULE DE LOCATION

Un seul parking gratuit à Ermoupoli, devant la capitainerie du port.

Enjoy Your Holidays Voiture 30-40€/j. *Akti Papagou 2 (face au débarcadère)* ***Ermoupoli*** *Tél. 22810 87 070*

Smart Voiture 30-40€/j., scooter 10-15€/j. Livraison et reprise (gratuite) du véhicule à l'endroit de son choix. ***Kini*** *Tél. 22810 71 171 ou 69 36 68 73 90 www.smartsyros.com Ouvert tlj. 9h-21h30*

Alpha Rent a Car Voiture 35€/j. ***Galissas*** *Tél. 22810 42 801 ou 69 36 18 11 01 www.galissas-studios.gr Ouvert avr.-mi-nov. : tlj. 9h-14h30 et 17h-21h ; mi-nov.-mars : tlj. 9h-13h*

Plan 32 Syros

informations touristiques

En haute saison, un petit kiosque est ouvert à droite en sortant du débarcadère. Mais vous trouverez de plus amples informations dans les agences de voyages suivantes. Consultez aussi le site www.gosyros.com.

Teamwork Holidays Réservation de chambres, visites guidées en bus de l'île (20€), location de voitures (25-40€/j.), billetterie (bateau, avion). *Akti Papagou 18 (face au débarcadère, à gauche du casino) Tél. 22810 83 400 www.teamwork.gr Ouvert tlj. 9h-22h30*

Enjoy Your Holidays Location de voitures, billetterie (bateau). *Akti Papagou 2 (face au débarcadère) Tél. 22810 87 070 Ouvert mai-sept. :*

tlj. 8h-23h ; oct.-avr. : lun.-ven. 9h-16h et 18h-21h, sam. 9h-16h

marchés, fêtes et manifestations

Marché d'Ermoupoli *Chiou Ouvert lun.-sam. 8h-15h, mar. et ven. 18h-21h*

Carnaval L'un des plus fameux des Cyclades, il donne lieu à un défilé costumé dans les rues d'Ano Syros. Parade également à Ermoupoli et à Finikas *Fév. ou mars, 40 jours avant la Pâque orthodoxe*

Vendredi saint Catholiques et orthodoxes se réunissent sur la place Miaouli à Ermoupoli pour célébrer Pâques.

Festival de l'Égée Opéra, musique et danse classiques au programme de ce festival qui réunit à Ermoupoli des musiciens, chanteurs, danseurs et chefs d'orchestre du monde entier. *www.festivaloftheaegean.com/syros Deux semaines début juillet*

Festival de l'Égée Concours de guitare. *Fin juillet*

Festival international du film de Syros (SIFF) Depuis 2013, dans le cadre de ce festival consacré au 7e art, différents lieux d'Ermoupoli accueillent des projections gratuites de films grecs et étrangers évoquant le voyage et la rencontre des cultures. *Début août*

informations pratiques

À Ermoupoli, vous trouverez de nombreux distributeurs de billets, un bureau de poste rue Protopapadaki (ouvert lun.-ven. 7h30-14h) et plusieurs **pharmacies**, dont une sur le port. Des pharmacies également à Poseidonia, Foinikas, Kato Manna et Talanda.

Hôpital *Route de Kini* ***Ermoupoli*** *Tél. 22813 60 500*

Police ***Ermoupoli*** *Tél. 22810 96 100*

Librairie Evropi Presse internationale. *À l'est du port, à côté de l'hôtel Aktaion* ***Ermoupoli*** *Tél. 22810 88 595 Ouvert lun.-ven. 9h-21h, sam.-dim. 9h-15h et 17h-21h*

In Spot Internet Café *Akti Papagou 4* ***Ermoupoli*** *Tél. 22810 85330 Ouvert tlj. 8h-1h*

DÉCOUVRIR

Syros

☆**Les essentiels** Ermoupoli, les plages méridionales **Découvrir autrement** Dénichez les plages sauvages du nord de l'île, offrez-vous une soirée d'opéra au théâtre Apollon, randonnez jusqu'à la chapelle Agios Stefanos au coucher du soleil

★☺ Ermoupoli

La capitale des Cyclades mérite le voyage, ne serait-ce qu'une journée, pour admirer ses demeures néoclassiques. Ici, pas de maisons cubiques blanches mais des façades ocres, des balcons ouvragés, des consoles sculptées, des colonnades… Pas de ruelles passées à la chaux mais des artères animées, jalonnées de boutiques et de bureaux. Le charme discret de la bourgeoisie, en quelque sorte ! Ermoupoli prospéra jusqu'au XXe siècle grâce aux armateurs et aux commerçants installés ici dès le XIXe siècle. La ville est dominée par deux collines : à droite, celle du quartier orthodoxe de Vrondado, à gauche celle d'Ano Syros, catholique. Coiffant chacune d'elles, les deux cathédrales rivales se toisent en silence…

☆ **Place Miaouli (plan 33, A1-B1)** Inspirée des *piazze* italiennes, la grand-place est l'œuvre de l'architecte allemand Ernst Ziller (1876-1880). La statue de l'amiral Miaoulis (héros de la guerre d'Indépendance) se dresse fièrement devant la monumentale façade néoclassique de l'hôtel de ville, l'édifice le plus important des Cyclades, remarquable par son fronton à colonnes doriques et ioniennes. D'élégantes galeries à arcades et des maisons patriciennes (beaux exemples de part et d'autre de la mairie) entourent la *platia*.

Musée archéologique (plan 33, A1) Seulement trois pièces pour ce qui fut l'un des tout premiers musées de Grèce, mais de belles découvertes à faire sur les périodes préhistorique et archaïque dans l'île : stèles funéraires et décret de l'empereur romain Septime Sévère (salle 1), idoles et vases cycladiques, céramiques et objets issus de la nécropole de Chalandriani, statuette égyptienne en granit noir (salle 2), intéressante collection de têtes de statues romaines et remarquables poteries d'Amorgos (salle 3). *Benaki Tél. 22810 88 487 Ouvert mar.-dim. 8h30-15h Entrée libre*

Église Metamorfosis (plan 33, A1) Bâtie en 1824 sur le modèle de la Panagia de Tinos, cette vaste église présente un décor intérieur opulent, vraiment spectaculaire : murs peints, icônes et ex-voto en pagaille, chaire en bois doré, iconostase tout en volutes incrustées d'icônes en or et argent…

Théâtre Apollon (plan 33, B1) Inspiré de la Scala de Milan, ce théâtre à l'italienne (1862-1864) accueille encore des opéras, des pièces de théâtre et des concerts (classique, jazz). Passé le hall en marbre, on pénètre dans la salle au plafond peint, où se côtoient grands compositeurs (Mozart, Verdi, Bellini, etc.) et poètes grecs (Homère, Eschyle, Euripide). Au troisième étage, un petit musée assez touchant rassemble les effets personnels de comédiens qui ont fréquenté les lieux. *Tél. 22810 85 192* **Musée** *Ouvert mai-sept. : tlj. 10h-14h et 18h30-21h ; oct.-avr. : mar.-dim. 11h-13h et 17h30-20h (hors répétitions et spectacles) Tarif 2€, moins de 18 ans et étudiants 1,50€*

THÉÂTRE EN FÊTE
Lors du festival de l'Égée (p.485), le théâtre Apollon accueille une foule d'animations. Touristes et locaux savourent alors théâtre, opéra, concerts ou expositions dans une ambiance détendue.

Église Agios Nikolaos (plan 33, B1) Édifiée à la fin du XIXe siècle pour la communauté des Grecs de Russie, cette imposante église au dôme bleu domine le quartier de Vaporia. De hautes colonnes corinthiennes bardent l'édifice, qui présente une superbe façade néoclassique. À l'intérieur, notez l'iconostase et la chaire en marbre, le trône de l'archevêque, ainsi que les reliques de saint Nicolas et son icône miraculeuse. *Ouvert tlj. 7h-13h30 et 17h-20h*

☺ **Vaporia** Situé derrière l'église Agios Nikolaos, ce quartier resplendit de somptueuses demeures patriciennes construites au bord de l'eau par de

Plan 33 Syros, Ermoupoli

Restauration (n°1 et 2)
Amvix ____ **1** A2
Kouzina ____ **2** B1

Café, bars et lieux de sortie (n°11 et 12)
Boheme Del Mar ____ **12** B2
Kimbara ____ **11** B2

Hébergement (n°20 à 28)
Aegli Hotel ____ **20** A2
Ariadne ____ **21** A2
Hermoupolis ____ **22** A2
Hôtel Omiros ____ **23** A1
Lila Guesthouse ____ **26** A2
Sylvia's Bed and Breakfast ____ **27** A1
Syrou Melathron ____ **28** B1

riches armateurs syriotes au XIXe siècle. Somptueux panorama à hauteur de l'hôtel Syrou Melathron. Beaux exemples d'architecture bourgeoise en descendant la rue Apolonos jusqu'à la jolie place Tsiropina, plantée de palmiers et dont les imposantes façades s'ornent de balcons ouvragés et de porches à colonnes. D'autres petits palais se cachent dans la rue Kalomenopoulou.

☺ **Rue de Chios / Chiou (plan 33, A1-A2)** Entre le port et la place Miaouli, cette rue bordée de commerces accueille tous les jours, sauf le dimanche, un marché très animé. L'occasion de dégoter quelques bons produits de l'île : *galaktoboureko* (feuilleté à la semoule), *tsoureki* (brioche pascale), loukoums, *chalvadopita* (nougat).

Pinakothiki Kykladon / Πινακοθηκη Κυκλαδων La Pinacothèque des Cyclades a investi, en 1994, quatre hangars restaurés des entrepôts d'Ermoupoli construits entre 1834 et 1839, en bord de mer. Ces témoins des activités commerciales insulaires de jadis accueillent aussi des expositions temporaires variées… et un théâtre. *Papadam Tél. 22810 80 918 Programme sur place*

Église de la Kimissis (plan 33, A2) Cette basilique du XIXe siècle, bombardée en 1943 et rebâtie huit ans plus tard, est célèbre pour son icône de la *Dormition de la Vierge* (1562-1564), une œuvre de jeunesse de Domenikos Theotokoupoulos, alias… Le Greco (à droite dans l'entrée). *Proiou*

Musée de l'Industrie Dans une manufacture du XIXe siècle, près de 300 pièces exposées racontent l'histoire industrielle de Syros, du textile aux tanneries en passant par la construction navale. Aux rouages complexes des machines, nous avons préféré l'évocation des fondateurs d'Ermoupoli, réfugiés devenus chefs d'usine. *Papandreou 11 (en face de l'hôpital) Tél. 22810 81 243/84 762 www.ketepo.gr Ouvert juin-sept. : lun. et mer. 10h-14h, jeu.-dim. 10h-14h et 18h-21h ; oct.-mai : lun., mer. et ven.-sam. 10h-14h et 17h-20h, dim. 10h-14h Tarif 2€, étudiants 1,50€, moins de 18 ans, seniors, chômeurs mer. gratuit*

LES CYCLADES

Vrondado (plan 33, B1) La colline "orthodoxe" vaut surtout pour le panorama sur la ville et sur… Ano Syros, évidemment ! Très beau point de vue du parvis de la basilique.

● Où acheter des loukoums ?

☺ **Pâtisserie Korres (plan 33, A1)** Aux boutiques du port, préférez cette institution du loukoum. À la rose, au mastic, à la vanille ou à la bergamote… le choix est vaste ! Excellents *chalvadopita* maison : disques de nougat aux amandes et au miel. Également du *chalva* et des fruits secs. *Chiou 29 (pl. Miaouli) Tél. 22810 82 037 Ouvert juin-sept. : tlj. 8h-16h et 18h-21h ; oct.-mai : lun.-ven. 8h-16h et 18h-20h, sam.-dim. 8h-16h*

☺ Ano Syros

La colline Saint-Georges, bastion catholique de l'ouest d'Ermoupoli (plan 33, A2), est de loin la plus spectaculaire. Comme dans toutes les Cyclades, au Moyen Âge, les Vénitiens se protégèrent des pirates en édifiant leur cité sur les hauteurs, d'où le nom du quartier (*ano*, "d'en haut"). Ano Syros a conservé son aspect d'origine avec ses portes (*portara*), ses ruelles tortueuses et pentues et ses passages voûtés (*steadia*). On s'y rend du port en bus, en voiture, voire à pied, mais le trajet est long ! Il faut ensuite se perdre (à pied, la circulation automobile y est interdite) dans ce labyrinthe d'escaliers et de venelles bordées de maisons blanches aux portes colorées. Vue splendide sur la ville.

Cathédrale Agios Georgios Perchée tout en haut de la colline, cette église fortifiée (XIIe s.) fut détruite par les Turcs à de nombreuses reprises. Elle fait office de cathédrale pour la communauté catholique de l'île depuis 1652. Bel intérieur composé de trois nefs séparées par d'élégantes colonnades.

Couvent des Capucines (Clarisses) Superbe façade en marbre et intérieur aux tons pastel tout en sobriété, loin du style orthodoxe traditionnel. *Au bas des escaliers qui descendent de la cathédrale*

Piatsa En descendant la rue principale, faites une pause sur cette placette pour admirer la vue sur Ermoupoli en contrebas. Remarquez le buste en bronze de Markos Vamvakaris (1905-1972), gloire grecque du bouzouki et grande voix du *rébétiko*. Un petit musée lui est consacré dans la maison jaune au-dessus de la place. **Musée Markos Vamvakaris** *Agios Sevastianou 3 Tél. 22813 60 914 Ouvert début juin-fin sept. : tlj. 11h-14h et 19h-22h Entrée libre*

● Où boire un verre avec vue ?

Kafeneio I Apano Chora De bons *frappè* mais surtout un panorama fantastique sur toute la ville et sa baie, depuis la terrasse de ce *kafeneion* à l'ancienne. Ouzo, vins, glaces et restauration légère. *Rue principale, au-dessus du musée Markos Vamvakaris Tél. 22810 80 565 Ouvert tlj. 9h-23h*

Le nord de l'île

Une seule route dessert le nord de l'île, creusé de profondes vallées brunes. Un itinéraire réservé aux automobilistes : aucun car ne passe ici…

Grotte de Ferekidi C'est dans ce simple renfoncement de falaise qu'aurait vécu Phérécyde, philosophe présocratique (VIIe s. av. J.-C.), connu pour avoir été l'un des premiers à aborder la question de l'immortalité de l'âme. Son neveu, un certain Pythagore, lui doit une partie de ses connaissances. On accède à la cave après une petite escalade (suivre le balisage rouge). Évitez la balade par grand vent, les sacs en plastique de la décharge en contrebas volent à tout va ! *À env. 3,5km au nord d'Ermoupoli* ***Accès à pied*** *Rejoindre Richopo, puis compter env. 20min de marche*

Chalandriani En 1898, le grand archéologue grec Christos Tsountas, à qui l'on doit la découverte et la définition de la civilisation cycladique, mit au jour une nécropole et d'importants vestiges d'un site préhistorique datant du cycladique ancien (2800-2300 ans av. J.-C.). Les objets sont aujourd'hui exposés au Musée archéologique d'Ermoupoli, et il est, hélas, presque impossible de retrouver trace des vestiges qui essaiment à flanc de colline (les plus courageux pourront tenter leur chance plus loin, sur la colline de Kastri, au nord-ouest de Chalandriani). Mais à défaut de ruines, on découvrira un paysage sauvage de montagne pelée et de bergeries isolées avec, en toile de fond, deux îles perdues dans l'azur (Tinos, Andros)… Évitez la balade par grand vent. *À 6km au nord d'Ermoupoli*

● ☺ Aller à la plage Loin de tout, à la pointe nord-ouest de l'île, les plages séduiront les amateurs de calme et de paysages vierges. Plusieurs sentiers y mènent à partir du hameau de Kambos. Prévoyez suffisamment de temps et de bonnes chaussures, la descente est assez longue, la remontée encore plus ! Comptez 30min de marche dans un décor majestueux de montagnes arides plongeant dans la mer (restez bien sur le flanc nord de la vallée lorsque vous arriverez à la bergerie) pour atteindre **Lia**, jolie plage de sable, agrémentée de quelques tamaris et d'une eau turquoise. Vous pouvez aussi rejoindre **Marmari** (30min) et **Grammata** (1h), plus au nord.

☆ Le sud de l'île et ses plages

Vari Cette station balnéaire familiale, assez proche d'Ermoupoli, est agréablement située au fond d'une baie profonde. Plage propre. *À 6km au sud d'Ermoupoli*

Megas Gialos Quelques tamaris et parasols donnent un peu d'ombre à cette petite plage bien abritée, mais située en bord de route. *À 9km au sud-ouest d'Ermoupoli*

Posidonia Lieu de villégiature de la bourgeoisie d'Ermoupoli au XIXe siècle, le village vaut le coup d'œil pour ses beaux manoirs néoclassiques, qui se pavanent à l'ombre des pins. En revanche, on délaissera sa plage, située en bord de route, pour sa voisine, **Angathopes** (classée drapeau bleu), cernée de rochers : sable fin, tamaris, eau claire et même quelques lys des plages. À moins de 1km au sud, se trouve la plage sauvage de **Komito**. *À 12km au sud-ouest d'Ermoupoli*

Finikas À côté de Possidonia, un petit port de plaisance et sa plage en bord de route. Plusieurs tavernes et maintes chambres à louer. Préférez la plage de **Kokkina**, moins abritée mais plus coquette, derrière la pointe Argelio.

Galissas Cette station balnéaire fut un haut lieu de la culture hippie avant qu'un arrêté interdisant de dormir sur la plage ne fasse fuir les derniers touristes bohèmes. Aujourd'hui, place aux hôtels et aux locations, construits à proximité de sa longue (près de 1km) et belle plage de sable. Quelques tamaris, des parasols et du matériel nautique à louer (pédalo, kayak) y drainent une forte concentration de touristes grecs et italiens en juillet-août. Plusieurs tavernes (très abordables) déploient leurs tables au-dessus de la plage. À 1min à pied au sud, en passant par les rochers (derrière la digue), se trouve la petite crique de galets d'**Armeos** (nudiste). *À 9km à l'ouest d'Ermoupoli*

ORAISON DU SOIR Une très belle promenade à faire en fin de journée : avant la route qui mène à la plage de Galissas, prenez à gauche (indiqué) et roulez sur 2km, puis laissez votre voiture. Une descente de 30-40min mène à cette chapelle encastrée dans une grotte au-dessus de rochers battus par les flots. Magnifique au soleil couchant ! ☺ **Chapelle Agios Stefanos**

Kini Un charmant petit village niché au fond d'une baie rocheuse. L'église postée sur ses hauteurs et les caïques qui dansent sur l'eau forment un tableau tout à fait pittoresque. À 300m au sud de Kini, la plage de **Loto** (taverne en saison) est bien ombragée, mais assez étroite. Au nord se cache **Delfini** : une longue plage sauvage au sable propre, dotée d'un îlot au milieu de sa baie. Hélas, pas un arbre (parasols assez chers) et le béton guette. En longeant la côte à partir du port de Kini, vous y serez en 20min à pied, si vous êtes motorisé, vous pourrez emprunter une piste en partie bétonnée (2km). Par beau temps, on peut aussi gagner les plages sauvages du nord-ouest (Delfini, Barbarousa, Aetos, Lia, Marmari et Grammata) en caïque : un bateau part chaque jour du port de Kini.

Monastère Agia Varvara Ce monastère dressé sur les hauteurs de Kini réserve une belle vue sur la baie du même nom. Les nonnes vendent des tissages de leur production. *Entre Ermoupoli et Kini*

CARNET D'ADRESSES

Lieux de sortie

Bars

Les bars d'Ermoupoli se concentrent autour de la place Miaouli et dans la partie est du port.

Boheme Del Mar (plan 33, B2 n°12) Très prisé des étudiants avec sa déco bric-à-brac et sa programmation alternative de qualité. Concerts parfois en fin de semaine. *À l'est du port (peu avant la pl. Kanari)* ***Ermoupoli*** *Tél. 22810 83 354 Ouvert tlj. 11h-tard*

Kimbara (plan 33, B2 n°11) Nouveau né des bars d'Ermoupoli, le Kimbara (anagramme de *baraki*, "petit bar") invite DJs et musiciens du monde pour organiser des parties à thèmes jusqu'au bout de la nuit, mais s'assagit au petit matin pour vous offrir un café. Peu de sommeil mais beaucoup d'énergie ! *Akti Petrou Ralli 40* ***Ermoupoli*** *Tél. 69 72 80 40 62 ou 69 76 05 80 34 Ouvert tlj. 8h30-3h*

Restauration

prix moyens

O Lilis Une taverne réputée d'Ano Syros, dont la terrasse offre une vue panoramique de la ville, du port et des chantiers navals et dont l'intérieur est décoré dans la tradition des belles demeures de Syros. Les plats les plus recherchés sont le coq au vin (9,50€), le poulet au romarin (8€), le bœuf à la tomate, thym et câpres (9,50€) et les feuilletés au *maratho*, cousin de l'aneth (5€). *Au bout de la rue Andrea Karga, à gauche, Ano Syros* ***Ermoupoli*** *Tél. 22810 88 087 Ouvert juin-sept. : tlj. 12h-0h ; oct.-mai : tlj. 18h30-0h Fermé déc.-jan.*

☺ **Plakostroto** Une ambiance familiale, une cuisine rustique et un panorama éblouissant sur la mer Égée : trois bonnes raisons de venir, surtout au coucher du soleil ! Côté assiettes, goûtez aux spécialités maison : chèvre rôtie en papillote, lapin au romarin, poulet à la coriandre et au gingembre, roulés de chou farci... Le tout à prix d'amis et présenté avec le sourire. Compter 15-20€. *Sa Michali, Ano Syros* ***Ermoupoli*** *Tél. 69 73 98 02 48 Ouvert mai-oct. : tlj. 12h-2h ; nov.-avr. : ven.-dim. 12h-2h et jours fériés*

☺ **Kouzina (plan 33, B1 n°2)** Place à l'Orient : les recettes viennent tout droit de Chypre, du Liban et de Syrie. *Chaloumi* grillé au melon ou à la figue, *afelia* (porc au vin rouge et à la coriandre), risottos, raviolis maison à la menthe, et, pour les amateurs de viande, Black Angus et T-bone. Pour finir : une glace au chocolat noir et au whisky... Une cuisine tout en finesse servie dans une ambiance feutrée. Comptez 18€. *Androu 5 (au fond de la rue Stefanou)* ***Ermoupoli*** *Tél. 22810 89 150 ou 69 32 45 73 47 Ouvert juin-sept. : tlj. 13h-17h et 19h-0h ; oct.-mai : mar.-dim. 13h-17h*

Allou Gialou Agréable taverne de plage pour déjeuner face à la mer, les pieds dans l'eau (ou presque)... Le soir, assistez au coucher du soleil, une fourchette de spaghettis à la langouste à la main. Une cuisine grecque classique et un effort pour maintenir des tarifs raisonnables : moins de 17€ les spaghettis aux crevettes pour deux. Langouste 100€ le kg. Vins abordables. *Sur la plage* ***Kini*** *Tél. 22810 71 196 Ouvert avr.-mi-oct. : tlj. 11h-1h*

LES CYCLADES

prix élevés

Amvix (plan 33, A2 n°1) Un vrai *ristorante* à l'italienne aménagé sous les voûtes d'une ancienne distillerie *(amvix)* du XIXe siècle. Excellentes pâtes maison (8-14,90€), salades et, le soir, des *focaccie* (fougasses, 6,90€) et un grand choix de pizzas (7,90-16,70€) qui ont fait la réputation de cette adresse. Compter 20€ environ. Carte de vins grecs et italiens. *Akti Papagou 26 (face au débarcadère)* ***Ermoupoli*** *Tél. 22810 83 989 Ouvert juin-sept. : tlj. 13h-1h ; oct.-mai : mer.-lun. 13h-1h (fermé jan.-fév.)*

Hébergement

Nombreuses chambres à louer sur le port d'Ermoupoli, hélas pas forcément données en été. Négociez après août ! Pensez à réserver le week-end, c'est vite complet.

petits prix

Galissas Studios Un complexe de 19 chambres, studios et appartements, stratégiquement situés autour de la piscine. Tous disposent d'une terrasse privée. Confort correct (bonne literie, cuisine TV, clim., tél., machine à thé/café). Petit bémol pour la déco vraiment banale et l'absence de vue sur la mer. Chambre 30-45€, studio 35-55€, appartement (4 pers.) 50-75€. Navette avec le port et l'aéroport. *À 200m de la plage* ***Galissas*** *Tél. 22810 42 801 ou 69 36 18 11 01 www.galissas-studios.gr Ouvert mars-nov.*

prix moyens

Hermoupolis (plan 33, A2 n°22) La façade jaune citron, fleurie de bougainvilliers, cache 2 chambres et 5 studios, très simples mais vraiment bien situés (à 3min à pied du port). Hauts plafonds avec moulures, balcon, cuisine spacieuse et quelques touches de couleurs gaies par-ci par-là : une bonne adresse. Literie confortable, clim., TV, réfrigérateur, kitchenette, balcon. 30-55€. Pas de CB. *Angle des rues Naxou et Mykinon* ***Ermoupoli*** *Tél. 22810 87 475 ou 69 37 13 58 80 Ouvert toute l'année*

Ariadne (plan 33, A2 n°21) Un des nombreux petits hôtels qu'on est content de trouver assez vite en quittant le débarcadère. Au total, 9 chambres, 3 studios et 2 appartements assez dépouillés mais spacieux et d'une propreté irréprochable. TV, clim., réfrigérateur. Accueil sympathique (en grec). Compez 30-55€ la double. Pas de CB. Si l'hôtel affiche complet, demandez une chambre à l'hôtel Helectra de Vaporia (belle vue sur la mer www.touristorama.com). *Nikolaou Filini 9* ***Ermoupoli*** *Tél. 22810 81 307/80 245 ou 69 77 07 80 56 ou 69 77 28 22 45 Ouvert toute l'année*

Sylvia's Bed and Breakfast (plan 33, A1 n°27) Du charme, les 10 chambres de cette belle demeure classée (1864), n'en manquent pas. Privilégiez l'étage pour la vue sur la mer, les hauts plafonds, le parquet et la literie confortable. Chambres plus sombres au rez-de-chaussée. TV, clim., réfrigérateur. Service de blanchisserie et accès Internet gratuits. Env. 30-75€, petit déj. 7€. Pas de CB. *Omirou 42 (à 250m de la Platia Miaouli)* ***Ermoupoli*** *Tél. 69 37 90 75 35 Ouvert toute l'année*

Aegli Hotel (plan 33, A2 n°20) Cet hôtel très central offre un confort sans faille (TV, clim., sèche-cheveux, minibar, coffre) et 8 des 13 chambres donnent sur le port. Superbe vue du toit-terrasse, où l'on peut monter prendre un verre. En revanche, la déco intérieure reste assez impersonnelle. Libre accès à Internet. 55-75€ avec petit déj. *Klisthenous 14 (à 300m du débarcadère)* ***Ermoupoli*** *Tél. 22810 79 279 www.lux-hotels.com/aegli Ouvert avr.-oct.*

☺ **Hôtel Omiros (plan 33, A1 n°23)** Escalier de marbre, hauts plafonds, parquet ciré, meubles anciens et gravures aux murs... Cet ancien hôtel particulier néoclassique, perché dans les hauteurs du centre-ville a bien du cachet. Certes, les sdb sont exiguës, mais les 11 chambres (60-80€) et les 2 suites (70-90€) sont confortables (TV, clim., réfrigérateur) et décorées avec goût. Belle vue sur la mer du 2e étage. Petit déj. 5€. *Omirou 43* ***Ermoupoli*** *Tél. 22810 84 910 www.hotel-omiros.gr Ouvert 15 mars-fin oct.*

Hôtel Alkyon Un couple franco-grec tombé amoureux de Syros tient depuis 1990 cet hôtel classique de 25 chambres, dominant Megas Gialos. Si l'ensemble commence à dater, il reste très soigné (clim., ventilateur, TV, réfrigérateur). Atouts majeurs : la grande piscine, le restaurant et l'échiquier géant. Tennis, accès wifi et salle polyvalente pouvant accueillir des stages de yoga par ex. Soirées lecture en été. Très bien desservi par le car. Comptez 55-90€ la double avec le petit déj. ***Megas Gialos*** *(1km avant le village, sur la droite) Tél. 22810 61 761 Tél./fax 22810 61 000 www.alkyonsyros.gr Ouvert Pâques-fin oct.*

Harbor Inn Au-dessus de la plage, 6 chambres (dont 2 familiales) bien tenues et égayées de quelques touches de déco. Cuisinette, réfrigérateur, lit-banquette, climatisation, tout est là ! Ambiance conviviale sous la treille de la cour commune. Accueil très cordial de la propriétaire autrichienne. Comptez 50-60€. ***Kini*** *Tél. 22810 71 377 www.harbor-inn.eu Ouvert mai-15 oct.*

prix élevés

☺ **Lila Guesthouse (plan 33, A2 n°26)** Cette vaste et très belle demeure en pierre abrita le consulat français avant d'être - brillamment - transformée en hôtel de charme. Seulement 3 chambres au rez-de-chaussée (60-100€) et 3 suites sous les toits, dont une avec vue sur la mer (100-180€), mais toutes sont décorées avec beau-

GAMME DE PRIX	RESTAURATION	HÉBERGEMENT
Très petits prix	moins de 10€	moins de 30€
Petits prix	de 10 à 15€	de 30 à 50€
Prix moyens	de 15 à 20€	de 50 à 80€
Prix élevés	de 20 à 30€	de 80 à 120€
Prix très élevés	plus de 30€	plus de 120€

coup de goût dans un style "rustique chic". TV, clim., wifi. Bon accueil. *À l'angle des rues Kosma et Filikis Etairias* ***Ermoupoli*** *Tél. 22810 82 738 ou 69 44 71 41 66 www.guesthouse.gr Ouvert toute l'année*

Syrou Melathron (plan 33, B1 n°28) Dans le quartier de Vaporia, cette belle demeure néoclassique de 1856 a été reconvertie en hôtel haut de gamme. Boiseries, moulures, lustres, fresques peintes... Le charme opère ! Onze des 16 chambres (TV, clim., réfrigérateur) profitent de la vue sur la mer et certaines ménagent un point de vue splendide sur la ville. Cinq autres chambres vous attendent dans une seconde demeure, rue Vyzantiou. Comptez 75-110€ avec le petit déj. (65-80€ avec vue sur l'arrière). *Babagiotou 5* ***Ermoupoli*** *Tél. 22810 85 963/86 571 www.syroumelathron.gr Ouvert mai-oct.*

Kokkina Beach Un emplacement de rêve pour cet hôtel récent, situé à un jet de sable de la plage de Kokkina. Dans un cadre verdoyant, on bénéficie du panorama depuis presque toutes les terrasses des 17 chambres et des 2 appartements du complexe. Déco minimaliste, chambres spacieuses et confortables (literie récente, TV, réfrigérateur, clim., ventilateur). Cerise sur le gâteau : une superbe piscine, la plus grande de l'île ! Clientèle grecque et allemande, essentiellement. Bar et cafétéria. Double à 100-110€ avec petit déj., appartement de 4-6 pers. à 130-150€. ***Kokkina*** *(à l'ouest de Finikas) Tél. 22810 43 010/557 www.kokkina-beach.com Ouvert Pâques-oct.*

☺ **Hôtel Benois** Bravo au décorateur qui a relooké cet hôtel ! Les 32 chambres,lumineuses, déclinent un style contemporain et élégant dans une symphonie de tons crème et sable. Confort parfait : bonne literie, belle sdb, TV, clim., réfrigérateur. Neuf chambres donnent sur la mer, les autres sur la grande piscine à débordement et quelques-unes sur le village. Accès wifi et bar. Plage à 50m. Accueil en français. Env. 50-100€ avec petit déj. ***Galissas*** *Tél. 22810 42 833 www.benois.gr Ouvert début avr.-fin oct.*

★ MYKONOS ΜΥΚΟΝΟΣ Μυκονος

L'île vedette des Cyclades peut revendiquer tous les superlatifs : la plus glamour, la plus chère, la plus touristique... Convertie au tourisme depuis les années 1920, Mykonos rassemble aujourd'hui jet-setteurs et gays du monde entier, jeunes fêtards et touristes assagis dans une ambiance hédoniste, qui atteint son paroxysme au plus fort de l'été. On s'arrache alors les chambres et les emplacements de camping, et les prix battent des records ! Le soir, les bateaux de croisière déversent leurs flots de passagers venus goûter aux folles nuits de Mykonos. Évitez cette destination si vous ne supportez pas les bains de foule et les vacances *sea, sex and sun* : on s'y rend d'abord pour bronzer et s'y divertir. Entre Saint-Tropez pour le chic clinquant et Ibiza pour les fêtes nocturnes, l'île peut agacer, mais on aurait tort de s'arrêter à ces images toutes faites. La vieille ville

de Mykonos (Chora) ne manque pas de charme, avec son labyrinthe de ruelles blanches et ses gros bouquets de bougainvilliers fuchsia. Les plages de l'île ne sont pas son seul attrait : on y recense près de 500 chapelles et quelques beaux monastères, et une multitude de criques désertes, même en plein mois d'août. En basse saison, Mykonos la coquine redevient une île cycladique (presque) comme les autres.

DE L'OMBRE À LA LUMIÈRE Selon la légende, l'île doit son nom à Mykonos, fils du roi Aniou de Delos et petit-fils d'Apollon. De fait, elle demeura longtemps dans l'ombre du sanctuaire de Delos, ancré à 2km au large, mais devint un important centre commercial sous Alexandre le Grand, puis un port franc prospère sous la domination romaine. Elle passa sous tutelle vénitienne au XIIIe siècle, puis turque en 1537, se muant en un nid de pirates. Mykonos s'illustra lors de la guerre d'Indépendance (1821), quand Manto Mavrogenous, héroïne locale et icône de la révolution grecque, parvint à repousser une expédition punitive ottomane. Puis l'arrivée des bateaux à vapeur permit à l'île d'accueillir ses premiers touristes. Depuis les années 1950, cet afflux touristique n'a cessé de grossir. Architecture splendide du chef-lieu, Chora, proximité du site antique de Delos, belles plages protégées, isolement relatif, population hospitalière : il faut bien avouer que l'île a tout d'une destination de choix.

MODE D'EMPLOI

accès

EN AVION

Aéroport de Mykonos Exceptionnellement, les deux compagnies grecques Olympic et Aegean desservent l'île, assurant des liaisons régulières avec Athènes (45min - à réserver dès que possible) toute l'année et, en été, avec Thessalonique, Rhodes, Santorin et la Crète. En été, l'aéroport accueille également de nombreux vols charters directs en provenance de plusieurs métropoles européennes. La plupart des agences de voyages de l'île vendent des billets d'avion. Comptez 6€ en taxi pour rejoindre Chora. *À 4km au sud-est de Chora Tél. 22890 22 327 ou 22890 79 000 ou 22890 79 010*

Olympic Air *Tél. 22890 22 490 ou 22890 22 495 www.olympicair.com*

Aegean Airlines *Tél. 22890 28 720 ou 21062 61 000 www.aegeanair.com*

EN BATEAU

À partir de Chora et Tourlos, nombreuses liaisons (env. 10/j.) avec Tinos (25min en bateau rapide, 45min en ferry) et Rafina (2h en bateau rapide et 4h45 en ferry). Nombreuses liaisons quotidiennes également avec Le Pirée (3h en bateau rapide, 6h en ferry), Paros (40min en bateau rapide, 1h50 en ferry), Syros (1h15 en ferry), Naxos (1h en bateau rapide, 3h en ferry) et Andros (3h en ferry). Deux liaisons/j. avec Santorin (2h45 en bateau rapide et 7h30 en ferry) et avec Ios (2h en bateau rapide et 4h30 en ferry). Enfin, l'île est reliée à la Crète (Héraklion) 1 fois/j. (4h45 en bateau rapide et 9h30 en ferry), à Ikaria, Fourni et Samos 3 fois/sem., et à Chios et Mytilène 2 fois/sem. Les horaires, prix, trajets et compagnies changeant tous les ans en mai, nous vous invitons à consulter les sites www.gtp.gr, www.ferries.gr ou www.

aferry.gr. et à vous renseigner dans les agences de voyages locales. Le prix du billet en catamaran est environ 2 fois celui du ferry.

Arrivée Faites-vous bien préciser dans quel port votre bateau doit accoster : celui du centre ville de Chora ou celui de Tourlos, à 2,5km au nord. De Tourlos au centre-ville de Chora, les bus sont rares le soir, mieux vaut prendre un taxi. Certaines compagnies de bateaux mettent des navettes à disposition de ceux qui se rendent de Chora à Tourlos. Un service de bateau-taxi assure des trajets d'avril à octobre toutes les demi heures (2€). Si vous avez réservé une chambre, on viendra probablement vous chercher au port (faites-le vous confirmer). Dans tous les cas, de nombreux insulaires attendent au débarcadère pour proposer des chambres à louer, à l'arrivée des bateaux.

Billetterie Aucune agence n'ayant le droit de représenter toutes les compagnies de bateaux, il faut faire le tour de celles qui sont établies au-dessus du débarcadère de Chora – Hellenic Seaways, Blue Star, Seajet, etc. – avant d'acheter son billet.

Capitainerie *Chora Tél. 22890 22 218*

Sea and Sky Billetterie bateau et avion, location de voitures, organisation d'excursions. *Sur le vieux port* **Chora** *Tél. 22890 22853, 28240, 24753 Ouvert tlj. 9h-23h*

orientation

Mykonos est située dans le quart nord-est des Cyclades, à 150km à l'est d'Athènes. De taille modeste (90km²), elle est essentiellement granitique et plate. Sur la vingtaine de plages de sable accessibles que compte l'île, la plupart se trouvent sur sa côte sud. L'intérieur, rocailleux, culmine à 392m. Le chef-lieu, Chora, est établi sur la côte ouest.

informations touristiques

Office de tourisme Dans la mairie de Chora, un petit bureau où l'on trouve quelques brochures, des plans de la ville et les horaires des bus. Pas de service de réservation hôtelière. *Au bout du vieux port* **Chora** *Tél. 22890 25 250 Ouvert lun.-ven. 8h-15h*

Consultez également les sites Internet www.mykonos.gr (site officiel de la municipalité) et www.mykonos-web.com (site d'informations complet sur l'île).

se déplacer

EN CAR

KTEL De la gare routière nord (face au débarcadère), cars pour Tourlos, Agios Stefanos, Ano Mera, Kalafati, Elia plusieurs fois par jour. De la gare routière sud (pl. Periochi Fabrika), cars pour les plages d'Agios Ioannis, d'Ornos, de Platis Gialos, de Paranga et de Paradise. Comptez 1,60€ le ticket AS, 1,90€ pour Kalafati et Elia et 2€ la nuit. Départs très fréquents et réguliers d'env. 7h30 à 22h30. **Chora** *Tél. 22890 23 360 ou 22890 26 797 www.ktelmykonos.gr Ouvert mai-fin oct.*

EN TAXI

Très cher, à utiliser en dernier recours. De Chora, comptez 10€ pour Tourlos, 12€ pour Ornos, 18€ pour Ano Mera, Paradise et Panormos, 20€ pour Kalafati. (radio taxi : 3,30€ au compteur et 1,14€ du km)

Stations *Pl. Mavrogenous et gares routières à Chora Tél. Radio taxi 22890 22 400 ou 22890 23 700*

EN VÉHICULE DE LOCATION

Nombreux loueurs de voitures et de scooters près du débarcadère et de la gare routière sud. Voiture à partir de 55€/j. en haute saison, scooter à 25-30€/j. et quad à 40-45€/j.

Plan 34 Mykonos

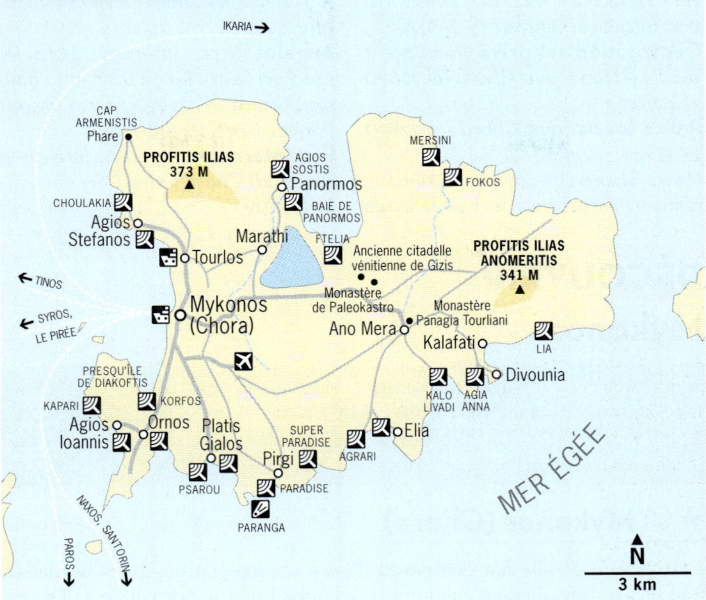

Budget 60€/j. avec assurance (145€ pour 3j.). *Derrière les cinq moulins* **Chora** *Tél. 22890 23 210 www.budgetrentacar.com Ouvert mars-oct. : tlj. 9h-22h*

Mustang De 30 à 40€/j. avec assurance. *Gare routière sud* **Chora** *Tél. 22890 22 792/26 464 www.mustangrentacar.com Ouvert tlj. 9h-21h*

CIRCULATION

Attention, les routes sont étroites et tortueuses, et le trafic intense en été rend parfois la circulation périlleuse, surtout la nuit à scooter. Soyez vigilant et rappelez-vous que les distances peuvent être longues (aller à Kalafati relève de l'expédition). Le plus sûr et le plus pratique est de louer une voiture. Chora est une bourgade piétonne, mais on trouve des parkings tout autour, gratuits pour certains (sur le port et dans la rue qui monte vers l'hôtel Nazos).

fêtes et manifestations

Concerts, pièces de théâtre, expositions sont organisés tout au long de l'été au Centre culturel (DEPPAM) et au théâtre en plein air de la rue Lakka (au bas de l'hôtel Semeli). *Tél. 22890 27 190 ou 22890 27 191*

information pratiques

Pharmacies à Chora, Ornos, Ano Mera et Argirena (à côté de l'hôpital).

Pharmacie *Mitropoleos 10* **Chora** *Tél. 22890 23 151 Ouvert mai-sept. : tlj. 9h-14h et 17h30-0h ; oct.-avr. : lun.-ven. 9h-14h et 17h30-20h, sam. 9h-14h*

Hôpital Pour les premiers secours. *Argirena (à 800m à l'est du centre-*

ville, sur la route d'Ano Mera) **Chora** *Tél. 22890 23 994 ou 22893 60 000 (urgences) Ouvert tlj. 9h-15h*

Centre médical privé *Rond-point Tourlos-Ftelia-Ornos* **Chora** *Tél. 22890 27 407/464*

Police touristique *Chora Tél. 22890 22 482*

News Stand Presse internationale, plans et cartes de l'île, beaux livres sur Mykonos. *K. Kambani (à côté de l'église Kiriaki)* **Chora** *Ouvert tlj. 9h30-0h*

Angelos Accès Internet : 4€/h. *Pl. Niochori (entre les moulins et la gare sud)* **Chora** *Tél. 22890 24 106 Ouvert Pâques-Noël : tlj. 10h-23h*

Fast Internet *Agiou Louka (près de la gare sud)* **Chora** *Ouvert avr.-fin oct. : tlj. 9h-23h*

DÉCOUVRIR

Mykonos

☆ **Les essentiels** La Petite Venise à Mykonos (Chora), le monastère de la Panagia Tourliani, les plages méridionales et leurs fêtes endiablées **Découvrir autrement** Bronzez au calme sur l'une des plages sauvages des côtes nord ou est de l'île, plongez à Kalafati

★ ☺ Mykonos (Chora)

Le chef-lieu de l'île n'a rien perdu de son charme, en dépit des hordes de touristes qui envahissent chaque jour ses rues. Étalé en bord de mer, il forme un ravissant labyrinthe de ruelles en colimaçon bordées de maisons de poupées, de minuscules chapelles et de placettes grandes comme un mouchoir de poche. Un décor éblouissant dont il faut profiter le matin, avant l'ouverture des magasins de luxe et l'arrivée de la foule. Les soirs d'été, c'est un autre spectacle : on peut à peine avancer dans les rues, noyées sous les décibels des bars branchés. Derrière le vieux port, trois rues formant un fer à cheval délimitent le centre-ville : Matogianni, Enoplon Dynameon et Kouzi Georgouli.

Vieux port (plan 35, B1) Il est resté assez authentique : on peut encore y voir des pêcheurs à casquette noire démêler leurs filets jaunes. Les célèbres pélicans de Mykonos, qui se prélassent souvent sur sa petite plage avant de gagner la terrasse du restaurant Niko's Taverna, sont probablement les plus photographiés au monde ! On compte aujourd'hui trois successeurs à Petros, le premier pélican vedette de l'île, recueilli par les habitants en 1954 après une tempête et mort plus de 30 ans après.

Maison de Lena (plan 35, B2) Des meubles anciens aux porcelaines en passant par la superbe lampe à pétrole des Balkans (dans le salon), tout est demeuré en l'état dans cette vieille maison bourgeoise du XIXe siècle. *Enoplon Dynameon (juste à côté du Musée maritime de l'Égée) Tél. 22890 28 764 Ouvert avr.-oct. : lun.-sam. 18h30-21h ouverture aléatoire Tarif 2€, moins de 18 ans et étudiants gratuit*

Musée maritime de l'Égée (plan 35, B2) Toute l'histoire maritime de la région, du pré-minoen au XIXe siècle, illustrée par des maquettes de bateaux (trirème athénienne, felouque, dromon byzantin, etc.), des sextants, des astrolabes, des gravures anciennes et des amphores antiques. Le jardin vaut le coup d'œil pour son sarcophage provenant de Delos (les autres marbres sont des copies) et sa lampe du phare du cap Arménistis (1890). *Enoplon Dynameon Tél. 22890 22 700 Ouvert début avr.-fin oct. : tlj. 10h30-13h et 18h30-21h Tarif 4€, étudiants et seniors 1,50€, moins de 18 ans gratuit*

Place des Trois-Puits (plan 35, B3) Passé le Musée maritime de l'Égée, la rue Enoplon Dynameon dessert deux petites églises (Agios Georgios et Agios Fanourios) avant de déboucher sur cette place dotée de trois puits. La légende raconte que, jadis, les jeunes filles devaient s'y abreuver si elles voulaient trouver un mari. Aujourd'hui, les cafés branchés de la place remplissent à merveille cette fonction…

☆☺ **Petite Venise (quartier d'Alefkandra) (plan 35, A1)** Une enfilade de maisons de capitaines aux jolis balcons colorés et léchées par les flots, dont certaines remontent au XVIIIe siècle… Ce quartier, particulièrement photogénique au coucher du soleil, s'étend à l'ouest du vieux port, derrière le *kastro* (citadelle). Aux XVIe et XVIIe siècles, les pirates barbaresques avaient l'habitude de charger et de décharger là leur butin. Aujourd'hui, bars et restaurants sont envahis par la foule venue profiter de la vue. Gare à la bousculade !

MYKONOS *BY NIGHT*

"Il n'y a rien qui ressemble à cet extraordinaire village cubiste (...). Prenez Picasso, Brancusi et Gaudí, touillez énergiquement et vous obtiendrez peut-être quelque chose dans le goût de Mykonos le soir, un éboulis de blancheur violacée sur fond de mer bleu-noir", écrivait Lawrence Durrell (1912-1990).

☺ **Moulins (Kato Mili) (plan 35, A3)** Position stratégique pour ces cinq moulins juchés sur un promontoire face à la Petite Venise et près du port : le plus court chemin pour approvisionner en farine les bateaux en transit, et un point de vue pris d'assaut au coucher du soleil !

☺ **Panagia Paraportiani (plan 35, A1)** Le bel ensemble byzantin de Paraportiani (la "Petite Porte") – nommé ainsi car situé face à une entrée secondaire du *kastro* – se compose de… cinq chapelles ! Édifié du XVe au XVIIe siècle, ce petit complexe suscite l'admiration pour ses volumes harmonieux, ses lignes complexes et la douceur de ses contours arrondis par les couches de chaux successives. La cinquième chapelle prend appui sur les quatre autres qu'elle domine de son dôme rond.

Agia Eleni (plan 35, A1) Dans le quartier du *kastro*, cette église au grand portail rouge renferme une belle iconostase et plusieurs icônes byzantines.

Les Quatre Commères (plan 35, B2) Sur la place Ioannis Vasilios, quatre petites églises semblent en plein conciliabule… Vous pourrez admirer d'autres églises et de beaux linteaux de portes du XVIIIe siècle dans les ruelles voisines.

Musée archéologique (plan 35, C1) Il présente, notamment, les objets exhumés en 1898 d'une fosse de l'île de Rhénia, dans laquelle les habitants

Plan 35 Mykonos, Chora

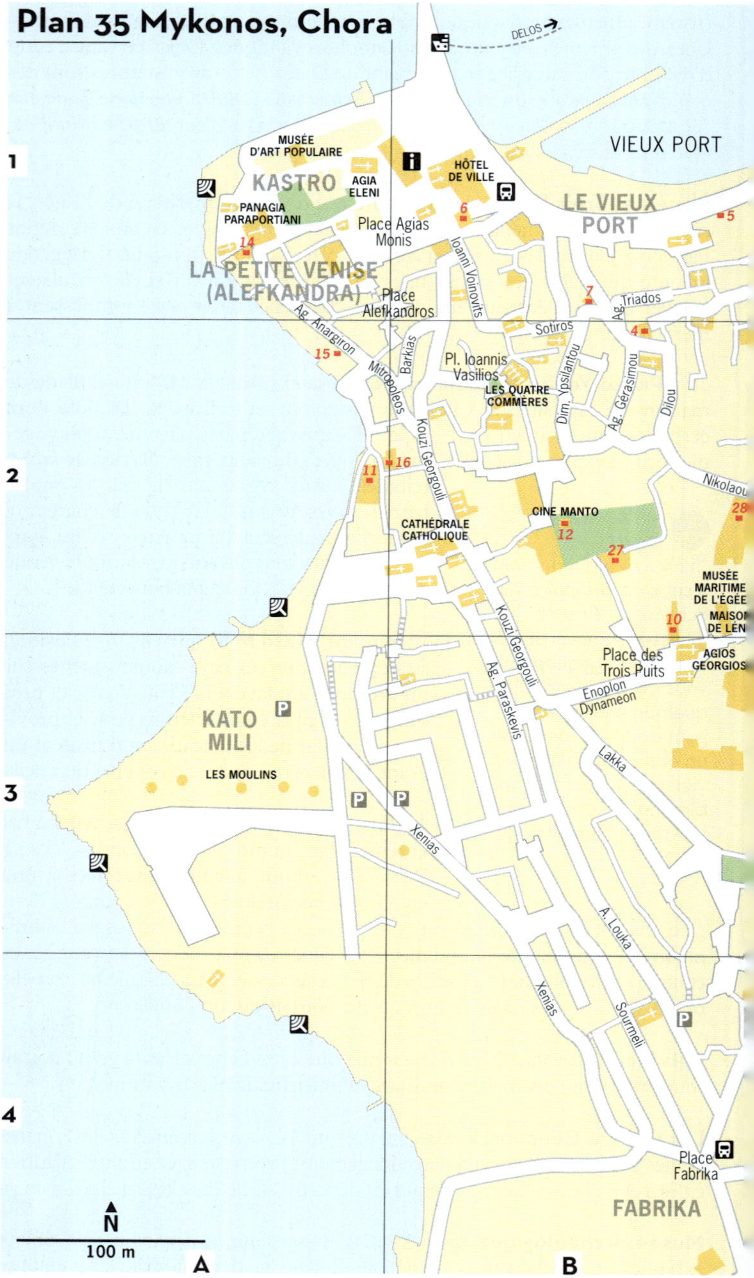

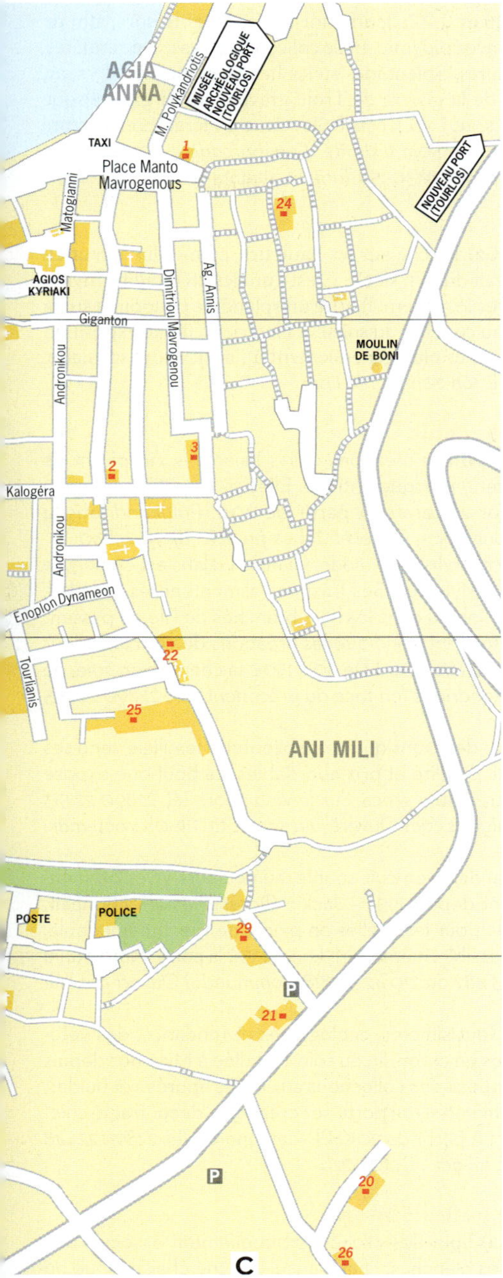

Restauration (n°1 à 7)

Antonini ____ **1** C1
Avra ____ **2** C2
Eva's Garden ____ **3** C2
La Maison de Catherine ____ **4** B2
Madoupas ____ **5** B1
Niko's Taverna ____ **6** B1
Piccolo ____ **7** B1

Cafés, bars et lieux de sortie (n°10 à 16)

Astra ____ **10** B2
Caprice* ____ **11** A2
Kastro Bar ____ **14** A1
Manto ____ **12** B2
Montparnasse ____ **15** A2
Semeli Bar* ____ **16** A2-B2

Hébergement (n°20 à 29)

Andriani's Guest House ____ **20** C4
Belvedere ____ **21** C4
Carbonaki ____ **22** C3
Hôtel Lefteris ____ **24** C1
Hôtel Matina Garden ____ **25** C3
Hôtel Nazos ____ **26** C4
Paraskevas ____ **27** B2
Philippi ____ **28** B2
Semeli The Hotel ____ **29** C3

* À RETROUVER DANS LA PARTIE DÉCOUVRIR

de Delos enfouirent, en 426 av. J.-C., leurs morts avec leurs trésors, afin de purifier leur île après une grave épidémie. Belle collection de vases, de cratères, de bijoux et d'urnes funéraires. Splendides stèles hellénistiques (IIe-Ier s. av. J.-C.). Admirez les scènes de la guerre de Troie gravées sur la gigantesque amphore de Mykonos (VIIe s. av. J.-C.), et la belle statue d'Héraclès en marbre de Paros qui trône à l'entrée. *À 50m à droite du débarcadère du vieux port Tél. 22890 22 325 Ouvert mar.-dim. 8h30-15h Tarif 2€, seniors 1€, moins de 18 ans et étudiants gratuit*

Moulin de Boni (plan 35, C2) Perché sur les hauteurs, ce moulin à vent en parfait état de marche daterait du XVIe siècle. C'est l'un des 28 moulins mykoniotes qui fonctionnaient avec le meltem. Il offre un splendide panorama sur la ville et sa baie, notamment au coucher du soleil. À l'intérieur, petite exposition consacrée à la farine, au pain et plus généralement à l'agriculture insulaire. *Ano Mili Ouvert juil.-sept. : tlj. 16h-20h Entrée libre*

● Où faire du shopping chic ?

☺ **Ilias Lalaounis (plan 35, C1)** Les créations d'Ilias Lalaounis s'inspirent de la mythologie et de l'orfèvrerie grecque antique. Elles se caractérisent aussi par l'utilisation massive d'or 22 carats. À partir de 40€. *Polykandriotis 14 Tél. 22890 22 444 www.lalaounis.com Ouvert Pâques-fin oct. : tlj. 9h-23h30*

Galatis (plan 35, C1) Artiste et styliste de mode, Giannis Galatis est une figure incontournable des nuits de Mykonos. Ses frasques alimentent les gazettes, et ses apparitions à la télévision ou dans les bars branchés de l'île ne passent jamais inaperçues. Rien d'étonnant donc que les créations de ce troubadour très médiatisé soient hautes en couleur ! De 30 à 150€ la chemise en soie, de 50 à 500€ le tableau. *Polykandriotis (en face du précédent) Tél. 22890 22 255 Ouvert avr.-nov. : tlj. 9h-tard*

Y. Voulgaris (plan 35, B1) Plus de 30 ans que cette bijouterie familiale vend ses créations en or et en argent. Qualité et prix abordables. La boutique expose aussi le beau travail de 15 créateurs grecs. *Sur le vieux port Tél. 22890 22 513 ou 22890 23 283 www.yvoulgaris.com Ouvert juin-sept. : tlj. 11h-0h ; oct.-mai : tlj. 11h-22h*

Leontis (plan 35, C1) Les sandales en cuir souple, au couleurs vives ou naturelles, de Leontis se portent depuis 1956 – Jackie Onassis les affectionnait, paraît-il. La chaussure idéale pour les ruelles en pierre de l'île. Indémodable, chic et pas cher – oui c'est possible, même à Mykonos : 15€ la paire. *Matogianni 55/Andronikou Tél. 22890 23 482 ou 210 42 56 818 (commande) Ouvert avr.-mi-oct. : 10h-23h*

Parthenis (plan 35, A1-A2) Tout simples, écologiques et tendance, des vêtements confortables et sobres en coton, lin ou soie. Installée à Mykonos depuis 1978, la maison Parthenis propose des collections aux lignes épurées et fluides, toujours près de la nature... même si l'on porte ses créations "décontracté chic" dans les bars en vue de l'île ! À partir de 20€. *Pl. Alefkandros Tél. 22890 22448 ou 210 36 33 158 Ouvert avr.-mi-oct. : tlj. 10h-22h*

● Où se procurer de belles "images" ?

Photo Gallery (plan 35, A2) Loin des clichés habituellement associés aux îles – moulins à vent aux ailes blanches, chat alangui sur une chaise bleue ou

pope en soutane noire – les cartes postales et les photographies noir et blanc vendues dans cette galerie proposent une autre approche, esthétique et sobre, de la Grèce. De 4€ la carte postale à 100€ la photo encadrée. *Mitropoleos 13 Tél. 22890 22 186 Ouvert avr.-mi-oct. : tlj. 10h-22h*
Georgiadis (plan 35, A2) Cette boutique religieuse est une véritable caverne d'Ali Baba version orthodoxe : les murs sont tapissés de copies d'icônes byzantines dorées, peintes à la main, parfois sur du bois ancien. Les icônes en argent ciselé sont plus chères. À partir de 10€. *Angle de Svoronou et de Kaliarchi (sur le vieux port) Tél. 22890 29 144 Ouvert avr.-nov. : tlj. 9h-23h*

● **Où boire un verre face au soleil couchant ?** Les bars établis au bord de l'eau, dans la Petite Venise, sont tous très prisés. Attention, certains profitent honteusement de la situation.
☺ **Caprice (plan 35, A2 n°11)** Des tables au bord de l'eau pour profiter du *sunset*, dans une ambiance apaisante... si ce n'était le passage continu des badauds ! On peut se réfugier à l'intérieur au décor de chaux brute et de coussins indigo. Cocktail 10-12€. Musique *chill out. Ouvert avr.-oct. : tlj. 18h30-5h*
Semeli Bar (plan 35, A2-B2 n°16) Siroter un daïquiri fraise en admirant les façades de la Petite Venise en fin de journée risque bien d'être l'un de vos meilleurs souvenirs de Mykonos ! Ce bar à la vue fabuleuse sert de bons cocktails, évidemment pas donnés : 12€ ! Musique lounge, puis le rythme s'accélère et le volume monte toujours plus fort au fil des heures. Une curiosité : les ruines du Ve siècle av. J.-C. visibles par transparence sous la piste de danse ! *Tél. 22890 26 505 Ouvert avr.-oct. : tlj. 10h-4h*

LES CYCLADES

Ano Mera et le centre de l'île

Ano Mera Ce village éclaté est le plus peuplé de l'île après Chora, et le seul installé dans les terres. On s'y rend surtout pour visiter son monastère. Plusieurs tavernes sur la place principale. *À 8km à l'est de Chora*
☆☺ **Monastère de la Panagia Tourliani** Fondé en 1547, mais reconstruit sous sa forme actuelle au XVIIe siècle, il déploie son austère façade immaculée sur la grand-place d'Ano Mera. À l'intérieur, c'est un ravissement : l'église, que jouxte un remarquable clocher en marbre ciselé, recèle une magnifique iconostase en bois doré ornée d'ex-voto. Notez les détails des scènes de la Crucifixion et de la Dormition de la Vierge (on y voit l'ennemi turc aux mains tranchées). Dans la galerie supérieure de la cour, un petit musée expose de magnifiques objets liturgiques, bois sculptés, vieilles icônes, vêtements sacerdotaux, etc. *Ouvert tlj. 9h-13h et 14h-19h30 Tarif musée 1€*

Monastère de Paleokastro Jolie vue sur les collines de l'île de ce monastère fortifié du XVIIIe siècle. De là, il faut grimper jusqu'aux ruines de la citadelle vénitienne de Ghizis pour jouir d'un panorama à 360° sur la baie de Panormos et l'intérieur de l'île. *À la sortie ouest d'Ano Mera (route sur la droite)*

Les plages de l'ouest

Tourlos Ce petit village agrémenté d'une plage de sable connaît une intense activité depuis l'aménagement de son port, en 2003, destiné à désengorger

GEOPLUS

En deux semaines, les incontournables cycladiques

Santorin la mythique, Paros la charmante, Naxos la verte et Mykonos la blanche : partez à la découverte des îles vedettes de l'archipel, pour un séjour de 15 jours... ou plus

PREMIÈRE SEMAINE

Jour 1 **Liaison Athènes-Santorin** (50min en avion, 4h en catamaran, 8h en ferry de jour, 12h en ferry de nuit).

Jour 2 **Santorin** (p.357) Découvrez Fira et ses vues exceptionnelles sur le cratère englouti (p.361). Visite du **musée de la Théra préhistorique** (p.361) et du **quartier catholique** (p.363). Passez la soirée dans un des bars animés de Fira (p.376).

Jour 3 Ne manquez pas de faire une excursion en bateau dans la **Caldeira** (p.370), avec retour à Oia. Après avoir flâné dans les ruelles du village (p.368), finissez la journée en douceur devant un magnifique coucher du soleil.

Jour 4 Partez à la découverte du sud de l'île : **Pirgos** et son *kastelli* en ruine (p.371), le **mont Profitis Ilias** pour ses points de vue spectaculaires (p.371) et le site archéologique d'Akrotiri (p.374). S'il vous reste un peu de temps, tâchez de trouver un endroit où poser votre serviette de plage à **Red Beach** (p.375) !

Jour 5 Dégustez le vin doux de Santorin dans une des caves de l'île (p.372) et 369). Prenez ensuite le bateau pour **Paros** (1h30 en catamaran, 3h15 en ferry).

Jour 6 **Paros** (p.409) Gare à la foule ! Découvrez tôt le matin les ruelles du vieux **Parikia** (p.412), puis admirez l'église byzantine **de la Panagia Ekatontapiliani** (p.414). Prenez de la hauteur dans le village de **Lefkes** (p.262) et empruntez le sentier byzantin (p.419). Dînez les pieds dans l'eau à **Golden Beach** (p.419).

Jour 7 Offrez-vous une journée de farniente à **Naoussa** (p.416) : balade et emplettes sur le port

> **SÉJOUR À LA CARTE**
> Si vous n'avez pas plus d'une semaine à consacrer aux Cyclades, limitez-vous aux îles vedettes, Santorin et Mykonos, reliées l'été en 2h30 par deux catamarans quotidiens. Vous avez plus de temps ? Offrez-vous une escapade à Anafi (p.387) pour vous reposer (à 1h30-2h de Santorin), un arrêt à Ios (p.395) pour faire la fête (à 35min de Santorin et 50min de Naxos), un détour par Amorgos (p.465) pour effectuer une randonnée (1h10 de Santorin et 1h de Naxos).

de pêche, bombance dans une taverne de poisson (p.425) et lecture sur la plage de **Kolimpithres** (p.417).

DEUXIÈME SEMAINE

Jour 8 Prenez un bac à destination de l'île voisine : **Antiparos** (p.422). Descendez dans les profondeurs de la grotte et retrouvez l'air frais sur la plage.

Jour 9 De retour à **Paros**, offrez-vous une séance de plongée avec l'Aegean Diving College (p.419) pour découvrir la biodiversité marine. Embarquez en fin de journée pour Naxos (35min en catamaran, 1h en ferry).

Jour 10 **Naxos** (p.432) Partez, guilleret, à l'assaut de Hora : visite du ***Kastro*** vénitien et du **musée Della Rocca-Barozzi** (p.438). Avant d'aller admirer le **temple d'Apollon** au coucher du soleil (p.435), dégustez quelques *mezedes* sur le port (p.446).

Jour 11 Explorez le centre et le nord de l'île, en suivant des routes spectaculaires. Profitez d'une halte à **Chalki** (p.441) pour faire provision de *kitron* (liqueur de cédrat), et à **Apiranthos** (p.442) pour vous offrir un tissage artisanal. Les amateurs de randonnée se laisseront tenter par l'ascension du **mont Zeus** (p.443).

Jour 12 Savourez les charmes de la plage **d'Aliko** (p.445) ou, si vous avez besoin d'action, essayez-vous au kitesurf à **Mikri Vigla** (p.445). Du port principal, prenez le bateau pour Mykonos (50min en catamaran, 3h en ferry).

Jour 13 **Mykonos** (p.494) Chic et choc ? La visite de **Chora** fascine ou horripile. Le vieux port (p.498), les moulins et la Petite Venise (p.499) se visitent le matin. L'après-midi, profitez du calme (relatif) sur la plage de **Paranga** (p.506) ou, si vous aimez les décibels, foncez à **Paradise Beach** (p.507) !

Jour 14 Visitez le site et le musée archéologique de **Delos** (p.512). Le soir, choisissez l'une des bonnes tables de l'île de Mykonos pour un dîner gourmand.

Jour 15 Comparez les monastères de la **Panagia Tourliani** (p.503) et de **Paleokastro** (p.503). Baignez-vous dans un petit paradis du nord de l'île, **la baie de Panormos** (p.532). Vol Mykonos-Athènes (45min).

CONSEIL En été, les bateaux rapides restent à quai quand le meltem souffle trop fort. Réservez alors vos places sur les ferries traditionnels.

celui de Chora. Les ferries et les bateaux de croisière y accostent, et maints hôtels meilleur marché que ceux de la capitale sont sortis de terre (préférez ceux qui sont bâtis sur les hauteurs, loin de la grand-route). *À 2,5km au nord de Chora*

Agios Stefanos Une sympathique plage familiale, moyennement abritée, équipée mais sans *dance music* tapageuse. Dommage que la vue soit gâchée par le débarcadère de Tourlos. *À 2km au nord de Tourlos*

Choulakia De cette plage assez sauvage, avec ses gros galets, une piste caillouteuse mène au cap Armenistis dans un décor de maquis et de rocaille. Du phare (1890) s'étend un beau panorama sur Tinos et la côte déchiquetée, entaillée de profondes falaises. Retour sur Tourlos plus facile par la route goudronnée (on passe devant Agia Sofia, une jolie église au dôme rouge cerise). *À 1,5km au nord d'Agios Stefanos*

À L'EAU À PIED
Du petit port près d'Agios Ioannis, un sentier côtier mène en quelques minutes à la jolie plage de Kapari, entre rochers et eau indigo. ☺ **Kapari**

Ornos À l'entrée de la presqu'île de Diakoftis, cette station balnéaire très fréquentée dispose d'une plage bien abritée et assez proche de Chora, qui jouit d'une jolie vue sur la colline. Hélas, beaucoup de parasols ! En saison, service de navettes pour plusieurs plages : Psarou, Platis Gialos, Paranga, Paradise, Super Paradise, Agrari et Elia. Juste au nord d'Ornos, la plage de Korfos, très ventée, fait le bonheur des véliplanchistes et des kitesurfeurs. *À 3km au sud de Chora*

Agios Ioannis Une plage tranquille, bien abritée et bien équipée, bref idéale pour assister en silence au coucher du soleil sur Delos. Les constructions ont cependant tendance à pousser sur la colline comme des champignons. *À 2km à l'ouest d'Ornos (tourner à gauche au panneau Manoulas)*

☆ Les plages du sud

Psarou Le gratin du showbiz athénien vient se montrer sur cette plage chic, blottie au fond d'une jolie baie remplie de yachts en saison. Les parasols et les matelas loués à des prix exorbitants envahissent la plage, bordée de bars tendance. *À 4km au sud de Chora Parking (laisser ses clés de voiture aux garçons qui se chargent de garer les véhicules)*

Platis Gialos Un site sacrifié à l'industrie touristique : hôtels, studios, tavernes et bars se succèdent le long de la plage, colonisée par les parasols. Dommage car l'eau est belle et le sable, fin. Caïques pour les plages de Paranga, de Paradise, de Super Paradise (5€), d'Agrari et d'Elia (7€) : départs toutes les 30min en haute saison de 10h30 à 16h30 environ. Une astuce : comparez les plages à l'aller et faites votre choix au retour. *Juste à côté de Psarou*

☺ **Paranga** De cette belle plage, plus calme que ses voisines – ce qui n'est pas bien difficile… –, on aime les rochers dans l'eau sur lesquels on peut

CÔTÉ SUD
Bien abritées du vent du nord (meltem), les plages du sud sont les plus prisées de l'île. Parasols, matelas, bars et restaurants : l'équipement ne manque pas ! N'acceptez jamais de payer plus de 10-12€ pour un parasol et deux matelas à la journée.

s'étendre au soleil, les tavernes – cf. Restauration (p.515) – et les coins pour plonger avec masque et tuba. Jolis fonds au large de la pointe rocheuse qu'occupe le camping. *À 5,5km au sud-est de Chora*

☆ **Paradise** La plage la plus célèbre de Mykonos, et pour cause : on y fait la fête depuis des décennies ! À partir de 16h, la foule délaisse peu à peu les transats pour aller boire et danser dans l'un de ses deux bars. Filles en bikini juchées sur des podiums, jeunes gens en délire autour des piscines, techno assourdissante… tout cela en plein jour ; le spectacle vaut assurément le coup d'œil ! En été, les ados du camping voisin fournissent l'essentiel du bataillon de fêtards. Évidemment, la plage est équipée et pas vraiment calme… *À 5,5km au sud-est de Chora*

Super Paradise À peu près la même atmosphère festive qu'à Paradise, mais une clientèle sensiblement plus âgée et nettement plus gay. Dès 16h, les enceintes crachent une house sautillante à quelques mètres des parasols et la mer se vide… La plage n'est pourtant pas sans charme, nichée au fond d'une baie abritée, même si les constructions fleurissent un peu partout autour. Faites un saut au Coco Club, cf. Où prendre un verre au coucher du soleil ? (p.507), le beau beach bar, juste au-dessus de l'emplacement réservé aux nudistes. *À 8km au sud-est de Chora*

Agrari Réputée pour sa propreté, Agrari est une agréable plage de sable grossier, encadrée de rochers. Équipée, mais plus calme que Super Paradise car accessible uniquement en voiture ou en caïque. Sports nautiques et tavernes sous les tamaris. *À 8,5km au sud-est de Chora*

Elia Sa nuée de parasols ne parvient pas à enlaidir cette vaste plage assez prisée des gays (emplacement nudiste à l'extrémité ouest). D'ici, on peut rejoindre à pied Agrari, de l'autre côté des rochers (qui servent parfois de point de rendez-vous aux gays de l'île…). *À 10km au sud-est de Chora et 2km au sud d'Ano Mera*

Où prendre un verre au coucher du soleil ?

☺ **Coco Club Super Paradise** Un bar circulaire et des chaises autour de la piscine qui surplombe la plage de Super Paradise... Un lieu magique pour profiter des derniers rayons du couchant, un cocktail à la main, sur fond de *lounge music* envoûtante. Clientèle plutôt décontractée. On vient s'y mettre en jambe avant de se rendre à l'autre bar de la plage pour danser jusqu'au bout de la nuit. Cocktail 10€. *Ouvert avr.-sept. : tlj. 9h-20h (22h en août)*

Faire de la plongée

Dive Adventures Paradise Ce club de plongée, connu pour son sérieux, propose plusieurs sorties à thème (photographie sous-marine, plongée de nuit, sur épave ou dans des grottes, etc.). Comptez 55€ la plongée pour débutants 40€ la suivante, 60€ la plongée classique. ***Paradise*** *Tél. 22890 26 539 www.divemykonos.gr Ouvert avr.-oct. : tlj. à partir de 9h*

Les plages de l'est

Kalo Livadi Cette plage aux dimensions parfaites est cernée de collines plutôt épargnées par le béton. On respire… Son relatif éloignement en fait un spot assez paisible, prisé d'une clientèle grecque et plutôt familiale. Attention, on ne peut y accéder ni en car ni en caïque. Sports nautiques à prix exorbitants (seacycle, Jet-Ski, ski nautique, wakeboard). *À 9km à l'est de Chora*

Kalafati Un beau et long croissant de sable, ourlé d'une eau outremer et… d'inévitables parasols ! Assez ventée, la plage ressemble à un paradis pour véliplanchistes. On peut aussi y pratiquer la plongée et de nombreux sports nautiques. Au sud, la presqu'île de Tarsanas abrite Divounia, un petit village de pêcheurs hors du temps. Au sud de la pointe : la plage d'**Agia Anna** s'abrite dans une belle anse. *À 12km à l'est de Chora*

☺ **Lia** Si vous aimez le calme, isolez-vous là : pas de musique, juste un beau sable propre et une eau translucide à souhait. Parasols à louer et deux tavernes où se sustenter. *À 4,5km à l'est de Kalafati*

● Explorer les fonds marins

Kalafati Dive-Center Plongées à la découverte d'épaves, de grottes et d'amphores de plus de 2 000 ans. Comptez 60€ avec l'équipement, 40€ de nuit, et 20€ avec masque et tuba à partir du bateau. Première plongée 70€ ; la suivante 40€. ***Kalafati*** *Tél. 22890 71 677 ou 69 45 24 39 28 www.mykonos-diving.com Ouvert mai-oct. : tlj. à partir de 9h*

Les plages du nord

Ici s'arrête le règne du parasol ! Bienvenue sur les plages sauvages. Attention, aucun car ne les dessert.

☺ **Baie de Panormos** La plage de **Panormos** dessine un superbe croissant de sable fin léché par une eau aux nuances argentées. Sur place, deux bars-restaurants très tendance. À 1,5km de là, Agios Sostis déroule une belle plage indomptée, bordée de maquis et mieux abritée que sa voisine. Vous trouverez quelques criques plus tranquilles au nord, passé l'église au toit rouge. Tout au creux de la baie, la plage de **Ftelia**, très ventée, attire les véliplanchistes (accès de la route d'Ano Mera). *À 8,5km au nord-est de Chora*

Fokos Ni musique, ni parasol sur cette plage sauvage et propre, dotée d'une très bonne taverne. Qui dit mieux ? Fokos devrait son nom à un rocher troué en forme de phoque. Juste derrière, Mersini se love dans une crique, mais, hélas, quelques constructions défigurent déjà ce petit paradis. *À 4km au nord d'Ano Mera (bitume et piste)*

● Galoper sur la plage

Horseland Balades à cheval sur la plage de Fokos ou dans le maquis en compagnie de Fanis Rouvas (env. 3h, 80€). Le cavalier propose des formules lune de miel - avec champagne ! - et des sorties adaptées aux enfants à partir de 50€/h. Navette avec l'hôtel. Réservation par tél. ***Fokos*** *Tél. 69 45 77 89 62 www.horseland.gr Ouvert toute l'année*

★ ☺ Delos

☆ **Les essentiels** Le quartier du théâtre **Découvrir autrement** Profitez du panorama du haut du mont Cynthe

L'îlot de Delos est ancré à un jet de pierre de Mykonos. Les bateaux partent le matin du vieux port de Chora, cf. Conseils pratiques pour la visite de Delos (p.510).

Sanctuaire d'Apollon Commencez la visite en traversant l'agora des Compétaliastes, du nom de divinités romaines des carrefours (Compitalia) honorées par les esclaves et les affranchis. On y voit les ruines de deux temples consacrés à Hermès, le dieu du Commerce. Tournez à gauche et remontez la voie des Processions, jadis flanquée de deux portiques, qui mène au **sanctuaire d'Apollon**. Contournez les ruines des propylées, porte monumentale du sanctuaire, pour apercevoir les restes de la **maison des Naxiens**. Ces derniers y édifièrent au VIIe siècle av. J.-C. une colossale statue d'Apollon, dont il ne subsiste que l'imposant socle. Quelques fragments de cette statue sont adossés au **temple d'Artémis** (à gauche de la voie sacrée, au nord des propylées et du portique des Naxiens). Au nord de la maison des Naxiens se succèdent les **trois temples d'Apollon**. Le plus septentrional, dit temple de Poros, est le plus petit et le plus ancien (VIe s. av. J.-C.) des trois. Il abrita le trésor de la ligue de Delos. Les cités avaient coutume de déposer leurs offrandes dans les cinq édifices des VIe-Ve siècles disposés en arc de cercle au nord-ouest (à droite) des trois temples. Le sanctuaire d'Apollon était fermé au nord par le **portique d'Antigone Gonatas**, long de 120m et scandé de 48 colones doriques, érigé par ce roi macédonien vers 250 av. J.-C. Laissez ses vestiges sur votre droite.

Quartier des Lions À l'est du temple de Léto (VIe s. av. J.-C.) s'étend l'**agora des Italiens**, esplanade quadrangulaire dont seules deux colonnes sont debout. Les marchands romains bénéficiaient là de loges où ils pouvaient se réunir. Continuez jusqu'à la **terrasse des Lions**, la plus célèbre carte postale de Delos ! Des neuf lions d'origine, il n'en reste que quatre (les originaux sont exposés au musée). Sculptés dans du marbre de Paros et offerts par les Naxiens à la fin du VIIe siècle av. J.-C., ils devaient assurer la protection symbolique du site. Ils font face à l'unique source de verdure de Delos, le **Lac sacré**, où Léto aurait accouché. Infesté de moustiques, le bassin fut asséché en 1925. À gauche après les lions, l'**établissement des Posédioniastes** servait de lieu de réunion aux commerçants, armateurs et banquiers phéniciens de Béryte (Beyrouth). Au nord, ne manquez pas la **maison du Lac**, une demeure du IIe siècle av. J.-C., typiquement délienne avec ses colonnes ioniennes et ses belles mosaïques. Faites un crochet par la **palestre**, au nord-est, où se pratiquaient la lutte et la gymnastique. Contournez le lac par l'est en direction du musée. À l'extrémité orientale du portique d'Antigone Gonatas, remarquez la **fontaine Minoenne** (VIe s. av. J.-C.), dont les marches descendent jusqu'au point d'eau. Rejoignez à l'est le **monument de Dionysos** (300 av. J.-C.) qui, comme il se doit, est encadré de deux phallus montés sur des colonnettes représentant le dieu de l'Extase et ses compagnons. Hélas, la statue de Dionysos, au centre, manque à l'appel.

Musée Il rassemble une partie des vestiges trouvés sur l'île, l'autre ayant été transférée à Athènes. La salle située en face de l'entrée abrite un chapiteau ionique coiffé d'un sphinx (VIe s. av. J.-C.) et quelques beaux kouroï en marbre de l'époque archaïque. Les cinq lions originaux sont exposés au fond à droite. Dans les salles voisines, admirez les mosaïques qui ornaient les riches villas, telle celle représentant Athéna et Hermès au caducée, ainsi que les élégantes statues du IIe siècle av. J.-C. figurant des Déliens, des Romains et des Levantins. Belles statues d'Artémis (IIe s. av. J.-C.) et, dans un genre plus martial, de généraux romains. Également des vases, fresques, bijoux, etc. *Tél. 22890 22 259 Ouvert mar.-dim. 8h30-15h Tarif 5€, réduit 3€ billet pour le musée et le site*

☺ **Terrasse des Dieux étrangers et mont Cynthe** Au sud du musée, suivez le sentier qui grimpe vers le mont Cynthe. Vous dépasserez la **maison**

Conseils pratiques pour la visite de Delos

Accès et horaires D'avril à octobre trois bateaux, L'*Orka*, le *Dilos* et la *Margarita*, partent du vieux port de Mykonos (face à l'hôtel de ville) du mardi au dimanche à 9h, 10h et 11h. Retour à 12h15, 13h30 et 15h. En hiver, pas de départ si la mer est agitée. Les bateaux de plaisance accostent à Delos du mardi au dimanche, de 8h à 15h. Les horaires d'ouverture du site sont liés à ceux des traversées : 9h-15h.
Tarifs Billet 17€ AR (tarif réduit 8€) auquel il faut ajouter le prix d'entrée du site 5€ (accès au musée inclus). Achetez votre billet à la petite guérite sur le port de Chora plutôt que dans une agence. En revanche, si vous souhaitez faire une visite guidée de Delos, il est plus économique d'acheter un forfait (traversée bateau+visite guidée) en agence (plusieurs sur le port), car sur place vous paierez 39€/pers. la visite de 2h30.
Visite et conseils Du port sacré, situé au nord du débarcadère, il ne reste pratiquement rien. À l'entrée du site, vous trouverez des prospectus de présentation en anglais, très bien faits. Consacrez plusieurs heures à Delos en suivant l'itinéraire classique, qui mène du sanctuaire d'Apollon au quartier du théâtre en passant par le lac sacré, le musée, les temples des dieux étrangers et le mont Cynthe, point culminant de l'île (113m). Prévoyez un chapeau et de l'eau, car l'île n'est pas du tout ombragée. Pensez aussi à vous acheter un casse-croûte à Mykonos, meilleur marché que ceux qui sont vendus sur place.

Plan 36 Delos

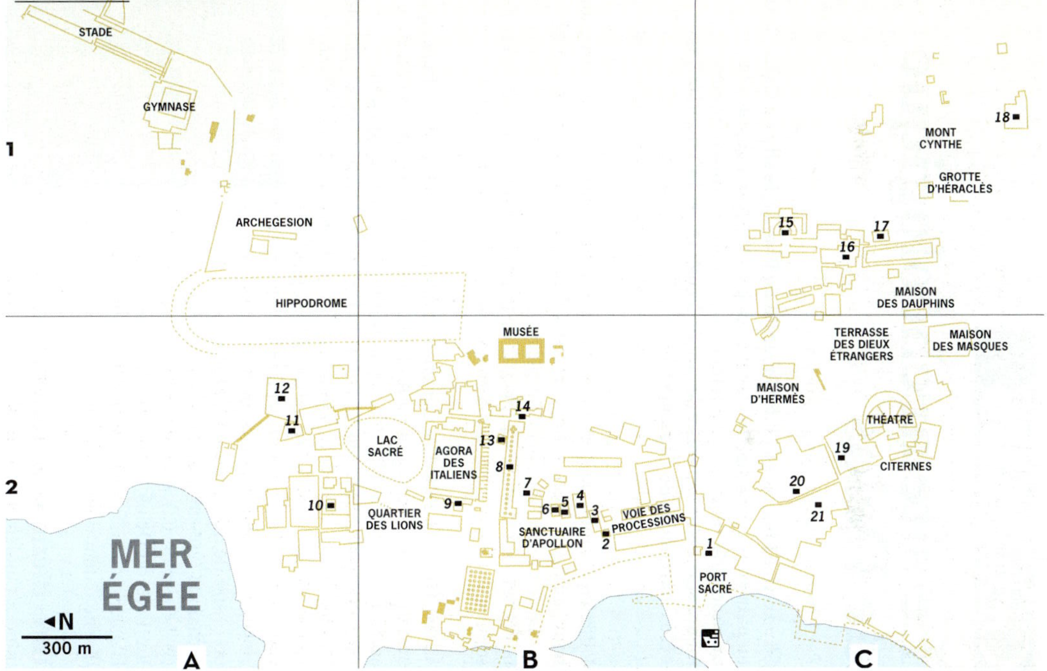

1 Agora des Compétaliastes ____ C2
2 Propylées ____ B2
3 Maison des Naxiens ____ B2
4 Temple des Déliens ____ B2
5 Temple des Athéniens ____ B2
6 "Temple Poros" ____ B2
7 Cinq Trésors ____ B2
8 Portique d'Antigone Gonatas ____ B2
9 Temple de Léto ____ B2
10 Établissement des Posédioniastes ____ A2
11 Maison du lac ____ A2
12 Palestre ____ A2
13 Fontaine Minoenne ____ B2
14 Monument de Dyonisos ____ B2
15 Sanctuaire des Dieux Syriens ____ C1
16 Sanctuaire des Dieux Égyptiens ____ C1
17 Sanctuaire d'Héra ____ C1
18 Sanctuaire de Zeus et d'Athéna ____ C1
19 Maison du Trident ____ C2
20 Maison de Dyonisos ____ C2
21 Maison de Cléopâtre et de Dioscourides ____ C2

GEOPLUS

Le site archéologique de Delos

Par **Vincent Noyou**, auteur-voyageur

Situé entre Mykonos et l'îlot inhabité de Rhenia, le site de Delos, inscrit au patrimoine mondial de l'Unesco depuis 1990, est aujourd'hui un champ de ruines peu spectaculaires, mais sa visite demeure incontournable : arpentez ce musée à ciel ouvert tels les pèlerins et les marchands de l'époque !

Difficile de croire que cet îlot de 3,5km², aride et inhabité, constitua un haut lieu de la Grèce antique. Pourtant, Delos, qui connut son apogée au VIe siècle av. J.-C., fut pendant plusieurs siècles un centre religieux aussi important que celui de Delphes –, un grand carrefour commercial et donna son nom aux Cyclades, qui forment une spirale autour d'elle.

Une île sacrée Les Cariens s'établissent à Delos au IIIe millénaire avant notre ère, mais ce sont les Ioniens qui lui confèrent son caractère sacré au VIIIe siècle av. J.-C. en y introduisant le culte d'Apollon (dieu de la Musique, des Arts et de la Divination), d'Artémis et de Léto. Des fêtes en l'honneur d'Apollon, appelées **Delia** (ou fêtes déliennes), et des compétitions sportives panhelléniques y sont organisées. Outre des pèlerins, l'île attire ainsi peu à peu les marchands, jusqu'à devenir un centre de négoce majeur. Durant les périodes archaïque (VIIe-VIe s. av. J.-C.) et classique (Ve-IVe s. av. J.-C.), elle vit un véritable âge d'or. Les lions de Delos, le colosse d'Apollon, la galerie de Naxos : les principaux monuments du site datent de cette époque.

MYTHOLOGIE
Selon la légende, c'est à Delos que Léto, abandonnée par Zeus et poursuivie par la fureur jalouse d'Héra, se réfugia pour mettre au monde, après 9 jours et 9 nuits de souffrance, Apollon et Artémis, les dieux jumeaux.

Interdiction de mourir Athènes impose rapidement son hégémonie et, en 540 av. J.-C., le tyran Pisitrate décrète qu'il faut purifier l'île pour lui conserver son caractère sacré : sépultures, personnes âgées, femmes portant un enfant et malades sont transportés sur l'îlot voisin de Rhenia. Désormais, il est interdit de mourir et de donner naissance sur l'île. En 478 av. J.-C., est constituée la **ligue de Delos**, alliance militaire de cités de l'Attique et des Cyclades destinée à repousser la menace perse. Le trésor de la ligue est d'abord déposé dans le sanctuaire d'Apollon à Delos, mais Athènes ne tarde pas à se l'approprier (454 av. J.-C.).

En 426 av. J.-C., à la suite d'une épidémie, Athènes ordonne une nouvelle **purification** de l'île. Celle-ci s'achève en 422 av. J.-C. avec l'expulsion de ses derniers habitants.

De l'essor de l'île… Delos recouvre son indépendance après la conquête d'Alexandre et devient bientôt le centre commerçant de la Méditerranée orientale, se développant encore avec la création d'un port franc par les Romains, en 166 av. J.-C. Le caractère sacré de l'île (qui empêche toute tentative belliqueuse) et sa position au cœur de la mer Égée favorisent l'essor de la cité. Marchands, banquiers et armateurs venus de Macédoine, de Phénicie, de Syrie, d'Égypte et de Palestine s'y font construire de luxueuses demeures et élèvent des temples à leurs divinités. Au Ier siècle av. J.-C., la population atteint près de 30 000 habitants et 75 000t de marchandises (céréales, huile, vin et bois) transitent dans son port chaque année.

> *“Le tyran Pisistrate décrète qu'il faut purifier l'île pour lui conserver son caractère sacré : sépultures, personnes âgées, femmes portant un enfant et malades sont transportés sur l'îlot voisin de Rhenia. Désormais, il est interdit de mourir et de donner naissance sur l'île.”*

… à sa chute C'est cependant au Ier siècle av. J.-C. que le déclin de Delos s'amorce au profit de Rhodes, mieux située sur les routes commerciales. L'île paye aussi le prix fort de son amitié avec Rome, alors en guerre contre Mithridate VI, dernier roi du Pont. En 88 av. J.-C., l'armée de ce dernier pille l'île et massacre sa population, imité près de vingt ans plus tard par les pirates. Dès lors, les pèlerinages s'espacent et les maisons se vident. Promue au rang d'évêché au IVe siècle, l'île est définitivement abandonnée au VIIe. Sous l'Empire ottoman, les brigands n'auront de cesse de s'emparer de son marbre. Les fouilles archéologiques lancées en 1872 par l'École française d'archéologie (et toujours en cours), ont permis de mettre au jour le sanctuaire et une bonne partie de la ville

d'Hermès (IIe s. av. J.-C.), dotée d'une cour à péristyle et impluvium, avant d'atteindre la **terrasse des Dieux étrangers**. Les marchands installés dans l'île y édifièrent plusieurs temples dédiés à leurs propres divinités. Les Syriens honoraient Hadad et Atargatis, l'Aphrodite syrienne (1er temple sur la gauche), tandis que les Égyptiens révéraient Sérapis et Isis, dont la statue décapitée se dresse toujours, devant les deux colonnes et le fronton. À côté, remarquez le **sanctuaire d'Héra** (VIe s. av. J.-C.). Sur la pente du mont Cynthe, de grandes dalles de granit signalent la **grotte d'Héraclès**. Au sommet, les ruines du sanctuaire de Zeus et d'Athéna offrent un magnifique panorama sur les Cyclades voisines (Mykonos, Tinos, Syros et Naxos).

☆ **Quartier du théâtre** En redescendant du mont Cynthe, bifurquez à gauche avant la terrasse des Dieux étrangers, pour gagner le quartier le plus luxueux de Delos. Les villas de notables des époques hellénistique et romaine rivalisaient de colonnades et de cours pavées de mosaïques, telles la **maison des Dauphins** (sur la droite) et la **maison des Masques** (juste après, sur la gauche). Contournez cette dernière pour atteindre la cour à péristyle, entourée de quatre salles pavées de mosaïques : on y voit un Dionysos sur le dos d'une panthère, des masques de comédie, un joueur de flûte et un couple de dauphins. Plus loin se dresse le **théâtre** (IIIe s. av. J.-C.), dont les gradins pouvaient accueillir jusqu'à 5 000 personnes. Derrière la scène, d'immenses **citernes** recueillaient l'eau de pluie. En regagnant le port, on traverse l'un des plus vieux quartiers résidentiels de l'île. Admirez la **maison du Trident** (à droite), qui appartenait à un riche armateur, avec sa cour à péristyle et sa jolie mosaïque. Plus loin, sur la droite, la **maison de Dionysos** recèle une superbe mosaïque représentant le dieu chevauchant un tigre. De l'autre côté de la rue, la **maison de Cléopâtre et de Dioscourides** est reconnaissable aux deux statues décapitées de ses propriétaires. Belle mosaïque conservée derrière la maison.

Quartier du stade À visiter s'il vous reste du temps. Suivez le chemin à droite juste au nord du musée. On aperçoit d'abord à gauche les restes de l'**Archegesion,** temple dédié à Anios, fils d'Apollon et premier roi mythologique de Delos. Plus loin, traversez le **gymnase** (IIIe s. av. J.-C.) pour gagner le site du **stade**, bordé de maisons en ruine sur la droite. En contrebas, près de la mer, on distingue les vestiges d'une **synagogue** du Ier siècle av. J.-C.

CARNET D'ADRESSES

Lieux de sortie

Cinéma

Manto (plan 35, B2 n°12) Les plus grands succès du box-office y sont projetés dans un cadre verdoyant, plusieurs fois par semaine en saison, vers 21h et 23h. *Chora Tél. 22890 26 165 www.cinemanto.gr Ouvert juin-sept.*

Clubs

Les folles nuits de Mykonos commencent assez tard (minuit pour les lève-tôt) et s'achèvent bien après le lever du soleil ! En haute saison, les rues de la ville sont encore noires de monde à 2h. La plupart des bars branchés se concentrent dans le quartier de la Petite Venise et la rue

Enoplon Dynameon. La frontière entre bars gay et bars hétéros tend à disparaître. Si les bars à la mode changent d'une année sur l'autre, il reste quelques institutions. La communauté gay plébiscite par exemple le Kastro, le Diva, le Porta et le Ramrod. Seule ombre au tableau : le prix des consommations atteint des sommets en août.

Kastro Bar (plan 35, A1 n°14) Ce bar gay de la Petite Venise est indétrônable : depuis plus de 30 ans, on y sirote des cocktails sur fond de jazz, de blues ou de classique. On peut y bavarder en contemplant la mer et les cinq moulins au loin. Clientèle mixte en haute saison. Cocktail 8-9€. *Agion Anargiron (à côté de Paraportiani)* ***Chora*** *Tél. 22890 23 072 Ouvert avr.-oct. : tlj. 11h-3h*

☺ **Montparnasse (plan 35, A2 n°15)** Ambiance jazzy chaleureuse dans ce piano-bar de la Petite Venise, autre rendez-vous de la communauté homosexuelle. Des artistes s'y produisent tous les soirs dans une ambiance bon enfant. Le piano swingue (de 22h à 2h), une chanteuse pleure un blues et l'on sirote un cocktail maison (essayez le "neopolitan")... Et cela depuis 1968 ! Cocktail 5-15€. *Agion Anargiron 24* ***Chora*** *Tél. 22890 23 719 www.thepianobar.com Ouvert fin avr.-mi-oct. : tlj. 19h-3h*

Astra (plan 35, B2 n°10) Adeptes du nightclubbing chic, rendez-vous dans cet élégant bar-boîte de la vieille ville. Célébrités grecques, créatures de mode et VIP en tous genres viennent s'y montrer, mais le club est ouvert à tous. Agréable terrasse extérieure et belle salle constellée d'étoiles. Bondé passé minuit. *Pl. Tria Pigadia (des Trois-Puits)* ***Chora*** *Tél. 22890 24 767 Ouvert Pâques-début oct. : tlj. 21h-6h*

Et aussi...

Bars

Caprice ____ 503
Semeli Bar ____ 503
Coco Club
Super Paradise ____ 507

Paradise Club Boy George, Martin Solveig, Armand Van Helden... Ces célèbres DJ ont enflammé le *dance-floor* de cette boîte de nuit très courue, qui peut accueillir 500 personnes autour de sa piscine extérieure. Ambiance torride en juillet-août. *Paradise Beach www.paradise club-mykonos.com Ouvert juin-mi-sept. : tlj. 23h-6h Entrée variable (à partir de 10€)*

☺ **Cavo Paradiso** Pour finir la nuit (ou ce qu'il en reste) en beauté, filez en after dans cette boîte de nuit en plein air, perchée sur la falaise de Paradise Beach. Forte concentration gay. Vue imprenable au lever du soleil ! Bonne musique mixée par les meilleurs DJ du monde. Une piscine, deux bars. *Entrée 15-40€* ***Paradise Beach*** *Tél. 22890 27 205 (bar) ou 22890 26 124 (club) Ouvert mai-fin sept. : 0h-8h*

Restauration

À Chora, la quantité des restaurants ne va pas toujours de pair avec la qualité et il vous faudra payer assez cher pour profiter des bonnes tables. Cependant, *giros* et *souvlaki* vendus dans la rue contenteront toutes les bourses.

petits prix

☺ **Piccolo (plan 35, B1 n°7)** Une sandwicherie améliorée qui se distingue par la qualité de ses ingrédients :

LES CYCLADES

salami *picante*, champignons, *louza* (*prosciutto* de Mykonos), *manouri* (fromage grec)... Comptez 5-7€ le sandwich. Bonne salade de poulet et pâtisseries maison. Propreté sans faille. *À l'angle des rues Sotiros et Metrou Drakopoulou* **Chora** *Tél. 22890 22 208 Ouvert mi-mars-nov. : tlj. 9h-0h*

Madoupas (plan 35, B1 n°5) Si cette taverne d'une autre époque s'est maintenue parmi les bars du front de mer, c'est sans doute parce qu'elle n'a jamais renoncé à la qualité, aux portions généreuses et aux prix modestes qui ont fait sa réputation. Les vrais Mykoniotes s'y retrouvent depuis les années 1950 pour partager nouvelles et plats du jour (petits pois mijotés au lard, boulettes de viande à la sauce tomate, lentilles cuisinées, et autres recettes familiales) à 7€. Café 2€. *Sur le front de mer* **Chora** *Tél. 22890 22 224 Ouvert tlj. 7h-1h*

prix moyens

Niko's Taverna (plan 35, B1 n°6) Le rendez-vous favori des touristes... et des pélicans ! Petros et ses compagnons ailés ont pris pour habitude de flemmarder devant cette taverne très populaire et tout à fait recommandable pour qui veut découvrir la cuisine grecque sans se ruiner. Moussaka, *pastitsio*, boulettes de viande, rougets grillés... Il y a le choix ! Comptez 18-20€. *Pl. Agias Mounis (derrière l'hôtel de ville)* **Chora** *Tél. 22890 24 320 Ouvert fin mars-oct. : tlj. 12h-1h30*

Antonini (plan 35, C1 n°1) Bonne taverne sur le port, dans le même esprit que chez Nikos : une cuisine traditionnelle abordable et de qualité. Spécialités grecques 7-10€. Également des pâtes, des plats végétariens, des poissons et des fruits de mer. *Pl. Mavrogenous (celle des taxis)* **Mykonos** *Tél. 22890 22 319 Ouvert mars-15 nov. : tlj. 11h-0h*

Limno's Tavern Sur les hauteurs d'Agios Stefanos, cette *psistaria* est réputée pour ses côtes d'agneau (12€), à dévorer avec du pain aillé. Grillades, agneau au citron et saucisses de Mykonos complètent la carte des viandes. À déguster dans un cadre rustique, amical, rare à Mykonos. Comptez 15-20€. ***Agios Stefanos*** *(route d'en haut) Tél. 22890 27 814 ou 69 32 39 40 43 Ouvert lun.-sam. 18h-0h, dim. 12h-0h*

Niko's Place La taverne donne directement sur la plage de Megali Ammos ("Grands Sables"), toute proche de Chora, et elle met gracieusement ses parasols et chaises longues à la disposition de ses clients ! Nikos, le patron costaud et tatoué, sert des plats simples à qui veut reprendre des forces entre deux bains. Son épouse Joanna, d'origine américaine, concocte de subtils cocktails d'après soleil. Sardines grillées 9,50€, calamars 11€, env. 15€ le repas. Café 2€. ***Plage de Megali Ammos*** *(1,5km au sud de Chora) Tél. 22890 24 251 Ouvert mai-sept. : tlj. 12h-2h ; oct.-déc. : ven.-dim. 12h-0h*

☺ **Taverne d'Agios Sostis** Un cadre de rêve : à l'ombre d'un olivier, une minuscule terrasse surplombe la mer et la petite église d'Agios Sostis. On s'y régale de grillades au feu de bois, de salades au *manouri*, de calamars ou d'espadon grillé. Le patron tient à garder son adresse confidentielle. Peine perdue : même sans nom ni pancarte, on fait la queue dehors ! Comptez 15-20€ (uniquement des salades après 18h). ***Plage d'Agios Sostis*** *Ouvert mai-mi-oct. : tlj. 12h-22h*

prix élevés

Porto Ornos Restaurant L'unique taverne installée sur la charmante plage d'Ornos sert depuis plus de quarante ans une authentique cuisine grecque avec quelques petits emprunts à la gastronomie italienne. Calamars grillés, poisson frais, risotto et viandes au four. Env. 15€ le plat. ***Ornos*** *Tél. 22890 25 868 Ouvert mai-sept. (dates et horaires variables)*

Tassos Taverna Premier scoop : une taverne de plage pas ruineuse à Mykonos, cela existe ! Deuxième scoop : la qualité des produits est au rendez-vous, poisson frais, grillades et pâtes. Signe qui ne trompe pas, les Grecs en ont fait leur cantine, entre deux séances de farniente. Résumons : une bonne petite taverne les pieds dans le sable, abordable et sympathique. Comptez 20-22€ salade et plat. ***Paranga*** *Tél. 22890 23 002 Ouvert mi-mai-sept. : tlj. 13h-0h ; mars-mi-mai, oct. : tlj. 13h-coucher du soleil*

Taverna O Fokos Cette taverne très soignée propose des salades et des hors-d'œuvre qui sortent de l'ordinaire : brocolis aux amandes et raisins de Corinthe, *ravasaki* (feta grillée aux piments rouges), *louza* de Mykonos et délicieux houmous. Comptez 20-25€ pour une entrée et un plat. Glaces maison en dessert, petite carte des vins. Pas de CB. ***Fokos*** *Tél. 69 45 82 85 61 Ouvert 20 mai-fin sept. : tlj. 13h-19h*

prix très élevés

☺ **Avra (plan 35, C2 n°2)** Une table assez romantique avec ses grappes de bignonias sur la terrasse et ses tables dressées au coin du feu. Sarah et Nikos concoctent une cuisine grecque fusion, où les *dolmades* côtoient le curry thaï, le bœuf au citron et le risotto au poulet. Suivez les "recommandations du chef" les yeux fermés et finissez en beauté avec la *banoffee pie* ou le *cheesecake* maison. Atmosphère feutrée et décontractée. Comptez 30-35€. *Kalogera 27* ***Chora*** *Tél. 22890 22 298 info@avra-mykonos.com Ouvert Pâques-oct. : tlj. 19h-1h*

Flora Flora, la seule pêcheuse de Mykonos, tient avec le sourire cette petite taverne qui sert un bon poisson grillé, des calamars frits et une *kakavia* (bouillabaisse) dans une atmosphère décontractée. Le soir, on se réfugiera derrière la baie vitrée, dans un décor un peu kitsch. Comptez 30-35€ le repas. Réservation conseillée en été. ***Divounia*** *(près de Kalafati) Tél. 6948 181 046 Ouvert mai-sept. : tlj. 12h-0h ; oct.-avr. : ven.-dim. 12h-0h*

Eva's Garden (plan 35, C2 n°3) On apprécie les tables sous la vigne, en terrasse, et la cuisine traditionnelle particulièrement recherchée : spécialité d'agneau au citron, de feuilles de vigne et de porc farci aux poivrons et tomates. Également des poissons et des pâtes. Accueil très souriant, digne d'une vraie taverne familiale. Comptez 30-35€ le repas sans boisson. *Kalogera 2* ***Chora*** *Tél. 22890 22 160 www.evas-garden.gr Ouvert avr.-oct. : tlj. 18h-1h Ouvert avr.-oct. : tlj. 18h-1h*

La Maison de Catherine (plan 35, B2 n°4) Une institution depuis 1971. Il faut avoir un portefeuille bien garni pour s'offrir un dîner français à Mykonos : 90€ le chateaubriand pour deux, 35€ la fricassée d'agneau et le coq au vin. En dessert, la tarte Tatin atteint 15€, *French touch* oblige. Plats grecs cuisinés comme à la maison et plus abordables (12-18€). Belle carte des vins et jolie salle chaulée ouverte sur la rue. Réservation conseillée. Comptez 40-50€ le repas sans les boissons. *Gerasimou et Nikiou 1* ***Chora*** *Tél. 22890 22 169/28 600 Ouvert Pâques-fin oct. : tlj. 12h-2h*

Hébergement

L'île ne manque ni d'hôtels, ni de chambres chez l'habitant, mais la plupart affichent complet en haute saison. Réservez donc impérativement, au risque de payer fort cher une chambre loin de tout. Le mieux est de loger à Mykonos (Chora), à l'écart des décibels qui s'échappent des bars et restaurants du centre-ville. En été, les petits budgets trouveront difficilement à se loger (une chambre vaut rarement moins de 100€), sauf à négocier fermement à leur descente du bateau, en faisant jouer la concurrence. Les tarifs atteignent des records (absurdes) en haute saison (mi juil.-20 août) : le double (voire plus) du tarif habituel. Certains hôtels exigent un séjour d'au moins trois nuits.

Association hôtelière de Mykonos *Débarcadère* ***Chora*** *Tél. 22890 24 540 www.mha.gr*

Association des propriétaires de chambres et d'appartements à louer *Débarcadère* ***Chora*** *Tél. 22890 24 860 ou 22890 26 860*

campings

Mykonos Camping Accroché sur une pointe rocheuse entre Paranga et Paradise, ce camping jouit d'une belle situation avec sa piscine-bar donnant sur la mer. On y donne de grandes fêtes dès la fin d'après-midi. Là est le hic (ou le top, c'est selon) : n'espérez pas trop vous reposer en haute saison, les décibels du Paradise Club voisin auront raison de vos boules Quiès ! Beaucoup de bandes de jeunes en juillet-août, clientèle moins bruyante le reste de l'année. Emplacements peu ombragés, à moins de trouver une place sous les canisses. Comptez 5-10€/pers., tente 5-10€, dortoir 9-20€, tente avec lit 10-25€, bungalow 12,50-30€, appartement pour 2 pers. 60-80€ (sdb, cuisine, clim.). Minimarché, self-service, piscine avec bar, coffre-fort, accès Internet, blanchisserie. Bien desservi par le car. Liaison gratuite avec le port. *À l'arrêt des cars* ***Plage de Paranga*** *Tél. 22890 24 578 www.mycamp.gr Ouvert mai-sept.*

Camping Paradise Beach Sur la plage de Paradise, un camping où l'on pense à tout sauf à dormir, et pour cause : son club est l'un des meilleurs de l'île, cf. Paradise Club (p.515). Plusieurs formules d'hébergement, de la tente (5-10€/pers., 3,50-5€ la tente) à l'appartement pour 5 pers. (100-250€) en passant par les cabines de plage au confort spartiate (20-50€) et les chambres doubles avec climatisation et sdb (40-140€). Restaurant, bar, club avec piscine, coffres cadenassés, accès Internet. Navette avec le port et l'aéroport. Arrêt des cars desservant Chora à côté. ***Paradise Beach*** *Tél. 22890 22 852 www.paradisemykonos.com Ouvert avr.-nov.*

prix moyens

Pension Katerina Ceux qui n'ont pas les moyens de loger à Chora peuvent opter pour cette pension accueillante scindée en deux : une partie récente, avec 5 studios impeccables et bien équipés (TV, clim., une excellente literie, cuisine pour certaines) ; et une plus ancienne avec 7 chambres simples (TV, ventilateur, réfrigérateur) et proprettes, mais plus bruyantes (proximité de la route). Selon la saison, studio 50-90€, chambre 30-60€. Pas de CB. Liaison avec le port.

Juste devant Maria's Pension ***Tourlos*** *Tél. 22890 25 456 www.katerina-tourlos.com Ouvert mai-fin sept.*

☺ **Flaskos Studios** Il a de l'allure, ce petit complexe avec sa piscine de rêve au-dessus de la mer. Onze studios (2 à 5 pers.) tous différents, mais aménagés avec goût dans le style cycladique : baldaquin, lit-banquette, chaux brute... À essayer : la n°4 avec sa douche creusée dans la chaux et sa mezzanine. Tout confort (TV, clim., réfrigérateur), snack-bar, accès Internet, location de scooters (12-20€) et de quad (15-25€). Tarifs attractifs : 60-130€. Navette possible avec le port et l'aéroport. ***Agios Stefanos*** *(à 2,5km de Chora) Tél. 22890 23 027 ou 69 72 26 58 26 www.flaskostudios.gr Ouvert mars-nov.*

prix élevés

Andriani's Guest House (plan 35, C4 n°20) Cachée sur les hauteurs de la ville, cette petite résidence abrite 10 chambres (3 avec kitchenette) toutes simples, un peu désuètes mais propres, spacieuses, calmes et plutôt abordables : 40-120€. Certaines ont vue sur la ville et la mer (en partie). TV, réfrigérateur, clim., zone wifi. Les amis des chats seront comblés : la maison est aux petits soins avec les matous du quartier. *Juste sous l'hôtel Nazos* ***Chora*** *Tél. 22890 23 091 www.andrianis.com Ouvert avr.-mi-oct.*

Hôtel Matina Garden (plan 35, C3 n°25) Ce petit hôtel à l'atmosphère familiale possède deux atouts de taille : un vrai jardin et un environnement d'un calme olympien dans un quartier central... Résultat : les chambres ne désemplissent pas de l'année. Dix-neuf chambres simples mais confortables (TV, wifi, clim., ventilateur, réfrigérateur, certaines avec Jacuzzi) côté hôtel, et 6 autres plus spartiates (ventilateur, sdb partagée) côté pension. Le patron, francophone, vous donnera quantité de conseils sur l'île. Chambre de la pension de 45 à 120€, chambre de l'hôtel 40-160€, petit déj. (très copieux) 13€. Exagérément cher l'été, plus abordable hors saison. *Fournakia 3* ***Chora*** *Tél. 22890 22 387 ou 22890 26 433 www.hotelmatina-mykonos.com Fermé jan.*

prix très élevés

Paraskevas (plan 35, B2 n°27) Au fond d'une impasse tranquille au cœur de Chora, 10 studios assez simples (cuisine, TV satellite, clim.) pour souffler un peu entre deux nuits agitées. Les trépidations des restaurants et des bars du quartier se font inévitablement sentir la nuit, mais le jardin fleuri et planté de pins vous permettra de reprendre des forces. Vue sur la ville des studios du haut. Double à 50-130€. Réduction en cas de séjour prolongé. *Limni* ***Chora*** *Tél. 22890 23 517 ou 69 46 02 60 25 www.paraskevas-mykonos.gr Ouvert avr.-oct.*

Philippi (plan 35, B2 n°28) Un sympathique petit hôtel familial situé en plein centre-ville, pour le meilleur (à proximité de tout) et... pour le pire (le bruit). Le double vitrage et le paisible jardin atténuent cependant les nuisances sonores. Quatorze chambres confortables (réfrigérateur, TV, clim., sèche-cheveux, machine à café), à la déco vieillotte mais non dénuée de charme. Accueil souriant. Comptez 75-130€, petit déjeuner 8€. *Kalogera 25* ***Chora*** *Tél. 22890 22 294 chriko@otenet.gr Ouvert avr.-oct.*

☺ **Hôtel Lefteris (plan 35, C1 n°24)** Ambiance internationale assez plaisante dans cet hôtel établi un peu plus haut que le centre-ville. Miracle :

on dort au calme même si les bars et les restaurants du centre sont à deux pas. Quinze chambres (40-140€) et 2 appartements (90-240€ pour 4 pers., 175-260€ pour 6 pers.) avec climatisation, TV, wifi et réfrigérateur, accommodés avec goût et simplicité. Petit déjeuner 5€. Cuisine commune. Accès wifi. Réduction en cas de séjours prolongés. Bon accueil. *Apollonos 9* ***Chora*** *Tél. 22890 23 128 ou 69 73 61 30 01 www.lefterishotel.gr Ouvert toute l'année*

Hôtel Nazos (plan 35, C4 n°26) Perché sur les hauteurs de la ville, mais à 2min à pied du centre, cet hôtel de 14 chambres et 2 studios offre un bon rapport qualité-prix. On y passe des nuits au calme dans des chambres qui ne sont plus de la première fraîcheur pour certaines, mais en cours de rénovation. Demandez une chambre qui donne sur la mer, si possible avec balcon : vue splendide sur la ville. TV, clim., réfrigérateur. Accueil cordial de M. Nazos, qui peut venir vous chercher et vous reconduire au port. Comptez 75-140€, petit déj. 7€. *Au-dessus de l'école des Beaux-Arts* ***Chora*** *Tél. 22890 22 626 ou 22890 22 904 www.hotelnazos.com Ouvert avr.-oct.*

Carbonaki (plan 35, C3 n°22) Murs chaulés et volets bleus... Dans un quartier calme et central, cet hôtel cycladique plein de charme a distribué ses 21 chambres autour d'un grand Jacuzzi. Deux d'entre elles profitent de la terrasse panoramique sur le toit et de sa vue sublime sur la ville : à réserver longtemps à l'avance ! Chambres classiques et confortables (clim., TV, réfrigérateur). Comptez 60-160€, petit déj. 10€. Bon accueil. *Panachrantou 23* ***Chora*** *Tél. 22890 24 124 ou 22890 22 461 www.carbonaki.gr Ouvert toute l'année*

☺ **Semeli The Hotel (plan 35, C3 n°29)** Moins "papier glacé" que le Belvedere voisin, cet hôtel luxueux joue la carte de la tradition. Les 64 chambres sont réparties dans un jardin verdoyant. Au centre trône une belle piscine, bordée d'un bar et de deux restaurants. Beaucoup de goût dans les chambres chaulées de blanc avec plafond lambrissé. TV, clim., coffre, minibar et espace wifi dans le salon. Salle de sport, spa. Comptez 130-300€ la chambre standard et 165-390€ la *superior* avec petit déj. ***Chora*** *Tél. 22890 27 466 ou 22890 27 471 www.semelihotel.gr Ouvert toute l'année*

☺ **Belvedere (plan 35, C4 n°21)** Classé à juste titre parmi les *Small luxury hotels in the world,* cet hôtel de charme domine majestueusement les toits de Mykonos. La déco, immaculée, est d'une élégance lumineuse. Confort intégral dans les 43 chambres (clim., TV, DVD, minibar, coffre-fort), disséminées parmi les cactus et les plantes grasses. Piscine en balcon au-dessus de la ville. Bars, boutique de luxe, restaurants, espace gym, spa. Chambre standard 170-520€, chambre *superior* 310-750€, petit déj. inclus. Attention, ces prix s'appliquent à des séjours de plus de 3 nuits. ***Chora*** *Tél. 22890 25 122 https : //belvederemykonos Ouvert toute l'année*

Maki's Place Un peu daté, ce complexe séduit encore grâce à sa très belle piscine à débordement, d'où l'on peut contempler la mer. La plupart des chambres, bien tenues et assez confortables (coffre, TV, clim., réfrigérateur, certaines avec cuisine), donnent sur l'Égée. Attention, certaines n'ont pas de vue. Accueil souriant du propriétaire, qui parle bien français. Taverne. Comptez 50-150€

(négociable), petit déj. 7€. ***Tourlos*** *Tél. 22890 25 118 ou 22890 25 181 www. makisplace.com Ouvert toute l'année*

Villa Elina Juste 4 studios dominant la plage d'Agios Stefanos, qu'on rejoint par un escalier en 5min à peine. La sympathique Elina a pris soin de décorer chacun d'eux à sa façon : l'ensemble est simple (carrelage, lit en pin) mais personnalisé. Jolie terrasse avec tenture pour certains. TV, clim., cuisinette. 40-130€ (négociable hors saison). Pas de CB. ***Agios Stefanos*** *Tél. 22890 24 762 www.villaelina mykonos.com Ouvert toute l'année*

Corfos Hotel Mykonos À 150m de la plage d'Ornos, 8 suites et 16 chambres blanc et bleu, avec poutres apparentes et un joli mobilier (coin cuisine, balcon, clim. TV et wifi). Deux piscines, un restaurant, petit déjeuner buffet et barbecue au jardin, le tout dans un environnement minimaliste et soigné. Suite junior 170-200€, double standard 90-130€, 120-160€ avec vue sur la piscine. ***Ornos*** *(2,5km au sud de Chora) Tél. 22890 22 850 www.corfos hotel.com Ouvert mi-avr.-sept.*

☺ **Zephyros Hotel** Luxe, calme et volupté pour ce petit hôtel familial de 32 chambres, perché au-dessus de la plage de Paranga. Belles chambres aux contours adoucis par la chaux, confort irréprochable (TV plasma, clim., bonne literie), sdb splendides, vue sur la mer et l'île de Naxos, piscine entourée de palmiers... Jacuzzi, sauna, espace gym, piscine pour enfants, restaurant et bars. N'hésitez pas à négocier le prix de la chambre si vous effectuez un séjour prolongé. Comptez 70-200€ avec petit déj. Internet gratuit. Navette avec le port. ***Plage de Paranga*** *Tél. 22890 23 928 www.zephyros.gr Ouvert mai-oct.*

★TINOS ΤΗΝΟΣ Τηνος

La troisième plus grande île des Cyclades doit sa célébrité à ses carrières de marbre et au talent de ses sculpteurs. C'est aussi un important foyer du culte marial : des foules de pèlerins orthodoxes viennent embrasser l'icône sacrée de la Vierge que renferme une imposante église en marbre blanc de son chef-lieu. En fin de semaine, à peine débarqués, les fidèles remontent à genoux la rue principale jusqu'à ladite église, sous les exhortations de leurs proches. La dévotion touche à son comble le 25 mars, jour de l'Annonciation, et le 15 août, jour de l'Assomption. Mais Tinos est aussi et surtout une île splendide, verte au printemps, brune au sortir de l'été. Sa soixantaine de villages perchés vous laisseront sous le charme : maisons blanches aux volets bleus, ruelles pavées en balcon dominant la mer... et très peu de touristes ! Sa campagne est aussi renommée pour ses pigeonniers vénitiens. Et quoique très ventée, elle se prête bien à la randonnée.

TINOS, CATHOLIQUE ET ORTHODOXE Cette île abrite plusieurs centaines d'églises et de chapelles. Fait unique dans les Cyclades, elle demeure sous domination vénitienne de 1204 à 1715. Régie d'abord par la famille Ghisi, apparentée au fondateur du duché de Naxos, Tinos passe sous l'administration directe de la république de Venise en 1520. C'est ainsi que le catholicisme s'y enracine : de nos jours, près de 40% de la population s'en réclame encore. L'île conserve quelques privilèges sous la domination ottomane, devenant ainsi le centre économique des Cyclades, avant de prendre une part active à la guerre d'Indépendance de 1821. Mais c'est à son pèlerinage orthodoxe que Tinos doit sa formidable popularité. Le 30 janvier 1823, les insulaires découvrent une icône miraculeuse de l'Annonciation sur le chantier de l'église qu'ils sont en train de bâtir, suivant l'injonction de la Vierge, apparue en songe à une moniale du couvent de Kechrovouni. Dès lors, le monastère devient un lieu saint, drainant des cohortes de pèlerins de Grèce et de tous les Balkans.

MODE D'EMPLOI

accès

Les catamarans et ferries arrivent et repartent du nouveau port de Chora. Liaisons régulières en saison avec Syros (40min), Andros (1h45-2h), Mykonos (20-35min), Paros (1h), Rafina (2h-4h), Le Pirée (3h-4h) et Naxos (1h15). De nombreuses agences sont encore installées sur le vieux port, plus à l'est (2min à pied). Les horaires, prix, trajets et compagnies changeant tous les ans en mai, nous vous invitons à consulter les sites www.directferries.fr, www.gtp.gr, www.ferries.gr ou www.aferry.gr. et à vous renseigner dans les agences de voyages locales. Le prix du billet en catamaran est environ 2 fois celui du ferry.
Capitainerie de Tinos *Tél. 22830 22 348*

orientation

Située entre Andros et Mykonos, Tinos est une île montagneuse et ventée d'une superficie de 195km², qui culmine au mont Tsiknias (725m). Chora, le chef-lieu, et la plupart des villages sont regroupés dans le sud-est de l'île. Les communautés de l'intérieur sont en majorité catholiques et celles du littoral orthodoxes.

informations touristiques

Deux sites à consulter : www.tinos.gr (site officiel de la municipalité) et www.tinos.tv.
Police La police touristique fournit d'utiles informations aux touristes. *À 200m sur la gauche en sortant du débarcadère Tél. 22830 23 670*

informations pratiques

Pharmacies Pharmacie Chatzilui dans la rue J. Alavanou (50m après le supermarché Champion), pharmacie Alivizatos sur le vieux port (ouverte lun.-ven. 8h-14h et mar., jeu. et ven. 18h-21h)
Centre médical *N. Krikeli (nord-est de Chora) Tél. 22833 60 000*

se déplacer

EN CAR
Gare routière KTEL Départs quotidiens pour tous les villages (Panormos, Pirgos, monastère de Kechrovouni, Dyo Choria, etc.) et les plages (Porto, Kionia). Horaires affichés devant la billetterie Fast Ferries. Comptez 1,60€ pour Kionia, 3,40€ pour Pirgos. *Avenue Stavrou-Kionion 1* ***Chora*** *Tél. 22830 22 440 www.kteltinou.gr*

EN TAXI

Station *Sur le vieux port (face au loueur de voitures Vidalis)* **Chora** *Tél. 22830 22 470*

EN VÉHICULE DE LOCATION

Évitez de louer un scooter quand souffle le meltem (mi-juil.-août), la conduite est alors risquée. Ne sous-estimez pas non plus les distances, assez importantes.

Vidalis À partir de 30-50€/j. pour une voiture, de 12-20€ pour un scooter. *Platia Pari Liaroutsou (vieux port)* **Chora** *Tél. 22830 23 400 www.vidalis-rentacar.gr Ouvert tlj. 9h-21h*

Jason À partir de 20€/j. pour un scooter et de 30€/j. pour une voiture. *Sur le vieux port (à côté de Vidalis)* **Chora** *Tél. 22830 24 283 ou 69 45 49 33 69 (en hiver) Ouvert Pâques-oct. : tlj. 8h30-21h30*

Dimitris De la voiture compact au 4x4. *D. Alavanou 8* **Chora** *Tél. 22830 23 585 ou 69 72 81 30 73 lagurostravel@gmail.com Ouvert été : tlj. 7h30-22h ; hiver : tlj. 7h30-13h*

marché, fêtes et manifestations

Marché Il se tient tous les jours jusqu'à 13h Platia Paladas à Tinos (Chora). Vous pourrez y acheter les meilleurs produits de l'île (tomates séchées au soleil, miel, aubergines, figues).

Annonciation Célébration de la Vierge dans les rues de Chora. *25 mars*

Assomption Important pèlerinage marial à la Panagia Evangelistria. *15 août*

DÉCOUVRIR

Tinos

☆ **Les essentiels** L'église de la Panagia Evangelistria à Chora, le monastère de Kechrovouni, Volax, Kardiani et Pirgos **Découvrir autrement** Observez la dévotion des pèlerins lors des fêtes de l'Assomption, gravissez le mont Exombourgo, admirez les pigeonniers de Tarambados

Tinos (Chora)

À défaut d'avoir du charme, le chef-lieu de l'île reste un bon point d'ancrage : les hôtels et restaurants y sont nombreux, et l'animation est assurée par les pèlerins, qui envahissent littéralement la ville le 15 août.

★ ☺ **Église de la Panagia Evangelistria** À genoux ou à pied, tous les pèlerins convergent vers cette imposante église en marbre de Paros et de Tinos, sur le chantier de laquelle l'icône miraculeuse de la Vierge (*Panagia*) fut découverte en 1823. Dédiée à l'Annonciation, elle s'élève au-dessus d'une **chapelle** (bâtie sur les fondations d'un sanctuaire paléochrétien dévasté par les pirates) où les fidèles vont remplir des fioles d'eau bénite, et du **mausolée** consacré aux pèlerins tués par l'explosion du croiseur Elli. Au sommet de l'escalier, paré d'un tapis rouge, la **basilique** dévoile son décor surchargé de dorures, d'icônes et de lampes argentées. Remarquez la forêt de *tamatas* (ex-voto) suspendus au plafond. L'icône miraculeuse, attribuée à saint Luc, est exposée

Plan 37 Tinos

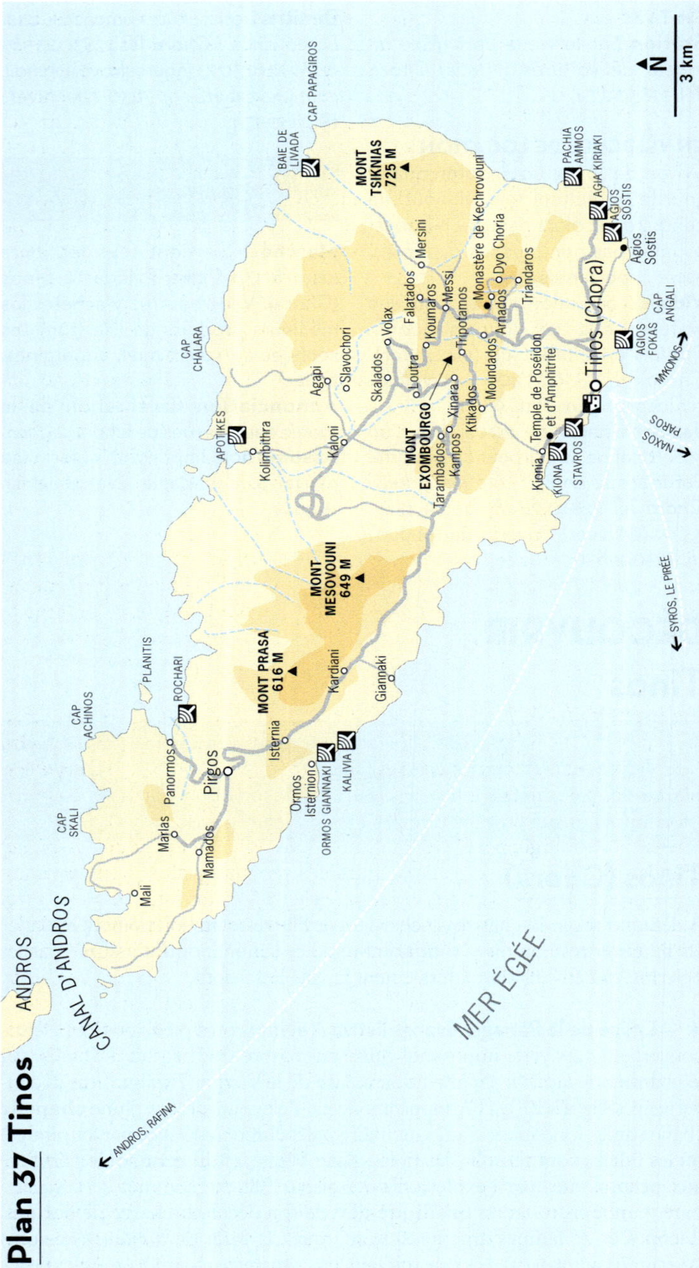

LE 15 AOÛT
Chaque année, en marge du pèlerinage de l'Assomption à l'église Panagia Évangelistria, l'île célèbre un fait tragique de son histoire récente. En effet, le 15 août 1940, en pleine fête mariale, un sous-marin italien torpille le croiseur *Elli*, fleuron de la flotte grecque, dans la baie de Tinos. Prélude à l'attaque italienne contre la Grèce, ce drame choque le pays tout entier.

sous un dais de marbre, à gauche de l'entrée. Le visage de la Vierge disparaît sous les perles et les dorures. Deux énormes chandeliers en cuivre trônent devant l'iconostase richement sculptée. En sortant, faites un détour par le **musée des Pèlerinages**, à droite de la basilique (même niveau) : chasubles brodées d'or, ostensoirs, bibles, icônes, ciboires, ex-voto, etc. Plus loin, dans la même galerie, le **musée des Artistes de Tinos** rassemble des sculptures et des peintures de la fin du XIXe siècle et du début du XXe dont un *Joseph expliquant les rêves en prison* de Nikolaos Gyzis (1842-1901). De retour dans la cour principale, jetez un coup d'œil au **musée des Icônes** (à droite en entrant). Il recèle, notamment, un diptyque doré des Taxiarques, un crucifix et un beau triptyque. *Tél. 22830 22 256* ***Église*** *Ouvert avr.-mi-oct. : tlj. 7h-20h ; mi-oct.-mi-mars : tlj. 7h-18h30* ***Musées*** *Ouvert juil.-mi-oct. : mar.-ven. 8h-15h, sam. 8h-15h et 17h30-18h30, dim. 10h-14h ; mi-oct.-juin : mardi- sam. 8h-16h,dim. 10h-14h Entrée libre*

LES CYCLADES

Église des Taxiarques Cette église orthodoxe à triple nef de l'époque vénitienne a été remaniée au XVIIIe siècle. Elle possède un intérieur richement décoré, dont une magnifique iconostase en bois sculpté et doré réalisée à Constantinople dans les années 1750. *Entre le nouveau et le vieux port (à l'est de Platia Palada)*

Rue Evangelistrias C'est dans cette rue, parallèle à l'avenue Megalocharis, que sont concentrées les boutiques de souvenirs appréciées des pèlerins. On y trouve de tout : icônes en cuivre, fioles en plastique pour l'eau bénite, *komboloïa* et mini bouzoukis !

Musée archéologique Un petit musée fort intéressant pour ses *pithoi* (grands vases de stockage) et ses amphores monumentales, dont certaines sont décorées de scènes mythologiques (salle 3). La plus importante d'entre elles, exhumée du site d'Exombourgo, montre Athéna sortant armée de la tête de Zeus (VIIe s. av. J.-C.). Également des vases de la période géométrique (Xe-VIIIe s. av. J.-C.), des statues romaines et des pierres tombales provenant de chantiers de fouilles alentour. Dans la cour sont exposés quelques vestiges du sanctuaire de Poséidon et d'Amphitrite à Kionia et de remarquables torses d'empereurs romains. Brochure en anglais. *Av. Megalocharis* ***Chora*** *Tél. 22830 29 063 Ouvert mar.-dim. 9h-16h Tarif 2€, seniors 1€, moins de 18 ans et étudiants gratuit*

Fondation culturelle de Tinos Installée depuis 2002 dans un bel édifice néoclassique, elle héberge 22 plâtres et argiles de Giannoulis Chalepas (1851-1938), un sculpteur originaire du village de Pirgos, et consacre des expositions de bonne facture, renouvelées chaque année, à d'autres artistes insulaires. *Vieux port, côté est Tél. 22830 24 742 www.itip.gr Ouvert juin-oct. : ven.-lun. 10h30-*

14h et 19h30-21h30, mer.-jeu. 10h-15h ; nov.-avr. : lun.-ven. 9h-15h Tarif 3€, moins de 18 ans et étudiants gratuit

Sanctuaire de Poséidon et d'Amphitrite Baladez-vous parmi les ruines de ce temple qui remonte (au moins) au ve siècle av. J.-C. Dans l'Antiquité, pèlerins en route pour Delos, marins et invalides convergeaient vers ce centre religieux pour invoquer la protection du dieu de la Mer et de son épouse. ***Kionia** (à 3km au nord-ouest de Chora)*

● Où acheter du linge de maison ?

Association des femmes Evangelismos de Tinos Voilà une boutique qui se démarque des magasins de souvenirs religieux de la rue Evangelistria. Elle commercialise, en effet, la production d'une école de tissage fondée en 1898 à l'intention des femmes en difficultés. Un magnifique métier à tisser trône d'ailleurs dans une salle attenante. Serviettes et torchons brodés 4€, carré (kezako ?) 5,50€, sac 10€, nappe 50€. *Evangelistria 69 Tél. 22830 23 219*

● Où faire provision de *louza* ?

☺ **Kouroupas** Envie de rapporter de la louza (jambon fumé) à la maison ? Cette charcuterie d'excellente réputation ne vous décevra pas. Comptez 22€ le kg. Également des fromages (graviera, kopanisti), des tomates séchées, des artichauts à l'huile, des raisins au sirop, etc. *Derrière le vieux port (1re à droite après le loueur de voitures Vidalis) Tél. 22830 22 773 Ouvert sept.-mai : lun.-sam. 8h-13h30 et 17h30-21h ; juin-août : lun.-sam. 8h-13h30 et 17h30-21h, dim. 11h-13h*

● Où faire une pause salée ou sucrée ?

☺ **Chalaris /** Χαλαρις Sans doute la meilleure pâtisserie de Tinos… et il n'en manque pas pour lui disputer le titre ! Comment résister au pêché de gourmandise devant les glaces au lait frais de brebis, les baklavas, les gâteaux au fromage et citron, les tartes aux amandes et les chocolats de toutes les couleurs ? Irrésistible ! *Taxiarchon 12 Tél. 22830 23 274 Ouvert oct.-mai : tlj. 8h-22h ; juin-sept. : tlj. 8h-0h*

☺ **Kafeneion Kyriakatiko /** Καφενειον Κυριακατικο Avec son cadre bourgeois de maison de capitaine et ses quelques tables installées dehors, sous la treille des maisons en contrebas, voilà le parfait "café du dimanche" – c'est d'ailleurs son nom… mais aussi celui du patron ! Les habitués et les clients de passage commandent, selon l'heure, un café (grec à 1,50€, expresso à 2€), un jus de fruits frais, des *loukoumades* (4,50€), des *mezedes* accompagnés d'un raki de Tinos (10€), une salade ou une pâtisserie maison. Nous vous recommandons la salade d'oursins (12€). *G. Pomer-G. Gafou Tél. 22830 22 606 Ouvert tlj. 8h-1h*

Mesklïès Ce grand café-pâtisserie aux fauteuils orange sert de délicieuses douceurs : *amygdalota* (sorte de macaron), baklava, *revani* (gâteau de semoule sucré), *galaktoboureko* (feuilleté à la semoule ou à la crème pâtissière parfumée aux agrumes), *lichnarakia* (gâteau au fromage blanc), *melomakarona* (biscuits de Noël au miel), etc. Petit déj. continental 7€. *Vieux port, côté ouest (sous l'hôtel Leto) Tél. 22830 22 151 www.mesklies.gr Ouvert tlj. 7h-1h*

Koursaros Ambiance rock dans ce bar branché du vieux port, qui sert d'excellents *frappé* et accueille des concerts certains soirs. Conso 6€, cocktail 9€. *Au bout du vieux port, côté ouest Tél. 22830 23 963 Ouvert tlj. 8h-3h*

● Aller à la plage

Kionia Une longue et morne plage de galets et de sable en bord de route (quelques tamaris, nombreuses tavernes et locations). Peu avant Kionia, vous trouverez plusieurs criques bien protégées, comme celle de **Stavros** avec sa cale, sa petite église et sa taverne. *À 3,5km à l'ouest de Chora*

Agios Fokas Évitez la plage la plus proche du port de Chora, la peu séduisante Angali. Agrémentée de tamaris et de parasols, celle d'Agios Fokas étend son ruban de sable gris en contrebas d'une route bordée d'hôtels et de tavernes. Assez morne dans l'ensemble, sauf à l'est, près des rochers. *À 3km au sud-est de Chora*

Agios Sostis Plus loin, une petite église veille sur le grand croissant de sable gris mêlé de galets de la jolie baie d'Agios Sostis. *À 5,5km à l'est de Chora*

Agia Kiriaki Coquette avec sa vue sur Mykonos. *À 6km à l'est de Chora*

☺ **Pachia Ammos** Plus isolée, mais à ne manquer sous aucun prétexte ! Cette plage surréaliste, coincée entre les rochers, est rarement prise d'assaut et pourtant, son sable est… vert comme certains marbres ! *À 9km à l'est de Chora Suivre le panneau Pachia Ammos Country Club. La plage est à 5min de marche du parking*

Le centre et le nord-est de l'île

Mountados Un village silencieux, accroché à la pente, en contrebas de la route. Grimpez sur le toit de l'église principale pour profiter d'un joli panorama sur les collines voisines et sur l'île de Syros. *À 8,5km au nord de Chora*

Tripotamos Campé au pied du mont Exombourgo, ce village, dont les maisons chaulées arborent des linteaux de portes et de fenêtres en marbre, sculptés en demi-lune, est l'un des plus anciens de l'île. Une fontaine en marbre, un parvis en galets et un clocheton ajouré distinguent l'église Eisodia tis Theotokou, dressée au bas d'une ruelle pentue. *À 5km au nord de Chora et 3,5km au nord-ouest de Mountados*

☺ **Ktikados** Ce charmant village aux ruelles bordées de figuiers compte deux églises. À l'entrée du bourg, un dôme bleu et un beau linteau de porte en forme de soleil signalent l'église catholique de la Sainte-Croix, Timios Stavros. Dans le bas du village (après la taverne Drossia) vous attend Mégalomata, l'orthodoxe : porche en marbre représentant saint Georges terrassant le dragon, belle fontaine dans la cour et intérieur chargé : icônes en argent ciselé, lustres, chandeliers en cuivre et fresques. Du parvis, magnifique panorama sur les collines et leurs champs en terrasses. *À 6km au nord de Chora et 2km à l'ouest de Tripotamos*

Kampos Voilà une belle surprise ! L'école primaire de ce charmant village a été restaurée pour accueillir un musée consacré au peintre, sculpteur et décorateur de théâtre Kostas Tsoklis. Tombé sous le charme de Tinos, cet artiste inclassable décida de s'y établir après avoir passé vingt ans à Paris. En retour, l'île lui rend hommage en présentant son œuvre foisonnante. *À 2,5km au nord de Ktikados* **Musée Tsoklis** *Tél. 22830 51 009 Ouvert mai-sept. : tlj. 10h-15h et lors d'évènements artistiques le reste de l'année Entrée libre*

☺ **Tarambados** Une dizaine de pigeonniers – les plus beaux de l'île – s'élèvent à proximité de ce village du XVIIe siècle. Ces hautes constructions en pierre chaulée sont décorées de motifs stylisés (roues de charrette, triangles, losanges, étoiles, cyprès, etc.). C'est aux Vénitiens, grands amateurs de pigeons cuisinés, que l'on doit l'extraordinaire concentration de pigeonniers de Tinos. On y en a recensé plus de 600 ! Ces colombidés fournissaient un revenu non négligeable aux insulaires : ils étaient appréciés pour leur chair, leurs plumes servaient à rembourrer les édredons, et enfin leur fiente était utilisée comme engrais. *À 9km au nord-ouest de Chora et 1km de Kampos*

Xinara Campé au sud du mont Exombourgo, Xinara mérite un arrêt pour sa belle église archiépiscopale (gréco-catholique) de style néoclassique, à l'étonnant dôme argenté. Également quelques maisons à linteaux de marbre à découvrir sous le regard alangui d'une assemblée de chats. *À 6km au nord de Chora et 2km à l'est de Kampos*

Loutra Cette petite localité possède deux monastères : celui des Jésuites, présents dans l'île depuis 1661, et celui des Ursulines, fondé en 1862, dont l'école de filles, active jusqu'en 1940, compta plus de 300 pensionnaires – c'était même l'une des plus réputées de Grèce. Ce dernier abrite un petit musée des Arts populaires. *À 3km au nord de Xinara* **Monastère des Ursulines** *Tél. 22830 23 414 ou 69 82 69 55 71 Ouvert juil.-début sept. : lun.-sam. 10h30-15h* **Musée des Arts populaires** *Tél. 22830 54 192 Ouvert juin-sept. : mar.-dim. 10h-15h30*

Skalados À défaut d'être le plus beau village de l'île, Skalados réserve un beau panorama sur les collines voisines. Son église Agios Ioannis, dans les tons blanc et bleu ciel, a été rebâtie en 1792. *À 1,7km au nord de Loutra*

Sklavochori Fief orthodoxe au cœur de l'île (traditionnellement catholique), Sklavochori a vu naître Nikolaos Gyzis (1842-1901). Un buste de ce peintre talentueux trône à l'entrée de la localité. La rue pentue qui mène à l'église de la Sainte-Trinité vous fera passer sous des arcades et longer des murets chaulés éclaboussés par le rose électrique des bougainvilliers. Tout au bout vous attend une belle vue sur la montagne sauvage. *À 4,5km au nord de Skalados*

Agapi Ce bourg tapi au fond d'une vallée tranquille ponctuée de pigeonniers recèle une belle église catholique (1818). Dommage que maintes maisons en

Acheter de la vannerie

To Petrino Voilà l'endroit où acheter à bon prix les paniers en osier qui ont fait la réputation de Volax. Démonstration et explications intéressantes, en français s'il vous plaît ! Également des poteries, des tissages et autres produits locaux (tomates séchées, câpres, miel, herbes aromatiques). *Rue principale* ***Volakas*** *Tél. 22830 23 242 ou 69 46 58 06 23 ou 69 48 75 84 60 Ouvert juin-sept. : tlj. 9h30-22h ; oct.-mai : ven.-dim. 10h-17h* béton viennent rompre son charme médiéval. Accordez-vous une pause au *kafeneion* Kamara, ne serait-ce que pour la vue sur la vallée. *À 6km au nord de Skalados*

☆☺ **Volakas (Volax)** Tableau unique, Volakas se dresse dans un paysage lunaire : une plaine minérale constellée d'éboulis, reliques d'une éruption volcanique du pléistocène. Le village mérite un détour pour son petit amphithéâtre où des spectacles sont donnés l'été, pour ses derniers vanniers – cf. Acheter de la vannerie (p.528) – et pour ses maisons d'une autre époque, dont l'une abrite un **écomusée** : outils agricoles, vanneries et vaisselle d'autrefois, broderies anciennes, costumes traditionnels, etc. *À 2,5km à l'est de Skalados* **Musée des Arts et Traditions populaires** *Tél. 22830 41 660 (Mme Anna) Ouvert 25 mars-oct. : tlj. Participation libre*

Koumaros Au nord du mont Exombourgo, ce village délivre un superbe panorama sur la colline, les villages et les pigeonniers voisins. En rejoignant Skalados, vue exceptionnelle sur la plaine de Volax et ses monolithes, sur fond de mer azuréenne. *À 2,5km au sud-ouest de Volakas et 1,6km au sud-est de Skalados*

Falatados Bâtie sur une butte entourée de jardins potagers, cette petite bourgade du XVe siècle domine un paysage bucolique très reposant (jolie vue à partir de Messi) et constitue le point de départ de belles balades. N'hésitez pas à grimper jusqu'à l'imposante église Agia Triada. *À 2km à l'est de Koumaros*

Mersini Un ravissant lavoir marque l'entrée de ce village paisible, posté sur la route de la plage de Livada. Typiquement tiniote, son église arbore un fronton néoclassique assez fantasque. Cherchez la charmante chapelle érigée à la sortie nord de Mersini, après deux passages voûtés. Les marcheurs courageux peuvent rejoindre le mont Tsiknias, antre du dieu Éole. *À 3,5km à l'est de Falatados*

☺ **Mont Exombourgo** Siège de l'administration vénitienne, la forteresse médiévale qui coiffait cette imposante montagne granitique (640m d'altitude) résista particulièrement longtemps aux assauts des Turcs : elle ne fut démantelée qu'en 1715. Le flanc sud de la montagne a aussi livré des vestiges de l'époque géométrique et des VIe-Ve siècles av. J.-C., exposés au Musée archéologique de Chora. Son sommet offre un panorama à couper le souffle sur l'île et ses voisines : Andros, Syros, Naxos, Paros et Mykonos. *À 9km au nord de Chora, entre Koumaros et Messi Se garer devant le monastère et gagner à pied le sommet (15min), signalé par une croix et une antenne de télécommunications*

☆☺ **Monastère de Kechrovouni** Niché dans l'arrière-pays, non loin du mont Exombourgo, ce monastère du Xe siècle ressemble comme deux gouttes d'eau à un village tiniote avec ses ruelles à arcades, son dédale d'escaliers et ses maisons fleuries (en fait, des cellules !), qu'occupent une trentaine de moniales. C'est dans l'une de ces cellules que la Vierge serait apparue par trois fois en songe à Pélagie pour lui indiquer où était enterrée l'icône sacrée qu'on vénère aujourd'hui en la Panagia Evangelistria. Deux des églises du monastère de la Mère-des-Anges se visitent : Kimissis tis Theotokou, pour ses fresques et son iconostase en bois doré, et Agia Pelagia, plus récente, où est exposé le crâne de la moniale, béatifiée en 1970. À voir également, un petit musée d'icônes des XVIIIe et XIXe siècles. Le tout sur fond de mer Égée, face à l'île de Syros. Rappelons que le short est proscrit pour les visiteurs, le pantalon pour les visiteuses. *À 11km au nord-est de Chora et 2km au sud de Mesi Tél. 22830 41 218 Ouvert été : tlj. 8h-13h15 et 16h15-19h15 ; hiver : tlj. 8h-17h Entrée libre*

Arnados Accroché au flanc du mont Kechrovouni, Arnados, le plus haut village perché de l'île, recèle un vieux lavoir, une église et un petit musée d'art sacré. Partez à la découverte des arcades, blanchies à la chaux, qui s'ouvrent en face du musée. *À 500m à l'est du monastère*

☺ **Dyo Choria** Ce village paisible adossé à la montagne est l'un des plus beaux de l'île. Sa placette plantée de platanes, où les anciens se retrouvent pour jouer aux cartes, prodigue une vue divine sur l'Égée et Syros. Au hasard de la promenade dans ses ruelles agrémentées de bougainvilliers et de figuiers, vous découvrirez de vieux lavoirs ornés de peintures religieuses, des fontaines en marbre et un entrelacs de passages couverts. *À 1,5km à l'est d'Arnados*

☺ **Triandaros** La quintessence de Tinos : des ruelles ordonnées en balcon sur des collines émaillées de pigeonniers et, au-delà, sur la mer Égée. Berdémiaros lui fait face, à flanc de colline, parmi les pigeonniers et les moulins. Sublime ! À l'entrée de Triandaros, remarquez le superbe lavoir en pierre et, plus haut, la façade néoclassique de l'église Agii Apostoli. *À 2km au sud-ouest de Dyo Choria*

● Aller à la plage

☺ **Livada** Une plage aux airs de bout du monde que l'on atteint après une longue descente dans une magnifique vallée plantée de chênes verts, sous les hautes crêtes du mont Tsiknias (725m). Livada offre un décor saisissant avec ses rochers aux formes fantasmagoriques, arrondis et creusés par l'érosion. On peut observer avec un masque de beaux poissons dans l'eau verte de la baie, quand des courants violents ne l'agitent pas. Taverne en saison. *À 20km au nord-est de Chora via Steni*

Kolimpithra Passé le bourg de Komi, il faut traverser une plaine fertile livrée aux cultures de légumes et de fruits pour gagner la baie de Kolimbithra. Délaissez la première plage, assez sale, et baignez-vous sur la deuxième, plus petite mais plus accueillante avec son sable propre, ses parasols et son agréable taverne, cf. Victoria (p.534). La lagune voisine attire de nombreux oiseaux migrateurs. Une piste de terre rouge mène à la plage d'Apothikes, très calme, plus au nord. Jolie vue sur Drakonissi, l'"île au Dragon". *À 18km au nord de Chora*

Le nord-ouest de l'île

☆ ☺ **Kardiani** Impossible de résister à la beauté de cette bourgade verdoyante bâtie au flanc du mont Pateles, face à la mer, au bord d'un cours d'eau. Lauriers, platanes et cyprès ombragent ses venelles labyrinthiques. Ici et là, au sortir d'un passage voûté, on débouche sur une fontaine ou un lavoir en marbre. Au bas du village, la végétation se fait plus touffue : vergers, cyprès, figuiers et figuiers de Barbarie. Deux des églises de Kardiani méritent le coup d'œil : la catholique (Koimisi tis Theotokou), avec sa fontaine aux grenouilles, et, à l'autre bout du village, l'orthodoxe (Agia Triada), pour son panorama inoubliable sur Syros. *À 14km au nord-ouest de Chora*

Les Cyclades vues d'en haut

Une chambre avec vue

St. George Bungalows (Kea) 256
Areti Hotel (Serifos) 275
Windmill Villas (Sifnos) 318
Pension Geronti (Sifnos) 319
Anemomilos (Folegandros) 350
Delfini Villas (Santorin) 386
Apollon Village Hotel (Anafi) 394
Pension Panorama (Ios) 407
Psili Ammos (Ios) 408
Hôtel Anixis (Naxos) 449
Ydreos (Naxos) 450
Nissaki Beach Hotel (Naxos) 450
Villa Zografos (Iraklia) 460
Diosmarini (Amorgos) 479
Aegialis Hotel (Amorgos) 482
Zephyros Hotel (Mykonos) 521
Elena (Tinos) 536
Bungalows Carlo (Tinos) 537
Studios Akti Giannaki (Tinos) 537
Meltemi (Andros) 549
Irene's Villas (Andros) 551

Les principaux belvédères

Ioulida (Kea) 251
Driopida (Kythnos) 262
Chora (Serifos) 270
Apollonia (Sifnos) 308
Kastro (Sifnos) 311
Pyrgos (Santorin) 371
Théra antique (Santorin) 373
Monastère de la Panagia Kalamiotissa (Anafi) 390
Mont Exombourgo (Tinos) 529
Monastère Panachrandou (Andros) 542
Epano Kastro (Andros) 546

Routes panoramiques

Route de Kanala (Kythnos) 262
Route traversant Serifos 268
Route Kastro-Episkopi (Sikinos) 354
Route Chora-Manganari (Ios) 400
Chora-Aegiali (Amorgos) 475

S'attabler en terrasse

Ofiousa (Kythnos) 265
Aloni (Serifos) 273
O Lilis (Syros) 491
Plakostroto (Syros) 491
Taverna Vasilis Drossia (Tinoos) 533

Villages perchés

Plaka (Milos) 327
Chora (Folegandros) 341
Fira (Santorin) 361
Oia (Santorin) 368
Langada (Amorgos) 474
Ano Syros (Syros) 488
Dyo Choria (Tinos) 530
Kardiani (Tinos) 530

Isternia Il vous faudra de bons mollets pour explorer ce beau village accroché au mont Meroviglia, face à la mer. Les maisons qui bordent ses escaliers escarpés portent le nom de leur propriétaire, gravé dans le marbre de leur façade. Berceau de nombreux sculpteurs, Isternia leur consacre un petit musée. L'église principale, parée de colonnes corinthiennes et d'un dôme en faïence, offre une vue plongeante sur la baie d'Ormos Isternion (à 5km en contrebas). Une plage de galets, bien abritée du meltem, jouxte ce petit port. *À 19km au nord-ouest de Chora* **Musée** *Ouvert juin-sept. : tlj. 10h-13h*

☆☺ **Pyrgos** Cette charmante bourgade d'un blanc éclatant se détache sur les collines brunes et pelées. C'est à ses carrières de marbre qu'elle doit sa réputation, ses nombreux ateliers de sculpture et son école des beaux-arts spécialisée, fondée en 1955. Tout y est conçu dans ce matériau noble, des escaliers pavés aux linteaux de porte des maisons et jusqu'à l'arrêt des bus ! On peut y visiter maints atelier, tel celui de Petros Marmarinos, et les deux musées qui rendent hommage aux artistes de l'île. De la place principale, que rafraîchit une belle fontaine, gravissez l'escalier jusqu'à l'église et au cimetière (remarquez les têtes de mort qui ornent certains tombeaux). *À 23km au nord-ouest de Chora* **Atelier de Petros Marmarinos** *Tél. 22830 31 624*
Musée de la Marbrerie Ce petit musée moderne retrace l'histoire de l'exploitation des carrières de marbre de Tinos depuis l'Antiquité et illustre l'importance de ce matériau dans l'architecture et l'art grec au fil des âges. Outre des œuvres de toutes les époques glanées un peu partout en Grèce, des films, des photos et différents engins permettent de suivre les différentes étapes du traitement de la pierre. *À la sortie est du village Tél. 22830 31 290 Ouvert mer.-lun. 10h-17h*
Musée des Artistes de Tinos Son unique salle présente les œuvres d'une quinzaine d'artistes insulaires : marbres et plâtres du XXe siècle, notamment des bustes. *À l'entrée de Pyrgos Ouvert avr.-oct. : tlj. 10h30-14h et 17h30-20h30 Ticket (combiné avec celui du musée Chalepas) 3€, étudiants et seniors 2€*
Musée Chalepas La maison du plus célèbre sculpteur de Tinos, Giannoulis Chalepas (1851-1938), est demeurée en l'état : pièces dépouillées et atelier au rez-de-chaussée. On peut y voir des dessins et des copies de ses plâtres, mais hélas aucun marbre. Reste la relation avec la vie tourmentée de l'artiste, qui réalisa ses œuvres les plus expressives après avoir été interné. *À l'entrée de Pirgos Tél. 22830 31 262 Ouvert avr.-oct. : tlj. 10h30-14h et 17h30-20h30 Ticket (combiné avec celui du musée des Artistes) 3€, étudiants et seniors 2€*

Panormos De nombreuses *psarotaverna* (restaurants de poisson) bordent l'unique rue de ce village de pêcheurs. On vient surtout profiter de son cadre : une mer aux reflets verts, des barques qui se balancent dans le port et des filets de pêche jaunes qui sèchent aux terrasses des maisons. Au fond de la baie se détache l'îlot de Planitis (la Planète). Pour la baignade, poussez jusqu'à la plage de Rochari (900m à l'est de Panormos), légèrement ombragée, mais mal abritée (taverne ouverte l'été). *À 4km au nord-est de Pyrgos*

Marlas De Pyrgos, une splendide route à travers un austère paysage de rocaille semée de buissons bruns conduit à ce hameau voisin de carrières de marbre vert, que l'on peut voir en suivant la piste, au nord. Au passage, belle vue sur Andros au coucher du soleil. *À 5km au nord-ouest de Pyrgos*

Où acheter du miel ?

To Spiti tou Meliou Cette boutique cachée au cœur de Pirgos vend un excellent miel (18€ le kg ou 4,50€ le pot), mais aussi de l'origan, des tomates séchées, de l'encens... ***Pyrgos*** *Tél. 22830 31 407 ou 69 72 77 67 13 ou 69 34 10 65 42 Ouvert Pâques-sept. : tlj. 10h-14h30 et 17h-22h*

Aller à la plage

Ormos Giannaki Cette belle plage de sable et de galets s'étend en contrebas de Kardiani, au creux d'une baie turquoise et protégée des vents du nord (parasols et tavernes). La plage voisine, **Kalivia** (accessible en voiture), est tout aussi jolie, mieux ombragée et plus calme. *À 19km au nord-ouest de Chora*

CARNET D'ADRESSES

Restauration

Parmi les spécialités locales, essayez la *fourtalia* (omelette aux pommes de terre et à la saucisse de porc), la *louza* (jambon fumé), les artichauts en tarte ou marinés dans l'huile, la *graviera* (fromage à pâte cuite) et le pigeonneau. En dessert, offrez-vous un *galaktoboureko* (feuilleté à la semoule ou à la crème pâtissière parfumée aux agrumes).

petits prix

Palaia Palada Dans un passage bordé de tavernes, cet établissement familial sert sous la treille, à une clientèle d'habitués exigeants, les classiques culinaires grecs : beignets de fleurs de courgettes, haricots blancs aux herbes et épinards, et un agneau grillé fondant. Comptez 12€. *Ar Kontogiorgi* ***Chora*** *Tél. 22830 23 516 Ouvert mi-mars-mai, sept.-nov. : tlj. 11h-16h et 18h30-0h ; juin-août : tlj. 10h30-0h*

☺ **Taverna Vasilis Drossia** Sans doute la plus belle terrasse de l'île ! Les tables, ombragées par la glycine et le chèvrefeuille, jouissent d'une vue sublime sur la vallée encaissée, piquetée de pigeonniers, et sur la mer Égée. Délicieuses spécialités tiniotes : *fourtalia* (12€, suffisante pour deux !), tarte aux artichauts, pigeonneau en été (10€), etc. Autres plats 5-9€. Pas de CB. ***Ktikados*** *Tél. 22830 21 087/070 Ouvert Pâques-fin oct. : tlj. 12h-17h et 19h-0h*

Romantiga Monsieur Stefanos tient le *kafenopoleio* (café-taverne) du village et il ne sert que des plats traditionnels de Tinos : *fourtalia* (9€ pour 2), omelette façon tortilla espagnole, artichauts marinés (3,50€ l'assiette), beignets de *maratho* (*marathokeftedes*) sorte d'aneth (4€), louza (4,50€) et saucisse parfumée au *maratho* (6,50€). Et les assiettes sont copieuses. Café 1€. Pas de CB. *Non loin du musée Tsoklis* ***Kampos*** *Tél. 22830 51 295 Ouvert tlj. 8h-dernier client*

Et aussi...

Petites faims, shopping gourmand

Kouroupas ____ 526
Chalaris ____ 526
To Spiti tou Meliou ____ 533

Cafés, bars

Kafeneion Kyriakatiko ____ 526
Mesklïès ____ 526
Koursaros ____ 526

O Rokos L'une des meilleures tavernes de l'île. Attablé en terrasse, face au théâtre et aux montagnes environnantes, variez les plaisirs et les assiettes : tarte aux épinards, beignets de tomates séchées, saucisse de Tinos, etc. Le tout à des prix très abordables : plat 5-8€. Service sympathique, quoique assez débordé le week-end. Pas de CB. ***Volakas*** *Tél. 22830 41 989 Ouvert mars-oct. : tlj. 9h-0h ; oct.-fév. : w.-e. et j. fér. 9h-0h*

Lefkes À l'entrée de Falatados, une taverne ombragée tout indiquée pour profiter de la vue sur la campagne verdoyante. Cuisine locale à tout petits prix : saucisse de l'île, *fourtalia, louza,* artichauts et tomates farcies. Plat 6-8€. Pas de CB. ***Falatados*** *Tél. 22830 41 335 Ouvert mars-oct. : tlj. 8h-0h*

prix moyens

☺ **Tarsanas** Esseulée sur le quai de carénage, cette table raffinée, tendance "bobo", sert une cuisine créative, soignée et d'un très bon rapport qualité-prix. Les calamars, les gambas, les langoustines, le crabe, les sardines grillées et autres poissons frais sont tous excellents. En dessert, goûtez absolument au gâteau au chocolat ou au *halva* maison. Bon choix de vins. À savourer sur fond de musique lounge dans une salle agréable avec ses chaises en bois patiné, ses tables rustiques et ses photos noir et blanc de l'île aux murs. Plat env. 10-15€. Pas de CB. *À l'extrême sud du vieux port en suivant le quai après l'hôtel Oceanis* ***Chora*** *Tél. 22830 24 667 Ouvert tlj. 13h-2h*

Angyra Cette sympathique ouzerie aux tables bleues est nichée près du port, derrière le jardin d'enfants. Plusieurs petits plats à picorer autour d'un verre d'ouzo : fromage local, salade de courgettes, boulettes de pois chiches, poulpe au vinaigre. Également du poisson grillé, des côtelettes de porc, des salades. Clientèle grecque. Plat 7-10€. ***Chora*** *Tél. 22830 23 016 Ouvert tlj. 11h-16h30 et 20h-0h*

Tsampia Très bonne taverne en retrait de la route, à 100m de la plage de Kionia. Excellents produits du terroir à découvrir en mezze : *louza,* fromages (goûtez au *kopanisti,* très fort), caviar d'aubergine et *tzatziki* maison. Également des grillades. Qualité et service souriant assurés par un couple helvético-grec, qui parle français. Belle vue sur la mer en terrasse. 4-6€ la petite assiette, 6,50-12,50€ le plat. Pas de CB. ***Kionia*** *Tél. 22830 23 142 Ouvert été : tlj. 12h-2h ; hiver : tlj. 12h-17h30 et 20h-2h*

Victoria Cette taverne s'est fait une spécialité des sardines grillées (7,80€). Les autres plats sont concoctés à partir de produits locaux de qualité : artichauts en salade, aubergines en gratin, calamars farcis, etc. Poisson frais, selon la pêche du jour. Repas pour 17-20€. *Au-dessus de la deuxième plage* ***Kolimpithra*** *Tél. 22830 51 309 ou 69 77 50 88 41 Ouvert Pâques-oct. : tlj. 8h30-0h*

Ta Myronia L'une des rares tables de Tinos qui servent encore du pigeonneau (15€). Si la saison est passée, rabattez-vous sur les artichauts, les boulettes de viande au fenouil ou sur les seiches aux lasagnes noires. La chef, qui parle français, pourra vous fournir quelques explications. Plat 5-12€. Une annexe baptisée "Miel et Lait" a ouvert de l'autre côté de la place : desserts (3-5€), cafés et accès Internet. *Pl. Platanos (grand-place)* ***Pyrgos*** *Tél. 22830 31 229 Ouvert juil.-août : tlj. 10h-0h ; avr.-juin, sept. : tlj. 13h-17h et 19h-0h*

prix élevés

☺ **To Thalassaki** De loin la meilleure table de l'île ! Offrez-vous un repas complet pour en juger : anthotyro (fromage de chèvre) rôti avec des fruits, artichauts grillés, fromage maison truffé à la pistache et au pollen... Une cuisine subtile qui culmine au dessert : *kaimaki* (glace au loukoum) et *kormos* (terrine de chocolat). Divin ! Env. 25-35€ le repas. Belle carte de vins. Réservation conseillée en août. Pas de CB. ***Ormos Isternion*** *Tél. 22830 31 366 Ouvert avr.-oct. : tlj. 12h-0h ; fév.-avr. : tlj. 12h-22h*

Hébergement

Les hôtels ne manquent pas à Chora et dans ses environs. Pèlerinage oblige, les établissements de la capitale affichent tous complet autour de l'Assomption (15 août) mais aussi à Pâques, les week-ends d'été et autour de l'Avent (15 nov.).

camping

Camping Tinos Un petit camping familial (67 emplacements) où l'on plante sa tente sous des arbres un peu poussiéreux (si possible loin de la volière si vous voulez éviter d'être réveillé par le chant du coq ou les cris des paons). 5-6€/pers. et 2-3€ l'emplacement. Une dizaine de bungalows (2/4 pers.), certains juste meublés d'un lit (25€), d'autres avec sdb, climatisation, réfrigérateur et TV (30-45€). Accueil cordial (en français) et bons conseils sur l'île. *À 300m de la plage d'Agios Fokas et 400m du centre* ***Chora*** *Tél. 22830 22 344 tinoscamping@gmail.com Ouvert avr.-oct.*

petits prix

Nikoleta Nikoleta loue avec le sourire 7 chambres disposées autour d'un jardinet verdoyant qui apporte de la fraîcheur en été. Les pièces sont plutôt spacieuses, dallées d'un vieux carrelage, mais assez confortables (TV, clim., réfrigérateur). Belle terrasse à l'étage. Cuisine commune. Plage à 1min. Navette avec le port. Comptez 25-30€ en basse saison, 35-40€ en haute saison. *Kapodistriou 11* ***Chora*** *Tél. 22830 24 719 ou 69 37 45 64 88 www.nikoletarooms.gr Ouvert toute l'année*

Lefkes Vous craquez pour Falatados ? Passez la nuit dans ce petit hôtel tranquille. Les 11 chambres, toutes simples mais propres et confortables (TV, réfrigérateur), profitent d'une belle vue sur la campagne et la montagne. Demandez celle qui donne sur le mont Exombourgo. Comptez 35-40€, petit déj. 6€. Pas de CB. ***Falatados*** *Tél. 22830 41 335 Ouvert mars-oct.*

Apodrasi Cinq chambres tout confort, dont 2 doubles (35€), une taverne qui sert de bons petits plats à base de produits bio achetés directement au producteur (plat 8€, fourtalia pour quatre 12€) et un petit bar à l'atmosphère amicale. Que demander de plus ? Pas de CB. ***Steni*** *Tél. 22830 41 934 Ouvert toute l'année*

LES CYCLADES

GAMME DE PRIX	RESTAURATION	HÉBERGEMENT
Très petits prix	moins de 10€	moins de 30€
Petits prix	de 10 à 15€	de 30 à 50€
Prix moyens	de 15 à 20€	de 50 à 80€
Prix élevés	de 20 à 30€	de 80 à 120€
Prix très élevés	plus de 30€	plus de 120€

☺ **Margarita** Les 3 chambres de ce bâtiment en pierre apparente donnent sur un ravissant paysage de collines étagées et de moulins en ruine. Marbre au sol, bonne literie, TV, clim., cuisine, réfrigérateur, balcon : il ne manque rien, même si la simplicité est de mise. Accueil adorable de Margarita et Niko, un couple d'apiculteurs. Comptez 40-45€. Pas de CB. *Au bout du village* ***Pyrgos*** *Tél. 22830 31 407 ou 69 34 10 65 42 Ouvert avr.-oct.*

Elena Quitte à séjourner au bout du monde, autant être bien installé ! Les 7 chambres de ce complexe sont simples, mais confortables (TV, clim., réfrigérateur, cuisine, bonne literie) et bien situées au bord de l'eau. Vue splendide sur le port et la montagne pelée. Accueil cordial. Comptez 40-50€. Pas de CB. ***Panormos*** *Tél. 22830 31 694 ou 69 72 89 41 89 www.elenapanormos.gr Ouvert toute l'année*

Victoria Un petit hôtel avec taverne, assez simple mais impeccable, et joliment situé au-dessus de la baie de Kolimbithra. Les 10 chambres spacieuses, avec terrasse, sont situées à l'étage et offrent une belle vue. TV, clim., ventilateur, réfrigérateur, bonne literie et propreté irréprochable. Personnel serviable, accueil en français. Comptez 45-50€ (tarifs dégressifs), petit déj. 5€. *Au-dessus de la deuxième plage* ***Kolimpithra*** *Tél. 22830 51 309 ou 69 77 50 88 41 www.tinos-victoria.com Ouvert Pâques-oct.*

prix moyens

Studios Athos Un peu excentrée à l'ouest du nouveau port, cette résidence est parfaitement tenue par Ioannis Levandis, qui viendra vous chercher en minibus au port. Douze studios équipés (clim., TV, cuisine), propres et spacieux et presque tous avec vue sur la mer. Bon rapport qualité-prix : 50-60€ (40-50€ en juin et sept., 35€ en hiver). Pas de CB. *Quartier de Kalithea (prendre la rue qui monte après le commissariat)* ***Chora*** *Tél. 22830 24 702 ou 69 45 99 22 00 www.athostudio.gr Ouvert déc.-oct.*

Hôtel Tinion Il ne manque pas de cachet, cet hôtel de 1925, avec sa façade à colonnades, ses longs couloirs, ses hauts plafonds et son grand escalier en marbre de Pirgos. L'intérieur n'a pas bougé d'un iota : carrelage ancien, vieux matelas et confort standard dans les 18 chambres (clim., TV, réfrigérateur). Comptez 45-70€ avec petit déj. Accueil sympathique. *K. Alavanou 1 (sur le vieux port, à côté de la poste)* ***Chora*** *Tél. 22830 22 261 www.tinionhotel.gr Ouvert toute l'année*

☺ **Voreades** Tout près du port et à 2min du centre, un hôtel confortable et très bien tenu. Agréable déco traditionnelle dans les 12 chambres et dans l'unique appartement. TV, clim., réfrigérateur, coffre, sèche-cheveux, parfois cuisine. Du 2e étage, vue sur Chora. Accueil attentionné et très bons conseils sur l'île. Chambre 50-70€, appartement 110-140€, avec petit déj. ***Chora*** *Tél. 22830 23 845 www.voreades.gr Ouvert mi-mars-oct.*

Artemis Appartements Une résidence récente en pierre du pays, au sud de la plage d'Agios Sostis. Quatre studios et 6 bungalows confortables mais pas de première fraîcheur – les sdb sont sombres et exiguës. En revanche, les terrasses privatives ménagent des vues dégagées sur Mykonos, Delos et Syros. Agréable cadre de yuccas, de palmiers et de fleurs. Studio 50-60€, maison 70-90€. Pas de CB. ***Agios Sostis*** *(suivre le pan-*

neau Cavos et continuer jusqu'au bout de la route) Tél. 22830 22 071/377 ou 69 42 68 39 03 www.tinos-artemis.gr Ouvert toute l'année

prix élevés

☺ **Altana Hotel** Un nid d'amour pour les couples en voyage de noces ! Ce petit hôtel (5 chambres et 7 suites de 2 à 4 pers.) décline le style cycladique avec beaucoup de goût et d'originalité. Piscine incrustée dans la chaux et élégante déco aux tons crème et blanc. Excellente literie, TV, clim., réfrigérateur, parfois cuisine. Seul l'environnement de l'hôtel détonne (route, maisons en chantier). Comptez 80-100€ la double avec le petit déj., et 145-220€ la suite pour deux. Navette avec le port. Bon accueil. *À 1km à l'ouest du centre (dir. Kionia), en bord de route* ***Chora*** *Tél. 22830 25 102 www.altanahotel.gr Ouvert Pâques-oct.*

Nimenia Suites À seulement 3km de Chora et 100m de la plage de Kionia, ce complexe moderne de style cycladique abrite 20 suites élégantes et spacieuses, avec balcon sur la mer Égée. Belles prestations ! Pour deux (103€) ou 4 pers. (150€). ***Kionia*** *Tél. 22830 22 621 http://www.ninemia.eu Ouvert Pâques-oct.*

☺ **Bungalows Carlo** Cette résidence de style cycladique perchée sur les hauteurs d'Agios Ioannis ne manque pas d'atouts : une piscine tournée vers la grande bleue, 15 bungalows bien équipés (réfrigérateur, clim., TV, terrasse et vue sur la mer), et 11 studios spacieux, avec cuisine, sol en marbre et vue sur mer. Le tout est bien entretenu et très calme. Propriétaire francophone. Une très bonne adresse à condition d'être motorisé. Comptez 80-90€, petit déj. compris. ***Agios Ioannis*** *Tél. 22830 24 159 www.carlo.gr Ouvert avr.-oct.*

☺ **Studios Akti Giannaki** Une situation exceptionnelle sur la baie de Kardiani. Six studios de style cycladique avec TV et clim. Bonne literie, cuisine équipée... et vue magique à 180°. Délicieuse crique privée en contrebas. Calme olympien, même en haute saison. Studios 2 pers. 80-130€, studios 2-4 pers. 100-150€, appartement 4-6 pers. 150-250€. Accueil en français. ***Ormos Kardianis*** *Tél. 22830 31 808 ou 22940 25 712 www.aktigiannaki.gr*

ANDROS ΑΝΔΡΟΣ Ανδρος

La plus septentrionale des Cyclades se classe résolument à part. Là, pas de terre brûlée par le soleil, mais des paysages vallonnés, évocateurs de la Toscane avec leurs arbres fruitiers, leurs cyprès et leurs vignes – le vin d'Andros est réputé depuis l'Antiquité. Les nombreuses sources de l'île ont transformé chaque vallon en un petit éden frais et ombragé. Cette nature souriante ravira les randonneurs, tout particulièrement au printemps. Autre sujet d'étonnement, l'habitat insulaire : ici pas de cubes blancs comme dans

les autres Cyclades, mais de vastes demeures néoclassiques au toit de tuiles. Andros est aussi connue pour ses murets de pierre, soutenus par de grandes dalles fichées à la verticale dans le sol.

LA "PETITE ANGLETERRE" Au XVIIIe siècle, désireux d'échapper à un système féodal écrasant, certains paysans andriotes se tournent vers la mer et la marine marchande. Leur réussite en fait des armateurs. Ils construisent alors d'élégantes villas – dont certaines arborent gouvernails et ancres sur leur façade – et mettent leur flotte au service de la révolution, en 1821, sous l'impulsion de Theofilos Kaïris. Leur prospérité croît après l'Indépendance et ils détrônent l'aristocratie foncière de l'île. Dans l'entre-deux-guerres, Andros abrite le deuxième port de Grèce derrière celui du Pirée, et le train de vie de ses armateurs lui vaut le surnom de "Petite Angleterre". Certains resteront célèbres, tels les Goulandris, grâce aux musées qu'ils financent à Chora (Musée archéologique, musée d'Art moderne) et à Athènes (Musée d'Art cycladique et grec antique).

MODE D'EMPLOI

accès

En haute saison, 4 liaisons quotidiennes avec Tinos (1h30 de traversée) et Mykonos (2h30) et 6 avec Rafina (2h). Egalement, 2 liaisons hebdomadaires avec Syros (3h). Les horaires, prix, trajets et compagnies changeant tous les ans en mai, nous vous invitons à consulter les sites www.directferries.fr, www.gtp.gr, www.ferries.gr ou www.aferry.gr. et à vous renseigner dans les agences de voyages locales. Le prix du billet en catamaran est environ 2 fois celui du ferry.

Vous trouverez plusieurs billetteries à Chora, le chef-lieu, sur le littoral oriental, à Gavrio, le port principal, et à Batsi, la plus grande station balnéaire de l'île, tous deux sur la côte ouest.

Agence G. Batis *Face au débarcadère* ***Gavrio*** *Tél. 22820 71 489 Ouvert été : tlj. 8h-23h ; hiver : tlj. 8h-21h*

Agence Porto Andros *Sur le port* ***Gavrio*** *Tél. 22820 71 222 ou 22820 71 542 Ouvert été : tlj. 8h-23h ; hiver : tlj. 8h-21h*

Capitainerie de Gavrio *Tél. 22820 22 250*

orientation

Ancrée entre Eubée et Tinos, Andros (378km²) est la deuxième plus grande île des Cyclades, derrière Naxos. Très montagneuse (elle culmine à 997m au mont Kouvara), elle est constituée de trois municipalités, mais peut être divisée en deux parties distinctes : le Nord-Ouest avec Gavrio, le port principal, la station touristique de Batsi et les plages de la côte ouest ; le Sud-Est avec Chora, le chef-lieu, et les villages de la vallée de Messaria. Les pointes nord et sud de l'île sont restées sauvages.

se déplacer

EN CAR

KTEL Plusieurs liaisons quotidiennes entre Gavrio et Chora via Paleopoli et Batsi (4€, presque toutes les heures en haute saison). Également une ligne Gavrio-Korthi. Un car attend le débarquement de chaque bateau et part quand il est plein. *Tél. 22820 22 316 ou 22820 24 288 www.ktelbus.gr*

EN TAXI
De Gavrio, comptez 40€ pour Chora et près de 10€ pour Batsi. ***Gavrio*** *Tél. 22820 71 561* ***Batsi*** *Tél. 22820 41 081* ***Chora*** *Tél. 22820 22 171*

EN VÉHICULE DE LOCATION
Compte tenu du relief et de la taille de l'île, mieux vaut être motorisé. Le réseau routier est bon, mais les panneaux ne sont souvent libellés qu'en grec.
Euro Rent a Car Le plus gros loueur de l'île. Personnel francophone. Environ 35€/j. pour une voiture en haute saison. *Juste en face du débarcadère* ***Gavrio*** *Tél. 22820 72 440 www.rentacareuro.com Ouvert 1er mai-31 oct. : tlj. 8h30-22h30 ; 1er nov.-30 avr. : tlj. 9h-16h et 19h-21h*
Riva Location de scooters (15-18€/j), de quads (25€/j.) et de bateaux en moteur (80€/j.). *Plage de Nimborio Derrière la station-service* ***Chora*** *Tél. 22820 24 412 www.androsrooms.gr Ouvert toute l'année*
Dinos Rent a Bike Loue des scooters, motos et quads. *Sur la plage* ***Batsi*** *Tél. 22820 41 003 ou 69 48 89 23 34 Ouvert mai-oct. : tlj. 9h30-13h30 et 18h-21h*

informations touristiques

En saison, vous trouverez (à gauche en sortant du débarcadère de Gavrio) une petite agence privée, autoproclamée "office de tourisme".
Police touristique *Tél. 26950 24 483*

informations pratiques

Vous trouverez des pharmacies dans tous les bourgs de l'île.
Centre médical *Derrière la place Goulandri* ***Chora*** *Tél. 22820 22 222 ou 22820 33 333*
Police ***Chora*** *Tél. 22820 22 300*

DÉCOUVRIR

Andros

☆ **Les essentiels** Les plages de la côte nord-ouest, le monastère Panachrantou, Andros (Chora), le monastère Agios Nikolaos **Découvrir autrement** Rejoignez la plage d'Achla en hors-bord, grimpez jusqu'à la citadelle d'Epano Kastro

Le nord-ouest de l'île

Gavrio Le port, sans grand charme, possède plusieurs tavernes, et de belles plages de sable vous attendent à proximité. Évitez cependant d'y passer la nuit. *À 31km au nord-ouest de Chora*

Tour d'Agios Petros Cette tour en schiste, de 9,40m de diamètre et 20m de haut (cinq étages), fut érigée à l'époque hellénistique (IVe ou IIIe s. av. J.-C.) pour surveiller la mer et le nord de l'île. C'est l'une des mieux préservées des Cyclades. *Sur les hauteurs du village* ***Agios Petros*** *À 3km au nord-est de Gavrio*

Monastère Zoodochos Pigi Le plus grand monastère de l'île toise la mer Égée depuis au moins le IXe siècle du haut de ses 320m d'altitude. Restauré au XVIe siècle, il a formé de nombreux prêtres orthodoxes avant d'accueillir, à partir de 1928, une communauté féminine aujourd'hui réduite à quelques nonnes. L'église renferme une belle iconostase et quelques vestiges de fresques des XIVe et XVIe siècles. Ne quittez pas les lieux sans avoir profité de la vue sur la baie de Fournos et les îlots de Gavrionissia. *Accès par la piste juste au sud de la plage de Kipri (à 3km au sud-est de Gavrio) Ouvert le matin*

Batsi La principale station balnéaire de l'île est une riante cité dont les maisons blanches à volets bleus et toits de tuiles cascadent jusqu'à la mer. Après la baignade, promenez-vous sur le petit port et profitez de l'animation de ses tavernes et de ses boutiques, cf. Où acheter des terres cuites ? (p.542). Une magnifique route de corniche relie le village à Paleopoli, capitale antique de l'île. *À 7km au sud-est de Gavrio et 24km à l'ouest de Chora*

Katakilos Vous découvrirez cette bourgade enfouie sous la végétation au fond d'une vallée, dans l'arrière-pays de Batsi. Ses tavernes ombragées, au bord de la rivière, sont tout indiquées pour une pause-déjeuner. Vers Kotsidhes, plus au sud, s'élèvent de nombreux moulins à eau. *À 6km à l'est de Batsi*

☆☺ Profiter des plages du nord-ouest de l'île

Baie de Fellos La longue plage de sable (grossier) de Fellos, bordée de quelques tamaris et baignée par une eau claire, se love au fond d'une anse en fer à cheval. À 500m au sud, une piste mène à celle de Kourtali, plus petite et sans ombre, mais tout aussi charmante. Au nord de Fellos se cachent d'autres sites agréables, encore moins fréquentés : Pissolimionas et Limanaki. On y accède par des pistes cahoteuses mais carrossables (attention, signalisation approximative). *À 4,5km au nord-ouest de Gavrio*

Agios Petros Les familles se donnent rendez-vous sur le sable fin de ce long croissant baigné par une eau propre et peu profonde. Au loin se dessinent les îlots de Gavrionissia. Vous n'y trouverez pas d'ombre, mais une importante infrastructure hôtelière (nombreuses locations). *À 2,5km au sud-est de Gavrio*

Psili Ammos et Kipri Deux jolies plages entre Gavrio et Batsi.

Chalkolimonia Cette plage est à 30min de marche du village moderne de Paleopoli : prenez la route qui part juste en face du Musée archéologique et que prolongent des escaliers. Attention, la remontée est un peu sportive !

☺ **Vori** Au bout d'une piste qui serpente à travers les vergers et les vignes de la vallée de Vori, une plage de sable encadrée de rochers verdâtres aux formes tourmentées et baignée par une eau claire. En plongeant avec un masque, vous pourrez voir une épave. Une autre, bien plus impressionnante (celle d'un cargo) est échouée sur une autre plage plus au sud, à 15min de marche de Vori. *À 8km au nord-est d'Arnas (dans le sens Vourkoti-Batsi, tourner à droite juste avant le panneau "Arni 1km" ; 7km de piste)*

Arnas Ce village s'étale à flanc de colline, dans une nature généreuse (cascades, cyprès, chênes, etc.) d'où surgit, çà et là, une église isolée. Plus bas, autour de Remmata, vous attendent des moulins à eau abandonnés. *À 12km à l'est de Batsi*

Paleopoli Un beau village accroché au flanc du mont Petalo, avec ses champs en terrasses qui s'étagent jusqu'aux ruines du port antique. Fondée vers la fin du VIIe siècle avant notre ère, la cité fut brutalement freinée dans son développement par un séisme, au IVe siècle av. J.-C., mais elle demeura un important foyer politique et culturel jusqu'au début de l'ère byzantine

Plan 38 Andros

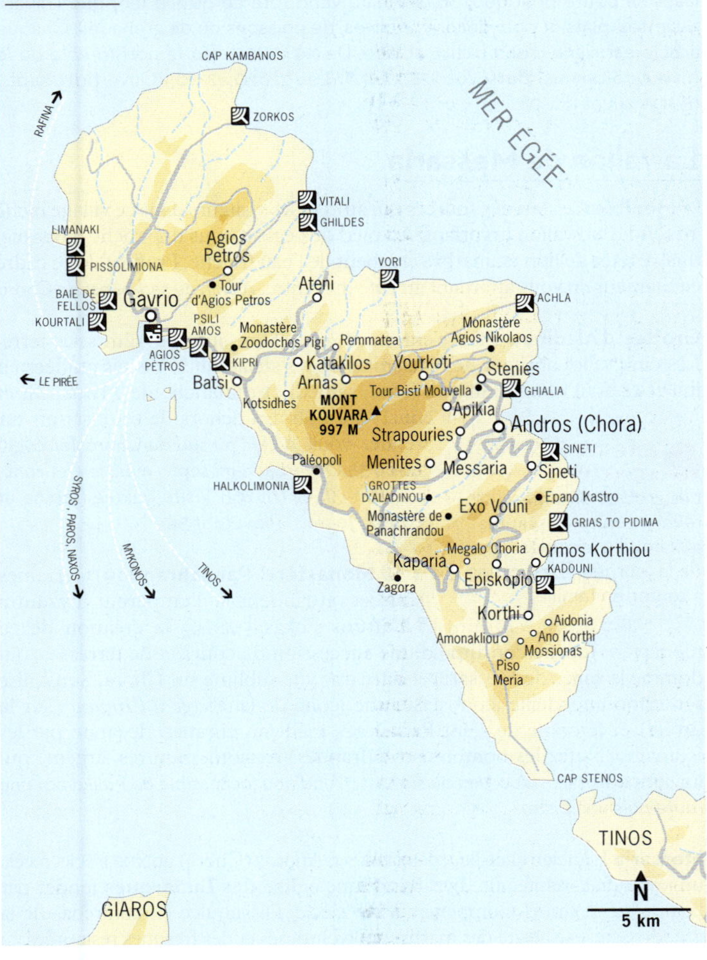

(VIe-VIIe s.). Le petit Musée archéologique de Paleopoli expose différents objets exhumés des ruines : pièces de monnaie, vaisselle, outils, inscriptions, etc., et d'intéressantes statuettes sauvées du pillage par des paysans… qui s'en servirent pour soutenir leurs murets de pierre ! Au bout de la rue qui s'ouvre juste en face, un long escalier (1039 marches) descend jusqu'au site antique : quelques vestiges épars au-dessus de la plage de Chalkolimonia, dont ceux d'une agora et d'un mur défensif. *À 7km au sud-est de Batsi (par une superbe route de corniche)* **Musée archéologique** *Tél. 22820 41 985 Ouvert mi-mai-mi-nov. : mar. et jeu.-dim. 9h-16h ; mi-nov.-mi-juin : sam. 9h-16h Entrée libre*

● Où acheter des terres cuites ?

☺ **Melita** Des céramiques simples et colorées, aussi ravissantes qu'abordables ! Dans sa petite boutique, Sofia Melita vend l'été ce qu'elle fabrique l'hiver : assiettes, plats et pots décorés d'olives, de poissons ou de grenades. Chaque article est signé d'une petite abeille. De 3€ à 45€. *Sur le port (à côté de la taverne Stamatis)* ***Batsi*** *Tél. 22820 41 878 ou 22820 42 005 Ouvert avr.-sept. : tlj. 10h-14h et 18h-0h*

La vallée de Messaria

☺ **Menites** Ce sont des sources qui attirent les visiteurs dans ce village niché au fond d'un vallon luxuriant. Au pied de l'église, sous une roche moussue, quatre têtes de lion en marbre crachent de l'eau fraîche. Profitez de ce cadre enchanteur en vous attardant au café du centre. *À 6km au sud-ouest de Chora*

Grottes d'Aladinou Elles s'enfoncent sur 150m, jusqu'à 12m sous terre. Les cinq salles abritent des stalactites et des stalagmites. Visites guidées en juillet et août chaque mardi, jeudi, samedi et dimanche de 11h à 13h et de 17h à 20h. En dehors de cette saison sur rendez-vous. *À 5km au sud de Chora Tél. 69 39 69 68 35 Ouvert juin-mi-sept. : mar., jeu. et sam.-dim. 11h-13h et 17h-20h Visite guidée (torche et casque fournis) Plein tarif 5€*

ENFANT DES CAVERNES
Les grottes d'Aladinou se révèlent rafraîchissantes aux heures chaudes de la journée. Exploration à tenter en famille !

☆☺ **Monastère Panachrandou** Certaines sources attribuent à l'empereur byzantin Nikiforos Fokas (IXe s.) la création de ce monastère fortifié constitué d'une succession de cours et de terrasses, qui domine la vallée de Messaria et offre une vue sublime sur Chora. Son église renferme une vieille iconostase, une icône de la *Vierge à l'Enfant* (sur la droite) et le crâne de saint Pantaleon, médecin chrétien décapité par les Romains. Notez les nombreuses offrandes (ex-voto, montres, argent) qui lui sont adressées. *À 4,5km au sud-est d'Aladinou (accessible de Falika par une route puis une piste)*

Messaria L'ancien chef-lieu, détrônée par Andros (Chora) au XIXe siècle, recèle un joyau de l'architecture byzantine : une **église des Taxiarques** fondée par l'empereur Manuel Comnène au XIIe siècle. Dissimulée en contrebas de la grand-route, elle abrite des marbres polychromes et des fresques restaurées au

XVIIIe siècle. L'église Agios Nikolaos (XVIIIe s.), en bord de route, mérite aussi le coup d'œil pour son iconostase et son dôme bleu. *À 3km au nord-est de Chora*

Strapouries Pour une agréable balade au milieu des vignes, des champs d'oliviers et des vergers (figuiers, noyers, grenadiers…). Garez-vous à hauteur de l'église néobyzantine et suivez l'un des sentiers qui descendent vers les champs en terrasses émaillés de charmantes maisons néoclassiques un peu décrépies. *À 4km à l'ouest de Chora*

☆☺ Andros (Chora)

La petite capitale insulaire s'est développée sur une péninsule, sous la protection d'une forteresse vénitienne. Il flotte un parfum suranné dans la rue principale (Odos Empirikou) et les ruelles du quartier médiéval. Là se mêlent les influences architecturales byzantine, vénitienne et ottomane, et les "demeures de capitaines" néoclassiques rappellent l'opulence du début du XXe siècle. La ville est un bon pied-à-terre pour découvrir la côte est d'Andros, du monastère d'Agios Nikolaos à la baie de Korthi en passant par les villages de l'arrière-pays.

Place Theofilos Kaïris Nommée en l'honneur de l'un des héros andriotes de la guerre d'Indépendance (1821), cette placette bordée de cafés et de tavernes se distingue par sa fontaine vénitienne en marbre, à toit pyramidal.

☺ Musée archéologique Un musée clair et passionnant (ouvert en 1981 grâce à la fondation Vassilios et Eliza Goulandris) pour appréhender l'histoire ancienne de l'île, de la période archaïque à l'époque byzantine. Le rez-de-chaussée rassemble des objets et sculptures de 700 av. J.-C. à 330 : torses de kouroï, statues, stèles funéraires, etc. L'œuvre majeure est le célèbre Hermès d'Andros (IIe s. av. J.-C.), marbre sculpté d'après un bronze attribué à Praxitèle, retrouvé en 1833 à Paleopoli (p.539). Le premier étage est consacré au site de Zagora, importante localité de l'époque géométrique (p.546) : maquettes, reconstitution d'une maison et d'un temple, poteries et *pithoi*… L'ensemble est bien présenté. *Pl. Kaïris (juste derrière la fontaine vénitienne) Tél. 22820 23 664 Ouvert juin-oct. : mar.-sam. 9h-16h Tarif 3€, réduit à 2€ pour les seniors, moins de 18 ans et étudiants gratuit*

☆ Musée d'Art contemporain Goulandris Ouvert en 1979 grâce à la fondation Goulandris, il occupe deux bâtiments modernes qui se font face de chaque côté de la rue. Le plus ancien, dédié à la sculpture grecque, expose notamment des marbres et bronzes de Michalis Tombros (1889-1974), des installations de Takis (jeux sonores et visuels) et de Zongolopoulos. L'autre accueille sur ses quatre étages des expositions temporaires d'œuvres prêtées par des musées étrangers et en puisant dans la collection Goulandris, qui comprend des toiles de Matisse, Kandinsky, Balthus, Klee, Chagall et Picasso. **Chora** *Tél. 22820 22 444 www.moca-andros.gr Ouvert avr.-oct. : mer.-lun. 10h-14h ; nov.-mars : sam.-lun. 10h-14h Expositions temporaires fin juin-sept. : mer.-sam. et lun. 10h-14h et 18h-20h, dim. 10h-14h Visites guidées en anglais tlj. en août et week-ends de sept. Tarif juin-sept. : 6€, étudiant 3€ ; oct.-mai : 3€, étudiant 1,50€, moins de 12 ans et seniors gratuit*

☆☺ **Quartier médiéval** Il occupe la partie orientale de la péninsule, juste après l'arcade de la place Kaïris. On y admire les plus belles maisons d'armateurs de la ville, avec leurs façades blanches ou pastel, leurs porches à colonnade, leurs balcons à consoles et leurs toits de tuiles ornés d'*akrokeramo* (tuiles de corniche en éventail). Déambulez dans les ruelles silencieuses et gagnez la grande terrasse, à la pointe est de la ville close, et sa monumentale statue en bronze du *Marin inconnu*, signée de Michalis Tombros. À deux pas, un petit musée de la Marine évoque l'histoire navale de l'île (maquettes de bateaux, photos, cartes). Un charmant passage voûté du XIIIe siècle mène aux ruines du *kastro* vénitien (XIIIe s., bombardé en 1943). **Musée de la Marine** *Tél. 22820 22 264 Ouvert juin-oct. : tlj. 9h-21h Tarif 2€, moins de 18 ans, étudiants et seniors gratuit*

Le patrimoine sacré de l'Attique et des îles

Églises

Panagia Episkopi (Kea) 252
Episkopi (Sikinos) 354
Panagia Episkopi (Santorin) 372
Panagia Ekatontapiliani (Paros) 414
Metamorfosis (Syros) 486
Agios Nikolaos (Syros) 486
Kimissis (Syros) 488
Panagia Paraportiani (Mykonos) 499
Panagia Evangelistria (Tinos) 523
Agoi Apostoli (Chios) 642

Monastères

Kaissariani (Attique) 161
Dafni (Attique) 166
Annonciation (Skiathos) 230
Monastères du mont Palouki (Skopelos) 234
Panagia Kastriani (Kea) 251
Taxiarques (Serifos) 271
Panagia Poulati (Sifnos) 312
Panagia Chryssopigi (Sifnos) 312
Zoodochos Pigi (Sikinos) 353
Longovarda (Paros) 417
Panagia Chozoviotissa (Amorgos) 468
Panagia Tourliani (Mykonos) 503
Kechrovouni (Tinos) 529
Panachrandou (Andros) 542
Agios Nikolaos (Andros) 545
Tharri (Rhodes) 570
Panormitis (Symi) 587
Saint-Jean-l'Évangéliste (Patmos) 606
Megali Panagia (Samos) 621
Nea Moni (Chios) 638
Ipsilou (Lesbos) 658
Leimonos (Lesbos) 658

Musées

Musée byzantin et chrétien (Athènes) 152
Agia Triada - musée d'Art sacré (Milos) 324
Musée byzantin (Paros) 415
Musée byzantin (Naxos) 435
Musée des Icônes (Tinos) 525
Musée des Pèlerinages (Tinos) 525
Musée du Trésor (Patmos) 608
Musée byzantin (Lesbos) 654

Où voir un film en VO ?

Cinéma Alex Un cinéma d'été pour voir des films en VO sous le ciel étoilé. Bonne qualité de projection et bonne programmation. *Tél. 22820 23 706 Ouvert juin-sept.*

Où savourer des *kaltsounia* ?

Lygizos Cette boulangerie ne paie peut-être pas de mine, mais on y goûte de délicieuses pâtisseries : *amygdalota* (macarons aux amandes), *kaltsounia* (feuilletés aux noisettes, miel, pignons de pin et sucre glace) et *pastitsia* (gratin de pâtes). *Empirikou (à mi-hauteur de la rue) Tél. 22820 24 380 Ouvert tlj. 8h-21h*

Aller à la plage La plage qui s'étend au nord de la péninsule, **Nimborio**, est plus fréquentée que **Paraporti**, celle du sud. Préférez-leur toutefois celle de **Gialia**, située entre Chora et Stenies.

Se rendre en bateau d'une plage à l'autre

Riva Boats Location de hors-bord sans permis (6 pers. max.), idéal pour accéder rapidement aux plages sauvages de la côte orientale. Achla est ainsi à 10min de Nimborio, contre 1h30 en voiture. Comptez 80€/j. (plus l'essence). La femme du patron est francophone. Également un bureau à Batsi. *Plage de Nimborio Tél. 22820 24 412 www.androsrooms.gr Ouvert tlj. 8h-14h et 17h-21h*

Au nord d'Andros (Chora)

Stenies Adossé à une colline, face à la mer, ce "village de capitaines" se compose de rues en escalier bordées d'élégantes propriétés d'armateurs sur lesquelles poussent citronniers, orangers, vigne et hibiscus. La verdoyante vallée qui s'étend au pied de Stenies débouche sur l'agréable plage de Gialia. *À 2km au nord de Chora Laisser son véhicule sur le parking aménagé au bas du village*

Tour Bisti Mouvella Jolie vue sur Stenies et la baie de Gialia du troisième étage de cette bâtisse carrée, construite au XVIIe siècle à des fins défensives, comme l'attestent ses mâchicoulis. *Peu avant Stenies, prenez la route sur la gauche*

Apikia Un autre village en amphithéâtre face à l'Égée... La route qui le relie à Chora offre un panorama éblouissant sur le chef-lieu de l'île, puis sur Stenies. À voir : de belles demeures de capitaines et la source Sariza, qui jaillit d'une tête de lion en marbre et dont l'eau est commercialisée. Apikia est le point de départ de plusieurs belles balades : parmi des potagers et des vergers jusqu'à la source Pithara (au deuxième panneau indiquant Pithara, empruntez le sentier qui part derrière la maison blanche) et jusqu'aux plages de Gialia ou de Nimborio (3h). *À 4km au nord-ouest de Chora*

☆ **Monastère Agios Nikolaos** Un monastère perdu dans la montagne, fondé au XIe siècle et restauré au XVIIIe. Son église à la façade rayée renferme une icône de la Vierge originaire de Constantinople (XVIe s.). Dans le vestibule, une autre icône miraculeuse (XVIe s.), la Panagia Mirovlitissa, pleure régulièrement depuis plusieurs années. Les moines ont coutume de donner aux pèlerins de petits cotons imbibés de ces larmes (en fait, de la myrrhe). La nef principale recèle une magnifique iconostase et un trône du XVIe siècle en bois sculpté et doré. Au plafond et sous les icônes sont suspendus de nombreux *tamata* (ex-voto) de bateaux et de gouvernails dédiés à saint Nicolas, protecteur des marins. La belle icône du XVIIIe siècle brodée au fil d'or et incrustée de pierres précieuses que l'on peut admirer dans le narthex demanda douze ans de travail. Dans la nuit du 1er au 2 juillet, une grande fête en l'honneur de la Panagia Mirovlitissa se déroule au monastère. *À 5km au nord-est d'Apikia Tél. 22820 22 190 Ouvert tlj. 9h-13h et 17h-19h Ouvert tlj. 8h-13h et 17h-19h*

● Poser sa serviette à la plage

☺ **Achla** Du monastère Agios Nikolaos il faut compter 1h de descente à pied pour atteindre cette plage sauvage de la côte nord-est. Son sable grossier est léché par une eau verte très claire. Le sentier, balisé, croise deux pistes perpendiculaires. Prenez à gauche à la première (puis reprenez le chemin à droite), et à droite à la seconde (puis rejoignez le sentier à gauche) avant de redescendre. L'été, on peut accéder en caïque à cette superbe anse en fer à cheval, flanquée d'une église et d'un phare, à partir de Chora.

Au sud de Chora

Sineti Ce village adossé à la montagne surplombe une gorge verdoyante que dessert un sentier. En chemin, on découvre de jolis potagers et vergers en terrasses, quelques pigeonniers et, tout en bas, une nuée de moulins à eau qui s'égrènent jusqu'à Exo Vouni. Du village, d'autres escaliers mènent à la plage (aussi accessible en voiture) de Sineti, enchâssée dans la falaise et souvent envahie par les algues. *À 7km au sud-est de Chora*

☺ **Epano Kastro** Panorama époustouflant sur la baie de Korthi et la côte orientale de l'île des ruines majestueuses de cette forteresse vénitienne, perchées sur une étroite falaise. Les fondations de maisons et de citernes sont clairement visibles derrière l'église blanche. *À 2km au nord de Kochilou (des hauteurs du village, suivre la voie bétonnée que prolonge une piste)*

☺ **Episkopio** Un beau pigeonnier marque l'entrée de cette bourgade pittoresque accrochée à la colline. Une agréable boucle permet d'explorer ses alentours : laissez votre véhicule dans le bas du village (dans la première rue à gauche perpendiculaire à la route principale) et comptez 1h de marche. La ruelle en escalier tout de suite à gauche après l'église vous fera découvrir un décor féerique d'arbres fruitiers et de cyprès, de pigeonniers, de demeures en ruine et de fontaines chaulées. Suivez la ruelle principale (toujours à gauche) jusqu'à la sortie du village. Vous arriverez rapidement à un pont et, après quelques minutes de marche, à deux moulins en ruine et à un magnifique point de vue sur Episkopio et ses environs. Revenez sur

CHEMIN CÔTIER La route qui relie Andros (Chora) à Ormos Korthiou peut se faire à pied : beau point de vue sur la capitale, les gorges de Sineti, Korthi et sa vallée en amphithéâtre à hauteur de Kochilou. ***Durée*** *4-5h*

vos pas et gravissez, à gauche, le deuxième chemin en pente douce. Passé un angle droit, tournez à droite et descendez les marches : admirez les bergeries en pierre sèche qui se fondent, au loin, dans la végétation. Retournez au pont et à son moulin à eau, puis au village. *À 17km au sud de Chora*

Ormos Korthiou Cette petite station balnéaire, un peu désuète, se love au fond d'une jolie baie bleue. Son front de mer est bordé de tavernes. Au sud du village, un moulin à vent égaie la plage de sable de Kadouni. *À 21km au sud de Chora*

Vallée de Korthi De charmants villages en amphithéâtre jettent des notes blanches sur le flanc méridional de cette vallée luxuriante, délivrant de beaux points de vue sur la baie de Korthi. **Aïdonia** (à la sortie d'Ormos Korthiou) est sans doute le plus ravissant. Viennent ensuite **Ano Korthi**, **Moussionas** et **Amonakliou**. Passé **Kaparia**, prenez à droite en direction de **Megalo Chorio**. Dans un virage, juste avant l'entrée du village, vous découvrirez une série de pigeonniers. À la sortie de cette paisible bourgade aux ruelles bordées d'amandiers, de citronniers et d'orangers, somnolent de belles maisons en pierre à l'abandon.

Zagora Les maigres ruines de la célèbre cité de l'époque géométrique (v. 900-750 av. J.-C.), bâtie sur un promontoire naturellement fortifié, sont à chercher au sud du carrefour des routes pour Gavrio, Chora et Ormos Korthiou. *Du carrefour, rejoindre une église, à 600m au sud, et continuer dans la même direction*

● Aller à la plage

☺ **Grias to Pidima** Un piton rocheux surgi de l'eau rend cette plage assez pittoresque. Attention, en fin d'après-midi, elle se retrouve entièrement à l'ombre. *À moins de 2km au nord d'Ormos Korthiou (bien fléché)*

CARNET D'ADRESSES

Restauration

petits prix

Enalion La dernière des cinq tavernes à touche-touche de Nimborio (nappes orange) sert une fameuse *fourtalia* (omelette aux pommes de terre et saucisse 6,50€), des viandes, mais aussi des poissons grillés ou frits. À déguster de préférence le soir pour profiter de la belle vue sur Chora et du clair de lune sur la baie. Service courtois et efficace. Plat 4,50-8€. *Plage de Nimborio* **Chora** *Tél. 22820 22 105 Ouvert tlj. 12h-1h*

Taverna Parea La *parea*, c'est la bande de copains. Avec ou sans amis, vous trouverez sur la table de cette taverne traditionnelle des plats préparés comme à la maison, mais aussi des grillades et de délicieuses boulettes de légumes. Comptez 10-15€. *Pl. Karaïski* **Chora** *Tél. 22820 23 721 Ouvert tlj. 12h-dernier client*

Cavo d'Oro Cuisine simple et pas ruineuse (10-15€) dans cette taverne ombragée par des tamaris. Les yeux perdus dans la mer, on déguste une *fourtalia* (omelette aux pommes de terre et saucisse, 7,50€), un poulet farci au fromage et poivrons (7,80€) ou une tarte aux courgettes (4,50€). *Au-dessus de la plage* ***Batsi*** *Tél. 22820 41 776 www.andros-cavo doro.gr Ouvert avr.-oct. : tlj. 08-0h*

Stamatis Malgré son cadre vieillot, cette taverne établie depuis 1965 ne désemplit pas. Parmi les spécialités maison, citons le *kleftiko* à 10€ (agneau au four) du mercredi et le poulet farci. Quelques plats plus ordinaires, tels la moussaka et le *pastitsio* (gratin de pâtes), ou plus onéreux (poisson, langouste, soupe de poissons). Repas complet pour 13-15€. *Derrière le port* ***Batsi*** *Tél. 22820 41 283 Ouvert tlj. 12h-1h*

Nostalgia Pas vraiment nostalgique, l'ambiance de ce *kafeneion* campé sur Platia Kaïris : on boit, on discute, on rapproche les tables quand les groupes se forment... Petite restauration assez copieuse à grignoter sous le grand platane : omelettes (6€), *pikilia* pour 2 personnes ou plus (12-29€), sandwichs... *Platia Kaïris* ***Chora*** *Tél. 22820 24 496 Ouvert avr.-nov. : tlj. 9h-4h*

Chalas Face au port, cette taverne aux grandes baies vitrées propose depuis 1979 une cuisine grecque authentique et familiale dans un décor des années 1960. Une valeur sûre et une clientèle d'habitués qui reviennent goûter aux plats mijotés ou aux grillades. Comptez 12-15€. ***Gavrio*** *Tél. 22820 72 327 Ouvert tlj. 12h-dernier client*

Taverne Fofo L'une des tables les plus appréciées de Chora pour sa cuisine authentique (légumes du jardin) et son service souriant. Goûtez aux beignets de morue sauce aïoli (7€). Plats 5-9€. Comptez 12-15€. En juillet-août mieux vaut réserver. ***Livadia Chora*** *(à l'entrée de Chora, avant l'hôtel Paradis, tourner à droite puis suivre le panneau Livadia et monter la côte) Tél. 22820 23 531*

prix moyens

Sails Une *psarotaverna* tenue par un pêcheur : fraîcheur garantie dans l'assiette ! Sardines, rougets, calamars et espadon à déguster en terrasse et à des prix abordables. Comptez 12-18€ le repas complet. *À droite du débarcadère* ***Gavrio*** *Tél. 22820 71 333 Ouvert tlj. 12h-16h30 et 18h30-0h*

Endochora Dans une ruelle piétonne de Chora, une petite taverne tout en longueur et quelques tables dehors. Imaginative, la carte (grecque) change avec les saisons. En été, goûtez le calamar à l'origan et le risotto aux légumes. Bon vin en pichet, ce qui se fait rare ! En août, mieux vaut réserver. *Empirikou* ***Chora*** *Tél. 22820 23 207 Ouvert juil.-août : tlj. 12h-1h ; juin-sept. : tlj. 18h-1h ; ven.-dim. 18h-1h reste de l'année*

Gialia Ce nouveau restaurant installé face à la plage de Gialia est devenu rapidement une bonne adresse de spécialité de poissons. Une vue magnifique sur la baie, un décor soigné et

GAMME DE PRIX	RESTAURATION	HÉBERGEMENT
Très petits prix	moins de 10€	moins de 30€
Petits prix	de 10 à 15€	de 30 à 50€
Prix moyens	de 15 à 20€	de 50 à 80€
Prix élevés	de 20 à 30€	de 80 à 120€
Prix très élevés	plus de 30€	plus de 120€

une carte originale sans excès : salade de poulpe et sa purée de fèves (*fava*), gambas à l'ouzo et poivre rose, *giouvetsi* (petites pâtes cuites au four) aux fruits de mer... Comptez 15-17€. ***Stenies*** *Tél. 22820 24 452*

☺ **Lithodomi** Assiettes soignées et cuisine légère dans cette *lithodomi* (maison en pierre) à la terrasse tournée vers la mer. Fritures de poisson et un bon choix de salades (essayez la roquette-parmesan ou celle au poulet). En été, on se rue sur le *to fagito tis giagias* ("plat de grand-mère"), une moussaka végétarienne (7,50€). Repas 15€. Accueil souriant. ***Ormos Korthiou*** *Tél. 22820 61 093 Ouvert toute l'année : tlj. 9h30-1h*

Hébergement

Choisissez votre lieu d'hébergement selon la durée de votre séjour et ce que vous souhaitez faire à Andros. Si vous comptez y passer un certain temps, optez pour Chora, base idéale de découverte du centre de l'île. Pour un court séjour et des vacances "plage et soleil", préférez-lui Batsi ou Gavrio.

camping

☺ **Camping Andros** Perché sur les hauteurs de Gavrio, un camping de 63 places bien ombragé par des oliviers et qui reste propre, même en haute saison. Belle piscine, petit restaurant, bar, réfrigérateurs collectifs et cuisine commune. Prix fort raisonnables : 6,50€/pers., 3,50€ la tente. Port et plage à 10min à pied. Navette avec le port. ***Gavrio*** *Tél. 22820 71 444 www.campingandros.gr Ouvert mai-sept.*

petits prix

Anna Maria Quatre studios (2-3 pers.) et un appartement (4 pers.) parfaitement tenus, donnant sur un jardin verdoyant où l'on prend son café. Cuisine, TV, clim. mais pas de vue sur la mer. Accueil sympathique d'Anna Maria, qui ne parle que grec. Comptez 35-40€ le studio et 40-80€ l'appartement (selon le nombre de personnes). Pas de petit déj. Pas de CB. ***Batsi*** *À 300m de la plage Tél. 22820 41 692 Ouvert fin mai-fin sept.*

☺ **Karaoulanis Rooms** Dans un immeuble, 5 chambres et 3 appartements impeccables, bien décorés et tout confort (TV, clim., cuisine complète, excellente literie). Dommage qu'un bâtiment désaffecté gâche la vue sur la mer. Le dynamique patron, Giannis Karaoulanis, et son épouse française, Caroline, sont une mine d'informations sur les randonnées dans l'île. Ils louent aussi des scooters et des bateaux sans permis, cf. Se rendre en bateau d'une plage à l'autre (p.545). Chambre 30-50€, appartement 50-80€. Tarifs négociables selon la durée du séjour. *Entre le centre-ville et la plage de Nimborio* ***Chora*** *Tél. 22820 24 412 ou 22820 22 078 ou 69 74 46 03 30 www.androsrooms.gr*

prix moyens

☺ **Meltemi** Onze studios et appartements (clim., TV, wifi, cuisine, coffre) juchés sur les hauteurs de Batsi et offrant, pour la plupart, une vue splendide sur les toits du village et la baie. Précisez bien la situation souhaitée au moment de réserver : les chambres de l'arrière donnent sur une route passante... Plage à 150m. Comptez 60€ le studio, 95€ l'appartement (4-5 pers.). Accueil en grec, mais on ne peut plus chaleureux. *Juste avant l'église Agios Filippos* ***Batsi*** *Tél. 22820 41 016 www.meltemi-andros.gr Ouvert mai-oct.*

Egli Hotel 9 chambres doubles et 3 triples dans cet hôtel du centre de Chora, rénové récemment et avec goût. Très bien situé, près de l'église, il est ouvert toute l'année et permet de se loger agréablement tout juste descendu du bateau. Double de 60 à 70€, triple de 70 à 85€. Petit déj. 8€. *Dans la deuxième rue à droite après la mairie* ***Chora*** *Tél. 22820 22060 ou 69 75 50 19 61 www.eglihotel.gr*

Pyrgos Sareli Dans l'un des plus beaux villages d'Andros, une tour de 1690 dont chacun des trois étages a été transformé en un appartement de charme. Ici, un haut plafond barré de poutres, là des murs épais avec pierres apparentes, mais toujours de l'espace et une vue idyllique sur la vallée et la baie de Korthi. Deux appartements ont été aménagés dans les écuries. TV, cuisine, pas de climatisation sauf dans 2 chambres, décoration assez simple. Idéal pour les familles. Le petit plus : la piscine en balcon au-dessus de la vallée. Appartement pour deux 70-80€, pour quatre 130-160€. Sur réservation, 3 nuits minimum. Pas de CB. ***Aïdonia*** *Tél. 22820 61 804 www.andros.gr/pyrgossareli Ouvert toute l'année*

prix élevés

Andros Holidays Hotel Un complexe moderne de 78 chambres lumineuses, dont le balcon donne sur le large. Déjeuner près de la piscine, dîner sous la véranda et farniente sous les palmiers. Plage privée et court de tennis… L'été s'écoule aussi légèrement qu'une brise. Double de 75 à 110€, petit déj. compris. ***Gavrio*** *Tél. 22820 71443/71384/72200 www.androsholidayhotel.com Ouvert mai-fin sept.*

Likio Studios Une résidence calme et au vert : 16 studios et 2 appartements (jusqu'à 5 pers.) plantés dans le gazon, à 150m de la plage, avec vue sur la mer pour certains. Équipement classique (TV, wifi, clim., cuisine, chauffage central l'hiver), pièces spacieuses et déco minimaliste. Studio 50-80€, appartement 80-130€ pour 4 pers. CB Visa seulement. *Dans une rue parallèle à la plage* ***Batsi*** *Tél. 22820 41 050 www.likiostudios.gr Ouvert toute l'année*

Eleni Hotel Si vous le pouvez, offrez-vous une nuit ou deux dans cette élégante maison de la fin du XIXe siècle reconvertie en hôtel de charme. Les 8 chambres sont décorées avec goût et confortables (TV, clim., réfrigérateur et bonne literie). Plafonds démesurément hauts, parquet ciré, mobilier à l'ancienne… Trois chambres bénéficient d'une vue sur la mer, en revanche, évitez celles du sous-sol, aveugles. Env. 90-110€ en saison avec le petit déj., 80€ hors saison. Prix décroissant en fonction de la durée du séjour. *Empirikou 9 (presque en face de la poste)* ***Chora*** *Tél. 22820 22 270 www.archontikoeleni.gr Ouvert mi-mars-mi-déc.*

Iro Suites Un ensemble agréable géré par Dinos et Iro : 4 studios indépendants dans de petits bâtiments alliant

GAMME DE PRIX	RESTAURATION	HÉBERGEMENT
Très petits prix	moins de 10€	moins de 30€
Petits prix	de 10 à 15€	de 30 à 50€
Prix moyens	de 15 à 20€	de 50 à 80€
Prix élevés	de 20 à 30€	de 80 à 120€
Prix très élevés	plus de 30€	plus de 120€

bois et pierre et entourés de jardins. Prix selon la superfice (le studio de 44m² peut accueillir 4 pers.). Chaque unité dispose d'une terrasse, voire un jardinet. L' accueil est chaleureux, la déco soignée et le petit déjeuner gourmand. De 60 à 90€ pour 2 pers. *À l'entrée de* **Chora** *Tél. 22820 25150 Ouvert mars-oct.*

☺ **Alcyoni Inn** Onze studios pimpants, récents et impeccables dans cette petite résidence balnéaire. Certains sont ravissants, avec leur hublot, leur terrasse et leur déco sobre mais réussie. Préférez ceux de l'étage pour leur vue sur Chora et la baie de Nimborio. Quant au confort, rien à redire : bonne literie, cuisine quasi neuve, TV, climatisation, sèche-cheveux... Comptez 80-100€ (50-65€ sans vue) en été. Également 3 appartements (2-5 pers.) en ville, légèrement excentrés et rénovés en 2011, spacieux et bénéficiant d'un panorama splendide sur la mer et la vallée verdoyante de Paraporti (selon le nombre de clients, 90-120€ en haute saison et 50-80€ hors saison). Coup de cœur pour l'appartement familial n°2. Accueil soigné avec panier petit déjeuner le premier matin. Service gratuit de blanchisserie et transfert de/vers l'arrêt des cars. *Plage de Nimborio* **Chora** *Tél. 22820 23 652 ou 22820 23 805 ou 69 73 40 39 34 www.alcioni.gr Ouvert toute l'année*

☺ **Irene's Villas** Sur les hauteurs de Nimborio, 10 studios et bungalows (2-6 pers.) brillamment refaits à neuf. Dans un environnement luxuriant, on contemple la mer de sa terrasse... Miroirs, canapés gris souris, cheminée, sdb façon tadelakt. Chaque unité est bien équipée (TV, clim., cuisine, transats, chauffage, wifi) et parfaitement séparée des autres. Qui dit mieux ? Studio 40-90€, bungalow 60-110€. *Plage de Nimborio* **Chora** *(à 15min à pied du centre de Chora) Tél. 22820 23 344 ou 69 74 38 32 35 www.irenes-villas.gr Ouvert mi-mars-mi-déc.*

prix très élevés

Krinos Suite Hotel Face au port, cette école inaugurée en 1860 et transformée en hôtel dans les années 1930 a été soigneusement restaurée en 2010. Les 9 suites à l'esthétique épurée du Krinos conjuguent élégance et confort dans la tradition andriote. Le petit déjeuner - à la carte et non au buffet - est considéré comme l'un des 10 meilleurs de Grèce. Pour un séjour chic : Junior suites 150-200€. ***Batsi*** *Tél. 22820 42 038 ou 22820 41 787 www.krinoshotel.com Ouvert fin mai-fin sept.*

Port d'Oia (p.368), Santorin.

GEOREGION

556 Rhodes
576 Karpathos
584 Symi
589 Kos
596 Kalymnos
604 Patmos

RHODES ET LE DODÉCANÈSE

V

Skala
SAMOS
PATMOS
LE PIRÉE
Agia Marina
LEROS
GÜLLÜK KÖRFEZI
Bodrum
KALYMNOS
Kalymnos
(Chora)
Kos
(Chora)
AMORGOS
KOS
ASTIPALEA
Astipalea
TILOS
MER ÉGÉE
Diafani
KARPATHOS
Pigadia
KASOS
SITIA
Thessalonique
TURQUIE
MER ÉGÉE
Athènes
Cyclades
CRÈTE

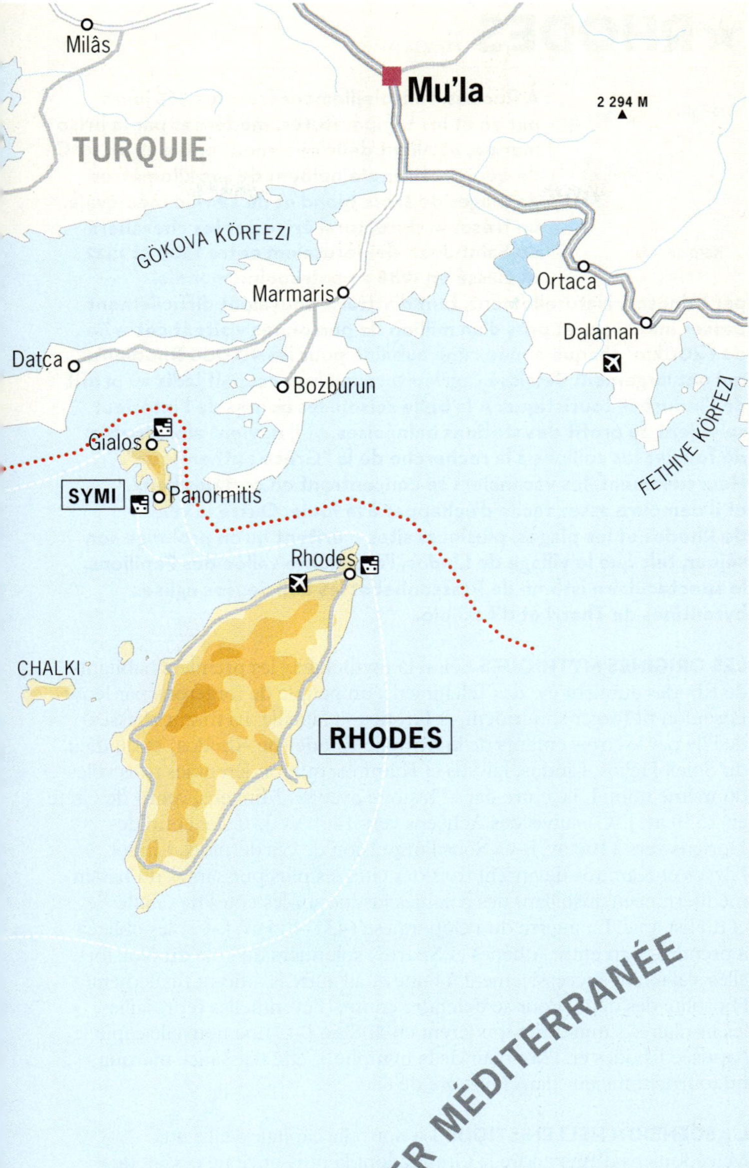
Milâs
Mu'la
2 294 M
TURQUIE
GÖKOVA KÖRFEZI
Marmaris
Ortaca
Dalaman
Datça
Bozburun
Gialos
SYMI
Panormitis
FETHIYE KÖRFEZI
Rhodes
CHALKI
RHODES
MER MÉDITERRANÉE
N
20 km

★ RHODES ΡΟΔΟΣ Ροδος

À Rhodes, l'ensoleillement frôle les 365 jours par an et les températures, modérées par la brise marine, oscillent délicieusement entre 25 et 30°C : de quoi profiter pleinement de ses kilomètres de plages de sable blond et de sa ville médiévale, un trésor architectural érigé par les chevaliers de Saint-Jean-de-Jérusalem entre 1309 et 1522 et classé en 1988 au patrimoine mondial par l'Unesco. Naturellement, tant d'attraits pouvaient difficilement passer inaperçus et près d'un million de personnes visitent cette île de 1 400km² chaque année : une aubaine pour les 90 000 Rhodiens, qui ont largement délaissé l'agriculture qui les occupait jadis au profit de l'industrie touristique. À la belle saison, les bourgs de l'intérieur se vident au profit des stations balnéaires, et il devient alors inutile de fouiller les collines à la recherche de la "Grèce authentique". Heureusement, les vacanciers se concentrent en certains lieux, et il demeure assez facile d'échapper à la foule. Outre la ville de Rhodes et les plages, plusieurs sites méritent qu'on prolonge son séjour, tels que le village de Lindos, l'étonnante vallée des Papillons, le spectaculaire isthme de Prassonissi et les délicieuses églises byzantines de Tharri et d'Asklipio.

LES ORIGINES MYTHIQUES Selon la mythologie, les premiers habitants de Rhodes auraient été des Telchiniens, un peuple de forgerons par lequel Poséidon fit forger son trident, et Kronos sa faucille. Ils furent chassés de l'île par les trois enfants de la nymphe Rhodé (ou Rhodos) et du dieu du Soleil Hélios, Lindos, Ialysos et Kamiros, qui fondèrent les trois villes du même nom. L'île entre dans l'histoire avec les Minoens, venus de Crète en 1550 av. J.-C., suivis des Achéens vers 1400 av. J.-C., et enfin des Doriens vers 1100 av. J.-C. Sous l'impulsion de ces derniers, Lindos, Ialysos et Kamiros devinrent trois des cités les plus puissantes du bassin méditerranéen, installant des colonies jusque sur les côtes de Gaule et d'Hispanie. La guerre du Péloponnèse (431-404 av. J.-C.) les obligea à prendre parti entre Athènes et Sparte : volontiers du côté du plus fort, elles s'allièrent successivement à l'une et à l'autre, s'attirant finalement l'hostilité des deux. Pour se défendre contre d'éventuelles représailles, les insulaires s'unirent et fondèrent en 408 av. J.-C une nouvelle capitale, baptisée Rhodes en l'honneur de la nymphe. Cette naissance marqua un tournant majeur dans l'histoire de l'île.

L'ASCENSION HELLÉNISTIQUE La nouvelle capitale s'allia aux Macédoniens d'Alexandre le Grand, dont la puissance ne cessait de croître, afin de mieux contrer Sparte et Athènes. Elle apporta, notamment, son soutien au conquérant lors du siège de Tyr – sa principale rivale sur le plan commercial. La destruction de cette dernière en 332 av. J.-C. conféra à Rhodes une position hégémonique sur la route maritime reliant l'Asie Mineure au monde hellénique, et l'île connut alors une phase de prospérité extraordinaire. Sa flotte dominait tout l'Est méditerranéen, sa monnaie était reconnue partout, et le fameux "code rhodien de navigation" était respecté par tous les pays voisins (il sera repris par les Romains, puis par les Byzantins). Le roi de Syrie, Antigonos, gêné par les liens privilégiés que Rhodes entretenait avec les Ptolémées d'Égypte, tenta de s'emparer de l'île en 305 av. J.-C. C'est son fils Démétrios Poliorcète qui mena le siège à la tête d'une puissante armée : en vain. Humilié, il dut quitter les lieux en abandonnant son matériel de guerre. La vente de ce dernier servit à financer le célèbre Colosse de Rhodes, emblème du rayonnement de la ville, cf. Le Colosse aux pieds d'argile (p.565).

LE DÉCLIN Le poids de Rome dans les affaires méditerranéennes devint prépondérant vers la fin du IIIe siècle av. J.-C. Fidèle à sa stratégie opportuniste, Rhodes tenta de s'allier aux nouveaux maîtres, mais ceux-ci préférèrent l'affaiblir en faisant de Delos un port libre. Cette nouvelle concurrence ayant divisé ses recettes portuaires par sept, Rhodes dut prêter allégeance à Rome et l'assister dans ses ruineuses campagnes militaires. L'île tenta de s'affranchir de la tutelle romaine après l'assassinat de César : elle le regretta vite, car en 42 av. J.-C. le général Cassius lança une action de représailles, saccageant la ville et délestant ses palais de plus de 3 000 chefs-d'œuvre. Rhodes, moribonde, fut officiellement annexée par Rome en 297, avant de devenir byzantine lors du partage de l'Empire, au IVe siècle.

RHODES AU TEMPS DES CHEVALIERS L'île accueillit saint Paul en 58, avant de sombrer dans l'oubli. Les Perses l'envahirent et la pillèrent en 620, imités par les Sarrasins en 651, puis par les Seldjoukides en 807. Après le sac de Constantinople par les croisés en 1204, les Vénitiens, puis les Génois mirent la main sur l'île. Ces derniers finirent par la vendre aux chevaliers de l'ordre de Saint-Jean-de-Jérusalem (les Hospitaliers), qui s'y installèrent en 1309 malgré la résistance des habitants. Ces grands bâtisseurs métamorphosèrent le chef-lieu insulaire, lui donnant la majeure partie de sa physionomie actuelle, avec ses puissantes fortifications, ses rues pavées, ses palais, ses églises et ses hôpitaux. En 1522, ils durent abandonner la ville au sultan Soliman le Grand à l'issue d'un siège de six mois.

DES OTTOMANS AUX FASCISTES ITALIENS Sous l'occupation ottomane, la population grecque fut chassée de la ville, qui s'enrichit de nombreux bâtiments : mosquées, tours, minarets, fontaines, maisons, hammams. Les Turcs quittèrent l'île en 1912, au bénéfice des Italiens. Ces derniers, à leur tour, la marquèrent de leur sceau avec la construction de la ville nouvelle et du port de Mandraki, de style "rhodo-mussolinien", et avec la restauration de la vieille ville, qui acquit ainsi un aspect "neuf". Symbole de cette restauration plus que contestable : le palais des Grands Maîtres, que Mussolini rebâtit selon son goût pour en faire une résidence secondaire. L'île fut rattachée à la Grèce le 7 mars 1947, en application du traité de Paris.

MODE D'EMPLOI

accès

EN AVION

En été, de nombreux vols relient l'île aux métropoles européennes. De Paris, il peut être intéressant de faire escale à Athènes, Aegean Airlines assurant de nombreuses liaisons Athènes-Rhodes. La liaison Rhodes-Mykonos s'opère via Athènes.

Aéroport de Rhodes À l'aéroport international Diagoras, vous trouverez un café-restaurant, une antenne médicale, une consigne, des distributeurs de billets, un bureau de change et des loueurs de voiture. Une ligne de bus le relie au chef-lieu (en été, une vingtaine de liaisons/j. de 5h30 à 23h30, moitié moins hors saison, env. 2€ AS, 40min de trajet). L'arrêt de bus est situé à environ 300m à gauche de la porte 1 du terminal. En taxi, comptez 15€ et 20min de trajet. ***Paradisi*** *Tél. 22410 88 700 www.rhodes-airport.org*

Olympic Air (plan 39, A1) Relie Rhodes à Karpathos, Astypalaia, Kalymnos, Kastellorizo, Kos, Leros et Siteia en Crète. *Aéroport Tél. 22410 83 400 ou 22410 83 401 www.olympicair.com*

Aegean Airlines Quatre ou 5 liaisons/j. avec Athènes en hiver et 5/j. en été. Une liaison quotidienne Rhodes-Thessalonique toute l'année. *Aéroport Tél. 22410 98 345 ou (0030) 801 112 00 00 www.aegeanair.com*

Sky Express Vols de Rhodes à Heraklion (1/j.), Lesbos et Limnos (5/sem.), Chios et Samos (2/sem.). *Tél. 2810 22 38 00 ou 801 11 28 28 88 www.skyexpress.gr*

Taxis ***Paradisi*** *Tél. 22410 81461*

EN BATEAU

Du Pirée Des ferries relient chaque jour Le Pirée à Rhodes. Attention, ils ne font pas toujours la route sans escale (13h), certains s'arrêtent sur les autres îles du Dodécanèse et le trajet peut alors durer plus de 18h. On trouve également des liaisons fréquentes avec la Crète (escale à Karpathos) et certaines îles des Cyclades.

De la Crète et de Karpathos Un ferry par semaine assure la liaison Agios Nikolaos-Sitia-Karpathos-Rhodes, plus rarement Heraklion.

Des autres îles du Dodécanèse Un peu plus chers mais nettement plus rapides que les ferries, les catamarans (plus confortables que les hydrofoils, compagnie Dodekanisos Express, www.12ne.gr) assurent une navette quotidienne entre Rhodes, Kos, Kalymnos, Leros, Lipsi, Symi et Patmos. Il est également possible d'emprunter les ferries omnibus Rhodes-Le Pirée. Les horaires, prix, et trajets changeant tous les ans en mai, nous vous invitons à consulter les sites www.directferries.fr, www.gtp.gr, www.ferries.gr ou www.aferry.gr. et à vous renseigner dans les agences de voyage locales. Le prix du billet en catamaran est environ 2 fois plus élevé que celui du ferry.

orientation

Rhodes est la plus grande île du Dodécanèse : 78km de longueur et 38km de largeur pour une superficie de 1 400km^2. L'intérieur de l'île est dominé par des montagnes aux formes douces, culminant au mont Atavyros (1 215m). Les plaines se concentrent pour l'essentiel sur d'étroites bandes littorales, bordées de côtes aux formes régulières où les kilomètres de plages ne sont interrompus que par de rares falaises. Le climat doux et humide assure un abondant couvert végétal, avec de nombreuses forêts en montagne et quelques vignobles sur la côte ouest. La côte nord-est, dotée des plus

Plan 39 Rhodes-ville

Restauration (n°1)
Niochori ________ **1** A1

Hébergement (n°10)
New Village Inn Hotel . **10** A1

---

belles plages, est la plus touristique. La côte sud-ouest, très venteuse, est la plus sauvage.

se déplacer

EN CAR

Gare KTEL De nombreux cars relient le chef-lieu aux stations balnéaires de la côte est : en été, Katavia (4/j.), Faliraki (50/j. l'été), Afandou (15/j.), Haraki (2/j.), Lindos (16/j.), Genadi (13/j.) ; d'autres desservent les villages de la côte ouest : Koskino (8/j.), Salakos (5/j.), Kalavarda (8/j.), Monolithos (1/j.), Petaloudes (5/j.) et Embonas (2/j.). En revanche, l'extrême sud de l'île est assez mal desservi. *Pl. Rimni* ***Rhodes*** *Tél. 22410 26 300 (côte ouest) ou 22410 27 706 (côte est) ou 22410 24 268 www.ktelrodou.gr*

EN VÉHICULE DE LOCATION

Un véhicule de location vous permettra d'explorer Rhodes bien plus facilement que le car, car l'intérieur de l'île est mal desservi. Les routes principales sont bonnes, et une simple berline permet de rallier l'ensemble des sites intéressants. Toutefois, mieux vaut disposer d'un 4x4 sur certaines routes de l'intérieur. On trouve des stations-service un peu partout et pléthore de loueurs à Rhodes, dans la nouvelle ville. La moto offre une alternative agréable, tandis que le scooter peut se révéler assez fatigant du fait des distances relativement importantes.

informations touristiques

EOT (plan 39, B2) Horaires des cars et des bateaux, nombreux renseignements sur les diverses manifestations et activités, et aide pour trouver un logement. Personnel sympathique et dynamique. *Angle des rues Makariou et Papagou (ville nouvelle) Tél. 22410 44 333 www.ando.gr/eot Ouvert lun.-ven. 8h30-15h*
Office de tourisme municipal (plan 39, B2) Distribue gratuitement des plans de la ville. *Averof 3 Tél. 22410 35 945 www.rhodes.gr (site officiel de la municipalité de Rhodes) Ouvert lun.-ven. 7h-15h*
Police touristique (plan 39, B2) *Averof 3 Même bâtiment que l'OT Tél. 22410 27 423 ou 22410 23 329*

informations pratiques

Agence consulaire de France (plan 40, B2) *Dans l'antique auberge de France, rue des Chevaliers (Ipoton) Tél. 22410 22 318 Ouvert lun. et ven. 9h30-13h*
Hôpital général Andreas Papandreou (hors plan 39) *Ioanni Ritsou/Konstantinou Kavafi* **Rhodes** *Tél. 2241 080 000*
Police (plan 39, B1) *Ethelonton Dodekanission 45 (rue parallèle au port de Mandraki, ville nouvelle) Tél. 22410 23 849*

DÉCOUVRIR

☆ La ville de Rhodes

☆ Les essentiels La citadelle, le bourg, les plages **Découvrir autrement** Admirez l'Aphrodite de Rhodes au Musée archéologique, grimpez en haut de la tour de l'Horloge pour jouir d'une vue magnifique

La vieille ville de Rhodes (plan 40) s'est superposée à l'antique cité de Rhodes, fondée en 408 av. J.-C. Celle-ci se développa de manière ininterrompue pendant 2 400 ans, accumulant les vestiges de différentes époques : dans l'Antiquité, elle comptait plus de 100 000 habitants et couvrait plus de 700ha, contre 48ha pour la vieille ville actuelle ! Ceinte d'une muraille médiévale, cette dernière est englobée par la ville nouvelle (plan 39), héritée des fascistes italiens.

La vieille ville

Encore pourvue de son enceinte médiévale jalonnée de bastions et percée de 11 portes, elle se compose de deux secteurs distincts : la citadelle (Collachium), qui regroupe les palais des chevaliers, le château des grands maîtres et autres constructions de l'ordre, et le bourg, au sud, où habitaient les Grecs, les Juifs, les Francs puis les Turcs. La muraille qui séparait ces deux secteurs a fait place à la rue Sokratous. Cette dernière et son prolongement, la rue Aristotelous, toutes deux bordées de boutiques, vous serviront de point de repère lors de votre exploration.

☆☺ **Citadelle (Collachium)** Installé sur le site de la cité byzantine, ce quartier fortifié regroupait les sept "auberges des Langues" – résidences des chevaliers de Saint-Jean, selon leur nationalité : Allemagne, Angleterre, Aragon, Auvergne, France, Italie et Provence – et les autres bâtiments de l'ordre.
Palais des Grands Maîtres (plan 40, A1) Juché au plus haut point de la citadelle, ce palais du XIVe siècle en impose par ses dimensions (80m x 75m) et la puissance de ses murailles, qui lui permirent de résister avec un minimum de dommages au siège de 1522. Les Turcs s'en servirent comme prison, puis l'abandonnèrent, avant que l'explosion d'un dépôt de poudre ne le fasse voler en éclats en 1856. Les Italiens le restaurèrent afin d'en faire une résidence pour le roi Victor-Emmanuel III ("roi d'Italie et d'Albanie, empereur d'Éthiopie") et pour Mussolini, qui ne s'y sont jamais rendus. L'extérieur du bâtiment est relativement fidèle à l'original, mais l'authenticité de l'intérieur fut sacrifiée à la folie des grandeurs fasciste. Un escalier monumental en marbre vous conduira dans une succession de pièces richement ornées, aux sols pavés de mosaïques hellénistiques et romaines originaires de Kos. La salle Laokoonta abrite une copie du célèbre *Laocoon*. Cette œuvre du Ier siècle av. J.-C., due aux sculpteurs rhodiens Agésandros, Athénodoros et Polydoros, , fut longtemps considérée, dans la foulée de l'essai *Laocoon* rédigé par Lessing en 1766, comme le chef-d'œuvre absolu de la sculpture, avant de tomber un peu dans l'oubli. Au rez-de-chaussée, deux belles expositions consacrées à la Rhodes médiévale et à la Rhodes antique. *Tél. 22413 65 270 Ouvert nov.-avr. : mar.-dim. 8h-15h ; mai-oct. : mar.-ven. 8h-20h, sam.-lun. 9h-16h Tarif 6€, seniors 3€, moins de 18 ans et étudiants de l'UE gratuit*
Rue des Chevaliers - odos Ipoton (plan 40, B2) Cette rue dont le tracé rectiligne tranche avec le reste de la ville relie le palais à la place Moussiou, à l'est. Elle est bordée de constructions gothiques, à la fois luxueuses et austères. Au sortir du palais, sur la gauche en descendant, vous passerez sous la loge de Saint-Jean, qui marque l'entrée de la rue, pour rejoindre l'auberge de Provence qui se dresse face à l'auberge d'Espagne, toutes deux bâties au XVe siècle. Un peu plus bas, à gauche de la rue, se succèdent l'**auberge de France** (1492-1521), à la longue façade ornée des blasons des Grands Maîtres d'Aubusson et d'Amboise, la chapelle de France (ou église de la Sainte-Trinité) décorée d'une Vierge à l'Enfant de style gothique, et enfin l'auberge d'Italie, achevée en 1519. Le premier étage de l'auberge de France (*Katalima Gallias*, la plus belle de toutes) accueille des expositions d'art contemporain ; le rez-de-chaussée, le consulat de France. La rue s'achève au pied de l'église Sainte-Marie-du-Château, qui abrite désormais le **Musée byzantin** (actuellement fermé). Cathédrale de Rhodes jusqu'en 1309, cette église byzantine du XIe siècle fut transformée en 1523 en mosquée par les Turcs, qui substituèrent au clocher un minaret. On peut y admirer quelques fresques byzantines. **Auberge de France** *Expositions d'art contemporain sous l'égide du consulat de France Tél. 22410 22 318 Ouvert lun. et ven. 9h30-13h Entrée libre*

Plan 40 Rhodes, vieille-ville

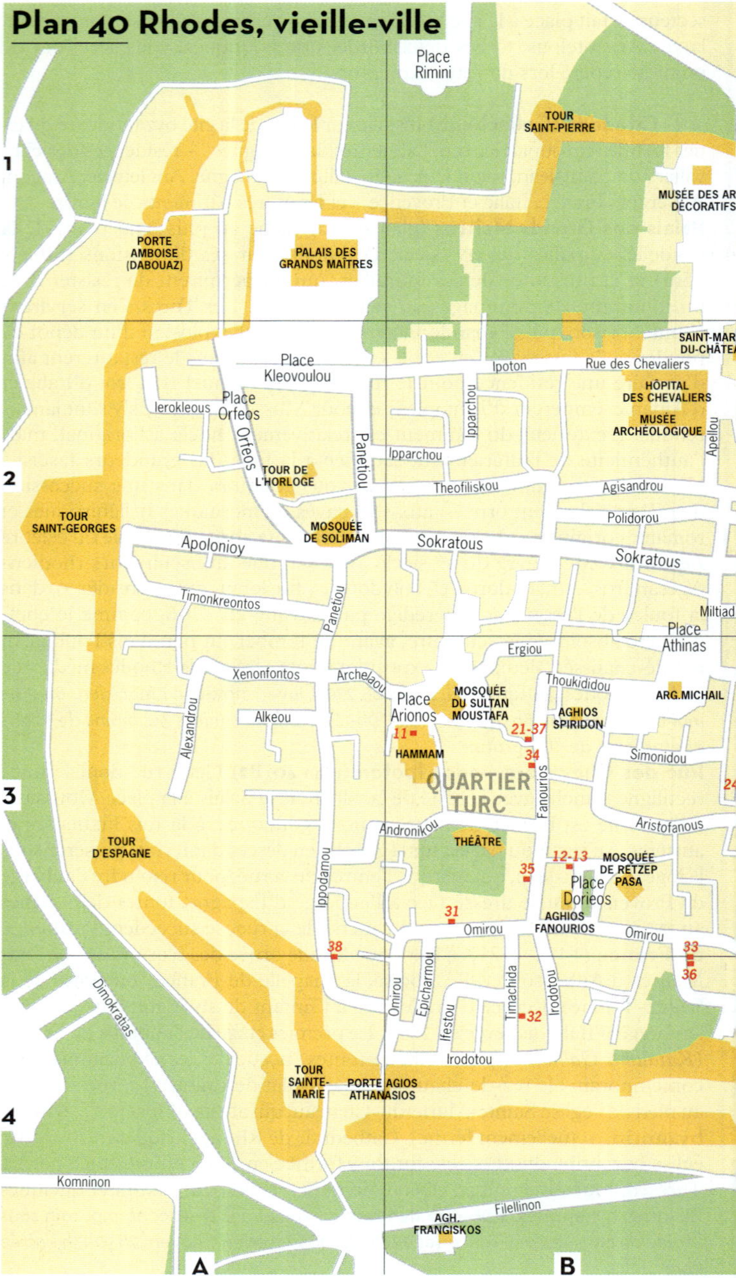

PORTE DE LA LIBERTÉ
TOUR DE NAILLAC
PORTE SAINT-PAUL
PORTE DE L'ARSENAL (TARSANA)
TEMPLE APHRODITE
QUAI DES FERRIES
TOUR DE FRANCE
DÉBARCADÈRE
PORT COMMERCIAL
PORTE DE LA MARINE
MOSQUÉE DE SINTRIVAN
Place Ippokratous
SAINTE-MARIE DE LA VICTOIRE
PORTE AGIOS EKATERINI
PANAGHIA TIS NIKIS
Aristotelous
HOSPICE SAINTE-CATHERINE
Themistokleous
10
Place Platonos
Pindarou
MOSQUÉE D'IBRAHIM
Lissipou
Place Evreon-Martiron
SAINTE-MARIE-DU-BOURG
Thiseos
Kisthiniou
Promitheos
Minoos
Dosadiou
Alhadef
20
Pithagora
Dimosthenous
Perikleous
Place Sofokleous
SYNAGOGUE
QUARTIER JUIF
Fidiou
Gavala
Dionisiou
PORTE D'AKANDIA
Kleovoulinis
Kleovoulinis
Tavriskou
I. Konth
Pithagora
Place Leonidou-Rodiou
Perikleous
ÉGLISE SAINTE-CATHERINE
Tlipoleou
TOUR D'ITALIE
Ekatonos
Place Nafsikas
Klisthenous
Nikiou
Kimonos
Archaiou Efthimiou
PORTE DE KOSKINOU
Vironos
N
50 m
C
D

Cafés, bars et lieux de sortie (n°10 à 13)
Hammam — **11** B3
Mango Bar — **12** B3
Mon Café — **10** C3
Oasis — **13** B3

Restauration (n°20 à 24)
Restaurant Marco Polo — **21** B3
Romios — **20** C3
Taverne Nireas — **24** B3

Hébergement (n°31 à 38)
Apollo — **33** B3-B4
Hôtel Andreas — **36** B4
Hôtel de Paris — **35** B3
Hotel Stathis — **31** B3
Medieval Inn — **32** B4
Pension Marco Polo — **37** B3
Pension Olympos — **34** B3
S. Nikolis' Hotel — **38** A3-A4

Hôpital des Chevaliers – Musée archéologique (plan 40, B2) L'hôpital, édifié de 1440 à 1484 pour soigner les pèlerins et les croisés, renvoie à la mission des chevaliers de Saint-Jean, ordre hospitalier et militaire. À gauche, dans la cour centrale, un large escalier permet de rejoindre l'ancienne infirmerie, qui pouvait accueillir une centaine de malades. La chapelle gothique, au centre, forme une conque sur la façade extérieure, côté rue. À l'étage sont exposées les collections du musée, dont l'une des pièces maîtresses est l'Aphrodite de Rhodes, un petit marbre du IIIe siècle av. J.-C., qui montre la déesse remontant ses cheveux d'un geste gracieux. *Tél. 22410 25 500 ou 22410 31 048 ou 22413 65 256 Ouvert juin-oct. : mar.-dim. 8h-19h45 ; nov.-mai : mar.-dim. 8h-15h Tarif 3€, seniors 2€, moins de 18 ans et étudiants de l'UE gratuit*

☆ ☺ **Bourg** Il se compose de deux parties, le quartier turc au sud-ouest du Collachium et le quartier juif au sud-est. Les Italiens se sont fort heureusement abstenus de le restaurer, et ses ruelles labyrinthiques possèdent un charme qui fait un peu défaut au Collachium, à l'esthétique très léchée.
Quartier turc (plan 40, B3) Il est dominé par la tour de l'Horloge (1851), qui offre une vue magnifique sur la vieille ville. À côté de la tour, l'imposante mosquée de Soliman (1808) dresse son minaret légèrement incliné face à la Bibliothèque turque (1794), et ses précieux manuscrits turcs, arabes et persans. Face à la mosquée, la rue Ippodamou vous plongera au cœur du quartier, qui a largement conservé son aspect médiéval. Les arcades qui enjambent les rues avaient pour vocation de protéger les bâtiments contre les séismes. Prenez le temps de vous perdre dans les ruelles enchanteresses, émaillées de jolies places, telles la place Arionos, agrémentée d'un hammam et d'une mosquée, la place Sofokleous, où l'on trouve certaines des meilleures tavernes de la ville, et la paisible place Dorieos, dominée par la mosquée Radjeb Pacha.
Quartier juif (plan 40, C3) Il a moins d'unité que le quartier turc, et nombre de ses maisons sont en ruine. Des quatre synagogues d'origine ne subsiste que celle de Kal Kadosh Shalom, richement décorée. La place des Martyrs-Juifs, au bout de la rue Aristotelous, évoque le souvenir des quelque 1 800 juifs qui y furent regroupés sur ordre de Hitler, avant d'être envoyés en camp de concentration. Le palais de l'Archevêque (XVe s.) la domine. **Synagogue Kal Kadosh Shalom** *Rue Dossiadou à quelques pas de la place des Martyrs-juifs Tél. 22410 22 364 www.jewishrhodes.org Ouvert dim.-ven. 10h-15h*

● Où se désaltérer ?

Oasis (plan 40, B3 n°13) Un endroit que nous vous conseillons essentiellement pour le charme de la place, très paisible, et le confort de la terrasse, qu'ombragent de grands ficus. On peut y faire une pause l'après-midi ou à l'apéritif, et y prendre éventuellement un petit déjeuner. *Pl. Dorieos 12 Tél. 22410 34 253 Ouvert tlj. 9h-0h*

Mango Bar (plan 40, B3 n°12) Voisin du précédent, à la fois pension (chambres bruyantes), café Internet et bar-restaurant le soir. *Pl. Dorieos 3 Tél. 22410 24 877 www.mango.gr Ouvert avr.-mai : tlj. 9h-18h ; juin-sept. : tlj. 9h-23h ; oct. : tlj. 9h-18h*

Hors des remparts

La Rhodes antique (plan 39, A2) La colline du Monte Smith, au sud-ouest de la vieille ville, doit son nom à l'amiral anglais Smith qui, en 1802, y installa un observatoire afin de surveiller la flotte napoléonienne durant la guerre contre les Turcs. C'est l'antique acropole de Rhodes. On peut y voir un petit théâtre et un stade trop restaurés, ainsi que quelques colonnes. L'endroit est libre d'accès et c'est au coucher du soleil qu'on en profite le mieux.

La ville nouvelle (plan 39, A1) Le quartier de Neochori ("nouveau bourg"), qui s'étend à l'ouest et au nord-ouest de la vieille ville, fut aménagé par les Italiens, avant de s'étendre sous la pression du tourisme par l'adjonction de grands hôtels disgracieux. Le port de Mandraki conserve toutefois un certain charme. Il est bordé par une succession de bâtiments inspirés de la Rome antique, caractéristiques de l'architecture mussolinienne : la poste centrale, la banque de Grèce, le palais du gouverneur et l'église de l'Annonciation, réplique de l'église Saint-Jean qui s'élevait jadis devant le palais des Grands Maîtres. L'entrée du port est gardée par deux colonnes surmontées respectivement d'un cerf et d'une biche, symboles de Rhodes, dressées à

Le Colosse aux pieds d'argile

Considéré comme l'une des Sept Merveilles du monde antique, le géant de bronze représentant le dieu Hélios mesurait 33m de haut. Le sculpteur Charès de Lindos mit douze ans à le réaliser, et son inauguration eut lieu en 282 av. J.-C. Les historiens crurent longtemps qu'il s'élevait à l'entrée du port de Mandraki, et c'est ainsi qu'on continue généralement de le représenter : un pied de chaque côté du port, une main levée au-dessus de la tête ceinte de rayons (le sculpteur français Bartholdi s'en inspira pour sa statue de la Liberté). Mais le rapport entre la hauteur du colosse et la largeur du port tend à infirmer cette hypothèse : il aurait fallu qu'il fasse un acrobatique grand écart... L'œuvre devait donc plutôt se dresser dans le jardin d'Hélios, près du palais des Grands Maîtres. Quoi qu'il en soit, sa gloire fut de courte durée puisqu'un séisme le fit céder en son point le plus sensible, le genou, qui toucha terre pour ne plus jamais se relever, cinquante-cinq ans seulement après son inauguration. Neuf siècles plus tard, les envahisseurs arabes le découpèrent pour le vendre en morceaux : selon la légende, il fallut pas moins de 900 chameaux pour les évacuer !

l'endroit où la légende situe les pieds du Colosse, cf. Le Colosse aux pieds d'argile (p.565). Au milieu du môle, trois moulins à vent médiévaux rappellent l'époque où le grain déchargé par les bateaux était moulu sur place. Ils précèdent le fort Saint-Nicolas, bâti au XVe siècle par les chevaliers pour repousser les attaques turques.

● ☆ **Aller à la plage** La ville de Rhodes est entourée de longues plages de sable, en partie couvertes de parasols et de chaises longues investis par la clientèle des grands hôtels environnants. Si vous n'avez pas envie de payer pour vous baigner, rejoignez l'aquarium (plan 39, A1), à la pointe nord : sur la gauche vous attend une zone propre, mais sans parasols.

L'île de Rhodes

☆**Les essentiels** La vallée des Papillons, Lindos, les églises byzantines de Tharri et d'Asklipio, l'isthme de Prassonissi, Monolithos, Kamiros Skala
Découvrir autrement Randonnez dans les pinèdes d'Epta Piges, baignez-vous dans la crique d'Agia Agathi, à Haraki

Au sud-ouest de la ville de Rhodes

Mont Filerimos et acropole de Ialissos Le site, entouré par les pins de la colline de Filerimos, évoque l'une des trois cités doriennes de l'île (avec Lindos et Kamiros), qui connurent leur apogée au Ve siècle av. J.-C. avant de décliner au profit de la ville de Rhodes. Il fut découvert par deux archéologues amateurs en 1876, et l'essentiel des objets provenant des fouilles se trouve au British Museum et au Louvre. Il ne reste pas grand-chose de la cité antique, hormis une fontaine inaccessible au public en raison de la fragilité du terrain. Spectaculaire, quoiqu'un peu dénaturée par les restaurations successives, la chapelle Notre-Dame-de-Filerimos fut érigée par les chevaliers de Saint-Jean, avant que Soliman ne les chasse, en 1522, au terme d'un siège mené du sommet de cette colline. *À 15km de Rhodes Tél. 22410 92 202 Ouvert juin-15 oct. : sam.-lun. 8h30-14h40, mar.-ven. 8h30-18h40 ; 16 oct.-mai : mar.-dim. 8h30-15h Tarif 3€*

☆**Petaloudes (vallée des Papillons)** Cette petite vallée verdoyante abrite une espèce endémique de papillon, de 6cm d'envergure, aux ailes rouge et brun. Les œufs sont pondus en septembre, puis la chenille opère cinq mues d'octobre à avril avant de se transformer en papillon à partir du mois de juin. La visite ne devient véritablement spectaculaire qu'en juillet, le nombre de lépidoptères atteignant son apogée en août. La promenade est alors très plaisante, à l'ombre des arbres qui bordent la rivière. Le nombre de papillons diminuant depuis quelques années, il est demandé de respecter certaines consignes : ne pas faire trop de bruit, ni fumer et ne pas secouer les branches notamment. Un petit musée accessible avec le ticket d'entrée vous attend en bas du parcours, ainsi qu'une

D'UN COUP D'AILE Courir après les papillons : une activité faite pour les enfants ! Le spectacle est féerique en été, mais attention aux bruits et aux mouvements brusques…

taverne très correcte (le Butterflies Restaurant, évidemment !), installée sous les arbres. *Sur la route du sud-ouest Après Paradissi, tourner à gauche Tél. 22410 82 822 Ouvert mai-sept. : tlj. 8h-18h ; oct. : tlj. 8h-17h Tarif 3-5€*

La côte nord-est

Au sud de Rhodes, la côte est est jalonnée de belles plages de sable, telles Ladico, Tsampika et Stegna, faisant toutes l'objet d'une importante exploitation touristique. Voici les autres principaux lieux d'intérêt.

Kallithea Récemment restaurés, ces thermes de style Art déco furent construits par les Italiens en 1928-1930. Ils composent un ensemble assez curieux, avec leurs sols de mosaïque et leur petite coupole en béton. Une plage s'étend à droite du parking, mais on peut lui préférer la crique qui s'ouvre au pied des bains. Les clubs de plongée de Rhodes entraînent ici leurs élèves. *À 11km de Rhodes*

Faliraki Une station balnéaire et une immense plage de sable, surtout fréquentée par les passagers des charters britanniques. Les Rhodiens disent que ses rues se muent la nuit en un théâtre de la débauche… *À 18km de Rhodes*

Epta Piges (les Sept Sources) Ce lieu verdoyant – et très touristique –, à 4km à l'ouest de Kolimpia, se compose d'un petit lac artificiel et de belles pinèdes sillonnées de sentiers faciles d'accès. La principale attraction consiste à remonter à pied le tunnel souterrain qui alimente le lac (les claustrophobes lui préféreront le sentier à l'air libre). Une taverne dispose de très agréables terrasses sous les arbres, au bord de l'eau : mieux vaut se contenter d'y boire un verre car la nourriture est chère et médiocre. *À env. 40km de Rhodes*

Panagia Kyra Il vous faudra gravir 300 marches pour accéder à ce petit monastère qui jouit d'une vue époustouflante sur la baie de Tsambika et sa merveilleuse plage (très fréquentée). À ne pas manquer, même si le monastère ne présente guère d'intérêt.

Lindos et la côte orientale

Charaki Ce petit village s'étend le long d'une plage de galets en forme de croissant, qui se mire dans une jolie baie. L'endroit possède un charme certain malgré sa modestie : le piton rocheux qui le surplombe porte les ruines de la forteresse de Feraklos (la dernière de l'île tombée aux mains des Turcs). Doté de quelques chambres à louer et tavernes, Charaki offre une étape agréable dans une ambiance paisible et familiale. En suivant sur 300m la piste carrossable qui mène à la forteresse, on rejoint une crique à l'eau très claire, Agia Agathi, agrémentée d'une belle plage de sable et d'une taverne, l'une et l'autre passablement fréquentées. *À env. 40km de Rhodes*

★☺ **Lindos** Lieu de villégiature chic fréquenté essentiellement par des Italiens et des Allemands fortunés il y a encore vingt ans, Lindos draine aujourd'hui une clientèle nettement plus populaire, et sa rue centrale est un

Plan 41 L'île de Rhodes

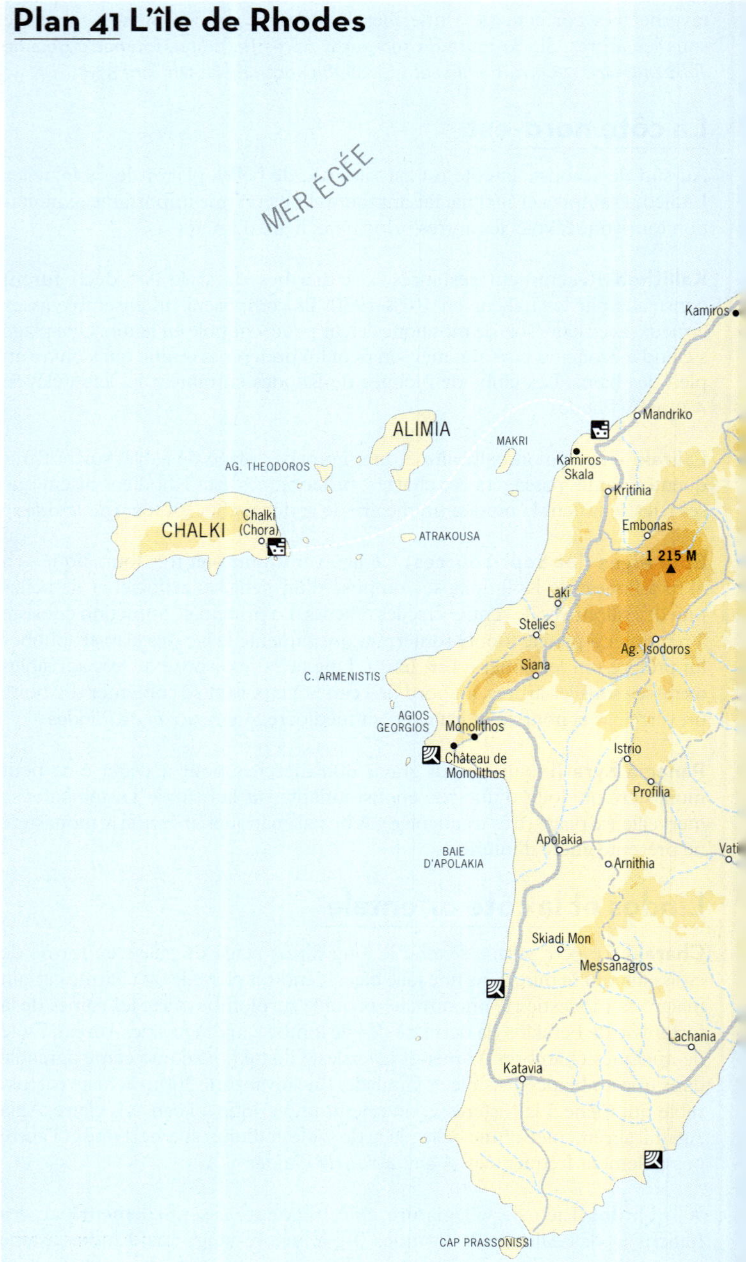

C. MILON
LE PIRÉE, PATMOS, KALYMNOS, LEROS, CHIOS
Rhodes
Kremasti
MONT FILERIMOS
Acropole de Ialissos
Paradisi
Pastida
Koskino
Kallithea
Theologos
Maritsa
Soroni
Fanes
Faliraki
Kalavarda
Pétaloudès
Kalithies
C. NISI
VALLÉE DES PAPILLONS
Psinthos
Afandou
BAIE D'AFANDOU
Salakos
Dimilia
PROFITIS ILIAS
▲ 798 M
Eleoussa
Archipoli
Sept Sources
Kolimbia
CAP VAGIA
Apollona
Platania
Epta Pighès
Panagia Kyra
BAIE DE TSAMBIKA
Stegna
Archangelos
BAIE DE STEGNA
Malonas
POINTE D'ARCHANGELOS
Masari
Faraklos
Charaki
Laerma
Kalathos
Monastère de Tharri
Pilonas
Lardos
Lindos
Asklipio
Pefki
GLISTRA
C. GINAS
MER MÉDITERRANÉE
Genadi
BAIE DE GENADI
KARPATHOS
N
5 km

continuum de boutiques kitsch, entre lesquelles les badauds se bousculent l'été. En basse et moyenne saison, toutefois, les parties basse et surtout haute du village sont pratiquement désertes, et l'on tombe vite amoureux de ses ruelles en flânant entre les vieilles maisons aux murs chaulés et aux linteaux de porte sculptés, dont beaucoup sont reconverties en pensions de charme. La **citadelle**, qui domine le village du haut d'un piton rocheux tombant abruptement dans la mer, regroupe des fortifications élevées par les chevaliers de Saint-Jean, l'acropole datant de 1100 av. J.-C., et une petite église byzantine. Au cœur du village, dans la rue principale, une autre **église byzantine** abrite des fresques bien conservées. Deux belles demeures traditionnelles, la maison du capitaine et la Papakonstandis Mansion, sont ouvertes au public à des heures aléatoires. En contrebas, au nord et au sud, s'ouvrent deux ravissantes petites baies en fer à cheval, frangées de plages de sable. La plus petite, au sud, est la moins envahie ; saint Paul y aurait accosté. Pour vous garer, le plus simple est de gagner la sortie sud du village, où vous trouverez de nombreuses places de stationnement gratuites. *À 50km de Rhodes (1h de trajet env.)* **Office de tourisme** *Tél. 22440 31 900 Ouvert juil.-août : lun.-sam. 9h-21h, dim. 9h-13h et 18h-21h ; sept. : lun.-sam. 10h-15h, dim. 10h-13h* **Citadelle** *Tél. 22440 31 258 Ouvert mai-août : sam.-lun. 8h30-14h40, mar.-ven. 8h30-19h40 ; sept.-avr. : mar.-dim. 8h30-14h40 Tarif 6€, seniors 3€, étudiants et moins de 18 ans gratuit* **Fresques byzantines** *Ouvert lun.-sam. 9h-13h et 18h-19h30, dim. 9h-15h Entrée libre*

Glistra Une belle plage de sable qui a l'avantage de ne pas être trop fréquentée. *À quelques kilomètres au sud de Lindos, peu avant Lardos*

☺ Le sud de l'île

☆ **Monastère de l'Archange-Saint-Michel / Tharri** Ne manquez pas de vous rendre jusqu'à ce petit monastère, tant pour la beauté de la route, qui serpente dans les pinèdes, que pour les fresques de son église byzantine (1300-1450) dédiée à l'archange saint Michel. Le monastère de Tharri est le plus ancien de l'île ; abandonné un temps, il héberge depuis 1990 une douzaine de moines, qui vous demanderont de vous couvrir les jambes avant d'entrer. *À env. 30km de Lindos, à proximité de Laerma* **Église byzantine** *Ouvert tlj. toute la journée*

TAVERNE À VUE
Pour une pause-déjeuner, la taverne Agapitos vous offrira sa formidable terrasse panoramique. Dommage que la nourriture soit quelconque. Pas de CB.
Taverne Agapitos
Asklipio Tél. 22440 47 255 Ouvert tlj. 8h-dernier client

☆ **Asklipio** De Tharri, une très belle piste indiquée *"Kastro"* vous permettra de découvrir la Rhodes agreste. Vous atteindrez le village d'Asklipio après 20min de conduite environ. Accroché au flanc d'une montagne, il est dominé par les ruines d'un château bâti par les chevaliers de Saint-Jean, auquel on peut accéder en voiture (vue splendide sur la côte ouest et les collines verdoyantes de l'intérieur). Mais c'est surtout l'église byzantine cachée au cœur du village qui retiendra votre attention. Elle a été consacrée, en 1060, à l'Assomption de la Vierge, et sa nef et son transept abritent des fresques du

XIVe siècle d'une beauté exceptionnelle. Le petit Musée folklorique et religieux attenant présente des objets de la vie quotidienne. *À env. 25km de Lindos* **Église byzantine** *Ouvert été : lun.-sam. 9h18, dim. 9h-14h Entrée libre*

☆**Prassonissi** La route sinue agréablement à travers une lande sauvage jusqu'à un site grandiose, à la pointe sud de l'île : un isthme de sable à fleur d'eau entre les mers Égée et Méditerranée. Le vent et les vagues venus de l'ouest s'opposent aux eaux plus calmes de l'Égée, conférant au spectacle une majesté certaine. Les véliplanchistes s'en donneront à cœur joie (location de matériel sur place, 20€/h). Ceux qui aspirent à un peu de confort trouveront matelas et parasols sur une portion de la plage, ainsi qu'une épicerie et quelques tavernes. Le camping sauvage, officiellement interdit sur l'île, est toléré du côté ouest (mais le vent dissuade plutôt de s'y installer). *À env. 50km de Lindos*

La côte ouest

La route qui longe la côte ouest traverse certains des paysages les plus verdoyants et montagneux de l'île. Elle offre de magnifiques panoramas sur la mer et les îles ancrées au large, ainsi que plusieurs haltes intéressantes. Les occasions de baignade sont assez rares du fait du meltem, qui souffle assez fort en été.

☆**Monolithos** Ce petit village accroché à flanc de montagne ne présente qu'un intérêt relatif (d'autant que les tavernes y sont de piètre qualité) : nettement plus intéressant est son château (XVe s.) qui se dresse à 2km à l'ouest au sommet d'un spectaculaire piton rocheux. Il offre une vue époustouflante sur la côte et les petites îles que l'on découvre au large. En poursuivant la route, on accède à la plage de sable et de gravier de Fourni, encore sauvage, entourée de pins et de beaux rochers. Une camionnette-taverne permet d'y prendre un en-cas. *À env. 47km à l'ouest de Lindos et 75km au sud-ouest de Rhodes* **Château** *Entrée libre Attention : nombreuses marches à gravir*

Le Dodécanèse vu d'en haut

Chambres avec vue

Rooms to let Zenovia Sfiriou (Rhodes) 575
Roses Studios (Karpathos) 583
Marousso Kouva (Patmos) 611
House Michelis Michalis (Patmos) 612

Restaurants avec terrasse

Agostino's (Rhodes) 573
Jimmy's Balcony (Patmos) 610

Routes panoramiques

Côte ouest de Rhodes 571
Côte est de Karpathos 580

Les plus beaux belvédères

Quartier turc (Rhodes) 564
Panagia Kyra (Rhodes) 567
Monolithos (Rhodes) 571
Chorio (Symi) 586
Asclepeion (Kos) 594
Château de Pera (Kalymnos) 600
Mont Profitis Ilias (Patmos) 610

Villages perchés

Asklipio (Rhodes) 570
Embonas (Rhodes) 572

☆ **Kamiros Skala** Cet antique village de pêcheurs fondé par les marins crétois accueille aujourd'hui de nombreuses tavernes à touristes sises au bord de l'eau, spécialisées dans les plats de poisson. À 2km au sud du village, une petite route conduit au *kastro* Kritinia, aux murailles blasonnées. Magnifique panorama sur la côte depuis l'arrière des ruines (attention au vertige et aux enfants). *À env. 48km de Rhodes*

Kamiros L'une des trois cités doriennes originelles, avec Ialissos et Lindos, qui s'unirent pour fonder la ville de Rhodes au Vᵉ siècle avant notre ère. Kamiros déclina rapidement après la naissance de la nouvelle capitale. Le site resta longtemps enfoui et ne fut découvert qu'en 1859, ce qui explique son excellent état de conservation. Il ne possède pas de bâtiments spectaculaires, mais les ruines sont suggestives. On remarquera particulièrement les deux petits temples, l'agora, une citerne et une maison dorienne. *À env. 35km de Rhodes Tél. 22410 40 037 Ouvert juin-sept. : sam.-lun. 8h-14h40, mar.-ven. 8h-19h40 ; oct.-mai : mar.-dim. 8h-15h Tarif 4€, seniors 2€, gratuit pour les moins de 18 ans et les étudiants de l'UE*

Embonas Faites une pause dans ce village perché à 900m d'altitude pour déjeuner et goûter ses deux spécialités, très réputées dans l'île : de savoureuses saucisses et du vin, blanc sec ou rouge doux (légèrement sucré, au fort goût de cerise). Nous vous recommandons la taverne Maroulakis, dotée d'une grande tonnelle au centre du village, à la jonction des deux rues principales. Ils font leurs saucisses et leur vin eux-mêmes, et c'est un régal. *À env. 55km de Rhodes*

Profitis Ilias L'énorme bâtisse de style alpin perdue au milieu des pins, des cèdres et des cyprès, à 798m d'altitude, sur le mont Profitis Ilias, fournirait un excellent décor à un film tiré d'un roman d'Agatha Christie. Il s'agit d'un ancien centre de vacances aménagé par les Italiens dans les années 1920 ; en cours de réhabilitation, il constitue un bon point de départ à une randonnée dans la fraîcheur des pinèdes environnantes. On trouve une petite taverne à proximité. *À env. 25km de Kamiros*

CARNET D'ADRESSES

Lieux de sortie

Bars de nuit

La vie nocturne du vieux Rhodes se concentre dans le petit périmètre délimité par les rues Miltiadou, Dinokratous, Evripidou, Platanos et Damagitou. Vous n'aurez qu'à choisir celui de leurs nombreux bars qui vous attire le plus. Nous en citons deux, parmi les plus anciens et les plus agréables.

Mon Café (plan 40, C3 n°10) Les petites banquettes de ce café oriental débordent sur le trottoir. On vient là en début de soirée pour boire un verre ou déguster une assiette de *mezedes*, en fumant un narguilé et en écoutant toutes sortes de musiques traditionnelles. *Evripidou 10* ***Rhodes*** *Tél. 69 45 57 68 84 Ouvert tlj. 9h30-tard*

Hammam (plan 40, B3 n°11) Ce bar élégant situé à deux pas de la taverne

Nireas (p.573) a été aménagé dans un ancien hammam. Un bel endroit pour siroter des cocktails en écoutant de la musique live au piano-bar. *Eschilou 26* ***Rhodes*** *Tél. 22410 33 242 Ouvert avr.-oct. : tlj. 12h-2h ; nov.-mars : ven.-dim. 22h-3h*

Restauration

Comme tout site très touristique, la ville de Rhodes abrite quantité de restaurants de piètre qualité, concentrés autour des rues Sokratous et Aristotelous. En s'éloignant un peu vers le sud de la vieille ville, on trouve quelques bonnes tables, mais souvent un peu onéreuses et pas toujours grecques. Lindos regorge de restaurants peu convaincants, mais nous avons retenu de bonnes adresses.

petits prix

Niochori / Νιοχωρι (plan 39, A1 n°1) Voilà une adresse précieuse à Rhodes : une authentique taverne familiale, qui sert une cuisine traditionnelle simple, nourrissante, savoureuse et bon marché. Ici, pas de menu en vingt-cinq langues, une décoration sobre et beaucoup de gentillesse. Comptez 10€ le repas. Pas de CB. *I. Kazouli 29 (ville nouvelle)* ***Rhodes*** *Tél. 22410 35 116 Ouvert mars-déc. : tlj. 13h-0h ; jan.-mars : lun.-sam. 13h-0h*

prix moyens

Romios / Ρωμιος (plan 40, C3 n°20) La carte balaie large, depuis les nombreux plats traditionnels *(pastitsio, soutzoukakia, kokkinisto…)* aux fruits de mer (crevettes, poulpes et oursins…) en passant par les pizzas et les pâtes. L'agréable terrasse abritée par un énorme ficus est toujours pleine, un succès au bon rapport qualité-prix et au service efficace. Env. 15€/pers. *Sofokleous 15* ***Rhodes*** *Tél. 22410 25 549 Ouvert mars-oct. : tlj. 11h-0h*

☺ **Agostino's** C'est la première taverne que vous verrez en venant du parking aménagé à la sortie sud de Lindos. Le soir, on peut dîner sur le toit-terrasse en admirant la vue sur le village et l'acropole. Certainement le meilleur rapport qualité-prix de Lindos. Tout un choix d'entrées de 5 à 8€ : flûte de fromage au miel (6€), rouleau d'aubergines au *chaloumi* (fromage chypriote, 6€). Nombreux plats de 8 à 15€, dont un feuilleté d'agneau au thym (12€). Excellente feta cuite au four avec de la tomate, bonnes viandes en sauce. Le patron aime son métier, ce qui suffit à le distinguer de la plupart de ses concurrents. ***Lindos*** *Tél. 22440 31 218 Ouvert mai-oct. : 12h-0h*

prix élevés

☺ **Taverne Nireas (plan 40, B3 n°24)** Une des meilleures tables de la ville. À la carte (traduite en français), exclusivement des poissons et fruits de mer : crevettes de Symi, moules *saganaki*, salade d'oursins… Tout est savoureux et raffiné, y compris la sélection de douze petits desserts. Le patron, un passionné, est originaire de Symi, nouvel épicentre de la gastronomie grecque. On dîne dans une salle voûtée ou en terrasse, sur une jolie place pavée. Les Grecs s'y rendent bien habillés. Environ 20-25€ par pers., dessert et vin compris. *Sofokleous 22 (vieille ville)* ***Rhodes*** *Tél. 22410 21 703 Ouvert mars-nov. : tlj. 12h-0h*

☺ **Restaurant Marco Polo (plan 40, B3 n°21)** Ce petit établissement aménagé dans la cour intérieure de la pension Marco Polo sert des plats légers, raffinés et savoureux, d'inspiration méditerranéenne. Ambiance calme et romantique. Entrées env. 6-11€ : purée de fèves aux oignons caramélisés, sauce balsamique et menthe ; poulpe à la roquette, sauce balsamique. Plats env. 11-18€ : porc aux figues et au *manouri* (fromage) sauce aigre-douce, poisson du jour. *Agiou Fanouriou 42* ***Rhodes*** *Tél. 22410 29 115 Ouvert avr.-oct. : tlj. 19h-0h*

Hébergement

Attention, Lindos est très touristique, chère, et la plupart des pensions travaillent avec des agences de tourisme : il est donc très difficile de s'y loger en haute saison pour les voyageurs indépendants. Les quelques adresses que nous avons dénichées échappent à la règle. Si vous voyagez en juillet-août, il est prudent de réserver. Si vous ne trouvez pas de place, ou si la foule vous dérange, vous pourrez vous loger à Charaki, à une dizaine de kilomètres au nord.

petits prix

Hotel Stathis (plan 40, B3 n°31) Dix chambres très simples (certaines avec lavabo) partageant 5 salles de bains. La cour arborée est agréable pour le petit déjeuner. Du toit, vue plongeante sur le théâtre en plein air voisin, qui accueille des danses folkloriques, synonymes de bruit jusqu'à minuit. Bon accueil. Double à 30-35€ selon la taille (équipées de ventilateurs). Petit déjeuner 3€. Pas de CB. *Omirou 60* ***Rhodes*** *Tél. 22410 24 357 stathishotel@yahoo.gr Ouvert avr.-oct.*

New Village Inn Hotel (plan 39, A1 n°10) Une excellente adresse cachée dans une ruelle d'un bout de vieille ville enclavé dans la nouvelle. Dix chambres (40-50€), dont 2 avec balcon (45-55€), décorées avec goût, certaines très spacieuses, dans une maison en pierre très paisible. Toutes disposent de la clim., de la TV, du wifi, d'un réfrigérateur, d'un ventilateur et d'une salle de bains. La dynamique patronne, Maria Karagiannis, fera tout pour rendre votre séjour agréable, des renseignements touristiques à la location de voitures à des prix imbattables. *Konstantopedos 10 (ville nouvelle)* ***Rhodes*** *Tél. 22410 34 937 www.newvillageinn.gr Ouvert toute l'année*

Angela Rooms to let Idéalement placés sur la plage, avec terrasse et vue sur la mer, 6 studios équipés d'une cuisine, d'un balcon et de la clim. 30-50€. ***Charaki*** *Tél. 22440 51 546 Ouvert avr.-oct.*

Pension Elektra La plus grande pension pour voyageurs indépendants de Lindos propose 10 chambres (8 doubles, 2 triples) dans une grande maison blanche, dans la partie basse du village. Jardin, terrasse et petite cuisine pour faire son café le matin. Air conditionné. Double 30€-50€ selon la saison, 50€ la triple. Pas de CB. *Rue principale 66* ***Lindos*** *Tél. 22440 31 266 Ouvert mars-nov.*

prix moyens

Medieval Inn (plan 40, B4 n°32) Cette coquette pension du XIVe siècle a été récemment rachetée et restaurée par Manos, un jeune anglophone. Au cœur de la vieille ville, sous de majestueuses voûtes en pierre, les amoureux pourront s'abriter du monde. Agréable terrasse pour le petit déjeuner (5€). Chambre double de 50 à 60€. *Timachida 9* ***Rhodes*** *Tél. 22410 22 469 ou 69 42 77 11 30 www.medievalinn.com Ouvert avr.-oct.*

Pension Olympos (plan 40, B3 n°34) Les plus belles chambres de cette pension confortable (TV, clim., réfrigérateur, sèche-cheveux) donnent sur le jardin ; les autres, de taille variable, sur une petite cour verdoyante. Bon petit déjeuner (en option, à 7€). Accueil un peu commercial, mais sympathique de la part de Georges et Maria. Double à 45-70€. Quatre studios pour 2 à 4 personnes (cuisine équipée, balcon, TV, clim.) à 45-80€. *Agiou Fanouriou 56* ***Rhodes*** *Tél. 22410 33 567 ou 69 45 57 32 65 www.pension-olympos.com www.pensionolympos.info Ouvert toute l'année*

☺ **Apollo (plan 40, B3-B4 n°33)** Une pension de 6 chambres installée dans une ruelle très calme. Quatre des chambres bénéficient d'un panorama épatant sur la vieille ville, les 2 autres, privées de vue, reviennent moins cher. Toutes ont leur propre sdb. La chambre n°1 bénéficie d'une double exposition et d'un lit à baldaquin. Umberto, le chaleureux patron, un Hollandais d'origine chilienne, vous donnera des tas de conseils utiles sur la ville. Cuisine à disposition. Comptez 50-80€ (petit déj. compris) selon la chambre et la saison (réduction pour pers. seules). Internet à disposition. Un excellent rapport qualité-prix. *Omirou 28C* ***Rhodes*** *Tél. 22410 32 003 www.apollo-touristhouse.com Ouvert avr.-oct.*

☺ **Hôtel Andreas (plan 40, B4 n°36)** Cette pension de charme occupe un ancien harem, dans une partie retirée du quartier turc. La salle du petit déjeuner et certaines chambres (dont l'ancienne chambre du pacha) jouissent d'une vue remarquable sur la vieille ville (la plus belle de Rhodes peut-être). L'établissement appartient à une dessinatrice de mode américaine, qui a décoré les 7 chambres avec fantaisie. Toutes ont un prix différent, oscillant entre 30€ et 50€ (basse saison), 70€ et 80€ (haute saison). Petit déj. continental compris. Réserver à l'avance. *Omirou 28D* ***Rhodes*** *Tél. 22410 34 156 www.hotelandreas.com Ouvert toute l'année*

☺ **Villa Mika** Une maison de la fin des années 1920, à la belle cour pavée de galets noirs et blancs. Trois chambres – dont une exceptionnelle pour 3 pers. (40-80€), avec lustre au plafond et sol de galets traditionnel – avec kitchenette, sdb, clim. et TV. Double à 35-60€ selon la saison. *À deux pas de Rooms to let Zenovia Sfiriou ; suivre les panneaux, demandez le chemin (tout le monde se connaît) ou s'adresser au n°489 de la rue principale, où habite Francine, la mère francophone de Mika, qui loue également une chambre pour 2 pers., à proximité (30-45€)* ***Lindos*** *Tél. 22440 48 309 ou 69 46 05 49 55 dsifis@otenet.gr Ouvert toute l'année*

☺ **Rooms to let Zenovia Sfiriou** Quatre chambres dans une ravissante maison du début du XXe siècle, au porche en pierre sculptée et à la belle cour pavée de petits galets noirs et blancs, qu'ombragent une vigne et un oranger. Les chambres sont charmantes, hautes de plafond, avec sdb, clim. et kitchenette. Celle de l'étage, particulièrement vaste, est dotée de 3 lits, d'une TV, d'une terrasse et d'une vue spectaculaire sur Lindos et l'acropole. De 30 à 60€ selon la chambre et la saison. *Last but not least,* la pension est juchée sur les hauteurs de Lindos, la partie la plus belle et la moins touristique. *Du parking situé à la sortie sud de Lindos, descendre la rue jusqu'à la porte en bois marquée du n°484 Au besoin, demander son chemin au restaurant Agoustinos. Zenovia, la propriétaire, qui a grandi* *au Maroc, parle assez bien le français* **Lindos** *Tél. 22440 31 973 ou 69 78 48 77 46 Ouvert toute l'année*

prix élevés

Hôtel de Paris (plan 40, B3 n°35) Vingt-quatre chambres sans charme, mais confortables (TV, clim., sèche-cheveux, coffre, réfrigérateur, serviettes moelleuses...), disposées autour d'une grande cour faisant office de cafétéria le soir (mais elle est souvent vide). Conseillé seulement si vous ne trouvez pas de lit ailleurs, car les patrons sont d'une morosité décourageante. Double à 60-80€, petit déj. compris. Loue aussi des studios équipés avec cuisine pour 80-100€, avec petit déj., et deux suites à respectivement 120-160€ et 200-220€. *Agiou Fanouriou 88* **Rhodes** *Tél. 22410 26 356 www.paris-hotel-rhodes.gr Ouvert avr.-oct.*

☺ **Pension Marco Polo (plan 40, B3 n°37)** Cette construction médiévale a été réaménagée au XVIIe siècle par un pacha turc pour y loger ses trois femmes, puis par des Italiens dans l'entre-deux-guerres. Le résultat, hétéroclite, est plein de charme. Tenue par un couple de Grecs très chaleureux, la pension appartient à un peintre italien qui a décoré les 7 chambres à sa manière, baroque et colorée. Certaines donnent sur un agréable petit jardin. Double entre 90-110€ et 140-160€, selon la chambre. Petit déj. savoureux (fruits, confitures maison...), inclus dans le prix de la chambre. Réfrigérateur et wifi. *Agiou Fanouriou 40-42* **Rhodes** *Tél. 22410 25 562 www.marcopolomansion.gr Ouvert avr.-oct.*

prix très élevés

S. Nikolis' Hotel (plan 40, A3-A4 n°38) Ce très bel hôtel occupe une antique maison turque, bâtie il y a trois siècles en lisière de la vieille ville. On y trouve des chambres standards cossues (80-150€), certaines avec un balcon donnant sur le jardin, de magnifiques suites (180-300€) aménagées en mezzanines et dotées de Jacuzzi, ainsi que des appartements (100-160€ + 15€ petit déj. continental). Petit déj. sur le toit, d'où l'on découvre toute la vieille ville. TV, wifi, coffre. Bar-restaurant. *Ippodamou 61* **Rhodes** *Tél. 22410 34 561 www.s-nikolis.gr Ouvert toute l'année*

KARPATHOS ΚΑΡΠΑΘΟΣ Καρπαθος

La deuxième plus grande île du Dodécanèse (301km²) se tient à l'écart de la route maritime Le Pirée-Rhodes qui relie les autres îles de l'archipel : cet isolement relatif et son relief tourmenté – qui culmine à 1 200m et freine les déplacements intérieurs – expliquent pourquoi son développement touristique est resté si limité malgré la beauté de son littoral. L'île tente depuis quelques années d'attirer les vacanciers, notamment grâce aux investissements des Karpathiens revenus au pays après avoir fait fortune aux États-Unis et en Australie, mais ce tourisme nouveau reste concentré en quelques lieux précis, facilement évitables.

Les voyageurs épris de grands espaces et de liberté peuvent donc continuer à emprunter tranquillement ses routes vertigineuses, accrochées entre ciel et terre le long des lignes de crête, pour découvrir certaines des plus belles plages de Grèce. Pigadia, son port principal, constitue un point de chute convivial et accueillant.

MODE D'EMPLOI

accès

EN AVION

Karpathos étant assez mal desservie par les ferries, l'avion peut constituer une alternative intéressante.

Aéroport de Karpathos *À 15km au sud de Pigadia Tél. 22450 23 101 Liaisons en taxi uniquement avec le reste de l'île*

Olympic Air D'Athènes : 2 vols/j. les lun., mer. et dim. (1h20 de trajet : 92€ pour Karpathos-Athènes, 110€ pour Athènes-Karpathos). De Rhodes : 1 ou 2 vols/j. (40min, 47€). *Tél. 22450 91 030*

EN BATEAU

Du Pirée : 2 liaisons/sem. en haute saison, dont 2 en ferry (19h de trajet, 39€). De Rhodes et la Crète (18€) : 2 liaisons/sem. avec le ferry qui relie Sitia, Agios Nikolaos, Heraklion, Karpathos et Rhodes. Arrêts à Diafani et Pigadia. Le trajet dure environ 5h. Liaison Rhodes-Karpathos : 3/sem. en été, 2/sem. en hiver (env. 20€).

Capitainerie de Pigadia *Tél. 0245 22 227*

orientation

L'île se divise en deux parties bien distinctes : le Nord (région d'Olymbos et Diafani) et le Sud (au sud de Spoa), séparées par des montagnes abruptes. Les deux parties se sont développées de manière autonome, comme s'il s'agissait de deux îles différentes dotées de leurs propres coutumes, traditions et dialectes. La partie sud est plus développée et prospère, la partie nord plus pauvre et montagneuse.

informations touristiques

Possi Travel Personnel aimable et efficace. Vente de billets pour le ferry. *Sur le port* ***Pigadia*** *Tél. 22450 22 627 ou 22450 22 235 Ouvert lun.-sam. 8h-13h et 17h-20h*

Police touristique *Pigadia Tél. 22450 22 212*

se déplacer

EN CAR

Gare routière KTEL Liaisons Pigadia-Ammopi (1,60€, 6/j., de 8h20 à 17h30), Aperi-Volada-Othos-Piles (1,90€, 3/j., de 7h à 17h), Aperi-Kyra Panagia (3,20€, 3/sem.), Menetes-Arkasa-Finiki-Lefkos (4,10€, 4/sem.), Pigadia-Olymbos-Diafani (8€, 3/j). *Au croisement des rues Dimokratias et 28-Oktovriou* ***Pigadia*** *Tél. 22450 22 338 ou 22450 22 206 www.ktelbus.com*

EN TAXI

Taxis Pigadia Le tarif des courses est affiché : Ammopi 10€, Aperi 12€, aéroport 20€, Lefkos 50€, Spoa 30€, Lastos (30€) et Arkassa (22€). *Tél. 22450 22 705*

EN BATEAU-TAXI

Si vous n'êtes pas motorisé, ils vous permettront de rejoindre les plages de la côte est, telles Apella, Kyra Panagia et Achata, pour 10€ environ.

Ils partent à 9h30 et reviennent à 17h ou 18h.

EN BATEAU D'EXCURSION
Une des solutions pour explorer le nord de l'île depuis Pigadia consiste à prendre le bateau d'excursion pour Diafani. Départ chaque jour à 8h30, retour à 18h ; le prix du billet (23€) inclut l'excursion en bus pour Olymbos.

EN VÉHICULE DE LOCATION
Certaines plages de la côte est ne sont accessibles que par bateau ou par des chemins de terre en mauvais état. Ceux qui en ont les moyens opteront pour le 4x4, mais il est possible d'aller partout avec une voiture conventionnelle ou un scooter à condition de rouler lentement. Attention, il n'y a que quatre stations-service dans l'île, toutes situées autour de Pigadia (deux au sud du village, deux au nord ; la plus au nord dispose d'un système de lavage gratuit). Si vous circulez à scooter, pensez à faire le plein avant de partir. Vous trouverez plusieurs loueurs de véhicules à Pigadia.

Hertz *Pigadia Tél. 22450 29 051 Ouvert mai-oct. : tlj. 8h-13h et 17h-21h*

Auto-Motor Center Rent Motorbike Propose un matériel qui n'est pas toujours de première fraîcheur à des prix très compétitifs. *Sur la route de la plage* ***Pigadia*** *Tél. 22450 22 048 ou 22450 61 329 Ouvert avr.-oct. : tlj. 8h-21h*

informations pratiques

Centre médical *Pigadia Tél. 22450 22 228*

Police *Pigadia Tél. 22450 22 223*

DÉCOUVRIR

Karpathos

☆ **Les essentiels** La côte orientale **Découvrir autrement** Promenez-vous à la tombée de la nuit sur le port de Pigadia, plongez dans les eaux d'Ammopi, visitez le village d'Othos situé sur la ligne de crête de l'île, randonnez dans les pinèdes autour de Lefkos

Pigadia et le centre

Pigadia Le chef-lieu et principal port de l'île est aussi appelée Karpathos. Vous n'en tomberez peut-être pas amoureux, mais ce bourg convivial doté d'une longue plage de sable constitue un bon camp de base pour explorer l'île. Grâce aux investissements des insulaires émigrés aux États-Unis et en Australie, Pigadia s'est bien développé ces dernières années. On distingue d'ailleurs assez facilement son noyau historique, autour du petit port de pêche, du "nouveau" Pigadia, qui s'étend vers le nord et la plage. Ce quartier récent, constitué pour l'essentiel de tavernes pour touristes et d'hôtels travaillant avec des voyagistes, manque un peu d'âme. Très calme dans la journée, la bourgade s'anime le soir, quand touristes et insulaires se promènent sur le port.

Ammopi Cette succession de criques abrite de très jolies petites plages de sable léchées par une eau turquoise. Vous n'y trouverez pas de "village" à proprement parler, mais un éparpillement de petits hôtels, de tavernes et de

Plan 42 Karpathos

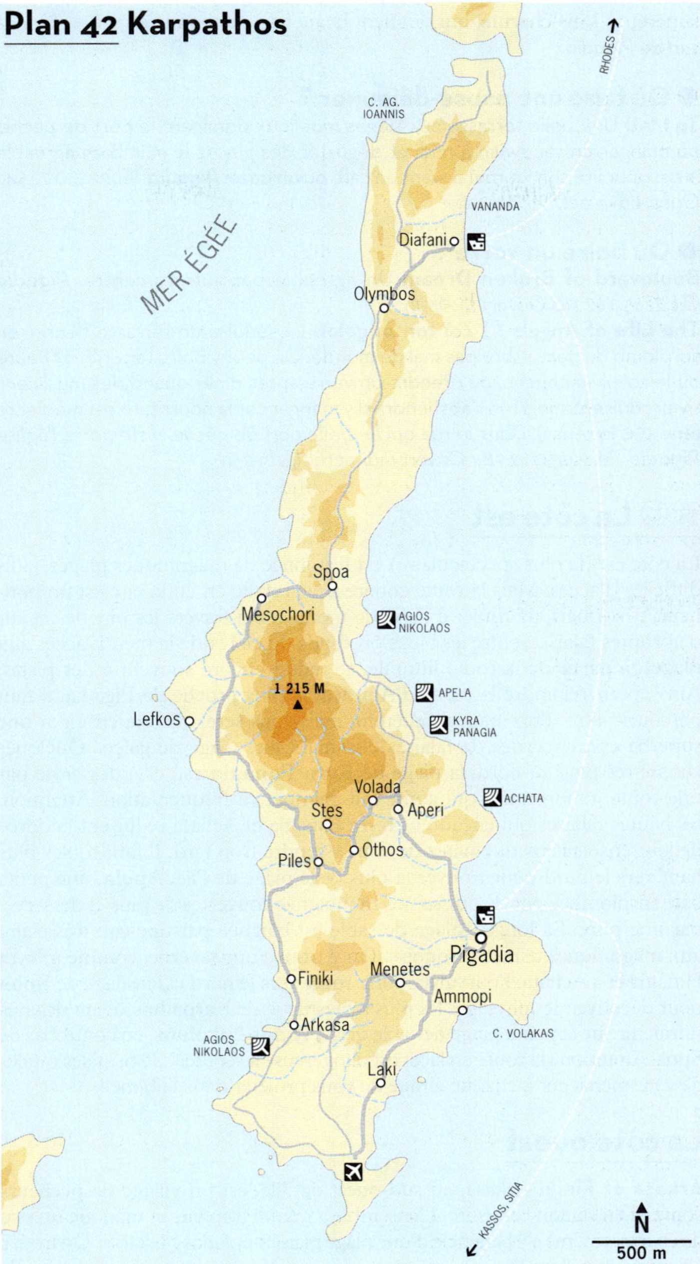

supérettes sans charme, qui drainent beaucoup de monde en été. *À 8km au sud de Pigadia*

● Où faire une pause-déjeuner ?

To Mati Une belle terrasse aux sièges moelleux dominant le port de pêche, où manger un sandwich à midi et déguster des glaces le soir. Bien agréable aussi pour lire son journal devant un café ou un ouzo. ***Pigadia*** *Tél. 22450 22 546 Ouvert avr.-oct. : tlj. 6h-22h*

● Où boire un verre ?

Boulevard of Broken Dream Un agréable bar-pub du centre. ***Pigadia*** *Tél. 22450 22 710 Ouvert tlj. 9h-1h*

The Life of Angels / I Zoï ton Angelon La séduisante terrasse fleurie, en surplomb du port, attire pas mal de monde. On peut y boire l'apéritif à l'heure où le soleil se couche, ou prendre un verre après dîner quand des musiciens s'y produisent, mais l'on s'abstiendra d'y manger car la nourriture est médiocre (env. 15€ le repas). *Dans la rue qui longe le port de pêche, juste après l'église* ***Pigadia*** *Tél. 22450 22 984 Ouvert mai-oct. : tlj. 11h-23h*

☆☺ La côte est

La côte est (la plus spectaculaire) est festonnée de magnifiques plages, jadis difficiles d'accès. Mais la route côtière a été refaite en 2004 et c'est un bonheur, désormais, de rouler à flanc de montagne à travers les pinèdes et sur d'abruptes falaises, entre les bleus profonds du ciel et de la mer. L'accès aux plages, à partir de la route littorale, se réduit encore souvent à des pistes. Ainsi, pour rejoindre la plage d'**Achata**, la plus proche de Pigadia, il faut parcourir 4km d'un mauvais chemin, mais vous serez récompensé par une superbe crique cernée de falaises dominant une plage de galets. Quelques kilomètres plus au nord, la plage de **Kyra Panagia** est, elle, desservie par une route goudronnée, qui a vite fait grimper sa fréquentation. Attention, les hautes falaises qui encadrent Kyra Panagia et Achata réduisent la durée de leur ensoleillement : évitez de vous y rendre trop tard. Il faut rouler plus haut vers le nord pour trouver la plus belle plage de l'île, **Apela**, une petite baie surplombée par de puissantes montagnes couvertes de pins et desservie par une piste. Sa longue plage de sable est baignée par une eau très claire aux magnifiques teintes turquoise. On y trouve une taverne, comme à Kyra Panagia et à Achata. Poursuivez votre route vers le nord et le village de **Spoa** pour découvrir les paysages les plus majestueux de Karpathos, avant de vous rafraîchir sur la petite plage de sable gris d'**Agios Nikolaos**, en contrebas de Spoa. Attention : la route en lacet est dangereuse à scooter : de brutales rafales de vent menacent à chaque virage de vous projeter dans l'abîme !

La côte ouest

Arkasa et Finiki Arkasa, au sud-ouest de l'île, est un village de pêcheurs converti en station balnéaire. L'ensemble a grandi trop vite et manque un peu de charme, même s'il bénéficie d'une plage plaisante, Agios Nikolaos. On trouve à l'entrée du village les restes d'une basilique paléochrétienne (beau dallage de mosaïque). Finiki, autre petit village de pêcheurs, s'étend quelques kilomètres plus au nord : c'est un endroit modeste et calme, doté d'une petite plage. *Arkasa se trouve à env. 15km à l'ouest de Pigadia et Finiki à 2km au nord d'Arkasa*

Lefkos L'environnement montagneux assez majestueux et les trois jolies plages de sable abritées par des anses rocheuses en font le plus beau site de la côte ouest. Le village, lui, se réduit à un microscopique port de pêche et à quelques hôtels éparpillés, attirant une clientèle de voyages organisés. Au programme : manger, paresser sur la plage et randonner à travers les pinèdes environnantes. L'un d'eux longe la côte vers le nord jusqu'à Mesochori. La végétation de cette zone côtière, ravagée par un incendie en 2004, reprend peu à peu ses droits. Une petite citerne romaine marque l'entrée du village. *À 18km au nord d'Arkasa et 30km au nord-est de Pigadia*

Mesochori Si ce village accroché au flanc de la montagne semble mourir doucement, il a conservé quelque charme avec son lacis de ruelles entrecoupées d'innombrables escaliers, sur lesquels flottent des odeurs de figues et de jasmin. Un petit *kafeneion* se cache en son cœur. *À 6km au nord-est de Lefkos*

Le nord de l'île

Diafani Avec sa jetée et sa soixantaine de maisons serrées les unes contre les autres, Diafani ressemble à un port de pêche grec des années 1960 : c'est charmant, intime, reposant et dépaysant… mais assez peu pratique pour qui compte y séjourner : il n'y a ni banque, ni station-service, ni bureau de poste, ni connexion Internet. Si ces inconvénients ne vous rebutent pas, sachez qu'on y trouve de nombreuses chambres à louer, une épicerie et diverses tavernes qui profitent de la clientèle de passage drainée par les bateaux d'excursion en provenance de Pigadia et à destination d'Olymbos. Si la plage de galets ne vous convient pas, vous en trouverez une autre plus au nord (à env. 25min de marche), plus sauvage et isolée : Vananda. *À 48km au nord de Pigadia*

Au cœur de Karpathos

Les villages de Menetes, d'Aperi, de Volada, de Stes, d'Othos et de Piles, au cœur de l'île, ne présentent qu'un intérêt architectural relatif, mais ils fournissent un prétexte à d'agréables promenades. **Othos** (11km au nord-ouest de Pigadia) est sans doute le plus intéressant d'entre eux, en raison notamment de son implantation sur la ligne de crête de l'île et ses splendides points de vue. Le village abrite deux petites galeries d'art naïf – l'une de figurines en bois, l'autre de petits tableaux. L'homme qui tient cette dernière vous fera visiter, moyennant 1€, une maison traditionnelle karpathienne, avec son lit en bois, ses tentures et sa mosaïque de sol en galets blancs et noirs. Les sentiers qui sillonnent la campagne environnante invitent à la randonnée.

Olymbos Ce village accroché au flanc du mont Profitis Ilias a longtemps fasciné les ethnologues, car son organisation sociale est matrilinéaire – le patrimoine familial se transmet de la mère à la fille aînée –, et le dialecte parlé inclut des termes doriques très anciens. Les villageoises s'habillent traditionnellement de jupes, tabliers, vestes et foulards noirs brodés de fleurs de couleurs vives, qu'elles accompagnent de bottes en cuir de chèvre. Mais depuis que le tourisme est devenu la principale source de revenu, le village illustre la difficulté, si ce n'est l'impossibilité, de faire cohabiter un monde traditionnel et son exploitation commerciale. La rue centrale est truffée de boutiques proposant des tissus brodés, de l'huile d'olive et des bottes en chèvre, et sa visite en compagnie de touristes venus en bus d'excursion, si elle reste intéressante, n'a plus guère de charme. *À 5km à l'ouest de Diafani*

CARNET D'ADRESSES

Restauration

Attention : plus on s'éloigne du "centre historique" de Pigadia, plus on s'approche des hôtels pour passagers des charters et plus les tavernes sont médiocres. Les adresses suivantes sont proches du centre.

petits prix

Chrissi Akti Face à l'embarcadère, en attendant le bateau... Correct pour env. 15€/pers. ***Diafani***

Mike's Taverna On pourrait croire que Mike possède un véritable empire, puisqu'on trouve sous ce nom un hôtel, une taverne et un glacier à Pigadia, ainsi qu'un hôtel et une taverne à Olymbos. Il n'en est rien : tous ces Mike sont différents... Mais celui-ci est le plus ancien : la taverne a ouvert il y a une quarantaine d'années (et changé de propriétaire depuis, mais pas d'enseigne). Une longévité qui s'explique certainement par un bon rapport qualité-prix : on y mange fort correctement pour environ 12€ (entrée + plat). Pas de CB. *Dans une rue perpendiculaire au port de pêche* ***Pigadia*** *Tél. 22450 23 866 Ouvert mai-sept. : tlj. 11h-0h*

To Kyma / Το Κυμα Pour ses excellents poissons et fruits de mer, ainsi que ses plats régionaux traditionnels. La terrasse, la deuxième en partant de l'embarcadère, est très agréable. Assiette de poisson frais accompagné de légumes : 13-15€. Pas de CB. ***Pigadia*** *Tél. 69 76 91 30 02 Ouvert avr.-oct. : lun.-sam. 10h-14h et 17h-0h, dim. 17h-0h*

Poséidon Carte classique et prix modérés (entrée + plat : 11-12€), service courtois. Jamais de mauvaise surprise. Le soir, agréable vue sur la mer et les montagnes. ***Afiartis*** *Tél. 22450 91 066 Ouvert mai-oct. : tlj. 12h-0h*

GAMME DE PRIX	RESTAURATION	HÉBERGEMENT
Très petits prix	moins de 10€	moins de 30€
Petits prix	de 10 à 15€	de 30 à 50€
Prix moyens	de 15 à 20€	de 50 à 80€
Prix élevés	de 20 à 30€	de 80 à 120€
Prix très élevés	plus de 30€	plus de 120€

Taverna Under The Trees Campée au bord d'une petite plage de galets, cette taverne un peu isolée est réputée pour la fraîcheur de son poisson et la qualité de son accueil. On mange sous les arbres, comme son nom l'indique, et face à la mer. Des chaises longues sont gracieusement mises à la disposition des clients sur la grève, à l'ombre, pour une petite sieste face aux vagues avant la baignade. Comptez env. 13€. ***Piles** (4km au nord de Pigadia) Tél. 69 77 98 47 91 Ouvert mai-oct. : tlj. 11h-1h*

Golden Beach Restaurant En lisière de la plage principale, la taverne la plus correcte d'Ammopi (l'une des rares que fréquentent les insulaires) sert des plats traditionnels. Entrée + plat : 15€ (*choriatiki* et *souvlaki*, moussaka ou tomates et poivrons farcis etc.). ***Ammopi** Tél. 22450 81 137 Ouvert mai-oct. : tlj. 7h30-0h*

Blue Sea Cette petite taverne accrochée au-dessus de la plage dispose d'une des terrasses les plus agréables de Lefkos. Elle propose une cuisine traditionnelle de bonne qualité et de grandes pizzas. Comptez 10-12€. ***Lefkos** Tél. 22450 71 074 Ouvert mai-oct. : tlj. 9h-23h*

Chrissi Akti En face du débarcadère, propose les classiques grecs pour env. 15€ le repas... Pour calmer une fringale en attendant le bateau. ***Diafani** Tél. 22450 51 215 Ouvert mai-oct. : tlj. 7h30-0h*

Mike's En salle ou en terrasse, on y mange la cuisine traditionnelle d'Olymbos : des plats classiques et bien préparés. Et la patronne est fort sympathique. Entrée + plat : 12€. *À l'entrée du village **Olymbos** Tél. 22450 51 304 Ouvert tlj. 7h-0h*

Hébergement

Diafani se développe lentement depuis la construction, en 1996, d'un quai pouvant accueillir les ferries. Nul doute que le récent asphaltage de la route entre Spoa et Olymbos accélérera le mouvement. L'endroit demeure cependant paisible, relativement bon marché et réservé aux voyageurs indépendants. On y trouve facilement à se loger.

très petits prix

Blue Sky Une adresse surprenante, où, pour le prix d'une chambre, vous aurez droit à un appartement (il y en a 6) de 2 ou 3 pièces et 3 ou 4 lits, une cuisine équipée, 1 ou 2 salles de bains et un grand balcon (ainsi que TV et clim.) au centre du village. Revers de la médaille : la décoration surannée, choisie avec amour par la charmante vieille dame (Maria Kondili) qui s'occupe de l'endroit : fausses assiettes peintes au mur, tableaux représentant le Christ dans chaque pièce, petits chats en porcelaine... Si le kitsch ne vous gêne pas, vous ferez une affaire. Double 25-30€ selon la saison. Quadruple à 35-45€. Pas de CB. *Derrière la station de taxis **Pigadia** Tél. 22450 22 356 Fax 22450 22 979 Ouvert toute l'année*

petits prix

☺ **Roses Studios** Rose propose 8 chambres très spacieuses et confortables (grandes sdb carrelées, clim., réfrigérateur, plaques électriques), dont 6 possèdent de grandes terrasses jouissant d'une superbe vue sur la ville et le port. Si vous avez le choix, optez pour celles du 2e étage, les mieux situées. Double à 25-35€ selon la saison, soit un excellent rapport qualité-prix, qu'améliore encore la gentillesse de Rose. Les 2 chambres du rez-de-chaussée, privées de vue, sont louées 20-30€. Pas de CB. *En haut à gauche de l'escalier qui domine la station de taxis* ***Pigadia*** *Tél. 22450 22 284 www.rosesstudios.com Ouvert toute l'année*

Mertonas Studios De grandes chambres confortables, dotées de kitchenettes et d'agréables balcons dominant le village. Accueil un peu flegmatique mais sympathique de la patronne, qui tient son anglais de son séjour aux États-Unis. Double 25-35€ selon la saison. Pas de CB. ***Pigadia*** *Tél. 22450 22 622 Ouvert toute l'année*

Sunweek Studios Zorbas Rooms Pension idéalement située au bout de la plage principale, sur la pointe rocheuse, à droite de la taverne O Michalis. Les fenêtres des chambres ouvrent sur la mer ; un petit balcon accueillant une table et deux chaises permet d'en profiter au mieux. Réfrigérateur et taverne au pied de la maison pour le petit déj. Quatre doubles louées 30-35€ selon la saison et la durée du séjour. Il est prudent de réserver. *S'adresser à Verginia Malta* ***Lefkos*** *Tél. 22450 71 0251 ou 69 73 53 81 94 Ouvert mai-oct.*

Hôtel Studio Glaros Cet établissement de 2003 surplombe le village sur la gauche en descendant du bateau. Les grandes chambres équipées de kitchenettes, de la TV et du wifi disposent d'un balcon spacieux avec une agréable vue sur la mer. Parfait pour un séjour prolongé. Double 35-45€, petit déj. 5€. ***Diafani*** *Tél. 22450 51 501 www.hotel-glaros.gr Ouvert toute l'année*

prix moyens

Golden Beach Studios Six deux-pièces pour 2 à 4 personnes, avec kitchenette, ventilateur et terrasse, à 30m de la plage. Comptez 50€ pour 2 pers., 55€ pour 3, 60€ pour 4 avec le petit déj. L'établissement est tenu par une Anglaise francophone hellénisée et volubile, Huguette de Chassiraud Maloftis. Pas de CB. ***Ammopi*** *Tél. 22450 81 137 ou 22450 81 084 (toute l'année) goldbeach@otenet.gr Ouvert mai-oct.*

Nina Studios & Taverne L'accueil chaleureux de Nina et la sérénité de l'endroit devraient vous séduire, d'autant que les 17 studios jouissent d'une vue splendide sur la mer de leur balcon fleuri. À la taverne même attention pour une cuisine à base de poisson frais et d'agneau de Karpathos ; fruits et pâtisseries offerts à la fin du repas. Comptez 10-15€ à la taverne (ouverte tlj. 8h-23h) et 80-90€ le studio. ***Ammopi*** *Tél. 22450 81 006 Ouvert mi-mai-fin sept.*

SYMI ΣΥΜΗ Συμη

Protégé par les collines, le port naturel de Gialos était considéré par Pline l'Ancien comme l'un des plus sûrs de l'Antiquité. Il est aujourd'hui dominé par d'élégantes maisons néoclassiques aux couleurs pastel, disposées en amphithéâtre autour de l'eau et dont la majesté en impose. Une loi de préservation du patrimoine contraint les habitants de respecter certaines normes

de construction, si bien que le port a conservé une remarquable cohésion esthétique. L'œil-de-bœuf qui figure au fronton de la plupart des maisons est destiné à éloigner le mauvais sort : grâce à lui peut-être, Symi a su user de son charme discret pour attirer une clientèle choisie de touristes plutôt huppés, et ainsi compenser le déclin de la construction navale et de la pêche aux éponges, jadis florissantes.

MODE D'EMPLOI

accès

Quatre types de bateaux relient tlj. Rhodes à Symi : ferries réguliers (65min de trajet, 12,50€), hydroglisseurs et catamarans (50min, 16€), et ferries d'excursion (3h, 48€) qui marquent une pause (1h) au monastère de Panormitis et rejoignent Gialos, le port principal. Quelques liaisons/sem. avec Kos. Du Pirée, en passant par Rhodes, comptez 15h-18h.
Capitainerie de Gialos *Tél. 22460 71 205*

orientation

Le port principal de l'île, Gialos, est parfois appelé Symi. Ses quelques rues concentrent l'essentiel des commerces et des hôtels de l'île. Il se compose d'un petit port et d'une ville haute, baptisée Chorio ou Ano Symi (Symi la haute), aujourd'hui à moitié abandonnée, reliée au port par un *continuum* de maisons à flanc de colline sillonné d'une multitude d'escaliers. Une route goudronnée relie Gialos à la petite station balnéaire de Pedi, à l'est, et au monastère de Panormitis, à l'extrémité sud de l'île. Un sentier s'échappe vers le nord, jusqu'au hameau et à la plage d'Emborios.

se déplacer

EN CAR
Cars verts pour Pedi toutes les heures, cars blancs pour Panormitis théoriquement à 7h45, 10h et 13h. Arrêt à l'extrémité sud du port.

EN BATEAU-TAXI
Vous en trouverez plusieurs sur le port, qui proposent l'accès aux petites plages de l'île, pour la plupart inaccessibles par la route. Comptez 9€ pour accéder aux plus lointaines. Symi Tours propose des excursions au monastère (35€, barbecue compris), les lun., mer., ven. et dim. à 10h30.
Symi Tours *Tél. 22460 70 042 ou 22460 71 307 Ouvert lun.-sam. 9h-13h et 17h30-20h*

DÉCOUVRIR

Symi

☆ **Les essentiels** Chorio, la promenade autour de Gialos **Découvrir autrement** Allez vous baigner dans la baie de Nimborio à l'ombre des tamaris ou sur la plage de Nanou bordée de falaises et de pins, offrez-vous un menu gastronomique au Mythos

Plan 43 Symi

Gialos Vous aurez vite fait le tour du village, qui se résume à quelques rues très animées rayonnant autour d'un port pittoresque. En longeant ce dernier vers le nord, vous découvrirez les anciens chantiers navals, d'où sortaient 500 bateaux par an à la fin du XIXe siècle.

Musée maritime de Symi / Ναυτικο Μουσειο Installé dans une jolie maison néoclassique jaune et bleu, en retrait du port au niveau du pont, il expose des maquettes de bateau et des scaphandres destinés à la pêche aux éponges. *Gialos Tél. 22460 72 569 Ouvert juin-sept. : tlj. 10h-15h30 Tarif 1,50€*

☆☺ **Chorio** En fin de journée, quand la température baisse, partez à l'assaut de la ville haute, Chorio, en empruntant le magnifique escalier *(kali strata)* qui débute peu avant l'arrêt des bus. Ses quelque 400 marches vous feront passer au pied de maintes demeures néoclassiques des XVIIIe et XIXe siècles, les unes restaurées, les autres abandonnées. Le village étale un inextricable labyrinthe de ruelles, d'églises et de maisonnettes chaulées à flanc de colline. Il y règne une ambiance étrange, entre ville morte et village assoupi, dont seuls le braiment des ânes et le chant des coqs viennent troubler l'épais silence. Au sommet subsistent les vestiges d'un château érigé par les chevaliers de Saint-Jean, flanqué d'une petite église qui offre un magnifique point de vue sur Gialos et Pedi.

VIE MONASTIQUE Si le cadre vous plaît, il est possible de louer une cellule pour la nuit : c'est spartiate, mais paisible... *13-30€/nuit* **Monastère de Panormitis** *Tél. 22460 72 414 Ouvert mai-début nov.*

Musée archéologique et folklorique Vous y verrez divers objets datant de l'Antiquité et de la période byzantine (poteries, icônes…), ainsi que de magnifiques tissus brodés vivement colorés caractéristiques de l'île. *Tél. 22460 71 114 Fermé pour travaux (durée indéterminée)*

Monastère de Panormitis Le plus grand monastère du Dodécanèse après celui de Patmos est dédié à l'archange saint Michel, patron de l'île. On ignore la date de sa fondation, au creux d'une jolie baie à la pointe sud de l'île. Il ne reste plus grand-chose des bâtiments originels, et sa visite se révèle un peu décevante, d'autant qu'il n'ouvre ses portes qu'au passage des bateaux d'excursion et qu'il est donc impossible d'échapper à la foule. Deux petits **musées** vous attendent à l'intérieur, l'un religieux, l'autre folklorique. *Accessible par la route (à 20km de Gialos dont 8km de piste) ou en bateau (1h)* **Musées** *Tél. 22460 71 581 Ouvert tlj. 9h-13h et 15h-19h Un seul ticket 1,50€*

● Où prendre son petit déjeuner ?

Les Catherinettes Sur le quai nord, juste à côté de l'hôtel du même nom, cf. Les Catherinettes (p.589). Formules continentale (7,50€) et anglaise (12€). *Sur le port Tél. 22460 72 698 Ouvert avr.-nov. : tlj. 8h30-0h*

● Aller à la plage Bien que Symi soit relativement pauvre en plages, vous trouverez de quoi satisfaire vos désirs de baignade et de soleil. Le plus simple : longez le port de Gialos vers le nord jusqu'à la petite plage d'**Agia Marina** (5min à pied), équipée de matelas et de parasols et dotée d'une taverne. Vous pouvez prolonger la promenade de quelques centaines de mètres jusqu'aux deux escaliers qui descendent au milieu des rochers. En continuant à marcher 20min (on peut aussi louer un scooter ou emprunter le bateau-taxi), vous déboucherez sur la jolie **baie de Nimborio** et sa plage de gravier ombragée par des tamaris (une taverne domine la plage). La baie et la petite station balnéaire de Pedi sont un peu tristes, du fait de l'austérité des collines et de l'étroitesse de la plage. Plus intéressante, la petite plage d'**Agios Nikolaos** est desservie par un sentier qui part de l'extrémité sud de

☆ Profiter d'une balade autour de Gialos

Cette belle promenade d'environ 50min AR débute derrière Gialos (prenez la route encaissée qui part de la grand-place, puis le chemin à gauche après le cimetière). Le sentier, bordé de murets de pierre, grimpe doucement entre les oliviers et les chênes jusqu'à l'église Agios Fanourios, qui domine la baie d'Emborios et offre un panorama splendide, particulièrement en fin de journée.

Pedi (20min) et accessible en bateau (5€ AR de Pedi, tout de même...). Sur place, des parasols, des matelas et une petite taverne. Plus au sud, la jolie plage de **Nanou** est entourée de falaises et de pins (40min de bateau à partir de Gialos, 9€) ; parasols et taverne accueillent là aussi les vacanciers. Citons enfin la plage de galets de **Marathounta**, accessible en bateau.

CARNET D'ADRESSES

Restauration, hébergement

À Gialos, de chaque côté du pont, les petits budgets trouveront deux restaurants qui servent des *giros* et des *souvlakis*, mais ils sont assez quelconques. La plupart des tavernes du port (à l'exception des adresses citées ci-après) servent une nourriture tout aussi quelconque. Quant à l'hébergement, il est assez cher. L'infrastructure hôtelière est en partie monopolisée par les tour-opérateurs haut de gamme, et il est recommandé de réserver en haute saison. Évitez les établissements qui donnent directement sur le port, bruyant la nuit.

petits prix

Hôtel Anastasia Situé en retrait au-dessus du campanile qui marque l'entrée nord du port, il loue 11 chambres avec vue sur la mer. Salle à manger et agréable terrasse au rdc. Double avec clim., TV et réfrigérateur à 40-50€ selon la saison. Petit déj. à 10€. Pas de CB. ***Gialos*** *Tél. 22460 71 364 Ouvert mai-oct.*

prix moyens

Aris Cette grande taverne à la terrasse profonde et ombragée, sur le côté nord du port, est l'une de celles que les insulaires fréquentent le plus : un signe qui ne trompe pas. *Mezedes* copieux et savoureux ! Plats 15-20€. ***Gialos*** *Tél. 22460 72 312 ou 22460 72 429 Ouvert tlj. 10h-15h et 18h-0h*

☺ **Hôtel Kokona** Ce très agréable hôtel se cache derrière les cyprès et les lauriers-roses, sur le côté gauche de l'église, en plein cœur du village. L'accueil est chaleureux, les chambres sont calmes, propres et silencieuses, et l'on déjeune au pied du clocher, à l'ombre d'une treille. Double à 55-60€ et négociable selon la durée du séjour (clim., réfrigérateur, TV et kitchenette). Petit déj. 7€. ***Gialos*** *Tél. 22460 71 549 ou 22460 71 451 www.symigreece.com/kokona.htm Ouvert toute l'année*

Hôtel Albatros Un petit hôtel de 5 chambres et 2 appartements, tenu par un couple franco-grec. Décoration simple et soignée. Double à 60-62€, petit déj. inclus, appartements 90-140€ et 130-220€. Fabienne et Stelios proposent également 5 appartements

GAMME DE PRIX	RESTAURATION	HÉBERGEMENT
Très petits prix	moins de 10€	moins de 30€
Petits prix	de 10 à 15€	de 30 à 50€
Prix moyens	de 15 à 20€	de 50 à 80€
Prix élevés	de 20 à 30€	de 80 à 120€
Prix très élevés	plus de 30€	plus de 120€

(clim. et cuisine équipée) de 38 à 90m² dans une belle villa néoclassique, sur le port. Comptez de 90 à 135€ selon la taille et la saison. *Dans une ruelle perpendiculaire au port* ***Gialos*** *Tél. 22460 71707 ou 69 76 80 32 91 www. albatrosymi.gr Ouvert avr.-oct.*

Opera House Des chambres (sombres et exiguës, à éviter), et des appartements (2-7 pers.) avec TV, clim. et cuisine équipée en lisière du village. Agréable terrasse arborée pour le petit déj. De 60 à 150€. ***Gialos*** *Tél. 22460 72 034 ou 69 44 90 10 10 www.symioperahouse.gr Ouvert toute l'année*

prix élevés

☺ **Mythos** Le meilleur restaurant de l'île vous fera vivre une soirée mémorable. Le talentueux chef Stavros Gogios y propose un menu gastronomique à 29€, réunissant l'ensemble des plats de la maison (plus d'une douzaine), d'inspiration "grecque moderne", servis sous forme de *mezedes*. La dégustation commence par les salades, suivies du poisson, des viandes et des desserts : un régal qui ne s'interrompra que lorsque vous demanderez grâce ! Nous vous conseillons d'arriver le ventre vide, pour ne pas caler trop vite... Réservation indispensable en saison. Pas de CB. *À l'extrémité est du quai sud, à côté de l'arrêt des cars* ***Gialos*** *Tél. 22460 71 488 ou 69 39 32 10 53 gogioss@otenet.gr Ouvert mai-sept. : tlj. 19h-1h*

Les Catherinettes Une belle maison néoclassique, sur le quai nord, où fut signée la reddition des îles du Dodécanèse aux forces alliées, le 8 mai 1945. Certaines chambres disposent de magnifiques plafonds en bois peint et d'une jolie vue sur le port. Trois doubles : 75-80€, une triple (+10% pour la 3e pers.), un appartement (+10% pour la 4e pers.). Réfrigérateur et ventilateur. ***Gialos*** *Tél. 22460 72 698 julie-symi@otenet.gr Ouvert avr.-nov.*

KOS ΚΩΣ Κως

La troisième plus grande île du Dodécanèse après Rhodes et Karpathos (290km²) est ancrée à 4km de Bodrum, sur la côte turque. Pour le meilleur ou pour le pire, Kos possède deux atouts naturels qui ont séduit très tôt les professionnels du tourisme : de nombreuses plages de sable et un relief suffisamment peu marqué pour pouvoir se doter d'un aéroport international et assurer une circulation fluide entre complexes hôteliers et plages... Les visiteurs commencèrent à affluer au milieu des années 1980, et l'île connaît aujourd'hui la plus forte fréquentation touristique du Dodécanèse après Rhodes. Elle est notamment devenue la destination phare des jeunes Scandinaves en quête de fête, d'alcool, de soleil et de plages... Si la ville de Kos conserve un certain charme, le littoral souffre en revanche de la surexploitation touristique. L'île satisfera donc surtout les noctambules et les amateurs d'ambiance balnéaire ; les autres se contenteront d'une visite rapide, avant de se rendre dans des îles plus paisibles.

MODE D'EMPLOI

accès

EN BATEAU

L'île est l'une des mieux desservies de l'Égée. Nombreuses liaisons en ferry avec les autres îles du Dodécanèse. Le trajet du Pirée dure entre 12h et 15h (48€), de Rhodes 3h30, de Patmos 4h. Liaisons également avec Bodrum, en Turquie (1h). Les rapides catamarans des compagnies Dodekanisos Express et Flying Dolphins assurent des liaisons quotidiennes avec Rhodes, Patmos, Kalymnos et Symi. Les horaires, prix et trajets changeant tous les ans en mai, nous vous invitons à consulter les sites www.directferries.fr, www.gtp.gr, www.ferries.gr ou www.aferry.gr. et à vous renseigner dans les agences de voyages locales. Le prix du billet en catamaran est environ 2 fois celui du ferry.

Capitainerie de Kos (Chora) *Tél. 22420 26 594*

EN AVION

Aéroport de Kos L'aéroport international Ippokratis accueille toute l'année des avions en provenance d'Athènes. En haute saison, des vols charters le relient également à maintes grandes villes européennes. KTEL assure un service de cars entre l'aéroport, Chora et d'autres localités de l'île comme Marmari (au nord-est), Mastichari (au nord), Pyli (au nord-est) et Tigaki (au nord-est). La plupart des voyageurs préfèrent toutefois partager des taxis. ***Antimachia** (à 25km au sud de Chora) Tél. 22420 56 000*

Olympic Air Assure 3 vols/j. toute l'année entre la capitale grecque et l'île (Kos-Athènes 63-115€ ; Athènes-Kos 70-130€). ***Antimachia** Tél. 22420 51 444 www.olympicair.gr*

Kos Taxis ***Chora** Tél. 22420 22 777 ou 22420 21 666 ou 22420 41 222*

orientation

L'île est traversée du nord au sud par une large route bien revêtue, qui permet de gagner rapidement, de Chora, les plages de sable des côtes nord-ouest et sud-est, ainsi que la baie de Kefalos, au sud-est. Un scooter peut suffire pour explorer l'île, mais les distances sont relativement importantes entre le Nord et le Sud (43km de Kos à Kefalos), et une voiture sera donc plus confortable. La route entre Chora et Tingaki est bordée de larges pistes cyclables.

se déplacer

EN CAR

Gare routière KTEL En haute saison, une dizaine de cars relient tlj. Chora à Tingaki, Marmari, Mastichari, Kefalos et la plupart des plages de l'île. *Kleopatras 7 (au sud de la ville de Kos, un peu au-dessus de la Casa romana) **Chora** Tél. 22420 22 292 ou 22420 23 333 www.ktelbus.gr*

EN TAXI

Kos Taxis ***Chora** Tél. 22420 22 777 ou 22420 21 666 ou 22420 41 222*
Kefalos Tél. 22420 71 222

EN TRAIN TOURISTIQUE

Le seul moyen de transport public pour gagner l'Asclepeion. Le train, de couleur bleue, part toutes les heures du port de Chora, près de l'office de tourisme. Un autre train, vert, permet de faire le tour de la ville. *Tél. 22420 26 276*

EN VÉHICULE DE LOCATION

Un scooter peut suffire pour explorer l'île, mais les distances sont relativement importantes entre le Nord et le Sud (43km de Kos à Kefalos), et une voiture sera donc plus confortable. Nombreuses agences de location dans toute l'île.

informations touristiques

Office de tourisme *www.kosinfo.gr* **Chora** *Vasileos Georgiou 1 Longez le quai vers le sud (à droite en regardant la mer) sur 100m après la forteresse Chora Tél. 22420 24 460 kosinfo@kos.gr Ouvert juin-oct. : lun.-sam. 8h-21h* **Mastichari** *Tél. 22420 49 508* **Kefalos** *Tél. 22420 49 509*

Police touristique *Dans le grand bâtiment de style italien voisin de l'entrée du château* **Chora** *Tél. 22420 26 666 ou 22420 22 444*

informations pratiques

Police municipale *Akti Kountouriotou 9* **Chora** *Tél. 22420 25 462 ou 22420 28 211*

Hôpital / Geniko Perifereiako Nosokomeio *Mitropoleos 3/Ippokratous* **Chora** *Tél. 22420 22 300 ou 22420 23 423*

fêtes et manifestations

Hippokrateia La lecture du serment d'Hippocrate ouvre ce festival célébrant toutes les formes d'expression artistique : musique, théâtre, peinture, sculpture, danses folkloriques, etc... Nombreuses animations pour les enfants. *Juil.-sept.*

DÉCOUVRIR

Kos

☆ **Les essentiels** La Platia Platanou à Chora, l'Asclepeion **Découvrir autrement** Visitez le quartier du port antique au coucher du soleil, jetez un coup d'œil aux ruines situées au sud de la ville de Kos, étendez votre serviette sur l'une des plages de la baie de Kefalos

Kos (Chora)

Le chef-lieu de Kos fut ravagé par un séisme en 1933. Mais maints bâtiments ont été restaurés depuis, et les constructions nouvelles édifiées dans le respect de l'urbanisme et de l'esthétique de la ville. Outre cette unité architecturale, Chora peut se prévaloir de ses sites antiques et d'une abondante végétation : lauriers, bougainvilliers, ficus, géraniums, jasmins, etc.

Château des Chevaliers Cette forteresse bien conservée confère une certaine allure au port. Elle se compose de deux enceintes encastrées, datant du XVe siècle pour celle de l'intérieur et du XVIe siècle pour l'autre. Les chevaliers de Saint-Jean utilisèrent pour la construire des pierres provenant de monuments antiques comme l'Asclepeion. Remarquez, par exemple, le linteau en marbre décoré de six masques antiques qui domine la porte d'entrée. *Tél. 22420 27 927 Ouvert juin-oct. : sam.-lun. 8h-15h, mar.-ven. 8h-20h ; nov.-mai : mar.-dim. 8h-15h (fermeture des caisses 30min avant) Tarif 3€, seniors 2€, moins de 18 ans et étudiants de l'UE gratuit*

☆ **Platia Platanou** Cette place ronde aménagée devant l'entrée du château doit son nom au fameux platane, dont la légende veut qu'il ait été planté par Hippocrate il y a… 2 400 ans. Pour certains, il s'agit du successeur de l'arbre planté par le père de la médecine, mais cela n'est guère crédible, les platanes vivant 250 ans en moyenne. Peu importe, l'arbre est très vieux. Si vieux, même, qu'il n'en reste plus guère qu'une branche adventice, soutenue par des étais, qui n'en a plus pour longtemps. Heureusement, son successeur et voisin a déjà fière allure. Le petit bassin à ablutions et la fontaine visibles au pied de l'arbre ont été ajoutés par les Turcs, à l'instar de l'élégante mosquée Gazi Hassan Pacha érigée au XVIIIe siècle, également appelée la Loggia, qui se dresse en face.

Quartier du port antique et agora Les ruines s'étendent en contrebas de la mosquée Gazi Hassan Pacha. Il est difficile de s'y retrouver parmi les

Plan 44 Kos

pierres, d'autant qu'il n'y a aucune explication. On remarque au hasard de la promenade quelques mosaïques romaines, des bouts de colonnes corinthiennes, des restes de rempart hellénistique, et même quelques soubassements à orthostates moulurés. Trois petites chapelles se dressent à l'ombre des arbres, dans la partie est, dont l'une, décorée de fresques, date du XVe siècle. *Accès libre*

Musée archéologique Pièce la plus spectaculaire du musée, la mosaïque qui accueille les visiteurs (IIe ou IIIe s.) représente Hippocrate assis à côté d'un de ses disciples, accueillant sur l'île le dieu Asclépios. Les trois salles disposées autour exposent les pièces découvertes sur l'île, notamment des marbres des périodes hellénistique et romaine tardive. *Platia Eleftherias Tél. 22420 28 326 Ouvert en principe avr.-oct. : mar.-dim. 8h-20h ; nov.-mars : mar.-dim. 8h-14h30 Provisoirement fermé Tarif 3€, seniors 2€, moins de 18 ans et étudiants de l'UE gratuit*

Quartier sud de la ville On y trouve quelques ruines intéressantes, notamment un petit odéon, une acropole et une imposante maison de l'époque romaine, la Casa Romana, restaurée par les Italiens. Ses pièces sont décorées de fresques et de mosaïques. **Casa Romana** *Tél. 22420 23 234 Ouvert juin-oct. : mar.-ven. 8h-20h, sam.-lun. 8h-15h ; nov.-avr. : mar.-dim. 8h-15h Ouvert mar.-dim. 8h30-19h (fermeture des caisses 30min avant) Tarif 3€, seniors 2€, moins de 18 ans et étudiants de l'UE gratuit*

● Où faire une pause-déjeuner ? Vous trouverez de très nombreux snacks dans le centre de la ville de Kos et sur le port, où manger des hamburgers, *giros*, pitas et feuilletés à la feta ou aux épinards : pas toujours gastronomique, mais économique.

Hippocrate, père de la médecine

L'homme auquel se réfèrent tous les jeunes médecins qui prêtent serment naît à Kos vers 460 av. J.-C., dans une famille vouée au culte d'Asclépios, dieu de la Médecine. Hippocrate apprend cette science auprès de son père, avant d'entamer un long périple à travers la Thrace, la Thessalie et la Macédoine. Devenu célèbre, il regagne Kos, où il fonde une école, l'Asclepeion, vers 420 av. J.-C. Rompant avec une médecine empreinte de superstitions, il innove en prônant l'observation clinique des symptômes comme point de départ de l'acte thérapeutique. Il est le premier à envisager l'influence de facteurs tels que l'âge, le régime alimentaire ou le climat sur la santé, et défend la théorie des quatre humeurs : le sang, le phlegme, la bile jaune et la bile noire, dont le déséquilibre engendre la maladie. De nombreux textes lui sont attribués (qu'il n'a sans doute pas tous écrits), tel celui du fameux serment d'Hippocrate. Il meurt vers 377 av. J.-C. à Larissa, en Thessalie, où il a fondé une seconde école.

● Où boire un verre, sortir le soir ? Vous aurez vite fait de repérer la célèbre *"Bar Street"* au nom évocateur, en lisière de l'agora antique, qui s'éveille en fin de journée quand les plages se vident et qui ne s'endort jamais avant le petit matin. Vous ne manquerez pas de vous arrêter dans ses bars, des hôtesses s'employant à vous y attirer.

Le reste de l'île

☆ **Asclepeion** Le principal site archéologique de Kos tire son nom d'Asclépios (Esculape), dieu de la Médecine que l'on y honorait. Fondé au IVe siècle av. J.-C., agrandi à maintes reprises, le sanctuaire accueillait des malades venus de la Grèce entière se faire soigner selon les principes d'Hippocrate. Démantelé par les chevaliers de Saint-Jean – ils utilisèrent ses pierres pour édifier une forteresse à Chora –, il fut redécouvert au début du XXe siècle par un Allemand, puis restauré par les Italiens qui lui donnèrent son aspect actuel. Le site se déploie sur quatre terrasses, reliées par des volées de marches. Du sommet, la vue embrasse toute la côte turque. Peu ombragé : à visiter le matin, avant qu'il ne fasse trop chaud. *À 5km de Chora, près du village de Platani Accès en train touristique (départ du port, ambiance Disneyland...), en voiture, à scooter, à vélo ou à pied Tél. 22420 28 763 Ouvert mar.-dim. 8h-15h Tarif 4€, seniors 2€, moins de 18 ans et étudiants de l'UE gratuit*

De village en village Après la visite de l'Asclepeion, les personnes motorisées peuvent prolonger la promenade vers les villages d'Agios Dimitrios, Asfendiou et Zia par une route sinuant agréablement dans les montagnes couvertes de pins. Le village de Pyli, quelques kilomètres plus loin, abrite les restes d'un château médiéval. Rejoignez la route principale pour gagner Antimachia et sa forteresse bien conservée avant de finir votre promenade dans la baie de Kefalos.

● Aller à la plage L'île compte des kilomètres de plages, mais, paradoxalement, peu donnent envie de se baigner, car elles sont soit belles et pleines de monde, soit moches et sales... D'une façon générale, les plus belles se trouvent sur les côtes nord-ouest et sud-est.
Nord et côte ouest La plus proche de Kos, **Lambi**, est assez agréable, mais évidemment très fréquentée. Entre Kos et Thermes, à l'est, se succèdent des plages de sable noir un peu tristes ; à **Thermes**, des sources chaudes se déversent dans la mer, et l'on se baigne dans un petit bassin qui évoque un Jacuzzi naturel (ou un bain bactériologique, selon le regard qu'on adopte). Les longues plages de la côte ouest, **Tigaki, Marmari** et **Mastichari**, sont d'une couleur blonde plus sympathique, mais l'accumulation des transats et des parasols ne permet pas toujours de s'en rendre compte. Les véliplanchistes, en revanche, y apprécient les vents réguliers.
Sud et côte est Oubliez Kardamena, sur la côte sud-est, qui évoque un supermarché du loisir, et gagnez la **baie de Kefalos**, qui concentre les plus beaux sites (du nord au sud : Exotic Beach, Magic Beach, Sunny Beach, Markos Beach, Banana Beach, Paradise Beach - la plus belle - et Camel Beach). La plage d'Agios Stefanos, au sud de la baie de Kefalos, face à l'îlot d'Agios Stefanos, fut longtemps un endroit privilégié avant d'être investi par le Club Med. **Limnionas**,

un lieu-dit plus qu'un village situé sur la pointe sud-ouest, est doté d'une jolie plage de sable. La pointe sud de l'île abrite une plage restée assez sauvage, **Agios Theologos**, couverte de gros galets.

CARNET D'ADRESSES

Restauration

petits prix

Olympiada Taverna Une bonne taverne traditionnelle aux plats simples, copieux et bon marché, où l'on rencontre autant de Grecs que de touristes. Comptez 10-12€ pour une entrée et un plat. *Angle rues Pavlou et Kleopatras, à deux pas de la Casa Romana* **Chora** *Tél. 22420 23 031 Ouvert mi-jan.-mi-déc. : tlj. 11h-23h30*

Hellas À cette adresse un peu excentrée, on sert depuis plus de 30 ans une bonne cuisine familiale. Mention spéciale aux souvlakis et plats en sauce très réussis. Comptez 10-12€ par pers. *Psaron 7 Du débarcadère, longer le port vers le nord jusqu'au rond-point, emprunter la rue Bouboulinas, puis la 2e à droite* **Chora** *Tél. 22420 22 609 Ouvert tlj. 11h-0h*

prix élevés

☺ **Platanos Restaurant** Sa très agréable terrasse fait face au platane d'Hippocrate et à la mosquée Gazi Hassan Pacha, en surplomb des ruines de l'agora antique. Il propose un service parfait et des plats délicats et équilibrés où domine le sucré-salé (dinde à l'orange, poulet fourré aux figues). Entrées 8-18€, plats 11-30€. Musique live le soir en juil.-août. *Plateia Platanou* **Chora** *Tél. 22420 28 991 Ouvert mai-oct. : tlj. 9h-0h*

Hébergement

La nuit, Chora est une ville bruyante : impossible de dormir près des bars et des boîtes de nuit du centre ; difficile également de fermer l'œil dans les rues environnantes, en proie au ballet incessant des scooters. Attention, en été, l'afflux touristique fait monter les prix et il devient indispensable de réserver.

petits prix

Camelia Hotel Certes, il manque un peu de style, mais il offre sans doute le meilleur rapport qualité-prix de Kos : les 22 chambres sont spacieuses, lumineuses, confortables et calmes. Le patron est prévenant et discret. Double 30-55€, petit déj. continental inclus (comptez 10% de plus pour les séjours inférieurs à 2 jours). *Artemisias 3 (du débarcadère, longer le front de mer vers la gauche, après la forteresse, prendre la 2e à droite (Kora) et la suivre sur env. 100m jusqu'à la rue Artemisias L'hôtel est à 30m sur*

GAMME DE PRIX	RESTAURATION	HÉBERGEMENT
Très petits prix	moins de 10€	moins de 30€
Petits prix	de 10 à 15€	de 30 à 50€
Prix moyens	de 15 à 20€	de 50 à 80€
Prix élevés	de 20 à 30€	de 80 à 120€
Prix très élevés	plus de 30€	plus de 120€

la gauche) **Chora** *Tél. 22420 28 983 ou 69 74 50 80 03 (hiver) www.camelia-hotel.com Ouvert mai-oct.*

Afendoulis Hotel Cet hôtel coquet a été ouvert par l'Alexis de la pension qui porte son nom, après le succès de celle-ci. D'un standing plus élevé, il dispose d'agréables chambres décorées avec goût, équipées d'une TV, d'un réfrigérateur, de la clim. et, pour la plupart, de balcons donnant sur une rue calme ou un jardin. L'hôtel est légèrement excentré, mais la mer est à deux pas. Accueil chaleureux du patron. Double à 30-50€ selon la chambre et la saison. Petit déj. continental avec confitures maison : 5€. *Evripilou 1* **Chora** *(du débarcadère, longer le front de mer vers la gauche, dépasser la forteresse, puis marcher 350m jusqu'à la rue Evripilou, perpendiculaire à la plage) Tél. 22420 25 321 www.afendoulishotel.com Ouvert mi-mars-mi-nov.*

Panorama Studios Il est difficile pour les voyageurs indépendants de se loger dans la baie de Kefalos, où les établissements travaillent presque tous avec des tour-opérateurs. Le Panorama, une exception, propose 17 studios confortables, avec coin cuisine et balcon. Jolie vue sur la baie. De 43 à 50€, petit déj. inclus. *Sur la route de Kefalos, prendre la route qui monte sur la gauche un peu avant la plage d'Agios Stefanos (au niveau de l'arrêt de bus)* **Kefalos** *Tél. 22420 71 524 www.panorama-kefalos.gr Ouvert avr.-oct.*

prix moyens

Hotel Sonia Judicieusement éloignée de la bruyante et fiévreuse *"bar street"*, une pension conviviale, rénovée en 2011, où l'on peut prendre le petit déjeuner (continental 5€, complet 7€), le café ou l'apéritif sur une fraîche et agréable terrasse commune. Toutes avec sdb, clim. et double vitrage, les chambres sont spacieuses, hautes de plafond, et l'eau chaude est abondante. De 50 à 70€ pour 2, petit déj. compris, selon la saison. Location de voitures, de scooters et de vélos. Coiffeur. *Irodotou 9 à l'angle de la rue Omirou* **Chora** *(du débarcadère, longer le port vers la droite jusqu'au petit rond-point avec feux, prendre la première à gauche puis la première à droite) Tél. 22420 28 798 ou 22420 25 594 www.hotelsonia.gr Ouvert fin mars-début nov.*

★ KALYMNOS ΚΑΛΥΜΝΟΣ Καλυμνος

Avec 16 000 habitants, Kalymnos est l'une des îles les plus peuplées du Dodécanèse : un développement surprenant au regard de sa taille modeste : 110km^2. Elle tira longtemps sa prospérité de la pêche et du commerce des éponges et compta jusqu'à 350 bateaux de pêche. Mais la concurrence des matières synthétiques et la mystérieuse maladie qui décima les spongiaires de l'Égée en 1986 mirent un terme à cette activité millénaire. Frappée par un chômage endémique qui alimente une forte émigration depuis la première moitié du XXe siècle, l'île s'est reconvertie depuis plusieurs décennies dans le tourisme. Hormis certaines portions

de la côte ouest un peu gâtées par les stations balnéaires, la beauté de son littoral, ses reliefs majestueux et leurs deux vallées verdoyantes justifient amplement qu'on la visite. Les amateurs d'escalade, notamment, y trouveront certains des plus beaux parcours de Grèce.

MODE D'EMPLOI

accès

EN BATEAU

Sise sur la route Rhodes-Le Pirée, Kalymnos est bien desservie. Plusieurs liaisons/j. en été, en ferry, en catamaran ou en hydroglisseur (entre les îles du Dodécanèse pour ces derniers). Le trajet à partir du Pirée est assuré par des ferries. Les horaires, prix et trajets changeant tous les ans en mai, nous vous invitons à consulter les sites www.directferries.fr, www.gtp.gr, www.ferries.gr ou www.aferry.gr. et à vous renseigner dans les agences de voyages locales. Le prix du billet en catamaran est environ 2 fois celui du ferry.

Capitainerie de Pothia *Tél. 22430 24 444*

EN AVION

Aéroport de Kalymnos *Sur la côte sud-ouest, entre Panormos et Chorio Tél. 22430 59 370*

Olympic Air Assure la liaison Athènes-Kalymnos. Été : 1 vol/j. et 2 le dim. Hiver : 1 vol/j. sauf mar. (Athènes-Kalymnos 108€, Kalymnos-Athènes 90€). *Tél. 22430 59 302*

orientation

L'île, très montagneuse, est traversée par deux vallées. La première s'étend au nord de Vathis et accueille de nombreuses plantations d'agrumes. La seconde relie Pothia, principal port de l'île, à Elies. La côte ouest est la plus touristique, avec sa succession de petites stations balnéaires (Kandouni, Linaria, Myrties et Massouri) accueillant une clientèle de voyages organisés. À Pothia, le grand bâtiment jaune, à trois coupoles brunes, dressé au centre du port, cœur de la ville, regroupe les services municipaux. La route pour Chora et l'ouest de l'île quitte le port au niveau de la cathédrale, repérable à son dôme argenté, et passe par la Plateia Kyprou. En suivant la route côtière vers le nord, vous parviendrez à Vathis ; vers le sud, à Vlychadia.

informations touristiques

Consultez le site *www.kalymnos-isl.gr*

se déplacer

EN CAR

KTEL La gare routière de Pothia se trouve au nord de la cathédrale. Les cars desservent les principaux villages de l'île (Emporios 2/j., Argos 3/j., Vathis 3/j.). Achat des tickets au Themis Mini Market ou en agence de voyages (0,80-1,50€). *Tél. 22430 51 760*

EN TAXI

Les taxis individuels coûtent assez cher, et les Kalymniotes privilégient leur usage collectif.

Station de taxis *Pl. Kyprou* ***Pothia*** *Tél. 22430 50 300*

EN VÉHICULE DE LOCATION

La petite taille de l'île et la bonne qualité des routes font du deux-roues le moyen de locomotion idéal. On trouve des loueurs sur le quai de Pothia, ainsi qu'aux villages de Panormos, Myrties et Massouri. Vérifiez la couverture de l'assurance proposée, car tous ne disposent pas de l'option Full Insurance. Nous vous conseillons Automarket, sur le port. On peut également louer des voitures sur le port, mais il est assez délicat de se garer dans Pothia. L'île compte une quinzaine de stations-service (attention, il n'y en a pas à Emborios).

Automarket *Tél. 22430 51 780 ou 69 72 83 46 28 www.kalymnoscars.gr Ouvert tlj. 8h-21h*

EN BATEAU D'EXCURSION

À Pothia et Myrties, vous pouvez embarquer pour les grottes de Kefalas, au sud de l'île, aux nombreuses stalagmites et stalactites, et pour diverses plages isolées et îlots : destinations indiquées sur les bateaux.

informations pratiques

Vous trouverez tous les services à Pothia, des supérettes à Masouri et Armeos et un supermarché à Panormos... Attention : pas de pharmacie sur la côte ouest.

Police ***Pothia*** *Tél. 22430 28 919*

Hôpital Vouvaleio *Enoria Anastaseos* ***Pothia*** *Tél. 22433 61 901*

fêtes et manifestations

Kalymnos Climbing Festival Festival international d'escalade. *Septembre ou début octobre*

Saint Nicolas Les Kalymniotes fêtent dignement le saint patron de l'île. *Le 6 décembre*

DÉCOUVRIR

Kalymnos

☆**Les essentiels** Pothia et le Musée archéologique, la vallée de Pothia, Emborios et la pointe nord-ouest de l'île **Découvrir autrement** Profitez de la baie de Myrties plantée de lauriers et de pins, initiez-vous à l'escalade dans les gouffres et les grottes de l'île

☆ Pothia

La première vision qu'on a de Pothia en arrivant en bateau est prometteuse : une véritable ville, dont les maisons pastel sont disposées en amphithéâtre autour d'un port harmonieusement échancré. Pour peu que l'on débarque tôt le matin ou à l'heure de la sieste, la séduction opère sans peine : les cafés alignés sur le port, les ruelles tortueuses bordées de belles maisons en pierre de style italianisant… Puis la ville se réveille, et le vacarme des scooters qui la sillonnent en tous sens devient assez saisissant : les habitants semblent immunisés, mais pour les visiteurs cela peut vite devenir fatigant. Pothia n'en conserve pas moins un certain pouvoir d'attraction, notamment parce que le tourisme n'y occupe pas une place trop importante. Elle constitue le point d'attache le plus commode pour explorer l'île. Signalons que la ville fut fondée en 1850, quand les habitants de l'ancienne capitale voulurent se rapprocher de la mer.

Musée nautique et folklorique Un de ses charmes tient aux nombreuses photos anciennes montrant les pêcheurs d'éponge, leurs bateaux et les

Plan 45 Kalymnos

femmes qui les attendent. De vieilles coupures de presse, bizarrement en français, racontent la "maladie des pêcheurs d'éponge nus de Kalymnos", qu'ils contractaient après avoir été attaqués par l'aktinion, le venin de l'éponge. L'histoire des techniques de plongée est illustrée par les pierres de plongée utilisées par les fameux pêcheurs nus, avant qu'ils ne revêtent un scaphandre, puis une combinaison en latex avec bouteilles. Ce dernier équipement, en facilitant le travail et l'efficacité des plongeurs, accéléra la disparition des éponges. *Ancien lycée technique Vouvaleios Aucun panneau ne l'indique : vous trouverez*

BRUNE OU BLONDE ?
On trouve des éponges un peu partout dans Pothia, mais les méditerranéennes se faisant rares, beaucoup sont importées. On distingue deux qualités : les brunes, à l'état naturel, et les blondes, dont la couleur résulte d'un traitement chimique. La Processing Work Shop Factory propose un vaste choix. **Processing Work Shop Factory** *En retrait du port Tél. 22430 29 815 ou 6972 989 701 Ouvert toute l'année : tlj. 8h-20h*

son entrée en gravissant les marches face à la cathédrale, au milieu du quai Tél. 22430 50 435 Ouvert avr.-oct. : lun.-ven. 8h-13h30, sam.-dim. 10h-13h30 ; nov.-mars : tlj. 10h-16h Entrée libre

☆ **Musée archéologique** Installé de longue date dans une demeure néoclassique ayant appartenu à un riche marchand d'éponges, il a emménagé en 2009 dans un beau bâtiment contemporain. Outre des poteries, statuettes et outils des périodes néolithique et archaïque, on peut y admirer les trésors archéologiques découverts en 2001 et 2002 : une trentaine de statues hellénistiques trouvées au temple d'Apollon près de Chorio, une sculpture représentant un soldat macédonien, et, surtout, la fameuse *Dame de Kalymnos*, une sculpture en bronze d'une qualité exceptionnelle que les experts attribuent à l'illustre Praxitèle, le plus grand sculpteur de la Grèce classique (Ve-IVe s. av. J.-C.). *Remonter la rue perpendiculaire au quai, au niveau de la cathédrale, puis suivre les panneaux Tél. 22430 23 113 ou 22430 59 092 Ouvert juin-oct. : mar.-dim. 9h-16h Tarif 3€, réduit 2€*

Les vallées de Pothia et de Vathis

☆ **Vallée de Pothia** Pothia est reliée à la côte occidentale de l'île par une longue vallée fertile et verdoyante. Le premier village que la route traverse est **Chorio**, qui fut la capitale de Kalymnos jusqu'en 1850. C'est encore un bourg très peuplé, dont les dernières maisons jouxtent celles du port. Il est dominé par deux forteresses. Au sud, le **fort des chevaliers de Saint-Jean-de-Jérusalem** (accès libre) se dresse au sommet d'un piton rocheux. Son chemin de ronde a été partiellement restauré et offre une jolie vue. Mais c'est son vis-à-vis septentrional, le **château de Pera** (Pera *kastro*, accès libre), qui est le plus intéressant. On y accède en gagnant le sommet du village, puis en gravissant plus de deux cents marches inégales et assez éprouvantes. Il est préférable d'entreprendre l'ascension en début de journée ou au coucher du soleil pour bénéficier d'une température clémente et des plus belles lumières. Plus qu'un fort, c'est une véritable ville fortifiée, édifiée par les chevaliers de Saint-Jean-de-Jérusalem, qui abritait jadis tout un village. Certains bâtiments ont été restaurés, notamment six petites chapelles des XVe et XVIe siècles (la première à gauche abrite des restes de fresques byzantines). La vue embrasse Pothia, Chorio et les montagnes environnantes, et mérite à elle seule l'ascension.

Vallée de Vathis Vathis signifie "profond" en grec. Le mot décrit la forme de la baie, encadrée par deux falaises abruptes qui l'apparentent à un petit fjord. La vallée elle-même est remarquable pour sa fertilité et sa végétation verdoyante. On y cultive essentiellement des agrumes. **Rina**, le port de Vathis, est un hameau paisible doté de quelques pensions et tavernes. Il n'y a pas de plage, mais une petite zone a été réservée à la baignade au sud du port, et des bateaux-taxis vous emmèneront dans les criques environnantes.

La côte ouest

Panormos (ou Elies) Éparpillé au débouché occidental de la vallée de Pothia, ce village verdoyant est flanqué de deux stations balnéaires contiguës, **Linaria** et **Kandouni**, chacune dotée d'une petite plage de gravier. De Linaria, un sentier conduit à la petite plage de Platis Gialos. De Panormos, la route remonte vers le nord avant de plonger vers la côte à travers les pinèdes jusqu'à la splendide baie de Myrties, plantée de lauriers et de pins. Elle abrite deux stations balnéaires, Myrties et Massouri, deux villages que leur croissance rapide a fini par confondre. Ils se réduisent à une succession d'hôtels, de supérettes et de tavernes touristiques alignés le long de la route. Leur clientèle est essentiellement composée de vacanciers en voyage organisé.

Îlot de Telendos La baie de Myrties est dominée par l'imposant îlot de Telendos, séparé de Kalymnos par un séisme, en 554. Il accueille un minuscule port, composé de quelques pensions et tavernes et de deux supérettes. Un service de bateaux le relie à Myrties. Sur la droite du débarcadère, le chemin longe une agréable plage de sable bordée de tamaris, puis une succession de criques, où des grands-mères tout de noir vêtues louent des parasols et des matelas au prix fort (dans la dernière crique, ouverte aux nudistes, seule la grand-mère est habillée...). *À gauche du débarcadère, des pancartes indiquent le chemin de la plage de Chochlaka, à 5min de marche, de l'autre côté de l'île Départ toutes les 30min de 9h à 0h 3€ AR*

☆☺ **Pointe nord-ouest** Après Myrties-Massouri, la route se prolonge vers le nord en devenant de plus en plus spectaculaire, longeant le flanc de montagnes aux belles formes austères. Elle dessert **Arginonda**, hameau doté d'une petite plage bordée d'arbres, et le village de Skalia, réputé pour ses grottes, puis celui d'**Emborios**. Si le bruit de Pothia vous tape sur les nerfs, prenez pension à Emborios. Difficile, en effet, de faire plus apaisant que ce minuscule village de pêcheurs, au cadre majestueux, à la fois simple et

Aller à la plage à Kalymnos

Pothia dispose d'une petite plage de galets au sud du port, très fréquentée. Les deux plages du village de **Vlyhadia**, au sud de l'île, attirent surtout les Grecs. Au nord, sur la route de Vathis, l'agréable petite plage de gravier d'**Akti** est bordée par des tamaris et une taverne. Celles de la côte ouest, **Kandouni-Linaria**, **Platis Gialos** et **Myrties-Massouri**, sont plus vastes et bénéficient d'un beau cadre naturel, mais vous n'y serez pas seul... Pour trouver un peu d'intimité, rendez-vous sur l'îlot de **Telendos** ou longez la côte vers le nord, jusqu'au village d'**Emborios**.

imposant, comme la Grèce en offre parfois. Il n'y a pas grand-chose à y faire, mais ses deux agréables petites plages ombragées de tamaris et une bonne taverne vous permettront de reprendre des forces en lisant un bon roman.

Pratiquer l'escalade

Kalymnos est réputée pour la qualité et la beauté de ses sites d'escalade, concentrés pour l'essentiel dans la partie nord-ouest de l'île. Quarante-cinq secteurs sont balisés et équipés, totalisant 550 routes dont les niveaux de difficulté varient de 4c à 9a. La roche est d'excellente qualité et les parcours très variés, depuis les parois en à-pics en passant par les gouffres et les grottes ornées de stalactites. *Tél. 22430 59 056 (bureau municipal du tourisme) jckalymn@ath.forthnet.gr http://climbkalymnos.com*

CARNET D'ADRESSES

Restauration

À Pothia, l'offre est assez médiocre. Voici quelques bonnes adresses.

petits prix

Restaurant-ouzerie Barba Giannis Si vous demandez sur place quel est le meilleur restaurant de Pothia, il y a de fortes chances qu'on vous envoie chez Barba Giannis. Choisissez le plat du jour, c'est souvent le meilleur, d'autant qu'une formule entrée + plat + dessert est proposée à 7-8,50€. Comptez 6€ le plat traditionnel, 8€ les fruits de mer, 15-35€ le poisson. Accueil chaleureux. ***Pothia** Sur le port, après la cathédrale Tél. 22430 29 869 Ouvert tlj. 9h30-0h*

Popi's L'accueil est charmant, la terrasse, face au port, bien agréable et les portions sont copieuses. Poisson frais selon l'arrivage, plats traditionnels et grillades. Comptez 4€ l'entrée et 7-10€ le plat. Petit déj. 7€ (œufs au bacon, confiture, jus de fruits et café). Pas de CB. ***Vathis** Tél. 22430 31 260/355 Ouvert avr.-nov. : tlj. 7h-0h*

Restaurant Galini Le restaurant de l'hôtel du même nom sert de bons plats, tel le *mououri* (agneau farci, cuit dans un four à bois). Comptez 12€ l'entrée et le plat. ***Vathis** Tél. 22430 31 241 Ouvert mars-nov. : tlj. 8h-2h*

prix moyens

Harry's Paradise On passe facilement devant le meilleur restaurant d'Emborios sans le voir, car sa terrasse est enfouie dans la verdure, un peu en retrait du port. Comptez 15€ le repas, 7€ le petit déj. Les patrons louent des studios. ***Emborios** Tél. 22430 40 061 www.harrys-paradise.gr Ouvert avr.-oct. : tlj. 8h-tard dans la nuit*

GAMME DE PRIX	RESTAURATION	HÉBERGEMENT
Très petits prix	moins de 10€	moins de 30€
Petits prix	de 10 à 15€	de 30 à 50€
Prix moyens	de 15 à 20€	de 50 à 80€
Prix élevés	de 20 à 30€	de 80 à 120€
Prix très élevés	plus de 30€	plus de 120€

Hébergement

Attention, Pothia est une ville excessivement bruyante où il peut être difficile de fermer l'œil si l'on choisit une chambre donnant sur la rue.

petits prix

Hôtel Panorama Cet hôtel confortable est installé sur les hauteurs de Pothia, face à l'embarcadère. Les chambres, relativement silencieuses, sont dotées d'un balcon et bénéficient d'une très jolie vue sur le port, ce qui compense leur petite taille. TV, réfrigérateur, clim. et sdb. Double à 40€. Petit déj. 4€. Navette avec le port. Pas de CB. ***Pothia*** *Tél. 22430 23 138 ou 69 73 42 02 69 www.panorama-kalymnos.gr Ouvert toute l'année*

Greek House De grands studios pour 2 à 5 personnes avec cuisine équipée, aménagés dans 2 belles maisons anciennes en pierre. Certains, très hauts de plafond, disposent d'une jolie chambre en mezzanine. Du charme, mais bruyant... L'adresse est un peu difficile à localiser, mais vous trouverez facilement les patrons dans leur *kafeneion*, Ta Aderfia, face au débarcadère. TV et clim. Double 30-40€. ***Pothia*** *Tél. 22430 23 752 ou 69 72 74 74 94 Ouvert toute l'année*

Archontiko Hotel Cet hôtel occupe une belle maison néoclassique jaune pâle, à l'entrée du port, peu après le débarcadère. Il est tenu par un vieux couple et il y règne une atmosphère un peu désuète, mais les chambres sont spacieuses et confortables (clim., réfrigérateur et TV). Des doubles vitrages seraient les bienvenus... Double à 30-35. Pas de CB. ***Pothia*** *Tél. 22430 24 051/24 149 www3.ns.sympatico.ca/gkaraphillis/ArchontikoHotel.htm Ouvert toute l'année*

Pension Delaporta Dix chambres spacieuses, à l'ameublement soigné mais un peu kitsch. Elles ont chacune la clim., la TV et une sdb. Très belle vue au jardin et à la piscine. Agréable terrasse pour prendre l'apéritif. De 30 à 35€ la double. ***Elia panormou*** *Tél. 22430 48 145 (demander Nomiki) ou 69 77 19 81 49 (son frère Nikolas) www.kalymnosholidays.com Ouvert fin avr.-fin oct.*

Hôtel Galini Une maison de pierre sur le côté nord du port. Les chambres sont confortables (sdb, réfrigérateur et clim.), mais dépourvues d'un balcon. Double 25-35€, petit déj. 5€. ***Vathis*** *Tél. 22430 31 241 www.galinihotelvathikalymnou.com Ouvert mars-nov.*

Pension Manolis Une maison blanche aux volets bleus qui domine le port (à droite quand on regarde la mer). On y trouve 6 chambres très agréables, climatisées et dotées d'une grande terrasse avec vue sur le fjord. Cuisine à disposition. Double à 35-40€. Accueil très chaleureux. Pas de CB. ***Vathis*** *Tél. 22430 31 300 www.pension-manolis.de Ouvert toute l'année*

prix moyens

☺ **The Melina** Une magnifique maison bourgeoise de trois étages, bâtie en 1930 (et rénovée en 2007), agrémentée d'un luxuriant jardin et d'une piscine. Les grandes chambres ont beaucoup de cachet : parquet, haut plafond mouluré, cheminée, mobilier ancien et grand balcon sur la mer. Toutes disposent de la clim., de la télévision, du téléphone et d'un réfrigérateur. Les familles trouveront des appartements autour de la piscine, et les budgets plus modestes deux chambres à l'entresol, sans vue mais fraîches et spacieuses. Salle de fitness. L'emplacement un peu excentré de l'hôtel lui confère une tranquillité précieuse. Doubles 35-70€ selon la saison, petit déj. inclus. Comptez 20% en plus pour une 3e pers. Appartement pour 4 pers. 60€-75€. Une belle adresse, où il est prudent de réserver. ***Pothia*** *Tél. 22430 22 682 www.villa-melina.com Ouvert toute l'année*

Captain Kostas Le propriétaire de cette grande taverne (cuisine correcte, sans plus) dominant le port loue un grand deux-pièces avec cuisine (50-60€ selon la saison et la durée du séjour) et 2 studios avec kitchenette sur les hauteurs du village (35-40€). Pas de CB. ***Emborios*** *Tél. 22430 40 005 Ouvert mai-nov.*

★ ☺ PATMOS ΠΑΤΜΟΣ Πατμος

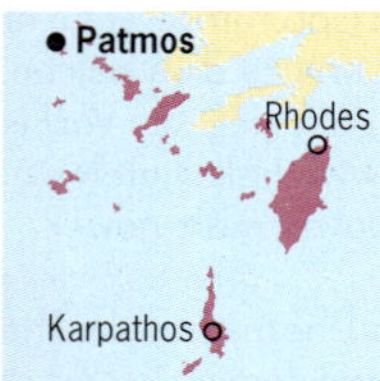

Quelle belle surprise ! Peu d'îles séduisent autant que Patmos. Citons d'abord son patrimoine architectural exceptionnel, composé du village de Patmos (Chora), du monastère fortifié de Saint-Jean et de la grotte de l'Apocalypse, où saint Jean, "le disciple bien-aimé", rédigea le célèbre texte prophétique qui clôt le Nouveau Testament. La silhouette imposante de cet ensemble architectural unique, classé au patrimoine de l'Humanité, domine l'île en lui conférant une prégnante atmosphère mystique. Mais Patmos est aussi une petite île (34km²) propice à la détente : le bourg animé de Skala est riche en pensions, tavernes et bars variés, et le littoral découpé en une kyrielle d'anses et autant de plages, souvent ravissantes et préservées.

UNE HISTOIRE DOMINÉE PAR SAINT JEAN Bien que les traces d'occupation humaine les plus anciennes remontent à 2000 av. J.-C., l'île ne fut habitée qu'à partir du VIIIe siècle av. J.-C., pour être à nouveau désertée quatre siècles plus tard. Son histoire commence véritablement avec l'arrivée de l'évangéliste Jean, qui y est exilé en l'an 95 par l'empereur Domitien à l'occasion d'une persécution contre les chrétiens d'Éphèse. Le séjour du saint est marqué par les puissantes visions mystiques qui composent la matière de l'Apocalypse, texte qu'il dicte à son fidèle compagnon d'exil, Prochore, avant de repartir à Éphèse où il meurt en 100. L'île devient bientôt un lieu de pèlerinage, ce qui n'empêche pas les pirates d'en faire une de leurs bases de prédilection. En 1088, le riche et pieux Christodoulos Latrinos prend possession de l'île et lance la construction du monastère consacré à l'auteur du quatrième Évangile. La main-d'œuvre importée pour la circonstance fait souche et commence à mettre l'île en valeur. Au XIIe siècle, le monastère est fortifié et la population de l'île se regroupe autour pour échapper aux attaques des pirates, donnant ainsi naissance au village de Chora. Patmos occupe rapidement une place de premier plan dans le monde orthodoxe, accueillant en 1713 une école de théologie bientôt célèbre.

MODE D'EMPLOI

accès

EN BATEAU

Nombreuses liaisons en ferry avec Le Pirée (3/sem., 8h de trajet, 37,50€) et les autres îles du Dodécanèse (1/j. de juin à septembre, et les lun., mer., ven. et dim. en hiver) ; le trajet à partir de Rhodes dure 9h, de Kos 3h30, de Kalymnos 2h30. Les catamarans de la compagnie Dodekanisos Express et les hydrofoils d'Aegan Flying Dolphins assurent des liaisons quotidiennes entre Patmos et les principales îles du Dodécanèse, hormis Karpathos. Consultez les sites *www.12ne.gr* et *www.aegeanflyingdolphins.gr*

Capitainerie de Skala *Tél. 22470 31 231*

EN AVION

Faute d'un aéroport à Patmos, il vous faudra atterrir à Samos, Kalymnos, Leros ou Kos puis prendre le bateau.

orientation

Vous n'aurez aucun mal à vous repérer en descendant du bateau à Skala, bourgade qui se réduit aux quelques rues donnant sur le port. Les principaux commerces et services sont regroupés sur la place et dans la rue principale, face au débarcadère. Le village de Chora et le monastère de Saint-Jean, visibles de Skala, dominent toute l'île du haut de leur montagne ; on y accède à partir du rond-point aménagé à l'entrée sud de Skala.

informations touristiques

Office de tourisme Service chaleureux. *Sur le port de Skala, face à l'embarcadère Tél. 22470 31 666 Ouvert avr.-sept. : lun.-sam. 9h-14h30 et 18h30-21h, dim. 10h30-14h30*

Vous pouvez également consulter les sites Internet officiels de Patmos : www.patmosweb.gr, www.patmos-island.com, www.travelinfo.gr/patmos/

se déplacer

EN CAR

Départ et horaires devant l'office de tourisme, sur le port de Skala. Nombreuses liaisons avec Chora, Apokalipsi, Kambos et Grikos.

EN TAXI

Station de taxis principale Vous pouvez réserver un taxi de n'importe où dans l'île. *Sur le port de Skala Tél. 22470 31 225*

EN VÉHICULE DE LOCATION

Il est possible de louer une voiture à Skala, mais le scooter est sans doute mieux adapté aux déplacements dans l'île. Attention, on ne trouve que deux stations-service, à Skala et sur la route de Kambos.

EN BATEAU-TAXI

Ils vous emmèneront vers les diverses plages de l'île, dont certaines difficilement accessibles par la route. Départ au port de Skala. Prix raisonnables.

informations pratiques

Vous trouverez trois banques avec DAB et deux pharmacies à Skala.

Centre médical / Kentro Ygeias *Chora Tél. 22470 31 211*

fêtes et manifestations

Fête de saint Jean le Théologien- Messes et autres célébrations *Chora Le 8 mai et le 26 septembre*

International Film Festival of Patmos Des conférences, des workshops et bien sûr une compétition de documentaires, de longs et de courts-métrages grecs et étrangers projetés en salle ou sous les étoiles... *Tél. 211 011 7615 www.iffp.gr À* ***Skala****, fin juillet-début août*

Festival de musique sacrée *Devant la* ***grotte de l'Apocalypse*** *fin août-début septembre*

DÉCOUVRIR

Patmos

☆**Les essentiels** La grotte de l'Apocalypse, le monastère Saint-Jean-l'Évangéliste, Patmos (Chora), Psili Ammos **Découvrir autrement** Longez la route menant de Kambos au vallon de Livadi Kalogiron, admirez la vue panoramique du haut du mont Profitis Ilias

Le centre de l'île

Skala Le port de l'île en est aussi la capitale économique et touristique. Fondé en 1600, il compte environ 3 000 habitants permanents. Même si Skala n'a pas la richesse architecturale de Chora, c'est un bourg vivant, où quelques bâtiments légués par les Italiens (notamment celui de la poste, sur la place centrale) se mêlent harmonieusement à des maisons blanches aux beaux encadrements de portes et de fenêtres en pierre. Skala concentre l'essentiel des hôtels, pensions, restaurants et commerces de l'île, ce qui en fait l'endroit le plus commode où poser ses valises. L'agréable plage de Meloï, nichée dans une crique paisible bordée de tamaris et bien abritée, est à 10min de marche vers le nord.

L'APOCALYPSE *L'Apocalypse* de saint Jean inspira exégètes, prophètes et artistes. Ce texte prophétique, l'un des plus mystérieux du Nouveau Testament, comporte 22 chapitres, rédigés en grec. Les "révélations" faites à l'évangéliste auraient eu lieu dans la grotte de l'Apocalypse.

☆**Grotte de l'Apocalypse** Personne ne connaît exactement la part de vérité ou de légende de l'histoire de saint Jean, mais il est émouvant de visiter le lieu où le "disciple bien-aimé" dicta ses prophéties. La grotte est aujourd'hui enchâssée dans une petite église, qui fait elle-même partie d'un monastère. La niche où Jean posait sa tête est cerclée de métal et protégée par une petite balustrade. C'est de la triple fissure au plafond (une pour chaque composante de la Sainte Trinité), que "sortaient" ses visions. À droite, on peut voir le lutrin naturel formé par la paroi rocheuse, où son compagnon, Prochore, écrivait sous sa dictée. *Sur la route de Patmos (Chora) De Skala, on y accède par la route ou par le sentier en cailloutis aménagé en 1819 pour les pèlerins Tél. 22470 31 234 Ouvert tlj. 8h-13h30 ; été : mar., jeu. et dim. 16h-18h Entrée libre*

☆☺ **Monastère Saint-Jean-l'Évangéliste / Evangelismos** Sa silhouette puissante aux allures de forteresse médiévale domine toute l'île. Arrivé en

Plan 46 Patmos

1088 avec le chrysobulle signé d'Alexis Ier Comnène le faisant maître de l'île, saint Christodoulos Latrinos entreprit de construire le monastère à l'emplacement d'un temple dédié à Artémis. L'édifice actuel se compose de bâtiments d'époques diverses, répartis sur cinq niveaux. Les murailles qui le protégeaient jadis des attaques de pirates entourent 10 chapelles et 99 cellules de moines. On entre dans l'église principale par un exonarthex décoré de fresques relativement récentes (XVIIe-XIXe s.). Il s'ouvre sur la droite sur une chapelle abritant les reliques de Christodoulos. L'église elle-même abrite d'autres fresques, du XVIIe siècle, et une iconostase à la décoration très chargée (1820). Elle s'ouvre à droite sur la chapelle de la Vierge, qui possède les plus belles et les plus anciennes fresques de l'ensemble : elles datent du XIIe siècle et étaient recouvertes par des peintures du XVIIIe siècle jusqu'à leur découverte, en 1958. L'iconostase, de 1607, est ornée d'icônes crétoises de la même époque. Elle cache les splendides peintures du chœur, dédiées à la Vierge. Le réfectoire, une élégante pièce voûtée, est en cours de restauration et n'est malheureusement accessible que par intermittence. Il abrite des fresques de l'école crétoise du XIIe siècle. Vous verrez, dans le **musée du Trésor**, quelques manuscrits exceptionnels, le chrysobulle de Christodoulos, des vêtements sacerdotaux, divers objets précieux et de nombreuses icônes. Parmi celles-ci, ne manquez pas le *Christ* peint par le Greco (1541-1614) dans sa jeunesse, avant qu'il ne quitte la Crète pour l'Italie et l'Espagne et qu'il ne s'affranchisse de la peinture d'icône traditionnelle. *À env. 4km de Skala Tél. 22470 31 223 ou 22470 20 800 www.patmosmonastery.gr Ouvert avr.-oct. : tlj. 8h-13h30, mar., jeu. et dim. 16h-18h ; nov.-mars : tlj. 8h-13h Tarif 4€ (Trésor compris)*

☆☺ **Patmos (Chora)** Le village est un véritable dédale de ruelles étroites dans lequel il est assez difficile de se repérer. Du parking, partez sur la gauche du monastère en suivant les flèches *"Centric Square"* ; elles vous mèneront jusqu'à la place centrale par la plus large artère de Chora. Une fois cette zone explorée, partez à l'opposé, de l'autre côté du monastère, pour visiter les

Les îles grecques hors des sentiers battus

Pour un verre, un café

Rampagas (Sifnos) 315
Tzitzikas/Cicada (Antiparos) 424
Romantiga (Tinos) 533
Cafe 1673 (Patmos) 609
Cafe Stoa (Patmos) 609

Sites insolites

Paleochora (Égine) 203
Catacombes (Milos) 329
Episkopi (Sikinos) 354
Grottes d'Agios Giannis (Iraklia) 453
Théâtre Apollon (Syros) 486
Tarambados (Tinos) 528
Volakas (Tinos 529
Vallée des Papillons (Rhodes) 566
Nea Moni (Chios) 638
Anavatos (Chios) 639
Pyrgi (Chios) 642
Vilages du mastic (Chios) 643
Forêt pétrifiée (Lesbos) 657
Samothrace 674
Aliki (Thassos) 684

Musées

Musée de Bouboulina (Spetses) 222
Musée Manos Faltaïts (Skyros) 242
Musée Della Rocca-Barozzi (Naxos) 438
Musée de l'Industrie (Syros) 488
Musée Tsoklis (Tinos) 527
Musée d'Art contemporain Goulandris (Andros) 543

quartiers de Fourni et de Magouri, au nord, très pentus, qui abritent quelques belles églises (certaines ornées de fresques). Le village est né cinquante ans après la fondation du monastère pour le protéger des attaques de corsaires. Après la chute de Constantinople, en 1453, une centaine de familles byzantines y trouvèrent refuge, fondant le quartier fortifié d'Allotina, à l'est.

Maison traditionnelle Simadiri "La plus ancienne maison de Chora", annonce fièrement la pancarte. Il s'agit moins d'un musée que d'une maison privée, puisque le rez-de-chaussée est habité. On visite le premier étage, rempli d'antiquités et de bibelots plus ou moins intéressants, mais dont l'ensemble est assez charmant. *Du monastère (env. 1km), il faut descendre les ruelles du côté de Skala (nord) et tâcher de repérer les petites flèches accrochées un peu partout Frapper à la porte pour se la faire ouvrir Ouvert mars-nov. : 9h-13h30 et 17h-19h30 Tarif 2,50€*

● Où boire un verre ?

☺ **Cafe 1673** Le plus vieux *kafeneion* de l'île occupe une vieille demeure tarabiscotée, pleine d'escaliers et de petites salles intimes, qui en font un lieu unique pour boire son ouzo avant d'aller dîner. *À deux pas de la grand-place* **Chora** *Tél. 22470 31 895 Ouvert juil.-août : 16h-2h*

☺ **Cafe Stoa** Il occupe une vieille maison datée de 1670. Délicieuse petite terrasse sur la place pour l'apéritif et magnifique salle voûtée pour boire des verres en écoutant de la musique entre 18h et 2h du matin. *Grand-place* **Chora** *Tél. 22470 32 226 ou 69 73 22 78 88 Ouvert juin-sept. : tlj. 18h-2h30*

Le nord de l'île

Kambos La vocation du troisième village de l'île, après Chora et Skala, est surtout agricole. Il dispose néanmoins d'une plage, un peu gâchée par les parasols et la route qui la longe. Dépassez-la et bifurquez sur la gauche pour rejoindre la plage de galets de Lampi, dotée de quelques chaises longues et d'une taverne. *À env. 6km de Skala*

☺ **De Kambos à Livadia Kalogiron** Partez à gauche au carrefour de Kambos, puis à droite. La route, particulièrement agréable, sinue à flanc de coteau au milieu des bosquets de thym. Elle s'achève à Livadia Kalogiron. Ce vallon verdoyant abrite une grosse ferme et une église cachées dans les cyprès, environnées de champs en terrasse. Le vallon s'ouvre sur la mer par une plage de gros galets. En la longeant, vous accéderez à l'église de la Panagia Livadiou, dotée d'une magnifique iconostase en bois polychrome. Si elle est fermée, demandez la clef à la fermière.

De Kambos à Fanari Geranou À l'est de Kambos, la route qui suit la côte passe au-dessus de la petite plage de Vagias, dotée d'une taverne bien située, avant de longer une succession de trois plages remarquables, parmi les plus belles de l'île : les deux petites plages de Kakoskalo, séparées par un éperon rocheux (le nudisme y est toléré), suivies de Liginou, une belle plage de sable blond en forme de croissant, qui fait face à l'îlot d'Agios Georgios. Les gros tamaris qui la bordent rendent inutile tout parasol, et une petite taverne permet de s'y restaurer. Bien protégées, ces trois plages sont, avec celle de Meloï, les plus agréables les jours de vent. Les amateurs de solitude poursuivront leur route jusqu'à la pointe orientale de l'île, où les attend une autre plage, dépourvue d'ombre.

Le sud de l'île

Grikos Une petite station balnéaire assez tranquille, dotée d'une plage bordée de tamaris assez fréquentée. Au sud, juste après la pointe rocheuse, se trouve une plage de galets plus sauvage mais assez ventée : Petra. *À 4,5km de Skala*

Mont Profitis Ilias et Moni Evagelismos Le monastère ne se visite pas, mais la vue panoramique qu'on découvre du haut des marches, vers le nord, le sud, Chora, les îles de Leros, Ikaria et Samos, mérite le détour. *À env. 2km de Chora*

☆ ☺ **Psili Ammos** Une des plus belles plages de l'île. On y accède par bateau ou en prenant la route jusqu'à Diakofti, à la pointe sud, puis en marchant une vingtaine de minutes sur un sentier longeant le rivage. La plage de sable blond est bordée par quelques gros tamaris dispensant une ombre bien agréable. La taverne sert des plats simples et savoureux. La pointe sud de la plage accueille quelques campeurs et naturistes. *À env. 8km de Chora (compter 10min par la route et 20min de marche)*

CARNET D'ADRESSES

Restauration

Vous trouverez de bons *giros* en remontant la rue piétonne de Skala.

petits prix

Arion Un café élégant, à l'agréable terrasse située au milieu du port. Très bonnes salades, un peu chères (6€) mais copieuses. ***Skala*** *Tél. 22470 31 595 Ouvert mars-mi-nov. : tlj. 8h-2h*

Pantelis L'accueil est un peu commercial, mais les tables installées le long de la rue sont bien agréables et la nourriture ne déçoit presque jamais. Plats à 5-7€. *Dans une rue parallèle au port* ***Skala*** *Tél. 22470 31 922 ou 69 78 27 66 82 Ouvert mars-10 nov. : tlj. 10h-23h*

Mermaids Une excellente petite taverne à la carte très classique mais bien fournie. Cuisine et accueil soignés. L'accent est mis sur les poissons frais, à choisir selon l'arrivage. Nombreux plats autour de 6-8€. La terrasse donne sur le port, entre le virage et le débarcadère. Pas de CB. ***Skala*** *Tél. 22470 32 055 Ouvert avr.-juil. : tlj. 12h-16h et 18h-1h ; août-sept. : tlj. 12h-1h ; déc.-fév. : w.-e. 18h-1h*

Loukas Une grande taverne, installée au bout de la rue piétonne. La nourriture n'est pas spécialement raffinée, mais les portions sont copieuses et les prix très raisonnables (nombreux plats autour de 7-8€). Pas de CB. ***Skala*** *Tél. 22470 32 515 Ouvert sept.-juil. : tlj. 12h-16h et 18h-0h ; août : tlj. 12h-0h*

☺ **Jimmy's Balcony** La vue qu'offre la terrasse est d'une beauté à couper le souffle : déjà saisissante en journée, elle devient franchement inoubliable lorsque le soleil se couche. La carte n'est pas très fournie, mais tout est excellent (plats à 7-9€). Goûtez la moussaka façon Jimmy (aubergines, viande hachée et fromage). Le patron est d'une grande gentillesse. **Chora** *Tél. 22470 32 115 Ouvert avr.-sept. : 10h-0h*

Vaggelis Le restaurant est merveilleusement situé, sur la ravissante place centrale. Vous aurez le choix entre une table sur la place, dans le jardin arrière ou sur la terrasse dotée d'une fort jolie vue. Une adresse qu'on apprécie pour la beauté des lieux, car la nourriture n'est pas exceptionnelle. Comptez 12-13€ pour un plat et une entrée. Pas de CB. *Suivez les flèches à partir du parking* **Chora** *Tél. 22470 31 967 Ouvert avr.-juil., sept.-oct. : tlj. 11h-14h et 18h-dernier client ; août : 18h30-dernier client*

Hébergement

Les meilleurs rapports qualité-prix se trouvent dans le quartier de Netia, autour de la seconde anse formée par la baie, au nord, à 6 ou 7min à pied de la grand-place de Skala. Vous y serez plus au calme, plus près de la plage de Meloï (10min à pied) et de l'embarcadère des bateaux-taxis qui desservent les autres plages. Ni hôtel, ni *"rooms to let"* dans les rues de Chora : les quelques chambres à louer le sont soit par des agences, soit par le bouche-à-oreille.

camping

Camping Stephanos Bien situé, en bordure de l'agréable plage de Meloï, à 15min à pied de Skala (un minibus assure les liaisons). Les emplacements sont entourés de hautes palissades de bambous. On y trouve un café, une supérette et un loueur de scooters. Comptez 2€ la tente et 8€/pers. Également un studio pour 2-3 pers. à 30-70€ (TV, clim., cuisine, terrasse, vue mer). **Skala** *Tél. 22470 31 821 Ouvert avr.-sept.*

petits prix

Maria Paskalides Une pension proche du centre de Skala, sur la route de Chora. Les 10 chambres sont simples mais propres. Deux d'entre elles possèdent une sdb privée (25-45€), les autres des sdb partagées (25-39€) et toutes un ventilateur. Une petite cuisine est mise à disposition pour le petit déj. Pas de CB. *À 200m du port* **Skala** *Tél. 22470 32 152 Ouvert avr.-oct.*

☺ **Marousso Kouva** Les 3 chambres sont très simplement meublées, mais elles sont spacieuses et agréables et, surtout, elles bénéficient d'une cuisine commune et d'une grande terrasse conviviale d'où la vue est tout simplement extraordinaire : l'assurance de petits déjeuners et d'apéritifs de rêve. La dame qui s'en occupe ne parle que le grec. Double à 30-50€. Réfrigérateur et clim. dans toutes les chambres. Pas de CB. **Chora** *Tél. 22470 31 026/963 Ouvert avr.-sept.*

prix moyens

Hôtel Rodon En plein centre. Les chambres, de taille moyenne, agréables et fonctionnelles, disposent d'une petite terrasse. Réfrigérateur, TV, clim. et sèche-cheveux. Double à 35-75€ selon la saison. Pas de CB. **Skala** *Tél. 22470 31 371/995 ou 69 77 94 49 78 www.hotelrodon.patmos.eu Ouvert Pâques-20 oct.*

Villa Knossos L'établissement est tenu par Debbie, la fille du gérant de l'Australis Hotel voisin. En commun :

un jardin luxuriant, la gentillesse de l'accueil et les petits déjeuners, pris sur la terrasse de l'Australis. Les chambres sont pourvues d'un petit balcon donnant sur le jardin, d'une TV, d'un réfrigérateur, d'une bouilloire et de la clim.. Si vous prévenez de votre arrivée par téléphone, on vient vous chercher au bateau, et l'on vous y remmènera à votre départ. Six doubles à 35-70€ selon la saison et la durée du séjour, une triple à 45-90€. L'établissement dispose de deux studios supplémentaires avec cuisine équipée, TV, clim. et chauffage (40-120€). Petit déj. à 7,50€. Pas de CB. *Quartier de Netia* ***Skala*** *Tél. 22470 32 189 ou 69 45 81 4273 www.villaknossos.com Chambres louées avr.-oct., studios toute l'année*

☺ **Australis Hotel** On y entre en traversant une jungle parsemée de bougainvilliers, de jasmins, de géraniums et de lauriers, qui abrite des petites terrasses, où l'on prend son petit déj. au sortir de belles chambres fraîches, spacieuses, silencieuses et confortables (préférez celles situées à l'étage). Fokas Michellis, le vieil homme qui s'occupe de l'hôtel avec sa femme et son fils depuis son retour d'Australie, traite ses clients avec autant d'attention que son jardin. L'un des membres de la famille est généralement présent à l'arrivée du bateau avec une pancarte. On vous y remmènera gratuitement le jour de votre départ. Double 40-100€ selon la saison, petit déj. inclus. Également quelques appartements pour 4 (de 80 à 150€) et pour 6 personnes (de 150 à 200€). TV, wifi, réfrigérateur et clim. dans les chambres et appartements. Navette avec le port. *Quartier de Netia* ***Skala*** *Tél. 22470 31 576 ou 69 73 84 18 41 www.patmosaustralis.gr Ouvert avr.-oct.*

Blue Bay Hotel Vingt-huit chambres très confortables et relativement spacieuses. Toutes possèdent un balcon, certaines bénéficiant même d'une vaste terrasse, les plus agréables ayant vue sur la mer. Air conditionné, et TV dans certaines. Les prix varient en fonction de la superficie et de la saison : 50-80€ pour les standards, 96-110€ pour les supérieures, 129-150€ la suite, petit déjeuner compris. Un escalier permet de descendre se baigner dans les rochers en contrebas. *Le long du littoral, à 300m environ au sud du port* ***Skala*** *Tél. 22470 31 165 www.bluebaypatmos.gr Ouvert avr.-oct.*

prix très élevés

House Michelis Michalis Cette maison de 1883 se dresse sur la ligne de crête en lisière de Chora, une position unique qui lui assure une vue à couper le souffle. Trois chambres doubles, un salon TV, une cuisine équipée et deux salles de bains. L'épaisseur des murs en pierre lui assure une grande fraîcheur. Le jardin, planté de vignes et de figuiers, dispose de trois terrasses diversement orientées. Le propriétaire habite Athènes, mais son père, qui vit à Patmos, vous fera visiter l'endroit. Location à la semaine à négocier selon la durée du séjour. Prix à la semaine : 2 000€ en avr., mai, sept. et oct. ; 2 200€ en juin ; 2 500€ en juil. et 2 800€ en août. Pas de CB. ***Chora*** *Tél. 22470 48 902 ou 69 74 17 30 60 www.milos-patmos.gr Ouvert Pâques-oct.*

GEOREGION

615 Samos
627 Ikaria
633 Chios
646 Lesbos
665 Limnos
674 Samothrace
678 Thassos

LE NORD-EST DE LA MER ÉGÉE

V

Xanthi
Komotini
GRÈCE
Kavala
Keramoti
Limenas
Skala Prinos
THASSOS
Alexandroupoli
Kesan
TURQUIE
DE
Kadiköy
Samothrace
Kamariotissa
1 611 M
SAMOTHRACE
Gelibolu
Biga
Eceabat
GÖKÇEADA
Çanakkale
MONT ATHOS
2 030 M
DÉTROIT DES
DARDANELLES
Çan
TURQUIE
Myrina
LIMNOS
BOZCAADA
Ezine
KAZ DA'I
1 774 M
Edremit
Burhaniye
EDREMIT KÖRFEZI
THESSALONIQUE
AGIOS
EFSTRATIOS
KIMI
968 M
Ayvalik
Bergama
Mytilène
MER ÉGÉE
LESBOS
SKYROS
ÇANDARLI KÖRFEZI
Les
Sporades
Karaburun
PSARA
1 297 M
IZMIR KÖRFEZI
Chios
CHIOS
Urla
Izmir
RAFINA
Limenas
Cesme
LE PIRÉE
KUSADASI
KÖRFEZI
Les
Cyclades
ANDROS
SAMOS
Karlouassi
Vathy
IKARIA
1 434 M
Pythagorio
Thessalonique
TURQUIE
TINOS
1 037 M
Agios
Kirykos
FOURNI
MER ÉGÉE
AGATHONISI
Athènes
MYKONOS
PATMOS
RAFINA, LE PIRÉE
Cyclades
Rhodes et le
Dodécanèse
N
PAROS
CRÈTE
30 km

SAMOS ΣΑΜΟΣ Σαμος

Paradis des randonneurs, la verte Samos s'étire, nonchalante, aux portes de la Turquie. Ses anciens chemins muletiers offrent de vertigineux panoramas sur l'un des reliefs les plus tourmentés de la mer Égée. C'est moins ce côté nature que les stations balnéaires qui attirent les touristes du nord de l'Europe dans les ports de Kokkari et de Pythagorio. Mais, pour peu qu'on s'en éloigne, les criques de sable fin dans des sites encore sauvages ne manquent pas. Parmi ses autres atouts, la patrie de Pythagore s'enorgueillit d'un musée archéologique d'exception, des vestiges du temple d'Héra, considéré par Hérodote comme "le plus grand de tous ceux que nous connaissions", et enfin d'un délicieux muscat à la robe sombre.

POLYCRATE, UN TYRAN ÉCLAIRÉ Polycrate s'impose comme maître de Samos en 535 av. J.-C., après avoir assassiné son frère aîné et exilé son cadet. Cet excellent chef militaire réussit à préserver l'indépendance de l'île en repoussant les attaques des Perses, qui se sont rendus maîtres de Chios et de Lesbos, notamment. D'après Hérodote, il dispose d'une garde de mille archers étrangers qu'il envoie piller les côtes d'Asie Mineure et d'une flotte de cent bateaux chargés de percevoir un droit de passage maritime et de protéger contre monnaie sonnante et trébuchante les voisins qui le lui demandent. Habile politique, il multiplie les alliances, notamment avec le tyran d'Athènes Pisistrate et le pharaon Amasis. Il fait restaurer l'Heraion qu'admire tant Hérodote et ordonne à l'ingénieur Eupalinos de concevoir un aqueduc qui traverse une colline de part en part. Mais sa gloire est ternie par un soulèvement. Les insurgés reçoivent l'assistance de Sparte et de Corinthe. Pendant 40 jours, ils font le siège de l'acropole où se sont réfugiés le tyran et ses fidèles. Toujours selon Hérodote, affaibli par cet épisode, Polycrate tombe dans un piège tendu par le roi perse Cambyse. Invité par le satrape de Sardes à partager un butin, il est capturé et crucifié en 522 av. J.-C.

MODE D'EMPLOI

accès

EN AVION

Aéroport de Samos Liaisons quotidiennes avec Athènes. L'aéroport Aristarchos accueille, l'été, de nombreux charters en provenance d'Europe du Nord. *À 4km à l'ouest de Pythagorio et 16km de Vathi Tél. 22730 87 800*

Olympic Air En été, 3 ou 4 liaisons quotidiennes Athènes-Samos (50min) et 2 l'hiver. À partir de 60€ AS. Pas de liaison directe Thessalonique-Samos. *Tél. 22730 61 219 www.olympicair.com*

Sky Express Relie Samos à Chios, Rhodes, Lesbos et Limnos. *Tél. 801 11 28 28 88 ou 2810 22 38 00 www.skyexpress.gr*

EN BATEAU

Samos est reliée aux îles du Dodécanèse, aux Cyclades et aux îles du nord de la mer Égée. Se renseigner auprès de l'agence de voyages By Ship Travel. Les horaires, prix, trajets et les compagnies changeant tous les ans en mai, nous vous invitons à consulter les sites www.directferries.fr, www.gtp.gr, www.ferries.gr ou www.aferry.gr.

Capitainerie de Vathi *Tél. 22730 27 318*

Capitainerie de Pythagorio *Tél. 22730 61 225*

By Ship Travel *Vathi Sur le port Tél. 22730 22 116 ou 22730 25 065 Ouvert mai-sept. : tlj. 8h-22h* ***Pythagorio*** *Tél. 22730 61 061*

orientation

D'une superficie de 475km², Samos dessine une longue bande de terre de 50km d'est en ouest pour une largeur maximale de 20km, séparée des côtes turques par un chenal de 1km. Avec des sommets qui atteignent 1 433m pour le mont Kerkis, dans l'Ouest, et 1 153m pour le mont Karvouni, dans le Centre, c'est l'une des îles les plus montagneuses de la mer Égée. Les rares plaines sont dévolues à la culture de l'olivier, de la vigne et des arbres fruitiers. Vathi, ou Samos-ville, le chef-lieu, est installée dans une anse profonde et abritée de la côte nord. Station balnéaire essentielle (avec Kokkari), c'est aussi le port principal de l'île devant Karlovasi, au nord-ouest, et Pythagorio, au sud, qui accueille des hydroglisseurs.

informations touristiques

www.samosportal.gr Un site en anglais.

Office de tourisme de Vathi (plan 48, B2) *Themistokli Sofouli 107 (sur le front de mer) Tél. 22730 28 582 Ouvert lun.-ven. 9h-14h*

Police touristique *Tél. 22730 87 344*

se déplacer

EN CAR

Gare routière KTEL (plan 48, B3) Un efficace service de cars relie Vathi à Kokkari, Lemonakia, Tsamadou et Pythagorio plusieurs fois par jour, du lundi au samedi. Un tour de l'île est proposé pour 27€ tous les dimanches. *Ioannou Lekati 6* ***Vathi*** *Tél. 22730 27 262 www.samospublicbusses.gr*

EN TAXI

Station *Vathi Sur le front de mer, au sud de la place Pythagore (plan 48, B2) Tél. 22730 28 404* ***Pythagorio*** *Tél. 22730 61 440*

EN VÉHICULE DE LOCATION

Bon réseau routier, sauf dans l'ouest de l'île, où des pistes remplacent les routes.

Aramis *Vathi Près de l'embarcadère Tél. 22730 23 253 Ouvert avr.-oct. : tlj. 8h-21h* ***Pythagorio*** *Tél. 22730 61 550 Ouvert avr.-oct. : tlj. 8h-21h* ***Kokkari*** *Tél. 22730 92 385 Ouvert avr.-oct. : tlj. 8h-21h* ***Aéroport*** *Tél. 22730 62 736 Ouvert aux heures d'atterrissage des avions*

excursions à la journée

Éphèse en Turquie Liaisons quotidiennes avec Kusadasi (1h15 en ferry) à partir de Vathi (tlj.) ou de Pythagorio (1/jour.). Comptez 47€ l'AR et 10€ de taxes portuaires turques. Ajoutez 25€ pour le transport jusqu'à Éphèse, l'entrée et la visite guidée du site archéologique. Passeport indispensable (70€ l'AR avec guide chez By Ship Travel).

Monastère de Saint-Jean à Patmos et îlot de Samiopoula Rhenia Tours organise des visites guidées hebdomadaires du monastère de Patmos (40€ + guide 20€) et de l'îlot de Samiopoula

Plan 47 Samos

avec barbecue (40€). Liaison avec Patmos en catamaran 45€.

AGENCES
By Ship Travel ***Vathi*** *Sur le port Tél. 22730 22 116*
Pythagorio *Tél. 22730 61 061 Ouvert mi-mai-mi-oct. : tlj. 8h-22h*
Rhenia Tours *Themistokli Sofouli 15* ***Vathi*** *Tél. 22730 88 800 Ouvert mai-oct. : tlj. 9h-21h ; nov.-avr. : lun.-sam. 9h-14h et 18h-20h, dim. 10h-14h et 18h-20h*

informations pratiques

Police *Vathi Tél. 22730 22 100 Pythagorio Tél. 22730 61 100*
Hôpital *Derrière la capitainerie* ***Vathi*** *Tél. 22730 83 100*

DÉCOUVRIR

Samos

☆**Les essentiels** Le Musée archéologique de Vathi **Découvrir autrement** Goûtez aux muscats de Samos, arpentez les ruelles du port de Pythagorio, partez en randonnée sur la côte nord-ouest, faites une excursion sur la côte turque (cf. Mode d'emploi)

Vathi

Le port principal de Samos s'inscrit dans un cadre de toute beauté, une anse profonde au pied de montagnes couvertes de pinèdes. L'arrivée en ferry le soir, quand les lumières se mirent dans l'eau, dégage une certaine magie. De jour, la ville est plus décevante : un long boulevard en front de mer barré par des immeubles et des terrasses de café et quelques rues piétonnes sacrifiées aux commerces touristiques. Les noctambules y trouveront leur compte, les autres aussi, en visitant le passionnant Musée archéologique, riche en sculptures de l'époque archaïque, et la vieille ville.

☆**Musée archéologique (plan 48, B2)** Les fouilles du sanctuaire d'Héra, près de Pythagorio, ont mis au jour des pièces remarquables. Trésor de la collection, un kouros colossal de 4,80m sculpté par un artiste samien vers 580 av. J.-C. dans un marbre veineux. Les proportions du jeune homme nu confinent à la perfection. Le pendant féminin du kouros, la korê, est aussi représenté par plusieurs statues. Le corps cylindrique des jeunes femmes est drapé dans une double tunique. L'exceptionnel groupe de statues découvert sur la voie sacrée de l'Héraion en donne un bel exemple. Sur les côtés de cet alignement, composé à l'origine de six statues sculptées par Généléos (milieu du VIe s. av. J.-C.), on distingue la mère assise et le père allongé encadrant deux jeunes filles. Dans cette galerie de sculptures, ne manquez pas la statue en pied d'un jeune homme (540 av. J.-C.) aux traits orientaux, inspirée par l'art ionien des côtes d'Asie Mineure. Remarquable également le relief funéraire de la fin du Ve siècle av. J.-C. montrant un jeune homme d'une grande beauté penché vers un personnage dont le vêtement présente un riche drapé. Le bâtiment voisin expose des vases en terre cuite, des outils en obsidienne et des cruches à bec de la préhistoire ainsi que des objets de

Plan 48 Samos, Vathi

Restauration (n°10 à 12)

Ouzérie To Neon ____ **10** B2
Ta Kotopoula ____ **12** B3
Taverna Artemis ____ **11** A1

Hébergement (n°20 à 22)

Aeolis Hotel ____ **22** A1
Hôtel Samos ____ **21** A1
Pension Dreams ____ **20** A1

la période archaïque, notamment des chaudrons en bronze ornés de griffons, deux cavaliers en bronze du VIe siècle av. J.-C. et des accessoires venus d'Orient et de Mésopotamie. *Dans les jardins municipaux Tél. 22730 27 469 Ouvert avr.-sept. : mar.-dim. 9h-16h ; oct.-mars : mar.-dim. 7h30-15h Tarif 3€, seniors et étudiants hors UE 2€, moins de 18 ans et étudiants de l'UE gratuit*

☺ **Ano Vathi (plan 48, B3)** Éloignez-vous du front de mer pour gagner la colline où s'accrochent des maisons ottomanes à encorbellement joliment restaurées. Si vous êtes en voiture, garez-vous avant d'entrer dans le village. Les demeures imbriquées encadrent des venelles pentues qui débouchent sur une esplanade. Ce vaste terrain de jeux pour les enfants du village dévoile une vue panoramique à couper le souffle sur la baie de Vathi. Une vénérable église byzantine, Aï Giannakis, est postée en contrebas. D'attirantes tavernes et des *kafenia* traditionnels vous invitent à faire une pause dans le lacis des ruelles, loin du tumulte du port.

● Où acheter du vin doux de Samos ?

☺ **Cava Ouzo Frantzeskos (plan 48, A1)** L'enseigne est trompeuse, car la distillerie de Samos propose aussi les produits des viticulteurs locaux. Outre des blancs fruités et parfumés à boire frais, vous y trouverez un grand choix de vins doux, spécialité de Samos, à tous les prix. Les meilleurs se reconnaissent à leur robe d'un ambre sombre. *Themistokli Sofouli 111 Tél. 22730 27 470 Ouvert lun.-sam. 9h-14h et 19h-22h, dim. 19h-22h* **Autre adresse** *Pl. Pythagoras Tél. 22730 27 251*

Le sud de l'île

Moins venteux et mieux doté en plages de sable, le littoral méridional est jalonné de stations balnéaires sans grand charme, à l'exception de Pythagorio. Ne manquez pas le sanctuaire d'Héra ni l'aqueduc d'Eupalinos.

Pythagorio Le séduisant petit port de la côte sud se transforme l'été en une fourmilière. Les charters qui déferlent sur Samos atterrissent à moins de 4km ! L'alignement de cafés sur les quais où s'amarrent les bateaux de plaisance est donc sans surprise, mais en période calme, les ruelles fleuries, la longue plage qui s'étire à l'ouest et les allées et venues des bateaux de pêche composent une image attachante. D'intéressants vestiges antiques sont dispersés à proximité de la cité portuaire.

Citadelle de Lycurge Logothétis Sur les ruines d'un fort byzantin, face aux côtes d'Asie Mineure, les révolutionnaires grecs ont érigé au XIXe siècle un bastion pour se défendre d'une invasion ottomane. À l'intérieur de l'enceinte, une basilique paléochrétienne du Ve siècle dresse encore quelques colonnes brisées, tandis que l'imposante église blanche de la Transfiguration-du-Sauveur commémore l'échec de l'offensive turque de 1824. En suivant le littoral, vous découvrirez les ruines du temple d'Aphrodite et de bains romains. *Sur le littoral sud, près du port Tél. 22730 62 408 Ouvert mar.-dim. 9h-16h*

Aqueduc d'Eupalinos C'est une prouesse technique que réalisa l'architecte Eupalinos de Mégare au VIe siècle av. J.-C. ! Pour approvisionner l'antique

Pythagorio en eau, il fit creuser une galerie de 1 036m de long sous la colline de Kastri. Le chantier commença simultanément aux deux extrémités du tunnel, et les ouvriers durent creuser la roche en respectant une certaine pente pour permettre l'écoulement des eaux. Il fallut une dizaine d'années de dur labeur avant que les deux équipes se rejoignent... Ce tunnel est si profond qu'il servit, au fil des siècles, de refuge aux habitants. On peut en visiter un tronçon, à 1,5km au nord-ouest de Pythagorio (déconseillé aux claustrophobes). À proximité, le monastère de la Panagia Spiliani dissimule au fond d'une grotte une chapelle dédiée à la Vierge. *Tél. 22730 62 813 Ouvert mar.-dim. 9h-16h Tarif 4€, seniors 2€, moins de 18 ans gratuit*

"DANS UN TRIANGLE RECTANGLE...
Le carré de l'hypoténuse est égal à la somme des carrés des deux autres côtés." L'auteur de ce fameux théorème, le mathématicien et philosophe Pythagore, naquit à Samos en 580 av. J.-C.

☺ **Sanctuaire d'Héra** Le principal site archéologique de Samos, celui sur lequel serait née la déesse Héra, se déploie sur le rivage de la mer Égée, en lisière d'une plaine humide plantée d'arbres fruitiers. Le grand temple, signalé par une colonne brisée, faisait l'admiration d'Hérodote. Commencé vers 540 av. J.-C. puis enrichi au fil des siècles, il s'appuyait sur des colonnades doubles et triples. À l'est reposent les ruines d'un colossal autel en marbre : 38,40m par 18,70m. Au sud, la voie sacrée pavée était bordée de statues ressemblant au kouros de Samos. Dans sa description de l'Heraion, Hérodote évoque des jeunes gens agenouillés de 3,50m de haut portant des chaudrons sur leurs épaules. Une copie du groupe sculpté par Généléos a été placée à l'endroit de sa découverte. L'original est exposé au Musée archéologique de Vathi (p.618). *Ireo (à 7km à l'ouest de Pythagorio) Tél. 22730 62 813 Ouvert mar.-dim. 9h-16h Tarif 4€, seniors 2€, moins de 18 ans gratuit Tarif sanctuaire + aqueduc 6€, seniors 3€, moins de 18 ans gratuit*

☺ **Monastère Megali Panagia** Dans un vallon, à 2km au sud du village de potiers de Koumaradei, ce monastère, l'un des plus anciens de Samos, abrite des icônes émouvantes et des fresques noircies par la fumée des encensoirs. ***Koumaradei*** *(à 20km à l'ouest de Pythagorio) Tél. 22730 41 249 Ouvert mer.-lun. 10h-13h et 17h30-19h30, mar. 10h-13h*

Musée paléontologique de Mytilini Il expose des ossements d'animaux préhistoriques trouvés aux abords du village de Mytilini. Il y a plusieurs centaines de milliers d'années, des tigres, de petits chevaux, des girafes, des rhinocéros et même des lions cohabitaient dans l'île ! *Route principale de Mytilini (à 8km au nord de Pythagorio) Tél. 22730 52 055 Ouvert avr.-oct. : mar.-sam. 9h-14h, dim. 10h-14h Tarif 3€, moins de 12 ans gratuit*

Où acheter de la céramique et des produits du terroir ?

Les potiers de Koumaradei et de Mavratzei (vases, pots et vaisselle traditionnelle) ouvrent leur atelier au public. Parmi les autres productions locales, les olives et l'huile d'olive arrivent en tête, talonnées par le miel. Sur la route qui relie Pyrgos à Platanos, les apiculteurs vendent leur récolte. Idéal pour sucrer un yaourt grec ! *Villages dans un rayon de 15 à 25km à l'ouest de Pythagorio*

● **Aller à la plage** Sur le littoral sud alternent petites cités balnéaires et plages sauvages adossées à la montagne. Si la longue plage de sable de **Pythagorio** est encore peu urbanisée, celle de **Votsalakia**, plus à l'ouest, croule sous les parasols et les paillotes en été. Pour fuir la foule, rejoignez les criques de sable fin de **Psili Ammos** et de **Limnionas**, dont les eaux transparentes évoquent celle d'un lagon. La route en corniche, qui s'accroche aux pentes du mont Kerkis, traverse de belles forêts.

La côte nord

À partir de Kokkari, la route en corniche dévoile la beauté saisissante d'un littoral accidenté et luxuriant. L'arrière-pays est émaillé de villages de montagne suspendus entre ciel et terre et de sentiers de randonnée.

Kokkari Devenue au fil des ans une station balnéaire prisée, Kokkari s'élève dans un paysage de toute beauté. En arrière-plan, les montagnes, devant, une longue plage de galets et un port adorable qui s'achève au pied d'un rocher. Une image digne d'un prospectus publicitaire qui a fait mouche dans toute l'Europe du Nord. Dans les ruelles tortueuses, on entend davantage parler flamand, anglais ou danois que grec. L'ancien village de pêcheurs recon-

Les îles du nord-est de la mer Égée vues d'en haut

Principaux belvédères

Monastère Ipsilou (Lesbos) 658
Sanctuaire des Cabires (Limnos) 670
Monastère Archangelos (Thassos) 682

Routes panoramiques

À l'ouest de Kokkari (Samos) 622
Vue du couvent Agios Markos (Chios) 639
De Mytilène à Molyvos 658

Villages perchés

Ano Vathi (Samos) 620
Vourliotes (Samos) 623
Manolates (Samos) 623
Avgonyma (Chios) 639
Anavatos (Chios) 639
Molyvos (Lesbos) 658
Petra (Lesbos) 659
Chora (Samothrace) 677
Panagia (Thassos) 682
Kasaviti (Thassos) 685

S'attabler en terrasse

Deilino (Ikaria) 631
I Vigla (Lesbos) 660
O Gatos (Lesbos) 661
Taverne Vafios (Lesbos) 662
Nefeli (Limnos) 668

Chambres avec vue

Neirides (Ikaria) 632
Chios Rooms (Chios) 644
Nassos Guest House (Lesbos) 663
Sunset Apartments (Limnos) 673
Blue Bay Hotel (Thassos) 688
Hôtel Thassos Inn (Thassos) 689

verti dans le tourisme vit désormais au rythme des charters. Fin octobre, les tavernes ferment leurs portes jusqu'au retour des beaux jours et des premiers touristes, en mai, pour une nouvelle saison. Le site reste tout de même attachant. *À 10km à l'ouest de Vathi*

☺ **Vourliotes** La route part à l'assaut de la montagne en dessinant des virages en épingle à cheveux. Elle traverse des pinèdes denses avant de déboucher sur des collines plantées d'oliviers, de cyprès et de vignes en terrasses. Au terme des lacets apparaît ce village de montagne suspendu entre ciel et terre. La vue porte jusqu'à la mer, 340m plus bas. En voiture ou à pied, rejoignez le monastère Vrondiani qui se dresse sur un plateau, à 3km de Vourliotes. *À 16km à l'ouest de Vathi*

☺ **Manolates** Noyé dans la verdure, au carrefour de sentiers de randonnée (p.623), ce village de montagne jouit d'un panorama spectaculaire sur la vallée et la mer. Mieux préservé que son voisin, Vourliotes, il recèle plusieurs demeures ottomanes bien restaurées et des boutiques d'artisanat. L'été, les vacanciers apprécient son calme et l'air frais de la montagne. *À 22km à l'ouest de Vathi*

● Aller à la plage

☺ **Près de Kokkari** À l'ouest de Kokkari se succèdent trois criques de rêve embusquées au pied de falaises tapissées de végétation : **Lemonakia**, **Tsamadou** et **Tsabou**, appréciée des nudistes. Conduisez lentement pour repérer les panneaux qui les indiquent, pas toujours visibles de la route en corniche. Ensuite, la route serpente entre la falaise et la mer, dévoilant des points de vue magnifiques. Avant d'arriver à Karlovasi, la crique d'**Agios Nikolaos**, plein ouest, offre un coucher de soleil inoubliable.

Potami Cette plage, l'une des plus belles de Samos, étend son ruban de sable à 2km à l'ouest de Karlovasi en pleine nature. Pour rejoindre les plages de **Mikro** et de **Megalo Seitani**, il faut suivre une piste à l'ouest de Potami. Le mieux est encore de demander à un pêcheur de vous y emmener en caïque. Peut-être croiserez-vous en chemin un phoque moine de Méditerranée, ils ont coutume de faire escale sur cette partie très préservée du littoral.

● Partir en randonnée

Les sentiers de randonnée (souvent d'anciens chemins muletiers) qui sillonnent l'île traversent une nature luxuriante et des

Se baigner dans une cascade

De la plage de Potami, un sentier passe près d'une vénérable église byzantine avant de se faufiler dans un vallon forestier. Il longe un ruisseau jusqu'à une petite cascade. Sur les derniers mètres, il se fait si étroit que la meilleure solution est encore de plonger dans l'eau pour atteindre la chute. Les enfants, notamment, s'en donneront à cœur joie ! ***Durée*** *1h AR* ***Départ*** *Du sentier indiqué sur la plage de Potami (à 2km à l'ouest de Karlovasi)* paysages sauvages. Au préalable, achetez un guide de randonnées doté de cartes détaillées. Les itinéraires les plus intéressants se concentrent autour de Platakania et de Karlovasi. Quelques exemples :

Platakania-Manolates Après 10min de marche sur la route asphaltée qui relie Platakania à Manolates, prenez à gauche le chemin balisé. Sentier bien signalé et ombragé. ***Durée*** *2h10 (boucle)* ***Dénivelé*** *380m*

Potami-Kosmadei À l'extrémité de la plage de Potami, suivez la piste qui longe la côte pendant 20min ; le chemin (sentier ombragé) est signalé sur la gauche. Vue panoramique sur la mer Égée. ***Durée*** *3h25 (boucle)* ***Dénivelé*** *620m*

Ascension du mont Kerkis Pour les très courageux qui veulent se lancer dans l'ascension de deux sommets : Zastana (1 195m) et Vigla (1 433m). Départ de Kosmadei ; empruntez le chemin qui conduit au cloître. ***Durée*** *7h AR* ***Dénivelé*** *900m*

CARNET D'ADRESSES

Restauration

petits prix

☺ **Ouzérie To Neon (plan 48, B2 n°10)** À l'heure de l'apéritif, les Samiotes aiment à se retrouver dans cette ouzerie du front de mer pour partager 1 ouzo, voire 2… en picorant dans de délicieuses assiettes de *mezedes* de viande et de poisson. Allez choisir en cuisine les mets – viande, friture, légumes revenus dans l'huile – qui composeront votre assiette. C'est tellement bon qu'on y retourne pour un 2e service. Ambiance animée ! Ouzo et trois assiettes de *mezedes* pour 14€. *Themistokli Sofouli 11* ***Vathi*** *Tél. 22730 27 516 Ouvert tlj. 7h-1h*

Taverna Artemis (plan 48, A1 n°11) En continuant vers le nord après l'embarcadère, vous échapperez à la trépidante circulation du front de mer. Nichée sur une placette en retrait de la route, cette gentille taverne concocte des plats traditionnels de Samos à des prix plus que raisonnables. Pour l'ambiance : de petites tables en bois, des photographies aux murs et un accueil souriant. Env. 12€. *Kefalopoulou 4* ***Vathi*** *Tél. 22730 23 639 Ouvert tlj. 12h30-1h*

Esperides Dans une rue perpendiculaire à l'artère principale et parallèle au port, ce restaurant étend une longue terrasse sous la fraîcheur d'une treille. Beaucoup de monde en saison pour goûter aux spécialités samiotes : *papara* (pain cuit maison à tremper dans de la tomate fraîche, menthe, feta et origan 2,80€) puis porc cuit à l'étouffée avec du citron, de l'ail et du fromage et accompagné de des pommes de terre au four (8€). Une cuisine de qualité, assortie d'une carte de vins bios. Env. 13-15€. ***Pythagorio*** *Tél. 22730 61 010 Ouvert mai-oct. : tlj. 18h-0h*

☺ **Pera Vrisi / Περα Βρυση** À l'entrée du village, cette taverne propose une cuisine de terroir. Le vin et la charcuterie sont des productions maison et les entrées concoctées avec les légumes du potager. L'assiette d'assortiments donne un bon aperçu des saveurs. C'est délicieux et sans rapport avec les plats servis dans les tavernes touristiques de la côte. Env. 13€. ***Vourliotes*** *Tél. 22730 93 277 Ouvert avr.-oct. : mar.-dim. 12h-0h*

Taverna Ta Tria Alpha Au cœur du village, à proximité de l'église, quelques tables occupent une placette sous la treille. Les suggestions du jour, cabri farci, poulet au miel et à l'orange qui font la réputation de la taverne, sont inscrites sur une ardoise. Mais les viandes grillées sont aussi à retenir. Une adresse conseillée pour une pause-déjeuner avec dessert maison. Autour de 12€. ***Manolates*** *Tél. 22730 94 472 www.aaasamos.com Ouvert mai-sept. : tlj. 10h-1h ; hiver : sam.-dim. 10h-0h*

prix moyens

☺ **Ta Kotopoula (plan 48, B3 n°12)** Elle fait l'unanimité ! Postée sur la route qui monte vers Ano Vathi, la vieille ville, cette taverne 100% traditionnelle n'a rien de commun avec les restaurants touristiques du port. Délicieuses boulettes de viande aux aromates et autres plats rustiques se dégustent sur une vaste terrasse. En apéritif, prenez un verre de Samos, d'une belle couleur ambrée. Env. 18€. *Vlamaris 1* ***Vathi*** *Tél. 22730 28 415 Ouvert tlj. 13h-1h Fermé pour Noël et Pâques*

☺ **Elia** C'est la bonne surprise de cette station balnéaire, pourtant peu réputée pour sa gastronomie. Dans l'angle oriental du port, ce restaurant vous régale de généreuses soles grillées, viandes fondantes et assortiment de légumes. Filet mignon de porc au vin de Samos (13€), poulet farci aux épinards et feta (8€). Les plats sont préparés avec une touche d'originalité, et un grand soin est apporté à la présentation. Riche carte des vins, servis en carafe. Autant le dire, une adresse précieuse et des prix plus que raisonnables ! Autour de 15€. ***Pythagorio*** *Sur le port Tél. 22730 61 436 Ouvert mai-oct. : tlj. 12h-1h*

☺ **Taverne Psarades** Une jolie taverne bleu et blanc adossée à l'église, au bord de la mer, juste avant Karlovasi. Tandis que des poulpes sèchent au soleil, les petites tables croulent sous les *mezedes* et les calamars frits. Coucher de soleil à ne pas manquer tout comme les aubergines au four qui donneront aussi de belles couleurs à la table. Un lieu attachant. Autour de 15€. ***Agios Nikolaos*** *(20km à l'ouest de Kokkari) Tél. 22730 32 489 Ouvert avr.-oct. : tlj. 13h-0h*

prix élevés

☺ **Meltemi** L'un des meilleurs restaurants de Kokkari, idéalement posté sur la plage. De sa terrasse protégée du vent, le spectacle de la mer est entier. En haute saison, toute la famille met la main à la pâte pour répondre à l'affluence. Spécialités de poissons grillés à choisir à l'entrée sur un étal, et viandes grillées. Pour être sûr d'avoir une table, mieux vaut réserver. Autour de 20€. ***Kokkari*** *Tél. 22730 92 586 Ouvert mai-oct. : tlj. 10h-0h*

Hébergement

À Kokkari, l'hébergement n'est pas aisé en haute saison car la priorité est donnée à la clientèle des agences de voyages. Vous trouverez toujours une chambre chez l'habitant, mais sans garantie de confort. Le mieux est de réserver bien à l'avance.

petits prix

Pension Dreams (plan 48, A1 n°20) Dans une ruelle en escalier qui s'éloigne du front de mer, une pension tranquille de 4 et 3 chambres confortables. Trois d'entre elles possèdent un coin cuisine, toutes la clim., un réfrigérateur, une TV, une cafetière et l'accès wifi. Le studio équipé du dernier étage dispose d'une grande terrasse indépendante ! Le rapport qualité-prix est indiscutable et le propriétaire est polyglotte – et parfaitement francophone. Trois chambres sans balcon 25-30€ ; quatre avec balcon 30-35€ ; studio 30-40€. Pas de CB. *Areos 9* ***Vathi*** *Tél. 22730 24 350*

Pension Filippe À deux pas du port, cette pension noyée dans la verdure propose 6 doubles (35-45€) spacieuses et fraîches avec balcon et un studio avec cuisine équipée (45-50€). Les sdb sont un peu étriquées, mais tout à fait correctes. L'accueil est remarquablement gentil et les prix restent doux. Chambres et studio disposent de la climatisation, d'un réfrigérateur, d'une cafetière. Pas de CB. ***Pythagorio*** *Tél. 22730 61 311 filippesamos@hotmail.com Ouvert mai-oct.*

Pension Despina À 2min à pied du port, une maison jaune loue 3 chambres et 7 studios agréables dans une ruelle calme. Chacun possède un balcon suffisamment large pour y glisser deux chaises et une table. On peut aussi profiter de la fraîcheur d'un patio fleuri. Cuisine équipée, clim. et TV, dans la plupart des chambres. Le bon rapport qualité-prix est indéniable. De 30 à 50€ la chambre double. Pas de CB. ***Pythagorio*** *Tél. 22730 61 677 pensiondespina@yahoo.gr Ouvert avr.-oct.*

Studios Alkioni Sur les hauteurs de la féerique crique d'Agios Nikolaos, 9 studios (2-3 pers.) discrets et un appartement avec cuisine équipée (2-4 pers.). La gentillesse des propriétaires, les tarifs modestes et le cadre préservé de la petite plage de galets en contrebas compensent le confort sommaire des chambres. Studios de 25 à 35€, appartement de 35 à 45€. Pas de CB. ***Kontakeika*** *(à 29km à l'ouest de Vathi, sur la côte nord) Tél. 22730 34 317 www.alkioni-samos.com Ouvert mai-oct.*

prix moyens

Hôtel Samos (plan 48, A1 n°21) Son imposante façade néoclassique évoque les palaces de la Côte d'Azur. Ses 89 chambres et 7 suites accueillent surtout des groupes. Sans être immenses, celles-ci sont d'un confort correct (réfrigérateur, TV, clim. et wifi.) et toutes dotées d'un balcon. Celles qui donnent sur le port bénéficient d'une très belle vue, mais sont aussi plus bruyantes. Le petit plus : la piscine sur le toit. Chambre simple 45-55€, double 60-75€, triple 75-90€, suite à partir de 140€, petit déj. compris. *Themistokli Sofouli 11* ***Vathi*** *Tél. 22730 28 377/378 www.samoshotel.gr*

Aeolis Hotel (plan 48, A1 n°22) Cet hôtel 3 étoiles dispose de 50 chambres sobres mais agréables et tout confort (TV, réfrigérateur, sèche-cheveux et double vitrage), dont certaines donnent sur le ports. Sur le toit, une piscine avec Jacuzzi et un bar offrent de vrais moments de détente. Double de 65 à 70€ avec le petit déjeuner. CB acceptées. *Themistokli Sofouli 33* ***Vathi*** *Tél. 22730 28 904 www.aeolis.gr Ouvert toute l'année*

Hôtel Zorbas L'établissement, un gros cube bleu pâle, surplombe le port. Il attire l'été une clientèle familiale, qui y a ses habitudes. Les 12 studios ont la sobriété caractéristique des établissements insulaires : murs blancs et cadre dépouillé. Sept d'entre eux donnent sur le port. Tous possèdent une cuisine équipée et la clim. De 40 à 50€ le studio. Petit déj. 5€. ***Pythagorio*** *Tél. 22730 61 009 ou 69 49 92 45 62 (lun.) www.zorbas-samos.com Ouvert mai-oct.*

☺ **Hôtel Samaina** Dans une ruelle piétonne des hauteurs de Pythagorio, ce bel hôtel à la façade jaune vif ne fera pas de jaloux : la plupart de ses 21 chambres donnent sur le port. Si celles du dernier étage sont les plus prisées, c'est qu'elles disposent de petites terrasses alors que les autres n'ont qu'un balcon. Le cadre est charmant et les propriétaires débordent de gentillesse. Ventilateur, clim., sèche-cheveux et réfrigérateur. De 60 à 70€ la chambre double avec le petit déj. Pas de CB. ***Pythagorio*** *Tél. 22730 61 024 www.samaina.gr Ouvert mai-oct.*

Long Beach Hôtel Cette jolie pension tenue par un Grec parfaitement francophone est bien placée au bord de la plage. Huit de ses chambres, spacieuses et fraîches, donnent sur la mer, la dernière sur la montagne. Pas besoin de climatisation, l'air de la mer rafraîchit l'atmosphère ! Double de 50 à 60€, petit déj. compris. Pas de CB. ***Kokkari*** *Tél. 22730 92 151 www.samos-longbeach.de Ouvert mai-oct.*

prix élevés

☺ **Hôtel Sunrise Beach** Pour goûter un peu de calme dans la trépidante station balnéaire de Kokkari, choisissez plutôt cette adresse. L'hôtel est installé face à une ravissante crique enfouie dans la végétation. Il a l'avantage d'être à deux pas du port sans pâtir de son animation. Les 21 chambres, simples et fraîches, regardent toutes la mer, et il suffit de traverser la terrasse pour se retrouver sur la plage de galets. Double (clim., réfrigérateur, TV, tél. et coffre) 75-95€, petit déj. inclus. ***Kokkari*** *Tél. 22730 92 447 ou 69 76 68 11 26 www.sunrisebeach.gr Ouvert mai-oct.*

Kokkari Beach Hotel À la sortie du village, ce bel hôtel donne directement sur la plage. Les 47 chambres, spacieuses et décorées avec goût, offrent un vrai confort. Tout est réuni ici pour vous faire passer un séjour des plus agréables. Transats sur la plage, bar, beach bar restaurant et... piscine ! Bien pratique quand la mer est trop agitée pour se baigner. TV, réfrigérateur dans les chambres. Double de 90 à 110€, petit déj. compris. ***Kokkari*** *Tél. 22730 92 263 ou 22730 92 061 www.kokkaribeach.com*

IKARIA ΙΚΑΡΙΑ Ικαρια

Ikaria la montagneuse ne se livre pas au premier venu. Ses sommets disparaissent dans la brume et ses flancs escarpés couverts de maquis et de forêts plongent à pic dans une mer d'un bleu profond. Pour relier une côte à l'autre, il faut traverser la montagne en une série de virages serrés, et emprunter des pistes pour rejoindre Manganiti et Karkinagri, au sud-ouest. Le tourisme reste modeste à Ikaria, et son développement, concentré sur le littoral nord, aux paysages moins accidentés, n'a guère altéré sa beauté sauvage. Ses fêtes de village (*panygiria*), notamment celles du 15 août, ont valu une réputation de joyeuse insouciance à cette île que l'on dit par ailleurs rebelle. On dit aussi que l'on vit plus vieux et mieux à Ikaria qu'ailleurs en Europe. Mythe ou réalité ? Sous un soleil brûlant, on pense à l'inconscience du légendaire Icare qui, oubliant les conseils

de son père, vola trop près de l'astre et perdit ses ailes confectionnées avec des plumes collées à la cire d'abeille. Il se noya dans la mer d'Ikaria, donnant son nom à l'île.

MODE D'EMPLOI

accès

EN AVION

Aéroport d'Ikaria Bus uniquement l'été, mais des taxis toute l'année. *Faros (à 10km à l'est d'Agios Kirykos) Tél. 22750 32 197*

Olympic Air Relie quotidiennement Ikaria à Athènes – jusqu'à 2 rotations/j. en été (50min, 77€ AS). *Tél. 210 35 50 500 ou 801 801 01 01 www.olympicair.com*

Sky Express Liaisons avec Limnos (6/sem., 50€ AS) et Thessalonique (6/sem., 85€ AS). *Tél. 801 11 28 28 88 ou 2810 22 38 00 www.skyexpress.gr*

EN BATEAU

La plupart des navires accostent à Evdilos. Plusieurs bateaux/j. en provenance du Pirée en été ; un seul l'hiver. Renseignez-vous à l'agence Icariada Holidays ou sur les sites www.directferries.fr, www.gtp.gr et www.ferries.gr.

Icariada Holidays *Sur le port Agios Kirykos Tél. 22750 23 322 Ouvert tlj. 9h-15h et 18h-21h*

Capitainerie d'Evdilos *Tél. 22750 31007*

orientation

À l'ouest de Samos et du petit archipel de Fourni, Ikaria s'étire en longueur sur 102km de littoral, pour une superficie de 255km². Le mont Atheras, qui la traverse d'est en ouest, culmine à 1 037m. Le chef-lieu, Agios Kirykos, sur la côte sud, est aussi le deuxième port de l'île. Le port principal, Evdilos, accueille les ferries sur la côte nord. C'est aussi sur la façade septentrionale que l'on trouve les plus belles plages de sable, telles celles d'Armenistis et de Nas.

se déplacer

Ne comptez pas sur les cars pour faire le tour de l'île, il n'y a pas de réseau KTEL à Ikaria. Il est facile de louer un véhicule (20-40€/j.). Préférez la voiture à la moto, car le relief est accidenté. Pour les petits trajets, prenez un taxi.

Taxi *Agios Kirykos Tél. 69 77 84 13 27 (Stamatis Perris)*

LOCATION DE VÉHICULES

Ikaros Holidays *Sur le port Agios Kirykos Tél. 22750 23 920 ou 22750 24 046 ou 22750 71 131 Ouvert juin-sept. : tlj. 8h-15h et 16h-22h ; oct.-mai : tlj. 8h-15h et 17h-20h Également un bureau à Evdilos*

Icariada Holidays *Sur le port Agios Kirykos Tél. 22750 23 322 ou 22750 22 277 Ouvert tlj. 9h-15h et 18h-21h*

Aventura *Agios Kirykos Tél. 22750 71 117*

informations pratiques

Banques Deux distributeurs sur le port d'Evdilos, deux autres à Agios Kirykos… et le dernier à Raches, devant la poste.

Centre médical *Evdilos Tél. 22750 32 922*

Hôpital *Agios Kirykos Tél. 22750 22 330*

Police *Agios Kirykos Tél. 22750 22 222*

Plan 49 Ikaria

fêtes et manifestations

Panygiria Ces fêtes de village traditionnellement organisées en l'honneur d'un saint sont surtout l'occasion de s'amuser, de manger et de boire jusqu'au bout de la nuit. Petits et grands y participent, formant des rondes ancestrales qu'animent violons, bouzoukis, tambourins et un chanteur. Entre deux danses, on se serre sur de longues tables dressées sur la grand-place pour manger des grillades vendues au kilo – les fonds récoltés participeront à l'entretien du village. La plus importante des nombreuses *panygiria* estivales est célébrée à Lagada le 15 août. D'autres réjouissances ont lieu à Karkynagri et Karavostamo le 26 juillet ; à Agios Dimitrios le 3 août ; à Christon Raxon, Kalamos et Frantato le 6 août ; à Monokampi le 17 septembre et à Arethousa le 20. Hospitalité grecque oblige, vous ne resterez jamais seul au cours de ces festivités.

DÉCOUVRIR

Ikaria

☆**Les essentiels** Les plages autour d'Armenistis **Découvrir autrement** D'Agios Kirykos, poussez jusqu'à Karkinagri

Agios Kirykos Le siège administratif et deuxième port de l'île ne manque pas d'animation. Sur le front de mer, on vient prendre un café frappé en attendant le bateau... ou la réponse à une requête administrative. Par gros temps, la jetée en béton fait rempart à la fureur des vagues. Mais le tableau s'égaie vite sous les rayons du soleil. Aux beaux jours, les habitants d'Agios Kirykos se rendent à Faros, pour profiter de sa longue plage et déjeuner dans une taverne au bord de l'eau.

Evdilos Établi sur la côte nord, Evdilos est le principal port de l'île. Certains ferries en provenance du Pirée qui y accostent desservent ensuite Agios Kyrikos. Peu de chambres à louer ici, mais de nombreux bars où la jeunesse fraîchement débarquée s'éternise le soir. À proximité s'étendent plusieurs plages de sable, telles celles d'Avlaki et de Gialiskari à l'ouest. *À 38km au nord-ouest d'Agios Kirykos*

☆ **Armenistis** La principale station balnéaire d'Ikaria s'est développée autour d'un minuscule port de pêche de la côte nord. À l'est, Livadia et Messakti comptent parmi les plus belles plages de sable de l'île, et leurs rouleaux font le bonheur des surfeurs. Très sauvage, la crique de sable de Nas, à 3km vers l'ouest, est prisée des nudistes et accueille les ruines d'un temple d'Artémis. On ne peut que tomber sous le charme de l'endroit, à l'embouchure d'une rivière limpide. *À 50km au nord-ouest d'Agios Kirykos*

☺ **D'Agios Kirykos à Karkinagri** Entre Gialiskari et Armenistis, la route s'élève à travers les pins vers Agios Polykarpos, Agios Dimitrios et Raches, dont les cafés sous les platanes invitent à une halte rafraîchissante. Après ce village de montagne, un barrage, quelques ruches puis plus rien : une nature vierge qui hésite entre désert de pierre, bouquets de chênes verts et tapis de fougères, et sur laquelle règnent les chèvres. Une piste sinue dans cette réserve naturelle pour desservir les villages de Pezi et de Lagada avant de descendre brusquement sur Karkinagri, à la pointe sud-ouest de l'île. Sorti d'un chaos de granit plongeant dans la mer, le village se profile sur une côte très découpée : un petit port, une plage entre les rochers, deux tavernes, des chambres à louer : pour arriver au bout du monde vous aurez parcouru 32km en 1h30.

● Où boire un verre ?

Rififi Ce bar ne désemplit jamais. Les plus jeunes y refont le monde jusqu'au bout de la nuit, les autres se contentent d'y attendre un bateau ou de venir s'y rafraîchir à leur arrivée. L'animation est assurée les soirs d'été par des concerts improvisés. *Sur le port* **Evdilos** *Tél. 22750 33 060 Ouvert tlj. 8h30-dernier client*

● Se relaxer Ikaria est réputée de longue date pour ses sources thermales. Dommage que les établissements soient plutôt désuets, comme à Therma, à 2km au nord-ouest d'Agios Kirykos. Plus au sud, des eaux chaudes jaillissent sur la plage de Therma Lefkados.

● Faire une excursion aux îles Fourni Du port d'Agios Kirykos, on rejoint aisément ce chapelet d'îlots en caïque et en ferry (dessertes régulières). L'île principale, Fourni, possède un petit port de pêche. Des criques et des plages de sable festonnent ses côtes découpées comme l'îlot voisin de Thymaina. Vous y attendent quelques hébergements et une tranquillité absolue. *À 20km à l'est d'Ikaria*

CARNET D'ADRESSES

Restauration

petits prix

Taverne Koralli Sur le port d'Evdilos, une gentille taverne bleu et blanc propose des plats du jour à prix modique. Viandes en ragoût, légumes gratinés, poissons du jour... à accompagner d'une salade grecque. Simple et satisfaisant pour déjeuner. Env. 12€. ***Evdilos*** *Tél. 22750 31 924 Ouvert tlj. 13h-dernier client*

Deilino / Δειλινο Juchée sur les hauteurs du petit port, face à la chapelle blanc et bleu, la taverne d'Antonis bénéficie de l'ombre de grands platanes et d'une belle vue sur la mer. Et sur la table, rien que des produits frais de la maison, souvent bio : légumes du jardin, viande de l'exploitation familiale (porcs, chèvres et volailles) et pêche du jour (25-42€ le kg). Le coq au vin vaut le détour (8€). Comptez 12-15€. ***Gialiskari*** *(sur la côte nord) Tél. 22750 71 342 Ouvert tlj. 10h-0h*

O Platanos Maria a dressé ses tables à l'ombre de grands platanes, sur la place d'Agios Dimitrios pavée de lauzes. Le menu, à base de viandes grillées ou mijotées, est renouvelé chaque jour. Fraîcheur garantie des plats et de la brise sous les grands arbres. Comptez 10-12€. ***Agios Dimitrios*** *Tél. 22750 41 395 Ouvert début mai-mi-oct. : tlj. 20h-0h ; mi-nov.-Pâques : tlj. 20h-0h*

☺ **O Karacas** La taverne du port de Karkinagri se mérite : il faut emprunter la longue piste qui relie ce village de la côte sud-ouest de l'île. Mais cela vaut le détour : au menu, poisson frais (à partir de 6,50€, env. 42€ le kg pour les plus gros), viande insulaire (cabri 7€) et plats mijotés à partir de 5,50€. Comptez 10-15€. ***Karkinagri*** *(sur la côte sud) Tél. 22750 91 214 Ouvert tlj. 11h-0h tant qu'il y a des clients en hiver*

prix moyens

Tsouris Cette taverne d'Agios Kirykos fait le plein de clients avec ses salades géantes et ses plats roboratifs. Une adresse tout indiquée pour goûter une cuisine rustique d'Ikaria. De surcroît, la terrasse est très bien placée pour suivre l'animation du port. Autour de 15€. ***Agios Kirykos*** *Tél. 22750 22 473 Ouvert tlj. 12h-1h*

Filitsa Revenu au village après avoir fait ses preuves dans les cuisines de palaces internationaux, Theodosis a ouvert une épicerie-taverne juste à la sortie sud de Raxes, avec une cour pour les beaux jours et une salle chauffée par une belle cheminée quand il fait frais. Le chef relève les recettes ancestrales d'une pincée de recherche, les légumes qu'il accommode sont issus de son jardin, et le fromage est celui de ses chèvres. Pita à l'aneth, cabri à l'étouffée, coq en sauce et ses tagliatelles. Comptez 15€. ***Christos Raxon*** *Tél. 22750 41 696*

Taverne Delfini Pour déguster des calamars grillés en regardant la mer. Poissons du jour et *mezedes* vous attendent dans ce petit établissement situé dans la rue principale qui descend au port. Idéalement placée au-dessus des flots, cette taverne sur pilotis offre un cadre propice à un dîner romantique. Comptez 18-20€. ***Armenistis*** *Tél. 22750 71 254 ou 22750 41 413 Ouvert mi-mai-mi-oct. : tlj. 9h-2h*

Hébergement

petits prix

Neirides Vaguelitsa loue 4 appartements de 40m², face à la mer, sur les hauteurs de la station balnéaire de Nas. Prestations agréables, accueil soigné et chaleureux, l'idéal pour des vacances familiales. 30 à 40€ selon la saison. ***Nas*** *Tél. 22750 71 537*

Cavo Pappas Rooms Dix chambres et 5 studios, un peu en retrait de la plage, tenus par Madame Irini et ses enfants. Accueil chaleureux et familial. À deux pas du petit port, des rochers sculptés par la mer et des deux tavernes du village. De 20 à 30€ pour les chambres et de 25 à 35€ pour les studios. ***Karkinagri*** *Tél. 22750 91 222*

prix moyens

Pension Kirki Huit chambres et studios à l'entrée d'Armenistis, qui jouissent d'une vue magnifique sur la mer Égée et d'un confort simple. La plage est à 5min à pied en contrebas, le village de pêcheurs juste à côté. Un bon emplacement ! Réfrigérateur, TV, clim... Double 30-50€, studios 40-60€. ***Armenistis*** *Tél. 22750 71 254/41 413 kirkirooms@hotmail.com Ouvert mai-oct.*

Karras Star Hotel Trente-sept chambres tournées vers la mer et disséminées dans 4 petits bâtiments. Descente en pente douce vers la piscine et le jardin. Un ensemble tout blanc sur une petite colline juste avant la plage d'Avlaki aux eaux turquoise. De 40 à 85€, petit déj. compris. ***Avlaki*** *Tél. 22750 71024 /71046 ou 210 43 26 353 (hiver) Ouvert juin-sept.*

prix élevés

Pyrgos Exclusive Boutique Villas Sur la colline dominant Agios Kirykos, 8 villas de style traditionnel abritant de petits appartements pour 2, 3 ou 4 pers., dont une tour mainote (*pyrgos*). Joli mobilier, lits et canapés en fer forgés blancs, murs de pierre apparentes. Une piscine à débordement en balcon sur la baie pour observer le va-et-vient en contrebas. De 40 à 100€ pour 2 pers. ***Agios Kirykos*** *Tél. 22750 22105 ou 69 70 02 80 00 www.pyrgos-ikaria.com Ouvert début mai-fin sept.*

Messakti-Village Cinquante-quatre studios à flancs de colline, dans la tradition architecturale insulaire. Petites maisons aux toits et chemins de lauze, murs blancs, jardin florissant, murets de pierre surplombant la mer et la plage de sable de Messakti à deux pas. Piscine et restaurant : plus besoin de sortir, tout est là. De 60 à 110€ selon la saison. ***Gialiskari*** *Tél. 22750 71331- 4 ou 69 77 67 51 69 www.messaktivillage.com Ouvert fin mai-fin sept.*

☺ **Erofili** À l'entrée d'Armenistis, un bel hôtel face à la mer. Les 34 chambres sont décorées avec goût – meubles en bois sombre, couvre-lits et rideaux colorés – et

GAMME DE PRIX	RESTAURATION	HÉBERGEMENT
Très petits prix	moins de 10€	moins de 30€
Petits prix	de 10 à 15€	de 30 à 50€
Prix moyens	de 15 à 20€	de 50 à 80€
Prix élevés	de 20 à 30€	de 80 à 120€
Prix très élevés	plus de 30€	plus de 120€

prolongées par un balcon suspendu sur l'horizon marin. Sur la terrasse, une piscine et, à l'intérieur, un Jacuzzi. Un petit paradis ! Double 50-140€ avec petit déj. Studios (dans un autre bâtiment) : 100-150€ pour 4 pers., 160-210€ pour 6 pers. ***Armenistis*** *Tél. 22750 71 058/059 www.erofili.gr Ouvert 25 avr.-12 oct.*

★ CHIOS ΧΙΟΣ Χιος

Ne vous fiez pas à votre première impression ! La ville bruyante qui vous accueille à votre descente du bateau cache un arrière-pays envoûtant. La patrie des armateurs et des marins s'est ouverte tardivement au tourisme, elle a donc conservé un visage authentique. Le village fortifié de Mesta déroule son dédale de ruelles médiévales, Pyrgi enchante avec ses maisons ornées de mystérieux motifs géométriques, le temps s'est arrêté à Olympi, où les hommes se rendent encore aux champs à dos d'âne... Volissos, admirablement restauré, s'accroche à flanc de colline à proximité de plages désertes, des villas génoises sont enfouies parmi les orangers qui couvrent la plaine du Kambos, et le monastère de Nea Moni recèle de magnifiques mosaïques byzantines. Chios, qui serait le berceau d'Homère, est une étape hors des sentiers battus.

LE MASSACRE DE CHIOS "Les Turcs ont passé là. Tout est ruine et deuil/ Chio, l'île des vins, n'est plus qu'un sombre écueil." Dans le recueil *Les Orientales,* Victor Hugo évoque avec le poème "L'Enfant grec" la tragédie chiote. Delacroix, dans un grand tableau intitulé *Scènes des massacres de Scio,* exposé au Louvre, fait de même. Le retentissement en Europe est extraordinaire et la condamnation générale. En mars 1822, des indépendantistes grecs originaires de Samos débarquent à Chios et lancent une attaque contre les Ottomans retranchés dans le *kastro.* Alertée, la flotte turque ne tarde pas à rallier l'île. Les représailles durent 15 jours et sont terribles. Les notables sont pendus, les villages pillés, plus de 20 000 personnes sont assassinées et autant déportées. L'île, privée de ses élites et de ses bras, périclite. Le séisme de 1881 lui assène le coup de grâce. Mais le philhellénisme, cet élan de solidarité envers la nation grecque opprimée par les Ottomans, en sort renforcé.

MODE D'EMPLOI

accès

EN AVION

Aéroport de Chios L'aéroport Omiros n'accueille que des vols domestiques. Pas de bus pour Chora, mais des taxis (8€) *À 4km au sud de Chios (Chora) Tél. 22710 81 400*

Olympic Air Relie quotidiennement Chios à Athènes (45min). *Tél. 801 801*

01 01 ou 210 35 50 500 (Athènes) ou 22710 24 515 (Chios) www.olympicair.com
Sky Express Relie Chios à Rhodes (1h), Samos (30min), Limnos et Lesbos. *Tél. 2810 22 38 00 ou 801 11 28 28 88 www.skyexpress.gr*
Astra Airlines Relie Chios à Thessalonique (1h10). *Tél. 2310 48 93 92 ou 2310 47 57 56 www.astra-airlines.gr Ouvert lun.-ven. 9h-19h*

EN BATEAU

Liaisons avec Samos, Ikaria, Lesbos, Le Pirée, Kavala via Lesbos et Limnos, Thessalonique via Limnos.
Travel Shop *Leof. Aigeou 56* **Chora** *Tél. 22710 81 500 Ouvert tlj. 8h-21h*
Capitainerie de Chios (Chora) *Tél. 22710 44 433 ou 22710 44 434*

orientation

Toute proche des côtes d'Asie Mineure (5km séparent le cap Pounta, au sud-est de l'île, de Cesme, sur le littoral turc), Chios s'étire en longueur. Le nord, montagneux, culmine au mont Pelineo (1 297m). Au centre s'étend la vaste et fertile plaine du Kambos, propice à la culture des agrumes, tandis que les collines méridionales sont émaillées de villages qui vivent de la culture du lentisque. Le chef-lieu Chora, établi sur la côte est, est aussi le principal port de l'île. Ses commerces se concentrent essentiellement entre le port et la grand-place voisine du jardin municipal. De la place du marché part la rue piétonne et commerçante Aplotarias.

informations touristiques

www.chios.com Un site en français.
Office de tourisme (plan 51, A2) *Kanari Konstantinou 18* **Chora** *Tél. 22710 24 442 ou 22710 24 312 Ouvert lun.-ven. 9h-17h*
Police touristique (plan 51, B1) *Sur le port à droite du débarcadère* **Chora** *Tél. 22710 81 539 ou 22710 23 211 Ouvert tlj. 7h30-15h*

se déplacer

EN BUS

Station KTEL (plan 51, A2) Pour les petits trajets autour de Chora. Véhicules bleus, desservant les plages de Karfas et de Vrontados. *Dimokratias 1 (en face du jardin municipal)* **Chora** *Tél. 22710 22 079 ou 22710 23 086*

EN CAR

Gare routière KTEL (plan 51, A2) Pour les trajets plus longs. Véhicules verts. Plusieurs dessertes par jour de Pyrgi, Mesta, Lagada, Kardamyla et Volissos. *Aegeou 14 (au débarcadère)* **Chora** *Tél. 22710 27 507 ou 22710 24 257 www.ktelchios.gr*

EN TAXI

Station (plan 51, A2) *Pl. Plastiras (en face du Musée byzantin)* **Chora** *Tél. 22710 41 111*

EN VÉHICULE DE LOCATION

Les routes sont pour la plupart bien entretenues ; demandez à votre loueur de vous indiquer sur la carte celles qui ne sont pas carrossables, notamment dans le nord de l'île.
Vassilakis (plan 51, B3) Une agence qui pratique des tarifs intéressants et vous aide à préparer votre itinéraire. *Evgenias Chandris 3* **Chora** *Tél. 22710 29 300 ou 22710 23 205 Ouvert tlj. 8h-14h et 17h-21h Ferme 30min plus tôt l'hiver*
Avis (plan 51, A2) *Rodokanaki 15* **Chora** *Tél. 22710 41 047 Ouvert lun.-sam. 9h-16h et 18h-21h*

informations pratiques

Pharmacies à Chora, Kardamyla, Nenita, Pyrgi, Thymiana et Vrontados.

Plan 50 Chios

Hôpital *Elenas Venizelou 2* **Chora** *Tél. 22710 44 302 ou 22713 50 100*
Centre médical *Pyrgi Tél. 22710 72 465*
Police *Neorion 35* **Chora** *Tél. 22710 44 425 ou 22710 44 428*

excursions à la journée

VERS LA TURQUIE
Traversée chaque jour pour Cesme en été (45min, 30€ AR dans la journée), les mer., jeu. et sam. seulement en hiver. Également des excursions d'une journée à Izmir (tlj. en été, mer. et sam. en hiver, 40€ AR), de deux ou trois jours à Éphèse et Kusadasi (110€ AR le week-end et 150€ AR sam.-lun.).
Miniotis Tours (plan 51, B1) *Neorion 23* **Chora** *Tél. 22710 41073/ 41463 Ouvert mai-oct. : tlj. 8h-22h ; nov.-avr. : tlj. 8h-13h et 15h-22h*
Sunrise Tours (plan 51, A2) *Kanari Konstantinou 28* **Chora** *Tél. 22710 41 390 Ouvert lun.-sam. 8h30-22h, dim. 10h30-12h30 et 15h-21h*

VERS INOUSSES ET PSARA
Un départ quotidien vers l'île d'Inousses, à bord du ferry *Oinoussai III* (1h, 4€) ; il faut donc passer la nuit sur place. Le billet s'achète à bord. Bateaux-taxis au départ de Lagada sur la côte nord-est. Des agences de voyages organisent aussi des excursions à la journée. Pour Psara, un départ/j. du dim. au ven. (3h, 10€) de Chios. Du port de Limnia, sur la côte ouest, des caïques rallient Psara en été.

DÉCOUVRIR
Chios

☆ **Les essentiels** Le monastère de Nea Moni, les villages du mastic : Mesta et Pyrgi, les plages de galets noirs d'Emporios **Découvrir autrement** Lézardez sur les plages de la côte ouest autour de Volissos, visitez les villages d'Avgonyma et d'Anavatos

Chios (Chora)

Chora a peu à offrir. À son corps défendant : le séisme de 1881 a détruit la plupart de ses habitations anciennes. Si vous devez y séjourner, profitez-en pour visiter ses musées.

Musée archéologique (plan 51, B3) La collection, qui s'étend du néolithique à l'époque post-byzantine, comprend de belles figurines votives et funéraires de l'époque archaïque, notamment des statues de Cybèle et de Dionysos, et une collection de céramiques de style ionien. L'ensemble des vestiges témoigne de l'importance des échanges entre l'île et les côtes anatoliennes. *Michalon 10 Tél. 22710 44 239 Ouvert mar.-dim. 8h-15h Tarif 2€, seniors 1€, étudiants de l'UE gratuit*

Musée byzantin (plan 51, A2) Réunies dans une mosquée du XIXe siècle, ses collections s'étendent du Ve au XVIIIe siècle. Outre des bijoux, céramiques, icônes, inscriptions et pierres tombales, elles comprennent de nombreuses sculptures remontant à l'occupation génoise (1345-1566). *Kanari 12 Plateia Plastiras Tél. 22710 26 866 Ouvert mar.-dim. 8h-15h Tarif 2€, réduit 1€*

Plan 51 Chios, Chora

Restauration (n°3 et 4)
- Taverne Chotzas ____ **3** A3
- Taverne de Tassos ____ **4** B3

Hébergement (n°10 à 13)
- Chios Rooms ____ **10** B3
- Hôtel Kyma ____ **12** B3
- Pension Faidra ____ **11** B3
- Perleas ____ **13** B3

Musée maritime (plan 51, A3) Installé dans une belle demeure néoclassique ayant appartenu à la famille Pateras et restaurée grâce à de généraux donateurs, il retrace l'épopée de la marine marchande grecque, qui emploie traditionnellement beaucoup d'habitants de Chios à l'aide d'instruments de navigation, de marines signées de l'artiste et marin Aristedis Glycas (1870-1940), de maquettes et de photos anciennes. *Tsouri 20 Tél. 22710 44 139 Ouvert avr.-oct. : lun.-sam. 9h-14h ; nov.-mars : lun.-sam. 9h-13h Entrée libre*

Musée Argendi et bibliothèque Korais (plan 51, A3) La famille Argendi a légué à la municipalité une impressionnante collection de portraits, de tableaux historiques, de costumes folkloriques et d'objets du quotidien qui évoquent la Chios d'autrefois de manière très vivante. Dans le même bâtiment, la bibliothèque Korais, l'une des plus riches de Grèce, conserve des manuscrits précieux et des livres anciens ayant appartenu à Adamantios Koraïs (en français Adamance Coray, 1748-1833), personnalité centrale du monde intellectuel grec originaire de Chios. *Korai 2 Tél. 22710 44 246 www.koreaslibrary.gr Ouvert lun.-ven. 8h-15h, ven. 17h-20h, sam. 9h-14h Tarif 2€, seniors, étudiants et moins de 6 ans gratuit*

***Kastro* (plan 51, A1)** L'enceinte érigée à la fin du xe siècle par les Byzantins pour protéger la ville fut amplement remaniée par les Génois et les Ottomans. Les demeures des nobles génois et les églises chrétiennes firent progressivement place à des maisons basses sous la domination ottomane. Les restaurations successives et les impératifs de la vie moderne ont largement affadi ce quartier ancien. Sur l'esplanade aménagée près de l'entrée principale se dresse le palais restauré des maîtres génois, les Giustiniani. Il renferme des fresques byzantines du XIVe siècle de toute beauté et des icônes. Tout près, le cimetière turc abrite des stèles funéraires en marbre aux délicats bas-reliefs. La terrasse de la tour nord offre une belle vue sur la mer. *Entrée près de la plateia Plastiras (au sud)* **Musée Giustiniani** *Kastro Tél. 22710 22 819 Ouvert mar.-dim. 8h-15h Entrée libre*

● Où acheter du mastic ?

Mastihashop (plan 51, A2) Vous découvrirez dans cette échoppe les mille et un produits dérivés du mastic, de la boisson aux gommes en passant par les cosmétiques confectionnés avec cette résine 100% naturelle extraite du lentisque. Également des fruits et légumes – en sirop ou confits –, autre grande spécialité de l'île, qui sont cultivés dans le Kambos. *Leof. Aegaiou 36 Tél. 22710 81 600 www.mastihashop.com Ouvert mai, oct. : tlj. 8h30-22h ; juin : tlj. 8h30-23h ; juil.-sept. : tlj. 8h30-0h*

À l'ouest de Chora

Les crêtes effilées d'une chaîne montagneuse surplombent des vallons plantés d'oliviers et de cyprès. Les villages s'espacent et la route sinueuse ménage des vues plongeantes sur la mer.

☆ **Monastère Nea Moni** Au milieu des pins et des cyprès se cache, derrière un haut mur, l'un des plus importants monastères du monde byzantin, qui

PANORAMA
Sur la route qui relie Chora à Nea Moni, faites un crochet par le couvent Agios Markos. La route serpente à travers une pinède, puis grimpe jusqu'au sanctuaire, perché sur un pic. La vue sur les côtes accidentées, la Turquie et les arêtes rocheuses voisines est à couper le souffle.
À 10km à l'est de Chora

est d'ailleurs inscrit au patrimoine mondial de l'Unesco. Construit sur ordre de l'empereur Constantin IX Monomaque au milieu du XIe siècle pour abriter une icône miraculeuse de la Vierge, il a l'architecture caractéristique des sanctuaires de l'île. Le complexe a connu maintes vicissitudes. Les Turcs le pillèrent en 1822. Le séisme de 1881 eut raison de la haute coupole octogonale qui coiffe la nef de l'**église** et endommagea gravement ses mosaïques, parmi les plus belles de l'art byzantin. Le sanctuaire a été restauré. Sous sa coupole est représenté le Christ entouré de saints. Les mosaïques, riches de détails et d'une finesse incomparable, sont l'œuvre d'artistes de Constantinople. Sur le sol subsistent quelques panneaux de marbre ornés de motifs circulaires. À l'extérieur, la chapelle de Timios Stavros abrite les restes de moines et de villageois massacrés par les Turcs en 1822. Un **musée** expose les trésors du monastère sauvés du pillage. Le bassin en marbre blanc qui servait de citerne date du XIe siècle. Au sud-ouest se trouve le réfectoire. Les terres du monastère ont été vendues, mais quelques nonnes assez âgées habitent encore le sanctuaire. *À 14km à l'ouest de Chora Tél. 22710 79 370 Ouvert tlj. 8h-13h et 16h-19h* **Musée** *Ouvert mar.-dim. 9h-13h Tarif 2€, seniors 1€, dim. 1€ pour tous*

☺ **Avgonyma** Le village du XIe siècle établi sur un promontoire face à la mer renaît progressivement de ses cendres. Peu à peu déserté, il fut redécouvert dans les années 1970 par une poignée d'originaux qui entreprirent de restaurer ses maisons dans le style vernaculaire : le succès fut immédiat. Désormais, il attire de nombreux vacanciers séduits par sa tranquillité, la beauté sereine des paysages et les couchers de soleil sur la mer Égée. *À 16km à l'ouest de Chora*

☺ **Anavatos** Une cité fantôme ! Au sortir d'un défilé rocheux, on la découvre brusquement, suspendue à 450m de hauteur. Ses maisons se fondent dans la

Une journée à Psara

Psara Ancrée avec son satellite, Antipsara, à 81km au nord-ouest de Chios, cette île de 44 km² déroule des côtes arides soulignées de belles plages. Peu peuplée (à peine 400 hab.) et austère, Psara séduit les vacanciers en quête de calme, qui trouve facilement à se loger au port. Sous la tutelle ottomane, Psara devint l'une des grandes puissances commerciales de l'Égée. Mais, en 1824, les Turcs levèrent une flotte de 140 navires pour mater le soulèvement insulaire. Les Psariotes furent massacrés, et l'île resta à l'abandon plusieurs années durant. Les rares rescapés furent relogés à Érétrie (Nea Psara), en Eubée. *Liaisons régulières avec Chios, et caïques en été à partir de Limnia* montagne et, de leurs ouvertures sombres qui semblent scruter les visiteurs, émane une atmosphère étrange. Construit sur une falaise pour se protéger des incursions des pirates, le village fut pris par les Ottomans lors de l'expédition punitive de 1822 – un drame dont il ne s'est jamais remis. Dans les ruelles pentues, les maisons vides semblent figées dans le passé ; certaines ont été restaurées, mais le site est muré dans le silence. La muraille défensive court sur la crête dans un paysage d'oliviers. Impressionnant ! Si vous êtes accompagné d'enfants, ne les laissez pas entrer dans les maisons, qui menacent de s'effondrer. *À 5km au nord d'Avgonyma*

Volissos La petite capitale du nord de l'île s'accroche à une colline couronnée par une forteresse byzantine en ruine. Dans la partie haute du village, restaurée avec art, les vacanciers peuvent louer des maisonnettes l'été. En contrebas, le petit port de Limia sommeille sous le soleil, et la côte dentelée égrène une suite de criques de sable fin peu fréquentées. Un peu plus au nord, sur la côte, **Agia Markella** abrite un monastère moderne où les pèlerins vont embrasser une icône miraculeuse de la sainte locale. Le 22 juillet, une grande fête est organisée en son honneur, à laquelle participent les habitants des villages alentour. Une tradition veut qu'Homère soit originaire de Volissos et qu'il y ait écrit *La Batrachomyomachie. À 31km au nord-ouest d'Avgonyma et 38km de Chora*

● **Aller à la plage** Les plages voisines de Volissos sont bien protégées du vent et s'inscrivent dans un paysage de collines douces plantées d'oliviers. Du sud au nord se succèdent la longue plage de sable de **Managros**, puis les criques de **Limnos**, de **Lefkandia** et d'**Agia Markella**. En suivant la route côtière vers le sud, le relief s'accentue et des pinèdes touffues font leur apparition. Des criques sauvages, d'un bleu émeraude, se découpent entre deux tours de guet génoises en contrebas de la route en corniche. Le mieux est de laisser la voiture au bord de la route et de descendre à pied, car les chemins ne sont pas carrossables.

☺ **Elinda et Lithi** Ces deux plages figurent parmi les plages les plus séduisantes de l'île : Elinda, à proximité d'Anavatos, et Lithi, plus au sud, très prisée pour son écrin de verdure et son sable doré.

La côte nord-est

Un relief accidenté et une végétation rare caractérisent la côte nord-est de Chios. Ses quelques ports et cités balnéaires, où souffle un vent rafraîchissant l'été, et l'île d'Inousses, ancrée au large, ont donné à la Grèce une bonne partie du personnel de sa marine marchande.

Vrontados De nombreux armateurs ont construit leur maison à Vrontados, banlieue chic de Chora dont le front de mer est mangé par les hôtels et la longue plage bien équipée pour les sports nautiques. À l'extrémité nord de Vrontados s'élève le promontoire de **Daskalopetra** (la “pierre du maître d'école”) où, selon la légende, Homère avait coutume de chanter ses épopées. Le site, face à une plage de galets frangée de palmiers, ne manque pas de charme. *À 5,5km au nord de Chora*

Lagkada Après une série virages en épingle à cheveu dans la montagne, on découvre ce petit port de pêche de encaissé au fond d'un vallon planté de pins. Il fait bon se promener sur ses quais colorés par les caïques. Un élevage piscicole fournit du poisson à ses tavernes. *À 11km au nord de Vrontados*

Kardamyla Ce bourg d'armateurs niché dans une petite baie, face à l'île de Lesbos, est devenu une station balnéaire familiale dotée d'agréables tavernes. L'immense “V” blanc qui se détache sur la falaise, face à Kardamyla, a été peint pour célébrer la victoire des alliés, à la fin de la Seconde Guerre mondiale... et il est soigneusement entretenu depuis.

☺ **Nagos** Au-delà de Kardamyla, la montagne se fait plus sauvage. Nagos et sa plage de galets léchée par une eau translucide se cachent dans un écrin de verdure alimenté par des sources, passé Marmaro. PLusieurs tavernes invitent à faire un fstin de poisson. Il n'est pas possible de longer la côte nord, faute d'une route en bon état. À Kampia, au flanc du mont Pelineo, prenez la route de Volissos qui le contourne pour redescendre sur la côte ouest ou revenez sur Chora.

● **Faire une excursion à Inousses** Ce minuscule archipel de 14km² est composé d'îlots inhabités, à l'exception de l'île principale, Inousses. Située à 16km de la côte nord-est de Chios, celle-ci abrite des villas d'armateurs et de marins. Désireux de protéger leur tranquillité, ces derniers ne font rien pour encourager le tourisme. Les hébergements s'y limitent donc à un hôtel et à quelques chambres chez l'habitant. Pour profiter des belles plages d'Inousses, joignez-vous à une excursion à la journée organisée par une agence de voyages de Chora ou affrétez un bateau-taxi à Lagada, cf. excursions à la journée (p.636).

Le sud de l'île

Le littoral sud-est de Chios est en plein essor touristique. De Karfas à Komi, les stations balnéaires alignent leurs hôtels et restaurants au bord de grandes plages de sable très fréquentées l'été. Les villages traditionnels de l'intérieur vivent au rythme de la récolte du mastic. Leur visite vous plongera hors du temps.

Kampos Les paysages secs et rocailleux du nord cèdent le pas, autour de Chora, à une vaste plaine consacrée à la culture des agrumes. De vieilles demeures aristocratiques bâties avec la pierre extraite des carrières de Thymiana – un tufeau rougeâtre et ocre – se dissimulent derrière de hauts murs. Ces vastes propriétés agricoles donnent sur un patio où se dresse un puits actionné par une roue à aubes qui servait jadis à l'irrigation des cultures. Un entrepôt occupe le rez-de-chaussée de ces grandes maisons, l'étage étant réservé aux pièces d'habitation, avec vue sur les plantations. Nombre de ces domaines ont disparu, mais il reste quelques propriétés très bien restaurées. Pour les découvrir, le mieux est d'y séjourner, cf. Hébergement (p.644). *À 4km au sud de Chora*

☆☺ **Mesta** Le village fortifié le mieux conservé de l'île. Ses maisons en pierre collées les unes contre les autres dessinent une muraille en triangle dont les angles sont pourvus de tours de guet. Construit sous les Byzantins, il doit ses fortifications et son plan aux Génois. On se perd facilement dans ce dédale de venelles sous les voûtes desquelles les habitants passaient d'une maison à l'autre. Loin d'être figé dans le passé, le fief du mastic connaît une grande animation, qui se concentre sur la place principale, dominée par l'église des Taxiarques. Cet édifice imposant fut bâti en 1868 à l'emplacement du donjon de la forteresse. Mesta est réputé pour son alcool de figue, la *souma*. Sur leurs pas-de-porte, de vieilles femmes trient encore le mastic pendant que les hommes tiennent des conversations animées au café. Outre l'église principale, ne manquez pas l'église de l'ancien Taxiarque pour son iconostase du XVIIe siècle qui représente des scènes de l'Ancien Testament. *À 35km au sud-ouest de Chora via Limenas*

Olympi Moins restauré et moins touristique que Mesta, Olympi est un tableau vivant de la vie d'autrefois. Les étrangers y sont accueillis par un aimable salut ou un sourire bienveillant. Les femmes écossent des fèves, trient le mastic avec patience et discutent avec leurs voisines. Il n'est pas rare de voir un homme remonter la rue principale à dos d'âne, coiffé d'un turban pour se protéger du soleil, ou biner un potager. On distingue encore à certains endroits la muraille formée par les maisons médiévales. Sur la place du village, l'église Agia Paraskevi possède une remarquable iconostase. La tour en ruine qui se dresse à proximité servait de refuge aux habitants lors des attaques de pirates. Et si vous demandez votre chemin, ne vous étonnez pas que l'on vous réponde dans un anglais aux accents américains ou australiens : nombre d'insulaires s'expatrièrent après la Seconde Guerre mondiale dans ces contrées lointaines et sont revenus à Chios y finir leurs jours. *À 4km au sud-est de Mesta*

PYRGI PAR ÉCRIT
"Je vous écris d'un village inconnu, féerique où les couleurs se mêlent en un arc-en-ciel de maisons, où les façades sont historiées de cercles, de losanges de flèches... où les maisons sont comme un jeu de cartes pour géants, reflétant les songes abstraits d'un maçon inconnu", note Jacques Lacarrière (1925-2005) dans *L'Été grec*.

☆ **Pyrgi** Pyrgi est unique en Grèce : les maisons blanches sont décorées de *xysta*, des figures géométriques qui, au cours des siècles, se sont enrichies de dessins animaliers. En vous baladant dans les rues du vieux village fortifié jusqu'à la place centrale, vous observerez les façades historiées sur lesquelles pendent des grappes de tomates qui sèchent au soleil. Un passage couvert relie la place centrale à l'**église Agoi Apostoli**, sanctuaire des XIIe et XIVe siècles remarquablement conservé orné de fresques épurées. De l'autre côté de la place, la tour défensive qui a donné son nom au village (*pyrgos* signifie tour en grec) a été édifiée sous les Génois. Un village on ne peut plus photogénique ! *À 6,5km au sud-est d'Olympi*

☆ ☺ **Emporios** Ce hameau de pêcheurs s'élève dans une jolie crique très calme. Deux magnifiques plages de galets noirs s'étirent derrière la colline. Le port protégé et l'arrière-pays fertile ont favorisé l'installation des hommes dès l'âge du bronze. Sur les hauteurs, à l'est du port, les vestiges d'une acropole fortifiée abritent un temple d'Athéna, des maisons et un mégaron (salle de réception) de l'époque archaïque. *À 7km au sud-est de Pyrgi*

Où acheter de la céramique ?

Armolia Armolia est un village de potiers dont les échoppes se serrent le long de la route. Vases, bols, tasses et jarres peintes de couleurs vives débordent des rayonnages. On y déniche de grands objets décoratifs ou un petit souvenir de Chios. Sur une hauteur, au nord-ouest du village, les ruines d'une forteresse génoise du XVe siècle invitent à une agréable balade dans les collines. *À 20km au sud-ouest de Chora et 5km au nord-est de Pyrgi*

Visiter une grotte

Grotte d'Olympi Ses stalactites qui tombent en drapés colorés et dessinent des formes inattendues auraient 200 000 ans. Malgré sa taille modeste (moins de 40m de diamètre), la grotte d'Olympi offre le spectacle magique de ses concrétions sous un puits de lumière. *Suivez la direction de Pyrgi, sur la droite, à 4km d'Olympi Tél. 22710 44 830 Ouvert avr.-oct. : mar.-dim. 11h-18h Tarif 5€, seniors 1,50€, moins de 8 ans gratuit*

Aller à la plage

Karfas et Komi Ces deux stations balnéaires sont pour vous si vous recherchez de longues plages de sable bien aménagées et propices à la baignade des enfants.

Emporios Si vous préférez des endroits plus calmes, optez pour l'une des plages de galets volcaniques d'Emporios : Mavros Gialos et Fokas. Mais attention, l'eau est fraîche et profonde... Une modeste taverne à proximité.

Au nord de Limenas Mestron Autres sites tranquilles, la crique sablonneuse de **Fana**, sur la côte sud-ouest, et celles de **Didyma**, de **Kato Elta** et d'**Agia Irini** au nord de Limenas Meston.

Le mastic : une larme au coin de l'arbre

Le pistachier lentisque est un arbre très répandu en Méditerranée, mais celui de Chios est le seul qui exsude une résine odorante appelée mastic.

Les Génois se lancent les premiers dans le commerce de cette gomme : le succès est immédiat. Bientôt les coquettes ottomanes se disputent cette pâte collante qui blanchit les dents. L'emploi du mastic s'est depuis largement diversifié. Il entre dans la composition des chewing-gums, bien sûr, mais aussi de médicaments, de cosmétiques, de produits d'orthodontie...

Sa culture est circonscrite à une vingtaine de villages du sud de l'île, les mastichochoria ("villages du mastic"), là où les conditions climatiques sont les plus favorables : Mesta, Olympi, Pyrgi et Emporios, notamment.

La transformation du mastic demeure artisanale et elle nécessite une abondante main-d'œuvre. On entaille les arbres pour que la résine perle et se solidifie sur le sol. Cette gomme est ensuite récoltée, passée au tamis, nettoyée, et l'on gratte chaque morceau un à un pour ôter ses impuretés.

CARNET D'ADRESSES

Restauration

prix moyens

Taverne de Tassos (plan 51, B3 n°4) Tandis que les parents s'attardent à table sur l'agréable terrasse ombragée, les enfants jouent dans le jardin. L'ambiance est familiale et la cuisine goûteuse. Après le repas, on peut aller piquer une tête dans la mer ou lézarder sur la plage juste en face. Autour de 15€. *Livanou 8* ***Chora*** *Tél. 22710 27 542 Ouvert mai-oct. : tlj. 10h-1h*

Taverne Chotzas / Ταβερνα Χοτζας (plan 51, A3 n°3) À un quart d'heure de marche du port, cette taverne mérite bien une petite balade à travers la ville. Les photos anciennes, le plafond en bois et les arches en brique façonnent un cadre chaleureux où il fait bon s'attarder. Et l'été, le jardin diffuse une fraîcheur bienfaisante. Au menu, dégustation de spécialités chiotes : purée de fèves, feuilletés de légumes verts, seiches mijotées à la tomate... un festin en perspective. Autour de 15-20€. *Kondyli 3* ***Chora*** *Tél. 22710 42 787 Ouvert lun.-sam. 18h-0h Fermé en juin*

Gia mati / Για ματι Sur les hauteurs de Volissos, dans le quartier de Kastro, ce restaurant propose une bonne cuisine locale dans un cadre sympathique. Profitez-en, car les tables sont rares à Volissos et dans les environs. Autour de 20€. ***Volissos*** *Tél. 22740 21 381 Ouvert juin-août : tlj. 19h-2h*

☺ **Mesaionas / Μεσαιωνας** Despina dirige d'une main de maître cette taverne attachante donnant sur la grand-place de Mesta. On y goûte une cuisine maison : boulettes de viande, ragoûts mijotés, salades... En été, les tables sont prises d'assaut, il est donc préférable d'attendre le second service. Au besoin, cette jeune femme affable vous aidera à trouver un gîte dans le village. Autour de 15€. ***Mesta*** *Tél. 22710 76 050 Ouvert mai-oct. : tlj. 8h-0h ; nov.-avr. : tlj. 8h-19h*

☺ **Restaurant Porto Emporios** Pour un dîner de fête, commandez un homard grillé (70€ le kg), à choisir dans l'aquarium. À la carte, les poissons du jour pêchés dans la baie (45€ le kg), des tomates farcies, aubergines grillées ou marinées dans l'huile, de fleurs de courgette... et une délicieuse salade de thon frais. Dans cette taverne qui déploie sa terrasse face au joli port d'Emporios, la cuisine ne manque pas de saveur ! Autour de 20€. *Sur le port* ***Emporios*** *Tél. 22710 70 025 Ouvert mars-oct. : tlj. 10h-0h*

Hébergement

On vous déconseille de passer une nuit à Chios (Chora), car l'endroit est bruyant et les établissements sont mal insonorisés. Si vous arrivez le soir, nous vous indiquons quelques adresses en dépannage.

petits prix

Chios Rooms (plan 51, B3 n°10) Une dizaine de chambres arrangées avec goût se partagent une demeure postée au sud du port. Certaines ont une salle de bains commune. Le petit appartement avec terrasse au dernier étage est très prisé. Belle vue sur le port. Don, qui est néo-zélandais, et sa femme grecque, Dina, vous accueillent avec beaucoup de gentillesse. Double de 25 à 35€, triple de 30 à 45€. Espace wifi. Cuisine commune à disposition. *Leof. Aigeou 110* **Chora** *Tél. 22710 20 198 www.chiosrooms.com Ouvert toute l'année*

Pension Faidra (plan 51, B3 n°11) Une agréable pension de 7 chambres qui donne sur le port. On la reconnaît à sa façade rouge. Les chambres, spacieuses, sont impeccables mais déconseillées aux couche-tôt, car le bar situé juste au-dessous est très fréquenté le soir. TV, réfrigérateur, tél. et clim. De 30 à 40€. Petit déj. 5€ (à déduire si vous n'en voulez pas). *Livanou 13* **Chora** *Tél. 22710 41 130 Ouvert toute l'année*

☺ **Volissos Travel** Sous la forteresse de Volissos, le quartier de Pyrgos a été scrupuleusement restauré dans le respect de l'architecture traditionnelle. De petites maisons en pierre bâties à flanc de colline regardent vers la mer Égée. Les intérieurs originaux ont été conservés : sol pavé, niches murales et murs chaulés peints en bleu. L'ensemble dégage un charme fou qui invite à un séjour prolongé. Studio pour 2 pers. entre 40 et 50€, pour 4 pers. entre 45 et 80€. ***Volissos*** *Tél. 22740 21 421 www.volissostravel.gr*

Marvina Appartements Deux maisons blanches posées sur la plage de Managros proposent d'agréables studios tout équipés avec terrasse pour 2 ou 4 personnes. Le développement touristique restant encore très mesuré, rien ne viendra troubler votre quiétude. Vous pourrez ainsi profiter du soleil et de la plage en toute tranquillité et faire vos courses à Volissos. Pour 2 personnes, de 30 à 50€ (avec cuisine équipée et clim.). ***Limnia*** *(1,7km de Volissos) Tél. 22740 21 335 www.chiosmarvinasstudios.gr Ouvert mai-oct.*

prix moyens

Hôtel Kyma (plan 51, B3 n°12) Situé idéalement à la pointe sud du port, cet établissement fait face à la mer. Ses 50 chambres sont toutefois inégales. Celles qui contemplent le large offrent des terrasses de rêve, les autres, côté rue, sont bien tristes. Le confort est simple mais l'accueil très chaleureux. Réfrigérateur, TV, tél. et clim. Double 65-77€ avec petit déj. *Evgenias Chandri 1* **Chora** *Tél. 22710 44 500 kyma@chi.forthnet.gr*

Zorbas Appartements À l'entrée de Limnos, une maison récente découpée en 8 studios se dresse à flanc de colline dans la verdure. En contrebas s'étend la jolie plage de sable de Limnos, que l'on rejoint à pied en 3min. Petite cuisine, balcon donnant sur la mer pour les studios du premier étage et appartements pour 4 pers. avec terrasse au rez-de-chaussée. L'ensemble est coquet, bien entretenu et tranquille. Studios : 30-55€ pour 2 pers. Appartements :

GAMME DE PRIX	RESTAURATION	HÉBERGEMENT
Très petits prix	moins de 10€	moins de 30€
Petits prix	de 10 à 15€	de 30 à 50€
Prix moyens	de 15 à 20€	de 50 à 80€
Prix élevés	de 20 à 30€	de 80 à 120€
Prix très élevés	plus de 30€	plus de 120€

35-70€. **Limnos** *(à 5km de Volissos) Tél. 22740 21 436 ou 69 36 77 59 99 www.chioszorbas.gr*

Studios Anna Floradi Quatre studios (50-55€) et un appartement (90-110€) avec clim. dans le village. ***Mesta*** *Tél. 22710 76 176/455 www.floradi.gr Ouvert toute l'année*

Maisons de Dimitri Pippidis Si vous tombez sous le charme de Mesta, contactez Monsieur Pippidis. Durant des années, il a restauré des maisons du village en respectant la tradition architecturale locale. Le résultat est réussi. Les 2 maisonnettes présentent de jolis intérieurs répondant aux exigences du confort moderne, avec cuisine, salle de bains et chambres à coucher. Comptez de 50 à 60€ pour deux pers., 70€ pour 4 pers. ***Mesta*** *Tél. 22710 76 029*

prix élevés

☺ **Perleas (plan 51, B3 n°13)** Cette belle demeure génoise immergée dans les cultures du Kambos cache derrière de hauts murs 7 chambres décorées de meubles anciens au charme rustique et chic, réparties entre la maison principale et les dépendances. Le cadre, extrêmement dépaysant, abrite un vaste champ d'orangers. Les propriétaires, qui partagent leur temps entre l'hôtellerie et l'exploitation familiale, vendent des confitures, des fruits et légumes au sirop et au vinaigre et bien d'autres produits fabriqués sur place. Un vrai bonheur ! Double de 80 à 120€ avec petit déjeuner. *Odos Vitiadou* ***Kampos*** *(6km au sud de Chora) Tél. 22710 32 217 www.perleas.gr Ouvert avr.-nov.*

Emporios Bay Hotel Une résidence avec piscine et chambres spacieuses équipées d'un coin cuisine. Elle est située à deux pas du port d'Emporios, dans un hameau paisible. À 5min à pied, deux superbes plages de galets noirs font le bonheur des estivants. L'établissement le plus confortable de la côte sud. De 40 à 100€ la double. Petit déj. à 8€. *Sur le port* ***Emporios*** *Tél. 22710 70 180 www.emporiosbay.com Ouvert avr.-oct.*

★ ☺ LESBOS ΛΕΣΒΟΣ Λεσβος

Un paradis sur la mer Égée que cette île qui devrait son nom au héros Lesbos, petit-fils d'Éole ! Oliveraies, forêts de pins et de chênes couvrent la majeure partie de la troisième plus grande île grecque. Hérons cendrés, aigrettes, avocettes et flamants roses fréquentent nombreux ses golfes profonds et poissonneux. Des sources chaudes connues depuis l'Antiquité y prodiguent leurs bienfaits. Des plages de sable déroulent leur ruban d'or face à une mer transparente. Mais Lesbos a encore bien d'autres choses à offrir : des ports de pêche colorés, des villages perchés aux traditions bien vivantes, une forêt pétrifiée il y a vingt millions d'années, des stations balnéaires attachantes et un ouzo réputé.

Si la domination ottomane n'est plus qu'un souvenir, il plane sur la capitale, Mytilène (Mytilini), et les cités de Molyvos, de Petra ou d'Agiassos une atmosphère délicieusement orientale. Vous l'aurez compris, un seul séjour ne suffit pas pour découvrir les mille et une richesses de ce joyau que 4km seulement séparent de la côte turque.

UNE FLORISSANTE PATRIE DES ARTS ET DES LETTRES Habitée depuis le IIIe millénaire avant notre ère, colonisée par les Éoliens au Xe siècle av. J.-C., Lesbos connut à l'aube du VIe siècle av. J.-C., sous la tutelle avisée de Pittacos, un essor culturel incarné par des poètes et musiciens célèbres : l'éminent citharède Terpandre, Arion de Méthymne auquel on attribue l'invention du dithyrambe, la poétesse Sappho et son contemporain et rival Alcée. Sappho (vers 630 ou 612-570 av. J.-C.) reçut de Platon le titre de "dixième muse". Son œuvre lyrique, dont quelques fragments nous sont parvenus, exalte le sentiment amoureux et les affres des amours non partagées. Membre du parti aristocratique, elle participa aux luttes politiques sous le règne de Pittacos et fonda, après son retour d'exil, une école consacrée à l'éducation des jeunes filles où elle enseignait la poésie, la musique et le savoir-vivre. La postérité a surtout retenu l'amour qu'elle portait aux femmes. Ces dernières années, avec la reconnaissance progressive des droits des homosexuels, un tourisme lesbien s'est développé à Eressos, petite cité balnéaire de la côte ouest et lieu de naissance de Sappho. Autre grande figure de l'île, le philosophe Théophraste (vers 371-288 av. J.-C.), surtout connu pour ses *Caractères* qui ont inspiré La Bruyère, a développé une œuvre prolifique inspirée par la pensée d'Aristote. Ce rayonnement de Lesbos dépasse l'Antiquité, puisque le poète Odysseas Elytis (1911-1996), dont la famille était originaire de l'île, a reçu le prix Nobel de littérature en 1979. L'éditeur Tériade (1897-1983) et le peintre Theophilos (1866-1934) ont légué à Mytilène deux musées magnifiques. L'ouverture en 1988 de l'université de l'Égée perpétue cette longue tradition culturelle.

UNE HISTOIRE MOUVEMENTÉE Passée sous la domination d'Athènes au Ve siècle av. J.-C., Lesbos est conquise par les Romains en 79 av. J.-C. Ce qui n'entame que brièvement sa prospérité, fondée sur le commerce du vin, du bois de construction et du marbre. Au Moyen Âge, elle est occupée successivement par les Slaves, les Sarrasins et les Catalans. Intégrée à l'Empire latin de Constantinople en 1204 et cédée aux Génois en 1354, l'île passe sous tutelle ottomane en 1462. Occupant une position stratégique sur la route maritime du Pont-Euxin, Lesbos est aux premières loges de la guerre russo-turque de 1768-1774. Le traité de paix suscite un nouvel espoir : les Russes s'instaurent en protecteurs des orthodoxes de l'Empire ottoman, auxquels la liberté de culte est concédée. Mais le mouvement national grec, qui s'est largement diffusé sur l'île, échoue en 1824 avec l'écrasement du soulèvement des habitants de Mytilène. Il faudra attendre 1912 pour que l'amiral Koundouriotis libère Lesbos. Le rattachement de l'île à la Grèce est ratifié en 1914. En 1922, suite au grand incendie de Smyrne (l'actuelle Izmir), l'île accueille un flot de réfugiés grecs d'Asie mineure.

MODE D'EMPLOI

accès

EN AVION

Aéroport de Lesbos L'aéroport international Odysseas-Elytis accueille toute l'année des avions en provenance d'Athènes et de Thessalonique et, l'été, des charters venus des grandes villes d'Europe du Nord et de l'Est. Un service de bus le relie à Mytilène. Comptez 10-15€ la course en taxi. *À 8km au sud-est de Mytilène Tél. 22510 38 700*

Aegean Airlines Assure 1 ou 2 liaisons/j. (50min) entre Athènes et Mytilène (107€ AS- retour 89€ ; AR 166€) et 4 ou 5 vols/sem. entre Thessalonique et Mytilène (74-104€ AS). Des vols promotionnels pour Thessalonique (sans bagage et sans modification) sont à saisir en réservant longtemps à l'avance ! *Tél. 22510 61 120 (aéroport de Mytilène) ou 801 11 20 000 depuis un fixe ou 210 62 61 000 depuis un mobile www.aegenair.com*

Olympic Air Assure 3 vols/j. (70-130€ AS). *Tél. 22510 61 590 (aéroport de Mytilène) ou 801 801 0101 ou 210 35 50 500 (Athènes) www.olympicair.com*

EN BATEAU

Liaisons régulières entre Lesbos et Le Pirée, Kavala, Limnos. Un seul bateau par semaine pour Thessalonique via Limnos. Une ligne reliant Kavalas, Limnos, Mytilène, Chios, Samos et Ikaria est attribuée tous les ans à une compagnie après mise en concurrence. Les billets s'achètent dans les agences de voyages qui s'alignent sur le port. En été s'ajoutent des liaisons avec la Turquie (Ayvalik).

Pan Tours Représente la compagnie maritime Nel Lines *Tz. Aristarchou 1* ***Mytilène*** *Tél. 22510 46 595 Ouvert lun.-ven. 8h-21h, sam.-dim. 10h-13h30*

Nel Lines Relie Mytilène à Kavalas et Thessalonique. *Eleftheriou Venizelou 5* ***Mytilène*** *Tél. 22510 26 212-3 www.nel.gr*

Blue Star ferries Relie 3 à 5 fois/sem. Le Pirée à Mytilène via Chios (12h de traversée AS 42€). *Tél. 210 89 19 800 ou 18130 www.bluestarferries.gr*

Compagnie Hellenic Seaways/ Dimakis Tours Relie 4 fois/sem. Le Pirée à Mytilène via Chios pour 41€. *Pavlou Kountourioti 73* ***Mytilène*** *Tél. 22510 20 716 ou 22510 27 865 www.hellenicseaways.gr Ouvert mai-oct. : lun.-ven. 7h-22h, sam. 7h-19h, dim. 8h-15h ; nov.-avr. : lun.-ven. 8h-21h, sam. 8h-16h, dim. 8h-13h*

Aeolic Cruises Liaisons avec la Turquie. *Kountouriotou 47* ***Mytilène*** *Tél. 22510 23 960 ou 2510 23 266 Ouvert lun.-ven. 8h-14h et 17h-21h, sam.-dim. 8h-14h*

Capitainerie de Mytilène *Tél. 22510 24 115*

orientation

Lesbos est ancrée à 4km des côtes turques. Avec 370km de littoral et une superficie de 1 632km², c'est la troisième plus grande île grecque après la Crête et l'Eubée. Deux golfes profonds entaillent un littoral montagneux qui culmine aux monts Olympe, au sud (968m), et Lepetimnos, au nord (968m). Plaines et collines font l'objet d'une culture intensive de l'olivier. Le chef-lieu et port principal de l'île, Mytilène, est établi sur la côte sud-est sur une péninsule coiffée d'un château. Les principales stations balnéaires sont Molyvos, Petra (côte nord), Skala Eressos (côte ouest), Vatera et Plomari (côte sud).

informations touristiques

Office de tourisme de Mytilène (plan 53, A2) Vous pourrez y retirer

un plan de Mytilène. *Pl. Sappho (au milieu du port) Tél. 22510 42 511 ou 22510 44 165 Ouvert lun.-ven. 9h-14h*
Office de tourisme de Molyvos (Mithymna) Il vous délivrera la liste des hébergements disponibles dans le village. *À 50m de l'arrêt des cars, à l'entrée du village Tél. 22530 71 347 Ouvert juin-sept. : tlj. 10h-14h30*
www.lesvosgreece.gr Un site en anglais.
Police touristique *Tél. 22510 22 776*

se déplacer

EN CAR
Gare routière KTEL (plan 53, A3) Relie tlj. Mytilène à Petra, Molyvos, Kalloni, Plomari, Agiassos, Polichnitos, Vrissia, Taksiarchi Mantamados, Antissa, Sigri, Eressos et Skala Eressos. Liaisons avec Skala Kallonis, Parakilas Agra et Mesotopo du lun. au ven. *Pl. Agias Irinis 2 (après le port de commerce)* ***Mytilène*** *Tél. 22510 28 873 (infos) ou 22510 46 630 www.ktel-lesvou.gr*

EN TAXI
Stations (plan 53, A2) *Sur le port des ferries et place Sappho* ***Mytilène*** *Tél. 22510 23 500 ou 22510 22 064*
www.taxi-plomari.gr Pour réserver un taxi à Plomari.
www.lesvostaxiservice.webs.com Pour des courses, transferts ou excursions dans toute l'île. Service anglophone.

EN VÉHICULE DE LOCATION
L'île étant vaste et son relief accidenté, il est conseillé de louer une voiture plutôt qu'un scooter pour en faire le tour. À Mytilène, tous les loueurs de voitures sont installés sur un côté du port (Pavlou Kountourioti).
Billy's Rent A Car *Pavlou Kountourioti 87* ***Mytilène*** *Tél. 22510 20 006 Ouvert sept.-mai : tlj. 7h-21h ; juin-août : tlj. 7h-22h*

informations pratiques

Vous trouverez des banques avec DAB à Mytilène, Kalloni, Papados, Plomari et Polichnitos. Tous les bourgs disposent d'au moins une pharmacie.
Centres médicaux ***Antissa*** *Tél. 22530 56 440* ***Kalloni*** *Tél. 22530 22 222* ***Plomari*** *Tél. 22520 32 151* ***Polichnitos*** *Tél. 22520 41 111*
Hôpital ***Mytilène*** *Tél. 22510 57 700*
Police ***Mytilène*** *Tél. 22510 58 800*

fêtes et manifestations

Carnaval de Mantamados *Lundi gras (en février ou mars, en fonction des dates de la Pâque orthodoxe)*
Festival de l'été lesbiote Théâtre, musique, arts plastiques, foires artisanales, spectacles folkloriques... La plupart des manifestations ont lieu aux châteaux de Mytilène et de Molyvos. *1er juillet-31 août*
Fête de l'ouzo Dégustations, concerts, ateliers... À Plomari, Mytilène et Sigri. *En juillet*
Courses de chevaux À Plomari, Agiassos, Eressos et dans de nombreux villages à l'occasion de la fête de leur saint patron. *Fin juillet*
Beach Street Festival Sous le signe de la musique et du Street Art : ateliers de graf, concerts, projections de films... ***Vatera*** *www.beachstreetfestival.gr Fin juillet*
Fête de l'Assomption de la Vierge Pèlerinages importants à Petra, à Agiassos et au monastère de l'Archange-Saint-Michel à Mandamados.
Festival international des femmes d'Eressos Ce festival conjugue un défilé de mode "alternatif", des projections de films, des conférences, des ateliers, des concerts, des soirées dansantes et autres manifestations exclusivement réservées aux femmes. ***Eressos*** *Deux semaines en septembre*

Plan 52 Lesbos

LIMNOS, KAVALA, THESSALONIKI
MER ÉGÉE
Skala Sykamineas
MONT LEPETIMNOS 968 M
Sykaminea
Monastère de l'Archange Saint-Michel
Ipsilometopo
Mantamados
Aspropotamos
Agia Paraskevi
Nees Kydonies
Skala Mistegnon
Mistegna
Messa
Komi
Pigi
Thermi
Achladeri
Lambou Mili
Pamfila
Panagiouda
Keramia
Aqueduc
Moria
Mytilène
AYVALIK
Vassilika
Varia
GOLFE DE GERA
Agiassos
MONT OLYMPE 968 M
Ampeliko
Loutra
Skala Loutron
Papados
Perama
Skopelos
Megalochori
Paleochori
Melinda
Plomari
Plagia
Agios Isidoros
CHIOS, LE PIRÉE
N
3 km

DÉCOUVRIR
Lesbos

☆Les essentiels Mytilène et ses musées, Agiassos, Molyvos, Petra **Découvrir autrement** Prélassez-vous dans les sources chaudes de l'île, découvrez la forêt pétrifiée de Sigri, déjeunez dans une taverne de Skala Sykamineas

☆☺ Mytilène ΜΥΤΙΛΗΝΗ Μυτιληνη

À peine débarqué du ferry, vous serez saisi par la folle animation qui règne sur le port. Terrasses de café bondées, concert de Klaxon, musique tonitruante s'échappant des boutiques… La rue Ermou traverse le vieux Mytilène en charriant un flot de voitures et de scooters. Les trépidations de la ville emplissent un entrelacs de ruelles. Ici et là, des maisons ottomanes en bois, à étage en encorbellement, jouxtent d'altières demeures en pierre et des maisonnettes vétustes. Une ambiance de bazar oriental !

☆☺ **Nouveau Musée archéologique (plan 53, B2)** Il expose de magnifiques mosaïques romaines mises au jour lors de fouilles de trois villas proches du théâtre antique. La maison dite de Ménandre, du IIIe siècle apr. J.-C., doit son nom à un auteur comique grec (vers 342-291 av. J.-C.), connu pour ses comédies. De délicates mosaïques illustrent certaines de ses œuvres, d'autres représentent le poète, Thalia, la muse du théâtre, ainsi que des animaux sauvages charmés par Orphée. Dans la deuxième salle sont exposées les mosaïques de la maison de Télèphe (Ier-IIe s.). Dans le médaillon central, entouré de centaures marins et de naïades, la princesse Augé tient dans ses bras son fils Télèphe, fruit de son union avec Héraclès, arrivant en char sur la côte d'Asie Mineure. Dans la troisième salle, on peut admirer des reliefs en marbre de la période classique jusqu'à l'époque romaine (IVe s. av. J.-C.-Ier s. apr. J.-C.) provenant de différents sites de l'île. Mentionnons plusieurs stèles représentant des banquets funèbres qui héroïsent le défunt, et surtout un très rare relief funéraire du Ier siècle av. J.-C. montrant une femme à cheval. Les salles 4 et 5 rassemblent une collection de bustes et de statues romains, dont une précieuse statuette d'Aphrodite. Enfin, salle 6, les mosaïques de la villa d'Euripos (IIe-IIIe s.) donnent à voir une jeune divinité marine à la chevelure ornée de dauphins et de homards, figure incarnant le golfe de Kalloni ou l'ancien canal de Mytilène, particulièrement poissonneux. *8 Noemvriou Tél. 22510 40 223 Ouvert mar.-dim. 8h-15h Panneaux en grec et en anglais Tarif 3€, seniors 2€, moins de 18 ans et étudiants de l'UE gratuit*

☺ **Kastro (plan 53, B1)** L'antique cité de Mytilène se développa sur un îlot séparé de la terre ferme par un chenal appelé Euripos, comblé par la suite. Sur cette péninsule, les Byzantins construisirent une forteresse, agrandie par le Génois Gatelouzo (1355-1384), puis occupée par les Ottomans. Son enceinte enserre les vestiges d'une mosquée et de plusieurs bâtiments. Des brèches dans la muraille ménagent de belles échappées sur la mer Égée. *Remonter la rue 8 Noemvriou, puis emprunter un chemin sur la droite après le ministère de*

Plan 53 Lesbos, Mytilène

Restauration (n°1 à 3)

Cafe Panellinion* ____ **3** A2
Calderimi ____ **1** A2
To Kastro ____ **2** A1

Hébergement (n°10 à 13)

Alkaios ____ **10** A2
New Life Rooms ____ **11** A2
Porto Lesvos Hotel ____ **12** B2
Pyrgos of Mytilene ____ **13** A3

* À RETROUVER DANS LA PARTIE DÉCOUVRIR

la Mer Égée Tél. 22510 27 970 Ouvert mai-août : mar.-dim. 8h-20h ; sept.-avr. : mar.-dim. 8h-17h Tarif 2€, seniors 1€, moins de 18 ans et étudiants gratuit

Balade dans le vieux Mytilène De la place Sappho, longez le port vers le sud jusqu'à la basilique néo-Renaissance Saint-Thérapon (plan 53, A2), dont la coupole immense dépasse des toits. Cet édifice du XIXe siècle renferme une riche iconostase et les reliques du Métropolite de Hongrie-Valachie Ignatios, qui joua un rôle important dans la guerre d'indépendance en 1821. De l'autre côté du parvis, le **Musée byzantin** (plan 53, A2) conserve une collection d'icônes très anciennes et de livres sacrés. Suivez ensuite vers le nord la rue Ermou, bordées d'échoppes en tout genre. Ce petit bazar à ciel ouvert conduit au port nord. Sur la droite apparaît bientôt la **cathédrale** (plan 53, A1) du XVIIe siècle, dédiée à saint Athanase et saint Cyrille. Elle abrite les reliques de Théodore, saint patron de la ville pendu par les Turcs en 1795. Bel autel en bois sculpté. Derrière la cathédrale, des fouilles ont mis au jour un *bouleuterion* de la période archaïque converti en thermes à l'époque romaine. Prenez la ruelle à gauche des vestiges pour rejoindre la petite **église Saint-Théodore** (plan 53, A1). Ce minuscule édifice construit avec des pierres prélevées sur des bâtiments antiques cache d'émouvantes icônes, dont une *Annonciation* de belle facture. Revenu rue Ermou, vous passerez devant l'ancienne mosquée, qui conserve des arches et un minaret intact et prête son cadre à des projections de films en été. À l'opposé de son voisin, le port nord semble plongé dans une profonde léthargie. Quelques bateaux de pêche tirés sur le sable et des usines désaffectées trahissent son abandon. Vous pouvez revenir dans le centre par le *kastro* (voir ci-dessus) en longeant le port. **Musée byzantin** *Tél. 22510 27 130 ou 22510 28 916 Ouvert mai-oct. : lun.-sam. 9h-13h ; nov.-avr. sur rendez-vous Tarif 2€, moins de 18 ans et étudiants gratuit*

Varia Sur les hauteurs de Varia, à 4km au sud de Mytilène, deux passionnants musées installés dans une oliveraie vous réservent bien des surprises. Prenez le bus à la gare routière ou sur la place Sappho (direction Varia/aéroport), et demandez au chauffeur de vous arrêter devant les musées.
Musée Theophilos Peintre naïf originaire de Lesbos, Theophilos Chadzimichaïl (1866-1934) a consacré sa vie et son art à croquer ses contemporains et des scènes du quotidien sur de grandes toiles lumineuses et colorées. *Tél. 22510 41 644 Ouvert lun.-ven. 9h-14h Tarif 2€, moins de 17 ans gratuit*
☆ ☺ **Musée Tériade** À 50m du musée Theophilos, une belle demeure néoclassique présente les collections de Tériade (Efstratios Eleftheriades), né à Mytilène en mai 1897 et décédé à Paris en 1983. Critique d'art reconnu et éditeur d'une revue trimestrielle à laquelle collaborèrent de grands noms de la peinture et de la littérature françaises, il fit don à la ville d'œuvres originales, lithographies et eaux-fortes provenant de sa production de beaux livres. Le musée, rénové en 2013, présente des illustrations signées Chagall, Rouault, Léger, Le Corbusier mais aussi Miró, Picasso et Matisse : un époustouflant catalogue des artistes de l'époque. Ainsi perdu dans les oliviers, sur la lointaine Lesbos, Tériade nous offre un florilège de la peinture moderne. *Tél. 22510 23 372 Ouvert mar.-dim. 9h-14h et 17h-20h Tarif 3€, seniors 2€, moins de 18 ans et étudiants de l'UE gratuit*

● Où boire un café ?

☺ **Cafe Panellinion (plan 53, A2 n°3)** Un bistrot de charme avec son décor 1900 et ses vues géantes du Mytilène de l'époque. Accès wifi gratuit. Pour un café, une glace ou d'excellents *mezedes*. Concerts certains soirs. *Pavlou Kountouriouti* ***Mytilène*** *Tél. 22510 21 266 ou 6945 23 0151 Ouvert tlj. 9h-tard*

● Aller à la plage

Tsamakia (hors plan 53 par B2) Pour lézarder sur cette langue de sable privée, bordée d'une pinède, il vous faudra acquitter un petit droit d'entrée. *Au nord du port des ferries (suivre la rue Eftaliotou qui monte au-dessus du port, après la statue de la Liberté)*

Le sud de l'île

Entre les golfes de Gera et de Kalloni, Lesbos présente un paysage verdoyant où prédominent pinèdes et oliveraies. Le relief ondule doucement jusqu'au mont Olympe (968m), qui se découpe sur la ligne d'horizon.

☆☺ **Agiassos** Ce village accroché au flanc du mont Olympe connaît une animation surprenante. Les ruelles pavées conduisent à l'église de la Panagia (1814), dont les arches en marbre soutiennent une haute façade en pierre ocre. Le sanctuaire renferme une icône miraculeuse de la *Vierge à l'Enfant* et un petit musée d'art sacré. Sous la domination turque, ce fut le centre insulaire de la foi orthodoxe. Les échoppes d'Agiassos proposent des produits artisanaux, tissus, objets en bois sculpté, icônes et céramiques. Après le lèche-vitrines, faites une pause au *kafeneion* abrité sous une treille, face à l'église, pour observer la vie du village. Et si vous avez un petit creux, allez faire un tour à la boulangerie établie un peu plus haut. À Agiassos, vous croiserez des groupes de randonneurs qui partent à l'assaut du mont Olympe. Laissez votre voiture au bas du village : les rues sont très étroites. *À 27km à l'ouest de Mytilène*

Plomari Au début du XXe siècle, Plomari était une ville prospère, avec ses tanneries, ses huileries et ses distilleries d'ouzo, doublée d'un port actif. Cette vitalité industrielle a largement périclité, et la cité a mal vieilli. Demeure toutefois une

Aux sources de l'ouzo...

Distillerie Barbayanni Efstathios Barbayannis (1805-1873) est une figure légendaire de Plomari. Expert en distillation – ce qui n'a rien d'étonnant pour un natif d'Odessa –, il se lança dans la production d'un alcool anisé et, très vite, impose cet ouzo comme boisson nationale grecque. Cette marque familiale est synonyme de qualité. Dans la boutique, vous aurez à choisir parmi un large éventail d'ouzos. *Grand-Place* ***Plomari*** *Tél. 22520 32 741 www.barbayanni-ouzo.com Ouvert lun.-ven. 8h-16h (jusqu'à 19h si distillation), sam. 9h-14h* distillerie réputée, cf. Aux sources de l'ouzo... (p.655). Sur la place principale, le Grand Café Athanasiadeio, logé dans une demeure néoclassique, rappelle les fastes d'antan. Les installations touristiques se concentrent autour de la plage d'Agios Isidoros, cf. Aller à la plage (p.656). *À 42km au sud-ouest de Mytilène*

● Prendre les eaux

Quand on parcourt la longue liste des maladies que soignent les sources chaudes de Lesbos - érythèmes, rhumatismes, douleurs stomacales, neurasthénie... - on ne peut que se sentir concerné !

Thermi - golfe de Gera L'élégant établissement - le plus fréquenté de l'île - a été aménagé sur le modèle des bains turcs : on profite d'eaux riches en sodium à 40°C dans deux piscines, l'une réservée aux hommes, l'autre aux femmes. Bar-restaurant panoramique attenant. *À 6km à l'ouest de Mytilène Tél. 22510 41 503 Ouvert lun.-sam. 8h-19h30, dim. 10h-16h30*

Thermes de Polichnitos Polichnitos, bourg commerçant voisin du golfe de Kalloni, a restauré ses bains alimentés par des sources thermales (67-92°C, parmi les plus chaudes d'Europe). Désormais, on vient s'offrir un moment de détente dans une eau à 42° qu'abrite une petite maison en pierre du pays. Café adjacent. *À la sortie de Polichnitos, en direction de Vatera, indiqué sur la gauche (à 46km au sud-ouest de Mytilène) Tél. 22520 41 229 Ouvert lun.-sam. 14h-19h, dim. 10h-19h*

Thermes de Lisvori Deux bains traditionnels, au bord d'un torrent, fréquentés essentiellement par les gens du village. C'est en fin de journée que l'on profitera le mieux de ce site en pleine nature. L'empereur Hadrien y aurait fait une cure. *À 7km au nord de Polichnitos Demandez votre chemin dans le village car les sources sont mal indiquées*

● Aller à la plage

Vatera La plage de sable s'étire sur 8km le long du littoral sud. Quelques hôtels et tavernes s'élèvent sur le front de mer, mais le développement touristique reste maîtrisé. Vous n'aurez aucune difficulté à dénicher un petit coin de tranquillité. Une jolie balade consiste à rejoindre par un chemin de terre la chapelle blanche du cap Phocas, au sud-ouest de la plage, où dorment les ruines d'un temple dédié à Dionysos et d'une basilique paléochrétienne. Le panorama sur la mer Égée et les collines piquetées d'oliviers est particulièrement reposant. *À 50km au sud de Mytilène*

Plomari Agios Isidoros, à 3km à l'est de Plomari, déroule une longue plage très fréquentée l'été. La côte ouest, après Plomari, est plus sauvage. Des plages s'inscrivent dans des criques de toute beauté, comme celle de Melinda, qui dispose de bonnes tavernes face à la mer.

☺ **Nifida** Les pinèdes habillent de vert les collines qui ceinturent les eaux bleu nuit du **golfe de Kalloni**, distillant une douceur incomparable. Près de Polichnitos, la longue et magnifique plage de sable de Nifida est bordée de délicieuses tavernes et de maisons de pêcheurs ; celle de **Skala Polichnitou**, un peu plus au nord, est appréciée des oiseaux migrateurs.

● Observer les oiseaux

Autour du golfe de Kalloni, 134 espèces d'oiseaux ont été répertoriées, dont la moitié sont des migrateurs. En automne et au printemps, avocettes, cigognes, flamants roses, aigrettes, hérons cendrés, etc., fréquentent les marais salants de Skala Kalloni et de Skala Polichnitou.

L'ouest de l'île

Après Kalloni, capitale du centre de l'île et de la pêche à la sardine, les aimables paysages de collines vertes cèdent le pas à des montagnes dénudées fendues par d'étroites vallées. Les villages s'espacent, la végétation rase est roussie par le soleil. Quelques éoliennes captent le vent des cimes et des monastères s'abritent derrière de hauts murs. Virages en épingle à cheveux, pierres qui roulent sur la route et… troupeaux de chèvres imposent une conduite prudente.

Skala Eressou Après avoir traversé un désert de roches volcaniques, vous arriverez dans la patrie de Sappho, Eressos, une petite oasis environnée d'oliviers et de palmiers. Une route bordée de mûriers et de peupliers se poursuit sur 4km jusqu'à la station balnéaire très fréquentée de Skala Eressou. Si le village déçoit, avec ses constructions modernes impersonnelles, la plage de sable argenté fermée par un promontoire rocheux offre un cadre de rêve aux couchers du soleil. Les tavernes sur pilotis qui barrent le front de mer connaissent une animation constante. Quelques vestiges antiques peuplent la colline qui domine le port. *À 90km à l'ouest de Mytilène*

LA DIXIÈME MUSE
En souvenir de la poétesse Sappho, qui aimait les femmes et célébrait leurs charmes - cf. Une florissante patrie des Arts et des Lettres (p.647) -, un tourisme lesbien s'est développé à Eressos depuis les années 1970. Il culmine en septembre, lors du Festival des femmes (p.649).

Sigri Derrière un *kastro* génois qui a depuis longtemps perdu ses tours de guet, une poignée de maisons blanches s'égrènent entre deux anses. Les pêcheurs démêlent leurs filets sur le port pendant que les vacanciers se prélassent sur la petite plage. Les hôtels, discrets, n'entament pas la tranquillité de ce village isolé du bord de mer. Sur les hauteurs, un musée à la scénographie moderne met en valeur la beauté et l'éclat de fossiles provenant de la forêt pétrifiée de Sigri (cf. ci-dessous), et retrace avec clarté le développement de la vie végétale et l'activité volcanique sur l'île. *À 93km à l'ouest de Mytilène* **Musée d'Histoire naturelle de la forêt pétrifiée** Un musée et deux parcs d'arbres pétrifiés à visiter : l'un autour du musée et l'autre à 800m. *Tél. 22530 54 434/47 033 www.lesvosmuseum.gr www.lesvospetrifiedforest.gr Ouvert oct.-juin : lun.-sam. 9h-17h, dim. 10h-17h ; juil.-sept. : lun.-sam. 9h-20h, dim. 10h-20h (sauf j. fériés) Tarif 5€, famille 10€, étudiants 2,50€*

☺ **Forêt pétrifiée** Dans la partie occidentale de l'île, il y a 20 millions d'années, des éruptions volcaniques ont englouti toute une forêt subtropicale, laissant derrière elles des végétaux fossilisés d'une grande valeur scientifique. Aux environs de Sigri, un parcours balisé a été aménagé dans un coin de montagne : une occasion unique de découvrir des troncs d'arbres pétrifiés (les ancêtres des pins et des séquoias) qui peuvent atteindre 20m de hauteur. Comptez 1h à 2h de visite pour explorer le parc et n'oubliez pas de prendre un chapeau, car le soleil tape fort. *À 12km au nord de Sigri* **Parc de la Forêt pétrifiée** *Tél. 22510 47 033 Ouvert été : tlj. 9h-17h ; hiver sur rdv Tarif 2€*

☺ **Monastère d'Ipsilou** Dans son nid d'aigle, le monastère domine un paysage volcanique austère. Construit à partir du XIIe siècle, il se cache derrière d'épaisses murailles et ménage une vue panoramique sur les montagnes arides balayées par les vents. Impressionnant ! Un petit musée d'art sacré expose des objets précieux. *À 5km à l'ouest d'Antissa, route de Sigri*

Monastère Perivolis Édifié au début du XVIIe siècle au creux d'un vallon verdoyant, ce monastère a conservé de belles fresques dans son cloître aux couleurs pâlies par le temps et une atmosphère incomparable. *À 2km à l'est d'Antissa*

Monastère de Leimonos Ce centre intellectuel historique se déploie dans une vallée proche de Kalloni. Sa bibliothèque recèle des milliers de manuscrits précieux. L'église principale est ornée de belles fresques du XVIIe siècle. Dans la pénombre de ses murs, les pèlerins vont s'incliner devant les reliques de saint Ignace de Mitylène (Ignatios Agallianos), qui contribua à la renaissance de ce sanctuaire orthodoxe au XVIe siècle. Les 13 et 14 octobre, le monastère l'honore en grande pompe. *À 5km au nord de Kalloni*

Le nord de l'île

La route côtière qui relie Mytilène à Molyvos traverse de splendides paysages escarpés et sauvages.

☆☺ **Molyvos - Méthymne (Mythimna)** On ose le dire : ce village est sans nul doute l'un des plus pittoresques de Lesbos ! Les maisons s'étagent sur une colline coiffée d'un *kastro* byzantin sur lequel le drapeau grec flotte fièrement. Soigneusement restaurées, à l'instar de la maison Giannakos (de l'office de tourisme, prenez la rue qui monte vers le village), elles arborent les traditionnels balcons en bois peints dans des couleurs vives. Transformées en cafés ou en restaurants, elles offrent à leurs hôtes une vue dégagée sur la mer et les collines de l'arrière-pays. Le long des venelles escarpées, ombragées par des treilles, s'élève sans trop nuire au cadre une enfilade de boutiques touristiques. Les fontaines publiques ornées de sculptures qui ponctuent les angles de rues sont un héritage de l'époque ottomane. En contrebas, un ravissant port de pêche accueille une flotte de bateaux colorés et quelques tavernes. La plage, mince bande de galets, s'étend à l'extrémité sud devant une rangée d'oliviers. Évidemment, vous ne serez pas seul à profiter de ce petit paradis, dont la beauté a inspiré de nombreux peintres. Tous les étés s'y tient une grande exposition de peinture. L'auteur grec Longus (IIe-IIIe s.) situe à Méthymne l'action des *Amours pastorales de Daphnis et Chloé*. *À 62km au nord de Mytilène*

PRENDRE L'AIR EN CROISIÈRE

Un bateau stationné dans le port de Molyvos embarque les estivants pour des croisières à la journée le long des côtes ; il les dépose à Skala Skamias ou à Tsonia avec possibilité de barbecue sur la plage. Environ 20-25€ selon la destination et 40€ avec barbecue.
Faonas Travel Agency
Sur le port **Molyvos**
Tél. 22530 71 902

Kastro Ses premières pierres furent posées par les Byzantins, mais ce sont les Génois, sous le règne de Gatelouzi, au XIVe siècle, qui renforcèrent ses défenses. En été, il accueille un festival de théâtre. La vue qu'il offre de la mer Égée et des côtes anatoliennes toutes proches méritent bien une petite marche à travers les ruelles pentues de Molyvos. *Ouvert mar.-dim. 8h30-20h Tarif 2€*

☆ ☺ **Petra** Curieux village que celui de Petra, dont les maisons se blottissent autour d'un rocher vertical qui semble être tombé du ciel. Une volée de marches taillées dans la pierre conduit à l'église de la Vierge-aux-Doux-Baisers (Panagia Glykophiloussa) élevée à son sommet au XVIIIe siècle. Essoufflé mais heureux, vous apprécierez la vue sur la mer et les douces collines alentour couvertes d'oliviers. À proximité, un sanctuaire plus discret, l'église Saint-Nicolas (XVIe s.) dévoile des fresques pieuses et de vieilles icônes émouvantes. De l'autre côté du rocher, la maison Vareltzidaina, avec son étage en encorbellement, est peut-être la plus ancienne maison ottomane de Lesbos. Elle date de la fin du XVIIIe siècle. Passé le porche, vous découvrirez l'aménagement traditionnel d'une demeure bourgeoise. Les pièces de l'étage sont décorées de frises, de sofas et de meubles en marqueterie. Après cette visite, la longue plage bordée de tamaris invite à la promenade. *À 6km au sud de Molyvos* ***Demeure bourgeoise*** *Tél. 22530 41 510 Ouvert juin-sept. : mar.-dim. 8h-20h ; oct.-mai : mar.-dim. 8h-15h Tarif 2€, seniors 1€, moins de 18 ans et étudiants de l'UE gratuit*

☺ **Skala Sykamineas** Les maisons dorées par le soleil de Sykaminias s'étagent entre des murets en pierre sèche, à flanc de montagne. Ce village possède un petit musée du Folklore. La route dévale ensuite la montagne jusqu'à la ravissante crique de Skala Sykamineas. Sur le port grand comme un mouchoir de poche, de bonnes tavernes regardent vers la jetée la petite église blanche qui fait face aux côtes turques. *À 4km au nord de Molyvos*

Monastère de l'Archange-Saint-Michel / Taxiarchon Un sanctuaire orthodoxe cher aux habitants de Lesbos, car il est consacré au saint patron de l'île. Les croyants vont baiser pieusement l'icône miraculeuse de l'archange dans l'église principale. La légende raconte que lors d'un raid sanglant, des pirates sarrasins entreprirent de massacrer tous les moines du monastère. Au moment où ils allaient capturer le dernier, un bras de mer s'ouvrit subitement et les engloutit. Le rescapé remercia l'archange, auquel il attribua le miracle, et mélangea le sang de ses condisciples morts à de la boue pour façonner l'icône. Une grande fête a lieu au monastère le troisième dimanche après Pâques. Les femmes préparent le traditionnel *keskesi*, un ragoût avec la viande d'un bœuf entier sacrifié la veille. Le jour de la fête est rythmé par des courses de chevaux. ***Mantamados*** *(à 36km au nord-ouest de Mytilène)*

Thermi Thermi est réputé pour ses sources chaudes depuis l'Antiquité. Si les thermes de la Belle Époque sont désaffectés – et promis à la restauration –, les sources ferrugineuses alimentent un établissement plus récent et ses 11 cabines individuelles (ouvert juin-oct.). Sur les hauteurs, un émouvant sanctuaire byzantin du XIVe siècle, l'**église de la Vierge-Troulloti**, est décoré de fresques anciennes. Dans la façade sud du narthex sont intégrés des reliefs en marbre d'un temple d'Artémis, qui n'a jamais été localisé avec précision. ***Pirgi Thermis*** *À 10km au nord de Mytilène*

● Aller aux bains turcs

☺ **Eftalou** Les sources chaudes d'Eftalou alimentent un petit établissement thermal récemment restauré sur la mince plage de galets qui s'étend au pied d'une falaise. Entrez dans l'eau avec précaution, car la température est élevée. Ensuite, plongez dans la mer pour vous rafraîchir. Tonique et profondément relaxant. *À 4km au nord-est de Molyvos Tél. 22530 71 245/313 Ouvert mai-nov. : tlj. 10h-18h ; mai-oct. : tlj. 9h-19h Tarif 4€ (fontaine)/5€ (bassin pour 2 ou 4 pers.)*

CARNET D'ADRESSES

Restauration

petits prix

Calderimi (plan 53, A2 n°1) Dans une rue étroite qui bruisse de l'animation de la ville, cette taverne sans prétention soigne ses hôtes avec des spécialités grecques bien préparées. Sur les tables s'accumulent les bouteilles d'ouzo que l'on sirote bercé par les mélodies du *bouzouki*. Il y règne une atmosphère toujours très conviviale. À goûter, les fleurs de courgettes farcies au fromage de brebis. De 10 à 15€. *Thassou 2* ***Mytilène*** *Tél. 22510 46 577 Ouvert lun.-sam. 11h-1h, dim. 11h-18h*

To Kastro (plan 53, A1 n°2) Les deux tavernes voisines du port nord se livrent une âpre concurrence. Certains ont leurs habitudes chez Kastro, d'autres ne jurent que par O Ermis. À vous de voir. "Au Château", la cuisine est peut-être plus traditionnelle et les plats du jour sont délicieux. Suivez les suggestions de la maîtresse de maison. De 10 à 12€. *Ermou 326* ***Mytilène*** *Tél. 22510 22 149 Ouvert tlj. 10h-1h*

O Baluchanas / Μπαλουχανας Comme ses recettes, les produits qu'utilise Xristostomos sont tous locaux et de saison. À la carte, un vaste choix de *mezedes* et quelques plats rustiques comme le *gkouizlemedez*, une pita aux trois fromages passée à la poêle. Même qualité et même fraîcheur pour les poissons du golfe. Autres atouts, la clientèle locale – s'il faut un gage supplémentaire d'authenticité –, un accueil chaleureux et des prix plus que raisonnables : env. 12€ le repas. ***Perama*** *Tél. 22510 51 948 www.baluchanas.gr Ouvert nov.-mai : ven.-dim. 10h-2h ; juin-oct. : tlj. 10h-2h*

I Vigla / Η Βιγλα Pour son excellente pêche du jour (calamars ou sardines 4,50€, poulpes ou rougets 9€) avec une vue imprenable sur l'entrée du golfe de Gera, les caïques, qui pêchent au large et les montagnes de Turquie dans le lointain. Comptez

GAMME DE PRIX	RESTAURATION	HÉBERGEMENT
Très petits prix	moins de 10€	moins de 30€
Petits prix	de 10 à 15€	de 30 à 50€
Prix moyens	de 15 à 20€	de 50 à 80€
Prix élevés	de 20 à 30€	de 80 à 120€
Prix très élevés	plus de 30€	plus de 120€

12-15€. ***Avlona*** *(à l'entrée du golfe de Gera) Tél. 69 32 88 85 01 Ouvert avr.-sept. : tlj. 10h-tard*

☺ **Iotis** Les tables sont dressées sur la plage de Nifida et l'on profite pleinement du coucher de soleil sur le golfe de Kalloni. Ici, pas de carte mais on vous énumère les plats du jour. S'il y a des sardines l'été, profitez-en. Elles sont pêchées dans le golfe, grillées et accompagnées d'un filet de citron : un délice ! Autour de 12-15€. ***Nifida*** *Tél. 22520 41 329 Ouvert tlj. 8h-dernier client*

O Gatos / Ο Γατος Dans la rue commerçante du village, après l'ancienne porte fortifiée, ce restaurant propose principalement des brochettes et de délicieuses viandes rôties accompagnées de légumes verts. Le cadre est dépouillé, mais les terrasses offrent une vue splendide. Pensez à réserver si vous voulez en profiter en juillet-août. Comptez 12-15€. ***Molyvos*** *Tél. 22530 71 661 Ouvert 20 avr.-fin oct. : tlj. 10h-0h*

Betty's Restaurant Dans une maison ottomane dotée d'un balcon en bois peint en rouge vif. Cuisine grecque et internationale de bon aloi. Spaghettis aux crevettes, tomates farcies et moussaka... Les tables dressées dans la ruelle ou sur le balcon offrent une belle vue. C'est touristique en saison, mais ce succès est amplement mérité. Env. 15€. CB acceptées. *Grand-Rue* ***Molyvos*** *Tél. 22530 71 421 Ouvert avr.-oct. : tlj. 9h-14h et 18h-0h*

☺ **Restaurant de la coopérative féminine /** Ταβερνα συλλογου γυναικων Non seulement vous déjeunerez sur une terrasse face à la mer, mais vous dégusterez une excellente cuisine. Les femmes de la coopérative – cf. Hébergement (p.662) – préparent à tour de rôle les plats du jour. Nous y avons goûté une délicieuse moussaka maison, sans rapport avec celle que l'on mange d'ordinaire dans les tavernes. Autour de 15€. *De la grand-place, prendre la première rue à droite (signalée par un panneau, à l'étage)* ***Petra*** *Tél. 22530 41 238 www.lesvos-travel.com/womens-cooperative Ouvert 20 avr.-20 oct. : tlj. 12h-0h*

prix moyens

Psaros / Ψαρος Une séduisante taverne située fort à propos dans la crique de Melinda. Sur sa longue terrasse en bois peint en bleu, on déguste une cuisine du jour sans prétention et de bons poissons grillés en regardant les vagues et les baigneurs. Autour de 18€. *Plage de Melinda* ***Plomari*** *Tél. 22520 93 234 Ouvert avr.-oct. : tlj. 7h30-0h*

☺ **Cavo d'Oro** Sur le port de Sigri, on ne peut qu'être alléché par les fumets qui s'échappent de cette taverne et le bon coup de fourchette des convives. Ici, vous ne serez pas déçu par le poisson, d'une fraîcheur remarquable, et l'accueil des plus souriants comble d'aise. La jeune fille de la maison concocte des gâteaux dignes d'un chef pâtissier. De la terrasse, on observe les pêcheurs qui s'apprêtent à prendre la mer. Comptez 18-20€. ***Sigri*** *Tél. 22530 54 221 Ouvert avr.-oct. : tlj. 10h-23h*

☺ **Octopus** On aime beaucoup cette taverne du port de Molyvos. La carte est simple, le service souriant et les poissons du jour sont délicieux. Le soir, les lumières du port rendent l'endroit presque magique. Comme les tables sont comptées, il est préférable de réserver. Autour de 15-20€. *Sur le port* ***Molyvos*** *Tél. 22530 71 317 Ouvert 20 avr.-20 oct. : tlj. 10h-0h*

Taverne Vafios On ne s'attendait pas à dénicher dans un village perdu dans les collines une taverne aussi élégante. Une vaste demeure en pierre restaurée avec soin, dotée de larges baies vitrées et d'auvents, dont la grande terrasse dévoile une vue sans partage sur les collines et la mer. À la carte, les meilleures recettes locales. Environ 18€. ***Vafios*** *(5km à l'est de Molyvos) Tél. 22530 71 752 Ouvert mai-oct. : tlj. 10h-1h ; déc.-avr. : sam.-dim. 10h-20h Ouvert avr.-oct. : tlj. 10h-1h ; nov.-mars : sam. 19h-1h, dim. 11h-19h*

Eftalou / Ευταλου En retrait de la plage, sous une treille, cette taverne familiale est bien connue des habitants de Molyvos. Du poisson, des plats de viande et un florilège de *mezedes*. Très vite sur les tables s'accumulent de petites assiettes remplies de bonnes choses : aubergines grillées, tzatziki, croquettes de viande, poisson grillé... Env. 15€ sans poisson. *Sur le front de mer* ***Eftalou*** *Tél. 22530 71 049 Ouvert tlj. 12h-0h*

Anemoessa Difficile de résister aux sirènes de cette taverne qui donne sur le ravissant port de Skala Sykamineas. Un cadre plein de grâce et l'assurance de déguster une cuisine de poisson simple et fraîche. Un bémol toutefois : le service gagnerait à être un peu plus chaleureux. Autour de 15€. ***Skala Sykamineas*** *Tél. 22530 55 360 Ouvert tlj. 12h-0h (déc.-jan. dernier client)*

Hébergement

camping

Camping municipal de Molyvos Un grand camping de 120 places a été aménagé à 2km du village sur une colline plantée d'oliviers et d'autres grands arbres : ombre assurée. Les équipements collectifs sont de bonne qualité et on vous réservera un accueil charmant. Le pain frais arrive de chez le boulanger tous les matins. Tente 2€, 5€/pers. et voiture 2€ si vous la voulez près de votre tente, caravane 4€. Le car qui relie Molyvos à Eftalou s'arrête à 50m. *Route d'Eftalou* ***Molyvos*** *Tél. 22530 71 169 Ouvert juin-sept.*

petits prix

☺ **New Life Rooms (plan 53, A2 n°11)** On est d'emblée séduit par la maison rose aux volets bleus, en plein centre, qui donne sur une impasse et un agréable jardin où prendre le frais. Les 9 chambres et 2 studios, assez simples, possèdent une belle hauteur sous plafond et bénéficient d'un grand calme. Les salles de bains, en revanche, sont étriquées. Le parquet et les objets anciens qui décorent le hall confèrent à l'établissement un charme supplémentaire et l'accueil est chaleureux. Simple 30-40€, double 30-50€ et chambres pour 3-4 pers. 40-70€ (TV, clim. et réfrigérateur). *Olympou 7 (perpendiculaire à Ermou)* ***Mytilène*** *Tél. 22510 23 400 www.new-life.gr Ouvert toute l'année*

Pension Lyda Dans une vieille demeure du centre de Plomari, des chambres simples, mais bien tenues, avec sdb individuelle. Et pour prendre le petit déjeuner, un charmant jardin avec vue sur le port. Comptez de 25 à 30€ la nuit. *En montant les marches au-dessus de la place, l'adresse est fléchée* ***Plomari*** *Tél. 22520 32 507 Ouvert avr.-oct.*

Coopérative féminine de Petra / Συλλογου Γυναικων Πετρας Créée en 1983 à l'initiative d'une vingtaine de femmes, la coopérative propose des hébergements dans le village, de la chambre chez l'habitant au studio. L'organisation est maintenant bien rôdée et le nombre d'hébergements dépasse la cinquantaine. Comptez env. 25-30€ pour un studio, 40€ pour un appartement. *De la grand-place, prendre la première rue à droite (signalée par un panneau, à l'étage)* ***Petra*** *Tél. 22530 41 238 www.lesvostravel.com/womens-cooperative Ouvert 20 avr.-20 oct.*

Nassos Guest House Une demeure ottomane du début du XXe siècle, peinte en bleu, se dresse à mi-hauteur dans le village. Elle accueille une sympathique pension de 7 chambres très bien entretenues et coquettes. La terrasse commune offre une vue idyllique. En haute saison, il est préférable de réserver longtemps d'avance. Sept chambres à 30€, 1 appartement à 45€. Accès Internet et espace wifi. *De l'office de tourisme, prendre la rue qui monte sur la droite et encore la première à droite* ***Molyvos*** *Tél. 69 42 04 62 79 www.nassosguesthouse.com Ouvert toute l'année*

prix moyens

Alkaios (plan 53, A2 n°10) Cette pension centrale possède deux établissements à 50m de distance l'un de l'autre. Les chambres sont simples, mais bien tenues. Celles du bâtiment le plus ancien donnent sur un jardin, les autres, plus confortables, sont aussi plus bruyantes. Mais les tarifs restent modiques. Double de 40 à 55€ (clim., TV, réfrigérateur), petit déj. modeste inclus l'été. *Alkeou 16* ***Mytilène*** *Tél. 22510 47 737 www.alkaiosrooms.gr Ouvert toute l'année*

Porto Lesvos Hotel (plan 53, B2 n°12) Moquette, rideaux, murs en pierre apparente et lits douillets caractérisent les 12 chambres de cet hôtel logé dans une demeure ancienne du centre-ville restaurée avec soin. Le confort est indéniable et le double vitrage qui filtre le bruit de la rue y est pour beaucoup. Les chambres du

Les îles grecques les pieds dans l'eau

Restauration

Tarsanas (Spetses) 223
Le Juicy (Skyros) 243
Veggera (Kythnos) 263
Ostria (Kythnos) 265
Stamatis (Serifos) 273
Chryssopigi (Sifnos) 317
Tsikali (Sifnos) 317
To Kyma (Milos) 335
Christos (Ios) 405
Drakos (Ios) 406
Captain Pipinos (Antiparos) 427
Soros Taverna (Antiparos) 427
To Kyma (Koufonissia) 457
Vitsentzos (Amorgos) 477
Allou Gialou (Syros) 492
Meltemi (Samos) 625
Iotis (Lesbos) 661
Restaurant de la coopérative féminine (Lesbos) 661
Cavo d'Oro (Lesbos) 661

Hébergement

Avantis (Eubée) 196
Apollon Suite (Eubée) 196
Villa Elena (Kythnos) 266
Pano sto Kyma (Folegandros) 349
Psili Ammos (Ios) 408
Villa Zografos (Iraklia) 460
Studios Akti Giannaki (Andros) 537
Angela Rooms to let (Rhodes) 574
Porto Myrina Palace (Limnos) 674
Hôtel Atrium (Thassos) 689

dernier étage bénéficient d'une vue sur le port. Les plus charmantes sont aménagées en soupente. De 45 à 70€ avec petit déjeuner. Réfrigérateur, TV, tél., sèche-cheveux et clim. dans les chambres. *Komninaki 21* ***Mytilène*** *Tél. 22510 41 77 ou 22510 37 171 www.portolesvos.gr Ouvert toute l'année*

Hôtel Egean Sun À 2,5km à l'est de Plomari et 50m de la plage d'Agios Isidoros, 91 chambres 3-étoiles et studios climatisés dans un complexe familial avec bar, restaurant et deux piscines. Comptez 65€ la double, 95€ la suite. ***Agios Isodoros*** *Tél. 22520 31 830 Ouvert avr.-oct.*

Hôtel Irini Cet imposant bâtiment des années 1970 a une allure de paquebot avec ses 64 chambres, son hall immense, son second salon à l'étage et sa terrasse tout aussi disproportionnée. Les chambres sont simples mais confortables (réfrigérateur, TV, clim. et sèche-cheveux) et dotées d'un balcon. Certaines donnent sur la plage de Vatera (de l'autre côté de la route) et la mer. Vous pourrez aussi vous rafraîchir dans la piscine de l'hôtel. Double de 40 à 80€ avec le petit déjeuner. Restaurant et bar. Pas de CB. ***Vatera*** *Tél. 22520 61 407 ou 22520 61 408 www.vatera-lesvos.com Ouvert mai-oct.*

Vatera Beach Hotel Vingt-quatre chambres simples et confortables, réparties entre plusieurs bâtiments. Il n'est pas rare que les clients reviennent d'une année sur l'autre : il faut avouer que Madame Ballis, d'origine américaine, prodigue un accueil charmant. Le restaurant est tout aussi agréable ; beaucoup de plats végétariens, des produits issus de l'agriculture biologique (notamment de la ferme bio de l'hôtel), et une carte qui change chaque jour. La plage ? Il suffit de traverser la route (la mer est à 10m) pour s'allonger sur un transat, à l'abri d'un parasol. TV, réfrigérateur, clim., coffre et sèche-cheveux dans toutes les chambres, coin cuisine dans certaines. Double 65-95€ avec petit déjeuner. ***Vatera*** *Tél. 22520 61 212 www.vaterabeach.gr Ouvert mai-oct. Restaurant 12h30-16h et 19h-23h*

Hôtel Galini Dans le centre de Skala Eressos, moins bruyant que le front de mer, 20 chambres spacieuses, confortables mais sobres (sol carrelé et murs blancs), avec balcon. Les propriétaires cultivent une atmosphère familiale et chaleureuse. Réfrigérateur, TV, clim. dans les chambres. Double autour de 45-60€, petit déjeuner à 5€. À 80m débute la plage d'Eressos. ***Skala Eressos*** *Tél. 22530 53 138 www.hotelgalini-lesvos.gr Ouvert mi-avr.-mi-oct.*

Hôtel Orama À l'entrée de Sigri, une bâtisse rose aux volets bleus à 200m de la mer. Les 8 chambres, sobres et confortables, donnent sur une piscine et, au-delà, sur la mer. Aucune habitation ne vient gâcher le panorama. Une excellente option si vous comptez séjourner plusieurs jours dans le petit port de pêche. Réfrigérateur, TV, clim. dans les chambres. Double de 50 à 70€ petit déj. compris. CB acceptées. ***Sigri*** *Tél. 22530 54 226 ou 69 44 43 04 29 oramahotelsigri@yahoo.gr Ouvert mai-mi-oct.*

Hôtel Molyvos I Face à la plage de galets de Molyvos, un hôtel en pierre traditionnelle, auquel des palmiers apportent un peu de fraîcheur et un charme supplémentaire. Les 30 chambres, décorées dans un style rustique et chaleureux, offrent un bon confort. Et aucune voiture ne viendra perturber votre sommeil :

l'allée qui longe la plage leur est interdite. Réfrigérateur, TV, clim. Double : 70-80€ avec petit déj. ***Molyvos*** *Tél. 22530 71 556 www.molyvos-hotels.com*

Hôtel Olive Press Un hôtel chic aménagé dans une ancienne huilerie, au bord de l'eau, aisément repérable à sa haute cheminée en brique. Murs en pierre apparente, parquet et meubles anciens confèrent aux 54 chambres un charme irrésistible. Les plus belles jouissent d'une vue sans partage sur la mer (double 50-95€). Les autres s'ordonnent autour d'une cour fermée (double 50-75€). Petit déj. inclus. Également 15 studios équipés. Piscine, bar de plein air à proximité. CB acceptées. ***Molyvos*** *Tél. 22530 71 205 ou 22530 71 646 www.olivepress-hotel.com Ouvert mi-avr.-oct.*

Panorama Hotel Un complexe de 76 chambres sur les hauteurs de Petra. Les chambres sont bien tenues, confortables et, pour la plupart, disposent d'un balcon indépendant. L'ensemble ressemble à un village de vacances avec son bar, ses animations en saison et sa grande piscine. La clientèle est familiale et l'atmosphère bon enfant. À 200m en contrebas commence la plage. Le panorama est effectivement bien au rendez-vous ! Clim., TV, réfrigérateur, musique, tél. et coffre dans les chambres. Double de 40 à 70€ avec le petit déjeuner. CB acceptées. ***Petra*** *Tél. 22530 41 543 www.panoramahotel-lesvos.com Ouvert début avr.-fin oct.*

prix élevés

Pyrgos of Mytilene (plan 53, A3 n°13) À la périphérie sud de Mytilène, cette villa du XIXe siècle un peu pompeuse avec sa tour d'angle loue 12 chambres luxueuses, décorées dans le style Second Empire, toutes différentes. Pour goûter à la vie de château ! De 70 à 120€ avec le petit déjeuner. CB acceptées. *Eleftheriou Venizelou 49* ***Mytilène*** *Tél. 22510 25 069 www.pyrgoshotel.gr Ouvert toute l'année*

LIMNOS ΛΗΜΝΟΣ Λημνος

À la différence de ses consœurs du nord de la mer Égée, Limnos est une île peu boisée. La roche volcanique affleure sous la lande, et ses 259km de côtes découpées cachent de magnifiques plages dans de profondes anses. Du fait de sa position stratégique face au détroit des Dardanelles, elle abrite une importante base militaire - ce qui a longtemps freiné son développement touristique. Aujourd'hui, les choses changent. La ville principale, Myrina, petite capitale animée blottie au pied d'une forteresse médiévale, cultive une vraie douceur de vivre. Dotée d'un joli port de pêche, de plages et d'un front de mer bordé de belles demeures du XIXe siècle, elle attire les amoureux du soleil, de la mer et du farniente. L'arrière-pays, encore sauvage et un brin désolé, recèle d'intéressants sites archéologiques, dont certains remontent à la préhistoire.

LE DIEU FORGERON Selon la légende, lors d'une querelle avec son épouse, Héra, Zeus, mécontent de voir Héphaïstos prendre le parti de sa mère, expulsa son fils de l'Olympe. Une autre histoire veut que ce soit Héra qui, dégoûtée par la laideur de son fils encore bébé, l'ait précipité du haut de l'Olympe. Tombé dans la mer au large de Limnos, le dieu boiteux fut recueilli et soigné par ses habitants, et il installa dans l'île sa première forge – la nature volcanique du sol trouve ainsi une explication divine ! Il enseigna aux insulaires le travail des métaux et devint le patron de l'île. La cité antique d'Hephaïstia, sur la côte nord, rappelle la dévotion des Lemniens à leur dieu protecteur. Philoctète, autre figure mythologique, aurait séjourné à Limnos en attendant de guérir de la morsure d'un serpent sacré. L'oracle ayant prédit aux Grecs qu'ils ne pourraient gagner la guerre contre Troie sans les flèches d'Héraclès que possédait Philoctète, ils vinrent chercher celui-ci à Limnos. Une fois guéri, l'archer partit pour Troie avec ses compagnons et tua le prince Pâris, signant la victoire des Achéens sur les Troyens.

LA BATAILLE DES DARDANELLES Pendant la Grande Guerre, la baie de Moudros, à Limnos, sert de base navale aux Alliés. Le jeune Winston Churchill, alors premier lord de l'Amirauté, présente un plan visant à s'assurer le contrôle du détroit des Dardanelles pour écraser l'Empire ottoman, allié de l'Allemagne. Une première opération navale est lancée en 1915, suivie par un débarquement de troupes. Mais la résistance étonnante de l'armée turque, dans laquelle s'illustre un jeune colonel, Mustafa Kemal, futur Atatürk, contraint les Alliés à évacuer leurs positions en janvier 1916 après avoir essuyé des pertes considérables. L'échec est cinglant : 100 000 combattants britanniques, du Commonwealth et de France sont tués. Dans le cimetière militaire de Moudros reposent plusieurs centaines de soldats et un monument leur rend hommage.

MODE D'EMPLOI

accès

EN AVION

Aéroport de Limnos L'aéroport international Héphaïstos assure des liaisons domestiques toute l'année et accueille des avions en provenance de métropoles européennes l'été. La course en taxi jusqu'à Myrina revient à 16€ environ. *Baie de Moudros (à 20km à l'est de Myrina) Tél. 22540 31 204 ou 22540 29 400*

Sky Express De 2 à 4 liaisons/sem. avec Athènes. *Tél. 2810 22 38 00 ou 801 11 28 28 88 www.skyexpress.gr*

Aegean Airlines Assure 1 liaison directe/j. avec Athènes (54-121€ AS). *Tél. 22540 29 660 ou 22540 29 417 fr.aegeanair.com*

EN BATEAU

Limnos est très bien desservie l'été. Attention, selon leur destination et les conditions météo, les bateaux accostent soit dans le port situé au pied du *kastro* soit au nouveau port, à 1,5km au sud du centre-ville. Renseignez-vous au préalable et sachez que 15min de marche séparent les 2 ports. Consultez les sites www.directfer

ries.fr, www.gtp.gr, www.ferries.gr ou www.aferry.gr.
Liaison locale avec Agios Efstratios Les ferries de la compagnie Nel desservent 4 fois par semaine cette petite île qui dépend administrativement de Limnos (1h35 de trajet). Le ferry local *Aiolis* assure une desserte quotidienne (2h, 14€, sauf dim.) avec un retour le lendemain. Renseignez-vous en agence.
Capitainerie de Myrina *Tél. 22540 22 225*
Nel Ferries *Sur le port* ***Myrina*** *Tél. 22540 29 570 ou 22540 29 571 Ouvert tlj. 8h30-14h et 17h30-22h*
Pravlis Travel *Sur le port* ***Myrina*** *Tél. 22540 22 471 ou 22540 24 617 Ouvert lun.-ven. 9h-14h et 18h-21h30, sam. 9h-14h*
Myrina Tourist & Travel *Sur le port* ***Myrina*** *Tél. 22540 22 460 ou 22540 22 900 Ouvert tlj. 9h-14h et 18h-21h*

orientation

Limnos, qui couvre une superficie de 475km² et compte quelque 17 000 habitants, dessine un papillon aux ailes largement déployées. Montagneux au nord-ouest (Skopia, le sommet de l'île, culmine à 470m), le relief s'aplanit vers l'est, formant une vaste plaine autour de Moudros. On distingue la péninsule du mont Athos, à moins de 100km à l'ouest, et les côtes turques, toutes proches, à l'est. Vingt-sept kilomètres séparent l'îlot d'Agios Efstratios de Limnos.

informations touristiques

www.limnosgreece.gr Site en anglais.
Holiday Car Rental Propose une liste d'hébergements, la location de voitures et des excursions. ***Myrina*** *Sur le port Tél. 22540 23 280 Ouvert mai-sept. : lun.-sam. 8h30-14h et 18h-23h* ***Aéroport*** *Tél. 22540 92 530 www.lemnos-holiday.gr Ouvert toute l'année : horaires en fonction des vols*

se déplacer

EN CAR

KTEL Des liaisons quotidiennes (sauf dim.) entre Myrina et les principaux villages, mais pas d'allers-retours possibles dans la journée. *Tél. 22540 22 464 ou 22540 23 196 ktelbus.gr*

EN TAXI

Des taxis stationnent sur la grand-place de Myrina, dans le quartier commerçant. *Tél. 22540 23 820*

EN VÉHICULE DE LOCATION

Bonnes routes dans toute l'île.
Petrides ***Myrina*** *Karatsa 118 Tél. 22540 29 550 ou 22540 22 039 ou 69 47 60 15 16 (24h/24)* ***Aéroport*** *Tél. 22540 24 787 www.petridestravel.gr*
Holiday Car Rental ***Myrina*** *Sur le port Tél. 22540 23 280* ***Aéroport*** *Tél. 22540 92 530 www.lemnos-holiday.gr*

informations pratiques

Myrina dispose d'une demi-douzaine de banques avec DAB ; la poste centrale est située au 10 de la rue Garifalidou. Pharmacies à Myrina, Moudros, Avlonas, Kontopouli et Nea Koutali.
Police *Garifalidou 48* ***Myrina*** *Tél. 22540 22 200*
Hôpital ***Myrina*** *Tél. 22543 50 400*

DÉCOUVRIR

Limnos

☆ **Les essentiels** Myrina **Découvrir autrement** Savourez un coucher de soleil sur la plage d'Agios Ioannis, visitez le sanctuaire des Cabires et le site néolithique de Poliochni

☆ ☺ Myrina

La petite cité portuaire étend ses constructions blanches de part et d'autre d'une forteresse, le *kastro*. Le port de pêche se niche au sud, dans une anse abritée ; au nord se déroule le front de mer, bordé de belles demeures. Les deux quartiers sont reliés par la rue Karantza, dont le chapelet de commerces forme une sorte de petit bazar toujours très animé.

☺ ***Kastro*** Certainement l'une des plus impressionnantes forteresses égéennes. Construite à partir de 1186 par les Byzantins et remaniée par les maîtres successifs de l'île, Vénitiens, Génois et Ottomans, elle coiffe un large promontoire. Sa longue muraille, éclairée la nuit, donne une idée assez précise de ses vastes proportions. De l'enceinte, la vue sur les deux anses bleu marine, le chapelet de maisons blanches et les montagnes pelées à l'horizon est saisissante. Pour rejoindre le *kastro*, empruntez la rue Themistokleous derrière la mairie. *Ouvert tlj. Accès libre*

Musée archéologique Il occupe une belle demeure néoclassique du front de mer. Au rez-de-chaussée sont réunis de nombreuses poteries et ustensiles datant de l'âge du bronze (plus de 2 000 ans av. J.-C.) retrouvés sur le site de Poliochni, et des stèles funéraires antiques. À l'étage, des statuettes de divinités grecques, principalement dédiées au culte d'Héphaïstos, découvertes dans le sanctuaire voué au dieu, comme la remarquable collection de sirènes qui symbolisent le monde souterrain. *Tél. 22540 22 637/990 Ouvert mar.-dim. 8h-15h Tarif 2€, seniors 1€, moins de 18 ans et étudiants de l'UE gratuit*

SHOPPING GOURMAND
Le sol volcanique de l'île favorise la viticulture. Dans les commerces de la rue principale, vous pourrez acheter du vin de Limnos délicieusement fruité, mais aussi du miel, de l'ouzo, des confitures et des fruits secs produits sur l'île.
Rue principale Karantza ***Myrina***

● Où boire un verre ?

☺ **Nefeli** Sur le chemin qui mène au *kastro*, ce café surplombe la mer. Sièges confortables, vue superbe sur la baie, cadre soigné… beaucoup de jeunes s'y donnent rendez-vous pour partager un café frappé. Le soir, musique lounge sous un ciel étoilé. *Tél. 22540 23 551 Ouvert tlj. 7h-dernier client*

● Où sortir le soir ?

Alexandros Ce bar branché attend que les derniers noctambules aient quitté les lieux pour fermer ses portes. Lumières soignées, tubes du moment et

Plan 54 Limnos

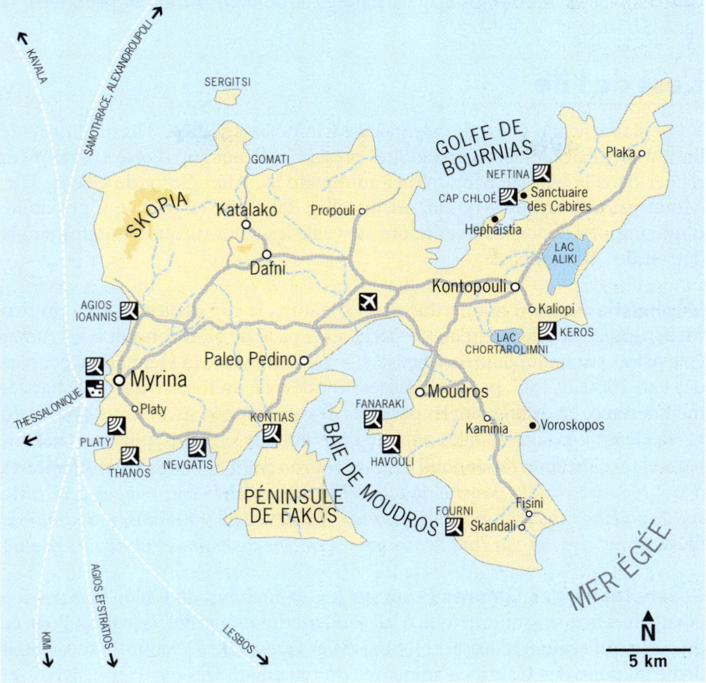

cocktails à foison concourent à créer une ambiance festive de premier ordre. Sur le port, près de l'embarquement des ferries, son tumulte ne gêne personne sauf peut-être les garde-côtes... *Sur le port Ouvert tlj. 9h-2h*

● Aller à la plage

Platy, Thanos et Nevgatis À 3km au sud de Myrina, la plage de Platy et ses activités nautiques attirent beaucoup de monde l'été. La plage de Thanos, 2km plus au sud, considérée comme l'une des plus belles de l'île, est davantage sauvage. La suivante, celle de Nevgatis dessine un long ruban de sable où chacun trouvera la possibilité de s'isoler.

☺ **Agios Ioannis** À 4km au nord de Myrina, Agios Ioannis a notre préférence. Des couchers de soleil magnifiques illuminent la côte découpée dans un cadre encore peu urbanisé.

Myrina Trois plages de sable frangent le centre-ville ; la première, au sud du port, est bien abritée du vent, mais la proximité de la longue jetée en béton du nouveau port et la présence de bateaux de guerre gâchent un peu le panorama. La deuxième, au nord, bénéficie d'un cadre plus agréable, mais elle est plus ventée. Dans son prolongement, la troisième, plus petite et tout aussi ravissante s'étire entre deux rochers. Les aires de jeux pour enfants, les cafés et restaurants rendent les plages du nord (Romeikos Gialos et Richa Nera) très populaires. Par temps clair, la silhouette du mont Athos se profile sur la ligne d'horizon.

L'est de l'île

Vaste plaine fertile, la partie orientale de Limnos est dédiée à l'agriculture et le littoral abrite des milieux écologiques préservés. Beaucoup d'oiseaux viennent nicher dans la baie de Moudros et autour du lac Aliki. Seconde ville de l'île, Moudros, à 28km de Myrina, est installée dans une large baie à proximité d'une importante base militaire qui surveille les côtes turques, notamment le détroit des Dardanelles.

Hephaïstia Aujourd'hui perdue dans la nature, la cité dédiée au dieu du Feu fut la capitale de l'île jusqu'au XIe siècle. Une piste de 5km conduit à ses ruines éparpillées sur une colline rocailleuse. Les fouilles menées à Hephaïstia, peuplée dès l'an 1000 av. J.-C. par les Pélasges, ont dévoilé un théâtre qui a été habilement restauré en distinguant les périodes de construction successives à partir du VIe siècle av. J.-C. Les fouilles ont aussi mis au jour les bains, plusieurs habitations et un cimetière. ***Kontopouli*** *À 30km environ de Myrina, quelques kilomètres avant Moudros, sur la gauche direction Kontopouli ; à la sortie du village, piste sur la gauche masquée par des roseaux Tél. 22540 22 990 (musée de Myrina) Ouvert mar.-dim. 8h-15h Tarif 2€, seniors 1€, moins de 18 ans et étudiants gratuit*

☺ **Sanctuaire des Cabires** Posté sur le cap rocheux de Chloé le *kabeirion* occupe un lieu magnifique qui, à lui seul, mérite une visite. Installé à l'entrée du golfe qui abritait le port d'Hephaïstia et face à l'île de Samothrace, il était dédié au culte des Cabires – ministres du feu engendrés par Héphaïstos – et rivalisait avec le sanctuaire des Grands Dieux de Samothrace (p.676). Des rites mystiques, les “mystères”, célébraient la naissance, la fertilité de la terre et imploraient la protection des marins. Comme à Samothrace, l'accès du sanctuaire était réservé aux initiés. Une fois par an, les habitants de Limnos éteignaient les lumières de l'île et affrétaient un navire pour Delos ; à son bord une flamme sacrée consacrait le retour de la vie comme une sorte de renaissance. Quelques colonnes brisées et un vaste quadrilatère signalent l'emplacement du temple ; en contrebas s'ouvre la grotte de Philoctète où, selon la légende, l'archer grec mordu par un serpent sacré fut abandonné par les Grecs en partance pour Troie. ***Kontopouli*** *À 36km environ de Myrina, quelques kilomètres avant Moudros, sur la gauche direction Kontopouli, tourner à gauche dans le village d'Agios Alexandros Tél. 22540 22 990 (musée de Myrina) Ouvert mar.-dim. 8h-15h Entrée libre*

POINT DE VUE
Du haut de ses falaises couvertes de lande, le cap Chloé délivre un magnifique panorama sur la mer et sur les collines brunes qui plongent dans l'eau. C'est sur ce site exceptionnel que les Grecs élevèrent le sanctuaire des Cabires.

Poliochni Quelques murets, des constructions en pierre sèche et des fortifications arasées signalent la plus ancienne implantation connue dans l'île.

Fondée au néolithique, probablement vers 5000 av. J.-C, elle connut sa phase de prospérité à l'âge du bronze, autour de 2700 av. J.-C., et jusqu'à 1700 av. J.-C. puis périclita après un séisme. L'existence de cette cité préhistorique fascine à plus d'un titre car elle est antérieure à Troie, installée en face, sur la côte anatolienne. Son plan d'urbanisme dénote une organisation avancée, comparable à celle d'une cité moderne, et un trésor transporté à Athènes a été découvert par une équipe d'archéologues italiens. *À 40km de Myrina, sur la côte orientale de Limnos près de Moudros Tél. 22540 22 990 (musée) Ouvert mar.-dim. 8h-15h Entrée libre*

Les îles grecques côté pêche

Vous débarquerez le plus souvent dans un "nouveau" port, conçu pour accueillir les ferries. Mais chaque île abrite encore de petits débarcadères d'où l'on peut gagner la plage la plus proche en caïque. Les tavernes de poisson, qui fleurissent sur les fronts de mer, sauront vous faire apprécier les produits de la mer...

Arriver à bon port

Mikrolimano (Le Pirée) 158
Poros 208
Hydra 213
Vieux port (Spetses) 220
Skopelos 232
Alonissos 236
Livadi (Serifos) 268
Ermoupoli (Syros) 485
Chora (Tinos) 523
Vathi (Samos) 618
Pythagorio (Samos) 620
Mytilène (Lesbos) 652
Myrina (Limnos) 668

Villages de pêcheurs

Vathi (Sifnos) 314
Cheronissos (Sifnos) 314
Klima (Milos) 329
Firopotamos (Milos) 329
Gialos (Ios) 397
Naoussa (Paros) 416
Finiki (Karpathos) 580
Emborios (Kalymnos) 601
Emporios (Chios) 642
Sigri (Lesbos) 657
Molyvos (Lesbos) 658
Myrina (Limnos) 669

Dans l'assiette

Margaro (Le Pirée) 189
To Lemeni (Rafna) 189
Jimmy & The Fish (Le Pirée) 190
Agora (Égine) 206
Tarsanas (Spetses) 223
O Psariotis (Skyros) 244
Ostria (Kythnos) 265
Taverna Panos (Santorin) 378
Drakos (Ios) 406
Porto Ornos Restaurant (Mykonos) 517
Flora (Mykonos) 517
Tarsanas (Tinos) 534
Victoria (Tinos) 534
Taverne Nireas (Rhodes) 573
To Kyma (Karpathos) 582
Taverne Psarades (Samos) 625
I Vigla (Lesbos) 660
Cavo d'Oro (Lesbos) 661
Octopus (Lesbos) 661
Taverne Mousses (Thassos) 687

Aller à la plage Au sud de Moudros, les plages appréciées de **Fanaraki**, de **Chavouli** et de **Fourni** s'inscrivent dans un cadre sauvage. Sur la côte est, face aux Dardanelles, celle de **Keros**, assez venteuse, est fréquentée par les véliplanchistes. Elle s'étire entre la mer et le lac de Chortarolimni, près du village de Komi. Sur la côte nord, en contrebas du sanctuaire des Cabires, la plage de **Neftina** est un havre de paix.

Faire une excursion à Agios Efstratios Cet îlot au sud de Limnos séduit par sa tranquillité, l'absence de routes goudronnées, une nature exubérante et de belles plages à une heure de marche du port. Le port est de facture moderne, un séisme ayant dévasté l'ancien en 1968. Si vous avez l'âme d'un Robinson Crusoé, renseignez-vous auprès des habitants sur les chambres à louer. *Consulter les horaires du ferry Aiolis qui part tlj. du port de Limnos à destination de l'îlot,* cf. Mode d'emploi (p.666)

CARNET D'ADRESSES

Restauration

petits prix

☺ **Platanos** Sur une placette au cœur de la ville, quelques tables ombragées par deux gros platanes attendent les visiteurs. Grillades et viandes rôties, large choix de plats cuisinés cette taverne concocte une cuisine simple et savoureuse, à accompagner d'un vin fruité de Limnos. Excellent rapport qualité-prix. À goûter : les aubergines confites aux tomates et artichauts. Autour de 10€. *Sachtouri 31* ***Myrina*** *Tél. 22540 22 070 Ouvert mai-sept. : tlj. 10h-22h ; oct.-avr. : tlj. 10h-19h*

Restaurant Kosmos Si vous voulez dîner sur le front de mer, ce restaurant sert les grands classiques de la cuisine grecque et, selon l'arrivage, des sardines et autres poissons frais. De quoi vous régaler en regardant la mer lécher le sable de la plage. Env. 13€. *Romeïkos Gialos* ***Myrina*** *Tél. 22540 22 050 Ouvert Pâques-fin sept. : tlj. 12h-1h*

Restaurant To Kyma Une halte qui vient à point nommé lors une excursion dans l'est de l'île. Sur une vaste terrasse déployée devant le grand port de la baie de Moudros, on mange une cuisine grecque de bon aloi. Très bonnes salades et personnel sympathique. Autour de 13€. *Sur le port* ***Moudros*** *(28km de Myrina) Tél. 22540 71 066 Ouvert tlj. 7h-2h*

prix moyens

O Glaros Sur le port de pêche coloré, cette taverne bleu et blanc occupe une situation privilégiée : le soir, quand le *kastro* est éclairé, le cadre est féerique. Vous y dégusterez principalement du poisson et des crustacés, choisis sur l'étal. Délicieuse assiette de calamars frits. L'addition monte vite ! Mais redescend si vous choisissez des spécialités locales mijotées plutôt que du homard... Environ 15-20€. *Sur le port* ***Myrina*** *Tél. 22540 22 220 Ouvert mars-nov. : tlj. 11h-1h*

Hébergement

prix moyens

Hôtel Poseidon Cet hôtel familial très bien tenu dispose de 20 chambres spacieuses (réfrigérateur, TV, clim., sèche-cheveux, coffre et tél.). Toutes sont dotées d'un balcon, mais la vue sur la mer est réservée à celles du dernier étage. Situé 50m en retrait de la plage de Romeikos Gialos, l'établissement bénéficie d'un environnement calme à côté d'un site archéologique. Double entre 55 et 85€. Petit déj. 5€. Parking. *Romeïkos Gialos* ***Myrina*** *Tél. 22540 24 821 ou 22540 23 982 www.poseidonlemnos.gr*

Hôtel Filoktitis À 15min de marche du port, cet établissement moderne précédé d'une cour fleurie propose 16 chambres avec balcon, simples et lumineuses, d'un bon rapport qualité-prix. La plage de Romeikos Gialos est à 5min. L'endroit est calme et le restaurant attenant de qualité. Réfrigérateur, tél., TV et clim. dans les chambres. Double de 50 à 60€. Petit déj. 5€. *Ethnikis Antistasseos 14* ***Myrina*** *Tél. 22540 23 344 www.hotelfiloktitis.gr*

☺ **Hôtel Archontiko** La maison de l'archonte est une demeure ottomane typique à encorbellement. C'est donc un établissement de charme datant de 1814 qui vous attend au cœur de la ville. Les 15 chambres sont petites, mais chaleureuses avec leur plafond et leur plancher en bois et leurs murs en pierre apparente. TV et clim. dans les chambres. Simple 40-60€, double 60-80€ et 1 suite (2-4 pers.) 90-120€. Petit déjeuner 6€. Carte de paiement acceptée. *Romeïkos Gialos (prendre la rue Karantza du port et passé la grand-place, tourner à gauche après la Piraeus Bank)* ***Myrina*** *Tél. 22540 29 800 www.arxontikohotel.gr*

Studios Despina Huit appartements (3 studios, 4 deux pièces et une maisonnette) avec terrasse ombragée dans une grande maison du centre-ville entourent un patio. Leur confort est simple, leur taille variable et l'environnement tranquille. Vous serez très bien accueilli par Despina, une vieille dame animée d'une énergie peu commune, et bien mieux logé que dans les hôtels bruyants du centre. De 40 à 50€ la chambre double (réfrigérateur, plaques électriques, TV, clim.), louée au mois en hiver ; 60-70€ l'appartement pour 4 personnes. *Koritsas 6 (juste en face de la poste)* ***Myrina*** *Tél. 22540 23 352 studiosdespina@hotmail.com*

☺ **Sunset Apartments** Perché sur une colline qui domine la baie d'Agios Ioannis, plusieurs petites maisons blanches divisées en studios offrent une vue fabuleuse sur la mer Égée et ses couchers de soleil flamboyants. Les 14 appartements pour 2 à 5 pers. (avec clim., tél., TV, réfrigérateur et cuisine équipée) sont dotés de terrasses ou de balcons. Bar, parking protégé du soleil et espace pour les enfants. La plage est à 50m en contrebas. Que demander de plus ? De 40 à 60€ pour deux. ***Agios Ioannis*** *(4km au nord de Myrina) Tél. 22540 61 555 ou 22540 62 111 ou 22540 61 593 (hiver) www.sunsetapartments.gr Ouvert mi-mai-sept.*

GAMME DE PRIX	RESTAURATION	HÉBERGEMENT
Très petits prix	moins de 10€	moins de 30€
Petits prix	de 10 à 15€	de 30 à 50€
Prix moyens	de 15 à 20€	de 50 à 80€
Prix élevés	de 20 à 30€	de 80 à 120€
Prix très élevés	plus de 30€	plus de 120€

prix élevés

Porto Myrina Palace Dans la baie d'Avlon, à 2km au nord de Myrina, ce vaste complexe combine des bungalows et un hôtel dans un emplacement de toute beauté face à la mer. Pour un séjour très confortable : deux piscines (dont une réservée aux enfants), un terrain de tennis, deux bars et restaurants, une plage privée, côtoient les vestiges du sanctuaire d'Artemis (IVe s. av. J.-C.). Comptez 70-110€ pour 2 pers. avec le petit déjeuner. CB acceptées. ***Myrina*** *Tél. 22540 24 805 Ouvert mai-oct.*

Villa Afroditi Dans la station balnéaire de Platy, cet hôtel récent vous offrira un séjour agréable dans un cadre encore préservé. 25 Chambres très confortables et spacieuses, adaptées pour certaines aux handicapés, une piscine, un bar de plein air, un jardin et la plage qui vous attend à 100m. Une excellente option pour profiter de la mer. Double de 60 à 85€ avec le petit déjeuner. Parking, CB et animaux acceptés. ***Platy*** *(3km au sud de Myrina) Tél. 22540 23 141 www.afroditi-villa.gr Ouvert mai-oct.*

SAMOTHRACE ΣΑΜΟΘΡΑΚΗ Σαμοθρακη

Le nom de Samothrace (Samothraki en grec) évoque au mieux la Victoire ailée exposée au musée du Louvre depuis 1884, mais le lieu où la statue fut découverte reste largement méconnu. Dans cette petite île isolée, dont le sanctuaire des Grands Dieux n'a pas livré tous ses secrets, les beautés naturelles sont légion. Les forêts de chênes et de platanes du nord dérobent au regard des ruisseaux chantants, tandis que les nuages s'attardent sur le mont Fengari, point culminant de l'Égée (1 611m). Le cadre sauvage et austère, les paysages contrastés, les routes rares envahies par les chèvres et les escales espacées des bateaux séduiront les amoureux de nature et de calme.

LE SANCTUAIRE DES GRANDS DIEUX Ce lieu sacré dans toute la Grèce dès l'époque classique connut son apogée au IVe siècle av. J.-C., sous Philippe II. C'est lors d'une visite du sanctuaire que le roi de Macédoine fit la connaissance d'Olympias, princesse d'Épire et future mère d'Alexandre le Grand. Les Romains perpétuèrent le culte des Grands Dieux jusqu'à l'avènement de la chrétienté. En 1863, le consul français Champoiseau découvre la fameuse *Victoire de Samothrace*, relançant les fouilles du site et les recherches sur la religion des premiers occupants de l'île. Cérémonies très codifiées, les mystères honoraient des divinités importées par les Thraces, avant que des Grecs de Samos ne colonisent l'île au VIIIe siècle av. J.-C. Plus anciens que les dieux de l'Olympe, ces Grands Dieux étaient la déesse Axiocerus Cybèle, assimilée à Déméter par les Grecs, son époux Cadmilus (Hermès) et les Cabires, génies du feu et de la fertilité, protecteurs des marins, parfois confondus avec les Dioscures. Au nombre de quatre, ces derniers étaient aussi célébrés sur l'île voisine, Limnos, cf. Sanctuaire des Cabires (p.670).

MODE D'EMPLOI

accès

L'été, 1 ou 2 liaisons/j. en bateau avec Alexandroupoli (2h10, 9,60-14,50€).
SAOS Ferries *Tél. 25510 24 694 ou 25510 38 503 www.saos.gr*
Capitainerie de Kamariotissa *Tél. 25510 41 305*

orientation

Les bateaux accostent à Kamariotissa, le port principal de l'île et son centre commerçant. Le sanctuaire des Grands Dieux, sur la côte nord, en est éloigné de 6km. Le chef-lieu de l'île, Samothrace (Chora), se situe à 5km de Kamariotissa vers l'intérieur. Avec 32km de côtes pour 180km², l'île se visite facilement à scooter.

informations touristiques

Agence de voyages Vassilis Skabavirias Pour acheter des billets de bateaux, renseignez-vous sur les horaires et l'hébergement. *Sur le port (200m à gauche du débarcadère)* ***Kamariotissa*** *Tél. 25510 41 505 Ouvert été : tlj. 9h-14h et 17h-22h ; hiver : tlj. 9h-13h et 18h-21h Horaires variables (selon les arrivées des bateaux)*
Office de tourisme *Sur le port* ***Kamariotissa*** *Tél. 25513 50 810 Ouvert juil.-août : tlj. Horaires variables*

se déplacer

EN CAR

Les cars assurent plusieurs liaisons par jour entre Kamariotissa, Therma (avec arrêt au sanctuaire des Grands Dieux), Samothrace (Chora), le camping et la rivière Fonias. Également trois départs par jour pour le village de Profitis Ilias.

EN TAXI

Nikos *Tél. 69 72 88 35 01*
Vasdekis *Tél. 69 72 38 17 62*
Evdokia *Tél. 69 76 99 12 70 ou 69 76 99 12 71*

EN CAÏQUE

En été, des caïques font la navette avec les plages de l'île.

EN VÉHICULE DE LOCATION

Les routes sont peu nombreuses, mais en bon état. Conduisez lentement, car des chèvres s'arrêtent souvent sur les routes. Si vous louez un véhicule, comparez les offres des loueurs.
Kyrkos Rent A Car Voiture 25-80€/j. selon la saison, scooter 10-30€/j. Il propose également des chambres à louer. *Sur le port* ***Kamariotissa*** *Tél. 25510 41 620 Ouvert tlj. 8h-21h*

adresses utiles

Deux banques et deux pharmacies à Kamariotissa.
Centres médicaux *Chora Tél. 25513 50 700* ***Kamariotissa*** *Tél. 25510 41 376*
Police *Tél. 25510 41 203*

fêtes et manifestations

Festival de Kaviria Expositions, concerts et autres spectacles dans toute l'île. *Juin-août*
Agias Paraskevis *Sur le site archéologique* ***Paleopoli*** *le 26 juillet*
Sotiros *Grand-place* ***Chora*** *le 6 août*
Fête de Dekapentavgoustos *Grand-place* ***Chora*** *le 15 août*

DÉCOUVRIR

Samothrace

☆**Les essentiels** Le sanctuaire des Grands Dieux **Découvrir autrement** Faites une promenade le long des chaos rocheux de la rivière Fonias, prélassez-vous sur la plage de Pachia Amos

☆**Sanctuaire des Grands Dieux** Établi à l'ouest de la cité antique, ce site archéologique s'épanouit sur près de 5ha dans un cadre sauvage, au pied d'une puissante montagne. La fonction des premiers bâtiments en ruine que l'on découvre sur la droite demeure mystérieuse. Sur la gauche, on distingue les vestiges de l'*anaktoron*, où l'on procédait au rite d'initiation. Au cours de cette cérémonie, un récit sacré et des symboles particuliers étaient dévoilés à l'impétrant, qui avait revêtu une robe blanche dans la sacristie attenante. Seules des personnes déjà initiées y assistaient. À côté, la rotonde d'Arsinoé (IIIe s. av. J.-C.), offerte par la reine égyptienne, servait aux réceptions des ambassadeurs et à des sacrifices. Le rocher sacré que l'on peut voir à l'entrée de la rotonde est sans doute le plus ancien autel du sanctuaire. Cadeau de Philippe II de Macédoine, le *temenos*, autre édifice cultuel, était précédé d'un propylée décoré d'une frise (exposée au musée) montrant une jeune fille exécutant une danse sacrée. On arrive ensuite devant le *hieron*, le temple principal, dont subsistent cinq colonnes de marbre. Au centre se dressait l'autel principal destiné aux sacrifices. Entre ses murs se déroulait le second degré de l'initiation, réservé à un plus petit nombre de personnes. Un chemin pierreux conduit au théâtre en ruine. Plus haut se dressait la *Victoire de Samothrace* (190 av. J.-C.), offerte par un habitant de Rhodes. ***Paleopoli*** *(6km au nord-est de Kamariotissa) Ouvert mar.-dim. 8h-15h*

Musée archéologique Les fragments, peu nombreux, laissent imaginer le raffinement du sanctuaire. Un autel en marbre du IVe siècle av. J.-C., le chapiteau d'une colonne du propylée de Ptolémée (285 av. J.-C.), la frise du *temenos* (340 av. J.-C.) et la petite *Victoire* en marbre de Thassos (IIe s. av.

Plan 55 Samothrace

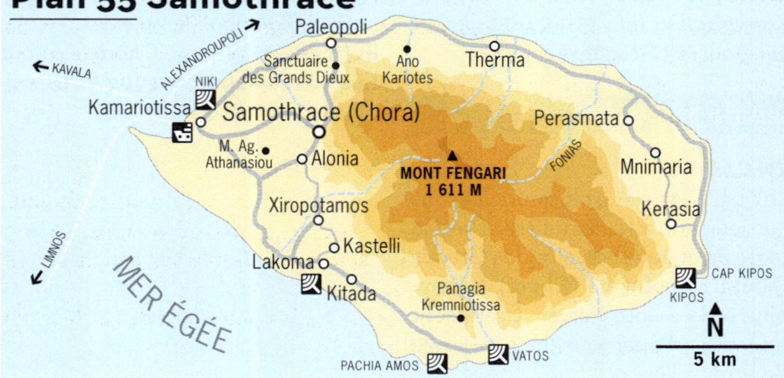

J.-C.), qui couronnait le toit du temple principal. Une copie de la *Victoire de Samothrace* est également exposée. *Tél. 25510 41 474 Ouvert mar.-dim. 8h-15h Tarif 3€, seniors 2€, moins de 18 ans et étudiants de l'UE gratuit Plan du site archéologique (en anglais) à l'entrée*

Samothraki (Chora) Agrippé aux flancs de deux montagnes abruptes, le chef-lieu de l'île coule des jours paisibles à l'ombre de son *kastro* (très abîmé). Il faut de bons mollets pour atteindre la citadelle par les venelles escarpées ; la vue sur les toits ocre et serrés du village sur lesquels on pose des pierres pour éviter que le vent ne déplace les tuiles vaut bien quelques efforts. Dans ce bourg hors du temps, à l'heure de la sieste, on ne rencontre pas âme qui vive. Dans les boutiques : huile d'olive, miel et abricots secs de l'île. *À 5km à l'est de Kamariotissa*

Musée des Arts populaires Au rez-de-chaussée est exposé de l'outillage témoignant des traditions agricoles et artisanales (métiers à tisser) de l'île, tandis qu'à l'étage on découvre la reconstitution d'un intérieur du début du XXe siècle : séjour, cuisine et chambre dans une seule pièce – un concept de l'habitat très moderne ! *Tél. 25510 41 227 Ouvert juil.-août : tlj. 10h-13h30 et 18h-23h30 ; juin-sept. : tlj. 10h-13h30 et 18h-22h*

● Profiter des bienfaits du thermalisme

Therma Des thermes occupent une maison blanche, à l'entrée de ce village verdoyant. On s'immerge dans des eaux chaudes et fortement minéralisées qui soignent maladies de peau et rhumatismes. *À 14km au nord-est de Kamariotissa Ouvert mi-juin-fin oct. : tlj. 7h30-13h30 et 17h30-23h45 Piscine thermale 4€, bain individuel 6€*

● Randonner

☺ **Rivière Fonias** Une excursion à faire avec des enfants : remonter le lit de la rivière Fonias qui court entre les rochers dans un sous-bois de platanes. La balade de 4km débouche sur un large bassin alimenté par une cascade. Vous pouvez poursuivre jusqu'à la seconde cascade. Attention : après un orage, la rivière sort fréquemment de son lit, rendant le sentier impraticable. *À 17km à l'est de Kamariotissa Tarif Entrée en saison 1€*

Mont Fengari Même si son sommet (1611m) est souvent masqué par les nuages, c'est du haut de cette montagne que, selon Homère, Poséidon aurait suivi les péripéties de la guerre de Troie. Ses crêtes effilées, ses flancs couverts de forêts et sillonnés de chutes et de cours d'eau offrent des paysages agréables tout au long de la randonnée. ***Durée*** *Comptez une journée à partir de Therma* ***Difficulté*** *Réservé aux marcheurs aguerris*

● Aller à la plage

☺ **Pachia Amos** De minces plages de galets ourlent la côte nord. Si vous voulez vraiment profiter de la mer, rendez-vous plutôt à Pachia Amos, à 20km au sud de Kamariotissa : cette merveilleuse plage de sable se déroule sur un fond montagneux digne des Rocheuses.

Kipos Cette tranquille plage de galets se cache à la pointe est de l'île (à 27km de Kamariotissa), au bout de la route littorale.

CARNET D'ADRESSES

Restauration, hébergement

camping

Camping Varades Minimarché et cafétéria. Adulte 4-4,50€, enfant 2,20-2,50€, voiture 2,50€ et tente 3€ (petite)-3,50€ (grande). *À la sortie du village* ***Therma*** *Tél. 25510 98 244 Ouvert mi-juin-mi-sept.*

prix moyens

To Limanaki À droite sur le port de Kamariotissa, quand on débarque du ferry, ce restaurant est réputé pour son poisson. Il dispose d'une grande terrasse face à la mer où les plats alléchants défilent les uns après les autres. Plateau de *mezedes* (6-8€), calamars, daurade (44€ le kg), loup grillé... Voilà qui met l'eau à la bouche. Environ 20€. *Sur le port* ***Kamariotissa*** *Tél. 25510 41 987 Ouvert tlj. 7h-1h*

☺ **Mariva Bungalows** Cet ensemble de bungalows chaulés enfouis dans la végétation près de Therma vous garantit un séjour reposant. Pour profiter des beautés naturelles de l'île, il n'y a pas meilleur endroit. Les chambres, arrangées avec goût, sont dotées de vastes lits moelleux, d'un réfrigérateur, d'une TV et de la clim., ainsi que d'une terrasse ou d'un balcon. Le petit déjeuner est servi sur une grande terrasse. De 40 à 60€ la double avec le petit déj. CB acceptées. ***Therma*** *Tél. 25510 98 230 www.mariva.gr Ouvert fin avr.-début oct.*

Samothraki Village Hotel À l'entrée de Paleopoli (Paliapoli), face à la mer, cet hôtel récent propose 21 chambres et 3 suites conçues avec un réel souci de confort moderne. Il leur manque toutefois une petite note décorative. Belles terrasses avec vue sur la mer ou la montagne. Deux piscines, un restaurant, un sauna, un hammam, un Jacuzzi... offrent un vrai standing. Double 40-80€ avec le petit déjeuner. Suite : 70-140€. ***Paleopoli*** *Tél. 25510 42 300 www.samothrakivillage.gr Ouvert toute l'année*

THASSOS ΘΑΣΟΣ Θασος

À quelques encablures de la côte thrace se découpent les contours accidentés de Thassos, une émeraude entre ciel et mer. Pins, platanes, châtaigniers et oliviers la nimbent d'un vert tendre et lumineux. Pourvue de longues plages de sable fin et de criques sauvages, Thassos attire l'été de nombreux touristes originaires du nord de la Grèce – 5km seulement la séparent du continent. Ils se concentrent autour de Limenas et de Potos, ce qui ménage encore de vastes espaces de tranquillité. Colonisée dès l'époque archaïque, Limenas, le chef-lieu, possède d'importants vestiges antiques, tandis que les villages de l'arrière-pays, avec leur architecture vernaculaire,

invitent à un autre voyage dans le temps. Pour le farniente, la magnifique plage de Chrisi Ammoudia, lovée dans une anse bleu turquoise, ravira les plus exigeants. Les bons marcheurs entreprendront l'ascension du mont Ipsario, vigie sur la mer Égée. En regardant au large, ils distingueront peut-être de curieuses silhouettes : il s'agit de plates-formes pétrolières qui extraient de modestes quantités d'or noir.

PUISSANCE DE L'ANTIQUITÉ La proximité de la côte thrace, une situation privilégiée au carrefour de plusieurs routes maritimes et l'existence d'un port naturel sûr ont déterminé le destin de Thassos. Au VIIe siècle av. J.-C., des colons venus de Paros s'établissent sur l'île et en exploitent les gisements d'or, d'argent et de marbre. La cité croît rapidement et installe des colonies sur la côte thrace. Le Ve siècle av. J.-C. consacre son rayonnement comme grande puissance maritime et commerciale du monde grec. C'est d'ailleurs à cette époque qu'elle élève un rempart ponctué de portes fastueuses parées de reliefs en marbre. Soumise par Darius lors des guerres médiques, Thassos doit démanteler ses fortifications. Après la victoire des Grecs sur les Perses, elle rejoint en 480 av. J.-C. la ligue de Delos, une confédération de cités ioniennes placée sous l'égide d'Athènes pour lutter contre les Perses. Mais elle la quitte en 465 av. J.-C., se sentant menacée par l'expansionnisme athénien. Las, la révolte est écrasée et Thassos condamnée à livrer sa flotte et à renoncer à ses possessions sur le continent. Au IVe siècle av. J.-C., le succès du vin thassien en Méditerranée – attesté par les nombreuses amphores retrouvées sur la côte d'Afrique du Nord et du Pont-Euxin – lui vaut un regain de prospérité. L'agora est réorganisée, de nouveaux sanctuaires sont bâtis. En 340 av. J.-C., Thassos devient une dépendance macédonienne tout en gardant une certaine autonomie, privilège qu'elle conservera durant la période romaine.

MODE D'EMPLOI

accès

EN BATEAU

Les bateaux en provenance de Keramoti accostent à Limenas, chef-lieu de Thassos, ceux qui viennent de Kavala s'amarrent à Limenas ou à Skala Prinos, à 17km à l'ouest. Le port des ferries de Limenas est aménagé à la périphérie ouest de la ville (15min à pied du centre) ; les hydroglisseurs stationnent dans la marina, au centre-ville.

Thassos Ferries Liaisons quotidiennes entre Keramoti et Limenas, toutes les heures en été (30min, 3€). D'autres ferries relient Kavala à Limenas (90min, 4,70€) ou à Skala Prinos (1h20, 4€ ; en vedette rapide, comptez 45min). ***Limenas*** *Tél. 25930 22 318 ou 25930 24 001 www.thassos-ferries.gr*

Capitainerie de Limenas *Tél. 25930 22 106*

orientation

Située à 5km de la côte de la Macédoine orientale et de la Thrace, Thassos est l'île la plus septentrionale de la mer Égée et s'étend sur 379km². De forme circulaire, elle est desservie par une route principale qui longe le littoral en dessinant une boucle de 100km. La ville principale, Limenas, appelée aussi Thassos-Chora, est établie sur la côte nord, face au continent.

se déplacer

EN CAR

Gare routière KTEL (plan 57, B2) Un bon réseau de cars dessert les principaux villages de l'île plusieurs fois par jour. Départs fréquents de Limenas pour Potos, Skala Prinos, Skala Potamia, Panagia et Golden Beach (Chrisi Ammoudia). Billets à la gare routière. *Sur le port de* ***Limenas*** *Tél. 25930 22 162 www.ktelbus.gr*

EN TAXI

Station sur le port de Limenas.

EN VÉHICULE DE LOCATION

Pour faire le tour de l'île, montagneuse et assez vaste, privilégiez la voiture.
Avis Rent A Car (plan 57, B2) ***Limenas*** *Rue Theagenous Tél. 25930 23 000 Ouvert tlj. 8h-21h* ***Chrisi Ammoudia*** *Sur la plage Tél. 69 84 14 79 65*

EN BATEAU-TAXI

Des bateaux-taxis relient Limenas aux plages de Makriammos (plage aménagée payante) et de Golden Beach (Chrisi Ammoudia) ; départ du vieux port, tarif 3€. *Tél. 69 84 14 79 65*

excursions à la journée

Le bateau *Eros II* qui mouille dans le vieux port organise des croisières à la journée avec déjeuner plusieurs fois par semaine (25€ environ).

informations pratiques

Vous trouverez des banques et/ou distributeurs de billets ainsi que des pharmacies dans les gros bourgs de l'île : Limenas, Prinos, Skala Kalirahis, Limenaria, Potos et Panagia.
Police *Limenas Tél. 25930 22 500*
Police touristique *Tél. 26950 24 483 ou 26950 24 484*
Centre médical *Limenas Tél. 25930 22 222 Également une clinique à* ***Prinos*** *Tél. 25930 71 100 ou 25930 71 101*

DÉCOUVRIR

Thassos

☆ **Les essentiels** La cité antique de Thassos, les villages de Panagia, Theologos et Kasaviti **Découvrir autrement** Étalez votre serviette sur le sable de Golden Beach

Limenas (Thassos ou Chora) Forte de ses 2 600 habitants, la petite ville dessine un ruban blanc le long du front de mer. Le centre se réduit à une poignée de rues derrière le port de plaisance, bordées de cafés, de restaurants et de commerces sans charme particulier. En revanche, le vieux port qui se love dans une crique à l'est de la ville, à l'emplacement du port de guerre antique, offre un visage riant avec ses bateaux colorés. Une belle plage de sable se déroule dans son prolongement au pied d'une verte colline. Mais Limenas est avant tout réputée pour ses ruines antiques, sur lesquelles on bute à chaque coin de rue et qui conviennent à une promenade enchanteresse dès que l'on grimpe sur les hauteurs.

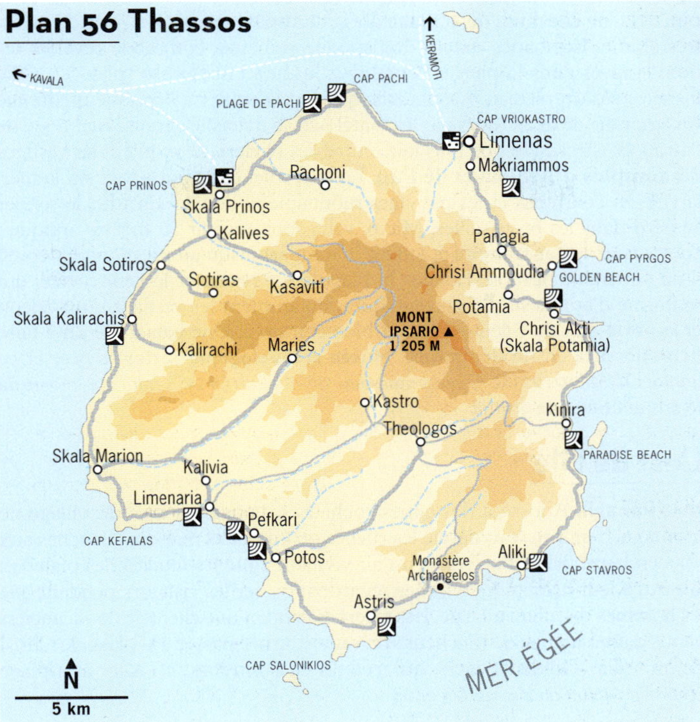

☆☺ **Ruines antiques de Limenas** Commencez par le **Musée archéologique** (plan 57, C2), qui expose d'importants vestiges exhumés dans toute l'île. Vous ne pourrez en manquer la pièce principale, un kouros de 3,50m de haut, du VIIe siècle av. J.-C. Sa chevelure tressée et le bélier qu'il porte sont parfaitement dessinés, en revanche, le visage n'a pas été achevé. Sa découverte sur la colline de l'Acropole est relatée dans un film qui détaille la genèse de la colonie, fondée par des gens de Paros. Parmi les autres pièces rares figurent une tête de Dionysos (moitié du IVe s. av. J.-C.) et une statue d'Aphrodite (IIIe s. av. J.-C.). Une salle entière est consacrée au champion de Thassos, Theagenes, brillant vainqueur des jeux Olympiques au Ve siècle av. J.-C. Une présence humaine plus ancienne est attestée par la riche collection d'objets du néolithique qui occupe deux autres salles. Du musée, rejoignez l'**agora** (plan 57, C2), fermée à l'origine par trois halles à colonnade, qui abritaient des commerces et des ateliers. Son agencement actuel remonte au début du IVe siècle av. J.-C. Une allée pavée reliait le *Dionysion*, dont les ruines sont visibles au nord, à l'*Heraklion* élevé 500m plus au sud. Le *propylon* (porte d'entrée monumentale) était décoré de reliefs en marbre, conservés de nos jours au musée du Louvre. Devant le sanctuaire de Dionysos, érigé en retrait du port antique – l'actuel vieux port –, un panneau indique la direction du théâtre. Le sentier dépasse bientôt les dernières maisons et grimpe dans une pinède. Une courbure de la pente abrite le **théâtre antique** (plan 57, C2), très abîmé. Les bancs datent de l'époque romaine, comme le révèlent les noms gravés dans la pierre. Poursuivez jusqu'à l'**acropole** (plan 57, C2), installée sur un plateau. La citadelle qui vint la coiffer à l'époque médiévale fut agrandie de deux tours par les Gatelouzi, la dynastie génoise maîtresse de l'île au XVe siècle. Un peu plus loin, entre des oliviers, se profilent les vestiges des **temples d'Athéna et de Pan**. La vue, splendide, porte loin sur la mer, la ville en contrebas et les paysages montagneux de l'île. Ensuite, le sentier se perd dans les broussailles. Mieux vaut donc revenir au théâtre antique : contournez-le par la droite et longez le rempart jusqu'au promontoire coiffé d'un vénérable bastion. Longez la plage pour regagner le centre-ville, qui renferme d'autres sites archéologiques, notamment les vestiges d'un odéon et la porte dite du Silène, au relief bien conservé. Une balade de 2h à faire de préférence en fin de journée. **Musée archéologique** *Textes en grec et en anglais Tél. 25930 22180 Ouvert mar.-dim. 8h-15h Entrée 2€, seniors 1€, moins de 18 ans et étudiants gratuit*

L'est de l'île

☆☺ **Panagia** Adossé à des cimes rocheuses, Panagia a tout du village de montagne : un ruisseau dévale les ruelles pentues, des maisons blanches aux toits en lauze brillent au soleil, un air vivifiant agite les feuilles des platanes. Assises à leur balcon, les femmes regardent passer les visiteurs pendant que les hommes discutent au café. Les tavernes captent une clientèle de vacanciers venus goûter un peu de fraîcheur après une journée passée à la plage de Chrisi Ammoudia (Golden Beach) qui s'étend en contrebas, cf. Aller à la plage (p.684). *À 8km au sud de Limenas*

Potamia Bien qu'il n'ait pas conservé la même homogénéité architecturale que Panagia, Potamia mérite une halte. Ses ruelles tortueuses livrent de belles échappées sur les paysages montagneux. On y croise des marcheurs chevronnés prêts à gravir le mont Ipsario. Il abrite aussi un musée dédié à Polygnotos Vagis (1892-1965), un sculpteur local qui émigra aux États-Unis.

Visiter un monastère et plonger dans la mer

Monastère Archangelos Dédié au patron de l'île, l'archange saint Michel, ce monastère tout de blanc vêtu et coiffé de lauze s'agrippe à une falaise à pic. Les sœurs qui l'habitent y ont fait un jardin luxuriant, et la visite vaut surtout pour l'horizon marin qui se déroule face au mont Athos. On y conserve une épine provenant de la couronne du Christ qui fait l'objet de nombreux pèlerinages. Vous apercevrez en contrebas une ravissante plage accessible par un sentier qui part de la route en corniche quelques centaines de mètres après le monastère. Vente d'objets artisanaux et religieux dans une petite boutique. *À 4,5km au sud d'Aliki*

Plan 57 Thassos, Limenas

Restauration (n°11 et 12)
Simi ____ **12** C2
Taverne Mousses ____ **11** A1

Hébergement (n°20 à 22)
Hôtel Acropolis ____ **21** B2
Hôtel Akti ____ **22** B2
Hôtel Angelica ____ **20** B2

Ses œuvres, marquées par les figures mythologiques, sont présentées dans l'ancienne école du village, près de l'église. *À 3km au sud de Panagia* **Musée Polygnotos Vagis** *Tél. 25930 61 182 Ouvert tlj. 19h-23h Le matin sur rdv Tarif 1€*

☺ **Aliki** Au sud de Skala Potamia, la route en corniche ménage de splendides points de vue sur la mer et les falaises. Après une série de virages, vous arriverez au hameau d'Aliki et ses deux criques paradisiaques, séparées par une mince langue de terre occupée par des habitations et des tavernes, cf. Aller à la plage, ci-dessous. Dans la crique orientale, on découvre les vestiges de deux temples du VIIe siècle av. J.-C. et, sur une hauteur, ceux de deux basiliques paléochrétiennes probablement construites au Ve siècle (accès gratuit au site archéologique). Réputée dans l'Antiquité pour ses carrières de marbre, Aliki le resta jusqu'au Ve siècle. Les bateaux mouillaient dans les deux criques pour charger les blocs, et l'on peut encore voir des traces d'extraction dans le marbre étincelant du sud de la presqu'île. *À 21km au sud-est de Potamia*

● Aller à la plage

Makriammos À 3km au sud-est de Limenas, l'anse de Makriammos, enfouie dans une pinède, déploie une belle plage de sable mais son accès est payant (3€). Piscine, restaurant, bar de plage, tennis sur place.

☺ **Golden Beach (Chrisi Ammoudia)** Sans conteste la plus belle plage de Thassos. Située à 9km au sud de Limenas sur la côte est, elle s'étend sur plusieurs kilomètres, entre Skala Potamia et Chrisi Ammoudia, dans une superbe baie cernée de collines plantées d'oliviers. Sa partie nord est plus sauvage, les hôtels et paillotes s'y font discrets. En revanche, au sud, à Skala Potamia, la plage est aménagée.

Paradise Beach Signalée au sud du village de Kinira par un chemin de terre qui s'enfonce dans une pinède. L'endroit, totalement sauvage, est apprécié des nudistes.

☺ **Aliki** Une ravissante presqu'île sépare deux criques sablonneuses, dont les eaux transparentes et peu profondes font le bonheur des enfants. Pour débusquer un endroit plus tranquille, faites le tour de la presqu'île et laissez-vous aller à un somme dans la pinède odorante.

Astris À la pointe sud de l'île, cette longue plage de sable déroule son ruban dans un cadre préservé. Les habitations sont rares et les collines hérissées d'oliviers.

● Faire l'ascension du mont Ipsario

Mont Ipsario Cette randonnée s'adresse à de bons marcheurs. À Potamia, rejoignez le sentier signalé en haut du village. Le parcours, relativement bien balisé, conduit à un sommet (1 205m), qui offre un point de vue éblouissant. *Durée Compter une journée AR*

Le centre et l'ouest de l'île

De nombreuses plages de sable fin ourlent le littoral ouest. Toutefois, la côte, livrée au tourisme, est moins intéressante que les villages de l'intérieur, qui ont conservé leur authenticité.

☆☺ **Theologos** Une route bordée de platanes, d'oliviers et de pins serpente dans un vallon encadré par des montagnes abruptes. Elle se termine à Theologos, chef-lieu de l'île sous les Ottomans. Au fil de ses venelles pentues, vous découvrirez de jolies maisons blanchies à la chaux ou en pierre blonde restaurées avec soin, des jardinets fleuris, des potagers et des églises aux toits couverts de lauze. Dans cet écrin de verdure, la vie s'écoule avec une infinie douceur. La gastronomie locale, réputée pour ses spécialités de brochettes, saura vous retenir. *À 30km au nord d'Aliki via Potos, sur la côte sud-ouest et 52km au sud de Limenas via Potos et la côte ouest*

Kastro Probablement le plus ancien village de montagne de l'île. Posté sur une crête, Kastro a conservé les traces de ses fortifications médiévales, qui se détachent sur le paysage minéral, et une jolie église. Ces dernières années, des passionnés restaurent des maisons en ruine sans toutefois ôter à l'endroit son atmosphère de bout du monde. Le village sort de sa léthargie le 18 janvier, jour de la fête de son saint patron, Athanasios. *À 9km à l'ouest de Theologos et à 10km au nord-est de Limenaria (route non asphaltée !)*

Les îles du nord-est de la mer Égée côté plage

Rochers et galets

Nagos (Chios) ____ 641
Emporios (Chios) ____ 643
Kipos (Samothrace) ____ 677

Sable

Plages de Samos ____ 622, 623
Elinda et Lithi (Chios) ____ 640
Komi (Chios) ____ 643
Tsamakia (Mytilène) ____ 655
Nifida (Lesbos) ____ 656
Myrina (Limnos) ____ 669
Pachia Amos (Samothrace) ____ 677
Golden Beach (Thassos) ____ 684
Aliki (Thassos) ____ 684

Stations balnéaires

Pythagorio (Samos) ____ 620
Kokkari (Samos) ____ 622
Armenistis (Ikaria) ____ 630
Lagkada (Chios) ____ 641
Kardamyla (Chios) ____ 641
Inousses ____ 641
Molyvos (Lesbos) ____ 658
Potos, Pefkari et Limenaria (Thassos) ____ 686

☆☺ **Kasaviti** Les villages de Mikro Prinos et de Mega Prinos, réunis sous le nom de Kasaviti, s'accrochent à une pente dans un cadre extrêmement verdoyant. Platanes et figuiers ombragent les ruelles, tandis que des pinèdes se déploient autour de la localité. Depuis une dizaine d'années, Kasaviti connaît une véritable renaissance. Les maisons ont été restaurées dans l'esprit de l'architecture vernaculaire. Elles présentent des façades en pierre apparente percées d'ouvertures en ogive avec, à l'étage, une longue terrasse protégée par un auvent et une treille ployant sous les grappes de raisin. L'église cache une très belle iconostase derrière ses murs épais blanchis à la chaux. Du haut du village, au sommet des ruelles escarpées, s'offre une vue splendide sur la côte. Sur la place principale, très bonnes tavernes, cf. Restauration (p.687) où l'on s'attarde volontiers. *À 47km au nord de Kastro via Skala Marion et Skala Sotiras et à 22km au sud-ouest de Limenas*

Où acheter des souvenirs gourmands ?

Sourini À l'entrée de Theologos, près de l'arrêt des cars, cette boutique commercialise des produits locaux, confitures, huile d'olive, miel, vin, figues et noix... plein de bonnes choses à rapporter chez soi pour prolonger les vacances ! *Tél. 25930 31 438 Ouvert avr.-juin, sept.-oct. : tlj. 9h-14h et 17h-0h ; juil.-août : tlj. 9h-1h* ***Autre boutique à Potos*** *(à 10km de Theologos) ouverte avr.-oct. : tlj. 9h-1h*

Où boire un verre ?

Café Tsiknas La terrasse de ce café traditionnel est surtout fréquentée par les touristes, les habitués préférant s'asseoir côté rue pour observer les passants. Un bon endroit pour siroter un café frappé face aux toits en lauze, au clocher de l'église et aux montagnes. *Grand-Place* ***Theologos*** *Tél. 25930 31 202 Ouvert tlj. 7h30-1h*

Aller à la plage Potos, Pefkari et Limenaria, qui se succèdent sur une courte distance sur le littoral sud-ouest, doivent à leurs belles plages de sable fin d'être devenues des lieux de villégiature prisés. Potos déroule une longue plage jusqu'au village, Pefkari réunit deux plages le long desquelles s'alignent des hôtels. Enfin Limenaria, deuxième ville de l'île, allie commerces et joies balnéaires. Plus proche de Thassos, la plage de Pachis est également appréciée des baigneurs.

Potos, Pefkari et Limenaria Ces trois bourgades voisines du littoral sud-ouest doivent à leurs plages de sable fin bordées de tamaris d'être devenues des lieux de villégiature prisés. La longue plage équipée de Potos, bordée d'hôtels, de restaurants et de boutiques, attire plutôt les familles. Celle de Pefkari se prête à la pratique des sports nautiques comme au farniente avec ses transats, ses parasols, ses bars et ses tavernes. Enfin Limenaria, deuxième ville de l'île, allie commerces et distractions balnéaires à un cadre relativement préservé. Plus proche de Thassos, la plage de **Pachis** est également appréciée des familles.

Faire une randonnée Munissez-vous d'une carte, par exemple la *Turist and Hiking Map* (1 : 60 000) en vente dans les commerces de l'île, car les sentiers sont rarement balisés.

Theologos-Kastro Relier ces deux villages de montagne est très aisé. Ce sera l'occasion de découvrir les fabuleux paysages de l'intérieur, où l'on croise des troupeaux de chèvres et quelques bergers. À l'entrée du village sur la gauche, suivez la piste jusqu'au point de vue puis bifurquez à gauche sur un sentier qui descend dans une vallée ; au niveau de la petite église tournez à droite pour remonter. ***Durée*** *5h AR (env. 6km)* ***Difficulté*** *Moyenne*

CARNET D'ADRESSES

Restauration

petits prix

☺ **Taverne Mousses (plan 57, A1 n°11)** Les "muses" se sont effectivement penchées sur la carte de cette taverne située à proximité du débarcadère. Excellent poisson frais, délicieux *mezedes* et carte des vins variée... Tout le monde festoie gaiement dans une ambiance familiale. Service efficace et souriant. Un conseil, venez tôt car les tables sont vite occupées. Env. 15€. *Port des ferries* ***Limenas*** *Tél. 25930 23 697 Ouvert tlj. 10h-0h*

Taverna Platanos C'est bien sous la ramure d'un platane impressionnant que ce sympathique bistrot de la grand-place du village dresse ses tables. Vous pourrez observer les petits vieux papotant au café d'en face, en dégustant une cuisine grecque simple et fraîche. Env. 13€. *Grand-Place* ***Potamia*** *Tél. 25930 61 281 Ouvert hiver : tlj. 18h-0h ; été : tlj. 8h-1h*

Restaurant Vigli Installé sur un promontoire qui domine Golden Beach, il offre un panorama divin sur l'eau turquoise et la pinède. Conscients de la beauté du lieu, ses propriétaires ont aménagé un vaste restaurant qui laisse place en fin de soirée à un dancing. Pour se déhancher au son du *bouzouki* jusqu'au bout de la nuit ! Autour de 15€. *Golden Beach* ***Chrisi Ammoudia*** *(4km à l'est de Panagia) Tél. 25930 61 500 www.vigli.com Ouvert mi-mai-fin sept. : tlj. 12h-17h et 19h-23h30*

Taverna Kleoniki Ce vaste établissement touristique, au cœur du village de Theologos, bénéficie d'une vue superbe sur un vallon luxuriant et les sommets acérés des montagnes. Spécialités de viandes grillées, cochon à la broche et excellents *souvlaki*. Accueil cordial, ambiance chaleureuse et décontractée. Env. 15€. ***Theologos*** *Ouvert tlj. 10h-1h*

prix moyens

Simi (plan 57, C2 n°12) Ce restaurant un peu racoleur du vieux port ne séduit pas de prime abord. Il n'en sert pas moins une cuisine goûteuse qui fait la part belle au poisson, et offre une vue bien agréable sur les bateaux de pêche. La circulation automobile étant interdite sur le port, on profite pleinement du cadre. Autour de 20€. *Vieux port* ***Limenas*** *Tél. 25930 22 517 Ouvert tlj. 9h-1h*

Taverne Theagenis Cette taverne du bord de mer s'avère un excellent choix. Dans l'enfilade de restaurants, elle se distingue par une savoureuse cuisine de poisson, appréciée aussi bien des touristes que des locaux. Sa terrasse qui s'avance sur la plage est souvent prise d'assaut. Repas à 16-17€. *Route du Port* ***Skala Potamia*** *(3km à l'est de Potamia) Tél. 25930 61 481 Ouvert avr.-oct. : tlj. 12h-0h*

Hébergement

campings

Camping Golden Beach Il faut un peu de patience pour dénicher ce camping situé au milieu de Golden Beach. En venant de Panagia, il est signalé par un panneau sur la droite. Vous pourrez bronzer en toute tranquillité après vous être installé dans ce vaste espace ombragé et aéré, doté d'une supérette, d'un café-bar, de douches chaudes et de machines à laver. Tente 5-5,70€, voiture 3,10-3,50€ et 4,30-5,40€/pers. *Golden Beach* ***Chrisi Ammoudia*** *Tél. 25930 61 472 Tél./fax 25930 61 473 www.camping-goldenbeach.gr Ouvert mai-début oct.*

Camping Pefkari Aménagé en bordure de la plage de Pefkari, ce camping bien ombragé dispose de bons équipements avec douches chaudes. Il est suffisamment vaste pour qu'on y trouve un petit coin tranquille. À partir de 23h, les hôtes sont priés de ne pas faire de bruit. Ambiance familiale. Tente 5,40€, camping-car 6€ et 4€/pers. ***Pefkari*** *Tél. 25930 51 190 Ouvert mai-fin sept.*

prix moyens

Blue Bay Hotel À flanc de colline, face à la baie magnifique de Golden Beach, la bâtisse moderne abrite 15 chambres simples avec balcon. On ne se lasse pas de plonger le regard dans l'onde bleue. Outre la vue exceptionnelle, l'établissement, planté au milieu des oliviers, bénéficie d'un environnement des plus calmes et reposants. La plage est à 10min de marche. TV, clim., réfrigérateur, coffre-fort et sèche-cheveux dans les chambres. Chambre double de 50 à 60€ avec petit déjeuner servi en terrasse. *Golden Beach* ***Chrisi Ammoudia*** *www.blue-bay-thassos.gr Ouvert mai-oct.*

Hôtel Angelica (plan 57, B2 n°20) Ce gros rectangle blanc occupe un emplacement de choix à l'angle du vieux port et du front de mer et à deux pas de la plage. Ses 23 chambres doubles, 3 triples et 2 simples qui se répartissent sur deux étages. Spacieuses et dépouillées, celles qui donnent sur le port offrent une vue bien agréable, les autres, aménagées à l'arrière, sont à éviter. Accueil prévenant. Réfrigérateur, clim., tél. et TV. Chambre simple de 40 à 55€. Chambre double de 50 à 70€. Chambre triple de 60 à 85€. Petit déjeuner 5€. CB acceptées. *Entre le vieux port et la marina* ***Limenas*** *Tél. 25930 22 387 www.hotel-angelica.gr Ouvert mai-oct.*

Hôtel Acropolis (plan 57, B2 n°21) Dans une belle demeure blanche du XIXe siècle, les 13 chambres sont un peu petites mais joliment arrangées et disposent d'un balcon. Soigneusement entretenu, à l'image du hall d'entrée décoré de meubles anciens, l'ensemble dégage un vrai cachet qui tranche sur les hôtels de cette catégorie. Jardin ombragé et salle de lecture pour se reposer au frais. Double (clim., TV et réfrigérateur) de 45 à 65€, petit déjeuner à 5€. Accès à Internet. Parking. CB acceptées. *Archeologikis Scholis 59 (100m au sud de la grand-place)* ***Limenas*** *Tél. 25930 22 488 www.acropolis-hotel.com*

Hôtel Akti (plan 57, B2 n°22) Il se distingue, dans l'alignement de demeures du front de mer, par sa façade orangée. Un hôtel familial de 15 chambres, simples et gentiment décorées, avec balcon pour certaines.

GAMME DE PRIX	RESTAURATION	HÉBERGEMENT
Très petits prix	moins de 10€	moins de 30€
Petits prix	de 10 à 15€	de 30 à 50€
Prix moyens	de 15 à 20€	de 50 à 80€
Prix élevés	de 20 à 30€	de 80 à 120€
Prix très élevés	plus de 30€	plus de 120€

Salle de bains (un peu petite), clim., TV, réfrigérateur, tél. et sèche-cheveux. Chambre double de 55 à 65€ sans le petit déjeuner. Pas de CB. ***Limenas*** *Tél. 25930 22 326 www.hotel-akti.eu Ouvert avr.-oct.*

☺ **Hôtel Thassos Inn** Avec son faux air de chalet suisse, cette bâtisse blanche postée sur les hauteurs de Panagia ménage une vue saisissante sur les toits en lauze des maisons en contrebas. Le ruisseau qui dévale la montagne apporte une fraîcheur supplémentaire. Les 17 chambres (et un appartement) avec balcon offrent un confort simple mais correct. Y séjourner permet de s'imprégner d'une atmosphère typique de village, en retrait de la foule du bord de mer. Double de 35 à 65€ (avec clim., TV, réfrigérateur, tél. et sèche-cheveux), petit déjeuner à 6€. ***Panagia*** *Tél. 25930 61 612 www.thassosinn.gr Ouvert toute l'année*

prix très élevés

Hôtel Atrium Posté en retrait de la grande plage de sable de Potos, cet hôtel très confortable est destiné à tous ceux qui souhaitent passer quelques jours au bord de la mer. Trente-huit chambres coquettes et décorées avec goût, vaste jardin doté d'une piscine, restaurant, sans oublier la plage qui vous attend à deux pas avec ses transats et ses parasols. Avantage supplémentaire : l'hôtel étant situé à l'écart du village, vous évitez la foule des estivants. Double (clim., mini-bar, TV et sèche-cheveux) de 110 à 170€ avec petit déjeuner. CB acceptées. ***Potos*** *Tél. 25930 53 400 www.atriumthassos.gr Ouvert mai-mi-oct.*

Chapelle des Sept-Martyrs (p.311), Kastro, Syros.

Église de la Panagia (p.341), Chora, Folegandros.

GEODOCS

EN SAVOIR PLUS

BIBLIOGRAPHIE

généralités

Atlas de la Grèce Collectif, dir. M. Sivignon, CNRS-Libergéo-La Documentation française, Paris, 2003
Dictionnaire amoureux de la Grèce J. Lacarrière, Plon, Paris, 2001
Dictionnaire insolite de la Grèce E. N. Paraskevi, Cosmopole, Paris, 2013

histoire et civilisation

Histoire d'Athènes J. Bersani, Taillandier, Paris, 2011
Histoire de la Grèce, G. Contogeorgis, Hatier, Paris, 1996
Précis d'histoire grecque Cl. Mossé et A. Schnapp-Gourbeillon, Armand Colin, Paris, 2003

GRÈCE ANTIQUE

Alexandre le Grand, de la Grèce à l'Inde P. Briant, coll. "Découvertes", Gallimard, Paris, 2005
Archéologie historique de la Grèce antique R. Étienne, C. Muller et F. Prost, Ellipses, Paris, 2006
Atlas de la Grèce antique : Crète, Minos et Mycènes, Empire athénien R. Morkot, Autrement, Paris, 2001
Aventure grecque (L') P. Lévêque, LGF, Paris, 1997
Civilisation grecque à l'époque archaïque et classique (La) F. Chamoux, Arthaud, Paris, 1998
Civilisation hellénistique (La) F. Chamoux, Arthaud, Paris, 1998
Dans les pas des dieux grecs P. Lévêque, Taillandier, Paris, 2003
Dictionnaire de la Grèce antique Collectif, Encyclopædia Universalis/Albin Michel, Paris, 2000
Dictionnaire indiscret de l'Olympe M. Legrain, Perrin, Paris, 2009
Femme dans la Grèce antique (La) Cl. Mossé. Complexe, Paris, 1999
Grèce antique et la vie grecque (La) A. Jardé, Delagrave, Paris, 1999
Grèce de l'imaginaire (La) R. Buxton, La Découverte, Paris, 1996
Histoire de la Grèce ancienne J. Hatzfeld, Payot, Paris, 2002
Homme grec (L') Ph. Borgeaud, dir. J.-P. Vernant, Seuil, coll. "Points histoire", Paris, 2000
Lexique de la Grèce ancienne Cl. Vial, Armand Colin, Paris, 2008
Monde d'Ulysse (Le) M. Finley, Seuil, coll. "Points" n°314, Paris, 2002
Mythe et pensée chez les Grecs J.-P. Vernant, La Découverte, Paris, 1996
Mythe et tragédie en Grèce ancienne, J.-P. Vernant et P. Vidal-Naquet, La Découverte (2 vol.), Paris, 2005
Politique et société en Grèce ancienne, le modèle athénien Cl. Mossé, Flammarion, Paris, 2012
Univers, les dieux, les hommes (L') J.-P. Vernant, coll. "Points", Seuil, Paris, 2006

GRÈCE MÉDIÉVALE

Au temps des chevaliers de Rhodes Cl. Petiet, F. Lanore, Paris, 2000
Byzance et le monde orthodoxe A. Ducellier, Armand Colin, Paris, 2006
Byzantins (Les) A. Ducellier, coll. "Points", Seuil, Paris, 1988
Civilisation byzantine (La) B. Flusin, coll. "Que sais-je ?" n° 3772, PUF, Paris, 2012
Histoire de Byzance J.-Cl. Cheynet, coll. "Que sais-je ?" n° 107, PUF, Paris, 2013

GRÈCE MODERNE ET CONTEMPORAINE

Bataille des trois empires : Lépante, 1571 (La) A. Barbero, Flammarion, Paris, 2012
Construire la Grèce (1770-1843) D. Skopeletis, D. Sufferey, Antipodes, Paris, 2011

EN SAVOIR PLUS

Dette : odieuse, les leçons de la crise grecque (La) J. Manolopoulos, Les Échos, Paris, 2012
Géopolitique de la Grèce G. Prevelakis, Complexe, Paris, 2005
Grèce depuis 1940 (La) J. Dalègre, L'Harmattan, Paris, 2006
Grecs et Ottomans (1453-1923) J. Dalègre, L'Harmattan, Paris, 2002.
Histoire de la Grèce moderne A. Vacalopoulos, Horvath, Lyon, 1991
Livre noir de la dictature en Grèce (Le) collectif, Seuil, Paris, 1988
Survivre à la crise, la méthode grecque A. Kefalas, La Martinière, Paris, 2013

société, art de vivre

1 000 ans de jeux Olympiques M. I. Finley et H.-W. Pleket, Perrin, Paris, 2008
Anthologie des chansons populaires grecques Trad. J.-L. Leclanche, Gallimard, Paris 1967
Art de vivre en Grèce (L') Collectif, Flammarion, Paris, 2004
Athènes La Pensée de midi n°11, Actes Sud, Arles, 2003-2004
Cuisine de Vefa (La) A. Vefa, Phaidon, 2011
Du malheur d'être Grec N. Dimou, L'Harmattan Paris, 2012
Église orthodoxe (L') O. Clément, coll. "Que sais-je ?", PUF, Paris, 2002
Été grec (L') J. Lacarrière, coll. "Terre humaine", Plon, Paris, 2005
Grèce Collectif, série "Monde", Autrement, Paris, 1989
Grèce, cuisine familiale et traditionnelle Collectif, Minerva, Paris, 2008
Grèce de l'ombre (La) J. Lacarrière et M. Volkovitch, Éd. Christian Pirot, Saint-Cyr-sur-Loire, 1999
Grèce des Grecs (La) Fr. Arvanitis, Liana Levi, Paris, 2004
Grèce dissidente moderne (La) S. Damianikos, L'Harmattan, Paris, 2003
Ils sont fous ces Grecs ! E. Tselikas, Éd. du Moment, Paris, 2014

art et architecture

Acropole d'Athènes (L') B. Holtzmann, Picard, Paris, 2003
Anthologie de l'art grec P. Brunel, Bibliothèque des introuvables, Paris, 2009
Architecture grecque R. Martin, coll. "Histoire de l'architecture", Gallimard, Paris, 1993
Art grec (L') Collectif (dir. P. Vidal-Naquet), Citadelles & Mazenod, Paris, 1993
Art grec (L') J.-J. Maffre, coll. "Tout l'art, grammaire des styles", Flammarion, Paris, 2013
Byzance médiévale A. Cutler, coll. "L'Univers des formes", Gallimard, Paris, 1996
Délos, île sacrée et ville cosmopolite Ph. Bruneau, M. Brunet, A. Farnoux, J.-Ch. Moretti, CNRS éditions, Paris, 1996
Grèce archaïque Collectif, coll. "L'Univers des formes", Gallimard, Paris, 2008
Grèce classique collectif, coll. "L'Univers des formes", Gallimard, Paris, 2009
Histoire de l'art antique : l'art grec B. Holtzmann et A. Pasquier, La Documentation française, Paris, 1998
Inventer la peinture grecque antique Coll., ENS Éditions, Lyon, 2012
Naissance de l'art grec P. Demargne, coll. "L'Univers des formes", Gallimard, Paris, 2007
Parthénon (Le). Un monument dans l'Histoire Fr. Queyrel, Bartillat, Paris, 2009

littérature

Alexakis, V. *Paris-Athènes*, Stock, Paris, 2006 ; *Ap. J.-C.*, Stock, Paris, 2007

Anthologie de la poésie grecque contemporaine (1945-2000) Trad. M. Volkovitch, coll. "Poésie", Gallimard, Paris, 2000

Apulée, Lucien, Pétrone... *Romans grecs et latins*, Gallimard, coll. "La Pléiade", Paris, 1958

Aristophane, *Théâtre complet*, Gallimard, coll. "La Pléiade" (2 vol.), Paris, 1987 et 1997

Cavafis C. *Poèmes*, Poésie/Gallimard, Paris, 1978 ; *En attendant les barbares et autres poèmes*, Poésie/Gallimard, Paris, 2003

Doxiadis, A. K. *Makavettas*, Gallimard, Paris, 1999 ; *Oncle Petros et la conjecture de Goldbach*, coll. "Points", Seuil, Paris, 2002

Durrell L. *Les Îles grecques*, Albin Michel, Paris, 1978

Elytis, O. *Axion Esti*, coll. "Poésie", Gallimard, Paris, 1998

Eschyle, Sophocle Coll. "La Pléiade", Gallimard, Paris, 1967

Euripide Coll. "La Pléiade", Gallimard, Paris, 1962

Fakinos, A. *Récit des temps perdus*, coll. "Points", Seuil, Paris, 2009 ; *Le Maître d'œuvre*, Fayard, Paris, 2000

Grigoriadis, Th. *La Loque*, AlterEdit, 2003

Homère *L'Iliade*, coll. "Folio classique", Gallimard, Paris, 2001 ; *L'Odyssée*, coll. "Folio classique", Gallimard, Paris, 2000

Kazantzakis, N. *Alexis Zorba*, Pocket, Paris, 2002

Kokantzis, N. *Gioconda*, L'Aube, La Tour-d'Aigue, 2002

Panselinos A. *Zaïde ou le chameau dans la neige*, Gallimard, Paris, 2001

Polybe *Histoire*, Gallimard, Paris, 2003

Ritsos, Y. *Pierres, Répétitions Barreaux*, Gallimard, 1971, *Le Chef-d'Œuvre sans queue ni tête*, Gallimard, Paris, 1979 ; *Erotica*, Gallimard, Paris, 1984 ; *Le Mur dans le miroir et autres poèmes*, coll. "Poésie", Gallimard, Paris, 2001

Romans grecs et latins Coll. "La Pléiade", Gallimard, Paris, 1958

Romilly, J. de *Alcibiade*, 1995 ; *Hector*, De Fallois, Paris, 1996

Seféris, G. *Poèmes*, coll. "Poésie", Gallimard, Paris, 1989

Theodoropoulos, T. *Les Sept Vies des chats d'Athènes*, Sabine Wespieser, Paris, 2004 ; *L'Invention de la Vénus de Milo*, Sabine Wespieser, Paris, 2008

Tsirkas, S. *Cités à la dérive*, coll. "Points" n°695, Seuil, Paris, 2000

Vassilikos, V. *Z*, coll. "Folio", Gallimard, Paris, 1973

Yourcenar, M. *La Couronne et la Lyre (anthologie de poèmes grecs anciens)*, coll. "Poésie", Gallimard, Paris, 1999

POUR LES PLUS JEUNES

Alexandre, le prince conquérant V. Kœnig, Belin jeunesse, Paris, 2012

Atlas de l'Antiquité (L') P. Chrisp, Ph. Parker, Gallimard Jeunesse, Paris, 2010

C'est leur histoire (T.) Les Dieux de l'Olympe B. Bottet, Casterman, Bruxelles, 2012

Grèce antique (La) L. Park, Gallimard Jeunesse, Paris, 2013

Grèce antique et les jeux (La) M. P. Osborne, Bayard Jeunesse, Montrouge, 2011

Héros de la Grèce antique (Les) Collectif, Nathan, Paris, 2010.

Menace sur Olympie A. Surget, Flammarion Jeunesse, Paris, 2013.

Monde grec (Le) collectif, Autrement Jeunesse, 2008.

Mythes grecs M. Angélidou, Éd. Pascal, Paris, 2008.

L'Odyssée Homère, adaptation M. Woronoff, illustrations de B. Pilorget, Casterman, Bruxelles, 2012.
Vie des Grecs (La) Nathan Jeunesse, Paris, 2011.
Voyages d'Alix : Athènes (Les) J. Martin, L. Bouhy, Casterman, Bruxelles, 2013.
Voyages d'Alix : les jeux olympiques (Les) J. Martin, C. Hervan, Y. Plateau, Casterman, Bruxelles, 2012.
Voyages d'Alix : La Grèce (Les) P. de Broche, J. Martin, Casterman, Bruxelles, 2000.

guides de voyage

Athènes Gallimard, coll. "Cartoville", 2013
Grèce continentale Gallimard, coll. "GEOGuide", 2014

écouter

Ville-Monde Athènes Un documentaire de France Culture, produit par Yorgos Archimandritis, réalisé par Véronique Lamendour, prise de son et mixage d'Alain Joubert (2012), à écouter et à télécharger librement sur http://www.franceculture.fr/emission-villes-mondes-ville-monde-athenes-1-2012-11-25

FILMOGRAPHIE

1922 Nikos Koundouros, 1978
Alexandre Oliver Stone, 2004
Alexandre le Grand Theo Angelopoulos, 1980
Apiculteur (L') Theo Angelopoulos, 1986
Canine Yorgos Lanthimos, 2009
Delivery Nikos Panayotopoulos, 2004
Électre, Michael Cacoyannis, 1962
Éternité et un jour (L') Theo Angelopoulos, 1998 (Palme d'or au Festival de Cannes)
Jamais le dimanche Jules Dassin, 1960
Mon mariage grec Joel Zwick, 2002
Ogre d'Athènes (L') Nikos Koundouros, 1955
Pâtres du désordre (Les) Nikos Papatakis, 1967
Paysage dans le brouillard Theo Angelopoulos, 1988
Photo (La) Nikos Papatakis, 1986
Regard d'Ulysse (Le) Theo Angelopoulos, 1995
Réveil du dimanche (Le) Michael Cacoyannis, 1954
Stella Michael Cacoyannis, 1955
Talgo Yorgos Tsemberopoulos, 1984
Voyage à Cythère Theo Angelopoulos, 1984
Z Costa-Gavras, 1968.
Zorba le Grec Michael Cacoyannis, 1964.

DISCOGRAPHIE

30 Nichterina Manos Hadzidakis 2007
Canto general Maria Farandouri, Minos EMI, 2004
Deserted Villages George Dalaras, 2008
Great Composers of Greek Rebetiki Vasilis Tsitsanis, Polygram, 1998
Maria Farandouri Sings Mikis Theodorakis 2007
Mia Thalassa Angélique Ionatos, Auvidis, 1994
Sapho de Mytilène Angélique Ionatos et Nena Venetsanou, Chorus, 2008
The very Best of Mikis Theodorakis (cd + Dvd) FM Records, 2007

GEOPLUS

Lexique

Les chiffres

1 *Ena, mia*
2 *Dio*
3 *Tria, tris*

L'ALPHABET GREC ET SA PRONONCIATION (moderne/ancien)
Α α (alpha) "a" ouvert.
Β β (vita/beta) "v".
Γ γ (gamma) raclé entre "r" et "g" devant une consonne ou une voyelle dure ; "y" devant "i" et "e".
Δ δ (delta) "d", "th" (anglais *that*).
Ε ε (epsilon) "è" (e ouvert, pas de e muet en grec).
Ζ (zita/dzeta) "z".
Η η (ita/eta) "i".
Θ θ (thita/theta) "th" (anglais *think*).
Ι ι (iota) "i".
Κ κ (kappa) "k".
Λ λ (lambda) "l".
Μ μ (mi/mu) "m".
Ν ν (ni/nu) "n".
Ξ ξ (xi) "ks".
Ο ο (omicron) "o".
Π π (pi) "p".
Ρ ρ (rhô) "r" roulé.
Σ σ V (sigma) "s".
Τ τ (taf/tau) "t".
Υ υ (ypsilon/upsilon) "i" seul ; "ou" derrière un o.
Φ φ (phi) "f".
Χ χ (khi) "ch" allemand dur (*achtung*) devant "a", "o", et "u" ; doux (*ich*) devant "e" et "i".
Ψ ψ (psi) "ps".
Ω ω (omega) "o".
Notre translittération du grec ne restitue pas les accents toniques.

4 *Tessera, tesseris*
5 *Pennde*
6 *Eksi*
7 *Epta*
8 *Okto*
9 *Enea*
10 *Deka*
11 *Endeka*
12 *Dodeka*
13 *Dekatria*
14 *Dekatessera*
15 *Dekapende*
16 *Dekaeksi*
17 *Dekaepta*
18 *Dekaokto*
19 *Dekaenea*
20 *Ikossi*
21 *Ikossi ena*
22 *Ikossi dio*
23 *Ikossi tria*
30 *Trianda*
40 *Saranda*
50 *Peninda*
60 *Eksinda*
70 *Evdominda*
80 *Ogdonda*
90 *Eneninda*
100 *Ekato*
1000 *Hilia*
10 000 *Deka hiliades*

Convivialité

Salut *Ya sou (tutoiement), ya sas (vouvoiement)*
Bonjour *Kalimera*
Bonsoir *Kalispera*
Bonne nuit *Kalinichta*
À demain *Avrio*
Bon voyage ! *Kalo taxidi !*
S'il vous plaît *Parakalo*
Merci (beaucoup) *Efkaristo (poli)*
Oui/non *Ne/ochi*
Bien sûr *Malista*
Je vous en prie *Parakalo*
Excusez-moi *Me sinchorite*
Pardon *Signomi*
Cher/bon marché *Akrivo/ftino*
D'accord *Endaxi*

Beau *Oreo*
Bon/mauvais *Kalo/kako*
Chaud/froid *Zesto/krio*
Beaucoup, très, trop *Poli*
Plus *Perissotero*
Moins *Ligotero*
Autre *Alo*
Où/quand *Pou/pote*
Pourquoi/ parce que *Yiati*
Combien *Posso*
Comment *Pos*
Ici/là-bas *Edo/eki*
Près/loin *Konda/makria*
Avec/sans *Me/choris*
De/vers *Apo/pros*

Le jour, la semaine

Le matin *To proï*
Le midi *To messimeri*
L'après-midi *To apogevma*
Le soir *To vradi*
La nuit *I nikta*
Le jour *I mera*
Aujourd'hui *Simera*
Hier *Htes*
Demain *Avrio*
Après-demain *Methavrio*
Une heure *Mia ora*
Un jour *Mia mera*
Deux jours *Dio meres*
Une semaine *Mia evdomada*
Lundi *Deftera*
Mardi *Triti*
Mercredi *Tetarti*
Jeudi *Pempti*
Vendredi *Paraskevi*
Samedi *Savato*
Dimanche *Kiriaki*

Les transports

Un billet, ticket *Ena issitirio*
Aller-retour *Me epistrofi*
Aller simple *Apli metavassi*
Train *Treno*
La gare *O stathmos tou trenou*
La gare routière *O stathmos tou leoforion*
Bus, car *Leoforio*
Bateau *Vapori, plio*
Caïque *Kaïki*
Barque *Varka*
Le port *To limani*
L'avion *To aeroplano*
L'aéroport *To aerodromio*
Taxi *Taxi*
Voiture *Aftokinito, amaxi*
Bicyclette *Podilato*
Mobylette *Motopodilato*
Mulet *Moulari*
À pied *Me ta podia*

Tourisme

La ville haute *I akropoli*
Chef-lieu *Hora*
Antiquités, ruines *Ta arkea*
Le sanctuaire *To iero*
Le temple *O naos*
Le monument *To mnimio*
Le musée *To moussio*
La tour *O pirgos*
Le château, la citadelle *To kastro*
L'église, la chapelle *I eklissia*
Saint, sainte *Agios, agia*
La cathédrale *I mitropoli*
Le monastère *To monastiri*
Les fresques *I tichografies*
Les mosaïques *Ta psifidota*
L'île *To nissi*
La mer *I thalassa*
Le fleuve, la rivière *O potamos*
La montagne *To vouno, to oros*
La plage *I paralia*
Le sable *I amos*
Les galets *I petres*

Achats courants

Le magasin *To magazi*
Le bazar *To pandopolio*
L'épicerie *To bakaliko*
La boulangerie *O fournos*
La pâtisserie *To zaharo-plastio*
Combien coûte... ? *Posso kani... ?*
Le prix *I timi*

➤

GEOPLUS

➤ À l'hôtel

Hôtel *Xenodochio*
Avez-vous une chambre ? *Exete ena domatio ?*
à un lit *Me ena krevati*
à deux lits *Me dio krevatia*
avec douche/bain *Me dous/bagno*
avec toilettes *Me toiletes*
plus tranquille *Pio issicho*
avec vue *Me thea*
Le passeport *To diavatirio*
La carte d'identité *I taftotita*
À quelle heure ? *Ti ora ?*
Le petit déjeuner *To proïno*
La clé *To klidi*

Au restaurant

Le petit déjeuner *To proïno*
Pain *Psomi*
Beurre *Voutiro*
Lait *Gala*
Yaourt *Yiaourti*
Miel *Meli*
Confiture *Marmelada*
Déjeuner *Progevma*
Dîner *Gevma, dipno*
Le menu *O katalogos*
Une assiette *Ena piato*
Une cuiller *Ena koutali*
Une fourchette *Ena pirouni*
Un couteau *Ena macheri*
Un verre *Ena potiri*
Une bouteille *Ena boukali*
Carafe *Karafa*
Vin blanc *Aspro krassi*
Vin rouge *Kokino krassi*
Vin rosé *Rose krassi*
Vin résiné *Retsina*
Demi-litre *Missokilo*
Quart de litre *Tetartokilo*
Bière *Bira*
Eau *Nero*
Eau minérale *Metaliko nero*
Jus de fruits *Himos froutou*
Sel *Alati*
Poivre *Piperi*
Huile *Ladi*
Vinaigre *Xidi*
Huile d'olive *Eleolado*
Sandwich *Sandouits*
L'addition *To logariasmo*
Viande *Kreas*
Bœuf *Vodchino*
Mouton *Arni*
Agneau *Arnaki*
Porc *Chirino*
Poulet *Kotopoulo*
Poisson *Psari*
Grillé *Psitos*
Frit *Tighanitos*
Bouilli *Vrazmenos*
Légumes *Horta*
Tomates *Domates*
Pommes de terre *Patates*
Poivrons *Piperies*
Épinards *Spanaki*
Courgettes *Kolokithakia*
Haricots *Fasolia*
Olives *Elies*
Concombre *Angouri*
Artichaut *Anginara*
Aubergine *Melitzanes*
Thé *Tsaï*
Café *Kafe*
Café soluble *Neskafe*
Sucre *Zachari*

Services

La police (touristique) *I (touristikí) astinomia*
L'office de tourisme *To grafio tou EOT*
La banque *I trapeza*
Le change *To sinalagma*
La caisse *To tamio*
La poste *To tachidromio*
La lettre *To grama*
Le timbre *To grama-tossimo*
Le téléphone *To tilefono*
Le kiosque *To periptero*
L'hôpital *To nossokomio*

Le médecin *O iatros*
La pharmacie *To farmakio*
Aspirine *Aspirini*

Glossaire

Grèce contemporaine

Bouzouki Ce luth au long manche, s'est imposé comme l'un des symboles de la Grèce. Et pourtant, il tient ses origines d'un instrument turc, le *saz*. Interdit en Grèce jusqu'au milieu du XXe siècle, le *bouzouki* était associé aux voyous et à la débauche, et les professeurs de musique n'avaient pas le droit de l'enseigner. C'est bien entendu pendant cette période que les Grecs en ont développé l'usage ! Aujourd'hui, le *bouzouki* est parfois électrifié, ce qui fait hurler les puristes.
Caïque Barque ou bateau de pêche mis à contribution pour le transport des touristes.
Evzones Gardes postés devant le Parlement et le palais présidentiel, à Athènes. Leur fustanelle, leur fez rouge et leur pas très particulier ont fait leur renommée. C'est à l'heure de la relève qu'il faut les observer.
Chora Les îles et leur chef-lieu (parfois la seule ville) portent très souvent le même nom. Ces villes principales sont également désignées par le terme générique de Chora (à prononcer comme le "*ch*" dur allemand).
Katholikon L'église d'un monastère byzantin.
Kastro Citadelle, château, place fortifiée et parfois le nom du village qui abrite le château.
Komboloï C'est le fameux "chapelet" (le véritable chapelet est appelé *komboskini*) que vous verrez dans la main des hommes de tous âges.
Malaka Il s'agit d'une insulte assez courante, quelque chose comme "abruti". Sachez que si on l'emploie à votre encontre, selon la situation et le ton employé, c'est plutôt gentil ou très grossier (ne vous vexez que dans le second cas !).
Meltem(i) Vent du nord-est, particulièrement virulent en été, qui oblige parfois les bateaux les plus récents à rester à quai.
Moni Monastère.
Nefos Littéralement "nuage". Désigne aussi la couche de pollution qui masque parfois le ciel athénien.
Nome Département.
Odos Rue.
Papaki Le cyclomoteur le plus courant, en Grèce, à boîte de vitesses automatique.
Pantopolio L'épicerie du coin (dans les villages).
Paralia Désigne couramment le front de mer.
Periptero Le kiosque à la grecque, comme on peut en voir absolument partout. On y trouve bien entendu les journaux, mais aussi des douceurs, un poste ou des cartes téléphoniques et toutes ces petites choses qui manquent cruellement dès que le besoin s'en fait sentir (produits antimoustique, piles, mouchoirs en papier, etc.).
Plus généralement, le *periptero* est le centre de la vie sociale : on s'y croise pour discuter.
Platia Place.
Rebetiko Sorte de blues constitué de chansons populaires qui font souvent appel à l'argot et placent la femme au centre des compositions. Le *bouzouki* en est l'ambassadeur.
Tavli Sans aucun doute le jeu le plus pratiqué en Grèce, à toute heure et par toutes les couches de la population. C'est l'équivalent du backgammon et du tric-trac. ➤

GEOPLUS

Grèce antique

Acropole Désigne toute ville haute. On fortifia cette hauteur, on y bâtit parfois un palais royal, et elle finit par devenir le centre de la vie publique ou religieuse. Autour de l'acropole se développa une ville basse.
Agora Place publique, à la fois centre administratif, religieux et commercial, autour de laquelle étaient concentrés les principaux bâtiments de la cité : temples, tribunaux, salle du Conseil... Athènes en compte deux : l'Agora grecque et l'Agora romaine.
Archonte Magistrat de la cité chargé des missions qui auparavant incombaient au roi. Au VIIe siècle avant notre ère fut institué à Athènes un collège de neuf archontes : l'archonte roi, l'archonte éponyme, le polémarque et six thesmothètes.
Aréopage Le mot désigne à la fois la colline d'Athènes, dédiée au dieu Arès, mais aussi le tribunal pénal qui siégeait sur cette colline et jugeait des crimes commis contre les citoyens.
Aristocratie Étymologiquement, c'est "le gouvernement des meilleurs". Cette notion apparaît au moment où une oligarchie tend à remplacer la royauté. Les oligarques finiront par former un parti qui s'opposera à celui des démocrates.
Bacchantes Prêtresses de Dionysos, et, plus généralement toutes les femmes de son cortège, qui participent par des danses et des orgies sacrées à la célébration de ses mystères.
Barbares À l'origine, ce terme désigne pour les Grecs ceux qui ne connaissent pas la langue grecque (les Romains, les Perses). *Barbaros* signifie "étranger". Mais l'étranger à la cité qui maîtrise la langue est appelé *xénos*. La connotation péjorative deviendra systématique dans l'usage qu'en feront les Romains.
Boulê Organe législatif – elle prépare les lois avant de les soumettre à l'assemblée du peuple, l'*ekklesia* – et exécutif – elle assure l'application de ces décrets –, la boulê est constituée de cinq cents bouleutes tirés au sort pour un an. Ce "conseil" faisait parfois office de tribunal.
Cella (ou naos) C'est, dans le temple, la salle d'habitation du dieu, où se dresse sa statue. Les richesses du dieu sont entreposées dans le pronaos.
Chevalier Au Moyen Âge, membre d'un ordre religieux et militaire ayant pour but de combattre les infidèles.
Chorège Choisis chaque année parmi les plus riches habitants d'Athènes, les chorèges sont chargés du recrutement et des répétitions à leurs frais des chœurs des concours lyriques et dramatiques.
Chryséléphantine Épithète désignant les statues plaquées d'or *(khrusos)* et d'ivoire *(elephas)*. Connue en Égypte et en Orient, la statuaire chryséléphantine est à son apogée en Grèce avec Phidias et se prolonge aux époques romaine et byzantine.
Citoyen Héréditaire, la citoyenneté accordait le droit de vote au membre de la cité, lui permettant de prendre part aux affaires et d'être éventuellement élu à quelque charge.
Cycladique (art) Désigne les productions de l'âge du bronze émanant des Cyclades, et plus particulièrement de splendides "idoles" de marbre, stylisées,

aux proportions si harmonieuses qu'elles ont largement influencé l'art moderne. cf. Musée d'Art cycladique et grec antique – fondation Goulandris (p.xxx).

Démagogue à l'origine, ce terme désigne celui qui conduit le peuple. C'est pendant la guerre du Péloponnèse qu'il prend une connotation péjorative.

Démocratie On doit aux Grecs l'invention de la démocratie politique directe : les citoyens prennent eux-mêmes les décisions concernant la cité. Mais, de cette souveraineté émanant du peuple, ou *demos*, sont exclus les femmes, les esclaves et les métèques.

Dorique Caractérise l'ordre architectural le plus ancien (Ve s. av. J.-C.) et le plus sobre du monde grec. Colonnes sans base, trapues et cannelées (arêtes vives). Chapiteau dénué de motif décoratif. Entablement orné d'une frise faisant alterner triglyphes et métopes.

Ekklesia Assemblée du peuple qui discute et vote le projet de décret émis par la boulê. à Athènes, l'*ekklesia* vote les lois, élit les magistrats, décide de la guerre et de la paix...

Enceinte Ensemble défensif constitué de courtines (murs en continu entre deux bastions ou tours), d'une lice (palissade de bois encerclant la place forte) et d'un fossé.

Hoplite Fantassin grec lourdement armé, qui combattait à l'intérieur de la phalange, une formation en rangs serrés.

Jeux Olympiques Les premiers jeux sportifs panhelléniques furent organisés en 776 av. J.-C., à Olympie, sanctuaire de Zeus Olympien. Ces célébrations, autant sportives que religieuses, étaient organisées en l'honneur du "père des dieux et des hommes". Les vainqueurs des épreuves, issus de délégations venues de tout le pays, jouissaient d'un immense prestige et ne remportaient qu'une modeste couronne d'olivier. Grande fut l'influence des Jeux sur les arts.

Kouros, korê Les kouroï sont des statues très en vogue dans les écoles archaïques. Ce sont des effigies de mortels offertes au dieu dans un sanctuaire ou se dressant sur une tombe en souvenir du défunt. Le kouros, ou jeune homme, est nu, la korê, ou jeune fille, est en tenue de cérémonie.

Mâchicoulis Galerie de pierre en encorbellement le long d'une muraille ou d'une tour qui permet de viser l'ennemi grâce à de fines ouvertures.

Marathon La bataille de Marathon, en 490 av. J.-C., mit fin à la première guerre médique. Une victoire éclatante de l'armée grecque, pourtant deux fois moins nombreuse que l'adversaire perse. La légende donna le jour à l'une des disciplines phares des jeux Olympiques : on raconte qu'un soldat parcourut la quarantaine de kilomètres séparant Marathon d'Athènes pour annoncer la nouvelle et qu'il mourut après avoir délivré son message.

Odéon Variété de théâtre couvert destiné à des auditions d'œuvres musicales. à Athènes, l'odéon d'Hérode Atticus a la forme d'un théâtre, celui de Périclès était quant à lui de forme rectangulaire, recouvert d'un dôme.

Oracle Le terme désigne à la fois la réponse que faisait le dieu au fidèle par la bouche de la prêtresse, le dieu lui-même et le sanctuaire où se rendait la prophétie.

Panathénées C'est la plus importante des fêtes athéniennes :

GEOPLUS

➤ organisées tous les quatre ans en l'honneur d'Athéna, les panathénées associaient des jeux, des épreuves sportives et des concours artistiques. Au dernier jour de la fête, une longue procession (celle qui est représentée sur la frise du Parthénon) traversait la cité en liesse en direction de l'Acropole, pour aller rendre hommage à la déesse, dont la statue trônait au milieu du Parthénon.

Périptère Édifice entouré de tous côtés par un péristyle. Les colonnes sont séparées du mur et forment un portique. Le Parthénon est un périptère.

Stade Carrière de la longueur d'un stade, où se déroulent divers exercices athlétiques. Unité de mesure correspondant à six cents pieds, mais dont la longueur varie selon la région. Un stade olympique = 192,27m, un stade attique = 177m.

Tyran C'est celui qui, ayant pris le pouvoir par la force (illégalement ou, comme Pisistrate, en s'appuyant sur le peuple), l'exerce absolument.

AIDEZ-NOUS À CONSTRUIRE DES GEOGUIDE QUI RÉPONDENT ENCORE MIEUX À VOS ENVIES !

Merci de nous retourner ce questionnaire à l'adresse suivante :

Questionnaire GEOGUIDE – BP 67 – 59053 Roubaix Cedex 1

VOS VOYAGES

● **Combien de séjours à but touristique effectuez-vous chaque année ?**

En France ❑ 1 ❑ 2 ❑ 3 et +
À l'étranger ❑ 1 ❑ 2 ❑ 3 et +

● **Vous partez pour** (plusieurs réponses possibles, hors visite parents et amis) :

La France ❑ 1 semaine ❑ 2 semaines ❑ 3 semaines et +
L'étranger ❑ 1 semaine ❑ 2 semaines ❑ 3 semaines et +

● **Combien de week-ends à but touristique effectuez-vous chaque année ?**
(hors visite parents et amis)

En France ❑ 1 ❑ 2 ❑ 3 et +
À l'étranger ❑ 1 ❑ 2 ❑ 3 et +

● **Vous partez** (plusieurs réponses possibles) :

	Voyage en France	Voyage à l'étranger	Week-end
Seul	❑	❑	❑
En couple	❑	❑	❑
En famille	❑	❑	❑
Avec des amis	❑	❑	❑
En voyage organisé	❑	❑	❑

VOS GUIDES DE VOYAGE

● **Quand vous partez, combien et quel type de guides achetez-vous ?**

	Voyage en France	Voyage à l'étranger	Week-end
Guides pratiques *	......	......	......
Guides culturels **	......	......	......

*axés sur les informations pratiques et les adresses, contenant plus de texte et de cartes que de photographies
**axés sur l'histoire et la culture, contenant beaucoup de photographies et d'illustrations

● **Combien de temps avant votre départ achetez-vous votre (vos) guide(s) ?**

	Voyage en France	Voyage à l'étranger	Week-end
Entre 3 et 6 mois avant	❑	❑	❑
Dans le mois qui précède	❑	❑	❑
Sur place	❑	❑	❑

● **Avec les guides de quelles collections partez-vous le plus souvent ?** (plusieurs réponses possibles) ....

....

● **Cherchez-vous de l'information sur votre destination ailleurs que dans les guides de voyage ?**

❑ Oui ❑ Non

Si oui, où :
❑ presse magazine
❑ forums de voyageurs
❑ voyagistes en ligne
❑ sites internet des offices de tourisme
❑ offices de tourisme (sur place)
❑ autre : ....

VOTRE GEOGUIDE

● **Si vous avez acheté ce guide vous-même, pourquoi avez-vous choisi GEOGUIDE ?**
(plusieurs réponses possibles) :

❑ conseil de votre entourage
❑ conseil de votre libraire
❑ publicité
❑ vous l'avez découvert sur votre lieu d'achat
❑ article de presse
❑ confiance dans les guides Gallimard
❑ confiance dans le magazine GEO

Dans ce dernier cas, qu'est-ce qui a motivé l'achat de ce GEOGUIDE ?

❑ format
❑ couverture
❑ rabat proposant des cartes dépliantes
❑ photographies couleur
❑ présentation intérieure en couleurs
❑ contenu pratique
❑ contenu culturel
❑ volume d'information
❑ prix
❑ autre : ....

● **Que pensez-vous de votre GEOGUIDE et de ses différentes rubriques ?**
Concernant les informations culturelles, vous avez trouvé GEOGUIDE :
❑ Très fiable ❑ Fiable ❑ Assez fiable ❑ Pas du tout fiable

Concernant les informations pratiques (horaires, coordonnées...), vous avez trouvé GEOGUIDE :
❑ Très fiable ❑ Fiable ❑ Assez fiable ❑ Pas du tout fiable

Votre opinion sur la sélection d'adresses :

	Qualité des adresses		**Nombre d'adresses**	
	Suffisante	Insuffisante	Suffisant	Insuffisant
Hébergement	❑	❑	❑	❑
Restauration	❑	❑	❑	❑
Monuments, sites	❑	❑	❑	❑
Balades et randonnées	❑	❑	❑	❑
Activités de loisirs	❑	❑	❑	❑
Shopping	❑	❑	❑	❑

● **Avez-vous des remarques et suggestions ?** ....
....
....

● **Repartirez-vous avec un GEOGUIDE ?** ❑ Oui ❑ Non

VOUS

● **Vous êtes :** ❑ un homme ❑ une femme

● **Votre âge :** ❑ - de 25 ans ❑ 25-34 ans ❑ 35-44 ans ❑ 45-64 ans ❑ 65 ans et +

● **Votre profession :**
❑ agriculteur ❑ profession libérale ❑ cadre supérieur ❑ encadrement et technicien
❑ employé ❑ ouvrier ❑ retraité ❑ sans activité professionnelle ❑ étudiant

● **Êtes-vous lecteur du magazine GEO ?** ❑ Oui ❑ Non

Quel est votre magazine préféré ? ....

Merci de nous indiquer votre adresse

Nom : ....

Adresse : ....

Code postal : .... Ville : .... Pays : ....

Acceptez-vous d'être contacté(e) par mail sur les nouveautés GEOGUIDE ? ❑ Oui ❑ Non

Adresse mail : ⎵⎵⎵⎵⎵⎵⎵⎵⎵⎵⎵⎵⎵⎵⎵⎵⎵⎵⎵⎵⎵⎵⎵⎵⎵⎵⎵⎵

En application de l'article 27 de la loi du 6 janvier 1978, les personnes physiques sont informées qu'elles pourront faire l'objet d'un droit d'accès et de rectification des données nominatives les concernant.

INDEX

A

Achla (Andros) 546
Adamantas (Milos) 323
Adamas (Milos) 323
Aegiali (Amorgos) 473
Agapi (Tinos) 528
Agia Irini (Kea) 251
Agia Irini (Kythnos) 262
Agia Kiriaki (Milos) 331
Agia Marina (Milos) 332
Agia Markella (Chios) 640
Agiassos (Lesbos) 655
Agia Theodoti (Ios) 403
Agios Andreas (Sifnos) 314
Agios Dimitrios (Alonissos) 239
Agios Dimitrios (Kos) 594
Agios Dimitrios (Kythnos) 263
Agios Efstratios (îlot) 672
Agios Fokas (Skyros) 243
Agios Fokas (Tinos) 527
Agios Georgios (Anafi) 392
Agios Georgios (Folegandros) 345
Agios Georgios (Iraklia) 453
Agios Georgios (Chora, Naxos) 439
Agios Georgios (Sikinos) 355
Agios Ioannis (Limnos) 669
Agios Ioannis (Mykonos) 506
Agios Isidoros (Lesbos) 656
Agios Kirykos (Ikaria) 629
Agios Nikolaos (Anafi) 388
Agios Nikolaos (Folegandros) 344
Agios Nikolaos (Samos) 623
Agios Nikolaos (Symi) 587
Agios Panteleïmon (Kea) 253
Agios Panteleïmon (Sikinos) 355
Agios Pavlos (Amorgos) 474
Agios Petros (Andros) 540
Agios Prokopios (Naxos) 439
Agios Sostis (Kythnos) 262
Agios Sostis (Mykonos) 508
Agios Sostis (Serifos) 270
Agios Sostis (Tinos) 527
Agios Stavros (Donoussa) 458
Agios Stefanos (Mykonos) 506
Agnontas (Skopelos) 235
Agrari (Mykonos) 507
Aïdonia (Andros) 547
Akrotiri, cap (Santorin) 374
Akrotiri (Santorin) 374
Aliki (Kimolos) 333
Aliki (Paros) 421
Aliki (Thassos) 684
Aliko (Naxos) 445
Alimia (Iraklia) 454
Alonissos, île 236
Alonissos, parc national marin 238
Alopronia (Sikinos) 352, 354
Ambeli (Folegandros) 344
Ammopi (Karpathos) 578
Ammoudaraki (Milos) 332
Ammoudi (Amorgos) 473
Ammoudi (Santorin) 369
Amorgos, île 465
Amorgos (Chora) 468
Ampelas (Paros) 417
Anafi, île 387
Anafi (Chora) 388
Anavatos (Chios) 639
Ancienne Minoa (Amorgos) 467
Andros, île 537
Andros (Chora) 543
Angali (Folegandros) 344
Angeli (Folegandros) 343
Ano Mera (Mykonos) 503
Ano Meria (Folegandros) 343
Ano Vathi (Samos) 620
Antimachia (Kos) 594
Antiparos, île 422
Apikia (Andros) 545
Apiranthos (Naxos) 442
Apokroussi (Kythnos) 259
Apollonas (Naxos) 444
Apollonia (Sifnos) 308
Aqueduc d'Eupalinos (Pythagorio, Samos) 620
Arginonda (Kalymnos) 601
Argosaroniques, îles 197
Arkasa (Karpathos) 580
Arkessini (Amorgos) 472
Armeni (Santorin) 369
Armenistis (Ikaria) 630
Armolia (Chios) 643
Arnados (Tinos) 530
Arnas (Andros) 541
Artemonas (Sifnos) 311
Asclepeion (Kos) 594
Asfendiou (Kos) 594
Asklipio (Rhodes) 570
Astris (Thassos) 684
Athènes 96
- Académie 143
- Acropole 111
- Agia Triada 137
- Agios Nikolaos Rangavas 127
- Agora grecque 138
- Agora romaine 129
- Annexe du musée d'Art populaire 128
- Apostolou Pavlou 116, 136
- Aréopage 120
- Asclèpieion 117
- Bibliothèque d'Hadrien 132
- Bibliothèque nationale 143
- Bouleutèrion 138
- Centre d'art contemporain Benaki 140
- Chalcothèque 115
- Cimetière du Céramique 136
- Cinémas 167
- Dionissiou Areopagitou 116

INDEX

- Erechtheion 115
- Exarchia 148
- Filopapou 120
- Fondation B&M Theocharakis pour les Beaux-Arts et la Musique 142
- Fondation Goulandris 151
- Gazi 139
- Glyptothèque nationale 156
- Grand Cimetière 156
- Hammam des Vents 128
- Héliée 139
- Hephaïsteion 138
- Jardin national 142
- Kapnikarea 133
- Kolonaki 150
- Koukaki 121
- Le Monde grec 140
- Makrigianni 121
- Marché aux puces 133
- Marché central 134
- Metrôon 138
- Métropole 129
- Mets 155
- Monastiraki 132
- Mont Lycabette 153
- Monument du chorège Lysicrate 126
- Mosquée Fethiye 129
- Mosquée Tsisdarakis 132
- Musée archéologique du Céramique 136
- Musée archéologique national 146
- Musée Benaki 150
- Musée byzantin et chrétien 152
- Musée d'Art cycladique et grec antique 151
- Musée d'Art des enfants grecs 127
- Musée d'Art islamique 137
- Musée d'Art populaire grec 126
- Musée de l'Acropole 121
- Musée de l'Agora 139
- Musée de la Guerre 152
- Musée de la Ville d'Athènes 143
- Musée des Instruments de musique populaire grecque 128
- Musée du Bijou Ilias-Lalaounis 125
- Musée Frisarias 126
- Musée historique national 143
- Musée juif 126
- Musée Kanellopoulos 128
- Musée numismatique 142
- Musée philatélique 155
- Odéon d'Agrippa 139
- Odéon d'Hérode Atticus 117, 167
- Olympieion 121
- Pangrati 155
- Pantanassa 132
- Parlement 140
- Parthénon 114, 125
- Petite Métropole 129
- Pinacothèque nationale 152
- Place Exarchion 148
- Place Iroon 134
- Place Omonia 145
- Place Syntagma 140
- Plages 163
- Plaka 125
- Pnyx 120
- Porte Beulée 114
- Porte d'Hadrien 121
- Portique d'Eumène 117
- Promenade archéologique 116, 136
- Psiri 134
- Rue Adrianou 125
- Rue Athinas 133
- Rue Eolou 133
- Rue Ermou 132
- Rue Evripidou 135
- Rue Themistokleous 148
- Stade Panathénaïque 155
- Stoa d'Attale 139
- Stoa de Zeus Èleuthéros 138
- Stoa du Milieu 139
- Stoa du Sud 139
- Technopolis 139
- Temple d'Apollon Patrôos 138
- Temple d'Athéna Nikè 114
- Théâtre de Dionysos 116
- Théâtre-jardin Dora Stratou 167
- Thiseio 136
- Tholos 138
- Université 143
- Zappeion 142

Atsitsa (Skyros) 243
Attique 102, 115, 138
Avgonyma (Chios) 639
Avlomonas (Serifos) 269

B

Baies
- Agios Nikolaos (Kea) 250
- Apela (Karpathos) 580
- Fellos (Andros) 540
- Kefalos (Kos) 594
- Kolimpithra (Tinos) 530
- Korthi, de (Andros) 546
- Livada (Tinos) 530
- Myrtiès (Kalymnos) 601
- Nimborio (Symi) 587
- Panormos (Mykonos) 508
- Schinias 163

Batsi (Andros) 540
Bonatsa (Kimolos) 333
Bourtzi (Skiathos) 229

C

Casa Romana (Chora, Kos) 593
Chalakas (Milos) 332
Chalandriani (Syros) 489
Chalcis (Eubée) 187
Chalki (Naxos) 441
Chalkida (Eubée) 189
Chalkolimonia (Andros) 540
Chapelles
- Agia Marina (Sikinos) 354
- Agia Triada (Santorin) 371
- Agios Nikolaos (Sikinos) 354
- Agios Stefanos (Galissas, Syros) 490
- Panagia Paraportiani (Chora, Mykonos) 499

Charaki (Rhodes) 567
Chavouli (Limnos) 672
Chavouna (Kea) 252
Cheronissos (Sifnos) 314
Chiliadou (Eubée) 193
Chios, île 633
Chios (Chora) 636
Chorio (Kalymnos) 600
Chorio (Kimolos) 333
Chorio (Symi) 586
Choulakia (Mykonos) 506
Chryssi Milia (Alonissos) 239
Citadelles, forteresses
- Acropole de Ialissos (Rhodes) 566
- Castello Rosso (Mili) 192
- Chalkida 189
- Château de Pera (Chorio, Kalymnos) 600
- Château des Chevaliers (Chora, Kos) 591
- Citadelle de Lycurge Logothétis (Pythagorio, Samos) 620
- Collachium (Rhodes-ville) 561
- Fort de Karababas (Chalkida) 189
- Kastri (Amorgos) 472
- Kastro (Antiparos) 422
- Kastro (Chora, Chios) 638
- Kastro (Chora, Folegandros) 341
- Kastro (Chora, Naxos) 436
- Kastro (Chora, Skyros) 242
- Kastro (Mytilène, Lesbos) 652
- Kastro (Parikia, Paros) 412
- Kastro (Sifnos) 311
- Kastro (Thassos) 685
- Kastro-Chorio (Sikinos) 352
- Kastro Kritinia (Rhodes) 572
- Kastro Orias (Kythnos) 260
- Lindos (Rhodes) 570
- Molyvos (Lesbos) 659
- Myrina (Limnos) 668
- Skiathos 230

D

Daskalopetra (Chios) 640
Delfini (Paros) 415
Delos, île 97, 509
Despotiko, îlot (Antiparos) 423
Diafani (Karpathos) 581
Donoussa, île 457
Driopida (Kythnos) 262
Drios (Paros) 419, 420
Dyo Choria (Tinos) 530

E

Eftalou (Lesbos) 660
Egina (Chora, Egine) 202
Égine, île 199
Églises
- Agia Eleni (Chora, Mykonos) 499
- Agia Theodoti (Agia Theodoti , Ios) 403
- Agia Triada (Adamas, Milos) 324
- Agii Apostoli (Kato Meria, Kea) 253
- Agios Ioannis sto Kastri (Glossa, Skopelos) 234
- Agios Nektarios (Kontos, Égine) 203
- Agios Nikolaos (Ermoupoli, Syros) 486
- Agios Nikolaos (Naoussa, Paros) 416
- Agios Nikolaos Rangavas (Athènes) 127
- Agios Simeon (Ellinika, Kea) 253
- byzantine (Asklipio, Rhodes) 570
- Cathédrale Agios Georgios (Ermoupoli, Syros) 488
- cathédrale catholique (Chora, Naxos) 436
- Episkopi (Kastro-Chorio, Sikinos) 354
- Ioannis Theologos (Naoussa, Paros) 416
- Kapnikarea (Athènes) 133
- Kimissis (Ermoupoli, Syros) 488
- Metamorfosis (Ermoupoli, Syros) 486
- Métropole (Athènes) 129
- Métropole (Chora, Naxos) 436
- Notre-Dame-du-Rosaire (Fira, Santorin) 363
- Panagia (Chora, Folegandros) 341
- Panagia Drosiani (Moni, Naxos) 441
- Panagia Ekatontapiliani (Parikia, Paros) 414

INDEX

- Panagia Episkopi (Episkopi Gonias, Santorin) 372
  - Panagia Episkopi (Spathi, Kea) 252
  - Panagia Evangelistria (Chora, Tinos) 523
  - Panagia Korfiatissa (Plaka, Milos) 327
  - Panagia Pantanassa (Chora, Folegandros) 341
  - Panagia Pantanassa (Naoussa, Paros) 416
  - Pantanassa (Athènes) 132
  - Pantanassa (Kastro-Chorio, Sikinos) 353
  - Petite Métropole (Athènes) 129
  - Quatre Commères (Chora, Mykonos) 499
  - Taxiarques (Messaria, Andros) 542
  - Taxiarques (Chora, Tinos) 525
  - Vierge-Troulloti (Thermi, Lesbos) 659
  - Zoodochos Pigi (Chora, Naxos) 436

Éleusis (Attique) 165
Elia (Mykonos) 507
Elies (Kalymnos) 601
Embonas (Rhodes) 572
Emborios (Kalymnos) 601
Emporio (Santorin) 372
Emporios (Chios) 642
Epano Kastro (Andros) 546
Episkopi (Kythnos) 260
Episkopi (Sikinos) 354
Episkopio (Andros) 546
Epta Piges (Rhodes) 567
Érétrie (Eubée) 187
Eretria (Eubée) 190
Ermoupoli (Syros) 485
Eubée, île 187
Evdilos (Ikaria) 629

F

Falatados (Tinos) 529
Faliraki (Rhodes) 567
Fanaraki (Limnos) 672
Fanari Geranou (Patmos) 609
Faranga (Paros) 421
Faros (Sifnos) 312
Fellos (Andros) 540
Fikiada (Kythnos) 261
Filakopi (Milos) 330
Filoti (Naxos) 441
Finikas (Syros) 490
Finiki (Kaprathos) 580
Fira (Santorin) 361
Firiplaka (Milos) 331
Firopotamos (Milos) 329
Firostefani (Santorin) 367
Fokos (Mykonos) 508
Folegandros, île 338
Folegandros (Chora) 341
Forêt pétrifiée (Lesbos) 657
Fourkovouni (Milos) 327
Fourni, îles 630
Fourni (Limnos) 672
Ftelia (Mykonos) 508

G

Galifos (Folegandros) 344
Galissas (Syros) 490
Ganema (Serifos) 270
Gavrio (Andros) 539
Gera, golfe de (Lesbos) 656
Gerontas (Milos) 332
Gialia (Andros) 545
Gialos (los) 397, 398
Gialos (Symi) 586
Girismata (Skyros) 243
Glaronissia (Milos) 327
Glistra (Rhodes) 570
Glyfada (Attique) 163
Golden Beach (Paros) 419
Golden Beach (Thassos) 684
Grikos (Patmos) 610
Grottes
  - Agios Giannis (Iraklia) 453
  - Aladinou (Andros) 542
  - Antiparos 422
  - Apocalypse (Patmos) 606
  - Ferekidi (Syros) 489
  - Olympi (Chios) 643

H-I

Hydra 213
Ikaria 627
Imerovigli (Santorin) 367
Ios, île 395
Ios (Chora) 398
Ioulida ou Ioulis (Kea) 251
Iraklia, île 453
Isternia (Tinos) 532

K

Kaissariani (Attique) 161
Kalafati (Mykonos) 508
Kalamitsa (Skyros) 243
Kalamos (los) 401
Kalidonichi (Kea) 252
Kaliskia (Kea) 254
Kalivia (Tinos) 533
Kallithea (Rhodes) 567
Kallitsos (Serifos) 272
Kalloni, golfe (Lesbos) 656
Kalo Ambeli (Serifos) 270
Kalo Livadi (Mykonos) 508
Kalotaritissa (Amorgos) 473
Kalotaritissa (Donoussa) 458
Kalymnos, île 596
Kamares (Sifnos) 308
Kamari (Santorin) 374
Kambos (Patmos) 609
Kamiros (Rhodes) 572
Kamiros Skala (Rhodes) 572
Kampi (Kea) 254
Kampos (Chios) 641
Kampos (Tinos) 527
Kanala (Kythnos) 262
Kandouni (Kalymnos) 601
Karavi (Serifos) 270
Karavostassis (Folegandros) 341

Kardamyla (Chios) 641
Kardiani (Tinos) 530
Karfas (Chios) 643
Karpathos, île 576
Karterados (Santorin) 371
Karvounolakos (Iraklia) 454
Karystos (Eubée) 191
Kasaviti (Thassos) 685
Kastelli (Anafi) 389
Kastraki (Naxos) 444
Kastri (Amorgos) 472
Kastro-Chorio (Sikinos) 352
Kastro Orias - Kefalikastro (Kythnos) 260
Kastro (Thassos) 685
Katakilos (Andros) 540
Katapola (Amorgos) 467
Katergo (Folegandros) 343
Kato Fira (Antiparos) 423
Kato Koufonissi, île 456
Kato Meria (Amorgos) 472
Kato Meria (Kea) 252
Katsouni (Anafi) 391
Kavourocheri (Kythnos) 262
Kea (Tzia), île 248
Kentarchos (Serifos) 272
Keros, île 456
Keros (Limnos) 672
Kimolos 332
Kini (Syros) 490
Kipos (Samothrace) 677
Kira Panagia (Skyros) 243
Kleftiko (Milos) 327
Klima (Ios) 401
Klima (Milos) 329
Klissidi (Anafi) 391
Kochlidia (Folegandros) 343
Kokkari (Samos) 622
Kokkini (Santorin) 375
Kokkinokastro (Alonissos) 239
Kolimpithra (Tinos) 530
Kolimpithres (Paros) 417
Kolitzani (Ios) 398
Kolona (Égine) 203
Kolona (Kythnos) 261
Komi (Chios) 643
Komi (Limnos) 672
Korissia (Kea) 250
Koronos (Naxos) 444
Korthi, vallée de (Andros) 547
Kos, île 589
Kos (Chora) 591
Kosmadei (Samos) 624
Kostos (Paros) 418
Koufonissia 456
Koufonissia (Chora) 456
Koumaros (Tinos) 529
Koumbara (Ios) 398
Koundouros (Kea) 254
Kouros de Flerio (Naxos) 441
Krios (Paros) 415
Ktikados (Tinos) 527
Kymi (Eubée) 192
Kythnos, île 257
Kythnos (Chora) 259

L

Lagkada (Chios) 641
Langada (Amorgos) 474
Lefkandia (Chios) 640
Lefkes (Kythnos) 262, 263
Lefkes (Paros) 418
Lefkos (Karpathos) 581
Leftos Gialos (Alonissos) 239
Lemonakia (Samos) 623
Lesbos 646
Levrossos (Amorgos) 474
Lia (Mykonos) 508
Ligaria (Folegandros) 345
Limenaria (Thassos) 686
Limenas (Thassos) 680
Limni (Eubée) 193
Limnionas (Samos) 622
Limnonari (Skopelos) 235
Limnos, île 665
Limnos (Chios) 640
Linaria (Kalymnos) 601
Lindos (Rhodes) 567
Lion de Kea (Kea) 252
Lisvori (Lesbos) 656
Livadakia (Serifos) 269
Livadaki (Folegandros) 344
Livada (Tinos) 530
Livadia Kalogiron (Patmos) 609
Livadi (Iraklia) 454
Livadi (Serifos) 268, 269
Logaras (Paros) 419
Loutra (Kythnos) 260, 262
Loutra (Tinos) 528
Loutra Edipsou (Eubée) 193

M

Magazia (Skyros) 243
Malta (Sikinos) 355
Managros (Chios) 640
Mandrakia (MIlos) 329
Manganari (Ios) 401
Manolates (Samos) 623
Manousou (Ios) 401
Marathi (Paros) 417
Marathon (Attique), 162
Marathounta (Symi) 588
Marlas (Tinos) 532
Marmara (Paros) 418
Maroula (Kythnos) 262
Marpissa (Paros) 419
Martinakia (Kythnos) 260
Martselo (Paros) 415
Massouri (Kalymnos) 601
Mastichochoria (Chios) 643
Mavrospilia (Kimolos) 333
Megales Poles (Kea) 254
Megalo Chorio (Andros) 547
Megalochori (Santorin) 371
Megalo Livadi (Serifos) 269, 270
Mega Prinos (Thassos) 685
Megas Gialos (Syros) 490
Melinda (Lesbos) 656
Menites (Andros) 542
Merichas (Kythnos) 259, 260
Mersini (Donoussa) 458
Mersini (Schinoussa) 454
Mersini (Tinos) 529
Mesa Pigadia (Santorin) 375
Mesochori (Karpathos) 581
Messada (Paros) 420

Messaria (Andros) 542
Mesta (Chios) 641
Méthymne (Lesbos) 658
Mikres Poles (Kea) 254
Mikri Vigla (Naxos) 444
Mikro Prinos (Thassos) 685
Milopotas (Ios) 400
Milos, île 321
Mitakas (Milos) 330
Mili (Eubée) 191
Molos (Paros) 418
Molos (Skyros) 243
Molyvos (Lesbos) 658
Monastères
- Agia Marina (Kea) 254
- Agia Varvara (Syros) 491
- Agii Theodori (Paros) 421
- Agios Antonios (Paros) 419
- Agios Georgios (Skyros) 242
- Agios Georgios Varsamitis (Amorgos) 472
- Agios Ioannis (Ios) 401
- Agios Ioannis Sitherianos (Milos) 332
- Agios Minas (Paros) 418
- Agios Nikolas (Andros) 545
- Archange-Saint-Michel (Lesbos) 659
- Archangelos (Thassos) 682
- Christou Dassous (Paros) 420
- Dafni (Attique) 166
- Fotodotis (Naxos) 441
- Ipsilou (Lesbos) 658
- Kaissariani (Attique) 161
- Kechrovouni (Tinos) 529
- Leimonos (Lesbos) 658
- Longovarda (Paros) 417
- Loutra (Tinos) 528
- Megali Panagia (Samos) 621
- Moni Evagelismos (Patmos) 610
- Mont Palouki, du (Skopelos) 234
- Nea Moni (Chios) 638
- Paleokastro (Mykonos) 503
- Panachrandou (Andros) 542
- Panagia Chozoviotissa (Amorgos) 468
- Panagia Chryssopigi (Sifnos) 312
- Panagia Evangelistria (Skiathos) 230
- Panagia Kalamiotissa (Anafi) 390
- Panagia Kastriani (Kea) 251
- Panagia Koimisis (Hydra) 215
- Panagia Kyra (Rhodes) 567
- Panagia Nikous (Kythnos) 260
- Panagia Spiliani (Samos) 621
- Panagia Tourliani (Mykonos) 503
- Panagia tou Vounou (Sifnos) 313
- Panormitis (Symi) 587
- Perivolis (Lesbos) 658
- Profitis Ilias (Hydra) 216
- Profitis Ilias (Santorin) 371
- Profitis Ilias (Sifnos) 313
- Saint-Jean-l'Évangéliste (Patmos) 606
- Taxiarchon (Serifos) 271
- Tharri ou Archange Michel (Rhodes) 570
- Vrissiani (Sifnos) 312
- Zoodochos Pigi (Andros) 539
- Zoodochos Pigi (Santorin) 389
- Zoodochos Pigi (Sikinos) 353
- Zoodochou Pigis (Poros) 210
Monastiri (Paros) 417
Monolithos (Rhodes) 571
Monts
- Dirfi (Eubée) 193
- Eros (Hydra) 216
- Exombourgo (Tinos) 529
- Fengari (Samothrace) 677
- Filerimos (Rhodes) 566
- Ipsario (Thassos) 684
- Kerkis (Samos) 624
- Lycabette (Athènes) 153
- Ochi (Eubée) 192
- Oros (Égine) 206
- Palouki (Skopelos) 234
- Profitis Ilias (Karpathos) 582
- Profitis Ilias (Kea) 252
- Profitis Ilias (Milos) 332
- Profitis Ilias (Patmos) 610
- Profitis Ilias (Rhodes) 572
- Profitis Ilias (Santorin) 371
- Vigla (Anafi) 387
- Vigla (Hydra) 216
Mountados (Tinos) 527
Mourou (Amorgos) 473
Moutsouna (Naxos) 442
Musées 587
- Acropole (Athènes) 121
- Agora (Athènes) 139
- archéologique et folklorique (Symi, Rhodes) 587
- Archives historiques (Chora, Hydra) 215
- Argendi (Chora, Chios) 638
- Art contemporain Goulandris (Chora, Andros) 543

- Art cycladique et grec antique (Athènes) 151
- Art des enfants (Athènes) 127
- Art islamique (Athènes) 137
- Artistes de Tinos (Chora, Tinos) 525
- Artistes de Tinos (Pyrgos, Tinos) 532
- Art populaire (Apollonia, Sifnos) 310
- Art populaire (Athènes) 128
- Art populaire (Chalkida) 190
- Art populaire (Chora, Serifos) 270
- Art populaire grec (Athènes) 126
- Arts et Traditions populaires (Ano Meria, Folegandros) 344
- Arts et Traditions populaires (Apiranthos, Naxos) 442
- Arts et Traditions populaires (Driopida, Kythnos) 262
- Arts et Traditions populaires (Naoussa, Paros) 416
- Arts et Traditions populaires (Plaka, Milos) 328
- Arts et Traditions populaires (Volakas, Tinos) 529
- Arts et Traditions populaires Lignos (Fira, Santorin) 366
- Arts populaires (Chora, Samothrace) 677
- Arts populaires (Loutra, Tinos) 528
- Benaki (Athènes) 150
- Bijou (Athènes) 125
- Bouboulina (Chora, Spetses) 222
- byzantin (Chora, Chios) 636
- byzantin (Chora, Naxos) 438
- byzantin (Mytilène, Lesbos) 654
- byzantin (Naoussa, Paros) 416
- byzantin (Parikia, Paros) 415
- byzantin (Rhodes-ville) 561
- byzantin et chrétien (Athènes) 152
- Chalepas (Pyrgos, Tinos) 532
- Chemins de fer électriques du Pirée (Le Pirée) 157
- Culture égéenne (Lefkes, Paros) 418
- Della Rocca-Barozzi (Chora, Naxos) 438
- Fondation culturelle de Tinos (Chora, Tinos) 525
- Frisarias (Athènes) 126
- Giustiniani (Chora, Chios) 638
- Glyptothèque nationale (Athènes) 156
- Guerre (Athènes) 152
- Histoire naturelle (Apiranthos, Naxos) 442
- Histoire naturelle de la Forêt pétrifiée (Sigri, Lesbos) 657
- historique national (Athènes) 143
- Icônes (Chora, Tinos) 525
- Industrie (Ermoupoli, Syros) 488
- Instruments de musique populaire grecque (Athènes) 128
- juif (Athènes) 126
- Kanellopoulos (Athènes) 128
- Le Monde grec (Athènes) 140
- Maison de Lena (Chora, Mykonos) 498
- Manos Faltaïts (Chora, Skyros) 242
- Marbrerie (Pyrgos, Tinos) 532
- Marine (Chora, Andros) 544
- maritime (Chora, Chios) 638
- maritime (Symi, Rhodes) 586
- maritime de l'Égée (Chora, Mykonos) 498
- Markos Vamvakaris (Ermoupoli, Syros) 489
- Megaro Gyzi (Fira, Santorin) 363
- Metropolis (Chora, Naxos) 436
- Mexis (Chora, Spetses) 221
- Minier (Adamas, Milos) 325
- Moulin de Boni (Chora, Mykonos) 502
- Musée de la Ville d'Athènes 143
- Musée numismatique (Athènes) 142
- nautique et folklorique (Pothia, Kalymnos) 598
- naval (Le Pirée) 158
- naval (Oia, Santorin) 369
- paléontologique (Mytilini, Samos) 621
- Papadiamantis (Chora, Skiathos) 229
- Pèlerinages (Chora, Tinos) 525
- Petros M. Nomikos (Fira, Santorin) 363
- philatélique (Athènes) 155
- Pinacothèque des Cyclades (Ermoupoli, Syros) 488
- Pinacothèque nationale (Athènes) 152
- Polygnotos Vagis (Potamia, Thassos) 684

- Scorpios (Aliki, Paros) 421
  - Sporades (Patitiri, Alonissos) 238
  - Tériade (Varia, Lesbos) 654
  - Theophilos (Varia, Lesbos) 654
  - Théra préhistorique (Fira, Santorin) 361
  - Trésor (Chora, Patmos) 608
  - Tsoklis (Kampos, Tinos) 527

Musées archéologiques
  - Apiranthos (Naxos) 442
  - Athènes 146
  - Céramique (Athènes) 136
  - Chalkida 190
  - Chora (Amorgos) 468
  - Chora (Andros) 543
  - Chora (Chios) 636
  - Chora (Égine) 205
  - Chora (Ios) 398
  - Chora (Kos) 593
  - Chora (Mykonos) 499
  - Chora (Naxos) 436
  - Chora (Poros) 210
  - Chora (Serifos) 270
  - Chora (Skyros) 242
  - Chora (Thassos) 681
  - Chora (Tinos) 525
  - Delos 510
  - Eretria (Eubée) 190
  - Ermoupoli (Syros) 486
  - Fira (Santorin) 362
  - Ioulida (Kea) 251
  - Karystos (Eubée) 191
  - Kastro (Sifnos) 312
  - Kolona (Égine) 203
  - Le Pirée (Attique) 158
  - Marathon (Attique) 163
  - Myrina (Limnos) 668
  - Mytilène (Lesbos) 652
  - Paleopoli (Andros) 542
  - Paleopoli (Samothrace) 676
  - Parikia (Paros) 415
  - Plaka (Milos) 328
  - Pothia (Kalymnos) 600
  - Souvala (Égine) 204
  - Symi (Rhodes) 587
  - Vathi (Samos) 618
  - Vathi (Sifnos) 314

Mykonos, île 494
Mykonos (Chora) 498
Myrina (Limnos) 668, 669
Myrties (Kalymnos) 601
Mytilène (Lesbos) 652, 654

N

Nagos (Chios) 641
Nanou (Symi) 588
Naoussa (Paros) 416
Naxos, île 432
Naxos (Chora) 434

Nécropoles antiques
  - Catacombes (Tripiti, Milos) 329
  - Parikia (Paros) 415
  - Tumulus des Athéniens (Marathon) 162

Neftina (Limnos) 672
Nevgatis (Limnos) 669
Nifida (Lesbos) 656
Nimborio (Andros) 545

O

Oia 368
Oia (Santorin) 368
Olymbos (Karpathos) 582
Olympi (Chios) 642
Ormos Giannaki (Tinos) 533
Ormos Korthiou (Andros) 547
Ornos (Mykonos) 506
Oropos (Eubée) 164
Othos (Karpathos) 581
Otzias (Kea) 251

P

Pachia Ammos (Tinos) 527
Pachia Ammos (Samothrace) 677
Paleochora (Égine) 203
Paleochori (Milos) 331
Paleokastro (Ios) 403
Paleopoli (Andros) 541
Panagia (Iraklia) 454
Panagia (Serifos) 271
Panagia (Thassos) 682
Panagia tis Apiranthitissa 442
Pano Koufonissi, île 456
Pano Petali (Sifnos) 310
Panormos (Kalymnos) 601
Panormos (Skopelos) 235
Panormos (Tinos) 532
Papafranga (Milos) 330
Papa (Ios) 401
Papillons, vallée aux (Paros) 420
Paradise (Mykonos) 507
Paranga (Mykonos) 506
Paraporti (Andros) 545
Parikia (Paros) 412
Paros 409
Patmos 604
Patmos (Chora) 608
Pedi (Symi) 587
Pefkari (Thassos) 686
Pefkos (Skyros) 243
Pepa (Ios) 401
Pera Meria (Kea) 252
Perissa (Santorin) 374
Petaloudes (Rhodes) 566
Petites Cyclades 451
Petite Venise (Chora, Mykonos) 499
Petra (Lesbos) 659
Petroussa (Kythnos) 263
Pigadia (Karpathos) 578
Pikri Nero (Ios) 401
Pirée, le 157
Pirgakia (Paros) 420
Pisses (Kea) 254
Pisso Livadi (Paros) 419

Plages
  - Alonissos 239
  - Amorgos 468, 472, 473, 474

- Anafi 390, 391, 392
  - Andros 540, 545, 546, 547
  - Antiparos 423
  - Chios 640, 643
  - Donoussa 458
  - Eubée 192, 193
  - Folegandros 343, 344, 345
  - Ikaria 630
  - Ios 398, 401, 403
  - Iraklia 454
  - Kalymnos 601
  - Karpathos 580
  - Kea 250, 252, 254
  - Kimolos 333
  - Kos 594
  - Koufonissia 456, 457
  - Kythnos 259, 260, 262, 263
  - Lesbos 655, 656
  - Limnos 669, 672
  - Milos 325, 329, 331
  - Mykonos 503, 508
  - Naxos 439, 444, 445
  - Paros 415, 416, 417, 420, 421
  - Patmos 609, 610
  - Poros 211
  - Rhodes 570, 571
  - Rhodes-ville 566
  - Samos 622, 623
  - Samothrace 677
  - Santorin 374, 375
  - Schinoussa 454
  - Serifos 269, 270
  - Sifnos 311
  - Sikinos 354
  - Skiathos 230
  - Skopelos 234, 235
  - Skyros 243
  - Spetses 221
  - Symi 587
  - Syros 489, 490
  - Thassos 684, 686
  - Tinos 527, 530, 533

Plaka (Milos) 327
Plaka (Naxos) 439
Plakes (Ios) 401
Plakes (Milos) 327
Platakania (Samos) 624
Platis Gialos (Mykonos) 506
Platis Gialos (Sifnos) 311
Platy (Limnos) 669
Plomari (Lesbos) 655
Polichnitos (Lesbos) 656
Poliochni (Limnos) 670
Pollonia (Milos) 330
Poros, île 208
Posidonia (Syros) 490
Potamia (Kythnos) 262
Potamia (Thassos) 682
Potami (Samos) 623, 624
Potamos (Amorgos) 474
Potamos (Anafi) 391
Pothia (Kalymnos) 598
Pothia, vallée de (Kalymnos) 600
Potos (Thassos) 686
Prassa (Kimolos) 333
Prassies (Anafi) 391
Prassonissi (Rhodes) 571
Prodromos (Paros) 418
Profitis Ilias (Rhodes) 572
Provatas (Milos) 331
Psara, île 639
Psarou (Mykonos) 506
Psathadika (Milos) 332
Psathi (Ios) 403
Psathi (Kimolos) 333
Psili Ammos (Amorgos) 474
Psili Ammos (Kea) 252
Psili Ammos (Naxos) 445
Psili Ammos (Patmos) 610
Psili Ammos (Samos) 622
Psili Ammos (Serifos) 270
Punda (Paros) 420
Pyli (Kos) 594
Pyrgi (Chios) 642
Pyrgos (Santorin) 371
Pyrgos (Tinos) 532
Pythagorio (Samos) 620, 622

R

Rafina 181
Ramnous 163
Rhodes 556
Rhodes (ville) 560
Rina (Kalymnos) 600
Roukounas (Anafi) 391

S

Samos 615
Samothrace, île 674
Samothrace (Chora) 677
Santorin 357
Sapounochoma (Ios) 401
Sarakiniko (Milos) 329
Schinias, baie de 163
Schinoussa 454
Schinoussa (Chora) 454
Seitani (Samos) 623
Seralia (Sifnos) 312
Serfiotiko (Folegandros) 345
Serifos 267
Serifos (Chora) 270
Sigri (Lesbos) 657
Sikammia (Kea) 252
Sikia (Milos) 327
Sikinos, île 351
Simoussi (Kythnos) 263
Sineti (Andros) 546
Site archéologique 330
Sites archéologiques
- Acropole de Ialissos (Rhodes) 566
- Agia Irini (Kea) 251
- Akrotiri (Santorin) 374
- Ancienne Minoa (Amorgos) 467
- Asclepeion (Platani, Kos) 594
- Delos 509
- Filakopi (Milos) 330
- Flerio (Naxos) 441
- Hephaïstia (Limnos) 670
- Kamiros (Rhodes) 572
- Karthea (Kea) 254
- Kionia (Tinos) 526
- Chora (Kos) 592
- Limenas (Thassos) 681
- Lion de Kea (Kea) 252
- Melos (Milos) 327
- Poliochni (Limnos) 670
- Rhodes-ville 565
- Sanctuaire des Cabires (Limnos) 670
- Sanctuaire des Grands Dieux (Samothrace) 676

- Sanctuaire d'Héra (Samos) 621
- Temple d'Aphaia (Souvala, Égine) 204
- Temple de Déméter (Sangri, Naxos) 443
- Temple de Poséidon (Chora, Poros) 210
- Théra antique (Santorin) 373
- Thermes romains de Loutraki (Skopelos) 234
- Zagora (Andros) 547

Skalados (Tinos) 528
Skala Eressou (Lesbos) 657
Skala (Patmos) 606
Skala Sykamineas (Lesbos) 659
Skalia (Kalymnos) 601
Skiathos 227
Skilou (Kythnos) 263
Skinari (Kythnos) 262
Sklavochori (Tinos) 528
Skopelos, île 232
Skyros, île 240
Sounion, cap 161
Spathi (Kea) 252
Spetses, île 218
Spoa (Karpathos) 580
Sporades, îles 225
Sports et plein air
- Baignade *voir Plages*
- Croisières 327, 370, 414, 421, 439
- Équitation 417, 509
- Plongée 330, 371, 402, 417, 419, 423, 475
- Randonnée 192, 193, 206, 216, 239, 243, 313, 314, 354, 355, 419, 458, 474, 623, 677, 684, 686
- Sports nautiques 191, 327, 402, 420, 421
- Thermalisme 656, 660, 677

Stafilos (Skopelos) 234
Stavros (Donoussa) 458
Steni (Eubée) 193
Stenies (Andros) 545
Steni Vala (Alonissos) 239
Stifos (Kythnos) 263
Strapouries (Andros) 543
Stravoudaki (Kea) 252
Styra (Eubée) 191
Super Paradise (Mykonos) 507
Symi, île 584
Syros, île 482

T

Tarambados (Tinos) 528
Telendos, îlot (Kalymnos) 601
Termi (Lesbos) 659
Thanos (Limnos) 669
Thassos (Chora) 680
Thèbes (Béotie) 164
Theologos (Thassos) 685
Théra (Santorin) 373
Therma (Samothrace) 677
Tholaria (Amorgos) 474
Tinos, île 521
Tinos (Chora) 523
"Tombe" d'Homère (Ios) 403
Tourlos (Mykonos) 503
Tours
- Agios Petros (Andros) 539
- Bazeos, des (Naxos) 442
- Belonia (Naxos) 438
- Bisti Mouvella (Stenies, Andros) 545
- Blanche (Serifos) 269
- Chimarou (Filoti, Naxos) 443

Triandaros (Tinos) 530
Triblaka (Kythnos) 263
Triovassalos (Milos) 327
Tripiti (Ios) 401
Tripiti (Milos) 327
Tripotamos (Tinos) 527
Tris Klissies (Ios) 401
Tsabou (Samos) 623
Tsamadou (Samos) 623
Tsamakia (Lesbos) 655
Tsingrado (Milos) 331

V

Vagia (Serifos) 270
Valmas (Ios) 398
Vardia (Folegandros) 343
Varia (Lesbos) 654
Vari (Syros) 490
Vatera (Lesbos) 656
Vathi (Samos) 618
Vathi (Sifnos) 314
Vathis, vallée (Kalymnos) 600
Vlichada (Santorin) 375
Volakas (Tinos) 529
Volissos (Chios) 640
Voreina (Folegandros) 344
Vori (Andros) 540
Votsalakia (Samos) 622
Voula (Attique) 163
Vouliagmeni (Attique) 163
Vourkari (Kea) 250
Vourliotes (Samos) 623
Vravrona (Attique) 162
Vriokastro (Kythnos) 259
Vrontados (Chios) 640

X

Xinara (Tinos) 528

Z

Zagora (Andros) 547
Zia (Kos) 594

LÉGENDES DES CARTES ET DES PLANS

Cartes

- Aaa Ville ou site étape
- Autoroute et 2x2 voies
- Route principale
- Route secondaire
- Autre route
- Zone urbaine
- ● Site remarquable
- ▲ Sommet
- Frontière d'État
- Liaison maritime

Profondeur (en mètres)

- Plus de 200
- De 50 à 200
- Moins de 50

Altitude (en mètres)

- De 0 à 100
- De 100 à 200
- De 200 à 500
- De 500 à 1 000
- De 1 000 à 1 500
- Plus de 1 500

Plans

- Axe urbain
- Zone urbaine
- Espace vert
- Voie ferrée
- Office de tourisme
- Aéroport
- Gare maritime
- Gare ferroviaire
- Gare routière
- Plage
- Site de plongée
- Station de métro

AUTEURS
GEOPANORAMA Aurélie Damet (Histoire, Politique et institutions, Mythologie, Art antique, Art byzantin, Littérature et philosophie, Musique), Jean-Louis Despesse (Géographie, Climat, Faune, Flore, Économie, Population, Société, Religion, Langue, Architecture, Art moderne, Cinéma, Gastronomie)
GEOPLUS L'Antiquité grecque, un âge d'or ? Vincent Azoulay
VINCENT Azoulay (Histoire antique), **Katerina Seraïdari** (La Pâque orthodoxe), **Vincent Noyoux** (Le site archéologique de Délos).
GEOPRATIQUE Frédéric Denhez, Thierry Théault, Sophie Launay
GEORÉGIONS L'Attique et l'Eubée Marie-Pascale Rauzier, Sophie Launay
Les îles Argosaroniques Hervé Basset, Loukia Bana, Christiana Charalampopoulou.
Les Sporades Hervé Basset, Christiana Charalampopoulou, Sophie Launay.
Les Cyclades (Amorgos, Anafi, Folegandros, Ios, Milos, Santorin et Sikinos) Vincent Grandferry, Sophie Launay, Christiana Charalampopoulou, Elena Karachontziti.
Les Cyclades (Andros, Kithos, Mykonos, Naxos, Paros, Les Petites Cyclades, Serifos, Sifnos, Syros et Tinos) Vincent Noyoux, Sophie Launay, Christiana Charalampopoulou, Elena Karachontziti.
Rhodes et le Dodécanèse Martin Angel, Loukia Bana, Elena Karachontziti.
Le nord-est de la mer Égée Aurélia Bollé, Sophie Launay.
CRÉDITS PHOTOGRAPHIQUES Couverture et 3 © Massimo Ripani/Sime/Photononstop.
7 © Great-Photos/Fotolia.fr. **8** © Arvernho/Fotolia.fr. **58** © MF/Fotolia.fr.
92 haut © David Beatty/Robert Harding/Corbis. **bas** © Cyril Papot/Fotolia.fr. **276-277** © Bwphoto/Fotolia.fr. **278-279** © Franck Guiziou/hemis.fr. **280-281** © Patrick Frilet/hemis.fr. **282** © Dagli-Orti. **283** © De Vice/Fotolia.fr. **284-285** © Dimitrios/Fotolia.fr. **286-287** © Argonantis/Fotolia.fr. **288-289** © Lornet/Fotolia.fr. **290-291** © Spy/Fotolia.fr. **292** © Gudmund/Fotolia.fr. **293** © Richard Connors/Fotolia.fr. **294-295** © Asteri/Fotolia.fr. **296-297** © Vitaly Krivosheev/Fotolia.fr. **298-299** © Aragami/Fotolia.fr. **300-301** © Sime/Photononstop. **302** René Mattes. **303** © Stocbksts/Fotolia.fr. **304-305** © Bruno Pérousse/Eyedea. **532** © Robert Lerich/Fotolia.fr. **690 haut** © Nool/Fotolia.fr. **bas** © Georgios Alexandris/Fotolia.fr.
CARTOGRAPHIE INFOGRAPHIQUE Édigraphie.
PUBLICITÉ Régie publicitaire LM la Pub 112 bis, rue Cardinet 75017 Paris.
Responsable de clientèle Laurence Ountzian Tél. 01 44 29 04 66.
GALLIMARD LOISIRS 5, rue Gaston-Gallimard 75328 Paris Cedex 07.
Tél. 01 49 54 42 00 contact@geo-guide.fr www.geo-guide.fr

 Premier dépôt légal mars 2004
Dépôt légal mars 2014 **Numéro d'édition** 252557. **ISBN** 978-2-74-243483-1.
Photogravure ARG (Gentilly). **Impression** Grafica Veneta (Italie).

Les îles grecques et Athènes